江西省交通基本情况图

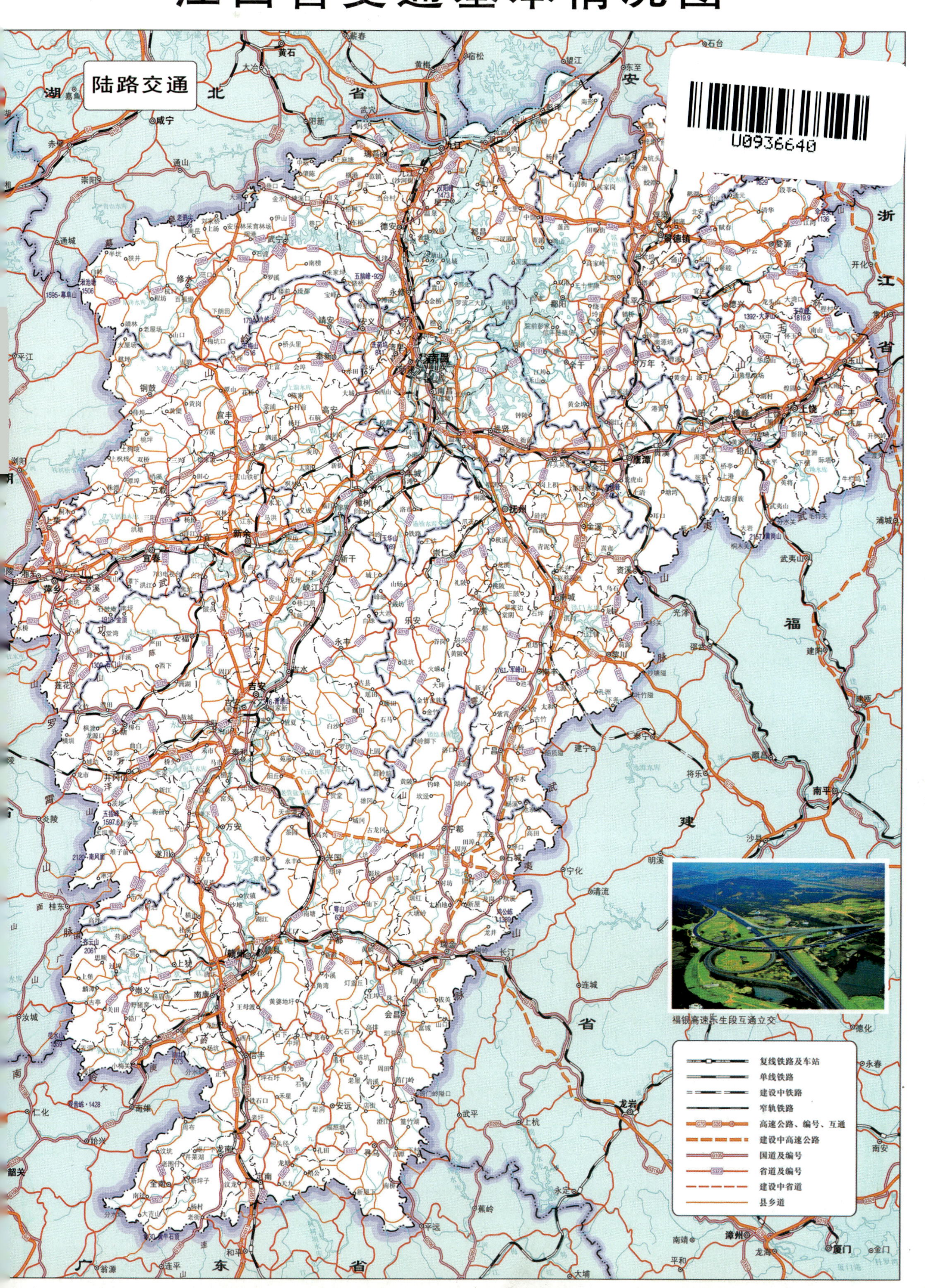

福银高速东生段互通立交

U0936640

中国年鉴全文数据库
收录年鉴

JIANGXIJIAOTONGNIANJIAN

江西交通年鉴

2011

江西省交通厅交通史志编审委员会

方志出版社

图书在版编目(CIP)数据

江西交通年鉴.2011/江西省交通厅交通史志编审委员会编.—北京:方志出版社,2011.12

ISBN 978-7-5144-0382-4

Ⅰ.①江… Ⅱ.①江… Ⅲ.①交通运输业-江西省-2011-年鉴 Ⅳ.①F512.756-54

中国版本图书馆 CIP 数据核字(2011)第 271455 号

江西交通年鉴(2011)

编　　者:江西省交通运输厅交通史志编审委员会
责任编辑:刘方圆　李沛

出 版 者:方志出版社
(地址:北京市建国门内大街5号中国社会科学院科研大楼12层)
邮编　100732
发　　行:方志出版社发行部
(010)85195814　85196281
经　　销:新华书店
法律顾问:北京市大禹律师事务所
印　　刷:江西龙莹印务有限公司

开　　本:889×1194 毫米　1/16
印　　张:32
字　　数:1016 千
版　　次:2011 年 12 月第 1 版　2011 年 12 月第 1 次印刷
印　　数:0001~1200 册

ISBN 978-7-5144-0382-4/F·46　定价:200.00 元

·版权所有　翻印必究·

如有印、装错误,影响阅读,请及时与印刷厂联系调换
联系电话:(0791)83675539

6月24日，中共中央政治局常委、国务院总理温家宝亲临福银高速公路抚州市罗针收费站，查看汛情、灾情，看望受灾群众，慰问奋战在抗洪抢险一线的交通职工和解放军、武警、公安消防官兵，指导抗洪救灾工作

9月16日，全国人大常委会副委员长司马义·铁力瓦尔地一行到新疆阿克陶县江西大道的施工现场，亲切慰问江西交通援疆建设者

6月21日，省委书记苏荣（中）在梨温高速余江段检查指导水毁抢修工作

6月21日，省长吴新雄（左一）深入抚州灾区督导抗洪工作

3月21—22日，交通运输部部长李盛霖（右五）考察全省交通运输工作

6月30日—7月1日，交通运输部党组副书记、副部长翁孟勇（左三）指导全省交通运输抗洪保通工作，并实地查看正在建设的德昌高速公路瑶湖大桥和金溪湖大桥

11月4日，交通运输部副部长徐祖远（右三）考察省水上搜救中心

6月27日，省委副书记王宪魁（正面中）等领导参加抚州唱凯堤决口封堵工程指挥部会议，指导交通保障工作

6月21日晚，省委常委、常务副省长凌成兴（中）检查指导梨温高速公路抗洪保畅通工作

8月29日，副省长洪礼和（中）实地考察福银高速公路抚州管理中心

6月27日，省交通运输厅党委书记程受锭在九江部署防汛抗洪工作

6月26日，省交通运输厅厅长马志武在沪昆高速水毁修复路段现场指导抗洪保通工作

6月27日，省交通运输厅副厅长孙茂刚（左三）指导抚州管理中心罗针收费所的灾后修复重建工作

11月4日，省交通运输厅副厅长许润龙（中）在瑞寻高速公路建设现场检查指导

6月21日，省交通运输厅副厅长邓经国现场指导梨温高速塌陷路段施工抢修

6月28日，省交通运输厅党委委员、省公路管理局党委书记曹先扬督查指导昌金高速防汛抢险工作

12月21日，省交通运输厅纪委书记成松（中）率厅机关干部参观反腐倡廉警示教育展

6月29日，省交通运输厅总工程师胡钊芳（左二）检查指导抚州市罗针镇水毁道路修复工作

7月3日，省交通运输厅巡视员江学功(中)检查指导福银高速公路灾后修复施工

6月28日，省交通运输厅巡视员席芳柏（左三）在泰赣、瑞赣高速公路检查指导防汛保通工作

交通建设与发展

1月22日，全省交通运输工作会议在南昌召开

全省交通运输工作会议总结了2010年和“十一五”交通运输工作。“十一五”期间，全省交通运输部门紧紧围绕省委、省政府的重大决策部署，紧紧围绕“十一五”交通运输规划目标，紧紧围绕“打好三个攻坚战”的年度任务，实现了“一个重大跨越、两项崭新标志、三个明显变化”。“一个重大跨越”，即高速公路通车里程跨越3000千米的大台阶。一是交通建设投资总量实现重大跨越，首次突破1000亿元，达到1097.9亿元，同比增长65.9%。二是高速公路建设速度实现重大跨越，江西省高速公路第一个1000千米用了15年，第二个1000千米用了4年，第三个1000千米用了2年，创造了令人瞩目的“江西速度”。三是高速公路项目落地实现重大跨越，国家高速公路网江西境内项目全部落地，2012年高速公路突破4000千米项目全部落地。“两项崭新标志”，即全省行政村全部建成水泥路和基本完成改渡建桥任务，农村公路建设、改渡建桥工程、农村客运发展均取得重大突破。“三个明显变化”，即通过公路迎“国检”工作，公路管养水平、公路绿化和服务区建设水平、公路灾后重建水平都有了明显变化。

省委常委、常务副省长凌成兴出席会议

副省长洪礼和出席会议

3月22日，交通运输部、省人民政府共同签署《加快推进鄱阳湖生态经济区交通运输发展会谈备忘录》

8月29日，第六届泛珠大会交通合作磋商会在福建省福州市举行。泛珠区域福建、江西、湖南、广东、广西、海南、四川、贵州、云南等9省区交通运输厅领导，以及澳门特别行政区交通运输部门代表，就加强泛珠区域交通运输合作，共同签署了《加强泛珠区域综合交通大通道建设合作备忘录》

交通建设与发展

8月9日，省政府在南昌召开赣州至崇义、奉新至铜鼓、上饶至德兴、浮梁至黄山（赣皖界）高速公路项目开工、吉安至莲花高速公路项目奠基新闻发布会。此次开工奠基的五条高速公路，总里程达405千米，总投资236亿元，创造了江西省高速公路建设史一次性开工项目最多、建设里程最长、投资总额最大的新纪录，标志着2012年全省高速公路突破4000千米的所有项目全部开工和国家高速公路网规划中江西境内的所有项目全部落地。

7月28日，沪苏皖赣高速公路电子不停车收费系统联网签字仪式在南昌举行，掀开上海、江苏、安徽、江西高速公路联网合作、人民群众出行更加快捷高效、长三角加速交流融通、互利双赢的新篇章，标志着长三角区域交通无缝对接和一体化进程又向前推进了一步

9月16日上午，省委、省政府在南昌隆重举行鹰潭至瑞金、石城至吉安、彭泽至湖口、赣州绕城高速公路建成通车暨全省高速公路通车里程突破3000千米庆典。至此，江西省高速公路通车总里程突破3000千米，达到3042千米。

鹰潭至瑞金高速公路

鹰瑞高速公路是国家规划的"7918"高速公路网中的第四纵——济南至广州高速公路在江西境内的中间段，也是江西省高速公路"三纵四横"主骨架规划的组成部分。该项目全长308.84千米，投资127.6亿元，途经鹰潭市余江县、龙虎山风景管理区、抚州市金溪县、资溪县、南城县、南丰县、广昌县、赣州市石城县、宁都县、瑞金市等3个设区市的10个县(市、区)38个乡镇，2008年6月30日开工建设，2010年9月16日竣工。

石城至吉安高速公路

石城至吉安高速公路是国家规划的“7918”高速公路网中第十五横—泉州至南宁高速公路中江西境内第一期工程。路线起于石城县东南约10千米处的赣闽省界五里亭，与福建境内永安至宁化段高速公路相接，途经宁都、兴国和泰和县，在宁都县境内与济南至广州国家高速公路交汇，终于泰和县以北约11千米处的石山乡，与大庆至广州国家高速公路交汇，并与计划建设中的泉南高速公路吉安至莲花段相连。路线全长190.719千米，投资101亿元，2008年8月16日开工建设，2010年9月16日竣工。

彭泽至湖口高速公路

彭泽至湖口高速公路位于江西省九江市湖口县和彭泽县境内，起点为彭泽县马垱镇，途经彭泽县浪溪镇、黄花镇、黄岭乡、太平乡，湖口县大垅乡、张青乡、马影乡，终点与九景高速衔接。彭湖高速作为江西与安徽的出省主通道和沿长江高速公路运输通道，系《促进中部地区崛起公路水路交通发展规划纲要》的规划项目，江西省18条地方加密高速公路之一和彭泽核电站配套项目。该项目全长63.938千米，投资20.45亿元，一期工程于2008年10月18日开工建设，二期工程于2009年8月8日开工建设，2010年9月16日通车。

赣州绕城高速公路

赣州绕城高速公路是江西省规划的5条城市绕城高速公路之一，是闽赣粤运输通道的重要路段。路线全长52.7千米，新建里程43.59千米，投资21.6亿元，途经赣州市赣县、章贡区、赣州经济技术开发区、南康市等4个县（市、区）8个乡镇，2008年7月1日开工建设，2010年9月16日通车。

九江至瑞昌高速公路

九江至瑞昌高速公路是国家高速公路“7918”规划网中的第十二条横线杭州至瑞丽高速公路在江西省境内的一段，是江西省“三纵四横”公路主骨架网中第一横的组成部分。路线东连安徽、浙江，西接湖北阳新，是江西省重要的省际过境通道，全长48.14千米，投资19.8亿元，途径九江市庐山区、九江县、瑞昌市等3个县（市、区）、14个乡镇，是目前江西省最大的BOT高速公路项目，也是江西省首个由国家发改委核准的BOT高速公路项目。该项目2008年7月1日开工建设，2010年12月29日建成通车。

2010年，江西高速公路服务区通过三年整治改造取得显著成效。高速公路投资集团公司紧紧抓住建设、管理、环卫监管三个关键环节，服务区硬件设施大有改观、服务水平大有提高、环境卫生大有改善，并成立了畅行服务区开发经营公司，着手理顺服务区的体制机制。

峡江服务区

庐山服务区

新余服务区

萍乡服务区

吉安服务区

2010年，全省农村公路建设和改渡建桥保持良好发展态势。全年农村公路硬化里程9275.5千米，新增通油（水泥）路行政村978个，完成投资额56.8亿元，实现全省行政村村村通水泥（油）路。至2010年底，基本完成了除大江、大河、大湖、水库外的农村渡口改渡建桥的建设目标，全省621座渡改桥主体工程整体完成。

宜春市高安市石脑镇禄公大桥位于石脑镇高沙村委会后况自然村附近，横跨锦江，长330.2米，可撤消禄公渡口，总投资531.87万元，于2009年3月正式开工建设，于2010年10月竣工通车

赣州市宁都县亭子边大桥位于宁都县田头镇车头村，横跨梅江河，长285米，可撤销亭子边、枇杷渡口，总投资420.8万元，于2009年6月开工建设，2010年11月竣工通车

上饶市鄱阳县湖城大桥位于鄱阳县鄱阳镇与三庙前乡分界处，横跨昌江河，桥长527.92米，可撤销江家岭渡口，总投资5788万元。于2008年12月开工建设，2010年12月4日竣工通车

2010年全省水运经济发展呈现良好的态势，完成港口吞吐量2.11亿吨、集装箱吞吐量17.17万TEU，水路货运量6492.6万吨、货运周转量175.01亿吨千米，分别比2009年增长40.78%、13.9%、23.6%和33.8%。

10月28日，省水上搜救中心正式揭牌

2月5日，南昌保税物流中心验收合格证书颁发仪式在南昌举行

2月1日，省公路运输管理局举行揭牌仪式

2010年度，全省道路运输完成客运量7.06亿人、旅客周转量330.48亿人千米、货运量8.84亿吨、货物周转量1850.2亿吨千米，比2009年同期增长9%、18.4%、17.6%、20.4%。

12月15日，省公路运输管理局召开贯彻实施《江西省道路运输条例》新闻发布会

1月29日，江西省"文明交通行动计划"暨道路春运启动仪式在南昌长途汽车站举行

2010年，在省委创先争优活动领导小组和省直创先争优活动指导组的领导和指导下，全省交通系统各级党组织高度重视，加强领导，精心组织，狠抓落实，积极探索创先争优活动与推动单位科学发展、促进单位和谐、服务人民群众、加强基层组织的最佳结合点，形成了以创先争优活动推动日常工作、以日常工作成效检验创先争优活动效果的良好局面。

省交通运输厅“七一”表彰暨深入开展创先争优活动动员大会

7月23日，省交通运输厅“创优服务 岗位建功”主题演讲比赛

12月2日，省运输管理局举行创先争优知识竞赛活动

全省各地交通运输部门积极推动实践创先争优活动

2010年，省交通运输厅认真贯彻落实《江西省开展创业服务年活动实施方案》精神，强化组织领导、责任落实、宣传发动、督查整改，以服务创业、富民兴赣为主题，服务交通运输重大项目建设为重点，深化改革为动力，打造优质创业环境为目标，努力在提高行政审批效率方面有新的提高，营造吸引投资兴业的环境方面有新的变化，建立健全投资创业服务体系方面有新的突破，招商引资规模和质量方面有新的跃升，创业服务年活动取得了显著成效，为维护和促进交通运输产业发展提供了有效保障。

全省交通运输系统机关效能年活动总结暨创业服务年活动动员电视电话会议

省交通运输厅创业服务年活动汇报会

4月29日，“昌樟高速上海世博暨创业服务年联勤保畅誓师大会”在昌樟高速昌西南收费所举行

11月10日，省运管局参加全省“优化环境 服务创业”便民咨询活动为群众答疑解惑

5月1日，省高速集团泰和管理中心 “救助车主用户爱心基金”正式启动

2010年，省交通运输厅按照省委省政府和交通运输部全国干线公路养护管理检查的要求，高度重视，积极动员，围绕迎“国检”重点工作，投入技术、人力、资金，全面提升江西公路路况，促进公路养护规范化管理，打造“畅、安、舒、美”的公路交通环境。

全省迎接2010年全国干线公路养护与管理检查动员电视电话会议

5月19日，全省公路养护规范化现场工作会议

105国道吉安段

靖安环外旅游公路

萍乡320国道

环庐山公路

2010年汛期，江西遭受历史罕见的特大洪涝灾害，江西省交通运输系统在省委、省政府的坚决领导下，迅速反应，紧急动员，连续奋战，攻坚克难，全力以赴投入抗洪救灾抢险保通工作。以高速公路、国省道公路为主战场，全力以赴求助避险受灾群众，千方百计保险生命线畅通，想方设法服务于抗洪救灾，36小时沪昆高速公路大动脉，成功封堵抚州唱凯大堤决口，国省干线公路均在短时间内恢复交通。全系统共调集救灾客车2394辆、货车3322辆，免费放行救灾车辆16155辆，谱写了一曲抗洪保通的壮丽凯歌。

众志成城 抗击洪灾

2010 年，省交通运输系统紧紧围绕促进交通运输科学发展，以“学先进、树新风、创一流”活动为载体，以持续提高交通运输干部职工队伍整体素质为重点，深入推进交通运输行业政风行风建设和文化建设

6 月 12 日，省交通运输厅参加江西省第十三届运动会暨江西省第三届机关运动会，并获得广播体操比赛一等奖

6月1日，省交通运输厅在信丰县万隆乡石店村小学开展献爱心捐赠活动

9月28日，《江西省交通志（1991—2005）》首发式在南昌举行

江西省交通运输厅交通史志编审委员会

主任委员　马志武

常务副主任　万　明

副主任委员　曹先扬　王江军　谢来发　于钦民　谢元银

委　　员　邹竹民　曾云谋　肖伦发　彭发根　栾建平

王金根　王垒嘉　冯义卿　夏太胜　刘盖群

赵建歧　朱隆亮　雷茂锦　刘晓兰　户才淦

万杰兵　熊华武　梁　波　蔡建新　钱志民

王继东　钟彦祯　秦小辉　彭　瑜　易宗发

贺一军　糜向荣　张建明　胡建强　李建红

熊昌军　杜一峰　杨　文　邓振胜　黄自强

张兆平

《江西交通年鉴》编辑部

主　　编　谢元银

副 主 编　杨　文　邓振胜

主　　任　杨　文

副 主 任　邓振胜　黄自强

编　　辑　（按姓氏笔画排序）

邓振胜　龙艳兰　杨　文　陈明中　何战鏖

胡建国　黄自强　彭益民

《江西交通年鉴(2011)》编辑分工

特　　载	邓振胜
专　　记	何战鏖
便　　览	邓振胜　何战鏖
大 事 记	邓振胜
交通基础设施建设	胡建国
运输生产	邓振胜
科技教育卫生	彭益民
交通管理	黄自强
党群工作	何战鏖
市、县交通	陈明中
交通统计资料	黄自强
人物、先进集体	彭益民
文献文件	彭益民
附　　录	黄自强
彩色图片	杨　文　龙艳兰(女)
索　　引	龙艳兰(女)
发　　行	龙艳兰(女)　王小旭

《江西交通年鉴(2011)》提供资料单位主审名单

（以姓氏笔画为序）

万杰兵　王江军　王爱民　王继东　户才淦
刘晓兰　邝宏柱　冯义卿　朱隆亮　吴伟明
吴铭汉　李奇　李坪　李建红　李星勇
陈克　陈国凤(女)　邹竹民　张建明　肖伦发
余力克　易宗发　张洪　赵建歧　钟彦祯
钟家毅　贺一军　胡建强　夏太胜　栾建平
钱志民　谢元银　谢赣健　聂复生　黄福初
秦小辉　彭瑜(女)　彭家珉　曾云谋　董学煌
简少华　蔡建新　熊华武　熊昌军　糜向荣

《江西交通年鉴(2011)》提供资料单位主笔

（以姓氏笔画为序）

万海飙　王硕(女)　云丽(女)　龙少华　刘婷(女)
刘晔　刘勤　叶勇　朱革(女)　朱熹(女)
朱晗　朱国英　李青峰　陈明　陈菁(女)
陈孝法　陈均培　陈根玲　吴欣(女)　吴泽水
余明华　杨辉　杨河良　杨淑芬(女)　周国祥
罗新民　赵国成　倪文权　张兆平　张曙光
荣耀　胡晓文　饶品涵　饶梅香(女)　徐珍(女)
徐才金　陶光辉　涂强　游国侯　龚仁平
龚莉萍(女)　崔建林　秦炜婷(女)　鲁德彪　虞德军
谭俊青　鲍丽娜(女)　廖晓锋　蔡晓萍(女)　颜卫民

编 辑 说 明

一、《江西交通年鉴(2011)》是江西省交通运输厅交通史志编审委员会主持编修的第15部省级交通年鉴。载录江西交通2010年1月1日至12月31日的资料。出版年鉴的目的是资治当今,垂范后世,为江西交通建设服务,为社会了解江西交通提供信息。

二、本年鉴以马列主义、毛泽东思想、邓小平理论和“三个代表”重要思想为指导,坚持科学发展观,坚持实事求是的思想路线。在充分反映成绩、经验的同时,对工作中的困难、问题和缺点也作了如实记述;同时注意时代特征、地方特色、行业特点;力求全面准确地展示交通系统广大干部职工在物质文明、精神文明、政治文明和生态文明建设中的成果和风貌;充分发挥信息密集、多功能的作用,满足多方面、多层次读者的需要。

三、本年鉴的体例采用分类编辑法,以交通专业分工立目,内容由特载、专记、便览、大事记、交通基础设施建设、运输生产、科技教育卫生、交通管理、党群工作、市县交通、交通统计资料、人物及先进集体、文献文件、附录和索引构成,并附彩页。

四、本年鉴文稿由省交通运输厅机关各处室、厅直属各单位、各设区市及县交通局提供,并经领导审核。条目文后括号内的人名或单位名为撰稿者。

五、本年鉴选录的统计资料,主要依据江西省交通运输厅规划处编印的《2010年江西省交通统计年鉴》,部分由交通运输厅直属单位和设区市交通局提供,统计口径不一的以厅规划处统计数字为准。

六、本年鉴对获省、部级以上奖励的先进个人设简介;对厅级以上的先进集体、先进个人列表记述。

七、本年鉴的计量单位、数字用法、语言文字等均依照国家现行有关规定执行。

目　　录

特　　载

专　　记

便　　览

大事记

交通基础设施建设

公路建设

公路桥梁建设

公路养护

养护工程

公路绿化

灾害防治

港航建设

规划与勘察设计

站场(厂)房屋建设

运输生产

道路运输

运输企业

道路货物运输

水路运输

水路运输企业

汽车维修与船舶修造

科技　教育　卫生

科技

信息工程

教　育

交通院校

培训与继续教育

卫生

学术团体

交通管理

行政管理

创业服务年活动

政务管理

组织与人事

财务审计与招商引资

法制工作

交通战备

社会治安综合治理

交通建设管理

高速公路管理

公路交通管理

治理车辆超限超载运输

运政管理

路政管理

交通安全管理

水路交通管理

水路运政管理

港口管理

船舶检验

规费征收

乡镇渡口管理

党群工作

党建工作

纪检监察工作

精神文明

工会工作

共青团工作

老龄工作

市、县交通运输

交通统计资料

人物　先进集体

人物简介

2010 年度全省交通运输系统先进个人

2010年度全省交通运输系统先进集体

2010年度省交通运输厅厅直单位取得高级专业技术职务任职资格人员

文件　文献

附 录

铁 路

民用航空

索 引

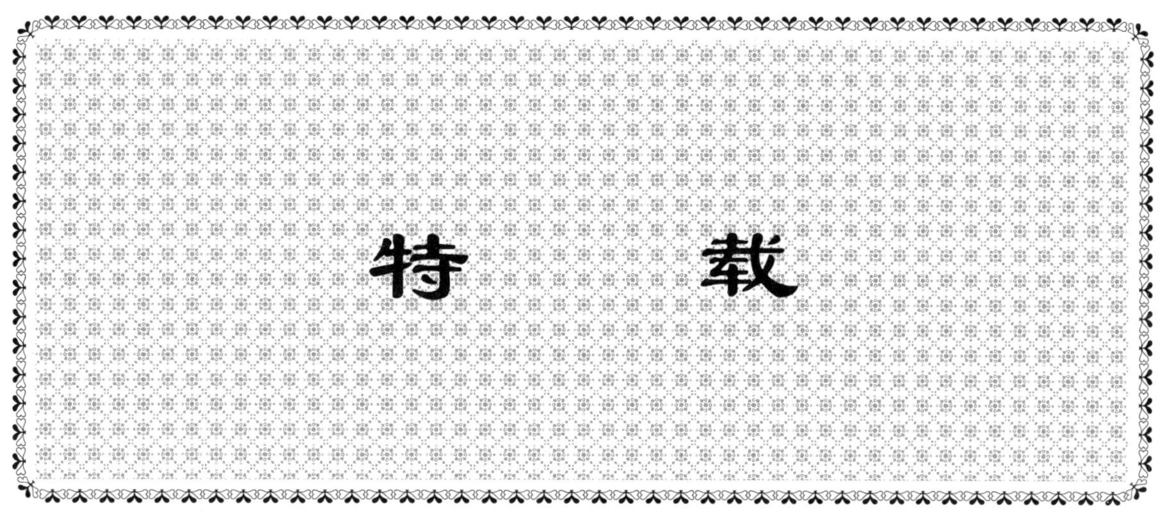

在全省交通运输工作会议上的讲话*

凌成兴

（2011 年 1 月 22 日）

一、关于去年全省交通运输工作的总体评价

2010 年是极不平凡的一年。面对极为复杂的国内外经济发展环境和历史罕见的特大洪涝灾害，在党中央、国务院的坚强领导下，省委、省政府团结带领全省人民，坚持以科学发展观为指导，以鄱阳湖生态经济区建设为龙头，积极应对、奋力拼搏，夺取了抗洪救灾的重大胜利，全省经济社会发展取得了显著成就。全省交通运输部门紧紧围绕省委、省政府的重大决策部署，紧紧围绕“十一五”交通运输规划目标，紧紧围绕“打好三个攻坚战”的年度任务，实现了“一个重大跨越、两项崭新标志、三个明显变化。”

“一个重大跨越”，即高速公路通车里程跨越 3000 千米的大台阶。

一是交通建设投资总量实现重大跨越。2010 年全省交通建设投资完成首次突破 300 亿元，达到 307 亿元，同比增长 30.4%。“十一五”期间，交通建设投资总量首次突破 1000 亿元，达到

* 这是江西省省委常委、常务副省长凌成兴在全省交通运输工作会议上的讲话（摘录）

1097.9亿元,同比增长65.9%。

二是高速公路建设速度实现重大跨越。2010年建成鹰潭至瑞金、石城至吉安、彭泽至湖口、赣州绕城、九江至瑞昌高速公路,新增655千米,江西省高速公路通车里程达到3051千米。全省“三纵四横”高速公路主骨架基本建成,打通12个出省高速通道,85%的县(市)通高速公路。全省高速公路通车里程占全国总里程的4.2%,列全国第9位、中部地区第3位。江西省高速公路第一个1000千米用了15年,第二个1000千米用了4年,第三个1000千米用了2年,创造了令人瞩目的“江西速度”,省委、省政府连续三次嘉奖省交通运输厅,给交通系统干部职工巨大的鼓舞和鞭策。

三是高速公路项目落地实现重大跨越。2010年续建德兴至南昌、永修至武宁、南昌至奉新、上饶至武夷山、瑞金至寻乌、九江长江公路大桥及连接线、龙南至杨村等7个项目600千米高速公路,新开工建设奉新至铜鼓、浮梁至桃墅岭、德兴至上饶、赣州至崇义、吉安至莲花、隘岭至瑞金等6个项目435千米高速,标志国家高速公路网江西境内项目全部落地、2012年高速公路突破4000千米项目全部落地。

“两项崭新标志”,即全省行政村全部建成水泥路和基本完成改渡建桥任务。

一是农村公路建设取得重大突破。2010年新建农村公路8500千米,新增980个行政村(其中649个边远山区村)通水泥路。到2010年底,全省农村公路硬化突破9万千米,实现全省行政村全部建成水泥路的目标。

二是改渡建桥工程取得重大突破。2010年改渡建桥项目在建351座、长度突破10万延米,其中建成305座、9万延米,剩余46座桥梁主体工程也全部完成,全省新建621座桥梁、撤销800个农村渡口的目标基本实现。

三是农村客运发展取得重大突破。按照“有村必有路、有路必有车、有车必有站”的要求,把新农村建设与农村客运发展结合起来,全省已累计建成乡镇客运站586个、农村候车亭10700个,农村客运车辆已超过1万辆,农村客运班线已开通3600余条,100%的乡镇和88%的行政村通了客车。

“三个明显变化”,即通过公路迎“国检”工作,公路管养水平、公路绿化和服务区建设水平、公路灾后重建水平有了明显变化。

一是公路管养工作成效明显。通过提供贷款担保贴息,筹集设区市国省道公路改造资金17.5亿元,对3242千米迎检路线进行了重点维护,完成大中修1684千米。实施高速公路大中修1716千米(单幅)。同时打造了6个高速公路出省通道口、19个国省道省际通道口的精品路段,公路路况水平和规范化管理水平得到大幅提升。

二是公路绿化和服务区建设成效明显。通过实施“一大四小”造林绿化,打造了长凌互通、墨溪陈家枢纽、厚田枢纽、庐山服务区、峡江服务区、七里岗服务区等景观绿化的先进典范。打造了庐山服务区、三清山服务区、峡江服务区、樟树服务区、丰城服务区、鄱阳服务区、南城服务区、泰和服务区、彭泽服务区、石钟山服务区等建设管理标杆服务区,使全省服务区整体面貌发生了根本好转。

三是公路灾后重建成效明显。面对2010年的特大洪涝灾害,江西交通在特大洪灾中损失巨大,江西交通在抗洪救灾中贡献巨大,特别是高速公路成为群众紧急避险的生命线、成为军民抢险救灾的大动脉、成为唱凯大堤堵口的主通道。江西交通在灾后重建中任务巨大。公路灾后重建按照“一个迅速恢复、三个坚定不移”的要求,迅速安排落实水毁抢修资金,完成475处高速公路水毁点和320千米国省道公路、1085千米农村公路水毁点的修复,其中沪昆高速余江段重建工程,作为全省交通灾后重建头号工程,创造了36小时抢通临时便道的惊人速度,创造了87天完成修复重建工程的惊人速度。省交通运输厅和省高速集团公司、省公路局组织得力、调度得力、落实得力。

在全力打好三个攻坚战的同时,全省交通运输系统还扎实推进了国企改革、扎实推进了运输发展、扎实推进了行业管理、扎实推进了文明建设。省委、省政府给予了高度评价,全省人民给予了高度评价,社会各界给予了高度评价。

二、关于“十二五”交通运输发展规划的总体要求

1.指导思想:高举中国特色社会主义伟大旗帜,以邓小平理论和“三个代表”重要思想为指导,深入贯彻落实科学发展观,适应国内外形势变化,顺应人民群众过上更好生活新期待,以科学发展为主题,以加快转变经济发展方式为主线,以改革开放为强劲动力,以保障和改善民生为根本出发点和落脚点,以鄱阳湖生态经济区建设为龙头,加速推进新型工业化,加速推进城镇化,加速推进农业现代化,着力提高生态文明水平,着力提高社会文明程度,着力提高人民群众幸福指数,努力实现科学发展、进位赶超、绿色崛起的宏伟目标。

2. 主要原则:围绕上述指导思想,在实际工作中要坚持“五个有机统一”,即:坚持做大总量与转变方式的有机统一,坚持经济发展与生态文明的有机统一,坚持扩大内需与对外开放的有机统一,坚持加快发展与改善民生的有机统一,坚持改革攻坚与和谐稳定的有机统一。

3. 奋斗目标:综观“十二五”规划的奋斗目标,可以概括为力争“三个翻番、两个同步”。

“三个翻番”,即地区生产总值年均增长11%,到2015年达到18000亿元、力争20000亿元,人均地区生产总值达到6000美元,实现经济总量翻一番;财政总收入年均增长16%,到2015年达到2600亿元、力争3000亿元,实现财政收入翻一番;全社会固定资产投资年均增长20%,到2015年达到21000亿元,五年累计超过80000亿元,实现投资总额翻一番。

“两个同步”,即居民收入增长和经济发展基本同步、劳动报酬增长和劳动生产率提高同步,力争城乡居民收入年均增长11%。其中:城镇居民可支配收入达到26000元,农民人均纯收入达到10000元。

继续抓住和用好我国发展的重要战略机遇期,是党的十七届五中全会作出的科学判断。对于江西而言,重要战略机遇期主要体现为“五个必将是”:

第一,必将是推进新型工业化,打造一批支柱产业的重要机遇期。工业化就是要抓投入、抓项目,没有工业,江西无法实现科学发展、进位赶超、绿色崛起。到“十二五”末,江西省工业增加值占GDP的比重将要超过50%,工业化率的提高又会极大地带动第三产业发展,带动农业产业化,到一定的发展阶段,第三产业比重将大幅上升、第二产业比重将相对回落,这是规律和趋势。在推进新型工业化进程中,江西将打造一批销售收入超千亿的支柱产业、超千亿的企业集团、超千亿的工业园区。

第二,必将是推进城镇化,打造三个高速时代的重要机遇期。“十二五”时期,江西省的城镇化率也将超过50%,预计由现在的44.8%提高到52.8%。更重要的是,打造高速铁路时代、高速公路时代和高速航空时代,必将为江西省“一湖两带”城市群的构建提供强大支撑,实现新的跨越。

第三,必将是推进农业现代化,更加注重城乡统筹,提高人民幸福指数的重要机遇期。“十二五”时期,将不断加大以工促农、以城带乡的力度,努力构建城乡经济社会发展一体化新格局,建设农民幸福生活的美好家园。

第四,必将是推进鄱阳湖生态经济区建设,实现经济文明和生态文明协调发展的重要机遇期。建设鄱阳湖生态经济区,特色是生态,核心是发展,关键是转变发展方式,目标是走出一条科学发展、绿色崛起之路。“十二五”期间,重点抓好十二大生态经济工程,即:彭泽核电、万安核电、鄱阳湖水利枢纽、峡江水利枢纽、天然气入赣、特高压和智能电网、“五河一湖”水污染治理、“一大四小”造林绿化、长江暨鄱阳湖流域水资源保护、城镇生活污水处理、工业园区污水处理、农村清洁等工程,估算总投资超过3300亿元。其中“两核两控”是生态经济区建设的核心工程、关键工程、头号工程。

第五,必将是推进科教兴赣、人才强省,提升区域核心竞争力的重要机遇期。新一轮的区域发展竞争,越来越体现为人才资源的竞争、科教实力的竞争、文化软实力的竞争。以提升区域核心竞争力为重点,推动科技教育文化大发展,是“十二五”规划《建议》提出的重大命题。

三、关于2011年全省交通运输工作的主要任务

2011年交通运输工作要紧紧围绕科学发展这个主题、加快转变经济发展方式这条主线、鄱阳湖生态经济区建设这个龙头,牢牢把握“打造高速公路时代”的奋斗目标,努力提升六个水平。

“打造高速公路时代”:其标志就是2015年全省所有县(市、区)全部建成高速公路,其中:2012年突破4000千米,2015年突破5000千米,提前五年实现全省县县通高速公路的规划目标。

提升六个水平:

(一)提升高速公路建设管理水平。

一是抓好在建项目的施工进度。建成南昌至德兴、永修至武宁、南昌至奉新、上饶至武夷山、瑞金至寻乌、隘岭至瑞金等6个项目550千米高速公路,高速公路通车里程超过3600千米;加快建设九江长江公路大桥及连接线、龙南至杨村、赣州至崇义、奉新至铜鼓、浮梁至桃墅岭、吉安至莲花、德兴至上饶等7个项目480千米高速公路。

同时,省交通运输厅要会同有关方面,研究解决景德镇南环、萍乡至洪口项目遗留问题,依法依规,落实法人,尽早复工,加紧建设。

二是抓好新开工项目的前期工作。确保开工建设井冈山(厦坪)至睦村、昌樟高速扩建工程、寻乌至全南、资溪至金溪等4个项目280千米高速公路;力争开工建设萍乡至莲花、抚州至吉安、九江绕城、都昌至星子、广昌至船顶隘等项目;着力加快昌九高速扩建、吉安绕城、兴国至赣县、万载至宜春高速公路等项目前期工作。

三是抓好高速公路建设管理。要大力开展高速公路建设管理标准化活动,虚心学习"高铁精神",实现高速公路建设"管理行为标准化、工地建设标准化、施工工艺标准化、过程控制标准化、建设成果标准化",使施工场地更加有序、管理流程更加合理、工艺要求更加缜密、施工环境优美、安全生产和文明施工更加到位。要着力围绕"路容路貌、区容区貌、站容站貌"为主要内容的高速公路管理活动,不断提高养护管理水平、不断提高服务区营运管理水平、不断提高联网收费水平、不断提高通道绿化水平、不断提高应急处置水平。要扎实推进高速公路建设十二公开,严格遵守《廉政准则》,严格执行"八条禁令"。

(二)提升国省道公路建设管理水平

一是全力以赴迎接"国检"。交通运输部决定2011年4月开展全国干线公路养护管理大检查。各地各部门要坚定不移地落实"确保进步奖、力争前十五"的目标,抓紧完成迎检项目,抓紧完善内业资料,抓紧突破薄弱环节,特别是进度缓慢的设区市,要迎头赶上,不拖全省后腿,不给江西抹黑。

二是加快国省道公路改造。为切实扭转公路建设"两头快、中间慢,两头好、中间差"的被动局面,省交通运输厅提出了"十二五"普通国省道干线公路建设和养护管理的意见,主要任务是:加快升级改造,对经济发达、城镇密集、人口集中的国道实施二级升一级升级改造工程,改造里程520千米,国省干线公路改造升二级公路里程1878千米;加快路网成型,新建省道245千米,消除干线公路网中的断头路,全面形成"十纵十横"国省干线公路网;加快提高国省干线优良路率,普通国省干线公路每年实施大中修1500千米,各设区市辖区内普通国省干线公路优良路率达到85%。

三是加大省级补助标准。根据交通运输部的规定,初步考虑:(1)普通国道改造升一级公路的,补助300万元/千米;普通国道改造升二级公路的,补助200万元/千米;普通省道改造升二级及以上公路的,补助150万元/千米。(2)省交通运输厅对普通国道改造升一级公路的,按平均300万元/千米贴息三年,普通国道改造升二级公路的,按平均100万元/千米贴息三年,普通省道改造升二级及以上公路的,按平均150万元/千米贴息三年,贷款本金由地方承担。(3)省道断头路新建路段(除特大桥)按建安费全额补助,征地拆迁由地方政府负责完成。

四是创新养护机制。由省交通运输厅统筹养护工程资金,集中用于普通国省干线公路养护大中修工程。普通国省道养护大中修工程原则上按平均75万元/千米下达年度计划,路面改建工程超过75万元/千米标准补助的部分,省交通运输厅按平均40万元/千米贴息三年。

转移支付地方分成资金中国省道小修养护经费、日常养护经费、养护事业费和养护其他费以2009年支出为基数,"十二五"期间增加6%下拨给设区市。设区市分成资金中剩余部分留20%给地方,用于偿还贷款本息,专款专用。其余部分资金专项用于养护工程大中修,统一纳入普通国省干线公路养护大中修工程年度计划,省公路管理局按年度计划下拨大中修专项资金。

以上意见,省交通运输厅经过反复酝酿、反复测算、反复沟通,充分考虑了各地的宝贵意见,省政府正在按程序办文。希望各地充分发挥两个积极性,在创新融资上下工夫、在加快建设上下工夫、在严格管理上下工夫。

(三)提升水运事业建设发展水平。

2011年,交通运输部和七省两市将在江西省召开长江水运发展协调领导小组第三次会议。这是促进江西省贯彻落实国务院关于加快长江等内河水运发展意见,争取国家支持战略规划、重大项目、用地指标和补助资金,做大江西水运总量的极好机遇,我们要着力破解三个难题。

一是破解项目储备少的难题。要以长江(江西段)、赣江、信江高等航道建设为骨干,抓好赣江石虎塘航电枢纽工程、赣江南昌至湖口段二级航道整治工程以及赣江井冈山枢纽工程、赣江永泰航电枢纽工程等一批水运重大项目建设。要以九江、南昌2个主要港口为重点,加快星子、樟树、都昌、鄱阳、万年、余干等区域性重要港口建设。同时要统筹安排好水上搜救、物流、集疏运、信息化建设项目,以充足的项目储备保证水运建设的持续加快。

二是破解筹资能力弱的难题。江西港航建设投资有限公司已经省政府批准成立,请省交通运输厅抓好运作。充分发挥其融资平台作用,盘活存量资产,提高港航基础设施建设的投资力度,实现港航国有资本的快速扩张和资产的保值增值。

三是破解船舶水平低的难题。加快推进船型标准化工作,重点发展集装箱、液化品、散货等江海直达运输船舶,实现船舶标准化、大型化、专业化。

(四) 提升交通综合运输水平。

一是着力深化交通国企改革。按照省委关于推进七个系统国企改革工作的重大决策,力争2011年上半年、确保2011年10月前完成全省交通运输系统74家国有企业的改革任务。省交通运输厅要按照已经明确的“三个一批”的总体思路,通过联合重组做强一批,股权转让改制一批,清产注销推出一批,积极稳妥推进厅属国有企业改革。对地方负责的国有交通运输企业改革,要加强指导、加强交流、加强督办。

二是加强综合运输体系建设。以南昌、九江、赣州、吉安、宜春、新余等国家公路运输枢纽建设为重点,在南昌市率先实施客货运综合枢纽建设。

三是提高交通运输管理水平。要以宣传贯彻2011年1月1日正式施行的《江西省道路运输条例》为抓手,规范道路运输、城市公交、出租车等,依法、科学、文明进行管理,提高交通运输现代化管理水平。

(五) 提升农村交通网络水平。

一是继续完成渡改桥扫尾工程。2010年,省政府专门出台措施,着力帮助“负担重”的山区县、难度大的滨湖县、“拖后腿”的渡改桥完成建设任务。改渡建桥项目之多、力度之大、补助之高,均创历史之最。考虑到2010年的多种因素,还有46座桥梁的扫尾工程尚未完成,2011年上半年务必全部建成。

二是扩大农村公路建设补助范围。根据交通运输部农村公路建设规划,今后重点推进县至乡等具有通道功能的农村公路网化工程、农村公路危桥改造和安保工程建设,启动国有农垦、林区道路建设,稳步推进区域内人口聚集区、农业产业区及农产品园区等生产生活道路建设,2011年全省初步安排8000千米,补助资金将达8亿元。

三是加快农村客运发展。积极推进城乡客运一体化,积极推进农村客运公交化,不断提高农村客运通达率。在这方面,新余、宜春、上饶等市走在全省前列,值得各地认真学习借鉴。

四是加强农村渡口安全监管。县乡政府是农村渡口安全管理的主体,必须在渡改桥项目建成后立即实施撤渡工作。在撤销全省800个农村渡口后,还有400个渡口暂时不具备撤渡条件,对这些农村渡口,要实施标准化管理,夯实安全基础,提高保障能力。

(六)提升干部队伍经受考验的水平。

这几年全省交通战线捷报频传、政绩卓著、事业兴旺,这是省委、省政府正确领导的结果,这是交通运输部亲切关怀的结果,这是全省交通运输系统广大干部职工特别能吃苦、特别能战斗、特别能奉献的结果。每一条高速公路和每一个交通项目的规划设计、项目报批、征地拆迁、资金筹措、施工组织、竣工营运,凝聚着大家的智慧、凝聚着大家的心血、凝聚着大家的艰辛。省委、省政府并没有因为交通系统发生了几起腐败案件而否定交通建设的辉煌成就,否定交通干部的重要贡献。但是,交通干部职工务必从这几起腐败案件中解剖思想根源、汲取深刻教训、把握人生方向。经查明,这几起案件,是在项目招商中栽了跟头,是在暗箱分包中栽了跟头,是在纵容亲朋好友、身边人员违法中栽了跟头。对此,大家都感到十分痛心、十分惋惜、十分自责。希望大家从阴影中走出来,在项目建设中经受考验、在履行职责中经受考验、在“进退留转”中经受考验。要对群众倾注真情、对组织报答恩情、对工作充满激情、对自己不徇私情,时刻注意人生道路上的红绿灯,当行则行、当止则止,千万不能“闯红灯”、千万不能有贪心、千万不能怨组织,努力营造“经济快速发展、干部健康成长”的良好局面。

凝聚合力,为推动交通运输科学发展提供坚强保证*

程受锭

(2011年1月22日)

实现"十二五"时期交通运输科学发展,关键在党、关键在人。要充分发挥党委总揽全局、协调各方的领导核心作用,始终坚持以人为本、执政为民,始终坚持解放思想、与时俱进,最广泛地动员各方面力量,最大限度地调动一切积极因素,为顺利实现"十二五"规划目标而努力奋斗。

一是要进一步解放思想,以思想大解放推动交通运输大发展。实践证明,思想解放的程度决定工作推进的力度,甚至决定加快发展的速度。交通职工能否抓住重要战略机遇期大有作为,关键是要进一步解放思想、革除顽症、清除痼疾、扫除障碍,不犹疑、不争论、不懈怠,以思想的解放、体制机制的创新为交通运输发展注入动力、带来活力。不犹疑,就是科学发展不犹疑。一犹疑,不仅会丧失机遇,而且会导致发展受阻。要坚持发展是硬道理,锐意推进重点领域和关键环节改革,着力解决发展不足、发展不优的问题,使交通运输发展建立在优化结构、提高效益、降低消耗、保护环境、改善民生的基础上,实现全面协调可持续发展。不争论,就是敢闯敢试不争论。一争论,不仅会分散精力,而且会导致内耗。凡是符合科学发展观要求,符合广大人民群众根本利益的事情,就要大胆闯、大胆试、大胆干,在闯的过程中统一思想,在试的过程中形成共识.在干的过程中凝聚力量。不懈怠,就是奋力赶超不懈怠。一懈怠,不仅会带来工作停顿,而且会造成事业滑坡。要坚决破除小富即安、小进即满、固步自封等落后观念,树立雄心壮志,确立更高标杆,敢与强者争强,敢与快者比快,抢抓机遇,只争朝夕,提档加速,跨越赶超,努力实现超常规发展。

二是要进一步加强理论武装工作,不断打牢团结奋斗的共同思想基础。当前,我国意识形态领域主流是好的,但也要清醒地看到,思想意识多元多变的特点更加明显,理论武装和引导的难度进一步加大;思想观念、价值取向与现实利益相互交织,辨别和校正的难度进一步加大;利用互联网进行煽动、追求个人的轰动效应花样繁多,防范和应付难度进一步加大。各级党组织要深刻认识加强理论武装工作的极端重要性和意识形态领域斗争的长期性、复杂性、艰巨性,居安思危,切实提高做好新形势下理论武装工作能力。要加强学习型党组织建设,引导广大党员特别是党员领导干部终身学习,善于学习,提高境界,开阔眼界,增强推动科学发展、促进和谐的能力。要加强交通运输行业核心价值体系建设,积极探索用行业核心价值体系引领行业思潮的有效途径和办法,在多元多样中争取主动,在交流交融中谋共识,不断增强全行业的认知认同,并转化为干部职工的精神信仰和价值追求。要进一步营造健康向上的行业氛围,围绕中心、服务大局,加强形势政策和法律法规的宣传教育,当前和今后一个时期尤其要加强交通运输"十二五"目标任务的宣传教育,用交通运输发展的美好前景激励人心、凝聚力量,进一步打牢共同奋斗的思想基础。需要特别指出的是,在互联网迅速发展的新形势下,我们各级领导干部要学习网络知识,了解网络特点,更加关注网络,善于运用网络,扬其利、避其害,提高对热点问题和突发事件"第一时间"反应能力,主动、科学、

* 这是江西省交通运输厅党委书记程受锭在全省交通运输工作会议上的讲话(摘录)。

有效地引导网上舆论.牢牢掌握话语权和主动权。

三是要进一步加强党的建设,不断增强党组织的凝聚力、创造 力和战斗力。以纪念建党90周年为契机,扎实推进党的基层组织和党员队伍建设,增强基层党组织的凝聚力、创造力和战斗力,充分发挥广大党员的先锋模范作用。要继续开展好创先争优活动,围绕科学发展开展创先争优,为完成中心任务提供动力和保证:围绕服务人民开展创先争优,努力为群众办实事、好事;围绕加强党组织和党员队伍建设开展创先争优,切实做好抓基层打基础工作:坚持党群共建创先争优,形成党组织带动所在单位创先进、党员带动身边群众争优秀的良好局面。要认真开展好发展提升年活动,通过认真查找并切实解决机关效能和服务中存在的突出问题,进一步提升办事技能和服务水平,不断创优发展环境,全面提升发展质量。要不断深化干部人事制度改革,加大公开选拔、竞争上岗的力度,增强干部队伍的生机和活力,真正把那些政治上靠得住、工作上有本事、作风上过得硬、人民群众信得过的干部选拔上来,努力建设一支高素质干部队伍。要切实加强反腐倡廉建设,充分认识反腐倡廉建设的长期性、复杂性和艰巨性,认真吸取近几年来交通运输行业暴露出的腐败案件的深刻教训,以交通基础设施建设为重点,建立健全"十二公开"等制度;以深入开展"阳光反腐年"活动为切入点,不断规范领导干部权力运行;以"以人为本、执纪为民"为核心,全面扎实推进交通运输惩治和预防腐败体系建设,不断以反腐倡廉建设的新成效取信于民。

全省交通运输面临着难得机遇,具备了良好条件,展现出广阔前景。让我们在省委省政府的坚强领导下,紧紧抓住并切实用好重要战略机遇期,咬定目标、坚定信心,团结协作、开拓创新,努力开创全省交通运输科学发展、和谐发展新局面。

抢抓机遇 开创新局面
推进"十二五"交通运输进位赶超科学发展*

马志武

(2011年1月22日)

"十一五"时期是全省交通运输发展历程中极不寻常、极不平凡的五年。五年来,全省交通运输系统以科学发展观为统领,认真贯彻落实省委、省政府和交通运输部一系列重大决策部署,解放思想,团结拼搏,锐意进取,攻坚克难,克服了国际金融危机、重大自然灾害等不利影响,全力推进交通运输大建设、大改革、大发展,全省交通运输面貌发生了巨大变化,"十一五"规划各项任务超额完成。突出表现为"三个重大标志、九个明显提升"。

"三个重大标志":

以公路水路基础设施投资超过1000亿元为标志,交通运输发展进入了快车道,发挥了江西省"进位赶超、绿色崛起"中的先行作用。5年来,全省公路、水路基础设施建设投资累计完成1097.9亿元,年均增长10.65%,是"十一五"规划总投资目标(746 .7亿元)的147%,比"十五"时期增长65.9%。其中,公路建设完成投资1082.2亿元,比"十五"时期增长65 8%;水路建设完成投资12.6亿元,客运站点建设完成投资6.77亿元,分别是"十五"时期的1.75倍、1.83倍。特别是2008年以来,为有效应对国际金融危机,全省交通运输系统抢抓机遇,牢牢抓住重大项目建设不放松。继2009年公路、水路基础设施建设投资首

* 这是江西省交通运输厅厅长马志武在全省交通运输工作会议上的讲话(摘录)。

次突破200亿元后,2010年突破300亿元大关,达到307亿元,同比增长30.4%。三年拉动就业约16826万个工作日,按月收入1500元计算,相当于为46.1万人提供一年的稳定岗位。公路、水路基础设施投资的持续快速增长,为保持全省固定资产投资增长速度作出了应有的贡献,为积极有效应对国际金融危机,促进全省经济社会发展发挥了重要作用。

以高速公路通车里程突破3000千米为标志,江西省高等级公路建设持续跨越,大大提升了江西的区位优势。5年来,全省高速公路连续跨越2000千米、3000千米两个历史性台阶,创造了令人瞩目的"江西速度"。"十一五"期间,全省共建成高速公路1508千米,86%的县(市区)通了高速。增加了6个出省通道,打通了通往长江三角洲、珠江三角洲、闽东南三角区和湖南的快速通道。实现了出省主通道和省会到各设区市道路全部高速化,形成了省内4小时、省际8小时经济圈。"三纵四横"高速公路主骨架基本建成,承东启西、贯通南北、便捷通达、快速高效的交通运输大格局初步形成,江西一跃成为全国高速公路建设速度最快的省份之一,为提升江西区位优势,服务全省经济社会发展提供了坚强有力的支撑。

以全省行政村村村通水泥路和农村渡改桥主体工程总体完成为标志,交通运输民生工程强力推进,增强了交通运输服务社会主义新农村经济社会发展的能力。5年来,全省农村公路建设大规模推进。按照省委、省政府部署和省、部《关于落实中央1号文件农村公路建设任务的意见》确定的目标,"十一五"以来,全省农村公路建设完成投资240.2亿元,占"十一五"规划的160.1%;5年硬化农村公路里程达5.9万千米,是"十五"时期的1.65倍;全省行政村实现了村村通水泥(油)路。其中,2010年完成农村公路路面硬化8500千米,新增980个行政村通水泥(油)路。

全力打好建成621座渡改桥、撤销800个农村渡口的攻坚战。认真贯彻省政府《关于加快全省农村渡口改渡建桥建设实施意见》,形成高位推动的领导机制、责任明确的落实机制、政府为主的投入机制、奖励优惠的鼓励机制,建立"市长抓调度,县长负总责,一桥一领导,一桥一技术干部,一桥一督导"的工作制度,强化前期监管、进度监管、资金监管和质量、安全监营,基本完成了除大江、大河、大湖、水库外的农村渡口改渡建桥的建设目标.全省621座渡改桥主体工程总体完成。江西省改渡建桥重大民生工程受到交通运输部的充分肯定。同时,加大了少数民族地区通村公路建设的扶持力度,"十一五"时期支持社会主义新农村示范点建设资金达9亿元,有力促进了农村经济社会的发展和农民生活的改善。

"九个明显提升":

(一)以项目为抓手推动科学发展能力明显提升。一是突出规划引领项目。以交通运输发展规划为龙头,统筹项目布局、项目储备和开工建设。《江西省高速公路网规划》、《江西省2020年干线公路网规划》、《江西省内河航运发展规划》的制定、调整、实施,为及时抢抓机遇、推进项目发展提供了引导。二是统筹协调推进项目。在重点抓好28个高速公路建设项目的同时,统筹公路、水路、运输站场项目建设。"十一五"高等级航道建设提升到了全流域渠化的新水平,建设投资是"十五"的2.7倍,运输站场项目全省建成605个农村客运站、11020个农村候车亭。三是化危为机抢抓项目。2008年以来,坚决按照省委、省政府"一抓双抢"、"三个一批"的要求,突出加快项目报批,依法合规按程序完成8个国家高速公路、10个地方加密高速公路共18个高速公路项目的审批工作,审批总里程达1631千米,总共2.87万公顷用地中争取了国家用地指标2.73万公顷,特别是5个地方加密高速合格争取到了国家指标,达2666.67公顷。完善了景鹰、武吉高速等一批项目用地报批手续。全省高速公路在建项目由2008年的7个800千米,增加到2009年的15个1600多千米和2010年的19个1690千米。四是全过程实施好项目。在坚持依法依规,严格履行国家要求的基本建设程序的基础上,变过去的被动管理为主动抓工期、质量、资金、安全、劳务工工资发放等主要环节,主动规范招投标、设计变更、市场准入、市场信用、交竣工验收等方面的管理,全面推行项目信息公开化和施工建设标准化,创造了"工程质量更优、外观形象更美、生态环境更佳、依法管理更严、安全廉洁更好"的丰富经验。

2010年,全省建成鹰瑞、石吉、赣州绕城、彭瑚一、二期、九瑞共6条655千米高速公路,实现突破3000千米的目标,通车里程全国排名由第12位上升为第9位。续建并加快建设德兴至南昌、永修至武宁、南昌至奉新、上饶至武夷山高速、瑞金至寻乌、九江长江公路大桥及连接线、龙南至杨村等7个项目600千米。开工建设奉新至铜鼓、浮梁至桃墅岭、德兴至上饶、赣州至崇义、吉安至莲花、隘岭至瑞金等6个高速公路项目436千米。国家高速公路网在江西境内的线路全部开工建设。省部重点工程赣江石虎塘航电枢纽已进入主体工程建设期。

(二)干线公路养护管理能力明显提升。

加强干线公路改造。"十一五"期间,全省国省道以每年800千米以上的规模进行改造,5年共完成二级及以上国省道改造4436千米。高速公路重点完成了药湖特大桥加固维修和昌九、九景高速技改工程。加强养护管理。积极开展预防性养护,提高了高速公路养护中心和养护工区建设水平。改造危桥564座,实施公路安保工程7918千米。投入8000余万元率先在全国完成了高速公路重命名、里程桩号传递和交通标志更换工作。面对大范围的水毁公路迅速开展了灾后恢复重建,9月底前完成高速公路和国省干线一般水毁点恢复重建,11月底前完成了国省干线重大水毁点恢复重建。梨温高速被冲毁4座桥梁6月26日正式启动修复重建,9月23日提前一个多月实现了省委、省政府提出的"10月份建成通车"目标。206国道鱼塘大桥17天就抢通,5个半月就建成通车。全力以赴"迎国检"。全省采取贷款贴息的办法,千方百计筹措资金,共投入28.6亿元,对涉及的国省道干线公路3242千米进行重点维护,大中修1296千米,同时打造了5千米省界高速公路、3千米普通国省干线公路的精品路段。按照国检规范化检查要求,制定了一批公路、桥梁、隧道养护管理制度,高速公路四容四貌全部达到标准化,完成14个普通国省公路试点道班建设,打造出新建璜溪、婺源辛田养护中心等一批样板道班,320国道上高养护中心已建成设备齐备、配套齐全、管理规范的现代化养护中心,打造了一批标准化路大队,公路技术状况和规范化管理得到提升,国省干线通畅能力显著增强。

(三)生态绿色高速公路建设能力明显提升。

把生态环保作为高速公路建设的重要标准。生态环保理念贯穿于高速公路建设的全过程。在设计上顺应自然、生态优先,在施工中做到"三不五隐蔽"(不大挖大填,不砍风景林、名贵树术和古樟树,不扰乱山洪水系;取土场、弃土场、采石场、拌和楼、建筑垃圾要隐蔽),"施工不流土、竣工不露土",建设一处、绿化一处、施工一片、恢复一片,打造了一条条蜿蜒于青山绿水之中的生态景观路。按照省委、省政府"一大四小"造林绿化要求,2008年提出"一年基本覆绿,两年完善提高,三年大见成效"的总体目标,累计投入资金5.2亿元,栽树3611万棵,铺设草皮及小灌木1122万平方米,完成124个互通绿化改造、116个收费所站绿化改造、44对服务区绿化改造、76处隧道广场绿化改造。以高速公路绿化为标志. 打造了通道、节点、服务区绿化三大亮点,突出了"千里高速绿长廊,畅洁绿美巧梳妆"的特色。环设区市周边高速公路绿化景观带基本形成。

(四)高速公路服务区建设管理能力明显提升。

按照省委省政府的要求,以高速公路服务区整治为抓手,涌现出三清山、庐山、石钟山、峡江、鄱阳等服务区改造样板,以点带面推进服务区改造及整治工作,厅属高速公路服务区改造基本完成。一是服务区规划设计水平明显提升。布局合理,新建和改造高速公路服务区规划设计起点高、硬件配套设施全、便民服务功能好。二是服务区建设水平明显提升。"十一五"期间,全省高速公路服务区已投入4.5亿元进行改造建设,新建、改扩建中心服务区12对、普通服务区14对,改造厕所蹲位3300个。2010年又结合迎国检需要对10对服务区的停车场、公厕、绿化带等硬件设施进行了全面改造,房建工程质量普遍提高。三是服务区文化品位明显提升。地方特色突出,风格创新,展示了江西人文底蕴。四是服务管理水平明显提升。制定了《江西高速公路服务区经营管理规范》等一系列规范和制度,实施了统一化、标准化、规范化管理,通过量化工作指标,健全长效机制。全面落实了"六保",即保洁、保通、保绿、保亮、保安、保服务要求。通过整治,全省高速公路服务区面貌焕然一新,成为江西省交通运输发展和江西形象的窗口。

(五)交通投融资机制创新能力明显提升。

面对交通建设对资金的巨大需求,千方百计破解难题。一是用足用好国家政策,通过项目争取资金。5年来,累计争取国家补助资金186.2亿元,发挥了交通重大项目建设资本金主力军作用。其中,2010 年争取到位国家补助资金 51.5 亿元,创历史最高记录。二是通过内部挖潜筹措资金。盘活收费还贷高速公路存量资产。通过资产注入收回部、省投资 38.3 亿元,以此撬动银行贷款近 120 亿元,为后期新开工项目筹集项目资本金项目提供资金支持。加强规费征收管理,5 年来,全省交通规费(包括 2009 年后的燃油税替代"六费"额)不断取得突破。其中 2010 年同比增长 20.5%。三是强化合作共赢机制。用足金融政策,积极争取银行授信,与省开行、农行、中行、交行 4 家银行签订了战略合作协议,以最低优惠利率获得授信额超过 1000 亿元。积极与地方政府进行合作,与九江、上饶、赣州市等地方政府合作建设高速公路。积极开展与央企合作建设水运项目。四是创新投资模式。成立高速公路投资集团公司、港航建设投资公司,做大做优投融资平台。充分发挥赣粤公司、公路开发总公司的企业优势,通过短期融资券、公司债券、商业票据、分离式交易可转债、信托贷款等多种方式,共筹措资金近 100 亿元。通过委托贷款、贷款贴息、贷款担保和担保费补贴等多种方式,帮助各设区市解决筹融资团难。积极争取世行、亚行贷款用于重大项目建设。招商引资重点工程九瑞高速公路建成通车。

(六)推进体制机制改革能力明显提升。

以改革增活力、以改革强后劲、以改革促发展,着力推进"四项改革"。一是大力推进行政机构改革,形成了一厅三局两公司,组建了省公路路政管理总队,在 11 个设区市成立了高速公路路政支队。二是平稳推进成品油税费改革。平稳较快地完成了江西省取消"五费"工作。作为全国第一批试点省份,全部取消了 83 个政府还贷二级公路收费,以及 13 个在建收费还贷二级公路项目,涉及收费里程 4659 千米,基本形成普通二级公路免费通行格局,在社会取得良好的反响。妥善安置改革涉及人员,仅厅直属单位就涉及改革人员 4032 人,目前已基本安置到位。三是全面推进国有企业改革。按照省委、省政府部署,2010 年对全省国有交通运输企业进行改革,按照"三个一批",即联合重组做强一批,转让股权改制一批,清产注销退出一批的思路,加强领导,务实操作,平稳推进,已有过半数企业完成改革,取得了初步成效。四是积极推进事业单位改革。成立了交通运输应急指挥中心、交通运输专业人员资格评价中心;完成了质监站等由自收自支向全额拨款事业单位的变更,成立了厅工程档案馆,8 个单位退出事业单位序列;江西交通职业技术学院调整和省公路管理局信息数据中心组建等工作有序推进。

(七)安全应急处置能力和运输服务水平明显提升。

加强应急体系建设。制定完善了道路运输、水上、重点工程建设突发事件应急预案。建立了高速公路四级应急响应机制。厅交通应急监控指挥中心、省水上搜救中心、鄱阳湖搜救分中心、仙女湖 CCTV 视频监控系统工程建成,加强应急队伍和设施设备建设,开展了水上人命救助演练等各种形式的应急演练。初步构建起"统一指挥、反应灵敏、协调有序、运转高效"的应急管理体系。继 2008 年成功应对冰冻雨雪灾害应急保通的重大挑战后,2010 年,面对历史罕见的特大洪涝灾害,全省交通运输系统迅速反应、紧急动员、万众一心、众志成城、连续奋战,经受住了"三个严峻考验。"面对特大洪涝灾害,仅用 36 小时成功合龙沪昆高速公路水毁缺口;48 小时内恢复单幅双向通行。二是连续作战、攻坚克难,抢险保通经受住了严峻考验。受灾地区多处段经历了冲毁、抢通,再冲毁、再抢通。攻克了梨温高速抢通的难点,又转战唱凯大堤堵口的一线。在一片汪洋中,高速公路昂然屹立,为运输、救灾、堵口提供交通支撑。三是讲大局、讲奉献,团结协作经受住了严峻考验。共调集救灾客车 2394 辆,货车 3322 辆。对行驶在重点灾区救灾车辆一律免费放行,免费放行车辆 16155 辆次。将迎国检的沙石材料全部提供给地方政府用于堤坝和水库抢修工作;让出路段所站办公室给当地政府提供指挥,让出员工宿舍给救灾部队提供休息,让出员工食堂给灾民提供食物,谱写了一曲抗洪保通的壮丽凯歌。

安全监管迈上了新台阶。制定了《关于贯彻省政府健全完善安全生产长效机制的实施意见》,建立了安全生产季度例会制度,健全交通运输安全管理长效机制。组织开展了安全生产年、百日督查、"三项行动"、"平安工地"建设、危险桥梁排查等专项活动。治理超限超载工作取得新的进展. 。在全国率先开展渡船更新、道路客运清挂工作。累计投入1138万元建设GPS指挥监控平台,投入3000多万元在运营客车安装GPS车载设备。水上交通和重点工程安全生产两项指标均控制在省安委会下达的控制考核指标以内。道路旅客运输安全生产事故和重点工程建设安全生产事故下降。保障了国庆60华诞、北京奥运会、上海世博会、广州亚运会和江西省中博会运输安全工作,杜绝春运、全国"两会"、法定节假日等各重要时段较大以上事故的发生。

公路水路运输服务能力快速提高。全省累计开通客运线路6420条,农村客运班线3575条;全省乡镇、行政村班车通达率2005年为99.4%、67.9%,2010年底已经提高100%、90%。2010年,公路客运量、客运周转量、货运量、货运周转量分别完成7.06亿人次、330.48亿人千米、8.84亿吨、1850.20亿吨千米,分别比2005年增长47%、37.5%、136.7%、199.6%;水路完成货运量6507万吨、货物周转量182.26亿吨千米,分别比2005年增长35.4%和76.4%。年港口货物吞吐量突破2.1亿吨、港口集装箱完成17.2万标箱,比2005年增长55.1%、186.7%。同时,提升绿色通道公路保畅通工作。自12月1日起,江西省所有收费公路对整车合法装载运输鲜活农产品的车辆免收通行费,免费公路面扩大,扩大了鲜活农产品的范围,并允许少量混装。

(八)科技教育、节能减排和信息化建设水平明显提升。

科技教育工作不断增强。"十一五"期间,全省交通运输行业科技研发总投入约2亿元,建成1个省级重点实验室、1个省级工程技术研究中心、2个博士后科研工作站,编制并颁布省地方标准11项、地方行业标准3项,获得国家科技进步二等奖,部省级科技进步奖27项,其中省科技进步一等奖1项。研发并推广了沥青混合料冷再生上基层在高速公路大修中的应用研究、旧桥维修加固等一批先进技术成果。江西交通职业技术学院先后被列为教育部国家职业教育骨干院校、交通运输部交通职业教育示范院校和江西省首批示范性高等职业院校立项建设院校。交通干部学校新校区建设顺利推进。

节能减排取得新进展。以合理用能、提高效率为核心,以优化结构、提升技术和强化监管为手段,建立健全了节能减排组织领导体系,编制印发了全省公路水路交通节能中长期规划,举办了两届"运通杯"节能驾驶竞赛活动,选树了2批13个节能减排示范项目,组织开展了全行业"车、船、路、港"低碳专项行动。组织实施燃料消耗量达标车型车辆核查。大力推进船型标准化建设,全省标准型船舶数量达60余艘。节能减排获批国家级示范项目1项、交通运输部示范项目3项、列入国家重点节能技术推广目录成果1项。公共机构节能目标圆满完成,荣获"全省公共机构节能先进单位"称号。

智能交通建设加快推进,共16条总计2304千米的高速公路实施智能交通系统建设,新增外场道路监控摄像机402套,气象检测设备49套,雷达测速设备37套,大型可变情报板140套,视频及数据传输设备224套,太阳能供电系统175套。不停车收费系统建设全面推进。作为交通运输部确定的联网不停车收费示范工程省份,累计建成ETC专用车道103条,ETC收费站数量50个,占收费站总数的28.7%,覆盖全省11个设区市的45个县(市、区),覆盖率45.5%。沪苏皖赣高速公路电子不停车收费系统联网正式开通。电子政务建设成效明显。交通运输部信息化示范项目江西省交通信息资源整合与服务工程基本完成,公众出行系统和96122呼叫热线系统建成并发挥了良好的社会效益。开通了厅长手机、厅长信箱。厅办公自动化OA系统升级并投入运行。"江西交通信息网"获得2010年"优秀政府网站"、"优秀政务公开网站"称号,名列全省网站公众投票第一名。

(九)行业管理和自身建设水平明显提升。

依法行政深入推进。《江西省港口管理办法》、《江西省公路路政管理条例》、《江西省道路运输条例》颁布实施。清理地方性法规3件,省政府规章6件,规范性文件326件。推行行政处罚裁量基准制度,细化了行政处罚自由裁量权标准,全面推行交通行政执法公示制度。推进行政审批制度改革,精简行政审批事项,厅审批时间、投资项目、行政许可项目分别压缩30%、47.4%和56.8%。开展基层所站作风整顿,执法水平、服务质量、办事效率明显提高。

廉政建设全面加强。按照"标本兼治、综合治理、惩防并举、注重预防"的方针,扎实推进中央《工作规划》和省委《实施办法》的贯彻落实。

突出交通基础设施领域廉政建设,全面推行高速公路建设"十二公开"制度。认真开展工程建设领域突出问题专项治理,排查厅属和行业系统所属项目问题198个,151个已整改到位。在厅机关和直属单位开展了风险岗位廉能管理。全面加大办案力度。尤其是2008年以来,基本实现对交通运输重大经济活动全面监督,累计审计项目71个,审计核减基本建设项目决算1606万元,查处违规行为金额5246万元。查处存在"小金库"的单位34家,涉及金额460.84万元,受到省治理"小金库"领导小组的通报表扬。全面实施行业目标管理责任制。对各设区市交通运输局和厅直属单位加强目标管理,制定了目标管理办法等制度,先后开展了学习实践科学发展观、政务环境评议评价、民主评议行风、机关效能年、创业服务年等活动,全面推行首问责任、一次性告知制、限时办结制、机关人员工作去向公示制和失职责任追究制等五项制度,着力解决了一批群众反映比较强烈的行风政风问题。

行业文明创建不断深化。以创先争优活动、"学先进、树新风、创一流"活动为载体,推进文明创建。开展文明工地、和谐工地、平安工地、文明样板路、文明样板航道等活动,行业稳定基础不断夯实,在车、船、港、站、路和交通执法部门六大"窗口"开展形象工程建设,涌现出梨温高速鹰西女子收费站、昌樟高速微笑服务、文明手语、96122出行服务热线等文明创建品牌和熊文清、万志群、王迪明等先进个人,28个单位荣获全国荣誉称号。5年来,全省交通运输行业共有422个单位被评为省级文明单位,占受表彰总数的12.5%,是全省受表彰单位最多的行业之一。信访、综合、保密、交通战备、离退休干部及机关后勤工作也都得到进一步加强。

瑞金毛主席故居

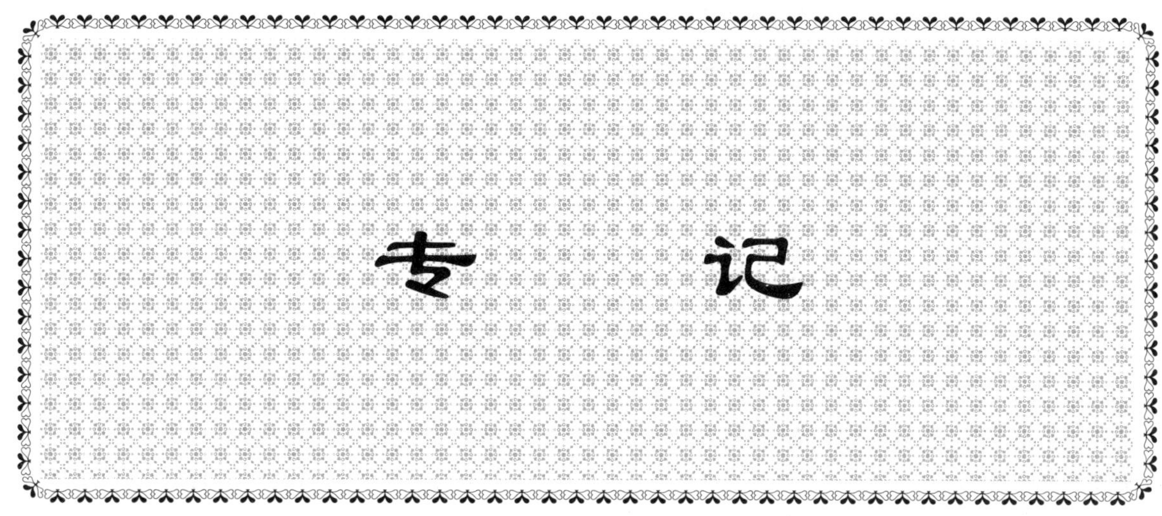

落实责任　规范管理
推动全省交通运输安全工作再上新台阶

——江西省交通运输厅安全生产委员会

（2011 年 1 月 23 日）

2010 年是极不平凡的一年，面对极为复杂的安全环境和历史罕见的特大洪涝灾害，全省各级交通运输部门深入贯彻省委、省政府关于安全生产的一系列重大决定部署，坚持以科学发展观为指导，以继续深入开展安全生产年活动为抓手，积极应对，奋力拼搏，全省交通运输安全生产形势始终保持平稳态势，呈现“两平稳、两控制、一下降”的特点：

“两平稳”：一是全省交通运输安全生产形势平稳。全省境内未发生一次死亡 10 人以上的重特大事故；二是各重要时段交通运输安全生产工作保持平稳。防洪抢险、抗冻保通和“世博会”、“亚运会”、“中博会”以及“春运”、“两会”等重要时段，全省交通运输系统未发生一起死亡 3 人以上的安全事故，保持了交通运输安全平稳的良好态势。

“两控制”：一是水上交通和重点工程安全生产两项指标均控制在省安委会下达的控制考核指

标以内;水上交通事故死亡人数比省安委会下达的2010年安全考核指标少死亡2人;重点工程建设发生事故8起,死亡11人,安全生产比省安委会下达的2010年安全考核指标少死亡1人。二是水上交通事故死亡人数连续第二年控制在个位数,全省共发生水上交通事故8起,死亡9人,沉船5艘,直接经济损失236万。全年未发生渡运事故、船舶污染事故和远洋运输事故。

“一下降”:道路旅客运输安全生产事故下降.共发生事故31起,死亡62人,事故起数、死亡人数同比分别大幅下降38%、36%。

回顾2010年工作,交通运输部门着力抓了以下六个方面:

(一)夺取了抗洪保通等公共安全事件应对的全面胜利。

2010年全省遭遇了特大洪涝灾害,降雨之强、流量之大、险情之多、灾情之重历史罕见。6月21日,抚州市临川区唱凯堤决口,沪昆高速余江段等一批交通基础设施在洪灾中遭受重创。在省委、省政府的坚强领导和统一指挥下,全省各级交通运输部门紧急动员,各级领导干部靠前指挥,明确责任,分片负责。以最快速度抢通了抗洪救灾“生命线”,创造了36小时抢通梨温高速余江段的成绩。以最有效的行动保障了人员和物资的安全运输,唱凯大堤出现险情当晚,省运管局、抚州市交通局、南昌市运管处连夜调集运力,全省共无偿调集客车2394辆,货车3322辆,保障了受灾群众、救灾官兵和救灾物资的及时运送。高速公路成为抗洪救灾的大本营、群众的避难所和抗灾队伍的服务站。全省高速、公路、路政和运管、港航部门发挥连续作战的精神,在较短的时间内化解险情,抢通受阻路段,及时组织各类救灾人员和物资的运输,体现了交通队伍的战斗力,为抗洪抢险提供了有力的交通运输保障。

面对雨雪冰冻恶劣天气的影响,全省交通运输系统及时启动应急预案,迅速行动,科学处置,全力保障了高速公路畅通和过往车辆安全。在2010年抗冻保通工作中,全省高速公路部门出动人员3800人次,除雪除冰设备300余台次,撒盐、融雪剂600余吨、铺垫麻袋22300条、设置安全标志23000个、发放食品药品350余箱。2011年初又采购了20台撒布机、14个前置滚刷、18块除雪铲等一批专业铲冰除雪设备,提高了应急工作的专业化、机械化、科学化水平。高速公路路政、联同收费、应急指挥、宣传和96122交通服务热线等部门也发挥了重要作用,做出了突出贡献。

此外,成功处置“11·5”昌樟高速特大汽车追尾等交通事故,联合安监、交警、气象部门,落实了《江西省高速公路恶劣天气应急管制办法》,进一步明确了信息监测、报告、发布、交通管制及处置、责任追究等各项责任,增强了恶劣天气条件下变通事故多发频发的预防和遏制能力。

(二)强化了世博会、亚运会等重点时段的安全严管措施。

2010年是全国和省内大事多、喜事多的一年,上海世博会,广州亚运会和亚残运会,南昌中博会,给交通运输安全带来了时间长、要求高、任务重的压力。

根据上海环沪“护城河”和广州环粤“护城河”安保工作要求,一是严格资质审查,把好签证关。世博会期间,我省办理船舶入沪签证2150艘次,对涉及入沪班线的18家客运企业、31家危货运输企业、71辆班线客车、415辆危货车辆、35个客运站、809名司乘、押运人员的资质、技术状况、安全设备等情况进行了全面审查。亚运会期间又对进粤1735辆车辆、4259名从业人员、89个汽车站进行了全面审查,全部达到相关要求。二是实行了安全检查登记、车辆登记和旅客实名登记制度,对违反规定的加大了处罚力度。据不完全统计,各级港航部门实行船舶专项安全检查930艘次,反馈船舶信息192艘次,改签不符合入沪条件的船舶83艘次,处理违反世博管控规定船舶223艘。三是加强宣传教育。免费发放上海海图和《世博会水上交通管控宣传册》2000套,开展内部培训8次176人,对入沪驾驶员、船员等从业人员全部进行了再教育。省港航局被国家海事局评为世博水上安保先进单位,并被国家海事局授予2010年上海世博会水上交通安全保障工作集体三等功。

(三)扎实推进了影响交通运输安全突出问题的专项整治。

持续推进水上“三无”船舶专项整治。全年排查整治“三无”采运砂石船舶890艘,载重吨5.6万吨,非法违规造船厂点18处。同时加强了对采砂作业水域航道通航秩序整治,处罚违章船舶1645艘。通过“大船小证”综合治理,吨位丈量计算复核共计1554艘,实船检查1475艘。办理船舶登记3165艘次,发放船舶IC卡340张。

深入推进道路客运安全专项整治。以落实运输企业主体责任为主线,以强化企业对营运客车、旅游包车、危险品运输车动态监控为重点,开展了道路客运安全专项整治和道路运输企业主体责任专项整治,全省客运企业、旅游包车企业和危险品运输企业基本落实"一带、一速、一平台、一防护"规定,旅游客车和三类以上班线的中高级客车全部按核定座位依法安装符合国家标准的安全带、GPS卫星定位装置。

依法推进打击非法违法生产经营建设行为专项行动。查处各类非法违法行为480余次,一般违章行为12000余次,下达《安全生产隐患整改通知书》455份,关闭取缔违法经营场所12处,消除安全隐患596处。

有效推进公路水上治超工作。经省政府批准同意,颁布了《江西省普通公路超限超载车辆检查站点布局初步规划方案》,规划增设了5个"治超站"、30个固定治超检测点,实行以"站"为依托,以"点"为辅助的站点结合的路面"治超"新举措,建立了"部、省、站"三级联网运行机制。经省政府同意,依托白水湖治超站在九江大桥桥南设立治超检查点开展集中治超整治活动。在九江鞋山和星子水域已设减载点的基础上,增设赣江昌邑山减载点,加强了水上"治超"的力度。

(四)进一步加强了以制度化为重点的安全监督长效管理。

积极争取省政府印发了《关于进一步加强水上安全管理的意见》,进一步明确了政府各部门水上安全监管责任.健全了水上交通安全管理工作机制。

联合省安监局印发了《关于进一步加强在建交通重点工程安全监管的通知》,形成了"三帮助一参与"的安全监管工作机制。联合对彭湖高速公路项目实现"零死亡、零事故"的安全生产目标进行表彰和奖励,对昌樟高速养护施工安全工作的先进经验进行了联合调研,推出了一批交通运输安全生产工作的典型示范。

结合公路水运工程"平安工地"建设活动,在全省交通重点工程全面推行"五个一"即"一校、一会、一查、一志、一总"质量安全管理制度,着手编制《江西省公路建设项目一线作业人员安全培训教材》。确定了凡江长江大桥等一批建设管理示范项目和示范点,以点带面推动交通重点工程安全施工。

加大隐患排查整改和挂牌督办力度。年初,交通运输厅挂牌督办的8项水上交通安全生产重大隐患已基本整改到位。其中宜春币丰城大码头渡口隐患整改工作,当地政府投入500多万元,修建6千米通村公路,购置6台客运大巴开通公交班线解决撤渡问题。按照分级负责的原则,各级交通运输部门进一步加强隐患排查整改力度,开展执法行动2476起,排查治理隐患企业单位2611家,排查整改一般隐患4268项,整改重大隐患121项。

(五)加大了交通运输安全设施和安全基础装备的投入。

一是开展了简易救生浮具推广使用。投入40余万元,对全省未列入渡改桥计划且正常营运的渡口渡船统一配备简易救生浮具1 7 万个。二是按照"四个一"的思路,启动了标准化渡口建设试点工作,先期选择的南昌市2个渡口试点工作正在实施。三是以公路迎"国检"为契机,对3242千米国省道公路进行了重点维护,完成大中修1684千米;高速公路完成大中修1716公千米,同时完成了交通标志标线、安全警示牌的设置。四是根据交通灾后重建的总体安排,对特大洪灾中受损的沪昆高速余江段和475处高速公路水毁点和320千米国省道公路、1085千米农村公路水毁点迅速进行了修复。五是加快了全省渡改桥建设,到2010年底渡改桥项目主体工程100%完成,全省建成62I座桥梁、撤销800个渡口的目标基本实现。六是完成整治公路危险路段和事故多发点段857处,其中高速公路268处,普通干线公路589处。七是各级交通运输部门认真落实《全省交通运输安全监管部门基本装备配置暂行标准》,加大了安全监管部门基础装备配备投入,提高了交通运输安全监管能力。

(六)不断增强了交通运输安全监管和应急保障能力。

启动了安全"双基"建设活动。根据交通运输部安排,决定在全省开展为期三年的"双基"建设活动,印发了"双基"建设活动方案,明确了活动指导思想和目标,从加强法制和预案体系建设、体制机制建设、队伍建设、科技和信息化建设、设施设备建设、责任制的落实、突出问题的治理等7个方面提出了具体活动任务、措施和要求。

完善了安全应急制度建设。出台了《江西省交通运输厅安全生产监督管理职责暂行规定》,建立了安全生产“一岗双责”责任体系,明确了各级交通运输部门安全监管职责和责任落实保障措施。《江西省交通运输突发事件总体应急预案》即将印发,《江西省交通运输安全生产事故隐患监控整改制度》、《江西省公路水运建设工程安全生产费用管理暂行规定》等安全管理制度,经前期细致深入调研和广泛征求意见,现已完成初稿,正在抓紧修改出台。

组织开展了水上人命救助演练、高速公路隧道突发事件、水毁抢修、消防、防盗等各种形式的演练7次。其中,通过开展“2010江西省水上人命被助应急演练”,对全省推广的渡口渡船简易救生浮具装备使用的方便性和有效性进行了实战检验,取得圆满成功。

加强了安全教育培训。全省各级交通运输部门充分结合“安全生产月”活动,组织开展“安康杯”竞赛活动和“青年安全生产示范岗”等多项活动,广泛宣传交通运输安全知识,印发宣传品、悬挂安全条幅、标语10万余份(条),培训教育人员近10万人次。厅安委办组织对全省设区市及厅直属单位安全生产骨干力量开展安全生产和应急管理培训,培训人员110余人。省运管局、省港航局、省高速集团和各设区市交通局也组织了多层次、多形式、全方位的安全培训工作。

以大力推行阳光反腐为统揽
努力开创党风廉政建设和反腐败工作新局面*

成 松

(2011年2月15日)

2010年,在省委纪委和厅党委的正确领导下,全省交通运输系统各级纪检监察部门坚持以科学发展观为指导,始终围绕中心、服务大局,惩防并举、注重预防,紧密结合工作实际,全面贯彻落实中央《工作规划》和省委《实施办法》,党风廉政建设和反腐败工作扎实推进,为交通运输事业又好又快发展提供了有力保证。

(一)以落实责任制为龙头,党员领导干部廉洁从政意识和作风建设进一步加强

是年,全省交通运输系统创新举措,拓宽渠道,大力加强党风廉政建设责任制的落实,形成了齐抓共管、各负其责的工作格局。广泛开展了《中国共产党党员领导干部廉洁从政若干准则》和《国有企业领导人员廉洁从业若干规定》学习教育活动,进一步增强了广大党员干部廉洁从政意识,提高了拒腐防变能力。召开了反腐倡廉形势分析会,全面分析了当前面临的反腐倡廉形势,总结了存在的问题,明确了工作要求,提出了改进措施。大力开展了廉政教育月、示范教育、警示教育和岗位廉政教育等活动,引导党员领导干部坚定理想信念,坚持立党为公、执政为民,增强了反腐倡廉教育的针对性和有效性。坚持“三谈两述”制度,纪委负责人同下级党政主要负责人谈话147人次,领导干部任前谈话46人次,诫勉谈话18人次,领导干部述职述廉522人次。认真开展四个问题专项治理“回头看”工作,坚持勤俭节约,反对铺张浪费,惩治奢侈之风,有效地治理了领导干部作风建设中存在的突出问题。继续严格控制出国(境)团组数量和规模,完善因公出国(境)管理制度,2010年,党政干部因公出国(境)经费比2006—2008年三年平均数下降79.25%。扎实开展“小金库”清查清理,组织对厅属国有企

* 这是江西省交通运输厅纪委书记成松在全省交通运输系统廉政工作会议上的讲话(摘录)。

业和社会团体自查自纠158户，覆盖率达100%，清理厅下属企业单位2008年以来设立"小金库"26家，涉及金额333万元。加强对改制企业国有资产督查。对改制企业组织调研摸底，对国有资产实施专项清查，对群众反映强烈的突出问题进行核查，保证国有资产不因改制而流失。大兴艰苦奋斗之风，严格执行上级有关压缩经费开支的规定，加强对厅直单位经费使用情况的审计监督，引导领导干部保持高尚情操和良好作风。

（二）以工程建设专项治理为牵引，交通基础设施建设领域廉政工作进一步深化

按照省委《关于进一步加强几个重点领域预防腐败工作的决定》精神，始终把抓好交通基础设施建设领域的廉政工作作为交通运输系统反腐倡廉建设的重中之重，着力规范交通基础设施建设行为。上半年，召开了重点工程项目办主任座谈会，分析研讨工程建设领域突出问题和廉政建设面临的形势，着重要求项目管理干部要保持头脑清醒，坚决抵制贪欲，确保廉洁自律。强化项目办政监处廉政监管职能。继续推行重点工程纪检监察派驻制、廉政合同制等工作，制定下发了《江西省交通基础设施建设综合监督实施细则》、《江西省交通基础设施建设重点项目政治监察工作规则》，规范了工程建设廉政监管行为。全面加强项目建设督查。2010年，先后组织20个工作组，分5批对全系统工程建设项目进行了督查，下达整改通知书37份。全力推进工程建设阳光操作。制定了《江西省交通运输厅关于推行高速公路建设项目"十二公开"的规定》，依托江西交通信息网、"十二公开"专网，打造行业系统政务公开平台、公共资源交易信息公告平台、从业单位信用管理平台、综合监督保障平台、不良行为记录公告平台。注重加强长效机制建设。对厅2002年以来有关工程建设的法规、制度进行了梳理，清理已过时法规制度33件，新增2009～2010年法规制度24件，并形成制度汇编。推行公共资源进场交易和市场信用体系建设，2010年共有143个工程项目进入公共资源交易中心招投标，金额达248亿多元。完善建设与监管办法，裁定了《江西省公路水运建设市场从业单位信用管理暂行办法》等7项规定，将企业信用与招投标、履约保函挂钩，引导从业单位自我约束，自我发展。同时，规范了建设与监管行为。组织课题组加强对热点、难点问题研究，形成了《工程项目招标投标存在的突出问题与防控对策研究》等3项成果。

（三）以廉能管理为契机，领导机关权力运行进一步规范

省交通运输厅作为省直风险岗位廉能管理工作试点单位之一，坚持"全面覆盖、有序推进、突出重点、注重实效"的原则，全面推开廉政风险排查工作。厅机关成立了领导小组和办事机构，制定下发了《江西省交通运输厅关于开展廉政风险防范管理工作的实施方案》，专题召开了动员大会，统一了思想，明确了要求。针对交通运输行业的工作实际，紧紧抓住查找风险点这个关键，从思想道德风险防范、制度机制风险防范和岗位职责风险防范等方面入手，分厅机关和厅直单位两个层面及交通行政执法、交通行业服务和交通工程建设三个类型；根据权力运行的流程开展了风险点查找和防范措施研究。厅机关16个职能部门、82个岗位、涉及在岗人员91人直接参与了风险岗位廉能管理工作。初步排查出廉政风险点212个，研究制定防控措施207条，并汇编成《江西省交通运输厅部门、岗位廉政风险识别防控手册》。17个厅直单位和21个交通重点工程建设项目办公室，分别按照工作性质，结合自身实际，深入细致地开展了风险岗位廉能管理工作，为建立健全权力运行的制约监督机制奠定了扎实的基础。省高速投资集团公司、省公路路政管理总队和永武项目办等单位结合自身工作职能，制定的防控手册针对性、操作性强，对风险防控具有很好的指导价值。

（四）以提高服务保障水平为目标，交通运输行风建设进一步深入

2010年，全省交通运输系统按照"谁主管谁负责"、"管行业必须管行风"的纠风工作原则，突出纠风工作重点，加 大纠风工作力度，完善纠风工作制度，行业风气得到进一步 好转。加强对交通行政执法人员的教育、管理和监督，进一 步提高执法人员综合素质和执法水平。加强对中央、省委省政府制定的各类规章制度及省厅出台的《江西省交通运输厅规范行政处罚自由裁量权工作实施方案》等5项规范行政审批和执法方面制度执行情况的监督检查，进一步规范交通行政处罚行为，提高交通行政执法水平。认真解决群众反映强烈的突出问题，坚持领导干部带队明察暗

访。严肃查处以罚代纠、乱收乱罚、吃拿卡要等违规违纪问题。紧紧抓住大部制改革和交通税费改革的机遇,理顺了执法体制,加强了执法队伍建设。围绕损害群众利益的不正之风,制定了公路运输管理行业服务项目“十公开”和交通行政执法“七条”便民措施等制度,较好地保证了行政执法的公正性。组织开展了高速公路排障施救专项整治工作,投诉量与2009年同期相比下降了约90%。组织开展治超专项治理,期间检测车辆15338辆、查处超限车辆1883辆、卸载货量2248吨,全省超载超限下降了20%左右。大力推进基层所站标准化建设,制定下发了《江西省交通运输厅基层单位党风廉政建设工作规范和评价机制》,规范了基层反腐倡廉建设:严肃查处基层所站违规违纪行为,净化了基层风气。加强农村公路监管,对农村公路项目建设实行监察巡查,保证农民利益不受侵害。规范行政审批和行政许可流程,推行网上审批和电子监察,方便了行政相对人,提高了行政效能。继续落实鲜活农产品运输“绿色通道”政策,确保“绿色通道”高效畅通。加强对农民工工资发放情况的监督检查,保证农民工工资按时足额发放,维护了人民群众的切身利益。南昌市交通运输局和省公路运输管理局加强了对运输市场 的行业监管,措施得力,效果明显。

(五)以“创业服务年"活动为平台,群众满意度进一步提升

紧紧围绕“服务创业、富民兴赣”的主题,以服务交通运输重大项目建设为重点,以深化改革为动力,以打造优质创 业环境为目标,高度重视、周密部署、精心组织,结合工作实际,大力开展“创业服务年”活动,着力建设高效、勤政、和谐机关,取得了显著成效。在建立健全首问责任制、一次性告知制、限时办结制、责任追究制等“四项制度”的基础上,进一步完善了岗位责任制度、办事公开制度和责任追究制度。特别是从公开透明入手,注重建设文明服务机关,对关系群众切身利益的事项实行政务公开,尊重满足人民群众的知情权。推行工作受理“零推诿”、工作事项“零积压”、工作质量“零差错”,对反映的问题认真查办、及时答复、限期整改。加大效能督查力度。对96122交通服务热线进行了全面优化,提升全省路况信息、道路指引、高速公路求助以及公交线路和客运班次查询的服务水平,全力打造一个高质量的集咨询、求助、投诉于一体的交通服务平台,搭起了交通运输系统为公众提供服务的连心桥。通过“创业服务年”活动,扎实解决了一批社会关注的热点难点问题。针对群众反映南昌市出租车营运秩序混乱的问题,省公路运输管理局联合昌北机场管理处等有关部门进行了专项整治,共查处严重违规违章车辆9起,责令停业整顿17起,出租汽车的经营管理得到进一步规范。针对群众反映出行不通畅、基层所站工作人员服务态度差、高速公路服务区脏乱差及乱收费、高速公路排障施救管理混乱等问题,分别开展了专项整治活动,优化了出行秩序,改善了行业面貌,减少了群众投诉举报,社会各界对全省交通运输系统的满意度逐年提升。九江市交通运输局在“创业服务年”活动中领导有力,措施得当,2010年底考评作为免检单位。

(六)以查办案件为手段,腐败易发多发势头进一步遏制

全省交通运输系统各级纪检监察部门继续加大查办案件工作力度,以查处发生在领导机关和领导干部中滥用职权、贪污贿赂、腐化堕落、失职渎职的案件为重点,始终保持惩治腐败的高压态势,取得明显成效。2010年,受理群众来信来访来电举报238件,立案25件,结案16件,共处分违纪人员21人,较好地发挥了查办案件的惩戒作用。

在坚决查办案件、惩治腐败的同时,注重发挥查办案件的治本功能,把查办案件与源头预防、治理腐败紧密结合起来。注意选取一些典型案件,开展警示教育,增强党员干部拒腐防变能力。注重密切配合,纪检监察、人事、基建、财务审计和质监等部门协同调查,共同办案,发挥各自优势,形成整体合力,提高了查办案件质量。综合运用组织处理和纪律处分手段,做到宽严相济、区别对待,既保护干部的积极性,又有效遏制了腐败行为的滋生蔓延。

(七)以强化自身建设为保障,纪检监察干部综合素质进一步提高

坚持严格教育、严格管理、严格监督,努力建设一支政治坚强、公正清廉、纪律严明、业务精通、作风优良的纪检监察干部队伍。2010年,继续落实“做党的忠诚卫士、当群众的贴心人”主题实践活动的要求,引导纪检监察干部深入开展“做表

率、创一流”主题教育活动，积极为群众排忧解难，树立了纪检监察干部可亲、可信、可敬的良好形象。着力加强纪检监察业务培训。全年组织厅属处以上单位专职纪检监察干部参加各种培训186人次，进一步提高了纪检监察干部的业务素质。加大反腐倡廉研讨工作力度。组织开展了“加强反腐倡廉科学化建设、推动交通运输系统基层单位党风廉政建设工作规范和评价机制”，“江西省交通运输厅国有企业领导人员廉洁从业若干规定实施细则”等研讨成果。

回顾2010年的工作，主要有以下四个特点：一是围绕中心、服务大局的意识更加自觉。是年，反腐倡廉工作始终立足于维护交通运输改革、发展和稳定这个中心，自觉把反腐败各项工作放在交通运输改革发展的大局中谋划，坚持了正确的工作指导和工作方向。二是加强教育、源头治腐的成效更加凸显。始终坚持标本兼治、综合治理、惩防并举、注重预防的方针，在严肃查处腐败分子的同时，加大教育力度，常敲警钟，勤拉袖子，组织党员干部到监狱开展警示教育，用身边人身边事警醒大家时刻保持清醒头脑，增强预防腐败的免疫力，努力从源头上防治腐败。三是发现苗头、及时惩处的措施更加得力。注重加大监督力度，及时发现发生腐败现象的苗头，紧抓线索不放，严格执行纪律，从 严惩处违规违纪人员，既防止了腐败问题的扩展，又教育和警示了一大批党员干部，争取了反腐倡廉工作的主动权。四是深化改革、注重创新的态度更加积极。全省各级交通运输部门坚持关口前移，强力推进反腐倡廉工作方式方法和体制机制的创新，着力增强反腐倡廉工作的前瞻性和预见性，提高了治理腐败的工作成效。

中央苏区交通局外景

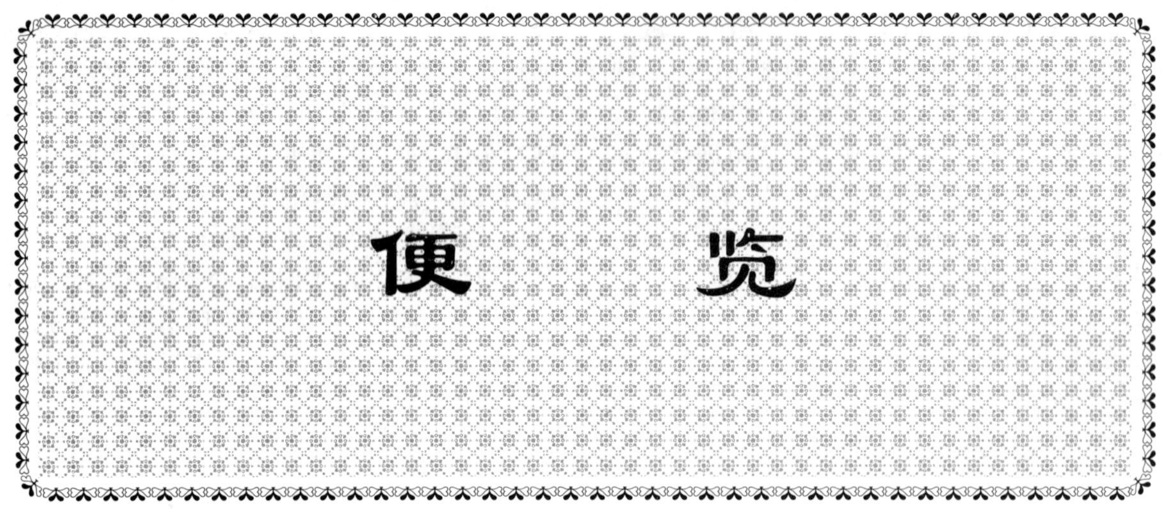

历 史

据江西考古,距今四五万年前的旧石器时代,江西先民已在这块土地上繁衍生息。早在距今8000~7000年前,先民就利用山乡水域的自然条件"水行山处",从事渔猎活动。在距今5000~4000年,江西的生产开发地区广泛分布在樟树、万年、修水、九江、南昌、进贤、鄱阳、武宁、万载、于都、宜丰、高安、奉新、临川、景德镇、萍乡、永丰等市县,形成许多居民聚落点,足迹所到之处形成众多的人行小道。随着渔业、畜牧业、农业的出现,渐渐地出现兽驮车挽的乡间道路,和便于水上作业的独木舟、竹筏。江西饶州尧山下有平陵,传说尧南巡曾登此;万安县有舜祠,舜南巡于此,常奏九成之乐;传说夏禹治水,陆行乘车,山行乘檋(音局),水行乘舟,曾路过江西,在庐山的支上霄之南有禹刻石。

距今3000年前,赣江—鄱阳湖地域已有高度发达的青铜文化。据瑞昌铜岭矿冶遗址、樟树吴城遗址、新干大洋洲商代墓出土文物推断,江西商代晚期的采掘工具、装运用具、生产用具、生活用具都与中原不相上下,特别是大洋洲商墓出土的青铜器之多在全国居首位。樟树吴城出土的青铜器和鹰潭角山出土的陶器上有众多的符号和原始文字,有的符号是交通工具如独木舟、小木筏的形象。东周初(距今约2700年前),中国已建成以东都雒邑(今洛阳)为中心的道路交通网。东都豫章道(洛阳至今南昌市)是这个道路交通网的九大干道之一。春秋战国时期,江西为吴、楚、越接壤地区,吴楚越3国军队陆上交锋,水上争战,不仅使江西的道路交通得以拓展,而且江西的主要河道亦被广泛使用。沿江滨湖一些交通运输条件比较好的地区,开始成为物资集散要地。新干县界埠乡的战国粮仓即是例证。该遗址距赣江1.5千米,有便利的运输条件,残址长61.5米,宽11米,堆积的碳化米粒高达1.2米,证明在2000年前赣江已经成为江西粮食等物资运输的重要通渠。

秦征百越,开辟了攀越五岭的"通南越道",置横浦关于大庾岭。与此同时,江西东部山区的分水关(今铅山县境)、杉关(今黎川县境)等省际山道关隘也先后开通,从此北方通达东南沿海的几条水陆相间的要道大都取道江西：一条逆赣江，逾大庾岭下浈水而达今广州；一条溯信江，跨武夷山，再下闽江或瓯江而抵今福州或温州；一条循抚河谷地，溯盱江，越血木岭，进今福建宁化，再下沙溪水而达福州。在汉高祖十一年（前196），陆贾出使南粤，与南越王赵佗商定开放贸易，汉以铁质农具和马、牛、羊换取南越以及海外诸国进入番禺（广州）的象齿、犀角、珠玑、玳瑁、翡翠等生活用品及奢侈品；汉武帝元鼎四年至五年（前113～前112），伐吕嘉，讨余善，进军南粤、东闽时，均是沿着这几条路线运输。西汉时，吴王刘濞为了扩张势力，招纳天下亡人，利用豫章（江西）的铜矿铸钱，利用淮南的海水煮盐，他的船队航行于今南昌和扬州之间，是当时江西航运的一个组成部分。三国时，由于城市经济和商业贸易的发展，江西境内的浔阳、豫章（南昌）等城镇成为东吴的重要商业港埠，江西的水运路线已远达长江沿岸各港口。此时，江西的赣江与湘江、沔江（汉水）和三吴运河同为长江流域漕粮和贩运贸易的主要运道。

东晋、南朝时，中原人口大量南迁，全国经济重心南移，促进了江西经济的发展，尤其是江西的农业、陶瓷、纺织、造船发展更快。“土沃多粮，粒散荆扬”，豫章、宜春、鄱阳、九江、临川、庐陵、南康“一年蚕四五熟”，又兼交通便捷，漕运转输日益繁荣。南朝京城以外的大粮仓，有2/3设在江西。萧梁时（502～557年），设在江西的豫章仓（今南昌）、钩圻仓（今都昌县西南）和浙江的钱塘仓同是大型储备之处。浔阳（今九江）是荆、湘、郢三州粮食的积存地和转运口，钩圻是江西粮食从赣江外运的积存地和转运口。此时的南昌、南康（赣州）是很大的造船基地。

隋凿大运河，将江西航路进一步纳入了全国水运网之内，以江西为中枢的海上丝瓷之路逐渐替代了北方的陆上的丝绸之路。隋唐时期，江西8州37县，劳动力逐渐增加，户口由隋大业五年（609）的8.56万户，增加到唐元和间（806～820）29.31万户，土地垦种扩大，粮副产品丰盛，铜矿、银矿、铸钱、制瓷、造船等工矿业发达，水陆运输呈现繁忙景象。为了运输需要，唐玄宗开元四年（716）十一月，左拾遗张九龄奉诏重新开凿大庾岭路，使该路成为唐时由京城长安通向岭南诸郡和对外贸易港口城市广州的重要孔道。唐中期，以洪州为中心、以各州为基点的道路交通网已经形成。各州、县间共有干道15条，长7030里；通往邻省接界各州、县道路有17条，长15014里；通过江西境内的驿路有4条：其一，京广驿道，途经江州（今九江），沿鄱阳湖和赣江南行，经洪州（今南昌）、吉（今吉安）、虔（今赣州）3州，越大庾岭至广州；其二，洪衢驿道，经洪州（今南昌）、余干、贵溪、弋阳、信州（今上饶）、玉山，出藻坪镇（今太平桥）往浙江衢州（此路在南昌与京广驿道相衔接）；其三，信（州）江（州）驿道，从信州出发经鄱阳而达江州，北至京城长安；其四，江（州）宣（州）驿道，宣州（今安徽宣城）经江州进京的驿道，也是经江州沿长江过彭泽、安庆往扬州的水陆要道。此时，8州之间的道路也已全部联通。与此同时，朝廷命江西大量造船，以满足漕运和对外用兵的需要，洪、饶、江等州是重要的造船基地。江西南昌成为唐时南北商货和漕粮汇聚的大都会，“弘舸巨舰，千舳万舻，交货往返，昧旦永日”。

五代时，江南分割成十国，关隘林立，交通封闭。宋全国统一后，东南一带生产发展，漕运量大。其中，江西每年漕运粮食北宋时为120万石，南宋时为200万石，分别占总额的1/5和1/3。北宋每年茶课2306万斤，其中1027万斤来自江南的15个州、军，而有10个州、军在江西境内。南宋时江西地区茶课为463万斤，占总数的26%，居全国之首。宋代江西食盐来自广南东路（广东）和淮南，每年约1600万斤（以元丰三年计算），广盐淮盐运输主要走水路。宋朝京师通往洪州（今南昌）的驿道，因京师迁到汴京而有所改变，汴京到广东的经行路线是取道蔡州（今河南汝南）、信阳而入江西江州。江西驿站共有113处，江西新增驿道主要有：洪州至杉关，接通了福建光泽至福州的驿道；清江至老关，接通了赣湘驿道；南城至赣县，沟通了赣东与赣南驿道；信州至分水关，永丰（今广丰）至浦城，接通了赣闽要道。宋代，江西建筑的桥梁不仅数量多，而且建造艺术高。据不完全的资料统计，主要的浮桥、石墩梁桥和石拱桥有110座。其中，现仍保存完好继续使用的石拱桥有：星子县观音桥（1014年建）、宜丰洞山逢渠桥（1098年建）、清江县鸣水桥（1111年建）等。

元代，江西建有站赤（驿站）154处。其中，马站85处，有马2165匹，轿25乘；水站69处，船685艘，形成了以隆兴路（今南昌市）为中心的联通省内、通向四邻各行省的道路网。江西每年运往大都漕粮115.8万石,约占全国总数的9.6%。

明代对外贸易实行“朝贡制”,朝贡经行路线称贡道。经江西的贡道有京广、京皖赣闽、京浙赣湘3条。浙、直、湖、湘等商人往广东过梅岭者不计其数,大庾岭上“商贾如云,货物如雨,万足践履,冬无寒土”。全省设巡司113所(其中沿鄱阳湖14所)。江西漕粮运输量居全国第三位,每年运输的正、改、副米有77万余石。明成化八年(1472),额定江西正兑米40万石、改兑米17万石,占全国漕米总数的24.25%;副米再按正改兑米数量加53%。

清代,江西主要驿道、官路、和大路有8条,即省京、赣粤驿道和彭泽、信州、袁州、杉关、饶州、宁都大路,计长5000余里。全省有驿站47处,其中南昌5处、瑞州1处、袁州3处、临江4处、建昌4处、广信5处、吉安4处、抚州2处、饶州4处、南康3处、九江5处、南安3处、赣州3处、宁都1处,设铺935处,额设站夫2904名,增设站夫150名、铺兵2488名、马768匹。清雍正八年(1730)驿归州县兼管。雍正十年(1732年),巡抚张理麟以德化、通远、德安、建昌4县驿为四通八达之区,共增差夫120人。江西(乾隆年间)南昌、瑞州、临江、吉安、抚州、建昌、广信、饶州、南康、赣州、宁都11府州,实征正兑正米、正兑副米、改兑正米、改兑副米合计约770309石,通过水运至京。江西茶商与山西茶帮、俄罗斯商人在武夷山经销茶叶,由铅山装船,经信江下鄱阳湖,出九江而入长江外运,每年(道光年间)运输量达30万普特(49.14万公斤)。

1840年鸦片战争,外国帝国主义用火炮轰开了闭关自守的清王朝大门。随着屈辱涌进来的是近现代的运输工具。1858年6月26日,中英天津条约签订,九江增辟为通商口岸。1861年3月25日,英国在九江港设海关征税。1862年美国旗昌洋行在九江建码头、趸船、货栈,这是侵入九江港的第一家外国轮船公司。1896年全省第一家轮船公司——福康轮船公司成立,有轮船6艘。1899年6月8日,江西省第一条铁路——萍(乡)安(源)铁路破土动工,于11月29日试行火车,全长14(华)里。1900年,安源建成江西最早的火车站,站房846平方米,站台长81.7米。1909年,江西省第一条公路(九江至莲花洞)兴建,次年竣工,全长13千米。

民国时期,1912年4月8日,南(昌)浔(九江)铁路自九江通车至德安。同年,株萍铁路开行我国自制的第一辆旅客列车。1915年,由张谋智创办的商营大同汽车运输所成立,是为江西省经营汽车运输业务之始,初办时有福特牌汽车4辆,经营九江—莲花洞运输。1928年5月,江西省由地方集资建设的第一条公路——常(山)玉(山)公路开工,次年11月建成通车,全长45.7千米。1931年12月,熊式辉就任江西省主席后,执行所谓“交通清共”政策,江西公路出现突起性发展,6年内新增公路里程6167.5千米,初步构成了全省公路网的框架。抗日战争期间,为适应军事需要,许多路被毁为田,至1945年8月,全省有公路1337千米。战后修复刚刚起步,国民党当局又发动内战,公路再一次遭受破坏。1949年8月,中共领导的中国人民解放军解放江西全省,其时可通车公路仅有647千米。

新中国的成立,揭开了江西交通运输新的篇章。交通部门经过配合人民解放军支前抢修,1949年年底,江西公路通车里程达到3102千米。其时,江西经济基础十分薄弱,许多公路没有路面、缺桥少涵、坡陡道隘。在3年恢复和第一个五年计划时期,江西公路不仅全面恢复,而且开始有计划的重点建设。1950年改建上饶至分水关公路,实现全线双车道、桥涵永久化、路面宽敞平整。1952年修建庐山登山公路,短短一年就完成了“跃上葱茏四百旋”的艰巨工程。1953年整治赣江十八滩、1954年开挖鄱阳湖龙口滩,这些都是前人欲修而未果的险工伟业。1957年末,江西通车公路增至7656千米,路面,全为泥结粹石或沙石路面。部分桥梁实现永久化。内河通航里程增至5398千米。公路客运量770.8万人次、公路货运量228.62万吨,水路客运量36.23万人、水路货运量517.73万吨,分别比1950年增长32.4倍、4.7倍和64.8倍、28.2倍。

1958年,贯彻交通部“依靠地方、依靠群众、普及与提高相结合,以普及为主”的方针,江西公路建设突飞猛进,一年中修建公路6240千米。江西省最后一个不通公路的县——宁岗县,也在1958年修通了公路。1958~1965年,全省修建公路13202千米,修建桥梁11926米。1960年全省有航标的航道达到2030千米。为了促进地方交通运输发展,部分省属汽车下放县市,县营汽运企业应运而生,非交通部门的汽运业相继开办,整个交通欣欣向荣。1958～1976年,有个“浮夸风”、“瞎指挥”、“高指标”,特别是“文化大革命”的深刻教训,给交通事业造成过干扰和损失。1963年8月省公路局在南昌至向塘机场公路上试铺沥青(渣油)路面,揭开了江西油路建设的序幕,自此,油路建设在全省铺开。

1978年12月,中共十一届三中全会以后,江西交通沿着改革开放、快速发展之路向前推进。老区和山区改建了一批公路和桥梁,105国道、320国道等一批干线公路逐一得到改造。省会南昌和省境周边进出口公路的技术等级全面得到提升。在交通部提出的“有河大家行船,有路大家走车”方针指导下,江西运输市场有序开放,国营运输企业积极转换经营机制,拓宽营运渠道,继续发挥其优势,保持着主导和骨干作用。集体和个体的车辆几倍、几十倍地增长,大大缓解了人们出行难、乘车难、运货难的现象。同时,航道治理也全面开展。1990年,昌江渠化工程竣工。全省1米以上水深的航道从1976年的854千米增加到983.5千米,通行机动船的航道从新中国成立初期的1153千米增加到2755千米。1980年,九江正式辟为江西的对外贸易口岸。1982年,江西远洋公司开始组建。至2005年,该公司拥有远洋货轮6艘39873吨位,全年完成货运量73.46万吨、货物周转量83888.5万吨海里。

1991年以后,江西依靠有利的区位优势、丰富的资源、优美的生态、低廉的成本,引领经济跳跃式发展。交通把握住这个难得的机遇,解放思想,与时俱进,强力推进交通运输建设。江西交通进入高速公路为标志飞跃发展阶段。以综合运输体系为主轴,南北对接、东西推进,全面改变交通面貌。实现了高速公路建设、农村公路建设、国道、省道路网建设、航道港站建设4个历史性跨越。2009年,全省公路通车里程137011千米,其中高速公路2401千米,等级公路92238千米,等外公路44775千米,等级公路占总里程比重67.32%。沥清混凝土路面6988千米,水泥混凝土路面65723千米。全省公路桥梁22117座847111正米,全省内河航道通航里程5716千米,其中等级航道2427千米。民用汽车拥有量1180840辆,其中,客车722377辆,货车334191辆。2009年完成公路客运量64770万人,公路旅客周转量279.22亿人千米,公路货运量75200万吨,公路货物周转量1536.46亿吨千米。2009年,全省民用运输船舶拥有量4087艘,166.77万吨位,完成水路客运量256万人,水路旅客周转量0.39亿人千米,水路货运量5287亿吨,水路货物周转量138.59万吨千米。 (凌景坡)

地 理

江西省简称赣,地处长江中下游南岸。位于北纬24°29′～30°04′、东经113°34′～118°28′之间,北毗湖北、安徽,南连广东,东邻浙江、福建,西接湖南,控长江而引瓯越。全省东西南三面有武夷、罗霄、南岭等山岭环绕,内侧丘陵广亘。整个地势,由外及里,自南向北,渐次向鄱阳湖倾斜,构成一个向北开口的巨大盆地。全省面积16.69万平方千米,以山地、丘陵为主,山地占全省总面积的36%,丘陵占42%,冈地、平原、水面占22%。

主要山脉分布在省境边陲,山峰高程一般在海拔1000米～2000米,东和东北面有蜿蜒于赣闽、赣浙之间的武夷山和怀玉山,南有逶迤于赣粤之间的九连山和大庾岭,西有耸峙于赣湘之间的罗霄山脉,雄伟的井冈山就在罗霄山脉的中段;西北有盘亘于赣鄂之间的幕阜山,庐山即是它向东延伸的余脉。江西素称“人杰地灵”之地,名山众多,避暑胜地庐山、革命圣地井冈山、风景名胜区三清山、道教贵溪龙虎山、湖口石钟山、吉安清源山、萍乡武功山等。

全省有大小河流2400多条,总长约18400千米。主要河流有5条:1. 赣江是江西省第一大河,总长788千米,发源于赣闽之间的武夷山脉的赣源岽西侧,流经赣州、吉安、樟树、南昌、入鄱阳湖。赣州至湖口为主航道,长606千米。其中,赣州至樟树354千米,枯水航道水深0.8米～1.0米,航宽20米～40米,可通航50吨～100吨级船舶;樟树至南昌96千米,枯水航道水深1.0米～1.2米,航宽40米,可通航100吨级船舶;南昌至湖口156千米,枯水航道水深1.5米～1.8米,航宽40米,可通航300吨～500吨级船舶。2. 抚河,全长346千米,发源于广昌、宁都、石城三县交界的灵华峰东侧,流经南丰、南城、金溪、抚州、进贤、南昌等县、市,然后分成数支,分别注入赣江和鄱阳湖。3. 信江,全长364千米,发源于江西境内玉山县与德兴市交界的信源山南侧,流经玉山、上饶、铅山、弋阳、贵溪、鹰潭、余江、余干、波阳等县、市,然后分东西两支,注入乐安河和鄱阳湖。4. 饶河,有南北两支,南支为乐安河,全长302千米,发源于赣皖边境的障公山,流经婺源、德兴、乐平、万年、波阳5县,注入鄱阳湖,全长312.5千米,可通航航道235千米;北支为昌江,发源于安徽祁门,流经景德镇、波阳,于姚公渡注入乐安河,全长253千米(赣境内171千米)。5. 修河,主流长304千米,发源于湘、鄂、赣边境的幕阜山,流经修水、铜鼓、武宁、永修、德安5县,至吴城注入鄱阳湖,可通航里程244千米。

鄱阳湖是全国最大的淡水湖,位于江西省北部,面积3523平方千米,湖面海拔21米,是江西最大的聚水盆,长江水量巨大的调节器,也是沟通省内外各地航道的中转站,湖区吴城至湖口航线为四级航道,长年可通行300吨~500吨级船舶。

江西属亚热带季风气候,无霜期8~10个月,年降水量1400毫米~1800毫米,4~6月降水量约占全年的一半。一年四季变化分明,春季温暖多雨,夏季炎热潮湿,秋季凉爽少雨,冬季寒冷干燥。全年气候温暖,光照充足,雨量充沛,平均气温在18℃左右。(凌景坡)

物　产

江西素称"物华天宝"。盛产稻米、棉麻、油料、甘蔗、茶、烟、水果,是我国南方主要产粮省之一。油茶产量仅次于湖南。宁红、婺绿、云雾茶和南丰蜜橘驰名中外。松、杉、竹、中草药、松香和樟脑油也很有名。广昌白莲、抚州西瓜及泰和鸡、大余麻鸭等久负盛名。

全省耕地面积225.32万公顷,有效灌溉面积190.34万公顷。有林地面积1036.66万公顷,活林蓄积量2.90亿立方米,森林覆盖率59.7%。全省淡水面已养殖面积33.72万公顷,淡水鱼类170多种,产量较多、经济价值较高的鱼种有鲤、鲫、青、鲢等30多种。名贵鱼类有荷花红鲤鱼、玻璃鲤鱼、银鱼、石鱼、鲥鱼、鳜鱼等。还有众多的水禽和珍禽。

江西地下矿藏丰富,储量居全国前三位的有铜、钨、银、钽、钪、铀、铷、铯、金、伴生硫、滑石、粉石英、硅灰石等。铜、钨、稀土、铀、钽铌、金、银储量丰富,被称为"七朵金花"。

江西省主要工业有德兴铜冶炼、大余钨矿、萍乡煤矿、会昌盐矿,南昌机械、轻纺、食品,九江石化、纺织,景德镇陶瓷,樟树酒业、药材、制盐等。

(凌景坡)

人　口

据《江西统计年鉴(2011)》统计,2010年,全省居住人口1188.78万户,4462.25万人,其中男性2303.16万人,女性2159.08万人,非农业人口1206.59万人,农业人口3255.66万人,城镇人口1966.07万人,乡村人口2496.18万人。社会就业人数合计2498.80万人,其中第一产业888.60万人,第二产业741.10万人,第三产业869.10万人。按经济类型分,城镇就业802.02万人,其中国有企业200.61万人,集体企业14.04万人,联营企业0.40万人,股份合作2.31万人。城镇失业人数26.26万人,失业率3.31%。在岗职工平均工资为29092元/年,其中国有单位30985元/年,城镇集体单位18194元/年,其他单位26272元/年。各类全日制学校学生数:高等学校87.78万人,中等专业学校23.87万人,普通中学273.96万人,小学在校学生426.02万人,学龄儿童入学率99.93%。

(凌景坡)

经　济

据《江西统计年鉴(2011)》统计,2010年江西省地区生产总值9451.26亿元,其中第一产业1206.98亿元,第二产业5122.88亿元,第三产业3121.40亿元,人均生产总值21253元。全省固定资产投资8772.27亿元,其中城镇4739.38亿元,工业918.79亿元。全省财政总收入1226.24

亿元,地方财政收入 778.09 亿元,财政支出 1923.26 亿元。主要产品产量:农业,粮食 1954.70 万吨,棉花 13.08 万吨,油料 107.57 万吨,烟叶 3.76 万吨,茶叶 2.98 万吨。工业,化学纤维 17.92 万吨,布匹 80517 万米,纸 189.59 万吨,日用瓷 406806 万件,卷烟 111.80 万箱,原煤 2830.21 万吨,发电量 617.03 亿千瓦时。钢产量 1834.03 万吨,水泥 6220.54 万吨,汽车 37.28 万辆。职工平均工资 29092 元/年,城镇住户可支配收入 15481.12 元/年,农村住户纯收入 5788.56 元/年。

(凌景波)

数字交通

△2010 全年,全省高速公路道车里程突破 3000 千米,达到 3056.6 千米。

△2010 年,全省公路总里程 140596.9 千米,其中,高速公路 3050.6 千米,一级公路 1386.0 千米,二级公路 9339.6 千米,三级公路 6670.4 千米,四级公路 81007.9 千米,等外公路 39142.3 千米。有铺装路面 82345.2 千米,其中沥青混凝土路面 7975.3 千米,水泥混凝土 74369.8 千米,晴雨通车里程 131110.6 千米,已绿化里程 38135.2 千米。

△2010 年,全省公路桥梁 23395 座, 1032237.3 米,其中,永久性桥梁 21374 座 988882.4 米,半永久性桥梁 1798 座 37732 米,临时性 223 座 5622.3 米。

△2010 年,全省道路运输经营业户达到 14 万户,从业人员达到 14 万户,从业人员达到 63 万人,比“十五”末分别增长 150% 和 96%。

其中,全省拥有客运业户 1210 户(其中:班车客运企业 1148 户、旅游客运企业 69 户),从业人员 72298 人。

△2010 年,全省营运汽车拥有量达到 253905 辆,同比增长了 16.8%、其中营运客车 17711 辆,座位 42 万个,(营运客车因出租和公交车不再纳入范围,造成统计口径发生变化),营运载货汽车 236194 辆,吨位 113.6 万吨,同比增长了 24.3%, 36.5%。

△2010 年,全省公路运输完成客运量 70628 万人、旅客周转量 3304835 万人千米、货运量 88445 万吨、货物周转量 18501965 万吨千米,同比分别增长 9%、18.4%、17.4%、20.6%。比“十五”末分别增长 47%、37.5%、136.7%、199.6%,客运平均运距 46.8 千米,货运平均运距 209.2 千米,日均运送旅客 193.5 万人、货物 242.3 万吨;在综合运输体系中所占比重分别为 92%、37%、88%、68%,公路运输在综合运输体系中继续保持主导地位。

△2010 年全省,开通客运班线 6420 条,平均日发班次 51553 个,比“十五”末分别增长 23% 和 26%;其中,全省农村客运班线数为 3592 条,其中,县际班线 822 条,县内班线 3433 条,乡镇通车率为 100%,行政村通车率为 90%。

△2010 年,全省拥有客运站 1066 个,其中一级站 16 个,二级站 95 个,三级站 67 个,四级站 107 个,简易站(候车厅)9212 个。

△2010 年,全省道路运输机动车维修业户达到 9473 家、驾驶员培训业户达到 342 所。

△2010 年全省拥有城市公交车 8014 辆 (8599 标台)、运营线路 872 条、出租汽车 14642 辆,完成城市公交客运量 13.8 亿人次,出租汽车客运量 5.7 亿人次。

△2010 年,全省水运经营业户 277 户,其中省际液货危险品运输生产 31 户,省际普通运输企业 81 户,省内水路运输企业 8 户,省内客运企业 18 户,个体经营业户 139 户。

△2010 年,江西省内河拥有各类运输船舶 4217 艘,较上年减少 134 艘,船舶净载重量 1957942 吨位,较上年增加 312622 吨位,载容量 11811 客位,较上年较少 1869 客位,船艘总功率 640578 千瓦,较上年增加 104705 千瓦。沿海运输船舶 47 艘,较上年减少 1 艘,总载重量 181253 吨位,较上年减少 11028 吨位,船舶主机功率 58420 千瓦,较上年减少 4158 千瓦。

△2010 年,江西省完成全社会水路货物运输量 6492.6 万吨,货物周转量 1750142 万吨千米,同比分别增长 23.6% 和 33.8%;旅客运输量 231.1 万人,旅客周转量 3156 万人千米。内河完成货物运量 6081 万吨,货物周转量 1147431 万吨千米。其中:进入长江干流的货物运量 1099.3 万吨,货物周转量 347346 万吨千米;沿海完成货物运量 411.6 万吨,货物周转量 602711 万吨千米,

同比分别增长14.8%和增长25.9%。

△2010年,全省拥有港口59个,港区73个,港口管理部门66个,港口经营人1071户,船厂19户。生产性码头泊位1701个,泊位总长度62990米;非生产用泊位75个,泊位总长3765米,最大靠泊能力5000吨级。拥有千吨级以上泊位115个,港口生产性仓库面积244982平方米,生产用仓库容积477578立方米、堆场面积1140771平方米。铁路专用线总长14975米,其中装卸线3931米。港口装卸机械2784台(套),其中,起重机械1393台(套),装卸搬运机械706台(套),输送机械479台(套),专用作业机械19台(套),其他装卸机械187台,最大起重能力175吨。

△2010年,全省港口完成货物吞吐量21130.62万吨,其中出口14786.36万吨,进口6344.26万吨,分别比上年同期增长41%、48%、26%。旅客吞吐量449.08万人次,比上年同期增长12%,其中出港225.72万人次,进港223.36人次,分别比上年同期增长23%、2%。集装箱吞吐量为17.17万TEU、212.85万吨,分别比上年增长14%、23%,其中九江港集装箱吞吐量为12.06万TEU、149.66万吨,分别比上年增长20%、26%;南昌港集装箱吞吐量为5.11万TEU、63.19万吨,分别比上年增长2%、16%。

△2010全省完成基本建设投资2188万元。其中:建筑工程1262万元,设备购置596万元,其他费用330万元,累计新增固定资产4095万元。施工项目10个,其中:本年新开工1个,建成项目3个。新增生产能力:通用件杂泊位3个,泊位岸线长度185米,新增货物通过能力50万吨/年。

交通运输机构及领导人员名录

【2010年江西省交通运输厅党组织领导成员】

中共江西省交通运输厅委员会

党委书记 程受锭

委　　员 程受锭 孙茂刚 许润龙
江学功(7.16免) 胡　琳
邓经国 曹先扬
成　松(10.26任)

党委办公室主任 严　允

中共江西省交通运输厅直属机关委员会(第三届)

书　　记 孙茂刚

专职副书记 严　允

副 书 记 贺一军

委　　员 孙茂刚 严　允 王江军
李素华(女) 谢元银 汪明彦
蔡建新 黄生平

中共江西省交通运输厅纪律检查委员会(省监察厅驻交通运输厅监察室)

纪委书记 江学功(7.16免)
成　松(10.26任)

副 书 记 汪明彦

监察室主任 汪明彦(兼)(8.27免)
李建红(8.27任)

副 主 任 李建红(8.27免)
李　旷(正处级纪检员、监察员8.27任)

委　　员 蔡建新 宋志群 娄鸿雁
魏炳彦 李建华 李建红

中共江西省交通运输厅直属机关纪律检查委员会(第三届)

纪委书记 贺一军

委　　员 姜健政 徐　锋(2009.9.24退)
陈庆强 李宝康(8.31退)
王剑社 李建红

【2010年江西省交通运输厅行政领导】

一、厅级领导

厅　　长 马志武

副 厅 长　孙茂刚　许润龙　胡　琳
　　　　　邓经国
总工程师　胡钊芳
巡 视 员　席芳柏(7.21免)
　　　　　江学功(8.13～11.1)
省纪律检查委员会驻省交通运输厅纪检组副厅级纪检员　汪明彦(2009.12.24任)
副巡视员　梁雅端(1.19任)　王凯林(11.30任)　龙华明(11.30任)
二、处室领导
办公室主　任　谢元银
　　副主任　梁　波
政策法规处处长　梁雅端(12.31免)
　　　　　　　　张建明(12.31任)
　　　副处长　鲍丽娜
规划处处　长　梁必康
　　副处长　刘维文(4.1任)
基本建设监管处处处长　袁望京(3.19免)
　　　　　　　　　　　王继东(4.1任)
　　　副处长　朱　晗
财务审计处处长　钟彦祯
　　　副处长　陈玉书
运输处处长　秦小辉
　　副处长　龚爱军　唐小兵
安全监督处处长　熊华武
　　　副处长　谈　勇
组织人事处处长　蔡建新
　　　副处长　雷　毅
科技教育处处长　易宗发
　　　副处长　邹爱华(12.30任)
路航管养处处长　糜向荣
　　　副处长　蔡小秋
省交通战备办公室副主任(正处)　肖宪炳
离退休干部管理处处长　李太元(8.31免)
　　　　　　　　　　　胡建强(12.31任)

(王　硕)

表1　**2010年江西省交通运输厅直属机构及党政领导班子成员**

单位类别	单位名称	单位级别	党组织名称	党组织领导成员	行政领导成员
直属单位	省公路管理局	副厅	中共江西省公路管理局委员会	党委书记　曹先扬(11.26任) 党委副书记　娄鸿雁 委　　员　曹先扬　邹竹民 刘　凌　刘　理 娄鸿雁 任东红(女) 王圣义　黄伟钢 纪委书记　娄鸿雁	局　　长　曹先扬(11.30免) 任东红(女11.30任) 副局长　邹竹民　刘　凌 刘　理　任东红(女) 王圣义(保留副师级待遇) 黄伟钢 总工程师　凌宏亿
直属单位	省港航管理局(省船舶检验局、省地方海事局)	副厅	中共江西省港航管理局委员会	党委副书记　于钦民 王凯林(12.30免) 熊海清 委　　员　于钦民 王凯林(12.30免) 熊海清　胡敬党 曾云谋　杨礼生 李建华　刘永生 徐　良　刘贤明 熊慎文 纪委书记　李建华	局　长　于钦民 副局长　胡敬党 曾云谋　杨礼生

续表1

单位类别	单位名称	单位级别	党组织名称	党组织领导成员	行政领导成员
直属单位	省公路运输管理局	副厅	中共江西省公路运输管理局委员会	党委书记 王江军 党委委员 龙华明(1.29～12.30) 宋志群(1.29任) 邱金女(女)(1.29任)(11.29退休) 刘伯康(1.29任) 王赣军(1.29任) 唐晓鸣(1.29任) 纪委书记 王赣军(1.29任)	副局长 龙华明(1.29～12.30) 宋志群(1.29任) 邱金女(女)(1.29任)(11.29退休) 刘伯康(1.29任) 唐晓鸣(1.29任)
直属单位	省高速公路投资集团有限责任公司(省高等级公路管理局)		中共江西省高速公路投资集团有限责任公司委员会	党委书记 李素华(女) 党委副书记 谢来发 魏炳彦(保留副师级待遇) 委员 李素华(女) 谢来发 丁向东 魏炳彦 姚光南 彭发根 吴克海 邝宏柱 周振华 颜杏生(11.18任) 王昭春(11.18任) 纪委书记 魏炳彦	董事长 马志武 总经理 谢来发 副经理 丁向东 姚光南 彭发根 吴克海 颜杏生(11.18任) 王昭春(11.18任) 总工程师 邝宏柱
直属单位	省公路路政管理总队	正处	中共江西省公路路政管理总队委员会	党委书记 黄生平 党委副书记 黄国标 邓江雁(女) 委员 黄生平 黄国标 李文峰(11.29免) 郭本星 李烨 万杰兵 邓江雁(女) 纪委书记 邓江雁(女)	总队长 黄国标 副队长 李文峰(11.29免) 郭本星 李烨 万杰兵
直属单位	省交通工程质量监督站	正处	中共江西省交通工程质量监督站支部委员会	党支部书记 项军 委员 项军 袁和平 栾建平 刘学斌 彭东岭	站长 栾建平 副站长 刘学斌 彭东岭
直属单位	省交通工程咨询监理中心	正处	中共江西省交通工程咨询监理中心委员会	党委书记 黄以鸿 党委副书记 刘云川 委员 黄以鸿 王昭春 刘云川 徐世田 徐义标 俞文生 樊文胜 纪委书记 刘云川	主任 王昭春 副主任 徐世田 徐义标 俞文生 樊文胜
直属单位	九江长江大桥(公路桥)管理局	正处	中共九江长江大桥公路桥管理局委员会	党委书记 户才淦 党委副书记 陈峻 委员 户才淦 吴新生(11.29退休) 陈峻 盛继国 占盛中(8.31免) 纪委书记 陈峻	局长 户才淦 副局长 盛继国
直属单位	省交通科学研究院	正处	江西省交通科学研究院总支部委员会	党总支书记 丁青(女) 党总支部副书记 高东升(5.7任) 委员 丁青(女) 雷茂锦 肖武光 吴伟明 江祥林 高东升(5.7任)	院长 雷茂锦 副院长 肖武光 吴伟明 江祥林

续表1

单位类别	单位名称	单位级别	党组织名称	党组织领导成员	行政领导成员
直属单位	江西交通职业技术学院	正处	中共江西交通职业技术学院委员会	党委书记　高锡祥 党委副书记　张海平 委　员　高锡祥　朱隆亮 黄晓敏　舒小平 江志强　刘　勇 张海平 纪委书记　张海平	院　长　朱隆亮 副院长　黄晓敏　舒小平 江志强　刘　勇
直属单位	省交通干部学校（江西省交通干部学院2010.12.30更名）	正处	中共江西省通干部学校委员会	党委书记　李国锋 党委委员　吴克绍　袁瑞春 刘晓兰（女）	校　长　吴克绍 副校长　袁瑞春　刘晓兰
直属单位	规划办公室（省交通工程造价管理站）	正处	中共江西省交通厅规划办公室支部委员会	党支部书记　廖贵星 委　员　廖贵星　冯义卿 刘维文（4.1免） 潘志辉	主　任（站　长）　冯义卿 副主任（副站长）　刘维文（4.1免） 潘志辉
直属单位	对外经济联络办公室	正处	中共江西省交通厅对外经济联络办公室支部委员会	党支部书记　寇　平（11.29退休） 委　员　寇　平（11.29退休） 王垒嘉　肖国华	主　任　寇　平（11.29退休） 副主任　王垒嘉
直属单位	江西省高速公路联网管理中心	正处	中共江西省高速公路联网管理中心委员会（2.25更名）	党委书记　魏和利 委　员　魏和利　夏太胜 郭　昌 纪委书记　郭　昌	主　任　夏太胜
直属单位	省交通工会	正处	中共江西省交通工会支部委员会	党支部书记　刘正元（1.29退） 刘盖群（3.31任） 委　员　刘正元（1.29退） 刘盖群　李　坪	主　席　刘正元（1.29退） 刘盖群（1.29任） 副主席　刘盖群（1.29免） 李　坪（1.29任）
直属企业	省交通设计院	正处	中共江西省交通设计院委员会	党委书记　王金根 党委副书记　李宝康（1.29免） 委　员　王金根 李宝康（1.29免） 聂复生　吴相金 赵卫楚　陈秋华（女） 张小明 邵立范（女3.25任） 纪委书记　李宝康（1.29免） 邵立范（女3.25任）	院　长　聂复生 副院长　吴相金　赵卫楚 张小明 总工程师　张小明（兼）
直属企业	江西远洋运输公司	正处	中共江西远洋运输公司委员会	党委副书记　方汉芳（女） 委　员　赵建歧 方汉芳（女） 周平科　徐业荣 彭　韬　夏友南 姜志德 纪委书记　方汉芳（女）	经　理　赵建歧 副经理　周平科　彭　韬 余　峥　夏友南 姜志德

续表1

单位类别	单位名称	单位级别	党组织名称	党组织领导成员	行政领导成员
直属企业	江西公路开发总公司	正处	中共江西公路开发总公司委员会	党委书记 傅春华 党委副书记 刘楚有 委员 周院芳 傅春华 陈书全 邝启祥 颜杏生(11.18免) 黎明 叶香春 万保安 纪委书记 刘楚有	经理 周院芳 副经理 陈书全 邝启祥 黎明 总工程师 万保安 总会计师 叶香春 总经济师 钟家毅
直属企业	江西交通工程监理公司(与省交通工程咨询监理中心合署)	正处			经理 王昭春 副经理 徐世田 徐义标 俞文生 樊文胜
直管单位	厅机关后勤服务中心	正处	中共江西省交通厅机关后勤服务中心总支部委员会	党总支书记 杜一峰 委员 杜一峰 徐振邦 熊华山 刘玉珠 王亲勇	主任 杜一峰 副主任 熊华山 刘玉珠
直管单位	厅信息中心(省交通运输厅应急指挥中心9.10组建)	正处	中共江西省交通厅信息中心支部委员会	党支部书记 熊昌军 委员 熊昌军 余力克 颜庆华	主任 余力克(11.29任) 副主任 颜庆华(11.29任) 莫宇蓉(11.29任)
直管单位	交通医院	副处	中共江西省交通医院支部委员会	党支部书记 杜一峰(正处级)	院长 王亲勇 副院长 李延诚
	江西省港航建设投资有限公司(2009.12.10组建)				董事长兼总经理 赵建岐(2.11任) 董事 杨礼生(2.11任) 徐良(2.11任) 彭韬(2.11任) 监事会主席 李建华(2.11任) 监事 方汉芳(女2.11任) 何金宝(2.11任) 胡国和(2.11任)

省交通稽查征费局、省道路运输管理局整合为省公路运输管理局

【市级交通机构】 全省11个市设交通局、公路管理局(其中赣州、上饶归交通局管理),归所在市人民政府领导,业务上受省交通运输厅指导。

(王 硕)

表 2　**2010 年各设区市交通运输局机构与党政领导成员**

单　位	党组织名称	党组织领导成员	行政领导成员
南昌市交通运输局	中共南昌市交通运输局委员会	书　记　陈国凤(女) 委　员　陈国凤(女)　戢才金 张大军(7 月免)　吴久铭 彭孝福　闵小平　黄振珠 纪委书记　闵小平	局　长　陈国凤(女 2 月任) 副局长　张大军(7 月免)　吴久铭 彭孝福 总工程师　张　伟 调研员　戢才金　吴毛俚 张大军(7 月任) 副调研员　严晓群
景德镇市交通运输局	中共景德镇市交通运输局委员会	书　记　龙　骏(4.28 任) 副书记兼纪委书记　周光镇(4.28 任) 委　员　龙　骏(4.28 任) 周光镇(4.28 任) 黄福初(4.28 任) 陈和平(4.28 任) 叶宜民(4.28 任) 黄兴好(4.28 任) 陈景明(4.28 任) 张金水(4.28 任)	局　长　龙　骏(5.12 任) 副局长　陈和平(5.17 任) 叶宜民(5.17 任) 张金水(5.17 任) 调研员　黄福初(5.17 任) 江小琴(5.17 任) 副调研员　余革红(5.17 任) 刘泉根(5.17 任) 于德荣(5.17 任) 饶树林(5.17 任)
萍乡市交通运输局	中共萍乡市交通运输局委员会	书　记　张　洪 委　员　张　洪　贺志勇　朱小东 李小勇　毛惠明　巴颜林 纪委书记　朱小东	局　长　张　洪 副局长　贺志勇　李小勇　毛惠明 巴颜林 调研员　巫裕云　卢祥春　焦凤俊 吴耀华　江祖球 副调研员　廖树青　廖晓明　翟文新
九江市交通运输局	中共九江市交通运输局 委员会	书　记　黄　强 副书记　董学煌(4 月任) 委　员　黄　强　郑羡银(4 月免) 董学煌(4 月任) 周启道(4 月免)　曹　辉 吴照新(4 月任)　喻小明 胡梅纪　刘赛喜　丁芳华 纪委书记　胡梅记	局　长　郑羡银(4 月免) 董学煌(4 月任) 副局长　曹　辉　吴照辉(4 月任) 喻小明　刘赛喜
新余市运输交通局	中共新余市交通局委员会	书　记　张向东(11 月任) 副书记　简少华(11 月任) 杜元生(9 月任) 委　员　张向东(11 月任) 简少华(11 月任) 杜元生(9 月任) 罗志东(11 月任) 欧光宏(11 月任) 蔡晓颖(11 月任) 陈　卓(11 月任) 樊国华(11 月任) 陈仕斌(11 月任) 纪委书记　蔡晓颖(11 月任)	局　长　简少华(4 月任) 副局长　张向东(11 月任) 罗志东(11 月任) 欧光宏(11 月任) 陈　卓(12 月任) 调研员　赵助民(11 月任) 副调研员　邓茂勇(11 月任) 陈仕斌(11 月任)
鹰潭市交通运输局	中共鹰潭市交通运输局委员会	书　记　齐群策 委　员　齐群策　李星勇　詹志平 阮亦彬　邱雪成　廖乡兴 张爱民	局　长　齐群策 副局长　徐文艺　詹志平　阮亦彬 副调研员　廖乡兴　张爱民

续表2

单　　位	党组织名称	党组织领导成员	行政领导成员
赣州市交通运输局	中共赣州市交通运输局委员会	书　　记　严家春 副 书 记　谢赣健 委　　员　严家春　谢赣健 尹善奎(2月任) 吴慧让　朱洪波(2月任) 陈爱东　陈建生(1月任) 宋冬如　彭炎明 周小勇(2月任) 郭远昌(1月任) 欧阳光标 纪委书记　宋冬如	局　　长　谢赣健 副 局 长　吴慧让　陈爱东 陈建生(2月任) 彭炎明 总工程师　钟成林 调 研 员　唐茂西(11月退休) 刘昌民 副调研员　傅广仁　胡瑞龄　章广麟 李干荣(1月任)
吉安市交通运输局	中共吉安市交通运输局委员会	书　　记　彭家珉 副 书 记　张泽思 委　　员　彭家珉　张泽思　龙林华 刘冬根　廖抗美　王跃平 赵夫发(12.15任) 纪委书记　王跃平	局　长　彭家珉 副局长　龙林华　刘冬根　廖抗美
宜春市交通运输局	中共宜春市交通运输局党组	书　　记　李　奇 副 书 记　朱宜民 委　　员　李　奇　朱宜民　曹幸军 梁　彦　陈宜林(12.27任) 王赣闽　冷新龙 曾义诚(12.27任) 纪检组长　王赣闽	局　　长　朱宜民 副 局 长　曹幸军　梁　彦 陈宜林(12月27日任) 副调研员　卢浪牯(2.9免) 王玉洁　彭智勇 总工程师　曾义城(12.27任)
抚州市交通运输局	中共抚州市交通运输局委员会	书　　记　孙玉英(女7.26免) 谢克侵(7.29任) 副 书 记　陈　克　何华辉(4.7任) 委　　员　孙玉英(女7.26免) 谢克侵(7.29任) 陈　克　李勃绪　陈佐光 王爱民　徐天祥 何华辉(4.7任) 赵水堂 纪委书记　徐天祥	局　长　陈　克 副局长　李勃绪　陈佑光　王爱民
上饶市交通运输局	中共上饶市交通运输局党组	书　　记　吴铭汉 副 书 记　张晓峰 委　　员　吴铭汉　张晓峰　姚佳水 刘　建　徐华兴　赖　勇 周全行　彭良善　刘秀明 彭芳德　王少波　苏卫东 王德山(3.29免) 方扬(11.29任) 纪检组长　姚佳水	局　　长　吴铭汉 副 局 长　刘　建　徐华兴　赖　勇 周全行 总工程师　方　扬(12.19任)

(何　赣)

2010 年

1 月

6 日 省交通运输厅召开全省农村公路和改渡建桥工作布置会。布置 2010 年农村公路和改渡建桥工作任务。

7 日 省交通运输厅副厅长胡琳赴昌九高速公路通远路段、九江长江大桥现场调度防抗、冰冻雨雪灾害天气汽车运输工作。

8 日 省交通运输厅副厅长许润龙在省高管局党委书记李素华等陪同下，察看昌奉高速公路项目建设情况。

同日 省交通运输厅召开全省交通运输系统机关效能年活动总结暨创业服务年活动动员电视电话会议。

17 日 江西省交通运输厅厅长马志武在厅机关处室及温沙管理处负责人陪同下，察看温沙高速公路墨溪陈家互通和七里岗服务区“一大四小”绿化工作。

同日 永武高速公路彭家岭大桥双幅贯通。

18 日 首届赣粤高速论坛在南昌召开。全国高速公路行业、房地产企业和中国公路学会、江西省社科院、同济大学、南昌大学、江西师范大学等全国各类研究机构、各高等院校的专家、学者、企业家近 200 人参会，交流研讨高速公路建设与开发，探讨新的发展途径。

19 日 省交通运输厅召开春运工作领导小组会议，研究部署 2010 年春运工作。

21 日 全省交通运输工作会议在南昌召开。省委书记苏荣、省长吴新雄专门为会议作了重要批示，充分肯定 2009 年全省交通运输工作，对

2010 年交通运输工作提出要求。省委常委、常务副省长凌成兴出席会议并讲话,副省长洪礼和主持会议。

22 日 全省交通运输系统廉政工作会议在南昌召开,省交通运输厅党委书记程受锭出席会议并讲话,厅长马志武主持会议,省纪委常委、监察厅副厅长刘卫平出席会议并讲话。省交通运输厅副厅长孙茂刚传达省纪委十二届七次全会和全国交通运输系统廉政工作会议精神。

同日 全省交通运输系统安全生产工作会议在南昌召开。厅党委书记程受锭出席会议,厅长马志武讲话,副厅长孙茂刚,厅纪委书记江学功,副厅长邓经国,厅党委委员、省公路局局长曹先扬,厅巡视员席芳柏出席会议,副厅长许润龙主持会议,副厅长胡琳作安全生产工作报告。

25 日 2010 年全省春节道路运输工作会议在南昌召开。

同日 从是日开始,省交通运输厅由厅党委书记程受锭带队,分成 10 个督查组,赴各设区市进行春运工作重点督查。

27 日 省交通运输厅副厅长胡琳在厅机关相关处室和昌金管理处负责人陪同下,到昌金高速公路检查指导"一大四小"造林绿化工作。

28 日 江西省交通运输厅专题召开 2010 年春运记者见面会,向中央驻赣及江西省各大新闻媒体,介绍江西交通运输部门春运组织准备情况。

同日 赣州市市长王平率有关部门负责人到省交通运输厅就推动赣州交通运输发展有关问题进行座谈。

29 日 省交通运输厅副厅长邓经国在省公路运输管理局党委书记王江军和厅运输处负责人的陪同下,到南昌公交公司考察调研,代表省交通运输厅向公交系统广大干部职工致以新年问候。

30 日 江西省"文明交通行动计划"暨 2010 年道路春运启动仪式在南昌长途汽车总站举行。江西省副省长洪礼和出席启动仪式,并宣布 2010 年江西省道路春运正式启动。

31 日 省重点工程项目瑶湖大桥扩建及麻丘互通立交工程项目开工。该项目主线全长 3.68 千米,其中瑶湖大桥长 518 米,宽 48 米(含老桥)互通匝道长 6.3 千米。

2 月

1 日 江西省公路运输管理局正式挂牌。

2 日 省交通运输厅在南昌召开 2010 年离退休干部形势报告会,厅长马志武出席会议并向离退休干部介绍交通发展形势,副厅长许润龙主持会议。

同日 省交通运输厅党委书记程受锭一行 6 人,在南昌市交通局局长陈国凤、江西水运集团公司党委书记吕红兵等陪同下,走访慰问该司的全国劳模和困难职工。

3 日 省交通运输厅纪委书记江学功、副厅长胡琳,副巡视员梁雅端率省公路局、运管局、港航局、路政总队、厅治超办和厅机关相关处室负责人等作客江西人民广播电台"政风行风热线"节目,就加强交通运输系统政风行风建设,提升交通运输水平,接听广大听众的热线电话。

8 日 省交通运输厅厅长马志武到省公路局调研指导迎接全国公路大检查工作。

12 日 省委副书记、省长吴新雄到昌九高速公路昌北收费站,检查指导春节期间运输工作,并向一线职工表示慰问。

20 日 省交通运输厅领导和厅机关各处室负责人到南昌市青山湖区,参加"2010 年省、市新春万人植树活动"。

同日 省路政总队召开全省路政系统领导干部会议,省交通运输厅副厅长孙茂刚出席会议并讲话。

3 月

1~5 日 省交通运输厅副厅长邓经国在厅有关处室和省公路局有关负责人陪同下,到抚州、鹰潭、上饶、景德镇、九江市公路局,检查指导各单位迎接全国公路检查工作。

2 日 省路政总队召开全省高速路政系统创业服务年活动动员电视电话会议,动员部署 2010 年全省高速路政系统开展创业服务年活动。

11 日 省交通运输厅副厅长许润龙一行,在省港航管理局局长于钦民等陪同下,到赣江石虎塘航电枢纽工程建设工地，检查指导工程建设情况。

12日 省交通运输厅厅直单位组织人事工作会议在南昌召开。

15日 省公路运输管理局、省汽车维修行业协会在南昌举行汽车维修质量服务月“无忧3·15”活动仪式。

19日 江西省公路学会2010年学术年会暨八届二次理事（扩大）会议在上饶举行。

21日 江西省质量技术监督局在南昌主持召开评审会，对江西省交通科学研究院编制的《江西省高速公路沥青路面设计规范》、《江西省高速公路沥青路面施工技术规范》省地方标准进行审定。由中国著名道路专家、长安大学博士生导师王秉纲等6人组成专家委员会进行评审。

21~22日 交通运输部部长李盛霖考察江西省交通运输工作。22日，省委书记、省人大常委会主任苏荣，省委副书记、省长吴新雄会见李盛霖一行，就进一步推进鄱阳湖生态经济区交通运输发展交换意见。在省长吴新雄、常务副省长凌成兴，省政府副秘书长朱希、省交通运输厅党委书记程受锭、厅长马志武陪同下，先后到南昌港集装箱码头、赣州、九江等地考察交通运输工作，向交通运输部门职工表示慰问。

23日 全省公路工作会议在南昌召开 。

同日 省交通运输厅在南昌召开沥青路面再生技术研讨会。

24日 省交通运输厅副厅长许润龙在鹰瑞项目办有关负责人陪同下，到正在紧张建设的鹰瑞高速公路房建工程施工工地，检查指导工程建设情况。

24~26日 中国公路学会理事长、原交通部副部长李居昌一行到江西省景德镇、上饶部分县区对农村公路建管养情况进行调研。

25日 全省道路运输工作会议在南昌召开。

26日 省交通运输厅厅长马志武到峡江、吉安服务区，察看指导改扩建工程。

27日 全国公路（交通）工程定额（造价管理）站年度工作会议在南昌召开。

29日 江西省高速公路投资集团2010年工作会议暨一届一次职工代表大会在南昌召开。省委常委、常务副省长凌成兴、省政府副秘书长朱希，省交通运输厅党委书记程受锭、副厅级纪检员汪明彦出席会议并为先进颁奖。省高速集团2009年度劳模、工作会议代表及一届一次职代会代表共400余人参加会议。

同日 全省港航工作会议在南昌召开。

同日 江西省交通设计院五届三次职工代表、工会会员代表暨2009年度总结表彰会在南昌召开。

4月

9日 省交通运输厅党委召开中心组理论学习（扩大）会议，认真学习中共中央总书记胡锦涛在全党深入实践科学发展观活动总结大会上的重要讲话精神，结合江西省交通运输实际研究贯彻落实意见。

11日 省委副书记王宪魁，省人大常委会副主任、省总工会主席姚亚平率省直有关单位负责人在省交通运输厅厅长马志武陪同下，到江西省交通工程集团公司就国有企业改革问题进行调研。

12日 省政府在彭泽县召开彭湖高速公路第二阶段施工总结表彰暨第三阶段施工动员大会。省委常委、常务副省长凌成兴到会并讲话。

12~15日 江西省委常委、常务副省长凌成兴先后到九江长江大桥二桥、昌北机场互通收费广场改（扩）建项目察看建设情况。

14日 7时49分青海省玉树藏族自治州玉树县发生7.1级地震，造成巨大人员伤亡和财产损失。江西交通运输部门职工纷纷举行哀悼，并迅速捐款捐物支援灾区。

15日 省交通运输厅巡视员席芳柏一行到九江新长江大桥施工工地，察看工程建设情况。

16日 省交通运输厅副厅长胡琳在省港航管理局局长于钦民及有关部门负责人陪同下，察看南昌至丰城水上交通安全生产工作。

20日 省交通运输厅副厅长许润龙在机关有关处室及有关单位负责人陪同下到九瑞高速公路施工现场检查指导工程建设。

23日 省交通运输厅在南昌召开全省交通重点工程建设领域安全生产会议。

23日 省路政总队举行2010年第二期执法人员岗前培训班军训成果汇报表演。

24日 省交通运输厅厅长马志武察看九江新长江大桥建设。

26日 中央扩大内需促进经济增长政策落实暨治理工程建设领域突出问题第十一检查组，对德昌高速公路项目执行情况及重点工程突出问题专项治理工作开展情况进行专项检查。

27日 省纪委副书记徐必鸿率出席全省党风建设工作座谈会的40余名代表，察看吉水县运管所党务、政务公开和规范权力透明运行工作。

同日 省交通运输厅党委书记程受锭率省公路运输管理局党委书记王江军、省港航管理局局长于钦民、省公路管理局副局长任东红一行8人，在南昌市副市长刘家富、副秘书长陈武、南昌市交通运输局局长陈国风、总工程师张伟及相关人员陪同下，对南昌市交通运输安全生产工作和改渡建桥建设工作进行检查。

28日 省交通运输厅举行税费改革人员安置划转移交仪式。

29日 “昌樟高速上海世博暨创业服务年联勤保畅誓师大会”在昌樟高速昌西南收费所举行。

30日 省交通运输厅党委认真学习贯彻中央《2010～2020深化干部人事制度改革规划纲要》和全省深化干部人事制度改革培训班精神。

同日 共青团江西省交通运输厅直属机关第五次代表大会在南昌召开。

是月 瑞寻项目最大桥羊子岩湘水大桥工程开工建设。该桥全程729米，桥宽26.0米，荷载等级为公路—I级，桥梁采用整体式断面，设计造价8900万元。

是月 遂川县大汾至淋样公路改建工程开工建设。该公路全长16.68千米，按四级水泥路标准施工建设，路基宽6.5米，路面宽5米，总投资1475.72万元。

是月 遂川县速通物流有限公司开工建设。该项目总投资1亿元，首期投资6000万元，规划占地面积3.36公顷，建筑面积为28593平方米。

是月 南城县龙湖镇—蛟山三级沥青混凝土路面开工建设。该路全长12.57千米，总投资942万元。

是月 赣县义源大桥开工建设。该桥桥长1039米，桥梁荷载等级为公路—I级；通航等级：内河Ⅲ—(3)；桥面宽度18米，双向四车道；设计洪水频率:1/300。项目概算总投资8959万元，施工中标价7159万元，施工监理中标价175万元，计划工期18个月。

是月 105国道丰城市围里至塘家圩路段大中修开工。该路段全长13.092千米，计划总投资1670万元。

是月 由宜黄公路分局承建的206国道金溪龙虎山交界至南城县城大中修工程开工。该工程全长41.051千米，总投资342.72万元。

是月 丰城市河口大桥动工兴建。该桥全长335.32米，其中主桥长306.04米，秋水河桥长29.28米，桥面净宽9米，行车道宽为7米，设计时速为40千米/小时；通航等级为Ⅵ—(2)级；水泥混凝土双车道路面，总投资1385万元。

5月

4日 江西省交通运输厅选派省交通设计院技术审查处主任工程师曾茂宗和省高速集团省庄养路站临江基地副主任郭廷云支援新疆克州阿克陶县城市道路建设。

5日 全省高速公路迎“国检”维修工程现场会在鹰潭召开。

6～7日 全省交通运输政府网站管理工作会议在南昌召开。

8日 瑶湖大桥主桥桩基工程全部顺利完工。该桥共有桩基120根，桩基长33米，直径1.5米，桩基工程完工为大桥全面拉开墩柱、承台、盖梁及架梁等工程施工铺平了道路。

10～12日 省交通运输厅党委书记程受锭、副厅长许润龙、省公路局局长曹先扬察看鹰瑞、瑞寻高速公路建设。

12日 交通运输部和江西省人民政府联合批复《九江港总体规划》，标志着九江港发展迈进新的里程碑。

13日 省政府法制办根据立法程序在南昌召开《江西省道路运输条例(送审稿)》立法论证会。

14日 省交通运输厅召开安全生产紧急会议，传达省委安全工作会议精神，部署交通运输安全生产工作。

18日 省交通运输厅召开纪检监察干部“做

表率、创一流”主题教育活动电视电话动员会，动员全厅纪检监察干部积极开展“做表率、创一流”主题教育活动。

19日 全省公路养护规范化管理现场会在南昌召开。现场会期间，参会人员实地参观了昌抚公路、省大公路及瑛溪道路、梨温高速公路鹰潭西站、梨温公司、昌樟路西南收费所等单位的规范化建设情况。

同日 全省成品油税费改革划转路政部门人员安置工作全面启动。

20日 《道路运输车辆燃料消耗量检测和监督管理办法》江西宣贯会在南昌召开。

23日 省交通运输厅厅长马志武率港航局及厅机关有关处室负责人与江西省机场集团公司书记周敏生、副总经理李运昌及其各部门负责人，以及南昌市交通运输局、南昌市规划局的负责人在昌北机场就综合运输枢纽规划事宜召开座谈会，全力推进综合运输枢纽规划建设。

25日 省交通运输厅就创业服务年活动召开推进会议。

29日 庐山西海易家河大桥建成通车。该桥位于永修县柘林镇横跨修河，北接三柘公路，南连焦武线，总长915米，其中主桥长495米，引道长度420米，桥面宽度12.5米，两边人行道各1.5米，工程总造价3100万元。

31日 在北京揭晓的“中国好人榜”5月份入选名单中，江西交通运输部门职工黄春花经全国网民评议推荐，入选中国文明网月度好人榜，成为2010年5月20位全国“诚实守信好人”之一。

同日 省交通运输厅召开开展廉政风险防范管理工作部署会。

是月 省交通运输厅等9家单位荣获“2009年度全省科技成果与技术市场管理工作先进单位”称号。

是月 省交通运输厅制定下发《江西省交通运输厅高速公路工程“十二公开”实施方案》、《江西省公路水运建设市场从业单位信用管理暂行办法》和《江西省交通建设市场从业单位信用等级评定细则(施工)》，推进工程建设阳光操作。

是月 贵溪三桥开工建设。该桥桥长528米，宽26.5米，设计速度为40千米/小时。

是月 由高安公路分局承接的对外工程项目——新街到高胡一级公路连接线开工。该路线全长1.3千米，路面宽9米，路基宽12米，按二级油路公路标准设计，工程总造价为365万元。

是月 吉安县上吉线口田至固江路段迎“国检”大中修工程破土动工。该路段全长11.53千米，工程设计速度80千米/小时，路面结构为9.3米宽20厘米厚水泥碎石稳定基层，面积109535平方米，9米宽5厘米厚中粒式沥青混凝土，面积103770平方米。该工程总投资额约1000万元。

是月 320国道横峰段路面重建水稳层开始施工。该段路面按二级公路标准修建，长15.85千米，路面宽为9米的沥青公路，投入资金2000多万元。

是月 由广丰公路分局中标的206国道水泥混凝土路面工程开工建设。该路共计8千米，路面宽12米，水泥混凝土路面，投资近900万元。

是月 乐平韩家渡大桥维修工程竣工通车。该桥全长436.36米，工程总投资326万元。

是月 会昌县凉伞坝大桥顺利竣工。该项目总投资8602万元，其中省市两级补助4962万元，县自筹资金3640万元。

是月 省道德三线鄱阳县城至济广高速连接线大中修工程竣工。该工程全长17.36千米，总投资1900万元。该路段按二级公路标准设计，路面宽度12米~16米，沥青混凝土路面。

6月

1日 省交通运输厅党委书记程受锭、厅党委委员、省公路局局长曹先扬在赣州市长助理李坊荣陪同下，到信丰县万隆乡石店村考察定点包村扶贫工作。

1~2日 省交通运输厅纪委书记江学功先后到省高速集团宜春管理中心、上高管理中心看望一线职工，并就如何抓好基层所站建设进行调研。

2日 省直工委副书记、组织部长邓剑峰一行三人先后到省高速集团和抚州高速路政支队，通过座谈的形式，就党组织设置、运转情况，联系群众、为民服务方面的制度和措施等进行调研。

2日 省交通运输厅纪委书记江学功在驻厅监察室、项目办有关负责人的陪同下，察看永武高速公路项目建设情况，慰问一线建设者。

6日　交通运输部水运局局长宋德星一行到赣江石虎塘航电枢纽工程施工现场检查指导工作。

9～10日　省交通运输厅副厅长许润龙在有关部门负责同志的陪同下，深入德昌高速公路建设项目检查指导工作并出席德昌高速公路项目建设生产调度会暨“奋战60天”竞赛活动动员会。

10日　省交通运输厅副厅长邓经国在省高速集团、交通科研院有关负责人的陪同下，到昌金高速公路山体塌方现场进行调研，检查指挥抢险除患工作。

同日　全省农村公路建设暨改渡建桥现场会在上饶市鄱阳县召开。

11日　全省进一步加强和改进道路客运安全工作电视电话会议在南昌召开。

18日　全省“车、航、路、港”单位低碳交通运输专项行动暨第二届“运通杯”全省交通运输待业机动车驾驶员节能技能竞赛活动在江西交通职业技术学院开幕。

19日　省交通运输厅厅长马志武在省高速集团总经理谢来发陪同下察看石吉高速公路，并实地察看了房建工程、服务区，宁都收费所等施工现场。

29日　省交通运输厅在南昌召开“七一”表彰暨深入开展创先争优动员大会，表彰先进基层党组织、优秀共产党员、优秀党务工作者，对全厅深入开展创先争优活动进行动员部署。

30日　江西省德兴至上饶高速公路工程建设征地拆迁动员会议在上饶市召开。

7月

3日　德昌项目办在德昌高速公路合同段软基施工现场举行了“德昌高速公路软基智能光纤监测技术研究及应用”课题阶段研究成果专家咨询验收会。

5日　赣粤高速职工培训学校揭牌仪式暨开学典礼在昌樟高速昌西南所举行。

5～9日　省交通运输厅在南昌举办新任处级领导干部培训班，全省交通运输系统近两年新任的副处级以上干部参加培训。

6日　江西省交通运输厅在南昌组织召开《高速公路路侧安全问题及对策研究》和《隧道运营安全评价系统研究》(厅重点科研项目编号：200730)科技成果鉴定会，邀请国内相关行业知名专家进行了课题评审。

7日　省交通运输厅党委书记程受锭察看九景管理处应急储备基地并为基地揭牌。

12日　省委常委、常务副省长凌成兴到非工口7个系统国有企业改革联系点——省交通运输厅，就交通运输系统国有企业改革工作进行调研。

同日　省交通运输厅召开九江长江大桥二桥第二次技术专家组会议，专题研究大桥施工阶段的关键技术。

13日　省交通运输厅党委委员、纪委书记江学功，厅党委委员、省公路局局长曹先扬一行察看鹰瑞高速公路。

14日　省公路运输管理局举办廉政教育专题讲座，省交通运输厅副厅级纪检员汪明彦出席讲座并讲话，局机关在家的领导和全体党员干部、直属单位负责人听了讲座。

16日　省国资委主任、省七个系统国有企业改革工作小组办公室主任李天鸥一行3人到省交通运输厅就交通运输系统国有企业改革工作进调研。

同日　省交通运输厅召开2010年职称评审工作会议，传达全省专业技术人员职称评审工作会议精神，总结2009年职称评审工作，安排部署2010年省厅的职称评审工作。

20日　省交通运输厅再次选派省公路局总工办主任邱文东、省公路科研设计院副院长占劲松、省高速集团抚州管理中心技术干部廖文华等3人支援新疆道路工程建设。

21日　全省交通运输系统国有改革调度会议在南昌市召开。

22日　省交通运输厅副厅长胡琳在省港航管理局负责同志陪同下，深入鄱阳湖区一线调研水上交通安全工作，并慰问基层一线执法人员。

同日　省交通运输厅组织召开九江长江大桥桥南治超检查点联合开展治超执法工作协调会，研究建立大桥治超联动机制和治超联系会议制度，协调解决有关实际问题。

23日　省交通运输厅举办了“创优服务　岗位建功”主题演讲比赛。

24日　江西省交通运输厅与赣州市政府签订《寻乌至全南高速公路项目建设框架协议》。

根据协议，双方共同出资组建项目管理单位。

27 日 省交通运输厅副厅长孙茂刚主持召开第五届中博会涉及交通运输工作落实会。

27～28 日 省交通运输厅副厅长许润龙在厅路航管养处、省高速集团相关负责人的陪同下，先后深入樟吉、泰井、泰赣、赣定、康大高速公路察看迎国检工作情况。

28 日 沪苏皖赣高速公路电子不停车收费系统联网签字仪式在南昌举行。

同日 省交通运输厅召开廉政风险防范管理工作征询意见会，就着力解决全省交通运输系统在廉政风险防范中存在的问题，广开言路，真诚纳谏，征求省纪委有关领导、厅行风监督员、厅直单位有关领导的意见和建议。

29 日 省交通运输厅在南昌召开全省公路水路运输量专项调查和第三次港口普查总结表彰会，总结经验表彰先进集体和个人，扎实推进江西交通运输系统新形势下的统计工作。

30 日 省交通运输厅召开厅属国有及国有控股企业和社会团体“小金库”专项治理工作会议，部署该厅国有企业和社会团体“小金库”专项治理工作。

是月 九江高速公路路政管理支队退休职工詹学银入选由中央文明办主办的“我推荐我评议身边好人”活动的“中国好人榜”，成为 2010 年 7 月 22 位全国“助人为乐好人”之一。

8 月

2 日 省公共机构节能工作考评小组一行考查交通运输厅公共机构 2009 年节能工作情况，厅总工程师胡钊芳出席汇报会。

3 日 省交通运输厅副厅长、厅国有企业改革领导小组常务副组长兼办公室主任胡琳率厅企改办有关人员一行 5 人到省交通设计院调研企业改制工作。

5 日 省交通设计院勘探员杜国华在抚州市临川区龙溪镇一山头野外作业时突然失踪。

6 日 江西远洋公司与船舶产业投资基金在南昌签订战略合作协议，标志着双方建立全面战略合作伙伴关系。

9 日 省政府在南昌召开赣州至崇义、奉新至铜鼓、上饶至德兴、浮梁至黄山（赣皖界）高速公路项目开工、吉安至莲花高速公路项目奠基新闻发布会。省委书记、省人大常委会主任苏荣下达开工奠基会，省委副书记、省长吴新雄出席会议并讲话。

11 日 省委常委、常务副省长凌成兴在省交通运输厅党委书记程受锭、省政府副秘书长朱希以及省交通设计院负责人的陪同下，亲切慰问交通设计院失踪勘探员杜国华的亲属并送上慰问金。

12～13 日 省交通运输厅厅长马志武在厅党委委员、省公路局局长曹先扬，省港航管理局局长于钦民陪同下，赴新疆克孜勒苏柯尔克孜自治州实地考察江西省交通运输厅援疆项目——阿克陶县江西二大道建设工程，并与克孜勒苏柯尔克孜自治州、阿克陶县党政领导座谈交换援建项目工作意见。

13 日 省交通运输厅副厅长邓经国在省公路运输管理局党委书记王江军等陪同下，到南昌公交智能调度中心，察看南昌智能公交系统建设，并与南昌公交公司有关负责人进行座谈。

17～19 日 全省交通运输安全监管工作座谈会暨安全监管人员培训正式开办。

18 日 省公路学会召开 2010 年信息联络秘书工作会议，总结上半年度学会工作，交流信息联络秘书工作经验，表彰宣传报道工作先进，研究部署下半年学会工作。

20 日 省人大常委会委员、内司委主任委员胡波，省人大常委会委员、法制委委员、选任联工委主任吴会清与部分省人大代表在省交通运输厅党委委员、省公路局局长曹先扬，省公安厅交警总队副总队长龙毅等陪同下，深入 316、105 国道等公路，现场督办交通、公安系统对道路交通标志的清理、整治和规范工作。

22～26 日 交通运输部政策法规司司长何建中、部交通运输行政执监督检查组组长张连选一行到江西，检查指导交通运输系统行政执法工作。

23 日 省交通运输厅副厅长许润龙在省交通工程质量监督站有关同志的陪同下，深入九江新长江大桥工地检查指导工作，并亲切慰问战斗在一线的大桥建设者。

同日 省交通运输厅党委委员、纪委书记、巡视员江学功、副厅级纪检员、监察室主任汪明彦在省高速集团泰和管理中心有关负责人的陪同下,察看泰井高速公路。

24日 省交通运输厅在南昌主持召开赣江吉安至樟树Ⅴ级航道整治工程竣工验收会。

24~27日 省交通运输厅在井冈山交通运输部党校举办纪检监察业务培训班。

25~26日 省委常委、常务副省长凌成兴先后察看鹰瑞、瑞寻、隘瑞、石吉等高速公路建设项目进展情况。

26~27日 全省交通运输系统温拌沥青技术现场交流会在南昌举行,省交通运输厅总工程师胡钊芳出席会议并讲话。

27~28日 省交通运输厅副厅长邓经国一行先后察看了九景高速公路、景婺黄高速公路及景鹰高速公路的迎国检工作,并进行深入指导。

29日 第六届泛珠大会交通合作磋商会在福州举行。江西省交通运输厅与泛珠区域各省区共同签署了《加强泛珠区域综合交通大通道建设合作备忘录》。

同日 江西省副省长洪礼和到福银高速公路温沙段察看,并慰问临川收费所收费职工。

30日 全省第六次厂务公开民主管理工作调研检查组检查交通运输厅厂务公开民主管理工作,副厅长邓经国出席汇报会。厅党委委员、省公路局局长曹先扬,厅直属有关单位、厅机关有关处室负责人参加会议。

同日 省交通运输厅召开中博会交通保障工作布置会议,部署迎接中博会交通保障各项相关工作。

31日 由江西省水上搜救中心、江西省地方海事局主办,南昌公安消防支队协办的2010年江西省水上人命救助应急演练在南昌市赣江省公安厅水警总队码头前沿水域开练。

是月 省交通运输厅厅机关有关处室、全省交通运输系统组织成立4个督查组,分别由副厅长许润龙、纪委书记江学功、总工程师胡钊芳、副厅级纪检员汪明彦担任组长,对各设区市交通运输部门及公路局,全省公路改扩建工程项目、航道码头工程项目进行综合督查。

是月 横峰320国道沥青路面重建工程完工。该路段全长16千米,路面宽12米,按二级路重建,工程投资2400万元。

是月 新东线广丰县城段(油路大中修工程完工)。该路全长22.07千米,路面宽12米。

是月 上吉线养护大中修工程正式开工。该线全长27.5千米,按二级公路标准设计,路基宽12米,路面宽9米,工程造价3900万元。

9月

2日 省交通运输厅在宜丰县召开奉新至铜鼓高速公路第一阶段施工总动员大会,部署该路第一阶段施工任务。

同日 鹰瑞、石吉、彭湖、九瑞高速公路联网开通前协调会议在南昌召开。

3日 江西省交通运输厅厅长马志武一行就加强“十二五”期间普通国省干线公路建设与养护管理到省公路管理局现场办公。

3日 新疆阿克陶县江西二大道召开9月份生产工地例会,省交通运输厅总工程师胡钊芳出席会议并讲话。阿克陶县委、江西公路工程监理公司有关负责人及参建各方代表参加了会议。

9日 省交通运输厅举办网上审批和电子监察系统软件操作培训班。

10日 全省交通运输系统国企改革动员大会在南昌召开,标志着江西省交通运输系统国有企业改革工作全面启动。省委常委、常务副省长凌成兴出席会议并讲话。

15日 以交通运输部水运局副局长智广路为团长的双学团一行,在省港航管理局局长于钦民陪同下到石虎塘航电枢纽工程施工现场,考察工程建设情况。

同日 江西省人民政府给江西省交通运输厅发出嘉奖令。嘉奖省交通运输厅为江西省高速公路建设总里程突破3000千米作出的重要贡献。

16日 省委、省政府在南昌隆重举行鹰瑞、石吉、彭湖、赣州绕城高速公路建成通车暨全省高速公路通车里程突破3000千米庆典。省委书记苏荣发来贺词。省委副书记、省长吴新雄讲话,宣布鹰瑞、石吉、彭湖、赣州绕城4条高速公路通车,并为交通运输厅颁发奖牌和奖金。

17日 省交通运输厅副厅长邓经国在南昌市交通运输局调研员戢才金陪同下检查南昌市交通运输行业安全生产工作。

19日 南昌市瑶湖大桥扩建及麻丘互通立

交竣工通车。该工程是横跨瑶湖、连接南昌东外环的枢纽项目,主线长3.71千米,其中瑶湖大桥长518米。工程总概算3.85亿元。项目于2010年1月31日开工建设。

同日 省交通运输厅副厅长邓经国在省高速集团等有关部门人员陪同下,到景鹰高速公路桥隧管理处检查指导迎接全国公路检查绿化完善、中博会和国庆期间保通工作。

19～20日 省交通运输厅对鹰潭市、吉安市等渡口及鹰瑞、石吉高速公路安全生产情况进行检查。

27日 省公路机械工程局召开企业改革动员大会。省交通运输厅副厅长许润龙出席会议并讲话。

28日 《江西省交通志(1991～2005)》首发式暨《江西交通年鉴(2010)》审稿会在南昌召开。省交通运输厅副厅长孙茂刚出席会议并讲话,副厅长邓经国宣读交通续志工作先进单位和先进个人名单,厅巡视员、厅史志编审委员会主任江学功讲话。

同日 江西省高速公路投资集团有限责任公司德兴至上饶高速公路项目建设办公室正式挂牌。

同日 江西省交通工程集团公司召开企业改革动员大会,省交通运输副厅长孙茂刚出席会议并讲话。

同日 省公路桥梁工程局召开改制动员大会,就路桥工程局国企改革进行动员部署。

30日 省高速集团宜春管理中心宜春收费站改造工程竣工。该站改造项目于2009年12月开工,2010年9月建成,总投资2520万元。

同日 省交通运输厅巡视员江学功在厅机关有关处室和厅企改办人员陪同下,到省交通设计院指导国企改革工作,并召开座谈会。

是月 人力资源和社会保障部、全国博士后管理委员会批准在江西省交通科学研究院和赣粤高速公路股份有限公司两家单位设立博士后科研工作站。

10月

9～12日 由省人大财经委主任委员黄素英、副主任胡柏龄带队的财经委调研组一行4人,在省交通运输厅厅长马志武陪同下对江西省农村渡口改渡建桥工作情况进行专题调研。

10～12日 国家发改委基础产业司巡视员宋朝义、交通运输部公路局副局长毕忠德和农业部有关部门负责人一行8人到江西调研农村公路养护管理情况。

15日 江西省交通运输厅在南昌召开江西省道路运政管理信息系统工程设计方案审查会。

19～20日 全省高速公路建设管理标准化活动动员大会在九江召开。会议宣读了《江西省高速公路建设管理标准化活动实施方案》。

20日 首届江西省科协学术年会开幕式暨第二届江西省交通运输科技新论坛在南昌举办。副省长谢茹出席并为江铃科技精英奖获得者颁奖。省政协副主席、省科协主席李华栋、中国工程院院士石屏,省交通运输厅副厅长、省科协常委邓经国,省交通运输厅总工程师胡钊芳等出席。省科协党组织书记龚绍林主持开幕式。

27日 省人大常委、农委副主任王树林带领省创先争优活动办指导组第一督导组,到省交通运输厅检查指导创先争优活动开展情况。

28日 由省政协副主席李华栋、郑小燕率领的政协提案委员会视察组一行到交通运输系统视察,实地察看德昌高速公路建设项目,并在余干召开德昌项目建设汇报会。

同日 江西省水上搜救中心正式揭牌,标志着江西省水上应急反应体系建设上了一个新台阶。

11月

3～4日 部分省级交通运输厅机关机构改革经验交流座谈会在江西南昌召开。交通运输部副部长徐祖远出席会议并讲话,江西省委常委、常务副省长凌成兴致欢迎辞。

4日 省交通运输厅副厅长许润龙到瑞寻高速公路一线检查指导工程建设。

15日 省交通科学研究院博士后科研工作站与长安大学博士后流动站签订联合培养博士后研究人员合作协议。

16日 省人大常委会党组副书记、副主任蒋如铭,副主任魏小琴、陈安众,秘书长程水凤等一行到南昌县,先后考察向塘镇雄田大桥及正在施工建设的黄马乡东文大桥、三江镇秀挹大桥,并召开座谈会。

17日 省交通运输厅高速公路项目建设效能监察工作总结汇报会在南城县召开。

同日 省委书记苏荣在省委常委、省委秘书长赵智勇、厅党委书记程受锭、副厅长许润龙及省直有关部门负责人陪同下,考察了德昌高速公路项目建设情况。

23日 德上高速公路项目办举办廉政教育专题会,省交通运输厅副厅级纪检员、监察专员汪明彦出席会议并作集体廉政谈话。

26日 省第十一届人大常委会第二十次会议审议通过《江西省道路运输条例》。

30日 省政府法制办副主任廖晓凌率检查组一行,到省交通运输厅检查行政审批事项清理成果执行情况并召开情况督查汇报会。

12月

1日 省交通运输厅副厅长胡琳主持召开全省高速公路恶劣天气应急管制调度会。

8日 以省住建厅纪检组长薛晓卫为组长的省效能办检查考核组到省交通运输厅检查考核该厅创业服务年活动情况。

同日 省交通运输厅党委书记程受锭率省厅督导检查组视察南昌市农村改渡建桥工作,并到进贤、南昌两县部分改渡建桥现场察看。

9日 省纪委正厅级纪检员、监察专员姚平率省综治委检查组一行,到省交通运输厅检查社会治安综合治理情况并召开情况督查汇报会。

14日 由赣粤高速和江西省音乐家协会联合主办的"唱响赣粤高速"歌咏比赛暨企业歌曲征集颁奖典礼在南昌举行。

15日 省人大常委会、省政府召开《江西省道路运输条例》贯彻实施新闻发布会。省人大常委会副主任魏小琴主持会议,省人大常委会副主任朱秉发到会并讲话。省政府办公厅副主任喻晓社宣读副省长洪礼和讲话,省交通运输厅党委书记程受锭介绍了《江西省道路运输条例》的基本内容和贯彻落实的具体打算。该条例于2011年1月1日起正式施行。

17日 省交通运输厅进行机关部分处室领导干部竞聘上岗选拔面试。

21日 省交通运输厅党委委员、纪委书记成松,副厅级纪检员、监察专员汪明彦及机关干部50余人参观省反腐倡廉警示教育展。

同日 全省道路运输管理规范化建设现场会在吉水召开。

同日 以省直工委委员、工委宣传部部长李跃进为组长的省直机关党的工作目标管理考核组第五考评组一行三人,对省交通运输厅2010年度工作进行检查考核。

中下旬 江西省大部分地区出现雨雪低温天气,为确保全省水路交通安全畅通,省交通运输厅启动应急预案,进入雨雪冰冻应急响应状态。厅领导深入现场一线调度指挥,各有关部门单位紧急行动,全力以赴做好各项防范和应对措施。

是月 乐平公路分局管辖的黄乐线公路改造工程开工。该路段全长29.513千米,预计总投资3000万元

是月 新十至麦斜三级公路改二级公路工程竣工。该路全长11.39千米,路面宽10.5米,按二级公路标准设计施工,工程总造价约2244万元。

是月 江西省渡改桥工程遂川县大坑乡后园桥顺利竣工通车。该桥全长1065米、宽6米、跨径5米×20米,为预应力空心板桥,由遂川县交通路桥公司承建。

是月 省道宜拿线永新至茅坪段路面拓宽改造工程完工。该路全长约11.3千米,沥青碎石路面,工程投资1300余万元。

是月 由信丰公路分局承建的信池线油山至池江段公路大修工程开工建设。该项目总里程为24.6千米,工程合同总造价1103.69万元。

是月 南康市重点工程康唐公路拓宽改造项目竣工。改造后的康唐公路路基宽14.5米,其中混凝土路面宽13.5米,改造里程14.04千米,工程总投资3800多万元

是月 由新余市公路管理局承担设计、施工任务的欧新公路改建工程主体工程竣工,完成投资10469万元。该工程全长14.258千米,按超二级水泥混凝土路面改建设计,路基宽15米。

是月 铅山信江大桥全面贯通。该桥总投资7500万元,全桥长527米,引桥长2100米,桥面宽22米,双向四车道。

江西公路开发总公司

“巾帼文明岗”服务社会

慰问“抗灾抢险”官兵

收费班组优质服务

江西公路开发总公司隶属于江西省高速公路投资集团有限责任公司，以投资、建设、管理高速公路为主，具有公路桥梁建设、公路附属设施开发经营等能力，是一家具有独立法人资格的国有交通综合性企业，总公司注册资本11.16亿元，总资产233.93亿元。

总公司下属单位有梨温高速公路公司、景鹰高速公路公司、江西恒辉物业有限责任公司、江西恒泰路桥工程有限公司、江西兴赣公路开发有限公司、江西森林公路开发有限公司、江西锦路科技开发有限公司、养护公司，参股公司有江西赣润公路开发有限公司、江西赣益公路开发有限公司、江西大万公路开发有限公司。总公司经营管理着沪昆公路江西梨温高速公路、济广公路江西景鹰高速公路、德昌高速公路，管理的高速公路总里程达652千米；合作经营105国道新干大洋州到吉水醪桥段、南康至信丰段、龙南里仁至中村坳段，320国道大城至万载段一级公路。

至目前，江西公路开发总公司经营管理了652千米高速公路，三条高速公路共设有31个收费站。在高速公路经营管理中，江西公路开发总公司积累了丰富经验，形成了独具特色管理机制。

江西公路开发总公司成立以来，坚持一手抓经济，一手抓精神文明建设，两手抓、两手硬，以构建和谐文明企业为目标，以提升企业形象为着力点，不断夯实基础，丰富内涵，营造创先争优的浓厚氛围，精神文明创建工作不断取得新成果。其中获得全国交通行业文明单位和江西省第九届、第十届、第十一届、第十二届文明单位等荣誉。涌现出熊文清、熊艳、龚胜等先进个人和鹰潭西收费站巾帼示范岗、进贤收费站党员示范岗、熊文清班组、赣皖收费站螺丝钉班组等先进集体。

站在新起点，把握新机遇。江西公路开发总公司高举邓小平理论旗帜，以“三个代表”重要思想为指导，深入学习实践科学发展观，以公路开发为主业，服务和服从于江西经济和社会文明进步，为交通事业又好又快发展作出新的贡献，为建设和谐社会和小康社会而努力奋斗。

梨温高速公路

德昌高速公路

景鹰高速公路

梨温高速（生态保护极佳的高速公路）

办公大楼

局长 于钦民

党委书记 严允

江西省港航管理局大楼

江西省港航管理局是江西省交通运输厅所属的副厅级全额拨款事业单位，实行三块牌子一套人马，与江西省水上搜救中心合署办公。负责全省航道及航道设施的建设、管理；水上交通安全监督管理；船舶法定检验工作；负责组织、协调、指挥水上搜救和船舶污染事故应急处置工作。负责全省水路运输和港口的行业管理工作。

江西省港航管理局现辖直属单位20个，其中正处级单位2个，副处级单位15个，正科级单位3个，包括11个设区市分局（市地方海事局、市船舶检验局）、界牌航电枢纽管理处、信江航运建设工程管理处、路港工程局、航道工程局及鄱阳湖水上搜救分中心等；全省下设海事处76个、外加长江干线1个船检处；下设22个航道处及疏浚处、船闸所等其他19个基层单位；全省共有事业编制3485名，在职职工1900多人。

长期以来，江西港航管理部门致力于发展水运事业。改革开放初期，探索出一条集航运、发电于一体，综合开发利用水资源的“流域渠化”新路，奠定了其在航电枢纽工程领域创新开拓的历史地位；进入新世纪以来，航道建设从分滩整治向全流域规划建设转变，水路运输向现代化、集约化、专业化发展。“十一五”期间，全省完成水运建设投资31.48亿元，是“十五”期间的3.7倍。航道、港口、支持保障建设的全面提速，实现了“水路基础设施服务水平、水上安全应急管理水平、港航行业管理水平、水运生产力水平显著提升”。坚持“两手抓、两手硬”的方针，精神文明建设硕果累累，系统内文明单位覆盖面达95%，行业凝聚力和影响力显著提升。水运在全省经济社会发展中的支撑保障作用得到不断彰显。

“十二五”时期，江西水运将以前所未有的规模和力度向前推进。5年规划投资305亿元，构筑六大体系，建设依托长江黄金水道，以鄱阳湖为中枢，以“两横一纵”国家高等级航道为架构，以九江港、南昌港为枢纽，以标准化船舶为载体，以现代化支持保障和应急救援体系为保障，有效衔接其他运输方式的畅通、高效、平安、绿色生态水运。到“十二五”期末，“两横一纵”国家高等级航道基本建成，千吨级船舶从赣江上游直达长江；九江港进入亿吨大港行列；南昌新港建成为全省最大的综合交通运输枢纽。全面提升全省内河水运的综合实力和可持续的核心竞争力。

九江港新貌

交通运输部部长李盛霖视察南昌新港规划模型

交通运输部副部长徐祖远到江西省港航局考察指导工作

海事队列风采

海事执法

“十一五”时期江西水运建设示意图

船舶检验

运政港政管理

赣江石虎塘航电枢纽

信江界牌航电枢纽

江西省公路

2011年1月1日，贯彻实施《江西省道路运输条例》新闻发布会

厅党委书记程受铤深入汽车客运站督导春节道路运输安全生产工作

2011年6月15日，全省各地纷纷开展"满意在运管"行风宣传咨询活动

江西省公路运输管理局为省交通运输厅管理的副厅级全额拨款事业单位，承担全省道路旅客运输、道路货物运输、站（场）、机动车维修、营运车辆综合性能检测、机动车驾驶员培训管理的具体工作，承担指导全省城市公交、出租车、轨道交通管理的具体工作等。

2011年作为"十二五"规划的开局之年，在省厅的正确领导下，运输管理局按照年初确定的"围绕一项活动，抓好三个建设，确保三个到位"的工作思路，狠抓落实，强力推进，各项工作进展顺利，实现了开好头，起好步，主要体现为六大亮点：

一是规划编制工作得到顺利推进。《"十二五"农村客运网络化建设规划》编制已经完成；《江西省交通物流发展规划》正在有序进行；布置启动了22个设市城市公交客运专项规划的编制工作。鹰潭市已经在全省率先完成城市公交客运规划编制工作。6个国家公路运输枢纽总体规划编制工作已经完成，并通过了交通运输部组织的部、省联合评审工作，基本确定在南昌、赣州、宜春、吉安、九江、鹰潭6个枢纽城市建设28个客运枢纽、33个货运枢纽。

二是规范市场秩序得到加强。以《江西省道路运输条例》正式出台为契机，加强配套制度建设和规范性文件出台，目前省"条例"的释义已正式出台，配套的规范性文件出台15件，从而形成了规范运输市场秩序的基础性、根本性、长期性的制度体系。对制定的各项制度，执行力度也非常大，吊销了多次违章经营的鹰潭至珠海班线的经营许可，对9条到期而考核评估不合格的班线坚决收回原经营者班线经营权，对各项安全管理工作不达标、存在重大隐患的3家汽车站实行降级处理。这些措施起到了"杀一儆百"的作用，对规范市场秩序效果明显。

2011年9月15日，南昌在全省率先启动道路客货运输从业资格无纸化理论考试

三是干部人事改革不断深化。在厅党委的关心和支持下，2011年，省公路运输管理局圆满地完成了局机关干部选拔任用工作，新提拔处级以上干部8人；科级干部16人；新提拔和改任科级非领导干部11人；双向选择调整工作岗位11人。通过竞争上岗，一批年

崭新的城乡公交车整装待发

省交通运输厅厅长马志武到省运管局调研

运政文明优质服务

富力强、精力充沛的干部脱颖而出。18名处室副职中，其中研究生7人，本科学历10人，大专学历1人；平均年龄35.9岁，为局机关干部队伍注入了新的活力，增添了新的生机，为江西省道路运输事业的发展提供了有力的组织保障和人才支撑。

四是安全监管工作得到加强。2011年以来，省公路运输管理局采取了超常规的手段和措施，对道路运输安全生产实行高压严管态势。先后开展了4次大规模的督导检查活动，召开了一次安全生产紧急视频会议，在客运、危货运输等6个子行业开展集中整治活动，对凌晨2点至5点运行的卧铺客车按照交通运输部要求实行强制休息，在客车内推广张贴安全告知制度等。通过一系列手段和措施，全省道路运输安全生产形势总体平稳。

五是行风建设工作得到改进。由于道路运输行业与人民群众的日常生活息息相关，倍受社会各界关注。尤其是接管城市客运工作以后，各种矛盾和压力骤然增加，也给行风建设带来深刻影响，一直以来行风监测排名都位列倒数。2011年以来，省公路运输管理局前所未有地重视行风建设工作，召开了专题会议进行动员，并将行风建设作为全行业重点工作之一，目前运管行风正在发生积极而令人鼓舞的变化，在全省行风监测排名中稳步前移。

六是节能减排工作顺利推进。

2011年以来，省公路运输管理局开展了一系列活动：与大江网合作，通过网上知识竞赛、在线提问和网上直播等形式进行互动，吸引社会公众6.7万人次关注行业节能减排工作，4.2万人参与节能减排知识竞赛，进一步强化了节能宣传教育的影响力；联合南昌4S店，组织开展"节能节电、全民行动"节能驾驶体验活动、总结交流节能驾驶经验、方法及操作技巧；组织编制汽车"绿色驾驶"手册，并在各级运管部门、道路运输企业、站场等场所共发放汽车"绿色驾驶"手册1800余册；结合第二届"宇通杯"节能技能竞赛，在全省组织开展万名驾驶员节能竞赛活动，推广节能驾驶操作、节能示范技术，提高从业人员的节能意识和操作水平。

"宇通杯"掀起江西交通运输行业安全节能驾驶新高潮

歌唱祖国 歌唱运管 献礼建党90周年

喜迎"七城会"南昌主题出租车亮相

全省运政执法人员培训

机关处室副职岗位竞争上岗 竞出活力 争出风采

江西省高速公路投资

省委书记苏荣视察德昌高速公路项目建设情况

省长吴新雄视察昌九高速昌北收费站

江西省高速公路投资集团有限责任公司（以下简称“省高速集团”）是经江西省人民政府批准，在江西高速公路投资发展（控股）有限公司的基础上，成功整合省属高速公路管理单位，组建成立的负责省属高速公路投资、建设、经营等工作的国有独资有限责任公司。省政府授权省交通运输厅作为省高速集团出资人代表，依法行使出资人的权利和履行义务。省高速集团于2009年11月28日正式成立，于2010年1月1日正式开始运作。

作为省政府授权的国有资产经营和投资主体，省高速集团主要从事高速公路等重大基础设施的投融资、建设、服务、经营，从事服务区经营以及交通基础设施建设等，建设工程施工、机械设备租赁、建筑材料批发代购、现代物流、仓储、广告、房地产开发经营等业务。

目前，省高速集团主要经营管理江西省境内福银高速昌九段、乐温段、温沙段、沪昆高速梨温段、温厚段、昌樟段、胡傅段、昌金段、杭瑞高速九景段、景婺黄（常）段、大广高速武吉段、泰赣段、厦蓉高速瑞赣段、济广高速鹰瑞段、泉南高速石吉段、赣州城西段、济广高速景鹰段、泰井高速、昌北机场高速、樟吉高速、彭湖高速、永武高速、德昌高速等23条、3089千米高速公路，占全省已通车高速公路总里程的91%。同时还承担着昌奉、九江长江公路大桥、隘瑞、吉莲、奉铜、瑞寻、德上、祁浮、井睦、抚吉等700多千米高速公路的建设任务。省高速集团共有1个交通综合性企业即公路开发公司、1个上市公司即赣粤股份公司以及12个路段管理单位、6个直属经营单位。

省委、省政府在南昌隆重举行鹰瑞、石吉、彭湖、赣州绕城高速公路建成通车暨全省高速公路通车里程突破3000千米庆典

集团成立以来，紧紧抓住目标任务，扎实推进体制改革，快速推进项目建设，稳步推进运营管理，取得了令人振奋、令人赞叹的成绩，实现了高速公路事业的科学发展、跨越发展。2011年共征收通行费71.59亿元，路面通行环境良好，服务区整治成效显著，窗口形象进一步提升，文明创建结出累累硕果，全年集团累计荣获国家级荣誉11项、省部级荣誉54项、省直（市厅）级荣誉221项，涌现出了黄春花、沈小山等一批先进个人，营造了明“星”闪烁、群“星”辉映的生动局面，形成了人人崇尚先进、个个赶超先进、处处涌现先进的浓郁氛围。

南昌市瑶湖大桥扩建及麻丘互通立交工程竣工通车典礼隆重举行

全省高速公路建设管理标准化活动动员大会在九江召开

集团有限责任公司

省委常委、常务副省长凌成兴视察瑶湖大桥扩建及麻丘互通立交工程、前湖互通立交新建工程施工现场

“6·20”梨温高速公路余江路段水毁灾情发生后，省委省政府高度重视，省委常委、常务副省长凌成兴，省政府副秘书长朱希，省交通运输厅厅长马志武、副厅长邓经国，省高速集团总经理、省高管局局长谢来发第一时间赶赴现场查看详情，指挥抢险救灾

省交通运输厅党委书记程受锭察看九景管理处应急储备基地并为基地揭牌

省政府在南昌召开赣州至崇义、奉新至铜鼓、上饶至德兴、浮梁至黄山（赣皖界）高速公路项目开工、吉安至莲花高速公路项目奠基新闻发布会

省高速集团精神文明建设暨人才工作会议在南昌召开

由赣粤高速和省音乐家协会联合主办的“唱响赣粤高速”歌咏比赛暨企业歌曲征集颁奖典礼在南昌举行

2010年“高速集团杯”第三十三届全省领导干部网球赛在雷公坳动感会所网球场举行

由省交通运输厅主办、省高速集团、赣粤高速、省摄影家协会、《中国交通报》江西记者站联合承办的“江西高速公路通车里程突破3000千米暨第四届赣粤高速杯摄影技术展览”在省文联隆重开幕

公司举行全国"两会"精神专题讲座

公司经常性开展员工培训工作，图为船员培训

江西远洋运输公司创建于1982年，由中国远洋运输（集团）总公司与江西省交通运输厅合资兴办。

经过近30年的艰苦创业，公司形成了一支业务精湛、技术过硬、素质优良、善于管理的航运队伍，目前经营2艘远洋散杂货货轮，总载重近2万吨，主要经营中国香港、台湾和日本、韩国、东南亚国家及南太平洋航线，航区覆盖东南亚及南太平洋。

公司投资控股的南昌港国际集装箱码头已于2005年5月建成投产。该码头建设有两个1000吨级码头泊位，设计年

公司坚持开展羽毛球活动，图为教练在指导羽毛球运动技巧

公司与省交通运输厅举行篮球友谊赛

发展的南昌保税物流中心，是我省目前唯一的国家级保税物流中心

运 输 公 司

公司船员举行应急演习活动，提高安全意识和安全技能

公司与南昌市经开区港口村共建和谐文明村

吞吐能力为5万标准集装箱（扩容后，吞吐量将达到12万标箱）。码头建有拆装箱库、危险品仓库、熏蒸场地、灭杀虫药库、机修车间，配备了现代化程度较高的轨道门机、叉车、进口正面吊等，集装箱装卸设施先进、齐全。2009年，该码头的集装箱吞吐量已突破年设计吞吐能力，并呈逐年增长态势。

公司开辟了现代物流服务，投资控股了南昌保税物流中心（B型），是江西省唯一一家国家级保税物流中心，于2010年9月正式封关运行。该中心地处国家级南昌经济技术开发区，区位条件十分优越，作为区内唯一拥有国际集装箱码头的保税物流中心，是南昌市乃至江西省公、铁、水、空运衔接的枢纽点，其独有的公共保税中心功能也填补了江西省内空白，为广大工商企业提供保税仓储、国际物流配送、进出口贸易和转口贸易、物流信息处理、口岸、入物流中心出口退税等各项服务。截至2011年9月，该中心进出口总额已突破1亿美元。

公司经营了南昌至上海、南昌至南京、南昌至九江的国际集装箱班轮航线，目前控制或拥有集装箱运输船舶12艘，载箱量900标箱，与20多家船公司及货运公司展开业务往来，经营南昌及周边地区至世界各地的集装箱运输业务，是江西省市场份额最大的集装箱运输企业。

此外，公司还投资了旅行社、公路租赁、港口、房产、船务、期货等一批陆上产业，呈现良好的发展势头。

由公司投资的江西省首艘150TEU标准集装箱船开建

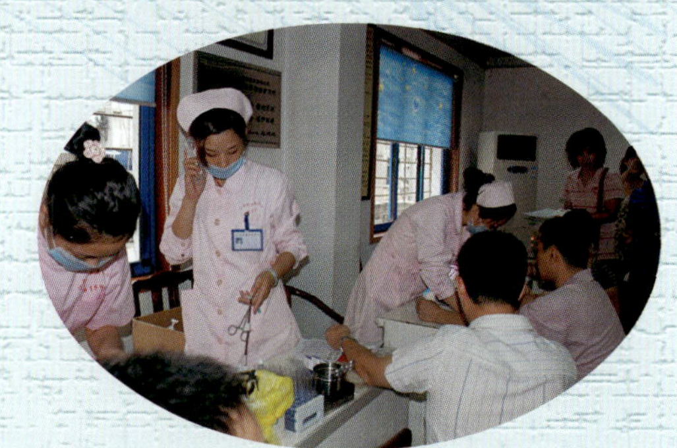

公司职工踊跃参加义务献血活动

繁忙的南昌港国际集装箱码头

江西省交通

总经理　刘仁达

党委书记　周连老

江西省交通工程集团公司成立于1997年，注册资本3.1055亿元，是江西省目前唯一一家集公路施工、收费公路投资经营和房地产开发于一体的，具有一定投融资实力的国有大型综合性交通企业。

江西省交通工程集团公司以路面、桥梁、隧道施工见长，先后以雄厚的资金和技术实力，出色完成以福建龙长高速、江西乐温高速等为代表的路面工程，以河南郑石高速宋庄分离式立交桥等为代表的桥梁工程，以浙江杭千高速四孔连拱隧道——南峰、善岭隧道等为代表的隧道工程，并先后创造了江西公路建设史上的“四个第一”，即：以项目总承包方式顺利完成建设江西省第一条标准化高速公路——温厚高速，以风险投资模式成功完成三清山环山旅游公路，以委托融资模式成功完成320国道大城至万载公路改造工程，以设计施工总承包模式成功完成宜春至安福公路，树立了良好的企业信誉。公司先后被授予中国质量万里行质量诚信跟踪荣誉企业，历年省级AAA特级信用企业，江西省优秀企业、江西省第十二届文明单位等荣誉称号。

立足过去，展望未来，江西省交通工程集团公司愿与社会各界精诚合作，携手并进，打造出更多的精品工程，为交通事业的发展作出新的贡献。

联系电话：0791—86243301

公司网址：www.jxjtjt.com

公司地址：江西省南昌市红谷滩新区赣江中大道1426号泓德新厦四楼

企业文化

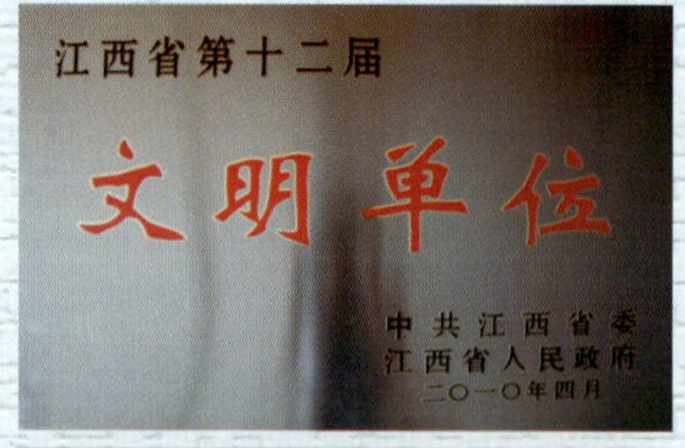

工程集团公司

三大强项

路面施工 桥梁施工 隧道施工

公司承建的福建龙长高速路面工程

公司承建的河南郑石高速宋庄分离式立交桥工程

井冈山厦坪至睦村高速公路设计施工总承包项目隧道

四大领域

公路施工 收费公路
房产开发 对外劳务

公司走出国门的通行证——对外承包工程经营资格

公司开发建设的弘德大厦

公司投资兴建的三清山环山收费公路

公司承建的江西省第一条六车道高速公路乐温高速公路路面标段

四个第一

公司以施工总承包形式承建的江西省第一条标准化高速公路——温厚高速

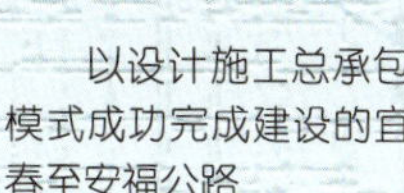

以设计施工总承包模式成功完成建设的宜春至安福公路

以委托融资模式成功完成建设的320 国道大城至万载公路并交付运营

以风险投资模式成功完成建设投资的三清山环山旅游公路

江西省公路

江西省公路机械工程局二〇一一年项目管理研讨会议暨党风廉政建设、宣传思想及精神文明建设、安全生产、社会治安综合治理工作会议

江西省公路机械工程局二〇一一年项目管理研讨会议

江西省公路机械工程局成立于1995年，是江西省交通系统首家通过ISO9002国际质量标准认证（现已升级到ISO9001:2000版）的国家公路工程施工一级总承包企业，具有路基、路面、桥梁、隧道专业一级资质，是江西省工商行政管理局“守合同，重信用”AAA企业，是省内多家银行的AAA资信企业，是省直文明单位、南昌市文明单位。

伴随着国家的繁荣昌盛、交通建设的飞速发展，在艰苦拼搏十多年的风雨沧桑历程中，江西省公路机械工程局已发展成为一支拥有员工552名、各类专业技术人员330名、具有建造师46名；工程机械设备489台（套）、设备原值数亿元的企业。该局始终坚持“做对社会负责任企业”的宗旨和“以质量求生存，以管理求效益，以效益求发展”的方针，坚持以人为本，大力实施“科教兴局”、“人才强企”战略，大力加强精神文明建设和企业文化建设，深化机制改革，强化内部管理，紧扣市场脉搏，在开拓创新、和谐创业中不断发展壮大，现已发展成为集公路、桥梁、隧道、交通工程、公路养护、市政建设、水利水电等工程建设及工程勘察设计、设备租赁、招投标咨询代理、房地产开发、园林绿化、软件开发、对外贸易、高速公路项目代建等业务为一体、多元化发展的现代化集团式施工企业。

利用高起点的优势，依托强大的设备力量和技术支撑，采取先进科学的管理模式，突出施工质量、信誉，是江西省公路机械工程局大跨步向前发展的成功所在。该局拥有较为优良的沥青砼路面、水泥砼路面、路基土石方、桥梁、隧道、交通安全设施等各方面机械设备，拥有一批训练有素、技术过硬、经验丰富的项目经理队伍、施工管理人才和技术人员；全面按ISO9001:2000国际质量标准要求设置机构、配置人员、规范管理、建立质量保证体系；注重引进、消化、借鉴、创新国内外高新工程技术，大力推广应用新技术、新材料、新工艺、新设备，企业正

野外拓展

接天之臂

机械工程局

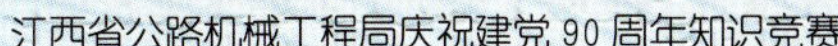
江西省公路机械工程局庆祝建党 90 周年知识竞赛

党旗在工地飘扬——庆祝建党 90 周年

朝多元、质量、效益型道路快速发展。

近年来，该局积极参与省内外重点工程建设，取得了令人瞩目的可喜成绩，施工队伍日益壮大、施工能力和施工水平进一步提高，先后参建了省内石吉高速公路、德昌高速公路、永武高速公路、瑞寻高速公路、赣崇高速公路、吉莲高速公路，省外贵州铜仁至大龙高速公路、山东青州至临沐高速公路、河北土木至胶泥湾高速公路、宁夏银川至巴彦洁持高速公路、山西太原至佳县高速公路、湖北麻竹高速公路等多条高等级公路的工程建设，足迹遍及全国20多个省市（自治区），并于2008年承担了江西省迄今为止一次性开工建设里程最长的高速公路建设项目——济南至广州高速公路江西鹰潭至瑞金段建设项目（鹰瑞高速公路建设项目）的代建业务，经济效益和社会效益逐年提高。“三个文明”建设硕果累累，多次被评为江西省交通系统和公路系统先进单位、南昌市文明单位、江西省文明单位，下属公司均被共青团江西省委授予“省级青年文明号”光荣称号，其中一个分公司被授予“国家级青年文明号”光荣称号。

筑路施工

大路当歌，大气无形，大音希声。江西省公路机械工程局每位员工将以“修筑完美之路，构建和谐企业，优质回馈社会”为使命，励精图治，锐意进取，并愿与社会各界携手奋进，共创美好未来，为江西交通、公路事业的跨越式发展，为江西在中部崛起而不懈奋斗！

钢筋制作一遍繁忙

局长 邹显华

党委书记 熊经辉

江西省公路桥梁工程局是江西交通系统历史悠久、规模较大、技术力量人员配备最雄厚的公路施工专业队伍。具备公路工程施工总承包一级资质，桥梁、路面、路基三个专业施工承包一级资质，以及公路交通工程专业承包交通安全设施资质和隧道施工专业二级资质，市政公用工程施工总承包三级，养护资质一类、二类甲、乙，三类甲，试验检测公路工程综合类乙级。并已通过质量、环境、职业健康安全三大管理体系认证。全局现具有高、中、初级工程专业技术人员443人，占总职工人数的67%，并有82人通过了国家一级建造师考试并取得考试合格证书。拥有大中型专业设备1000余台（套），动力装备率达到46千瓦/人，年施工能力30亿元。

抚吉高速拌和站

江西省公路桥梁工程局成立于1962年，始终坚持以市场为导向，以项目管理为突破口，建立和完善现代企业制度，秉承“责任创精品，诚信筑丰碑”的管理理念，深化改革、锐意进取，先后担任赣粤高速公路南昌至樟树段高速公路、赣粤高速公路胡家坊至昌傅段高速公路、温家圳至厚田高速公路、大庆至广州高速公路武宁至吉安段项目建设业主或代建业主。参建省内、外项目有：赣粤高速公路、昌金高速公路、乐温高速公路、景婺黄（常）高速公路、西外环高速公路、瑞赣高速公路、洪都大桥、鹰瑞高速公路、石吉高速公

赣崇高速路面施工

赣崇高速桥梁施工

桥　　梁　　工　　程　　局

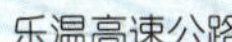

乐温高速公路

武吉高速公路

路、德昌高速公路、永武高速公路、瑞寻高速公路，安徽水阳江公路特大桥、广东江鹤、揭普、粤赣高速公路、福建樟龙高速公路、湖北襄荆高速公路、河南商开高速公路、内蒙古赤通辽高速公路等数十条高等级公路的工程建设，足迹遍及全国20多个省市（自治区）。累计新建和改建公路3000千米，独立承建100米以上各类型桥梁50000米/90座，工程合格率100%，优良率90%，产生了良好的经济和社会效益。曾先后多次被授予省级“先进施工企业”、全省“质量管理先进企业”、“江西省优秀企业”等荣誉称号；跻身“江西企业50强”、“全国交通百强企业”；并被交通部确定为全国47家公路工程施工重点联系企业之一，同时被江西省人民政府授予“江西省十五重点工程建设先进施工单位”，“中国建筑业AAA信用企业”等荣誉称号。

昂首迈步五十载，神州大地展宏图。江西路桥将以成立五十周年为契机，努力构建以工程、施工总承包为主业，设备租赁、建筑开发为辅业的多元化产业结构，立足江西、开拓国内、放眼国际。站在新起点，谋求新发展，实现新跨越。江西路桥将始终秉承“重质量、守信誉、兴科技、创精品”的企业宗旨，继续发扬“忠诚、团结、奋进、奉献”的企业精神，加强标准化管理，完善体制机制，夯实管理基础，提高企业综合实力和品牌影响力，努力把江西路桥打造成管理科学、技术突出、文化先进、士气高昂的现代化优秀企业而不懈奋斗！

景婺黄高速公路

上武高速乌石三大桥

武吉高速公路

江西交通工程监理公司

总经理 王昭春

党委书记 黄以鸿

江西交通工程咨询监理中心（江西交通工程监理公司）于2001年3月经省编委批准成立为江西省交通厅下属自收自支事业单位。公司核定自收自支事业编制为40人；内设5个科室，即行政办公室、财务审计科、经营科、人事劳资科、总工程师办公室；下设4个所（分公司），即江西交通工程咨询监理中心第一、二、三、四工程监理咨询所（江西交通工程监理公司第一、二、三、四分公司）；同时经省厅党委批准，成立了江西交通工程咨询监理中心党委、纪委、工会、团委组织和下设的党委办公室、纪检监察室、工会办公室。根据工作需要内部成立了咨询科和试验检测中心，实行两块牌子一套人马的经营管理模式。主要职责是：承担全国范围内高等级公路、大型桥梁、隧道工程、交通工程和全省范围内大中型水运工程项目的施工监理和交通建设工程咨询工作。

2009年12月，省厅为理顺高速公路建设管理体制机制，充分发挥中心（公司）人才和技术管理优势，将江西交通工程监理公司更名为江西交通咨询公司，成为省高速集团下属的全资子公司，公司更名后的主要职能是：受省厅和集团的委托，统一负责省厅和集团投资的高速公路建设项目管理，维护项目法人的各项权益；全面开展交通建设工程咨询等中介服务。在资质许可范围内开展交通建设项目代建、工程咨询、工程监理、招标代理、工程造价、勘察设计等服务工作和从事科技开发、机械设备租赁、建设材料批发代购等业务。

重点公路建设项目管理

中心（公司）是中国交通建设监理协会常务理事单位，中国工程咨询协会会员和国际咨询工程师联合会成员协会会员。具有国家交通部公路工程甲级、水运工程甲级和独立大桥、特殊独立隧道工程专项监理资质；国家发改委公路工程监理、项目管理甲级咨询资质、公路工程专业项目建议书、可行性研究报告、评估咨询丙级资质；交通部交通工程试验检测乙级资质；国家商务部颁发的对外经营许可证，注册资金1200人民币万元。

自成立之日以来，中心（公司）认真履行职责，带领全体职工抢抓机遇、团结一心、锐意进取、不断开创工作新局面。累计完成2000余千米高速公路（省外318千米）、35座特大桥（省外4座）、12座特长隧道9个（省外2个）、500余航道整治、3处水利枢纽和5个大型码头工程的施工监理；完成招标咨询和招标代理项目30余个，施工图设计审查近40个，重点项目代建5个，完成交通工程638千米施工和项目后评价6个，所有服务项目均出色完成，受到业主好评和上级的表彰，为交通事业发展作出了应有的贡献。

九景高速公路湖口大桥

南昌港国际集装箱码头工程

九江长江大桥公路桥管理局

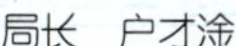
局长　户才淦

庆祝建党90周年

九江长江大桥公路桥管理局是九江长江大桥（公路桥）管理委员会的下设职能机构，行政隶属江西省交通运输厅。1994年5月1日起正式接替大桥建设单位铁道部大桥局九江长江大桥建设指挥部对公路桥具体履行统一管理、养护、收费、还贷四项基本职能。

九江长江大桥公路桥管理局坚持以邓小平理论和“三个代表”重要思想为指导，以科学发展观为统领，以大桥安全和通行安全为重点，以提高交通“三个服务”能力水平为出发点，以和谐稳定为目标，科学管理，规范服务，促进了大桥“四个文明”建设的协调发展，确保了九江长江大桥的安全畅通，开创了九江长江大桥精神文明建设的新局面：先后荣获“江西省第十一届文明单位”称号和江西省五一劳动奖状；被江西省交通运输厅和九江市人民政府树为综治目标管理先进单位；九江市委先进基层党组织、定点扶贫先进单位；监控中心先后荣获全国三八红旗集体、巾帼文明岗，并荣膺江西省五一巾帼奖、和全省女职工建功立业活动先进集体等荣誉称号。

2011年，九江长江大桥公路桥管理局满怀豪情，奋发有为，为提高九江长江大桥通行能力和安全性，九江长江大桥公路桥管理局正着手进行大桥升级改造论证、规划、设计及申报立项等工作，并积极筹措资金，九江长江大桥人将以更加务实的精神，开拓创新，扎实工作，为实现九江长江大桥公路桥管理局可持续发展续写辉煌。

规范化服务手势

江西省抗冰救灾
先进集体
中共江西省委
江西省人民政府
二〇〇八年三月

抗冰救灾先进集体

工作人员送开水给滞留车主

全国交通系统保畅通先进单位

荣获江西省第十一届文明单位

监控中心

江西赣粤高速公

交通运输部副部长冯正霖一行到樟吉高速公路检查指导工作

省委常委、常务副省长凌成兴等领导亲切看望慰问在高速公路除冰铲雪的突击队队员

赣粤高速 2011 年工作会议暨二届二次职代会在南昌召开

赣粤高速与铜鼓县人民政府举行铜鼓县温泉小城镇（旅游）综合开发项目签约仪式

赣粤高速标准化管理标准体系评审会在南昌召开

江西赣粤高速公路股份有限公司是经江西省股份制改革联审小组赣股〔1998〕1 号文和江西省人民政府批准，于 1998 年 3 月 31 日由江西高速公路投资发展（控股）有限公司作为主发起人发起设立的股份有限公司。公司于 2000 年 5 月 18 日在上海证券交易所成功上市，是江西省唯一一家公路类上市公司。上市以来，公司坚持稳健经营，科技为先的经营策略，实现了跨越式发展。公司总股本由上市前的 2.33 亿股增加到 23.35 亿股，总资产由 17.26 亿元增加到 2010 年的 180 亿元，主营业务收入由 2.35 亿元增加到 2010 年的 29.07 亿元。目前，公司经营管理的高速公路达到 623 千米，在建高速公路 170 千米。主要营运资产有昌九高速、昌樟高速、昌泰高速、九景高速、温厚高速和彭湖高速。

赣粤高速推行企业创新文化发展战略，坚持以先进文化引领企业快速发展，企业文化建设成果斐然。公司成立以来，连续七年入选中国服务业企业 500 强，并成为唯一连续七届荣获中国上市公司最佳董事会“金圆桌奖”的上市公司；先后荣获全国企业文化优秀奖、首届全国交通行业企业文化优秀成果

《江西赣粤高速公路股份有限公司信息化（2011～2013）工程可行性研究报告》通过专家评审

路股份有限公司

省交通运输厅党委书记程受锭等领导实地察看昌铜高速公路项目建设情况

省交通运输厅厅长马志武看望和慰问正在紧张工作的岗亭收费人员，对赣粤高速春运工作表示充分肯定

奖、全国首届企业文化创新案例奖、中国交通运输部首批文化建设示范单位、全国文明单位、全国杰出青年文明号、全国精神文明建设先进单位、全国职业道德十佳单位、全国职工小家、全国巾帼文明示范岗等国家级荣誉40余项。

2011年，公司继续以科学发展观为统领，以打造“学习型、科技型、节约型”企业为抓手，以“迎国检”和资本市场实施内部控制规范试点企业为契机，大力推进管理流程“标准年”和“内控体系”建设，规范管理，夯实基础。公司3月份开始全面开展标准化体系建设，应用标准化原理和系统管理方法，在公司管理和服务的各层次、各过程，识别、确定标准化要素及其相互关系，建立了标准化管理三大标准，即技术标准、管理标准、工作标准，使公司在收费、养护、服务区管理、信息服务、机电设备等方面的管理走向标准化、规范化。赣粤高速建立了以顾客和社会满意为中心的“赣粤高速”品牌标准化管理和企业文化体系，完成了从高速公路收费、养护导向转为高速公路管理和通行服务导向的战略飞跃。

赣粤高速成为连续七届蝉联“金圆桌奖”的上市公司

赣粤高速论坛首期工作讲坛在南昌鸣锣开讲

赣粤高速公路绿色通道货物检测系统研发与应用项目通过课题成果鉴定

赣粤高速年中工作形势分析暨职工培训学校周年总结表彰会

赣州高速公路

省委书记苏荣视察建设中的赣州大桥

省委常委、常务副省长凌成兴视察龙杨高速公路建设

赣州高速公路有限责任公司是根据赣州市委、市政府的指示精神，为修建赣定高速公路而依法成立的国有控股公司。成立于2001年4月，资本金为8.8226亿元，主营高速公路项目投资建设、经营和管理，现有员工680余人。

目前，公司主要负责赣定高速公路的经营管理，独资或合资建设赣州绕城高速公路、赣江公路大桥、赣州和谐钟塔、大广高速龙南里仁至杨村段、厦蓉高速赣州至崇义段和寻乌至全南高速公路等项目。同时，控股赣康高速公路有限责任公司，参股赣州康大高速公路有限责任公司、赣州安华钴业有限公司、江西联兴高速公路养护公司及赣州银行等。

2010年，公司贯彻落实科学发展观，扎实努力，奋勇拼搏，取得了了各项工作显著成效。概括起来主要表现在“一个突破、两个全面、六个双双”，即“一个突破”：通行费收入取得新突破，赣定高速通行费收入首次突破7亿元大关；“两个全面”：年度目标任务全面完成、企业管理水平全面提升；“六个双双”：赣州大桥与绕城高速双双建成通车、龙杨高速与赣崇高速双双开工建设、和谐钟塔一期与赣定“迎国检”工程双双基本完工、寻全高速与和顺实业公司前期工作双双正式启动、创先争优活动与群团文化建设双双取得丰硕成果、创业服务年与和谐平安

有 限 责 任 公 司

省交通运输厅厅长马志武视察赣州绕城高速公路建设

赣州和谐钟塔雄姿

企业创建活动双双被评为全市先进。

今后，公司将在赣州市委、市政府的正确领导下，按照“一路领先，多方拓展，团结拼搏，共创辉煌”的经营方略，到2011年把公司打造成资产达100亿元、年经营收入达10亿元的现代化企业集团。

壮观的赣州大桥

赣康高速公路

繁忙的赣定高速公路

司乘人员优质服务

瑞 金 至 赣 州

瑞赣高速公路建设总结表彰大会现场

省、厅领导与瑞赣高速建设者先进代表合影

瑞赣高速建成通车

2008年4月28日，瑞金至赣州高速公路建成通车。瑞金至赣州高速公路是国家“7918”高速公路路网规划中厦门至成都主干线在江西境内的重要组成部分，是江西省“三纵四横”高速公路主骨架网中“第四横”的重要组成部分，也是建设红色故都瑞金交通枢纽的重要组成部分。该项目是江西省继昌九、泰赣高速公路之后的第三条利用世行贷款的高速公路项目。项目起于瑞金市云石乡陂下村，与隘岭至瑞金高速公路（待建高速公路）终点相接，途经瑞金市、会昌县、于都县、赣县、赣州市章贡区、赣州市经济技术开发区6个县(市、区)，终点与厦蓉线赣州城西段相接，全长117.12千米，为全封闭、全立交、双向四车道高速公路，投资概算总额为56.2亿元。

瑞赣高速公路不仅是江西境内东西向的大通道，也是江西境内两条南北向高速公路的最佳联络通道。瑞赣高速公路项目全体参建人员紧紧围绕打造“世行典范、省内一流、百姓满意”工程目标，破解了桥隧比例高、施工难度大、作业条件差、世行环节多四大难题，经受了2007年钢材、水泥、柴油价格猛涨，供应紧张和2008年雨雪冰冻灾害、台风洪涝两大考验，胜利完成了建设任务，实现了省委、省政府确定“工程质量优、生态

建成通车的瑞赣高速

高 速 公 路

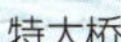
特大桥

建成通车的瑞赣高速

环境美、建设进度快、安全廉洁好”的目标任务。

瑞赣高速公路的建成通车，大大加快江西省高速公路主骨架的形成，改善赣南革命老区的交通条件，缩短与福建、广东、湖南等周边省份的时空距离，尤其对推动江西省参与泛珠三角区域的经济合作和发展，实现“对接长珠闽，融入全球化”，促进江西在中部崛起都具有重要意义。

瑞赣高速

瑞赣高速

瑞赣高速建设掠影

赣州至大余高速公路

赣州市委副书记、市长王平视察赣州绕城高速公路建设项目

赣州绕城高速公路建成通车庆典现场

赣州市副市长刘琮在工程建设动员大会讲话

机电、安全设施工程工地会议

2010年8月9日，赣州至大余高速公路建成通车。赣州至大余高速公路(茅店～三益段)该建设项目又称赣州绕城高速公路，属赣大高速公路的二期工程。项目起于赣县茅店镇燕子岩与瑞赣高速公路对接，经赣县茅店、章贡区沙河、沙石，赣州经济技术开发区潭东、黄金街道办事处，南康市潭口、龙岭、东山等乡（镇、街办），在步狗垅设南康互通和大广高速相交后，共线9千米至赣州至大余高速公路（三益～梅关段）项目路线全长52.7千米，新建里程长43.589千米，概算总投资21.6亿元。赣州至大余高速公路(茅店～三益段)系江西省规划五条城市环城高速公路之一，是闽赣粤运输通道的重要路段。该项目的付诸实施，是落实赣州市委、市政府“对接长珠闽、建设新赣州”发展战略，把赣州建设成为区域性现代化中心城市的重大举措；是完善城市交通网络，形成立体化大交通格局的重要一环；是拉开城市框架，增强集聚辐射能力的重要途径。对于推动“泛珠三角”和“红三角”区域合作，加强赣州中心城区对外辐射能力，改善市区交通环境，实现赣州经济社会又好又快发展，具有十分重要的意义。

赣州至大余高速公路茅店

（茅店～三益段）

省重点办主任刘明义察看绕城高速施工现场

省交通运输厅副厅长许润龙等领导视察赣州环城高速公路

杨仙岭隧道左线正式贯通

省质检站领导在大屋下桥进行现场钢筋取样抽检

贡江大桥对接合拢

上面层摊铺施工

杨仙岭隧道二次衬砌

省委常委、常务副省长凌成兴视察彭湖高速

省交通运输厅党委书记程受锭视察彭湖高速公路建设

建成通车的彭湖高速公路

2010年9月16日，彭泽至湖口高速公路建成通车。彭湖高速公路始于彭泽县赣皖界鹰尖山（牛矶），途经彭泽县浪溪镇、太泊湖开发区、黄花镇、黄岭乡、芙蓉农场、芙蓉墩镇、太平关乡，湖口县大垅乡、张青乡、马影镇，终于九景高速公路K28+780处（与九景高速衔接处）。系沿长江南岸高速公路通道，江西至安徽的出省主通道，也是《促进中部地区崛起公路水路交通发展规划纲要》、《江西省2020年高速公路网》规划项目和彭泽核电站配套项目。该项目的实施，对贯彻落实江西中部崛起和九江沿江开发战略，构建长江南岸高速公路通道，促进江西沿江经济的发展，促进赣皖地区整体开发开放及配合彭泽核电站的建设具有重大意义。

省委、省政府高度重视彭湖高速公路项目建设，省长吴新雄等省领导亲临施工现场视察，指导工程建设。彭湖项目办紧紧围绕省委常委、常务副省长凌成兴提出的“工程质量更优、外观形象更美、生态环境更佳、依法管理更严、安全廉政更好”的建设目标，以理念创新为先导，在省内实现“三个”率先，并创新“四项”管理举措，高效完成了各项目标任务，为将彭湖高速公路建成一条科技、生态、环保的高速公路奠定了坚实的基础。

率先在省内实施油面料碎石加工水洗工艺：加工后的碎石0.075毫米以下粉尘含量减少近70%，碎石粘附性指标明显提高，为提高路面质量控制，延长沥青混凝土路面使用寿命效果明显，同时其经济效益和节能减排效益明显。

率先在省内实施路基沉降观测：针对彭湖高速地处滨湖地带，过湿土及软弱地基较多特点，委托江西华东交通大学成立专门路基沉降观测组，掌握路基沉降在施工期间及运营期间的影响。

雪天施工

彭湖高速效果图

高 速 公 路

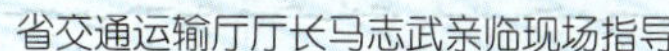

省交通运输厅厅长马志武亲临现场指导

省交通运输厅副厅长许润龙视察彭湖高速公路建设

彭湖高速公路项目办在全省交通行业中率先实行农民工电子档案管理：为依法维护农民工权益提供了强有力保障，保障了农民工的合法权利，至今农民工工资零投诉。

该项目办创新环保景观理念：委托上海同济大学进行全线景观规划优化设计，引入交通运输部科学研究院环保中心对项目实行全过程环保咨询和管理，率先提出了两步清表的新理念，对弃土进行二次利用。

与此同时，创新台背回填举措：建立了结构物台背回填施工四方责任机制和四方现场验收签认制度，严格选择台背回填材料，完善台背回填施工工艺。并采取以上新举措：

一是，创新路面施工模式：振动成型、立模摊铺，最大程度的减少基层反射裂缝，提高基层密实程度，减少层间水冲刷影响。

二是，创新质量控制管理：引入“首件工程合格制”和业主第三方“飞行检验机制”，立足于“首件示范，全线推广”的原则，抓住全线首件工程确定施工工艺、质量标准，委托同济大学采用不定时、不定人、不通知的方式进行飞行检测，保证了施工质量。

战高温

立模摊铺

土方作业

夜间施工

景观环境美：彭湖高速

鹰 潭 至 瑞 金

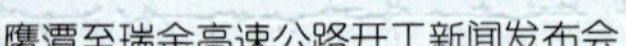
鹰潭至瑞金高速公路开工新闻发布会

省领导察看鹰瑞高速路线沙盘

建成通车的鹰瑞高速公路

2010年9月16日，鹰潭至瑞金高速公路建成通车。鹰瑞高速公路是国家高速公路规划的“7918”网中的第四纵——济南至广州国家高速公路的赣中段，也是江西省高速公路“三纵四横”的重要组成部分。项目北起鹰潭市余江县洪湖水库黄柏张家，与已经建成通车的景德镇至鹰潭高速公路相连，南至瑞金市武阳乡，与206国道相接。途经鹰潭市余江县、龙虎山风景管理区，抚州市金溪县、资溪县、南城县、南丰县、广昌县，赣州市石城县、宁都县、瑞金市。路线全长308.777千米，是江西省迄今为止一次性建设里程最长的高速公路。该项目的建设对于加快完善江西省高速公路网络，强化江西承东启西、连接南北的交通枢纽作用，促进江西经济又好又快发展具有重要意义鹰瑞项目连通鹰潭、抚州、赣州三市以及安徽、江西、广东三省，对于促进沿线各地资源开发利用，推动赣东地区经济发展，增强中东部区域合作与互动，加速对接长珠闽、联结港澳台、融入全球化具有重要意义。

鹰瑞高速公路是江西省2010年高速公路通车里程突破3000千米的一个关键项目，按照省委、省政确定的“工程质量更优、外观形象更美、生态环境更佳、依法管理更严、安全廉洁更好”的总体建设目标，鹰瑞高速公路项目办将整个建设施工工期划分为三个阶段，并在认真总结和汲取省内外高速公路建设管理实践经验的基础上，针对本项目的实际情况和特点，采取有力措施，把项目建设成济广国家高速公路上工程质量好、生态环境好、资源节约好的一段高速公路，使之成为江西的崛起路、生态路、致富路、幸福路，为江西省深入贯彻落实科学发展观，推动跨越发展、创新发展、集约发展、和谐发展和可持续发展，实现江西在中部地区崛起、富民兴赣作出新贡献。

建成通车的鹰瑞高速公路

鹰瑞高速隧道

省委常委、常务副省长凌成兴视察建设工地

省交通运输厅党委书记程受锭视察鹰瑞高速建设

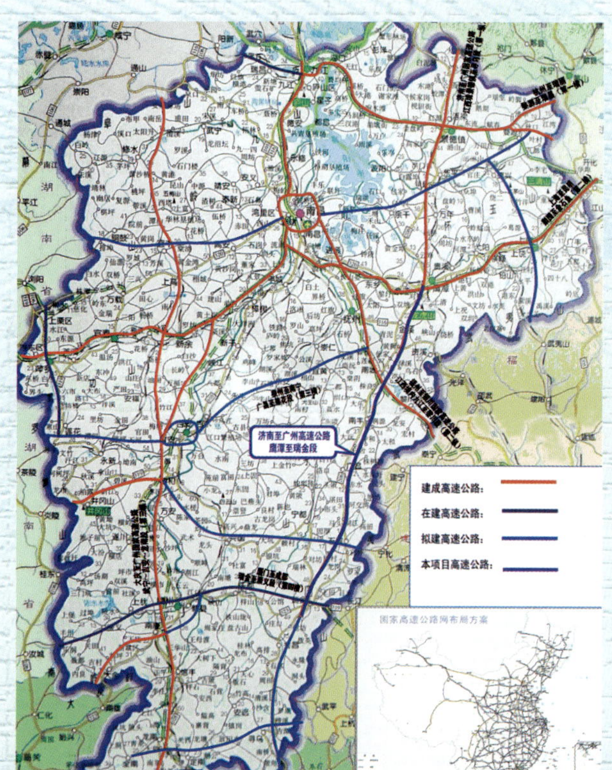

项目办主任曾晓文对施工单位进行合同履约检查

路面摊铺施工

鹰瑞高速大桥

省委书记苏荣、省长吴新雄等省领导在交通运输厅党委书记程受锭、厅长马志武等陪同下察看石吉高速项目模型

石吉高速公路开工新闻发布会

建成通车的石吉高速公路

2010年9月16日，石城至吉安高速公路建成通车。石吉高速公路是国家“7918”高速公路网规划中的第十五横泉州至南宁高速公路江西境内的东段，也是江西省高速公路“三纵四横”主骨架中的第三横。路线起始于赣州市石城县东南约10千米处的赣闽省界五里亭，途经赣州市宁都县、兴国县、吉安市泰和县等26个乡镇，终于泰和县以北约11千米处的石山乡，全长190.7千米。工程概算总投资约103亿元。

工程起点处与泉州至南宁高速公路福建境内永安至宁化段相接；在宁都与在建的济南至广州高速公路江西境内鹰潭至瑞金段交汇，在终点处又与大庆至广州高速公路江西境内樟树至吉安段交汇，并与计划建设中的西段吉安至莲花高速公路相连。

建设石吉高速公路，对于完善国家高速公路网和区域高速公路网建设意义重大；对于构筑江西省高速公路主骨架、完善江西公路网建设意义重大；对于加强沿海地区与内陆中西部地区的经济联系，改善革命老区落后的交通状况，带动沿线红色旅游资源的开发利用，促进区域经济快速发展意义重大；对于加速江西省实施“对接长珠闽、连接港澳台、融入全球化”的大开放主战略和强化江西承东启西、连南应北的交通枢纽作用意义重大。

石吉高速公路鸟瞰图

高　速　公　路

石城至吉安高速公路第一阶段施工动员大会

石吉高速公路大干100天誓师大会

工作细致，一丝不苟

施工单位到兴国县鼎龙乡杨村小学进行慰问

马尾寨隧道

沥青混凝土摊铺

省委常委、常务副省长凌成兴视察工程建设情况

省交通运输厅党委书记程受锭与工程建设者亲切交谈

石吉高速公路建成通车

石城至吉安高速公路是国家规划的“7918”高速公路网中第十五横——泉州至南宁高速公路中江西境内第一期工程。路线起始于石城县东南约10千米处的赣闽省界五里亭，与福建境内永安至宁化段高速公路相接，途经宁都、兴国和泰和县，在宁都境内与济广（济南至广州）高速公路交汇，终于泰和县以北约11千米处的石山乡，与大广（大庆至广州）高速公路交汇，并与计划建设中的泉南高速公路吉安至莲花段相连。石吉高速路线全长190.7千米，总投资103亿元，工程2008年8月16日开工建设，2010年9月16日竣工通车。

泰和赣江特大桥

省交通运输厅厅长马志武在石吉高速工地考察

省交通运输厅副厅长许润龙在石吉高速工地考察

特大桥

路基检测符合设计标准，一次验收合格

石吉高速公路

绿化施工

建成通车的石吉高速公路

永修至武宁

竣工通车典礼

交通运输部部长李盛霖视察永武高速公路项目建设

端头吸能装置

2010年9月16日，永修至武宁高速公路建成通车。永武高速公路东起昌九高速军山枢纽，西连武吉武宁西枢纽，是昌九、武吉高速公路重要的“枢纽连接线”；穿越庐山西海景区而过，是直通旅游名胜区的“风景观光线”。

永武项目由江西省交通运输厅和九江市人民政府共建经营，项目概算总投资约41.852亿元，线路全长104.487千米，途经九江市永修、武宁2个县13个乡（镇、场）45个行政村。项目建成后，将把福银高速公路和大广高速公路有机地连成一体，充分发挥两条高速的带动作用，对加强赣鄂经济联系，更快更好地开发庐山西海旅游资源，提升庐山西海的知名度，整合大庐山旅游区等具有十分重大的意义。同时，项目的建成还有利于策应环鄱阳湖生态经济建设，发展环鄱阳湖区域旅游产业，完善赣西北地区公路布局，促进赣西北区域经济社会的发展。

历年两年多的建设过程中，永武项目主要呈现以下特点：

一是深水桥建设首开先河。全线有5座深水桥，平均水深28米，最大水深近30米，是江西省目前桥梁基础施工水位最深的桥梁，在江西省桥梁建设史上从未有过，而且在全国深水桥施工中也不多见。永武项目深水桥的成功建设，将为江西省今后建设此类项目提供借鉴和经验。

二是示范路实施创造历史。2011年6月，永武项目正式被交通运输部列为“绿色安全交通科技示范工程”，这是全国“十二五”第一个交通科技示范项目，也是江西省第一个交通科技示范项目。示范内容主要为推广应用资源节约技术40多项，集成创新环境友好技术2项，科技攻关安全保障技术1项，集绿色、安全交通技术之大成。示范工程的顺利实施，也创造多个全国第一：全国第一个低碳服务区——西海服务区，全国第一个三维GIS管理和服务信息系统，全国最长的排水路面、最长的路侧振动隆声带、最长、最完善的路桥面废水收集处理系统等。

南山一桥

路沟坡自然过渡

高速公路

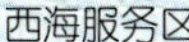
西海服务区

观景台

三是标准化管理打造典范。超前谋划标准化施工，在主体工程招标时，编写了《安全、文明、环保规范化施工细则》作为招标文件的附件，一并发放给投标人。进场之初又编制了《技术规范》、《管理大纲》等近30项标准化管理制度措施。细致抓好标准化管理，强化理论宣贯，确保新理念、新措施在全体参建人员之中入脑入心；强化现场指导，确保新工艺、新技术在施工人员手上逐步落实；强化典型引路，确保新做法、新经验在参建单位之间全面推广。开工以来，共打造了上边坡、浅碟形边沟、桥头锥形坡、隔离栅工程、路面拌和场站、路面界面无污染施工、工序科学衔接等诸多亮点。

四是文明型施工保护生态。率先推行路基“二次清表”，第一次全面清除路基范围内的表土，第二次控制性地清除表土，留下有保护价值的的原生植被和古树。全面实行“边施工、边防护、边绿化”，路基大致成形后，立即开挖排水沟，疏通水系。上边坡整形1个，立即喷播绿化1个，防止水土大面积流失。扎实落实水环境保护措施，临水基础施工均用编织塑料布做好河岸防护，水中桩基则采用深护筒清水钻技术，施工平台及栈桥底部安置油污处理装置吸附油污，避免工程机械废油和泥浆污染湖水。

五是阳光下运作高效廉洁。率先推行项目“十二公开”，通过网络、宣传栏、宣传单3个主要平台，公开项目建设计划、招标、设计、征地拆迁、参建单位管理、变更、质量监督、安全生产监督、竣（交）工验收、资金使用、奖惩结果、投诉受理等12项基本建设内容的100多个具体事项。率先实施廉政风险防控机制，排查摸清岗位履职风险、流程环节风险，出台了针对性措施，堵住了监管漏洞，织密了监控体系。整个建设期间，招投标工作人员无一例投诉举报，项目管理人员无一例投诉举报。在民意测评中，党风廉政建设满意度达到了100%。

振动隆声带

转动护栏

巾口互通

长龙出水绕青山

德兴至南昌

省委书记苏荣视察德昌高速公路项目建设

省委常委、省纪委书记尚勇视察德昌高速公路项目建设

省交通运输厅党委书记程受锭视察建设中的德昌高速公路

2011年9月16日，德兴至南昌高速公路建成通车。它的建成，形成了昌九、九景、景鹰高速公路对鄱阳湖地区的合围，完善了环鄱阳湖地区高速通道建设，对加快环鄱阳湖区域经济和旅游业的发展、缓解江西省东西向通道日趋紧张的交通状况、完善江西省“三纵四横”公路网建设具有重大意义。

开工建设两年来，德昌项目办树立“以鲁班精神凿品牌项目，以科学态度创优质工程，以廉洁作风塑团队形象，以环保理念建生态高速”理念，注重打造特色、注重创新亮点、注重建设精品、注重阳光廉洁，实现了工程质量优、管理效能高、创新亮点多、依法办事严、生态环境美、安全廉洁好的建设目标。主要特点有：

一、施工组织调度科学有序。德昌项目全线桥梁总长约38千米，其中，全长9178.5米的金溪湖特大桥是目前江西省最长的公路桥梁。项目办借鉴杭州湾大桥建设经验，在主体工程动工前提前搭建6.05千米的钢便桥，为主桥施工争取了时间，为总工程进度赢得了主动，为全省公路特大桥施工管理创造了先进经验。

二、管理创新亮点层出不穷。项目办广泛借鉴立模施工工艺，在全省首次全面成功推广橡胶管止浆技术，首次全线推行预制梁喷淋养生技术，首次采用钢筋检测仪，和引进第三方桩基检测单位，首次成功推广混凝土砼集中拌合，首次创造气动锤凿毛混凝土砼的成功经验，首次引进木屑板隔音墙，首次对交通工程材料统一招标采购，首次引进路面咨询单位，首次在全省推广路面上面层混合料中添加木质纤维素（SMA），提升了高速公路建设管理水平，打造了项目管理的亮点。

三、建设理念实现明显突破。项目办把“严、准、细、实”四字质量管理方针落到实处，成立了专职部门对工程全程进行监控和管理。通过统一全线各单位工程施工标准，对施工工艺进行定标、定型。对技术含量高的工艺作为样板，利用现场学习观摩、分析评议等形式进行推广，使工程的内在质量和外观形象得到明显提升。

德兴枢纽互通

高速公路

省委常委、常务副省长凌成兴视察德昌高速公路项目建设

交通运输部副部长翁孟勇视察德昌高速公路建设

四、标准化管理实现新提升。项目办将“标准成为习惯、习惯符合标准、结果达到标准”的理念贯穿路面施工全过程，将实现“零污染”作为路面施工的目标，使路面施工质量较以往项目有特色、上水平，有力实现了项目业主对工程质量的强力掌控，为推进全省高速公路管理标准化创新提供了行之有效的实践经验。

五、项目建设过程阳光透明。项目管理团队牢记“工程优质、干部优秀”的承诺，实现全部招标工作“零”投诉的承诺；深入推进了工程建设领域突出问题专项治理，全体参建人员的从业行为进一步规范，工作机制进一步健全；深入推进了全省高速公路项目建设“十二公开”工作，工程“阳光运行、阳光操作、阳光建设”的机制更加完善。

省交通运输厅厅长马志武视察建设中的德昌高速公路

康庄大道

项目办主任周院芳代表德昌项目先进单位领奖

金溪湖特大桥风光互补供电系统

北湖大桥

瑞寻

省委常委、常务副省长凌成兴，省交通运输厅党委书记程受锭等领导看望瑞寻项目建设者

省交通运输厅厅长马志武视察瑞寻项目

建设中的瑞寻高速

瑞金至寻乌高速公路全长123.956千米，建设工期24个月，概算总投资60.49亿元，该建设项目路线经过赣州市的瑞金市、会昌县、寻乌县两县一市，设计速度100千米每小时，整体式路基宽26米，路面采用沥青砼路面，全线主要工程量：路基土石方2489.5万立方米，大、中桥59座，总长13072.8米；涵洞通道488道；隧道5座，单洞总长9731米；互通立交4处；分离立交18处。瑞寻高速公路是国家“7918”高速公路规划网中的重要组成部分，是江西“三纵四横”高速公路主骨架第一纵在江西境内的最后一段，与已经通车的鹰瑞高速公路一起形成江西东部又一条南北大通道。

瑞寻项目办下设A、B两个管理部，相应设有A、B段监理代表处，分别管理3个驻地办。项目办内设六6个职能处室，分别为工程技术处、合约管理处、行政综合处、征拆协调处、财务审计处和政治监察处。按照项目总体安排，项目建设分3个阶段。第一阶段从2010年1月至10月，第二阶段从2010年11月至2011年5月，第三阶段从2011年6月至2011年12月。

瑞寻高速公路建设项目从2009年12月份进场以来，在省交通厅的正确领导下，在沿线各级政府、各部门的大力支持配合下，项目办紧紧围绕省领导提出的“工程质量更优，外观形象更美，生态环境更佳，依法管理更严，安全廉洁更好”的建设目标，坚持“好”字优先，“快”字为本，突出重点、狠抓管理，通过全体建设者的共同努力，截止到4月25日，瑞寻高速公路完成土石方2296万立方米，占总量99.6%，路床交验完成82.5千米每小时，占总量的73.8%；大梁预制5359片，占总量的95.1%，安装完成89.4%；隧道掘进基本完成，二衬完成总量的98.9%；底

忙碌的土方施工

金刚山隧道施工现场

高速公路

省交通运输厅副厅长许润龙在薄壁高墩施工现场听取项目人员进度汇报

省投资集团公司副总经理刘钢调研瑞寻高速

基层和基层备料基本完成，中下面层备料50.8万立方米，占总量的86.1%，底基层摊铺126.5万平方米，占总量的41.1%，下基层摊铺105.9万平方米，占总量的39%，上边坡绿化729.9平方千米，占总量的31.9%。

在工程建设中，瑞寻项目一是围绕质量创优目标，通过"首件工程认可制"，建立健全明晰的责任机制，抓好现场管理，严控质量关口。二是紧扣目标任务，统筹规划工期，灵活制定施工策略，分析重点、难点，抓好关键工程，运用奖优惩劣机制，强力推进工程进度。三是营造安全施工环境，在保障措上下工夫，从项目办、各施工单位都层层建立健全了安全生产管理机构，实行"一岗双责"责任制，抓好现场的安全管理，加强安全生产制度、措施、经费的落实。四是做到警钟长鸣，在廉政建设上下工夫，通过严抓招投标、工程变更、计量支付等环节，强化对从业者的廉政教育，加大廉政建设监管力度，有效防止工程建设中的腐败问题。五是强调和谐理念，在科学发展上下工夫。项目办从开工之初就坚持"最小限度破坏，最大程度恢复"的原则，在施工中要求各施工单位尽量减少对自然景观和植被的破坏，尽快恢复施工中破坏的水系和路系，对容易发生滑坡、水土流失的部位采取护坡、拦坝、植草皮、砌挡墙等措施，防止水土污染。

首个实现架通的司背一桥

羊子岩湘水大桥

汉仙岩隧道掘进作业

水稳基层施工

赣州至崇义  

赣州至崇义等5条高速公路项目开工、奠基新闻发布会在南昌举行

省委书记苏荣，省委副书记、原省长吴新雄，省交通运输厅党委书记程受锭、厅长马志武和赣州市市长王平察看赣崇高速公路沙盘

省委书记苏荣下达开工令、奠基令

赣崇高速是厦蓉线在江西境内赣湘界的一段，东起于赣州市南康唐江镇，西止于湖南汝城至郴州段起点，全长88千米，总投资69亿元，是江西省每千米投资最多、落差变化大、地形地貌最复杂的一条高速公路，施工难度之大、投资之大为江西省已建和在建高速公路之最。赣崇高速是江西"三纵四横"公路主骨架网中第四横的一部分，同时也是国家高速公路网的重要组成部分，对江西省高速公路通车里程突破4000千米有着十分重要的意义，具有对接湘珠闽、辐射赣郗的区位地理优势，在全省的经济建设和交通建设中的作用尤为突出，是一条民心路、致富路、腾飞路。它的开工建设，凝聚着省委、省政府及省交通运输厅、赣州市委市政府的倾情关怀，凝聚着公路沿线各级党委、政府及广大人民群众的鼎力支持，定将为赣南实现地区的资源共享、区域联动、共同发展打开新的空间。

自2010年11月进场以来，赣崇项目办在省交通运输厅和赣州市委市政府的正确领导下，紧紧围绕"优质高效、规范标准、求精创新、安全环保、廉洁和谐"的建设总体目标，精心谋划工程建设，合理调配人力物力，科学组织一线生产，积极开展劳动竞赛，紧紧抓住关键环节，努力破解制约难点，克服了气候反常、地形复杂、地质多变等重重困难，突出质量、进度、安全三大要素，有效化解和控制了工程存在的种种风险，确保了工程施工的顺利进行，工程建设初见成效。

省交通运输厅厅长马志武多次深入赣崇高速施工现场调研，共商加快赣崇高速项目建设大计

省交通运输厅副厅长许润龙多次深入赣崇高速一线指导工作

省委常委、常务副省长凌成兴到赣崇高速公路施工现场，就征地拆迁、工程建设进行调研

省交通运输厅党委书记程受锭一行深入赣崇高速公路现场调研

省交通运输厅党委委员、赣崇管委会主任曹先扬深入赣崇施工现场检查指导工作

省交通运输厅纪委书记成松深入赣崇一线指导工作

樟树下大桥

全长4085米的尖峰岭隧道

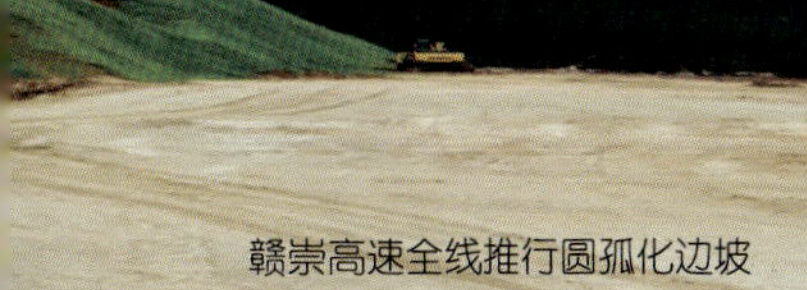
赣崇高速全线推行圆孤化边坡

2010年8月9日，省政府在南昌举行吉莲项目奠基新闻发布会

2011年4月21日，省政府在吉安市召开吉莲高速公路建设第一阶段施工动员大会

省交通运输厅、省高速集团十分关注吉莲项目建设。图为厅长马志武、总经理谢来发听取汇报

省交通运输厅副厅长许润龙率厅安全专项检查组人员察看吉莲施工现场

吉安至莲花高速公路是国家高速公路“7918”网中的第十五横即泉州至南宁国家高速公路江西境内西段，也是江西高速公路“三纵四横”主骨架网的第三横。路线起点位于吉安市泰和县石头山，与泉州至南宁高速公路江西境内东段石城至吉安高速公路相接，并在起点处与大庆至广州高速公路交汇，途经吉安市的泰和县、吉安县、永新县和萍乡市的莲花县，终于赣湘交界处的界化垄，与泉州至南宁高速公路湖南境内的界化垄至茶陵高速公路相连。

吉莲项目经国家发展和改革委员会发改基础字〔2010〕1691号文批准立项建设，交通运输部交公路发〔2010〕623号文批准初步设计及概算。路线全长106.661千米，项目批复概算52.5亿元。

吉莲项目的开工建设，标志着国家高速公路网江西境内的项目全部开工，标志着2012年全省高速公路通车里程突破4000千米的项目全部开工，标志着永新、莲花两县将结束无高速公路的历史。

吉莲项目是省交通运输厅确定的全省高速公路建设标准化管理四大示范项目之一。该项目于2010年8月举行奠基仪式后，项目办严格按照国家基本建设程序，用较短的时间，全面完成了立项与初步设计报批、勘察设计招标和施工图设计审查及土建工程施工、施工监理招标，较好完成了征地拆迁任务和大临设施标准化建设等准备工作，于2011年3月初进入实质性施工，并全力推行标准化管理、精细化施工。工程进展顺利。

吉莲高速公路线路图

交通运输部质量监督局局长、部公路工程质量安全督查组组长李彦武（中）察看梁板智能张拉工艺

省交通运输厅厅长马志武察看吉莲建设工地

10月26日，交通运输部公路工程质量安全督查组对吉莲项目进行了督查并给予肯定：一是项目的管理标准化、施工精细化迈出了可喜的一步，工程质量总体受控；二是安全生产形势好，总体平稳，开工以来没有发生一起死亡责任事故；三是B5标钟家山隧道现场管理及实体质量均具有良好的示范效应，A5标上鹿禾水河大桥深水薄壁高墩施工管理及工程实物质量，与沿海地区同类桥梁相比毫不逊色，处于先进水平，路基采用三次线控法施工并严格控制层厚，砌筑工程坐浆饱满，大面平整，外观质量佳。

吉莲项目办全力推行标准化管理、精细化施工

项目办主任邝宏柱经常深入工地了解情况

受到部督查组表扬的A5标上鹿禾水河大桥的深水薄壁高墩

受到部督查组表扬的B5标钟家山隧道

路基采用三次线控法施工，严格控制层厚，并采用大功率压路机碾压，得到部督查组肯定

德兴至上饶

省、厅领导出席开工新闻发布会，查看德上高速项目模型

省委常委、常务副省长凌成兴视察德上高速公路建设

德兴至上饶高速公路位于江西省东北部，是江西省高速公路2020规划中18条地方加密高速公路之一，是江西省规划高速公路网的重要组成部分，也是德兴至南昌高速公路和上海至昆明高速公路之间的竖向地方加密高速公路，与沈阳至海口国家高速公路宁德至上饶联络线武夷山(赣闽界)至上饶高速公路组合形成了纵贯上饶市的一条快速通道。

德上高速公路北起德兴市，穿越怀玉山，经过国家级风景名胜区三清山，终于上饶市信州区沙溪镇，路线全长61.222千米，全线设德兴东枢纽、龙头山互通、三清山西互通、玉山西互通、上饶东枢纽5处互通式立交。路基土石方约1030万立方米，设桥梁78座（含主线上跨分离立交），隧道9座，桥隧比达到40.73%，是江西省已建和在建高速公路中桥隧比最大的项目。由江西省高速公路投资集团有限责任公司与上饶市人民政府共同出资合作建设，它的建设对于构筑国家高速公路网，完善江西省特别是上饶市路网结构，缩短赣北、湖北、皖南等地通往东南沿海的距离，进一步加强沪、浙、皖、赣、闽经济联系，推动“鄱阳湖生态经济区”建设，带动三清山周边旅游资源开发利用，促进区域经济快速发展具有举足轻重的意义。

省交通运输厅纪委书记成松视察德上高速公路建设

德上高速于2010年11月正式开工建设以来，项目办始终围绕“追求卓越的管理理念，创造一流的管理模式；塑造优秀的管理团队，探索良好的合作典范；建立完善的预防机制，打造过硬的廉安工程；融合优美的自然环境，建设优质的生态高速”的建设目标，坚持“围绕整体、突出重点、把握细节、创新管理、营造特色、追求卓越”的建设理念和“开明的工作方式，严明的工作纪律，过硬的工作作风，明确的工作责任，端正的工作态度”的管理理念，大力推行建设管理标准化，科学组织，精心谋划，抓住关键环节，克服地形条件复杂、极端恶劣天气、资金严重短缺等困难，严格落实质量、安全、环保和廉政等各项责任，工程建设稳步推进。

项目办及施工单位为沿线学校捐赠

各参建单位都成立青年突击队

标准化拌和站

高速公路

省交通运输厅党委书记程受钜、上饶市常务副市长陈平等领导出席项目办揭牌仪式

省交通运输厅厅长马志武视察德上高速

省交通运输厅副厅长许润龙视察德上高速公路建设

花园式项目经理部

汪村高架

建设中的南溪隧道

葛岭高架

赣 江 石 虎 塘 航

省领导察看沙盘

工程可行性研究报告审核会

石虎塘航电枢纽工程位于赣江中游泰和县城下游26千米处，是一个以航运为主、兼顾发电等综合利用的Ⅱ等大（2）型航电枢纽工程。水库正常蓄水位56.5米，相应库容约1.668亿立方米；校核洪水位61.03米，总库容约7.43亿立方米；航道及船闸等级为Ⅲ级，电站总装机容量120兆瓦。

工程包括枢纽主体工程、库区防护工程及附属工程。枢纽主体工程主要由船闸、泄水闸、电站厂房、右岸混凝土连接坝、鱼道、土石坝及坝顶公路桥等组成。库区防护工程由万合防护区、沿溪防护区、樟塘防护区、金滩防护区及泰和县县城防护区5个防护区组成。防护工程堤线总长43.03千米；导托渠总长55.95千米；新建泵站6座，总装机容量5786千瓦；新建自排闸、节制闸各2座。工程项目批准概算为24.37亿元，计划工期54个月。工程于2008年12月9日开工。

工程现场的优秀共产党员表彰大会

省交通厅及世行专家在考察工程选址现场

石虎塘航电工程枢纽效果图

电　枢　纽　工　程

省领导会见石虎塘世行项目代表

省交通运输厅党委书记程受锭视察现场

省交通运输厅厅长马志武在开工新闻发布会上发言

省交通运输厅副厅长许润龙视察现场

在建的石虎塘左岸船闸工程

正在建设的石虎塘右岸电站进口

首台机导水机构安装

7.5孔泄水闸过水

九江长江

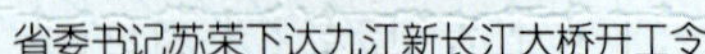
省委书记苏荣下达九江新长江大桥开工令

开工新闻发布会现场

九江长江公路大桥是2004年7月国家发改委规划确定的70座跨长江公路通道之一，是“7918”国家高速公路网规划中福州至银川主线的重要组成部分，也是江西省建设的第一座具有世界领先水平的跨长江高速公路桥梁。本项目建成后，对于缓解长江过江交通压力、完善赣鄂两省高速公路网络、加强长江两岸经济社会联系、加快沿江经济带开发建设等都具有非常重要的意义。

项目起于昌九高速公路七里湖路段，终点接黄小高速公路小池收费站北侧，全长25.19千米，总概算投资约44.78亿元，建设工期48个月，自2009年9月27日开工建设，计划于2013年9月建成通车。全线主要由南岸引道工程、跨江大桥、北岸引道工程三部分组成，设有七里湖枢纽、九江西互通和湖北境内的分路互通，其中跨江大桥和南岸引道工程由江西省投资建设，长17.004千米，概算投资约37.61亿元；主桥为全长8462米、主跨跨径818米的双塔混合梁斜拉桥，居“世界第六，国内第四，江西第一”。

自开工以来，九江长江公路大桥项目办在省交通运输厅和沿线地方政府的关心和支持下，紧紧围绕“创一流管理，树一流形象，建一流大桥，育一流人才”的建设目标，坚持贯彻“围绕重点、把握细节、依托科技、打造特色、追求卓越”的建设理念，始终秉承“精心、精细、严谨、严格”的行为准则，大力推行标准化管理，持续提升混凝土质量，项目取得了良好成绩，得到了省、部等各级领导的充分肯定。2011年4月6日，交通运输部副部长冯正霖视察大桥建设时赞叹：“施工队伍选得好、标准化效果好、项目开局良好”。省委常委、常务副省长凌成兴多次来到大桥工地视察，2011年6月再次深入南塔施工现场时表扬：“施工进度理想、项目管理好、质量特别好、外观十分美观”。

北引桥

公路大桥

交通运输部副部长冯正霖、部公路局局长李华视察项目建设

省委常委、常务副省长凌成兴察看项目建设

省交通运输厅党委书记程受锭现场指导项目防洪抗洪工作

省交通运输厅厅长马志武察看项目建设

九江新长江大桥线路图（江西段）

省委省政府、省交通运输厅十分关注昌铜项目建设。图为省委书记苏荣等省、厅领导察看昌铜线型

省委常委、常务副省长凌成兴在省交通厅副厅长许润龙、高速集团总经理谢来发的陪同下察看昌铜项目建设

南昌至铜鼓高速公路全长约191.817千米，其中新建里程约170.297千米，与已建成的武吉高速公路共线约21.52千米。本项目路线起点位于新建县望城镇青西村，顺接规划中的南昌城西快速路(连接生米大桥)，现南昌西外环高速公路相交，途经新建县、安义县、奉新县、靖安县、宜丰县和铜鼓县，终于铜鼓县排埠镇华联村和湖南省浏阳市张坊镇双溪村之间的铁坳附近，顺接湖南省大围山至浏阳高速公路的终点。

本项目是中部崛起区域高速公路网和江西省高速公路网规划中重要的加密高速公路。南昌至铜鼓高速公路为中国高速公路网18条地方加密高速公路之一，是中部地区与东部沿海发达地区的快速通道，它的建设对于降低沪昆高速公路的运输压力，促进沿海经济发达地区和中部地区的经联络交流起到了十分重要的作用，被纳入交通运输部组织的《中部地区崛起公路水路交通发展规划》。

昌铜项目办在铜鼓召开标准化经验交流会

昌铜项目的实施不仅是建设中部地区高速公路及江西省的高速公路网的需要，同时也是对国家高公路网有利的补充。它的建设缩短了项目沿线地区各县区与南昌市的时空距离，有利于这些地区的经济发展，改善区域交通运输条件，缓解区域交通压力，对于提升省会城市南昌的辐射、带动作用，对于提升鄱阳湖生态经济区建设的发展优势，从而进一步发挥江西的生态优势，加速江西的工业化、城市化进程均具有十分重要的意义。

昌铜项目分两期建设，南昌至奉新（靖安）段于2009年7月16日开工建设，全长39.050千米，计划于2011年底建成通车。奉新至铜鼓段于2010年8月9日开工建设，全长133.885千米，计划于2012年8月建成通车。全线设置安全、监控、通讯、收费、供电照明及服务等交通工程及沿线设施。

南昌至铜鼓鸟瞰图

高速公路

项目办主任谭生光经常深入昌铜高速公路一线检查、指导工作

项目办常务副主任王德山率队远赴江苏、安徽学习考察

随着2009年7月16日南昌至奉新（昌铜高速昌奉段）高速公路开工新闻发布会的召开，和2010年8月9日奉新至铜鼓（昌铜高速奉铜段）高速公路项目开工新闻发布会的召开，从“八·一”起义打响第一枪的南昌，到秋收起义发起地的铜鼓，沿途几百万人民期盼已久的夙愿提前成了现实。面对省委、省政府的重托，按照“保质量、保安全、保生态、保进度、保廉洁、控成本、创品牌、建文化、出人才”的总体目标，全力搞好科学组织，全力搞好协调服务，紧紧抓住关键环节，努力战胜各种困难，把握重点，攻克难点。一年多来，昌铜高速公路建设者精心组织，科学管理，凝心聚力，勇于创新，项目建设稳步推进。

梅岭隧道左洞贯通庆典

奉铜首片大梁吊装成功

路面水稳层摊铺

标准化梁场建设

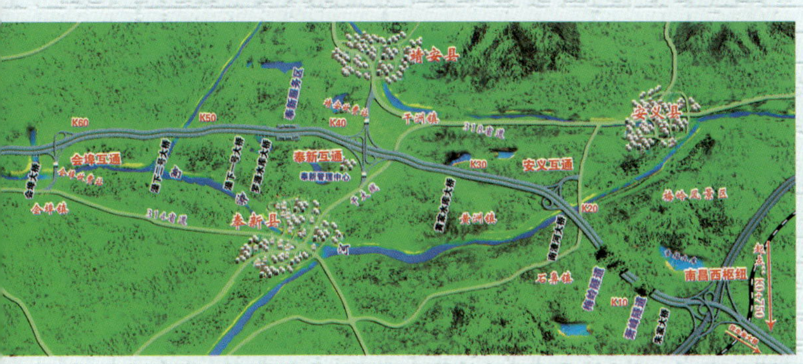

标准化小构预制成品展示

上 饶 至 武 夷

省委书记苏荣宣布上武高速公路开工

省委常委、常务副省长凌成兴，在上武高速管理处处长吴铭汉等领导陪同下，视察上武高速时与一线施工人员亲切握手

市委常委、市纪委书记赵力平，市长助理谭荣鹏视察上武高速公路建设后喜看沙盘展示

上武高速公路起点位于赣闽省界的分水关，连接福建宁德，终点位于上饶经济开发区的董团乡与沪昆高速公路相连接，是沈阳至海口国家高速公路第四条联络线宁德至上饶江西境内段。沿线经过铅山县武夷山镇、紫溪乡、石塘镇、永平镇、稼轩乡、鹅湖镇以及上饶经济开发区董团乡两个县区七个乡镇。路线全长52.966千米，项目概算总投资30.4064亿元。

主要技术标准：全线按高速公路双向四车道设计；路线起点至石塘互通段(22千米)设计速度为80千米/小时，路基宽24.5米；石塘互通至路线终点段(30.966千米)设计速度为100千米/小时，路基宽26.0米；路面结构为沥青混凝土；设计荷载：公路—Ⅰ级；设计洪水频率：特大桥为1/300，大、中、小桥涵和路基为1/100；全线桥梁共29座，总长6387.43米；隧道共5座，总长6576.2米；路基土石方为1126.3万立方米；全线设置收费管理处、服务区、养护中心各1处，收费站4处。

该项目建成后：一是构筑国家高速公路网和江西公路网，缩短赣东北、浙西南、皖南等地通往东南沿海的距离；二是对建设“三个基地、一个后花园”，推进闽、浙、赣经济合作意义重大；三是构筑旅游快速交通网，推动江西省旅游业发展，充分发挥旅游规模效益意义重大；四是改善出行条件、适应交通量迅速增长的意义重大；五是有利于加强国防交通，有效保障国家安全和祖国统一具有十分重要的意义。

质量是工程的生命。上武高速严格执行首件产品认证制度，样板引路、持续跟进，在精细化、规范化上下功夫。图为沥青路面试验段施工

桥面铺装施工

市委书记蔡晓明、市长董介生冒雨视察上武高速公路建设，并向上武高速管理处常务副处长万益春了解工程建设情况

市委常委、常务副市长陈平、副市长朱寅健视察上武高速公路建设

桥隧相拥、亲密无间（港口大桥、岑源隧道入口）

上饶高速与福建交界处分水关隧道施工

施工建设中的乌石三桥

施工建设中的全线最长（788 米）的紫溪河大桥

隧道内采用 106-2 型隧道专用防火涂料新工艺新材料，喷涂蓝天白云图案，减缓驾乘人员旅途疲劳

坚持最大程度保护、最小程度破坏，建设生态环保路

绿色文明施工，建设生态环保路

抚州至吉安

省委书记苏荣视察工地

省委常委、常务副省长凌成兴，省交通运输厅厅长马志武视察工地

项目第一次工地会议

抚州至吉安高速公路项目是江西省18条加密高速公路之一，远期规划为连接海峡西岸经济区的大通道，它连接江西省中部地区两个重要的地级市抚州市和吉安市，东连福州至银川国家高速公路，西接樟树至吉安地方加密高速公路，途径抚州市临川区、金巢开发区、崇仁县、宜黄县、乐安县、吉安市永丰县、吉水县、吉州区两市8县（区），路线全长179.188千米。项目批复设计总概算94.55亿元，平均每千米造价约5277万元。

抚吉高速公路项目的建设将彻底改变江西中部腹地无高速公路的局面，并成为中西部地区与东部沿海发达地区联络的又一快速通道，是对江西省高速公路网的重要补充，是2012年全省高速公路通车里程突破4000千米的关键项目，将结束宜黄、崇仁、乐安、永丰4个县没有高速公路的历史，将为促进江西在中部地区崛起起到极其重要的作用。

2011年3月抚吉高速公路项目正式启动，成立了江西省高速公路投资集团有限责任公司抚州至吉安高速公路项目建设办公室，具体负责本项目的前期工作、建设管理及项目的各项报批等。抚吉高速公路建设总体思路是"以规范施工促进工程进度、以工程进度体现规范施工、以路面进度推进基础施工"、"向设备要生产力、向科技要质量、向管理要安全"。

抚吉高速公路建设受到省委省政府、省交通运输厅领导的高度重视和亲切关怀。2011年12月29日，省委书记、省人大常委会主任苏荣在省委常委、省委秘书长赵智勇，吉安市委书记王萍、市长胡世忠，省交通运输厅副厅长许润龙等陪同下，视察

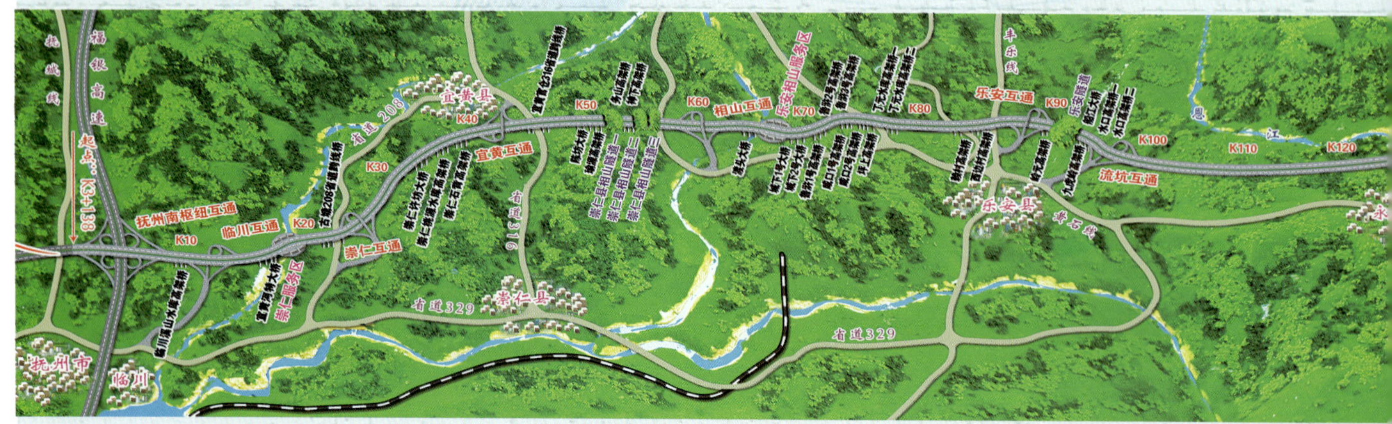

抚州至吉安高速公路项目鸟瞰图

高速公路

省交通运输厅党委书记程受锭视察工地

副厅长许润龙视察工地

了正在建设的抚吉高速公路，并看望慰问一线施工人员。省委常委、常务副省长凌成兴分别于2011年8月3日和12月28日两次视察正在建设的抚吉高速公路，并对项目建设作出重要指示。省交通运输厅党委书记程受锭、厅长马志武、副厅长许润龙、副厅长邓经国先后视察了正在建设的抚吉高速建设项目，充分肯定了项目建设工作：征地拆迁进展迅速，建设环境总体和谐，施工现场规范有序，工程质量明显提升，是一个满意工程、放心工程。

项目“大干100天”活动任务形势分析会议

隧道标准化施工

标准化路基

赣江特大桥钢平台

江西省公路桥梁工程局瑞寻高速公路BP3标

省委常委、常务副省长凌成兴视察江西路桥瑞寻高速BP3标

路桥局领导视察督导工作

江西省公路桥梁工程局是江西交通系统历史悠久、规模较大、技术力量人员配备最雄厚的公路施工专业队伍。具备公路工程施工总承包一级资质，桥梁、路面、路基三个专业施工承包一级资质，以及公路交通工程专业承包交通安全设施资质和隧道施工专业二级资质，市政公用工程施工总承包三级，养护资质一类、二类甲、乙，三类甲，试验检测公路工程综合类乙级。并已通过质量、环境、职业健康安全三大管理体系认证。全局现有高、中、初级工程专业技术人员443人，占总职工人数的67%，并有82人通过了国家一级建造师考试并取得考试合格证书。拥有大、中型专业设备1000余台(套)，动力装备率达到46千瓦/人，年施工能力30亿元。江西路桥承建的瑞寻高速公路BP3合同段路线全长15.166千米，现已胜利完工。

荣誉

齐全的设备、精湛的技术、雄厚的实力是江西路桥走向成功的强大后盾，同心同德、乐于奉献的团队精神是江西路桥走向成功的精神动力。公司将始终恪守“重质量、守信誉、兴科技、创精品”的经营宗旨，以诚信、守约竭诚与各方朋友携手并进，共创辉煌，为江西乃至全国的经济建设和交通腾飞作出更大贡献。

路面料场

摊铺施工

交通基础设施建设

公路建设

【概况】 2010年，全省交通运输部门紧紧围绕省委、省政府的重大决策部署，紧紧围绕“十一五”期间交通运输规划目标，紧紧围绕“打好三个攻坚战”的年度任务，实现了“一个重大跨越、两项崭新标志、三个明显变化”。“一个重大跨越”，即高速公路通车里程跨越3000千米的大台阶。交通建设投资总量首次突破1000亿元，达到1097.9亿元，同比增长65.9%。全省高速公路第一个1000千米用了15年，第二个1000千米用了4年，第三个1000千米用了2年，创造了令人瞩目的“江西速度”。国家高速网江西境内项目全部落实，2012年高速公路突破4000千米项目全部落实。“两项崭新标志”，即全省行政村全部建成水泥路和基本完成改渡建桥任务，农村公路建设、改渡建桥工程、农村客运发展均取得重大突破。“三个明显变化”，即通过公路迎“国检”工作，公路管养水平、公路绿化和服务区建设水平、公路灾后重建水平都有了明显变化。特别值得指出的是，2010年，是江西省高速公路建设发展最快的一年，也是取得成果最辉煌的一年。2010年，江西全省高速公路建设项目共20个，创历史新高，其中，竣工5条，即：鹰（潭）瑞（金）高速、石（城）吉（安）高速、彭（泽）湖（口）高速、赣州绕城高速，以及九（江）瑞（昌）高速。在建高速公路

15条,即:德(兴)(南)昌高速、永(修)武(宁)高速、(南)昌奉(新)高速、上(饶)武(夷山)高速、瑞(金)寻(乌)高速、德(兴)上(饶)高速、浮(梁)黄(山)高速、隘(岭)瑞(金)高速、吉(安)莲(花)高速、龙南里(仁)杨(村)高速、九江长江公路大桥连接线高速、景德镇南外环高速等。在建高速公路里程达624千米(不含竣工路数),这也是创江西省公路建设历史新纪录。

(李 宗)

高速公路建设

【全省交通运输工作会议部署2010年公路建设工作】 在1月21日全省交通运输工作会议上,马志武厅长对全省公路建设工作进行部署,指出:(一)继续加大投入稳增长,确保完成高速公路通车里程超过3000千米目标。全年交通基础设施投资286.7亿元,力争突破300亿元的目标。按照省委、省政府部署,今年建设27条高速公路,在建里程达到2140千米,总投资1050亿元,年度投资217.52亿元。一是突出抓好一批项目的竣工。确保建成鹰瑞高速309千米,石吉高速191千米,赣州绕城高速44千米,彭湖高速一、二期64千米,九江至瑞昌高速48千米,共5条656千米,使全省高速公路通车里程达到3088千米,实现突破3000千米目标。力争建成萍洪和景德镇南环项目。二是突出抓好一批项目的开工。开工建设隘岭至瑞金、吉安至莲花、赣州至崇义、奉新至铜鼓、浮梁至桃墅岭、德兴至上饶等6个高速公路项目约436千米,续建并加快建设德兴至南昌等7个项目600千米,为2012年突破4000千米做好准备。三是突出抓好一批拟建项目。力争开工建设花山界(赣闽界)至金溪里木、南昌南外环、九江绕城、井冈山(厦坪)至睦村、抚州至吉安、广昌至船顶隘等6个高速公路项目386千米,进一步加快推进寻乌至全南、都昌(蔡岭)至星子、金溪至抚州、吉安绕城等4个项目约245千米前期工作的速度,争取在2011年开工,抓紧跟踪落实上饶至德兴、花山界至金溪、九江绕城、厦坪至睦村、抚州至吉安高速公路的可研报告和初步设计批复工作。

(二)继续把民生工程放在突出位置,确保完成全省行政村全部通水泥路和改渡建桥任务,2010年计划安排并完成行政村水泥路建设5600千米,全面完成去年下达的3410千米新增通乡油路、水泥路建设项目,和部分未完成的行政村水泥路建设项目。实现全省100%行政村通水泥路。确保完成621座渡改桥基本建成、撤销800个渡口的目标。今年重点是抓好15个项目开工和333个在建项目建设,在今年底前全部完成。同时,开工新建120个乡镇客运站,2000个农村客运候车亭。

为此,要“盯住四个关键”。一是盯住领导责任这个关键。二是盯住年度开工这个关键。三是盯住配套资金这个关键。四是盯住建设质量这个关键。

(摘自《江西交通》2011.1)

【省高速公路投资集团公司建设成绩巨大】 2010年,省高速投资集团公司认真贯彻落实省委、省政府关于大力加强全省高速公路建设的指示精神,采取构筑统一的体制格局,实施有序的配套改革,搭建完善的管理架构等措施,做到严密组织,科学管理,强化监督,稳步推进,全省高速公路建设取得巨大成绩,实现全省高速公路通车总里程突破3000千米的宏伟目标。

(1)突出抓好竣工项目。9月16日,总里程607千米、总投资270.65亿元的鹰瑞、石吉、彭湖、赣州绕城等4个项目如期建成通车,全省高速公路通车里程一举突破3000千米,达到3042千米,位居全国第9位,中部省份第3位,标志着全省高速公路建设“十一五”规划提前完成,标志着全省“三纵四横”高速公路网主骨架基本形成,标志着承东启西、贯通南北、便捷通达、快速高效的综合交通大格局初步形成。(2)突出抓好续建项目。除已竣工的4个项目外,2010年续建的高速公路项目还有6个,总里程400多千米。所有续建项目工程进度加快、质量控制到位、廉政态势平稳。(3)突出抓好开工项目。8月9日,总里程达405千米、总投资236亿元的德兴至上饶、奉新至铜鼓、吉安至莲花、浮梁至桃墅岭、赣州至崇义等5个项目顺利开工、奠基,创造了全省高速公路建设史一次性开工项目最多、建设里程最长、投资总额最大的新纪录,标志着国家高速公路网规划在江西境内的项目全部开始实施，标志着到2012年全省高速公路突破4000千米的所有项目全部实质性开工。与此同时，该公司还积极推进井冈山至睦村、广昌至船顶隘、寻乌至全南等6个高速公路项目的前期工作，为项目的如期开工做好准备。

（省高速投资集团公司）

【交通运输部部长李盛霖考察江西省交通运输工作】 3月21～22日，交通运输部部长李盛霖考察江西省交通运输工作。22日，省委书记、省人大常委会主任苏荣，省委副书记、省长吴新雄会见李盛霖部长一行，就进一步加快推进鄱阳湖生态经济区交通运输发展交换意见。省委常委、常务副省长凌成兴，省委常委、省委秘书长赵智勇，省政府副秘书长朱希，省交通运输厅党委书记程受锭、厅长马志武、副厅长孙茂刚以及省发改委、省水利厅、省环保厅、省国土资源局负责人参加会见。

苏荣、吴新雄对李盛霖一行的到来表示欢迎。会见时，苏荣对交通运输部一直支持和关心江西交通运输工作表示感谢。他说，“十一五”期间是江西省经济发展较快的时期，也是江西省交通运输发展的黄金时期。转别是高速公路建设，2007年通车里程突破2000千米，2010年末将突破3000千米，2015年全省高速公路通车里程将达到4800千米，是全国密度最大的省份之一。近年来，江西交通运输部门狠抓交通基础建设、质量管理和廉政建设，各方面工作取得了可喜成绩，为全省经济社会发展作出了重大的贡献，这与交通运输部的关心和指导是分不开的。当前，江西正举全省之力加快推进鄱阳湖生态经济区建设，将进一步加快交通基础设施建设，大力提高交通运输服务能力，为江西经济社会发展提供重要的交通运输保障。

李盛霖部长对近年来江西交通运输工作取得的成绩给予充分肯定，他说，在江西省委、省政府正确领导下，江西省交通运输部门的职工努力拼搏，江西省交通运输事业发生了巨大的变化。江西省交通运输的发展，为全国交通运输的发展创造了很多宝贵经验和值得借鉴的做法，同时对推动江西社会经济的发展起到重要作用。他强调，2010年是“十一五”规划的最后一年，也是编制“十二五”规划的关键之年，要全面落实好鄱阳湖生态经济区的规划，加快推进鄱阳湖生态经济区交通运输发展，积极推进内河航运和高速公路的建设；加快长江黄金水道（江西段）和江西内河水运的建设步伐；重视并支持革命老区交通建设总体发展，为江西社会经济又好又快发展提供强有力的支撑。

会见结束后，李盛霖部长与吴新雄省长分别代表交通运输部和江西省人民政府签署了《加快推进鄱阳湖生态经济区交通运输发展备忘录》。双方就贯彻落实《鄱阳湖生态经济区规划》，合力推进鄱阳湖生态经济区交通运输发展达成共识。根据合作备忘录，交通运输部将支持江西省推进鄱阳湖生态经济区交通基础设施建设。

在赣期间，李盛霖部长一行在吴新雄省长、凌成兴常务副省长等陪同下，先后深入赣州、九江等地考察。

（熊昌军　练崇田　彭津梁）

【省政府召开石吉高速第三阶段施工动员会】 4月2日，省政府在宁都召开石吉高速公路第二阶段施工总结表彰暨第三阶段施工动员大会，总结第二阶段施工情况、表彰先进，部署第三阶段施工任务。常务副省长凌成兴出席会议并讲话，省交通运输厅党委书记程受锭出席，厅长马志武讲话，省政府副秘书长朱希，省交通运输厅副厅长许润龙，以及省政府、沿线各设区市、县政府有关负责人出席会议。省重点办主任王前虎主持会议。

动员会上，凌成兴代表省政府向在第二阶段荣获优胜的先进单位表示祝贺，向奋战在石吉高速公路建设项目一线的全体参建人员表示慰问。他指出，石吉高速公路项目建设取得的成绩，充分说明了“三过硬五得力”，即施工单位、设计、监理单位是过硬的，省交通运输厅指挥得力、省直有关部门配合得力、石吉项目办组织得力、沿线政府协调得力、人民群众支持得力。

凌成兴强调，第三阶段是项目的冲刺阶段、收获阶段，要“狠抓一个重点、三大工程、五项工作”。狠抓一个重点即抓“路面摊铺”这个重点，把好材料、级配、油温三个关口，提高平整度和密实度。狠抓三大工程即制约、配套、连接线工程。狠抓五项工作一是狠抓工程质量。二是狠抓安全生产。三是狠抓环保。四是狠抓廉政工作。五是狠抓群众工作。要以优异成绩迎接全省高速公路通车里程突破3000千米庆典,为实现全省科学发展、进位赶超、绿色崛起作出新的更大贡献。

马志武在讲话中强调,要全面完成第三阶段目标任务,一是要牢记重要使命,抓住具有里程碑意义的历史机遇;二是攻克三大制约,实现创建典型示范工程的庄严承诺;三是精心组织,做好凌副省长部署的5项工作,再接再厉,拼搏进取,按时优质完成第三阶段的各项目标任务。

会上,赣州市、吉安市政府分管领导及施工单位代表分别作了表态发言,石吉项目办主任作动员报告。省交通运输厅机关相关处室,沿线地方政府及征迁办,建设、设计、监理、施工单位有关负责人参加了会议。

(焦　宣　彭津梁)

【省政府召开德昌高速公路第二阶段施工动员会】 4月7日,省政府召开德昌高速公路建设项目第一阶段施工总结表彰暨第二阶段施工动员会。常务副省长凌成兴出席会议并讲话,省交通运输厅厅长马志武讲话,省政府副秘书长朱希,省交通运输厅副厅长许润龙,省政府有关部门、沿线各设区市、县政府有关负责人出席会议。省重点办主任王前虎主持会议。

会前,凌成兴一行实地察看了德昌高速公路金溪湖特大桥等多处施工工地。会上,凌成兴对德昌高速公路开工建设以来取得阶段性施工成绩给予高度评价。他指出,德昌高速公路开工以来,各参建单位精心组织、精心设计、精心施工,实现了“一个基本到位,三个管理规范”的优异成绩。“一个基本到位”,即路基土石方施工基本到位。“三个管理规范”:一是项目管理规范。二是诚信履约规范。三是施工环境规范。围绕第二阶段的目标任务,凌成兴要求“突出两个重点,提高六个水平”。“两个重点”:一是突出路面基层摊铺重点,包括路面底基层、基层、沥青碎石层的摊铺;二是突出特大桥、大桥施工的重点,尽快实现全线半幅贯通。提高“六个水平”,即提高质量水平、安全水平、环保水平、廉洁自律水平、群众工作水平、协调工作水平,精心组织、顽强拼搏,确保优质高效完成第二阶段目标任务。

马志武要求德昌项目全体参建人员认真贯彻凌成兴常务副省长指示,进一步增强责任感、紧迫感,鼓足干劲、强化措施、狠抓落实,确保如期完成第二阶段建设目标。

上饶市、景德镇市和南昌市政府分管领导及施工单位代表分别发言,德昌项目办主任讲话。省交通运输厅机关相关处室、德昌项目业主单位——江西公路开发总公司、沿线地方政府及征迁办,建设、设计、监理、施工单位有关负责人参加会议。

(德　宣)

【省政府召开彭湖高速公路第三阶段施工动员大会】 4月12日,省政府在彭泽县召开彭湖高速公路第二阶段施工总结表彰暨第三阶段施工动员大会。常务副省长凌成兴出席会议并讲话,省交通运输厅党委书记程受锭、省政府副秘书长朱希出席会议,省交通运输厅副厅长许润龙讲话,省重点办主任王前虎主持会议,省政府办公厅、省重点办负责人以及沿线地方政府负责人出席会议。

动员会上,凌成兴对彭湖高速公路第二阶段成绩给予了高度评价。凌成兴强调,第三阶段是项目的扫尾阶段,也是冲刺阶段。针对第三阶段的目标任务,各参建单位要“围绕一个重点、抓好三个配套、重视五项工作”。围绕一个重点,即围绕“路面摊铺”这个重点,把好材料、级配、油温三个关口,提高平整度、密实度和黏结度。抓好三个配套,即抓好绿化、房建、交通机电这三个配套工程,同时抓好连接线工程,确保工程质量。重视五项工作,即:一是重视质量工作。狠抓质量控制,杜绝质量通病,切实好把质量关;二是重视安全工作。要切实落实安全生产责任制,落实安全生产措施;三是要重视环保工作。把彭湖高速公路建设成为一条生态路、景观路;四是重视廉政工作。要认真贯彻执行中央、省委有关文件规定;五是要重视群众工作。着力做好工程建设善后工作,确保优质、高效、按时建成彭湖高速公路,为实现江西科学发展、进位赶超、绿色崛起作贡献。

会上,九江市分管领导及施工单位代表分别作了表态发言,彭湖项目办主任作动员报告。省政府有关部门、省交通运输厅机关相关处室,九江市、湖口县、彭泽县政府及沿线征迁办、建设、设计、监理、施工单位代表共400余人参加了会议。

(彭津梁　李拥军　陈林风)

【赣州至崇义等5条高速公路开工奠基】 8月9

日，省政府在南昌召开赣州至崇义、奉新至铜鼓、上饶至德兴、浮梁至黄山（赣皖界）高速公路项目开工、吉安至莲花高速公路项目奠基新闻发布会。省委书记、省人大常委会主任苏荣下达开工奠基令，省委副书记、省长吴新雄出席会议并讲话。省政协主席傅克诚，省委常委、省委秘书长赵智勇，省人大常委会副主任胡振鹏，省政府秘书长谭晓林等出席会议。省委常委、常务副省长凌成兴主持会议。

省交通运输厅党委书记程受锭、纪委书记江学功、副厅长邓经国出席会议。省交通运输厅厅长马志武讲话，赣州市市长王平、宜春市市长龚建华、上饶市市长董仚生、吉安市市长王萍代表沿线政府发言，省交通运输厅副厅长许润龙介绍项目概况。

吴新雄在讲话中指出，近年来，在党中央、国务院和省委的正确领导下，全省上下深入贯彻落实科学发展观，紧紧围绕转变发展方式，坚定不移地实施重大项目带动战略，积极主动谋划一批重大项目，千方百计争取一批重大项目，全力以赴建设一批重大项目，基础设施不断完善，发展后劲不断增强。开工奠基的5条高速公路，总里程达405千米，总投资236亿元，创造了全省高速公路建设史上一次性开工项目最多、建设里程最长、投资总额最大的新纪录，标志着2012年全省高速公路突破4000千米的所有项目全部开工，标志着国家高速公路网规划中江西境内的所有项目全部落实。这对于进一步完善全省高速公路网络布局，进一步强化江西省承东启西、沟通南北的交通枢纽作用，促进鄱阳湖生态经济区建设，加速实现中部崛起具有十分重要的意义。

吴新雄强调，新开工建设的5条高速公路路线长、投资大、工期紧。希望沿线各级党委、政府顾全大局、服务大局，在征地拆迁、施工协调、治安管理等方面继续加大支持力度，真正做到组织到位、政策到位、服务到位、保障到位，为高速公路建设营造良好的外部施工环境；希望省直有关部门主动跟进、密切配合，加强土地、水保、环保等各项审批服务和跟踪落实，为加快工程建设创造有利条件；希望省交通运输厅、省高速投资集团公司加强指挥调度，优化施工组织，创新管理模式，强化资金监管，提升建设水平，使每一个重大项目都经得起历史的检验、经得起人民的检验，真正把项目建成优质、高效、节约、廉洁的工程；希望项目建设、设计、施工、监理单位按照"工程质量更优、外观形象更美、生态环境更佳、依法管理更严、安全廉洁更好"的要求，把高速公路建设成为致富路、幸福路、生态路、崛起路，为推进江西科学发展、进位赶超、绿色崛起作出新的更大的贡献。

开工建设的5个项目，建设总里程405千米，总投资236亿元。其中，赣州至崇义项目全长87.54千米，总投资约61.5亿元。奉新至铜鼓项目全长133.88千米，总投资69.31亿元。上饶至德兴项目全长61.22千米，总投资48.3亿元。浮梁至黄山（赣皖界）项目全长15.65千米，总投资6.32亿元。吉安至莲花项目全长106.66千米，总投资50.4亿元。

省直有关部门负责人，5个项目沿线地方政府负责人，建设、设计、施工、监理单位干部职工代表，新闻媒体记者共800余人参加了会议。

（练崇田　彭津梁　夏睿德　雷声猛）

【省政府召开江西高速公路通车里程突破3000千米庆祝会】 9月16日，省委、省政府在南昌隆重举行鹰瑞、石吉、彭湖、赣州绕城高速公路建成通车暨全省高速公路通车里程突破3000千米庆典，并在鹰瑞高速收费广场、石吉高速收费广场、彭湖高速收费广场、赣州绕城高速收费广场设立分会场。至此，全省高速公路通车总里程突破3000千米，达到3042千米。省委书记苏荣发来贺辞。省长吴新雄讲话，宣布鹰瑞、石吉、彭湖、赣州绕城4条高速公路通车，并为交通运输厅颁发奖牌和奖金。省委常委、宣传部部长刘上洋，省委常委、省委政法委书记、省公安厅厅长舒晓琴，省委常委、南昌市委书记余欣荣，省人大常委会副主任朱秉发、省政协副主席李华栋、省检察院院长曾页九、省军区政委陶正明、省武警总队总队长陈宏举等领导出席庆典。省委常委、常务副省长凌成兴主持庆典，副省长洪礼和宣读省政府关于对省交通运输厅和4个项目办的嘉奖令。

省交通运输厅党委书记程受锭宣读省高速公路建设领导小组对4个项目的表彰决定，厅长马志武讲话，副厅长许润龙介绍4个项目建设情况，在昌厅领导孙茂刚、邓经国、曹先扬、胡钊芳、江学功、汪明彦出席庆典。

苏荣在贺辞中指出，喜闻全省高速公路通车

总里程突破3000千米捷报,倍感振奋,备受鼓舞,倍增信心,因在国外出访不能到会,特以此表示热烈的祝贺!苏荣指出,全省高速公路第一个1000千米用了15年,第二个1000千米用了4年,第三个1000千米用了2年。高速公路建设的强劲势头,大力拉动了经济快速增长,大力改善了对外开放环境,大力优化了生产力布局,大力推进了城镇化进程,大力促进了区域经济协调发展,为江西经济社会又好又快发展提供了强有力的交通运输支撑。省交通运输厅和全省交通运输系统的职工为此作出了重大贡献。

吴新雄在讲话中指出,进入新世纪以来,在党中央、国务院的正确领导下,在国家有关部委的大力支持下,省委、省政府带领全省人民,大规模推进以高速公路为重点的基础设施建设,取得了辉煌成就,全省高速公路通车里程占全国总里程4.2%,高于江西人口占全国人口3.3%的比例,在全国排名第九位、在中部排名第三位。全省“三纵四横”高速公路主骨架基本建成,承东启西、贯通南北、便捷通达、快速高效的综合交通大格局初步形成,这对于极大地改善江西的发展环境,提升江西的区位优势,都将产生重大和深远的影响。吴新雄指出,总结全省高速公路建设的成功经验,主要有四个方面。一是领导重视,加强高速公路建设的指挥协调;二是依法行政,加强高速公路建设的科学管理;三是优化环境,加强高速公路建设的政策支持;四是创新机制,打造高速公路建设的运作平台,主要包括,创新统一规划布局的建设体制、创新统贷统还的投融资体制、创新高速公路投资集团的管理体制。这些宝贵经验值得全省学习借鉴。吴新雄强调,当前,江西省已站在高速公路通车总里程突破3000千米的新起点上。下一个目标是,到2012年全省高速公路通车总里程要跨越4000千米的新台阶。目标宏伟、任务艰巨。希望全省交通运输系统广大干部职工,按照苏荣书记贺词提出的总体要求,继续发扬江西高速精神,保持旺盛斗志,争创一流,坚持建设优质工程、环保工程、安全工程、廉洁工程,努力把每条高速公路建设好、管理好、营运好,为实现江西科学发展、进位赶超、绿色崛起作出新的更大的贡献!

庆典仪式上,吴新雄等领导为4个项目先进单位和先进个人颁奖。

省直有关部门负责人,九江市、鹰潭市、赣州市、吉安市、抚州市和4个项目沿线政府党政主要领导,以及4个项目的建设、设计、施工、监理单位负责人参加会议。

链接:鹰瑞等4个项目建设总里程607千米,总投资270.65亿元。其中,鹰潭至瑞金高速公路全长308.84千米,投资127.6亿元,2008年6月30日开工建设。石城至吉安高速公路全长190.72千米,投资101亿元,2008年8月16日开工建设。彭泽至湖口高速公路全长65.178千米,投资20.45亿元,一期工程于2008年10月18日开工建设,二期工程于2009年8月8日开工建设。赣州绕城高速公路全长52.7千米,新建里程43.59千米,投资21.6亿元,2008年7月1日开工建设。

(熊昌军　练崇田　彭津梁)

中央苏区交通局外景

表 3　**江西全省高速公路已建、在建和拟建详情表**

	序号	名称	总投资（亿元）	里程（千米）	开工时间	通车时间	备注
已建成通车的高速公路	1	南昌至九江高速公路	16	138	1989.7	1996.1	第一个1000千米历时15年（1989～2004）
	2	南昌至樟树高速公路	15	71	1995.12	1997.12	
	3	昌北机场高速公路	1	4	1997.6	1998.12	
	4	温家圳至厚田高速公路	10	36	1996.12	1999.2	
	5	九江至景德镇高速公路	24	134	1997.3	2000.11	
	6	胡家坊至昌傅高速公路	7	33	1989.9	2001.1	
	7	梨园至温家圳高速公路	39	245	2000.12	2002.12	
	8	昌傅至泰和高速公路	23	148	2001.11	2003.6	
	9	泰和至赣州高速公路	29	128	2001.11	2004.1	
	10	赣州至定南高速公路	36	127	2002.2	2004.1	
	小计		200	1064			
	11	厦成线赣州城西高速公路	3	12	2003.7	2004.5	第二个1000千米历时4年（2004～2008）
	12	温家圳至沙塘隘高速公路	39	178	2002.6	2004.9	
	13	昌傅至金鱼石高速公路	36	168	2002.9	2004.9	
	14	泰和至井冈山高速公路	26	83	2003.1	2005.3	
	15	乐化至温家圳高速公路	36	72	2001.1	2005.11	
	16	景德镇至黄山（常山）高速公路	67	152	2004.11	2006.11	
	17	南昌市西外环高速公路	16	41	2005.2	2007.1	
	18	景德镇至鹰潭高速公路	77	203	2005.11	2007.11	
	19	南康至大余高速公路	20	57	2005.12	2007.12	
	20	武宁至吉安高速公路	131	287	2006.4	2008.1	
	小计		651	2317			
	21	瑞金至赣州高速公路	56	117	2007.3	2009.4	第三个1000千米历时2年（2008～2010）
	22	鹰潭至瑞金高速公路	128	309	2008.6	2010.9	
	23	石城至吉安高速公路	101	191	2008.8	2010.9	
	24	赣州绕城高速公路	22	44	2008.7	2010.9	
	25	彭泽至湖口高速公路	21	64	2008.1	2010.9	
	合计		979	3042			

	序号	名称	批复概算（亿元）	里程（千米）	备注
在建高速公路	1	九江至瑞昌高速公路	20	48	第四个1000千米拟于2012年建成用时2年（2010～2012）
	2	德兴至南昌高速公路	99	205	
	3	永修至武宁高速公路	42	104	
	4	南昌至奉新高速公路	18	37	
	5	九江长江公路大桥及连接线	38	17	
	6	上饶至武夷山高速公路	30	52	
	7	瑞金至寻乌高速公路	60	124	
	8	龙南里仁至杨村高速公路	36	60	
	9	萍乡至洪口界高速公路	17	34	
	10	景德镇南外环高速公路	12	29	
	11	奉新至铜鼓高速公路	69	133	
	12	赣州至崇义高速公路	66	86	
	13	德兴至上饶高速公路	49	66	
	14	浮梁至黄山高速公路	6	16	
	15	隘岭至瑞金高速公路	12	31	
	16	吉安至莲花高速公路	50	107	
	合计		624	1149	
规划中的高速公路	1	昌九扩建提升（九江二桥枢纽互通至南昌北机场枢纽互通）			
	2	昌樟扩建提升（南昌昌西南枢纽互通至昌傅樟树枢纽互通）			
	3	广昌至船顶隘高速公路			
	4	厦坪至睦村（赣湘界）高速公路			
	5	南昌南外环高速公路			
	6	九江绕城高速公路			
	7	抚州至吉安高速公路			
	8	花山界（赣闽界）至金溪里木高速			
	9	寻乌（赣闽界）至全南高速公路			
	10	都昌至九江县高速公路			
	11	吉安绕城高速公路			
	12	金溪至抚州高速公路			
	13	萍乡至莲花高速公路			
	14	湖北武穴至瑞昌（码头）高速公路			
	15	按照“县县通高速”的目标完善和实施规划			

（摘自《江西交通》2010.9）

【景婺（塔岭）高速公路工程通过交通运输部竣工验收】　9月11～12日，交通运输部对景德镇至婺源（塔岭）高速公路工程进行竣工验收，交通运输部公路局局长李华，江西省交通运输厅厅长马志武、副厅长许润龙、厅党委委员、省公路局局长曹先扬、副厅级纪检员汪明彦以及来自全国各省的专家参加了竣工验收会。

验收组通过认真听取景德镇至婺源（塔岭）高速公路工程项目执行情况汇报，实地察看，分组讨论，评议打分，一致认为景德镇至婺源（塔岭）

高速公路工程符合竣工验收条件,同意该项目通过竣工验收,并评定项目综合等级为优良。

景德镇至婺源(塔岭)高速公路工程属杭州至兰州国家重点公路在江西的一段,起点位于皖赣两省分界处的塔岭,途经上饶市的婺源县和景德镇市的浮梁县、昌江区,止于景德镇市以西鲤鱼洲,与九景高速公路相连接,路线全长116.144千米。公路全程为全封闭、全立交、双向四车道高速公路,沥青混凝土路面。全线设置隔离栅、防撞栏、标志、标线和通信、监控及收费系统等。工程于2004年11月开工,2006年11月建成通车试运行。

(涂序东)

【德兴至上饶高速公路项目办揭牌】 9月28日,江西省高速公路投资集团有限责任公司德兴至上饶高速公路项目建设办公室正式挂牌。省交通运输厅党委书记程受锭,上饶市常务副市长陈平,省高速集团总经理、省高管局局长谢来发共同为德上项目办揭牌,省交通运输厅、省高速集团相关部门、上饶市交通运输局、玉山县的有关负责人出席揭牌仪式。

程受锭要求,在德上高速公路建设过程中,参建各方要围绕三个方面抓紧抓好。(1)要抓好团结。德上高速作为省高速集团与上饶市合作建设的项目,合作双方一定要讲团结、顾大局,共同把德上高速管理好、建设好。(2)要抓好施工。首先要抓好工程进度。其次要抓好工程质量。第三是要抓好环境保护。四是要抓好安全生产。(3)要抓好廉洁。参建各方都要切实加强廉政教育,进一步完善、落实廉政制度,在管好自己的同时,管好身边的工作人员。

(陶光辉 沈宏波)

【省政协领导视察德昌高速公路建设项目】 10月28日,由省政协副主席李华栋、郑小燕率领的政协提案委员会视察组一行对交通运输系统开展视察活动,实地察看了德昌高速公路建设项目,并在余干召开德昌项目建设汇报会。省交通运输厅党委书记程受锭出席会议并讲话、副厅长许润龙陪同视察并汇报了全省高速公路建设情况、巡视员席芳柏陪同视察。

李华栋一行首先察看了昌东枢纽互通施工现场,金溪湖特大桥悬浇段施工现场以及主线的沥青路面施工。座谈会上,在听取交通运输工作情况汇报后,李华栋对交通运输事业的发展给予了高度评价。他指出,交通运输工作与人民群众生产生活息息相关,与全省经济社会发展联系密切。近年来,省交通运输厅按照中央和省委、省政府关于加大投入、扩大内需的决策部署,扎实工作,赶超发展,交通基础设施建设取得辉煌成绩,全省高速公路通车里程已突破3000千米。这对于极大地改善江西的发展环境,促进鄱阳湖生态经济区发展,将提供巨大的区位优势和交通运输支撑。李华栋强调,在以高速公路为重点的基础设施建设中,省交通运输厅坚持建设优质工程、环保工程、安全工程和廉洁工程,在项目组织实施、工程质量管理以及廉政建设等方面,都进行了积极的探索和大胆的实践,积累了许多新鲜的经验,为服务全省经济社会发展大局作出表率。

程受锭在讲话时指出,江西交通运输事业的发展,得益于国家政策的引导,得益于省委、省政府的科学决策,得益于社会各界的关心和支持。近年来,交通运输工作凸显四大特点。一是高速公路建设呈现加速态势。全省高速公路建设,第一个1000千米用了15年,第二个1000千米用了4年,第三个1000千米用了2年,第四个1000千米项目已全部开工,计划两年完成。二是交通基础设施建设全面推进。农村公路保持每年10000千米的速度增长,年底可实现全省行政村100%通畅的目标,621座渡改桥项目今年将基本完成。三是工程建设保持高起点、高标准、高质量。四是廉政建设始终保持了良好态势。

(聂头龙)

【省委主要领导考察德昌高速公路项目】 11月17日,省委书记苏荣在省委常委、省委秘书长赵智勇,省发改委主任姚木根,省交通运输厅党委书记程受锭和副厅长许润龙及有关部门负责人的陪同下,考察了德昌高速公路项目建设情况。

苏荣一行从德昌高速公路A1合同段新岗山互通自东向西直至B1合同段德兴互通,沿主线一路察看了A5合同段昭林高架桥、AP2合同段路面摊铺等施工现场。

在听取程受锭关于德昌高速公路项目建设情况的简要汇报后,苏荣指出,近几年来,全省交通基础建设发展迅速,为全省经济社会发展作出了巨大的贡献。特别是高速公路的发展呈现出新的变化。一是在设计理念上。为了保护环境，设计上更多地采取隧道、高架桥的方式，尽量保护生态环境。二是在环保措施上。高速公路一边施工，一边绿化。三是在安全措施上。不仅高速公路施工过程中更加注重安全生产，而且对高速公路通车营运的安全防护上也采取了新的办法。四是在科技应用上。开始逐步采取太阳能等新技术，减少能耗，提高了资源利用效率。五是在施工质量上。高速公路通车项目一个比一个好，一个比一个美观。

（朱俊铭）

【省政府主要领导视察永武高速公路项目】 12月30日，省长吴新雄在常务副省长凌成兴、副省长朱虹、省政府副秘书长朱希、省发改委主任姚木根、九江市市长曾庆红、省交通运输厅副厅长许润龙、省重点办主任王前虎等陪同下，视察永修至武宁高速公路建设项目。

吴新雄一行到永武高速公路施工现场，与施工人员亲切握手，表示亲切慰问，并提前向全体参建人员致以节日的问候。在P1标路面摊铺施工现场，吴新雄了解全线工程建设进展情况，当了解到永武高速公路项目进展顺利，目前路基土石方、桥梁工程、路面底基层摊铺等工程基本完成，路面ATB基层摊铺进展非常顺利，吴新雄表示满意。吴新雄指出，永武高速公路是助推当地经济发展的高速公路，也是全省目前唯一一条在景区建设的高速公路。希望项目办及参建各方在加快施工的同时，严格控制、保护好周边景区的生态环境，力争把永武高速公路建设成一条风景路、生态路、崛起路、致富路，为进一步优化鄱阳湖生态经济区交通网络和优化江西投资环境、实现江西崛起的新跨越增光添彩。

（陶光辉　邱志清）

【九江至瑞昌高速公路建成通车】 12月29日，九江至瑞昌高速公路建成通车典礼在瑞昌举行。省交通运输厅党委书记程受锭宣布九江至瑞昌高速公路建成通车，副厅长孙茂刚出席并讲话，副厅长许润龙宣读对九瑞高速公路的表彰决定，省公安厅副厅长罗永银，省交通运输厅副厅长邓经国、厅党委委员曹先扬、纪委书记成松出席庆典，省重点办主任王前虎主持庆典。

孙茂刚在讲话中指出，九瑞高速公路的建成通车，标志着杭瑞国家高速公路江西境内段全部贯通。该路为江西省第一个由外商投资建设的高速公路项目，全省又新增一条快捷高效的高速公路出省通道。该路对进一步完善全省高速公路网络，强化江西的区位优势，提升鄱阳湖生态经济区交通运输支撑服务能力、推动沿线经济社会发展都具有十分重要的意义。孙茂刚指出，作为省重点招商引资项目，省委、省政府对九瑞高速公路建设十分重视，并将其列为省重点工程给予扶持。省交通运输厅作为行业主管部门，主动服务项目建设，积极协调有关问题，确保项目的顺利推进。省直有关部门、沿线各级地方党委、政府大力支持，全力配合，为项目建设创造了良好的施工条件。项目业主单位精心组织安排，强化项目管理，创造了许多新鲜经验。全体参建人员战严寒，斗酷暑，艰苦奋战，顽强拼搏，为项目建设付出了艰辛的劳动。

九江至瑞昌高速公路是杭州至瑞丽高速公路在江西省境内的一段，路线全长48.14千米，总投资19.8亿元。

庆典仪式上，领导为项目先进单位和先进个人颁奖。九江市政府代表沿线政府讲话，省直有关部门负责人，九江市、瑞昌市和项目沿线政府党政相关负责人，以及项目的建设、设计、施工、监理单位负责人参加会议。

（焦　宣　涂序东）

【赣韶高速公路正式通车】 12月30日，赣韶高速公路通车，赣州韶关两地车程将由过去的4小时缩短至2小时，将成为江西至广东的快速通道，是继赣粤高速公路后，江西与广东相连的第二条高速公路。该公路全长220千米，按全封闭、全立交标准建设，设计速度为每小时100千米，双向六车道。该公路起于韶关市曲江区，与已通车的赣大高速公路对接，是京珠高速和赣粤高速的连接线。

（杨河良）

【赣闽两省“资—光—邵”高速公路交界处接点协议签订】 3月16日，赣闽两省“资—光—邵”高速公路交界处接点协议签订。资光高速公路起自赣闽交界处的花山界,与福建邵武至光泽高速公路的终点相接,在资溪县北面跨鹰厦铁路,终点与鹰瑞高速公路相接,是沟通鹰瑞高速公路和福建邵武至光泽(闽赣界)高速公路的一条地方加密高速公路。该项目路线全长39.03千米,设计速度为80千米/小时,路基宽24.5米,全线按双向四车道高速公路设计,计划投资20亿元。计划2010年7月开工建设,2013年6月底建成通车。"资—光—邵"高速公路交界处接点协议的签订,标志着抚州市又将打通一条快速入闽通道,对于促进该市与福建海峡西岸经济区的经济合作,加快赣东地区旅游业及经济发展具有重要意义。

(饶新文)

【祁门至浮梁高速公路禾口(赣皖界)至桃墅店段新建工程启动】 4月,祁门至浮梁高速公路良禾口(赣皖界)至桃墅店段新建项目工程启动。祁(门)浮(梁)高速公路是安徽省高速公路网中与江西高速公路网的重要联系通道,浮梁良禾口至桃墅店段新建工程是祁(门)浮(梁)高速公路的一段。该项目的建成对皖南山区公路网的形成、交通条件的改善,加强皖、赣、浙、鄂四省之间的联系,促进共同发展,具有重要作用和深远影响,是区域经济发展的主动脉。该项目东连正在建设的安徽省黄(山)祁(门)高速公路,横穿浮梁县西湖乡全境,西接济广高速公路桃墅店互通,全长15.6千米,设计速度80千米/小时,双向四车道,路基宽24.5千米。按高速公路标准建设。

(涂 强)

【省交通运输厅与赣州市政府合作建设寻全高速公路】 7月24日,省交通运输厅与赣州市人民政府签订《寻乌至全南高速公路项目建设框架协议》。该高速公路的建设,将结束安远县没有高速公路的历史,也意味着赣州市将实现县县通高速公路。省交通运输厅厅长马志武,赣州市委副书记、市长王平,省交通运输厅副厅长许润龙,省交通运输厅党委委员、省公路局局长曹先扬等出席签字仪式。根据协议,双方共同出资组建项目管理单位,共同出资项目建设资本金,剔除国家补助部分后,市政府占55%,省交通运输厅占45%,并承担和享受相应的责任和权利。项目力争在2010年末开工建设。

寻全高速公路起于寻乌,途经安远、信丰,终点为全南,路线全长110千米,设计速度为每小时100千米。项目与大广、济广高速公路相接。该项目的建设对赣州市加快融入海西经济区和珠三角地区具有重要意义。

(省高速投资集团公司)

【赣州环城高速公路竣工通车】 8月9日,赣州环城高速公路竣工通车。赣州环城高速公路于2008年7月1日开工建设,是闽赣粤运输通道的重要路段。该项目属于赣州至大余高速公路的二期工程。该路起于赣县茅店镇燕子岩,与瑞赣高速公路对接,经赣县在南康和大广高速(赣定段)相交,项目路线全长52.7千米,新建里程长43.5千米,概算总投资21.6亿元。该项目由赣州高速公路有限责任公司控股的赣州赣康高速公路有限责任公司筹资建设并进行运营管理,是赣州市第二条以地方政府作为高速公路项目业主的省市重点建设项目。

(杨河良)

【资溪花山界至里木高速公路项目签约】 9月11日,资溪县与省投资集团公司合作开发建设资溪花山界(赣闽界)至里木高速公路项目签约。该项目2009年1月经省发改委审批立项,预计投资18.53亿元。资溪花山界(赣闽界)至里木高速公路全长38.87千米,双向四车道,路基宽24.5米,接通济广高速与福建邵光高速,项目建成后将形成一条三清山、龙虎山、大觉山、武夷山黄金旅游线路,为资溪旅游产业发展注入新的活力。

(饶彪飞)

【杭瑞高速公路湘湖互通开通】 12月29日,杭(州)瑞(丽)高速公路湘湖互通及收费站正式开通。景德镇市交通局自1月起就积极与省交通运输厅沟通协调,提出该项目的建设要求,以改善景德镇市东部地区的交通状况和快速路网结构,方便城东地区就近上、下高速公路。接到省交通运输厅的批复后,该局在最短时间内组织完成了项目的预可、工可、施工图设计及招投标程序,为工程尽快开工和年内开通运营赢得了时间。

杭瑞高速公路湘湖互通项目位于浮梁县湘湖镇陈家坂村,东起杭瑞高速公路与景德镇绕城公路连接处,西接省道白(沙关)景(德镇)公路,全长332米。项目按三级公路标准设计建设,设计行车速度40千米/小时,双向两车道,路基宽8.5米,路面宽7米,沥青混凝土路面,同时配套建设湘湖互通收费站,总投资960万元。收费站由省高速公路投资集团公司景德镇管理中心负责运营管理。

(涂 强)

【武吉高速公路安福县连接线一级公路改造工程进展顺利】 武吉高速公路安福县连接线——县城北至高速公路出口一级公路改造工程,全长17.416千米。工程于2009年6月开工,分A、B、C、D四个标段进行施工。其中A、B、C三个标段9.886千米已建设完工。D标段7.53千米路段于2010年5月12日开工,建设投资5000万元。截至12月末路基土方工程量完成100%,桥涵施工完成100%,路基水稳层工程量完成100%,完成单幅混凝土路面浇筑7.53千米,公路排水边沟、护坡等附属工程正在加紧施工。该桥段工程计划工期12个月。

(安福县交通运输局)

一般公路建设

国道

【宜春市境内105国道、320国道路面改造工程完工】 8月3日,宜春市境内105国道、320国道路面改造工程顺利完工。该路面改造是为了迎接全国干线公路养护与管理工作检查而安排的项目,涉及320国道、105国道总长88.11千米路面整修,投资1.3亿元。整治包括挖土方、盲沟、防护工程、挖补路面、补强、路面基层、路面面层、桥面处理及挖除移栽路树,完善标志标牌、标线等内容。该工程于3月1日开工,历时152天完成。

(省公路局)

【105国道丰城围里至塘家圩油路摊铺竣工】 7月21日,105国道围里至塘家圩路段油面摊铺工程竣工。该路段全长13.072千米,投资1670万元,路面由9米拓宽至12米。该路段于上世纪90年代初由沥青路改造为水泥路,经过近20年的重车辗压,现已伤痕累累,大部分水泥板已成龟裂状态,大坑大槽随处可见。为了以良好的路容路貌迎接全国国、省道干线大检查,宜春市公路局精心组织,科学安排,该工程于4月16日开工。承接该工程的丰城经理部全力以赴开展工作,紧紧抓住晴天高温有利时机,争时间、抢进度、保质量,顺利完成施工任务。

(省公路局)

【105国道丰城小港至大港二级油路罩面工程竣工】 8月12日,105国道丰城小港至大港二级油路罩面工程竣工。该工程由丰城公路分局负责施工,路段全长6.67千米,投资800万元。该路段地处105国道中心区域,为江西省南北轴线中段,公路运输十分繁忙,路面受损严重。2010年年初,为迎接全省公路"国检",宜春市公路管理局将该路段改造工程列为重点,及时部署。丰城公路分局接受施工任务后,精心组织,调集精兵强将,全力以赴。施工单位紧紧抓住江西夏季晴好天气,轮班作业,昼夜施工,在保证质量的前提下,加快施工进度,终于比计划提前7天完成了施工任务。

(省公路局)

【105国道环庐山段改造工程建设动员会在九江召开】 12月3日,105国道九江市环庐山段改造工程建设动员会在九江召开。九江经济开发区、九江县政府等27家单位参加了会议。会议传达了上级领导关于105国道的改造要求,宣读了105国道环庐山段改造工程推进方案。近年来,随着庐山周边景点旅游业的发展,105国道环庐山段最大日车流量近万车次,交通配套设施压力非常大。改造方案主要为:工程建设标准为二级路面,起点为双塔(K1554+700),经过开发区、庐山区、庐山管理局、九江县等区域,终点为九江县与星子县交界处的观口(K1576+300),主体工程全长21.5千米,计划工期为12个月。

(省公路局)

【206国道景德镇市境内路段大中修工程竣工】 10月31日,206国道景德镇市境内路段大中修工程竣工。该路段施工里程29.26千米,施工桩号

为(K1341 ~ K1404,K1459 ~ K1473),采用二级公路技术标准,路基宽12米,路面宽9米,路面结构为沥青或水泥混凝土面层。该工程于4月6日开工,施工单位面对任务重、时间紧的情况,充分利用天气晴好施工季节,昼夜施工,轮班作业,在保证质量的前提下,按计划完成了施工任务。

(省公路局)

【206国道、320国道上饶市境内路段改建工程竣工】 2010年,上饶市为迎接国家交通运输部全国干线公路养护和管理大检查,专门成立以市委常委、常务副市长陈平为组长,副市长朱寅健、市长助理谭荣鹏为副组长,市府、市交通运输局、公路局、公安局、发改委、监察局、交警队、财政局的领导为成员的领导小组。召开专题会议,及时对被省厅列为重点的境内206国道56.439千米、320国道132.607千米共6条387千米公路进行改建设计和审定,并投入资金2.5亿元。上饶市公路局全力以赴、科学设计、精心安排、团结协作,通过8个月的努力,对公路路基、路面、桥涵、绿化与环保、交通工程、道班房进行全面整修和美化,对206国道江家桥进行了重建,优质高效地全面完成任务,被省交通运输厅列为"国检"备检的公路之一。

(陈均培)

【316国道南昌市沙子岭路段路面改造工程完工】 1月27日,316国道路面改造工程完工。该路段位于进贤县温家圳与临川区交界的沙子岭,是正在规划的南昌市路网规划的"六纵四横"骨干公路的第三纵,同时也是连接南昌市南部地区的重要交通要道。随着交通量的日益增加及2008年初的雨雪、冰冻灾害,该路段路面严重损坏,运营能力明显降低,存在较严重的交通安全隐患。为提高国、省道的服务水平,南昌市公路管理局筹集资金4000万元,对该路段共24.174千米进行改造,经过施工人员高质量、快速度的紧张工作,建成后的316国道路面美观平整,行车舒适,噪声低,大大改善了道路交通环境。同时,也为群众出行提供了方便。

(省公路局)

【319国道兴国城区段改造工程竣工】 8月31日,319国道兴国城区段改造工程竣工。319国道兴国城区段改造工程是经赣州市发改委批准的公路改造项目,起于洪门猫岭,经文明大道,终于高兴文溪,路线全长14千米,总投资2.89亿元,按一级公路技术标准改造,城区路面宽44米,全线行车设计速度60千米/小时。该工程于2月5日开工。

(杨河良)

【319国道萍(乡)莲(花)段大中修工程项目竣工】 12月30日,319国道萍莲段大中修工程项目竣工。该工程起于莲花县的三板桥乡,终于与320国道交叉口,全长96.6千米,项目总投资1.7亿元,建设资金由萍乡市公路局代表市人民政府向银行贷款,由省交通运输厅提供担保并负责贴息三年。工程由湘东公路分局组织施工。该工程于3月22日开工。

(省公路局)

【319国道萍栗段彭高至上栗中学段路面改造工程竣工】 12月1日,319国道萍栗段彭高至上栗中学段改造工程竣工。该工程长30.5千米,总投资8652万元。工程分三个标段组织施工,第一标段为彭高工业园至福田桃文村;第二标段为福田桃文村至上栗斑鸠桥;第三标段为上栗斑鸠桥至金山上栗中学。为使该路段早日通车,上栗县交通运输局积极做好工程立项、工程可行性研究调查、勘测设计、招投标等前期准备工作。在施工过程中,上栗县交通运输局派出精干力量,日夜坚守在施工第一线,监督工程质量,督促工程进度,为确保该工程按质按量按时完成改造任务打下了良好基础。

(李 俐)

【319国道昌厦公路瑞金黄柏路段改建工程竣工】 8月20日,319国道昌厦一级公路瑞金黄柏段改建工程完工。该段公路自通车以来,由于地下水丰富,造成路基不稳定,路面屡修屡坏,影响行车安全。2月,赣州市公路管理局将该路段列入迎国检大中修工程建设项目,并将改建路段(K399+200 ~ K412+000)分成二个标段,分别由赣州市公路管理局瑞金分局和赣州创兴公路开发有限责任公司中标承建。

(杨河良)

【萍乡市境内320国道二期和319国道改造工程竣工通车】 12月1日,320国道萍乡段拓宽改造二期工程和319国道萍莲段、萍栗段改造工程竣工通车。320国道萍乡段拓宽改造二期工程路线全长8.79千米,一级公路,总投资8188万元,由萍乡市公路管理局承建;319国道萍莲段大中修改造工程全长96.6千米,由萍乡市公路管理局承建,总投资1.79亿元;319国道萍栗段大中修改造工程路线全长45.3千米,总投资1.15亿元,分别由安源区、上栗县、开发区和萍乡市交通运输局建设。以上三项工程先后启动,各参建单位克服种种困难,抓进度,保质量,全面完成了施工任务。320、319国道是萍乡市横贯东西、纵穿南北的两条主干道,该工程竣工通车,对于改善萍乡市投资环境,促进城乡一体化,加快经济社会协调发展,都将产生巨大的推动作用。

（李襟远）

【320国道鹰潭师范至龙虎山大道拓宽改造工程竣工】 9月30日,320国道鹰潭师范至龙虎山大道拓宽改造工程竣工。该路段全长3千米,按照城市规划道路建设,由鹰潭市公路局负责实施,在原有12米宽的水泥路面基础上拓宽成路面宽32米的一级公路,沥青混凝土路面,双向六车道,中央绿化带宽6米,投资6000万元。该工程于4月22日开工。

（省公路局）

【320国道横峰段沥青路面重建工程完工】 8月24日,由横峰公路分局承建的迎"国检"项目320国道横峰段沥青路面重建工程完工。该路段全长16千米,路面按二级公路标准修建,路面宽12米,累计完成投资2400万元。重建工程于5月4日开工,历时110天,全面完成了路面重建工作。

（省公路局）

【323国道赣州火车站至潭口段(峰山片区)路段一期公路改造工程竣工】 12月31日,323国道赣州火车站至潭口段(峰山片区)路段一期公路改造工程竣工。该路段是赣州市中心城区南出口,是赣州连接广东等省市的主要通道,对赣州经济建设起着重要作用。工程总投资29215.46万元,路线全长7.268千米,为一级公路兼顾Ⅰ级城市主干路功能标准,路基宽31.5米,双向六车道。工程分二期建设,一期工程长2.949千米,由江西通威集团有限公司承建,工程于2月1日开工。

（杨河良）

【吉泰工业走廊105国道快速通道建设工程竣工】 9月15日,吉泰工业走廊105国道快速通道建设工程竣工。吉泰工业走廊105国道快速通道起于吉水朱山,终于泰和万石路,全长54.115千米,概算总投资6.3亿元,途经吉水县、青原区、吉州区、吉安县、泰和县三县二区。该项目于2008年12月29日开工,建设工期为21个月。该路线是在原有二级公路基础上拓宽改建的一级公路,竣工后的路基宽24.5米,为双向四车道,管理模式为四县共建,是吉安市市养里程最长的一级公路。吉泰工业走廊以105国道快速通道作为载体,串联了以吉安市高新区为龙头的五个工业园,是该市经济发展的高新产业的聚集区,在这个占全市3.6%的土地面积上,创造了全市70%的经济总量。

（省公路局）

省道

【省道昌万线等4条公路进行大中修】 2010年,上饶市公路管理局以迎"国检"为契机,投资2.5亿元用于公路改建,为历年之最。该局对6条国、省道进行路面大中修,8月底前全部完工。其中,省道昌万线(南昌—万年)60.02千米、大二线(大畈—二渡关)25.48千米、婺桃线(婺源—桃树)52.64千米、新仙线(新岗山—仙岩)12.22千米。在大中修工程建设中,4条省道的路基、路面、桥涵都得到全面整修,面貌焕然一新,路面、桥面平整,边沟与涵通整洁畅通,路树排列整齐、疏密匀称,路边防护设施修整补齐,就连道班房也粉刷、油漆一新。通过改建,4条省道的通行能力得到进一步提高,这对发展地方经济、促进新农村建设、改善路网运输起到积极作用。

（李永水　章松青　李锋庆）

【省道德三线鄱阳县城至济广高速连接线大中修工程竣工】 6月1日,省道德三线鄱阳县城至济广高速连接线大中修工程竣工。该工程是鄱阳县重点工程,是一条连接鄱阳城区和济广高速的快速通道。工程起点为鄱阳大桥,终点为鄱阳芦田工业园。该工程由鄱阳公路分局负责施工,于4月开工建设,历时2个月,全长17.36千米,总投资1900万元。该路段按二级公路标准设计,路面宽度12米~16米,沥青混凝土路面。该工程建设对于发挥鄱阳城区的辐射功能,激活城东板块开发及发展鄱阳湖旅游,具有重要作用。

(省公路局)

【省道婺(源)桃(树)线景德镇段大中修工程竣工】 8月23日,省道婺(源)桃(树)线景德镇段公路大中修工程竣工。该工程施工里程8.78千米,施工桩号为(K60+500~K71+100,K89+900~K91+K91+800),采用二级公路标准,路基宽12米,路面宽9米,路面结构为沥青或水泥混凝土面层。工程由景德镇市通途公路工程有限公司、市公路局乐平分局、直属分局组织施工,于4月6日开工,总投资4753万元。

(省公路局)

【省道上吉线安福县山庄至竹江段大中修工程完工】 8月末,省道上吉线安福县山庄至竹江段大中修工程完工。该工程路段全长27.456千米。针对原有道路出现断板、网裂、沉陷等严重病害现象,施工部门采取分段施工,做一段修复一段的方法,确保双向交通的畅通。该工程的竣工,将形成以安福县为中心的"一小时经济圈",不仅道路面貌、市容环境得到改善,也极大地缓解周边地区交通压力。

(省公路局)

【省道樟排线改造工程开工】 9月16日,位于新余市渝水区境内的省道樟排线(K79+500~K92+000)公路改造工程开工。该线长11.88千米,按二级平原微丘线型标准进行改建,将原9米宽的水泥混凝土路面建成12米宽的沥青混凝土路面,由江西江阳建设有限公司承建,计划总投资6977万元,计划工期11个月。

(省公路局)

【省道抚丰线大中修工程完成】 9月末,省道抚丰线56千米~60千米路段大中修工程完成。该线自1994年由砂土路面改造成油面后,至今尚有17千米未能安排大中修,随着近年来车辆的剧增,特别是拖瓷土的前四后八重型车辆反复辗压,使许多路段不堪负重,损毁严重。为了改善路况,提高道路通行能力,丰城公路分局积极努力争取到该路段大中修计划。该工程自8月初开工以来,广大筑路员工积极克服时间紧、任务重、气温酷热的影响,抢抓有利时机,科学安排施工,保质保量完成施工任务。

(熊安全)

【省道奉(新)带(溪)线奉上公路全线贯通】 奉带线奉(新)上(富)公路是奉新境内的主干公路,承载着冯川、赤岸、会埠等12个乡镇场的运输重任,是当地的主要的经济通道。该路自2008年冰雪灾害后开始动工改造,于2009年完成31千米路面工程施工。2010年,奉新县政府和交通主管部门积极加强与市公路部门的沟通商洽,并得到宜春市政府的重视支持,终于解决其余13.8千米的改造计划和资金问题。7月中旬,公路部门开始对奉上公路其余路段展开路面施工,至9月底,路面工程全部完成,全线顺利贯通。该路贯通后,将对奉新县域经济发展,改善沿线民生,推动社会进步产生促进作用。

(魏振宇)

【省道黄(泥头)乐(平)线改造工程开工】 10月19日,省道江乌线黄乐线改造工程开工。黄乐线是乐平市至景德镇市黄泥头的一条主干线公路,在乐平范围内途经双田和涌山两个大镇,是涌山镇的煤、煤矸石和水泥等物资外运的必经之路。开工路段全长29.513千米,按现有路面破损情况分别按三种不同设计的面板形式进行改造,其中铺筑25厘米厚水泥混凝土面板全长4.59千米;破损水泥混凝土面板修补4.623千米;铺筑沥青混凝土面层20.298千米,为5厘米中粒式加3厘米细粒式结构。工程计划总投资3000万元,计划工期10个月。

(省公路局)

【省道S316里(塔)崇(仁)线改建工程完工】 12月26日,省道S316里崇线改建工程完工。该线公路改建项目起于南城县里塔镇与昌厦公路交汇处,途经宜黄圳口乡、棠阴镇、凤冈镇,终于宜黄县境内，长 38.96 千米，建设等级为山岭重丘二级公路标准，沥青混凝土路面，路基宽 8.5 米，路面宽 7 米，项目总投资 6000 万元。

（省公路局）

【省道 S214 丰德线改造工程完工】 12 月 30 日，省道 S214 丰德线改造工程完工。该线是江西省干线公路网络规划的重要组成部分，项目起于南城县龙湖镇，终于南城县与黎川县交界处蛟山村，全长 12.57 千米，设计标准为山岭重丘三级公路标准，沥青混凝土路面，路基宽 7.5 米，路面宽 6.5 米，项目总投资 1200 万元。

（省公路局）

【省道 S324 清宜公路分宜境内改扩建工程开工】 省道 S324 清宜公路改扩建工程，于 2010 年 3 月开工建设，分宜县境内 K5 +800 ~ K8 +265，K10 +970 ~ K14 +080 为双向八车道，K14 +080 ~ K17 +179 为双向六车道，全长为 8.674 千米。清宜公路改建工程征地工作已完成，房屋拆迁工作完成 60%，已下拨征地拆迁资金 1800 万元。路面清表、施工弃土点和取土点的征地设点等工作已完成。施工单位正在进行管涵打底工作，已完成涵管工程 30%。工程现有管线搬迁已基本完成。土石方工程已完成 40%。

（辛　鹏）

城市道路

【景德镇市景东大道一期工程建成通车】 11 月 30 日，景德镇市第三条东西向城市主干道景东大道一期工程建成通车。景东大道是景德镇市推进新型城镇化建设的重点项目，项目全长 6.5 千米，总投资 2.3 亿元，一期工程西接昌江大道，东至县道景（德镇）瑶（里）公路，长 4.4 千米，按双向六车道城市主干道标准建设，并有一条支线与陶阳路延伸段连通。景东大道的建成通车，与朝阳路、新厂路共同构成景德镇市区东西向三大交通动脉，浮梁县农村南部的公路网络也由此得到完善，使景德镇市的城区面积扩大 6 至 7 平方千米，在优化城市功能、改善城市布局、缓解主城区交通压力、方便市民生活等方面发挥重要作用。

（涂　强）

【九（江）瑞（昌）快速通道竣工】 5 月 1 日，九（江）瑞（昌）快速通道竣工。九瑞快速通道东起九江市区，西至瑞昌市，途经城西港区和九江县，是一条连接市区和瑞昌的一级公路。九瑞快速通道工程于 2009 年 8 月开工建设，历时 8 个月。建成后的九瑞快速通道长 18 千米，路线按一级公路标准建设，控制红线 50 米，路面宽 24.5 米，双向 4 车道，设计速度每小时 80 千米。该工程建设竣工，对于发挥九江市中心城市的辐射功能，促进中心城区与周边地区的协调发展，具有积极深远的影响。

（省公路局）

【共青城至德安共安大道公路工程竣工】 10 月 26 日，共青城至德安共安大道公路工程竣工。共安大道是连接共青城与德安县城的交通主干道，起点为德安铁路高架桥，终点连接共青大道，全长 7.1 千米（其中德安境内 2.4 千米、共青境内 4.7 千米），设计道路等级Ⅲ级城市主干道，设计荷载Ⅰ级公路，道路红线宽 60 米，其中两边人行道各 5 米，中央分隔带 12 米，车行道各 19 米，路面结构为沥青混凝土路面，该工程于 3 月 26 日开工。

（省公路局）

【新余市仙女湖大道西延段改建工程基本完成】 12 月末，新余市仙女湖大道西延段改建工程基本完成。该线东起仙女湖大道终点，经渝水区界水乡、仙女湖区铃阳管理处、分宜县分宜镇，终于分宜县西郊路口，全长 17.191 千米，双向六车道，路基宽 28 米，路面宽 23 米，按一级公路标准建设，路面为沥青混凝土路面，计划总投资 4 亿元，新余市公路管理局为项目管理责任单位，负责招商引资完成路面工程。工程建设采取县（区）与市共同建设模式，分宜县、渝水区政府，仙女湖管委会负责完成各自管辖区路段的路基、桥涵工程施工。该工程于 3 月开工。

（省公路局）

【赣州市赣储路改扩建工程竣工】 10 月 31 日，赣储路改扩建工程竣工。赣州市赣（县）储（潭）路是水东片区的主干道，起自虔东大道，终于厦蓉高速公路下穿路口，全长 6.2 千米，总投资 1.1 亿元，道路红线宽 36 米。道路路面结构为沥青混凝土路面。赣储路改扩建不仅是经济发展的需要，也是建设大赣州、拓宽城市空间的要求。它的建成,可进一步完善水东片区的交通功能,提升该片区开发价值,改善当地生产生活条件,并将水东、赣县储潭、湖江一带纳入中心城区,为数万人民群众生产生活带来便利。

(杨河良)

【吉安市公路大中修主体工程完成】 8月25日,投资3.57亿元,总长71.6千米的吉安市公路大中修主体工程完成。新修建的路线均为二级以上公路,沥青混凝土路面,其中有双向四车道的一级公路54.12千米。为迎接五年一次的全国干线公路养护与管理大检查,吉安市公路局合理安排工序,严控时间节点,克服了国、省道主要干线交通流量大、往来人员多、安全压力大等困难,坚持边施工、边开放交通,夜以继日,在8个多月的时间里完成了路面建设任务。

(省公路局)

【宜春市温古旅游公路新建工程完工】 9月7日,宜春市温古旅游公路新建工程完工。宜春温古(温汤—古庙)线,全长17.3千米,宽6米,是宜春明月山风景区重要的旅游公路。该路新建工程于2009年3月破土动工,历时18个月,按山区四级公路设计,工程造价5000万元,是完善景区路网,促进宜春旅游业发展的重要项目。

(省公路局)

【宜春市明月山景区公路古唐、仰明线路基整治工程竣工】 8月8日,投资2000万元的宜春市明月山景区公路古唐、仰明线路基整治工程竣工。古唐线、仰明线是宜春市通往国家AAAA级风景区明月山顶的一条重要通道,全长21.6千米。起止桩号为K6~K27+600。该路在2010年经历一场接一场的强暴雨后,塌方、路面悬空、边沟堵塞、路面及交通安全设施被损情况随处可见,存在严重的安全隐患。该路基整治工程包括修建边沟、挡土墙、安全护栏及安全墩。宜春明月山公路分局承担边沟、挡土墙及其他有关附属工程。古唐、仰明线路基整治竣工,对改善路容路貌及安全状况,提升景区人气,促进景区沿线经济发展,具有重要作用。

(省公路局)

【樟树市道教名山阁皂山旅游公路樟芦线改造工程开工】 9月29日,樟树市道教名山阁皂山旅游公路樟芦线改造工程开工。樟芦线是通往国家级森林公园—道教名山阁皂山的重要旅游公路和经济干线。工程起点在樟芦公路K0+000,终点桩号为K22+992,全长22.992千米,其中樟树至樟树东站段长13.079千米,按超二级公路技术标准进行改造,设计行车速度80千米/小时,路基宽18米,路面宽15米;樟树市燕站至阁皂山段长9.913,按二级公路技术标准建设,设计行车速度80千米/小时,路基宽12米,路面宽10.5米;路基之外两边各15米设置绿化带。工程施工单位为樟树公路分局,总投资1.9亿元。

(省公路局)

【宜春市明月大道建设工程开工】 12月29日,宜春市明月大道建设工程开工。明月大道原为省道樟排线中的一段,起点桩号为K145+083,终点桩号为K161+083,线路长16千米,属三级路,公路等级低,弯多陂陡。规划建设中的明月大道路线长14.12千米,按城市快速干道Ⅱ级标准设计,设计行车速度60千米/小时,道路宽42米,沥青混凝土路面,双向8车道。项目建设计划工期18个月,征地62.13公顷,拆迁房屋面积35000平方米,预算总投资6.155亿元。

(省公路局)

【抚州市安石大道建设工程竣工验收】 11月5日,抚州市安石大道建设工程竣工验收。抚州市安石大道建设工程(原工程名称为抚八线城区)东起文昌大道,西至西二路,建设里程全长5.56千米,按城市Ⅱ级主干道标准建设,设计速度50千米/小时,沿抚八线一级公路两侧拓宽非机动车道、绿化带、人行道,拓宽后道路红线宽度80米,道路横断面布置为两侧各3米人行道+12米绿化带+4.5米非机动车道+8.5米绿化带,中间行车道24米,双向六车道,水泥混凝土路面。桥梁设计洪水频率1/100,设计荷载为城市Ⅰ级,总投资18532.03万元。

(省公路局)

【抚州市南丰军峰山旅游公路完工】 12月26日,抚州市南丰军峰山旅游公路完工。该路线起于南丰县三溪乡池峰村店里组，终于军峰山山下的坪上村，路基宽9米，路面宽7米，属水泥混凝土路面，全长14千米，总投资1600万元，建设工期6个月。军峰山是南丰一个比较独特的旅游景点，位于南丰县三溪乡境内，海拔1760.9米，系赣东群山之首、抚州第一高峰，它险绝、神奇、秀美，有着天然美好的生态环境。该工程的竣工，对促进抚州地区旅游事业的发展，有重要意义。

（省公路局）

【鄱阳县天鹅、湖城大道建设工程竣工】 12月4日，鄱阳县天鹅大道、湖城大道建设工程竣工。湖城大道（城外段）工程，从该县湖城大桥东端至鄱乐公路共5.774千米，路基宽30米，路面宽22米，总投资5000万元。天鹅大道起点为鄱阳湖大道，终于康礼线，全长14.396千米，路基宽30米，路面宽23米，分二期实施。第一期县城至团林乡西山景，路基宽12米，其余路面宽8.0米，长8.0千米，总投资3500万元，已于2009年完成。现为二期工程共13千米，其中5千米，路面16米；其余路面宽8米，总投资1667万元。湖城大道、天鹅大道工程的建成，联通了鄱阳“一城三区”，打通了工业园区、旅游景区、核心城区的快速通道，对于建设鄱阳湖东岸城市具有重大意义。

（省公路局）

县乡公路

【2010年全省农村公路建设持续快速发展】 2010年，全省公路管理部门，紧紧抓住中央加大“三农”支持力度的政策机遇，积极推进农村公路建设、发展和改革，坚持农村公路建、管、养并重的指导思想，实现了全省农村公路快速、健康发展，为促进全省农村经济和社会发展，推进社会主义新农村建设起了积极促进作用。2010年，全省农村公路建设的特点是规模大、进展快，通达和通畅能力大幅度提升，路网结构进一步优化，技术等级进一步提高。2010年，全省农村公路硬化里程9275.5千米，新增通油（水泥）路行政村978个，完成投资额56.8亿元，在通畅工程上，实现所有具备条件的乡镇、建制村通水泥（油）路。乡镇通水泥（油）路的比例从“十五”期末的94.9%提高到“十一五”期末的100%；建制村通水泥（油）路的比例从“十五”期末的45.4%提高到“十一五”期末的100%。“十一五”五年期间，全省农村公路硬化里程58761千米，平均每年硬化里程1.17万千米。

（省公路局县乡公路管理处）

【全省农村公路建设暨改渡建桥现场会在鄱阳县召开】 6月10日，全省农村公路建设暨改渡建桥现场会在上饶市鄱阳县召开。常务副省长凌成兴到会并讲话，省政府副秘书长朱希主持会议，省交通运输厅党委书记程受锭传达全国农村公路建设工作电视电话会议精神，省交通运输厅厅长马志武、省发改委副主任陈一星讲话。上饶市市委副书记、市长董仚生致辞。

上午，凌成兴和与会代表深入鄱阳县昌洲乡、古县渡镇等地，考察鄱阳县农村公路、改渡建桥和社会主义新农村建设。会上，凌成兴对鄱阳县农村公路和改渡建桥工作给予了充分肯定。凌成兴高度评价了去年全省农村公路和改渡建桥的工作成绩。他指出，2009年全省农村公路和改渡建桥工作在四个方面实现重大突破：即农村公路建设实现重大突破，全省完成行政村通水泥路11500千米，连续6年突破1万千米，全省农村公路硬化突破8万千米，总里程突破12万千米，行政村通水泥路（油路）的比率达到94%，行政村通公路的比率达到99%；改渡建桥工作实现重大突破，2009年全省完成改渡建桥117座，累计完成273座，在建351座、长度突破10万延米；争取国家资金支持实现重大突破，去年国家下达江西省农村公路建设专项资金是上年补助资金的2.5倍；农村客运发展实现重大突破。

凌成兴指出，要“坚定一个目标、抓住三个关键”，2010年要全力打好全省行政村村村通水泥路（油路）和621座改渡建桥、消灭800个渡口的攻坚战。“坚定一个目标”，即坚定“圆满完成行政村村村通水泥路和建成621座改渡建桥”这个目标。“抓住三个关键”，即：抓住领导责任这个关键，抓住资金到位这个关键，抓住工程建设这个关键。要严格质量监督，严格资金管理，严格安全监管，确保工程质量，把农村公路和改渡建桥项目建设成为民心工程、满意工程、安全工程、优良工程、廉洁工程。

马志武在讲话中就全省农村公路建设和改渡建桥工作取得的成绩以及抓好当前工程建设的举

措作了详述。

(焦 宣 彭津梁)

【南昌市认真落实2010年农村公路大中修专项资金】 南昌市政府《关于南昌市农村公路管理养护体制改革实施方案》出台后,认真落实2010年农村公路大中修资金,并根据方案中的大中修资金标准测算,结合各县区列养公路的年报里程,2010年度南昌市政府拨出586万元用于全市农村公路大中修工程。南昌市交通运输局同时对各县区申报的拟建项目进行抽查,并开展项目实施的前期工作。南昌市将农村公路大中修资金安排规范化,为确保全市农村公路的路况质量,延长其使用寿命,促进运输安全,具有重要作用。

(王 峰)

【南昌市进里公路改造工程开工】 12月22日,南昌市进贤至三里公路改造工程开工。由于原路面损毁严重,部分路段难以适应经济发展的需要。进贤县委、县政府与南昌公路管理局决定对进里公路进行全面改造。进里公路改造工程为南昌市公路市管路网优化的第六纵主干线,是进贤县通往南昌市的一条重要通道。该路全长48千米,按二级公路标准重建,路基宽12米,路面宽9米,水泥混凝土路面,设计时速80千米,概算总投资为10763万元,其中路基土方工程和征地拆迁投资1927.6万元,由进贤县政府投资并负责完成;路面、涵洞和其他工程投资8835.4万元,由南昌市投资并负责完成。工程预计工期8个月。

(齐万玉)

【南昌市湾里区太平至洗药湖段公路拓宽工程开工】 10月28日,南昌市湾里区旅游环山公路太平至洗药湖段改造拓宽工程开工。该工程起于太平镇,终于洗药湖山庄,全长12.72千米,途经中日友谊林场等地。公路采用三级公路标准,设计行车速度为20千米/小时;其中K0+800~K2+915段路基宽8.5米,路面宽7.5米,其余路段路基宽7.5米,路面宽7米;分别采用沥青混凝土路面和水泥混凝土路面,工程总投资预算4391万元。预计工期8个月。

(杜永平)

【萍乡市农村公路建设促进交通网络化发展】 2010年,省交通运输厅下达萍乡市农村公路改造任务为250千米,至年末,该市完成农村公路改造项目总长为343.6千米,超过计划37.4%。萍乡市现有农村公路5700千米,其中1700千米为“十一五”期间所建。农村公路硬化率已达81.7%,总长为4655千米。全市46个乡镇乡乡通三级以上公路。638个行政村在2008年全部实现通水泥(或油)路,提前两年实现省委、省政府要求的目标,成为全省首批完成“村村通公路”的设区市。至2010年末,该市还改造完成农村公路危桥148座,基本建成渡改桥项目16个。全市场站建设不断完善,建成乡、镇汽车站33个,农村客运候车亭410个。全市二级以上客运站实现封闭式服务管理,进一步改善了广大农村群众的出行条件。萍乡市全力搞好农村公路建设,经多年努力,已初步形成以高速公路、铁路为主通道,国省道干线为主骨架,农村公路为支脉的纵横贯通、方便快捷的城乡交通运输网络。

(陈孝法)

【萍乡市湘东区积极加强农村公路建设】 萍乡市湘东区2010年共完成农村公路水泥混凝土路面110千米,累计完成投资3480万元。一是“向上衔接”网络项目,积极争取资金,完成南部经济干线改造2千米,完成投资280万元;二是“向下延伸”通自然村项目。市下达年初计划36千米,实际完成水泥混凝土路面108千米,累计完成投资3200万元。全区132个行政村的通达状况进一步得到改善,为全区城乡经济的发展,全面建设小康社会提供了畅通、安全、便捷的交通保障。

(黄 丹)

【上栗县农村公路建设取得新成绩】 上栗县交通运输局在农村公路建设中,一是抓住国家千亿工程建设机遇,积极抓好农村公路建设立项申报、计划调整、前期准备等工作;二是对所有在建设项目单位加强业务指导;三是加强质量监督,保证农村公路工程质量;四是做好项目的勘测设计及资料的收集整理归档工作;五是按时检查项目计划的落实情况,并将工程进展情况上报到市交通局和县委、县政府;六是狠抓农村公路建设,实行县、乡、村三级联动,层层落实目标责任,确保任务完成。截至2010年12月,上栗县农村公路国改项目61.1千米全部完成,县至乡公路改造项目完成19.2千米。

(李 俐)

【莲花县积极推进农村公路建设】 2010年,莲花县灵活而有效地利用国家扶持政策,充分发挥国家补助资金的作用,多措并举,继续推进农村公路建设,完成60千米农村公路建设改造任务,在实现100%的行政村通水泥路的基础上,加快推进自然村尤其是新农村建设点的通水泥路进程。其中,投资150多万元建设湖上万盛果业公路、升坊蔬菜基地公路、南岭秦忆蔬菜基地公路,为迎接2011年油菜花节修建了高洲至高滩5千米农村公路。

(莲花县交通运输局)

【萍乡市芦万武旅游公路实现砂石路面通车】 萍乡市于2008年3月启动修建芦溪—万龙山—武功山旅游公路,该项目全长30.84千米,全线设计为二级公路,总投资30893万元。该工程已实现砂石路面通车,其中完成土方工程量99.5%、排水及防护工程量90%,长1293米的隧道已全部贯通。芦万武旅游公路是武功山旅游综合开发的重中之重,对于开发公路两侧农家宾馆带、武功山峡谷体育运动休闲区、万龙山温泉养生度假区,打造中国道教养生第一山有重要作用。几年来,景区基础设施建设投入近4亿元,接待旅客65万人次,旅游总收入3亿元。芦万武旅游公路的建成,使得武功山成为赣西旅游的响亮品牌。

(李襟远)

【九江县港湖大道工程竣工】 九江县港湖大道工程竣工。该项目是贯通港口至赤湖产业区实现镇区互动的重要通道,也是九江码头快速通道的挂线工程。工程全长4.2千米,按一级公路标准修建,路基宽21.5米,全线中桥一座,长26米,桥涵设计荷载为公路1级,该项目总投资3080万元,由九江市公路分局组织施工。

(省公路局)

【新余市渝水区2010年公路建设取得新成绩】 2010年,新余市渝水区交通运输局采取有力措施,加强公路建设,取得新成绩,完成区属公路2条,积极推进在建公路3条。已建成通车的公路为:(1)创业大道,该路是沪瑞高速公路通向市内的连接线,全长5.33千米,总投资1.5亿元。其中南段1.26千米为双向四车道,路基宽36米,北段4.07千米为双向六车道,路面宽45.5千米。(2)百丈峰景区旅游公路,全长4.694千米,总投资3742万元。路面结构为沥青混凝土,路宽10.5米~14.5米。在建公路3条:(1)霞江大道,全长4.14千米,计划投资1亿元,已完成投资6500万元;(2)世纪路,全长2.45千米,概算总投资2400万元,已完成投资1600万元;(3)创新路,全长1.077千米、概算总投资1200万元,已完成投资350万元。

(王志勇 赖 俊)

【新余市全面完成农村公路建设计划】 根据省发改委、省交通运输厅批复,新余市2010年度国家农村公路改造项目计划为96.2千米,至年末,该市已全面完成96.2千米农村公路的建设任务。新年伊始,新余市交通运输局抓紧进行部署,首先是落实责任制,把公路建设任务落实到县、区,要求主要领导负全责,分管领导担职责,层层落实,层层担责。二是制定详细的工程建设计划,狠抓科学管理,对各个公路建设公司的施工过程全面监督检查,从路基建设开始,一步一步落实。对确有实际困难的建设单位,及时协调,帮助解决问题。三是集中精力抓好下半年会战工作。要求各单位认真贯彻落实新余市政府9月1日召开的全市交通建设调度会议精神,决战120天。施工单位实行三班作业,牢牢抓住控制性工程不放。

(王 瑶)

【新余市渝水区欧新线公路和白万公路改建工程竣工】 10月,新余市渝水区境内的县道欧新线(K0+000~K14+258)公路改建工程竣工。该线按二级平原微丘线型标准进行改建,全长14.258千米,总投资9400万元。该区白万线公路改建工程也同时竣工。该线按二级平原微丘线型标准进行改建,全长10.594千米,总投资2084万元。

(省公路局)

【分宜县积极推进县属公路建设】 2010年,分宜县交通运输局认真贯彻落实省、市领导关于加强农村公路建设的指示精神,加强科学管理,落实责任制,积极推进县属公路建设,取得较好成绩。(1)湖泽至分宜二级公路建设工程于2009年10月开工,按照二级公路标准设计,路基宽12米,路面宽9米,全长7.2千米,总投资2600万元。至2010年末,路基土石方已完成。路面垫层已完成80%,并完成500米的水泥路面,500米的水稳基层,铁路立交桥已完成两侧桥墩建设。(2)江锂大道延伸段公路建设工程,于2009年9月开工,项目总投资430万元,全长1.178千米,按照城市次干道等级设计,路基宽24米,路面宽18米,双向4车道。至2010年末,路基土石方工程已全部完成,垫层铺设完成60%,管线搬迁工作正在进行当中,完成30%。

(辛　鹏)

【鹰潭市农村公路建设工作实现"三突破"】 2010年,鹰潭市交通局认真贯彻落实省、市领导部门关于加强农村公路建设的指示精神,抢抓机遇,科学规划,严格管理,取得显著成绩,实现三突破:一是农村公路建设势头强劲,完成农村公路建设572.4千米,完成投资1.49亿元。农村公路硬化2220千米,行政村通达率达到100%,通畅率达到100%。二是农村改渡建桥项目续建8座。至2010年12月末,累计完工改渡建桥项目17座。三是城乡客运大为改观,一年更新客运车辆突破400辆。农村路、站、运建设协调发展,新建乡镇客运站18个,累计达29个;农村候车亭100个,累计450个。鹰潭、龙虎山城际公交顺利开通,城际客运公交化、城乡客运网络化改革迈出了扎实的步伐。

(鹰潭市交通局行办)

【赣州市县道信池线油山至池江段公路开工】 10月1日,赣州市县道信(丰)池(江)线油山至池江段公路开工。该路线起点为信丰县油山镇,终点为大余县池江镇,全长24.614千米。按四级公路标准进行改造,行车速度为20千米/小时,其中K25+886.43~K34+423.65段及K43+640.3~K50+500段为沥青表处路面,K49+122.84~K50+500为水泥混凝土路面,路基宽6.5米,路面宽6米;越岭路段K34+423.65~K43+640.3段为水泥混凝土路面,路基宽6米,路面宽5米。

(杨河良)

【崇义县设法为公路建设巧筹资】 7月1日,耗资1.56亿元的崇义县城至龙勾公路竣工通车,崇义县城绕城公路建设也即将完工……一项项重大公路建设工程的大量资金从何而来?2009年以来,该县通过市场运作,成功采用BT模式融资近3亿元,对县城干线公路全面进行改造。崇义县城至龙勾公路的通车,不仅可缩短近一个小时的车程,还可成为崇义连接南康的快捷通道。同时,该县通过科学的编制规划,将过埠、铅厂、长龙等乡镇纳入次城区建设,全面完善和扩充主城区和次城区公交线路,着力构建"县域内1小时经济圈",形成交通便捷、经济繁荣的城乡经济社会一体化格局。如今,该县融入"县域内1小时经济圈"的乡镇达到10个,占该县所有乡镇的63%。

(杨河良)

【于都齐善爱心路竣工通车】 10月21日,于都县岭背镇山田村齐善爱心路竣工通车。山田村有常住农业人口219户1213人,山林面积549公顷,其中毛竹面积19公顷,山茶面积67公顷,相对滞后的交通条件给当地村民的出行及生活带来极大的不便。深圳齐善食品有限公司负责人得知这一情况后,决定捐资30万元帮助山田村修路。深圳齐善食品有限公司此次在岭背山田村捐建的"齐善爱心路",是该公司在赣州捐建的第一个、也是在江西捐建的第二个慈善项目。

(杨河良)

【于都县林丰村路畅景象新】 于都县林丰村过去由于交通不便,山高坡陡,群众出行困难,严重制约了该村的经济社会的发展。特别是每到春节前,住在山村的农民要提前半个月时间到几十里外的圩镇购置年货。近年来,当地交通运输部门和政府一直为改变该村落后的交通状况而努力。2008年通过争取上级支持,加上群众投工投劳,修通了4.8千米的通村公路。2010年,又利用新农村建设的机遇,通过政府补一点、民间捐一点、自己出一点的办法,修通了全村7个村小组的通组路。路畅带来商贸兴,以前无人问津的冬笋、红薯干等山货如今成了城里人的绿色食品,被订购一空,价格也由过去几元钱一斤涨到了十多元一斤,依靠种养副业,许多村民从此脱贫致富。

(杨河良)

【吉安市保质保量全面完成2010年通村水泥路建设任务】 2010年吉安市通行政村农村公路项目1128.1千米，计划通水泥路行政村个数245个。到年末，全市除少数待移民安置的自然村外，其余项目全部完成，245个行政村100%通水泥路。农村公路建设工程质量，事关农民和群众的切身利益，事关党和政府的形象。吉安市全力抓好以下三项工作以确保工程建设质量。一是落实质量责任制，健全质量保证体系。对工程设计、施工组织、工程材料、检测验收、质保体系和安全管理等工程建设的各个环节，做到有效监控，不留盲点。二是严格按规范施工。通村水泥路建设项目，必须严格按设计施工，特别要确保路基、路面施工质量。三是加强工程质量检测。所有的项目都要严格质量检测，特别是隐蔽工程，必须经过检测机构检测合格，并经监理签字认可方可转入下一道工序，确保工程不留隐患。

（刘文权）

【遂川县行政村通村硬化路达100%】 2010年，是遂川县开展通行政村硬化路建设的攻坚年，到12月末，全县完成通村公路水泥路建设项目37个、164.4千米，其中：通村公路项目27个、153.1千米，解决32个行政村通畅问题；通组项目6个、7.3千米；2009年通达项目4个、4千米；共完成投资4374万元，实现100%的行政村通硬化路。

（遂川县交通运输局）

【吉州区交通基础设施建设全面完成目标任务】 2010年，吉安市吉州区县通乡公路共2条11.3千米，通村水泥路改造项目9个，计19.4千米，以及计划外提前实施的农村公路项目共27个，26千米，均已全面完工。已全面完成省委、省政府下达的“100%的行政村通水泥路”的目标任务。

（吉州区交通运输局）

【安福县行政村水泥路计划建设目标全部实现】 2010年，安福县全面贯彻落实吉安市党委、政府和上级交通部门的决策部署，推动全县交通基础设施建设快速、协调发展，服务社会经济，确保“十一五”规划建设任务圆满完成。2010年，全县农村公路建设计划责任项目为52个，计划建设里程242.8千米，新增通水泥路行政村46个。8月末，52个农村公路建设项目在规定期限内的开工率达100%。全年实际完成建设里程252.8千米，累计完成农村公路建设投资7078万元。实现了“十一五”期末100%行政村通水泥路的奋斗目标。

（安福县交通运输局）

【吉安县全面完成行政村通畅工程建设任务】 为实现“十一五”期间全县315个行政村100%通水泥（油）路这一目标任务，吉安县全力推进行政村通畅工程，并采取措施扎实打好2010年农村公路建设攻坚战：一是提前完成项目动员工作，2009年就派员深入项目所在地乡村，在做好调查摸底工作的前提下完成了勘测设计工作；二是保重点、克难点，对于3千米以上的项目，特别是偏远山区，受益人口少的公路采取倾斜政策，通过“多个一点”筹措配套资金，优先给予技术支持，批准提前动工建设；三是严格责任分工，采取“领导分片，技术人员挂路”的方式，安排人员做好服务、监督和协调工作；四是县财政担保从水泥厂赊购建设用水泥，从而缓解资金紧张和到位滞后的矛盾，为项目施工提供良好条件。全年计划完成112个行政村的通畅工程，已全面完成。

（宋嗣松）

【泰和县县乡公路建设成绩喜人】 2010年，泰和县完成通村水泥路建设196.7千米，占年计划的100%，新增38个行政村通水泥路。到2010年末，全县公路通车总里程达2124千米，公路网密度为79.71千米/百平方千米，实现了100%乡镇通水泥路，100%行政村通水泥路。

（泰和县交通运输局）

【宜春市加快农村公路水泥路建设】 2010年宜春市农村公路建设取得巨大成绩，农村公路通车总里程由“十五”末的18500千米增长至28500千米，是“十五”期末的1.54倍；全市2532个行政村实现100%通水泥路；行政村通客班车通达率达到82.5%；农村公路绿化达到62%，其中县道绿化率达87%。该市主要措施为：一是思想上高度重视。宜春市委、市政府把加快“村村通水泥路”作为促进农村经济发展的民心工程、民生工程来抓实抓好。每年都召开一次建设现场会，利用典型引路,并严格考核计划执行情况,兑现奖惩。二是政策上持续扶持。从2006年开始,凡列入当年国家农村公路建设计划的项目,经各级组织验收后,按规定标准给予补助。三是实现农村公路建设主体的转变,全民参与建设的积极性空前高涨。若要富、先修路的观念进一步深入民心,群众要求修好路、走好路的积极性很高。至12月末,全市已完工尚未列上建设计划的公路项目里程已近2000千米。四是管理上严格把关,努力确保农村公路建设质量。通过严把施工队伍招投标准入关、原材料进场检测关、施工现场管理关和交(竣)工验收关,检验项目合格率达到95%以上。农村交通条件的改善,大大提高了农民生活质量,推动了乡村文明建设,同时也加快了全市城市化、农业产业化的进程。

(严敬民)

【宜春市袁州区2010年农村公路计划全面完成】 2010年,宜春市袁州区交通运输局根据区人民政府和市交通运输局的统一部署,为进一步改善农村交通路网,按照"路、运、站"一体化发展思路,切实抓好交通基础设施建设工作。全年新建农村公路项目70个,完成路面硬化141.3千米,占计划的100%;完成工程总投资8207.5万元。袁州区交通运输局严格把关,坚持在确保工程质量的前提下加快建设速度。

(刘良生)

【上高县农村公路建设稳步推进】 2010年,上高县交通运输局为加快农村公路建设,确保实现"村村通"目标任务,至12月末完成公路建设项目39个,水泥路102.5千米,新增通水泥路村委会6个,交通运输局管养公路通畅率100%,全年完成投资3732.5万元。做到进度快、质量高、效益好,主要做法是:①严格招投标制度。②严格质量监管。③加强现场督查。

(潘泓羽)

【奉新县农村水泥公路建设实现村村通】 2010年,奉新完成52个项目计181.3千米的农村公路建设,其中一般农村公路改造项目49个计155.6千米,县通乡项目3个、25.8千米。奉新农村公路建设工作迈上一个新台阶,全面实现村村通水泥路的目标。这是该县经过多年努力的结果。

(魏振宇)

【靖安县顺利完成农村公路建设计划】 靖安县为确保农村公路建设的快速健康发展,采取"上级扶持、地方补助、受益群众适当投入、包扶单位支持"等政策优惠补偿措施,加大政府投入力度,为建设农村小康社会创造良好的交通基础条件。2010年该县新增13个行政村通水泥路,建设完成农村水泥路50.5千米,实现100%行政村通水泥路。全县通水泥路的行政村数累计已达到120个,行政村道路硬化率达到100%。全面实现省政府提出的在"十一五"期末达到村村通水泥路的目标任务。

(刘 斌)

【铜鼓县全力推进农村公路建设】 2010年,铜鼓县农村公路改造项目5个,建设里程54.3千米。为按时完成省委、省政府提出的2010年全省行政村全部完成水泥路任务的目标,县交通运输局创新工作思路,建立配套机制,抓开工、抓管理、抓进度、抓质量、抓落实,全力推进农村公路建设。至12月末,全县农村公路建设任务全面完成,实现农村水泥公路"村村通"的目标。

(丁科武 金小明)

【宜丰县按时完成公路工程建设任务】 2010年,宜丰县交通运输局将农村公路建设和渡改桥项目建设作为事关全县经济发展的大事和人民群众切身利益的实事来抓,自始至终把改渡建桥和农村公路建设摆上重中之重的位置,全力以赴打好农村公路建设和改渡建桥两个攻坚战,凝聚各方力量,精心组织、周密安排,按时完成农村公路工程建设任务,建成农村公路9条55千米,新增8个行政村通水泥路,圆满完成村村通计划,完成省交通运输厅下达的县至乡公路改造任务3条7.6千米,占市局下达计划的100%,并完成渡改桥6座,完成计划的100%。

(漆志勇)

【万载县进一步完善县通乡、村村通项目建设】 2010年,万载县紧紧抓住机遇,进一步完善县通乡、村村通及农村改渡建桥项目建设。该县2010

年公路建设计划112.2千米,计划投资3137.8万元,通水泥(油)路行政村12个。在全局人员的共同努力下,至12月,这3项任务已全面完成。该县主要措施是实行项目资金“两个优先”原则,即:优先确保今年开工项目资金,优先照顾质量好、进度快的施工队伍。

(梁益海)

【高安市农村公路建设任务全部完成】 2010年,高安市完成农村公路建设项目59个,合计125.8千米。为切实做好2010年度全市农村公路工程建设工作,高安市交通运输局组织工程技术人员提前对即将改造的项目进行勘测设计,做到早安排、早部署、早落实;实行主要领导亲自抓,分管领导具体抓的工作机制,明确每一个工程项目的时间表和具体责任人,抢抓黄金季节,实行倒排工期,进行周调度、周部署,重点项目下发督办单,明确督办领导和责任人,明确完成时限,确保工程进度快速有序推进。至12末,高安市311个行政村全部实现通水泥路(油)路的目标。

(席志军)

【丰城市全面完成农村水泥公路建设任务】 2010年,丰城市交通运输局精心组织、科学管理、强化监督,全面完成2010年度的农村公路建设任务,新建水泥公路23条、36.9千米,完成村村通油(水泥)路的目标。全市通水泥路的行政村517个,占行政村总数的100%。主要做法是:一是加强领导,明确职责。二是树立典型,推动全市。三是精心组织,提升管理水平。

(裴爱国)

【抚州市行政村全部修通水泥路】 抚州市全力加快农村公路建设步伐,2010年全市完成投资2.4亿元,新建农村水泥公路1007千米,行政村水泥公路通达率达100%。①为加快农村公路建设,抚州市积极向上争项目,并强化资金调度。各县区在用好用足上级政策的同时,加大资金筹措力度,确保建设资 金到位。乡村采取社会捐资、村民自筹方式,确保了农村公路建设资金。②强化督察调度,切实落实责任主体的管理责任。每一条路、每一座桥都建立工程进度台账,10天通报一次进度,一月一调度。③为了保证工程质量,每个项目都实行项目法人责任制、招投标制、工程合同管理制和工程质量监理制,做到路基结实、路面平整、排水畅通、安全防护设施齐全。④按照“属地管理、分级负责”的原则,完善养护管理机制,有效地提高了农村公路通行能力和服务年限。

(陈根玲)

【南城县提前实现100%行政村通水泥路】 5月末,南城县浔溪至高岭村和城上线至骆家塘村两个通行政村水泥路的胜利竣工,标志着该县12个乡(镇)、150个行政村全部通上了水泥路,在全市率先实现了100%的行政村通水泥路,提前完成了省政府提出的到2010年末村村通水泥路目标。。“十一五”期间,该县共新建农村水泥路337.9千米,新增通水泥路通行政村61个,全县水泥路通达里程达680余千米,占公路通车里程的50%。

(南城县交通运输局　陈根玲)

【黎川县大力实施农村公路“村村通”工程】 2006年以来,该县抓住国家加快新农村建设的契机,把农村公路建设作为改善广大农民群众生产生活环境的“民心工程”来抓,加强宣传、齐抓共管,多方筹措资金,确保工程质量。截至2010年,该县投入资金1.6亿元,完成水泥(油)路面建设528.18千米,通村率达到100%,全面完成了“村村通”目标任务。该县主要做法是:①加强宣传,齐抓共管。②突破瓶颈,多方筹措资金。③严格质量管理,全力打造精品工程。该县推行项目法人责任制、招投标制等各种制度,对工程勘察设计、资金审验、工程监理等各个环节全程监控,并组织“三老”(老党员、老干部、老村民)参与工程质量管理。

(陈根玲)

【金溪双塘镇一年修通6条乡村公路】 12月20日,金溪县双塘镇官边公路开始通车。至此,双塘镇2010年新修的6条乡村公路(总长20.3千米)全部竣工,公路沿线的13个村庄600多户农民喜上眉梢,农副产品销售从此畅通无阻。长期以来,该镇由于道路不通,农副产品销售十分困难。为改变这一状况,该镇加大跑项目争资金力度,先后向上级有关部门争取到资金431万元,全部用于乡村公路建设。此外,通过财政扶持,群众集资等方式,筹措配套资金153万元。在修建乡村公路期间,该镇群众纷纷加入修路队伍,当起义务修路工。

(陈根玲)

【南城县海拔最高的行政村通了水泥路】 南城县高岭村是全县海拔最高的行政村,其海拔高度达到607米。该村原有公路全长4.5千米,由于地处山区,不仅山高坡陡弯多,而且为沙石路面,改造所需资金巨大。为使当地群众走上通畅的水泥路,2009年,南城县交通局把该路线列入国家农村公路改造工程计划,由高岭村负责实施,按四级路标准设计,项目总投资140万元。该工程于2009年12月开工,2010年5月全线竣工。该项目的完成,标志着南城县100%的通行政村公路实现了硬化,提前完成了省政府下达的村村通水泥路目标。

(南城县交通运输局)

【六旬党员捐款1.6万元修村路】 金溪县合市镇财政所六旬老党员周老仔,将自己平时省吃俭用积攒下来的16000元全部捐给该镇合市村乌石村小组修建通村水泥路。此事在合市镇一带传为佳话。在周老仔的带动下,合市镇党员干部和乌石村村民们纷纷慷慨解囊,踊跃奉献爱心,你一百我二百,涓涓细流终成江河。截至2010年6月,该镇共募集社会资金120余万元,兴修了16条通村小组水泥公路,通车里程达27.8千米。至年末,合市镇"组组通"水泥路,通达率达100%,全县"村村通"工程圆满完成,有效缓解了农民行路难的问题。

(抚州市交通局史志办)

【30个手印摁出一条水泥路】 1月17日,抚州市临川区湖南乡最偏远的一个小村庄——梅岗村蔡李村小组沸腾起来了,村民们以各种方式欢庆通向外界的水泥路竣工。蔡李村是湖南乡最偏远的一个自然村,距通乡公路还有1.6千米山路,阻碍了村民与外界的交流。该村村民蔡浪清与村里蔡有发、李善昌等5名党员一道,召集全村人开会,商讨修路大事。会上,全村30户,家家都同意修路。一份修路协议书上,便留下30个手印。会上,大家还一致推举蔡浪清为修路监督理事会会长。蔡浪清卖掉家里仅有的一头大水牛,将全部所得6000元垫进去了;2008年末,蔡浪清与蔡有发又用1万元从一家倒闭的石料厂购买了1600多立方米统料,别人出价5万元,他们都没卖,村里修路时,他们仅以原价卖给村里作路基垫层;蔡有发以个人名义在农行贷款2万元,全部用于购买修路物资。在他们的带动下,该村在外能人志士及村民们纷纷慷慨解囊;蔡前昌捐款8700元,蔡禄清捐款5000元,蔡小灵捐款2000元……修路开始后,蔡浪清像钉子一样钉在路上,他勤奋劳作,严格把关。经过全村人20多个日日夜夜的辛苦努力,一条平整的水泥通村路终于修好了。

(抚州市交通局史志办)

【抚州境内县道王金线金溪段路面改善工程完工】 3月30日,抚州境内县道王金线金溪段路面改善工程完工。王金线起点位于东乡县王桥镇,终于金溪县与206国道交会处,是金溪县至东乡县唯一一条公路,也是金溪县对外主要通道之一。该路面改善工程总投资641.76万元,按平原微丘三级公路标准建设,路基宽7米,水泥路面宽6.5米,设计行车速度30千米/小时。

(省公路局)

【上饶市农村公路建设步伐加快】 2010年,上饶市交通运输局加大农村公路和渡改桥建设的力度,取得明显成绩,2010年上级给该市下达的农村公路建设计划1048.89千米,全部完成。全市共有2672个行政村,已全部通油(水泥)路,通畅率达100%。

2010年,上饶市政府认真贯彻落实省委、省政府关于全力抓好农村公路建设的指示精神,加强领导,科学安排,周密组织,强化监督。8月4日,上饶市政府又专门召开农村公路、渡改桥建设工作会议。会议通报了全市农村公路、渡改桥建设进展情况。会议要求,要不讲条件、不讲困难,坚定不移地完成农村公路、渡改桥和县通乡公路的建设任务。要求进一步强化工程管理:(一)狠抓工程进度。对没有完成今年建设目标任务的县、区),暂停审批其明年的交通项目;(二)狠抓工程质量;(三)狠抓工程安全;(四)狠抓工程廉洁。会议为抓好全年后期农村公路建设工作起了关键作用。

（陈均培　方　扬　章定成）

公路桥梁建设

【概况】 2010年，全省公路桥梁累计23395座，1032237.31延米，共计有永久性桥梁21374座，988882.36延米，永久化程度91.36%。其中：特大桥37座，65835.54延米；大桥1975座，440108.83延米；中桥5630座，296944.85延米；小桥15753座，229348.09延米。2010年度新建桥梁626座，129220.8延米。各设区市公路局管养的桥梁4634座，202537.77延米（危桥325座，18498.02延米），其中永久性桥梁4630座，202430.72延米，永久化程度99.95%；设区市交通局管养的桥梁16499座，501727.31延米，其中永久性桥梁14482座，458479.41延米，永久性程度87.4%。

（省公路局）

【2010年全省农村渡口改渡建桥工作取得好成绩】 全省各级政府和交通运输部门认真贯彻落实省政府关于加强农村改渡建桥工作指示精神，切实把改渡建桥作为重大民生工程来抓，全力打好改渡建桥的攻坚战。在工作中形成高位推动的领导机制、责任明确的落实机制、政府为主的投入机制、奖励优惠的鼓励机制；建立"市长抓调度、县长负总责，一桥一领导，一桥一技术干部，一桥一督导"的工作制度，强化前期监管、进度监管、资金监管、质量监管和安全监管，在时间紧、任务重、自然灾害频发的情况下，截至2010年12月末，基本实现"十一五"期间全省农村渡口改渡建桥建设目标，全省621座渡改桥主体工程总体完成。在2010年一年时间内就完成改渡建桥305座计68246延米，完成投资额22.24亿元。

（省公路局县乡公路管理处）

【省政府领导考察瑶湖大桥扩建工程】 2月22日，常务副省长凌成兴在省政府副秘书长朱希、省交通运输厅厅长马志武、省重点办主任王前虎、省交通运输厅总工程师胡钊芳、南昌市副市长刘家富、省高速集团总经理、省高管局局长谢来发等陪同下，先后深入瑶湖大桥扩建及麻丘互通立交工程、前湖互通立交新建工程施工现场，实地察看项目建设进展情况，看望慰问奋战在一线的施工人员，并主持召开座谈会协调解决施工中遇到的难题。南昌市市长胡宪及相关县区、市直部门的有关负责人参加了座谈会。

座谈会上，在听取工程相关单位关于项目进展、存在的困难等情况汇报后，凌成兴对工程建设总体情况以及地方政府、省直有关部门付出的艰苦努力予以充分肯定。他指出，在瑶湖大桥扩建及麻丘互通工程、前湖互通新建工程中，各有关单位和地方政府通力协作、紧密协调，有力地推动了工程的顺利实施，充分体现了"三个进展快"，即规划设计进展快、征地拆迁进展快、施工组织进展快。

凌成兴强调，在下一步的工程建设过程中，各单位一是要落实纪要责任，地方政府要落实好工程的征地拆迁责任，省交通运输厅要落实好工程的建设任务；要及时拨付项目建设资金，确保工程的顺利实施；要精心设计、精心实施，完成好互通和道路的绿化工程。二是要完成拆迁扫尾，依法依规协调处理好征地补偿问题。三是要确保9月竣工，要加强"人、机、料"的投入，展开"短、平、快"施工，加快工程施工进度；以崭新的形象迎接中博会的召开。

瑶湖大桥扩建及麻丘互通立交工程2010年元月31日正式开工，征地拆迁工作进展顺利，全线便道填筑完成一半以上，红线内清表完成接近一半，实现了工程建设的良好开局；前湖互通立交新建工程2009年10月28日开工以来，目前路基土石方已基本完成，涵洞通道已基本完成，路面黑、白站场地建设已全面完成，底基层及基层备料完成一半左右，面层备料已经开始。

（陶光辉　叶青山　吴建刚　欧阳龙）

【省交通运输厅主要领导察看九江新长江大桥建设工程】 4月24日,省交通运输厅厅长马志武在省高速集团公司总经理、省高管局局长谢来发,九江市副市长廖凯波及厅有关部门负责人的陪同下,深入九江新长江大桥一线察看项目建设情况,并在项目办主持召开座谈会。

马志武重点察看了正在紧张施工的南北主塔桩基和赛湖特大桥。座谈会上,在听取项目建设情况及安全防汛措施汇报后,马志武对九江新长江大桥施工现场管理和安全度汛的各项措施予以充分肯定,他指出,九江新长江大桥是世界级桥梁,社会影响力大,参建各方要严格按施工组织计划实施,抢抓时间节点,进一步加强现场管理,打好攻坚战,尤其要做好以下四项工作:一是抓安全,目前项目建设安全形势良好,但长江主汛期即将来临,安全防汛工作切不可掉以轻心,主塔施工安全要每天一调度,时刻敲警钟,层层落实责任,同时加强与地方政府及水利、海事部门的沟通协调,全力以赴确保防汛安全不出任何问题;二是抓进度,要在确保安全质量的前提下尽可能地加快工程进度;三是抓质量,多咨询权威专家的意见,多学习江苏的大桥管理长处,注意总结经验,尽量少走弯路;四是抓房建设计,要具前瞻性、科学性,塑造江西"北大门"新形象。

(曾　晨)

【交通运输部副部长翁孟勇视察瑶湖大桥扩建项目】 7月1日,交通运输部副部长翁孟勇在省交通运输厅厅长马志武、副厅长许润龙,省高速集团总经理、省高管局局长谢来发等陪同下,视察建设中的瑶湖大桥扩建项目。

在听取省交通运输厅、项目办和施工现场负责人关于项目建设的情况汇报后,翁孟勇要求省交通运输厅和项目办高度关注工程质量控制情况,一定要将项目建设成为优良工程;要高度关注安全生产管理工作,一定要将参建人员的安全放在第一位;要高度关注工程进度情况,妥善解决进度与质量控制的问题,实现经济效益和社会效益的有机统一。

(德　宣)

【省人大财经委专题调研渡改桥工程实施情况】 10月9~12日,由省人大财经委主任委员黄素英、副主任委员胡柏龄带队的省人大财经委调研组一行4人,在省交通运输厅厅长马志武,省交通运输厅党委委员、省公路局局长曹先扬和各市相关领导和部门负责人的陪同下,对全省农村渡口改渡建桥工作情况进行专题调研。

调研组先后到萍乡、吉安、抚州、景德镇等地,深入实地考察正在建设中的和已经建成通车的江口大桥、江边大桥、曲濑大桥、浒湾大桥、官庄大桥。并分别召开座谈会,听取各设区市渡改桥工程实施的基本情况汇报。

汇报会上,黄素英指出,渡改桥项目实施力度大、进展快、质量优,体现了省交通运输厅和各市委、市政府千方百计为民办实事、好事的决心。同时有三条经验值得肯定,一是在发展定位上高起点,改渡建桥项目体现的是牢固树立以人为本、为民服务的思想,追求的是城市和乡村自然和谐的发展;三年建成621座渡改桥,不仅为现在也为今后几十年的经济发展奠定了基础。二是在项目建设上下工夫,确保工程优质高效。三是在改善民生上见成效,有效促进当地"三农"发展。621座桥建好了,真正为老百姓办了一件大实事,体现了省交通运输厅和各设区市对江西崛起、富民兴赣的高度负责。

马志武等厅领导还就工程实施中存在的主要困难和问题进行了现场办公。厅基建处、规划处、质监站和省公路局有关部门领导陪同调研。

(周　玮)

【省人大常委会领导视察渡改桥建设项目】 11月16日,省人大常委会党组副书记、副主任蒋如铭,副主任魏小琴、陈安众,秘书长程水凤等一行来到南昌县,先后察看了已建成通车的向塘镇雄田大桥及正在施工建设的黄马乡东文大桥、三江镇秀挹大桥,并召开座谈会。常务副省长凌成兴、省政府副秘书长朱希一同视察,省交通运输厅厅长马志武出席会议。

座谈会上,在听取项目建设单位情况介绍和全省渡改桥实施情况汇报后,魏小琴作了讲话。她表示,全省渡改桥建设取得的成绩是显著的,充分体现了各级党委、政府对渡改桥建设的高度重视,充分体现了各级交通公路部门迎难而上、真抓实干的工作作风,充分体现了广大建设者艰苦奋斗、拼搏奉献的可贵精神。魏小琴要求,一是要加速推进项目建设进度，确保渡改桥建设目标任务基本完成。二是进一步加强工程监管，确保渡改桥工程质量优质。要认真落实政府监督职责，加强项目建设质量的监督管理，努力将每一座大桥都建成人民群众满意的“放心桥”。三是要加强养护管理，确保桥梁功能作用得到有效发挥。

马志武表示，今年是“十一五”规划的收关之年，也是交通运输部门全面完成省委、省政府确定的“到2010年底全省实现村村通水泥路油路，新建621座桥梁、撤销800个农村渡口”任务的决胜之年，全省交通运输系统将充分利用好今年最后一个半月的时间，千方百计打赢这场攻坚战。

（雷声猛）

【省厅领导带队赴各地督导检查改渡建桥工作】 12月初，省交通运输厅党委书记程受锭、厅长马志武、副厅长许润龙、副厅长邓经国、厅党委委员曹先扬、厅总工程师胡钊芳分别带队，组织5个检查组赴全省各地，开展农村渡口改渡建桥建设项目督导检查。督导检查范围为全省2010年度改渡建桥目标任务，即351个渡改桥项目，重点实地察看了工程进度滞后的53座改渡建桥项目建设进展情况。督查工作采取听取设区市的工作汇报和到建设任务重、工程进度滞后的县(市、区)实地查看施工现场相结合的方式。通过督查，准确掌握了10个设区市的渡改桥项目建设进展情况及当前存在的主要问题和困难。2010年全省改渡建桥目标任务数为351座，截至11月30日，全省已完成73座，撤销82个渡口。督查发现，目前进度滞后的53个项目大都为大中桥，施工工艺要求高，施工难度大，部分项目工程地质条件复杂，加上开工时间较晚且受今年汛期全省降雨增多影响及下半年建筑材料(钢材、水泥等)大幅涨价影响，督查组提出了加快渡改桥建设的工作措施和建议，一是增强责任意识，落实配套资金。二是合理倒排工期，抢抓工程进度。三是强化施工监督，确保工程质量。四是加强项目督导，保证施工安全。

（梁　波　杨辉艳）

【九江长江大桥公路桥管理局不断提升大桥通行能力】 2010年，为提高九江长江大桥公路桥的通行能力，大桥公路桥管理局立足实际，积极改善大桥通行条件，不断提升大桥通行能力。一是投资140多万元将原计重收费设备全部更新为第二代一体化防作弊计重设备，进一步规范称重行为，从而提高车辆通行速度；二是投资180余万元将桥南所临时应急车道改造扩建为2个标准车道，桥北所增设1个应急车道、改造1个标准车道，使大桥交通条件进一步完善；三是投资80万元对桥北所6、7、8、9收费车道路面进行翻新改造，累计改造路面2620多平方米，收费车道通行条件得到明显改善，通行能力明显提高。

（张曙光）

【南昌瑶湖大桥扩建及麻丘互通立交工程竣工】 9月19日，省重点工程项目——南昌市瑶湖大桥扩建及麻丘互通立交工程竣工，省长吴新雄出席典礼并宣布大桥竣工通车，省委常委、南昌市委书记余欣荣，省委常委、常务副省长凌成兴等有关领导出席竣工仪式。仪式由省政府副秘书长朱希主持，省交通运输厅厅长马志武、南昌市政府代市长陈俊卿讲话，德昌项目办有关负责人介绍了瑶湖大桥扩建项目建设基本情况。

庆典仪式开始前，吴新雄、余欣荣、凌成兴等省、市领导和项目建设者代表乘车察看了新建成的瑶湖大桥和麻丘互通。

马志武在讲话中指出，瑶湖大桥扩建项目的建设，是省委、省政府的重要决策。该项目的建成，改善了南昌东大门的形象，直接带动了高新产业区、高校园区、瑶湖组团综合产业新城板块的经济社会发展。广大建设者们克服了低温冰冻、高温酷暑和特大洪涝灾害的不利影响，克服了工期短、任务重、沙石材料飞涨、昌万公路车流量大等重重困难，争分夺秒，埋头苦干，顽强拼搏，仅用220天就圆满完成了建设任务，充分展示了广大交通队伍顾全大局、听从指挥、真抓实干的优良传统，创造了全省在复杂交通环境下组织大型交通工程建设的新纪录。马志武要求，全省交通职工要继续发扬江西高速精神，为实现全省科学发展、进位赶超、绿色崛起作出新的更大贡献。

瑶湖大桥扩建项目建设、设计、监理及施工单位代表共300余人参加了竣工通车仪式。

瑶湖大桥长518米，八车道，麻丘互通立交长5.335千米，工程总概算3.85亿元。

（德昌项目办）

【南昌市积极推进农村改渡建桥工程建设】　“十一五”期间,南昌市共有29个改渡建桥项目列入省交通运输厅建设计划,其中2008年前完工4座、2009年完工3座,其余22座已经全面开工建设。南昌市委、市政府十分重视改渡建桥工作,分管领导多次主持改渡建桥调度会,部署改渡建桥工作,并多次至施工现场协调解决改渡建桥工作中出现的问题。2010年,南昌市召开各种形式的调度会、协调会达15次之多。市交通运输局加强项目巡查、进度跟踪和质量监督工作,组织相关工作人员每周至少一次深入一线了解情况、发现问题和解决问题。同时,定期编发改渡建桥工程进度及资金拨付的工作简报,发送至省厅、市、县各级领导,引起各县主要领导对改渡建桥进展和质量的关注,督促项目各相关单位按计划安排落实各环节工作。至年末,全市又有3座完工,其余19座在建设中。

（舒一诺）

【南昌市全面推进农村公路危桥改造工程】　2006年以来,南昌市委、市政府对危桥改造工程高度重视,有关领导对农村公路危桥现场进行考察,多次听取市交通运输局汇报,主持召开相关协调会。经过多方筹措,市政府拨出专项资金1000万元,用于危桥改造的市级补助,并安排国债资金,帮助各县区启动危桥改造工程。市交通运输局组织专家技术人员对农村公路桥梁进行鉴定,最终确定从2010年起启动全市40座急需改造的危桥治理工作,其中,2010年启动改造的危桥共21座。至年末完工5座、已进场施工的2座、正在实施前期工作的14座。

（王　峰）

【景德镇市农村渡口改渡建桥工作进展顺利】　景德镇市“十一五”期间计划改渡建桥项目30个,桥梁总长度达到3100余延米,总投资达12000万元。

2010年,该市已有24座桥梁竣工通车或完成主体工程。为切实加强对改渡建桥工作的领导,景德镇市委、市政府高位推动。一是强化组织领导机制,成立以分管副市长为组长的景德镇市农村渡口改渡建桥工作领导小组,市交通局制定、下发《关于加快景德镇市农村渡口改渡建桥的实施意见》,建立领导小组联席会议制度和改渡建桥月调度制度,认真落实“一桥一领导”机制,乐平市抽调17名县处级干部挂点17个项目,浮梁县由县政府正、副县长带队挂点12个项目。二是强化资金配套机制,全市30个改渡建桥项目共需建设资金12000万元,除上级补助资金近4000万元外,市、县、乡三级共配套资金8200余万元,根据项目开工及工程进度拨付到位。三是强化建设管理机制,通过明确建设责任主体、培训管理和技术骨干、实行一月一调度、加强现场督察检查、下发《督查通知单》、利用《简报》通报工作进度、强化建设管理等措施促进项目的顺利实施。

（徐小明）

【萍乡市渡改桥建设任务基本完成】　“十一五”期间,萍乡市交通运输局坚持以服务民生为己任,全力推进改渡建桥建设工程。该市列入全省计划项目共16个,总投资8578万元。为切实加强渡改桥工作,萍乡市交通运输局实行渡改桥项目“一桥一领导,一桥一技术干部,一桥一督导”工作制度,实现了16个渡改桥项目主体工程基本完成的目标,受到萍乡市委、市政府和省交通运输厅的充分肯定,获得人民群众尤其是农村群众的普遍赞誉,有力地促进了农村经济社会的发展和农村群众出行条件的改善。

（陈孝法）

【九江星子县神灵湖大桥建成】　神灵湖大桥全长486米,设计技术标准为公路Ⅱ级,桥面净宽12米+2×2米人行道。全桥采用橡胶支座。上部构造采用16米×30米装配式部分预应力混凝土连续箱梁,下部构造采用肋式桥台钻孔灌注桩基础。2008年8月18日经省公路局批准,该桥经费2634万元,由江西赣北公司勘察设计院设计,中国第四冶金工程公司负责组织施工,工程于2009年1月15日开工,2010年12月建成。

（赵紫宏）

【新余市改渡建桥工作取得好成绩】　新余市列入省交通运输厅改渡建桥项目15座,至2010年末,已完工11座、基本完工4座。全市现有乡镇渡口39个,通过15个改渡建桥项目的完成,全市可撤销渡口36个,这对于加快新农村建设、促进农村经济社会快速发展,加快城乡一体化进程,消除乡镇渡口安全事故隐患起到重要作用。新余市交通运输局认真贯彻落实新余市政府关于做好改渡建桥工作的指示精神,全力抓好改渡建桥工作。一是加大宣传,提高认识。该局积极做好宣传工作,提高职工对改渡建桥工作重要意义的认识,把它作为一项民生工程、幸福工程来对待,以提高大家工作的积极性;二是加强现场管理,积极推进工程进度。增加工程设备,实施平行作业,打好改渡建桥攻坚战;三是抓好工程建设质量,在加强现场监督的基础上,严把工程质量验收关。

(姜正义)

【鹰潭市改渡建桥取得新成绩】 2010 年,鹰潭市交通运输局把改渡建桥工作作为民生工程、民心工程来抓,采取加强领导、落实责任制、严格现场监督等措施,取得好成绩,2010 年续建项目 8 个,12 月末,已完成 7 个,即信江大桥、梅溪大桥、漕源大桥、八甲大桥、樟槎大桥、姚家大桥和塔洲大桥;另一个潢溪大桥也基本完工。2010 年新开工建设的流口大桥,建设工程进展顺利。"十一五"期间,鹰潭市改渡建桥项目共 29 个,到 2010 年末,已完成 27 个,总长 4955.5 延米,完成总投资 33625.9 万元。

(鹰潭市交通运输局渡管所)

【赣州市改渡建桥工作取得好成绩】 2010 年,赣州市交通运输局把改渡建桥工作作为民生工程、民心工程来抓,采取加强领导、精心组织、科学安排等措施,取得好成绩,全市 64 座渡改桥建设工程,已完成 53 座,其余 11 座正在建设中。为了抓好改渡建桥工作,该局主要做法是:(1)加强领导。按照省政府要求,落实"一桥一领导,一桥一技术干部"的领导责任制,明确分工,一抓到底。(2)精心组织,加强管理。各县区均设立改渡建桥专职机构,定期召开协调会,检查督促工程进度,协调解决存在困难。(3)加强质量监督,确保工程质量。加强施工现场监督,要求施工严格按规范进行。(4)鼓励先进,督促后进。采取典型引路方法,鼓励县区积极做好渡改桥工作。会昌县渡改桥建设任务虽重,但通过不懈努力,建桥任务全面完成,不愧为全市先进典范。

(杨河良)

【吉安市全面完成改渡建桥工作】 2010 年,吉安市续建渡改桥项目 22 个,分别是吉安县门前洲桥、高坪桥;峡江县万宝大桥;永丰县龙蟠寺桥、上洋洲桥等;泰和县石山桥;遂川县桃园桥、窗溪桥等;安福县洋口桥、竹李桥;永新县虎山桥;加上 2009 年欠账的吉水县上村桥,实为 23 个。到 2010 年末已全面完成。一年中在建桥梁项目多达 23 个,这在吉安市公路建设历史上是创纪录的,也是绝无仅有的。为了把改渡建桥工作抓好,吉安市交通运输局严密组织,科学安排,全力以赴。一是分工负责,落实责任制。按照"一桥一领导,一桥一技术员"的要求,进行严密分工,落实责任。二是加强质量监督,确保桥梁建设质量。对工程建设的每一个环节,全面进行监督,只有经过检测合格后,才能进入下一道工序施工。三是加强科学管理,巧作施工安排。四是加强检查评比,奖励先进,督促后进。

(刘文权)

【宜春市加大改渡建桥力度】 宜春市渡改桥建设始于 2003 年,大规模建设是从 2008 年开始的,总共建设渡改桥项目 81 座 16764 延米,批复总投资 61643 万元,其中 2010 年完工 49 座 10335 延米,投资 24861 万元,省市补助 10559 万元。宜春市委、市政府始终把渡改桥作为一项民心工程、德政工程来抓。一是层层强化领导,市县两级均成立建设领导小组。每座桥的"一桥一班子"工作机制为确保渡改桥项目如期和合格竣工发挥巨大作用。二是政策上倾斜扶持,按工程进度及时下拨补助款,为桥梁按时保质全面完成奠定了坚实的经济基础。三是严把管理关。施工和监理队伍,全部由招投标结果确定。四是为提升参建单位的技术和管理水平,该市交通运输局聘请专家对有关人员进行轮训,共轮训约 300 人。五是严把竣(交)工检验关。

渡改桥项目的实施,最大限度地消除了广大群众出行的安全隐患,为边远地区的经济发展注入活力,同时为客运网络化起到促进作用,赢得广大群众的交口赞誉。

(严敬民)

【抚州市积极抓好改渡建桥工作】 根据省交通运输厅安排,抚州市 2010 年农村公路渡改桥工程在建项目共54座,总投资3500万元。抚州市交通运输局认真贯彻落实6月10日召开的全省改渡建桥鄱阳现场会议精神,把改渡建桥工作作为民生工程来抓,通过科学安排,典型引路等措施,取得良好效果。崇仁县交通建设单位克服2010年春夏季雨水多等困难,抓住秋冬季晴好天气,分班作业,日夜施工,至12月25日,8座渡改桥项目主体工程全部完工,受到上级部门领导表扬。宜黄县积极努力,狠抓改渡建桥工程建设,取得好成绩,至12月末,5座渡改桥建设任务,全面完成。抚州市各县区争先进、创优质,努力搞好改渡建桥工作,成效日显,已完成18座,另34座在建桥梁,已完成下部结构。

(陈根玲)

【抚州市临川区高华爱心桥建成】 12月28日,抚州市临川区村民翘首企盼的高华桥灾后重建工程竣工。该桥位于华溪村万家村小组境内。连接罗湖、唱凯两镇11个村,关系到2万多人的出行。在2010年的特大洪涝灾害中,万家村严重受损,成为危桥,给过往行人带来安全隐患,给村民运销农副产品带来不便。驻华溪村灾后重建工作组了解这一情况后,十分关注此事,挂点的市领导更是亲自调度指挥,筹集资金,有关部门积极奉献爱心,其中福建高华集团捐资53万元,抚州交通运输局拨款9万元,抚州市食品药品监督管理局捐资5万元等,赣东公路设计院免收设计费。为了感谢高华集团的奉献精神,地方领导部门决定将该桥命名为"高华桥"。高华桥于2010年8月末开工建设,历时4个月,新桥长30米,宽4.83米,总投资80万元。高华桥的建成,解决了村民行路难以及农副产品销售难的问题,它是一座"爱心桥",更是一座"致富桥"。

(陈根玲)

【上饶市2010年完成渡改桥建设工程28座】 上饶市在实施改渡建桥工作中,计划新建65座,16062.88延米,在2009年前已完成21座。2010年开工建设的44座桥梁中,已建成通车的有28座,在建的16座,其中有10座已完成主体工程,有6座预计在2011年3月也可完成主体工程。这65座渡改桥项目中,长度超过500米的特大桥有铅山县的信江大桥、杨林大桥,鄱阳县的湖城大桥,万年县的中州大桥4座;长度在400米~500米之间有6座,300米~400米的有7座。上饶市财政以每平方米520元给予补助,共补助835.2697万元,市级配套资金6645万元。

(陈均培)

公路养护

养护工程

【概况】 2010年,省公路管理局全力以赴,认真抓好迎"国检"和日常公路养护工作。该局以迎"国检"作为做好公路养护工作的动力,以做好公路养护工作作为迎"国检"的实际行动,取得良好成绩,公路路网技术等级明显提高,路况水平以及通行、服务能力明显提高,国检也取得好成绩。(1)全力做好迎"国检"工作。从2009年末开始,省公路管理局对全省国、省道干线及部分县道进行检测,及时掌握全省国、省道的路况水平。在此基础上,有针对性地开展国、省道及部分县道的大中修工作。2010年,全省共投入公路养护资金24.1亿元,完成公路养护大中修工程2337.2千米,其中,省交通运输厅贴息贷款迎"国检"17亿元,完成公路养护大中修工程1684.3千米,全省国、省道主骨架和重点省道路况明显改善。同时,在8月~10月,各设区市公路局全面开展所管路段的路容、路貌整治工作。在设区市人民政府的统一领导下,开展多部门联合整治活动,及时拆除公路两侧的各类违章建筑及地面附属物,刷新标线、安全柱、标牌、护栏等。有的设区市对占路为市、违章建筑等进行了整治,并取得明显效果。通过全面整治,全省干线公路路容、路貌焕然一新。(2)认真抓好抗洪保通工作。从6月开始,全省发生多次强度大、持续时间长、范围广的暴雨过程,导致山洪暴发、山体滑坡、泥石流等灾害,全省公路桥梁损毁严重,累计损失达50亿元。为认真贯彻落实省委、省政府有关抗洪抢险指示精神,省交通运输厅、省公路局紧急部署,要求各单位采取一切手段,调集关键设备和抢险物资,对已受阻和发生危险的路段,全力进行抢通。仅6月下旬,便先后抢通被洪水损毁桥梁6座,抢通被水冲断的公路58条计162处决口。至7月12日,全省国、省道被阻断路段已全部抢通。为贯彻落实7月21日省交通运输厅召开的水毁灾后重建工作会议精神,省公路局立即部署,于21日当天派出8个工作组,分赴各设区市交通局和公路局,部署和督办灾后重建工作,共投入公路灾害处置费用38532.7万元,修复被损毁公路987.08千米。(3)继续抓好公路安保工程和危桥改造工作。国、省道干线公路建设时间早,使用时间长,公路本体和桥梁受损较严重,安全隐患和危桥存在不少,急需改造。为确保公路通行安全,省公路局把安保工程和危桥改造列为养护工作重点。该局在认真调查研究的基础上,摸清公路隐患和危桥实情,制订计划,有步骤地进行改造,效果较好。2010年,该局在安保工程方面投入13980万元,排除隐患3268处,整治公路1722.63千米,并改造危桥89座,计5900延米。(4)加强公路养护道班规范化管理工作。公路道班管理工作,是做好公路养护工作的基础,必须认真抓好。2010年,省公路局认真贯彻落实省交通运输厅召开的全省公路道班规范化管理现场会议精神,充分利用省厅投入的1000万元资金,在各设区市公路局建设规范化管理道班13个,为在全省建设公路养护中心提供了借鉴经验。2010年上半年,省公路局在南昌市黄溪道班开展公路养护道班规范化管理系统试点工作。9月1日,召开了全省公路养护道班规范化管理系统运用推广会议,随后,全省有14个试点道班推广运用了养护道班规范化管理系统,较好地促进了养护道班规范化管理工作,提高了公路日常养护成效。(5)加强公路养护内业资料整理工作。认真编制公路养护内业资料,是做好公路养护管理规范化工作的基础。省公路局为迎国检,按交通部要求,编制了《全省普通干线公路管理规范化迎检资料蓝本》,内容分9个部分,即综合评价、服务保畅、日常养护、大中修工程、桥隧养护、基础管理、养护技术、路政管理、收费管理、精神文明建设等。其实,以上9个内容也是公路养护管理规范化的标本,做好了这9项工作,公路养护工作定可取得更大成效。

(陶久选)

【全省公路养护规范化管理现场会召开】 5月19日,全省公路养护规范化管理现场会召开。省交通运输厅厅长马志武,副厅长许润龙、邓经国出席会议并讲话,厅党委委员、省公路局局长曹先扬出席会议,厅总工程师胡钊芳主持会议,省高速集团总经理、省高管局局长谢来发,省高速集团副总经理丁向东、吴克海出席会议。

现场会期间,与会人员先后实地参观昌抚公路、省(庄)大(城)公路及璜溪道班、梨温高速公路鹰潭西站、梨温公司、昌樟路昌西南收费所等单位的规范化建设情况。南昌市公路局、梨温公司、梨温高速鹰潭西收费站、昌樟高速昌西南收费所作了经验介绍。

马志武在讲话中对南昌市公路局所管辖路段的道班规范化建设、标准化路段创建工作和泰井管理处、梨温公司、昌樟管理处等单位规范化所站建设所取得的成绩,以及昌樟管理处高速公路规范化服务和典型示范单位好的做法和经验给予充分肯定。他指出,省政府对2010年全国干线公路养护管理检查工作提出了“确保进步奖,力争前十五”的艰巨目标,省交通运输厅对迎检工作给予前所未有的重视。各设区市公路局要进一步推动道班的建设,切实提高公路养护水平和所辖路段的路容路貌;高速公路部门要从职工的仪容仪态、员工着装、所容所貌、职业文化生活等各个细微环节入手,进行规范和完善,进一步提升全省交通运输部门的窗口形象;同时要切实提高养护内业管理资料的规范化和标准化,要采取邀请专家老师授课等方式,进行统一培训和学习,使养护内业资料管理更加规范有序。

许润龙要求尽快完善制度,要求落实投入,抓好试点,为今后的工作打下基础。邓经国要求重新认识养护工作的重要性,进一步转变观念,加大对养护工作的投入,切实做好日常养护工作;要求以迎“国检”为契机,进一步提高公路路况和管养水平,争取在养护管理水平上从粗犷型、被动型转变为主动化、精细化、规范化。

(彭津梁)

【全省高速公路养护管理工作座谈会在丰城召开】 9月30日,全省高速公路养护管理工作座谈会在丰城服务区召开,省交通运输厅副厅长邓经国,省高速集团总经理、省高管局局长谢来发出席并讲话,省高速集团副总经理吴克海主持会议,省交通运输厅、省高速集团有关部门负责人和全省各高速公路路段管理单位的主要领导、养护分管领导、养护部门负责人参加了会议。

邓经国在讲话中指出,目前,全省高速公路通车里程突破3000千米,2012年将突破4000千米,到2015年将提前5年完成2020年高速公路网规划,达到近5000千米,高速公路里程的不断延伸给当前及今后的养护管理带来了巨大挑战。各单位要高度重视养护管理工作,一是要重视养护管理理念的提升,要切实改变“重建轻养”的观念,真正牢固树立起“建养并重”的理念,在今后的工作中加大养护资金投入,加强日常养护管理。二是要重视养护管理责任的落实,建立监管单位、责任主体、具体实施“三位一体”的养护管理模式,要稳定养护队伍、划分好养护单元、落实好责任主体,业主单位要履行好管理、监督职责,施工队伍要严格落实日常养护措施,共同推动养护管理向精细化、科学化发展。

谢来发在讲话中强调,做好当前的养护管理工作关键要解决三个问题,(1)要解决思想认识问题。首先必须高度重视高速公路养护工作。(2)要解决体制机制问题。首先要坚定市场化的方向,实现“管养分离、市场运作”。其次是要解决“养路不养人”的问题。再次是管理层级,要实行三级管理模式,落实四个责任主体。第四是操作方法,要积极稳妥、新旧有别、逐步到位。(3)解决日常管理问题。首先要明确责任主体,强化绩效考核。其次要明确管理目标,加强预防性养护。再次是要明确业主定位,理顺管理关系。

与会人员就推行三级养护管理模式、分段落实养护责任人、保证优良路率达标、控制养护成本等内容展开了认真的讨论,对上述4个内容有了更深入的认识,有利于今后在公路养护工作中贯彻落实。

(陶光辉　曾矢飞)

【全省高速公路养护工作成效显著】 2010年,全省高速公路维护共投入14.95亿元,其中,路面整治工程为11.86亿元,“四容四貌”整治工程为3.09亿元,成效显著:一是路面维修整治成效显著。昌九、昌金、梨温、昌樟、樟吉、泰赣、温沙等1000多千米高速公路的维修改造工作已基本完成,全面提升了高速公路路况水平。二是“四容四貌”整治成效显著。抓好了路容路貌和所容的水平。打造了一批“省界5千米”的精品路段,改造了一批规范化所站,高速公路外部形象焕然一新。三是内业资料整理成效显著。完成了内业资料编制整理工作,编制了内容翔实、图文并茂的路况档案。2010年,该公司数次召开会议,专题对高速公路养护管理进行调研,对养护管理体制改革的总体思路进行了梳理,一是明确了养护改革的基本方向,即坚定市场化的方向,实现“管养分离、市场运作”。二是明确了养护改革的核心问题,即解决“养路不养人”的问题,今后各路段原则上不再设立专门的养护中心。三是明确了养护管理的层级架构,实行三级管理模式,落实四个责任主体,即集团设立养护管理部作为监督主体,区域中心设立工程养护部作为组织主体,大所设立养护站作为现场主体,招标选择的专业养护单位作为责任主体。四是明确了养护改革的操作方法,即积极稳妥、新旧有别、逐步到位。

(省高速投资集团公司)

【国家三部委调研江西省农村公路养护情况】 10月10~12日,国家发改委基础产业司巡视员宋朝义、交通运输部公路局副局长毕忠德和农业部有关部门负责人一行8人,到江西省调研农村公路养护管理情况。省发改委副主任陈一星、省交通运输厅副厅长邓经国和省公路局有关领导汇报了全省农村公路养护发展情况并参与了调研。

调研组听取了全省农村公路建设养护管理情况的汇报,并深入到吉安市吉安县、赣州市赣县等地,考察农村公路建设成就,了解农村公路养护管理情况,听取基层代表关于农村公路养护方面的意见和建议。

调研组充分肯定了近年来江西省农村公路建

设成就，认为江西省在公路建设方面各级政府重视，推进力度大，成绩显著，同时明确了农村公路养护管理职责，积极探索加强农村公路养护的措施，发挥了农村公路的使用效益。希望各地将农村公路养护管理提高到重要位置，开源节流，加大养护方面的投入，要在不断完善农村路网的同时加强农村公路的安全防护设施建设，确保农民出行安全畅通。对各地反映的农村养护管理中普遍存在的问题，调研组将提出意见和建议呈报国务院，以争取国家层面对农村公路养护管理的政策和资金支持。

（王林水）

【进贤县出台农村公路养护管理实施办法】 8月28日，经进贤县人民政府第四十九次常务会研究，《进贤县农村公路养护管理实施办法》正式出台实施。实施办法明确了农村公路养护责任主体，落实了养护资金的投入渠道，规范了养成护标准，建立和健全了县乡二级管理体制和管养网络。按规定要求，在全县成立8个隶属县交通运输局的正股级事业建制乡级交通运输管理站，即民和、李渡、温圳、架桥、下埠、前坊、梅庄、钟陵等8个交通运输管理站，每站管辖2～3个乡镇的农村公路；人员共编55人，平均每站5～8人，其人员从县交通运输管理部门内部调剂，初步解决了该县农村公路“无人管”、“怎么养”的重大问题。该办法的实施，对进一步深化农村公路养护管理体制改革，切实搞好农村公路养护，延长农村公路使用寿命，为农村公路养护管理走上规范化、制度化、标准化的健康有序发展具有重要作用。

（齐万玉）

【萍乡市大力加强农村公路管理养护工作】 截至2010年12月，萍乡市农村公路建设取得了历史性的大发展，全市638个行政村已全部实现通水泥公路。虽然农村公路的建设取得了长足发展，但养护和管理却严重滞后，为进一步扭转这种不利形势，萍乡市交通局于2009年7月专门召开了全市农村公路养护管理研讨会，就如何加强农村公路养护管理问题进行了研讨。该局经多次修改拟定了《萍乡市农村公路养护管理指导意见》，并经萍乡市政府批准实施。该意见从制度上明确了全市农村公路管理养护的责任主体，各主管部门管理养护职能，落实了资金来源程序，建立健全了全市农村公路管理养护的正常体制和有效的运行机制，必将促使全市农村公路管养工作朝着良性方向发展。

（陈孝法）

【上栗县坚持管养并重，确保农村公路畅通】 在农村公路养护管理工作中，上栗县交通运输局严格落实公路养护责任制，完善考核养护站评比办法，强化管理措施。一是实认真抓好全县计划内管养的1066.243千米农村公路的日常养护工作。二是管理规范化，构成“人员、经费、责任”三位一体的管理模式，真正做到有“有路必养”。三是开展养护检查考评，全年定期检查4次，抽查12次。四是抓好水毁公路工程修复工作。全年共清理滑坡土方8100立方米，维修路面4300平方米，修建挡土墙4100立方米，水毁修复工程共投资76.85万元。五是抓好大中修工程，对长平至石溪、长平至福寿公路路面进行了大修。六是开展农村公路文明标准路段创建活动，进一步提高公路养护质量。通过以上措施，全县农村公路保持了良好路况，水泥（油）路好路率达80%以上，砂石路好路率达70%以上。

（李　俐）

【莲花县进一步加大公路养护力度】 2010年，莲花县筹集公路养护资金290余万元，重点对列入省、市补助的250多千米县乡公路主干道进行了养护和大中修，着力抓紧雨季汛期水毁公路的预防和维护。其中，投资30多万元对罗市至高洲段进行大中修，罗市至荷塘、良坊至田东、湖上至闪石公路等重点项目已列入重点维修计划。经过努力，全县水泥（沥青）公路好路率达93%，沙石路好路率达68%，超过了上级要求的标准。

（莲花县交通运输局）

【鹰潭市推进农村公路管理养护保洁工程】 根据江西省交通运输厅印发的《江西省农村公路养护管理暂行规定》和《鹰潭市2010年农村“卫生清洁”工程实施方案》，本着有路必养、有路必管的原则，鹰潭市积极探索农村公路管理养护的发展规律，进一步明确和强化各级政府与部门在农村公路管理养护保洁中的职能，基本建立新型的

"统一领导、分级管理、以县为主、乡村配合"的农村公路养护保洁管理体制,因地制宜建立以政府投入为主的稳定的养护资金渠道,建立健全农村公路养护保洁管理工作机制,实现农村公路养护管理正常化、制度化和规范化,打造护路、护树、保洁"三位一体"的农村公路卫生清洁模式,全面提升农村公路路容路貌整体水平,确保农村公路路况良好、路产完整、路权得到有效保护,从而创建了农村公路养护保洁新模式。该市按照"县乡自筹,省市补助"的原则,建立财政投入,交通运输部门补助和其他资金共同组成的多渠道、多种养护保洁共存的机制。

鹰潭市农村公路总里程有3412.27千米,在养护方式上采取因地制宜,对不同的公路采取不同的养护模式,要求县、乡道列入县(市、区)交通运输局养护,村道列入乡(镇)养护,实行正常养护、临时养护和季节性养护相结合,定包干,定任务,定目标,定措施,奖罚分明。

(徐才金)

【新余市交通运输局对全市农村公路养护管理进行专项检查】 为贯彻落实省、市关于公路养护管理的文件要求,全面推动新余市农村公路养护管理工作,新余市交通运输局于8月25~27日,对各县区农村公路养护管理情况进行了一次专项检查。该项检查围绕农村公路养护管理组织机构建立、养护制度、养护经费、养护大中修和小修保养开展情况等9个方面进行了实地察看,共检查路线28条,其中:县道6条、乡道11条、村道11条,全市农村公路路况总体处在中、次等级水平。通过检查,推进了全市公路养护常态化、规范化,提高了全市农村公路路况水平。

(黄学勇)

【会昌县国、省干线公路养护创佳绩】 11月13日,会昌县国、省干线公路养护与管理工作接受了江西省公路局的全面检查。检查工作重点围绕206线、323线、金分线、杉庄线等迎"国检"路线展开,行程100多千米,全面考核了会昌国、省干线公路养护与管理工作目标完成情况,考核结果良好,境内国、省干线公路平整度指标的优良率达98%,公路技术状况指数达94%以上,国省干线公路一、二类桥梁达95%以上。该局所管养的177千米的国、省干线公路,干净整洁,路面与路肩、桥涵构造物完好无损,涵洞水沟畅通,各种标志齐全,全力打造了"畅、洁、绿、美、安"的公路交通环境。

(明 华 吕 环)

【定南公路分局注重预防性养护】 12月15日,定南公路分局对所管辖公路的路基、路面、桥涵构造物进行了一次全面细致的调查摸底工作,并根据调查结果分类统计,安排预防性养护措施,分别对寻茅线K62+979~K99+84、里英线K0+000~K9+800、大定线K6+405~K19+168开展了整治高路肩、清理桥涵、疏通水沟、水泥路灌缝、油砂封面等工作,共完成水泥路灌缝54.535千米、油砂封面31000平方米、整治桥头跳车180平方米、整治高路肩92000平方米、清理疏通桥涵850通次、清挖标准水沟5550米,提高了预防性养护水平。

(魏秀萍)

【赣州公路局直属分局增设安全镜确保峰山专用公路安全】 11月15日,赣州公路直属分局在赣州旅游公路上增设了8块广角安全镜,为给前往峰山国家森林公园观看雾凇的游客创造一个安全的旅游环境。该分局在冬季来临之际,遵照省领导的部署安排,组织安全技术人员对所辖公路进行一次全面的安保实地勘测排查大排查。该分局有针对性地对峰山旅游公路的急弯、陡陂、哑口等危险路段上增设了8块直径为100厘米的广角安全镜。至此,该分局自筹资金2万元先后三次在峰山专用公路设置安全镜24块。广角安全镜的安装,可扩大司机视野,消除视线盲区,及早发现弯道对面车辆,最大限度地保障行车安全。

(吴佩坚 谢爱贞)

【会昌县认真治理公路隐患】 2010年,会昌公路分局投资100多万元,在2条国道、2条省道、1条县道上实施公路安全保障工程,共处置安全隐患路段98处(段),处理里程达140千米,加固加宽2座危桥,对12座桥面打板重铺。该局为切实做到"消除隐患、确保安全",在国省道干线公路进出口处安装紧避险带、防撞墙、护栏等安保工程。为保证工程质量,该局制定了《安保工程实施方案》,加强项目管理,精心组织施工,确保工程质量、进度和安全,与2009年相比,交通事故明显降低。

(明 华 吕 环)

【宜春市袁州区加快农村公路养护优化交通环境】 为进一步改善全区农村公路路况,切实提高好路率,2月26日,袁州区交通运输局下发《关于搞好公路养护安全畅通的通知》,要求各乡镇政府和街道办事处做好公路养护工作。一是全面清理路基边沟、疏通涵洞,确保排水畅通;二是消除路基偏方,恢复路基原有宽度;三是加固处理好水泥、油路破损严重路段;四是修补砂石路面大坑大槽,保持路面平整坚实;五是对公路“红线”内违章建筑要求停建并限期拆除;清除公路上的杂物和路障;维护和完善公路沿线安全设施、警示标志;六是排查危桥,采取应急安全措施,落实专人监管,确保公路养护到位。

(刘良生)

【丰城市完善农村公路管理建养责任制】 2010年,丰城市农村公路管理养护实行“统一领导、分级负责,以市(县)乡为主、村组配合”的管、建、养责任制;坚持“建养并重,协调发展,因地制宜,确保长效”的原则,逐步做到有路必养,全面养护。丰城市交通运输局有养路队12个,养路工人96人,管养农村公路里程413.21千米;2010年投入养护资金共有25.3万元(其中:上级补贴24.126万元,自筹资金1.233万元),与2009年相比增长1.12%;好路率98%,同比增长10%。该局针对上年县乡公路管养存在的薄弱环节,着手进一步规范县乡公路管理,促使养护工人都能尽职尽责,确保公路清洁,畅通无阻。二是建立经济责任制。对养护资金使用情况进行审计,实行分乡(镇)建账,专款专用。该局公路所还组织养护工人进行技术业务培训,学习水泥路日常养护技术,使养护工作逐步走上正规化。

(裴爱国)

【上高县“三确保”推进农村公路可持续发展】 为做到建、养并重,推进农村公路可持续发展,早在2008年上高县政府就下发《关于加强农村公路管理养护的意见》,对农村公路养护的责任主体、养护内容、养护标准、资金补贴标准等相关内容,作统一规定,为该县的农村公路管理养护工作提供可靠的保障。2010年,该县共完成良等路476千米,好路率达48%,其主要做法:一是确保养护资金配套到位。从2008年起,县财政每年都安排专项资金用于农村公路日常养护,各地也严格按补助标准配足。加强对养护资金管理和监督,专户存储、专项核算、专款专用,任何单位、个人不得截留。二是确保养护队伍落实到位。建立健全养护队伍,各乡村都成立专业队伍,原则上按照县、乡公路每3千米不少于1名养路工,乡通村公路每6千米不少于1名养路工的要求配足养护人员,并配齐必要的养路机械和养路工具。三是确保日常养护到位。科学划分养路区段,采取分片、分段、分村等方式,落实养路人员进行管护。加强对公路的日常养护,加大日常巡查力度,发现道路破损,及时进行维修。

(潘泓羽)

【上饶市农村公路养护机制全面落实到位】 上饶市交通运输局为管养好15089.464千米农村公路,出台《上饶市农村公路养护路政管理实施办法》,对农村公路管理体制进行全面改革,确定县、乡、村道、专用公路的养护和管理由县级人民政府负总责,由县(市、区)交通运输局统一领导,分级管理,分级养护。县道1922.1千米,由县公路管理站直接管理和养护,各县(市、区)都组建了农村公路养护公司,广丰、万年等8个县(区)组建的养护公司成功申报了养护资质,并有专职管理人员225人,养护工人625人。乡道3159.2千米,由乡镇人民政府负责管养,全市已建立乡级养护机构230个,专(兼)职人员755人,养护人员525人。专用公路80.3千米,由使用单位管理和养护。村道9885.533千米,由村委会管理和养护,并配备专职养护人员1131人。各县(市、区)公路管理站对所在地的专用公路、村道进行统一管理,进行技术指导,对实施办法进行全面的贯彻落实,取得了成效,农村公路好路率为62.4%。

(陈均培)

【宜春市袁州区加强农村公路安保工程建设】 3月初,宜春市袁州区交通运输局对辖区内农村公路存在明显安全隐患的路段、特别是山区的农村公路进行排查。抽调专业技术骨干成立排查小组,根据线路的路面技术状况、路段的通行条件、线路的交通设施等方面进行排查,排查出143条线路需要加强公路安保工作,并列入安保计划。主要增建的内容有路线前方的警示牌、防止冲出路缘的水泥护栏、下坡路段的减速带和通视条件差路段的反光镜等。安保计划在"十二五"期间具体落实,已拟定实施安保工程的里程达1138.9千米,需投资2921.8万元。为加快农村公路安保建设步伐,促进全区道路交通安全,该区还采取"先易后难"的办法,对一些小型安保工程优先建设。

(刘良生)

公路绿化

【省交通运输厅部署全省高速公路绿化第三阶段工作】 11月12日,省交通运输厅召开全省高速公路绿化工作第二阶段总结暨第三阶段动员大会,省交通运输厅厅长马志武出席会议并讲话,省高速集团总经理、省高管局局长谢来发主持会议,厅机关相关处室、各高速公路管养单位及各高速公路项目办负责人参加会议。

马志武在讲话中肯定全省高速公路绿化工作第二阶段的成绩,做到了五好:一是认识好,积极转变管养思维,以绿化工作为中心;二是意识好,积极总结经验,相互学习相互观摩;三是氛围好,各单位上下一心,团结一致做绿化;四是办法好,推广好方法、好经验,相互学习,共同提高;五是效果好,在各个单位的共同努力下,全省高速公路绿化水平全面提升。对第三阶段工作,马志武强调,要进一步创新工作机制,认真做好高速公路三个重点位置的绿化工作,即各大城市出入口互通的绿化、服务区范围内绿化、收费所站庭院内绿化,在管理上各单位还要继续加强领导、完善考核、树立典型、宣传先进,真正实现高速公路绿化三年大变样的整体目标。

谢来发指出,一要确保会议精神的贯彻落实。二要确保阶段任务的全面完成。首先是高效率推进绿化工作。其次是高标准打造精品工程。从单条高速公路看,要重点抓好五个方面,即中央分隔带绿化、隧道进出口绿化、碎落台绿化、边坡绿化。再次是高要求落实管养理念。三要确保工作责任的落实到位。要切实强化责任落实,要切实强化督促检查,全力以赴打好高速公路"一大四小"绿化工程的攻坚战。

(涂序东　曾奕飞)

【景德镇市农村公路绿化工作取得好成绩】 2010年,景德镇市交通运输部门按照"因地制宜、因路制宜、经济适用、功能高效"的原则积极抓好绿色生态建设,农村公路绿化工作取得好成绩,新增绿化里程67千米,为景德镇打造全国园林生态城市作出应有的贡献。3月3日,景德镇市政府召开造林绿化"一大四小"工程建设现场会,部署全市公路绿化工作,要求全力抓好农村公路绿化建设。景德镇交通运输管理部门认真贯彻落实市政府会议精神,一是充分认识农村公路绿化工作任务的艰巨性。自工程建设以来,有关公路管理部门集中人力、物力和财力,努力抓好农村公路绿化工程建设工作。二是把农村公路绿化建设作为植树造林"一大四小"工程的实际行动,为城市生态建设作出贡献。三是在农村公路绿化建设中,严格对照省造林绿化"一大四小"工程建设目标任务,按既定计划,认真组织实施,确保"一大四小"工程建设任务的圆满完成。

(涂　强　徐小明)

【信丰公路分局把生态环保理念溶入公路养护中】 近年来,信丰公路分局强化生态环保理念,以全面加强公路养护与管理为载体,打造生态环保公路,有力地巩固了公路"畅、洁、绿、美、安"文明创建成果,取得了较好的经济和社会效益。一是加强路面养护。实行严格的量化管理责任制,要求路面始终保持无灰土、杂物,奖罚当月兑现。二是加强路肩养护,着力解决水土流失问题。购置专用割草机,对路肩、边坡草皮进行修剪,减少水土流失,保障路基的稳定。三是加强路树的种植与养护。认真做好植树工作,不断新栽补缺。四是提高公路美化品位,打造生态环保公路。扎扎实实工作,努力实现公路"畅、洁、绿、美、安"的创建成果。

(信丰公路分局)

【吉安市农村公路绿化工作成效显著】 自2008

年以来,吉安市农村公路绿化采取了市场化运作模式(即公司+路肩模式)、责任绿化模式(即县乡公路主体+责任模式)、同步绿化模式(即硬化+绿化模式)、自种自管模式(即村级公路群众投工投劳模式),推进农村公路绿化里程达6794.2千米,绿化率达到90%以上,其中市定重点考核县道达到100%,一般县乡公路绿化率达到90%。

(刘文权)

【宜春市公路局荣获“全国绿化模范单位”称号】 8月9日,宜春市公路局荣获“全国绿化模范单位”称号。目前宜春市公路局管养的国、省道绿化率达95%,县乡公路绿化率达85%。该局借助全省开展“一大四小”绿化工程的良好契机,在全局范围内掀起了实施公路绿化“一大四小”工程的高潮,建成了以国、省道和宜春市到各县市的主要干线为重点,乔灌花草相结合,“一路一景、一县一品、四季常青”的立体生态绿化长廊,自然景观和人文景观融为一体,呈现出“车在路上走、人在画中游”的画面;不少道班还实现了庭院式绿化,花草树木品种繁多,开辟了一片“春季有花、夏季有荫、秋季有果、冬季有绿”的优美、舒适的庭院生活环境,实现了人文景观与自然景观的和谐相处。

(省公路局)

【宜春市大力开展农村公路绿化工作】 自省委、省政府“一大四小”、“平原绿化”的指示下发后,宜春市农村公路的有效绿化率取得跨越式发展。县道(含市交通运输局管养的省道)绿化率达80%以上,乡道绿化率达65%左右,村道绿化率50%。2010年农村公路绿化里程4000千米,其中两侧各植树两排以上的精品路线26条计300千米。路线绿化后,一是可以美化公路运输环境,促进旅游事业发展;二是可以稳定边坡,减少水土流失;三是可以遏制重、特大事故的发生,降低事故经济损失。

(严敬民)

【宜春市袁州区进一步推进农村公路绿化工作】 2010年,宜春市袁州区交通局采取多种形式,切实加强农村公路绿色生态建设。该局把农村公路植树作为绿化“一大四小”重要内容来抓,加强领导,抢抓有利时机,年初制定公路绿化计划,实行四个统一,即统一规划、统一购买树苗、统一完成植树计划、统一组织验收。主要措施如下:一是从农村公路养护资金中单独列出绿色生态公路建设资金,保障农村公路绿化的需要;二是利用路产路权引进资金,由绿化企业负责植树、管理、受益,较好地解决资金不足的问题,达到双赢的效果;三是对各行政村公路的绿化工作,充分调动乡(镇)、村的积极性,在该局统一规划、指导下,由村委会具体组织实施。

(刘良生)

【丰城市农村公路绿化实行专业化管理】 2010年,丰城市对重点市乡公路,实行森林化、园林化植树,专业化管理,具体做法有:一是绿化高起点、高标准,既有绿化作用,又有美化效果;既有树种优化,又有花草芬芳。二是实行森林化植树,由过去公路两边只栽一行树,今年改为多行植树,实现路树森林化,使公路绿化成为丰城市一道亮丽的风景线。三是管理专业化,由市园林管理处统一进行管理,该局委派局公路所养护股协助管理。根据安排确定,丰城市新梅一级公路、小(港)袁(渡)二级公路、董家富硒公路为绿化工作森林化、园林化、专业化管理的试点公路。

(裴爱国)

【靖安县打好农村公路绿化攻坚战】 靖安县交通运输局以建设社会主义新农村为目标,打好农村公路绿化攻坚战。一是加强领导,成立机构。各乡镇成立农村道路绿化领导小组,做到领导到位,责任到人。该局成立农村道路绿化工作督导小组。二是明确分工,各负其责。乡镇政府和村委会承担组织和建设任务,负责路肩填平、整地、栽植及管护工作,林业部门负责苗木组织调运、质量把关、技术指导及检查验收工作。三是制定一套绿化实施方案。四是创新机制,加大投入。县林业部门安排农村公路绿化苗木经费,各乡镇积极筹集路肩填平、整地和栽植经费。动员社会力量,增加对公路绿化的投资,把公路绿化作为全民义务植树的任务,开展群众性植树活动。截至3月12日,该县已在公路两旁植树70.4千米,确保农村公路绿化工程顺利实施。

(刘　斌)

【万载县积极搞好公路绿化工作】 根据省、市进一步推进造林绿化“一大四小”工程的有关指示精神,万载县交通运输局以建设“生态万载”为目标,大力推进农村公路绿化。①对2009年已完成的农村公路建设项目,全部进行绿化,并将绿化作为公路竣工验收项目之一。②对2010年新增公路要求绿化区域为边沟外3米~5米,绿化树种以杨树、湿地松、苦楝、喜树为主。2010年共绿化公路55千米,绿化面积达40公顷。③继续打造竹(渡)高(城)绿色示范公路,在2009年绿化4千米的基础上进行行间补植。

(万载县交通运输局)

【南丰县着力打造公路“绿色走廊”】 2010年春,南丰县全面推进造林绿化“一大四小”工程建设,着力打造长达187千米的公路“绿色走廊”。该县按照高速公路两侧各50米、昌厦公路两侧各30米、南建线两侧各10米的要求搞好通道绿化,公路内侧栽植杜英、紫薇,外侧种植速生苗木;县城区出入口5千米的公路两旁,全部栽种樟树;县乡公路绿化工作的重点是打造长白线、苻中线两条精品路,绿化带宽度单侧达5米以上,树种以杨树、桤木为主。至3月初,该县境内的鹰瑞高速公路已完成绿化33.3公顷,昌厦公路已完成绿化100公顷,南建线完成绿化166.6公顷,县乡公路完成绿化33.3公顷。

(陈根玲)

【崇仁县实行多种绿化建设机制】 春光无限好,播绿正当时。3月10日,崇仁县抚八线公路沿线,随处可见植树造林的人群,挖坑、铲土、培苗、浇水,一派热火朝天的忙碌景象,这是该县打造“百里绿色长廊”的一个缩影。2010年,该县采取多种形式广泛吸引民间资本投入植树造林;或对农田林网和道路两侧绿化采取树随地走、树归民有的办法,与农民签订管护合同,收益全部归农民所有;或由政府投资提供树苗,大头归农户,集体适当分成;或鼓励农户在门前屋后广植树,收益全部归农户。截至3月14日,全县成片造林666.7公顷,新建绿色长廊120千米,新建农田林网2333.3公顷,义务植树160万株。

(陈根玲)

【南城县植树造林绿美公路】 2010年入春以来,南城县早发动、早部署,继续加大福银高速、206国道、316国道等交通主干线的绿化力度,将福银高速南城段绿化区由单侧10米扩展到50米,将206、316国道绿化带由单侧5米扩展到20米,并增加排数和树数,建设四季常绿的“大走廊”。同时,对境内抚城线、黎城线等省道共42.5千米绿化带进行加绿增宽,种植夹竹桃、紫薇、杜英等,实现由绿化向美化转型。该县在抓好“面”上植绿的同时,还狠抓农村公路绿化工作。结合新农村建设,在全县选择131个自然村沿线公路,按照以桃、李、毛竹、杨梅等经济果林为主,桂花、紫薇绿化苗木为辅的办法,搞好农村公路绿化,使全县公路不仅披上了绿装,还在各种花木的映衬下分外美丽。

(陈根玲)

【黎川完成通道造林绿化186.6公顷】 入春以来,黎川县抓住造林有利时机,全力打造通道绿化长廊。该县按照“市场化、项目化、专业化”的要求,由政府无偿提供苗木和进行农田租赁,确定专业苗木公司以“苗林一体化”的形式对通道绿化进行承包经营和管护。福银高速公路黎川段47千米两侧边沟外各50米宽、省道厚莲公路33千米两侧边沟外各20米宽、省道黎泰公路20千米两侧边沟外各10米宽,按照乔木与灌木相结合进行造林绿化,栽种香樟、桂花、女贞等景观树。同时,投资近600万元,对福银高速公路黎川与南城交界处、黎川互通、熊村互通、黎川与福建交界处进行城市园林式绿化,种植雪松、银杏等景观树。此外,该县还着力抓好县城6条公路和工业园区2个道路交叉口、园区企业内部路网的绿化。2010年,该县共完成通道造林绿化186.6公顷。

(陈根玲)

【资溪倾力打造通道景观带】 资溪县把通道绿化作为“一大四小”工程建设的重中之重,投资750万元,将辖区内46.2千米的316国道打造成景观大道。该县坚持因地制宜,在316国道沿线种植苗木20多个品种、37万株,推行乔、灌、草、花合理配置,常绿与落叶、乔木与灌木、花带与草块相间而栽,每个路段突出1至2个主要树种,如高田乡路段以紫玉兰、茶花为主,嵩山镇路段以栾树、紫荆为主,高阜镇路段以银杏、桂花为主,鹤城镇路段以杜英、红枫为主。与此同时,在316国道沿线改造残次林146.6公顷,栽植阔叶树2万余株。

(陈根玲)

灾害防治

【省政府领导现场指导沪昆高速梨温段抢险一线工作】 6月20日,梨温高速公路余江路段水毁灾情发生后,省委、省政府高度重视,常务副省长凌成兴,省政府副秘书长朱希,省交通运输厅厅长马志武、副厅长邓经国,省高速集团总经理、省高管局局长谢来发等第一时间赶赴现场察看详情,指挥抢险救灾。

凌成兴一行察看水毁现场,并详细询问有关抢险工作进展情况。随后,凌成兴主持召开水毁现场抢修工作协调会议。会议传达贯彻了省委书记苏荣、省长吴新雄有关指示精神,研究部署水毁路段抢修工作。会议要求,各单位要全力以赴,通力协作,采取各种应急措施抢修被毁路面,确保最快时间恢复道路畅通。同时,还要进一步做好其他高速公路防大汛、防地质灾害、保畅通、保运输安全、保施工安全工作。会议强调,当前要认真做好以下几项工作:一要尽快安排交通工具,安全转移被困司机。二要分流高速公路交通。制定实施梨温高速公路车辆分流方案,加强其他高速公路的交通疏导工作。三要抢修水毁高速公路。在确保施工安全前提下,组织东西两头同时抢运片石、草袋等路基材料,填筑临时通道,力争退水后10个小时内恢复交通。四是提高防汛标准。将原设计的20米跨径桥梁扩展到60米跨径的桥梁,确保今年10月底双幅建成通车。五是加强组织领导。成立由省交通运输厅副厅长邓经国任总指挥,省高速集团公司副总经理吴克海等任副总指挥的抢险指挥部。

(罗时善)

【省委、省政府主要领导指导沪昆高速梨温段水毁抢修工作】 6月21上午,江西省委书记苏荣、省长吴新雄到沪昆高速公路江西梨温余江段水毁公路现场,察看灾情、了解抢修工程进度,慰问沿线受困群众和全体抢险施工人员。常务副省长凌成兴,副省长陈达恒,省委秘书长赵智勇和省政府副秘书长朱希、省交通运输厅厅长马志武、副厅长邓经国陪同。

6月20日清晨6时,连日特大暴雨造成余江县境内白塔河水位暴涨,洪峰溢漫河堤,直接冲毁沪昆高速公路梨温段K625+400、K625+500、K625+700、K625+950四处过线桥,造成14辆车和30余人被困,沪昆高速公路双向交通中断,中间一段200余米路段成为“孤岛”路。接到险情报告后,江西省委、省政府高度重视,常务副省长凌成兴亲临现场指挥,省交通运输厅启动汛期抢修应急预案。针对水位湍急、落差大、作业面狭小等困难,抢修指挥部决定采取双向同步施工,以填筑石料为基础,以铺设枕木、加注铣刨料为铺的抢修方案,组织协调各方靠前作业、紧张施工,强力推进抢修进度。20日晚,省交通运输厅组织198辆工程施工车辆,300多名施工人员迅速投入抢修,打响了一场日夜抢修水毁公路攻坚战。在20日12点之前,滞留在高速公路上的受阻车辆已全部分流,受困“孤岛”的司乘人员已全部安全转移。

在察看抢修现场和听取省交通运输厅有关情况汇报后,苏荣、吴新雄对工程抢修进度非常满意,高度评价交通部门部署周密、指挥有力、措施得当,广大施工人员能克服种种困难,顽强拼搏,连续作战,充分体现了江西交通人特别能吃苦、特别能战斗的精神风貌。他们希望全体抢修人员要坚持不懈,继续保持旺盛的斗志,勇于战胜一切困难,夺取抗汛抢险和灾后重建的全面胜利。

(熊昌军 练崇田 周洪达 胡 丹)

【省政府领导召开梨温高速公路余江段水毁抢修现场办公会】 6月21日晚9时,常务副省长凌成兴刚察看完梨温高速余江段水毁工程抢修现场,又在梨温公司组织召开梨温高速余江段水毁工程抢修现场办公会。参与抢修的省交通运输厅和省交警总队分别汇报了工程抢修情况和车辆分流情况。会上,凌成兴指出,梨温高速余江段水毁抢修工作,省政府高度重视,省委书记苏荣、省长吴新雄连续作出重要指示,要求动用一切可以动用的力量,全力以赴确保抢修施工顺利进行,保证这条全国交通大动脉的畅通。当前,尽管灾情非常严重,但这项工作在短期内仍取得了阶段性胜利。集中体现在:一是制定了科学的运料方案和抢修方案。二是抢险救灾设备精良。三是干部职工发扬不怕疲劳连续作战的精神,夜以继日地奋战在抢险一线。四是指挥得力。省交通运输厅和鹰潭市、交警总队和高速集团、公路开发总公司及梨温公司主要领导都亲临一线,靠前指挥。就下一步工作,凌成兴要求做到“三个确保”:一是确保梨温高速水毁工程抢修路段交通安全有序。各方要加强协调和组织,确保车辆有序安全通行。二是确保梨温高速工程抢险路段施工质量、施工工期和施工安全三到位,确保道路通行与抢修施工作业两不误。三是确保梨温高速水毁工程施工环境的协调、和谐和平安。要成立水毁抢修路段指挥部,把最精干、最能攻坚克难的队伍派出来,力争三天到场。要安排24小时值班,靠前指挥,及时调度,力争在三个半月内恢复沪昆高速公路畅通。

(周洪达　肖树山　胡　丹)

【省交通运输厅主要领导现场指导温沙高速公路抗洪保通工作】 6月21日,省交通运输厅厅长马志武在省高速集团总经理、省高管局局长谢来发的陪同下,赶赴温沙高速公路罗针收费站指导抗洪保通工作。马志武一行沿线察看了受到洪水冲击影响的高速路段,重点察看了决口附近高速公路的路基、桥涵和椎坡情况。在罗针收费所,马志武详细了解了有关情况后指出,抚州管理中心要高度重视抗洪工作,保证所辖高速公路险情地段有管理中心领导值班;要加强安全防范措施,做好安全保障工作,确保罗针收费所干部职工的人身安全;要通力配合抗洪抢险工作,为当地政府抗洪抢险指挥部和救灾官兵提供帮助和服务。随后,马志武在罗针收费所成立了省交通运输厅抗洪抢险前线指挥部。由于具体工作需要,指挥部设在抚州管理中心临川收费所,指挥部由抚州管理中心和抚州市海事局组成。

(王　伟　高云朋　樊　铭)

【省交通运输厅党主要领导深入沪昆、福银高速公路和九江新长江大桥项目指导抗洪保通工作】 6月23日,省交通运输厅党委书记程受锭在厅总工程师胡钊芳,省高速集团总经理、省高管局局长谢来发等陪同下,赶赴沪昆高速公路梨温段水毁现场一线,察看、指导抢修保通工作,并在鹰潭管理处听取了省交通运输厅副厅长邓经国对水毁抢险工作的汇报,研究抢修保畅通方案。在水毁公路抢修现场,程受锭书记察看水毁缺口,详细了解抢修施工进展情况,并与路政、路段管理和设计单位共同研究抢修保畅通方案。程受锭对各单位、各部门所做的工作给予高度赞许,并勉励全体抢险救灾人员继续发扬优良作风,密切关注灾情,再接再厉,连续奋战,为夺取抗洪救灾的全面胜利作出更大的贡献。强调要时刻保持警惕,应对可能即将出现的又一轮灾害,落实好人力物力,做好防范工作,努力把损失降到最低程度;要做好道路恢复工作。省高速集团、开发公司、梨温公司要把工作精力放到保畅通上来,加大人力、物力、财力投入,做好道路修复保畅工作。各级党组织要在抗洪救灾中充分发挥战斗堡垒作用,广大共产党员要充分发挥先锋模范作用,率先垂范,努力夺取抗洪救灾的全面胜利。

(省高速集团投资公司)

【省领导充分肯定唱凯堵口工程中的交通保障工作】 6月27日18时15分,抚州唱凯堤决口封堵成功合龙。原计划6天完成的决口封堵任务已经提前3天完成。在当天上午召开的堵口工程指挥部会议上,省委副书记王宪魁,省委常委、常务副省长凌成兴对高速公路部门在堵口工程中所发挥的重要作用给予了充分肯定。在听取有关交通组织工作情况汇报时,王宪魁连声夸奖:组织得好!他说,高速公路上同时有300多辆施工车辆通行。交通等部门全力以赴做好组织协调工作,重点保证了石料的供应,同时又确保了公路畅通,确保了安全无事故,殊为不易。在重大灾害期间,大家的工作态度和奉献精神令人感动。他代表省委、省政府向抗洪抢险一线人员致以亲切的慰问和崇高的敬意。凌成兴在讲话中指出,堵口工程施工期间,社会车辆与施工车辆组织得井井有条。6月23日晚10点至11点,仅一个小时的时间,省高速集团就把施工便道的护栏拆除完毕,为堵口工程施工创造了良好的条件。6月26日,省高速集团连夜调来了35辆重型卡车,全力以赴支援堵口施工,充分体现了集团的典范作用,充分发挥了党组织的战斗堡垒作用,充分发挥了党员的先锋模范作用。27 日中午,凌成兴还在省高速集团抚州管理中心临川收费所亲切慰问了一线干部职工。

6 月 28 日上午,凌成兴在省交通运输厅总工程师胡钊芳的陪同下,来到抚州高速公路路政支队四大队看望慰问抗洪堵口路政人员。凌成兴充分肯定了路政部门在抗洪堵口中所做的工作。希望路政部门在后一阶工作中继续努力,再接再厉,全力配合保障堵口施工运输通道畅通,夺取抗洪堵口工程的全面胜利。

(罗时善　樊　铭　洪土斌)

【交通运输部副部长翁孟勇察看指导江西高速公路抗洪保通工作】 6 月 30 日,交通运输部副部长翁孟勇,在常务副省长凌成兴,省政府副秘书长朱希,省交通运输厅党委书记程受锭,厅长马志武,副厅长许润龙、邓经国,总工程师胡钊芳,省高速集团总经理、高管局局长谢来发等陪同下,先后深入抚州、鹰潭等水毁受灾现场,实地察看公路、桥梁水毁情况和灾后重建工作,向广大一线干部职工表示亲切慰问。

翁孟勇一行在福银高速公路连接线下塘中桥水毁现场,详细了解了相关情况后,要求要尽快做好桥体巩固和后期维护工作,确保车辆的安全通行。随后,翁孟勇又到刚刚封堵决口的唱凯大堤上,详细询问了交通部门保畅通、保运输、保安全的有关情况,他说,江西交通运输部门在省委省政府的坚强领导下,举措得力,反应迅速,在抗洪救灾中作出了重要贡献。

翁孟勇一行到沪昆高速公路梨温段,察看水毁路段修复工程。在新建简支空心板梁施工现场,翁孟勇详细了解了特大洪水对沪昆高速公路余江段路基及桥梁造成的水毁破坏情况。在了解到水毁路段仅用 36 小时便全线抢通,实现单向通行后,翁孟勇对水毁抢通工作速度和效率给予了充分肯定。他叮嘱说,要尽快把水毁的路段修复好,早日实现沪昆高速公路的正常通车。

(焦　宣　彭津梁)

【全省交通基础设施灾后重建电视电话会议在南昌召开】 7 月 9 日,全省交通基础设施灾后重建电视电话会议在南昌召开 。省委常委、常务副省长凌成兴出席会议并讲话,副省长洪礼和主持会议。省交通运输厅党委书记程受锭、省政府副秘书长朱希、胡世忠出席会议,省交通运输厅厅长马志武、省发改委副主任陈一星讲话。省交通运输厅副厅长许润龙、邓经国,厅党委委员、省公路局局长曹先扬,厅总工程师胡钊芳,及省财政厅、省环保厅、省国土厅、省水利厅、省交通运输厅机关各处室、省公路局、省高速集团公司有关负责人及有关人员参加会议。

凌成兴在讲话中指出,今年以来全省遭遇特大洪涝灾害,面对历史罕见的洪涝灾害,全省上下,坚决贯彻落实中央一系列决策和部署,紧急动员,超前部署,加强巡查,强化责任,全力做好防大汛、抢大险、抗大灾各项工作,把保障人民群众生命安全放在第一位,取得了紧急转移群众,紧急安置灾民,紧急封堵决口三个关键阶段的重大胜利,受到总书记胡锦涛、总理温家宝的充分肯定和高度赞扬。

凌成兴指出,江西交通在此次特大洪涝灾害中可以概括为三个“巨大”。一是江西交通在特大洪灾中损失巨大。高速公路、国省道干线、农村公路和不少桥梁被洪水冲断,高速公路共有 8 条线路 163 处发生水毁,导致 8 个路段 37 处受阻中断;国省道共有 64 条线路 533 处发生损毁,导致 176 个路段 373 处曾受阻中断;不少县乡公路、农村公路、大中桥、改渡建桥项目、船舶码头等受到重创,交通经济损失达 70 亿元。二是江西交通在抗洪救灾中贡献巨大。高速公路成为群众紧急避险的生命线,高速公路成为军民抢险救灾的大动脉,成为唱凯大堤堵口的主通道,为提前三天实现“决战六天、堵住决口”的工作目标立下了汗马功劳,谱写了一曲铁军英勇善战的壮丽凯歌,谱写了一曲军民同舟共济的壮丽凯歌,谱写了一曲展示改革巨大成就的壮丽凯歌。三是江西交通在灾后重建中任务巨大。特大洪涝灾害对全省交通基础设施损毁惨重。抢通、修复、提高的时间非常紧迫,资金非常集中,任务非常艰巨,各地、各部门要发扬抗洪精神,狠抓灾后重建。

凌成兴强调,今年下半年全省灾后重建和交通建设的主要任务是“一个迅速恢复,三个坚定不移”。“一个迅速恢复”,即迅速恢复水毁公路和桥涵,确保全省交通基础设施,十天之内先行抢通、三个月内全面修复,做到整体恢复灾前水平,局部超过灾前水平。“三个坚定不移”,即坚定不移打好高速公路通车里程超过3000千米、准备4000千米的攻坚战,坚定不移打好全省行政村全部建成水泥路和完成改渡建桥的攻坚战,坚定不移打好抓养护、迎国检,确保“进步奖”、力争“前十五”的攻坚战。

洪礼和在主持会议时强调,一是交通运输系统要扎实搞好交通基础设施的核灾救灾;二是交通基础设施灾后重建中要特别注意安全生产,要把安全生产责任落实到人,逐路逐段进行安全隐患排查并整治到位;三是继续坚定不移地推进江西交通运输发展,确保打赢高速公路建设、农村公路建设和渡改桥、迎国检三大攻坚战。

(彭津梁)

【省政府领导慰问沪昆高速公路余江水毁路段抢修参战人员并察看瑶湖大桥扩建项目】 8月8日,常务副省长凌成兴在省政府副秘书长朱希、省交通运输厅党委书记程受锭、厅长马志武、副厅长邓经国、总工程师胡钊芳、省公安厅副厅长罗永银,省交警总队总队长郁耀平、省高速集团公司总经理、省高管局局长谢来发、鹰潭市副市长宋迪维等陪同下,专程看望慰问沪昆高速公路余江段水毁工程抢修参战人员。

凌成兴一行来到沪昆高速K625~K626水毁路段右幅修复工地,察看水毁修复情况,并送上慰问金和慰问品,代表省委、省政府向全体参战人员表示热烈祝贺和亲切慰问。凌成兴指出,沪昆高速公路余江段自6月20日被特大洪灾冲出四个决口以后,全省交通系统、公安交警、地方党委政府和全体施工人员同舟共济,攻坚克难,分别只用一天半时间和43天时间,打好了应急抢通和右幅建桥两个硬仗。面对施工空间小、交通流量大、昼夜气温高的艰苦环境,全体参建人员创造了建设进度特别快、施工质量特别好、施工环境特别优的喜人成绩。2010年,抓养护迎“国检”的任务特别重,灾后重建的任务特别重,高速公路建设的任务特别重。希望大家继续努力,精心组织,全力打好左幅建桥这第三个硬仗,确保9月底全面完成沪昆高速灾后重建任务,创造全省灾后重建的典范。

(熊昌军 雷声猛 周洪达 张 欣)

【省交通运输厅主要领导深入九景高速公路指导抢险保通工作】 7月16日,省交通运输厅党委书记程受锭、厅长马志武在省高速集团总经理、省高管局局长谢来发,副总经理姚光南和赣粤公司、九景管理处负责人的陪同下,深入九景高速公路抗洪抢险一线,实地察看经受高水位冲击考验的九景高速公路K379路段和遭受洪涝灾害的九景管理处鄱阳所田畈街收费站,现场指导抗洪保通工作。

程受锭、马志武认真察看田畈街收费站,以及K379险情路段。在听取九景管理处抢险保通工作情况的汇报后,程受锭、马志武分别讲话。程受锭对九景管理处在7月初未雨绸缪建立应急储备基地的做法给予充分肯定。他说,面对突如其来的洪涝灾害,九景管理处在第一时间发现险情全力排除,确保道路畅通、确保人员安全,取得很好成效。程受锭代表厅党委对大家付出的艰苦努力表示亲切慰问。针对下一步工作,程受锭要求,一是退水后要全面开展检查,进一步排查险情,快速组织修复。二是要科学组织灾后重建,加强防疫消毒,注意用电安全,妥善安排好职工的工作和生活。三是要加强防暑降温工作,保护职工的健康。四是要举一反三,认真总结经验,构建一整套应对灾害的有效措施和应急预案。

马志武强调,要认真贯彻落实程受锭书记的讲话精神,传达贯彻到九景管理处全处干部职工,一是要时刻关注上游水情水势的变化。二是要加强桥梁、涵洞等重点部位的全面排查,发现并排除隐患。三是要关心职工的饮食和休息,保持队伍的战斗力。四是对九景管理处建立应急储备基地的做法要认真总结,形成标准,形成经验,加以推广。

(吴建华 罗时善 孙学君)

【省公路管理局召开抗洪抢险部署会】 6月21日,省公路管理局召开抗洪抢险部署会,传达省领导指示和省厅防汛抢险调度会议精神,厅党委委员、省公路局局长曹先扬,局领导邹竹民、刘凌、娄鸿雁、黄伟钢、王圣义,机关各处室负责人出席会议。进入6月以来的暴雨造成全省严重洪涝灾害,公路遭受了严重水毁。仅6月18日至20日的大范围暴雨,造成了全省15条国省道26处因水毁中断交通,水毁损失达6.3676亿元。

会议要求,全省公路部门要以灾情为命令,积极履行部门责任，全力以赴保畅通。要做好公路巡查工作，及时排除公路隐患；要建立公路防汛工作责任机制，做好抗洪抢险材料和物资的调配；要进一步做好防汛值班工作，确保24小时有人值班；落实水毁信息报告制度，及时为公众出行提供信息服务。为了更好地指导各地抗洪险工作，省公路局已组织6个工作组，会后由局领导分别带队，赴全省各地帮助做好抢险保通工作。此前，副局长任东红已带队前往鹰潭市公路部门，指导公路抗洪保通工作。会后，全省公路管理部门积极行动，全力以赴做好抗洪抢险工作，至8月末，已全面完成抢修任务，确保了干线安全畅通。

（省公路局）

【省公路管理局召开全省国、省道干线公路水毁重建工作部署会】 7月12日，江西省公路管理局召开全省国、省道干线公路水毁重建工作部署会。厅党委委员、省公路局局长曹先扬出席会议并讲话，副局长任东红出席会议，副局长王圣义主持会议。局有关部门负责人、各设区市公路局局长、分管副局长、有关部门负责人参加会议。会议指出，6月5日以来，江西省发生多次强度大、持续时间长、范围广的暴雨，全省、国省道干线公路遭受塌方、水淹、路面路基及桥梁冲毁等严重水毁损失。全省普通公路水毁经济损失达45亿元。面对严重的自然灾害，在省交通运输厅的领导下，全省公路系统紧急动员、快速反应、科学调度、严防死守，全力以赴抗洪救灾、抢险保通，及时抢修水毁公路设施，尽力抢通交通阻断路线，为夺取全省抗洪抢险的全面胜利提供了坚强的公路交通运输保障，得到了省委、省政府、交通运输部的充分肯定，得到了省交通运输厅、各设区市党委、政府的高度赞扬。会议要求，当前，要全力以赴打好公路基础设施灾后重建攻坚战。各设区市公路管理部门要充分认识此次灾后恢复重建工作的重要性和紧迫性，全面完成今年建设任务，与迎“国检”公路整治工程相结合，抓住机遇，全力做好公路水毁灾后重建工作，全面推进国、省道干线公路建设迈上新的发展水平。

（省公路局）

【省高速投资集团公司全力抓好防汛保畅工作】 6月下旬，全省遭遇了强降雨，来势之猛、范围之广、灾害之重，历史罕见，省高速投资集团公司所辖高速公路遭受了重大损失，其中路基水毁损失7555万元，路面水毁损失4.6亿元。在如此重大损失的情况下，该集团以大局为重，连续奋战，全力抢通，投入经费9135万元、抢险救灾人次2.6万人次、设备9280台班，妥善处置了沪昆高速梨温段水毁、昌金段塌方、福银高速公路罗针段水毁等多处突发险情，不仅充当了保畅通的主力军、安全员，还充当了保后勤的服务队、勤务兵，做好了滞留司乘人员、受灾群众、抗洪官兵的后勤服务保障工作，为抚州等地方的抗洪抢险做出了突出贡献，得到了省领导的充分肯定，抚州市委、市政府还专程上门向集团赠送了“援建有功，情义无价”锦旗。

（省高速投资集团公司）

【九江长江大桥全力做好抗冰冻灾害工作】 2010年冬季，严寒冰雪给九江长江大桥带来巨大损害，不仅影响车辆通行，而且可能发生交通事故。九江长江大桥公路桥管理局早有谋划，根据应急预案部署，及时进行排障施救，确保了在4次严重冰雪灾害中过桥车辆的安全畅通。在救灾过程中，该局累计投入1200多人次进行清障，破冰机作业19小时 ，撒盐35吨，施救车出动百余次，并免费放行车辆8万余台次，免收通行费300余万元，实现了省委、省政府提出的安全通行、不堵不封的保畅通目标。大桥局十分重视保安全、保畅通工作，主要措施是：(1)密切与九江、黄梅两地公安、交警、武警及路政部门的协作，建立大桥安全保畅通联席会议制度，实行联合值班。(2)成立路面保障队和施救保障队，实行联勤联动。(3)按照大桥总体应急预案和既定的保畅通调度基本原则，加强现场交通指挥调度，形成共管合力。(4)备足救灾设施和物资，存盐500吨、草袋5000条、麻袋4000条、铁锹500把、扫帚300把；新添置大型施救车、破冰机、铲雪车、撒盐机等应急机械设备。

（张曙光）

【宜春市交通运输部门抗洪救灾保畅通】 入春以来，宜春市多次遭遇暴雨袭击。特别是5月21日凌晨，大范围普降暴雨，最大降水量达200毫米，造成大量农村山区公路沿线山体坍塌。路基倒塌形成缺口，桥梁毁坏；平原公路深水浸泡，中断交通40余条(段),灾情十分严重,全市共冲毁路基261.8千米;毁坏沙石路面128.1千米,水泥路面150.8千米;损坏桥梁115座2677.3延米;全毁涵洞310道2267米,局毁涵洞96道671米;直接经济损失14910.8万元。

灾情发生后,市交通运输局按照市防总统一部署,迅速行动,全力抓好交通运输保障工作:一是召开紧急会议,全面部署抗洪救灾工作。二是除留一名局领导值班总调度外,其余局领导分5个组带领工作人员赶赴各县(市、区)核实灾情,指导救灾。三是落实24小时值班制,随时了解各地灾情。四是下发抗洪救灾紧急通知。派员蹲守在局挂点的万载县三十把水库,监测水库水位变化,做好泄洪等准备工作。各县(市、区)交通运输局也都在第一时间由领导带领技术人员奔赴灾区核实灾情,指导救灾。

(严敬民 李 明)

【宜春市公路管理局积极做好水毁公路抢修工作】 6月以来,由于特大暴雨的侵袭,导致宜春市公路局管养的公路出现严重水毁灾害,损失巨大,尤其以奉新、铜鼓、宜丰、靖安、万载等县受灾最为严重。不少道路被大水淹没,因路基冲刷、坍塌、桥涵冲毁造成公路中断,东华线、铜大线、修万线、宋水线、三排线等10条公路中断75处,其中省道4条中断15处。

截至6月22日15时,暴雨共造成宜春市境内省道干线公路路基水毁169455立方米/190.千米;沥青路面水毁1114175平方米/210.6千米;水泥路面36850平方米/9千米;砂石路面水毁271219平方米/53.458千米;全毁桥梁48.2延米/2座;局部水毁桥梁311.8延米/32座;水毁涵洞50道;经济损失达2.04亿元。为及时修复水毁公路、桥梁、涵洞,该市公路局投入挖掘机20台、大小型压路机21台、装载机16台、发动机组17台套、切割机11台、养护车11辆、冷补沥青450吨、砂石26000立方米、涵管630米、草袋68500只,全力开展水毁抢修工作,至8月下旬,抢修任务已全面完成,保证了公路畅通。

(省公路局)

【抚州市交通部门抢修水毁公路】 6月中旬以来,抚州市交通运输部门采取有效措施,积极组织人员抢修灾区水毁公路,保障灾区群众安全出行。洪灾发生后,抚州市交通运输部门及时下发了《关于全力做好农村公路抢修工作的紧急通知》等文件,明确抢修责任主体,制定抢修工作方案,对受灾道路加强巡查和清障排险。市交通运输局及时成立了以局长为组长的农村公路抢修领导小组,组织人员奔赴抢修一线,督促指导抢修工作。7月3日接抚州市政府命令,该局负责唱凯堤长湖段封堵决口的调度车辆和石料运输任务,便立即成立了封堵决口车辆调度组,并在东乡、金溪、南城、宜黄、崇仁5个县中调配车辆,在7月3日接到任务的当天晚上8时,各县的90辆四轮车全部在市城区集结到位,并立即昼夜运输石料。6天6夜中116辆汽车出车644次,圆满完成石料运输任务。截至7月14日,受灾地区已投入各类工程车195辆,修复道路101条2981处,桥梁26座570延米,正在修复道路10条245处、桥梁5座78延米,投入抢修资金800万元。

(抚州市交通局史志办)

【上饶市公路管理局全力以赴做好初汛洪灾抢修工作】 截至4月16日,上饶市出现持续强降雨,造成境内国、省道干线公路出现大面积毁坏,到4月下旬已冲毁路基12.2千米计土方3.8122万立方米,冲毁路面132.29千米计面积102.4万平方米,局毁桥梁1座/10.6延米,全毁涵洞11道,造成经济损失达3210.39万余元。

为确保雨季道路安全畅通,14日下午,上饶市公路局紧急召开防汛保畅通工作部署会,要求各单位迅速启动防汛抢险应急预案,尽快做好防汛抢险材料的储备及机具、人员的准备工作,要建立24小时应急值班制度,各班子成员要身先士卒,深入一线做好抢险工作,要求各部门、各单位全员上路作业,认真做好路面排水及水沟、涵洞的疏通工作,对于易塌方路段和危险桥涵要加派人员进行全天候险情监控。通过全市公路系统职工的共同努力,至5月中旬,抢修任务基本完成,确保了全市干线公路安全畅通。

(省公路局)

【上饶市奋战洪魔保畅通】 6月18日~7月15日,上饶市连续遭受特大暴雨袭击,致使公路遭受重大损失,局部冲毁路基2216千米、冲毁沥青路面772千米、水泥路面931千米、砂石路面1465千米;毁损桥梁156座、涵洞3634道、护坡1818处,塌方5371处626.046万立方米,阻断公路交通92条,其中国、省道2条,累计经济损失69319万元。灾情发生后,该市交通运输局认真落实省、市有关防汛抢险工作指示精神,成立雨季公路养护和防汛工作领导小组,启动应急预案,实行领导分线包干,不等不靠,动员一切力量,全力以赴投入公路水毁抢修工作中。其间,投入人工24.123万个工日,投入机械140个台班,投入抢修经费12393.61万元,有力地保障了汛期公路的安全畅通。市交通运输局、市发改委及时下拨通村公路灾后重建资金9046万元,省公路局下拨2009年抢修补助资金145万元,下达2010年重建项目计划774万元、水毁抢修补助资金175万元,有效地保证了抢修后的重建工作顺利实施。

(陈均培)

港航建设

【概况】 2010年,省发改委、省交通运输厅分两批下达港航部门基本建设项目投资计划62149万元。款源为:交通运输部补助资金12450万元,省交通运输厅统筹资金8643万元,项目法人贷款31006万元,地方自筹或单位自筹资金1050万元。所建项目包括:赣江东河(南昌—瓢山)Ⅳ级航道整治工程(续建)2800万元;赣江石虎塘航电枢纽工程(续建)54006万元;赣江(南昌—湖口)Ⅱ级航道整治工程(新建)4543万元;赣江(赣州—湖口)航道维护工程(新建)600万元;新干港河西综合码头工程(续建)350万元;吉安港石溪头货运码头工程(续建)350万元;万年港综合码头工程(续建)1830万元;南昌昌邑运政码头工程(续建)100万元;龙南桃江旅游客运码头工程(续建)190万元;都昌港客运码头工程(新建)180万元;九江新港—江洲汽渡船购置(新建)200万元;至年末,按照省发改委、省交通运输厅下达完成年度投资计划的基本建设项目为:赣江东河(南昌—瓢山)Ⅳ级航道整治工程通过交工验收;赣江石虎塘航电枢纽电站厂房、船闸、设备、防护工程等完成年度施工任务;赣江(南昌一湖口)Ⅱ级航道整治工程完成年度施工任务;赣江(赣州—湖口)航道维护工程完成年度计划;新干港河西综合码头(110万吨/年)完工;吉安港石溪头货运码头(50万吨/年)完工;万年港综 合码头(500吨级泊位2个)完成码头水工等施工任务;南昌昌邑运政码头完工;龙南桃江旅游客运码头(8.9万人次/年)完工;都昌港客运码头(30万人次/年)、九江新港—江洲汽 渡船购置列为缓建项目。

(张兆平)

【交通运输部部长李盛霖考察江西水运建设情况】 3月21～23日,交通运输部部长李盛霖到赣考察江西交通运输工作。22日,省委书记苏荣,省长吴新雄会见李盛霖部长一行,并就进一步加快推进鄱阳湖生态经济区交通运输发展交换意见。常务副省长凌成兴,省委秘书长赵智勇,省政府副秘书长朱希,省交通运输厅党委书记程受锭、厅长马志武、副厅长孙茂刚等负责人参加会见。会见结束后,李盛霖部长与吴新雄省长分别代表部、省签署了《加快推进鄱阳湖生态经济区交通运输会谈备忘录》。

22日上午,李盛霖部长一行在吴新雄省长,凌成兴常务副省长,朱希副秘书长等陪同下,从南昌国际集装箱码头乘江西海事指挥艇,沿途实地考察鄱阳湖生态经济区交通运输建设综合情况。听取江西交通运输发展及水运建设等工作情况汇报后,李盛霖指出:建设鄱阳湖生态经济区是贯彻区域发展总体战略、保护鄱阳湖“一湖清水”的重大举措,是促进经济发展方式转变、推进江西科学发展的战略部署。区域发展总体战略将有利于探索环境保护与经济协调发展的新路,对于探索大湖流域综合开发的新模式,促进中部地区崛起树立坚持走可持续发展道路的新形象,具有重要意义。他强调:交通基础设施建设是鄱阳湖生态经济区建设的重要内容,也是促进地区经济发展的重要支撑条件。交通运输部将和有关部门一起继续加大支持鄱阳湖生态经济区建设力度,推动其交通运输发展和综合交通规划,构建高效、便捷的运输体系。李盛霖在考察赣江南昌至湖口高等级航道的途中,听取了航道水深、水路货运量等情况的汇报。李盛霖对当前江西水运建设和管理工作表示满意,他认为:江西拥有丰富的水资源,发展水运具有得天独厚的优势。近几年来,江西省委、省政府投入了较大力量,使水运事业得到长足的发展。鄱阳湖是全国第一大淡水湖,2009 年 12 月 12 日,国务院批复实施了《鄱阳湖生态经济区规划》,其经济生态区建设上升为国家战略。希望江西交通部门要抓住这一有利机遇,加大工作力度,统筹兼顾好当前建设与长远发展的关系,创新发展举措,提升发展层次,增强发展后劲。同时,继续加快长江黄金水道(江西段)和省内水运建设步伐,努力开创江西水运事业新局面,为促进江西经济社会又好又快发展作出新贡献。

(熊昌军　许海远)

【石虎塘航电枢纽工程进展顺利】 7 月,正值江西炎炎夏日,高温酷暑,对于正紧张恢复灾后施工的石虎塘工程来说,无疑又是一个严峻的考验。为尽快赶上工期节点,确保人员设备安全和工程施工质量,石虎塘工程建设者们坚守岗位,奋战高温第一线,项目部采取多项措施,全力推进工程建设。一是避开高温时段,合理安排作业时间。二是宣传防暑知识,发放避暑食品、药品。三是采取科学措施,保证混凝土浇筑施工质量。四是合理调度人员,弥补“双抢”期间人员不足。为保证施工进度,施工方采取了加工资、补助高温费等措施,保证施工人员安心上班。同时,项目部组织全体机关部门成员,深入施工现场,大力开展汛后清淤工作,缓解了“双抢”期间人员不足的问题。

(吕一琦)

【赣江吉安至樟树 V 级航道整治工程通过竣工验收】 8 月 24 日,赣江(吉安—樟树)V 级航道整治工程竣工验收会在南昌召开。经竣工验收委员会认真讨论和评审,一致同意该工程竣工验收。至此,该工程经过 4 年多时间的试运行后正式交付使用。赣江吉安至樟树航道整治工程起自吉安市神岗山,止于樟树市浙赣铁路大桥,全长 150 千米。全线按 V 级航道标准治理,并兼顾 500 吨级船队中洪水期航行要求。工程总概算为 19813.11 万元。工程采用疏浚、筑坝、护岸相结合的方法共整治浅滩 48 个,构筑丁坝 257 座,完成抛砌石 150 万立方米;疏浚挖槽 44 条,完成疏浚土方 196 万立方米,护岸保护 19 段,完成混凝土制块 1.4 6 万立方米,回填土石方 39 万立方米。

竣工验收会由省交通运输厅主持召开,省厅副厅长许润龙出席会议并讲话。省交通运输厅、省水利厅、省港航局、省厅质监站以及项目建设、设计、监理、施工、管养单位的代表和特邀专家参加了会议。会议期间,与会代表查验了工程现场;竣工验收委员会在听取工程建设、设计、监理、施工、质监、效果观测等单位关于工程建设情况的报告后,又对竣工验收资料予以仔细审查。经审议,同意该工程竣工验收,正式交付使用,并核定工程质量等级为合格。

赣江吉安至樟树 V 级航道整治工程自 2003 年 11 月末开工建设,至 2005 年末全面完工,并于 2006 年 3 月顺利通过交工验收。通过几年的效果观测与维护,航道尺度及航行条件已达到设计要求。

(倪　磊)

【赣州大桥、茅店贡江大桥航标工程通过验收】 9 月 3 日下午,省港航局航道处在赣州组织召开赣州大桥和环城高速茅店贡江大桥航标工程验收会,对梁桥的桥涵标牌制作、桥柱标工作平台爬梯及桥前引标等工程项目进行评定验收。

赣江大桥属双塔重力式锚碇悬索桥,主梁采用全封闭式钢箱梁建造。大桥长 1073 米,主桥跨度 408 米,单孔通航,是目前省内主跨最大的双塔重力式锚碇悬索桥,号称“千里赣江第一桥”;茅店贡江大桥则属赣州环城高速公路全线的两个控制性工程之一,全长 881 米,为双控通航桥梁。两座大桥共设置桥涵标牌 4 块,桥涵标灯 4 盏,桥柱灯 24 盏,桥区航道设置桥前引标 20 座。

会议评审专家和代表对两桥航标工程质量表示满意,整体质量满足了相关标准和技术规范,航标工程顺利通过验收。

(刘光林　贺亮鑫)

【鹰瑞、石吉高速公路涉航桥梁航标工程竣工验收】 10月12日，省港航局航管处会同省交通厅基建处、规划处、养护处，鹰瑞、石吉项目办，以及省港航局赣州、吉安、抚州、鹰潭分局和航标设计、施工单位对鹰瑞、石吉两条高速公路涉航桥梁航标工程进行验收。经竣工验收委员会认真讨论和评审，通过了竣工验收，工程质量评为合格。

鹰瑞高速公路涉航桥梁分别为广昌盱江大桥、南城黎滩河大桥和龙虎山白塔河大桥；石吉高速公路涉航桥梁分别为宁都梅江大桥和泰和赣江特大桥。桥梁施工期间，赣州、吉安、抚州、鹰潭港航分局全力做好施工水域通航安全维护管理工作，确保了大桥施工安全。此外，还按照航标设计文件完成了桥涵标制作、安装任务，并为泰和赣江特大桥安装了太阳能航标灯。

（廖根水）

【世行对石虎塘航电枢纽工程进行第五次监督考察】 10月26～27日，以世行赣江石虎塘航电枢纽工程项目经理、高级交通专家张文来为团长，环境、社会、财务、地质等领域专家为成员的世行代表团一行，就该项目实施情况进行第五次全方位监督考察。省交通运输厅副厅长许润龙、省港航局局长于钦民出席交流会并讲话。许润龙在交流会上首先向世行对该项目的高度关注和悉心指导表示感谢，并对考察团一行在此次督查过程中发现的有待改进的问题，作了详细说明和表态。同时对项目建设者提出新的要求，他指出：石虎塘航电枢纽工程作为江西水上有史以来最大的枢纽工程，每一位工程建设者都使命神圣、责任重大。项目业主、设计、监理、施工等参建各方要把创精品工程的标准，渗透到工程实施的方方面面，使“让标准成为习惯，让习惯成为标准，让结果达到标准”的建设理念，转化成为每一位建设者的行为准则。“他山之石可以攻玉”，工程建设者们要“走出去”、“请进来”，充分借鉴和学习省内外的成功经验和先进做法，进一步提高工程建设水平。希望各参建方进一步发挥团队精神，顽强克服各种困难，努力实现2011年10月第一台机组并网发电的建设目标。

通过会议交流、实地察看和分组讨论的综合督查方式，世行代表团对半年来该项目整体实施情况进行了全面了解，对参建各方认真整改上半年世行监督考察时查出的问题，并基本上得到妥善解决给予充分肯定。同时，就下步工程实施提出以下新的要求：一是尽快规范化、制度化地解决工程建设过程中发生的变更、索赔，为项目顺利实施提供资金保障；二是进一步加大征地拆迁和移民安置力度，确保项目所涉及的防护工程建设不受影响；三是加强培训教育，强化人员素质，按世行要求完成海外培训计划；四是尽快设立枢纽机构，为枢纽今后运行作好充分准备。

（吕一琦）

【长江航务管理局与江西省交通运输厅合作促进水运发展】 11月19日，交通运输部长江航务管理局与江西省交通运输厅在九江召开合作促进水运发展会议。江西省交通运输厅厅长马志武、长江航务管理局局长唐冠军出席会议并讲话，长江航务管理局副局长阮瑞文、长江航道局副局长郭晓浩、江西省港航管理局局长于钦民，九江市政府副市长廖凯波等出席会议。

会议围绕长江及江西水运发展的新形势、新变化，就贯彻落实《促进江西长江水运发展战略合作协议》，在巩固良好合作的基础上，进一步探索合作新机制，扩大合作成果进行深入研讨。提出了加强共建协作的建议和意向。会上，经过磋商，双方就实现水运建设发展规划对接、加快水运发展方式转变、深化运力结构调整、推进船型标准化、完善水上政务一体化建设、强化水上安全和通航管理、优化长江航道建设整治环境和促进信息资源共建共享等方面达成广泛共识，形成具体措施。会议取得积极成果。

（许海远）

【海螺水泥企业专用码头竣工投产】 2009年8月，交通运输部正式批复江西赣江海螺水泥码头工程使用南昌港口岸线的请示。该码头按《南昌港总体规划》要求建设为专用码头，由江西赣江海螺水泥有限公司投资建设。码头位于南昌港龙头岗港区赣江西支左岸，上游距福银高速公路赣江大桥1.5千米。码头岸线长380米，建设4个泊位，包括3个散货进口泊位（1000吨级）和一个1000吨级袋装水泥出口泊位，年吞吐能力450万吨。由江西航务勘察设计院设计，浙江省第一水电建设集团公司负责施工。该码头于2009年7

月开工建设,2010 年 8 月建成三个泊位,并投入试运行。泊位长 123 米,泊位年通过能力 300 万吨(货物)。

(张科文 周国祥)

【南昌富昌油库搬迁重建码头工程通过竣工验收】 7 月 15 日,南昌富昌油库搬迁重建工程(一期)码头工程通过竣工验收。该码头位于新建县乐化镇,由原凤凰洲迁入,是南昌港总体规划颁布实施后第一个竣工投产的码头,主要设施有卸油码头区、输油泵区、储油罐区、油品汽车装卸区、污水处理区、消防加压泵站及综合办公楼等库区内附属设施。首期设计库容 2 万立方米,总投资 5000 万元,码头建成后可以形成每年中转成品油 15 万吨的能力。

(平关正)

【瑞昌港区公用港口一期工程即将启动】 11 月,九江港瑞昌港区工业城公用港口一期码头工程使用港口岸线获交通运输部正式批复,标志着该工程即将启动。该码头工程设计建设 3000 吨级散货泊位和 3000 吨级件杂货泊位各 2 个,设计年通过能力 280 万吨。该码头的建设将为进驻码头工业城的企业提供优质服务,瑞昌港区的实际年货物吞吐量也将突破 1500 万吨。工业城公用码头获准建设是九江市探索长江岸线开发利用新路子的首次尝试,标志着其港区建设正在实现质的飞跃。随着优质长江岸线的快速开发,港口建设功能进一步提升,瑞昌港区成为当地经济发展的强大引擎。

(王凌云 石浩均)

【星子航道处完成 3 座灯塔恢复重建工作】 2010 年入汛以来,由于持续高洪水位,导致鄱阳湖水域朱袍山、褚溪河口、老爷庙 3 座灯塔相继被砂石运输船撞毁。为保障航道畅通,确保过往船舶航行安全,九江港航分局星子航道处积极行动,于 11 月开始对该 3 座灯塔进行全面重建恢复工作。该处组织专业人员在拆除老塔残基的同时,加工制作新的灯塔。在安装施工作业时,派出两名技术人员予以现场施工安全监督管理,确保灯塔重建过程中的人员安全和工程质量。至 12 月,3 座灯塔重建恢复工作告竣,续又为该水域过往船舶提供安全、便捷、畅通的航道。

(高 明 张兆平)

【省港航局水运建设创佳绩获长江航运系统水运建设先进单位称号】 2009 年,省港航局抓住“合力加快长江航运黄金水道建设”的有利契机,大力推进全省港航基础设施建设,硕果累累:石虎塘航电枢纽工程当年完成项目投资 3.6 亿元;吉安石溪头货运码头完成主体工程建设,通过了省交通工程质监站质检验收;新干港河西综合码头主体工程通过了省质监站质检验收;赣江东河(南昌—瓢山)Ⅳ级航道整治工程完成年度施工任务;赣江(南昌—湖口)175 千米Ⅱ级航道整治工程初步设计在有序进行。2010 年 3 月 18 日,在南昌召开的长江港航座谈会上,江西省港航局被评为 2009 年度长江航运最佳水运建设先进单位。

(何金宝 雷桥亮)

【省交通运输厅与南昌市政府举行南昌新港规划座谈会】 12 月 14 日,省交通运输厅与南昌市政府在省水上搜救中心举行南昌新港规划建设工作座谈会。省交通运输厅厅长马志武,市委副书记、代市长陈俊卿,副市长刘家富,省港航局局长于钦民、副巡视员龙华明,省重点办副主任傅江彬和省厅有关处室、省港航局、市政府有关部门、经开区、新建县等负责人出席会议。基于“十二五”期间是港口枢纽建设和临江经济发展的关键期,座谈会围绕贯彻鄱阳湖生态经济区规划的目标要求,重点就建设南昌新港工程,打造南昌综合交通枢纽,规划建设南昌新港产业城进行深入研讨。

马志武在介绍南昌新港产业城规划方案后指出,南昌新港产业城的规划建设区域处在国家发展战略鄱阳湖生态经济区的重要地位,区内交通条件优越,土地供给相对充足,深水岸线资源丰富,区域环境承载力强,腹地经济发展强劲,具有良好的发展前景。加快建设南昌新港,统筹协调水路、公路各种运输方式,体现高效交通和多式联运优势,打造区域综合运输枢纽,成为南昌新港产业城发展的重要支撑。要按照“利益共享发展,集约要素发展,与城市经济互动发展,示范引领发展的思路,促进区域经济的全面发展。

陈俊卿指出,南昌新港产业城的提出恰逢其

时，条件成熟，符合南昌工业发展的需要。该项目的实施对于建设区域交通枢纽、强化区域经济的辐射功能，拉动南昌经济发展具有重要意义。南昌市各相关部门、区（县）要加大支持力度，以最优的工作方法，最高的工作效率，主动对接，加强服务，做到各项工作无缝衔接，努力促进南昌新港的规划建设，确保项目顺利实施并取得预期成效。

会上，副市长刘家富，省港航局局长于钦民提出了工作建议。市发改委、国土、规划、交通等部门及经开区、新建县主要负责人作了发言。

（许海远）

【赣江南昌段大桥水域进行航道清障扫床】 10月，南昌航道处道政工作人员对南昌辖区大桥水域航道进行全面清障扫床工作。2009年，南昌八一大桥曾进行维修，遗留的建设废材和杂物较多。2010年，南昌大桥对辅助支撑桥墩进行整修，也留下了不少沉积物。在赣江枯水时期，这些水下沉积物和杂物易造成航道堵航和船舶搁浅事故。10月，南昌航道处及时对以上两桥附近水域彻底进行清扫，有效地确保该水域通航和大桥安全。在清障过程中，该处还对两桥水域的航标进行了移位、涂色和更换电池、电灯等，以确保枯水期大桥水域通航安全。

（邱志勇）

【石虎塘水电项目通过国家清洁发展机制审批】 1月30日，赣江石虎塘航电枢纽水电项目申报，顺利通过国家发改委清洁发展机制项目审批，并批复同意石虎塘水资源综合开发公司与世界银行作为西班牙碳基金的受托人进行减排量交易，转让总量不超过22万吨二氧化碳当量，每吨单价不低于8欧元。这标志着该工程项目符合国家发展低碳经济、实现可持续发展目标的战略要求。

2009年，石虎塘水资源综合开发公司积极加强与国际第三方审定机构的沟通与合作，于11月完成了国际第三方审定机构对该项目的现场考察工作。审定报告正在编制过程中，经过项目参与各方一段时间的沟通和证据收集之后，将形成最终报告，上报联合国清洁发展机制执行理事会完成该项目的登记注册程序。2010年1月初，石虎塘水资源综合开发有限公司已与世界银行签订了减排量购买协议。待2011年10月首台机组发电之后，世界银行将为石虎塘航电枢纽提供一定的经济支持。

（朱　咏）

规划与勘察设计

【省交通运输厅交通规划工作情况】 2010年，是省交通运输厅交通运输规划以及造价管理工作任务十分繁重的一年。省交通规划办认真贯彻落实省交通运输厅关于规划工作的部署，认真开展交通规划编制和调整工作，加强造价管理，为交通运输工作科学发展作出了积极贡献。（1）在规划方面，完成多项重大交通规划：《江西省"十二五"交通运输发展规划》、《鄱阳湖生态经济区公路水路交通运输发展规划》、《江西省"十二五"国防公路水路战备建设规划》和《江西省旅游公路建设规划(2009～2012)》。此外，由该办主编的交通运输部区域性重大研究课题《"十二五"农村公路发展目标和重点研究》和《江西省2020年高速公路中期评价》通过了省交通运输厅组织的专家评审会议，为保障全省农村公路和高速公路建设可持续发展，促进全省经济发展和社会进步提供了坚实保障。2010年，该办还应地方政府要求，指导编制了地方性的交通发展规划7个，如：《新余市综合交通运输发展规划》（2010～2020年）等，得到当地政府的好评。（2）在配合交通运输部相关研究方面，完成《国家高速公路网规划方案（征求意见稿）》的回复意见，提出了江西省对于境内国家高速公路网路线调整的意见和方案。完成交通部下发的《关于请协助做好城市客运交通统计需求调研的函》工作；完成《关于征求对〈泛珠三角区域交通合作工作建设〉（初稿）修改意见的函》

的回复意见并编写《泛珠三角区域交通合作工作会议材料》,内容涵盖省际综合运输通道的建议、交通运输区域合作的工作建议等事项;完成《关于加强海西经济区交通基础设施建设的建议》中交通基础设施对接海西的运输通道和设施一体化的编写任务。此外,在配合省厅工作方面,积极完成厅交办的幻灯片的编制任务,以及区域合作汇报材料等。(3)在回复有关部门意见方面,2010年,该办完成省厅转发的人大代表建议件和政协委员提案件共回复40个文件,办理回复率、满意率均达100%。

(龚莉萍)

【《鄱阳湖生态经济区公路水路交通运输发展规划》编制完成】 2009年12月12日,国务院正式批复《鄱阳湖生态经济区规划》,标志着建设鄱阳湖生态经济区上升为国家战略。在此背景下,综合交通体系建设必须转变发展思路,根据鄱阳湖生态经济区建设需要,编制《鄱阳湖生态经济区公路水路交通运输发展规划》,对于保持和加快鄱阳湖生态经济区的进一步发展,带动和提升全省的经济发展水平,促进鄱阳湖生态经济区的社会经济进步和稳定,具有重要的战略意义和现实意义。该规划指导思想是:贯彻落实科学发展观,以国务院批复的鄱阳湖生态经济区规划为统领,以建设畅通高效、安全绿色交通运输体系为目标,以推进现代交通运输业发展为主线,统筹公路水路和区域城乡交通运输和谐发展,继续加大交通基础设施投入和建设强度,努力提高交通运输增长的质量和效益,为鄱阳湖生态经济区建设提供强有力的交通运输保障。具体目为:到2015年,在全省率先形成"干支成网、有机衔接、畅通高效、安全绿色"的鄱阳湖生态经济区现代综合交通运输体系。

(龚莉萍)

【《江西省旅游公路建设规划(2009~2012)》编制完成】 为深入贯彻落实全省旅游产业大省建设工作会议精神,依据省委、省政府《江西省旅游业发展"十一五"规划纲要》、《江西省旅游精品线路建设规划纲要》,结合《江西省"十一五"公路水路交通发展规划》,制订江西省旅游公路规划。规划目标是:2010年至2012年,省级安排3亿元交通建设专项资金用于旅游公路的主线建设,着力解决全省旅游精品线路中的"瓶颈"路段及重点景区通达问题,建设特色旅游公路,改善旅游公路技术等级结构,增强通行能力,使全省旅游公路交通条件和景观面貌明显提升。该规划结合全省景区分布特点,有效整合江西旅游公路资源,构建出不同层次的旅游循环圈。具体规划对象为:连通国、省道干线与AAAA级旅游景区或省级及以上风景名胜区之间的公路;连通AAAA级旅游景区或省级及以上风景名胜区之间的公路(不包景区内部交通);连通国、省道干线与当前年游客流量达到10万人以上的旅游景区之间的公路;兼顾旅游服务和路网功能以及对旅游产业战略发展具备支撑功能的公路。通过该规划的实施,在原有旅游路线的基础上,又将连通9个国家级风景名胜区、7个省级风景名胜区、1个AAAAA级旅游景区、10个AAAA级旅游景区、3个AAA级旅游景区,有利于旅游资源和旅游产品的整合,更加适应江西旅游产业发展趋势。该规划的建设标准以二级、三级公路为主,山岭重丘特殊困难地段为四级公路。

(龚莉萍)

【江西省列入国家公路运输枢纽建设规划项目编制完成】 2007年,交通部出台了《国家公路运输枢纽布局规划》,确定江西省南昌、九江、赣州、吉安、鹰潭、宜春等6市为国家公路运输枢纽城市。2010年完成上述6城市枢纽总体规划的修编及环境评价报告编制工作。该规划含28个客运(枢纽)站,33个货运站(物流中心)。预计"十二五"期间,开工建设14个客运站,16个货运站。

(省公路运输管理局)

【全省"十二五"农村客运网络化建设规划编制完成】 5月,省公路运输管理局开展江西省"十二五"农村客运网络化建设规划编制工作,至12月末,通过省交通运输厅组织的初审。该规划提出,至2015年末,全省具备条件的行政村通客运班线的比例达91%,农村客运公司化经营比例达60%,农村客运服务水平AA以上企业比例达86%,五级以上客运站占乡镇总数比例达80.8%,通班车行政村候车亭覆盖率达100%。该规划的出台,将指导全省"十二五"农村客运、农村物流及农村公路建设更好更快发展。

（省公路运输管理局）

【南昌市完成“十二五”农村公路建设规划编制基础数据摸底调查工作】 南昌市交通运输局以全市于2009年提前开展的自然村公路通达情况调查工作的数据为基础，组织人员对数据进行审核、完善，完成“十二五”农村公路建设规划编制基础数据摸底调查工作。经审查汇总，南昌市“十二五”农村公路建设总投资规模46.5亿元，其中：危桥改造工程项目622个，总投资4.9亿元；县乡公路改造、乡村道连通工程项目1493.14千米，总投资25.6亿元；通自然村公路建设项目4036.89千米，总投资约12.1亿元；农村渡口改造和改渡建桥项目6个3950延米，总投资1.1亿元；农村公路安保工程项目3722.9千米，总投资2.8亿元；数据已按照要求上报省公路局。

（王　峰）

【九江港总体规划获部、省联合批复】 5月12日，《九江港总体规划》正式获得国家交通运输部和江西省人民政府联合批复。为策应环鄱阳湖生态经济区和国家中部崛起规划战略的实施，2008年3月28日，交通运输部和江西省人民政府共同组织专家组，在九江联合召开了《九江港总体规划》审查会议。专家组经过一天的现场勘查和认真审议，原则通过了由中交第二航务工程勘察设计院、中国科学院南京地理与湖泊研究所共同编制的《九江港总体规划》。专家们认为，九江港是全国内河主要港口，是对外贸易的重要口岸，是江西省发展沿江经济带和鄱阳湖生态经济区的重要支撑。九江港将发展成为以集装箱、建材、矿石、能源运输为主，兼有旅游客运，具备装卸存储、中转换装、运输组织、临港开发、现代物流、商贸服务等功能的综合性港口。九江港被规划为瑞昌港区、城西港区、城区港区、湖口港区、彭泽港区等5个港区，形成“一港五区、各具特色、功能明确、集中连片”的总体发展格局。

（王凌云）

【景德镇市交通局完成“十二五”综合交通规划编制工作】 3月12日，由景德镇市交通局组织“十二五”综合交通规划编制方案工作会议召开。景德镇市发改委、公路管理局、民航局、公路运输管理处、港航管理处等单位领导及景德镇市“十二五”综合交通规划编制工作领导小组全体成员参加会议。会议传达市政府“十二五”规划编制工作会议精神，研究讨论“十二五”综合交通规划编制工作方案。该项工作的开展，标志着景市“十二五”综合交通规划编制工作正式启动。为编制好该市“十二五”综合交通规划，景德镇市交通局制定了具体方案，成立了领导小组办公室和编写小组。根据市政府总体安排，景德镇市“十二五”综合交通规划编制工作从2010年3月至8月完成。总体规划和专项规划同步进行。规划编制任务主要围绕四个方面的内容进行：一是加强重大问题研究。重点围绕公路、水路、铁路、航空、运输和枢纽建设等重大问题开展前瞻性研究，理清长远发展思路。二是编制综合交通总体规划。三是编制专项规划。四是加强对重大工程的研究和论证，研究、筛选、确定一批重大工程项目，做好与国家、省、市总体规划的衔接，力争纳入国家、省、市总体规划中。到8月底，《景德镇市“十二五”综合交通运输规划》编制完成并获景德镇市政府原则同意。

（李青松）

【新余市交通局积极做好鄱阳湖生态经济区专项规划对接工作】 2月，新余市交通局积极做好鄱阳湖生态经济区专项规划及对接工作。一是召开党委扩大会议，对鄱阳湖生态经济区综合交通规划事宜进行了专题讨论和研究，初步确定了纳入省规划的项目。二是及时召开鄱阳湖生态经济区综合交通规划对接协调会，邀请各协同单位和项目单位的分管领导参加会议，了解项目对接情况，督促各单位尽快完成对接工作，力求专项规划与“十二五”规划相互衔接，紧密融合。三是积极与省交通运输厅沟通对接。春节前夕，局党政主要领导带队，与省交通运输厅党政主要领导及分管领导，就鄱阳湖生态经济区综合交通规划事宜、新余港（袁河梯级开发）项目纳入鄱阳湖生态经济区规划进行了沟通对接，争取省厅支持。

（胡晓文）

【吉安市编制中心城区公交规划】 5月中旬，吉安市交通运输局编制的吉安市城市公共交通专项规划(2010～2020年),经吉安市政府第42次常务会议审定批准正式出台。按照该规划,到2020年,该市将建立以大站快车公交和骨干公交为主体,公交支线为辅助,城乡公交、旅游公交等其他公共交通为补充的公共交通系统,公共交通线路71条,线网密度为3.5千米/平方千米,市区公交3条快车线路采取公交专用道服务模式;中心城区范围内设置9个公交首末站、11个公交换乘 枢纽、4个公交停保场,公交车拥有量927标台,每万人拥有12.7标台,出租车拥有总量为1034～1503辆。

(龙少华)

【宜春市编制"十二五"综合交通运输规划】 2010年,宜春市交通运输局坚持以科学发展观为统领,以改善民生为主导,突出重点,统筹兼顾,精心编制"十二五"综合交通运输规划,力促全市交通运输总体能力、市场化进程和服务质量基本满足经济增长和社会发展的需要。一是依托国家综合运输通道建设,构筑宜春交通大格局。力争以高速公路构筑起宜春市"工字形"综合交通运输大通道,国道基本建成一级公路,平原区省道基本建成二级及以上公路,县乡道等农村公路全面消灭砂石路,基本建成高级或次高级路面。二是加大基础设施建设投入,构筑综合交通运输体系。"十二五"期间新(改)建公路1452.23千米,投资68.35亿元;重建或加固危桥5655.33延米/202座,投资3.37亿元;安保工程计划投资15195万元/1288千米;灾害防治投资27800万元。三是建立先进、便捷、高效、安全、环保的道路运输体系。通公路的行政村客车通达率达到100%,50%以上县市实现城乡公交一体化目标。所属各县(市)区编制的"十二五"交通运输建设规划,已在2010年全部完成任务。

(晏小宜)

【抚州市"十二五"交通发展规划论证会召开】 10月28日,抚州市交通运输局召开"十二五"交通发展规划论证会。参加会议的有:省交通运输厅规划办、省公路局、省运管局、省港航局,抚州市发改委、市规划局、市国土局、市公路局、市海事局、市运管处,江西长运抚州分公司等单位代表。与会专家和领导听取了"抚州市'十二五'交通发展规划"的汇报,对该规划进行讨论,并提出咨询论证意见。"抚州市'十二五'交通规划"系统地研究分析了抚州市交通发展现状、发展战略、交通需求,提出了"十二五"期间交通发展的目标和重点。根据专家的意见和结论,市交通运输局将对"十二五"期间交通发展规划进行修改完善,并按相关程序抓紧开展下一步工作,确保按省交通运输厅要求完成"十二五"期间交通发展规划编制任务。

(陈根玲)

【奉铜高速公路初步设计通过最终审查】 1月,在省发改委组织召开的奉新至铜鼓高速公路工程初步设计评审会上,该项目通过最终审查。会议期间,与会专家和代表先后实地察看了项目现场,对初步设计方案进行了详细分析,认真听取了地方政府的意见和建议,并结合实际,对线路走向、互通、桥涵等设计方案提出了合理的建议。

奉铜高速公路为南昌至铜鼓高速公路二阶段新建工程,项目新建里程133千米。项目位于宜春市境内,起点与正在建设中的南昌至奉新高速公路终点相接,经奉新、靖安、宜丰、铜鼓四县,止于赣湘两省交界的铁树坳。该路按双向四车道高速公路标准建设,全线设置8个互通,2个服务区,3个停车区。

(夏睿德)

【吉安至莲花(赣湘界)高速公路初步设计通过交通运输部审查】 9月6～10日,交通运输部专家组一行对省交通设计院设计的吉安至莲花(赣湘界)高速公路初步设计进行现场审查。专家组对吉安至莲花高速公路的初步设计给予了充分肯定。吉安至莲花(赣湘界)高速公路是国家高速公路"7918"网中第15横——泉州至南宁国家高速公路中江西境内的西段。路线起于大广高速公路吉安至赣州段K128+600处(吉安市泰和县石头山附近),与泉南线石城至吉安高速公路终点相接,终于莲花县坪里乡赣湘交界处界化垄。路线全长106.661千米,途经泰和、吉安、永新、莲花4县16个乡镇,路基宽26米,双向4车道,设计速度100千米/小时,沥青混凝土路面。

(罗 晖)

【瑞金至寻乌(赣粤界)高速公路设计简介】 瑞

金至寻乌高速公路是济广高速公路在江西境内的最后一段，全长123.956千米。该项目于2008年12月完成全线初步设计工作，2009年8月完成全线施工图设计工作。工程总概算核定为60.48亿元。该项目采用4车道高速公路标准设计，设计速度100千米/小时，路基宽26米（分离式路基宽采用13米），路面为沥青混凝土。桥涵设计汽车荷载等级为公路Ⅰ级。设计洪水频率：特大桥采用1/300，其余桥涵及路基采用1/100。全线共设大桥12279米延/50座，隧道4845.6米/5座。

（胡兵华）

【福银高速九江长江公路大桥设计简介】 福州至银川高速公路九江长江公路大桥在九江区段跨越长江，连接江西省九江市与湖北省黄梅县。该桥是国家发改委于2004年7月规划确定的70座长江过江通道之一。项目起于江西省南九高速公路七里湖路段，从江西省九江市阎家渡码头上游约1千米处跨越长江，终于湖北省黄梅县黄小高速公路小池收费站北侧，路线全长25.19千米，大桥长8462米。

项目采用的主要技术标准为：A、B段为双向6车道，路基宽33.5米；C段为双向4车道，路基宽26米。全线设计行车速度为100千米/小时，设计荷载为公路Ⅰ级，设计洪水频率为1/300（特大桥）和1/100（大、中、小桥及涵洞），主线路面采用沥青混凝土，路面标准轴载为BZZ—100千牛。通航主副孔净高24米，备用小轮通道净高18米。工程概算总金额44.8亿元。该项目于2009年10月开工建设，计划工期4年。

（魏建华）

【南昌市瑶湖大桥扩建及麻丘互通立交工程设计简介】 南昌市瑶湖大桥扩建及麻丘互通立交工程起于南昌市东大门紫阳大道东端—昌万公路瑶湖大桥桥头，终于麻丘镇街道，路线全长3.68千米，其中瑶湖大桥全长518米，该项目在原昌万公路基础上改建拓宽形成城市快速路。原昌万公路于2002年开工建设，2004年建成通车，路基宽12米，设计荷载为汽—20级、挂—100。新工程按8车道城市快速路设计，设计行车速度60千米/小时。路幅宽度分为3段：48米宽的长1.6千米；52.5米宽的长0.86千米；36米宽的长1.76千米。路面采用沥青混凝土，设计年限15年，设计标准轴载BZZ—100千牛。汽车荷载等级：瑶湖大桥新建桥梁为公路—I级，老桥采用原设计标准；其他桥涵及构造物设计荷载为公路—Ⅰ级。设计洪水频率：大桥1/100、路基及小桥涵均为1/50。

瑶湖大桥采用老桥两侧加宽的设计方案，在老桥两侧各扩建3个车道与老桥分离的新桥，新建的两幅桥与原老桥组成8车道（含非机动车道和人行道总宽48米）。该项目于2009年11月完成初步设计，2010年1月完成施工图设计，2010年9月建成通车。

（雷晓坤）

【永修至武宁（庐山西海）旅游高速公路设计简介】 永修至武宁（庐山西海）旅游公路东起福银高速公路，西连大广高速公路，位于庐山西海风景区北部，是沟通福银高速、庐山西海景区、大广高速的一条地方加密高等级公路。路线起于永修县的军山分场庄上自然村头的福银高速，终于武宁县澧溪镇与大广高速相接。该项目的建成将把福银、大广高速有机的连成一体，有利于发挥这两条高速公路的带动作用，对更快、更好开发庐山西海旅游资源意义重大。路线全长104.487千米，全线采用双向4车道高速公路标准，路基宽24.5米，设计速度80千米/小时。省交通设计院于2009年1月完成全线初步设计，于2009年7月完成全线施工图设计，2009年5月8日取得江西省发改委批复，核定工程总概算为41.85亿元。

（省交通设计院）

【祁门浮梁高速公路良禾口至桃墅店段新建工程初步设计通过审查】 1月11～12日，祁（门）浮（梁）高速公路良禾口（赣皖界）至桃墅店段新建工程初步设计通过审查。项目东起赣皖两省交界处良禾口，西接已建成通车的济（南）广（州）高速公路景德镇至鹰潭段桃墅店互通，全长15.657千米。该项目按双向四车道高速公路标准设计建设，路基宽24.5米，计算行车速度80千米/小时，全线设桥梁7座（含分离式立交2处）、涵洞58道、隧道1处、互通式立交2处，投资概算6.55亿元。

该项目的建设为江西省增加一条出省通道，

对开发上海—杭州—黄山—景德镇—九江的黄金旅游线路,带动皖赣交界地区经济发展等方面将起到重要作用 。

(涂 强)

【宜春市交通规划勘察设计院2010年设计工作取得好成绩】 2010年,宜春交通规划勘察设计院发扬开拓创新、求真务实精神,克服市场竞争激烈等困难,以优秀设计开拓市场,转变服务观念,完成桥梁设计33座,农村公路水泥路面设计895千米,勘察设计工作取得好成绩。在搞好服务过程中,该院注重提高设计质量,针对勘察设计任务异常繁忙的状况,加强质量管理不放松。为增强勘察设计人员的工作责任感,该院多次召开会议,分析形势,研究部署,制定出一套切实可行的质量奖惩规定。在加强质量管理的同时,该院加大对专业技术人员的培训教育,组织专业技术人员参加软件计算机学习。通过培训学习,开阔视野,总结设计经验,更新设计理念,将"以人为本","安全、环保、和谐、耐久"的思想,切实贯彻落实到设计中去,持续提高勘察设计产品质量。近年来,该院业务范围不断扩展,服务质量不断提高,受到用户好评。

(戴颖娟)

【省高速公路养护技术研究中心项目通过审批】 10月,由省高速集团组织申报的"江西省高速公路养护技术研究中心"项目成功通过审批,被列为江西省科技计划项目重点研究开发基地,成为全省交通系统第一个省级技术研究中心。该中心以省高速集团下属天驰高速科技公司为基础,主要进行高速公路养护技术研究、养护质量评价体系研究及新材料、新工艺、新设备的开发与推广应用,推动高速公路养护工程进一步向精细化、科学化、可持续化方向发展。评审过程中,评审专家认为该平台拥有一支较强的研发与工程团队,并取得了中国实验室国家认可委(CNAS)认可和交通部综合甲级试验检测机构资质认证,具有良好的研发、中试、检测设备条件和较强的科研成果转化能力。

(罗国兵)

【杭新景高速公路建德寿昌至开化白沙关(浙赣界)段工可研究报告获国家发改委批复】 10月28日,杭新景高速公路建德寿昌至开化白沙关(浙赣界)段工可研究报告获国家发改委批复。杭新景高速公路建德至开化段起自建德市寿昌八亩丘,接已建成通车的杭州至建德寿昌高速公路,经上方、太真等市镇,止于开化县白沙关(浙赣界),与江西省已建成通车的白沙关(浙赣界)至婺源高速公路相接,全长130千米。全线采用双向四车道高速公路标准建设,设计速度为100千米/小时,路基宽26米,项目总投资98.7亿元。全线设置10处互通立交。

(省公路局)

【省交通运输厅召开石虎塘工程第二批施工图纸审查会】 8月17日,省交通运输厅组织召开赣江石虎塘航电枢纽工程第二批施工图纸设计审查会。省厅总工程师胡钊芳出席会议并讲话。厅基建处、规划处,省港航局,特邀专家,以及石虎塘项目办、设计、监理、施工单位代表40余人参加了会议。

会上,与会人员认真听取了设计单位对第二批施工图设计情况的详细介绍以及技术审查咨询单位的反馈意见,并对施工图设计文件、咨询审查报告反馈意见进行了认真审阅和讨论。会议认为:施工图基本上执行了工可批复和初步设计审查意见,设计内容及深度基本满足航运工程施工图设计标准和要求。根据安排,石虎塘项目施工图设计审查共分3次完成。此次审查的施工图主要包括:电站厂房、水利机械、右岸防护堤、坝顶交通桥、枢纽区水土保持、船闸管控系统、库区防护工程土建设计的7个方面共393张图纸。

(吕一琦)

【南昌至湖口Ⅱ级航道整治工程初步设计通过审查】 8月18~19日,《赣江(南昌一湖口)II级航道整治工程初步设计》通过审查。

赣江(南昌一湖口)II级航道整治工程起于南昌姚湾,由裘家洲左汊进入赣江西支,经樵舍、昌邑,于吴城入鄱阳湖,至湖口入长江,全长175千米。其中南昌至吴城赣江尾闾航道94千米,吴城至湖口湖区航道81千米。建设标准为内河II级,航道尺度2.8米×75米×550米,通航2000吨级船舶,设计最低通航水位保证率98%。该项目系江西规划等级最高的航道,其开工建设标志着全省高等级航道又将迈向一个新台阶。

（张继红　艾东生）

【《江西九江港煤炭码头工程项目申请报告》通过预评估】 9月5日,《江西九江港煤炭码头工程项目申请报告》通过预评估。

九江港煤炭码头工程项目法人由中国电力投资集团公司江西省分公司、上港集团九江港务公司出资组建,分别拥有股份65%、35%。该项目建设地址位于九江港城西港区,拟建4个5000吨级散货泊位,其中3个煤炭装卸泊位,1个散货装卸泊位(兼顾2个散货出口泊位),年设计通过能力1200万吨。工程主要建设内容包括港区铁路、陆域形成、水工建筑、装卸设备、助航设施、土建工程、供电照明、给排水、通讯、环保等工程。项目投资估算为12.82亿元。项目法人自筹工程建设资本金30%,不足部分采用银行贷款。预计工程于2011年末工建设,建设工期20个月。

九江港煤炭码头工程项目的启动将进一步完善九江港港口功能,提升江西水运发展水平,同时亦为全省电煤供应提供强有力的保障。

（张国平）

【《赣江(中游)永泰航电枢纽工可报告》编制工作全面推开】 赣江(中游)永泰航电枢纽工程通过招标方式择优选定中交水运规划设计院有限公司与中水珠江规划勘测设计有限公司组成体负责承担其《预可报告》(含项目建议书)及《工可报告》的编制工作。12月15日,外业勘察人员进入现场,编制工作全面铺开。赣江永泰航电枢纽工程地处赣江中游,位于樟树市永泰镇附近,为峡江水利枢纽的下一个梯级,上距峡江枢纽坝线50余千米,控制流域面积64776平方千米,多年平均径流量约533亿立方米,多年平均流量为1689立方米/秒。依据《赣江流域规划》,永泰航电枢纽是一座以航运为主,兼有发电、防洪等综合利用功能的大(Ⅱ)型工程,其主要建筑物由船闸、泄水闸、电站以及两岸土坝等组成。枢纽初拟正常蓄水位34米,下游设计低水位为25米,船闸通航1000吨级船舶,电站总装机容量120万千瓦,年平均发电量5.43亿千瓦/小时,渠化航道50千米。

（罗　春）

【南昌市龙头岗综合码头工程可行性研究报告通过评估】 11月14日,《南昌龙头岗综合码头工程可行性研究报告》通过评估。

该项目位于赣江西支左岸新建县樵舍镇、与地处昌北的南昌市经济技术开发区相邻。根据《研究报告》,港区岸长300米,其中一期工程将建设1个2000吨级散货泊位,3个2000吨级杂货泊位,总吞吐量为420万吨(件杂货270万吨,散货150万吨)。

（艾冬生）

【万年港综合码头工程施工图设计获省交通运输厅批复】 12月20日,万年港综合码头工程施工图设计获省交通运输厅正式批复。根据项目初步设计并结合工程实际情况,该码头共建设4个500吨级泊位。一期工程先行建设杂货泊位1个,设计年吞吐量19.9万吨,化学品泊位1个,设计年吞吐量19.9万吨。预留灌装危险品泊位(吞吐量1 0万标准箱/年)、集装箱泊位各1个。设计船型为500吨级货船并兼顾1000吨级驳船。与此同时,对万年港综合码头工程的总图设计、水工建筑设计、施工组织设计予以了批复。此外,根据初步设计文件批复要求,结合工程实际,对港区局部标高、装卸工艺、细部结构进行了优化。

（张国平）

【九江港两码头工程《工可报告》通过审查】 12月29～30日,《江西蓝天玻璃制品有限公司专用码头改扩建工程可行性研究报告》、《江西铜业集团铅锌冶炼工程水运码头可行性研究报告》通过审查。

江西蓝天玻璃制品有限公司专用码头扩建工程与江西铜业集团铅锌冶炼工程水运码头位于九江港湖口港区金沙湾。其中:江西蓝天玻璃制品有限公司专用码头改扩建工程建设规模为年设计吞吐能力195万吨(散货130万吨,件杂货65万吨),新建3个3000吨泊位(散货泊位1个,件杂泊位2个),码头泊位岸线长323米;江西铜业集团铅锌冶炼工程水运码头建设规模为年设计吞吐能力180万吨,新建3000吨、5000吨泊位各1个,码头泊位岸线长203米。

（张国平　张燕斌）

站场(厂)房屋建设

【概况】 2010年度,省交通运输厅共下达汽运场站基本建设计划补助资金7100万元(其中:交通部车购税3000万元)。按计划类别分:农村客运站计划3600万元,农村候车亭计划2000万元,三级以上站场计划1500万元。已下达计划数与去年(6415万元)相比减少8%。2010年累计完成投资6973万元,与去年同比减少52.27%。其中,三级以上站场完成投资197万元,农村客运站完成投资3986万元,农村候车亭完成投资2790万元;与去年同期相比分别减少88.06%,59.03%和13.57%。2010年,全省汽车站竣工投产项目总数2475个,其中:三级以上站场完成1个,农村客运站完成149个,建成农村候车亭2325个。2010年,全省汽车客货运站场建设累计新增固定资产5363万元,竣工房屋建筑面积24335平方米,其中:农村客运站项目新增固定资产2573万元,新增房屋建筑面积24335平方米;农村候车亭新增固定资产2790万元。2010年,在建项目2864个,其中:在建三级以上站场项目2个,农村客运站项目160个,农村候车亭2325个;新开工项目2402个,其中:农村客运站77个,农村候车亭2325个。

(省公路运输管理局)

【南昌县积极抓好农村客运站场建设】 2010年,南昌县把农村客运站场建设列为全县新型城镇化建设项目,也是全县重点建设项目,更是重要的民生工程项目。该县交通运输局落实质量监督责任人,稳步推进农村客运站场建设。到年末,5个乡镇客运站中,渡头客运站和富山客运站已通过竣工验收;南新客运站进入施工阶段;泾口、新联客运站进入筹建阶段。同时,该局还大力抓好县级站莲塘客运站的项目建设,建设用地6.6公顷,其中,客运站建设4公顷,停车场建设2.6公顷。该客运站总投资2500万元。至年末,该客运站项目已进入设计、招投标阶段。

(骆国良)

【南昌市公路运输枢纽部分场站建设开始前期工作】 6月,《南昌国家公路运输枢纽总体规划》经南昌市政府和省交通运输厅联审后,南昌市交通运输局开始着手组织有关单位进行全市站场建设的前期准备工作。其中有:①南昌综合客运枢纽:项目建设地点在地铁路2号线一期工程终点的南昌火车站东广场。建设标准为国家一级站,设计能力为25000人次/日,占地面积3.6公顷,建筑面积5000平方米,总投资20000万元。该项目预计2011年10月与火车站东广场改造同步建设。②南昌西综合客运枢纽:项目建设地点在地铁2号线一期工程起点站,建设标准为国家一级站,设计能力17000人次/日;占地面积6.77公顷,建筑面积12000平方米;总投资12000万元。市政府已明确建站用地4公顷,该项目预计与铁路西客站同步建设。

(车小琴)

【萍乡市旅游集散中心开工建设】 11月30日,萍乡市旅游集散中心开工。萍乡市旅游集散中心包括:游客集散客运中心、旅游交易推广中心、旅游商品购物中心、旅游咨询服务中心、旅游信息中心、旅游休闲服务中心等几大功能建筑,是萍乡旅游业的一个高效集约综合性场区。该项目占地2公顷,建设面积13000平方米,总投资2000万元。该中心的建设,将有效改善萍乡交通运输条件,进一步促进交通、旅游服务水平的提高。

(李襟远)

【上栗县农村客运站点建设进展顺利】 2010年,上栗县农村客运站建设进展顺利,至12月末,彭高汽车站完成主体建筑,完成投资40万元;赤山观泉汽车站建成,完成投资30万元。

(李　俐)

【莲花县加快农村客运站和候车亭建设步伐】

2010 年,莲花县交通运输局积极推进农村客运站亭建设工作,至 12 月末,已完成湖上车站建设任务,并加快三板桥和闪石汽车站建设步伐,分期分批完成候车亭建设任务,较好地推进了农村客运网络化发展,使广大农民群众出行乘车更为便利。

(莲花县交通运输局)

【新余市渝水区全面完成客运站和候车亭建设】 2010 年,新余市渝水区交通运输局着力抓好 37 个候车亭、2 个乡镇客运站等民生工程的建设。界水客运站占地面积 0.37 公顷,建筑面积 830 平方米,停车场面积 2200 平方米,投资共计 180 万余元,已竣工验收并投入使用。下村客运站规划占地面积 0.4 公顷,投资 80 万元,年底竣工并投入使用。37 个客运候车亭,年底也全都竣工。该区共建成乡镇客运站 11 个,客运候车亭 148 个。这些客运站、候车亭的相继建成,进一步完善了农村客运基础设施,该农民群众出行更加安心、舒心、放心。

(罗海军)

【余江县完成 7 个客运站 31 个候车亭建设任务】 2010 年,余江县在上级业务部门的指导下,精心组织、多方协调,积极落实农村客运站及候车亭的建设工作,全面完成 7 个客运站及 31 个候车亭的建设任务,7 个客运站名称如下:(1)黄庄站:占地 2500 平方米,建筑面积 280 平方米,站级为五级;(2)平定站:占地 1200 平方米,建筑面积 450 平方米,站级为五级;(3)洪湖站:占地 1300 平方米,建筑面积 350 平方米,站级为五级;(4)画桥站:占地 1000 平方米,建筑面积 255 平方米,站级为五级;(5)邓埠站:占地 600 平方米,建筑面积 140 平方米,站级为简易站;(6)中童站:占地 200 平方米,建筑面积 140 平方米,站级为简易站;(7)春涛站:占地 250 平方米,建筑面积 140 平方米,站级为简易站。

(胡正良)

【贵溪市完成 18 个区乡站项目】 2010 年,贵溪市完成农村客运区乡站 18 个,候车亭 100 个,总投资 650 万元。截至 12 月,该市基本实现镇镇有客运站、村村有候车亭和招呼站,为农民群众出行和农村经济发展提供了便利的交通运输条件。

(姜享梅 戴丽萍)

【贵溪城北汽车站竣工启用】 12 月 30 日,贵溪城北汽车站竣工启用。当日起,包括贵溪志光、周坊、鸿塘、河潭、泗沥等贵溪北乡片及贵溪至义乌、南昌、广丰、德兴铜矿、余干等跨省、跨市班线的所有客车将停靠在这里。贵溪市城北汽车站于 2009 年 5 月开工建设,工程总投资 1060 万元。该站的投放使用,提升了贵溪市城市品位和对外形象,大大缓解了贵溪城北区交通压力,提高了车辆行驶安全,对进一步规范营运秩序,营造良好的营运环境具有促进作用。

(姜享梅)

【鹰潭市新建 28 座公交站台】 鹰潭市内新公交站台的建设工作于 6 月 1 日全面开工,并于 8 月 31 日全面完工。公交站台建设工程包括新建 14 个,改造 14 个;其中港湾式站台 26 个,普通式站台 2 个,综合公交调度室 5 个。新站台均为功能景观式站台,人性化港湾式站台。它们的建成,不仅给广大市民出行提供更加安全的候车条件,而且给城市风景增添更加靓丽的色彩,为城市品位的提升锦上添花。

(艾年宗)

【于都县最大现代化物流中心开工建设】 3 月 28 日,在于都县罗坳镇盂口村,该县最大的现代化物流中心——赣州鸿顺物流有限公司破土动工。该项目占地 6.6 公顷,总投资 1.022 亿元。

该公司立足于都县,辐射服务赣州市东部 9 县(市),是一家集大型仓储物流、车辆综合性能检测、汽车驾驶培训、各类大小汽车及农用车销售、二手车交易、汽车零配件销售、汽车维修保养、客户接待等为一体的现代化物流中心,是该县十大体系建设重点项目之一。该项目建设工期 2 年,建成后将对接该县工业园区,为工业企业提供一个集货、仓储、分拣和运输的平台,有效解决工业企业运输和货运车辆停放难题。

(于都县交通运输局)

【瑞金市投资 2.4 亿元建设海西物流中心】 6 月 29 日,瑞金市向农行申请的仓储物流市场建设项目 5000 万元贷款资金全部到位,标志着海峡西岸经济区重要物流中心瑞金综合物流园建设正式进入实施阶段。综合物流园项目的建设,将促使瑞金市交通区位优势转化为经济发展优势,加速推进融入海峡西岸经济区发展进程。该园区整体规划面积30公顷,由商贸物流区、仓储物流区、管理中心和综合服务区5个功能区组成,总投资2.4亿元,建成后将成为融物流、商流、资金流、信息流于一体的现代化区域性物流基地,成为海峡西岸经济区重要物流枢纽。

(瑞金市交通运输局)

【吉安市加快推进公交站场建设】 4月29日,投资4600万元的吉安市公交总站工程正式开工。这是吉安市首座集多种功能为一体的综合性公交站场,建成后对促进区域内公共交通发展,改善经营与工作环境,方便市民出行都将起到积极的作用,是基础设施及民生工程建设的一项重要举措。吉安市公交总站位于中心城区跃进路以西、神岗路以北,北靠旧城区,东临开发区,南接新城区,占地面积50400平方米,建筑面积18000平方米,规划功能包括:公交客运换乘、智能调度、行政办公、公交车辆维修保养、加油、洗车、停车等,是吉安市首座集多种功能为一体的综合性公交站场。该项目建设工期500天。

(龙少华)

【宜春市超额完成农村客运站(亭)建设任务】 2010年,省里下达宜春市农村客运站建设计划17个,农村客运候车亭建设计划280个。截至年末,该市完成农村客运站20个,面积7068平方米,投资1530万元;候车亭286个,面积6292平方米,投资350万元,超额完成建设任务。其主要做法是:(1)统一认识,加强领导。市运管局要求各县(市、区)切实加强组织领导,宣传国家扶持优惠政策,确保工作目标的实现。(2)合理布局,鼓励先进。奖优罚劣,优先安排积极性高和地方政府配合优惠政策到位的县市。(3)督管结合,重在使用。该局深入各项目工地实施质量监管,年终对建成验收合格的农村客运站亭给予拨付国家补助资金,同时出台站亭管理办法,初步建立具有健全规范的站亭监管体系,建一个,启动一个,规范一个。

(周文明)

【宜春市袁州区进一步推进汽车站候车亭项目建设】 2010年,宜春市袁州区客运基础设施建设加快发展。该区运管局为进一步加大农村客运基础设施的建设力度,切实落实“三个服务”工作要求,把加快农村客运站、候车亭建设作为推进农村客运网络化建设的一项重要工作来抓,新建成乡镇客运站2个,建筑面积4800平方米,总投资315万元,(其中,上级拨款60万元,其余自筹),2010年末已投入使用;新建候车亭50个,建筑面积850平方米,总投资60万元,其中上级拨款50万元,其余自筹。至此袁州区彻底解决农民群众乘车无站点、夏日太阳晒、冬天寒风吹、雨天被雨淋的困扰。

(刘良生)

【铜鼓县汽车东站建成并投入营运】 铜鼓县汽车东站是2010年全县“三重”工作重要建设项目之一。工程主体包括综合楼、候车厅、售票厅,集餐饮、住宿、购物为一体;占地面积14448平方米,总建筑面积30700平方米,其中客运站5700平方米。项目于2009年4月15日动工建设,2010年9月主体工程全部完工,2010年12月末完成内外装修、土地平整、路面硬化以及环境绿化,2011年元旦投入营运。该站为群众出行提供舒适的候车环境,为乘客提供餐饮、住宿、购物一条龙服务。

(吴繁荣)

【奉新汽车新站建设工程竣工】 自2006年开始,奉新便开始酝酿和谋划新汽车站的建设工作,以解决现有汽车站占地面积小,车辆和人流吞吐能力低及地处闹市导致市内经常发生交通拥堵的问题。通过多方调查,反复论证,科学决策,确定奉新新汽车站选址位于冯川镇城郊村彭家组。新车站自2009年动工建设,2010年12月末全部完工。新车站占地面积1.5公顷,总投资800万元,即将投入新年春运工作。

(魏振宇)

【南城县稳步推进客运站建设】 2010年,南城县道路运输客运站场设施和运输服务保障体系进一步完善,新建浔溪、沙洲、万坊3个乡(镇)客运站和15个候车亭。全县拥有等级客运站9个(其中二级站2个、五级站7个)、候车亭60个。并拥有省市县际客车59辆,出租车100辆,城市公交车

36 辆,农村班车 107 辆,农村班车通村率 90.5%,日发班次 862 次。一个以县城为中心、公路为纽带、客运站(亭)为节点,村村连通、乡(镇)联网、城乡联动的公路客运网络已基本完成。

(南城县交通运输局)

【资溪县建成 3 个农村汽车站】 2010 年,资溪县交通局建成 3 个农村汽车站。高田汽车站,面积 2000 平方米,投资 50 万元,2009 年 8 月动工兴建,2010 年 12 月建成,楼高 3 层,4 级车站。石峡汽车站,面积 1800 平方米,投资 50 万元,2009 年 5 月兴建,2010 年 8 月建成,楼高 3 层,4 级车站。嵩市汽车站,面积 2200 平方米,投资 60 万元,2010 年 1 月动工兴建,当年 12 月建成,楼高 4 层,4 级车站。

(资溪县交通局)

【抚州市交通运输局合建新办公楼】 为改善机关工作人员的办公条件,2010 年 11 月 16 日,抚州市交通运输局搬迁至市政府一号楼 6 楼办公。该楼层办公面积达 2556.4 平方米,总投资 1100 多万元。装饰一新的抚州市交通运输局办公室,宽敞明亮,简洁舒适,给人以温馨感受。此举既解决了多年来抚州市交通运输局机关办公场所拥挤简陋的问题,又极大地调动了职工工作的积极性。原办公楼留作抚州市运管处、港航管理处、出租车管理所办公。

(陈根玲)

【金溪县农村客运站亭建设顺利推进】 作为全省农村客运网络化建设试点县,金溪县大力加强农村客运站亭建设。该县交通运输主管部门通过加强领导,明确责任,严保质量,加快进度等一系列措施,使农村客运站、亭建设得到快速发展,截至 2010 年末,金溪县已建成乡镇客运站 5 个,在建 4 个,覆盖率达 75%;已建农村客运候车亭 99 个,在建 10 个,覆盖率达 83%;全县 149 个村委会,已有 134 个村委会通班车,通达率达 91%。

(金溪县交通运输局)

【崇仁县许坊乡新客运站竣工】 2010 年 9 月末,崇仁县许坊乡人民盼望已久的许坊客运站竣工。该客运站坐落于许坊乡许坊村,占地面积 2000 平方米,建筑面积 560 平方米,停车场面积 1300 平方米。客运站主楼设计三层,总投资 60 万元。该站于 2010 年 3 月开工。

(崇仁县交通运输局)

中央苏区江口转运站

道路运输

【概况】 2010年,全省公路运输完成客运量70628万人、旅客周转量3304835万人千米、货运量88445亿吨、货物周转量18501965万吨千米,同比分别增长9%,18.4%,17.4%,20.6%。比“十五”期末分别增长47%、37.5%、136.7%、199.6%,客运平均运距46.8千米,货运平均运距209.2千米,日均运送旅客193.5万人、货物242.3万吨;在综合运输体系中所占比重分别为92%、37%、88%、68%,公路运输在综合运输体系中继续保持主导地位。

全省营运汽车拥有量达到253905辆,同比增长了16.8%,其中营运客车17711辆,座位42万个(营运客车因出租和公交车辆不再纳入范围,造成统计口径发生变化),营运载货汽车236194辆,吨位113.6万吨,同比增长了24.3%、36.5%。

截至2010年底,全省道路运输经营业户达到14万户,从业人员达到63万人,比“十五”期末分别增长150%和96%;开通客运班线6420条,平均日发班次51553个,比“十五”末分别增长23%和26%;道路运输相关业务中的站(场)达到742个、机动车维修业户达到9473户、驾驶员培训业户达到342所。2010年全省拥有城市公交车8014辆(8599标台)、运营线路872条、出租汽车14642辆,完成城市公交客运量13.8亿人次,出租汽车客运量5.7亿人次。

(省运管局)

【“十一五”江西道路运输业健康有序发展】 “十一五”计划时期是江西道路运输发展的重要阶段,也是实现全省道路运输新跨越的重要起点。

“十一五”计划时期全省道路运输发展,主要表现为:“一个保障”、“两个提高”、“三个快速发展”。

“一个保障”:为全省国民经济和社会发展提供了有力的运输保障,既在春节、“五一”和“十一”等节假日运输中发挥了兜底保障作用,又在抗冰灾、抗震救灾、抗洪抢险、北京奥运会、国庆60周年庆典、上海世博会和广州亚运会等重大活动中发挥了应急保障和安全保障作用,在关键时刻发挥了关键作用。到2010年底,全省道路运输经营业户达到14万户,从业人员达到63万人,比“十五”期末分别增长150%和96%;拥有营运客车17711辆、座位42万个,营运载货汽车23.6万辆、吨位113.6万吨,其中营运载货汽车比“十五”期末增长115%;开通客运班线6420条,平均日发班次51553个,比“十五”期末分别增长23%和26%;全省公路运输完成客运量7.06亿人、旅客周转量330.48亿人千米、货运量8.84亿吨、货物周转量1850.20亿吨千米,比“十五”末分别增长47%、37.5%、136.7%、199.6%,在综合运输体系中所占比重分别为92%、37%、88%、68%。客运平均运距47千米,货运平均运距209千米。日均运送旅客194万人、货物242万吨。道路运输相关业务中的站(场)达到742个、机动车维修业户达到9473户、驾驶员培训业户达到342所。2010年全省拥有城市公交车8014辆(8599标台)、运营线路872条、出租汽车14642辆,城市公交客运量13.8亿人次,出租汽车客运量5.7亿人次。

“两个提高”:一是道路运输安全管理水平明显提高。在全国率先开展了道路客运“清挂”工作,全省中高级客车由2005年的4359辆提高到2010年的7478辆,比重由27%提高到42%,高于全国平均水平。连续5年和公安交警、安全监督部门合作,联合部署春节道路运输安全工作、推广应用GPS安全监控服务系统、开展相关安全专项整治行动、建立运输企业安全信息发布制度和通报制度。制定出台了《全省客运站安全管理统一规范流程》和《江西省汽车客运站出站车辆安全例行检查技术规范》,严格落实“三关一监督”和“三不进站五不出站”。加大科技兴安力度,建成全省GPS指挥中心,全省共建成119个运管三级监督平台和396户运输企业监控平台,9217辆营运客车和6534辆危货车辆安装了GPS车载终端,并通过与交通运输部GPS联网,实现了重点营运车辆的全国联网联控。省运管局投入528万元,对安装安检仪给予每台6万元的补贴,支持5个一级客运站、78个二级客运站安装了安检仪。在全省客货运输量持续增长的背景下,道路运输安全生产形势连续5年保持平稳,营运客车事故造成的年度死亡人数连续4年控制在100人以内,事故起数、死亡人数和受伤人数分别从2005年的114起、186人、347人下降到2010年的31起、62人、116人,下降幅度分别为73%、67%、67%,降幅都超过一半以上。二是道路运输市场监管水平明显提高。重点推进了《江西省道路运输条例》的立法工作,历时9个月,先后做了50次修改,在不懈的努力下,于2010年11月26日由省第十一届人大常委会第二十次会议通过。进一步规范运政执法程序,细化行政处罚自由裁量权标准,推行行政执法公示制度,强化执法培训,提高执法人员依法查处能力,5年累计出动运政执法人员3.3万人次,稽查违法违章营运车辆1.5万辆。建立了涵盖客运企业、货运企业、维修企业、驾驶员培训机构、汽车客运站等5个方面的质量信誉考核制度,强化了考核结果的运用并全部向社会公布,完善了市场监管和退出机制,5年累计评定出AAA级企业312户。大力推广“江西快修”品牌,以“江西快修”品牌命名的示范维修企业达到109户。鼓励驾校做大做强,5年累计新增18所一级驾校、140所二级驾校,一、二级驾校达到213所,占总量的62%。

“三个快速发展”:一是农村客运实现了快速发展。全省农村客运班线由2005年底的2053条增加到2010年底的3575条,增长74%;乡镇通班车率由2005年底的99.4%提高到2010年底的100%,实现了乡镇全部通车的目标;行政村通班车率由2005年底的67.9%提高到2010年底的90.3%;农村客运车辆数由2005年底的7017辆发展到2010年底的10500辆,增幅为49.6%;农村客运站由2005年底的176个增加到2010年底的781个,新增农村客运站605个、候车亭11020个,覆盖率分别达到了全省乡镇总数的55.6%和行政村总数的64.2%。规范统一了全省农村客运班车的标识和标语。对农村客运车辆实行优惠政策,共减免交通规费1.542亿元,共发放燃油补贴4.277亿元,平均每台车的成本下降了30%,有效减轻农村客运经营者的负担,并且全部车辆统一投保了营运客车承运人责任险。

二是信息化建设实现了快速发展。全省道路运输信息化建设虽然从2006年开始,起步较晚,但是举全行业之力、利用后发优势较快地推动了信息化建设。在总投入不到900万元的有限资金情况下,搭建了一个运政虚拟专网,建立了一个省级数据中心,开发了运政管理信息系统、道路运输卫星定位服务系统、客运站视频联网监控系统、办公自动化系统、视频会议系统、城乡道路客运燃油消耗信息月度申报系统等多套信息系统,顺利完成了“部省道路运输信息系统联网”,实现了运政基础数据的部、省、市、县四级联网共享。省、市和部分县级运管部门还开通了面向社会公众的运政信息网站。

三是精神文明建设实现了快速发展。大力开展了“天道酬勤、顺畅为民、路运并举、和谐发展”的运管精神培育,集体创作了奋进激昂的《江西运管之歌》,举办了以“天道酬勤、顺畅为民”为主题的首届全省道路运输系统文艺汇演比赛。省局先后获得了省级、省直、市级、县级文明单位称号。到2010年底,全系统有91%的设区市运管处获得了市级以上文明单位,其中45%为省、部级文明单位;85%的县运管所获得了县级以上文明单位,4个运管所获得了省级文明单位。行业稳定和廉政建设也得到了进一步加强。

(省运管局)

运输企业

2010年江西省道路运输从业人员数

表4　　　　计量单位:人

单位名称	从业人员数合计	道路旅客运输	客运驾驶员	乘务员	道路货物运输	道路货物运输驾驶员	危险货物运输驾驶员	危险货物运输押运员	危险货物运输装卸	站(场)经营	客运站经营	货运站场经营	机动车维修经营	技术负责人	质量检验员	其他	汽车综合性能检测	机动车驾驶员培训	汽车租赁	其他相关业务经营
全省合计	631751	72298	43472	17469	457266	398060	11965	9515	2350	11684	11039	635	57588	6188	3855	35797	849	111120	102	20844
南昌市	131417	16042	12792	1536	78337	54063	1717	1246	78	2494	2494	0	14931	575	302	9597	98	1800	0	17715
景德镇市	30016	2249	979	66	22547	13704	295	330	0	692	635	49	3545	95	113	157	0	557	0	426
萍乡市	39105	3393	2121	1271	32119	28919	960	856	152	417	402	15	2746	88	171	1966	27	353	0	50
九江市	51725	8510	5702	2333	37528	36057	899	812	107	1146	1146	0	3249	446	329	2474	90	1092	0	110
新余市	30655	924	544	279	28038	27403	160	196	30	265	265	0	1226	117	117	992	23	179	0	0
鹰潭市	18457	1281	839	456	15388	14768	298	224	98	97	97	0	1397	191	131	1069	28	263	3	0
赣州市	88275	13489	6017	2818	60480	58580	997	577	127	2170	1770	400	8068	1627	417	4421	207	2815	79	967
吉安市	57888	5160	2817	2077	44649	39808	1652	1590	436	1027	962	63	6152	812	459	4464	84	492	0	324
宜春市	59565	5848	3022	1506	43493	40796	3056	1843	854	1385	1284	101	6916	993	797	5126	105	1621	0	197
抚州市	52480	4427	2736	1701	42578	40175	1085	1068	367	583	576	7	3569	556	475	2122	54	604	20	645
上饶市	72168	10975	5903	3426	52109	43787	846	773	101	1408	1408	0	5789	688	544	3409	133	1344	0	410

【南昌长运公司运送抗洪官兵赴抗洪救灾一线】

6月21日抚州唱凯段抚河大堤决口,严重威胁数万人口和交通要道的安全。6月22日清晨4时左右,南昌长运公司接到市交通运输局指令,需要派遣车辆到机场接送厦门至南昌的解放军官兵到临川抗洪抢险。南昌长运公司立即启动防洪抢险紧急预案,调集车辆,组织运力。在最短的时间内,该公司调派10辆共计550个座位的车辆,由公司领导亲自带队,奔赴机场接官兵,将他们运送到抗洪一线。同时,该公司在面对运力紧张的情况下,还准备1000个座位的车辆待命,听从调度,随时投入到抗洪救灾工作中。

(南昌市交通局)

【南昌长运公司积极应对昌九城际铁路竞争】

2010年9月,时速超过200千米的昌九城际铁路开通,由于其快速、便利、舒适,必然分流公路客运市场,公路与铁路的较量不可避免。为应对昌九城铁冲击,保住发展空间,南昌和九江两家长运公司投入2000多万元购买14辆39座的“尼奥普兰”豪华客车,利用短途线路中更高的机动性,发挥灵活服务方式的优势,积极做大短途客运市场,开通九江周边地区直达九江长途汽车站的农村客运专线，为九江周边地区的旅客到南昌提供优质服务。

（南昌市交通局）

【江西长运出租汽车公司安全生产取得好成绩】

江西长运出租汽车公司有出租车辆557辆。该公司严格按照质量管理体系和职工职业健康安全体系进行规范管理，并2010年10月通过了鹏程国际认证中心对双体系的第一次监审。公司全年安全指标完成良好，各项指标都低于年初的预算，其中：全年责任事故率0.418次/车（指标0.744次/车）；责任事故伤人率0.163人/车（指标0.276人/车）；责任死亡事故0.0018人/车（指标0.0072人/车）；车辆投保率100%。旅游车队全年责任安全事故率、责任安全死亡率、责任安全事故伤人率均为零。

（罗来华　赖维华）

【景德镇长运公司切实加强企业管理人员培训】

景德镇长运公司于3月13日举办公司中级管理人员和初级管理人员培训班。该班针对不同管理层级要求，旨在通过培训，为各级管理人员打造施展才能的平台，提高管理队伍的整体素质和水平。10月27日，景德镇长运公司举办"管理人员技能提升"讲座，邀请著名培训专农业用地、AACTP国际职工培训师、认证讲师胡润东讲课。胡润东结合企业管理中的实际案例，从管理者的自我管理开始，深入浅出地向大家传授了管理者的沟通、授权以及对员工的激励和能力培养等方面的技巧。

（张顺发）

【景德镇长运公司拓宽道路运输相关业务】 景德镇长运公司坚持走多元发展道路，投资163万元，于2月1日购置6台"东风炎龙"商品运输车，开展商品车物流运输业务。

积极发展特约维修业务，于2月份建立青年尼奥普兰大型客车特约维修服务站；5月份建立厦门金旅客车特约维修服务站；7月份建立苏州金龙客车特约维修服务站。12月16日，景德镇长运公司与景德镇市物资局签订《合作经营景德镇二手车交易市场合同》，由景德镇长运公司提供土地及期限建筑物使用权，景德镇市物资局提供中心所经营的一切业务，双方各占50%股份，共同合作经营景德镇市旧机动车交易中心。该项目总投资2000多万元，建筑面积1500平方米，内设500平方米的交易大厅、150个室外车位、30个室内车位，集交易、车辆维修及车辆装饰等功能于一体，是江西省首个达到省级各项指标的大型二手车交易市场。

（张顺发）

【江西省首个烟花爆竹物流中心年内建成投产】

江西省烟花爆竹物流中心位于萍乡市上栗县鸡冠山乡，紧邻浏万公路，占地80公顷，计划投资1.5亿元。按照项目建设进度，年内建成投产。该中心建成以前，江西省70%以上的烟花爆竹是从上海港出口的，由于没有一个专业的烟花爆竹公共物流平台，致使烟花爆竹无法实现大通关模式。江西省烟花爆竹物流中心作为集报关、监装、商检、仓储、物流为一体的综合性大型物流仓储中心，是江西省指定的唯一的一家烟花爆竹出口与内销的综合机构。该项目的建成，将促进江西整个烟花爆竹产业的升级换代，结束江西烟花爆竹只能依靠外省口岸报关的历史，解决了以往萍乡不能直接商检、通关而形成的外贸瓶颈问题，也使萍乡成为真正意义的"无水港"。同时，该中心也将满足萍乡及周边地区烟花爆竹生产厂家的仓储需要，提高烟花爆竹的仓储、运输安全，减少货物流通时间，节约流通费用，在创造可观经济效益的同时还能为社会提供700个以上的就业岗位。

（李襟远）

【新余军安公司认真部署春运工作】 该公司是集出租车客运、公交客运、班线客运为一体的道路旅客运输企业，2010年根据不同的运输方式，分别召开了出租车驾驶员、公交、班线客车司乘人员动员大会，开展安全运行、文明服务的教育，要求参加春运的742名驾驶员和乘务员以高度的责任心和文明优质服务，认真做好春运服务工作，确保广大旅客走得安全，走得及时，走得满意。从1月中旬开始，该公司对参加春运的366辆客运车辆全部进行一次二级维护保养和车辆安全检测，对车况差、存在安全隐患的客车实行强制维修重点保养，以良好的车况参加春节运输，确保旅客运输安全。另外,春运期间,军安公司实行24小时值班,组织人员为客车司乘人员和旅客排忧解难贴心服务,让每一位司乘人员和旅客享受贴心、亲情、温馨的服务,确保广大旅客过一个安全、祥和的春节。

(胡九根)

【新余长运钢城出租车公司爱心送考回报社会】 6月,江西新余长运钢城出租车分公司精心组织46辆出租车,成立出租车“爱心送考”车队。作为2010年新余市唯一一家参与“爱心送考”活动的出租车公司,该公司“爱心送考”车队车主们责任心强、服务态度好、驾驶经验丰富,他们抱着一颗“回报社会、乐于奉献”的爱心来参加此次活动,有的车主已经连续7年参加了“爱心送考”活动。高考期间,考生只要凭“准考证”就可免费搭乘钢城出租车公司贴有“爱心送考”标志的出租车。

(姜正义　肖志勇)

【江西长运重组新余市公交总公司】 12月1日,新余市举行市公交总公司资产交割仪式暨行业管理工作移交会,江西长运出资1715万元受让新余市公交总公司70%的股权,新余市公交总公司代表市政府持有30%的股权。双方将共同出资成立新的公交公司,并计划2011年1月1日挂牌运作。公司进行重组改制后,其城市客运管理职能将由新余市住建委管理移交给新余市交通运输局进行行业管理。根据新余市政府与江西长运签订的投资合作协议,新的公交公司将继续延续公益性政策,全市老年人、小学生、残疾人、现役军人享受免费和优惠乘车政策不变,每年由新余市政府给予一定的补贴。

(涂向义)

【新余市完成2009年度道路运输企业质量信誉考核】 2010年,新余市道路运输管理处按照分级管理和辖区管理原则,由市、县(区)运管部门分别对所辖运输企业和相关服务业进行2009年度质量信誉考核,年底前考核工作已全部完成。共考核客运企业25户,其中AAA级企业3户,AA级企业16户;货运企业106户,其中AAA级企业4户,AA级企业60户;一、二类维修企业60户,其中AAA级企业7户,AA级企业40户;驾驶员培训学校7所,其中AAA级5所,AA级2所,被评为AAA级驾校的新余市康展驾校还被推荐参加了“2008~2009年度全国文明诚信优质服务驾校”的评选。

(严　凌)

【新余市三家货运企业取得国家三级货运企业资质】 2010年,经江西省道路运输行业协会审核,批准了新余市盛龙汽车运输有限公司、春宇集团长青汽车运输有限公司、新博汽车运输有限公司为国家三级汽车货运企业。继2009年新余市顺民汽车运输有限公司、中新物流分别获国家二、三级汽车货运企业资质后,新余市已有五家汽车货运企业取得了国家道路货运相应资质。

(邹　毅)

【鹰潭市道路运输简况】 2010年,鹰潭市共拥有客运车辆1226辆,计19843座位,比上年度增长20%;货运车辆12433辆,计155662吨位,比上年度增长120%。客运班线187条(其中省际班线16条,市际班线40条,县际班线38条,农村班线93条);目前,该市省际市际班线客车均达到中、高级以上,其中高级车比率达70%;旅游客车的高级车辆比率达80%。鹰潭市完成客运量5638万人次,客运周转量109232万人千米,货运量4187万吨,货物周转量785658万吨千米,同比增长分别为19%、55%、56.5%、176%。

(徐才金)

【鹰潭市汽运有限公司客运业务发展平稳】 鹰潭市客运旅游公司面对创历史新高的目标任务,克服市场疲软、客运环境日趋恶化;车辆老化、油料、材料费用不断攀升等不利因素,不等不靠,着力从内部管理上挖潜增效,细化、优化内部管理,坚持抓落实、堵漏洞的工作方法,完成全年目标任务,取得重大成绩。

一是整合合同,理顺管理。2009年国家实行燃油税费改革时,公司利用政策资源增加了责任经营车辆的部分管理费用,由于一年的责任经营管理合同尚未期满,此项费用只得以补充协议形式确立,此种形式给管理和收缴费用带来极大不便,2010年将补充协议条款并入资产责任经营合同。费用收缴工作得到顺利推进,为全年目标实现打下了坚实基础。

二是加强公营车辆成本控制。由于抚州线三台车已到报废年限,车辆技术状况日趋下降,导致维修材料费攀升,针对此情况,为保障车辆的正常运行,减少脱班、停班次数,提高车辆营运率,车辆的日常维护和保养,尽可能安排在晚间收班后进行。

三是开展节能降耗活动。在公营车辆驾驶员中推行节能活动是降低生产成本行之有效的办法。对低于核定油耗的驾驶员按一定比例予以奖励。有效地调动了驾驶员节油降耗的积极性,特别是在2010年油价平均上涨1.40元/升的情况下,所节约成本尤为可观。对比2009年,2010年少用油38773升,此项开支减少支出24.5万元。

发展才是硬道理。在巩固现有线路资源的情况下,积极拓展新线路。2010年新增鹰潭至珠海、贵溪至湖口两条线路。2010年底正在办理鹰潭至吉安、苏桥、赣州、东乡、深圳、永丰等六条新线路的审批。客运业务开发得到长足发展。

(汽车站)

【鹰潭市推进城际公交一体化】 为贯彻落实市委、市政府提出的构建"一体两翼"、"一江两岸"、"四区合一"大框架城市,推进城市化进程,提高城市化水平,促进城区经济繁荣发展的战略决策,市政府高度重视,提出了"城市发展、公交先行",推行"城际公交一体化,为大框架城市提供有力客运保障"的思路。经过一年左右的酝酿,2009年7月,"城际公交"构想形成雏形。

随着鹰雄大道、龙虎山大道建成,广大市民都热切期盼着能早日开通鹰潭至贵溪、龙虎山、余江的城际公交。许多热心人士通过"政风行风热线"、"市长专线"、"网络论坛留言"等途径咨询、建议开通城际公交。"城际公交"开通已成定局。鹰雄大道、龙虎山大道及延伸、206国道改造、320国道(鹰潭至余江)改造等城际快速通道工程竣工后,为城际公交一体化形成提供了硬件设施物质条件。

在上述四大合力的推动下,鹰潭至贵溪K1路、至龙虎山K2路城际公交线先后于2010年1月1日、4月1日开通运行。城际公交的开通,拉近了鹰潭至贵溪和龙虎山两地的空间距离。

(彭　霞)

【鹰潭市妥善处理城际公交一体化所遗留的历史问题】 鹰潭至贵溪客运班线过去采取承包经营制,股东较多,人心涣散,整合难度特别大。因该线经营许可期限均未到期,且每一辆车的行政许可的终止时间参差不齐,要终止此类行政许可的难度较大。为此,市政府成立了城际公交开通领导小组,市交通运输局也成立了相应的宣传小组、方案小组以及应急小组。在半年的时间内,先后开展10次调研座谈、20轮业主艰难谈判,确定将鹰潭至贵溪K1路城际公交经营权许可交由市公交公司。市公交公司为经营、管理主体,投入营运车辆12辆,占该线份额的60%,原客运班线经营业主参与经营、管理,投入营运车辆8辆,占该线份额的40%。2010年1月开始至年底市公交公司与原客运班线经营业主合作运营的K1路运行正常。

鹰潭至龙虎山原客运班线隶属于鹰潭市道源客运旅游有限责任公司(股份制企业)。在开展收购工作期间受到了一定的阻力。经过市政府多次协调,最后决定:"鹰潭至龙虎山原客运班线由龙虎山管委会负责整体收购,市公交公司负责开通,开通时间定于2010年4月1日"。在龙虎山管委会的大力支持下,该线收购工作得以平稳进行,K2路至2010年底运行正常。

(行　办)

【安福县国有运输企业改革圆满完成】 2010年,安福县交通运输局按照省、市、县政府关于非工口国有企业体制改革的文件精神和工作部署要求,认真开展了局属国有运输企业体制改革。一是召开系统中层以上负责人会议,及时传达上级有关非工口国有企业改革的会议和文件精神,并要求大家把这项工作当作一项政治任务来抓,认真做好宣传动员工作,为企业改革营造良好氛围。二是成立了以局长为组长,局班子成员为副组长的国有企业改革领导小组,制定交通国有企业改革方案,并报经县委批准实施。建立了以局班子成员分别负责一个企业改制工作的责任机制,为强力推进企业改革提供了坚强有力的组织保障。三是认真做好改制企业的清产核资,反复核算企业职工工龄,医保、社保、工资,做到不让职工吃亏,不让国有企业资产流失。四是召开改制企业职工大会,职工代表大会,广泛宣传和征求职工意见,通过协商达到统一认识。改制企业与劳动保障部门、社会养老保险部门、医疗保险部门、职工各方签订协议合同,合同协议签订率达到100%,保证了国有企业改革的顺利实施。

(安福县交通运输局)

【宜春市道路产业发展明显增强】 2010年,宜春市拥有营运客车1576辆,47995客位,完成客运量3648.1万人次,客运周转量183455万人千米,分别比"十五"期末增长23%、21%。公路运输在综合运输体系中的地位和作用明显增强。

近几年来,通过优化道路运输结构,整合经营主体,该市道路客运企业,由原来的多家客运企业和个体经营的运输结构,逐渐整合为一家国家一级客运企业。客车由原来的挂靠经营到现在的公车公营和公司化经营,实现质的飞跃。客运车辆也由大多数是中、小型普通客车逐渐更新为大、中型,中级和高级客车。2010年与2005年相比,中高档客车比例增加8.81%。2010年该市仅农村客运班线就新增(更新)农村客运车辆280辆,8000余座位。

为适应社会主义新农村建设和工业化建设以及打造宜春旅游强市的战略需要,该市加快农村客运班线经营方式的转变。先后在10个县(市、区)均成立城乡公交公司。全年改造县区班线130条,改造后的农村客运班线采用城乡公交模式,投入公车,统一车型、车貌,实行高密度班次运行,票价平均下降30%,减轻农民的负担,满足广大农民出行的需要,全面提升社会效益,宜春至西村班线还被列为全省城乡公交一体化典型而推广。

(吴节红)

【宜春市道路产业加速发展】 宜春市有AAA级企业1户,AA级企业91户,A级企业324户,现有货车36702辆,每年以12%的速度增长。企业车辆结构明显优化。在新增车辆中,10吨以上货车的比例占70%以上,有些运输公司20吨以上的货车比例达80%,特种专用车呈增长趋势,新增水泥拌浇车、侧翻自卸车、危险化学品专用车、冷藏品运输车近2000多辆,占比80%,一级车比例为75%。

企业集约化经营明显提高。实现"三个"转变:从小而散向规模经营转变,注册公司减少10%,但车辆总数递增12%,全市100辆车辆的货运公司达50户,500辆以上的有7户,组建货运集团3个;从单一的经营向多种经营转变,一些货运企业由单一的运输经营拓展为车辆销售、货物配载、汽车修理、货运代理等货运相关业务;从挂靠经营向租赁和自有车辆经营转变,企业采取社会融资形式,合股或垫资购买车辆自主经营。

服务质量明显改善。一些货运企业建立自己的网站和货运信息平台,为驾驶员提供快捷服务和及时的运输信息;科技手段为提高服务水平提供支援。高安正通物流等公司利用GPS系统及时告知驾驶员的行车状态,提醒驾驶员安全行驶。万载大地物流等公司还为车辆提供出口花炮的报关业务。

企业基础管理明显完善。各企业特别是危货运输企业按照市局的"范本"建立全市统一的"经营许可资料"、"安全管理制度"、"从业人员管理档案"和"车辆技术管理档案",实现以制度管人、管车。

(陈琦云)

【袁州区道路运输事业全面落实科学发展观】 2010年,袁州区运管部门按照省、市道路运输管理工作会议和全市交通工作会议提出的任务和要求,创新工作思路,扎实工作,以强化教育为基础,以机制创新为动力,以依法行政为着力点,以群众满意和优化发展环境、创一流政风行风为目标,大力开展道路运输市场整顿,强化行业监管,推动道路运输事业全面、协调、可持续发展。2010年,全区拥有道路营运载客汽车259辆,7484个座位,全年共完成客运量1023.9万人次,与上年同期比增长3.79%,完成旅客周转量29673.1万人千米,与上年同期比增长5.35%。全区共有营运货车4836辆,货运总量达32625.15吨,与上年同期比增长14.9%和2.8%。全年完成道路货运量2057.3万吨,与上年同期比增长2.8%。完成道路货运周转量103435.6万吨千米,与上年同期比增长3.1%。全区物流产业已增至74户。

(袁州区交通运输局运管所)

【2010年赣州公路运输简况】 2010年赣州市道路运输供给能力稳步增长,运力资源配置趋于合

理。全市营运车辆达到26088辆,其中客运车辆2646辆,货运车辆22163辆,客运出租车1282辆,城市客运公交车989辆。2010年全市完成客运量8893万人,旅客周转量581037万人千米,公共交通运输量7665万人。营运车辆逐步向大型化、专业化和高级化方向发展,客车平均座位、货车平均吨位、中高级客车及专用货车比例稳步增加。客运班线公交化、旅游包车、网络化运输、小件快运、城市物流配送运输组织形式快速发展,货运企业向现代物流企业转型步伐不断加快,特别是大件运输、甩挂运输、集装箱运输等运输方式从无到有,步入良性发展的轨道,为社会提供多样化的运输服务。2010年全市完成货运量13644万吨,货运周转量1355199万吨千米。道路运输量分别占全社会运输量的89.3%和75.2%,在综合运输体系中的地位和作用明显增强。

运输服务能力明显提高,较好地满足了城乡人民群众的出行和经济发展的需求。赣州市客运班线已延伸至广东、广西、福建、上海、江苏、浙江、安徽、湖南、湖北、海南等10省市,拥有跨省班线315条,跨设区市班线44条,跨县班线151条,县内班线611条。形成了大中小齐全、高中低配套、长中短结合的道路旅客运输服务经营格局,较好地满足了城乡人民群众出行的需要和经济发展的需要。特别是随着江西省高速公路建设的迅猛发展,有力地带动了赣州市高速客运的发展。高速客运以其"车辆高档次、发车高密度、服务高质量"的优势迅速崛起,全市共开通高速客运班线25条,投入高二级以上客车63辆。赣州市至港澳、上海、浙江、广东、湖北、湖南及省内设区市的高速客运网络已形成,实现了400千米~500千米以内当日往返,800千米以上朝发夕至。

旅游客运发展方兴未艾。赣州市积极开辟红色旅游专线,旅游客运车辆从无到有,从有到强,至2010年发展到138辆,其中高级客车130辆。春运、"五一"、"十一"等旅游黄金季节旅游客运量逐年递增。

农村客运和公共交通发展日新月异。2010年全市开通农村客运班线672条,年平均日发车4081个班次,分别比2005年增加46.3%和58.3%。行政村客车通达率由2005年的73%上升到83.54%,乡镇客车通达率由2005年的99%上升到100%。公共汽车运营线路网总长度达2900千米,公交营运线路142条,公共交通分担率达12.02%,公共交通分担率不断提高。

道路货运集约化发展程度明显增强。重点加强对货运产业发展的研究,积极引导货运经营者规模化、集约化,充分利用国家出台的各项政策,引导农村生活消费品配送、城市生活消费品配送等新兴物流产业的发展,从而使赣州市道路货运企业"多、小、散、乱"的状态有所改观,逐步由"车辆挂靠"向"自车自营",由"单一运输服务"向"综合物流服务"转变。载货汽车的发展以年均18.26%的速度增长,在有的地方,道路货物产业成为地区支柱产业。以货运代理为主要内容的道路服务业蓬勃发展,适应了社会多样化的运输需求。

(杨河良)

【袁州区汽车运输产业加速发展】 袁州区是宜春市政府所在地,集锂电、医药、机电、建材、油茶、服务等六大产业快速发展,尤其是省政府批准宜春为全国锂电产业基地,打造千亿工程建成亚洲锂都之后,工业迅速崛起,香港、上海等沿海地区商家纷至沓来,在宜春投资办厂。为适应物流大发展,区政府加强领导,精心组织,制定举措,加速汽车运输产业发展。2010年,全区物流企业增至75户,汽车运输企业295户。①为促进物流发展该区加强组织领导,成立以区长为组长、分管交通工作的副区长为副组长,交通、公安、财政、银行、税务收等部门主要负责人为汽车发展产业领导小组,下发《袁州区关于加快汽车产业发展的通知》,专门召开会议,进行动员部署,制定优惠政策和工作实施方案,施行统一领导、统一规划、统一部署、统一协调,形成政府带动、宣传鼓动、上下联动、部门互动的工作机制,从组织上加强对汽车产业的领导。②实行优惠政策,按照国家有关道路运输的法律法规,全面开放货运市场。从事汽车运输经营的企业,只要符合条件即可办理行政许可,并结合区政府行政审批的要求,简化各种审批环节,需办理行政审批的货运企业集中到袁州区行政服务中心"交通窗口"实行集中式办理、一站式服务,所有手续在3个工作日内办完。对货运产业发展实行费用减免和税收优惠,降低货运产业发展的成本。③强化服务,群众购车从事汽运产业的,降低运输市场准入门槛,符合开业审批条件的随到随办。交通部门在办证、组货、信息、调解运输纠纷、运输环境提供一条龙服务。

(吴泽水)

【丰城市道路运输市场蓬勃发展】 2010年,丰城市公路运输管理所出台发展道路运输相关措施、简化办事程序,道路运输业快速发展。全市累计有营运货车4013辆,28090吨,其中2010年新增货车1309辆,净增吨位10472吨;全市货运企业65户,其中2010年新增15户;出租车160辆;共有客运班线59条,其中省际班线6条,市际班线19条,县际班线7条。从事营运客车210辆,座位5237座,由5个客运企业(车队)经营管理。全年实现客运量825万人,客运周转量31350万人千米;货运量846万吨,货运周转量40580万吨千米,分别比上年增长2.1%、2.3%、1.7%、2.1%。道路运输市场实现客货运市场双向发展。

(刘荣华 裴爱国)

【靖安县三友货运公司的腾飞】 靖安县三友货物运输有限公司创立于2003年12月。当初三友公司从不足10辆车,注册资金60万元,发展到2010年拥有汽车270余辆,注册资金660万元。下设有7个子公司,业务由原来单一的普通货运,拓展到物流、危货运输、汽车销售、车辆挂靠等多种业务。业务网点遍布深圳、广州、上海、南昌等各大城市。

2002年,当时还是货车司机的余定根,在广州从事个体运输,而个体运输户的他却少有货运,即使有也是运那些运费少路途长的货。很多像他这样的个体户都缺少货源。具有经济头脑的他从中看到了商机:何不把这些社会车辆组织起来,自己来组建一个货运公司,既帮助这些社会车辆,自己又可以收取一定的费用。余定根回到家乡靖安县找到两个好友,开始筹建货运公司。当年余定根自己有一辆车,他的另一个好友有一辆车,但是两辆车不符合货运公司开业条件,他们四处组织车辆,吸收到社会车辆7辆。2003年12月货运公司正式挂牌成立,取名为靖安县三友货物运输有限公司。

公司成立后,第一年收入就达50多万元,三个股东都很欣喜,认为创业走对路。2005年,公司挂靠车辆出现多起交通事故,这几起事故就让公司赔个血本无归,公司陷入困境。余定根和股东们很迷惘。公司何去何从?在此危急时刻行业主管部门运管所得知消息,提出三个建设性的意见:①公司要改变经营理念,要有自己的货源,开展多种货运业务;②要设立挂靠车辆入驻标准,严格执行行业管理规定对车辆综合性能进行上户检测。定期限对驾驶员进行安全教育,所有驾驶员都必须办理从业资格证持证上岗;③车辆保险除强保外,还要保第三者商业险在30万元以上。三友公司手持这“三个法宝”重新确立公司的经营方针,三个股东走出靖安,几年间他们分别在深圳、广州、上海、南昌等各大城市设立货运、物流网点,在靖安周边县市也有他们的物流公司。2007年他们拓展危险品运输业务,2010年开办靖安县喜强汽车销售公司,现正在申报开设小车维修厂,维修厂厂地已购置。2010年三友公司挂靠车辆达260多辆,每年上缴财政税收1000多万元。固定资产达660万元。从2005年度至2010年,三友公司每年都被靖安县委、县政府评为纳税百强,先进民营企业等荣誉称号。

三友公司开设7个子公司带领一部分人创业致富,为社会解决下岗工人、待业青年就业近100人(不含驾驶员)。在“5·12”汶川大地震中,余定根个人捐款2万元,公司和员工捐款8万元。2010年靖安县开展新农村建设,三友公司又捐款30万元,其他建设3万。

(刘 斌)

【高安市汽运产业升档提速】 2010年,中陆运专用汽车制造厂等4户企业落户高安省级货运专用车产业基地,签约资金7.8亿元。汽运产业招商频传的捷报,昭示着高安这个昔日的“汽运之都”正巧妙地“升档提速”,实现由运输大市向货运产业强市的转变。

高安素有全国“汽运之都”的美誉。全市拥有汽运公司235户、大吨位营运汽车1.35万辆,有遍布全国的物流和信息服务网点500多户、汽配企业320多户、各类维修站点近300个。“万辆汽车跑全国,十万大军搞产业”成为高安汽运产业的真实写照。如何转变经济发展方式,将汽运产业优势转化为高安新的发展优势,成为新的经济增长点,该市审时度势,整合各方资源,按照“提升物流层次,壮大贸易规模,延伸生产链条,完善服务体系”的要求,致力在高安打造一个集加工制造、汽车贸易、仓储物流于一体,产业链条完整、产业体系完备,在全国有影响力的货运专用车产业基地。为把基地建成高安货运专用的基石,该市制定一系列扶持政策,成立货运专用车产业基地建设指挥部,加强对货运专用车产业发展的组织协调,并组织人员先后多次赴山东梁山、辽宁铁岭、长春一汽、北汽福田、广西玉柴等汽车厂家考察学习。规划面积10平方千米的江西省货运专用车产业基地已顺利通过省发改委的审批,完成环评、设计等工作,水、电、路等基础设施建设正全力推进,先后有解放、欧曼、华菱、玉柴等全国知名汽车制造企业与基地签订投资意向。同时,该市还从人力、物力、财力等方面支持市内已有的永生汽车、璐克斯、龙工齿轮、亚中橡塑、汉唐高晶等汽配件相关企业做大做强。延伸汽车产业服务链条,打响“高安车”品牌,是该市汽运产业“升档提速”推出的有力举措。鼓励群众到全国大中城市发展“的士军团”、兴办驾校、建设大型汽车维修企业。如今,高安的“的士军团”抢滩全国市场,在厦门、杭州、深圳、南昌等全国20多个大中城市独办或联办各类出租车公司260多户,发展自主经营的小汽车5600多辆,成为继领跑全国货运产业后的又一靓丽风景。此外,以农机、职业、瑞通、和平、昌光等五大驾校为主的民办驾校,呈蓬勃发展之势,每年培训合格驾驶员3400余人,全市各类机动车驾驶员超过7万名。而江西货运专用车产业基地的建设,正为高安人打造江南最大货运专用车产业基地,进而称雄全国市场搭建起平台。

(高安市交通运输局)

【高安汽运产业税收突破亿元大关】 2010年,高安市继续加大汽运产业发展支持力度,加强管理,强化服务,全市汽运产业发展规模和效益实现量的飞跃。全市拥有货运企业469户,新增149户;车辆保有量达2万多辆,运力20万余吨,其中新购车辆6575辆,计8.7万吨,平均吨位13吨,产业累计缴纳地方税收首次突破亿元大关,达到1.3亿元,较上年增长46.7%。

(周世祥)

【宜丰县货运产业走出低谷】 2010年,宜丰县交通运输局切实强化环境意识,坚持硬环境(交通基础设施建设)和软环境(行政审批、行政执法、机关作风)并重,认真研究并及时解决发展环境工作存在的问题,把优化货运产业服务作为工作重点,引导和扶持并重、宣传和服务并举,定期清查外挂车辆情况,积极引导转户回本地。搞好高效便民服务,坚持做到业务随到随办、急事急办、特事特办原则,在新车上户、车辆营运证审验等方面实行优惠政策,简化办事程序,努力为货运产业发展创造宽松发展环境。2010年12月,宜丰县营运货车达1948辆25866吨,比上年同期增长60%以上,已走出低谷。

(漆志勇)

【万载县发展汽运产业】 万载县共有货运车辆4064辆,31449吨位,共中危货车辆572辆,4122吨位;普货车辆2734辆,26470吨位;农用车758辆,857吨位。有货运公司32户,其中危货运输公司6户,普货运输公司26户。有汽车维修企业144户,其中一类企业3户、二类企业10户、三类维修企业131户。有汽车销售公司15户;汽车配件零售店27个;汽车美容店11个。货运从业人员7000人。

(万载县运管所)

【奉新县道路运输生产增势平稳】 2010年,奉新县道路运输生产伴随县域经济发展和社会进步,增势平稳,全县道路运输生产安全形势总体稳定,全年完成道路旅客运输346.83万人次,客运周转量14340.24万人千米,同比增长2%和2.5%;完成货运量176.28万吨,货运周转量31832.14万吨千米,同比增长7%和6%。全县拥有货车1300辆,计12860吨,道路客运车辆94辆,计1221座,城市公交车辆48辆,计1143座。

(魏振宇)

【抚州市道路运输事业成就辉煌】 2010年,抚州市道路运输事业蓬勃发展。全市营运客车达2446辆,比“十五”期末增长8.3%,客运量达4035万人,比“十五”期末增长35%,客运周转量达256807万人千米,比“十五”期末增长24%。营运货车达32902辆,比“十五”期末增长3.15倍,货运量达8830万吨,比“十五”期末增长5.46倍,货运周转量达2986087万吨千米,比“十五”

期末增长12.72倍。

(陈根玲)

【南丰县城市公共交通有限公司投入运营】 为方便群众出行,提高城市品位,2010年9月,县财政出资600余万元了断原民营公交公司,并新购公交车18辆,组建国有南丰县城市公共交通有限公司。该公司自9月1日正式运营,至11月初,先后开通了1路(县人民医院—市山)、2路(二中—包坊)、3路(老车站—工业园区)、4路(环老城线)四条线路。县城市公交公司还解决了30多名下岗人员再就业,深受群众好评。

(南丰县交通运输局)

【抚州交通运输服务水平和保障能力快速提升】 交通运输各项指标保持了全面快速增长。5年间,营运客车由2245辆发展到2446辆,增长8.3%;营运货车由6488辆发展到32902辆,增长了3.15倍,客运量由2973万人发展到4035万人,增长35%;客运周转量由207080万人千米发展到256807万人千米,增长了24%;货运量由1644万吨发展到8830万吨,增长了5.46倍;货运周转量由234698万吨千米发展到2986087万吨千米,增长了12.72倍;机动车驾驶员培训学校由7家发展到17家,增长了1.19倍,一级驾校从无到有,2010年底有一级驾校2家,二级驾校15家;机动车4S店从无到有,已发展了10余家。在培育和发展运输市场的同时,更加注重整顿规范市场经济秩序,加大运输市场专项整治工作,竞争有序的市场环境逐步形成。

(陈根玲)

【上饶市道路运输实现从业人员、车辆、运量、创收四增长】 2010年,上饶市运管处紧紧围绕"内强素质,外树运管形象,做好两个服务(服务民生、服务创业),实现三个提高(提高执法水平、提高机关效能、提高发展质量),推动行业发展"总体思路展开工作,取得了从业人员、营运车辆、客货运量、营运收入大幅度增长。

全市道路运输从业人员65815人,比2009年增长67.81%;营运客车4433辆,78701座,增长6.69%、12.6%;营运货车29022辆,240631吨,增长41.06%;完成公路客运量14039万人次、客运周转量3687161万人千米,增长14.33%、28.05%;完成公路货运量13153万吨,货运周转量2019845万吨千米,增长34.98%、32.49%;道路运输经济收入46.41亿元,增长86.38%;完成道路运输业税收2862.27万元,增长154.66%。

(陈均培)

【以创业服务年为抓手,进一步优化道路运输发展环境】 上饶市运管处在开展创业服务年活动中,制定了《上饶市运管处创业服务年活动方案》,诚邀客运、维修、检测、货运、驾培等120户企业负责人及12个县(市、区)运管所所长参加座谈会,开门纳谏,创造性地提出了在全市开展"121206000"创业服务竞赛活动,即全年全市12个县(市、区)扶持创办120户道路运输及相关企业,解决6000个就业岗位。活动开展顺利,全市共新增道路运输企业51户,新增就业岗位2890个。2010年9月,该处开展了为期20多天的"创业服务年"大走访活动,访民情、察民意收集的建议、意见现场深入企业,解民忧,帮助企业解决实际困难,赢得了企业的好评。为营造浓厚的"创业服务"氛围,大力宣传"创业服务年"活动各项工作,在省、市、行业新闻媒体发表文章170篇。

(陈均培 赖建中)

运输线路

【全省客运班线复审及客运班线审批实行公示】 为规范道路客运市场,加强客运企业管理,促进企业依法经营,江西省于2010年7月在抚州市进行了全省道路客运班线复审工作。在这次复审中,共对2496条省际、市际客运班线及3980辆客运车辆进行复审,其中79条客运班线中的105辆客运车辆因运行不规范等原因必须整改而未通过复审。2010年,江西省共对29条新增跨省、跨市客运班线进行了公示,其中许可了22条,新增了跨省、跨市班线车辆29辆。对5户新增道路客运企业进行了公示,其中许可了2户。

(马洁忞)

【景德镇长运公司开通"世博直通车"】 7月1

日，景德镇长运公司开通景德镇—上海“世博直通车”，景德镇市民只需花480元（含世博园门票）便可乘坐该公司“世博直通车”去上海参观世博园。安全、舒适的乘车环境和优质的服务，给市民去上海参观世博会提供了更为便利的条件。

（张顺发）

【景德镇火车站至浮梁樟树坑村公交客运班线正式开通】 11月5日，景德镇长运公司投资40余万元，购置5辆中型客车，正式开通景德镇火车站至浮梁樟树坑的农村公交客运班线。

（张顺发）

【萍乡市90%行政村通客运班车，农村客运网络化和城乡交通一体化进程进一步加快】 “十一五”期间，萍乡市交通运输部门始终把农村客运网络化建设列为重要工作，常抓不懈，确保全市城乡客运网络化建设一年一个台阶、一年一个进步，逐步实现了“经营主体公司化、客运班线网络化、运营模式公交化、运力投放科学化、站点管理规范化、服务质量标准化”的农村客运“六化”目标，使农村客运网络化建设跃上新台阶，为实现城乡交通一体化奠定了坚实基础，交通运输为农村服务、为老百姓服务、为城乡一体化建设服务的能力提高到一个新的水平。

（陈孝法）

【九江市15辆环保型新公交车投入郊区线路运营】 11月，九江市公交公司新购的15辆环保型新公交车投入到郊区5条公交线路运营，原先的15辆破旧车辆全部更换下线。新车内增设了5个安全监控摄像头，对预防和打击车内扒窃行为起到很好的作用。前后车门还分别设置了一个紧急开关，在车内发生燃烧等紧急状况时，在车内或车外都可以很方便地手动打开车门，可有效增强市民乘车时的安全感。截至2010年11月，九江市公交公司共更新125辆新型公交车，投放到市区多条公交线路运营。

（叶　勇）

【新余市完成跨设区市客运班线复审工作】 6月下旬起，新余市运管处组织对全市道路旅客运输跨设区市客运班线进行复审，至6月底，复审工作已全部完成。此次复审通过对跨设区市客运班线进站车辆台账的检查、电脑系统数据核对以及现场车辆的抽检，先后审核了全市50条市际班线、13条省际班线、108辆营运车辆，通过核查，准确掌握了全市省际、市际客运班线在营车辆的运营状况。

（曾国陵）

【新余长运春运期间到周边市30分钟一班】 新余长运公司在2010年春运中重点抓好客运安全和服务质量。春运期间，共投入长途客运运力691辆，另外还专门配备机动运力4辆，确保不滞留旅客。安排长途客运驾驶员89人，出租车运力139辆，站务人员85人，维修、燃油保障等人员30人，新购安检仪及豪华大客各一台。为了给旅客提供便利的售票服务，新余长运推出多种售票措施，在各汽车站增设售票窗口，延长售票时间，在火车站设立售票网点，送车票到高新区各大厂及各大专院校，旅客还可以通过车站电话及电信114电话订票。为方便旅客乘车，新余长运实行高密度发班，合理安排客运班次，新余至周边市保持30分钟发一班。对投入春运的车辆进行全面排查，确保车况良好，各项服务、安全设施完好。

（肖斌兵　赖娇健）

【新余长运公司开行高速专线班车】 6月，由于进入雨季，公路病害较多，加之上新公路道路维修，上新线交通堵塞时有发生，造成班车晚点。针对这种现状，新余长运公司想旅客之所想，急旅客之所急，尽管在运输成本上大为增加的情况下，该公司从社会效益出发，决定从6月10日起，每日开行跑高速公路往高安方向4个班次的班车。高速公路涵洞维修结束之后，在第一时间开行往上高方向的班车，每日达到6个班次，确保旅客走得好、走得了。

（吴晓敏　王金玉）

【新余市开通直达南昌昌北机场客运专线】 10月20日，新余昌北机场候机厅启用暨客运专线开通仪式在新余长途汽车站城北站举行。新余市委常委、副市长胡高平出席开通仪式。由于新余没有机场，商务旅行及市民出行只能乘坐出租车、火车、客运班车等运输工具中转至南昌昌北机场等地乘机,给旅客出行带来很大的不便。为完善综合运输网络,提升综合服务功能,满足市民方便、快捷的乘机出行要求,改善新余市投资环境,按照市领导要求,并在市领导高位推动下,经省交通运输厅同意,从10月20日起,新余市开通直达南昌昌北客运机场专线。该客运专线由新余长运公司承担。为此,该公司全力以赴,从10月20日起,每天上午和下午各发一个班次,共4个班次直达往返新余至昌北机场。班线开通初期,班车自客运南站始发、串点客运中心站至昌北机场。其中,客运中心站发车时间为6:50和13:50。新余市市民赴昌北机场乘机,只需在新余长运公司专设候车楼办理登机牌手续,乘直达巴士至昌北机场通过安检后登机。

(吴晓敏　战　亮)

【鹰潭市全力打造农村客运网络化】 鹰潭市共有农村客运班线104条,营运客车线路里程910千米,全市34个乡镇100%通班线客车,370个行政村93%通客车。现有农村营运客车341辆6325座,车辆结构基本以小型普通级客车为主,有20辆中型中级、小型中级客车。运营模式均为股份制企业责任经营。全市建有乡镇农村客运站40个、候车亭380个。为该市农村客运网络化建设奠定了良好基础。

(艾年宗)

【鹰潭至贵溪班线车恢复正常营运】 2010年7月1日,经过长达数月的协商,鹰潭至贵溪班线车恢复正常营运,并对K1城际公交车进行调整,由客运车队投入8辆中巴车与市公交公司合作经营。2009年10月31日,贵溪城南汽车站正式启用,鹰潭至贵溪的班线车不再进入贵溪城内,对经营该线路营运的鹰贵客运公司造成一定的影响。2010年1月1日,K1城际公交车开通以后,客运公司客源被分流了一半以上,加之票价由原来的6元降到4元,客运公司的经营出现了亏损。这年4月1日起,由于亏损,鹰潭至贵溪的班线车停班长达近一个月之久,后经市运管处多方协调,于4月底恢复营运,但发班时间不稳定,给沿线群众出行带来诸多不便。7月1日,经过反复协商,鹰潭至贵溪班线车恢复正常营运,并对K1城际公交车进行调整。K1城际公交线开通时,鹰贵客运公司保留了该线40%的股份,客运车队启用这部分股份投入8辆中巴车与市公交公司合作经营。调整后的班车线路维持不变,K1城际公交线票价仍然维持3元不变,乘坐中巴车也可刷卡。

(艾年宗)

【鹰潭至龙虎山K2路城际公交车开通】 从2010年4月1日起开始,以市公交公司为经营主体的鹰潭至龙虎山K2路城际公交开通,线路总里程16千米,从鹰潭火车站发车,沿途停靠汽车站、体育馆,龙虎山南大道、安山徐家、双港口王家村、倾城、余家乡政府(潘普络纳小区)、龙虎山国际大酒店、口上黄家、口上李家、龙虎山汽车站、龙虎山旅客中心等13个站点,首批准许投入10辆运力。

(公交公司)

【鹰潭东湖至信江新区公交开通】 6月1日,鹰潭市公交公司正式开通鹰潭东湖至信江新区公交线路。东湖至信江新区公交为7路公交,这是该市首次开通由市区通往信江新区的公交线路。该线路总距离为4.5千米(单趟),从东湖(现K1路鹰潭至贵溪发车点)发车,沿途停靠联通公司、中医院、广场、信江桥头、信江新区管委会,终点站为夏埠乡政府。7路公交每日运行时间为6:40~18:00,每15~20分钟发班一次,日运行班次39趟左右,单趟运行时间约30分钟(往返一班60分钟)。市民乘坐7路公交既可刷卡,也可投币,票价1元/人次。

(公交公司)

【鹰潭城际公交高频班次,体现方便快捷】 本着便民快捷的原则,城际公交在班次安排上不断调整完善。鹰潭至贵溪K1路由最初的每隔6~10分钟调整为早晚高峰时段为6~9分钟一趟,低峰时段10~15分钟一趟。鹰潭至龙虎山K2路则根据旅游淡旺季客流量的变化适当调整班次和车辆数。为了科学安排车次,城际公交将采用最新的GPS智能调度系统,根据流量、路况以及时间段进行智能调度,充分体现城际公交便民、快捷特性。

(公交公司)

【鹰潭城际公交存在的六大问题】 1. 城际公交行业法规适用空白。城际公交是两个相邻城市之间的公共客运交通，理应纳入城市公交管理范畴。但是行业管理法规并未就城际公交做出明确定义，致使城际公交在载客人数核定、运行时速限制等方面，难以有行业部门的权威界定。

2. 城际公交运营亏损严重。由于城际公交的开通目的是便民惠民，城际公交的票价低廉，加之城际线的车辆均采用空调车，夏季油耗增加，营运成本居高不下。根据市公交公司提供的数据，由于高频率运行以及运量不足等各方面因素导致城际线上半年总亏损达 56.7 万元。按此标准计算，仅城际线路每年亏损将高达 167.94 万元。

3. 城际公交场站建设滞后。鹰潭至贵溪、龙虎山两条城际公交线路仍未设立专用公交场站。两条线路的始末站均为主干道“道边站”，在有碍市容观瞻的同时，也带来了新的交通安全隐患。尤其是贵溪始发站地处车流、人流密集的城市主干道，大型公交车辆每天在此掉头 130 余趟，安全隐患很大。

4. 首末站选址不尽如人意。自 K1 路城际公交开通以来，就有市民不断反映该线路的首末站设置不合理。一是市民建议将鹰潭火车站设置为 K1 路的始发站。市公交公司对 K1 路始发站的设置经过了实地踏勘。鹰潭火车站是市内公交 1 路、2 路、3 路、6 路、8 路、16 路以及 K2 路等公交线的始发站，火车站公交停车场已经拥挤不堪。如果 K1 路在此处发车，势必给火车站本不通畅的交通造成更大的拥堵，存在很大的安全隐患。二是市公交公司将贵溪终点站设在贵溪火车站主要是因为贵溪火车站客流量较大，也是贵溪市内公交的停靠点，能更加方便贵溪市民乘坐 K1 路公交及鹰潭市民转乘贵溪公交到达目的地。但是由于公交场站建设缺失，致使乘客转乘及车辆的停靠缺乏安全保障。

5. 城际公交运行环境复杂。随着该市经济的快速发展，居民收入水平显著增长，私家车数量迅猛增加，城市交通环境越来越复杂。再加上机动车辆乱停乱放、随意掉头、占用公交站台，干扰公交车辆安全通行的行为时有发生，给公交车的运行带来了很大的安全隐患。除此之外，鹰潭至贵溪沿线村民对公交车要求招手即停，车未到站要求就近下车，或者村落无论大小必须全部设站停靠。稍有不满便拦车堵路，给 Kl 路的运行设置种种障碍。

6. 城际公交公益性服务存在异议。根据《军人抚恤优待条例》有关规定，并借鉴其他城市相关做法，鹰潭至贵溪 K1 路、至龙虎山 K2 路属城际公交，不能提供市内公交同等的现役军人、70 岁以上老年人、残疾人以及学生等免乘、优乘服务。在运行期间，上述群体对此做法有异议，拒交费、不下车、甚至堵车等极端行为也时有发生。鉴于伤残军人服役期间为国家社会作出的贡献，市公交公司比照“民航、火车、长途客车”等标准，给伤残军人凭有效证件享受 50% 的优乘待遇。

（公交公司）

【丰城市 31 个乡镇全部实现公交化】 随着村村通水泥路，农村公路运输网络条件进一步改善，公交车往农村开，丰城市 31 个乡镇全部开通公交车，通公交车行政村达 100%，实现城乡公交一体化。全市开通公交车线路 31 条，公交班次 672 次，农村拥有公交车 137 辆，座位 3475 座，全市农村公交车完成旅客量 825 万人次，旅客周转量 31350 万人千米，票价比过去下降 30% 以上，进一步方便广大农村群众出行，减轻农民经济负担，深受广大农村群众欢迎。

（裴爱国）

【上高县优化运输环境促园区发展】 近年来，宝成鞋业、匹克鞋业、旺旺食品等大型知名企业相继落户上高工业园区，来自该县 14 个乡镇及周边县市农民，纷纷入企务工，成为白天到城区企业正常生产的一个新问题。

面对困境，县交通运输局把破解这一难题做为为园区企业创业服务的实际行动，列入主要议程，由主要领导挂帅，组成专门工作组进行调研，在深入调查研究的基础上，积极向政府建议，转变原有农村班线运营模式，推进城乡公交一体化改革，优化园区运输环境，着力为企业解决员工运输的忧虑。在交通部门的主导及协调下，该县利用 2 年时间完成全县 25 条农村客运班线经营权的转换，形成以县工业园和县城为中心的两个城乡公交网络，大大缓解园区员工的疏送压力。

为彻底解决好宝成鞋业等企业员工上下班乘车问题，县交通运输局针对员工的乘车需要，特事特办：向园区批准投放 18 辆城乡公交车，根据员工家庭住址延长运营线路，实现员工运送由“厂门口至家门口”的一站式运输,并在员工运送的终端设立车辆、驾驶员留宿点,确保次日上早班员工运送及时。同时,采取及时调整公交运行线路,增设停靠站点和定车、定人、定点、定时“四定”方式,确保员工运输安全、有序。

(上高县交通运输局)

【上高县“四轮驱动”推进城乡公交一体化】 1.政府重视,强化保障推动。为加快实现城乡公交一体化,县政府在2008年成立由常务副县长任组长,相关单位主要负责人为成员的推进城乡公交一体化及村村通工作领导小组,确保城乡公交一体化的高位推进。2008~2010三年,共投资9300多万元,累计建成农村公路275千米,建成乡镇客运站5个、候车亭73个,全县农村公路达1215千米,年底全县行政村实现100%通水泥(油)路,形成比较完善的农村公路网络。

2.创新模式、发展公交拉动。按照市场运作、优先发展的原则,凡经营期限已满的农村客运车辆,原农村班线经营户不得继续经营,由城乡公交公司采取公交化模式进行改造,统一更新公交车,配齐车辆,开通城乡公交班线,实行公交公营,推进城乡公交一体化。对改造后的城乡公交线路,城乡公交公司实行标准化建设,严格规范管理,严把车辆安全检测关、驾驶技术关、安全监控关,有效地确保车辆性能与运行质量。对具备通车条件的行政村,城乡公交运行线路延伸到村;对不具备通车条件的,适时创造条件开通公交车,实现“村村通公路、村村通公交”的目标。

3.统一规划,分步实施助动。坚持以原农村客运班线经营期限截止日期为依据,到期一条,改造一条,逐步推进。2008年完成3个乡镇的城乡公交一体化及村村通改造,2009年完成4个乡镇公交化改造,2010年完成剩余7个乡镇公交化改造,实现全县农村客运公交化运营,形成以县城和县工业园为中心的两个城乡公交网络。同时,根据农村公路通车条件、农民出行流时、流量、流向,合理规划公交线路、车辆投放、班次安排,基本消除农村客运“盲区”。

4.广泛宣传,因势利导促动。成立专门工作组织,积极做好原农村班线经营户的协调和疏导工作,将改革的政策、意义讲明、讲透,鼓励未到经营期限的农村客运班线车辆提前退出客运市场;对提前退出的,可适当折旧后由城乡公交公司统一收购,对原班线司乘人员自愿到城乡公交公司的,只要符合条件,优先聘用,从而减少公交化改造的阻力。

上高县推进城乡公交一体化,产生多方面的效应。一是乘车便利效应。农村班线实行公交化改造,所有公交车统一安装智能安全监控设备,增加安全系数,车辆运行时间更准,乘车出行更方便;票价全部下降,百姓得实惠,真正实现“公交开到家门口,安全便捷又便宜”。二是农民工效应。公交车开进农村,方便农民进城就业,有效解决外来企业用工需求,促进了农村剩余劳动力的有序转移,农民打工、种地两不误。2010年城乡公交通达全县100%的乡镇和89%的行政村,每天乘坐公交车到企业上班的农村群众达8500多人。三是经济发展效应。城乡公交一体化,大大缩短了农村到县城的距离,加速城乡人流、物流、信息流,推进城乡经济统筹发展,促进农民增收致富。2010年上半年,全县农民人均现金纯收入达2435元,同比增长11.7%。

(潘泓羽)

【抚州市城区公交线路总长近200千米】 2010年是“十一五”规划的最后一年。“十一五”期间,抚州市城市道路不断新建和延伸,截至2010年全市城区公交线路达19条,线路总长为198.3千米,是十年前的4.22倍,城市总体规划范围所有乡镇及抚北工业园均已开通了公交车。

自2000年以来,抚州市共投资4193.8万元购置各种型号公交车211辆,翻新改造两批旧车共34辆,投资300多万元。十年间,新开公交线路14条,增长3倍,公交线路基本上遍布了抚州市新老城区和城市规划区域内的主要乡镇,极大地方便了周边乡镇群众的出行。

为方便市民候车,市公交公司在所有线路上每隔300米~500米设有公交站台和公交临时站牌。公交候车站从原来的27座增加到现在的173座,为10年前的6.4倍。

(陈根玲)

【临川区罗针镇客运实现村村通】 罗针镇是个拥有近5万人口的大镇,以前大多数群众出行靠“摩的”等交通工具,不仅不方便,且存在安全隐患。为了给群众创造一个安全、舒适的出行环境，上顿渡运管所在罗针镇政府的配合下，积极引导该镇在外创业青年徐龙科投资近200万元，购置10辆中巴，回乡创办了利群农村客运公司，客运线路覆盖全镇18个村、165个村小组。村民们像城里人一样，在自己家门口就可坐上安全、舒适的“公交车”。

（抚州市运管处）

【铅山农村巴士开进新农村惠及10万群众】 9月2日，铅山县农村巴士开通仪式在永平汽车站举行。为了更加方便老百姓出行，铅山县购买了9辆空调中型客车，其中26座4辆，19座5辆，在上饶市率先开通了农村公交班线。至年底已开通永平至葛仙山、永平至陈家寨、永平至八都等乡镇行政村，惠及群众10万余人。

（陈均培　铅山县交通运输局）

运输站点

【南昌长途汽车总站推行“一站式售票”服务】 2月2日起，根据南昌长途汽车总站与南京中央门长途汽车站签订的协议，南昌长途汽车总站提供“一站式售票”的中转运输服务，为居住在交通不甚发达的中小城市的旅客提供方便。至即日起，往返于江西和江苏两地省会城市以外城市的旅客，可直接在两个车站提前买到中转车票，无需下车后再排队购票。这是江西首次尝试“一站式售票”的中转运输方式。

（南昌市交通局）

【九江市客运中心汽车总站正式营运】 2010年6月30日上午，九江市城区站场资源整合暨客运中心汽车总站营运启动仪式在九江公路客运中心汽车总站前广场隆重举行。九江市市委副书记、市长曾庆红，副市长廖凯波、省公路运输管理局副局长龙华明及市交通运输局局长董学煌、党委书记黄强等省、市相关部门负责人出席了启动仪式。

（叶　勇）

【九江市公交郊区线路首末枢纽站启用】 11月17日上午，九江公交郊区线路首末枢纽站正式投入使用。市人大巡视员吴宣友、九江市副市长廖凯波，市交通运输局局长董学煌、副局长吴照新出席了公交郊区线路首末枢纽站启用仪式。公交郊区线路首末枢纽站位于庐山大道中段，是市政府2010年列为“中心城区建设投入200亿”战略中十大城区改造项目之一，对增强九江市公交硬件设施建设，改善市民乘车环境起到十分积极的作用。

（叶　勇）

【新余市运管处督查农村客运站建设工作】 7月26日，新余市运管处对仙女湖区凤凰湾办事处农村客运站建设进展情况进行全面督查。凤凰湾客运站总投资70万元，占地面积0.33公顷，规划新建停车场800平方米，建筑面积486平方米，主站共两层。站场设施主要包括站务管理室、票务室、旅客候车室、卫生间、消防设施等。督查组听取了关于客运站建设情况的汇报，实地考察了客运站各项功能设施的完成情况。

（赖伟勇）

【江西华澄现代金属物流园项目落户新余】 12月28日，江西华澄现代金属物流项目签约仪式在新余会展中心政协厅举行。新余市委书记李安泽出席并讲话。市委副书记、市长魏旋君，市人大常委会主任周建华，福建闽能集团总裁黄荣龙，厦门华澄集团副总裁、华澄股份有限公司总经理林鸣青等出席。新余市人大常委会副主任毛木根主持。此次华澄集团在新余投资建设江西华澄现代金属物流园项目，全力打造集保税库、钢材现货交易、金属期货交割库为一体的大型综合性钢材物流中心，将进一步提升新余物流业发展水平，增强经济发展配套能力，对促进新余工业经济尤其是钢铁产业的发展都具有十分重要的意义。渝水区政府与华澄集团进行现场签约。江西华澄现代金属物流园项目由新余市人大常委会引进，计划投资8亿元在渝水区袁河工业基地建设。项目竣工投入后，将形成交易规模不低于100亿，利税不低于7000万元，年货物吞吐量达到300吨的规模。该项目的落户，将进一步促进新余钢铁产业链延伸，助推新余钢铁产业转型升级。

（彭　勃）

【鹰潭市长途汽车站应对突然出现客流高峰组织运力疏散旅客】 5月23日,受沪昆铁路余江至东乡间火车脱轨事故影响,鹰潭火车站滞留了大量旅客,许多旅客因不能及时搭乘火车离开而改乘汽车,造成当天长途汽车站出现客流高峰,数千名旅客在车站等待着购票上车。在滞留旅客中,往南昌、赣州、长沙、武汉等方向比较集中。为及时疏散旅客,市交通运输局立即制定方案,组织运力,调集了数十辆大中巴车进行旅客疏散工作。为满足旅客购票需求,长途汽车站开放三个售票窗口,同时组织工作人员维护现场秩序,向旅客做好解释工作。

(汽车站)

【遂川县完善客运基础设施建设,促进农村客运事业发展】 为繁荣地区经济,满足运输市场的需求,改善各乡镇广大群众的出行条件,遂川县2010年,成立了由各相关乡镇政府领导和县交通运输局、运管所分管负责人组成的项目建设领导小组。坚持"选址合理化、投资多元化、站级多标准、经营多形式"的原则,实施对新续建的3个客运站和35个候车亭的选址,并采取组织议标形式决定施工单位。为保证施工进度、降低施工成本,采取一线一施工单位的模式确定施工队伍。在日常工作中,坚持每月一检查、每季一督查,保证站(亭)建设工作任务的顺利进行。截至12月,全面竣工了35个候车亭。全县308个行政村,实现通行客车达85.1%。各乡镇客运站建成投入使用后,带动了地区经济发展,并解决广大农村人民群众出行难的问题。

(遂川县交通运输局)

【宜春汽车站做足功课迎春运】 春运以来,宜春汽车站着力在安全监管、提升服务质量上下工夫,结合车站实际,落实各项措施服务春运,一是根据2010年春运特点,制定《宜春汽车站2010年春运实施方案》,并组织相关岗位人员召开专题安全会议,全面抓落实。做到分工明细,责任明确。二是按照省局对客运站场的相关规定,在总站搬迁期间提前对全站标识进行统一,做到标示醒目、内容人性化、整体规范化。三是为方便农村旅客出行,实现返乡农民工节后出行点对点的售票。宜春汽车站2010年春运在袁州区24个乡镇增设长途车票代售点,各售栗点均可联网出售宜春车站已有的各条长途跨省班线车票。同时,免费送一张车票代售地至宜春的短途车票,实行一站式服务。四是美化候车环境。斥资对全站候车室的中央空调、便民超市等相关配套设施设备进行全面整修、完善。

(徐 昌)

【婺源一级汽车站正式运行】 2010年1月22日,婺源新汽车站正式营运。该车站位于婺源县城西、景白线公路北侧,紧连景婺黄(常)高速公路,占地面积3.8公顷,建筑面积1.1万平方米,总投资3005万元。该站是全省县级唯一的一个一级汽车站,日发班车达300班次、日送旅客5000人次以上,方便了广大人民群众和旅客的出行。

(婺源交通局)

运输工具

【南昌市新增出租车正式上路】 2010年9月23日,南昌首批新增出租车63辆正式上路运营。这些车已全部完成改色,并安装了GPS和顶灯。这是江西省首批新能源的士,其最大特点在于能将发动机热能转化为电能后同时利用,城市百千米可节油20%~30%。

首批新能源的士上路后,南昌市新增的155辆新能源车在年底前全部上路。市政府明确今后若更新新能源车辆,必须仍为同类型的新能源车,且要提高档次,不能低于此次新能源车辆的技术参数。

新能源车上路运营得到市委、市政府的高度重视,市委书记余欣荣于9月21日到江西大众交通运输有限公司,视察新能源车的工作实施情况。

(吴卫平)

【南昌市出租车实现计价器、GPS、顶灯三机联动】 南昌市出租车继改色、安装GPS、更换座套颜色之后又开始统一免费更换LED顶灯。新的顶灯分前后两个屏幕,其中前屏较小,主要用于显示车辆载客、空车或暂停营运等状态,如空车,顶灯背面显示滚动新闻和广告等信息。至9月底,所有出租车完成GPS、顶灯安装工作，实现计价器、GPS、顶灯三机联动。

计价器与GPS联动，将出租车运营的时间、里程等显示在计价器上的数据通过GPS传入调度中心，管理部门可及时、科学、准确地掌握相关情况；GPS与顶灯联动，设一键求救功能，如果出租车司机遇到打劫等情况，只要按下车内的求救键，顶灯上会立即显示类似“我被打劫，请报警”字样，调度中心也将通过GPS立即收到求救信息，并采取相应措施。

三机联动安装由市客管处统一组织实施，并且明确以后新增出租车到昌后，将先完成改色、安装GPS和顶灯再投入运营。

（吴卫平）

【南昌市客管处帮助出租汽车应对油荒】 11月份全国出现柴油危机，南昌出租汽车面临着极大的挑战。市客管处在得知此消息后，在南昌市出租租赁汽车协会以及行业驾驶员代表的积极配合下，立即与各油品供应商联系协商，先后在市内董家窑、洪北、森茂等6个加油站开辟出租汽车绿色通道，确保出租汽车能够加到柴油。尤其是中石化南昌石油分公司顾全大局，自主开通部分加油站为出租汽车开辟出租汽车专用加油通道，受到市客管处及广大驾驶员的好评。

11月24日，在全行业度过油荒的困难期后，市客管处、市出租租赁汽车协会、市出租汽车企业负责人代表以及出租汽车行业驾驶员代表，给中石化南昌分公司送上锦旗，表达行业的感激之情。

（吴卫平）

【湾里区首批30辆出租车投入运营】 经过近20天的试运营，湾里区首批30辆出租车于2010年1月1日正式投入运营，填补了该区建区40年来无出租汽车的空白。

为提升湾里区整体形象和城市品位，建设“和谐湾里、生态梅岭”，方便全区人民和前来湾里旅游的游客出行，湾里区委、区政府把组建出租汽车公司工作作为为民办实事、办好事的民心工程纳入重要议事日程，决定在湾里区内投放30辆出租车，采取公司化运作模式，实行公车公营，员工化管理，责任承包经营，自主经营，自负盈亏，经营期限5年，由湾里区交通主管部门进行行业管理。第一个5年经营期由南昌公交湾里出租汽车有限责任公司经营。出租车车型为捷达双燃料车，车身为草绿色，统一安装计价器。区内可以允许拼客，票价每人次2元，区外票价按南昌市出租汽车计价标准收费。

（孙祥武）

【南昌市出租汽车免费安装GPS导航仪】 8月底，南昌市客运管理处组织对全市3700余辆出租车和新投入的300辆新能源车和常规动力车免费安装车载GPS卫星导航仪。这是继全市出租汽车外观改色后，南昌市出租汽车管理的又一重要举措。车载GPS采取免费安装和使用，费用通过出租车的广告资源征集而来。

此次安装GPS卫星导航仪分两批进行。第一批是已经完成外观改色的出租车，第二批是原有旧GPS的出租车安装新的GPS。整个工作在9月底完成。

车载GPS导航仪安装后，出租车的运营状况由市客运管理处监控中心进行有效监管，能准确记录车辆行驶路线、是否载客、是否超速等行为实现“有据可查”。乘客只要提供乘车时段和上下车地点，通过GPS也有可能帮助乘客找回遗落在出租车上的物品。

（周国祥）

【汽车以旧换新政策刺激汽车消费】 景德镇实施汽车以旧换新政策，并且将汽车以旧换新最高补贴标准从6000元/辆提高到18000元/辆，极大地促进了汽车消费，加快了高排放、高污染“黄标车”和老旧汽车的淘汰速度。在引导车主及时报废更新车辆，防止报废车辆流向社会减少道路交通安全事故等方面发挥着积极作用。景德镇市全年回收各类报废汽车428辆，相当于前3年回收数量的总和，市民购置新车428辆，其中80%是小型载客汽车，拉动消费3450余万元。

（涂　强）

【景德镇市人力板车运输现状】 景德镇随着制瓷技术的不断发展，科技水平的提高，瓷器批量生产成为必然。景德镇市民营作坊较多，分工较细，原料加工、成型、装饰、烧成等都要在不同作坊内进行，运输要求非常高，而板车是人力控制，具有很大的灵活性,因此板车运输是控制质量的较好方式。到20世纪90年代末,景德镇市城区人力板车数量达到最高,逾3500辆之多。

在瓷器生产过程中,成型装饰好的坯要运去窑炉烧制,成品出来后要运输至商店销售,很多人择人力板车运输,既保险价格又低廉。但在运输业不断发展中,景德镇的人力板车在运输瓷器方面的比重还是逐渐下降,许多店家运货直接和物流公司联系,由物流公司派小型电力货车来运送。也有一些厂商钟情人力板车运输,用于运送成品瓷。一般来说拉一车也就10多元,打坏瓷器还要赔偿对方损失。除了运送瓷器之外,板车工人陆续接受一些额外的其他生意,类似搬家、拖垃圾等,还有小部分流动商贩利用板车运输蔬菜、水果到市场销售。市民们有少量货物需要运输时,也会找人力板车工人搬运。到2010年底,景德镇市城区人力板车数量剩下不足1000辆。

(涂 强)

【景德镇市延续本地产汽车优惠政策】 自2月1日起至12月31日止,景德镇市延续2009年的财政补贴政策,对购买昌河汽车的景德镇户籍居民给予一次性财政补贴,但2009年已经享受补贴政策的购车者,2010年不再享受此项政策。享受补贴的车型包括江西昌河汽车有限责任公司和昌河铃木汽车有限公司销售的北斗星、浪迪和爱迪尔(在景德镇市生产和销售)的车型。补贴对象为持有景德镇市身份证的本地居民,每人限购一辆享受补贴的汽车,购车后两年内不得转让。

拥有景德镇市城市户口的购车者,凭身份证和户口本到指定直销点购车,市财政凭购车发票按销售价格的5%给予财政补贴,对持景德镇市农村户口的本地购车者,在享受上述5%财政补贴的基础上,再增加5%的财政补贴,补贴为一次性给予。

(涂 强)

【景德镇至南昌高速直达客运班车上新车】 1月25日,由江西景德镇长运有限公司投资820万元购置的5辆青年尼奥普兰“欧洲之星”豪华大巴正式投入景德镇至南昌高速直达客运班线运营。

景德镇长运公司此次购置的“欧洲之星”豪华大巴,每辆客车有51个乘客座位,此款车型不仅等级高、安全性能好、乘坐舒服、行驶平稳,而且由于抬高了乘客座位,视野开阔,具备一定的观光浏览功能,其文化魅力由此得到充分展现。

(涂 强)

【上高县120辆崭新的出租车投入营运】 6月26日,上高县城的大街小巷出现一辆辆绿颜色的出租车,它仿佛一片新绿充盈着县城,把上高装扮得更加美丽。带来这流动“新绿的”是上高泰安出租车公司投入营运的120辆出租车。也正是从这天开始,上高县城的百姓能乘坐上崭新漂亮的出租车。为解决县城居民的出行问题,提高城市品位,改善经济投资环境,从2009年开始,上高县政府就把出租车的更新改造作为一项民生工程,积极稳妥加以推进。从配置数量、车辆档次、经营模式、招标方法等进行深入的研究,并始终在政府层面强力实施,形成最终的招投标方案。经招标,上高泰安出租车公司获得经营权。在此次出租车更新过程中,上高县运管所认真履行职能,积极配合政府把好车辆许可关,投入的120辆出租车全部实行统一车型、颜色、防护网等“八统一”管理,并率先在全市安装GPS监控系统。

(上高县运管所)

【宜丰县20辆出租车投入营运】 为满足城市居民出行需求,构建城市方便快捷交通网络,进一步提升城市品位,10月22日,宜丰县投入20辆昌河北斗星微型车,亮相宜丰出租车市场。

此前,宜丰城市交通主要依靠公交,还有就是非法经营的三轮车,既满足不了居民出行要求,也扰乱城市交通秩序。为规范出租车市场,2010年,宜丰运管所按照政府相关精神,以城市交通秩序整治为重点,开展连续性的打击非法经营活动,通过采取疏堵结合,非法经营得到全面遏制,为出租车投入创造好的环境。

该批营运出租车全部实行“八统一”管理,即:统一标识、统一设置车辆车身颜色(绿顶白身)及企业标识、统一安装车内白色座套、统一安装税控计价器、统一安装顶灯、统一驾驶员服装、统一安装GPS监控设备,实施定点供油管理、统一规范服务用语。

为维护市场稳定,在方便出行需求的同时,运管部门对出租车营运范围进行规定,仅限城区范围运行。起步价定为2千米3元,超过2千米按每千米1.5元打表计费。

(亮 陶 丁 萍)

【靖安县交通运输局认真抓好节能工作】 该局根据县政府下发的《关于开展公共机构节能工作的意见》,明确8%的节能目标,成立领导小组,落实具体责任人,建立节能责任制。对照《2009年靖安县政府节能目标责任评价考核指标及计分标准》,该局逐一自查。从自查结果看,2010年,办公消耗电29000千瓦时、汽油6000升、水6000吨,能源消耗费用共65000余元,同比分别减少6%、13%、26%和9%,节能工作实现预期目标。

该局严格执行公务用车“一车一卡”加油制度,执行《交通局公务运作规程》“车辆管理制度”,严禁利用公车从事私人活动。严格控制空调冬、夏季温度,禁止开门开窗使用空调,做到室内无人关空调,切实提高空调节能效果。办公室做到随手关灯,人走灯灭,坚决杜绝长明灯。办公设备尽量减少待机消耗能源,做到即用即开,下班断电。对用水设备做到经常巡查、维护、保养,发现损坏、漏水现象及时报告进行维修,避免“长流水”现象发生。该局节能领导小组坚持日常检查制,时常检查各股室节能工作情况,及时发现和纠正浪费现象,并按规定向上级报告,确保节能工作落到实处。

(刘 斌)

【奉新县交通运输行业节能减排成效显著】 为贯彻落实国家节能减排规划,完成节能减排工作目标,加快道路运输车辆结构调整,推动交通运输行业的改革和发展,奉新县交通运输局自2009年6月1日至2010年5月31日实施为期1年的营运汽车以旧换新政策,由县财政出资100万元对营运车辆进行以旧换新补贴。自2009年6月1日实施营运汽车以旧换新项目以来,道路运力结构调整步伐明显加快。截至2010年7月初,全县累计淘汰各类高能耗、车况差的废旧货车200辆,新增上户货车551辆,客运企业更新客车步伐也显著加快,至2010年7月初已更新客车10辆。与此同时,奉新交通运政部门也加强对运力投放的源头管理,所有投入运营的车辆,客车必须通过车辆技术评级达到一级以上,货车技术等级必须达到二级以上标准,危险品运输车辆技术等级必须达到一级标准。对达不到标准的车辆,一律禁止从事营运,以此从根本上确保营运车辆能耗和尾气排放达标。

(魏振宇)

【高安市营运车辆燃耗达标实行两把关】 为切实推进道路运输领域节能减排工作和防止高耗运输车辆进入道路运输市场,高安市按照全省道路运输车辆燃料消耗量检测和监督办法实施方案,对进入道路运输市场车辆燃料消耗标准做到“两把关”。一是把好驻站核查工作关。核查开始之前,按照方案的要求,加强运管人员驻综检站的管理。首先是从业务科室抽调3名业务比较精的人员到综合性能检测站进行驻站,对综合性能检测站的车辆燃料消耗量检测工作进行全面指导和监督。其次要求3名驻站人员对核查工作的业务知识和驻站管理人员的职责进行一次再学习,确保核查过程中不出现技术错误。再次是规范核查工作在综合性能检测站的技术流程,确保核查工作有序进行,同时还明确核查人员、驻站人员的具体职责,并建立落实核查工作责任制,建立运输车辆燃料消耗量管理责任追究制度。本着“谁签章、谁核查;谁发证、谁负责”的原则,确保核查工作落实到实处。二是把好证关照发放。按照高效和便民的原则,设立全面贯彻实施《道路运输车辆燃料消耗量检测和监督管理办法》工作举报信箱,接受社会举报监督。加强对机动车综合性能检测站监督管理,督促检测站严格按照规范程序和相关技术标准的要求,开展车辆燃料消耗量检测工作。在出具《汽车综合性能检测报告单》的同时,出具《道路运输车辆燃料消耗量达标车型核查报告》,方可办理相关手续。在新车户、外籍车辆转入等方面也都严格按照方案的要求再次进行核查,做到凡是核查不过关的车辆一律不准办理道路运输证的配发,一车一档,车辆二级维护和检测的记录、车辆变更、交通事故均有记载,截至10月20日,该市已核查营运货车3085辆。

(高安市交通运输局)

【抚州至南昌特大豪华客车上线运营】 1月30日春运第一天,抚州至南昌特大豪华客车正式上线运营。副市长周小平出席运营启动仪式并为之剪彩。

为满足人民群众出行需求,缓解春节运输压力,确保2010年春运通畅、安全、快捷,抚州长运已投资近千万元新购置了5部性能先进、设施豪华、有“陆地航母”之称的德国尼奥普兰大容量客车。车内安装了卫星监控、缓速器等一系列先进的安全设施,配备大功率冷暖空调、17寸液晶彩电、航空坐椅、内行李箱、卫生间,可容纳60余名旅客乘坐。该客车不仅具有承载能力强的优势,其源自德国的全承载技术为旅行安全提供了更加充分的保障,是抚州市营运的大型客车中级别最高、最豪华的车型。高二级特大豪华客车的投入运行为抚州市实现“和谐平安春运”营造了良好的氛围。

(陈根玲)

道路运价

【全省专业运输企业机打微机客运发票全面改版】 根据国家税务总局《全国普通发票简并票种统一式样工作实施方案》的通知要求,配合税务部门对全省汽运企业机打微机客运发票进行改版。自2010年9月1日起改用新版面,原老式机打客运微机发票使用至2010年12月31日止全部作废。

(省运管局)

【燃油涨价　快递价格追着涨】 从11月1日起,景德镇圆通速递分公司上调快递价格,上调标准为区域内快件在原来的基础上每票增加1元。业内人士解释说,快递费的上调是必然的。油价上涨且人工成本不断增加、运输成本不断提高,快递成本投入越来越大,如不上调快递费,无法保证赢利。

圆通速递在快递业内比较知名,他的率先涨价对其他快递公司起到了参照示范作用,但不是每个快递公司都敢涨价。景德镇市华星特色快运服务公司的运价一直保持在2002年的水平上,不管人家大公司怎么涨,这家公司都不敢擅自提价,因为不想失去客户特别是老客户,只要有一点利润,也不想失去市场。因为景德镇物流竞争实在太激烈。像华星这样的小物流公司自然是小心翼翼,尽可能做好服务,并希望在各快递公司一片涨价声中以低价赢得更多客户。快递服务涨价,首先受影响的自然是经常要托运的网店店主和网购人群。淘宝网社区里不少卖家表示有压力,网络购物也面临着成本水涨船高的局面。为降低网络购物的运营成本,有些卖家选择小型快递公司作为替代。

(涂　强)

【乐平古稀老人可免费乘坐公交车】 11月8日~12月10日,乐平市公共交通部门向本市70周岁以上老年人办理免费乘车手续。从2011年起,该市全部开放,70周岁以上老年人免费乘坐市内公交车,不再受乘车次数限制。70周岁以上老年人免费乘坐市内公交车是该市一项惠及老年人的民生工程,仅此一项,该市财政每年将补贴30万元给公交公司。

(涂　强)

【鹰潭至龙虎山公交线实施低廉惠民票价】 城际公交作为短途客运的主要发展方式之一,其定价问题涉及社会效益、企业经济效益和其他经营者利益。鹰潭市政府遵循“适时开通,平稳推进”的原则,从运营成本、单趟里程以及便民、惠民等因素综合考虑,由该市发改委论证并批复票价。鹰潭至贵溪、龙虎山两条线路票价均只收取原班线票价的一半,即3元/人次,刷卡消费九折。同时,考虑到沿线村民收入水平,特别推出城乡卡,城乡卡的票价是现票价的五五折。

(公交公司)

【鹰潭市道路运价略有上升】 2010年,鹰潭公路运价虽然未见调整,但随着油价的攀升,运输市场运价也出现了一些不稳定因素,尤其是在货物运价方面,上浮现象日见凸显,出租车市场价格略有上升。鹰潭至周边城市一般普通散货参考价:鹰潭——上海,运距601千米,运价220元/吨。鹰潭——温州,运距400千米,运价170元/吨。鹰潭——深圳,运距702千米,运价220元/吨。鹰潭——广州,运距698千米,运价190元/吨。鹰潭——厦门,运距429千米,运价170元/吨。鹰潭——武汉,运距394千米,运价170元/吨。

【宜春春运运价不一样】 “以前宜春到南昌的汽车票是70元,春运开始,去南昌的汽车票反降至48元,而且所乘坐的高客比以前的还更豪华。”常搭乘宜春至南昌的汽车的宜春市民顾先生高兴地说。

2010年春运,宜春道路运输客流主要方向是广东、浙江、福建、上海。为确保春运“安全、有序、优质、畅通”,宜春汽运投入客运车辆1200余辆,中高级车为100%,所有春运车辆均达到一级车况,更新车辆座位数700余座,使2010年春节运力较为充裕。

春运宜春汽车票价不但大幅下调,而且春运前新购一批高三级豪华大巴,增大运载量。2月2日,这批豪华大巴投入宜春至南昌班线营运。

为方便群众春运出行,宜春汽运公司各汽车站除增开售票窗口外,还在8个乡镇24个村增设售票网点,延长售票时间,提前预售票,并采取一门售票、流动售票、电话订票、网络订票、团体票预订等多种方式,采用计算机联网售票和扩大联网售票的服务范围,最大限度地方便旅客购票。在各乡镇车票代售点购买长途车票的旅客,凭长途车票还可免费得到一张当地至宜春的短途车票。

(吴泽水)

【丰城公交票价全程统制】 2010年5月21日,丰城市第二批城乡客运公交开通了。这是继4月17日丰乐线城乡公交开通后,让小袁线、段吊线的农民也告别进城难、乘车贵的问题。丰城市平安客运公司在政府补贴、公车公营模式的基础上,投放19辆大型客车由丰城市往返于段潭、白土、袁渡、筱塘之间,使这四个乡镇的农民直接享受到花3元钱就能进城的实惠。从2008年开始,中共丰城市委、市政府积极探索城乡客运公交一体化进行尝试。丰城是个有着130余万人口的县级大市,其中近百万人生活在农村。随着公路“村村通”的完成和城乡交流的增多,形成群众乘车需求难满足,乘车环境难改善,乘车安全难保障,乘车优惠难落实。“有路没车,有车票贵”成为影响群众出行的突出问题。丰城城乡客运公交一体化,实行政府补贴的公司化公车公营模式。票价全程3元制,不足部分由政府补贴。汽车公司投入730余万元,购置新型大客车30辆替代原有的农运中巴,并在车上安装空调和监控设施,有效提升班线运力,改善群众的出行条件。在试运行的桥东、石江等5个乡镇,平均票价下降67.4%,距市区60余千米的石江、蕉坑两地,票价下降75%。2010年7月,丰城在全市31农村班线全面开通城乡公交。为此,政府部门投入1500万元左右的补贴资金,为全面开通城乡公交保架护航。

(裴爱国)

道路旅客运输

【概况】 2010年,全省共完成客运量70628万人,旅客周转量716809万人千米。全省拥有营运客车17711辆/422041座,其中班线车辆15508辆/350961座。全省拥有客运班线6420条,其中:省际班线1103条,市际班线1062条,县际班线822条,县内班线3433条,乡镇通车率为100%,行政村通车率为90%。全省拥有客运业户1210户(其中:班车客运企业1148户、旅游客运企业69户),从业人员72298人。全省拥有客运站1066个,其中一级站16个,二级站95个,三级站67个,四级站107个,简易站(候车亭)9212个。

(傅友华)

【2010年春节运输状况】 2010年,春节道路运输工作从1月30日开始,至3月10日结束,为期40天春运期间,全省共完成客运量4697.24万人次,与上年同期相比增长3.6%。全省道路运输企业共投入客车18688辆,其中班线客车14500辆,旅游客车1688辆,日均投入运力16515辆,与上年同比增长1.5%;全省加班达13010班次,与上年同比下降22%;包车达20131趟次,与上年同比增长62%。全省春运安全形势平稳。春运期间,全省共发生道路客运一般安全交通事故11起,死13人、伤35人,事故数与上年同期相比下降了18%,死亡人数与上年同期相比持平。

(蔡　洁)

【全省农村客运发展迅速】 2010年,全省农村客运班线数3592条,其中一级客运班线2426条,占农村客运班线总数的67.5%。乡镇通班车率为100%,实现了乡镇全部通班车的目标,行政村通班车率为90%,同2009年相比增长0.6个百分点。全省农村客运车辆数为10170辆,同2009年相比增长553辆。在推进农村客运网络化工作后,江西省农村客运基础设施建设速度明显加快,到2010年底全省共建农村客运站638个,候车亭9212个。

(章华平)

【2010年城市客运新发展】 2010年2月1日江西省公路运输管理局设立了城市客运管理处具体负责全省城市客运管理。各设区市城市客运管理分属交通、运管、建设、公安交警管理。城市客运管理范围主要包括城市公共汽车客运经营、出租汽车客运经营和汽车租赁经营等。至2010年12月底,全省有城市公交企业111户,从业人员19329人,公交车辆有8014辆,8599标台,其中按排放标准分国二及以下车辆达5347辆,占总保有量的67%。年度新增车辆711辆,报废更新车辆496辆。全省公交线路847条,营运线路总长度14619千米,客运量达13.8亿人次。全省有公交专用道路10.5千米,设有BRT等城市快速公交系统。全省唯一的城市轨道交通——南昌市地铁项目1号线所有站点已开工,2号线项目已经国家相关部门批准。全省有出租汽车客运企业189户,从业人员31680人,车辆有14642辆,其中汽油车7664辆、柴油车6848辆、清洁能源车100辆,年度新增车辆644辆,报废更新车辆1428辆,年客运量达5.7亿人次。全省有租赁企业260户,从业人员约740人,租赁车1450辆。

(黄　强)

【2010年全省城市客运工作移交情况】 2010年,全省公交、出租管理体制初步理顺;汽车租赁行业管理职能依据2010年11月26日省人大十一届常委会20次会议通过的《江西省道路运输条例》,将其纳入了运管部门。

一、公交行业管理状况。2010年初全省11个设区市由城建部门管理的有:南昌市、新余市、宜春市、景德镇。县级有:进贤、全南、宁都、丰城、高安、奉新、南城、黎川、崇仁、乐安、宜黄、金溪、广昌、峡江、永丰、玉山、余于、万年18个县。截至2010年底,除景德镇继续由城建部门管理外,其余全部由交通运输部门管理。

二、出租行业管理概况。全省11个设区市和县市,年初由城建部门管理的有景德镇市、靖安、奉新,由交警部门管理的有吉安市及所属11市县、宜春万载、萍乡莲花,其他市、县均由交通运输部门管理。截至2010年底,吉安永丰县、井冈山、宜春万载、萍乡莲花相继归口交通运输部门管理。除吉安市还有9个市县由交警、景德镇由城建部门管理外,全省其他市县,均归口交通运输部门管理。

三、汽车租赁行业情况。2010年全省汽车租赁行业省级管理已明确由省交通运输厅主管,南昌市归口城市客运管理处,其他地方在《江西省道路运输条例》(简称"道条")颁布前没有明确行业主管部门。2011年1月1日"道条"正式实施后,纳入到交通运管部门管理。

(黄　强)

【南昌长运完成春节国庆等节假日旅客运输】 2010年,南昌长运公司把做好春节国庆等节假日旅客运输工作作为全年运输工作的重中之重,做好各种方案,提供优质服务,保证运输安全取得较好成绩。其中:

春运期间,南昌长运所属车站发送了10.38万班次,比上年下降0.48%;安全运送旅客142.4万人次,同比增长了1.94%;组织加班7354班次,运送旅客16.3万人次。节前客流高峰达到日送5万人次。

清明假期,南昌长运投入606辆客班车,运输旅客10万人次。

暑运期间,南昌长运所属车站共发送12.7万个班次,安全运送旅客171万人,其中南昌长途汽车站运送旅客84万人。

中秋节,南昌长运发送6000个班次,运送旅客8.4万人次。

国庆期间,南昌长运7天共发送1.5万个班次,安全运送旅客24万人次。

(南昌市交通局)

【南昌长运作好第五届中部地区博览会代表接送】 2010年9月,第五届中部地区博览会在南昌召开,南昌长运公司承担大会代表的接送任务。为此,南昌长运积极部署,公司成立了服务中博会领导小组,多措并举确保会议接送等工作圆满完成。中博会召开期间,南昌长运提供150辆28座以上客车(5000座)用于会议接送工作。加大投资改善服务设施,共投入10余万元统一购置驾驶员服装、车辆头套、座套,并对166名驾驶员(含机动驾驶员)资质严格审核,按照要求开展服务培训。

(南昌市交通局)

【景德镇市公路春运安全运送旅客超120万人次】 春运期间,景德镇市各汽车客运站共发班48127班次,其中加班1248班次、包车64班次,运送旅客121.51万人次。

由于景德镇市春节期间客流呈明显的单向性,即节前为民工返乡及在外地就读的大、中专院校学生放寒假回家,节后上述两类人群又分别外出打工和返校,故节前公路运输压力主要集中在发往鄱阳、都昌等周边地区的中转短途运输线路上。节后受多股客流叠加影响,全市各大汽车客运站先后出现2波客流高峰。首波高峰出现在2月17日至19日(旧历正月初四至初六),其中以2月18日为最高值,全市各汽车站当日发送旅客3.46万人次(不含农村客运班车所运送旅客数);第二波高峰于2月21日(旧历正明初八)形成,最高峰值虽未超过首波,但一直延续到3月1日(旧历正月十六)才回落至日常流量。

作为景德镇市公路春运主力的景德镇长运公司,早在春运工作启动前就将足够的运力调集到位,一方面在各汽车站增设售票窗口、延长售票时间,提供电话订票、网上订票等服务,一方面开展订票进校园、送票下乡等活动,极大地方便了学生和农民工选择出行时间和就近购票。景德镇市公路运输管理处派出道路运政执法人员进驻全市各汽车站,现场办理车站提出的加班车或包车申请,指导和监督车站落实客车"三不进站、五不出站"等安全生产规章,杜绝车站售超员票、发超员车。整个春运期间,全市各汽车站均未发生旅客滞留现象,该市籍客车未发生致人死亡的交通事故,实现了"让旅客走得及时、安全、有序、满意"的目标

(涂 强)

【新余市圆满完成2010年道路春运工作】 2010年,新余市道路运输部门干部职工坚持"和谐有序,安全为先,科学组织,优质便捷"的春运指导原则,按照"及时、安全、优质、有序"的总体要求,团结奋斗,共同努力,圆满完成了2010年的春运各项工作任务,确保了全市春运期间的道路旅客运输和生产物资运输的顺利畅通。一是旅客运输及时畅通。全市道路客运日均投放客运车辆971辆,其中班车客运车辆293辆,旅游客运车辆42辆,出租汽车636辆,全市共完成客运量133.77万人,同比增长0.24%,其中加班365趟次,包车156趟次。二是严把"三关一监督"管理,各客运企业实行"人盯人、人盯车"制度,确保了全市道路客运安全平稳,无安全责任事故,未发生旅客伤亡事故。实现了"开好头、起好步和不出事故"的安全目标。三是运输质量明显提高。全市各道路运输企业针对2010年春运的特点在充足准备运力的基础上,调整了运力结构,提高了车辆档次,加快了车辆的运行周转,努力提高客运服务质量,使广大旅客走得安全,走得及时,走得舒适,走得满意。春运期间没有发生大量旅客在车站滞留现象,没有发生重大运输服务质量投诉。四是运输市场秩序规范有序。针对春运期间学生流、民工流、探亲流、商务流在短时间内交织在一起的特点,全市各级运管部门及道路运输企业充分准备、周密部署、精心组织、科学调度、落实措施、加强监管,使是年春运道路客运市场秩序总体保持了规范有序。五是营造了一个温馨和谐的春运。在整个春运过程中,全市各级运管部门和道路运输企业的工作人员一心一意抓春运,全力以赴保安全,许多工作人员放弃节假日休息,昼夜坚守在春运第一线忘我的工作。

(张 芳)

【新余长运公司紧急转运铁路滞留旅客】 5月23日,由于受沪昆铁路列车脱线影响,往上海方向旅客不能成行,新余火车站滞留大量旅客。时近中午,新余长运公司接到市里要求尽快协助输送旅客的通知后,立即启动应急预案,从公司领导、分公司、车站负责人到各业务科室工作人员,全部取消周日休息,迅速到岗,全力以赴开展旅客运送工作。在新余市交通运输局运管处的大力支持下,新余长运公司一边主动与新余火车站取得联系,一边紧急陆续调用返回车站的客车直达新余火车站,接往南昌、上饶、杭州方向的旅客到汽车站办理乘车手续。同时,为确保行车安全,新余长运公司还紧急调派增加驾驶员,每辆客车均配

备两名驾驶员,并对他们进行安全教育,提高安全意识。至5月23日晚7时30分加开最后一班往杭州方向的客车为止,新余长运公司竭尽全力共加开往杭州方向6个班次、上饶方向4个班次、南昌方向5个班次,共计15个班次、转运旅客近500人,没有一名旅客滞留车站。

(吴晓敏 战剑波)

【鹰潭市交通运输局认真做好省运会交通运输保障工作】 2010年7月至10月江西省第十三届运动会在鹰潭举办。为确保省运会的交通运输任务圆满完成,市交通运输局于2010年5月成立了省运会交通运输保障工作领导小组,局党委书记、局长齐群策任组长,占志平、阮亦彬、邱雪成任副组长。

根据省运会的赛程安排,市交通运输局按照确保省运会交通运输保障工作万无一失,在充分掌握宾客、运动员及工作人员用车时间、地点的情况下,向市区各客运企业、车队共征用153辆客车,并在省运会开、闭幕式期间另外征用40余辆公交车。为保障运输车辆的安全可靠,市交通运输局专门对全市运输车辆做了调查摸底,将全市车况良好、驾驶员素质过硬的运输车辆挑选出来,并拨出经费,对挑选出来的运输车辆的驾驶员进行安全、礼仪等方面的培训。

2010年9月26日上午,鹰潭市公交公司召开"迎省运、保畅通"动员大会。会上董事长许智先同志作了动员报告,他表示公司的全体员工要增强决战省运会的信心和决心,积极配合车辆调度工作,保障安全省运环境,同时要提升公交服务水平,塑造文明窗口形象。

为了进一步做好省第十三届运动会的交通保障和服务工作,当好省运东道主,展示鹰潭城市魅力,市公交公司为省运会人员提供免费服务。根据省运会组委会要求,在赛事期间,凡持省运会有效证件的人员(运动员、裁判员、教练员以及志愿者),凭工作证可免费乘坐市内及城际公交车。

为方便广大市民观看开幕式排练、预演和正式演出及闭幕式,市交通运输局于10月18日、22日、23日和31日开通多条直达市体育中心的公交专线,观众均可凭票免费乘车。

开通的公交专线分为东西两线。其中,西线4条线路,起点分别为火电三处门口、老火车站、人民公园、五洲路北端路口;东线6条线路,起点分别为正大北路、铁路礼堂、K1公交始发站(东湖)、防腐厂、市政府门口和1路公交车终点站。在退场时,分别设东、西两条公交专线返回,全程在港湾式公交站台停靠下客。西线返回线路为五洲路—胜利西路—广场—老火车站;东线返回线路为南站路—正大南路—胜利东路—东湖—梅园新区—1路车终点站。

2010年10月31日晚,江西省第十三届运动会在鹰潭市体育场完美谢幕。市公交公司站好最后班岗,将观众送回市区,当晚23时,最后一批志愿者散场,乘坐公交车离开体育馆安全地返回,至此市公交公司圆满完成第十三届省运会的运输保障任务。9月份起至10月31日闭幕式止,市公交公司投入100余辆大巴车及8500余人次,共运行4517余车次,运送观众、演职人员共计305800余人次。

整整两个月的时间,市公交公司积极配合组委会的安排,选派技术过硬的驾驶员,认真完成每一次的演职人员的接送。

(鹰潭市交通局)

【鹰潭市春运任务圆满完成】 2010年春运,鹰潭运管处从加强监管力度,确保运输安全;保证运力充足,确保不滞留一名旅客入手,狠抓"安全、畅通、有序"春运工作要求的落实。春运期间,该市共投入客运运力956辆(含出租车),运送旅客145.8万人次,与上年同比增长了5.1%,广大旅客走得及时、走得安全、走得有序、走得满意。

(刘文权)

【峡江县运管所精心组织返乡农民工运输】 峡江县运管所以服务民生为己任,把农民工返乡作为春运的"重头戏",采取有效措施,精心组织返乡农民工运输工作,确保农民工及时、平安返乡。该所会同经贸、劳动保障等有关部门主动加强与在外峡江籍务工人员的联系,在广东、浙江、福建等农民工密集地区选聘2~3名联络员,由联络员做好返乡农民工调查摸底工作。详细了解他们的返乡日程、乘坐班次等情况,逐一进行登记,并及时将有关信息反馈给运管部门和客运企业。县运管所加强对客运企业的指导,增派驻站员蹲点车站,帮助客运企业根据返乡农民工流量、流向情况，积极备足省际运力，储备必要的应急运力。并对参运车辆技术状况、驾驶员从业资格、承运人责任险、车辆审验记录等全面进行检查。为返乡农民工提供优质、高效的运输服务。同时，做好调整公路互通口、火车站返乡农民工换乘衔接工作，保障每个返乡农民工及时、顺利抵家。

（峡江县交通运输局）

【吉安市平安和谐春运又结新成果】 2010年的40天春运，在交通运输部门广大干部职工的共同努力下，吉安市全面实现了“安全、有序、便捷、畅通、和谐”的春运目标。没有发生重特大道路运输事故，没有发生大规模旅客滞留和重大运输服务质量投诉事件。做到工作措施到位、目标责任位、组织协调到位、安全督查到位。全市共投放客运运力74430辆次，运送旅客425.5万人，客运量同比增长25.5%。

（龙少华）

【宜春市春运道路运输日均发送旅客1.3万人次】 自1月30日进入春运开始，宜春市道路运输日均发送旅客1.3万人次。该段时间旅客出行：以城乡短途班线为主，长途返程客相应增加。针对旅客运输的实际情况，宜春市出台相应措施，确保旅客走得了、走得好、走得安全。

春运期间，宜春汽运股份有限公司各汽车站增开售票窗口和乡镇售票网点、延长售票时间、提前预售票和预售票周期，采取上门售票、流动售票、电话订票、网络订票、团体票预订等多种方式，最大限度地方便旅客购票。宜春汽车站在袁州区的8个乡镇及24个村增设长途车票代售网点，在各乡镇车票代售点购买长途车票的旅客，凭长途车票还可以免费获赠一张当地至宜春的短途车票。宜春市道路春运旅客客流主要方向是广东、浙江、福建、上海。节前客流基本平稳，节后随着民工流、学生流、探亲流的叠加，道路春运出现客流高峰。为确保该市春运“安全、有序、优质、畅通”，宜春汽运股份有限公司投入1200余辆客运车辆，其中班线客车1100余辆，机动应急车辆80余辆，中高级车为100%，更新车辆座位数700余座，所有春运车辆均达到一级车况。

（吴泽水　黎本星）

【宜春市春节道路客运同比增长7%】 2010年春运期间，宜春市道路运输实现零事故、零伤亡、无滞留、无投诉、无纠纷。全市旅客运输量达到580万人次，同比增长7%；全市共投入动力1730辆，发送班次195080个，同比增长12%，加班、包车2600辆次，同比增长15%。

为保证2010年春运工作顺利开展，确保广大旅客走得了、走得好，该市道路管理部门从优质服务入手，一改以往被运服务的方式，节前特别派出4个工作组到福建、广东等地了解该市外出务工旅客返程情况，主运上门服务，随时调整运力，使广大旅客能够及时返乡，及时外出。与此同时，全市90%的客运车辆均安装GPS、SD卡等，利用科技手段对行驶的车辆进行跟踪，随时了解车辆动态，及时对超速行驶车辆、违规驾驶员进行提醒，确保路上行驶车辆的安全。所有车站全部实行封闭式管理，站内均设有安检仪，消除运行车辆的安全隐患。此外，该市还重拳出击，对违规运营的300多辆出租车、20多辆客车均给予处罚。

（孙启生）

【宜春市农村客运公交化率居全省首位】 2010年，上半年10个县(市、区)均开通城乡公交，班线达70余条，覆盖多镇64个，运价下降30%，给近200万农村居民生产、生活带来便利。全市农村客运公司化率高达75%，城乡公交化率达65%以上，位居全省首位。宜春市因地制宜，规范发展，稳步推进城乡客运公交化，妥善将原有的农村客运承包经营模式转变为公司化公车公营。为取得原农村班线运营业主的支持和配合，运管部门一方面多形式、深层次、近距离向业主宣传城乡公交一体化改革的政策、意义，积极开展协调、疏导工作；另一方面在车辆的收购上，积极主动参与，坚持“改革无情，操作有情”的原则，要求城乡公交公司明确具体的经济补偿办法，实行在规定时间内交车的给予一次性经济奖励，并对原驾乘人员优先安排工作岗位等政策，成功促成企业与车主达成协议，避免上访和聚众闹事现象的发生。2010年下半年，该市进一步完成乡镇客运站、农村客运候车亭建设任务，加快农村客运公交一体化步伐，货客车通村率达90%。

（吴泽水　黎本星）

【上高县运政部门为客车抛锚滞留乘客调车运送返家过年】 2月10日深夜11点,寒风刺骨,雨夹雪天气。在320国道路上高路段,一辆从昆明驶往安庆,车牌号为沪AQ9282的大客车抛锚。被困的43名乘客早就开始怨声载道,而承包大客车的几位车主只一心想修好车再赶路,始终没有想分流疏转旅客。车内空调失效,在寒夜中被困5个多小时的乘客实在忍无可忍,开始向上高县运政部门投诉求援。当日正在值班的县运管所所长王小和203车队队长黄小平问明情况后,二话没说,立即从203车队调一台大客车应急救援,将滞留乘客转运。经过8个多小时的运行,次日上午,乘客平安到达安庆。上高运政部门未收取乘客一分钱车资,这令乘客对宜春赞叹有加。

(孙启生　周文明)

【高安市圆满完成抚州"6·21"唱凯决堤抗洪救灾运输保障工作】 6月21日傍晚抚河唱凯决堤,受灾人口达14万,交通运输行业遭受巨大损失。道路被淹、交通中断、班车停运。灾情发生后高安市交通运输局接到宜春市防洪指挥办命令后,立即启动预案,动员全市运输公司力量,全力参与救援,确保灾民及时安全转移,保障救灾物资的运输。此次抗洪救灾中,共调度客车36辆,共运输189车次,运输转移灾民6700人次,运送灾民返乡1180人次,圆满完成上级交办的各项工作任务。

(熊守忠)

【宜春公交国庆期间发送乘客百万人次】 宜春市公交公司2010年"十一"国庆7天长假期间安全运送乘客一百万人次,客运总量与上年同期相比基本持平。

"十一"黄金周期间,该公司投入200辆无人售票公交车参与运营,并提前对所有车辆状况进行全面检查。10月1日至6日,该公司还安排机关、车队管理人员分别到青龙、朝阳西路、明月山、温汤、贸易广场等客流量大的站点加班值勤,及时掌握客流动态,科学调度车辆,适时加班运营,维护乘车秩序与营运安全。

"十一"黄金周期间,由于天气晴好,呈现出1、2日以中心城区客流为主,2至5日为明月山旅游专线客流高峰,7日为学生等返程客流为主的特点。黄金周期间,日均客流量在14.3万人次以上,最高峰为10月1日,客流量达到15万余人次。尤其是明月山景区,3日至5日,由于客流剧增,该公司安排加班到晚上9时,以便疏送旅客。此外,明月山景区的交通秩序在交警、城管等部门的有效监管下,营运、停车秩序井然,"面的"等非法营运现象得到有效遏制,为黄金周创造一个良好的交通环境。

(吴泽水)

【抚州市道路春运运送旅客逾400万人】 2010年春运期间,抚州市共投入客运车辆1536辆,共计发送旅客400.95万人,比上年增长10%。运输安全生产形势稳定,全市未发生一起重特大交通安全事故,未发生滞留旅客现象,运输服务质量也得到明显提高。

春运期间,各级交通部门加大了对春运客车的安全管理,组织了所有营运客车参加安全检测,对检测不合格的客车不发放春检合格证,不得参加春运。车辆技术等级在二级以上的客车才允许启封,对从事高速客运及800千米以上省际包车、加班车辆技术等级必须达到一级,车辆类型等级必须达到中级。

另外,该市还对市区及各县(区)客运站和运输企业进行了拉网式安全生产大检查,消除了隐患,提高了服务水平,为春运创造了良好的运输环境。春运40天,全市共安排加班4143班次,包车781趟次。其中,春节"旅游黄金周"共完成客运量56.97万人。

(陈根玲)

【抚州市交通运输局顺利完成灾民转移运输任务】 6月21日晚18时30分,抚河唱凯段决堤。灾情就是命令。抚州市交通运输局按照市委市政府的要求迅速启动运输转移紧急预案,全面投入抗洪抢险。主要领导靠前指挥,分三个小组驻守在灾情最严重的一线,进行人员和车辆调度。全局干部职工迅速行动,组织灾区群众安全有序撤离,确保了全部灾民及时运送到安置点。在接送灾民转移中共投入客运车辆268辆,发车1380车次,从灾区安全转移灾民48800人,从市区灾民安置点转运11800人次,以最快的速度,最短的时间,最大限度地抢救生命,保障了灾区群众的生命安全。

（饶新文）

【抚州市客运总站国庆期间发送旅客逾 4.3 万人】 国庆期间，抚州市长途汽车站发送旅客35858 人次，比上年同期增长 12.97%。贸易广场车站和临川车站，市客运总站发送旅客总数达43078 万人次。

10 月 1 日当天，抚州市长途汽车站就发送旅客 7700 余人次，创该站有史以来的最高纪录。抚州市旅客出行的主要方向，省内以南昌、鹰潭等地较多，其中南昌方向最为火暴，7 天发送旅客达13870 人次，超过旅客总数的 1/3。长途客流以深圳、上海方向居多，每车旅客都爆满，国庆期间每天还加开一个班次。7 天长假，该站共加开了 191个班次。

从 9 月 30 日至 10 月 1 日，客流以出外旅游者居多；1 ~7 日，客流以学生、走亲访友者和上班族为主。

（抚州长运）

【上饶市农村客运呈现新景象】 上饶市运管处抓住上饶被列为全省农村客运网络化试点市的契机，围绕“路、站（亭）、运”一体化工作思路，按照“立足需求、合理布局，政策引导、市场运作，集约经营、规范管理，安全经济、协调发展”工作原则，积极推进农村客运网络化建设，实施认识、机构、宣传、规划、政策、管理“六到位”，优化农村客运网络化建设环境，呈现出农村客运新景象。一是路网建设实现新飞跃。全市通车里程 16799 千米，乡镇通达率 100%，行政村通达率达 96.2%，形成了干支相通，四通八达的农村公路网。二是站网建设实现大提速。实施乡镇站（亭）建设与农村公路建设捆绑，同步设计，同步施工；客运站（亭）建设与农村客运线路招投标捆绑，按照“谁投资、谁管理、谁受益”的原则，鼓励社会资金投资乡镇站建设，全市共建成乡镇客运站 103 个，在建 5 个，建成候车亭 1581 个，在建 50 个。三是车网运行实现全覆盖。做到公路修到哪里，农村班车就开到哪里，全市新增农客 461 辆，开通行政村486 个，行政村通班车率达 93%。

（陈均培）

【上饶市运管处高效处理突发性事件】 2010 年5 月 23 日，上海开往桂林的 K859 次列车在余江至东乡区间因山体滑坡发生脱轨事故。上饶火车站滞留大批旅客。市运管处接通知后，短时间内紧急调度 150 辆应急客车，安全、快捷地疏散滞留旅客 4600 人。6 月份以来江西连续普降暴雨，江河水位猛涨，广大人民群众生命财产受到严重威胁，该处闻“汛”而动，把抗洪抢险救灾作为压倒一切的中心工作来抓，迅速启动应急预案，全市共调度 1100 余辆应急客货车辆驰援灾区工作，转移被困群众 9.5 万余人，运送救灾物资 1.2 万余吨。

（陈均培　赖建中）

【上饶市发展城乡客运步伐加快】 上饶市道路运输业为提升道路客运竞争力，整合道路客运资源，改善道路客运服务质量。一年来，对新审批的县际以上班线全部实现公车公营，全市中长途客运公车公营比例达 90% 以上。同时，不断完善农村客运“八个统一”，加大农村客运延伸和联网工作力度，全市新增农村客运班车 135 辆，行政村通班车率达 93%，还在铅山、广丰、玉山县分别开辟了 2 条、3 条、4 条城乡公交车线路，开展了农村客运公交化试点工作。

（陈均培　赖建中）

道路货物运输

【概况】 2010 年度，江西省共完成道路货物运输量 88445 万吨，较上年同期增长 17.6%；完成货物运输周转量 18501965 万吨千米，较上一年同期增长 20.4%。拥有货运汽车 236194 辆，1136117 吨，分别较上一年同期增长 24.3%、36.6%。其中危险货物运输车辆 7741 辆，73264 吨，分别较上一年同期增长 18.4%、23.5%。运力及运量等指标均保持着高速增长的态势。同时货运运力平均吨位略有提高，达 4.8 吨。统计数据表明，货运车辆类型正不断进行结构性调整，向大吨位、重型化方向发展。2010 年大型货车为 91032 辆，其中重型车 45798辆，占营运货车总数的 19%，比上一年度有显著增长。同时，有利于甩挂运输组织的牵引车、挂车数量迅猛增长，牵引车 15223 辆，挂车 27630 辆，牵引车与挂车的数量比达到1∶1.8,有力地推动了甩挂运输基本运力保障体系的建设。截至2010年底,专用货车10097辆,厢式货车122778辆,均保持了正常的增长,反映出道路货运业中封闭式运输的市场需求增长较快,有利于提高运输服务质量。

(文 萍)

【南昌市运管处紧急部署抗洪救灾运输保障】 2010年6月21日18时30分左右,抚河市唱凯堤发生溃决,圩堤内6666.67公顷农田被淹,急需调集车辆参加抗洪救灾。6月22日凌晨,南昌市运管处接省防汛总指挥部紧急通知,当即采取果断措施,调集了30台客车,10台货车投入到抢险救灾工作。市运管处领导班子连夜召开紧急会议,布置抗洪救灾工作,要求全处各部门紧急动员,按照省防总、省运管局的通知精神,全力以赴征调应急运力。截至6月30日,该处共征用大型货车145辆次,大客车93辆次,运送救灾物资和解放军官兵前往抚州参加抗洪抢险,胜利完成运输保障任务。另储备了30台客货车辆,随时可以投入抗洪救灾工作。

(彭珊辉)

【新余市汽车货运业保持快速增长】 2010年,新余市货运车辆总数达到27756辆,总吨位204572吨。其中2010年新增车辆5626辆,新增吨位382532吨,分别增长25%和23%。

(胡晓文)

【省物流协会到新余调研现代物流业发展工作】 12月14日,省政协原副主席、现代物流协会名誉会长黄懋衡莅临新余,就现代物流业发展情况进行调研。新余市人大常委会副主任陈秉正陪同调研。在新余市春宇运输(集团)长青公司召开的座谈会上,黄懋衡认真听取了新余市现代物流业发展情况和市物流公共信息平台建设情况的汇报。新余市钢铁、新能源、新材料,金属冶炼及压延、纺织服装、机械加工等产业发展较好,由于这些产业的原材料、能源主要依靠外部输入、生产成品流向全国和全世界,大量物资的进出,构成了发展新余市物流业的坚实基础。黄懋衡重点对国务院印发的物流业调整和振兴规划进行了解读,对中央领导和中央经济工作会议中有关加快现代服务业发展的精神进行了传达,并对光伏产业物流链进行了测算,介绍了全省部分地区物流园区建设情况和外省发展物流业好的经验和做法。要求,用战略眼光、开拓思路,切实抓好现代物流业的软、硬件建设,不断加快现代物流业的发展。

(吴晓敏 张燕青)

【渝水区开展农村物流试点】 2010年,渝水区在新余至水北客运线路开展农村物流试点,引导新北客运公司开通物流专线,对旅客携带的货物,由新北客运公司的物流配送车辆进行运输和配送。实行客、货分流,提高乘客乘车的安全性和舒适性,极大地方便广大群众大件商品的购买和携带,进一步加强了城乡经贸往来和经济交流,活跃了城乡经济,向开拓农村物流新领域迈出了可喜的一步。

(王志勇)

【吉安市货运物流驶入“快车道”】 2010年,吉安市交通运输部门始终把发展道路货运物流作为工作重点,争取道路运输转型升级有新的突破。一是把货运物流由行业行为转变为社会行为,由交通运输部门行为转变为政府行为。安福、永新、遂川、永丰等县成立了货运产业发展办公室,把发展货运产业作为对乡镇和县直有关部门的考核内容和指标,在行动上采取优惠政策措施,吸引和扶持货运物流产业的发展。同时奖励发展货运物流的有功人员,调动了企业老板的积极性。二是把发展货运物流列入各运管所的重点考核指标,把压力变成发展的动力,对发展货运物流审批从简、规费从优、简化手续、高效运作。同时,通过创业服务的帮扶,解决在发展中遇到的困难和问题,有力地促进了货运物流的快速发展。三是物流园区中心建设工作全面启动,峡江、遂川、新干、永丰、吉水、泰和、吉安等县以货运有形市场为平台,引导货运业实行规模化经营,由货运向物流转型,实现了以货运为主,集驾培、检测、汽贸、汽配、维修、餐饮于一体综合型物流企业发展,增强了企业实力。四是加强运输结构的调整,按照节能减排的要求,优先发展大吨位、大功率、节能好、性能优的厢式货车、高级客车、半挂车、专用车、特种车,提高市场的竞争能力。到2010年底,全市拥有营运货车38564辆,计195499吨,比2009年分别增长

16%和26.8%,对社会的贡献越来越大,2010年全市货运物流产业上缴国家和地方税收23771万元,同比增长46.9%。

（康德信）

【吉水县道路运输管理所竭力打造货运信息平台】 2010年,吉水县道路运输管理所在全省率先建立了信息网络服务平台,开发了“吉水县联谊货运管理系统”,除全县货运企业加入外,还吸收了全国各地18家货运物流企业注册,各企业之间相互发布信息,实行资源共享,促进了物流企业之间经济互动和优势互补。

（吉水县交通运输局）

【吉水县汽车货运物流业发展实现历史性的突破】 2010年,吉水县将货运物流业纳入该县七大主导产业抓实抓好。全年新增货运车辆820辆,实现地方税收4800万元,比上年增长91%,货运车辆达到8426辆,比“十五”期间增长500%。

（吉水县交通运输局）

【安福县货运物流产业取得显著成效】 2010年,在县委、县政府的高位推动下,安福县物流产业健康、有序、快速发展。全县共有物流企业26家(2010年新增23家,其中危货运输1家),共有运力5437.08吨位(年新增3306.68吨位),与上年年底相比增长155.2%,物流产业新增税收1169.61万元(其中货物运输税975.61万元,车船使用税194万元),与上年年底相比增长693.18%。同时,加紧物流园区建设。一个以市场信息为基础,物流企业为主体,集货运配载、车辆检测、零担发送、信息交流、装卸搬运、车辆停放、仓储加工、洗车、汽车维修等为一体的物流园区正在建设中。

（安福县交通运输局）

【遂川县物流产业发展实现新突破】 遂川县为推动物流事业的发展,成立了县物流办,出台了物流发展规划,加大了载体建设。2010年引进外资1亿元筹建遂川速通物流中心。这个项目,集货物仓储、汽车交易、汽配销售维修、生活服务等设施为一体。预计可实现年收入3658万元,年创税收1319万元,带动就业近5000人。这标志着遂川县现代物流产业已进入一个良性发展轨道。2010年,该县物流产业收入达到3亿元,带动全县人均增收400元以上。

（遂川县交通运输局）

【泰和县政府为汽车货运企业大开方便之门】 2010年4月23日,泰和县人民政府发出《泰和汽车货运企业税收奖励办法》,大力促进全县汽车货运业发展,为做强做大汽车货运业大开方便之门。其奖励办法有:一是对货运业代开票纳税人按公司缴纳的税收总额(不含车船税)的40%奖励给公司,比上年增加部分再给予10%奖励。二是对货运业自开票纳税人年度内实际缴纳税款总额(含教育附加)在500万元以下(不含500万元)的,按60%给予奖励;500万元至1000万元(不含1000万元)的,按65%给予奖励;1000万元以上的按68%给予奖励。年纳税300万元以上的按规定授予“纳税大户”牌匾。三是支持货运公司与南方物流有限公司实行联营,由县财政按联营收入金额的千分之一奖励给货运公司,用于扶持该企业发展壮大。

（泰和县交通运输局）

【丰城汽车站小件快运撬动大市场】 创建于2004年的丰城汽车站小件货物快运托运部,以客运班车为依托,结合科学的货运模式、灵活的经营方式和先进的管理技术,充分发挥“方便、快捷、安全”的优势,在短短6年时间内,一举成为省内外快运行业的知名品牌。

成立之初,托运部领导层在认真分析市场形势和企业状况的基础上,确立“一年打基础,两年稳起步,三年上台阶”的总体工作思路,对货物托运的范围、方式等都进行改革,并结合当时的实际情况,开展操作性强的配送、延伸服务——“送货上门”及“上门接货、代办发货”。2005年5月,托运部派出一辆助力三轮摩托车试行运营。为使业务迅速拓展,该部通过在库区醒目位置张贴《货物配送服务简介》、以名片形式向客户发送《业务联系卡》等进行广泛宣传,扩大企业影响力。经过各方面的努力,小件快运逐步走向正轨。

为将小件快运做大做强,托运部不断加强管理,提升质量,围绕“千方百计做数量,向物流发展”的原则,调整经营策略,抢抓机遇,深入推进与大客户的联营合作,着力培育优质客户群,为进一步增创效益和企业的长远发展奠定坚实基础。

2010 年,该托运部的业务网络纵横省内南昌、吉安、宜春、新干、樟树、丰城及其所辖各乡镇,远至湖北、福建、浙江、广东等地,企业的经济效益、社会效益和品牌形象显著攀升。在短短六年时间里,该部从无固定工作场所发展到老城区与新城区各有 100 多平方米的营业大厅,从单一到站的快递服务发展到涵盖小件物品寄存、随车行包托运、快件运输、同城快递、随车行包、上门收货、送货上门等众多服务项目,月货动量从几十件增长到上万件。

(陆 惠 李 明)

【奉新县物流业发展快但亟待规范】 2010 年,奉新共有物流企业 15 户。在这些物流企业当中,各种许可证和手续齐全为数很少,普遍都存在散、小、软、弱等情形,经营条件简陋,经营方式粗放,服务质量和档次都属比较低的层次,一旦出现质量和服务纠纷,消费者的权利难有充分切实的保障。之所以出现这种情况,是因为政府对物流业发展重视不够,对该由哪个部门具体负责监管没有明确的界定和要求,因此造成事实上的物流企业自生自灭的无政府状态。

(魏振宇)

【高安市筑巢引凤,推进发展现代物流业】 汽车运输产业是高安市的支柱产业,从业人员多,产业关联度高,经济带动力强,为高安服务业、制造业领域的发展创造很多新的机会,对市域经济贡献率大,但运输经营方式陈旧落后、物流水平层次低下,汽车服务业需求旺盛但布局零乱,发展“瓶颈”突出。针对上述情况,高安市委、政府积极打造产业发展平台,启动江西(高安)货运专用车生产基地项目,将现有的运输服务向汽车服务业、汽车制造业拓展。

2010 年,江西(高安)货运专用车生产基地子项目——货运专用车交易市场项目已开工建设,并引进“陆骏挂车”生产企业。

(周世祥)

【南城县交通运输业快速发展】 2010 年,南城县新增道路运力 13000 余吨位。拥有货运企业 210 余家,货运汽车 3200 余辆,总运力 33000 余吨位;年完成汽车货运量 438 万吨,货运周转量 88360 万吨千米,实现税收 1.3 亿元。物流运输业已成为南城的支柱产业之一,重塑了“江南汽车运输大县”雄风,夯实了“机构总部设在南城,税收交纳在南城,经营遍布祖国江南海北”的物流运输“总部经济”基础。

(南城县交通运输局)

【黎川县物流经济发展迅猛】 黎川县通过优化服务、创新举措,物流经济发展迅猛,物流业不断壮大。2010 年,该县拥有物流企业 16 户,车辆吨位 7058 吨、船舶吨位 13542 吨,全年该县物流企业上缴税金 3538 万元,比上年增长 66.49%。

“十一五”规划以来,该县抓住与福建毗邻和福银高速公路穿境而过的区位、交通优势,把物流作为一项重要产业来抓,成立了物流产业发展领导小组,制定了《黎川县物流产业发展五年规划》,出台了鼓励物流产业发展的有关优惠政策。同时,各部门向物流企业提供全天候、“保姆式”服务,做到一般事项即时办理、特别事项特殊办理,有力地促进了全县物流业的发展,至 2010 年底,该县年纳税过百万元的物流企业达 10 家之多。

(陈根玲)

【崇仁县货运物流发展迈上新台阶】 2010 年,崇仁县继续采取鼓励办法,发展货运物流业,推动货运物流业再上新台阶。当年引进以注册车辆 95 辆、吨位达 1426 吨的“崇仁县鑫源物流有限公司”为代表的货运物流企业 13 户。全县货运物流企业达到 53 户,车辆 1391 辆,吨位达 17955 余吨,新增车辆 1148 辆、吨位 14630.69 吨,全年实现税收 8000 余万元,比历史最高年份的 2008 年增收 92.4%。

(崇仁县交通运输局)

【信州区物流产业快速发展】 2010 年,信州区交通运输局依托政府对道路运输产业的优惠政策,进一步提升物流产业的发展水平,加快交通运输产业的发展步伐。为实现“保六争八奔亿”的目标,该局以强化服务为重点,进一步优化物流经济发展环境,提高办事效率,提升服务水平,简化审批手续，充分发挥地处中心城区的优势，积极发展先进的运输组织方式，引导企业采用先进的物流管理系统和技术手段，完善先进的信息化服务和配套功能，提升物流企业层次，促进了全区物流产业的健康发展。全年累计完成税收 8729 万元。

（龚小平　黄和顺）

【上饶市发展现代物流　做强货运经济】 2010 年，上饶市运管处在全市 12 个县（市、区）全面开展农村物流试点工作。为发展现代物流，做强货运经济，对全市 90 户货运企业进行了质量信誉考核。AAA 企业 2 户，AA 企业 29 户，A 企业 57 户，B 级企业 2 户，考核率达 100%。对 17 户危货运输企业档案进行整理，制定了危险货物运输企业管理等级划分标准及评分办法。对全市危货运输市场专项整治进行了验收，并举办了四期危货从业资格和押运人员培训班，培训人数 484 人。为确保车辆的维修质量，对全市 145 户机动车维修企业质量信誉同时进行考核，考核率为 100%。其中：AAA 企业 7 户、AA 企业 17 户、A 企业 121 户。4 月，完成了全市 84 名机动车维修质量检验员从业资格培训考试、发证工作。10 户维修企业申报了“江西快修”品牌店，每个县（市、区）均有一户以上二级维修企业加入了全省维修救援网络。通过维修市场整治，共取缔非法维修路边店 57 户。

（陈均培　赖建中）

水路运输

【概况】 2010 年，江西省完成全社会水路货物运输量 6492.6 万吨，货物周转量 1750142 万吨千米，同比分别增长 23.6% 和 33.8%；旅客运输量 231.1 万人，旅客周转量 3156 万人千米。内河完成货物运量 6081 万吨，货物周转量 1147431 万吨千米。其中：进入长江干流的货物运量 1099.3 万吨，货物周转量 347346 万吨千米；沿海完成货物运量 411.6 万吨，货物周转量 602711 万吨千米，同比分别增长 14.8% 和增长 25.9%。

全省内河拥有各类运输船舶 4217 艘，同比减少 134 艘；船舶净载重量 1957942 吨位；船舶总功率 640578 千瓦，同比增加 104705 千瓦。沿海运输船舶 47 艘，比上年减少 1 艘；总载重量为 181253 吨位，比上年末减少 11028 吨位；功率为 58420 千瓦，比上年减少 4158 千瓦。水运经济逐渐升温，全省船舶完成货物运输连续 8 年保持增长势头，天然气、钢铁、水泥、木材等大宗的货运物资的水上运输量不断增长，特别是矿建材料（石砂）区间内砂石运输增长长幅度较大，较上年完成的运输量增加了 817.8 万吨，较上年增长 19.3%。沿海运输呈现的特点是货源（特别是长途货源）在不断增加，海轮运输随着货源的增加其运量和周转量增长比较大，主要是石油天然气制品、水泥、非金属矿石增长幅度较大，分别比上年增加 23.8 万吨、20.8 万吨、17.4 万吨。全省水运经营业户根据市场的变化和需求，随着航道条件的改善，着力更新改造老旧运输船舶，大力进行经营结构和船舶运力结构的调整，更新改造和新增船舶向“大型化、标准化”方向发展。全省货物运输船舶平均吨位由上年的 455 吨，上升至 590 吨。旅客运输的格局还是长途旅客运输呈萎缩趋势，短途的特别是库区内和旅游景点的旅客运输量保持上年同期水平，客运船舶向安全化和标准化方向发展。

（周国强）

水路运输企业

【水路运输走企业化经营】 2010 年，全省通过年度核查的水运经营业户有 277 户，其中省际液货危险品运输企业31户,省际普通运输企业81户,省内水路运输企业8户,省内客运企业18户,个体经营业户139户。

2009年有水运经营业户426户,2010年减少为277户,比上年减少149户,其中个体经营业户较2009年减少了131户,表明个体水路运输经营业户企业化程度进一步提高,个体船主纷纷向水运企业选拔或组建公司,走企业向做大做强方向发展。

2010年,江西省经交通运输部、长江航务管理局批准筹建的水运企业共51户,其中国内沿海及长江中下游普通货物运输企业有37户,即吉安市华航船运有限公司、资溪县锦恒船务有限公司、资溪县金海船务有限公司、资溪县懿恒海运有限公司、乐安县霖旺船务有限公司、余江浩盛船务运输有限公司、江西新宁海运有限公司、上栗县顺鑫运输有限公司、上栗县祥盛运输有限公司、黎川县福祥船务有限公司、江西永胜达船务有限公司、江西恒正达船务有限公司、吉安龙翔兴船务物流有限公司、吉安市恒达航运有限公司、江西安顺达海运有限公司、吉安宏泰航运有限公司、江西蓬勃海陆运输有限公司、江西顺盛运输有限公司、吉安华顺航运有限公司、江西海西航运有限公司、江西惠达船务有限公司、江西顺亿达船务有限公司、江西瑞恒船务有限公司、吉安市成功船务物流有限公司、吉安鸿星船务有限公司、江西崇辉船务有限公司、鹰潭亿恒船务运输有限公司、江西宜海船务有限公司、江西胜航船务有限公司、江西吉通船务有限公司、九江星鸿航运有限公司、吉安金顺船运物流有限公司、江西美海船务有限公司、江西华宇物流有限公司、江西星海航运有限公司、江西吉顺船务有限公司、吉安鑫达物流有限公司。省际普通货物运输企业14户,即九江顺龙物流有限公司、九江市金鸡水运物流有限公司、九江市利源船务有限公司、江西明远物流贸易有限公司、江西良友物流有限公司、赣州琛鳖瑞航运有限公司、南昌市浩华实业有限公司、遂川县雩田汽车运输有限公司、江西省银砂湾物流有限公司、九江城西港区综合服务有限公司、新余市顺荣航运有限公司、江西赣丰航运有限公司、江西英华船务有限公司、江西剑邑航运有限公司。

经长江航务管理局批准开业的省际普通货物运输企业共有13户,即江西省良友物流有限公司、九江城西港区综合服务有限公司、九江吉华物流有限公司、江西银砂湾物流有限公司、上饶市万盛航运有限公司、江西剑邑航运有限公司、武宁县兴太水路货运有限公司、武宁县宁鲲水上货运有限公司、武宁县通达船务运输有限公司、江西赣丰航运有限公司、江西新舟航运有限公司、九江全捷通航运有限公司、湖口恒驰物流有限公司。

(吴萃萃)

【江西远洋与船舶产业投资基金签订战略合作协议】 2010年8月6日,江西远洋与船舶产业投资基金在南昌签订战略合作协议。省交通运输厅副厅长胡琳、公司在家领导、公司机关部室负责人及船舶产业投资基金、国家开发银行大连分行有关人员参加了签字仪式。公司总经理赵建歧、船舶产业投资基金(有限合伙)执行事务合伙人徐辉分别代表又方在合作协议上签字。

根据协议,双方建立全面的战略合作伙伴关系。在船舶租赁方面,双方签订用船舶基金会建造10艘57000载重吨散货船租给江西远洋,租期不少于10年。除此之外,船舶基金还将为江西远洋提供更多的多样化的船舶运力,包括木材船和杂货船等船型,以满足江西省各种资源运输的要求。在股权投资方面,船舶基金将积极为江西远洋经营实力的扩张进程,为江西远洋引进国内外的优秀投资者,支持和帮助江西远洋进行企业改制,协助江西远洋实现上市重组。协议还建立落实双方合作的组织体系和沟通机制,通过建立高层定期互访及热线电话机制、建立工作小组、定期召开联席会议及专题项目讨论会、建立信息沟通与反馈机制等方式,进一步加强联系和沟通。

(江西远洋运输公司)

【南昌市水路运输新变化】 2010年,南昌市有水路运输企业23户,水路运输服务企业17户,各类船舶400艘,运力39万吨,比上年增加15.1万吨。全年完成水路货运量668万吨,比上年增长38%;货物周转量完成103353万吨千米,比上年下降3%。其中市属交通部门货运量仅完成21.7万吨,比上年下降20%,主要原因是交通部门除江西水运集团有限公司的集装箱运输较稳定外,公司的其他船舶吨位小,加之四季度受“柴油荒”的影响运输量下降明显。而南昌市非交通部门的船舶以大吨位为主,受柴油荒的影响相对较小,加上下半年非交通部门新增船舶较多,所以三四季度的货运量及货物周转量出现明显的增幅,另外,南昌市的货运量绝大多数以砂石为主,且又主要是短途运输,因此货物周转量有小幅下跌。水上客运继续停运。

(张科文)

【南昌市交通企业改制工作强力推进】 2010年,按照市政府的统一部署,市交通运输局属江西长运集团公司、江西水运集团公司为全市第二批国有企业(除工业口外七大系统)改制单位。该局成立改制工作领导小组,局领导带领企业改制督导组分别到两个集团公司,帮助企业做好改制工作。两公司通过调查摸底、清产核资、测算改制费用,召开公司职工代表大会研究通过改制方案,使改制工作进展顺利。

2010年,江西长运集团公司有职工5779人(其中:在职2715人,离退休3064人),企业总资产46672.1万元,负债23841.8万元。经测算江西长运集团改革总成本为54507.75万元,资金来源为出让集团公司持有的部分股权及变现部分土地资产。江西水运集团公司有职工3665人(其中:在职1805人,离退休1860人),企业总资产19012.5万元,负债18887.8万元。经测算企业改革总成本23268万元,资金主要来源是南昌市再就业中心已拨付企业的1075名出中心人员的并轨资金2310万元及江边码头市政府原预留2.67公顷土地变现收益1.87亿元。

经过两个公司大量的工作,公司分别与大部分职工签订身份转换合同。

(熊春平)

【进贤县交通企事业单位社会保障基本实现全覆盖】 进贤县交通运输局有5个自收自支事业单位和1个国有企业(维修中心),6个单位有职工216人。经过调查摸底,参加社会保险的有214人,全年应缴社保养老金111.8万元。该局经过统筹运作,沟通协调,截至12月底,社保养老金已全部缴清,其中,事业单位共99.5万元,维修中心12.3万元,缴交率达100%,实现局属企事业单位社会保障基本全覆盖。2010年,该局还为事业单位中的8名未参保的职工补办参保手续,并为他们补缴养老金9.4万元。

(王国根)

【九江首家省级沿海水运企业获准筹建】 2010年8月,九江市域区首家省级沿海水运企业获交通运输部批复准予筹建,这家名为星鸿航运有限公司已取得“水路运输许可证”(筹建),正式投入筹建工作。

获准筹建的星鸿航运有限公司主要从事国内沿海、长江中下游、珠江三角洲普货运输,注册资金50万元,计划购买一艘载重吨位为3000吨的散货船舶,用于普货运输。随着该公司的筹建成立,将结束九江辖区无省级及沿海水路运输企业的历史,也将进一步完善辖区内综合运输体系。

(黄丹丹)

【新版“港口经营许可证”换发工作顺利完成】 为切实规范本省港口经营行为,维护港口经营秩序,江西港口各级行政管理部门从4月份开始,按照交通运输部要求,对辖区内港口经营户开展了经营资质核查及换发新版“港口经营许可证”工作。

为认真做好这项工作,港口行政管理部门做到统一部署,精心组织,广泛宣传,严格把关,热忱服务。至12月15日止,顺利将此工作完成。经过核查,全省共有394家港口经营户的经营资质符合交通运输部的规定要求,准予换发了新版“港口经营许可证”(其中:普通货物港口经营业户358户,危险货物港口经营业户34户,港口旅客运输服务经营业户2户)。

(张掌华)

【航道工程局获港口与航道工程施工总承包二级资质】 航道工程局港口与航道工程施工总承包二级资质申报(注册资金为5000万人民币),于2010年7月获省住房和城乡建设厅审批通过。自始,标志着该局可独立承接单项合同额不超过企业注册资金5倍的下列工程项目的施工,包括:沿海3万吨级和内河5000吨级及以下码头,水深小于6米的防波堤,5万吨级及以下船坞船台滑道工程,1000吨级及以下船闸和300吨级及以下升船机工程,沿海5万吨级和内河1000吨级及以下航道工程,600万立方米及以下疏浚工程或陆域吹填工程,16万平方米及以下港区堆场工程,1200米及以下围堤护岸工程,4万立方米及以下水下炸礁、清礁工程以及与其相对应的道路与陆域构筑物,筒仓,水下地基及基础,土石方,航标,栈桥,海岸与近海工程,港口装卸设备安装,通航建筑设备安装,水下开挖与清障工程。

资质的提升,将有效地增强该局的市场竞争力,为其可持续发展奠定更加坚实的基础。

(吴明仁)

【中国外运长航与新余市骨干企业举行物流合作对接会】 6月24日,新余市与中国外运长航集团有限公司签订物流战略合作框架协议后,6月25日,又紧接着组织新余骨干企业与中国外运长航举行物流合作对接会,促进双方交流与合作,推动框架协议合作内容的具体化。新余市政协副主席陈文华出席对接会。中国外运长航集团公司对此次合作对接会高度重视,为了进一步了解新余市企业物流状况和需求,与新余市重点骨干企业开展零距离接触,派出了集团运输管理部副总经理肖星,集团企业管理部总经理林昊,集团安全监督管理部副总经理龚道平,市场营销部、储运公司、发展计划处、规划设计院、海运公司、物流投资控股公司、管理信息部等10多个部门及分公司的领导参加对接会。新钢公司、赛维LDK、江锂公司、江西双强、新余电厂、分宜电厂等大型骨干企业及新余市国资委、市交通运输局、各县(区)、管委会等相关负责人参加对接会。新余市交通运输局详细介绍了新余的公路、铁路、水路交通情况及物流业发展情况,仙女湖管委会介绍了仙女湖物流中心的有关情况,新钢公司、赛维LDK、江锂公司、江西双强、新余电厂、分宜电厂分别介绍了企业原料采购和产品外运情况。在听取情况介绍后,双方还现场进行了互动交流,努力在物流理念、物流需求上进行全方位对接。当日下午,中国外运长航与会人员还深入新余各地及部分重点企业进行了实地考察调研。

(涂向义)

【鹰潭水上运输新变化】 2010年,鹰潭市共有船舶297艘,载客量890客位,净载重量8338吨,船舶功率3962千瓦。线路1条。全年完成客运量43.19万人,比上年增长8.9%;客运周转量302.33万人千米,比上年增长6.5%;完成货运量342.2万吨,比上年增长89%;货物周转量3063万吨千米,比上年增长100%。

【鹰潭市港联贸易公司改制完成】 2010年8月16日鹰潭市国有集体企业产权制度改革办公室批复了《鹰潭港联贸易公司产权制度改革实施方案》。由于公司地处城市规划区内,资产不能变现,改制方案无法组织实施,自2001年至今,公司一直处于半停产状态。根据鹰潭市人民政府《关于深化和完善市直国有企业改革工作方案的通知》(鹰府字〔2009〕77号)和《关于深化和完善市直国有企业改革有关问题的处理意见》(鹰府发〔2010〕5号)的文件精神,原改制方案仍然有效,但公司情况已经发生变化,有鉴于此,公司结合实际情况,进行了重新测算。

据测算,公司资产总额为956.43万元,主要由以下三项资产构成:①2009年8月,市土地储备中心收储土地面积9329.2平方米,变现资金227.63万元;房产建筑面积1840.5平方米,变现资金72.95万元,合计300.58万元。②鹰西大道项目管理部征用土地面积10855.4平方米,变现资金264.87万元;房产建筑面积238平方米,围墙240.24米,变现资金9.8万元,合计274.67万元。③市土地储备中心正在收储的土地面积为15622平方米,预计变现资金共计约为381.18万元。

债务情况:截至2010年4月30日,公司负债总额为362.95万元。其中:①2001年8月公司改制方案批复前旧欠78.95万元;②2001年8月方案批复以后新欠市交通局57万元;③欠市汽运有限责任公司19.5万元;④欠东方资产管理公司南昌办事处22万元;⑤欠2001年8月以前职工工资180.1万元;⑥欠工伤退休干部工资5.4万元。

其他应付款:鹰西大道征地时所产生的搬迁补偿和安置费95.25万元。

资产和债务冲抵后,净资产为498.23万元,即公司改制可用资金为498.23万元。

职工安置费用测算:①经市社保局核算,截至2011年8月,公司欠费及预缴职工十年养老保险费共计200.29万元。②医疗保险,按照鹰府发〔2006〕36号、鹰府办发〔2008〕45号文件精神,为在职职工和退休人员办理了城镇职工基本医疗保险,此项工作已于2008年12月底完成任务。③安置费,按照原公司改制方案,为公司在职职工发放一次性安置费69.08万元。④其他费用,共计105.5万元。职工安置费用总计374.87万元,职工安置后,剩余资产123.36万元。

依据鹰发〔2000〕7号文件精神,剩余资金调剂到市交通局其他国有企业改制中使用。

(行办)

【赣州水路运输综述】 赣州市水运全年共实现港口吞吐量840.4万吨,其中,出口3.2万吨,进口837.2万吨。货运量882万吨,其中包括沿海41.6万吨,货运周转量96690万吨千米。客运量101.4万人,客运周转量680万人千米。运力结构,运输船舶421艘,其中客运船舶89艘,客位2447个;货运船舶332艘,总吨位62055吨。港口分布,全市15个县(市、区)设有港口,即:赣州港、赣县港、瑞金港、兴国港、于都港、上犹港、南康港、信丰港、龙南港、石城港、宁都港、会昌港、寻乌港、崇义港、定南港。港口码头399座,泊位数509个。

(杨河良)

【宜春市船舶运力快速增长和多家水运公司筹建】 在全国水运持续低迷的背景下,宜春市港航通过招商、安商、抚商各项政策,促进水运船舶运力持续快速增长,至2010年12月初,该市已拥有船舶运力1120艘72万吨,为宜春水运经济发展、港航规费征收带来发展动力。

宜春市港航部门立足服务、规范管理,积极培育水运市场。2010年,宜春市通过招商引资建成500吨级的丰城曲江货运码头,引进江苏南京等地水运企业1户,引导当地船主组建成立2家水路货运公司,1家水上旅游公司。宜春市船舶运力快速增长,比2009年的995艘54.4万吨,增长32%,居江西省前列。

2010年,省政府先后出台《江西省人民政府关于策应黄金水道建设提升水运发展水平的若干意见》和《关于加强引导服务促进产业健康有序发展的通知》,随着政府各项水运优惠政策的出台和水运形势好转,宜春市水运产业发展迅速,船民联合组建公司的意愿更加强烈。2010年宜春市已有5户水运企业申请筹建水运公司,分别是江西剑邑航运有限公司、江西明远物流贸易有限公司、丰城市通达水陆联运有限公司、江西赣丰航运有限公司、江西博洋海运有限公司。其中,剑邑公司和明远公司已筹建完毕。

(宜春交通运输局)

【东港航运公司利润成滚动式上升】 江西东港航运有限公司2006年11月开业以来,迅速抓住发展机遇,引进专业管理人才,与国际大型公司签订长期船舶运输合同,2010年运力达14600吨位。应客户要求,公司又申请扩大经营范围,增加油液运输,3次申请增加大吨位标准型油、化两用船舶运力9500吨位。公司5年内运力不断更新发展,利润成滚动式上升,受到交通运输部长航局、省港航局等上级主管部门关注。为及时掌握企业经营动态和发展趋势,更好地服务企业,2010年5月28日,交通运输部长航局将江西东港航运有限公司作为重点联系企业,长航局将定期到公司走访调研,了解和收集公司对行业管理部门的服务需求、相关意见和政策建议,鼓励和扶持企业做大做强。7月14日,东港航运公司列为与长航局总经济师赵洪祥的对口联系企业,并进行书面调研。

(张小平)

【丰城市水路运输创新高】 丰城市地处赣江主河道,是一个平原水网地区,有两大矿务局,全省最大的发电厂,又是全国粮食主产区,有煤海、粮仓、“金丰城”之称,货源比较充裕,水路运输比较发达。2010年,完成水路运输货运量1641万吨,货物周转量256946万吨千米,同比分别增长7.84%和8.36%,水运生产再创新高,进一步助推全市经济社会大发展。一是水运基础设施建设加快。采取国家拨一点,外商投一点,民间筹一点的办法,加快水路运输基础设施建设,曲江码头由广东外商投资4亿多元兴建年货物吞吐量300万吨码头,第一期工程已经竣工投产,第二期工程正在建设之中。先后民间筹资兴建河沙码头14个,为水运发展创造良好条件。尤其是国家先后投资1.1余亿元,对赣江航道樟树至丰城同田段,全长75千米进行整治,建成3级高等航道,通航能力由原来的几十吨,提升到一千吨以上。由于水路运输基础设施条件改善,沿江农民纷纷购船从事水路运输,使水运日益红火。二是国家扩大内需带动。由于国家实行民生工程,大搞公路、铁路、水利、城市和新农村建设,河沙用量俱增,该市有赣江、抚河和袁河等河流,河沙质优,资源丰富,过去河沙销售不去,如今出现供不应求局面,每日几百艘大吨位船舶运河沙到南昌、上海、南京等大城市销售,既支持国家建设,又搞活水运。加之工业崛起,市政府高度重视工业发展,制定优惠政策,大力开展招商引资,广东、福建、上海、浙江等沿海地区客商纷纷将工厂转移到该市工业园,投资办厂。工厂达几百家,大部份工厂已建成投产,现已打造成国家、省陶瓷、机械制造、建材等基地。随着工业快速崛起,货源俱增,为水路运输发展注入新的活力。三是大力整顿水路运输市场。由于水路运输市场的日益发展,水路运输市场出现一些恶性竞争行为,给水运市场秩序带来混乱被动局面。为建立优良的水路运输市场,该市交通运输部门根据宜春市政府《关于开展全市水路运输市场整顿决定》,制订实施方案,与海事、公安、水利等部门联合,组织执法人员深入业户调查研究,在全市开展水路运输秩序整顿,整治无证无照运输船舶,打击水匪船霸,维护水运业户的合法权益,进一步发展开放、有序、安全、畅通的水运市场,促进全市水运大发展。四是改个体为公司经营。为加快水路运输更大的发展,市交通运输部门进一步加强服务。改个体经营为公司经营,将全市559户船舶运输业户组建成8家联合航运有限公司;实行统一管理、统一办证、统一运价、统一河沙销售价、统一运输结算、统一调处运输纠纷等,受到广大业主好评,克服和纠正互刹运价,恶性竞争,引发运输纠纷,增强社会和谐,再次掀起广大群众投资购船办水运热,全市营运船舶运力达632594吨,同比增长38.13%,为全市水运大发展创造有利条件。

(吴泽水)

【高安水路产业发展形势不容乐观】 受发展瓶颈制约和发展观念守旧的影响,高安水路产业发展持续走低,全市拥有货物运输船282艘,11357载重吨,功率10385.86千瓦;旅游快艇6艘,44个载客位,功率202.15千瓦。个体货运码头81座,吊机135台;客运码头1座。与发达的汽车运输业相比,形势不容乐观。

由于航道不能适应大吨位船舶航行,高安港没有长途船进入装卸货物。受此影响,高安水上货物运输呈现萎缩态势。2010年,全市完成水路货物运输量84.5万吨,货物周转量845万吨千米,旅客运输量2403人,旅客周转量8505人千米。与上年相比,货物运输量减少6.4%,货物周转量减少6.4%,旅客运输量减少24%,旅客周转量减少24%。

(张 淼)

【宜春市水路运输快速发展】 2010年,全市港航管理部门把发展水路运输当作第一要务,当作经济发展和财政增收新亮点,抓发展,抓服务,抓管理,上下一心,扎实工作,全力助推水路运输生产发展,取得“四个增长”、“一无”和“一好转”喜人成绩。年完成水路运输货运量1978.7万吨,货物周转量295138万吨千米,同比分别增长7.5%和11.9%,改变多年来水路生产徘徊不前的被动局面,有力支持全市经济社会又好又快发展。①营运船舶剧增。随着改革开放的发展,党和国家惠民工程的实施,广大富裕起来的农民群众,尤其是丰、樟、高三市沿江河滨湖地区群众纷纷投资造船,从事水路运输业,出现许多水运专业户和专业村。丰城市袁渡镇王家洲行政村,既不靠海,也不靠江,该村广大农民群众采取借鸡生蛋的办法,纷纷融资建造大吨位运输船舶,小的二、三千吨,大的五、六千吨,长年到长江从事化学品运输,每艘船运输年纯收入少则几十万元,多则一、二百万元,全村靠水运致富。全市拥有营运船舶1174艘,吨位734641万吨,同比分别增长18%和34.9%。②实施惠民工程。市辖区内有赣江、抚河、袁河、锦河和潦河等河流,河沙资源极为丰富。随着国家扩大内需,拉动经济发展和民生工程政策出台,大量兴建公路、铁路、水利、城市和新农村建设,河沙用量和河沙运输俱增,给水路运输带来难得发展机遇,过去河沙销不出去,如今成为香饽饽。高安、上高、万载河沙销往宜春、萍乡等地。丰城、樟树每日都有几百艘大吨位船舶将河沙运往南昌、上海、南京等大城市销售。河沙价高,销量大,供不应求,既支援国家经济建设,又为水运注入新的活力,实现国家增收和农民群众增收双赢。③开展水运市场整治。为水运创造良好的发展环境，建立开放、有序、安全、畅通的水路运输，加快水运发展，市政府制发《关于开展全市水路运输市场整治决定》，全市港航部门与海事、公安、水利等部门联合为期一年，全面开展水运秩序整治。通过整治，进一步净化水运环境，水运市场进一步好转，有力促进水路运输事业大发展。

（吴泽水）

【袁州区水路运输安全有序】 2010 年全区有营运船舶 41 艘，其中省际运输船舶 12 艘（化工危险品运输），采砂营运船舶 29 艘，挖砂船 9 艘。2010 年完成货物运输量 97248 吨，较上年同期增长 1.3%，完成货物运输周转量 292896 吨，较上年同期增长 1.7%，袁州区港航部门集中组织人员配合区政府采砂办，开展对袁河采砂运输市场的专项治理行动，严厉打击非法采砂和非法经营的“三无”船舶，通过集中时间的整治，使袁州区的水路运输市场安全稳定有根本性的保障。

（袁州区交通运输局港航所）

【丰城市航运公司水运企业确保正常运转】 2010 年，航运公司属集体的水运企业，在没有改制的前提下，仍然保持在外运输信誉及管理方式和正常运作。2010 年有少许社会船舶自愿挂靠经营，共有船舶 4 艘（挂靠 3 艘），完成货运量 7.6 万元，周转量 1837 万吨千米，燃料消耗 355 吨（柴油）。公司在管理过程中，始终严格按照上级监管部门的水路运输相关安全运输准则，对驾驶及轮机人员持证上岗，经常督促船员对船体、轮机、安全防火设施进行日常检查维修，定期或不定期对船舶安全工作和随船工作进行检查。同时，公司坚持以创先争优活动的理念制定“经理责任制”、“副经理责任制”、“机务科责任制”等章程制度分工明确、责任到人。由于措施得当，杜绝船舶运输生产事故，从而使水运生产安全长效有益。

（徐阳春　裴爱国）

【上饶市水路运输形势好于上年】 2010 年，上饶市港航部门围绕年初制定的工作目标，坚持以项目建设为抓手，以行业管理为重点，加大水运安全监督办度，探索规费征收新模式，各项工作健康发展、稳步推进。全市完成客运量 75.4 万人次，客运周转量 1801 万人千米，分别比上年同期增长 4% 和 3.8%；完成货运量 471.6 万吨，货运周转量 97538 万吨千米，分别比上年同期增加 37.8% 和 25.8%。

（吴立新）

【上饶港航亮家底、鼓士气、保安全、创佳绩】 2010 年，上饶市港航部门转变观念，主动融入鄱阳湖生态经济区开发格局，以科学发展水运企业，实现了全年水上运输安全无事故，年创收 3160.8 万元，实际税收 60.93 万元，规费征收 655.89 万元，创历史新高的佳绩。全市 10 个港口，客运码头 28 个，客运企业 4 户，年吞吐能力 109 万人；货运码头泊位 261 个，货运企业 11 户，年吞吐能力 332 万吨。有上饶市、鄱阳县、余干县航运公司和江西省龟峰旅游开发公司、玉山三清湖旅游公司等 5 家国有航运业；有万年县恒通、天龙、五湖、东辉、河江海航运公司，鄱阳县新兴、昌盛、莲湖水上客货航运公司，余干县白马水上和上饶市龙翔航运公司等 10 户集体航运业，经营管理及服务人员达 5731 人。拥有营运客船 51 艘（1565 座）、营运货船 528 艘（131649 吨），功率 51860.2 千瓦。常年固定的客班航线 15 条 1116 千米，季节性客运班线 3 条 145 千米，货运航线 6 条 956 千米。

（陈均培　吴立新）

【上饶市航运公司坚守防汛第一线】 2010 年入汛以来，鄱阳县遭遇强降雨袭击，降雨集中、雨量大、范围广，是 1998 年以来最为严重的洪涝灾害。市航运公司接受了鄱阳县防汛指挥部分配的防汛任务，负责监守三个闸口。该处在留守人员不多的情况下，仍坚持昼夜连续巡查、严防死守，确保三个闸口万无一失，安全度汛。

（鲁晓强）

【上饶市航运公司在保全国有资产中产效益】 上饶市航运公司在职职工身份转换后，为使国有资产不流失，实行有偿租赁承包，既解决部分职工的重新就业，又为国有企业创收。2010 年，该公司修建沿河路排污管道，疏通道路，根据市场的需求，合理调整店面和沙场的租价，有效地调动了承包经营者的积极性，全年租金收入 12.4 万元，比上年多收 4.2 万元。

（鲁晓强）

水路运输线路

【江西水运集装箱打造“直达快航”精品航线】 12月18日,九江口岸办、海关、国检、港口、船公司与《江西日报》、《九江日报》、九江电视台、《浔阳晚报》、《长江周刊》等新闻媒体以及20余家船、货代理公司代表齐集一堂,在“打造九江——上海‘直达快航’精品航线,共谋江西水运集装箱发展宏业”倡议书上签字,决心共同为推动九江物流业发展和江西水运集装箱发展作出新的贡献。

九江港作为赣省唯一通江达海一类对外开放口岸,通过打造九江至上海“直达快航”精品航线,解决腹地物流瓶颈,降低物流成本和缩短运输时间,使之能够真正成为连接长三角,辐射湘、鄂、皖地区的重要现代物流城市。

随着九江至上海精品航线的打造,将促进仓位互换,资源得到优化配置,引导箱源集结,共同扶持各公司在九江港开辟九江至上海始发航班,实现九江物流规划——洋山48小时对接;共通信息,整合市场资源,提升服务,实现中转箱当天运转,其他箱不超过2天的快捷通道;九江港集装箱公司将实现全天24小时提供船舶装卸、拆装箱、仓储堆存及相关配套服务;集装箱船舶作业在正常情况下20标准箱/小时,集卡送、提箱在港区内不超过30分钟;一个工作日内处理客户投诉并及时反馈。

(王凌云　朱羲薇)

港口码头

【概况】 2010年,全省拥有港口59个,港区73个,港口管理部门66个,港口经营人1071户,船厂19户。生产性码头泊位1701个,泊位总长度62990米;非生产用泊位75个,泊位总长3765米,最大靠泊能力5000吨级。拥有千吨级以上泊位115个,港口生产性仓库面积244982平方米,生产用仓库容积477578立方米、堆场面积1140771平方米。铁路专用线总长14795米,其中装卸线3931米。港口装卸机械2784台(套),其中,起重机械1393台(套),装卸搬运机械706台(套),输送机械479台(套),专用作业机械19台(套),其他装卸机械187台,最大起重能力175吨。

全省港口完成货物吞吐量21130.62万吨,其中出口14786.36万吨,进口6344.26万吨,分别比上年同期增长41%、48%、26%。旅客吞吐量449.08万人次,比上年同期增长12%,其中出港225.72万人次,进港223.36人次,分别比上年同期增长23%、2%。集装箱吞吐量为17.17万标准箱、212.85万吨,分别比上年增长14%和增长23%,其中九江港集装箱吞吐量为12.06万标准箱、149.66万吨,分别比上年增长20%和增长26%;南昌港集装箱吞吐量为5.11万标准箱、63.19万吨,分别比上年增长2%和增长16%。

2010年江西港口生产经营呈现以下几个特点:一是全省港口吞量最大货种还是矿建材(砂石),九江鄱阳湖区水转水砂石出口量为10031万吨,较上年同期增长72.3%。赣江中游丰城同田一带采砂量继续增长,出口砂石量达1353万吨,较上年同期增长8%。二是随着全球金融危机的逐渐回暖,金属矿石的进口量大幅度增加,金属矿石的进口量达674万吨,较上年同期增长35.6%。散装水泥、液化天然气及制品、钢材、煤炭、等适水大宗货物的吞吐量分别达到414.22万吨、33.75万吨、527.14万吨、539.83万吨,分别比上年同期增长14.5%、47.1%、77.7%、75.8%。非金属矿石、化肥、粮食、木材等大宗散货运输量较上年相比略有下降。三是全省成品油吞吐量为146万吨,较上年同期增长9%。这是自2006年南京至九江炼油厂的输油管道投入使用,2008年九江至南昌的成品油管道开通,全省成油品运输连续多年锐减后第一次较上年同期有所增长。原油方面:由于较上年国际原油大环境的条件下,原油的港口吞吐量只完成18.9万吨,较上年同期下降74.6%。四是全省集装箱吞吐量完成17.17万标准箱,较上年同期增长14%。九江港完成12.06万标准箱,比上年同期增长20%,其中外贸箱量随着外需逐渐回暖,同比增长16%,内贸箱量受国家内需拉动影响,同比增长38.5%,南昌港集装箱吞吐量仍呈现增长趋势,完成5.11万标准箱,同比增长2%,其中进出口量分别为2.53和2.58万标准箱,与上年同期相比分别下降5%和增长10%。

全年完成基本建设投资2188万元。其中:建筑工程1262万元,设备购置596万元,其他费用330万元,累计新增固定资产4095万元。施工项目10个,其中:该年新开工1个,建成项目3个。新增生产能力:通用件杂泊位3个,泊位岸线长度185米,新增货物通过能力50万吨/年。

重点港口建设项目方面:吉安港石溪头货运码头完成投资646万元,累计完成投资3683万元,码头、堆场、供配电、给排水等主要生产性设施建设完成,已形成货物通过能力50万吨/年的生产能力,码头已交工验收。新干港河西综合码头完成投资750万元,累计完成投资4078万元,完成码头主体大部分工程量的施工。其他中小港站的建设进展顺利,工程质量合格率继续保持100%,未发生工程质量和安全事故。

(周国强)

【南昌市港口吞吐情况】 2010年末,南昌市有港口企业33户,全港年吞吐量1574万吨,比上年增加391万吨。随着《鄱阳湖生态经济区规划》正式获国务院批复以及《南昌港总体规划》的正式施行,南昌经济和社会发展对水上交通的需求量越来越大,南昌港口和水运发展迎来黄金时期。

①港口吞吐量:随着国际金融危机影响的逐渐减退和南昌市经济大环境的快速转变,2010年南昌港口生产迎来了良好的发展势头,全年实现货物吞吐量1574万吨,比上年增加391万吨,同比增长33%。其中,煤炭、金属矿石、钢铁、非金属矿石、矿建材料、农林渔牧业、木材等港口主要货物吞吐全面回升,完成量分别为67.7万吨、72.5万吨、255.5万吨、66.3万吨、351万吨、102.1万吨、22.6万吨,分别比上年增长300%、150%、68%、73%、170%、51%、169%。

②集装箱吞吐量:一、二季度全港集装箱吞吐量都保持两位数的增长,而第三季度受晨鸣纸业公司出口量急剧下滑和出口空箱减少的双重影响,比上年同期下降11%。全年集装箱吞吐量完成51127.5标准箱,同比增长2%。另外,由于开通九江至南昌集装箱内支线运输,打破南昌港无外贸集装箱吞吐量的格局,2010年共完成外贸集装箱22169.5标准箱,货物吞吐量28.7万吨。

(张科文)

【南昌市港航处为港口企业上门服务】 2010年,市港航管理处在开展"创业服务年"活动中,转变管理模式,由传统管理转变为服务性管理,上门为企业服务。该处一年内派出工作人员100多人次,为企业提供上门服务30余次,受到有关港口企业的欢迎和好评。新加坡独资企业益海嘉里(南昌)粮油食品有限公司码头报建过程中,市港航处工作人员多次上门为企业服务,指导帮助企业完善报批手续,投资方人员表示满意。

(平关正)

【南昌港集装箱装卸量再创新高】 南昌港在受国际危机影响、出口增幅明显放缓的不利情形下,通过勤练内功,狠抓管理,深挖潜力,外拓货源等系列举措,促成集装箱装卸量保持稳步上升势头。2010年,在上年一举突破5万标准箱大关的基础上,再次刷新历史纪录,集装箱装卸量达到51126标箱,较上年增长2%。其中:进口重箱17558标箱,同比增长1%;出口重箱22952标准箱,同比增长24%。

(平关正)

【南昌保税物流中心正式封关运行】 2010年9月20日,南昌保税物流中心封关运行暨南昌海关现场业务处、江西检验检疫局高新办现场业务科搬迁进驻仪式在南昌保税物流中心园内隆重举行,标志着该中心正式运行。省交通运输厅副厅长孙茂刚、南昌市政府副市长曾光辉、南昌海关副关长钟海澄、江西检验检疫局副局长熊裕庆、省商务厅纪检组长张锦文等领导出席会议并致辞,江西远洋总经理、交远物流董事长赵建歧等领导出席仪式。

南昌保税物流中心是江西省首家国家级保税物流中心,于2008年12月26日,由海关总署财政部、国家税务总局、国家外汇管理局四部委联合批准设立,并于2010年2月5日通过了四部委验收。该中心是集仓储、分拣、加工、配送、退货、转口、报关、保税为一体的专业化、国际型综合保税物流中心。根据这一功能定位,南昌保税物流中心(B型)建设方案的项目设施组成主要包括口岸设施、业务设施和配套设施三大部分。其功能齐全,服务配套。主要业务为对进出口货物提供保税监管服务,具有深加工结转一日游,进口保税出口监管,国际配送、中转、入中心即退税的功能以及为物流中心提供公共服务,为物流中心提供商业配套服务等。

经过长达7个多月细致准备,该中心正式形成运营能力。该中心有4个监管仓库共5.6万平方米、2.2万平方米的集装箱堆场,采取不间断、全封闭金属网状式永久围网隔离。建有1.7万平方米的12层办公大楼并安装了视频监控安保系统,设"三进三出"6个卡口、6条通道,分别为集装箱、散货、行政车及人员通道各两条,同时在集装箱车道分别设置地磅两台。

该中心的正式运营将从四个方面推动江西外向型经济的发展。一是将为江西招商引资创造有利条件。二是可以缓解外贸发展的物流瓶颈。三是对全省经济产生较强辐射带动作用。四是追赶国内外先进的物流发展模式。

(江西远洋运输公司)

【九江港申请使用长江深水岸线获部批复】 2010年,九江市港口管理局为加快推进沿江开发建设和沿江港区发展,按照省委、省政府提出的创业服务年活动要求,紧紧围绕九江市工业决战2000亿的奋斗目标,组织党员干部挂点定责,以服务沿江工业园,服务沿江港埠企业,服务重点港口重点建设为突破口,不断提高办事效率和服务水平,快速、准确地做好九江市长江岸线使用申请材料的相关报送工作。5月,九江港湖口港区联港工贸有限公司码头和中石油江西销售分公司湖口油库码头使用长江深水岸线双双通过交通运输部正式批复。

九江港联港工贸有限公司码头使用长江岸线378米,建设3000吨级泊位2个,5000吨级泊位1个;中石油江西销售分公司湖口油库码头使用长江深水岸线181.5米,建设3000吨级泊位1个。

(方　武　叶　华)

【九江两家造船企业使用长江深水岸线获部批复】 2010年6月,江西江洲联合造船有限责任公司江边舾装码头工程和九江福鑫船业有限公司年产20万吨载重吨船舶制造项目使用长江深水岸线获得交通运输部正式批复。

江西江洲联合造船有限责任公司江边舾装码头工程使用长江深水岸线350米,建设舾装码头1座,可满足1艘5万吨级船舶和1艘2万吨级船舶同时靠泊进行舾装作业,具备年产24万载重吨船舶制造能力。九江福鑫船业有限公司年产20万吨载重吨船舶制造项目使用长江深水岸线615米,建设5万吨级船坞1座及相应港池,3万吨级船台2座。

(汪兰香　张兆平)

【九江港吞吐量再创佳绩】 2010年,九江港口随着国家一系列政策效应的逐步呈现,货物吞吐量继续上升,已实现连续三年增长。本年度,全港货物吞吐量达3291万吨,同比增长15%。其中集装箱达12.06万标箱,取得九江港历史上的突破,仅12月份,集装箱便完成13649标箱,创造了单月箱新高。

(九江市港口管理局)

【瑞昌港区水泥港口吞吐量将跃居全省首位】 2010年8月,省内最大台资企业——江西亚东水泥有限公司第四条生产线在瑞昌港区码头镇顺利点火投产。该生产线于2007年10月动工建设,建成投产后年生产水泥200万吨(加上原建成的三条生产线,亚东公司可生产各种水泥熟料达800万吨),由是瑞昌港吞吐量增至700万吨。货物吞吐量的提高,对拓展港区物流的发展产生重要的促进作用。

与此同时,总投资28亿元的亚东水泥五、六期生产线工程已经启动,拟建两条日产6000吨水泥熟料生产线,并配套增加港口相关设备、设施。项目建成后,亚东生产能力预计将达到1400万吨,港口年吞吐量亦可增至1000万吨以上,成为全省最大的专用水泥熟料码头。

(柯瑞华　熊晓芬)

【江西省内陆首例进口第7类废物在九江港口岸通关】 5月28日,鹰潭铜拆解加工园区首批从台湾高雄港进口8个标准集装箱废旧五金电器货物(第7类废物)共150吨运抵九江港口岸,九江港口岸有关部门即时加班加点办理装卸和通关手续。29日上午,九江海关、检验检疫、港口和国际货代部门密切配合,在有效监管的前提下,尽可能地简化操作规程,实行高效通关。口岸相关部门在港区同一监管场地上仅用90分钟,一次性完成了对进口货物的查验、喷洒消毒、熏蒸、加(关)封处理等通关程序,由此标志着中国内陆口岸首例进口转运第7类废物运输通道顺利开通。

鹰潭铜拆解加工区作为国内地圈区管理试点,是国家有关部委特批进口固体废物转关运输第一例。九江港积极策应鄱阳湖生态区经济建设,充分发挥口岸优势,与口岸、国检等有关单位密切配合,确保其运行畅通;口岸查验部门协作配合制定并完善其实施的具体监管操作方案;港口方面加强与上海港的有效衔接;口岸代理服务部门积极指导配合鹰潭进口企业做好海上运输和九江口岸的转运工作;九江市口岸发挥好综合协调职能,与各方加强沟通,提供服务,及时协调解决了其运作过程中存在的困难。

(王凌云)

【闽赣实施跨省区进出口货物直通放行】 8月29日,2010年泛珠三角区域合作行政首长联席会议在福州海峡国际会展中心召开。期间江西与福建共同签署了《关于加强闽赣两省全面实施跨省区进出口货物直通放行和区域通关协作备忘录》,决定自9月15日始,两省实行区域通关合作,在全国率先实施跨省区进出口货物直通放行和区域通关协作制度。

赣闽两省全面实施省区进出口货物直通放行和区域通关协作,是加强两省经济合作的重要举措,有效发挥了海西优质出海港口和江西腹地优质资源对接优势。

《框架协议》和《协作备忘录》的签署,有利于构建赣闽两省优势互补,面向全球经贸合作新格局;有利于形成东、中、西部区域合作新通道;有利于营造海西经济区与鄱阳湖生态经济区加快发展的新环境,对两省发展具有重要意义,且必将翻开两省合作的新篇章。

(王凌云)

2010年鹰潭市港口吞吐量情况表

表5

港口	货物吞吐量(万吨)				集装箱吞吐量(万吨)			滚装汽车吞吐量(万辆)	旅客吞吐量(万人)		利用自然岸坡完成船舶货物装卸量(万吨)
	合计	外贸	出港	外贸	箱数	重量	货重		合计	出港	
A	1	2	3	4	5	6	7	8	9	10	11
合计	3408000	—	—	—	—	—	—	—	863800	431900	—
鹰潭	1124700	—	—	—	—	—	—	—	—	—	—
贵溪	1499500	—	—	—	—	—	—	—	—	—	—
余江	783800	—	—	—	—	—	—	—	—	—	—

(鹰潭市交通局)

【袁州区飞剑潭码头加紧建设】 经过市交通运输局和港航处领导多方联系,省交通运输厅同意将飞剑潭码头列入渡改桥建设项目。省公路管理局赣路县字〔2009〕291号文件下拨飞剑潭码头补助经费60万元,先期已拨付48万元,并于2010年8月2日全部下拨给袁州区交通运输局,确保资金专款专用。12月20日,省港航局已批复码头预算和设计图纸,码头招投等各项前期工作基本完成。

(张小平)

【高安港新货运码头动工建设】 锦江作为赣江的一大支流,自古以来就是高安水运的主要通道,在高安以及周边县市的经济和社会发展中发挥着重要的作用。由于城市建设需要,原高安货运码头被拆迁征用。经多年酝酿,高安港新货运码头建设于2010年列入省港航局投资计划,总投资49万元,已下拨30万元。完成了货场平整及围墙、值班门房等的建设,直立式吊机建设也在加紧建设中。

(张小平)

【丰城港曲江码头建设具有七大优势】 丰城港曲江码头位于丰城市曲江镇龙头山渡口下游处，是全省立项批准的唯一的大型码头。2010 年省发改委批复工程总投资概算 4.04 亿元，同意建设 10000 吨级的货运泊位 10 个(其中散货 3 个，集装箱 3 个)，年吞吐量 10000 万吨，是省、市政府工作的重点项目。

曲江码头的建成具有七大优势：一是国家改革开放的政策好，构筑我国现代物流产业发展的政策框架，建立开放、有序、自由、畅通的现代港口物流新格局。国家自进入工业化时期限，现代港口已步入第三代港口的发展期。二是省、市(地)、市、镇各级领导的重视和支持。三是得到相关部门的大力帮助。四是曲江码头有限公司总经理办码头的积极性高。五是相关高级技术专业人员的积极配合。六是当地的民心好、理解程度高。七是码头建设的资金已逐步按时到位。

(裴爱国)

【樟树港 32 米工作趸船进入装修阶段】 由省港航局列入投资计划的樟树市港航管理处工作趸船，总投资 1900 万元，是宜春市港航系统历史上建设最大的工作趸船。2010 年趸船主体工程全部完工和下水，正在紧张进行内部装修。

(张小平)

【永不消逝的古渡】 在陆路交通不发达的时候，水上运输就是一个方便快捷的管道。据《临川县志》载，从文昌桥到温家圳就有 21 个渡口。后来，随着陆路交通的发展，这些曾予人方便的渡口便逐渐消失了，不但找不到它们的旧址，有些连名字都被遗忘了。然而有意思的是，一些渡口由于与名人联系着，或留存他们的芳踪，或记载他们的故事，或轻吟他们的诗篇，这些古渡就在人们的记忆中永不消逝。

西津渡在抚州城西的抚北大桥上游 20 米处，它和南宋张孝祥的事迹密切相关。

张孝祥是南宋著名词人，22 岁考取进士，28 岁即任抚州知府。一年后，他又调任现江苏苏州知府，当时，他写有《去临川书西津渔家》一诗：“作客临川又一年，却寻旧路浅滩船。宦游到处真聊尔，别恨何须更黯然。夹端此地成留滞，定自从渠有宿缘。”诗中有两个值得人们注意，一是提到了西津，二是他离任时受到群众夹道欢送。据地方志资料介绍，张孝祥在抚州为人民办了两件好事。一是单人匹马去平定叛乱，对为首者严惩，对受蒙骗者从宽处理并给予恰当安抚，结果抚州全城平安稳定；二是他严格禁止假药的出售，并亲自写了《禁榜》一文，苦口婆心地开导人们，其中有“卖真药者福延子孙，卖假药者身遭横死”这样通俗易懂的言辞。这两件事赢得老百姓的喜爱，于是百姓自觉地去西津渡送行，情景非常感人。无独有偶的是，南宋著名诗人陆游也于 1166 年渡过西津古渡。明朝大戏剧家汤显祖有《津西晚望》一诗赞美西津。西津渡就因他们的事迹和诗文永存史册。

瑶湖渡位于临川区湖南乡南部的抚河旁，是早先人们南上北下的重要渡口，1591 年 9 月，汤显祖从瑶湖渡乘船去广东徐闻县任典史。家人亲友劝他不要到荒蛮之地去做小官，但汤显祖一则以天下为己任，二则要看看南国风光，坚持去上任，并写有《初发瑶湖次宿广溪》诗纪行。汤显祖从瑶湖出发，经赣州进入通商大港广州，游历了梦寐以求的罗浮山，到过繁华无比的澳门，穿过惊涛骇浪的琼州海峡，11 月到达处于广东雷州半岛南端的徐闻县。两个多月时间，汤显祖不但饱览了南国风光，而且用他那如椽之笔写出了 120 多首诗，把被人认为“瘴疠之地”的岭南描绘得那么神奇，那么瑰丽，那么令人向往。仅如此，在岭南的经历，还为汤显祖以后的文艺创作积累了丰富的生活素材，打下了坚实的思想基础。这次远行真可谓硕果累累。

黄昏渡是自然村名，也是渡口名，两处前后相隔一里多路，都属临川区罗针镇。由于福银高速公路从此处经过，渡口早就停用了。但由于它与临川四才子有关，所以至今仍是家喻户晓。说是明朝中期，一位新知府来上任，结果在文昌桥头，他遇到了麻烦，只见四个人袒胸露腹地躺在桥上，身旁放着一只旧箩装着几束艾草。知府对陈、罗、章、艾四才子早有耳闻，知道他们非等闲之辈，便下轿客气地和四才子打招呼。四才子要求知府对上对联才让过去。知府也是进士出身，不好拒绝。四才子的上联是：上文章下文章，文章桥上晒文章。此联除文章与文昌谐音外，还有叠字、顶针等修辞手法。知府思忖了好一会也对不上来，便悻悻地由原路回去。到了刚才来的那个渡口，正要乘船时,知府听说这个地方叫黄昏渡,他脑筋一转,赶快打轿回抚州。急急忙忙来到文昌桥头,一个书童递上一张字条。知府拆开一看,见上面写着下联:前黄昏后黄昏,黄昏渡前度黄昏。这正与自己心中要对的下联一样,知府打内心佩服四才子。至今,文昌桥西头还立有陈、罗、章、艾桥头对对的情景雕塑,让黄昏渡的故事更久远传承下去。

上顿渡是临川区的驻地,它的名字竟是谭纶起的。明朝嘉靖年间,皇上派兵部尚书谭纶和左都御史邹元标出京南巡。谭纶想趁机回宜黄老家看看,邹元标也想一睹夏布之都宜黄的风采,于是他们在巡察之隙,水路过长江进抚河来到宜黄河。在早饭时,他们将船停泊在宜黄河西岸的渡口,来到某酒楼用膳。酒酣耳热之际,邹元标问:"司马公,请问这是什么地方?以后我出来一定再来这里品尝美酒佳肴。"谭纶曾经多次路过此地,却从来没听说过这个地方的名字,他突然想到自己与大家一样在渡口边用过上顿饭,便嘻嘻一笑说:"嘿,看我这记性,这个地方说是上顿渡嘛!"谭纶随口取的地名,一传十,十传百,人们就称此地为上顿渡了。上顿渡虽然曾改名龙津,但老百姓一直把这个地方叫做上顿渡,这是因为人们忘不了谭纶爱家乡、爱百姓的人格品质。

(史志办)

【上饶市民间在运渡口经费到位】 2010年,上饶市为确保民间渡口正常有序、安全渡运,对在运渡口进行核查并及时下达补助经费。市交通运输局、市财政局对12个县(市、区)和上饶经济开发区在运渡口进行核对,撤销信州区的灵山底、上饶县的花门楼、广丰县的三官殿、十六都、何裕墩,余干县的龙津,鄱阳县的昌洲和婺源县的黄源等8个渡口,核定全市147个在运渡口,并一次性下达补助经费31.9万元。(陈均培)

水路运输船舶

2010年江西省10市水路运输工具拥有量一览

表6

地方	艘数(艘)	净载重量(吨位)	载客量(客位)	标准箱位(TEU)	功率(千瓦)
合计	4217	1957942	11811	2022	640578
南昌市	268	290112	296	1788	86634
景德镇市	170	14500	—	—	5290
九江市	622	403498	5056	108	141386
新余市	61	1570	1899	—	3583
鹰潭市	239	8338	—	—	3962
赣州市	421	62055	2447	—	27035
吉安市	532	181001	504	—	58299
宜春市	1174	734641	44	—	217207
抚州市	151	130578	—	—	45015
上饶市	579	131649	1565	126	52167

(周国强　纪彩云)

【江西全省启动船型标准化老旧船舶拆解工作】 2009年7月,交通运输部会同财政部和八省二市人民政府联合发布了《推进长江干线船型标准化实施方案》,决定自2010年10月1日至2013年底,按照统一政策、全线联动的工作方针,稳步推进长江干线船型标准化。2010年3月,财政部、交通运输部联合出台了《长江干线船型标准化补贴资金管理办法》,由中央财政和地方财政设立补贴资金,用于现有船舶的更新改造和淘汰,以经济鼓励政策加快长江干线船型标准化实施工作。

2010年8月,江西依据《实施方案》和《管理办法》的要求和部署,制定了《江西省内河船型标准化老旧运输船舶拆解工作方案》,按照"统一政策、统一领导、统一安排、统一行动、分级负责、分步实施"的原则,综合采取技术、经济、行政等手段,加快船舶运力更新,鼓励现有老旧船舶退出航运市场。计划自2010年10月至2013年底,分四批淘汰15年以上的老旧运输船舶750艘,使全省的平均船龄降到15年以内,船舶平均吨位提高到600载重吨。同时推广标准船型,以提高运输能力和船舶的安全、环保性能,促进江西水运事业的可持续发展。

为规范补贴资金的管理,省财政厅、省交通运输厅联合转发了《财政部交通运输部关于印发〈长江干线船型标准化补贴资金管理办法〉的通知》,省交通运输厅授权省港航局负责船型标准化补贴的实施工作,并对其发放的工作原则、实施机构、工作程序、监督管理作出了明确规定。

根据交通运输部《关于做好推进长江干线船型标准化有关准备工作的通知》要求,江西开展了老旧船舶拆解定点船厂的认定工作。经各港航处推荐、认定工作现场考核,确定本省首批老旧船舶的拆解定点船厂为:江西造船有限责任公司、江西通安工程船厂、同方江新造船有限公司、都昌造船总厂、赣州通洋造船有限公司、江西丰城造船总厂、鄱阳县江海船舶修造厂。凡符合长江干线老旧船舶拆解的对象,可根据实际情况自由选择在以上7家定点船厂内拆解。

(张兆平)

【峡江县运输船舶快速增加】 2010年,峡江县省际运输船舶达到43艘,载重吨位44510吨,首次突破4万吨大关,船舶平均载重吨位达1035吨,首次突破千吨大关。峡江县水路运输船舶2005年仅有12艘5710吨,经过连年稳步上升,运力成倍增长。尤其是2010年,在《江西省人民政府关于策应长江黄金水道建设提升水运发展水平的若干意见》和《江西省"十二五"水运发展规划》的指导下,为创优水运发展环境,该县港航管理部门规范了服务程序,全年共新增省际运输船舶16条,23480吨,其中800吨级至1000吨级的船舶4艘,载重吨3630吨,1000吨级以上的船舶12艘,载重吨19850吨。2010年底,该县最大载重吨位达2160吨,共有3艘。由于船舶平均吨位得到大幅提升,较《江西省"十二五"水运发展规划》的船舶平均吨位的700吨,提高了335吨。总运力比上年的24080吨,增长了84.84%,为该县的物流产业发展打下了良好的基础。

(峡江县交通运输局)

【泰和县船舶运力突破4万吨】 2010年,在江西省人民政府颁发的《江西省人民政府关于策应长江黄金水道建设提升水运发展水平的若干意见》和《江西省"十二五"水运发展规划》指导下,泰和县港航管理部门积极引导鼓励船户向标准化、大型化、专业化船舶发展。泰和县广大船东加大投资,加快更新船舶,不断优化了水运运力结构,为该县做大做强水运事业打下了良好的基础。2010年,泰和县新添500吨级以上船舶9艘,载重10005吨,至此,泰和县登记的运输船舶已达115艘。其中,省际运输船舶平均载重吨630吨,船舶运力总量已达42348载重吨,比上年同期增长37.4%。

(邱永军)

【吉安市港航管理处推动辖区船舶运力快速发展】 2010年,吉安市港航管理处认真开展创业服务年活动,加强服务意识,不断提高工作效率,推动了辖区船舶运力的快速发展。吉安市运输船舶达到532艘,18.1万吨,比上年同期增加49艘,4.2万吨,分别增长10.1%和30.2%,船舶平均单船吨位由上年的275吨增加到340吨,净增65吨。为促进船舶运力的快速发展,吉安市港航管理处积极采取扶持水运发展的具体服务措施。一是在4月26日召开了由水运企业参加的座谈会,对水运企业的创业情况进行调查,广泛征求意见、建议。二是加强了对水运市场的监督管理,定期进行港口巡查，坚决查处无证非法载货的船舶，规范水运市场的经营行为。三是认真开展了货源调查，积极组织大宗货物和“回头”货物从水路运输，为水运发展提供货源基础。四是积极协助水运企业到当地金融部门解决发展船舶资金不足的贷款问题，实行用船舶抵押解决贷款。五是指导并购、重组、优化组合做大做强，对合并重组的水运企业提供的相关资料，及时上报办理变更水路运输许可证申报手续。六是对新增普通货船，只要资料齐全符合规定要求，做到随到随时办理国内水路运输登记事项证明书或船舶营业运输证。

（刘　晖）

【抚州市水运总运力突破16万吨】 2010年5月9日，抚州市水运总运力突破16万吨，达到16.2万吨。这标志着抚州市“十一五”期间交通水运运力发展目标提前实现。

尽管抚河主干道常年通航能力差，但该市水路运输企业创新发展思路，纷纷转向赣江、长江、沿海求发展。作为水运发展的主管部门，抚州市交通运输局以加强管理促进水运发展为工作切入点，寓管理于服务之中。多年来坚持指导和帮助水运企业提高组织化程度，督促个体运输船舶逐步实现公司化管理营运，加快水运企业组织结构调整和规范化管理；进一步完善营运船舶准入制度，严把船舶登记审批关和船舶安全技术关；着力调整改善运力结构，提高船舶技术性能，严格控制老、旧运输船舶进入市场，并鼓励现有船舶更新改造，促进了全市船舶向大型化、标准化、环保型方向发展。同时，抚州市港航管理处在改善服务环境和提升服务水平上狠下工夫，设立办证大厅提供一站式服务，坚持延时服务、预约服务，不断吸引外港籍船舶挂靠抚州，促进了抚州水运业的蓬勃发展。

（陈根玲）

水路旅客运输

【2010年全省水路春运工作圆满落幕】 3月10日，为期40天的全省水路春运工作圆满结束。其间，全省水路春运共投入各类客船341艘，10434客位，累计完成旅客运输量347426人次，较上年同比净增139754人次，增幅为67.3%。

春运中，在省港航局的统一部署下，按照“和谐有序、安全为先、科学组织、优质便捷”的总体要求，各级海事、港航部门和港航企业为切实保障水路旅客运输安全，全力做好以下几项工作：一是加大宣传力度，营造春运良好氛围。海事港航人员在水路客运码头、站点、候船室、客船上张贴春运宣传标语510条，悬挂宣传横幅108幅，散发宣传单1320份，编印春运简报42期；二是加大对港口、客运码头、渡口等生产作业现场的安全监管力度，共出动船艇1056艘次，出动海事执法人员5057人次，检查船舶2571艘次，全力保障了旅客运输安全：三是加强现场检查，严防“三品”进站上船。为切实防范易燃易爆危险品上船，各海事、港航部门每天派专人值守，全力查堵“三口”。

春运40天，全省水路旅客运输无安全事故，无旅客投诉，圆满地完成全省水路春运工作。

（吴萃萃）

【“十一”黄金周水路旅客运输圆满完成】 “十一”黄金周期间，全省共投入各类客船304艘，9645客位。累计完成水路旅客运输量14.3434万人次，同比增长9%；完成客运收入383.2244万元，与上年持平。

为保障广大群众节日期间出行安全、舒适、便捷，全省各级海事、港航管理部门从各个方面积极做好水路旅客运输安全工作。一是对客运站、点特别是“三湖一山”（柘林湖、仙女湖、井冈湖、龙虎山）水上旅游景点及重点水库加大执法力度，加强现场监管和巡航检查，维护旅客运输秩序；二是针对客流高峰，落实应急备用船舶运力，避免出现旅客拥堵现象。同时，海事人员加强巡航救助，确保遇到突发事件能够及时应对；三是严禁无证驾船和疲劳驾船或客船带病出航，严禁客船超定员载客，严禁非客船非法载运旅客。国庆期间全省水路旅客运输安全有序，船舶运力充足，客流平稳，无安全事故，无旅客投诉，营造了安全、舒适、优质、畅通的水路客运环境。

（吴萃萃）

2010 年江西省 10 市水路旅客运输量一览

表 7

地区	客运量（万人）	旅客运输量（万人千米）
全省合计	231.1	3156
南昌市	0	0
景德镇市	—	—
九江市	40.8	777
新余市	33.4	667
鹰潭市	—	—
赣州市	101.4	680
吉安市	16.6	276
宜春市	—	—
抚州市	—	—
上饶市	38.9	756

（说明:2010 年内河客船、海船采用全面调查;旅客运输量为机动客船的运输量,不包括鹰潭木质船舶的运力、运量;纳入统计的船舶为办证或者备案的船舶运量。）

（周国强　纪彩云）

【靖安三爪仑林海漂流“漂”向全国】　三爪仑是江西省唯一的国家级示范森林公园,国家 AAAA 级旅游区。地处靖安县,三爪仑处九岭山脉东麓,因其三条支脉呈“爪”字形走向,且地势险要而得名。景区总面积 193 平方千米,由北河、宝峰寺、盘龙湖、骆家坪、虎啸峡、观音岩、白水洞、金罗湾等八大景区和况钟园林、雷家古村两个独立景点组成。距南昌 100 千米,距九江 160 千米,距昌北国际机场 80 千米,距昌九高速公路 50 千米。境内山清水秀、风光旖旎、气候宜人,自然景观优美,人文景观众多,野生植物资源丰富,珍禽异兽、奇花佳木遍地,是休闲度假、观光娱乐、避暑疗养的佳境胜地。

旅游漂流项目更是被江西省导游基础知识教材称为最有前景的旅游项目。既有精致安全的皮筏探险漂流,又有古村原始的竹筏漂流,乘筏漂流而下,惊险刺激,其乐无穷,同时可尽览四季如画,童话森森般的北河风光。无道可攀,唯有舟行,惊险刺激的皮筏漂流圆人们游览峡谷之梦,尽情享受大自然的恩赐。其配套旅游项目还有直河帐篷旅社、烧烤露营、篝火晚会、登山探险、天然泳池、沙滩排球、户外训练营地……吸引着国内外游客纷至沓来。2010 年共接待游客 18 余万人次。

1. 林海皮筏漂流。江西省三爪仑国家森林公园林海皮筏漂流是靖安森林生态旅游的经典娱乐项目之一,上起骆家坪景区茅山,下至九岭天崖山下的塘里,全程约 8 千米,落差近 50 米,途经 38 个弯道、16 个急滩、16 个清潭,历时 2 小时左右,林海皮筏漂流公司拥有漂流双人船 250 只,一次性可接待游客近 400 人,2010 年该漂流点共接待省内外游客 28000 人次。

2. 大洞山峡谷漂流。大洞山峡谷漂流位于靖安县高湖镇境内的潦河上游,漂流河段上起罗湾知青电站,下至山口铁索桥,全程 8 千米,历时 2 小时 30 分钟。峡谷两岸悬崖壁立,古树参天,幽深奇峻,乘自助性皮筏顺流而下,时而峰回路转,急流险滩迭出,震撼心灵;时而碧潭如镜,险峰奇石,蓝天白云倒映其中,“荡舟清波上,人在画中游”。大洞山峡谷漂流公司拥有双人皮筏艇 210 只,一次性可接待游客约 400 人,2010 年该漂流点共接待省内外游客 25000 人次。

3. 橹崖漂流。橹崖漂流位于三爪仑国家示范森林公园中部,上起群山环抱、风光秀丽的丁坑口,下至翠竹丛生、奇山怪石的锦秀谷,全程 7 千米,落差近 60 米,是理想的山溪漂流河段。时而滩急浪高,有惊无险,时而碧波清潭,沁人心脾。穿越茫茫林海,尽享大自然的恩赐,难忘大森林恬静舒畅。漂流而下,历时 2 小时。橹崖漂流公司拥有双人漂流船 150 只,一次性可接待游客 300 人,2010 年该漂流点共接待省内外游客 23000 人次。

（刘　斌）

【铜鼓大塅库区客运促进旅游业发展】　大塅水库库区内的天柱峰系铜鼓县天柱峰国家森林公园的重点景区,是这个县向外宣传和推介的主要旅游项目。为配合库区旅游业的发展,打响“天柱峰”景区旅游品牌,县交通运输局立足本职,以完善设施为主,全面推动库区旅游业的发展。一是积极向上争取资金扶助,改造库区 8 艘木质机动渡船;二是积极投放运力、配备全新豪华快艇 4 艘;三是努力向上争取资金新修库区渡运两岸码头;四是投入资金新购救生、消防设备,较好地促进库区旅游不断提高安全系数,提升旅游品位,

2010年,大塅库区渡运运输游客26000余人,比上年增长20%以上。

（张童生）

水路货物运输

2010年江西省10市水路货物运输量一览

表8

地区	货运量（万吨）	货物周转量（万吨千米）
全省合计	6492.6	1750142
南昌市	668	103353
景德镇市	243.3	879
九江市	1054.1	842488
新余市	12.9	3043
鹰潭市	109.9	680
赣州市	882	96690
吉安市	953.3	122403
宜春市	1978.7	295138
抚州市	118.8	137910
上饶市	471.6	147558

说明:2010年内河货船统计采用抽样推算,只统计办证在册船舶的运量。

（周国强　纪彩云）

【丰城水运产业发展稳步上升砂石产业稳步发展】 2010年度,丰城港区处赣江河道,区位优势明显,丰城市水路运输企业发展有7家航运公司:即丰城市航运公司、江西华顺航运管理有限公司、江西东港航运有限公司、江西宏顺航运有限公司、江西荣顺航运有限公司、江西赣中航运有限公司、江西华泰航运有限公司。在国家“三农”的扶民政策机遇下,老百姓见机行事;各公司抢抓机遇,解放思想求创业,水路运输产业发展逐年稳步上升。全市登记船舶普货总运力650462吨,危货运力36223立方米(容量)。同2009年相比,普货运力增长10%,危货运力减少8%。

2010年,丰城市港航管理处有沙石运输船舶512艘,与上年同期相比增长7艘。水路货运量达1337万吨,周转量278655万吨千米,与上年同期相比分别增长6%和10%。

（万建新）

【宜春市世博期间加强化学危险品运输船舶管理】 2010年,举世瞩目的世博会在上海召开。为加强长江上游入沪的江西宜春籍船舶管理,2010年4月,全市对拟入沪船舶进行资质核查和登记,全市共有8艘总吨4566吨散装化学品运输船舶,航区主要是江苏到上海。

（张小平）

【宜春市向长航局建言扶持化学危险品企业做大做强】 2010年3月,交通运输部长江航务局专家到宜春市,调研化学危险品运输船舶资源整合课题。宜春市现有化学危险品企业7户,化学危险品运输船舶144艘、36575总吨、87289立方米容量,船舶数量多,载重吨位小,多为200吨~400吨位船舶,主要在长江中下游营运。宜春市借此契机,向长航局建议,扶持宜春市化学危险品企业做大做强。为进一步推进全市水运发展,宜春市向长航局建议:一是简化行政审批办证程序,下放审批权限。化学品船舶SMS审核发证一直困扰水运企业,江西没有SMS审批权,审批、审核、发证由部海事局审核中心受理和办理,时间拖得太长太慢,建议尽快将SMS审批发证权,化学品运输船舶的船舶营业运输证下放给江西省港航局,方便企业办理相关证件;二是建议在考旧船舶更新时给予扶持政策,有利于船舶向大型化、标准化方向发展;三是建议适当放宽运力调控,根据不同企业经济实力和运输业务需求,适当放宽运力审批。

（张小平）

【江西赣中航运公司更名为江西赣丰航运公司】

2006年成立的赣中航运有限公司,前身为江西龙舟航运有限公司,当时只有普货船舶1艘1200载重吨。在公司化引导下,船主纷纷加入公司,到2010年已有380余条船舶到该公司经营管理,船舶总运力达35万余吨,主要从事沙石运输,长年在赣江丰城同田至南昌、九江蛤蟆石段从事短途沙石运输,成为江西省最大的砂石运输公司。2010年,该公司已由浙江老板承包控股,通过多次转换经营,公司经营管理理念改变。公司主要实现船舶管理经营模式,船员主要是委托公司管理经营,2010年,浙商将该公司变更为江西赣丰航运有限公司。（张小平）

节能减排

【省交通运输厅采取十大措施　推进节能减排工作】　2010年,省交通运输厅进一步强化对全省交通运输节能减排工作的统筹指导,印发《2010年全省交通运输行业节能减排工作要点》,召开全省公路水路交通运输行业节能减排工作座谈会,下发《关于确保实现交通运输行业2010年节能减排目标的贯彻实施意见》,加强组织领导,明确目标任务,采取多项措施,大力推进低碳和绿色交通运输体系建设。

(一)加强车辆油耗检测监督,严格执行营运车辆燃料消耗量限值标准。省交通运输厅以推广实施《道路运输车辆燃料消耗量检测和监督管理办法》为载体,大力开展车辆油耗检测监督工作,全面实施营运车辆燃料消耗量准入制度。成立了省道路运输车辆燃料消耗量检测和监督管理实施工作领导小组,印发《江西省道路运输车辆燃料消耗量检测和监督管理办法实施方案》,编写出版《道路运输车辆燃料消耗量检测和监督管理办法知识读本》,召开新闻媒体见面会,圆满完成了南昌、赣州两市道路运输车辆燃料消耗量核查试点工作。自2010年6月起,已在全省实施道路运输车辆燃料消耗量达标车型车辆参数及配置核查工作,在配发《道路运输证》时将燃油消耗量作为硬性指标,并禁止高耗油车辆进入道路运输市场。

(二)强化运输组织管理,着力提升能源利用效率。在公路运输领域,严格执行客车实载率低于70%的线路不投放新运力的调控政策,加快建设低消耗、低排放、高效益交通运输行业。2010年,省交通运输厅共许可21条省际和市际道路客运班线,平均载率为72%。在水路运输领域严格执行国家第三阶段船舶污染物排放标准,严格实施市场准入制度,大力推进船舶船型标准化建设,加速淘汰老旧船舶,鼓励采购应用节能型设计、配备节能环保型柴油机和高效螺旋桨、实现船体、主机和螺旋桨的合理配合的标准化节能船舶。全省已按规定拆解老旧船舶100余艘,拥有标准型船舶数量达60余艘。

(三)开展低碳交通运输专项行动,倡导低碳交通运输生产方式和消费模式。为广泛动员全省交通运输企事业单位积极参与资源节约型、环境友好型交通运输行业建设,2010年省交通运输厅一方面积极动员31户省内重点交通运输企业参加全国"车、船、路、港"千家企业低碳交通运输专项行动;另一方面组织开展全省交通运输行业车、船、路、港单位低碳交通运输专项行动。全省有52户交通运输企事业单位参与车、船、路、港单位低碳交通运输专项行动。与此同时,省交通运输厅以合理用能、提高效率为核心,以优化结构,提升技术和强化监管为手段,建立健全了节能减排组织领导体系,编制印发全省公路水略交通节能中长期规划,举办两届"运通杯"节能驾驶竞赛活动,选树2批13个节能减排示范项目,组织开展了全行业车、船、路、港低碳专项行动。组织实施了燃料消耗量达标车型车辆核查。大力推进船型标准化建设,全省标准型船舶数量达60余艘。取得节能减排国家级示范项目1项、交通运输部示范项目2项、列入国家重点节能技术推广目录成果1项。公共机构节能目标圆满完成。省交通运输厅荣获"全省公共机构节能先进单位"称号。

(四)加强节能减排统计、监测、考核体系研究,着力推进基础条件建设。2010年,省交通运输厅进一步强化节能减排统计、监测、考核体系等交通运输节能减排基础工作。在全省交通运输科技计划项目中设立"江西省交通运输节能减排统计、监测、考核体系的研究"专项,深入分析国内外能源资源消耗统计、监测、考核体系现状,立足江西实际,探索确立全省公路、水路和港口码头能源资源消耗监测的主体、目标和原则,研究能耗指标与有关经济指标的关系,科学设置监测指标体系、仪器和人员配置,完善主要监测指标核算工作体制和机制。

（五）推广全省交通运输行业第二批节能减排示范项目，充分发挥典型引路的示范作用。自2009年开展省交全通运输行业节能减排示范活动以来，通过对示范项目的总结提炼、宣传推广，使广大交通运输企事业单位学到了先进经验，起到了以典型引路、全面推进的效果。在2010年全国节能宣传周期间，省交通运输厅继续在全省交通运输行业开展节能减排示范活动，将“江西省高速公路非现金缴费和电子不停车收费系统”等9个典型项目列为第二批节能减排示范项目在全省交通运输行业推广，并从中精细选择了三项申报全国交通运输行业第四批节能减排示范项目。这些示范项目涵盖了基础设施建设、智能交通、港航运输和公共机构节能等多个领域，较首批示范项目涉及范围更广、辐射性更强、引领作用更为明显，进一步推动了节能减排工作向纵深发展。

（六）省交通运输厅充分发挥政府引导作用和交通运输企事业单位行业节能减排工作主体作用。鼓励各地、各单位积极开展节能减排改造项目，并着力申报国家级节能减排示范项目，争取政策和资金支持，其中，省高速公路投资集团抚州管理中心的福银高速江西熊村隧道照明改造工程被国家发改委、住房和城乡建设部、交通运输部列为全国半导体照明节能减排示范项目。

（七）开通沪苏皖赣三省一市高速公路电子不停车联网收费系统，减少运输工具燃料滞耗。2010年，全省大力加强高速公路电子不停车收费技术的应用。全省新建成ETC车道60条，ETC车道总数已突破100条。2010年7月28日，沪苏皖赣三省一市高速公路电子不停车收费系统联网的开通，大幅减少了停车收费的燃油消耗。

（八）扶持交通运输节能领域科技研发，大力推广节能技术成果。2010年，省交通运输厅为引导和鼓励各单位重视节能管理创新、技术创新，实行交通科技项目计划资金向节能项目倾斜的政策。全年全省交通运输科技立项项目中，节能减排项目共计13项，投入资金约1000万元。同时，在全省基础设施建设、公路运输、水路运输等领域大力推广应用节能科技成果，主要有“沥青混合料厂拌冷再生技术”、“沥青混合料温拌施工技术”、“道路运输GPS监控系统”、“优选客车最佳使用油耗区，推广持续新车模式”、“106箱干支直达标准集装箱船”、“船用柴油机油水智能乳化装置”和“船舶柴油机示功图识别专家系统”等，其中，“沥青混合料厂拌冷再生技术”已作为江西省地方标准颁布实施。

（九）大力发展公共交通，逐步提高新能源公交车比例。2010年，全省交通运输行业积极研究落实公交优先发展战略，加快公交发展专项规划编制步伐，指导城市公交企业优化站点和线网，着力提升公众利用公共交通工具出行的比例。积极配合有关部门做好“百城千辆”节能与新能源汽车规模化应用工作。全省新增新能源和节能公交车（含景区公交）275辆、出租车186辆，有力地促进了公交车节能改造升级。

（十）狠抓“节约型机关”建设，推进公共机构节能降耗。2010年，全厅公共机构水、电、汽油和柴油的能耗与2009年同比下降6%以上，顺利完成2010年公共机构能源消耗指标在上年基础上降低5%的目标任务。

（厅科教处）

【赣粤公司三大节能减排技术在全国交通运输行业交流】 5月14日，交通运输部在武汉正式启动“全国车、船、路、港千家企业低碳交通运输专项行动”。在此次大会上，赣粤高速公路股份有限公司的三大节能减排科技成果受到大会的重视和关注，并在全国交通运输行业交流。

一是，利用旧沥青路面乳化沥青厂拌冷再生技术。将旧沥青路面铣刨后运至拌和厂，经过破碎、筛分后，根据旧料中沥青含量、沥青老化度、集料级配等指标，掺入一定数量的新集料，乳化沥青、水泥、水等，经改造的水稳拌进行常温拌和，由水稳摊铺机按一定工艺重新铺筑。公司将这项技术推广应用到昌九、九景高速和昌九高速南端连接线共计247千米的技改工程上，节约造价达19266万元，节约土地178.2亩，节约矿山资源123.8万吨，节约重油247916.8万升，节约用电151.8万千瓦，减少沥青用量19976.4吨，减少二氧化碳排放11985.9吨，减少二氧化硫排放1682.7吨。

二是，循环石灰水清洗面层集料技术。该公司科研人员经过潜心研究和试验，编制了《江西省高速公路沥青路面集料水洗施工工法》，并在江西彭湖高速公路全线64.4千米全面应用。该技术的原理是将振动筛和高压水洗后的材料,放入石灰池进行五级沉淀。这一技术可减少粉尘排放56%,沥青用量减小0.1~0.2%,沥青路面降低造价2.64元/平方米,路面耐久性提高,长期经济效益更为可观。据此,江西省交通运输厅发文在全省建设、养护领域强制推行。如果国家高速公路网剩余的2万千米建设项目均采用此工艺,可减少溢料400万吨,减少沥青用量26.4万吨,节约重油2600万公斤,减少二氧化碳排放量8400万公斤,减少二氧化硫排放量1200万公斤,降低工程造价10.6亿元。

三是,服务区生态污水处理技术。该技术的工作流程是:污水—格栅—调节池—应急溢流—泵—沉淀池—生态潜流人工湿地—回用或达标排放。昌九高速庐山服务区、九景高速鄱阳服务区已应用,彭湖高速、昌铜高速正在实施,全省逐步推广。在节能方面,本工艺不需鼓风机,机电设备仅为提水泵;在减排方面,处理出水达到《污水综合排放标准》的一级标准。该技术无二次污染问题,系统不需添加化学药剂,不产生剩余污泥,不产生噪声和恶臭污染。

(周　皓)

【宜丰县交通运输局积极推进节能减排管理工作】 2010年,宜丰县交通运输局积极组织开展节能环保驾驶活动,全面提高从业人员的节能意识与操作水平,包括轻踩油门、少踩刹车、怠速熄火、少用空调、常检胎压、减重行驶等。大力培养高素质、高水平、高技能的驾驶人员,降低成本,减少费用。同时加强公务用车和管理,在公务活动中对公务车的使用坚持采用多人多事一车,提高公务车实载率的原则,降低使用频率。建立油料报销审核制度,制定公务车油料定额和统计管理制度,根据油料消耗量和油料定额再核实里程。通过管理制度和油料定额考核制度的执行,提高公务用车使用效率,降低能源消耗。

(漆志勇)

【万载运管所抓降耗节能】 万载县运管所,认真贯彻中央关于节约指示精神,从身边事做起,从节能减排抓起,立足节约,狠抓降耗,以实际行动落实节能减排,勤俭节约在该所员工中蔚然成风。一是压缩工作用车数量,该所根据实际情况,报废3辆使用年限长、油耗大的老旧车辆,对现有工作用车进行重新调配,减少用油定额。要求单位职工作出办事相互通气,尽量拼车出行,避免资源浪费。二是在用水用电、办公用品等方面厉行节约,每个办公室做到随手关灯,合理使用空调等电器;打印节约用纸,坚持双面使用,真正做到物尽其用;减少使用纸杯等一次性用品。三是充分发挥部门职能,加强行业管理,认真贯彻落实交通运输部《道路运输车辆燃料消耗量检测和监督管理办法》,从源头上限制高耗能车辆进入运输市场,同时引导运输企业建立节能考核激励机制,深入推广节油驾驶技术,大力发展甩挂运输,优化运输组织,降低单位能耗。

(仲春梅)

【宜春市举办机动车驾驶员节能比赛】 10月26日至28日,全市交通运输系统驾驶员节能技能比赛在宜春举行,来自全市39名驾驶员参加比赛。经过3天的激烈角逐,宜汽股份有限公司获团体总分第一名,单项一等奖由宜汽股份公司选派的驾驶员聂礼辉获得,评出二等奖2名、三等奖3名、优胜奖4名。此次比赛,旨在通过对驾驶及节油技能的评定,增强驾驶员的节能减排意识,提高节能技能,继而推动全市交通运输系统的节能减排工作。竞赛活动的主要内容规范驾驶动作和道路驾驶两个项目,要求参赛选手在行驶中完成各项规范驾驶动作,并在指定赛段行驶60千米,统一使用手动挡皮卡竞赛,所有项目的评定均制定评分细则。市政府副巡视员胡芳兰下开赛令,市交通运输局党组书记李奇参加开幕式并讲话。

(何爱民　枫　语)

【上饶交通行业低碳营运节煤近4万吨】 2010年,上饶市交通运输局为确保本年度节能减排目标的实现,采取悬挂横幅、报刊、电台、网络、举办培训班等多种方式进行宣传和辅导,并着力于运管、客管、港航等重点部门开展节能减排工作。市运管处通过实施营运车辆准入制度,鼓励开展甩挂运输试点和车辆低碳运输专项行动,购置新营运客车257辆节约标准煤0.3万吨;各县(市、区)新投入公交客车112辆,节煤1.26万吨;投入使用模拟驾驶器200台,节煤0.2万吨。市客管处更新418辆出租车和36辆公交车,节煤1.53

万吨。市港航处通过狠抓港口和营运船舶结构高速淘汰高耗能老旧船泊和产品,大力推广船型标准化和靠岸船泊使用岸电为主的节能举措,节煤0.55万吨。全市交通行业年度节约标准煤共达3.84万吨,超额完成省厅下达的节能减排年度目标任务。

(陈均培)

汽车维修与船舶修造

【概况】 2010年,江西交通运输附属工业向“低碳、绿色、环保”和重诚信、重质量、补空白的目标发展。汽车运输附属工业以汽车维修为主业。景德镇汽车维修企业提出“守法经营、诚信为本、保证质量、公正竞争”的倡议,对促进汽车维修保证质量、提高维修专业技术有较好作用。新余市渝水区运管部门针对三类维修业户进行从业人员素质、安全生产、维修质量、服务质量、遵章守纪、环境保护、企业管理等方面进行考核,促进全区维修业户整体水平得到提升。新余市维修行业质量信誉考核全面完成,该市61户业户,被评为AAA级维修企业7户,AA级40户,A级13户。宜春市也进一步强化了维修行业监管,对三类维修企业进行专项检查,维修企业稳步发展。与此同时,汽车工业园在高安挂牌成立。其发展目标,是把高安打造为集现代货运物流、货运汽车配件生产与流通、货运汽车贸易及二手交易,专用车辆改装与货车整车生产、新能源汽车配件及整车生产于一体的产业基地。这是一个很宏伟的计划,2010年已经有中陆运专用汽车制造厂等4家落户该基地。

江西水运工业也在稳定发展:4月16日江西造船有限责任公司为长江航运公安局建造的高速反恐巡逻艇顺利下水,该船长36.5米,型宽6.8米,型深2.8米,装有2台586千瓦功率主机,航速大于32千米/小时,总造价850万元。它的建造成功,填补了江西省内建造钢铝结合高速公安巡逻艇的空白。4月23日,该公司为中国石化江西九江分公司建造的钢制趸船正式开工。该趸船长70米,型宽12米,型深2.50米,这是全省最大成品油接驳趸船,总造价430万元。赣州市大力扶植造船业发展,2010年,该辖区造船企业建造船舶13艘,平均运力在1500吨载重吨以上。

(凌景坡)

汽车维修

2010年江西省机动车维修业一览

表9

单位名称	机动车维修业户					完成主要工作量					
	合计	一类汽车维修	二类汽车维修	三类汽车维修	摩托车维修	合计	整车修理	总成修理	二级维护	专项修理	维修救援
	(户)	(户)	(户)	(户)	(户)	辆(台)次	(辆次)	台次	(辆次)	(辆次)	(辆次)
全省合计	9473	251	1180	5492	2527	3151745	35416	162617	869879	1995992	45795
南昌市	670	68	207	374	21	175002	5762	41475	100192	27195	378

续表9

单位名称	机动车维修业户					完成主要工作量					
	合计	一类汽车维修	二类汽车维修	三类汽车维修	摩托车维修	合计	整车修理	总成修理	二级维护	专项修理	维修救援
	(户)	(户)	(户)	(户)	(户)	辆(台)次	(辆次)	台次	(辆次)	(辆次)	(辆次)
景德镇市	223	18	61	133	11	12982	412	3945	6511	1861	253
萍乡市	689	36	52	599	2	329114	3050	8586	27630	287670	2178
九江市	720	15	177	327	201	190628	2573	5014	62951	117668	2422
新余市	286	17	59	185	25	113397	2915	7784	65164	36358	1096
鹰潭市	122	6	53	43	20	83520	1440	10800	21600	46800	2880
赣州市	2006	15	121	1094	756	1036482	2542	12071	237499	712226	22099
吉安市	1548	15	108	934	491	480568	3078	16704	107344	347394	6048
宜春市	1898	39	139	979	741	95444	4842	6576	61789	18501	1832
抚州市	561	5	58	328	170	217165	3808	11792	106974	102577	2997
上饶市	750	17	145	496	89	417443	4994	37870	72225	297742	3612

2010年江西省汽车综合性能检测站一览

表10

单位名称	汽车综合性能检测站							
	数量合计	完成检测量合计	维修竣工检测	等级评定检测	维修质量监督检测	其他检测	排放检测	质量仲裁检测
	(个)	(辆次)	(辆次)	(辆次)	(辆次)	(辆次)	(辆次)	(辆次)
全省合计	65	344822	129925	199919	6834	8166	5418	78
南昌市	4	34117	6174	27905	38	12	0	12
景德镇市	3	34271	26819	7452	0	0	0	0
萍乡市	3	9316	0	9099	0	217	0	0
九江市	9	28199	7873	20067	0	259	0	0
新余市	2	23910	0	23910	0	0	0	0
鹰潭市	1	6694	2716	3978	0	0	0	0
赣州市	12	56396	26950	21447	3125	4874	4267	66
吉安市	9	47113	30005	14499	1337	1272	0	0
宜春市	7	31743	4229	26299	834	381	0	0
抚州市	4	25261	0	25261	0	0	0	0
上饶市	11	47802	25159	20002	1500	1151	1151	0

【景德镇市公路运输管理处举办汽车维修行业“3·15”消费者咨询活动】 为推动《全国汽车维修行业行为规范》的贯彻实施,景德镇市公路运输管理处在“3·15”国际消费者权益日之际,举办全市汽车维修行业“3·15”消费者咨询活动,向汽车维修企业发出“守法经营、诚信为本、保证质量、公正竞争”等倡议。活动期间,设于景德镇汽车站的主咨询点及县(市、区)分咨询点共受理车主投诉11起、接待市民咨询173人次。活动现场,汽车维修专业技术人员还向车主演示如何保养汽车发动机。 (涂 强)

【景德镇市交通运输"问计于民"谋划全市机动车维修市场规划】 针对机动车维修市场的现状及存在问题，景德镇市交通运输局于1月13日召开市、县（市、区）两级道路运输管理机构执法人员和部分具备一定规模的机动车维修企业（业户）及道路运输企业代表参加的座谈会，共同探讨全市机动车维修市场未来规划。

与会人员在客观分析全市机动车维修市场的现状后，认为主要存在五大问题：一是无证经营现象较为普遍；二是大部分维修企业（业户）不具备条件和规模，往往是随意开业，导致维修企业和客户利益均得不到保障；三是机动车零配件质量得不到保障，车况安全存在较大隐患，交通事故多；四是汽修作业破坏市容环境卫生，影响市民生活环境；五是部分维修企业（业户）规模达不到要求，修理设备落后、修理人员素质较低、资质力量薄弱等。这些问题制约了行业发展，违规经营、占道经营、违章操作、欺诈和坑害车主等行为败坏了行业声誉。

与会人员呼吁，要把好机动车维修企业（业户）的准入关，重点强化对企业（业户）的管理，具体做好以下五个方面的工作：一是加快全市机动车市场规划进程，需要政府统一规划、引导和扶持，取缔无证经营和超范围经营，净化市场环境；二是尽早建立机动车维修业关键岗位技术工人的职业培训、等级鉴定、持证上岗等制度；三是建立行业诚信机制，引导企业（业户）进行价格自律，制止价格欺诈，实行优质优价；四是督促企业（业户）狠抓内部管理，树立全方位服务、标准化服务和人性化服务的观念和品牌意识；五是加快建立景德镇市机动车维修协会，使之发挥桥梁纽带作用，帮助企业（业户）和客户解决实际问题。

（李青松）

【渝水区运管所开展机动车三类维修业户质量信誉考核工作】 2010年，渝水区运管所着手组织开展机动车三类维修业户2009年度质量信誉考核工作。针对三类维修业户分布广、管理难度大、业户意识不高的特点，该所本着"服务与宣传并重"的原则，按照"先乡镇，后城区"的步骤，抽调业务骨干组成考核小组，实行上门入户进行考核。在考核过程中，一方面对三类维修业户从业人员素质、安全生产、维修质量、服务质量、遵章守纪、环境保护、企业管理等方面进行考核，一方面对业户进行有关法律法规宣传。力争通过此次考核，进一步提高三类维修业户从业人员素质和维修服务质量，促进全区三类维修业户整体水平得到提升，管理更加规范。

（胡文华）

【新余市运管处积极开展"江西快修"品牌认定工作】 新余市运管处积极开展"江西快修"品牌认定工作，并热心帮助维修企业完善申报"江西快修"资质的资料，大力扶持新余市专项维修企业。汽车快修，是指从事汽车维护以及汽车小维修作业活动，但不得从事整车修理、汽车总成修理、二级维护作业。新余市运管处组织业务人员，多次深入企业，结合省局文件要求，指导和帮助维修企业完善各项硬件及软件条件，解决企业申报过程中存在的实际困难，为维修业户申报工作提供优质服务。2010年，新余市已有3家专项维修企业经初审合格后，进入了省运管局组织的"江西快修"品牌专家审批认定程序。

（周小玲）

【新余市运管处机动车检测管理常抓不懈】 2010年，新余市运管处对全市机动车检测企业加强了安全责任意识教育，并派驻管理人员对上线安检的车辆严格把关，要求只有外观和机械性能都达到检测标准后，才能出具机动汽车综合性能检测报告，对检测企业的检测数据及行为进行严格管理。同时，驻站管理人员对上线安检的车辆擅自改装行为进行严厉查处，责令其恢复原有性能，做到安全警钟长鸣。为进一步规范检测企业的检测行为，新余市运管处还将实施全市检测企业检测数据与市运管处机房管理中心实时上传。

（周小玲）

【新余市机动车维修企业质量信誉考核工作全面完成】 3月底至5月中旬，新余市道路运输管理处组织人员对全市61户一、二类维修企业开展了2009年度质量信誉考核工作。考核工作采取"听、查、看"方式进行。听取企业负责人的年度工作汇报；对照标准查相关资料，看经营设施、设备、人员、配备是否符合要求；经营及管理是否规范等内容，进行现场考核评分，依据考核标准进行等级划分并公示评定。考核过程公开、透明。考核结果分为优良(AAA)、合格(AA)、基本合格(A)、不合格(B)四个等次。实际考核一、二类汽车维修企60户,其中二类企业42户。通过考核,评出AAA级维修企业7户,AA级40户,A级13户,另有1户企业改建歇业待评。

(周小玲)

【新余市运管处举办汽车维修岗位操作技能竞赛】 12月27日,由新余市运管处组织举办的全市汽车维修岗位操作技能竞赛正式拉开帷幕。在大型客车和货车的竞赛现场,由市直、县区所选派的5个代表队参加了汽车发动机、离合器、前桥、后桥、制动系、配修和电汽等13个岗位34项作业规程的车辆二级维护竞赛。新余市长运汽车有限公司代表队和新余军安运输产业有限公司代表队获得此次汽车维修岗位操作技能竞赛一等奖,渝水区代表队、分宜县代表队、高新区代表队获得二等奖。

(周小玲)

【峡江县运管所迎“3·15”大力开展汽修质量服务月活动】 在3月15日国际消费者权益日,峡江县运管所精心组织,大力开展以汽车维修优质服务为主体的集中咨询、免费检测和义务劳动等活动。该所通过有线电视、宣传车、横幅、标语、黑板报等形式,广泛宣传服务月活动的目的、意义和要求,大力营造优质服务的良好氛围。组织行业管理人员、汽修技术人员在乡镇开展汽修质量宣讲服务活动,接待咨询群众350余人,散发宣传资料580多份,现场解答汽车用户和群众提问16个。各汽修企业围绕打造“优质服务、诚信汽修”品牌,组成维修服务队,深入客运公司、货运公司、农村和施工工地,为车主提供“门对门”服务,深受汽车用户的和群众的好评。

(峡江县交通运输局)

【宜春市袁州区汽车维修企业稳步发展】 2010年宜春市袁州区共有机动车维修企业221户,其中一类汽车维修企业16户,二类维修企业38户,三类167户。由于开展汽车维修质量信誉考核工作,并对全区车辆二级作业进行视频监控,使得在维护时少项漏项,不维修只收费、倒卖二级维护合格证的行为受到一定的遏制。在对全区二类以上汽车维修企业进行资质考核时,其中有10户企业限期整改,有2户企业被取缔,有1户被降级处理。对三类维修企业也进行一次专项整治,在审验的146户企业中,其中有7户被取缔。

(袁州区交通运输局运管所)

【樟树市对三类维修企业进行专项检查】 为规范维修市场秩序,维护消费者的合法权益,促进樟树汽车维修市场健康发展,樟树市交通运输局运管所组织运管执法人员于3月5日起对三类维修企业进行专项检查,对不具备汽车维修经营资质条件、未取得行业经营许可、欺骗坑害消费者、占道修车等违法经营行为进行查处。

(杨　波)

【樟树市强化道路维修行业监管,提高行业诚信度】 一是严格维修企业信誉考核工作,全年共考核评出A级维修企业13户,AA级资格企业5户。二是规范机动车维修企业经营服务行为,制定完善汽车维修质量承诺制度、安全生产制度、汽修环境保护等制度,发放维修价目表、服务监督牌等120余块。三是对三类维修业户进行质量信誉考核和不定期抽查,对三类专项修理进行整治,查处超范围越级修理行为。四是做好危货车辆和客运车辆二级维护提前告知工作;结合年度检测全面推行合同维修,维修合同签定率95%以上;组织维修从业人员115人进行安全培训。五是12月上旬组织维修企业开展二级维护竞赛活动,提高汽修企业二级维护作业水平和质量。六是开展道路运输燃料消耗量检测和监督管理工作,促进运输车辆节能减排工作,加强综检站驻站管理,督促车辆综合技术性能检测站做好营运车辆检测工作,检测评定营运车辆4872辆次。

(杨　波)

【丰城市合理布局汽车维修企业】 2010年,丰城市运管所在2009年的管理基础上继续按照市政府的要求,维修企业90%以上进入锦鸿汽车城。现有一类维修企业2户。分别是:宜春市汽运股份有限公司丰城汽车修理厂,法人代表邓海。丰城市新城区修理厂,法人代表何克宁。二类维修企业10户,分别是:丰城市顺达小车修理厂,法人代表丁斌。丰城市大众小车修理厂,法人代表余剑。丰城市联友小车修理厂,法人代表徐广文。丰城市路路通小车修理厂,法人代表熊庭丰。丰城市立交桥汽车修理厂,法人代表彭新照。丰城市佳吉汽车修理厂,法人代表邹强。丰城市宏远汽车修理厂,法人代表邓云。丰城市金隆小车修理厂,法人代表余波。丰城市瑞利汽车修理厂,法人代表南余粮。丰城市梅林汽车修理厂,法人代表熊建平。三类维修企业 280 家。一类维修企业均安装 GPS 监控平台,实现维修作业区规划。

（黄小玉　裴爱国）

【靖安县集中整治维修市场环境】 6 月初,靖安运管所针对城区一些机动车维修企业脏乱差问题,开展为期十天的环境综合集中整治活动。该所组织人员对县城机动车维修厂(点)逐一进行检查,对环境脏、乱、差和占道经营现象反弹较为严重的维修业户送达《整改通知书》,要求限期整改,并对整改不合格且存在安全隐患的修理企业,采取停业整顿、取消其经营资质的处理。其间共出动执法车辆 18 台次,出动人员 63 人次,查处占道修车 12 户,暂扣经营许可证 2 户,取缔无证经营 3 户。通过整治,全县机动维修市场的环境卫生明显好转,整治工作达到预期目标。

（王江平）

【奉新县对全县机动车维修业进行整顿规范】 2010 年 5 月至 6 月,奉新交通运政工作人员对全县机动车维修市场进行一次全面清理整顿和规范。此次整顿和规范,着重打击机动车维修市场上存在的无证(机动车维修经营许可证、维修人员从业资格证)经营,超类越级经营及使用伪劣配件等不法行为。通过整治,使全县机动车维修市场得到初步规范。至 2010 年底,全县有机动车维修企业 80 家,其中二类维修企业 2 户,三类维修企业 35 户,摩托车修理 42 户,新建快修企业 1 户,共有维修人员 498 人,其中持证 93 人。（魏振宇）

【高安市维修救援网络建设力度加大】 为更好地服务与人民群众安全、便捷出行,适应现代经济社会的发展,引导汽车维修企业创新服务模式,满足人民群众维修救援需求。2010 年高安增选 3 家诚信经营、优质服务、综合维修能力较强的 206 修理厂、信心修理厂、赣瑞修理厂加入到汽车维修救援网络,全市汽车维修救援能力得到加强。

（熊守忠）

【高安市维修市场整治成效明显】 在开展规范管理年活动中,高安运管所审时度势,针对全市维修市场占道维修、越级维修、维修造假等行为,采取果断措施予以整治。一是对全市三类以上维修企业进行一次拉网式清理整顿,对不达标的 3 户维修企业限期整改,并随时抽查维修企业作业前诊断、维修中和质量检验制度情况,加大对越级维修查处力度,查出无证无牌 1 起。二是对全市客、危货车辆档案进行清查,健全二级维修作业台账,对未能及时二级维修的车辆向其所属公司下发整改通知书,并跟踪问效。三是科学制定一套行之有效规章制度,即合理维修项目、修理工时定额和行业指导价格,严厉打击只收费不维护以及偷梁换柱行为。

活动开展以来,维修市场面貌得到改观,维修不法行为得到有效遏制,深受广大司机好评。

（王秋生）

【高安市汽运产业“升档提速”】 2010 年,中陆运专用汽车制造厂等 4 家企业落户高安省级货运专用车产业基地,签约资金 7.8 亿元。汽运产业招商频传的捷报,昭示着高安这个昔日“汽运之都”正巧妙地“升档提速”,实现由运输大市向货运产业强市的转变。

高安素有全国“汽运之都”的美誉。全市拥有汽运公司 235 户、大吨位营运车 1.35 万辆,更有遍布全国的物流和信息服务网点 500 多户、汽配企业 320 多户、各类维修点近 300 个。“万辆汽车跑全国,十万大军搞产业”成为高安汽运产业的真实写照。2010 年,该市决策者审时度势,整合各方资源,大力实施“兴车战略”。按照“提升物流层次,壮大贸易规模,延伸生产链条,完善服务体系”的要求,吹响由三产向二产进军的号角,建设江西货运专用车产业基地,致力在高安打造一个集加工制造、汽车贸易、仓储物流于一体,产业链条完整、产业体系完备,在全国有影响力和货运专用车产业基地。

为把基地建成高安货运专用车产业崛起的基石,该市制定一系列扶持政策,成立货运专用车产业基地建设指挥部,加强对货运专用车产业发展的组织协调,并组织人员先后多次奔赴山东梁山、辽宁铁岭、长春一汽、北汽福田、广西玉柴等汽车厂家考察学习。规划面积达10平方千米的江西省货运专用车产业基地已顺利通过省工信委、省发改委的审批,完成环评、设计等工作,水、电、路等基础设施建设正在全力推进,先后有解放、欧曼、华菱、玉柴等全国知名汽车制造企业与基地签订投资意向。同时,该市还从人力、物力、财力等方面支持市内已有的永生汽车、璐克斯、龙工齿轮、亚中橡塑、汉唐高晶等汽车产业"升档提速"推出的有力举措。该市出台政策,鼓励群众到全国大中城市发展"的士军团"、兴办驾校、建设大型维修企业。此外,以农机、职业、瑞通、和平、昌兴等五大驾校为主的民办驾校,呈蓬勃发展之势,每年培训合格驾驶员3400余人,全市各类机动车驾驶员超过7万名。

(符成生　李　力　彭松林)

【宜丰县切实加强汽车维修市场诚信体系建设】 2010年,宜丰县交通运输局大力开展机动车维修竣工质量抽检活动,定期公布抽检结果。积极培育维修企业做强做优,加强从业人员的培训教育。加大维修市场监管力度,开展维修市场的综合整治,全年共查处机动车维修违章经营行为3起,取缔无证经营户1户。

(漆志勇)

【铜鼓县汽运广场开工建设】 9月28日,铜彭汽车服务广场开工奠基仪式隆重举行,市委常委、宣传部部长杨建国,市人大常委会副主任陈秋保,市政府副市长王庆,市政协主席傅文杰等市领导参加奠基仪式。

该项目是该县的重点项目。一是领导重视。为将该项目引进到该县,县委、县政府派专人与项目公司洽谈,并提出优惠条件。二是重视招商引资,县委、县政府将该项目作为招商引资的重点项目,并从该县并不宽裕的土地中规划出3.3公顷土地,为该项目的落地创造条件。三是提供全面服务。为了将该项目落实到位,项目组的人员全心全意地为其提供服务,从落实优惠政策,到办理各种手续,都做到全程服务。

该项目由宜春汽运股份有限公司出资建设,预计投入资金近亿元,占地面积3.3公顷,建筑面积4万平方米,建设工期限2年。建成后的汽车服务广场是一个综合性服务广场,集举国销售、二手车交易、汽配维修、仓储物流、汽车装饰、摩托车销售、车辆检测及大型停车场等项目为一体,对于提高铜鼓汽车服务功能、拉动汽运产业发展将产生积极的影响。

(张玉洁)

【弋阳县构建诚信汽车维修市场】 3月,为树立全县汽车维修行业良好形象,弋阳县运管所组织发动全县各汽车维修业户参加的汽车维修质量服务月活动,号召维修业户向社会各界汽车消费者作出优质服务承诺,营造安全、诚信、和谐、满意的汽车维修环境。

活动期间弋阳县大邦机动车辆维修中心服务总台对照台帐逐个进行维修质量跟踪回访,各维修业户开展了形式多样的服务项目,共进行义务咨询273人次,免费车辆检查112辆次,跟踪回访98人次。

(毛金祥)

船舶修造

【江西首艘高速反恐巡逻艇建成下水】 4月16日,由江西造船有限责任公司为长江航运公安局建造的高速反恐巡逻艇顺利建成下水。该艇长36.5米,型宽6.8米,型深2.8米,吃水1.3米,装有2台586千瓦功率主机,航速大于32千米/小时,总造价850万元。这是江西造船有限责任公司自行建造的江西省首艘公安巡逻艇。它的成功建造,填补了江西省内建造钢铝结合高速公安巡逻艇的空白。

(周国祥)

【江西省最大成品油接驳趸船开工建设】 4月23日,江西造船有限责任公司为中国石化江西九江分公司建造的钢制趸船正式开工。该趸船长70米、型宽12米、型深2.50米,总造价430万多元。建造完工后,该趸船将停泊在长江B级航区九江石油公司码头,承担江西省70%～80%成品油的输送供应任务,系我省最大的成品油接驳趸船。

（周国祥）

【省内最大钢制吊杆起重船顺利下水】 5月22日，经九江市船检局检验的本省最大的钢制吊杆起重船在湖口顺利下水。该船全长60米，总宽21米，起重能力达400吨。其成功建造为日后省内大型水运工程建设将发挥重要作用。

为确保这艘船舶的建造质量，九江市船检局派出了由高级验船师牵头的精干队伍，本着“一检、二帮、三把关”的服务理念，从船舶开工放样，到肋骨成型，直至设备上船，验船师均全套跟踪，爬船钻舱，指导每一道操作工序，热情、高效为船厂、船东服务，确保了船舶建造质量。

（刘庆忠）

【赣州船检大力扶植辖区造船业发展】 2010年，赣州市船检局在认真做好船舶技术支持和质量保证的基础上，加大招商引导力度，积极引进外籍船东来本地造船，全力扶植辖区造船业发展。一是不断加强船舶质量体系建设，落实责任，强化建造过程中的技术监控，严格把好技术关，提高船检质量；二是不断提高办事效率，从申请建造到建造完工下水试航，提供“一条龙”服务，实行电话预约报检制度，船舶建造检验等相关证书在第一时间办理；三是树立“公正、自律、优质”的船检作风，在船舶建造过程中不吃拿卡要，不提不合理要求，提升了本单位在造船业主和船东心目中的声誉。

由于赣州市船检技术严格，造船质量高，口碑不错，许多非本港籍船东纷纷前来赣州船厂建造新船。2010年，赣州辖区造船企业建造船舶13艘，平均运力在1500吨载重吨以上。年底，一艘3000吨级船舶在赣州市通洋造船厂开工建造，这是辖区历史上建造的最大吨位船舶。

（罗　帅）

【吉安辖区5家船厂通过资质认可】 2010年底，吉安赣海船舶修造有限公司、吉水县船舶修造有限公司、新干县造船厂、万安县航运公司船舶修造厂、泰和县造船厂顺利通过省船舶工业管理办公室、省船检局、省渔检局及吉安市船检局与渔检局等部门的联合资质审查。其中吉水县船舶修造有限公司获评“三级三类”船舶建造资质，其余4户船厂获评“三级二类”船舶建造资质。

（周昌华　钟建柏）

【60米钢制趸船交付使用】 3月26日，由省港航局工程船厂建造，60米钢制趸船“赣海巡趸0003”号在南昌市新洲船闸附近赣江水域锚泊定位，正式交付南昌港航分局南昌航道段投入使用。此艘趸船总长60米，船宽12米，型深2.2米，设计吃水0.8米。趸船使用钢制船板，采取分段、艏艉拼接的新工艺建造。投入使用后，将使航道作业更为规范，人员办公更为方便，船民办事更为便捷，并为船舶停靠提供了更好的后勤保障。

（邱志勇）

【丰城市龙舟船舶修造公司获得三级Ⅰ类造船资质】 2010年6月12日，省船舶工业管理办公室，根据中华人民共和国船舶行业标准《船舶生产企业生产条件基本要求及评价方法》及《江西省船舶制造企业生产条件评价暂行办法》，批准丰城市龙舟船舶修造有限公司为三级Ⅰ类钢质一般船舶生产企业。公司可以从事修造船长小于95米或空船重量大于1500吨～3000吨或主机总功率大于1000千瓦～4000千瓦的内河钢质机动船舶和内河钢质非机动船舶；可以从事修理船长不大于60米或空船重量不大于500吨或主机总功率不大于500千瓦的内河滚装船和闪点小于60℃的油船。

丰城市龙舟船舶修造公司，前身为同田造船厂，位于丰城市同田乡龙雾州，公司的发展壮大，有效地遏制滩涂造船，大大方便同田乡现有的500多艘船舶的维修保养，也有利于水上安全航运。

（张小平）

【宜春市造船企业实现较大盈利】 2010年，宜春市共有6家造船厂，分别为丰城、高安、樟树。丰城造船总厂、新华造船厂、龙舟船舶修造公司（原同田造船厂），是宜春市较大的造船厂。造船企业赢利主要原因：一是随着市场需求和推进船舶标准化，小船逐渐更新为大船；二是船厂用工灵活，当地农民就是船厂工人，忙时修造船，淡季时回家务农，企业和工人实现“双赢”；三是机制灵活，接受钢材的来料加工业务。　（张小平）

【丰城造船总厂采取来料加工方式造船】 该厂是丰城市航运公司的下属造船工业(企业)。2010年,该厂由业主投资购买设备和材料加工,已造船“白卸驳”3艘,载重量180吨/艘,同期相比减少2艘;货船2艘,载重量2000吨/艘,同期相比持平。一是船厂概况。厂地处城区剑邑大桥上游1千米,赣江之滨,水陆交通便利。该厂成立于1959年,从1959~1977年,以生产木质船舶为主,这期间生产过两艘水泥机动船;1977年在原江西造船厂的支持下,生产出第一艘钢质88千瓦拖轮,从此以后以生产钢质船舶为主;从1998~2006年以生产散装化学品船为主;散装化学品船是总厂特色产业,当时深受用户的好评;从2006年至2010年以生产散装货船为主。2010年4月26日经江西省船舶制造企业审查评价小组评审,该厂为三级Ⅰ类船舶制造企业。随着赣江通航标准的提高,以后总厂将以生产3000吨散货船为主。二是管理规模。近几年公司造船不如早年。在丰城市和市交通运输局还未对公司改制的前提下,为了不使船厂倒闭,确保船厂70余名职工有饭吃,航运公司委派2位管理人员来船厂实行承包。采取“分期上交,超利自留,亏损自负”的原则,船厂略有利润,解决职工的吃饭问题,维护社会的稳定。三是经营方式。船厂采取来料加工方式,由船东自已购买材料、设备,船厂负责加工、安装。船厂贯彻“质量第一、用户至上、追求卓越、不断进取”的方针,做到材料不合格不下料,设备不合格不装配,产品不合格不出厂。由于是来料加工,船厂不需要投入大量资金,有时船东资金紧缺,船厂也会推迟要船东付出加工费。这种灵活的方式,受到船东的欢迎。

(裴爱国)

【丰城市造船工业适度调整】 2010年,在国家的扶民政策机遇和“三农”工作的重视下,丰城造船厂、龙舟造船厂、新华造船厂,见机行事抓机遇,解放思想求创业。丰城造船总厂总人数73人,3000吨以下船舶有5艘,同期相比持平;年利润12万元,同期相比减少7.7%。丰城市同田龙舟造船厂人数53人,已造船3000吨以上的有3艘、3000吨以下的有2艘,同期相比减少80%;年利润5.6万元,同期相比减少63.4%。新华造船厂人数216人,已造船3000吨以上的有3艘,3000吨以下的有5艘,同期相比减少65.2%;年利润48万元,同期相比减少58.3%。这三家厂况都属临时成立,有船主加工就招集,无业务就解散回家,随招随散。

(裴爱国)

中央苏区交通局旧址

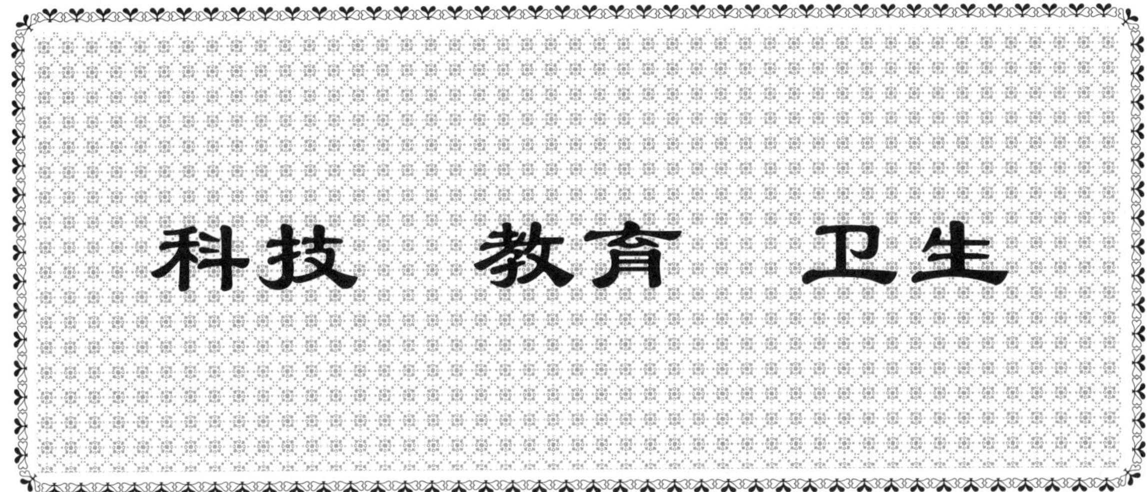

科　　技

【概况】 2010年,全省交通运输科技工作坚持以科学发展观为统领,加大科技投入,加强科技创新体系建设和科技管理手段,取得明显成效。全年确定交通运输科技计划项目73项,其中,5个科技项目被列入省部级科技计划,取得交通运输科研成果共计25项,获得省部级科技进步奖6项,取得7项知识产权。

一、创新管理手段,科技管理水平大幅提升

2010年,全省交通运输系统共申报交通运输科技计划项目127项,项目申报数量同比增长42%。经过组织评审,先后下达年度科技项目计划5批,共计73项,较上年度增加6项。该年度科技项目立项评审工作,凸现两大亮点:一是首次开展专家在网上为科技项目立项进行评审打分,实现立项评审专家与项目负责人之间的"背靠背",有效保障项目评审的公平、公正;二是首次建立重点工程科技项目随时申报、随时评审机制。全年共为6项重点工程的29项科技项目进行了评审,确定27项科技项目。省交通运输厅继续安排年度补助经费320万元,各承担单位落实配套经费4200余万元,同比增长61%。

2010年,省交通运输厅加强科技合作与交流,成功举办了第二届江西省交通运输科技创新论坛、沥青路面再生技术研讨会和温拌沥青施工技术现场会等一系列科技交流活动。与此同时,组织相关人员参加了2010年中国交通发展论坛,以及交通运输部交通科技大讲堂与交通发展专家大讲堂开展科技交流,并与全国10余所高校和科研机构协作,建立了长期合作关系,为进一步提升江西交通运输科技实力创造了条件。

二、规范科技管理,行业科技成果水平登上新台阶

2010年,省交通运输厅出台《江西省交通运输厅新技术推广应用管理暂行办法》,下发《关于做好全省运输行业科技成果鉴定与登记的通知》,提供规范性研编文件3项,提供技术标准研编文件2项,提供企业工法研编文件2项,进一步规范了科技管理。全年共登记、鉴定各类科技成果25项,其中,13项达到了国内领先水平,同比增长100%。

2010年,全省交通运输行业获得部级科技奖励6项,获奖等级实现了质的飞跃。其中:由江西赣粤高速公路股份有限公司、同济大学共同完成的《沥青混合料冷再生上基层在高速公路大修中的应用研究》获省科技进步一等奖。由江西省交通科学研究院、武汉理工大学等共同完成的《在役混凝土梁桥安全评估与加固成套技术研究及其工程示范》获得中国公路学会科学技术二等奖;由江西交通设计院单独完成的《基于现代空间信息技术的路线、桥隧三维定线集成系统》、赣州赣康高速公路有限责任公司和同济大学完成的《赣江公路大桥锚啶基础关键技术研究》,以及江西省交通设计院和江西省地矿测绘院等完成的《江西省交通岩土工作信息系统》,均获得了中国公路学会科技三等奖;由江西省交通科学研究院、武汉理工大学等共同完成的《在役混凝土梁桥安全评估与加固成套技术研究及其工程示范》还获得省科技进步三等奖。

2010年,全省交通运输系统知识产权工作取得明显成效。全年申请专利7项,同比增长40%,其中,赣粤高速公路公司的《车辆号牌实时精确识别方法》和《高速公路收费站通行卡自动发卡装置》项目获得技术发明专利2项,获得实用新型和外观设计专利4项,获得软件著作权1项,同比增长3倍,并出版专著3本。此外,江西省交通科研院的科技项目《大跨径公铁两用桥健康监测关键技术研究》获得6项国家软件著作权。

三、科研基地与重点科技工程建设取得新进展

2010年,经省科技厅批准,省高速公路投资集团公司获准组建省级工程技术研究中心——江西省高速公路养护工程技术研究中心,并争取到10万元省科技专项经费支持,这是全省交通运输系统第一家省级工程技术研究中心。

同年,经全国博士后管理委员会、人力资源和社会保障部批准,省交通科学研究院、赣粤高速公路公司获准设立博士后科研工作站,这是全省交通运输系统首个博士后科研工作站。

四、省部级科技计划申报工作实现新突破

2010年,省交通运输厅加强组织协调,加大部、省科技计划项目申报力度,实现了"两个第一":一是经过不懈努力,首次取得部科技司同意由省交通科学研究院申报的《钢筋混凝土混合梁斜拉桥损伤识别技术研究》、《公路长大桥梁结构安全网络监控系统省级应用示范》两个项目列入西部交通科技计划,获得170万元科技补助经费。二是获得首个省节能减排示范工程项目。由赣粤高速公路公司承担的《废旧橡胶粉改性沥青在九景高速公路路面工程中的应用技术研究》列入了2010年度江西省节能减排示范工程科技计划项目。

同时,由永修至武宁高速公路项目建设办承担的《高速公路沿线水环境安全保障关键技术研究》和《绿色公路建设关键技术研究》列入2010年度交通运输部行业联合攻关科技项目计划。

五、强化行业标准编制和应用,行业技术水平得到明显提升

2010年,省交通运输厅继续加强行业标准的制修订工作,颁布了4项行业标准。经省质监局批准,《江西省高速公路沥青路面设计规范》、《江西省高速公路沥青路面施工技术规范》、《沥青路面乳化沥青厂拌冷再生技术规范》、《江西省机动车维修服务质量规范》等4项标准正式成为省地方标准颁布实施。

与此同时,省交通运输厅进一步加大了标准的宣贯力度,举办了1期全省地方行业标准宣贯会暨培训班,宣贯交通运输行业标准发展动态以及标准编制、审批程序等相关政策。同时,依托省交通科学研究院启动了省交通运输技术标准化委员会的组建工作,强化了行业标准的制修订与应用工作。

(朱国英)

2010年度全省交通运输行业科技成果一览

表11

项目名称	承担单位	负责人	鉴定时间
旧水泥混凝土路面柔性基层加铺层材料组成和结构设计研究及应用	宜春公路勘察设计院、长沙理工大学	王宁辉	2010.2.2
节能技术在道路客运车辆中的应用研究	省道路运输管理局、江西长运股份公司	龙华明	2010.2.5
振动沉管挤密桩在处置台背跳车中的应用研究	省高管局质量监督站、华东交通大学道桥与岩土工程研究所	孙　斌	2010.3.26
沥青路面乳化沥青厂拌冷再生技术规范研编	赣粤高速公路股份有限责任公司、省高管局质量监督站	孙　斌	2010.3.20
赣江公路大桥锚碇基础关键技术研究	赣州赣康高速公路有限责任公司、同济大学	雷湘湘	2010.4.25
赣江公路大桥结构抗风性能数值模拟研究	赣州赣康高速公路有限责任公司、同济大学	马光彬	2010.4.25
桥梁结构全过程状态监测安全评估技术及其在鄱阳湖大桥的应用研究	省高速公路投资集团公司、长沙理工大学、南京安正软件工程有限责任公司	彭发根	2010.5.17
交通院校基层党务工作管理系统	江西交通职业技术学院	兰　燕	2010.7.2
高速公路路侧安全问题及对策研究	省高速公路管理局、交通科研院、四维创新交通科技有限公司	杨为德	2010.7.6
隧道运营安全评价系统研究	省高管局、省交通科研院、长安大学	谢来发	2010.7.6
无伸缩缝桥梁研究与应用	省交通科研院、南昌大学建筑学院	丁　青	2010.7.16
江西省机动车维修服务质量规范研编	永新县交通运输局、公路局、省公路运输管理局	王赣军	2010.7.27
宜春市交通行政执法规范化研究	宜春市交通运输局	王赣闽	2010.8.20
江西昌樟高速公路沥青路面结构水损害综合处置技术研究	赣粤高速公路股份有限责任公司、长沙理工大学	范秋华	2010.8.12
弹性波速与公路土石方开挖等级的相关性研究	江西省交通设计院	李汉江	2010.8.6
跨赣江(樟树下游)公路特大桥船撞安全评价及其对策研究	江西省交通规划勘察设计院	杨勇刚	2010.8.6
高速公路自动发卡系统研究与开发	江西赣粤高速公路股份有限公司、省高速公路联网管理中心	汪建明	2010.8.12
赣江公路大桥寿命期集约化管理体系研究	江西方兴科技公司、赣州赣康高速公路有限责任公司、同济大学	孟　宁	2010.11.2
赣江公路大桥抗震性能研究	赣州赣康高速公路有限责任公司、同济大学	钟成林	2010.11.2
隧道塌方预警预测体系及治理措施研究	武宁至吉安高速公路建设项目办公室、同济大学	彭爱红	2010.10.15
隧道变形稳定性评价与动态施工反馈理论	武宁至吉安高速公路建设项目办公室、同济大学	俞文生	2010.10.15
连拱隧道衬砌结构受力体系转换研究	武宁至吉安高速公路建设项目办公室、同济大学	王运金	2010.10.15
江西省交通运输厅交通运输突发事件总体应急预案	江西省交通运输厅规划办公室、厅安全监督处	冯义卿	2010.12.23
江西省公路工程项目竣工档案编制办法研编	江西省交通运输厅办公室	谢元银	2010.12.30
跨高速公路分离式立交桥结构型式及其景观效果研究	江西省公路科研设计院、华东交通大学、江西省交通设计院、鹰瑞项目办	胡钊芳	2010.12.31

（厅科教处）

【全省2项交通科研新成果获国家科技进步奖二等奖】 2010年1月11日上午,国家科学技术奖励大会在北京隆重举行。会上,由省公路管理局参与的《公路在用桥梁检测评定与维修加固成套技术》和中国瑞林工程技术有限公司(南昌有色冶金设计研究院)参与的《尾矿坝灾变机理研究及综合防治技术》交通科研项目荣获国家科技进步二等奖。

(省公路学会)

【省交通运输厅荣获"全省科技成果与技术市场管理工作先进单位"称号】 2010年7月,全省科技成果与技术市场管理工作先进集体和先进个人表彰大会在南昌召开。会上,省交通运输厅等9家单位荣获"2010年度全省科技成果与技术市场管理工作先进单位"称号。

多年来,省交通运输厅大力实施"科教兴交"和"人才强交"战略,紧紧围绕转变发展方式,加快现代交通运输业发展,不断深化科技体制改革,着力加强科技条件平台建设,推动科技创新,促进科技成果转化。2009年完成科研项目35项,推广应用科技成果8项,取得省(部)科技进步奖5项,组织研编省地方标准4个。桥梁检(监)测及加固重点实验室被科技厅列为省级重点实验室。交通运输科技的进步为全省交通运输事业又好又快发展提供了强有力的支撑与服务。

(厅科教处)

【省交通科研院《大跨径公铁两用桥健康监测关键技术研究》获国家6项软件著作权】 省交通科研院《大跨径公铁两用桥健康监测关键技术研究》课题成果,共由6个子课题科研成果组成:

1.《既有桥梁结构状态评估系统》是该项研究课题内人工巡检成果,能方便快捷的指导现场人工巡检。

2.《基于三维有效独立法传感器优化布置系统》是该项"研究"课题之传感器优化布置子课题成果。通过对大桥各联的模态分析结果处理,结合三维有效独立法,进行传感器的优化布置,有效地减少了传感器的布设规模。

3.《长大公路桥梁集约化安全监测与评估系统》是该项研究课题的延伸研究成果。通过系统软件的研发,将跨长江的大桥和跨鄱阳湖的大桥纳入到健康监测系统内,对这些长大桥梁进行集约化管理,为大桥的管养提供了良好的技术平台,也节约了管养的经费,具有良好的社会和经济效益,同时具有较好的示范效果。

4.《钢桁架桥梁结构可靠度分析系统》是该项研究课题结构可靠度研究子课题成果,根据疲劳可靠度原理编制而成,对在桥钢结构的疲劳寿命进行有效的评估。

5.《大跨径钢桁架桥梁损伤识别系统》的该项研究课题损伤识别子课题部分。此子课题基于模态参数的损伤识别原理和基于小波分析的损伤识别原理编制,为《系统》实现自动损伤识别,提供了软件平台。

6.《基于长标距(布拉格光纤光栅传感器)FBG传感器的桥梁结构损伤识别系统》是该项研究损伤识别子课题成果。其结合长标距光纤光栅传感器进行应变模态识别的原理,对结构进行自动识别,具有一定的先进性和创新性。

上述6项《大跨径公铁两用桥健康监测关键技术研究》的6个子课题研究成果,均获得国家软件著作权。

(龚仁平)

【《江西省交通运输厅新技术推广应用管理暂行办法》施行】 2010年8月1日,省交通运输厅颁布的《江西省交通运输厅新技术推广应用管理暂行办法》(简称《办法》)正式实施。

《办法》明确了相关部门的工作职责范围,就交通运输行业新技术推广应用管理工作涉及的申请受理、评审认定、监督检查、信用评价等内容作了详细规定。省交通运输厅批准设立了科技推广中心作为新技术推广应用的专门机构,承担全省交通运输行业新技术的申请受理与评审认定工作。新技术持有者或经持有者授权的代理人可向省交通运输厅科技推广中心申请新技术推广应用,经专家评审符合条件的,报请省交通运输厅颁发江西省交通运输行业新技术推广应用证书。证书有效期为两年,逾期须重新申请。

【彭湖高速公路在全省率先推行多项新工艺、新技术】 2010年9月,彭湖高速公路在全省率先推行多项新技术、新工艺。为破解高速公路路面坑槽质量问题,该项目从控制材料入手,从严审查批复了唯一的规模料场,保证材料的稳定性;同时,对粗集料实施水洗新工艺,开创了江西高速公路建设史上对油面料水洗的先河。经检测,实施水洗工艺后,碎石的含泥量降低60%,废料减少20%,沥青粘连度大大提高,质量明显提高。由该项目办参与编制的《江西省高速公路沥青路面集料水洗施工工法》正在全省推广。在对路面底基水稳层的铺设中,该项目启动严格的底基层规范化施工,在省内率先采用振动成型法进行基层配合比设计,最大限度地减少基层反射裂缝,消除质量通病。同时,在省内率先采用立模施工工艺,保证外侧基层不推移并提高其压实度,确保线型美观流畅,对提升高速公路质量起到积极作用。彭湖高速还在全省率先采用稀浆封层工艺作为下封层;在全省率先采用消石灰代替水泥作为固体抗剥落剂;在全省率先采用与试验段构造深度相对指标确定离析标准;在全省率先采用探地雷达逐层连续监测技术控制油面各结构厚度等新工艺、新技术,取得了"一个省部联合攻关项目、一项省级工法、两个省级地方标准、一个部省交通行业标准、五个江西省交通重点科技攻关项目"的科研成果。

(厅科教处)

【国家标准《机动车运行安全技术条件》(GB7258)修订征求意见稿研讨会在南昌召开】 3月11日,由省公路学会,省道路运输协会联合举办的"国家标准《机动车运行安全技术条件》(GB7258)修订征求意见稿研讨会"在南昌召开。会上,省道协、省公路学会的7名专家及会员围绕标准的修订内容展开了热烈的讨论。大家一致认为,此次修订是对标准的进一步补充和完善,是对近几年来机动车运行条件和汽车工业发展形势的新适应。同时,结合标准执行的实际情况,专家们也提出了许多具体的修改意见和建议。省公路运输管理局对会议提出的6条修改意见做了详细的记录,后经进一步补充、完善报该标准主编单位交通部公路科学研究院。

(陈　毅)

【省交通科学研究院获准设立国家博士后科研工作站】 2010年9月,经人力资源和社会保障部与国家博士后管理委员会批准,在省交通科研院设立博士后科研工作站。11月,省交通科学研究院博士后科研工作站、长安大学博士后流动站等就联合培养博士后研究人员进行了签约。博士后科研工作站设立后,该院不断加强与高校和其它科研院(所)的联系合作,为博士后研究人员开展技术研究和创新能力、创新精神的培养,构建了平台。

(龚仁平)

【九江长江大桥公路桥完成全桥LED节能照明技术改造】 2010年,九江长江大桥公路桥管理局以"迎国检"为契机,投入520多万元完成了全桥LED(发光二极管)节能照明技术改造。一是对原有258套路灯(250W/套)在光效不变的情况下,全部改造为飞利浦LED路灯(115W/套),并且在后半夜6小时内调光40%;二是对大桥三大拱原有270套投光灯(250W/套),改造为540套进口LED点光源(9W/套);三是将三大拱中间高杆金卤灯改造为柱形LED点景观灯。该项目投入使用后,预计年生产用电量减少15.53万千瓦时,降低了大量能源消耗。

(张曙光)

【九江长江大桥主桥结构健康监测系统正式运行】 2010年12月,九江长江大桥公路桥管理局投入650多万元,与江西省交通科研院合作组织实施的九江长江大桥主桥结构健康监测系统项目,于2010年3月完工,2010年12月通过专家组验收。该系统能实时监测大桥主要控制截面或控制杆件的受力状况、疲劳状况与安全状况,并对桥梁的健康状况随时进行预警,系全省率先建立的省级集约化长大桥梁安全监测系统的新构架,为九江长江大桥的管养和安全提供了技术支撑。

(张曙光)

【"南昌洪都大桥、英雄大桥钢箱梁桥桥面铺装技术研究"通过验收】 12月6日,"南昌洪都大桥、英雄大桥钢箱梁桥面铺装技术研究"验收评审会在南昌召开。专家组成员、业主代表、施工方代表出席评审会。

"南昌洪都大桥、英雄大桥钢箱梁桥桥面铺装技术研究"课题,由南昌市政建设投资发展有限公司、南昌市招商局与重庆交通科研设计院有限公司共同承担。通过调研国内外已建成通车的钢箱梁桥桥面铺装的应用状况,总结经验,再结合理论分析和室内试验研究,项目组提出了适合洪都大桥、英雄大桥的桥面铺装方案“浇筑式+高弹改性沥青混凝土SMA”,编制了施工实施细则,并指导完成了桥面铺装施工。南昌洪都大桥、英雄大桥已经过两年的使用,桥面铺装除了少许的坑洞外,未出现任何其他形式的破坏,桥面铺装取得了较好的使用效果。

与会专家对该项技术给予了肯定,并作出高度的评价。专家们认为,该技术研究深入地结合了洪都大桥、英雄大桥实际应用情况,针对性地做了相关实验研究,具有独创性和创新性,对以后相同气候特点的钢箱梁桥桥面铺装设计和施工具有很好的指导意义,值得待建桥梁借鉴。

(陈国垣)

【省交通规划勘察设计院两项成果获省优秀工程咨询成果奖】 2月26日,省工程咨询协会在抚州市召开了咨询协会二届三次理事(扩大)会议暨二届三次常务理事会议,会上颁发了2009年度江西省优秀工程咨询成果奖。省交通规划勘察设计院编制的《江西省宜春至安福二级公路工程可行性研究报告》和《江西省铅山县信江大桥新建工程可行性研究报告》分获二、三等奖。

(规划办 陈流苏 黄 炜)

【省高速公路投资集团深入开展“青年文明号节能减排”活动】 6月12~18日,省高速集团各青年文明号和争创青年文明号集体深入开展“青年文明号节能减排”活动。

活动以传播节能减排理念、营造和谐氛围为宗旨,充分发挥青年文明号集体和争创青年文明号集体的示范作用。通过开展一系列主题鲜明、形式多样的节能减排宣传教育和实践活动,有效引导了青年文明号集体和争创青年文明号集体、争当节能减排、讲环保、重节能的表率,掀起节能减排热潮。

上高管理中心于节能宣传周首日举行了以“节约一度电、一滴水、一粒米、一张纸”为主题的节能减排倡议签名活动。该中心领导、机关全体员工及基层单位中层以上干部参加了活动,自此掀起了节能减排热潮。

昌泰高速公路公司在机关的办公室、员工宿舍及食堂等公共场所贴上标有“请随手关闭电源”、“请节约用水”、“节约每一粒粮食”的温馨提示牌,院内还设置了有关节能的专题宣传栏。工程处团支部自6月份起,开展了为期限一个月的“节能减排争先锋、增效降本促发展”主题活动。

抚州管理中心东馆收费所从严格经费管控、加强用水管理、有效控制车辆燃料损耗等方面入手,引导职工养成节能办公习惯。他们倡导双面使用打印纸、注意节约能源,并将办公、宿舍区域照明灯全部换成节能灯,同时适时开展限水、限电、限纸、限墨等能源紧缺体验活动,着力强化职工的节能意识。该中心罗针收费所从细节入手全力打造“低碳”所站。他们从日常办公细节做起,开展创建“节约型所站”、争做“节约型标兵”活动,出台了一系列节约措施,抓好节能降耗的管理。

九景信息中心以“加强节能减排实践,争当青年文明先锋”为主题,开展宣传教育实践活动。利用宣传板报、倡议书的形式,引导团员青年从自身做起,从岗位做起,从身边的小事做起,从一点一滴做起,节约每一滴水、每一度电、每一张纸、每一升油。

昌樟高速公路管理处生米所自6月12日起,开展为期一个月的“致力节能减排、构建和谐所站”宣传月活动,主要采取三项措施:一是增强职工节能意识。该所利用二、五政治学习时间,组织员工学习节能减排的重要意义,引导员工牢固树立生态文明和节能环保的观念;二是开展“我为节能减排作贡献”知识讲座。通过知识讲座,引导员工在日常生活和工作中该如何做到节能减排,实现资源再生和循环利用;三是做好节能减排宣传工作。

武吉高速公路养护中心开展创建节约型单位“金点子”征集活动;宜春管理中心西村所采取四项措施开展“节能减排”主题教育活动;昌九高速沙河所6月17日开展了“能源紧缺体验日”活动。

(彭 超)

【温拌沥青技术现场交流会在南昌召开】 8月26~27日,由省交通运输厅与省公路学会共同举办的“温拌沥青技术现场交流会”在南昌召开。

本次会议旨在贯彻落实国家节能减排、循环利用的方针政策，推动全省发展低碳公路、建设绿色交通，促进新技术、新材料、新工艺的推广应用。会议以专家讲座和现场观摩相结合的方式进行，让参会代表们从理论上和实践上亲身体验了温拌沥青技术的优越性。

26日上午，专家讲座在南昌赣江宾馆举行。省交通运输厅总工程师胡钊芳出席会议，介绍省交通运输厅节能减排、环保技术、新材料、新工艺与正在进行维修和施工的部分路段、隧道等采用包括温拌沥青技术在内增进节能减排、改善施工环境的多项新技术。交通运输部公路科研院副研究员、博士秦永春，东南大学交通学院道路所所长、教授、博士生导师倪富建，中国公路学会公路养护专委会专家委员、研究员曾赟，省高速公路工程有限公司总经理陈涛等专家学者就温拌沥青方面的工艺、技术问题发表演讲。26日下午及27日，与会代表们考察了昌樟高速温拌沥青技术施工工地，观摩了石吉高速隧道温拌施工现场和昌泰高速公路温拌热再生沥青施工路面现场。

会后，与会代表普遍反映：温拌沥青技术节省燃油、低温、无烟、洁净、环保、节能减排，可以节能20%至30%，减少排放50%以上，可以有效地降低环境污染和对施工人员健康损害。该技术不仅可以减轻热拌过程中出现的沥青老化问题，还能延长沥青路面的使用寿命与延长施工季节，改善了施工环境，提高了工效，减少了对环境的污染，具有广阔的推广应用前景和重要的使用价值。

全省交通系统各设计、施工、养护、科研单位，各设区市交通局、公路局有关部门的技术负责人和技术骨干及学会会员单位代表近百人参加会议。（丁　静　吴世哲）

【江西省地方标准《机动车维修服务质量规范》审定会在南昌召开】 7月23日下午，省地方标准《机动车维修服务质量规范》审定会在南昌召开。江西部分大专院校、维修企业的有关评审专家与课题组成员参加会议。

该规范是2009年省交通科技项目，由省运管局、南昌市运管处、赣州市运管处、九江市运管处、江西长运机动车检测中心和江西运通汽车技术服务有限公司合作完成。

会上，评审专家详细审阅了送审材料，认真听取了课题组的标准编制说明，对标准进行了逐章逐条的审查和研究讨论。一致认为：该标准符合江西机动车维修行业实际，适应行业出现的新变化、新趋势，从机动车维修服务质量的基本要求、维修服务流程及服务质量保证等方面进行规定，符合国家相关法律法规的规定，该规范先进、合理、操作性强，达到了行业先进水平，建议作为江西省推荐性地方标准予以发布。

（省运管局　蔡宣灿）

【“德昌高速公路软基智能光纤监测技术研究及应用”通过阶段性成果验收】 7月3日，德昌项目办在德昌高速公路D10合同段软基施工现场举行“德昌高速公路软基智能光纤监测技术研究及应用”课题阶段研究成果专家咨询暨验收会。省交通运输厅总工程师胡钊芳及专家组成员、厅科教处、德昌项目办、工程监理、施工单位有关人员参加验收会。

专家组听取了课题组的专题汇报，询问软基智能光纤远程在线监测系统的研发和现场运行情况。并冒着高温酷暑，认真察看了软基智能光纤监测施工现场，观看了课题组对软基智能光纤监测系统的现场运行和远程监控演示。经认真讨论，专家组一致认为：课题组已经完成了软基智能光纤远程在线监测系统的研发任务，在软基试验段实现了连续、适时，能在线远程动态监测和预警预报，指导路堤施工，控制填筑速率，确保路堤施工安全。课题在软基监测理论和监测技术上有重大突破和创新，具有较大实用价值和广泛应用前景，已取得良好的阶段性成果，同意课题组继续按照任务书的要求深入研究。

（熊茂东）

【宜春市公路局引进碎石化改造技术改造旧水泥混凝土路面】 2010年6月，宜春市公路局引进碎石化改造技术，对现有旧水泥混凝土进行路面改造。碎石化改造技术旨在旧水泥混凝土路面改造过程中，利用专用破碎设备（多锤头水泥路面破碎机）将旧水泥混凝土路面打碎、压稳后直接加铺沥青混凝土面层的施工方法。水泥混凝土路面碎石化改造技术与传统的水泥路打板修复、冲压相比，不仅不会产生废弃的水泥板块，而且施工时噪音小，可以彻底解决水泥路加铺层的反射裂缝问题,延长路面的使用寿命,具有经济实用和高效的特点。

宜春市公路局引进碎石化改造技术后,已将该项技术在320国道宜春境内西村段300米和105国道K1782+850~K180+830中间3千米油路中先期开展试点,取得成功经验后,在其他旧水泥路维修中逐步推广应用于改造旧水泥混凝土路面。

(宜春市公路局)

【省交通工程集团公司企业资质晋升】 2010年,江西交通集团公司资质申报实现新突破:该公司在已有公路工程施工总承包一级资质一项,桥梁工程、公路路面工程、公路路基工程、隧道工程专业一级施工资质的基础上,又取得了房建、市政专业三级资质。该公司直属海威地产公司也成功晋升为二级企业。

(蔡晓萍)

【瑞寻高速公路项目办推广路面材料水洗工艺】 8月10日,瑞寻高速公路项目办在AP2合同段举行路面材料水洗工艺现场观摩会。在AP2合同段路面材料加工场,片石经过初破、反击整形、振动筛分等程序后,安装在振动筛上的三道高压水枪不停对石料进行冲洗,水洗后的集料干净无粉层、粒度均匀、针片状低、粘附性强、级配合理。同时,对水洗加工后3厘米以下的集料搭设防雨大棚,有效防止雨淋保证级配稳定,缩短烘干时间。路面材料经过水洗除污,减少了粉尘污染,提高了路面施工质量,并降低了工程成本。通过现场观摩,该项目办要求全线尽快推广应用路面材料水洗工艺。

(邓毅军)

【昌铜高速公路奉宜段召开设计技术交底会】 8月27日,昌铜高速公路奉宜管理部组织召开奉宜段设计交底会。会上,设计单位分别介绍所读者论坛标段的工程概况、设计理念、设计标准及施工注意事项,并就施工单位提出的图纸问题和建议进行了审核、勘误和答疑。通过会议,各监理、施工单位以这次会议为契机,进一步熟悉图纸,领会设计意图,加深对设计文件重点、难点理解,掌握控制性、关键性工程要求,贯穿设计理念、设计标准,严格按设计施工,为指导项目施工,确保工程质量奠定了扎实基础。

(吴迎宾)

【德上高速公路第一个空心薄壁墩承台成功浇注】 3月5日,德上高速A3标古井头高架桥(水中)左幅2号首个空心薄壁高墩承台成功浇注。这是德上高速第一个开始施工的空心薄壁高墩承台。该承台承载古井头高架桥最高墩(墩身净高47米),承台为方形台,几何尺寸8.2米×7.4米×3米,设计为C30混凝土,体积约182立方米。

(德上项目办)

【武吉高速公路隧道类科研成果鉴定会在南昌举行】 10月15日,省公路桥梁工程局联合同济大学,以武吉高速公路隧道建设为背景,开展的一系列隧道类科研课题鉴定会在南昌举行。

武吉高速公路隧道类科研成果共有3项,课题分别为:“隧道变形稳定性评价与动态施工反馈理论”、“连拱隧道衬砌结构受力体系转换研究”、“隧道塌方预测体系及治理措施研究”。通过科研组提供的大量科研成果资料,科研人员的现场介绍,科研人员回答专家的质疑与提问,专家组闭门评定等一系列程序,专家们认为:3项科研成果达到国内外先进水平。一致通过评审鉴定。

(彭爱红)

【景鹰高速公路通过QC攻关又添新亮点】 2010年,景鹰高速公路公司先后对隧道内紧急电话、灭火器、消防栓、人行横洞、车行横洞指示标牌进行全面改造和增设。全线共改造12座隧道,增设1128个标牌。景鹰高速桥隧处通过QC攻关,改变原有箱标牌模式,采用反光标牌,大大降低制作安装成本,节省了灯箱用电消费,并达到美化、亮化、安全和节能效果。

(董灵敏)

【赣粤高速公路股份有限公司获批设立博士后科研工作站】 9月27日,国家人力资源和社会保障部、全国博士后管理委员会联合下发文件批准赣粤公司设立博士后科研工作站。

2009年9月,赣粤公司为引进和培养高新技术人才,建立高质量的科技研发体系,提升科技研发水平,申报博士后科研工作站,并积极开展相关前期准备工作。最终于2010年3月中旬形成正式申报文件,并申报成功。

博士后科研工作站设立后,赣粤公司已做好博士后研究人中的各项招收准备工作。制定了切实可行的博士后工作管理制度,结合公司科研工作需求,与国内已建立博士后科研流动站的知名高校、科研院(所)建立了合作关系,为博士后研究人员开展技术研究和创新能力、创新精神的培养创造了条件。

(黎　凯)

【省高速公路投资集团质量管理小组获2010年国优、部优奖】 中国交通企业管理协会《关于表彰2010年度全国交通行业质量管理小组活动先进的通知》中省高速集团榜上有名。

2010年全国交通行业质量管理小组活动成果评选中,省高速集团部分质量管理小组(班组)活动成果多项获奖,其中,取得了3个国优奖、1个发布优秀奖和14个部优奖。同时,江西梨温高速公路公司鹰潭西收费站发布的成果拿到了全国交通行业最高分。

(录自《江西高速》)

【省交通设计院6项措施并举,积极推动科技进步】 2010年,省交通设计院采取6项主要措施,竭力推进科技进步:

1. 以项目为依托,推进关键技术创新和新技术的运用。首次进行了特长隧道风险性评价研究,且特长隧道通风斜井实现了自主设计,使该院的公路隧道设计研究水平迈上新台阶。

2. 在2010年新修改的产值核算办法中,提高了创新设计的比重,采取技术进步与经济效益挂钩方式,充分调动了生产所室技术创新的积极性。

3. 鼓励申报科研课题和知识产权。该院共组织了15个科技项目立项申请;申报并获得国家授予的计算机软件著作权6项,申请发明专利1项并被受理。该院的著作权从无到有,实现历史性突破。

4. 通过大力开展学术交流、学术讲座和职工培训,更新专业人员的知识,开拓其视野,提高工程技术人员的创新意识和综合素质。全年参加院外培训人员达147人次,培训费用238301元,为历史最高。

5. 继续鼓励专业技术人员参加对口专业的学历教育和国家“注册师”考试,重奖“注册师”考试合格人员。

6. 继续加大生产仪器设备和计算机软件的投入。全年投入资金200多万元,新购物探、钻探以及电脑等仪器设备;投入资金69.5万元,引进桥梁计算和绘图等设计软件52套,推动了科技创新,加快了科技进步进程。

(朱　革)

【“赣江大桥锚碇基础关键技术研究”和“赣江大桥结构抗风性能数值模拟研究”科技成果通过鉴定】 4月25日,“赣江大桥锚碇基础关键技术研究”和“赣江大桥结构抗风性能数值模拟研究”成果鉴定会在南昌滨江宾馆召开。

会上,评审专家认真听取项目课题组的汇报,详细审阅了技术文件,经过专家质询和项目课题组答疑、专家组讨论等环节,最后形成了专家鉴定委员会的鉴定意见,该两项研究成果双双顺利通过鉴定。

“赣江大桥锚碇基础关键技术研究”是将产、学、研联合协作,取得的创新性成果。此项技术在赣江大桥锚碇基础工程中直接应用,产生了显著的经济效益和社会效益,可为类似工程建设和科学研究提供措鉴,其研究成果总体上达到了国际先进水平;“赣江大桥结构抗风性能数值模拟研究”是首次将动网格技术和大涡模拟技术相结合,用于流线型箱梁断面颤振导数识别的数值模拟,发展了桥梁断面涡激振动的模拟及风速、振幅的分析方法,获得了较好的效果,其研究成果总体达到国内领先水平。

(林秉峰)

【省交通设计院多项科技成果获得部省奖励】 2010年,省交通设计院科技成果丰硕。“山区高速公路标准化桥隧结构抗震设防研究”和“基于现代空间信息技术的公路设计仿真集成系统”两项科技成果荣获江西省科技进步三等奖;“基于现代空间信息技术的路线、桥隧三维定线集成系统”和“江西省交通岩土工程信息系统”两项科技成果荣获中国公路学会科学技术三等奖。该院作为第一完成单位所获得省部级科技奖项数量超过过去十年总和。与此同时,“德兴至南昌高速公路工程可行性研究报告”获省优秀工程咨询成果一等奖;“九江长江公路大桥跨江控制测量”获省优秀测绘工程一等奖;“分水关隧道二等平面及高程控制测量”获省优秀测绘工程三等奖;此外,还有11个项目申报省第14次勘察设计“四优”评优。

(朱 革)

【省交通科研院开展公路桥梁管养办法和测评技术规范研究】 2010年,省交通科研院为了更好的服务交通建设,统一规范公路桥梁的养护管理,做好既有公路桥梁的检测评定,组织力量,开展《江西省公路桥梁养护管理办法》和《江西省既有公路桥梁检测、评定技术规程》科学研究:一是根据江西省公路桥梁结构特点与区域特征,对全省公路桥梁管养单位分类、公路桥梁管养体制、公路桥梁运营过程安全管理办法进行研究;二是根据全省桥梁结构特点与区域特征,对江西既有公路桥梁检测、评定周期、各种不同结构既有公路桥梁各检测细目、既有公路桥梁细目检测方法与规程、既有公路桥梁各检测细目检测仪器设备的选择与技术指标、评定结果的处理和评定标准的建立、既有公路桥梁技术状态评定方法进行研究;三是研发桥梁检测、评定系统及其软件,建立全省桥梁养护网的研究。并在上述研究的基础上,编制《江西省公路桥梁养护管理办法》和《江西省既有公路桥梁检测、评定技术规程》。

(龚仁平)

【《桥梁深水桩基冻结挖孔施工工法》在鄱阳湖大桥施工中显奇效】 鄱阳湖大桥主桥为双索面三跨预应力大小塔斜拉桥,半漂浮体系。该桥大小塔基础均采用4根大直径钢筋混凝土灌注桩,其中,小塔(基础灌注桩直径4米)桥址处地质复杂。基础覆盖层均为软、松、散冲击层,厚度达19米之多。土性以淤泥和淤泥质黏土为主,基岩主要由石英砂岩组成,岩性坚硬脆,裂隙较发育。采用传统的钻孔灌注桩,钢护筒直径达4.5米以上,要下沉到基岩层十分困难,机具设备难以满足施工要求。为确保工期、工程质量及减少投入,施工方借鉴煤炭系统多年来行之有效地冻结固壁法用于该桥桩基施工实践,形成了一套适合《桥梁深水桩基冻结施工工法》。该技术的应用,是桥梁深水桩基施工首例,填补了国内外空白。2010年,省交通科研院组织力量编写、完善《桥梁深水桩基冻结挖孔施工工法》,以进一步将这一科技成果在交通建设领域推广应用。

(龚仁平)

【省交通科研院设立“江西省交通运输环境监测中心”】 2010年,经省交通运输厅批准,省交通科研院设立江西省交通运输环境监测中心。环境监测中心任务是:加强管理,促进交通企事业单位在生产和建设过程中,合理利用各种资源、能源,控制和逐步消除污染,保障人民身体健康,促进交通运输事业的发展。根据监测中心的工作任务,引进相关技术人员,并完成上岗培训工作。

(龚仁平)

【赣州市交通运输局推进“科技兴运”,提升公交服务水平】 2010年,赣州市交通运输局坚持以人为本,“科技兴运”,规范公共交通经营行为,提高公交服务质量。充分发挥GPS对减少和预防道路运输事故,规范道路运输经营行为的积极作用,在总结推广运用营运客车安装使用GPS工作的基础上,在中心城区100辆出租车上安装了GPS卫星定位系统。建立了赣州市交通信息平台,在中心城区公交车上安装了GPS车载终端设施,全面实现了公共交通车辆经营行为的远程监控,提升了公交服务水平。

(杨河良)

【首届赣粤高速论坛在南昌举行】 2010年1月18日,江西赣粤高速公路股份有限公司首届赣粤高速论坛在南昌召开。论坛主题是“高速公路建设与开发”。

首届赣粤高速论坛,既是一次高规格的高速公路建设与开发专题研讨会,也是一次政府、企业和科研院(所)之间的交流合作会。省交通运输厅厅长马志武在论坛上作了题为“高速公路建设与开发”的主旨报告。他分析了当前江西交通运输的发展形势和高速公路建设面临的挑战与机遇后,他指出:要努力推进综合运输体系发展,努力提高交通运输设备的技术水平和信息化水平,努力促进现代物流业发展,努力建设资源节约环境友好型产业,努力提高安全监管和应急保障能力。

他强调,高速公路开发需要与沿线开发必须统筹安排同步规划、与地方共享建设带来的沿线发展利益、为工业化和城镇化快速推进提供重要交通保障和支撑,要追求实体环境的有机统一、坚持生态优先等几大原则。会上,同济大学教授何芳、江西省社科院经济所所长麻智辉分别作了《高速公路沿线房地产开发潜力及模式》、《江西经济发展对高速公路及沿线房地产的影响》的专题演讲。论坛还以圆桌会议主题对话形式,听取了30多位与会专家、学者对江西高速公路资源利用、房地产开发等方面提出的意见和建议。

中国公路学会、江西省公路学会、江西省社科院、同济大学、南昌大学、江西师范大学等单位的研究机构、高等院校的专家、学者与企业家代表等近200人参加论坛。

(省公路学会秘书处)

【"高速公路路侧安全问题及对策研究"与"隧道运营安全评价系统研究"科技成果鉴定会在南昌召开】 7月6日,省交通运输厅在南昌召开《高速公路路侧安全问题及对策研究》和《隧道运营安全评价系统研究》科技成果鉴定会。国内相关行业知名专家、学者与会,分别对上述科技项目进行评审鉴定。

《高速公路路侧安全问题及对策研究》由省高等级公路管理局、省交通科学研究院、四维创新交通科技有限公司(TTS)共同承担。与会专家认真听取了项目课题组的研究过程及成果汇报,审阅了相关文件,经质询与讨论,一致认为:该项目结合江西省高速公路路基边坡几何特征和路侧安全特点,首次划分了路侧安全水平等级并推荐了相应的护栏形式,提出了改善高速公路路侧安全性能的建议措施和路侧障碍物处理对策,并以瑞赣高速公路项目为依托,应用了课题研究成果,有效地提高了瑞赣高速公路路侧安全性能。研究成果具有创新性,经济与社会效益显著,应用前景良好,成果总体达到国内领先水平。《隧道运营安全评价系统研究》由省高等级公路管理局、省交通科学研究院、长安大学共同承担。该项目从江西省高速公路隧道运营安全现状出发,应用系统工程和安全评价理论与方法,对影响隧道运营安全的因素进行了研究,划分了隧道运营安全设防等级,提出了具体的等级评判函数和分级标和隧道运营安全预防措施决策框架及相应的预防性运营安全管理对策;开发了隧道运营安全评价及信息管理系统,并在此平台上设立了公众服务模块。与会专家经过讨论认定,成果总体达到国内领先水平。专家委员会成员一致通过了上述两项科技成果的评审鉴定,并建议在全省交通运输系统推广应用。

(赵　华)

【"江西省高速公路沥青路面设计规范"和"沥青路面施工技术规范"通过评审】 3月21日,省质量技术监督局在南昌召开评审会。召集专家委员会人员对江西省交通科学研究院编制的《江西省高速公路沥青路面设计规范》、《江西省高速公路沥青路面施工技术规范》进行审定。

专家委员会由全国著名道路专家、长安大学博士生导师王秉纲教授等6名省内外专家组成。专家委员会通过评审一致认为:以上两项规范提出了本省高速公路沥青路面设计、施工技术的相关要求,规范了本省高速公路沥青路面设计、施工,推进本了省高速公路沥青路面设计、施工技术的发展,具有科学性、先进性、经济性和实用性,同意上述两项规范通过审查,并作为江西省推荐性地方标准予以发布。

这两项规范适用于江西省高速公路沥青路南结构设计、收费站路面结构设计、服务区路面结构设计、桥面铺装结构设计、隧道路面结构设计。于2010年5月由江西省质量技术监督局批准发布,由人民交通出版社2010年11月公开出版发行。标准号:DB36/T576-2010。自2010年9月1日起实施。

(龚仁平)

【省交通科学研究院两项技术获国家实用新型发明专利】 2010年,省交通科研院两项技术获国家实用型发明专利:

一是,"基于WEBGIS技术平台桥梁群健康监测系统"。它由WEBGIS地理信息系统平台结合桥梁健康监测系统组成。其特点是:根据用户需要获取相应地区的地理信息数据,建立地区的空间数据库,构建地区三维地图,并标记地区高速公路网和桥梁、隧道节点,在空间数据库中建立程序接口和访问接口。程序接口链接桥梁健康监测系统,访问接口提供给客户端,由客户操作显示,并访问桥梁健康监测系统。建立健康监测中心,并配置系统需要的服务器、监控电脑、网络和高桥梁学术水平监测人员,并将 WEBGIS 平台设立在健康监测中心,监测人员通过 WEBGIS 平台管理地区内各桥梁健康监测系统,实现了对地区桥梁综合信息的适时监测与辅助决策。

二是,“基于物联网技术桥梁健康监测系统”该发明涉及一种对大型桥梁结构的智能健康监测系统。该《系统》从逻辑上分为三层:(1)数据采集层。负责传感器数据采集、视频数据采集以及数据库维护与管理;(2)业务逻辑层。负责完成系统各个业务功能的实现,包括:数据查询与监测、数据统计与分析、信号处理、桥梁结构安全预警、损伤识别分析、结构健康分析、视频监控等;(3)系统表现层。系统以 Windows 程序或 Web 程序的方式呈现。其特点是:传感系统采集到环境、荷载和结构响应信息,通过采集通信模块实时的传输到数据采集服务器,并实时存储到数据库服务器进行存储和备份,应用服务器实时读取数据库数据,并调用数据统计分析模块、桥梁安全预警处理模块、桥梁动力学分析模块、损伤识别模块和结构健康评估模块对数据进行实时分析和评估,适时判别结构的健康状态,并进行评估和预警。其特点是:对于处在复杂环境荷载和车辆荷载作用下的桥梁,进行长时间的连续观测同时进行实时分析,并通过 internet 连接客户端,从而使人们得以随时随地的掌握桥梁结构的各种环境参量和结构响应,可查询到结构适时的健康状态,从而可以适时的对大桥提供管养决策支持。在大桥出现异常状况的时候,适时的发出预警,并与大桥养护中心等部门及时联系,确保大桥的结构安全和交通顺畅。

此外,该院的“路面层间黏结浸水抗剪强度试验仪”也已经申报国家实用新型专利和发明专利,并正在审核中。

(龚仁平)

【路港工程局港航检测中心通过资质认定】 7月2~4日,省质监局由3名评审员组成的评审组依据《资质认定评审准则》,对路港工程局港航检测中心的资质和扩项事宜予以现场评审。

评审组认为:该中心为独立法人单位,组织机构的设置能保证检测工作的独立性、公正性。该中心已按评审准则要求建立了一套与检测业务相适应的管理体系,内容齐全,并通过了内审和管理评审。经省质监局评审认定,该中心取得了资质认定证书,获批了在公路、水运材料检测和基桩等现场检测共计 18 大类 172 个参数检测能力。

(邓文霞)

【南昌市交通工程质量检测中心取得 CMA 及公路工程综合丙级资质】 2010年3月,南昌市交通工程质量检测中心取得由江西省质量技术监督局颁发的 CMA(中国计量认证)资质。11月18日又通过江西省交通工程质量监督站组织的公路工程综合丙级(工程机构检测机构)资质验收。检测中心取得上述2项资质,标志着该中心具备了面向社会开展检测工作的相应能力。

(黄攀宇　彭鸿远)

【南昌长运公司长客分公司通过两个管理体系认证】 2010年,南昌长运长客公司建立、健全和进一步完善了质量管理体系、职业健康安全管理体系,将原有的分散的各种设施的安全检查、作业环境的安全检查和人的不安全行为的检查纳入了统一的安全管理体系,从运行控制上有效预防事故和职业危害的发生。

12月13~18日,北京中安质环认证中心专家对南昌长运长客公司进行 ISO9001:2008 质量管理体系再认证审核和 GB/T28001-2001 职业健康安全管理体系初次审核。通过为期6天的复评与初审认证,审核专家对公司的各项基础管理工作给予了充分肯定,对公司坚持以质量为本,有效运行质量管理体系和职业健康安全管理体系标准给予高度的评价。认为该公司所建立的质量管理体系和职业健康安全管理体系运行具有充分性、适宜性、有效性,综合指标符合 ISO9001:2008 质量管理体系和 GB/T28001-2001 职业健康安全管理体系标准的要求,符合注册条件,予以评审通过。并由中安质量认证中心颁发管理体系认证《证书》。

(南昌长运公司)

【江西长运机动车检测中心获全国交通行业质量信得过班组优秀管理成果奖】 2010年8月18

日，江西长运机动车辆检测中心开展的“机动车号码拓印工具的制作”创新课题，荣获2010年度全国交通行业质量信得过班组优秀管理成果奖。

（耿继明）

【全省水运能源消耗暨节能减排工作会在浔召开】 11月19日，全省水路运输（港口）能源消耗专项普查暨公共机构节能减排工作会在九江召开。省港航局副局长曾云谋及省厅科教处节能办、省港航局技术装备处、科技教育处负责人，局属各单位、各设区市港航处、九江港口局节能减排工作分管领导及相关工作人员等40余人参加会议。

会议宣读了《全省水运能源消耗专项普查实施方案》，并对此项工作和年底公共机构节能减排考核工作进行了部署和安排。会议特别邀请了武汉理工大学教授为与会代表讲解相关知识，同时就运输船舶能源消耗专项普查工作作了现场问题解答。会议要求各单位建立健全组织领导机构，落实工作措施及具体操作人员，保障资金投入并形成预算，打好节能减排攻略战，确保完成节能减排工作目标任务。

（翁烈胜）

【“赣江海螺水泥码头工可报告”获省优秀工程咨询成果奖】 10月23日，江西省2010年度优秀工程咨询成果奖评选揭晓。由省航务勘测设计院组织编制的《江西省赣江海螺水泥码头工程可行性研究报告》，经申请受理、审查、专家初审、综合专家组审核、评审专家委员会评定，获得江西省优秀工程咨询成果三等奖。

（张继红）

信息工程

【综述】 2010年，全省交通运输行业围绕交通运输“三大信息系统”建设，在近几年建设、发展的基础上，利用各类资源，充分挖掘自身潜力，应用现代科技和信息化技术完善交通信息网络，拓展服务领域，实现了资源整合和互通互联。与此同时，分别与电信、移动、联通3家运营商及交广电台合作发展交通运输信息化事业，信息化水平大幅提升，江西智能交通建设登上新台阶。

1. 全省交通信息资源整合与数据查询分析、应急指挥、公众出行“三大信息系统”建设快速发展，高速公路智能交通管理与控制系统相关硬件设施进一步优化、完善。由各路段负责实施的智能交通系统建设的高速公路16条，总里程2304千米。新增外场道路监控摄像机402套；多要素气象检测仪22套、能见度检测仪25套；雷达测速抓拍设备实点已安装37套，已建成大型可变情报板44套、视频及数据传输设备224套、太阳能供电系统175套；铺设智能交通系统专用外场动力电缆219.29千米、智能交通系统专用光缆2476.43千米。

2. 省交通运输厅门户网站改版后进一步拓展了服务领域。新网站涵盖了电子政府、建设资讯、公众出行等三大方面19个部分的内容及创业服务年专栏、全国交通信息联播频道、创先争优、国企改革、春运、发展提升年“迎国检”等近10个专题专栏。与此同时，开发了全省高速公路建设规划公开、招标、设计、征地拆迁、参建单位管理、变更、质量监督、安全生产监督、竣（交）工验收、资金使用、奖罚结果、投诉受理公开等12个公开网站。

2010年，省交通运输厅开通微博直播路况。随着微博这一新兴媒介的出现，越来越多的人喜欢上微博查看信息及交流。为了方便全省车主了解路况信息，省交通运输厅应急指挥中心开通了官方微博 http://t. sina. com. cn/yingjizhihuizhongxin。通过微博直播路况。一些及时更新的路况及车祸信息按照时间顺序排列下来，何时堵路，何时路况恢复通畅，在微博的网页中一目了然。

3.“96122”呼叫中心系统已建成为集通信、计算机、网络、数据库及信息处理等为一体的通信、网络、救助系统平台。通过“96122”公众出行服务热线，以电话、短信、传真等方式，发布全省全面的综合性交通服务信息，为公众提供了更为人性化的服务。在交通运输事业遭受自然灾害袭击时，咨询电话日最高峰值达到3839个。江西公众出行交通服务热线“96122”，被交通运输部评为“2008年~2009年全国交通运输行业文明示范窗口”。2010年，被交通运输部评为全国交通运输系统先进集体。

4. 强化交通运输厅应急指挥大厅和机关安防监控建设、维护工作。应急指挥中心建成后,已完成九大系统信息集中整合,并实现与各专项应急指挥部之间信息沟通。厅信息中心与省政府应急指挥中心实现联网对接,为交通应急救援决策和应急联动指挥、厅机关安防监控等提供了信息技术支撑。

5. 交通信息化技术创新能力大幅提升,成果丰硕。厅信息中心建设的交通运输安全卫星定位导航监控系统统一平台属全国首创项目。交通运输部科教司特派专家组到江西对此项目进行专项考察后,被誉为“具有示范性成果”项目;江西公路GIS公众出行辅助查询系统属全国首次推出的省级网上电子地图系统,具有一定的创新性;江西治理超限超载信息管理系统的开发和应用走在全国前列;江西“公路全景三维动画系统”获全国第六届工程设计优秀软件铜奖、“工程设计涵洞、通道设计系统”获国家第八届工程设计优秀软件铜奖、“公路VRML虚拟现实及三维建模系统”2007年获优秀工程勘察设计软件一等奖、“江西交通运输安全GPS监控系统”曾获江西省科技进步二等奖、“收费站综合查询系统”曾获省级科技进步三等奖。

6. 新增交通信息领域不断拓展,信息资源日益丰富。2009~2010年,已新增加省测绘局的空间数据(全省1:50000的地理空间数据);增加了交通量调查系统的交调数据以及(静态路况信息、社会服务信息等)其他数据资源,其中,全国公路基础数据库包括七大指标集,80多张数据表,800多个数据项目。其包含公路属性数据指标、公路空间构造数据、农村公路通达数据、交通流量调查数据等;新增运政信息系统的数据和道路运输卫星定位导航监控系统的数据等,共11类,160多个属性信息字段;新增全省3000千米高速公路联网收费系统的数据(车辆信息、高速公路收费信息)与信息和高速公路智能交通管理与控制系统的数据资源,涵盖了视频监控信息、路况信息、高速公路气象信息、超速车辆信息等,拓展和丰富了包括船舶基本信息、水上交通事故信息、船舶视频信息等数据资源。

7. 交通运输信息成果应用水平明显提高。全省交通运输系统注重应用交通信息成果,已初步建成高速公路智能交通管理系统与控制系统、卫星定位导航和安全监控平台等多个系统,实现了专业领域内的有效科学管理。与此同时,以交通信息资源整合库为基础,充分利用交通通信专网、高速公路智能交通管理与控制系统、GPS监控平台、水上监控系统、呼叫中心(“96122”)系统、交广电台直播系统等各种交通信息资源。省交通运输厅开通了厅长手机、厅长信箱。新OA系统投入运行,以实现省厅与厅直单位、各设区市交通运输局在同一平台办公为基本目标,已继续在全省各级交通运输管理部门推广实施。

8. 电子政务建设成效明显。交通运输部信息化示范项目江西省交通信息资源整合与服务工程基本完成,公众交通信息服务的能力和水平大幅提升。厅信息中心已由单一的网站信息发布服务模式,向多元化信息采集、多渠道信息公布、多层次信息服务过渡,充分利用网络、数据库、应用系统建设成果,对内整合共享,对外交换协作。通过江西省公路GIS公众出行系统、江西交通运输系统网站群、江西交通广播主动向公众提供及时、全面、普遍性信息。江西交通信息网完成改版后,网站累计点击量已突破1100人次,日均访问量达8000余次,公众留言达3500余条,回复率达95%;公路GIS公众出行系统的访问量已占全厅门户网站访问量的21%,成为全省公路出行的重要辅助工具。通过江西交通综合应急指挥系统、江西交通卫星定位导航安全监控平台提供决策分析信息。在事前、事中、事后三个阶段辅助领导决策,为交通运输安全、畅通、便捷,以及加快发展现代化交通运输、转变发展方式、满足人民群众安全、便捷、多样化和个性化出行需求提供了信息支撑。

9. 不停车收费系统建设全面推进。作为交通运输部确定的联网不停车收费示范工程省份,江西累计建成ETC专用车道103条,ETC收费站数量50个,占收费站总数的28.7%,覆盖全省11个设区市的45个县(市、区),覆盖率45.5%。沪苏皖赣高速公路电子不停车收费系统联网正式开通。

10. 进位赶超,凸显成效,门户网站建设取得显著成绩。省交通运输厅网站在“2010年全国交通运输行业政府网网站绩效评估中被评定第10名,并在全国共有34家省级交通运输部门网站的综合排名中挤身于第13位。同时,在江西省计算机用户协会主办的“2010 年江西省政府网站评测”中,名列全省网站公众投票第一名,被评为 2009 年度和 2010 年度“江西省信息技术应用先进单位,被授予“2010 年江西省优秀政府网站”、“2010 年江西省十大优秀政务公开网站”称号。

(彭　超)

【新版江西省公众出行网正式上线运行】 11 月 16 日,新版江西省公众出服务网正式运行。

新版江西省公众出行服务网以江西省省级交通信息资源整合平台为依托,通过对交通出行相关信息的采集、梳理、整合和发布,为公众出行用户提供全方位、多形式的综合信息服务。服务内容包括出行前的出行资讯查询、出行路径规划、电子地图服务等,以及出行中的短信查询服务、手机 WAP 网服务,出行后的经验交流、意见反馈、网上调查等服务。

新版公众出行的电子地图采集的是最新数据,新增查询系统、短信服务平台、呼叫中心等在线自助功能,让用户随时随地掌握所需要的实时路况、突发事故、旅游、天气、位置、出行路线、加油站、服务区、维修厂等交通信息。旅客出门前,只要鼠标轻点,就可以查询到班车的时间、票价以及车次,沿途的加油站和收费站,甚至江西红色旅游景点等综合信息。其特色亮点还反映在路阻信息能在 GIS 上定位显示。

新版网站的开通对拓宽交通部门与社会公众之间的沟通渠道,方便公众安全便捷查询,促进交通公众服务信息化,提升政府行政效率和公共服务能力具有十分重要意义。随着信息化社会的不断发展,公众对出行的需要也会越来越高,为进一步提升交通公众出行板块的质量,广大出行用户的宝贵意见建议,可直接反馈给新版网站,反馈信箱为 gzcx@ jxjt. gov. cn。

(厅信息中心)

【“高速公路绿色通道货物检测系统(GCGPS)的研发与应用”通过辐射环境影响评审】 10 月 11 日,江西交通重点课题“高速公路绿色通道货物榆测系统(GCGPS)的研发与应用”辐射环境影响专家评审会在南昌召开。省环保厅有关领导、项目承建单位江西赣粤高速公路股份有限公司、监理单位省交通运输厅信息中心、环评单位核工业二七〇研究所,以及合作单位的相关领导及项目主要成员参加会议。

评审委员会由核辐射类行业资深专家、教授组成。评委会认真听取了项目建设单位对项目建设背景、概况介绍和评价单位对项目产生的辐射环境影响及拟采取的控制措施介绍。在实地勘察项目现场的同时,双方进行了多渠道的沟通和交流。与会专家认为该项目属国家高速公路网项目配套设旋建设中鼓励类项目,该核技术应用项目的建设符合国家产业政策;r 射线检查车辆为国内成熟技术,符合《电离辐射防护与辐射源安全基本标准》中对实践的正当性要求,同时从环境保护角度分析,该核技术应用项目的建设是可行的。

经过讨论和审议,评审委员会一致认为“高速公路绿色通道检查系统辐射环境影响报告表”环评结论基本可信,可上报审批。

(潘　颖)

【南昌市交通工程质量监督网站开通】 2010 年 12 月,南昌市交通工程质量监督网站(www. ncjtzj. gov. cn)正式开通运行。这是南昌市交通工程质量监督站的对外公众信息网站。网站主要由“政务公开”与“为民服务”2 大板块和“农村公路”、“危桥改造”、“改渡建桥”3 个专题栏目与“工程监督”、“质监工作简报”、“诚信记录”、“质监论坛”4 个特色栏目等组成。其主要任务是:发布有关的政策、法规、宣传南昌交通工程质量监督工作,报道交通质监工作动态,对交通工程质量监督工作重大事项进行公示,为交通工程从业单位和从业人员提供信息服务,公布便民办事指南等内容。

(吴　俊)

【沪苏皖赣高速公路不停车收费跨省联网开通】 7 月 28 日,沪苏皖赣高速公路电子不停车收费系统联网签字仪式在南昌举行。此前,2008 年 12 月 31 日,上海和江苏实现了与上海、江苏的对接。此次沪苏皖赣三省一市高速公路电子不停车收费系统联网开通,揭开了上海、江苏、安徽、江西高速公路联网合作、人民群众出行更加快捷高效、长三角加速交流融通、互利双赢的新篇章,标志着长三角区域交通实现无缝对接和一体化进程的快速推进。

(练崇田　汪　丹)

【省公路运输管理局加大信息化建设投入】 2010年,省公路运输管理局加大信息化建设投入,提升安全管理能力。在安装安全检测仪、完成GPS平台部省联网、安装GPS监控平台设备等方面投入600万元,接入省级GPS监控平台的重点营运车辆达到15000多辆,交通安全取得明显成效,道路交通事故起数、死亡人数与去年同期相比分别下降15.1%、16.9%。

(游国侯)

【省公路管理局推出VIS形象识别系统】 2010年,省公路管理局在强化全省公路管理中,推出VIS形象识别系统。旨在建立办公形象识别系统、管理形象识别系统、道班等窗口识别及感知系统,提升行业的整体形象。

VIS全称为VISUALIDENTITY,是企业或机构个性和身份的识别系统。推出江西公路形象识别系统,是加强江西公路文化建设的一部分,是推进行业规范化管理的需要。江西公路的VIS视觉系统规范的整体导入是希望对内强化职工的认同感、归属感,加强凝聚力和影响力;树立江西公路良好的整体形象,规范系统、有控制地将江西公路整体形象信息传达给大众,并通过独特的视觉符码,不断强化公众对江西公路的认识,获得认同,提升江西公路的形象及美誉度。

2010年推出的江西公路VIS视觉形象识别系统包括基础部分的机构标志、机构标准色、机构标准字;应用部分包括专用名片、信封、信笺、形象标识牌、指示牌、背景板、背景墙和道班大门形象、制度表、挂表、宣传画等款式;公路道班的标志色、牌匾格式、装修风格、布告栏、宣传栏、指示牌、告示牌、背景板和内业资料格式进行统一规范,也是省公路局推出的VIS视觉形象识别系统的一部分。

(王林水)

【省交通运输厅举办OA系统升级改造第一阶段培训班】 7月2~3日,省交通运输厅组织为期两天的OA系统升级改造第一阶段培训班。

本次培训内容包括数据库与系统安装、人力资源及知识模块后台维护、收发文流程搭建、培训效果考核共四个模块专业培训。培训以现场演示、疑难问题解答、个案一对一讲解等多种形式展开,使学员初步掌握新OA系统的平台使用。培训结束后、授课人员对学习人员进行OA系统实训业务考核,成绩不合格者进行单独授课补习,直至顺利通过。

省厅直属单位及相关企事业单位共19家的计算机技术人员及负责公文流程的责任人近40人参加培训。

(信息中心　黄　金)

【省交通运输厅为创业者提供便捷高效信息服务】 2010年,省交通运输厅为服务交通运输重大项目建设,进一步拓展服务功能,提升服务质量,优化服务环境,多措并举,积极搭建创业服务的电子商务信用信息服务平台,充分运用江西交通信息网等交通运输媒体,推行“阳光政务”建设,及时发布交通运输重点工程建设项目基本情况、招标信息、中标情况等信息,为创业者提供项目开发、创业培训、开业指导、政策咨询、融资贷款、政策扶持、跟踪指导等服务;进一步完善创业服务电子信息网络化建设,充分发挥交通热线“96122”作用。利用交通运输网站等新闻媒体向社会公布就业创业政策咨询、项目查询和服务电话,及时受理、解答创业者提出的信息咨询,为创业者提供便捷的创业服务;通过构建信息网络化,实现交通运输信息资源共享,为社会相关组织机构发掘、利用创业服务信息资源为创业者提供便捷、高效的服务。

(何　婧)

【鹰潭市公路管理局“三大工程”推动数字公路建设】 2010年,鹰潭市公路管理局启动强基工程、政务工程和安全工程三大工程,竭力推进公路数字化智能建设。

一、启动强基工程,加强信息基础设施建设。建立了16平方米的独立机房和局域网,加快网络升级改造,加强信息基础设施建设。按照通信网络向IP化、宽带化、移动化和全光纤化的发展方向,共配置电脑52台,配置路由器1台,交换机3台。建立了与市政务信息网和省公路局信息网相联的视频会议系统和视频防盗监控系统、路政管理系统、路面管理系统、特殊路段（桥梁）监控及预警系统、桥梁管理系统和道班管理系统、开发道路养护安全作业管理系统和公路工程试验检测管理系统、公路交通情况调查报送与统计系统、U8财务系统、省交通运输厅OA公文交换等公路数据库应用系统。加快了全球卫星定位系统（GPS）的推广应用，对特种车辆及重点车辆进行跟踪管理，确保了鹰潭公路运输安全。同时，积极争取利用电信、移动、联通等网络资源，在国省道路口、急弯陡坡路段、事故多发地段安装摄像头，确保市政府大平台和该局小平台上的信息全面完整，已实现高效准确的公路数据的采集、统计、管理和发布，为上级提供更加便捷、可靠的科学决策依据，也为社会公众提供快捷服务。

二、启动政务工程，进一步提高公路部门的办公效率和服务质量。2010年，该局进一步加快电子政务系统建设，建立和完善全市公路系统的内部网，将市局与下属单位的网站链接起来，确保信息进行适时沟通，实现了全系统信息资源共享和内部办公自动化、电子化、网络化；同时，完善了与市政府、省厅、省局和下属单位“三级链接”的外部网，健全了以因特网为依托的鹰潭公路信息网，及时在网上发布公路信息。

三、启动安全工程，确保信息安全工作安全规范。该局将信息网络安全列为数字公路建设重点建设项目向上级申报立项，争取专项资金补助。招聘引进信息技术人才、培养既有人才。对已有的信息系统进行整合改造，进行系统集成。同时，根据自身系统信息安全程度实际情况，对信息网络系统配置相应的软件、硬件安全设备，内网和外网之间物理隔断，逐步建立完善防黑防毒安全体系，保障了局信息网络安全。

（鹰潭市公路管理局）

【宜春市港航系统开展港航政务网“三级联网”建设】 2010年9～10月，宜春市港航系统进一步推进港航政务网建设，以确保省、市、县港航系统“三级联网”及时开通。

政务网系统包括会议通知、船舶系统、网上办证审批、规费征收、安全管理及政务信息等多个子项。“三级联网”是省纪委硬性要求全省港航系统2010年必须建设完成的工程。由于政务网建设涉及电信、海事、港航等多家单位，市港航处一是积极与市政府信息中心沟通，联合下发文件要求县市信息中心予以配合，联系运营商铺设光缆；二是了解各县（市、区）港航管理单位接入政务网现有情况，积极指导基层如何与电信部门联系、签订铺设光缆协议、筹措经费和争取上级专项补助；三是及时到基层与主要负责人交谈，强调此项工作的重要性，要引起重视，确保在10月底前如期完成光缆铺设任务，11月接入当地政务网，完成安装调试工作。2010年底，包括市港航处在内的全市9个港航管理机构，已基本完成网线光缆铺设和设备调试安装任务。

（张小平）

【宜春市运管局实行公文网上流转】 6月1日开始，宜春市运管局使用江西省公路运输协会办公系统，推行无纸化办公，实行网上公文流转。所有公文草拟、公文审核、公文查询、来文登记、新闻公告、资料报送等涉及到日常公文在系统内实现，除存档需要和外系统文件外，不再下发纸质文件。该局实现无纸化办公，既提高了办事效率、工作质量，又减轻了办公人员的工作负担，节约了大量纸张和打印、复印的耗材。

（宜春市运管局）

【宜春市运管局开出第一张电子票据】 5月27日，宜春市运管局工作人员在行政服务大厅用电脑为业户开出工本费票据，这是该局启动票据电子化改革开出的第一张电子票据。2010年，该局在全市有政府非税收入的执收单位中进行票据电子化改革，其中，包括行政事业性收费收入、罚没收入等非税收入项目。在改革中，该局结合工作实际，实行集中管理和分散管理相结合，分两步推进电子化改革：首先，是在行政服务中心安装开票软件和设备，集中为进入中心办理业务的单位和个人开具电子票据；其次，在局财审科设立开票点，对内部的零星票据直接开票，为业户提供方便。2010年该局基本完成运管电子票据化改革任务。

（陈玉菊）

【吉水县运管所强化春运GPS在线违规车辆司机培训】 2010年，吉水县运管所严格按照《江西省道路运输GPS安全服务系统企业平台和车载终端设备管理办法》,加强日常监控,及时采取有效措施纠正营运车辆各种违规行为,统一举办春运 GPS 在线违规车辆司机再教育。与此同时,向从业人员宣传《吉水县道路运输 GPS 服务系统管理办法(试行)》,教育驾驶员遵守交通规则、操作规程,安全行车意识,从源头消除安全隐患,克服不良习惯和弊端,确保乘车旅客生命财产安全。对屡教不改且严重违规的驾驶员取消其从事辖区内道路旅客运输资格,有的还上报市运管处吊销其道路旅客运输从业资格证件,所有违规行为还列入公司及车辆本年度质量信誉考核作相关扣分依据。

(周汶南)

【省交通运输厅机关新 OA 系统正式开通】 9 月 28 日,省交通运输厅机关新 OA 系统投入试运行。自即日起,厅机关所有新发起的公文(收文、发文)均在新 OA 系统中进行,原 OA 系统中不再发起新的公文业务。原 OA 系统将继续运行到 2010 年 12 月 31 日,在原 OA 系统中有未办结事务的人员在年底前可继续登录原 OA 系统办理。新系统访问地址为 http://111.75.200.49:2010,用户名与原 OA 系统一致,新 OA 系统配置单点登录功能,在新系统界面中可以登录原 OA 系统。

(省交通运输厅)

【上高县运管所加快运政信息化、规范化建设】 2010 年,上高县公路运输管理所强化运政信息化建设,每个办公室都添制电脑和办公设备,还经常派人员学习电脑知识。先后派人员参加省、市运政信息化培训。已逐步实行 OA 系统办公,公文网上流转,网上办理业务、打证、收发文等充分应用省运政管理系统,建设该所电子档案,设立 JPS 监控室(信息室)。县运管所在信息化方面加大投入,加快运政信息化建设。经多方筹集资金,先后投入资金 60 多万元,按照标准改造办公大楼和信息系统,并充分发挥其在道路运输中的作用。

(潘泓羽)

【宜春汽运股份有限公司安装“天眼”保平安】 2010 年春运伊始,宜春汽运股份公司投入 1000 多万元完善所有客车的 GPS 系统。“天眼”体现出其巨大的作用,只要在电脑前轻轻轻点击鼠标,全公司车辆情况就一览无余。同时,显示的资料还有该车目前运行道路等信息,即使千里之外车辆运行情况也一目了然。屏幕上显示的绿色车辆表示在正常运行,黄色表示停车,红色则为报警。一旦车辆出现红色,监控室就能发现,即与前方车辆联系,进行遥控指挥或提醒。车辆的动态运行能随时监控,每辆客车都安装 3 个摄像头,一个是在驾驶员头顶,一个是在车头,还有一个摄像头就是实录车内状况。有了这些“天眼”的监控,车辆运行与公众的出行更加安全。

(孙启生)

【第一届江西省交通规划造价信息网理事会年会召开】 4 月 28 日,2010 年第一届江西省交通规划造价信息网理事会年会在南昌召开。省交通规划造价信息网是省交通运输厅规划办公室、省交通工程造价管理站主办的规划造价综合网站。省交通规划造价信息网理事会是在此网站基础建立的交通规划造价管理部门与社会公众之间的一座相互沟通、相互了解、相互支持、相互协作的友谊桥梁和交流平台。本次理事会年会就如何做好理事会工作,更好地服务社会进行研讨。会议原则通过了《江西省交通规划造价信息网理事会章程》,表决产生了理事会秘书长、副秘书长、秘书处成员,并向理事单位授牌。此外,进行了优秀论文交流。

(陈　剑)

【全省道路运输行业视频会议系统正式开通】 2010 年 7 月,全省道路运输行业视频会议系统开通。视频会议系统应用后,各设区市运管处(局)参加省局的有关会议不需再长途跋涉,只需在省局视频会议室就可以接收到省局视频会议的讯息,达到了提高工作效率、节约人力物力和能源的目的。

(省运管局信息处)

【省运管局开展部省道路运输系统联网数据交换和数据清理工作】 省运管局按照交通运输部办公厅《关于印发部省道路运输系统联网 2010 年数据交换指标的通知》要求,结合省道路运政管理信息系统的运行现状和部省联网建设情况,对数据清理工作进行了部署和实施:包括制定工作方案、部署地市数据清理工作、下发待清理数据列表和修改说明、完善部省联网数据交换接口程序、上传部省联网数据等工作。该局通过采取各项具体措施,保障了部省联网工作的长效机制,确保了部省联网系统的长期、平稳、安全运行,已上传有效数据44万条,数据上传合格率达到100%。

(省运管局科技信息处)

【上饶交通公路语音专网完成通信升级改造】 4月30日,上饶交通公路长途语音专网,采用单独2兆光纤通信,运用语音网关技术,由原来的4条线路增加至30条,由原模拟通信升级为数字通信。通过改造升级,上饶交通公路通往全省各设区市交通公路的长途语音通信,更加快捷方便,为交通公路提供了良好的联络平台。

(黄 俊)

【全省道路运政管理信息系统工程设计方案通过审查】 10月15日,省交通运输厅在南昌召开江西省道路运政管理信息系统工程设计方案审查会。会议就江西省道路运政管理信息系统程设计方案进行了研讨及审查。与会专家就江西省道路运政管理信息系统项目的工程预算合理性、网络环境安全性和系统软件管理模式、系统备份安全、硬件管理、机房建设等认真审查,提出了若干建议与意见。一致通过了江西省道路运政管理信息系统工程设计方案。

(朱梓平)

【江西省道路运输协同办公系统正式投入应用】 1月1日,“江西省道路运输协同办公系统”在省、市、县三级运管机构正式投入应用。江西省道路运输协同办公系统包括公文处理、事务处理、档案处理、日程处理、邮件收发、文件转流等功能。通过该系统的应用,实现了省局、设区市运管处(局)、县区运管所和运输企业之间无纸化办公的联网,在办公过程中停止了纸质文件的发送,节约了办公成本,提高了办公效率和管理水平。

(省运管局科技信息处)

【省道路运输GPS安全服务系统成功实现升级改造】 2010年1月,江西省道路运输GPS安全服务系统成功实现升级改造。投入运行的新系统克服了系统启动慢,地图过时以及加密狗等问题,增强了统计功能,为江西省道路运输GPS安全服务系统的应用打下了良好的基础。截止2010年12月31日,全省共建成了119个运管三级监督平台,运管三级监督平台对各运输企业的“江西省道路运输卫星定位服务系统”平台进行监督和对各运输企业车辆进行监控;共有8755辆营运客车和6288辆危货车辆安装了GPS车载终端设备,超过300家运输企业安装了“江西省道路运输卫星定位服务系统”平台监控软件,通过监控平台对本企业的所属车辆进行适时监控和服务。

(省运管局科技信息处)

【梨温高速公路公司“电子服务屏”获QC成果发布国优奖】 2010年,上饶西收费站岗亭“电子服务屏”正式投入使用。这是梨温高速依托QC攻关,以驾驶信息化建设和模式化管理为目标,不断创新文明服务内容的又一举措。小小“电子服务屏”成为高速公路文明服务的新载体。悬挂式电子服务屏增添了能及时显示相关收费政策、高速路况信息和各类温馨提示功能,克服了老式文明服务牌更换频繁、日久易变形以及显示内容单一、灵活性差的缺点,进一步提升了收费岗亭的服务水准,受到了过往司乘人员的好评。该项QC成果荣获2010年交通运输部QC成果发布国优奖。

(谢基远 李慎国)

【德昌高速公路在国内首次开发引进公路软基智能光纤检测技术】 1月3日,德昌高速公路软基智能光纤检测技术启动仪式在德昌项目D10合同段工地现场举行。该项技术研究及应用的科研课题由德昌项目办主办,南昌工程学院和德昌高速公路D10合同段等共同承办,为国内首次将该技术应用于高等级公路软基施工监控。

该课题将智能光纤传感技术与网络通信技术相结合,研究开发新型软基监测系统,建立光纤传感现场数据采集系统和软基监测预警系统,实现软基施工及工后监测过程的智能化和信息化,连续、适时、在线对整个路基处理过程进行远程动态监测和预警预报。德昌高速项目建立了现场软基智能光纤监测系统,在软基施工现场建立了工地监测站,完成了监测系统的现场联网及初始数据的采集调试工作。试验段开展实时、在线监控,监测系统运行正常。 (朱建军 刘 军)

【省运管局完成上海世博会和广州亚运会重点营运车辆联网联控工作】 2010年4月,省道路运输管理局通过对全省“两客一危”车辆(三类客运班线以上车辆、旅游客车、危险品运输车辆)全部安装GPS,实行联网联控,于4月底完成了交通运输关于上海世博会重点营运车辆联网联控工作所规定的各项任务。同年10月,完成了广州亚运会期间入粤营运车辆联网工作。利用重点营运车辆联网联控实现了“运政系统”与“GPS系统”在数据应用上融合与运政系统车辆动态管理。

(省运管局科技信息处)

【《江西省港航信息网设计方案》通过评审】 11月29日,江西省港航信息网设计方案评审会在南昌召开。评审会专家组由省信息中心、南昌大学、省交通运输厅、省运管局的相关专家组成。

评审会上,专家组听取了设计单位关于方案总体设计思路及设计内容的汇报。其后,经专家组认真讨论,并形成以下评审意见:一、方案符合国家有关设计规范,设计思路清晰,设计目标明确,设计内容完整,符合本省港航系统信息化的特点和管理要求;二、方案采用层次化星形网络拓扑结构,广域网安全和终端安全相结合,分域管理模式,构建港航系统省、市、县三级专业网络,技术可行;三、方案依托省局政务专网构建港航信息网,安全可靠、经济实用,资源配置合理,所采用的设备参数能完全满足港航系统目前信息化要求,并有一定的扩展性。与会专家一致通过了该方案评审。

(刘 琦 张兆平)

【省道路运输管理局积极开展建设新信息系统暨应用新系统培训】 2010年9月,省道路运输管理局积极开展“江西省城乡道路客运燃油消耗信息月度申报系统”建设和应用推广工作。新建成的“江西省城乡道路客运燃油消耗信息月度申报系统”投入使用后,该局又于2010上半年,组织多期“江西省公路运输协同办公系统”和“江西省道路运输GPS安全服务系统”应用培训。培训对象包括运政管理业务人员、信息系统管理人员和运输企业安全管理人员等,培训300人次。通过培训,提高了学员应用各项信息系统的能力和水平。

(省运管局科技信息处)

【赣州市交通运输局推进交通信息网站改版升级】 2010年,赣州市交通运输局大力推进赣州交通信息网站改版升级工作:一是明确改版目标,进一步完善网站政务公开的形式和功能,使政务公开工作达到目的公开内容全面、具体、丰富、形式规范;二是量化改版具体内容,促进公开透明,体现互动交流;三是制定了网站改版工作实施方案,使网站改版工作得到有序进行,并在较短的时间里圆满完成了改版升级任务。

(杨河良)

教 育

【概况】 2010年,是实现“十一五”全省交通运输行业教育培训发展规划的收官之年。全省交通运输行业教育培训工作围绕鄱阳湖生态经济区建设和发展现代交通运输业这一主线,加强职业教育,强化干部培训,促进交通运输教育培训工作科学化、制度化、规范化,提升了从业人员的业务能力,培养造就一支高素质的交通运输干部职工队伍,推动了全省交通运输事业科学发展。截至2010年底,全省交通运输行业共有大专以上学历人员占职工总数的40.5%,其中,青年科学家、享受政府津贴等18人,具有博士学位31人,硕士学位290人,本科学历5823人,大专学历13250人,交通教育获得新发展、取得新成就。

一、交通职业教育快速发展

省交通运输厅加强对全省交通职业教育改革与发展的指导,加大对江西交通职业技术学院的扶持力度，推动了交通教育快速发展。江西交通职业技术学院认真落实全国教育工作会议精神，积极实施《国家中长期教育改革和发展规划纲要（2010－2020年）》，办学水平明显提升。该院成功申报教育部“国家职业教育骨干院校”，获批为“国家示范性高等职业院校立项建设单位”，被交通运输部认定为“交通职业教育示范院校”，并已通过江西省示范院校建设中期验收。

该学院坚持以培养“双师”型教师为主抓手，注重师资队伍建设，不断优化教师结构，提高教学水平。现有专职教师362名，“双师型”教师比率达到83%，省级高校优秀教学团队3个，省部级专业带头人4人，省高等学校教师名师4人，省中青年骨干教师12人，江西交通重点建设项目评标专家12人，江西省道路运输行业专家4人，省中青年学科带头人1人，省科技项目评审专家6人，省科协专家库成员4人，教授及教授级高级工程师26人，正、副教授共计93人。

该学院坚持以服务全省交通运输科学发展为已任，强化教学内涵，加强学科建设，注重学生全面发展。学院设有道路桥梁工程技术、汽车运用技术等31个专业，拥有5个省级示范专业和2个技能型紧缺人才培养培训专业，建成2个国家级精品课程和10个省级精品课程。在高质量办学的同时，积极组织开展各种文化体育活动，不断丰富学生精神生活，陶冶情操，增长本领。并成立了“起航”大学生创业就业协会，开展了大学生系列培训。

该学院不断强化教学基地建设，开展职业鉴定工作和承办各类考试。先后承办了省交通运输厅副处级后备干部考试、全国造价工程师考试、全国公路水路运输试验检测人员考试、全国公路水运工程监理工程师考试等，总计1.3万余科次。此外，院属职业鉴定所还开展了各个批次的国家职业技能鉴定，已完成包括各工种、等级的培训鉴定近1900人次，完成交通系统机关事业单位300多名工勤人员等级考核任务。

该学院在抓好教学的同时，积极拓展发展空间，不断提升持续发展能力。学院驾校完成培训学员2600余人，科目二一次性通过率达85%以上，科目三一次性通过率达92%。学院所属勘察设计院和交通公路工程试验检测中心先后承接56个工程项目，取得丰硕成果。

二、交通教育培训工作取得长足进步

“十一五”时期，全省各级交通主管部门和各类教育培训学校，按照既定的交通教育与培训发展规划，结合工作实际，积极组织开展各类岗位教育和从业资格培训，全省交通运输行业有5万多人次参加各类培训（含面向社会对从业人员的培训和参加外培人次），其中，2010年全省交通运输系统组织开展了67950人次的多层次岗位教育培训。

1. 干部教育培训工作取得新成效。省交通运输厅举办处级领导干部培训班1期，有54人参加。组织全省交通运输管理干部岗位培训班1期培训50人。安排26名地市县交通局领导干部参加交通运输部管理干部学院在北京举办的交通局长培训班。同时，省高速集团举办2期、共计182人参加的科级干部（企业中层）培训班。

2. 交通执法人员培训工作成效凸显。省公路路政总队根据路政执法人员实际，举办路政人员执法培训班5期，共计1202人受培。省港航局加强水上执法人员教育培训，有277人参加了水上执法资格培训。

3. 交通管理人员和从业人员培训成果丰硕。各地、各部门培训机构积极联合高等院校，发挥交通运输教育培训主力军作用，结合行业发展实际，大力开展工程建设、运输管理、行政执法、安全应急管理、海事管理、节能减排、标准化宣贯等各类培训，提升了管理人员和从业人员的素质。省水上搜救中心、省地方海事局联合南昌公安消防支队举办了江西省水上人命救助应急演练。省交通职业技术学院在技能型人才培养上实现新突破。“十一五”时期，开展技术工人各类岗位培训3万人次，培养技能型人才1.1万余人，就业率90%以上，壮大了交通运输行业技术工人队伍。

三、继续再教育工作开创新局面

全省各地交通运输部门大力支持在职人员参加再教育学习。省交通干校学院继续与北京交通大学、武汉理工大学两所高校联合举办大专、本科、硕士学历教育。全年招收本、专新生391人，较2009年增加20%，实现了远程教育在校生达千人的新目标；招收工程硕士研究生新生24人，工程硕士全国GCT统考通过率累计达65%。交通职业技术学院继续与长沙理工大学联合开办在职研究生和成人函授教育，满足了全省交通运输职工学习需求。

四、交通教育培训基地建设初具规模、功能进一步完善

省交通干部学校立足全省交通运输行业发展实际,结合《2010－2020年干部教育培训改革纲要》,2010年12月31日经省编办批准,正式更名为江西省交通干部学院。

省交通运输厅全力支持省交通干部学院和江西交通职业技术学院的基础设施建设,在财政资金、政策扶持等方面加大力度,不断改善办学条件。省交通干部学院新校区占地3.33公顷,建筑面积25430平方米,由教学楼、学校交流中心A、B区,学员公寓A、B区,食堂等6栋单位建筑组成,于11月18日全部单体建筑全面封顶。新校区建成后,具备培训、教学、会议、住宿、餐饮、健身等综合性功能,同期可容纳600人培训。2011年秋季将全面建成投入使用。交通职业技术学院新校区全面建成,占地面积已达35.21公顷,建筑面积28万平方米,在校学生近万人,已成为江西交通高素质技能型人才的重要培养基地。

(厅科教处)

交通院校

【江西省交通干部学院正式成立】 2010年12月31日,江西省交通干部学院正式成立。该院前身系江西省交通干部学校。2010年12月31日,经省编办批准,省交通干部学校正式更名为江西省交通干部学院。

江西省交通干部学院系江西省交通运输厅直属正处级事业单位,与中共江西省交通运输厅委员会党校、北京交通大学远程教育江西交通教学中心、武汉理工大学网络教育学院南昌学习中心、江西省交通职业中专合署办公。主要承担全省交通运输系统干部的培训工作,以及负责全省交通职工的继续再教育工作。

(彭 超)

【江西交通职业技术学院提升人才培养质量　打造高职名校品牌】 2010年9月,该院在全国高职院校中脱颖而出,成功跻身于被誉为高职高专"211工程"的国家示范性高职院校建设工程,成为国家骨干高职院校建设单位。这是省交通职业技术学院54年发展史上的又一里程碑。与此同时,该院始终坚持走内涵式发展道路,以服务为宗旨,以就业为导向,以创建示范性高职院校为动力,为交通建设与区域经济发展培养高素质、技能型人才,顺利完成"十一五"规划制定的打造"省内一流、行业领先、全国知名"高职院校的目标任务。

一、立足行业,与路同行,办学水平稳步提升

省交通职业技术学院在长期的办学中,始终与交通血脉相连,坚持将自身发展与行业发展同行。尤其是从2006年开始创建国家示范性院校以来,学院结合区域经济建设和交通行业发展,在人才培养模式改革、专业建设、课程建设等方面进行了深入的探索和研究,在继续增强原有公路桥梁、汽车运用、物流管理等品牌和特色专业办学实力的同时,紧紧围绕国家航运业的新一轮发展和江西鄱阳湖生态经济区规划国家战略的实施,先后开设了轮机工程技术、港口航道与治河工程、船舶检验等水上交通类专业,不断加大航运专业技能型人才培养力度,从而既满足航运业发展的人才需求、也促进了学院各专业均衡发展。

2010年,省交通职业技术学院共开设31个专业,其中,交通运输类及相关专业18个。建筑工程技术、汽车维修技术2个专业被确定为国家技能型紧缺人才培养基地;道路桥梁工程技术、汽车运用技术为省级示范专业;物流管理、汽车技术服务与营销、交通安全与智能控制地下工程与隧道工程技术等6个专业为省级特色专业;汽车、路桥两专业还被确定为江西省人才培养模式改革实验区。

与此同时,该学院积极开发符合职业岗位要求和基于工作过程的精品课程与工学结合的优质课程。已拥有汽车底盘电控系统检修等国家级精品课程2门,道路桥梁工程技术等交通部精品课程2门,《高速公路通信系统集成》等省级精品课程10门。该学院专业和课程建设水平在全国同类院校中位居前列,被交通运输部确立为全国交通高等职业教育示范院校。

二、优势引领,辐射带动,师资力量不断加强

该学院一直把师资队伍建设摆在工作首位,制定了学科带头人的具体条件和培养计划;在培

养青年教师方面，坚持辐射带动的方针，发挥中青年教师结对帮扶作用，突出学科带头人的引领作用，发挥科研团队、教研室的带动作用，强化科研管理办法的激励作用。

为打造一支与学院教育培训规模相当、学历结构合理、竞争能力、科研能力、创新能力强的师资队伍，该学院积极鼓励教师攻读学位，提高学历；鼓励教师参加各种讲课比赛、教案比赛、课件比赛等；鼓励教师申报课题、编写教材、撰写学术论文。2010年，学院教师在全省青年教师说课比赛中荣获团体总分第一名，《汽车运用专业核心课程建设》获得省级教学成果一等奖。

同时，该学院以全面提高教师队伍素质为核心，不断加强对“双师”教师的培养，着力打造一支“心中有理论，手上有技能”专兼结合的优秀教学团队。不仅定期组织校内专业教师到对口企事业单位生产、建设、管理、服务一线岗位进行专业实践，还依托行业企业，聘请了一大批行业、企业中有丰富实践经验的一线工程技术专家、专业技术人员及有特殊技能的技师作为学院的兼职教师。建立了一支高素质、高技能、相对稳定的兼职教师队伍。学院现有全国交通高等职业教育专业带头人4名、省级高校优秀教学团队3个、省高校教学名师4名、省级学科带头人1名、省高校中青年骨干教师12名、教授及教授级高级工程师30余名。已建设了一支初具规模、师德高尚、具有较高教学科研水平和较强实践能力的教师队伍，并初步形成了江西交通教育的人才高地。

三、对接产业，联姻企业，人才培养成效显著

工学结合、校企合作是高职教育服务地方经济建设、培养学生职业技能的必由之路。一直以来，省交通职业技术学院不断加强与企业的密切联系与合作，采取融“教、学、做”为一体的订单式人才培养模式，实现教学与生产的零距离接轨、专业核心能力与职业岗位零距离接轨、毕业与就业的零距离接轨，保证人才培养与社会需求的高度吻合。在与丰田汽车中国投资公司、北京现代汽车有限公司、深圳联胜保险评估公司、美国PPG工业集团等知名企业进行订单培养基础上，2010年又与中国人寿保险股份公司合作，输送了百余名汽车等专业的毕业生到该公司的各个岗位实习就业。经过半年的考察，人寿保险对学院毕业生的工作能力、职业道德、学院人才培养方式、学生实践能力、就业能力给予充分肯定。

2010年，学院学生在各类技能大赛中屡创佳绩：在第一届全国大学生物流设计与模拟经营大赛中获得个人二等奖；在全国大学生数学建模竞赛中有6个团队分获一、二等奖；在全国职业院校技能大赛工程测量项目和进出库作业项目分别获得二、三等奖；在全国大学生会计信息化技能大赛中获团体一等奖；在第九届职业技能竞赛中包揽汽车专业类项目一等奖。在江西省第二届大学生物流设计与沙盘模拟经营大赛中夺得2个团体一等奖。2010年，该院毕业生就业率达到了96%，位居省内院校前茅。

四、育人为本，德育为先，学生素质全面发展

省交通职业技术学院积极创造条件，举办技能文化竞赛，开展心理健康周活动、举行篮球赛、辩论赛、田径运动会等丰富多彩的科技文化、社会实践和其他素质教育活动，积极营造健康向上的校园文化环境与氛围，使学生的整体综合素质得到全面提升，培养出了一批具有交通人特有的良好道德品质的高职人才，为区域经济建设和交通发展提供了有力的人才支撑。

2010年，省交通职业技术学院荣获全省教育系统“创新发展年”活动先进单位称号。在全省教育系统“提升质量、服务创业”主题演讲电视大赛中荣获高等院校组个人二等奖和团体银奖；在全省大中学校学生军训会操表演中获优胜称号；在中国青少年发展基金会举办的“中国平安大学生创业大赛”中，该院学生策划制作的创业方案从全国558支团队中脱颖而出，成功入围复赛，成为唯一代表江西继续参加此次比赛的高校。

与此同时，在资源共享，开放办学，社会服务等方面，该院特色鲜明，成效凸显，取得了显著的社会效益和经济效益。

（厅史志办）

【省交通干部学校培训规模创新高】 2010年，省交通干部学校坚持“实际、实用、实效”的原则，立足交通、贴近实际、科学谋划，干部教育培训工作再创佳绩。全年共举办各类别各层次培训14期，培训2110人次，较2009年增长30%。其中：举办新任处级领导干部培训班1期，培训54人；举办省高速集团科级干部（企业中层）培训班2期，培训182人；举办省高速集团公司抚州管理中心党

务工作者培训班1期,培训41人;举办全省交通运输管理干部培训班1期,培训50人;举办厅直单位入党积极分子培训班2期,培训314人;举办新党员培训班1期,培训181人;举办省路政管理总队执法人员岗前培训班5期,培训1213人;举办党支部书记培训班1期,培训75人。培训对象涵盖了副处级领导干部、科级干部(企业中层)、地方交通管理干部、党务工作者、新党员、入党积极分子及公路路政执法人员等。培训人次再次刷新该校历史记录。

(徐 珍)

【江西交通职业技术学院成功举行"6+1"签约仪式】 2010年,江西交通职业技术学院进一步加强校企合作,实行订单培养,分别与上海申丝企业发展有限公司、深圳恒路物流有限公司、顺风速运集团、上海热风时尚连锁经营有限公司、南昌邮政速递物流公司、广州新帮物流有限公司成功举行了"6+1"订单班签约仪式。

签约仪式上,6家公司和该院共同签署了订单培养协议。按照协议,订单班学生第一至四学期按照学院制定的专业教学计划、大纲及相应课程组织教学,第五学期按校企双方共同制定的"订单班"教学计划和内容组织教学,主要增设合作企业所需要学生掌握的特定课程,最后一个学期在企业顶岗实习与就业。订单班每届学生人数各为50人,各公司对其设定的订单学生设置金额不等的奖学金。签约仪式后,上述各公司与2011届毕业生洽谈,并达成初步定向培养意向。

开展校企合作、订单培养,是该院办学特色,是充分利用社会资源,提升办学质量,提高办学效益的大胆尝试。2006年以来,该院设立了多个专业以企业命名的订单培养班。在课程设置、专业教学、专业教师跟岗培训、班级文化建设以及见习、实习等过程中,企业积极参与,定期选派技术骨干到院授课,并出资设立订单班奖学金和模拟企业生产建立校内实训车间,为学生提供了良好的学习实践机会。

(刘晓冰)

【江西交通职业技术学院加强专业和实训建设成效好】 2010年,江西交通职业技术学院专业和实训建设登上新台阶。该院物流管理教研室教学团队和道路桥梁工程技术教研室教学团队被省教育厅确认为"2010年江西省高校教学团队";该院汽车技术服务与营销、交通安全与智能控制、地下工程与隧道工程技术三个专业被省教育厅确认为"2010年江西省高校特色专业";该院教师吴继锋的道路桥梁工程技术被有关部门确认为"2010年度交通教指委精品课程"。

2010年,该学院与中国人保财险江西省分公司、顺风速运集团、南昌邮政速递物流公司等知名公司签订了订单班培养协议,签约单位为该院实训教学创造了条件。此外,该学院还启动了路桥园工程。该工程模拟路桥施工过程中各个施工阶段,使学生现场直观的了解全部施工过程,是校内规模最大,设备最齐全,项目最先进的实训基地之一。

(刘 婷)

【江西交通职业技术学院汽车行驶转向制动系统检修课程被评为国家精品课程】 2010年,由江西交通职业技术学院副院长、教授黄晓敏主持开发的《汽车行驶转向制动系统检修》课程被教育部评为"2010年度国家精品课程"。这是该院继汽车底盘电控系统检修之后又一门国家精品课程。

该课程以汽车维修岗位所需的职业能力为培养目标,以培养学生的职业综合能力设定教学目标,以汽车行驶转向制动系统常见故障检修确定职业行动领域和学习领域,以故障现象为载体和切入点创设学习情境,以真实、具体的工作任务构建教学内容。

该课程的开发体现了职业性、突出了实践性、彰显了开放性、考虑了区域性,具有以下五大特色和三大创新:育人为本,德育为先——职业道德培养特色;过程导向,系统设计——课程开发方案特色;任务引领,灵活运用——教学方法改革特色;虚实结合,形式多样——教学手段改革特色;以人为本,整体思考——课程考核评价特色;工学结合,行动导向——教学模式设计创新;基于岗位,知识重构——教学内容改革创新;学生主体,学做用练——自主学习平台创新。

(徐 昭)

【江西交通职业技术学院开展创业服务年活动】

2010年，江西交通职业技术学院以服务学生创业、就业为目标，开展创业服务年活动。成立了以院长为组长的创业服务年活动领导小组，制定了以提升学生职业技能为核心，以培养学生就业、创业能力为目标的创业服务年活动实施方案，召开了动员大会，要求各教学系部克服金融危机对毕业生就业工作的影响，提高2010届毕业生的就业率。

该学院以“励志、创业、成才”为主题，围绕能力与文凭、大学生知识积累与培养能力、个人需要与社会需要，成立了“起航大学生创业就业协会”。邀请专家举办大学生创业教育和培训，举办了该学院首届“共青团杯”大学生辩论大赛等“创业服务年”活动。取得了一批特色鲜明、亮点突出的创新成果。

通过创业服务年活动，增强了学生的职业技能，加强了学生的就业创业能力，提升了学生就业质量，该学院2010届毕业生就业率达到96%。

（刘　婷）

【新加坡南洋理工学院代表参观访问江西交通职业技术学院】 10月21日，新加坡南洋理工学院代表到江西交通职业技术学院参观交流。座谈会上，该学院向客人详细地介绍了该院的专业设置与教学情况，各系部主任与客人们就人才培养方式、实训室（实训基地）建设等进行了交流。会后，南洋理工学院的代表参观了该院多个校内校企业合作实训基地，院方现场向客人展示了生产线上的教学过程。南洋理工学院代表就加强和创新教学质量提出了许多可行性建议。该院也提出今后将在深度和广度上加强对外交流，进一步加强高职教育的开放程度，提高开放水平。

（刘　婷）

【江西交通职业技术学院开展专题学术讲座】 12月14日，江西交通职业技术学院特邀江西财经大学知名学者、管理学博士、马克思主义学院副院长夏德根教授到学院作题为“在人民币与美元之间：一盘才开始下的围棋”的专题讲座。该院400余人参加讲座。

夏教授围绕“后金融危机时期的大国经济博弈、后金融危机时期的中美经济博弈”这两个主题展开演讲，深度剖析了当今国际经济金融形式、国际大事件前因后果及对全球经济的影响；阐述了中美经济现状，中国经济面临空前压力下的种种举措；解读了全国近几年出台的有关经济、政治的各项方针政策；分析了中国未来经济与社会双重转型的策略。

通过讲座，学员们进一步开阔了眼界，增长了知识，使大家深受启迪，普遍反映受益匪浅。

（徐　昭）

【江西交通职业技术学院开展示范院校建设】 2010年，江西交通职业技术学院继2009年成为江西省示范高职院校建设项目单位后，又积极参与交通运输部组织开展的建设交通职业教育示范院校工作中。经过角逐，该学院被交通运输部定为全国交通职业教育示范院校。同年，该学院又参与教育部和财政部共同组织开展的推进示范院校建设工作中。经过专家评审，该学院又成为全国100所高等职业院校“国家示范性高等职业院校建设计划”骨干高职院校立项建设单位。这标志着该学院已成为交通运输人才培养、技能培训教材、技术研发、文化传承的基地，已跨入全国一流高职院校行列。

（刘　婷）

【江西交通职业技术学院新增专业设置】 2010年，江西交通职业技术学院为适应交通运输发展需要，新增4个高职高专专业光伏建筑一体化与应用、高职高专教育专业城市轨道交通与控制、船舶检验、机电设备维修与管理专业。目前学院共有31个专业。2010年，学院共招新生3038人。

（刘　婷）

【江西交通职业技术学院校办产业专业技术提升】 2010年3月，由江西选送的江西交通职业技术学院下属企业江西交苑公路工程试验检测中心通过了全国公路水运工程检测认定。该企业运营过程中，强化工地监管，检测数据真实，行业行为规范，获交通运输部通报表扬。8月，该学院另一下属企业江西省交通规划勘察设计院获批公路专业乙级和咨询丙级资质。

（刘　婷）

【省交通干部学校荣获“全国交通现代远程教育办

学先进集体”称号】 2010年,省交通干部学校远程教育以招生工作为核心,以精细管理为抓手,以服务学生为宗旨,转变办学理念、扩大办学规模、提升办学质量、加大招生宣传力度,大力推进现代远程教育健康稳定发展。全年招收本科、专科新生共计391人,较2009年增加20%,实现了远程教育在校生达千人的新目标,被有关部门评为2010年度全国交通现代远程教育办学先进集体。

(徐 珍)

【省交通干部学校在职工程硕士班GCT考试成绩优异】 2010年,省交通干部学校与武汉理工大学合作开办江西在职工程硕士研究生班。办班后,该校高度重视全国GCT考试这一办学关键环节,精心组织,科学筹划。召开座谈会疏导学生克服对GCT考试的惧怕、自卑心理,增强对GCT考试的信心和决心;选定最佳时间开办GCT考前辅导班;挑选最优教师担任GCT辅导老师;邀请优秀考生传授GCT考试技巧、诀窍;开设校网GCT专栏介绍转载GCT相关内容。学员们勤奋好学、攻坚克难,提升学业水平,全班26名学员已顺利通过全国GCT统考,通过率达65%,占武汉理工大学交通学院在职工程硕士上线学生的21%。

(徐 珍)

【省交通干部学校在第二届“运通杯”全省交通运输行业机动车驾驶员节能技能竞赛中取得优异成绩】 6月17~19日,第二届“运通杯”全省交通运输行业机动车驾驶员节能技能竞赛在南昌举行。全省各设区市交通运输局和省交通运输厅厅直属单位共25个代表队的49名选手参加比赛。经过激烈角逐,省交通干部学校获得团体第三名,参赛选手刘建华获得个人二等奖。

(徐 珍)

【省交通干部学校荣获“江西省第十二届文明单位”称号】 2010年,省交通干部学校喜获“江西省第十二届文明单位”称号。这是交通干校有史以来首次获此殊荣。多年来,该校紧紧围绕中心工作,按照学校“十一五”精神文明建设工作规划要求,始终坚持“两手抓,两手都要硬”的方针,坚持以科学发展、构建和谐干校为目标,积极开展精神文明创建活动:一是统一思想认识,健全文明单位创建机制;二是打造“两个平台”,夯实文明单位创建基础;三是做好“三篇文章”,增强文明单位创建实效;四是加强“四项建设”,强化文明单位创建保障;五是创新创建载体,丰富创建内涵,不断解放思想,转变作风,服务发展,为保证完成各项工作任务,提供强大的政治保障和精神支撑。做到了精神文明、物质文明、政治文明协调发展,有效地促进了学校又好又快发展。

(徐 珍)

【省交通干部学院新校区建设进展顺利】 2010年3月,江西省交通干部学院(前身为江西省交通干部学校)为突破原校区办学空间不足,制约教学发展的境况,始建新校区。

建设中的新校区位于南昌市红谷滩新区,占地面积3.33公顷、建筑总面积25430平方米。新校区配有容纳380人的会议厅1个,容纳100人学术报告厅1个,50人教室6个,容纳120人会议室1个,中型图书阅览室1个,容纳40人计算机室2个;室内恒温游泳池1个,室内羽毛球场2个,健身房1个,网球场2个,篮球场1个;配有按三星级标准建设的单人间128个,标间88个,套间12个,可容纳500人就餐食堂1个。

2010年11月18日,6栋单体建筑已全部封顶,新校区建设于2011年全面完工、投入使用。

(徐 珍)

培训与继续教育

【省交通干部学校圆满完成全省稽征转岗公路路政人员岗前培训任务】 2010年,受省公路路政管理总队委托,省交通干部学校分别在井冈山、南昌陆军学院先后举办五期全省公路路政管理人员岗前培训班,对原交通稽征部门划转至公路路政管理总队的1213名人员进行转岗培训。

本次培训旨在加强全省高速公路路政执法队伍建设,全面提升全省高速公路路政的履职能力和综合素质。培训班围绕路政业务知识和法律法规知识,开设了路政管理实践工作、路产路权管理、行政处罚、排障管理、行政执法、行政复议与诉讼、交通手势操等专题教学,并围绕树立良好的执法形象,进行严格的军事训练。

此次培训自3月15日开始,于2011年1月13日结束。采取分期分批、集中培训的方式进行。培训内容多、要求严,但学员们非常珍惜二次就业机会,重视二次上岗前的培训,努力克服自然气候和生活条件困难,把认真学、主动学、自觉学的积极态度融入到培训的全过程,既学习业务知识,又训练军纪作风;既增强进取意识,又锤炼个人意志,是一次集思想、意志和作风为一体的培训。

通过培训,学员们全部考试合格,取得了执法资格,对做好新岗位的工作充满信心。他们一致表示,要以此次培训为新的起点,不断学习,加强实践,以时不我待的紧迫感、开拓有为的责任感,提升江西公路路政管理工作水平、树立江西交通行政执法队伍良好形象。

(钟恢万)

【省交通科学研究院获准设立硕士学位授予点】 2010年10月,经江西省教育厅审查,交通科研院与南昌航空大学联合申报的"公路与桥梁一级学科硕士学位授予点"获得批准。硕士学位点的设立和建设,进一步推动了该院人才队伍的培养和建设。

(龚仁平)

【抚州推进"科教兴交"和"人才强交"战略成效显著】 "十一五"期间,抚州市交通运输系统坚持"科教兴交"、"人才强交"战略,加大了人才培养力度,共投入培训经费44万元,培训职工2143人,职业、教育稳步发展,职工素质普遍提高。截至2010年底,全市交通职工队伍专门人才的比例占全员总数的70%,大专以上学历占80%,分别比"十五"期末提高14.8和16.4个百分点;高、中、初职称比例由2005年的0.5%、4%、6.2%,分别提高到2%、8.4%、13.1%。全体员工知识结构的及时更新和综合素质的不断提高,有力地保障了全市交通运输事业又好又快地发展。

(陈根玲)

【新余市康展驾校与钢城驾校获"全省优秀驾校"称号】 2010年结束的全省2009年度驾培机构质量信誉考核中,新余市康展驾校和钢城驾校通过自评、市运管处初评和省运管局复核,获得2009年度全省驾培机构质量信誉考核优秀驾校(AAA)称号,其中康展驾校是继2008年被评为全省优秀驾校后,再次获此殊荣。

(新余市交通运输局)

【省交通运输厅新任处级领导干部培训班在南昌举办】 7月5~9日,省交通运输厅在南昌举办新任处级领导干部培训班,全省交通运输系统近2年新任副处级以上干部参加培训。

培训的主要内容有:《中国特色社会主义:伟大选择和历史责任》、《廉政教育专题报告》、观看录像《中国传统文化的现代折射》、《廉政准则》、《领导干部执行力研究》、《领导干部心理调适》学习辅导。培训方式是采取教学与自学结合和教授、学者专家课堂讲授与讨论、交流、观看录像相结合的方式进行。

通过培训,学员的理论素养进一步提高,党性锻炼进一步增强,进取意识进一步激发,综合素质明显提升。

(涂序东)

【省交通运输厅在南昌举办新党员培养班】 10月24~26日,省交通运输厅在江西省社会主义学院举办2010年新党员培训班。培训班旨在对新党员加强坚定理想信念教育,提高新党员素质,促进新党员加强道德修养。省直工委、江西财大的4名专家、教授为学员讲授关于民族精神与时代精神和学习十七届四中全会精神,加强党的先进性建设等课程。厅直属单位共180余名新党员参加培训。

(雷声猛)

【全省机动车驾驶培训教练员培训成效好】 2010年,全省机动车驾驶培训教练员培训班在南昌举行,省道路运输协会主办的此次培训班为时一个多月,共分为五期,每期培训时间为7天,参加培训的学员达900余人。

本次培训开设了道路运输常识、道路交通安全法规、机动车驾驶新知识、文明礼仪、救护常识等课程,聘请了全省行业知名专家和学者进行当面授课。并着重培养教练员现场示范讲解能力。经过理论教学、现场示范讲解和现代化多媒体教学,参加学习的教练员整体素质得到了进一步地提高,为全省机动车驾驶员培训机构培养出了一批业务精、善教学、勤学习、作风好、服务优,高素质的机动车驾驶培训教练员。

每期培训班结束后,省运管局按照公平、公正、公开、便民的原则,统一组织机动车驾驶培训教练员从业资格理论知识和实际操作考试,并为考试合格的学员核发全国统一的《机动车驾驶培训教练员证》。

(高　翔)

【省交通运输厅举办纪检监察业务培训班】 8月24~27日,省交通运输厅在井冈山交通运输部党校举办纪检监察业务培训班。

此次培训主要内容为:工程建设领域预防腐败基本措施;当前反腐倡廉应把握的主要问题和基本方法;反腐倡廉有关理论介绍;查办案件业务知识。

省纪委常委、省监察厅副厅长黄林开,省纪委纠风室主任王玮,省交通运输厅纪委书记江学功,总工程师胡钊芳分别就纪检监察信访、案件查处、纠风工作和公路工程质量监督等多方面内容授课。他们深刻分析了当前全国党风廉政建设和反腐败工作面临的形势,特别就全省交通运输系统加强反腐倡廉工作提出了许多行之有效的方法和措施。省公路局、省高速集团、省港航局、省运管局以及鹰瑞项目办与永武项目办等单位分别作交流发言。

通过培训,学员深受教育和启迪。一致反映:纪检监察部门身处反腐倡廉第一线,责任重大,使命光荣。纪检监察干部要全面树立荣誉感、集体感和紧迫感,积极增强敏锐性、主动性、原则性,做顾全大局,维护团结和严于律己的模范,努力实现做人、做事、做官的有机统一,必须忠实地履行职责、以身作则、秉公执法,发扬良好的工作作风,在广大干部和群众心目中努力塑造"可亲、可信、可畏"新形象。

厅直单位纪委书记、监察室主任、专职纪检员和部分业务骨干共计150余人参加培训。

(雷声猛)

【全省交通运输科技统计工作布置暨培训会召开】 2010年度全省交通运输科技统计工作布置暨培训会在宜春召开。会议传达了2010年度全国交通运输科技统计工作会议精神,总结了2009年度江西交通运输科技统计工作,布置了2010年度交通运输科技统计工作。会议期间,对修订后的《交通运输科技统计报行制度》进行了学习培训。全省各设区市交通运输局、公路局,厅直属各单位,各重点工程项目建设办的有关人员参加会议、接受培训。

(朱国英)

【新余市驾驶员培训工作快速发展】 2010年,新余市8所驾校共培训汽车驾驶学员14842人,发放结业证书14842本,比2009受培人数增加3316人,增长率为28.8%。

(艾文兵)

【新余市运管系统开展信息化应用培训】 11月16日,新余市运管处组织全市运管系统管理人员进行信息化应用培训,力求通过培训班的系统学习,消除知识盲点,提高服务水平。培训过程中,授课教师从各专业领域的角度向学员们讲授计算机应用知识,着重讲解计算机应用系统的基本操作,分析和示范了道路运输卫星定位(GPS)系统、省道路运政管理系统及协同办公系统的操作规程和应用,并在课后进行了统一考试。全市运政管理人员共50余人参加了培训。

(陈　旭)

【康展驾校定为新余首家残疾人汽车驾驶培训试点学校】 2010年,新余市交通运输局为贯彻落实"关于切实做好残疾人驾驶汽车相关工作的通知"精神,全力推动残疾人汽车驾驶员培训工作,以满足五类残疾人士学开车的需求。新余市交通运输局确定市康展驾校为残疾人汽车驾驶培训试点学校,为市五类残疾人士提供学习驾车平台。该校于8月初投资近20万元,新购一辆自动挡小汽车并加装了残疾人专用的"美倍力"手动驾驶汽车辅助装置。8月24日,该校选派2名符合申办条件的教练员前往南昌参加机动车残疾人驾驶教练员培训,9月份正式开班招生。

(战　亮)

【余江高速公路管理处举办驾驶员安全培训】 7月21日,余江高速公路管理处进行驾驶员夏季安全培训。该处所属各单位驾驶员、车管员参加培训。这次培训内容包括夏季安全行车常识、2010年最新道路安全法扣分细则。培训中还播放了两部外国驾驶员安全获救片。通过培训,学员们表示一定要做好车辆管理和安全工作,文明行车,安全行车。

(蔡　琛)

【石虎塘枢纽工程项目办举办档案管理培训班】 1月20日,石虎塘项目办举办档案管理培训班。此次培训邀请了交通运输部档案馆和省档案管理局的业务专家授课。石虎塘项目业主、监理、施工单位60余人参加培训。

培训以《水运工程文件材料立卷归档管理办法》及《重大建设项目文件材料与项目档案管理》为主题,通过专家授课与案例分析的方式进行。此次培训为进一步规范石虎塘项目各参建单位的档案管理工作,提高各参建单位档案管理人员的业务水平,促进石虎塘航电枢纽工程档案管理工作的规范化、制度化、标准化建设,加强档案管理人员的档案意识起到了积极作用,同时也为项目建成后的档案管理与使用打下了良好基础。

(吕一琦)

【上饶市运管处举办第三期危货从业资格培训班】 9月14～17日,上饶市运管处在市交通职工培训中心举办了第三期危货从业资格培训班。130余名从业资格资质培训的驾驶员参加了培训。培训班聘请了危货资深专家授课,全面系统地阐述了全国道路危险货物运输概况、道路危险货物运输事故分析及预防、危险货物运输典型事故原因分析和紧急救援、道路危险货物运输新技术。并着重讲解了道路危险货物运输从业人员和押运人员技能培训方面的内容。

(赖建中)

【上饶市交通职工培训中心坚持职业教育与学历教育并举】 2010年,上饶市交通职工培训中心立足职业培训,全年共举办了4期危货运输驾驶员从业资格培训,参加培训人员407人。与此同时,该中心积极与武汉理工大学、重庆大学等高校合作,开设了以"公路桥梁"专业为龙头的近10个专业的本科、专科层次的函授教育,全年共招收本、专科函授学员68人。

(上饶市交通职工培训中心)

【全省交通运输系统地方行业标准宣传贯彻培训班在南昌举办】 6月24～25日,全省交通运输系统地方行业标准宣贯会培训班在南昌举行。

此次培训邀请交通运输部科技司和省质监局的标准化专家授课。培训内容包括交通标准化发展形势分析、国家标准工作导则解读、省地方交通运输行业标准宣贯以及标准编制等,并对交通运输厅去年发布的《江西省高速公路服务区建设设计指南(试行)》、《江西省高速公路收费所站管理用房建设指南(试行)》、《江西省高速公路服务区VI系统及餐厅超市室内间设计指南(试行)》三项行业标准进行了详细解读。

各设区市交通运输局、公路局、厅直属各单位,重点工程项目办等单位分管领导、技术人员,共计60人参加培训。

(厅科教处)

【省交通运输厅举办第三期全省交通运输行业节能减排培训班】 10月12～13日,全省交通运输行业第三期节能减排培训班在南昌举办。

培训的主要内容是:科学发展、进位赶超、绿色崛起专题学习与全省"十一五"节能减排措施、"绿色照明"技术及科技节能、全省"车、船、路、港"单位低碳交通运输专项行动、节能减排示范项目学习培训和开展公路水路交通运输系统节能研讨。

培训方式是:以开展教学和专题研讨相结合的形式组织培训。邀请了交通运输部公路科学研究院、省发改委、省委党校、南昌大学等单位的领导、专家和全省交通运输行业第三批节能减排示范项目负责人等为学员授课。

培训人员有:各设区市交通运输局、公路局节能减排工作的分管领导和部门负责人;厅直属各单位,各重点工程建设项目办节能减排工作的分管领导和部门负责人;各港航分局、港航管理处、道路运输管理处节能减排工作的分管领导和部门负责人;各道路、水上客货运输企业、港口、码头企事业单位、城市公交和出租车企业节能减排工作的分管领导和部门负责人等。

【石虎塘枢纽工程项目办积极开展业务培训】 12月11日,石虎塘项目办邀请省安监局有关人员和项目办总工,分别就安全管理和合同管理内容对项目人员进行集中培训。项目业主、监理、设计、施工单位的代表共40余人参加培训。

培训内容有安全生产管理和合同管理两部分。由教员就安全生产形势、安全生产事故发生的原因、安全生产管理对策、安全生产管理的意义进行授课。并通过安全演示,再现一幕幕由于麻痹大意或工程质量不合格等原因引起的重大事故,给每位学员再次敲响警钟。合同管理培训内容主要有工程变更的一般概念、各从业单位的职责、变更管理、注意事项等。针对石虎塘工程合同管理工作中遇到的实际问题,授课教师提出了解决方法和措施。此次培训进一步提高了参建人员的安全管理和合同管理水平。

(吕一琦)

【萍乡市公路学会举办渡改桥业务培训】 8月26~27日,萍乡市公路学会选派经验丰富的公路桥梁高级工程师对该市渡改桥项目的建设、施工、监理单位的50余名技术管理人员进行业务培训。通过培训各参建单位技术人员进一步了解和掌握了预应力、混凝土施工质量点控制部位、预应力产品及材料用、悬浇施工工艺重点控制部位及施工现场管理等多个方面注意的事项,对后续渡改桥工程施工质量管理及竣(交)工验收等工作起到了积极作用。

(王李萍)

【江西省公路工程造价培训班在南昌举办】 4月22~23日,省公路工程造价管理站联合珠海纵横创新软件有限公司在南昌举办江西省公路工程造价培训班。全省11个设区市的公路造价从业人员与工程技术人员共80余人参加培训。

培训班邀请公路造价专家就公路工程造价工作的思路与方法、案例组价分析、实战操作等内容进行业务实战培训。引导学员们针对平时工作和具体难点问题进行了深入的探讨。

通过培训,学员们对公路工程造价有了一个全新的认识,对做好造价工作既充满信心,又有了一个较扎实的基础知识。

(陈 剑)

【景鹰高速公路公司进行员工礼仪培训】 8月10日,景鹰公司举办了首期员工礼仪培训班。培训特邀南昌航空工业大学的资深礼仪老师授课,60余人参加了培训。培训中,礼仪老师结合高速公路服务行业的特点,深入浅出讲解了文明礼仪在高速公路服务工作中的重要性和意义;同时针对服务仪表塑造、亲和力仪态塑造、窗口服务规范和服务沟通技巧等方面进行了重点授课和模拟演练。

(刘 佳)

【新余市运管处举办维修从业人员培训班】 2010年12月,新余市运管处举办的维修技术从业人员培训班。全市40余家一二类维修企业及业户近200人参加培训。培训为期3天。培训的主要内容包括维修技术机修基础知识、发动机机构与检修、车辆底盘结构与检修、车载网络系统与车身电控系统结构维修与故障安全分析、系统科学的汽车故障诊断方法、汽车日常维护、一级维护和二级维护,作业内容和技术规范等内容。通过培训,提高了道路运输从业人员综合素质和维修技术能力,进一步规范机动车维修经营活动维护了机动车维修市场秩序,增强道路运输维修行业整体技术水平。

(周小玲)

【江西远洋公司举办党务、纪检监察干部培训班】 10月29~30日,江西远洋公路党委举办了党务、纪检监察干部业务培训班。公司属辖单位党支部书记、专兼职纪检员及有关负责人参加培训。

培训班紧密结合公司实际工作和创先活动,就如何当好党支书记、党员发展、党费收缴、惩防体系建设、党风廉政建设工作规范和评价机制、公文写作等方面进行授课和交流。通过培训,参训人员丰富了业务知识,提高了公司党务、纪检工作整体水平。

(张桂钦)

【宜春市六千道路运输从业人员参加安全培训】 2010年5~7月,宜春市交通运输局进一步加强道路运输管理,增强道路运输行业从业人员的安全意识和依法经营意识,全市培训道路运输从业人员6000余人。参训人员有客车、危货车辆驾驶员,危货押运员、装卸员、站务员、科务员、汽车维修技术人员。通过培训进一步增强道路运输从业人员相关法律、法规和安全生产知识,为促进全市道路运输事业奠定了一定的基础。

(李　明)

【宜春开展道路危货运输从业人员培训】 2010年,宜春市交通运输局加强道路危险货物运输从业人员培训与考试工作。全年开办危险品从业人员培训班4期。本年度参加培训的人员共计1159人,其中,考危险货物驾驶员的有665人,合格613人、合格率为93%;考道路危险货物运输的押运员有889人,考试合格829人,合格率94%;考道路危险货物装卸管理人员的有6人,合格6人,合格率100%。

(郑　健)

【樟树市举办交通运输从业人员安全培训】 5月10~12日,樟树市举办为期限3天的全市道路运输从业人员安全教育培训班。全市客车、危货车辆驾驶员,危货押运员、装卸员、站务员、乘务员、汽车维修技术人员、检测员、驾校教练员、企业负责人,安全管理员及相关从业人员等共468人参加培训。培训内容主要包括:道路运输安全基础知识及专业技术知识;道路运输安全的政策法规知识;道路运输行业安全事故案例分析;道路运输法规及配套规章;道路运输从业人员职业道德教育;国际国内有关道路运输发展动态。培训班采取分专业开班的形式进行培训。聘请有关专家和学者对培训人员进行授课,结合各行业特点开展有针对性的安全教育,并以近年来发生在道路运输行业的典型安全事故为案例,为大家现身说法。培训内容既有政策理论,又有实际案例,具有很强的感染力,取得了预期教育效果,对加强道路运输行业从业人员的安全生产意识,提高安全管理操作技能,进一步提升企业安全管理水平,增强事故防范能力,将起到积极促进作用。

(曾凡荣)

【省高速集团举办收费稽查业务骨干培训班】 8月31日~9月3日,省高速集团收费稽查业务骨干培训班在赣州举办,70名稽核业务骨干参加培训。

培训采取老师授课、分组讨论、座谈会交流、实践操作等方式进行。先后开设了收费纠纷与防范、依法收费的困境与出路、高速稽核基础知识等课程。讨论修订了《逃费处理指导后手册》、进行了稽核技能测试,并组织赴粤界收费站观摩等。学员们在听中学,在交流中学,在动手中学,进一步提高了稽核业务骨干对收费稽核工作重要性的认识和业务水平。

(赣高轩)

【奉新县交通运输局注重提升干部职工文化素养培训】 2010年,奉新县交通运输局注重做好干职工的在职教育工作。采取经费补助和工作时间安排上倾斜的措施,在搞好日常的政治理论学习的同时,鼓励干职工结合各自岗位的实际情况,积极参加形式多样的专业技能培训和专业技术等级资格考试,以及在职学历教育。2010年,该局干职工共有81人次参加11期政治理论、交通法规、工程项目法人、交通管理等多种形式的培训。通过培训和再教育,全局干部职工综合素质与文化层次及专业技术构成得到很大改观。全局75名在职干部职工中,有研究生1人,本科11人,大专39人,中专7人,高中及以下17人;有中级职称2人,助理级21人。

(魏振宇)

【昌铜高速公路项目办举办通讯员培训班】 3月5日,昌铜项目办宣传工作会议暨通讯员培训班在奉新举行。项目办各处室有关人员、全线施工、监理单位分管宣传工作负责人和通讯员等共90余人参加培训。

培训班邀请了《江西日报》和《中国交通报》江西记者站记者为学员授课。培训内容包括新闻采访写作、新闻摄影及交通运输行业新闻写作基本方法和技巧。培训班上,老师们结合大量优秀新闻作品和昌铜项目通讯员自己写的新闻作品就学员们所关心的如何挖掘好新闻、选好新闻素材、把好新闻角度等方面进行深入浅出的讲解,学员们聚精会神的听讲,认真地做记录。此次培训对做好昌铜高速公路项目建设的宣传工作有很大的帮助。

(王　超)

【新余市举办全市汽车维修企业二级维护视频监控系统操作员培训班】 1月15日,新余市运管处举办了全市汽车维修企业二级维护视频监控系统操作员培训班,对42家已安装了二级维护视频监控系统的维修企业操作员按照二级维护视频监控系统规程进行了全面系统的培训,使二级维护视频网络监控系统操作员的整体水平上了一个新台阶。

(龚　巍)

【铜鼓县加大道路运输从业人员安全教育培训力度】 2010年,铜鼓县道路运输管理所组织为期3天的全县从事道路运输从业人员安全教育培训。此次培训聘请宜春市道路运输行业专家授课,开设了客运、危货、驾培、站务、汽车维修和检测人员培训班,主要讲授交通运输行业各工种相关的法律知识和安全事故案例,以增强从业人员的法律法规意识和安全生产意识。全县共有189名道路运输从业人员参加培训,培训率达95%。

(吴繁荣)

【高安市举行道路运输驾驶员业务培训】 6月22日~24日,高安市交通运输局举办为期限三天的驾驶员业务素质培训班。此次培训要求所有从事道路运输业的人员做到"四个必须",即人员必须全部参加、培训内容必须全部落实、培训课时必须全部完成、考核验收必须全部合格。参加培训人员达800人次,培训率达92%,培训合格率达100%。

(熊守忠)

【省交通设计院举办"EICAD"软件培训班】 9月14日,省交通设计院举办"EICAD"软件培训班。邀请该软件的研发者之一东南大学教授肖斌主讲,全院共有17名相关专业技术人员参加。讲座分两大部分:一是EICAD的核心技术特点;二是EICAD立交设计案例演示。针对第一部分内容肖教授分别对以下八点做了详细讲解:①改进导线法路线设计理论;②人机交互式纵断面动态拉坡技术:③边坡模板组合横断面设计技术;④模式法曲线立交设计理论;⑤变速车道、立交端部、收费站等丰富的应用;⑥控制高程约束边界曲面算法的平交口设计;⑦工程数据可视化技术的数据环境;⑧规范指标实时检查与提示的设计助手。此次培训还安排了教学互动。在互动上,肖教授回答了设计人员提出的多个问题。让从未使用过EICAD的技术人员对该软件有了初步了解,而对已使用过该软件的人员则有了更深入的认识和熟练的运用,培训取得了很好的效果。

(聂淑贞)

【省交通运输厅直属机关党委举办2010年第二期入党积极分子培训班】 10月21~23日,省交通运输厅直属机关党委在省社会主义学院举办2010年第二期入党积极分子培训班。

本期培训班采取专题辅导、实践教学和自学阅读理论书籍的方法进行,其中,专题辅导内容有:党的基本知识、《中国共产党章程》和党的理论。实践教学内容是:1.专题讨论。作为一名入党积极分子,怎样积极创造条件争取早日加入党组织;2.党性锻炼计划。结合个人对党的认识及工作实践撰写党性锻炼计划;3.自我阅读自学的主要分内容有:《中国共产党章程》、毛泽东《为人民服务》、《"三个代表"重要思想学习钢要》、《江泽民文选》1~3卷、胡锦涛《在庆祝中国共产党成立85周年暨总结保持共产党员先进性教育活动大会上的讲话》和《科学发展观学习读本》,党的十七大报告。

厅直各单位党组织经过培养考察,条件成熟,准备发展入党的积极分子参加了培训。

【上饶市运管处规范驾校经营行为,提高驾驶员培训质量】 2010年,上饶市运管处邀请有关专家对全市驾驶企业进行评审。评审结果:1家由二级升一级、1家由三级升二级、新开业的四家二级驾校进行了实地评审许可。并对驾驶员培训记录集中签章约36000份;对7987人次进行从业资格证考试,发了从业资格证;对全市34所驾校进行了质量信誉考核,认定AAA驾校3所,AA驾校23所,A驾校8所;对全市驾校进行了安全排查,开展了IC卡培训计时系统安装工作;对367名申办汽车驾驶教练员证的驾驶员申请材料进行了审核上报;对驾校教练员的"五条禁令"进行了贯彻落实,净化了教练员教学环境,从而规范了驾校的经营行为,提高了驾驶员的培训质量。

(陈均培　赖建中)

【丰城市交通运输局加强干部职工培训】 2010

年，该局为进一步提高干部职工队伍素质，打造成学习型、和谐型、服务型机关，培养和造就一支优良的交通运输队伍，加强了中层干部和重点技术岗位人员的教育培训：一是积极动员组织局职工参加各种资质考试、技术职称考试。2009 年 9 月至 2010 年 10 月，局在岗职工中继续教育 8 人，高级工 70 人，中级工 29 人；二是鼓励干部职工积极参加各类电大和成人自考的学习。该局 342 名在岗干部职工已有 49 人达到专科水平，26 人达到本科，有在读专科职工 3 人，在读本科职工 2 人；三是继续抓好干部职工法律和业务知识的培训。该局综合各部门实际工作需要，分别组织公路路政、水上执法人员进行法律基础知识和交通执法有关知识培训；四是继续组织人员参加宜春市交通运输局组织的渡改桥竣工验收资料培训班，共有 30 人参加；五是在创先争优活动中，组织全体干部职工参加教育培训，共培训 122 人。

（裴爱国）

【梨温高速公路公司赣浙收费处开展识别假币培训】 2010 年，梨温高速公路公司赣浙收费处邀请玉山县人民银行长及专业人员，对全体收费员进行识别假币培训。

此次培训，采取教师讲授与自教、自学相结合的方式进行。首先是理论学习，由玉山县人民银行行长以不同面额的人民币为模版，教大家如何识别假币，如对第五套人民币采取看、摸、听、测法进行纸张识别、水印识别、凹印技术识别、荧光识别、安全线识别；其次是理论联系实际，掌握和提高识别能力。由票管室拿来不同面额的人民币供大家实践教学；最后是高速公路经验交流。收费员们提出自已在实际工作中总结出的识别方法，进行共同探讨。

通过培训，增强了收费员鉴别假币的能力，提高了全体收费人员的业务技能和优质服务水平。

（陈培文）

【梨温高速公路公司三清山服务区举办专业技能培训班】 11 月 19 日，三清山服务区与玉山县就业训练中心在服务区开设为期一个月的服务人员专业技能培训班。特邀相关专业教师对员工进行对口专业培训，内容涵盖职业道德、礼仪服务与操作技能，以及法律常识、卫生与安全知识等。培训坚持理论与实践结合和采取每一门培训课程结束，都将对所参训学员进行理论和技能考核现场指导，并颁发相关技能证书。此次培训生动形象、内容丰富、深入浅出，学员普遍反映，受益匪浅。

（郑　兵　王　雁）

【省公路运输管理局举办安全管理培训班】 2010 年，省公路运输管理局举办了 2 期运输企业安全管理人员岗位培训班，培训安全管理人员 330 人。组织各级运管人员深入运输企业、汽车客运站等运输一线进行安全督导和安全隐患排查 1000 多人次。排查各类安全隐患 734 起，已整治 721 起，12 起正在整治中，为全省开展创业服务年活动提供了坚强有力的运输安全保障工作。

（游国候）

【萍乡市交通职业技能培训中心开展驾驶员与危货运输人员培训】 2010 年，萍乡市交通职业技能培训中心共组织营运汽车驾驶员（客运、货运）从业资格培训班 12 期，培训驾驶人员 2579 人；举办道路危险货物运输培训 4 期，培训 784 人。通过对从业人员进行职业道德、运输法规、业务知识等方面的培训和考核，广大参训人员加深了对公路运输专业理论知识的了解，对提升运输质量、确保安全生产均有较大的推动和促进作用。

（赵一平）

【景鹰高速公路公司开展收费班长业务培训】 4 月 15 日，景鹰高速公路公司开展收费班长业务培训。培训内容结合打击偷逃通行费车辆百日整治活动，分析收费工作的重点问题，着重讲解假绿通的查验方法与程序和假冒军警车、假免费证的识别方法，以及换卡车、J 型 U 型车、电子干扰、垫钢板、遮挡光栅、非法安装液压磅、走 S 型、跳磅、反复碾压车轴识别器造成多轴、车头车厢分离等偷逃通行费的各种手段及相应的打击方法，取得了良好效果。

（张　健）

【吉安市港航管理处举办港口经营人员培训】 11 月 2 日，吉安市港航管理处组织辖区较具规模的 10 家港口码头经营业主，举办港口知识培训。这次培训旨在通过对码头业主进行新的《港口经营管理规定》的学习,提高广大业主的依法经营水平和依法经营意识。

11月9日,吉安市港航管理处开展全市港口经营人安全培训。培训对象为港口经营企业主要负责人和港口经营企业安全生产管理人员。培训内容有:《中华人民共和国安全生产法》和《中华人民共和国港口法》等法规知识和港口安全生产操作规程、案例生产督查等内容。通过培训,进一步增强了全市港口企业的安全生产意识,强化了企业的安全生产主体责任,对促进全市港口安全生产,起到了较大的促进作用。

(刘 晖)

【江西长运公司党委举办宣传通讯员培训班】 6月10日,江西长运股份有限公司党委举办宣传报道通讯员培训班。此次培训特邀江西省摄影协会罗兆鸿和《中国交通报》驻江西记者站记者、《江西交通》编辑部编辑练崇田分别就摄影和新闻写作基础知识进行授课,结合实例进行讲解,并组织学员进行探讨交流。各子公司党委办公室主任和宣传报道通讯员,南昌地区各子公司基层党支部的宣传报道通讯员共50余人参加培训。

(吴 娇)

【新余市举办汽车维修企业质检员、汽车客运站例检员培训班】 1月18~20日,新余市运管处举办了为期3天的全市汽车维修企业质检员、汽车客运站例检员培训班,对全市3名总质检员、39名质检员、6名车站例检员进行系统专业知识培训。通过培训,进一步提高了全市维修技术人员、汽车客运站例检员整体素质和专业水平,为提高汽车维修质量,保障车辆运行安全奠定了一定的基础。

(龚 巍)

【德昌高速公路项目办举办沥青路面结构质量控制技术讲座】 4月18日,德昌高速公路项目办特邀国内知名路面专家——长沙理工大学教授武和平讲授"高性能沥青路面设计与施工质量控制技术"专题讲座。

武和平教授就高性能沥青路面典型结构组合设计、路面材料质量控制与管理、工程设计级配与沥青混合料设计方法的改进、提高路面结构抗车辙性能的施工实践等方面内容进行了详细的讲解。讲座内容深入生动,系统性、针对性强,有对路面典型结构形式的,又有国内外各种路面结构形式的优缺点分析;既有对沥青路面施工质量控制要点的,又有如何提高沥青路面质量方法和要点讲解;既有沥青配合比设计的,又有对如何改进沥青级配设计的;既有大量最新沥青路面科研成果的,也有大量国内外沥青路面施工中好的经验和不良教训的剖析,并对德昌项目沥青路面设计和施工提出了宝贵的建议。

通过讲座,大家较为完整、系统的学习了沥青路面结构质量控制,工艺知识,了解了国内外先进沥青路面结构的组成,为全面提高本项目路面备料及施工质量,提高广大技术人员路面施工控制和施工管理的技术水平,奠定了良好的基础。

(刘 军 朱建军)

【赣州高速公路管理处桥隧所开展应急援助志愿者技能培训】 4月13日,赣州高速公路管理处桥隧所联合隧川120急救中心、遂川消防中队消防官兵举办应急志愿者援助专题培训。

此次培训内容分为院前现场急救、消防队安全知识介绍和实践模拟援助三个部分。授课教师介绍院前抢救的重要意义,交通事故现场援助中使用最为广泛的急救技术和可能出现的火灾种类、原因及预防措施。讲座结束后,进行实践的模拟,考验职工们是否真正掌握急救技术和正确使用消防器材。职工们组队相互进行包扎急救示范,授课老师在旁指点说明,使原本枯燥的课堂气氛异常活跃。此次培训开阔了学员的视野,丰富了应急援助的知识,掌握了自救、他救的急救技能,提高应急能力、组织援助能力、综合协调能力,为应急援助工作奠定了坚实的基础。

(彭 婷)

【省交通科研研究院与长安大学联合培养博士后研究人员】 11月15日,省交通科学研究院博士后科研工作站与长安大学博士后流动站签订联合培养博士后研究人员合作协议。该合作协议的签订,标志着交通科研院可以根据江西交通运输事业发展的需要招收博士后研究人员。

该协议规定在入站期间博士后研究人员将实行双导师制,即长安大学与科研院各派一名专家担任导师,对博士后研究人员的科研工作进行联合指导,双方共同对博士后研究人员的进站开题、中期考核、出站考评进行管理工作,经综合考评合格后颁发博士后证书。

此项合作拓宽了全省交通运输系统高层次优秀专业技术人才的选、育、用、留渠道,为推进人才创新建设提供了广阔平台。省交通科研院以此为契机,博士后工作直接服务于全院技术研发、技术推广,促进全院技术创新,推进产学研一体化,加快高层次科技和管理创新型人才培养,推进科技进步和技术创新步伐。

(龚仁平)

【省交通运输厅组织厅直政工职称人员赴省培训】 4月7日,省直机关工委在星子县举办为期3天的省直企业政工职称人员岗前培训班。这期培训班共有学员110人。省交通运输厅参加培训人员78人,其中,中级职称21人,初级职称57人,占培训班总人数的70%。主要开设了"与政工师们谈思想政治工作"、"江西交通运输发展规划"专题讲座和"如何做好新形势下的思想政治工作"业务培训等课程。4月8日下午,学员们就如何结合实际做好思想政治工作分组进行了深入的讨论交流。学员们普遍反映,受益匪浅。

【昌铜高速公路项目办与地方安监局联合组织安全培训】 2010年,昌铜高速公路项目办联合地方安监局利用雨天停工期间举行安全生产培训。项目经理部、高驻办的安全生产管理人员、从事生产的一线工人均参与培训,参与培训人员共280人。

培训内容除正常的安全管理及技能操作外,还增加了防雷及紧急救护知识培训。对所有参加培训人员,均发给一份《安全生产法》、一份安全生产事故案例和紧急救护的小常识等读本。并增加了案例教学,实际图片展等内容。通过安监部门的专业培训,提高学员们的安全意识,为消除安全隐患奠定了一定的基础。

(万长明)

【梨温高速公路公司开展红十字志愿者应急救护技能培训】 11月16~17日,梨温公司与江西省红十字会救护培训中心联合举办应急救护培训班,共40名志愿者参加此次培训。

此次培训分救护理论和实践操练两部分进行。省红十字会救护培训中心教学部主任雷韶敏。他利用多媒体与人体模型,向志愿者讲授救护新概念、心肺复苏理论、常见急症、灾害事故、创伤急救理论、心肺复苏及创伤救护实践、操练等课程。并现场演示心肺复苏术,外伤止血、伤口包扎、骨折固定、三角巾的使用方法等。在教育学互动环节中,雷韶敏耐心细致讲解操作要点,纠正不规范动作,指导志愿者们认真地学习和一遍遍练习实践。课后,该公司培训中心对志愿者进行救护理论知识考试和实际操作测试。江西省红十字会给成绩合格者颁发了救护员证。

(公路开发总公司 罗荣刚)

卫 生

【省交通运输厅转发《2010年全国禁毒宣传教育工作重点》】 4月6日,省交通运输厅发出《关于转发2010年全国禁毒宣传教育工作重点工作的通知》。全文印发了国家禁毒委员会禁毒委发〔2010〕1号文件和江西省禁毒委员会办公室赣禁毒办〔2010〕1号文件。

通知要求,全省交通运输行业认真执行国家和省禁毒委的部署,切实抓好2010年全国和江西省禁毒宣传教育工作重点工作的贯彻落实。

全省交通运输系统按照国家、省与交通运输厅的文件精神,在新一轮禁毒的人民战争中,坚持"面向全民、突出重点、常抓不懈、注重实效"的方针,以“依法禁毒、构建和谐”为主题,结合交通运输行业与本单位、本部门实际,强化交通要道、港口、车站、码头、交通工具等宣传阵地与流动人口多、外来务工的农民工较集中的地方的宣传力度,认真开展禁毒宣传教育工作,营造了更加浓厚的全民禁毒意识和社会氛围,取得了良好效果。

(彭 超)

【省交通医院强化服务,为交通运输事业提供健康保障】 2010年,省交通医院以创先争优活动为契机,在干部职工中不断强化服务意识,热心为交通运输事业提供灵活多样的健康服务。该医院根据交通运输单位多,且分散的特点,加强了对交通学院、省公路局、厅机关大院等交通职工相对集中的单位的定点服务,增派了骨干医务人员长期驻扎,为他们提供优质、便捷的医疗服务;积极提供上门服务,为在外地的交通建设工地送医送药下工地。全年为行动不便的交通干部职工提供上门输液服务300余人次;为交通职业技术学院学生提供上门体检服务3000余人次;为交通系统的大型会议、文体活动、老干部出外考察等活动提供了良好的保健服务。同时,积极协助港航工程处、省运管局、省交通干校等单位做好职工医疗费审查,为交通运输部门、单位合理控制医药费用发挥了积极作用。该医院的各项医护服务工作得到广大交通干部职工的好评。2010年被上级评为服务保障先进单位,并荣获“南昌市西湖区文明单位”、“综合治理先进单位”称号。

(王 芳)

【省交通运输厅被授予“江西省红十字人道救助功勋单位”称号】 11月2日,江西省红十字会第六次代表大会在南昌召开。大会对2005～2010年的5年间,红十字会工作有突出贡献的单位和个人进行表彰。会上,省交通运输厅和省公路管理局分别被授予“江西省红十字人道救助功勋单位”荣誉称号。

5年来,省交通运输厅以做好全省红十字会,主动承担社会责任,奉献爱心,捐款捐物,支持红十字会救灾、救助、救护工作,参与红十字会公益事业,帮助灾区人民战胜困难,恢复生产,为促进江西人民建设安居乐业、人与自然和谐的幸福家园作出了重要贡献。(厅信息中心 黄 金)

【江西省水上人命救助应急演练在南昌举行】 8月31日,由省水上搜救中心、省地方海事局主办,南昌公安消防支队协办的“2010年江西省水上人命救助应急演练”在省公安厅水警总队赣江码头前沿水域举行。

此次应急演练是对交通运输部门和有关成员单位贯彻落实《江西省突发公共事件总体应急预案》及《江西省处置水上突发事件应急预案》的全面检验。水上救助单位有关人员参加演练,海事系统的12米玻钢海事巡逻艇、6.8米海巡快艇,公安消防的冲锋舟,专业救助部门的440马力多用途打捞起重船和相关辅助装备投入演练。

(涂序东 许海远)

【江西公路开发总公司聘请专家为员工舒缓心理压力保健康】 11月5日,江西公路开发总公司举办首届员工心理健康与压力舒缓专家讲座。该公司50余名干部职工参加讲座。

本次讲座主题为“心理健康与压力舒缓”,授课专家主要从心理健康的重要性,分析引起员工心理压力的原因,以及如何提高员工心理调试能力等三方面进行讲解。

讲座老师余玲从事成人培训工作十年,是国家税务总局讲师团、江西省国税培训中心高级讲师,也是江西财经大学公务员培训中心、省委组织部井冈山党员干部培训基地的客座教授。余玲以自己在工作、学习以及教育孩子的亲身经历,深入浅出地阐述心理健康的理论知识。

(何 芳 王 玮)

【梨温高速公路公司7人被授予“江西省优秀红十字志愿者”称号】 2010年,江西省红十字志愿者表彰大会授予梨温高速公路公司熊文清班组及鹰潭处的陈赟、鲍靓、霍容容、许成、何丽、程巍、熊艳7位员工“江西省优秀红十字志愿者”称号,并授予红十字志愿服务一星级证章,以表彰该公司上述员工在参与爱心活动和应急救援活动中所发扬的“人道、博爱、奉献”国际红十字精神。

利温高速公路公司红十字应急救援队成立一年多来,以“助人为乐、奉献社会”为宗旨,积极参与社会公益活动,道路除雪现场、公共场所义务劳动、梨温高速沿线各敬老院、孤儿院与孤寡老人家中、爱心募捐现场以及省运会、中博会等社会活动中处处活跃着队员们的身影，2010 年全队队员人均志愿服务时间超过 130 小时，广受社会各界好评。

（罗荣凤　胡　丹）

【萍乡市交通运输局荣获全国“全民健身活动先进单位”称号】 2010 年，萍乡市交通运输局大力推进交通行业文化建设，扎实开展全民健身系列活动，先后组织了“高铁杯”大交通篮球联赛、第八套广播体操、羽毛球、乒乓球、桥牌、门球、钓鱼等七项比赛，市、县(区)交通运输局、公路、运管、交警、高速路政执法支队、海事、港航、运输企业和驻萍高速铁路建设施工单位共 19 个代表队参赛。全民健身活动的扎实开展，增强了交通干部职工“大交通，一家亲”的凝聚力与创先争优的集体荣誉感和“每天健身一小时，快乐工作五十年，健康生活一辈子”的意识，进一步激发了干部职工爱岗敬业、无私奉献的行业精神，为推动交通事业又好又快发展营造了积极向上的文化氛围。2010 年 12 月，萍乡市交通运输局被国家体育总局授予“全民健身先进活动单位”荣誉称号。

（陈理平）

【省交通设计院投入 30 余万元组织职工身体普查】 省交通设计院坚持以人为本、科学发展的管理理念，高度关注职工的身体健康。2010 年，在勘察设计任务极其繁忙的情况下，仍组织职工进行身体普查。9 月 7 ~ 9 日，组织全院 117 名女同志在省妇幼保健医院进行妇科普查，共计费用 2.7 万余元；9 月 13 ~ 17 日组织全院 623 名职工(含离退休职工)在省中医院进行身体健康普查，分别做了血常规、心电图、B 超、胸透、尿常规、彩照等项目的检查，共计费用 28.8 万元。通过检查使职工对自身的身体状况有了更全面的了解，起到有病治病，无病预防的效果。

（朱　革）

【南昌市公路局安义分局举行防震逃生演练】 2010 年 5 月 12 日，是汶川大地震两周年纪念日，为了提高干部职工地震应急能力，初步掌握防震、避震、自救、互救的知识和技能，当天上午，安义公路分局组织全局干部职工举行了一次防震安全逃生演练。通过演练，全局干部职工进一步深刻理解地震的危害，增强了防患于未然的安全意识。

（陈晓玲）

【泰井高速公路泰和管理中心启动救助车主用户爱心基金】 5 月 1 日上午，省高速集团泰和管理中心“救助车主用户爱心基金”在井冈山收费广场揭牌。该基金用以帮助广大车主用户解决在泰井高速行驶过程中遇到的燃眉之急。凡是出现在泰井高速公路上的各种突发灾难能够得到及时救助。爱心基金来源于机关及下属各单位干部员工的捐赠、工会经费和行政拨款。

（王　平　温荣生）

【熊文清班组 2 人荣获中国红十字志愿服务一星奖章】 梨温高速公路公司熊文清班组从 2007 年建立以来，一直以“助人为乐、奉献社会”为宗旨，不断从事各种社会公益活动。冰冻灾害期间道路除雪现场、公共场所义务劳动、敬老院、孤儿院、贫困老人家中、爱心募捐现场、节能减排活动都有他们的身影。在三年多的时间里，该班组多次组织爱心募捐、参加各种义务劳动、帮扶活动 30 余次，累计时间 130 余小时。2010 年 12 月 6 日，该班组员工许成、何丽荣获“中国红十字志愿服务一星奖章”和“江西省优秀红十字志愿者”称号。

（许　成）

【南丰县交通运输局贯彻国务院《全民健身计划纲要》见实效】 2010 年，南丰县交通运输局坚持以人为本，关心员工健康，认真贯彻国务院《全民健身计划纲要》，以开展健康快乐技能活动为举措，树立能工作、会生活、懂娱乐、保健康的新观念，努力营造一个团结和谐、充满人文关怀和生活情趣、健康向上的大家庭式工作和生活氛围，推进交通事业的持续、健康发展。广泛开展职业技能类、健身类、生活类、娱乐类、学习类技能竞赛活动，每个月进行一次比赛。上半年进行了生活类和健身类比赛，下半年进行了职业技能类、娱乐类的比赛。学习类的竞赛则每月进行一次。通过这些学习竞赛活动，极大地丰富了干部职工的生活，树立了职工积极向上的生活的工作态度，增强了职工的向心力和凝聚力。

（南丰县交通运输局）

【高安县交通运输局关爱生命、关注职工健康】 2010年,高安县交通运输局进一步关爱生命,关注职工健康。千方百计筹措资金2万多元,于12月24~25日,在市人民医院开展一次大型职工体检活动,在职干部职工101人参加体检。本次体检活动是近年来健康体检人数量多、项目最多的一次体检,体检内容包括血常规、肝功能、血糖、B超及心电图等六个项目检查,并建立个人病历档案入档,女职工还进行女职工专项身体健康检查。通过健康体检,系统干部职工对自己的身体状况有进一步的了解。

(周世祥)

【省高速公路投资集团关注员工健康　盛夏酷暑送清凉】 2010年7月起,每天38℃~39℃高温,持续慢长,炙热高速。省高速公路投资集团有限责任公司组织上下齐动员,关爱员工送清凉,在暑气逼人的日子里,开展内容丰富的"送健康、送清凉"活动。

8月9日,赣州管理中心携手赣州交通广播联合开展了"夏日送清凉"活动,走进迎"国检"100多度的罩机施工现场,为员工送上了防暑饮品。

8月上中旬,抚州管理中心工会专门购买防暑降温用品,安排"送清凉"、"送健康"等活动,对工作在高温一线的职工进行走访慰问。组织人员深入一线,为工人们带去了矿泉水、凉粉、绿豆等消暑食品。要求养护单位管理人员采取有效措施保障施工安全。

7月28日,景婺黄高速公路管理中心购置了1万余元防暑降温用品,路段养护部门给——每一个养护作业人员配备人丹、十滴水、草帽、矿泉水、毛巾等防暑用品,并要求路面现场作业人员上路必须携带防暑用品。

8月~10月,梨温高速公路公司积极做好防暑降温工作的同时,组织体育赛事,深入开展全民健身活动。

(彭　超)

【昌樟高速公路管理处为患病职工献爱心、送真情】 9月13日早上,25岁的昌樟高速昌西南所代征员邹圆圆因突然晕倒被送往中国人民解放军第一七一医院抢救治疗,被确诊为突发肺动脉栓塞导致心源性休克。入院当天,医院就连下了三次病危通知书,邹圆圆心脏曾一度停止跳动,经医生奋力抢救才挽回一线生机。邹圆圆尚有出生两个月的孩子嗷嗷待哺,加之每天数千元的巨额医疗费用,早已让这个原本就困难的家庭不堪重负。处领导在第一时间里表达了对其深切的关怀:由"职工大病医疗救助基金"先行报销部分治疗费用;管理处启动"爱心基金",补助邹圆圆3000元钱;处工会立即筹划发起献爱心募捐活动。全处上下积极行动,纷纷献上自己的爱心和支持,出差在外的员工还委托同事代为捐款,远在工地的员工也打电话咨询捐款方式,短短一天时间就收到员工捐款22320元,工会当天就及时把捐款送到了被助人家属手中。全处干部职工扶危济难,弘扬善举,大家以关爱为邹圆圆筑起了坚实的后盾,用博爱的胸怀铸就人间的真情,用真情为生命加油,用爱心去传递生命受到人们的普遍赞誉。

(白天勇)

学术团体

【省公路学会荣获"全国先进学会"称号】 12月16日,中国公路学会第七届全国会员代表大会在北京召开。各省、市、自治区公路学会代表和公路学会领导等200余人参加了会议。

会上,江西省公路学会等18个公路学会被授予"全国先进学会"称号;江西省公路学会第六届理事会理事长席芳柏等28人被授予"先进工作者"称号。

(省公路学会)

【省公路学会连续21年荣获"先进省级学会"称号】 2月5日,全省科协工作会议在南昌召开。会上,省公路学会被省科协授予"先进省级学会"称号。这是该学会连续21年获此殊荣。

成立于1979年12月25日的江西省公路学会,经过31年的发展,现已成为全省公路交通行业内规模最大、较有影响力和颇具权威性的学术团体。拥有团体会员83家、个人会员3200余人,有14个专业(工作)委员会,在全省形成了比较完善的工作网络体系。31年来,学会在促进全省公路交通科学技术发展、促进科技人员的成长、促进江西公路交通科学和技术发展、开展学术交流与合作、科技咨询和技术培训等方面,发挥了重要作用,为加速江西省公路交通运输现代化建设作出了积极的贡献。

(李文华)

【省公路学会与部分设区市公路学会被评为全省先进社会组织】 12月2日,省民政厅授予180个社会团体、民办非企业单位和基金会"全省先进社会组织"称号。省公路学会、赣州市公路学会、宜春市公路学会榜上有名。

省公路学会、赣州市、宜春市公路学会自成立以来,遵纪守法,组织机构健全,内部制度完善,运作程序规范,竭诚为经济社会发展服务、为提高全民科学素质服务、为科技工作者服务;坚持与时俱进、开拓创新,为江西科学发展、进位赶超、绿色崛起贡献自己的力量;社会责任感强,社会公信度高,在促进江西经济和社会发展中发挥了积极作用,树立了良好的形象,为江西全面建设小康社会、加快构建和谐社会与交通运输事业跨越式发展作出了较大贡献。

(丁 静)

【省公路学会员单位4个科技项目获中国公路学会科学技术奖】 中国公路学会科学技术奖是由国家科学技术奖励工作办公室批准设立,面向全国公路交通运输行业的权威科技奖项。2010年,评出特等奖4个,一等奖19个,二等奖45个,三等奖62个。经江西省公路学会组织推荐,全省公路交通系统共有11个项目参加了此次评审。省公路学会会员单位——江西省交通科学研究院、江西赣粤高速公路股份有限公司、昌樟高速公路公司共同完成的科研项目《在役混凝土梁桥安全评估与加固成套技术研究及其工程示范》被评为中国公路学会科学技术奖二等奖。江西省交通设计院、江西省地矿测绘院、江西理工大学共同完成的科研项目《江西省交通岩土工程信息系统》、江西省交通设计院完成的《基于现代空间信息技术的路线、桥隧三维定线集成系统》、赣州赣康高速公路有限公司和同济大学共同完成的科研项目《赣江公路大桥锚碇基础关键技术研究》均获得中国公路学会科学技术奖三等奖。 (丁 静)

【省公路学会团体会员单位2个科研项目荣获国家科技进步奖二等奖】 1月11日,国家科学技术奖励大会在北京隆重举行。江西省公路学会团体会员单位江西省公路管理局参与的《公路在用桥梁检测评定与维修加固成套技术》和中国瑞林工程技术有限公司(南昌有色冶金设计研究院)参与的《尾矿坝灾变机理研究及综合防治技术》科技项目分别荣获国家科技进步奖二等奖。

(省公路学会秘书处)

【省公路学会连续19年荣获"全国省级学会之星"称号】 2010年,中国科协主办的《学会》杂志(2010年第一期)发布了2009年"全国省级学会之星"名单。江西省公路学会再次荣获"全国省级学会之星"称号,这已是该会连续19年获此殊荣。

(省公路学会秘书处)

【省公路学会2009年度学术论文评审会在南昌召开】 1月15日,省公路学会2009年度学术论文评审会在省交通科学研究院召开。本次评审会参评论文共200篇。评审专家分成道路工程、桥隧工程、筑路机械、汽车与运输、信息工程组和综合组等6个专业组,对论文分类进行初评。经过各组专家初评,各组统一认识,提出各组的评审意见,最后在全体会议上,根据小组的初评意见,提出最终意见,产生评审结果。经过评审,共评选出优秀论文二等奖5篇,三等奖21篇,交流论文130篇。

(丁 静)

【省公路学会党支部成立大会召开】 1月28日,省公路学会党支部召开成立大会暨第一次党员会议。省交通运输厅直属机关党委副书记贺一军到会并讲话。学会全体党员参加大会。会上,全体党员一致通过《中共江西省公路学会党支部委员选举办法》。大会按照《中国共产党党章》规定的组织程序和选举办法,推选刘鹭英、吴淑珍、丁静为省公路学会首届党支部委员,推选刘鹭英为党支部书记。

(李文华)

**【省公路学会荣获第五届全国公路科技创新高层

论坛优秀组织奖】 4月8日,由中国公路学会主办的“第五届全国公路科技创新高层论坛”在京举办。论坛主题为公路交通科技创新与科学发展。内容涉及宏观经济、环保安全和公路科技创新等诸多领域。全国各地的1000多名公路科技工作者参加会议。

会议邀请了国务院发展研究中心、同济大学、交通运输部综合司等单位的30多位专家、学者、官员到会作学术报告和演讲。江西省公路学会积极组织全省30余名公路交通科技人员参加了此次论坛,荣获第五届全国公路科技创新高层论坛优胜组织奖。学会推荐的14篇学术论文被大会确定入选高层论坛论文集,其中,2篇被评为大会优秀论文。

(省公路学会秘书处)

【省公路学会荣获“社会组织深入学习实践科学发展观活动先进单位”称号】 4月1日,江西有关部门召开全省社会组织深入学习实践科学发展观活动总结表彰大会,省公路学会受到大会表彰。

省公路学会自2009年9月以来,按照省科协深入学习实践科学发展观领导小组和省社会组织深入学习实践科学发展观活动指导小组的统一部署和要求,开展了一系列学习、实践活动,进一步提高了学会干部职工对学习实践科学发展观的思想认识,理清了学会落实科学发展观的工作思路,增强了学会服务行业和社会的责任感,为江西交通运输的跨越式发展作出了重要贡献。会上,江西省公路学会被评为“社会组织深入学习实践科学发展观活动先进单位”。

(省公路学会秘书处)

【省公路学会2010年度学术年会暨八届二次理事会在上饶召开】 3月19日,省公路学会2010年学术年会暨八届二次理事会在上饶市召开。省科协副主席梁纯平,上饶市委常委、常务副市长陈平出席并讲话;省公路学会理事长、省交通运输厅副厅长邓经国作工作报告。长安大学王秉刚教授、省交通设计院教授级高工吴宝诗作专题学术报告。

会议决定增补刘鹭英为学会副理事长兼秘书长。邓经国为各专业(工作)委员会主任委员颁发聘书。会议表彰了9个先进集体,20个先进会员单位,75名先进工作者。

省公路学会的理事,各设区市、厅直单位公路学会的理事长、秘书长,各专业委员会主任和先进集体、先进工作者和优秀论文作者代表等共130余人参加会议。 (陈均培)

【省公路学会圆满完成“小金库”专项治理工作】 2010年,省公路学会认真开展“小金库”专项治理工作。一是健全组织强化领导;二是加强宣传,提高认识;三是落实举报制度,加强检查监督。设立并公布了举报电话、制作了举报信箱,建立了举报登记、查处督办制度和工作保密制度;四是认真开展自查实施长效监督。进一步严肃财务纪律,加强法制教育,并逐步加强对容易产生“小金库”的关键环节、部位的管控;五是重点完善相关财务制度,强化财务监督,加强从源头上防止腐败的力度,做到清理工作不留死角,反腐工作有更大提高,圆满完成了此项工作任务。

(刘玉明)

【省公路学会召开2010年信息联络秘书工作会议】 8月18日,省公路学会在永修召开2010年交流信息联络秘书工作会议。省公路学会理事长、省交通运输厅副厅长邓经国等领导出席会议。

会议总结了上半年工作,部署了今后工作的目标任务,表彰了宣传报道工作先进集体和个人。会议强调,要认真贯彻落实学会八届二次理事会精神,做好学会的信息联络秘书工作,努力为推动行业科技进步服务,大力开展学术交流活动,努力创建学会活动品牌,进一步加强学会组织建设,巩固学会群众基础,进一步强化学会决策咨询职能,大力开展决策咨询,积极建言献策,充分发挥学会智囊团作用。

各社区市公路学会、专业工作委员会、团体会员单位联络秘书等100余人参加会议。

(练崇田 丁 静)

【省公路学会公路经济专业委员会召开八届一次全委会】 4月26日,省公路学会公路经济专业委员会在万年召开八届一次全委会。

会议介绍了公路经济专委会筹建的基本情况,重点阐述了该会的主体工作,并对今后工作提出了具体要求:充分发挥专委会桥梁纽带作用,紧密联系全委会委员和广大科技工作者,共同组织会员开展学术交流、决策咨询、课题研究;充分汇聚专委会人才智力优势,发挥政府联系广大科技工作者桥梁与纽带作用;扩大专委会知名度、影响力;狠抓中心工作,为行业创新发展服务,为公路交通行业的发展提供智力支持和人才保障。

会议表决产生了公路经济专业委员会新一届组成人员,表决通过了公路经济专业委员会工作职责,明确了2010年公路经专业委员会工作目标任务。

(汪　丹　王胜华　李文华)

【省公路学会桥隧岩土专委会组织会员参加大跨径桥梁和组合结构桥梁创新技术论坛】 4月16日~20日,省公路学会桥隧岩土专业委员会组织部分学会会员赴浙江宁波参加"大跨径和组合结构桥梁创新技术论坛"及考察舟山跨海大桥工程。

此次创新技术论坛活动邀请了同济大学肖汝成教授、设计大师王用中教授等十几位全国著名专家,就大跨径桥梁技术创新及波形钢腹板组合结构桥梁进行讲座。会后组织考察了全国规模最大的陆岛联络工程——舟山跨海大桥工程。该工程路线总长为4996米,其中,西堠门大桥主跨为1650米,为世界最大跨径的钢箱梁悬索桥,也是世界第一座分体式钢箱梁悬索桥。大桥工程建设者攻克了强台风等恶劣气候条件下结构安全和施工安全等诸多技术难题,为全国桥梁建设事业积累了新的经验,受到了国内外同仁的高度赞扬。

通过这次技术论坛,与会人员一致认为,这既是一次专业技术水准较高的学术交流活动,又是一次成功的桥梁建筑美学考察活动,普遍感到受益匪浅。

(徐　变　李文华)

【省公路学会交通工程监理专业委员会召开甲级监理企业负责人座谈会】 8月23日,省公路学会交通工程监理专业委员会在赣州召开第二次甲级监理企业负责人座谈会。全省各地的9家公路甲级监理企业负责人及经营部门负责人共26人参加了会议。会议就涉及监理行业重大工作变革的部颁《公路水运工程建设项目总监负责制实施办法》和《公路水运工程监理工程师执业登记管理办法》进行了讨论,形成了修改建议报交通运输部质量监督总站。会议就规范监理行为、规范监理行业发展的几个具体事项进行了讨沦,总结回顾了交通工程监理专业委员会2010年上半年工作,部署了下半年的工作任务。

(习明星)

【省公路学会专家组对九江市天花井隧道建设进行技术咨询】 7月5日,受九江市林业科学研究所委托,省公路学会组织专家组赴九江市天花井国家森林公园,对开花井隧道复工建设进行技术咨询。

天花井隧道位于九江市天花井森林公园内,是旅游景点线路上的一座单洞双向两车道(三级公路标准)隧道。隧道长216米。该隧道于2003年11月开工。施工只完成了初衬、仰拱回填等部分工程,于2004印10月停工,停工期长达六年,影响了当地旅游业的发展。据此,九江市林业科研所为恢复工程建设委托省公路学会会组织专家进行咨询。

专家组在听取了隧道施工监理人员对原隧道施工情况的汇报后,查阅了隧道施工设计图纸,工程地质报告及监理检测记录。赴现场察看了隧道现状。最后专家组对隧道重新复工建设的可能性依据进行论证,提出了工程咨询意见和隧道复工建设应采取的措施和应注意的事项。

(杨立保)

【萍乡市公路管理局会员小组组织外出学习考察】 9月10~11日,萍乡市公路管理局会员小组组织养路科及部分分局技术人员到长沙参加HZ/ZD-4型号水泥混凝土公路改性型防反射裂缝材料应用现场观摩会。该产品主要应用于白改黑项目中对水泥板反射裂缝的处理,可以较好吸收反射应力,延缓裂缝反射,具有施工简便、与混凝土板块黏结强度高、黏结延伸性大等特点。通过学习考察,赴会人员进一步掌握了该户品的应用方法,提高了使用效果。

(曾松华　刘晓英)

【赣州市公路学会举办"钢桥破坏实例与设计施工管理"讲座】 3月19日,赣州市公路学会与工程管理专业委员会共同举办了"钢桥破坏实例与设计施工管理”讲座。讲座邀请上海同济大学桥梁工程系教授、钢结构专家吴冲讲授近年来公路、交通钢结构应用和新材料、新工艺、新施工方法，对赣南公路桥梁建设有重要指导作用。全市公路学会会员单位、专业委员会、会员小组近百人参加了讲座。

(林秉峰)

【宜春市公路学会召开八届四次理事会暨学术交流会】 6月30日，宜春市公路学会八届四次理事会暨学术交流会在宜春市公路局举行。会议回顾、总结了学会2008～2009年的各项工作，对2010年学会工作作了部署。会议期间开展了学术交流活动。汽运、道路、桥梁、运管和路政等五个专业委员会优秀论文作者代表进行了学术发言。会议对15名学会先进工作者和26名积极分子进行了表彰。

(艾小青　徐文文)

【赣州市公路学会开展科普夏令营活动】 7月28日，由赣州市科协组织，赣州市公路学会主办，开展科普夏令营活动。这次活动组织赣州市青少年科技创新活动优秀学生40人，参观了建设中的环城高速公路、赣江公路大桥与和谐钟塔。通过举办科普夏令营活动，进一步培养了全市青少年从小养成学科学、爱科学、用科学的良好习惯和知晓赣州公路、桥梁、生态、环保所取得的成就。

(林秉峰)

【赣州市公路学会召开第二届四次常务理事会】 9月17日，赣州市公路学会召开第二届四次常务理事会。本次会议批准14名新加入学会会员，调整了部分理事、常务理事、副理事长，通报了2010年学会会费收缴、开支情况研究了换届及第二届会员代表大会名额分配等事项。

(林秉峰)

【赣州市公路学会被评为全市首届精品学会】 赣州市公路学会自成立以来，紧紧围绕交通工作任务和公路科技事业发展与“三服务、一加强”，坚持以发展为主题，大力推进科技进步和创新，不断提高学术质量和水平，广泛开展科技咨询和科普活动，学会各项工作取得明显成效。2009年12月14日，在纪念赣州市科学技术协会成立五十周年大会上，赣州市公路学会在连续八年被评为先进学会的基础上，被赣州市科学技术协会评为首届精品学会和2009年度先进学会。

(林秉峰)

【上饶市公路学会开展2009～2010年度论文评审】 11月26日，上饶市公路学会学术专业委员会组织专家对2009～2010年度会员单位报送的论文进行评审。

参加此次评审的论文共有20余篇。论文内容涵盖公路路基、路面、桥梁建设、质量控制、山区公路养护与管理、老桥的加固提载、公路建设中地方协调及公共交通发展思路等方面内容。

经过资深专家的反复研究、评审，共评选出7篇论文为获奖论文，其中，二等奖3篇，三等奖4篇。上饶市公路学会对这次评选出的论文作者进行了表彰，并将获奖论文编辑出版。

(陈均培)

【新余市公路学会召开三届理事会四次会议】 1月15日，新余市公路学会三届理事会四次会议在新余市公路局举行。会议回顾总结了2009年理事会的工作，对2010年理事会的工作进行了部署。会议就如何建立学会工作经费保障机制问题进行了讨论，并形成了相关决议。会上表彰了2009年度学会工作先进集体和先进个人。

(康建华)

【萍乡市公路管理局会员小组聘请专家讲座】 2010年，萍乡市公路管理局会员小组为提高工程技术干部业务能力，掌握和应用本专业领域内新理论、新技术、新工艺、新方法，了解本专业科技发展动态，聘请长沙理理工大学公路工程学院副院长、博士生导师查旭东教授到该局授课。授课内容为南方湿热地区沥青路面方案优化与施工质量的控制。全局工程技术人员、管理干部、分管领导等共计80余人参加讲座。

(刘晓英)

【赣州市公路学会召开2009年年会】 3月25日，赣州市公路学会2009年年会在赣州市召开。赣州市公路学会全体理事，各专业委员会秘书参加了会议。副理事长钟成林代表二届三次理事会作工作报告。会议回顾总结了赣州市公路学会2009年工作情况，部署了2010年工作任务，表彰了2009年学会先进集体、先进工作者、学会活动积极分子和优秀论文作者。

（林秉峰）

【新余市公路学会组织员开展学术交流活动】 12月7日，新余市公路学会专家委员会组织会员开展学术交流活动。本次活动系由各位会员针对各自在工作实践中所遇到的新问题、新情况进行广泛交流、探讨。参与交流的学术论文重点是生态环保、采用新材料、新工艺、农村公路养护、渡改桥建设的经验，以及相关的工作意见与建议。随后组织大家到罗坊大桥施工现场对该项目采用的箱梁现场支架结构形式进行观摩学习。通过此次活动，促进了交通运输工作和学会工作的顺利进行，与会者普遍反映受益匪浅。

（康建华）

【萍乡市公路学会组织专家对319国道萍栗段大中修项目进行技术咨询】 9月8日，受319国道萍栗段大中修项目办的委托，萍乡市公路学会组织专家对319国道萍栗段大中修项目路面碎石化施工进行技术咨询。

319国道萍栗段大中修，计划对原路面旧混凝土路面板进行全线破碎，路面结构自下而上各结构层组成为20cm厚5%水泥稳定碎石基层、透层油、沥青表处下封层、厚6cmAC－20改性沥青砼下面层、黏层油、厚4cmAC－13改性沥青砼上面层。施工中采取了分幅施工的方法，部分路段一幅路面已破碎且已摊铺完基层，在破碎另一幅旧混凝土路面时，发现这种多锤头破碎机破碎时在已摊铺的路面基层10m范周内振动感非常强烈，对已摊铺基层结构的整体强度恐会产生影响。

专家们在赴现场进行勘察后，听取了业主单位、监理单位及施工单位对多锤头破碎机破碎施工情况的详细汇报。专家们对分幅路面碎石化施工的可行性进行了论证，提出了路面碎石化施工应采取的措施和应注意的事项。

（王李萍）

【上饶市公路学会组织会员参加培训】 4月16日，上饶市公路学会组织市交通局、交投总公司、质监站和市公路局、现代路桥总公司的公路学会会员等近40人参加交通运输行业管理干部培训班接受培训。此次培训以交通发展为学习主题，收看了交通运输部专家委员会委员、教授级高级工程师、博士生导师、国家级有突出贡献的中青年科技专家周懋润讲授的“科学发展，造福民生——公路建设实践科学发展观的思考”和交通运输部管理干部学院政法系主任、法学教授、比较经济特约研究员张柱庭讲授的“交通行政决策创造性研究”。通过听讲，会员们受益匪浅，对时下如何抢抓战略机遇期，加快转变发展方式，实现和推进可持续发展，以及对交通行政科学的合法性决策有了更深的理解。此次培训具有很强的针对性和指导性，普遍反映：通过培训，对如何做好会后工作深受启迪。

（陈均培）

【宜春市公路学会组织会员赴台湾考察】 11月17～25日，宜春市公路学会组织会员一行9人到台湾参观、考察。他们先后考察了台湾的高速公路、省道、县道、乡道、村道等基础设施建设情况，并参观了台湾故宫博物院、孙中山纪念馆，游览了日月潭、阿里山森林等。通过参观、考察，会员们对台湾有关历史、现状、风光有进一步了解，尤为对交通建设感受较多，认为台湾的高速公路管理水平较高，其运营管理、服务区的管理、应急保障方面的经验值得宜春高速公路建设借鉴。

（金三仔）

行政管理

创业服务年活动

【概况】 根据省委、省政府的统一部署,2010 年在全省乡镇以上党政机关、人大机关、政府机关等具有行政管理职能的单位和公共服务部门及其工作人员中开展创业服务年活动。2010 年 1 月 8 日,省交通运输厅召开全省交通系统创业服务年活动动员电视电话会议,部署 2010 年开展创业服务活动有关工作。创业服务年活动主要分学习动员(1 月 4 日 ~2 月 28 日)、组织实施(3 月 1 日 ~ 10 月 31 日)、总结考评(11 月 1 日 ~12 月 31 日)三个阶段进行,工作重点是建立完善交通运输产业重大项目招商引资和建设管理协调推进机制,建立和健全投资创业服务体系,进一步优化创业环境,深化机关作风建设,营造服务创业的浓厚氛围。

省交通运输厅要求,各级交通部门和单位要迅速把思想统一到省委、省政府的重大决策部署上来,积极投身这项活动。一是要充分认识开展创业服务年活动的重大意义。开展创业服务年活动,是有效应对国际金融危机的现实需要,是贯彻省委、省政府抓项目建设的必然要求,是深化机关效能建设的重要举措。各单位要进一步深化机关效能建设,进一步提高机关工作人员的服务意识、服务水平和办事效率。二是要明确目标,突出重点，推动创业服务年活动深入开展。要明确目标任务，努力在提高行政审批效率方面有新的提高，在营造吸引投资兴业的环境方面有新的变化，在建立健全投资创业服务体系方面有新的突破，在建设规模和质量方面有新的跃升。三是要争创五个新作为，进一步创优交通运输创业服务环境。要争创提高行政审批效率新作为，争创规范行政行为新作为，争创优化创业者经营和项目建设环境新作为，争创服务监管新作为，争创投诉整改新作为。

（洪土斌）

【省交通运输厅为创业者提供更加便捷高效的服务信息】 省交通运输厅多措并举，积极搭建创业服务的电子商务信用信息服务平台，为创业者提供更加便捷、高效的服务信息，使创业者对创业政策更加了解，进一步建立健全投资创业服务体系。一是推行“阳光政务”建设，充分运用江西交通信息网等交通运输媒体，及时发布交通运输重点工程建设项目基本情况、招标信息、中标情况等信息，为创业者提供项目开发、创业培训、开业指导、政策咨询、融资贷款、政策扶持、跟踪指导服务。二是进一步完善创业服务电子信息网络化建设，充分发挥交通热线“96122”作用。利用交通运输网站等新闻媒体向社会公布就业创业政策咨询、项目查询和服务电话，及时受理、解答创业者提出的信息咨询，为创业者提供便捷的创业服务。三是通过构建信息网络化，实现交通运输信息资源共享，为社会相关组织机构发掘、利用创业服务信息资源提供服务，为创业者提供更为高效的服务。

（何　婧）

【“三个结合”促进创业服务年活动有序开展】 省公路运输管理局通过“三个结合”开展创业服务年活动。一是结合机关机构改革工作。该局结合机关机构整合工作，召开处室负责人会议，紧锣密鼓地开展机关创业服务年活动的思想动员工作。同时为尽快适应机构改革、职能调整后对机关干部职工的新要求，进一步提高干部职工的综合素质，增强业务技能，结合实际，制定了《2010年省运管局教育工作计划》，有针对性地在局机关开展理论教育、业务知识教育和党性教育，按照计划在局机关举办道路运输政策法规、现代物流、城市客运管理为主题的运政业务讲座。二是结合行业管理中心工作，把做好道路春运工作作为创业服务年活动的重要开端和实践载体。省局按照创业服务年活动有关要求，深入细致地做好2010年春运客源调查和统计工作，及时掌握旅客流量、流向、流时，并根据春运客流特点和流动规律，制订切实可行的春运组织方案和应急预案，圆满地完成2010年道路旅客运输任务。江西为服务农民工出行开展的“门到门”包车直达运输，得到中央电视台的高度关注，2月26日，中央电视台新闻频道对江西农民工出行进行了题为“从容出行，春运包车成时尚”的专题报道。三是结合机关效能建设工作。以“服务创业、富民兴赣”为主题，注重工作效能，缩短办事时间，提高办事效率，大力推行“阳光运管”建设，大力发展电子政务，搞好网站建设，在网上提供公众需要的信息，提供便民服务。开展一些有针对性的文明创建活动，在全省道路运输行业分门别类开展“十佳”活动，打造行业品牌。启动实施“抓基层、打基础、练基本功”的“三基工程”，着力抓好基层运管所规范化建设和运政执法行为的规范，统一装备，统一全省运管VI形象设计。

（省公路运输管理局）

【九江长江大桥局创新“四化”服务举措】 九江长江大桥公路桥管理局围绕“服务在窗口、贡献在岗位”的要求，将创业服务年活动与窗口服务工作紧密结合起来，多措并举创新服务举措，着力提高收费窗口服务水平，有力地推动了创业服务年活动的发展。服务内容“规范化”。窗口收费员牢固树立“窗口工作无小事”的理念，认真履行工作职责，用“诚心、热心、耐心和细心”服务司乘人员；从强化收费队伍素质建设入手，不断完善服务内容，延伸服务内涵，提升服务品质，力求每位收费员做到“在岗一分钟、规范60秒”。服务用语“常规化”。在日常工作时坚持使用文明用语，对司乘人员坚持一声问候，一个笑脸，做到“请”字开头，“谢”字收尾，杜绝服务忌语，说话和气，办事公道，用文明语言与高效业务水平规范服务。服务督查“日常化”。收费员必须着装整齐规范，佩戴“收费员工作证”。在局机关设立举报箱，在墙上醒目位置公布有关公告、制度、收费具体标准及举报电话；邀请司乘人员对窗口服务人员的服务态度、服务质量等活动进行随时监督举报。服务机制“长效化”。以“公正、便民、廉洁、高效”为基本要求,推行岗位责任制、服务承诺制、限时办结制,责任追究制等长效制度和措施,进一步完善工作制度,切实做到文明服务。

(杨 蕾)

【“96122”交通服务热线为创业服务】 2010年,江西省96122交通服务热线全面优化服务,提升全省路况信息、道路指引、高速公路求助以及公交线路和客运班次查询的服务水平,打造一个高质量的集咨询、求助、投诉于一体的交通服务平台,为全省创业服务年活动的开展做好服务保障工作。

“96122”服务热线通过征求出行者需求意见、建立信息采集联席机制,密切与出行相关行业的关系,组建了详实、准确、及时的交通信息知识库,便于群众查询、了解。目前,该热线共有三星座席员1名,二星座席员2名,一星座席员5名,负责全天候不间断提供交通出行咨询、求助、投诉等服务。尤其在节假日和大雾雨雪等天气情况下,让公众随时随地可以享受到方便、便捷的交通服务。目前,“96122”服务热线从初期平均每日受理70余次话务服务增加到现在的700多次,日最高峰话务量达到4394次。共受理各类咨询、求助、投诉电话60余万次,搭建起交通运输系统与公众的连心桥。

(高 纯)

【省政府法制办领导到厅检查工作】 11月30日,省政府法制办副主任廖晓凌率检查组一行,到省交通运输厅检查行政审批事项清理成果执行情况并召开情况督查汇报会。在听取有关汇报后,廖晓凌首先肯定了省交通运输厅行政审批事项清理成果执行的工作成效。他强调,对省级取消和暂停执行的行政审批事项,要加强日常监管。对委托实施的行政审批事项,要及时履行相应的法律手续。对下放、委托的行政审批事项,要组织业务培训,加强业务指导。对转变管理方式的行政审批事项,要真转实转,变审批为服务。对保留的行政审批事项,要减少审批环节,简化审批手续,编制审批流程图,提高行政效率,公开透明运行,接受社会监督。

(涂序东)

【赣浙收费处“四步曲”服务创业】 为优化社会发展环境,服务社会创业,赣浙收费处“四步曲”扎实服务创业。第一步:收费模式有妙招。赣浙处在客车逃费查询软件上再次升级,把收集到所有不同方式、方法的逃费车辆全部编入电脑,缩短查询核实时间,确保文明收费和快捷通行两不误,为车流高峰期做好后勤保障。第二步:提升窗口形象有新招。推出了“443”服务方式,即:快捷服务、礼仪服务、便民服务、温馨服务的“四服务”;文明用语诚心、唱收唱付细心、回答问题耐心、微笑服务真心的“四心”;来有迎声、问有答声、去有送声的“三声”。第三步:内部管理有实招。采取多种管理制度,杜绝推诿扯皮现象,提高工作效率。第四步:优化环境动真招。该处把当前开展的“迎国检”、“爱我高速”、“提升梨温品牌,争当行业标兵”三项主题实践活动相结合,对站容站貌全面整治,优化收费环境。

(杨 霞)

【景德镇市交通运输局多项措施当好企业“服务员”】 在创先争优活动中,景德镇市交通运输局从维护企业稳定、支持企业发展出发,切实采取多项措施,扎扎实实为企业多办事、办好事。该局大力支持企业发展,在审批客运班线时,尽力优先客运条件较好的景德镇长运公司,并简化程序,使企业尽快开通新的营运班线。积极扶持企业的新项目开发,景德镇汽车运输集团为提高社会效益和经济效益,筹资100多万元组建了一支交通战备(抢险)车队,景德镇市交通局在资金紧张的情况下,挤出一部分资金扶持该车队的建立。此外,该局还竭力对一些困难企业进行帮扶,景德镇市航运公司无法为职工交纳养老统筹金,该局每年筹措50万元以上资金为职工办理养老保险。积极争取政策,为所属困难企业的职工办理医疗保险2300多人。

(喻 清)

【鹰潭市运管处倡导“五零服务”】 “五零服务”的内容是:零推诿、零距离、零积压、零差错、零投诉。该市公路运输管理处结合实际,在运管干部中大力倡导“五零服务”,提高运管工作服务效率和运管执法形象,深入推进创业服务年活动。一是服务受理“零推诿”。对来人、来电的办事业户，严格落实首问责任制，对属于自己职责范围内的事项，及时准确办理，对非职责范围内的事情，努力做到耐心解释说明，并引导其到相关部门办理，不拖延怠慢，不推诿扯皮；二是服务方式“零距离”。对前来办事的人员要做到使用文明用语，与群众面对面接触，面对面沟通，同时运管干部经常深入交通运输企业，了解企业和业户的要求和期待，诚心征求社会各界的意见和建议；三是服务要求“零积压”。严格按规定时限办理相关事项，确保服务事项按时保质完成，对于手续齐全而又符合要求的，当场予以办理，杜绝无故拖延和积压现象；四是服务程序“零差错”。耐心细致对待每位办事群众，严格执行各项规章制度，努力实现工作差错率零状态；五是服务效果“零投诉”。倡导人性化服务，对群众反映的热点和难点问题，及时采取调查了解、接访回访等措施，通过沟通思想感情，研究、探索和解决群众举报投诉的新情况、新问题，确保群众“零投诉”。

（艾年宗）

【鹰潭市六项举措服务运输市场】 鹰潭市运管处优化客货运产业发展环境，提升创业服务水平，强化六项措施服务创业。一是结合该处绩效管理，进一步细化各科室、各岗位工作职能，增强服务意识和公仆意识；二是开展“群众满意服务窗口”专项创优文明服务活动，强化窗口服务准则；三是加快民生工程建设，改善创业条件，年底完成18个乡镇客运站和100个候车亭建设，全力推进农村客运网络化建设，力争实现客运村村通；四是加强执法队伍建设，提高执法队伍人员素质，安排每周五下午为法律、法规和业务学习日；五是利用科技手段强化运输市场监管，特别对维修企业二级维修作业、客运车辆、危险品运输企业经营行为监管，加大对违章违法行为的事后行政处罚的力度；六是维护运输市场良好秩序，严厉打击扰乱运输市场行为，重点抓好危货、驾校、维修市场整顿，对不规范经营者坚决取缔，积极为创业者提供良好的创业环境。

（刘文权）

【赣州市交通运输局做好创业服务工作】 2010年，该局组织举办10期赣州市中心城区出租汽车从业人员免费继续教育培训，两期全市运输企业法人代表和副经理安全生产管理培训。该局还建立赣州市交通信息监控平台，主动做好产业项目、企业项目、重点工程项目的服务、协调工作，给物流企业和创业者做好服务。建立重大项目跟踪服务制，无论是交通项目，还是其他项目，都采取领导挂点、科室负责、责任到人的办法，实行优先安排、优先审批、优先保障的措施，实行全方位、全过程跟踪服务，并在赣南日报、赣州市电视台、赣州交通信息网等媒体向社会各界作出服务公开承诺，印制“赣州市交通运输局服务公开承诺”小册子向社会发放。抓好窗口服务和服务承诺、限时办结制度的落实，倡导“速办快通、及时沟通、积极疏通”，以承诺制度明确服务要求，以岗位责任制明确工作职责，以限时办结制提高工作效率。精简部分审批程序，将出租车驾驶员服务资格证的办理审批权限下放到县交通运输局。

（杨河良）

【抚州市地方海事局优化水运发展环境】 抚州市地方海事局不断创优水运发展环境，将服务标准提至最高点，服务门槛降至最低点，服务时间延伸至最长点，服务半径拓展至最远点，从而促进了全市水运事业的发展。2010年底，全市水运企业16户，拥有各类营运船舶257艘，船舶运力16.8万吨，船员1000余名。

由于历史、自然和政策等诸多原因，抚河河床不断抬高，航道淤积严重，通航能力差，很多水路货物运输业户纷纷转向赣江、长江及沿海求发展。为发展壮大抚州水运事业，该市地方海事局增强忧患意识，打造服务品牌，指导航运企业不断调整改善运力结构，提高船舶技术能力，重点发展江海直达货船、特种货物和液化运输船以及集装箱运输船。同时，该局设立水上交通办证服务大厅，实行政务公开；从航运公司、水运从业人员、船员等层面聘请义务行风监督员，多渠道听取意见建议；创新服务方式，推行主动服务、延时服务、承诺服务、预约服务、上门服务等多项便民服务措施，改善服务功能，优化服务举措，吸引大量外港船舶挂靠抚州。

（抚州市交通运输局史志办）

政务管理

【概况】 2010年,厅办公室围绕交通运输中心工作和办公室工作职责,努力提高服务发展、服务决策、服务落实的能力和水平,较好地完成各项工作任务。围绕做好"十一五"收官之年交通运输跨越发展的各项工作,发挥好参谋助手、调查研究、综合协调、桥梁纽带、督查督办等作用。特别是立足全省高速公路通车里程超过3000千米,建成621座渡改桥、撤销800处农村渡口,干线公路"迎国检"等中心工作,做好行政工作的督促落实,做好厅重要决策、省部领导重要批示、指示的督查督办,做好部长李盛霖调研鄱阳湖生态经济区建设等领导视察活动、全省高速公路通车里程突破3000千米庆典活动、交通运输工作会、高速公路项目建设开工、转段动员会、农村公路和改渡建桥现场会等会议的筹备和组织协调。同时以开展创业服务年活动为契机,认真做好文稿起草、公文运转、保密、信访、档案、政务信息、信息公开、督办、人大建议、政协提案办理、办公自动化等工作。全年收文4003件,审核发文1546件;文件归档186卷1859件,向省档案局报送已公开文件40件;完成江西省公路工程项目竣工档案编制办法研编工作,组织2个工程建设项目档案验收,组织2次公路、水运项目工程档案培训,对3个在建项目工程档案进行检查;完成厅机要设备更新,开展全厅涉密载体清理,组织保密知识竞赛,未发生一起失密泄密事件。组织对政府工作报告的分解和交办;承办省人大代表建议80件,省政协委员提案23件;向省委、省政府和交通运输部报送信息452条次;做好政务公开工作,在厅门户网站新增政务公开信息4461条,在省政府网站公开政务信息637条。受理信访案件739件次,初信初访办结率达98%以上,停访息诉率达96%以上;清理信访积案、疑难案8件,停访息诉8件;开展领导干部信访包案活动,领导包案41件,办结率100%。推进厅系统办公自动化,厅新OA办公系统投入使用;做好厅机关财务管理和会计核算工作。2010年厅办公室先后获得全国交通运输系统保密工作先进单位、全省政务督查先进单位等荣誉称号。

(赵国成)

【省交通运输厅表彰2010年度目标管理先进单位】 2010年度,全省各级交通运输部门围绕交通改革、发展稳定大局,团结拼搏,锐意进取,为全面完成各项年度目标工作任务作出积极贡献,涌现一大批先进单位。为总结经验,激励先进,进一步调动广大干部职工的积极性和创造性,经研究,省交通运输厅决定授予吉安市交通运输局等14个单位为2010年度全省交通运输系统目标管理先进单位;授予抚州市交通运输局等14个单位为2010年度全省交通运输安全生产工作先进单位。

14个目标管理先进单位是:吉安市交通运输局、宜春市交通运输局、抚州市交通运输局、萍乡市交通运输局、鹰潭市交通运输局、省公路管理局、省港航管理局、省公路路政管理总队、省公路运输管理局、省交通工程质量监督站、省高速公路投资集团公司、远洋运输公司、省高速公路联网管理中心、交通职业技术学院。

14个安全生产工作先进单位是:抚州市交通运输局、新余市交通运输局、景德镇市交通运输局、九江市交通运输局、萍乡市交通运输局、南昌市交通运输局、吉安市交通运输局、宜春市交通运输局、鹰潭市交通运输局、省港航管理局、省高速公路投资集团公司、远洋运输公司、省公路路政管理总队、省交通工程质量监督站。

(厅办公室)

【交通运输信访工作受到省部好评】 2010年,省厅以开展"信访积案化解年"和做好"领导干部包案"工作为重点,全面有序地推进交通运输信访工作,为交通改革发展保驾护航,得到省政府信访部门多次表扬,领导干部包案化解积案难案的做法得到交通运输部的高度评价,并在全国交通运输信访工作会议上进行书面交流。

1. 进一步深入开展"信访积案化解年"活动和重信重访排查化解专项治理工作。为妥善化解信访积案,逐步消化问题积累,减少反复上访、缠访闹访和非正常上访。根据省联席办工作部署,省厅组织开展"信访积案化解年"活动和重信重访排查化解专项治理工作。在此期间,按照"严把关、细排查、快梳理、深剖析、重化解、求实效"

的原则,实行领导干部带案下访与包案处理相结合工作制度,按要求做到"六个到位":深入基层,调查研究到位;认真负责,沟通协调到位;分析案情,提出处理意见到位;检查指导,督促落实到位;分清责任,责任追究到位;总结经验,推动工作到位。全厅共清理信访积案、疑难案8件,化解8件,停访息诉8件,其中协调解决"三跨三分离"信访案件1件。

2. 落实党政领导干部包案制度。根据省联席办《关于进一步做好领导包案工作的通知》要求,省厅进一步落实重大疑难复杂和群众反映强烈的信访突出问题,以及上级部门和省、部领导交办的信访案件,以"定纷止争、案结事了、停访息诉"为目标,严格按照"定包案领导、定工作任务、定责任单位及承办人、定办结时限和包牵头协调、包责任追究、包解决问题、包息诉息访"的"四定"、"五包"原则,全部由厅领导实行包案处理。必要时对重大疑难复杂信访问题,实行"三级终结"制。厅领导实行包案工作制,直接推动了问题的彻底化解。2010年,厅领导包案41件,办结41件,办结率100%;停访息诉40件,停访息诉率97.6%。

3. 坚持矛盾纠纷排查化解机制。把着力解决交通信访突出问题作为工作重点,进一步建立和健全集中排查与经常性排查相结合,全面排查与重点排查相结合的交通信访排查化解机制。按照"属地管理、分级负责"、"谁主管、谁负责"、"依法、及时、就地解决问题与疏导教育相结合"的信访工作原则,切实推行首办责任制,把交通信访突出问题妥善处理在本单位、本部门,把矛盾解决在基层,化解在萌芽状态,绝不允许将矛盾和问题推给上级、推向社会。2010年,厅及厅直单位共排查矛盾纠纷21起,已调解20起,另1起涉法涉诉案件,建议当事人通过法律途径解决。

4. 严格落实领导干部定期接待群众来访制度。一是坚持领导干部定期接访制度化。根据江西省交通运输厅领导干部定期接待群众来访办法,厅领导坚持在岗接访和定期轮流到厅信访接待室接待上访群众的作法。除此之外,特别是按照省信访局要求,厅党委书记程受锭、厅长马志武等9位厅领导还定期按时参加了省政府(省人民接访中心)接访工作。二是强化"谁接访,谁包案处理"接访责任制。在领导接访工作中,不论接访的问题是否属自己分管工作范围,均实行谁接访、谁包案处理制度,取得较好的效果。每次接访处理的情况,除及时与上访人进行沟通外,均向上级有关部门作汇报,做到了"件件有着落,事事有回音"。2010年,厅参加省人民接访中心接访的厅领导9人次,共接访群众来访8批/54人次,上访群众反映的8个问题基本上都得到了妥善处理。

5. 完善信访信息综合服务机制。自2009年1月13日开通了厅长手机"15907096122"后,更加方便社会各界反映问题,咨询政策,建言献策。为此,厅进一步要求有关部门严格依法依规及时予以答复。2010年,厅长手机共收到群众来电108个,已全部及时回复和妥善处理。厅对收到的省长手机、政府信箱、书记、省长留言(人民网)、省投诉受理中心网上转办、交办、督办信访事项162件,也全部给予及时回复,网上办结率100%。

(罗安全)

【江西交通信息网获"江西省优秀政府网站"荣誉称号】 "江西省第五届优秀网站评测"揭晓,江西省交通信息网喜获"江西省优秀政府网站"荣誉称号。

本次评选活动由江西省计算机用户协会主办,9月初正式启动,历时三个半月,来自全省共212个政府部门、所属单位的政府网站参与角逐,受到省内外广大社会公众的密切关注,投票参与点击量达到42.75万人次。评比内容包括政务公开、在线办事服务、公众参与、网站设计及性能等,最终由公众投票和专家评审产生总成绩。江西交通信息网荣获"2010年江西省优秀政府网站(省直组)"和"2010年江西省优秀政府信息公开政务网站"。

江西交通信息网因经5次大规模的改版升级,已初步建成"电子政府"、"建设资讯"及"公众出行"三大主营模块。网站总访问量已超过1000万次,日均访问量超过5000人次,尤其新闻信息更新量已远超过同行网站更新数;公众留言已超过3500条,回复率达90%以上,网站的建设和完善已逐步得到各级领导和社会各界的关注和肯定。

江西公路网、江西道路运输网同时获得"2010年优秀政府网站(直属组)"荣誉称号,厅信息中心被评为"2010年江西省信息技术应用先进单位”。

（黄　金）

【省交通运输厅认真落实国家、省外事工作管理规定】 2010年,国家外事出访审批进一步从紧,省交通运输厅严格执行外交部、省政府有关严格控制一般性考察、严禁借机公费旅游的有关规定,对外事计划及组团进行调整。坚持以本厅为主组团出访进行公务活动的原则,严格控制交通系统工作人员参加各类学会、协会、基金会、中心组织的出国团组,对一般性考察进行了调整压缩。2010年,对由外经办安排的出访每个团组从出访线路、时间安排、公务活动、对口接待等环节都严格把关,严格按上级要求强化公务对口,并严格按新程序履行报批程序。同时,每一批因公出访团组认真做到事前、事中和事后的跟踪服务与管理,实现出国前有教育、出国期间有跟踪、回国后有总结。全年厅共出访23批105人次,没有出现一次违纪违规问题。

（余明华）

【省交通运输厅推动交通企事业单位改革】 全省七个系统国有企业改革动员大会召开后,省交通运输厅党政主要领导高度重视,迅速行动,6月13日下午立即召开国有企业改革工作领导小组扩大会议,厅党委书记、厅长、分管副厅长和厅直属各单位的主要负责人参加会议。会议传达省委书记苏荣在省委常委会上的讲话和副书记王宪魁在省改革动员大会上的讲话,听取省公路局对省路桥工程局改制试点情况的汇报,研究部署有关交通运输系统国有企业改革工作。

厅成立党委书记、厅长担任组长,分管厅长担任常务副组长兼办公室主任,厅有关处室、厅各有关单位主要领导为成员的改革领导小组;明确各相关部门的职责,落实责任;组建厅企改办公室,任命6位相关处室和单位的领导为厅企改办公室副主任,抽调5名专职人员。厅各有关单位也都成立改革领导机构,强化组织领导,建立健全组织机构和工作机制。选择6家情况复杂、改革难度大的企事业单位,分别由厅领导挂点联系;成立6个督导工作小组,进驻企业。厅企业改革办公室全年召开了6次改革调度会,及时掌握各涉改单位和督导工作组的工作进展情况。10月中旬组织四个督导小组,对各设区市和部分县(市、区)交通运输系统国有企业改革工作情况进行了解和督导。

加大维稳力度。严格落实维稳责任制,企业领导班子特别是主要负责人是确保本企业稳定的第一责任人,每个厅属企业都制定了维稳工作方案和突发事件应急预案。厅6个督导工作组深入企业进行调查研究,认真梳理每个企业改制存在的问题,共梳理出196个问题,并对影响企业改制的突出性、源头性和倾向性问题进行分案包干、责任到人。实行领导接访分片包干制度,在领导开门接访的基础上,变领导被动接访为领导主动下访,统一思想,统一口径,依法依规处理,能答复的问题当场答复,不能答复的疑难问题按规定程序上报,对不合理诉求决不松口,避免引发连锁反应,但也耐心细致地做好职工思想工作,坦诚相对,把道理向职工讲清楚。梳理出来的问题绝大部分都得到了解决或做通了职工思想工作,个别情况复杂的历史遗留问题也都有职工认可的解决方法,切实将矛盾化解在基层,把问题解决在萌芽状态。

抓好试点工作。省厅于4月确定在职工人数最多、改制成本最高、遗留问题最复杂的省公路桥梁工程局进行改制试点。年底前基本完成247名富余人员的分流准备工作,以及清产核资、财务审计工作,初步明确管理层和职工持有一部分股权,向战略投资者出让一部分股权,保留一部分国有股权的股份制改造模式。

（游国候）

【省委领导调研交通国有企业改革】 4月11日上午,省委副书记王宪魁,省人大常委会副主任、省总工会主席姚亚平率省直有关单位负责人,在省交通运输厅厅长马志武等陪同下,到江西省交通工程集团公司就国有企业改革问题进行调研。调研强调,要促进改革,厚待职工,形成深入推进企业改革的强大合力,核心是提高企业市场竞争力,实现企业有发展、职工得实惠。

王宪魁指出,要充分抓住当前公路建设高潮有利改革的机遇,积极稳妥地推进交通国有企业改革,否则丧失机遇,包袱恐怕越来越重。他强调:一要认真分析当前厅属公路施工企业在省内市场占有率偏低的原因,有效提高其市场份额;二要往公路养护大中修方面开始发展,及时转换经营机制,提高市场竞争力,培养出好的施工队伍;三要采取有力措施,切实加强公路市场监管和处罚力度。对施工质量和水平不行的队伍,要逐步采取黄牌警告、市场禁入等处罚措施,有效提高公路建设质量;四要认真做好改革前期工作,把厅属企业改革整体方案与各企业单个改革方案结合起来,逐个研究分解,要有百分之百的把握,积极稳妥地推进国企改革,确保改革万无一失。

(熊昌军)

【省政府领导到交通运输系统调研国企改革】 7月12日,省委常委、常务副省长凌成兴到非工口7个系统国有企业改革联系点——省交通运输厅,就交通运输系统国有企业改革工作进行调研,并召开座谈会,研究部署全省交通运输系统国有企业改革工作。省交通运输厅党政主要领导陪同调研并出席座谈会。

凌成兴先后深入江西省公路机械工程局和江西省公路桥梁工程局,看望慰问职工,并召开座谈会,听取省公路桥梁工程局、省公路机械工程局和省交通集团公司三个单位干部职工对深化交通运输系统国有企业改革的意见和建议。

凌成兴指出,扎实推进非工口七个系统国有企业改革,是深化全省国企改革的重要内容,关系全省国企改革的大局。全省交通运输系统要认真落实省委的决策部署,深入研究交通运输系统国企改革的现实情况,精心操作国企改革方案。省公路桥梁工程局、省公路机械工程局和省交通集团公司对江西交通建设作出了重大贡献,这几年市场竞争激烈,企业改制中差异较大,在改革中要坚持把保障和维护职工切身利益放在首位,切实做到善待职工、善待干部。保障职工的合法权益。要总体落实深化国有企业改革的根本目的,通过改革,解放生产力、发展生产力,增强国有经济的活力、控制力和影响力。

(熊昌军)

【南昌市扎实稳步推进国有企业改革】 南昌市交通运输局扎实稳步推进局属国有企业改革工作,取得了较好的成效。其做法主要体现为“把握好四个原则、实现了六个到位”。把握好四个原则:一是既要改制,又要创新,还要保持稳定。二是坚持一个政策:一把尺子、一个标准,按照政策规定执行,不破原则、不开口子。三是根据企业性质的不同,实行一厂一策,一企多策。四是在单靠企业筹资、企业无能为力,单靠政府支付,财政难以承受的情况下,实行多渠道筹措改革资金。实现六个到位:一是机构到位。成立领导小组、推进组、维稳组。两个企业成立相应机构,分别设立职工安置办公室、维稳宣传办公室、改制政策咨询室。二是人员到位。机关和企业参加改革的人员全部到位到岗。由局里抽调12名同志在企业上班;在四个事业单位组建了由主要领导带队的四个特别工作组,分派到两个集团公司的下属企业开展工作。三是责任到位。制订了“企业改革工作方案”、“企业改革维稳工作方案”、“企业改革工作推进表”、“企业改革工作考核暂行办法”等,明确工作任务目标。四是联络到位。与街办、社区、公安派出所等相关部门对接,做到上下联动,左右互动。五是培训到位。邀请市劳动人事局对改革涉及的劳动人事方面进行授课;邀请市维稳办对改革涉及的维稳工作进行授课;参加市审计局举办的清产核资培训。六是工作到位。在提前完成职工档案审核工作的基础上,完成了对集团公司本部及各子公司资产自查,并通过市审计局的审查。按照工会章程规定,选出新的职工代表大会代表,9月21日召开职代会对“职工安置方案”、“改革发展方案”进行表决,长运公司通过率为98.86%和100%,水运集团通过率为87.36%和90.83%。到10月底,签订职工身份转换合同的(含离退休职工)7840人,占职工总数的87.76%。江西长运公司和江西水运集团签订率分别达到84.14%和92.96%。

(南昌市交通运输局)

【省路桥工程局分流人员移交签字仪式举行】 11月9日,省路桥工程局分流人员移交签字仪式在省交通运输厅举行。省交通运输厅组织人事处、省公路管理局、省路桥工程局、省高速公路投资集团有限责任公司分别代表监交单位、移交方主管单位、移交方、接交方出席仪式并签字。省路桥工程局247名分流人员移交签字仪式的举行,标志着路桥工程局改革工作,取得了阶段性的成果。按照协议,一是省路轿工程局分流到省高速公路投资集团有限责任公司的人员共计247人,其中干部77人(含科级干部15人)、工人170人。二是路桥工程局分流人员247人未正式上岗前,由省公路管理局帮助路桥工程局留守机构代管(其中包括代发工资、缴纳养老保险、工伤保险、生育保险、医疗保险、住房公积金)。分流人员待岗期间的工资按事业单位档案工资和省规定津贴标准发放。三是省高速公路投资集团要创造条件,尽快安排岗位,提前对分流人员进行上岗培训。分流人员的工资在改制前由路桥工程局负责发放。改制后(2011年1月始)由高速集团委托路桥工程局代发。经费来源从厅改制的资产变现收入中列支。四是省路桥工程局要尽快为247人办理好个人账户户头。

(省公路管理局)

【新余市航运公司改革工作圆满完成】 根据新余市委、市政府关于国有企业改革工作的部署,新余市交通运输局认真组织开展新余市航运公司改革工作。8月10日召开了新余市航运公司职工大会,"新余市航运公司改革职工安置方案"全票通过,至10月公司改革各项工作全部落实到位,圆满完成新余市航运公司的改革任务。

(胡晓文)

组织与人事

【概况】 2010年,省交通运输厅各级人事部门围绕交通运输事业科学发展为目标,着重抓好领导班子建设、人事制度改革、人才队伍建设和干部监督等方面工作,较好地完成全年的工作任务。

一、加强班子建设和干部队伍建设。1.优化厅属单位领导班子结构。全厅通过公开选拔、民主推荐、组织考察、厅党委研究决定、任免公示等工作程序,进行了6批干部考察工作,共提升处级干部40人(其中:正处级领导干部13人、调研员3人,副处级领导干部24人)。

2.强化干部交流力度。通过下派、挂职锻炼等方式,先后选派2名中青年干部到新疆、省信访局挂职锻炼,选派1名正处级干部到九江市都昌县挂职担任县委常委、副县长,按要求接收3名省属集团公司机关工作人员,从厅直属单位选调一名副处级干部到厅规划处任副处长。

3.加大干部培训。按照厅大规模培训干部工作实施意见,积极开展各类培训。在省委党校举办一期55人的2009年新提任的处级干部培训班。先后选送20名处级以上干部到党校、行政学院培训。在梨温公司举办厅属单位组织人事干部培训班,专题学习干部任用四项监督制度。在全厅范围内组织开展副处级以上干部和组织人事干部进行四项监督制度测试、法律基础知识测试,共组织测试48场,参加测试的厅级干部36人次,处级干部740人次,组织人事干部338人次,测试合格率达到100%。

4.推进干部竞争选拔工作。2010年,厅机关先后提供政策法规处处长、离退休干部管理处处长等2个职位在厅机关开展竞争选拔,提供科技教育处副处长一职面向全省乡镇(街道)党政正职进行竞争选拔。先后组织指导高速投资集团公司、高速联网管理中心、交通工程质量监督站、交通设计院、公路开发公司等多家单位开展科级干部竞争选拔工作,厅直单位开展科级以上竞争选拔干部97名。

5.推进后备干部建设。在厅属单位内公开选拔副处后备干部,经过双推有388人通过资格审查;378人参加了考试;共有244名同志列为考察对象,经厅党委研究决定,确定副处级后备干部191名。按照省委组织部关于公开选拔副厅级后备干部的要求,组织12名正处级年轻干部报名考试,有7名同志通过考试。

6.强化干部监督管理。一是严格按照省委组织部《关于清理和纠正干部工作中有关违规行为的通知》要求,对厅直各单位中不按政策规定和"三定"方案要求、擅自超职数配备领导干部、提高干部职级待遇和党政正职分设等情况进行认真摸底调查,做到逐人逐项核实。二是认真开展领导干部谈话制度。2010年对涉及任用调整交流的40余名干部进行个别谈话。三是进一步落实干部离任审计。对任期届满或任期内办理调任、转任、轮岗、免职手续的事业单位的行政正职或主持工作的副职领导干部,进行严格离任审计。

二、重视人才建设。1.加强人才管理。2010年有9人晋升为教授级高级工程师,1人晋升为研究员,3人晋升为高职教授,87人晋升为高级工程师,31人晋升为其他系列副高职称;164人晋升为工程师。组织推荐3名同志申报2010年江西省新世纪百千万人才工程人选，有1位同志入选。组织推荐1位同志申报“赣鄱英才555工程”。通过公务员考录15人，组织注册验船师等专业资格考试1300人次。

2.搭建高层人才成长平台。2010年“江西赣粤高速公路股份有限公司”、“江西省交通科学研究院”两个博士后科研站顺利通过人力资源和社会保障部、全国博士后管理委员会批复。省人保厅还为新设立的博士后科研工作站授牌。

三、完成厅直单位成品油税费改革人员安置。按交通运输部和省委、省政府确定的要求，厅党委、行政采取积极有效的措施，确保全省成品油税费改革、政府还贷二级公路撤站人员安置工作平稳有序。截至2010年6月底，厅属单位改革涉及人员4077人(其中正式职工2407人，合同制收费人员1335人，离退休人员335人)已经全部安置到位。省公路路政总队、省高速集团公司和联网中心承担了大量安置任务。

四、做好机构编制管理。设立省高速公路投资集团有限责任公司赣州管理中心等6个管理中心；成立江西省交通运输厅应急指挥中心，江西省交通运输专业人员资格评价中心(挂在江西省交通运输厅对外经济联络办公室)，撤销交通宾馆、高管局下属工程养护管理处等8个事业单位，规范江西省交通厅规划办公室、交通干校和江西省港航管理局所属部分事业单位的名称，对省交通科学研究院机构编制进行调整，对省公路运输管理局和港航管理局单位性质进行变更，由全额事业单位转为参公管理事业单位。同时，积极做好厅机关机构改革工作，下发了《交通运输厅内设机构主要职责的通知》，进一步理顺机关处室之间职能关系。

五、推进事业岗位设置。先后转发省人保厅关于江西省事业单位特设岗位设置管理试行办法和江西省事业单位岗位设置管理有关问题的补充处理意见的通知等文件，指导厅直属各单位组织人事部门在把握岗位设置的行政约束力与动态管理关系的基础上，积极研究探索设岗、聘用与适应人才队伍建设和事业发展的思路和措施。已有12户厅直属事业单位，通过江西省人力资源和社会保障厅的审核。

六、做好劳动工资管理。成立厅考核分配领导小组，布置开展清理规范津补贴和事业单位实施绩效工资工作。积极落实劳动工资管理职责，完成厅机关和事业单位工作人员的工资晋升、套改工作和工人技术等级考核工作，及时办理企业退休人员增加社保工资审核工作。根据江西省交通厅高速公路重点工程工作人员津贴、加班工资发放管理办法，对在建和已通车的项目办工地津贴、加班工资进行审批。按照厅党委关于开展事业单位工作人员收入分配情况清理核查工作的通知等规定，对厅属企事业单位、重点工程项目办的收入分配情况进行清理核查。

(王　硕)

【厅直单位组织人事工作会议在昌召开】 3月12日，省交通运输厅召开厅直单位组织人事工作会议。厅党委书记程受锭出席会议并强调，厅直各单位领导干部、组织人事部门的同志一定要坚持以科学发展观为指导，以改革创新为动力，围绕一条主线，突出两个重点，抓好三工作，努力提高全厅组织人事工作整体水平，为实现交通运输事业又好又快发展提供坚强的组织保证。

围绕一条主线，就是紧紧围绕为实现交通运输又好又快发展提供坚强组织保证。2010年是实施交通运输发展任务极为繁重的一年，厅直各级组织人事部门一定要认清形势，统一思想，站在推动交通运输平稳快速发展的战略高度，深刻认识做好新形势下组织人事工作的重要意义。

突出两个重点，一要坚持德才兼备、以德为先用人标准，树立正确的用人导向。二要全面推进干部人事制度改革，建立健全科学的选人用人机制。

抓好三项工作，一要抓好各级领导班子和干部队伍建设。二要抓好交通改革和人员安置工作。三要抓好组织人事部门自身建设。各级党组织要加强对组织人事工作的领导，支持组织人事部门按照党的组织原则大胆工作，各级组织部门按照“三服务、两满意”的要求，进一步加强自身建设，不断开创全厅组织人事工作新局面，为推动交通运输又好又快发展提供坚强的组织保证和人才支持。

(涂序东)

**【全省成品油税费改革划转路政部门人员安置工

作启动】 5月19日,全省成品油税费改革划转路政部门人员安置工作动员大会在南昌召开。大会宣读了“全省税费改革划转至路政总队人员安置工作实施办法”。

会议指出,这次人员安置工作,时间紧、任务重,关注度高、敏感性强,是一项极其复杂的工作。各单位一是要高度重视人员划转安置工作,充分认识安置工作的重要性、紧迫性、复杂性和艰巨性,按照划转人员安置工作方案,扎扎实实地做好划转人员的安置工作;二是要着重注意安置工作中的人员选配、政策执行、组织纪律、维护稳定等问题。各级路政部门要认真组织实施人员安置工作,确保人员安置工作有序进行、尽快到位。各级路政部门党政主要领导要亲自负责,做到思想认识到位、组织领导到位、工作措施到位,把人员安置工作做细、做实、做好,确保按时圆满完成安置任务。

安置工作分三步走,第一步是支队召开动员会,原原本本、不打折扣地传达会议精神。总队将分7个小组,由总队领导带队分别参加各支队的动员会,掌握情况。第二步是6月3日至4日宣布干部任命,组建大队,分配人员,全面启动各项业务管理工作。第三步是6月10日后总队领导下到各支队蹲点,开展调研工作,协调相关事宜。7月份召开全省路政工作会议,全面回顾一年的工作,认真总结经验,深入分析全省路政发展形势,部署下半年的工作任务。

会上,各支队就人员安置工作作表态发言,并与总队签订社会治安综合治理目标责任书和党风廉政建设责任书。

(涂序东 洪土斌)

【江西设立交通运输专业人员资格评价中心】 经省编办批准同意,省厅于2010年8月设立江西省交通运输专业人员资格评价中心,中心挂靠交通运输厅对外经济联络办公室。中心具体负责:拟定厅职业资格和职业技能鉴定规划、规章制度和实施办法;组织实施交通行业职业资格的考核认定,指导职业资格制度建设工作;负责职业资格考试培训机构资格审核、教育评估;开展交通行业职业资格及有关问题的研究与咨询服务等。

(余明华)

【部分省级交通运输厅机关改革经验交流座谈会召开】 11月3日至4日,部分省级交通运输厅(局、委)机关机构改革经验交流座谈会在南昌召开。交通运输部副部长徐祖远出席会议并讲话,江西省委常委、常务副省长凌成兴致欢迎辞。中央编办二司巡视员、副司长马谢林,江西省政府副秘书长朱希,省交通运输厅党委书记程受锭、厅长马志武及交通运输部有关司局负责同志、来自全国16个省级交通运输部门的代表出席会议。

徐祖远对近年来江西交通运输事业发展所取得的成绩给予充分肯定。他指出,“十一五”期间,江西交通运输的发展,从规划、政策、机制、管理等方面都动了不少脑筋,有了明显进步,总的来说可以概括为“抓得早、政策好、起点高、力度大、效果好”。从发展的现状来看,根据十七届五中全会提出来的“十二五”规划的整体思路,江西在公路、水路并举发展,特别是多种运输体系整体发展以及交通配套规划方面富有战略的思维,抓得很有针对性。

对进一步研究深化交通运输大部门体制改革,徐祖远要求,一要着力提高战略思维和科学决策的能力,提高交通运输统筹规划和协调发展的能力,提高驾驭市场经济的能力,提高依法行政的能力,科学研究谋划改革发展。二是按照“六个是否有利于”的原则,判断改革的利弊得失。即是否有利于优化政府组织的架构,是否有利于统筹协调综合运输规划和建设,是否有利于实现多种运输方式有机衔接,是否有利于建设资源节约环境友好型行业,是否有利于加快形成便捷、通畅、高效、安全的现代综合运输体系,是否有利于发展现代交通运输业。三是充分利用会议平台,充分讨论深入研究。要实事求是,突出“实”字;要与时俱进,突出“新”字;要加强研究,突出“思”字。

凌成兴介绍了江西省情和江西经济社会发展情况。他指出,江西省委、省政府高度重视交通运输体制机制改革,以改革增活力、以改革强后劲、以改革促发展。一是大力推进行政机构改革,形成一厅三局两公司,即:省交通运输厅,省公路局、省港航管理局、省公路运输管理局,省高速公路投资集团公司、省港航建设投资公司。组建省路政总队,在11个设区市成立了高速公路路政支队。二是平稳推进成品油税费改革,全省取消政府还贷二级公路收费共83个收费站，妥善安置涉及改革的全部人员。三是全面推进交通运输国有企业改革。从2010年起对全省交通运输系统74家国有企业进行改革改制，通过联合重组做强一批，股权转让改制一批，清产注销推出一批等方式，做大做强交通运输国有企业。

（熊昌军）

财务审计与招商引资

【概况】 2010年，厅财务审计部门围绕促进江西交通又好又快发展的目标，努力工作，积极稳妥地推进财审工作，取得较好成绩。

1.积极配合财政部驻赣专员办对全省取消政府收费还贷二级公路债务锁定。组织协调各设区市交通运输局、公路局和各有关单位搜集整理相关资料，做好情况说明，及时反映问题，加强沟通协调。使专员办上报数据基本维持江西申报锁定取消政府还贷二级收费公路债务余额。并会同省财政厅、省发改委向中央申请江西省部分县（市）比照西部地区享受锁定债务余额60%的补助资金，以进一步缓解全省取消收费还贷二级公路还贷压力。

对县（市）管理的政府还贷二级公路项目的银行贷款进行重组，由省厅接受其银行贷款剩余债务，确保银行债务及时偿还。重组县（市）独立收费公路桥梁项目12个，重组银行债务5.3亿元，切实减轻了县（市）债务负担，维护江西省交通部门良好信用声誉。

2.配合省财政厅完成全省成品油价格和税费改革中央转移支付资金的分配。财政部第一次核定江西省转移支付资金替代基数32.89亿元，经积极争取，财政部在专项核查基础上，追加江西省基数1.8亿元，基数合计34.69亿元。按照“确保既得利益、充分照顾县市、适当留有余地”的原则，提出了34.69亿元替代资金的分配建议，并报经省政府同意执行。

2010年财政部追加江西省税费改革中央转移支付增量资金2.54亿元，省厅配合省财政厅完成具体分配工作，分配资金主要用于国省干线公路水毁修复工作。

实施成品油价格和税费改革后，交通部门分配的中央转移支付资金，按照交通资金属性不变、资金用途不变、地方预算程序不变、地方事权不变的原则，实行专款专用。

3.严格按照财务管理的规定，筹集和使用厅本级统筹资金；合理安排资金，确保年初因不能编制赤字预算，未能纳入2010年部门预算的厅本级收费还贷路段“迎国检”、“一大四小”绿化工程等重大项目资金及时到位。根据2010年预算实际执行情况，以及按照继续做好税费改革人员和机构安置的要求，对2010年年初预算进行调整。

精心组织2011年部门预算编制工作。根据省财政厅编制2011年部门预算的通知，向各单位详细布置2011年部门预算的工作重点，讲解编制方法，提高部门预算编制质量。同时改变核定厅直各事业单位2011年经费补助控制数的方法，提高经费控制数的科学性。

4.充分利用2010年的信贷政策，与各银行积极配合，完成新开工的赣崇项目46亿元银团贷款合同的签署。通过流贷及搭桥贷款方式弥补厅在建及新开项目配套资本金缺口，保证在建的鹰瑞、石吉、永武、隘瑞等项目贷款的落实及发放。

为迎接全国干线公路养护与管理大检查，帮助地方筹措干线公路养护工程款，完成对各设区市公路局的担保贴息贷款17亿元的落实及发放。

5.根据省人民政府关于同意江西省高速公路投资集团有限责任公司组建方案的批复，对江西省高速公路投资集团有限责任公司进行相应的管理授权、资产划转和业务移交，以帮助将其打造成江西省高速公路建设项目融资平台。

6.组织厅直属各事业单位开展财务交叉检查。上半年，针对厅内部审计人员不足和厅直事业单位审计需求量大的矛盾，厅财务审计处组织厅直各事业单位内部审计人员，开展财务交叉循环检查，取得很好的效果。

加大对高速公路养护专项资金的审计力度。以往，省厅对养护支出是以包干方式拨付。为进一步加强对养护资金的监管，省厅开始对养护资金采取类似基本建设资金方式审计，取得良好的效果。如某路段单个养护项目上报决算188万元，经厅财审处审核后，核减投资44万元，核减率为23.4%。厅领导给予高度评价，并要求对以后的养护资金需经财审处审计后，根据审计金额给付。

7.2010年,厅财审部门全力做好国有及国有控股企业和社会团体“小金库”治理的各项工作,取得成效。通过宣传动员,工作督导,组织自查,委托重点检查等工作,发现厅下属共有35个企业单位设立过“小金库”,涉及金额390余万元,对于发现“小金库”的有关单位要求立即整改,并追究责任。同时,委托中介组织,对厅属有关单位进行了“小金库”专项检查。“小金库”治理工作受到省治理“小金库”领导小组的通报表扬。

(钟彦祯)

【省交通运输厅部署“小金库”专项治理】 7月30日,省交通运输厅召开厅属国有及国有控股企业和社会团体“小金库”专项治理工作会议,部署国有企业和社会团体“小金库”专项治理工作。副厅长孙茂刚宣读“江西省交通运输厅开展厅属国有及国有控股企业和社会团体‘小金库’治理工作实施方案”,厅纪委书记江学功到会讲话,副厅级纪检员汪明彦主持会议。

会议要求,加强领导,精心组织,确保“小金库”专项治理工作取得实效。一要加强组织领导;二要做好宣传发动;三要建立举报制度;四要完善协调机制;五要强化工作督导;六要构建长效机制。

此次“小金库”专项治理范围为厅和厅属单位管理的国有及国有控股企业、厅及厅属单位管理的社会团体及其分支机构、所属全资和控股企业。治理内容为凡国有企业和社会团体违反法律法规及其他有关规定,应列入而未列入符合规定的单位账簿的各项资金(含有价证券)及其形成的资产,均属于“小金库”。

(练崇田 雷声猛)

【省港航局正式启用金财工程应用平台】 8月30日,江西省金财工程应用平台正式上线。自此,省港航局预算单位用款申请、国库集中支付、统发工资等业务将全部切换至新应用平台上。新的应用系统有以下几大优点:操作时必须使用电子钥匙(USBKey)才能登陆平台,高度确保资金安全;简单快捷地进行业务操作,减少工作量,相同功能分类及经济分类的科目可以录入到一张凭单上,节约纸张;财政,预算单位于银行和代理银行之间的数据传递使用电子数据代替纸质数据,电子邮件传递代替人工传递,真正实现了低碳高效办公。

(涂 晶)

【省港航局启用规费征稽电子票据系统】 11月26日,省港航局启用第一批4个固定(南昌地区)收费站点的软件安装和调试工作,并对各个站点进行相关软件操作的技术培训,确保电子票据顺利开出。此电子票据系统将事先设定好的收费项目显现在电脑屏幕上,缴费人员随即可领到一张打印好的电子票据,有效地克服以往手工开票收费工作量大、差错率高的弊端,同时防止票款不符等违法违纪现象。自此,拟分三步推进电子化票据工作:第一步,在有条件的固定站点实现电子化开票,开出通用电子票据;第二步,在财政厅通用的电子票据模块的基础上做对接,进行软件的二次开发,完成固定站点专用电子票据的应用;第三步,在无线网成熟的情况下,适时开发无线电票据系统软件,完成移动收费站点专用电子票据的运用。

(赖招权 刘宁钰)

【江西交通咨询公司认真部署“小金库”清理】 9月21日,江西交通咨询公司召开“小金库”清理、治理和防治专项工作动员大会,并召开专题讲座。公司行政主要领导作了动员讲话,在干部职工听取财务负责人的专题讲座后,与大家一起进行讨论研究落实措施。公司建立了公司“小金库”清理、治理和防治专项工作的六大机制,即源头控制机制、保证金机制、双倍退赔机制、一票否决机制、举报重奖机制、宣传反馈机制,明确专项治理的对象和范围,列举“小金库”的19种主要表现形式。经过公司干部职工共同努力,公司“小金库”清理工作取得较好效果。

(刘国庆)

【九江长江大桥公路桥实现延长收费顺利过渡】

根据《国家发展改革委办公厅关于九江长江大桥收费有关问题的复函》及原国家计委(计交通〔1992〕607号)文件精神,江西、湖北、安徽三省人民政府经研究,以赣府字〔2010〕43号文批复九江长江大桥公路桥延长收费年限4年,收费期截至

2014年4月30日。为了确保延长收费平稳过渡，九江长江大桥公路桥管理局始终保持高度的政治敏感性，积极主动提前向九江市、黄梅县两地政府报告情况，按照大桥管委会有关要求，严格延长收费宣传，制定突发事件应急预案，实现延长收费的顺利过渡。

（张曙光）

【九江长江大桥服务两地经济发展】 九江长江大桥公路桥延长收费后，九江长江大桥公路桥管理局积极当好大桥管委会和省交通运输厅的参谋，从关注民生、维护稳定大局出发，及时成立工作组，赴武汉、南昌等地调研，及时出台年统缴优惠办法，对频繁往返大桥的九江、黄梅两地小车、客车、小型货车实行统缴。2010年，累计办理小车统缴车2000余辆，货车统缴车200多辆，半价统缴长途汽车47辆，全免公交车22辆，出租车实行现场减半征收，妥善解决两地人民群众需求，维护社会稳定。

（张曙光）

【宜春市交通运输局开展农村公路建设资金专项审计】 2009年全市国家农村公路建设项目（条）236项，全长704千米，投资总额18935万元，其中：国家拨款7040万元，自筹资金11895万元。该局组织4名财务人员，由分管财务工作的副局长带队，于9月15日至12月24日，采取查账、上路核查、走访调查等方法，先后对10个县（市、区）2009年农村水泥路建设、公路养护、改渡建桥等专项资金管理、使用情况进行审计。从审计情况来看，建设资金管理总体是好的，基本上做到资金银行有专户、专项管理，专项核算，专项存储，按计划、按项目、按工程进度拨款。许多有水泥路建设项目的乡村，实行财务公开、群众监督和老党员、老干部、老村民代表参加建设资金管理。但个别地方和少数基层单位存在建设资金未开银行专户，有的工程款拨付不及时，有的拖欠民工工资，有的截留养护资金，有的违规在渡改桥建设资金中支付设计费及资料费等问题。“审计重在整改”，及时制订三条整改意见：一是按计划未及时下拨公路建设专项资金的要求在2011年6月以前全部拨付到位，保证资金的使用效益；二是公路养护资金不得截留用于本局机关经费使用，应及时下拨资金，以保证公路养护资金需求；三是农村渡改桥建设资金不得从中提取工程设计、咨询等费用，做到建设资金专款专用。各地对审计的问题高度重视，专门召开会议进行研究，制定整改措施，进一步加强建设资金管理，确保工程款专款专用。

（喻美红）

【宜春市加强农村改渡建桥专项资金管理】 宜春市审计局派出审计组于4月7日至26日对该市2008年至2009年度渡改桥建设资金的筹资、管理和使用情况进行审计调查，审计组通过听汇报、看账本、查凭证、到现场等方式，对2008年、2009年度渡改桥项目进行全面认真地审计调查。从检查的情况看，渡改桥专项目进度缓慢。此外，渡改桥建设资金在管理使用中还存在资金管理不规范、大额支付现金、施工队伍技术力量薄弱等问题。该局根据审计存在的问题下发整改通知，要求在规定时间内整改到位，并提出具体要求。一是进一步健全农村渡口改渡建桥建设资金管理办法，对资金使用情况监管到位，做到专项管理、专项核算、专项拨付。各建设单位做到专户存储、专项核算、专款专用，以确保资金的安全、有效。二是进一步认真执行《江西省农村渡口改渡建桥管理办法》的有关规定，按照工程进度及时足额筹集、拨付渡改桥专项资金，保障工程项目能够顺利进行。三是进一步规范改渡建桥项目的招标工作，不仅要公开招标选择工程施工单位，还要创造条件、最大范围地招标选择工程设计、监理等单位。同时要以近期全市开展的“工程建设领域突出问题专项治理”活动为契机，组织力量对全市农村改渡建桥项目进行一次检查整改，禁止非法挂靠、转包等行为，规范建筑市场，建设优良工程。

（喻美红）

【中国外运长航与新余签订物流战略合作框架协议】 6月24日，中国外运长航集团有限公司与新余市签订物流战略合作框架协议。中国外运长航将新余市作为业务发展和战备合作的重要区域，发挥其在航运、物流、造修船、旅游、港航科研、物流地产等方面优势，全方位参与新余市外向型经济发展，全力支持新余市集聚全球生产要素，高起点、高标准地与世界经济接轨，努力为新余市经济社会发展作出积极贡献。中国外运长航集团董事长苗耕书,中国外运长航集团副总裁朱宁,新余市委书记李安泽,市委副书记、市长魏旋君,市委常委胡高平,市政协副主席陈文华等出席签约仪式。根据框架协议,双方将着重在六个方面加强战略合作,主要包括新余市物流体系建设规划,赣西物流中心建设,新余离境码头建设,新余重点企业物流合作,旅游项目开发合作和物流资源、钢材贸易、教育、节能等其他领域合作等内容。签约仪式上,中国外运长航集团下属公司还与新余市交通部门、旅游部门签订"新余市物流系统中长期规划技术服务协议"、"新余市旅游局与长江轮船海外旅游总公司合作协议"。

(宋　涛)

【郑铁物流集团公司总部项目落户万载】 12月18日,全国物流行业龙头企业投资3亿元的郑铁物流集团公司总部项目落户万载,隆重的奠基仪式在万载物流城举行,标志着作为万载七大主导产业之一的汽运物流朝阳产业得到快速发展。郑铁物流集团有限公司创建于1995年,是国内最早从事三方物流企业及最知名的东北三省及河南全境专线品牌,是国内专线品牌最早运用现代物流理念、为客户提供物流一体化服务的专业公司之一,主营业务收入超过亿元,全国现有19家连锁机构。郑铁物流总部项目将建成一个连通全国、服务全省的现代化信息服务网络平台,赣西区域物流仓储中心和物流人才培训输送基地。

(辛慧民)

【宜春市交通运输局招商引资工作进展顺利】 市交通运输局高度重视招商引资工作,局长朱宜民带队多次赴天津市、黑龙江省哈尔滨市、河南省郑州市等地开展招商引资工作,与当地的各锂电企业广泛接触与洽谈,宣传本市的资源优势、投资环境优势、产业优势及市委、市政府的相关优惠政策等,经过努力,诚邀天津市科林集团、河南郑州宇通集团有限公司、哈尔滨光宇集团、中国电子科技集团公司第十八研究所化学物理电源检测中心、天津市自行车行业协会、天津蓝天电源公司、天津大学等8家单位代表,8月30日至9月1日来该市参加由江西省人民政府、国家工信部、国家科技部、中国有限金属工业协会主办,宜春市人民政府等协办的中国·江西(宜春)锂电新能源产业合作推进会。

8月31日上午,局长朱宜民在会上代表市政府与河南郑州宇通集团公司、哈尔滨光宇集团、天津科林集团签订投资宜春锂电新能源产业合作框架协议。会议期间,各企业代表参观宜春市锂电产品展示,代表们对产品倍感兴趣,详细询问产品的各种信息。天津市科林集团代表对江西江特锂电池材料有限公司展示的电动轮椅产生浓厚的兴趣,明确表示有意投资此项目,目前双方的项目合作谈判正在抓紧进行中。

(鲁　珉)

【宜春市引进三家大型物流企业】 随着宜春市锂电等产业的蓬勃兴起,专业市场的不断拓展,以及明月山机场、宜春铁路货场等交通基础设施的加速建设,该市发展现代物流业的基础更加雄厚,引起国内不少知名物流企业的关注。2010年,在市发改委、市交通运管等部门的大力推介和帮助下,中心城区共引进赣西物流园中心、福建省龙达物流运输有限公司、赣闽钢铁物流园三个项目。由浙江绿色集团投资兴建的赣西物流园中心项目是该市引进的第一家大型物流企业。项目占地20万平方米,总投资达5亿元,被列为省发改委重点项目,属于国家物流产业规划战略项目。赣西物流园分为仓储理货区、产品展示区、流通加工区、物流配送区及综合商务区。

(宜春市交通运输局史志办)

法制工作

【概况】 2010年,省交通运输厅贯彻落实国务院《全面推进依法行政实施纲要》,结合创业服务年活动,全面推进交通运输依法行政能力建设,强化交通运输依法行政理念,规范交通运输行政执法行为,加大培训力度,努力为全省交通运输事业科学发展提供可靠的法制保障。

1.完善地方交通运输法规体系建设。在省政府和省人大常委会的有力指导和大力支持下,《江西省道路运输条例》于2010年11月26日经省十一届人大常委会第二十次会议审议通过,

2011 年 1 月 1 日正式颁布实施。该条例将城市公共交通和出租汽车纳入规范管理范畴。《江西省航道管理条例》已形成送审稿上报省政府，并被纳入 2011 年的立法调研项目。全年制定有关交通运输行业管理的规范性文件近 20 件。同时加大法规规章及规范性文件的清理力度，省厅对 4 件地方性法规分别进行清理，其中保留 2 件，修改一件，废止 1 件；对 6 件省政府规章进行清理，其中废止 3 件，修改 1 件。

2. 规范交通运输行政执法行为。针对交通运输行政处罚自由裁量权细化标准项目，对易发、多发、频发及执法中易发生偏差的案件，编写出部分典型案例，在网站上进行公布，推进建立行政处罚典型案例类比制度。开展网上审批和电子监察系统建设，以及行政执法证件换发工作。

3. 加大交通运输行政执法监督检查力度。一是不断完善执法监督制度。按照交通运输部交通行政执法监督规定，厅属各主管局结合各自工作特点，制定具体的监督检查规定。省厅完善《江西省交通行政执法监督检查规定》、《江西省交通运输厅行政执法过错责任追究规定》和《江西省交通行政处罚自由裁量权适用规则》、《江西省交通行政处罚自由裁量权细化标准》等，形成比较完善的行政执法监督保障体系。二是强化现场监督。省厅由厅领导带队上路明察暗访，现场查纠公路“三乱”问题。先后组织三次“防三乱保畅通”检查，检查中发现属于交通运输部门的问题，从严要求，当场查纠。省交通运输厅还在全省范围内集中开展道路运输管理、治理超限超载和公路路政管理三个专项整治活动。三是坚持开展交通行政执法评议考核。各级交通运输主管部门坚持将行政执法责任制执法情况作为年度工作考核的一项重要内容，建立科学的内部考核机制。4～8 月，省厅在全省交通运输系统组织一次大规模的执法监督检查。同时接受交通运输部检查组的抽查，部检查组对江西交通运输厅依法行政工作，特别是行政执法工作予以肯定，全省交通运输系统有 3 个集体和 3 名个人被授予 2010 年度全国交通运输行政执法先进集体和先进个人荣誉称号。

4. 提升交通运输行政执法队伍整体素质。一是加强岗位培训。由省厅直接组织的岗位培训班有 7 期，共培训人员 900 余人。省公路路政总队在南昌陆军学院举办 4 期路政执法人员岗前培训班，每期 15 天，培训人数 1513 人。二是严格准入条件。厅规定凡进入交通运输系统执法机构的执法人员，一律要经过省人事厅统一组织的文化考试，再参加录用单位组织的专业考核和面试，经组织考察后择优录用。省港航管理局先后招录法律、海事等专业的高校毕业生 340 余人，全部充实到执法第一线和执法监督岗位。三是严格证件管理。坚持把执法证件作为交通执法管理的龙头来抓，在严格证件申领发放的基础上，把好年审关。

5. 做好行政复议。在交通行政复议工作中，厅健全和坚持五项制度，即行政复议办案程序制度、专门问题协办制度、审查签发制度、案卷归档制度、行政复议案卷公开查阅制度。在行政复议案件办理过程中，严格按照《中华人民共和国行政复议法》和《中华人民共和国行政复议法实施条例》规定的期限及要求进行办理，及时要求被申请人答辩，在全面审理的基础上作出行政复议决定，没有发生复议案件超期情况。一年来，厅接待群众来访 51 起，收到群众行政投诉 7 件，做到件件有落实。

6、深入开展法制宣传教育。利用《江西交通》杂志和江西交通信息网对全行业宣传的辐射效果，刊登专题文章，开辟专栏宣传普法和依法治理工作。厅直各单位也利用法制宣传橱窗、黑板报、宣传标牌、重点路段的电子屏幕等宣传形式，对干部职工和服务对象进行法制教育。协助有关部门开展送法下乡、送法进社区、送法进企业和送法进工业园等活动，免费向社区居民提供书籍和便民法律服务。省厅在抓好全民学法的同时，注重交通行业专业法的社会宣传活动，采取多种形式广泛宣传《江西省道路运输条例》，制作发放该条例宣传手册 20000 册，并在《江西日报》刊登全文。

（鲍丽娜）

【省水保监督检查组对石虎塘开展执法检查】 省水利厅水保监督检查组于 1 月 14 日对石虎塘项目进行执法检查。检查组首先实地查看石虎塘主体工程及防护工程部分施工现场的水保工程措施及其临时措施实施情况。随后，听取项目负责人就水土保持工作方案管理、组织管理、方案实施、规费征缴等方面工作情况的汇报。

经深入细致地检查，检查组认为：此项目水土保持工作责任明确,尤其是所有土建工程从设计初期就将环水保理念纳入了设计方案及招投标文件。主体工程及防护工程通过采取优化变更工程取土场、充渣场、施工便道等有效措施,在大大减少征地的同时,也进一步提高了环水保效果。最后,检查组提出了几点建议:一是项目工期长,工序复杂,要更进一步加强临时水保措施的实施力度;二是根据项目特性,不断改进工艺,提高水保工作成效;三是要一如既往实行跟进管理,不断更新管理理念,切实将水土保持工作落到实处。

(吕一琦)

【省港航局举办行政执法人员综合法律知识考试】 省港航局根据省政府法制办《关于重新核发(江西省行政执法证)和(江西省行政执法监督证)的通知》要求,于11月12日下午,举行本部门行政执法人员综合法律知识考试。省局机关及南昌分局近百名相关人员参加这次考试。考试的主要内容为:《中华人民共和国行政许可法》、《中华人民共和国行政处罚法》、《中华人民共和国行政复议法》、《中华人民共和国行政诉讼法》、《全面推进依法行政实施纲要》等。考试成绩作为核发行政执法证件的重要依据。

(刘宝生)

【交通运输部行政执法监督组到江西检查】 8月21日,以天津市交通运输和港口管理局常务副局长张连选为组长的全国交通运输行政执法监督检查组一行6人到赣进行检查指导。

8月22日上午,部行政执法监督检查组在省交通运输厅和省港航局领导的陪同下来到吉安市地方海事处。检查组认真听取吉安辖区内水运运力及水路运输情况介绍和吉安市地方海事处行政执法工作汇报,并现场查看行政执法的资料归档和档案管理内容、行政许可及政务公开内容,详细询问船员管理和考试培训情况。检查组对该处的海事行政执法工作、行政执法公示、便民利民等措施,以及近年来取得的各项荣誉给予了充分肯定。同时,亦对依法行政、规范执法、文明执法、提高执法水平等方面提出了宝贵意见。

8月24日,部行政执法监督检查组到湖口县地方海事处,详尽检查该处行政执法工作情况,听取行政执法工作汇报,并乘坐海巡艇亲临鄱阳湖辖区水域,现场察看鄱阳湖公路大桥、铜九铁路特大桥、石钟山及鞋山水域海事执法与安全监管情况。检查完毕,检查组成员对湖口县地方海事处的行政执法工作予以高度评价。张连选认为,该处在行政执法工作中有六大特点:一是围绕中心,突出重点;二是高度重视,措施到位;三是机构健全,管理严格;四是强化培训,提高素质;五是严格监督,不断创新;六是加强宣传,形式多样。张连选希望湖口县地方海事处再接再厉,进一步强化责任意识,更好地维护辖区水域安全,把执法工作提高到更高的水平。

(孙力群 郭 健)

【省公路局邀请法律专家“会诊”路政执法文书】 4月10日上午,省公路局邀请省法制办处长周靖在井冈山公路分局召开座谈会,对江西路政执法工作中使用的三类法律文书等进行“会诊”。宜春、吉安、萍乡三市公路局路政科长参加了讨论。

会上,周靖仔细调阅三市路政执法文书案卷式样,并在听取各市路政科长工作汇报后,依据《中华人民共和国公路法》、《江西省公路路政管理条例》及交通部《关于印发交通行政执法风纪等5个规范的通知》等相关法律、法规的条款,对《询问笔录》、《勘验检查笔录》和《处罚决定书》的制作、《公路赔(补)偿通知书》的使用以及路政管理强制措施文书的规范等进行深入“诊断”,逐一对文书制作中所涉及的执法依据、格式、内容以及档案装订标准,进行了分析、明确和统一。并针对在具体执法操作中可能出现的情况,他提出,在坚持规范执法、严格执法的基础上,要注意执法工作的策略,提倡说理式文书,讲究艺术性和技巧性,尽可能多地收集相关的证据材料,使执法文书更为规范、科学,为顺利推进路政管理工作起到保驾护航的作用。

(戴志勇)

【梨温公司获“法制宣传先进单位”荣誉称号】 4月16日,《新法制报》授予公路开发公司梨温公司“法制宣传先进单位”荣誉称号,表彰该司历年来在法制宣传教育和平安江西建设方面取得的突出成绩。该公司自成立以来,紧紧围绕中心工作,积极开展普法宣传,通过坚持法制宣传教育与安全生产、社会治安综合治理工作相结合，进一步增强广大干部职工的法制观念、法律意识和安全、治安防范意识，为全面完成中心工作提供了稳定和谐的环境。

（胡　丹）

【景鹰公司与交警路政共同打击车辆偷逃通行费行为】 3月17日，景鹰公司联合高速沿线路政、交警部门共同开展打击车辆偷逃通行费活动，此次打击活动持续时间为100天。为确保活动效果，景鹰公司制定了“打击车辆偷逃通行费百日整治专项活动实施方案”，明确活动时间、参与单位、活动内容和目标，成立了百日整治专项活动领导小组。各相关路政大队、交警大队全力配合整治活动，进一步加大执法力度，严管重罚，重拳出击，严厉打击偷逃漏通行费的不法行为。

（冯传琦　李　凯）

【南昌市公路运输行政审批项目纳入网上审批系统】 8月下旬，南昌市运管处驻南昌市行政服务中心审批科根据道路运输行政许可规范，全面梳理行政许可事项、申请材料、许可流程等，并按照服务中心的要求合理设置工作岗位。市运管处行政许可事项已全面纳入网上审批与电子监察系统，行政审批事项从咨询、受理、审核、审批、发证、查询、投诉等全过程实行网上办理，方便广大客户，提高政府服务人民的工作效率，为优化全市经济发展投资环境奠定扎实的基础。

（宋铭煌）

交通战备

【概况】 2010年，江西交通战备系统按照应对突发事件动员有保证、不同作战样式动员有基础、服务经济社会发展有作为的建设目标，扎实推进“服务、应急、应战”一体化建设，各项工作取得明显成效。

1. 省交通战备办组织并完成国防交通基础设施建设“十二五”规划编制工作，成立由省发改委、省交通运输厅、省交战办组成的江西省国防交通基础设施建设“十二五”规划编制小组。会同省发改委、省交通运输厅有关人员，对全省国防公路进行现场勘测；积极与军事部门沟通，了解部队需求；在结合规划编制小组现场勘测情况的基础上，拟定规划项目；积极与地方政府沟通，抓好《江西省“十二五”国防公路水路战备建设规划》的跟踪落实；有步骤地推进“十一五”规划续建项目和“十二五”规划项目。抓住国家和地方交通大发展的历史机遇，主动向国家和南京军区申请安排尽可能多的项目列入“十二五”规划，争取更多的优惠政策和补助经费。

2. 完善二级、三级交通保障方案编制，编制和修缮《江西省民用运力国防动员预案》和《江西省应急作战交通保障方案》，进一步完善交通重点目标保障方案。

3. 在抗洪保畅通中，各级相关交战办成立军事、交战、交通、交警、民政等相关单位组成的指挥小组，对参加抗洪保畅通部队提供交通保障，全程由警车引导，运政、路政车辆殿后护送，确保车辆安全通行。全省出动公安、交通、交战、企业等部门专业保障队伍人员4000余人次，警车、拖车、路政车、运政车等车辆300余台次，圆满完成应急保障任务，得到军地有关领导和过往部队的高度称赞。

4. 全省各级交战办根据人员和保障任务的变化开展整组工作，建立各级各类保障队伍花名册，做到定人定岗定责。路桥抢修大队配备有推土机、压路机、沥青拌和机、发电机、凿岩机、挖掘机、载重车等机械设备；建立战备船舶大队、港口抢修大队。各专业保障队伍基本纳入民兵组织序列。

5. 10月份，省交通战备办召开“深化军民融合、加快推进交通战备现代化工作座谈会”。会议总结交流“十一五”以来军民联合开展交通战备正规化建设的经验成果，深入分析存在的矛盾和问题；传达国家和南京军区会议精神；联合表彰军民联合开展交通战备正规化建设先进单位和个人。参加会议的有国家交通战备办、南京军区交通战备办、南昌铁路局、省交通运输厅、民航江西监管局等单位领导。

6. 组织各单位撰写学术论文40篇，简讯10余条，在省军级以上刊物发表16篇，并有多篇论文被收入中国国防交协和南京战区国防交协的《论文汇编》。

（饶品涵）

【新余市交通系统举行民兵整组点验大会】 新余市交通局于3月30日在新余市军安运输产业有限公司举行交通系统民兵整组点验大会,新余市运管处全体民兵骨干参加了点验,新余市委常委、军分区司令员及市交通局、市运管处、渝水区人武部主要领导到会指导。此次点验,整体检验了民兵车辆维修及道路运输保障能力等情况,有效促进了新余市交通系统民兵建设水平的提升,确保民兵建设常抓不懈。

(章国民)

【新余市交通战备办公室积极服务地方经济】 新余市交通战备办公室紧紧围绕"平时服务、急时应急、战时应战"的军事要求,做到经济建设与国防建设两不误、两促进,已基本将该市主要公路干道纳入国家国防交通建设项目规划,争取国家资金计划1亿多元。8月份,岭泉村旁的一座铁路公路桥由于重车过往较多,导致几处开裂,一旦坍塌,浙赣铁路安全后果不堪设想,南昌铁路局为此已发出危桥通知。为了确保浙赣电气化铁路行车安全,该办迅速与驻市部队取得联系,在部队官兵的大力支持和密切配合下,以最快的速度将铁路上的危挢实行交通管制,同时组织施工队伍设立安全防控设施和宣传标志牌,经过三天两夜的奋斗,该桥上的重车已经得到有效控制,铁路危桥平安无事,确保了浙赣铁路旅客行车和国家物资运输安全万无一失。

(廖迪新)

社会治安综合治理

【概况】 2010年,全省交通运输系统干部职工认真抓好社会治安综合治理工作,共同维护和谐稳定局面,为交通运输事业又好又快发展创造和谐稳定的综治环境。省交通运输厅被省社会治安综合治理领导小组评为2010年度综治目标管理先进单位。

1. 落实综治领导责任制。厅党委把综治工作列入一把手工程,与厅机关各处室和厅直属各综治责任单位党政一把手签订2010年度综治目标管理责任状,明确党委(总支、支部)书记和行政一把手作为综治工作第一责任人,分管领导和其他领导各负其责。对厅机关处室、下属单位逐级实行社会治安综合治理目标管理,在年初与各下属单位签订社会治安综合治理责任书。各单位层层签订责任状,定期深入综治整改单位,及时掌握各单位整改工作情况,提出阶段性工作意见。对发生综治责任事故的单位及相关责任人实行责任查究,追究领导干部因处置不当或工作不力造成严重后果的领导责任。与此同时,强化与纪检、监察、组织、人事、综治等部门的工作协调,做到既各司其职,又相互支持,共同推动综治工作开展。在领导班子和领导干部年度考核中,把综治维稳责任人履行责任情况及工作能力和绩效列入考核的重要内容之一。单位提拔任用干部,事先征求同级综治领导小组意见。

2. 强化综治工作长效机制。层层建立健全综治工作领导小组、办事机构和矛盾纠纷排查调处组织,完善各项规章制度,形成多级综治组织网络。已组建各级综治组织机构644个,矛盾纠纷排查调处组织562个,综治专职干部224人,综治兼职干部607人。省厅2010年调整厅属综治责任单位,将新建重点工程项目办全部纳入厅综治责任单位,实行目标管理考核。年内完善了目标管理制度、工作例会制度、要情报告制度、通报讲评制度、抄告督办制度、领导述职制度和综治工作培训等七项制度。实施综治工作规范化管理,即规范矛盾纠纷排查调处、各类规范化报表、交通系统社会治安重点地区排查整治和12个方面的综治档案规范化管理等。

3. 开展社会治安重点地区排查整治。①对重点地区进行排查整治。对高速公路服务区、收费所站、高速公路沿线等社会治安重点地区进行排查隐患整治,取得明显效果;②对重点行业进行排查整治。全省14000多台营运客车和危险品运输车辆应用GPS安全服务系统,并通过400多个监控终端对这些车辆实行实时监控;③对重点场所进行排查整治。包括高速公路和桥梁隧道、办公楼内消防设施、财务室、票管房、收费岗亭等,不定期对监控系统、供电线路、消防器材等进行逐项排查,对排查出的隐患落实到人,及时进行整改;④对重点人群、重点领域和重点部位进行排查整治。

4. 强化上海世博会安保工作。严格公路水路运输安全管控,全力做好上海世博会安保维稳。

在公路运输方面,江西作为交通运输部指定的重点营运车辆联网联控技术认证工作试点省份及首批联网联控省份,按要求启动“环沪城河工程”,组织开展对入沪的18家客运企业、31家危险货物运输企业、71辆班线客车、415辆危货车辆的企业资质、人员资质、车辆情况的核查,对涉及的35个客运站安检仪配备使用情况进行复查。在水路运输方面,设立17个世博专项安检点、19个签证点,分工明确,各司其职,齐抓共管,把好江西始发出赣入沪船舶的第一道关。世博水上安保期间,共出动车辆3751辆次,船艇9126艘次,人员22690人次,实行船舶专项安全检查930艘次,办理船舶入沪签证2150艘次,反馈船舶信息192艘次,免费发放上海海图和“世博会水上交通管控宣传册”2000套,对违反世博管控的船舶行政处罚15.4万元。

5.开展“综治宣传月”活动。按照中央、省委关于和谐平安建设的部署,加大综治宣传,成立组织领导机构,下发活动通知,制定活动方案,进行广泛宣传,取得较好的成效。一是拓宽活动载体。充分借助江西交通信息网、江西高速公路网、《江西高速公路》杂志等平台,利用各办公场所、收费所站、服务区、主线横跨大桥、车站、港口、码头悬挂宣传横幅标语3176条、电子情报板滚动播出综治宣传标语3746条,综治宣传栏524版,发放综治宣传单17701份,综治宣传简报182期,综治宣传刊物、网页栏目153期。二是丰富活动内容。全系统积极开展综治常识考试51场、消防知识专题培训讲座56场、综治安全知识竞赛42场、综治演讲比赛16场。三是创新活动形式。立足行业实际和工作需要,创新思路,在收费岗亭设立交通政策咨询台宣传交通运输政策法规及各项规章制度,使司乘人员和社会各界更加了解、关心和支持交通运输工作,营造和谐平安的收费环境。

6.提高单位内部的技防水平。厅应急指挥中心监控系统整合各类应急资源,以交通信息资源整合库为基础,充分利用交通通信专网、高速公路智能交通管理与控制系统、GPS监控平台、水上监控系统、呼叫中心(“96122”)系统、交广电台直播系统等各种交通信息资源,为全省交通运输行业应对自然灾害、交通运输生产事故、社会安全事件等各种突发事件提供了条件,实现突发事件的综合管理,即实现监测监控、预测预警、信息报告、综合研判、辅助决策、指挥调度等主要功能。重点部位实行全天候24小时不间断监控。在全省高速公路各收费所站安装视频监控系统,实现基层所站与地方公安“110”的联通,增强基层站所的治安防范能力。

(廖晓锋)

【省纪委领导到厅检查综治工作】 12月9日。省纪委正厅级纪检员、监察专员姚平率省综治委检查组一行,到省交通运输厅检查社会治安综合治理情况并召开情况督查汇报会。省交通运输厅党委书记程受锭主持会议,副厅长孙茂刚作情况汇报。在听取汇报后,姚平肯定了省交通运输厅社会治安综合治理的工作成效。她强调,当前经济社会环境复杂,社会矛盾碰头叠加,社会治安压力增大,交通基础设施建设规模空前增长,交通行业管理任务繁重,各种需要协调解决的问题增多,综治工作面临着复杂的形势。要充分认识综治工作中存在的问题和不足,要有敢于迎接挑战的决心,树立战胜困难的必胜信心,进一步加大工作力度,创新工作方法,再创工作新业绩,为推动全省社会治安综合治理,构建和谐平安江西作出新的更大贡献。

(涂序东)

【省交通运输厅部署综治工作】 4月21日,省交通运输厅社会治安综合治理工作会议在南昌召开。省交通运输厅党委书记程受锭出席会议并讲话。受国际国内形势变化的影响,全省交通系统不稳定因素仍然存在。一是维护交通改革稳定压力大;二是交通安全保障压力大;三是出租车行业、城市公交监管压力大;四是应对社会群体性事件压力大。会议强调,要突出工作重点,着力解决影响全厅稳定的热点难点问题。一要切实做好国企改革中的稳定工作。各单位、各部门及综治部门要提高思想认识,提前主动介入,深入企业摸排不稳定因素,提出在企业改革中维护稳定的对策和建议:二要切实做好重点工程建设领域的稳定工作。各重点工程建设单位要高度重视安全生产工作,在抓好施工质量、工程进度的同时,抓好施工安全,保障施工人员人身安全;三要切实做好矛盾纠纷排查化解工作。要妥善做好信访工作。认真开展对社会治安重点地区进行深入排查整治工作,抓好一些重点人员的教育稳控工作;四要切实做好预防和妥善处置群体性事件工作。要加大关注力度,加大情报信息预警力度,努力获取深层次、内幕性情报信息,牢牢掌握主动权。要以发现要早、化解要快、处置妥当、防止蔓延为目标,进一步完善快速处置预案,努力预防和减少群体性事件发生。

(廖晓峰)

【九江长江桥项目办开展农民工管理专项检查】 九江长江公路大桥项目办采取查、看、问等方式,对全线农民工管理机构和制度的建立、劳务分包合同和用工合同的签订、信息的申报及变更、农民工工资的发放和公示等情况进行认真细致的检查。检查结果显示,各合同段对农民工管理工作较为重视,能够按照项目办"农民工工资管理办法"和"关于加强农民工管理的通知"等文件要求,成立农民工管理机构,与劳务队伍签订劳务分包合同,与农民工签订单独的劳动合同,工资发放基本及时、到位。元月18日。项目办在第四次生产调度会上对检查中发现的问题进行通报,并提出整改要求。

(曾 晨)

【东乡服务区为上海世博会烟花车队保驾护航】 4月26日,上海世博会烟花车队途经梨温高速公路,东乡服务区被指定为车队就餐接待点,这是继2008年抗冰雪灾害接待赴赣救灾2000多名官兵后又一次大型重要的接待任务。接到任务后,江西公路开发总公司立即成立接待领导小组,在安全保障、餐饮接待、环境卫生、设施设备、功能保障等方面制定了翔实接待方案。一是严把食品关。精心设计供餐菜谱,并邀请东乡县卫生防疫站人员现场对饭菜进行留样检测,保障食品卫生质量万无一失。二是配齐人员。增加车辆引导和停放的安保人员,增加餐厅服务员和卫生保洁员,确保加油站油料充足和油料品质。

(陈国文)

交通建设管理

【概况】 9月16日,鹰潭至瑞金、石城至吉安、彭泽至湖口、赣州绕城四条高速公路建成通车,全省高速公路通车总里程突破3000千米,达3042千米,高速公路通车里程全国排名第九、中部地区第三,提前三个多月完成"十一五"计划建设任务。江西"三纵四横"高速公路主骨架基本建成。在建的公路重点建设项目有九江至瑞昌、德兴至南昌、永修至武宁、九江长江大桥、南昌至奉新、瑞金至寻乌、上饶至武夷山、隘岭至瑞金9条高速公路总里程678千米,在建的水运重点建设项目有赣江石虎塘航电枢纽工程;新开工项目有赣州至崇义、奉新至铜鼓、上饶至德兴、吉安至莲花、浮梁至黄山(赣皖界)5条高速公路,总里程405千米。2010年9月,景婺黄高速公路项目顺利通过交通运输部组织的竣工验收,验收结果优良,得到交通运输部专家组的一致好评。已交工试运营的景鹰、武吉、南昌西外环、康大、瑞赣5条高速公路竣工验收准备工作也在按计划顺利进行。在实施交通重点工程建设中,注重抓好建设管理、交通建设市场管理和制度建设。

建设管理方面。①制定建设管理目标。年初分别制定新开工、续建、已交工未竣工项目建设管理目标及时间要求表,以此作为重点工程建设时间表和监管工作依据。②建立运行全省交通基本建设重点项目数据库。完成全省交通基本建设管理平台的开发及交通重点建设项目信息录入工作,建立了全省交通基本建设重点项目数据库。③深入开展高速公路建设管理标准化。各重点工程建设项目构建以项目管理为基础的管理标准化体系。④召开进度、质量、安全专题会议。根据项目建设不同时期的工作重点及建设过程中质量、安全、进度方面出现的问题和隐患,多次召开专题会议，对出现的问题进行分析、整改，布置和落实相关工作，认真执行公路水运重点工程项目“一校、一会、一查、一志、一总”质量安全管理制度。⑤加强项目招标投标监管。严格执行项目招投标进入公众资源交易中心的制度；严格招投标主要环节的监督；严格执行招标告知制度；创新手段防止围标、串标；加强从业单位从业行为监管。多次组织重点建设项目建设管理和从业单位全面履约情况检查、安全及平安工地建设情况检查、环保检查，并结合建设领域专项治理检查情况，加大对违规从业单位的处罚力度，实行动态信用扣分制。有9户施工企业信用等级被降为C级，1户施工企业信用等级被降为D级。另外，还进一步完善全省交通建设市场信用管理平台，顺利实现了部、省二级信用信息共享、互联互通。⑥推行项目建设管理的“十二公开”。在全省高速公路建设项目中对主体工程、附属工程（含房建、绿化、交通安全设施和机电工程）建设、主要材料和工程养护设备的采购等工作推行“十二公开”，确保高速公路建设项目各项活动均在“阳光”下操作。厅基建监管部门会同信息中心在交通信息网开通了“十二公开”专栏，各在建重点工程项目办也设立“十二公开”专网，向社会公众公开基本建设相关信息。⑦规范和加强房建、绿化、交通安全设施等附属工程管理。

交通建设市场管理方面。厅基建监管部门依法规对51户次申请交通行业资质的建筑业企业、勘察设计单位申报材料进行了初审，并受理、初审公路、水运专业一、二级建造师的初始、增项注册申请材料141份及二级临时建造师注册申请材料22份。在严格市场准入的同时，认真做好交通建设市场从业单位和个人的服务工作。

制度建设方面。厅基建管理部门把完善交通基本建设制度作为一项重要工作来抓。①完善《江西省交通运输厅关于推行高速建设项目“十二公开”的规定实施细则》。②出台《江西省高速公路设计变更管理办法》，进一步明确变更的条件、变更分类、变更程序、变更时限、变更责任主体等。③制定《高速公路连接线管理暂行规定》，明确连接线建设的原则、标准、规模、实施的主体，以及连接线的建设要同高速公路做到三同步，并进一步明确连接线的养护、路政、管理等责任单位。

（朱　晗）

【省厅实施高速公路工程设计变更管理办法】 省交通运输厅制定下发《高速公路工程设计变更管理办法》，规范高速公路工程设计变更行为，保证高速公路工程建设质量。该办法提出，高速公路工程设计变更应以优化、完善原设计为前提，以提高设计质量、节省建设资金、节约资源、方便施工、有利环保、利于营运为目标，确保符合工程技术标准和设计规范，保证工程质量和施工安全。设计变更分为重大设计变更、较大设计变更和一般设计变更。办法明确，未经审查批准的设计变更不得实施。任何单位或者个人不得违反规定擅自变更已经批准的初步设计、技术设计和施工图设计文件。不得肢解设计变更，规避审批。经批准的设计变更原则上不得再次变更。重大设计变更由省厅审核后报交通运输部或省发改委审批。

为保证工程设计变更管理办法的顺利推行和落实，省厅对一般项目变更台账按比例进行抽查，在抽查中发现的变更依据不充分、资料不齐全、程序不到位、费用计算不准确等，项目法人要及时予以纠正，已支付的费用责成扣回，对同期未抽查的变更，按已抽查的费用核减比例进行核减费用。施工单位不按照批准的设计变更文件施工的，责令整改；造成工程建设质量不符合规定的质量标准的，负责返工、修理并赔偿损失；情节严重的，责令停业整顿，上报交通运输部请求降低资质等级或者吊销资质证书。

（涂序东）

【江西省交通工程质量检测中心通过综合甲级资质评审】 4月23日，交通运输部综合甲级资质专家评审组对江西省交通工程质量检测中心进行评审。专家评审组在听取该中心对此次综合甲级评审的准备工作的情况汇报后，通过实地查看，现场考核，查阅资料等方式分别对中心的人员试验检测设备及环境条件、管理情况、实际操作水平、工作业绩等方面进行全面审核。经过审核，专家评审组一致认为该中心的人员、设备、环境要求符合甲级要求，现场考核试验能较好地完成，有较好的业绩，检测能力满足管理体系运行有效，满足检测工作需要，符合综合甲级资质评审要求，给予评审通过。

综合甲级资质评审的顺利通过，进一步提升该中心的技术能力和质量管理水平，增强市场竞争力,为今后服务交通运输提供强有力的技术支撑和服务的平台。

(俞好爱)

【省交通工程质监站充分发挥项目监督职能】 省交通工程质量监督站围绕工程质量、安全、环保、监督工作,不断完善监督工作体制机制,拓展管理思路,创新方式方法,发挥监督管理职能。

1. 完善内部管理。一是代厅制定《江西省高速公路建设施工质量控制要点》、《江西省高速公路建设管理标准化活动实施方案》、《江西省公路水运建设工程"一校、一会、一查、一志、一总"质量安全管理制度》等管理规定和制度。二是制定《江西省质量安全环保监督标准化管理规范》、《监督档案管理办法》和周例会制度;建立交通质监"十二公开"专网,并与省厅"十二公开"专网对接,公开有关事项,接受社会监督。三是成立安全监督、环境保护科,推行项目监督组负责制,实行质量安全环保一岗三责。四是出台培训新规定,由科室自主决定培训,每年有半数以上的职工参加一次专业培训。四是解决全站人员的编制问题,由自收自支单位转为全额拨款单位,同时完成试验检测中心生产用房建设。

2. 加大关键环节监督力度。第一,加大对建设单位的监管力度。完善考评办法,加强对建设单位管理行为的监督检查,促使建设单位切实担负起对质量安全环保的管理责任。每次督查均要求建设单位先进行自查,对复查结论与自查结论相差较大的项目,严格追究建设单位的管理责任,通过抓责任落实,提升了项目管理水平。第二,开展专项打假活动。一是在全省高速公路开展预制梁板偷减钢筋的专项整治活动,严肃处理一批违规单位,起到了震慑作用,预制梁板偷减钢筋现象得到遏制;二是开展桩基检测打假,通过对第三方检测结果进行抽查,对检测结论不准确和数据造假的第三方检测机构进行停业整顿处罚,有效地规范了检测市场;三是开展桥梁支座质量专项整顿活动,督促各项目业主加强准入管理,坚持"盲样送检",基本杜绝了中介供货商将质量低劣的支座"贴牌"、以次充好供货现象,支座安装总体水平有明显提高。第三,加强特殊时段安全监管,加强事前隐患排查治理和领导带班值班制度,及时查处生产安全事故隐患。第四,加大农村公路和改渡建桥项目的监督力度。采取省站指导、各设区市交通主管部门具体负责的办法,联合各市站成立农村公路联合督查组,各设区市交叉互检。坚持每季度进行一次督查,对问题严重或整改不到位的个别渡改桥项目,由省厅通报当地政府,以引起其高度重视,有效监控农村公路和渡改桥工程质量。第五,加大对房建工程的督查力度。加大房建工程监管人力、物力的投入。对房建工程质量通病进行分析、研究,提出相应的合理化建议。在质量监督检查过程中重视现场勘察,将基础、主体、装修质量的监管纳入施工质量控制体系,加大屋面、卫生间、窗框墙体渗漏水、墙体开裂下沉、水电施工不规范、装修材料低劣等质量通病的治理。

(荣 耀)

【省质监站全面推行交通工程规范管理】 省交通工程质量监督站大力推进现代工程管理理念、管理技术和管理方法,开展平安工地、混凝土通病治理和管理标准化等三项活动。

开展平安工地建设活动。通过考察调研,借鉴安徽省实行"一校、一会、一志"安全管理制度的成功经验,及时制定并由省厅印发实施《江西省公路水运重点工程"一校、一会、一查、一志、一总"质量安全管理制度》,代厅拟定《江西省公路水运建设工程安全生产费用管理暂行规定》,以规范全省交通建设安全管理工作;根据厅平安工地建设活动实施方案,认真组织专项督查,发现问题,督促整改,通过典型示范、制定标准、工作总结等阶段将活动不断引向深入;同时组织编制一线工人业余安全培训教材(幻灯片),以提高一线工人安全培训教材的针对性和操作性。

开展混凝土通病治理活动。督促各在建项目深入开展混凝土通病治理活动,加强精细化管理。发现好的典型,及时向厅领导汇报,召开现场会。总结推广一批先进施工工艺和工法,取得明显成效,混凝土质量水平有明显提高。在九瑞项目推广大梁预制、混凝土凿毛施工、台背回填的好做法;德昌项目推广T梁预制橡胶管止浆、预制大梁喷淋养生、制梁牵引设备脱模的好做法;在九江长江公路大桥等项目推广采用专用混凝土垫块保持钢筋在模板中的准确位置和保护层厚度,推广《清水混凝土外观质量验收标准》和单件混凝土结构外观质量优良奖励制。

开展管理标准化活动。省交通工程质量监督站编制《江西省高速公路施工质量控制要点》,该要点图文并茂,9万余字、300余张图片,对施工规范进一步细化,重点介绍近年来高速公路治理质量通病的成功经验和施工工艺,为实行管理标准化夯实基础。为进一步推行《江西省高速公路建设管理标准化活动实施方案》,省厅于10月19日召开全省高速公路建设管理标准化活动动员大会,与会代表观摩了九江长江公路大桥标准化施工现场,9个典型示范单位作经验交流。

(荣　耀)

【江西交通咨询公司经营模式多元化】 江西交通咨询公司是2009年由江西交通工程咨询监理中心变更为江西交通建设项目管理公司,后更改为江西交通咨询公司,隶属江西省高速投资集团公司。该公司围绕建设综合型现代交通企业架构,突出多元化经营管理的理念,提升市场竞争、行业创新、高效服务三种能力,实现效益、质量、安全、廉政四大目标。2010年,公司业务总额1.23亿元,其中监理业务突破亿元大关,实现公司历史之最;全年生产产值6500万元,利润480万元,创历年新高;公司员工收入连年提高,2010年较2009年增长15%。公司业务由相对单一的公路工程监理、咨询服务,发展成为施工监理、工程咨询、勘察设计、项目代建、试验检测和交通工程施工等综合性多元化经营模式。

公司通过升级再造、整合市场资源、强化专业技术力量,引进和调配多名咨询专业技术人员,形成一支技术力量雄厚、管理规范的专业化工程咨询服务团队。2010年,顺利完成江西对口支援新疆阿克陶县江西二大道路工程项目的勘察设计、施工、施工监理招标咨询工作,以及南昌市瑶湖大桥扩建及麻丘互通立交工程、祁门至浮梁高速公路良禾口(赣皖界)至桃墅店段、龙南里仁至杨村(赣粤界)高速公路、奉新至铜鼓(赣湘界)高速公路、德兴至上饶(三清山)高速公路、赣州至崇义(赣湘界)高速公路等共363.4千米(设计总概算金额236.37亿元)的二阶段施工图设计审查工作任务。

在实践中,公司一是加强团队建设和制度建设,坚持把团队建设作为头等大事来抓,建立具有可操作性的工作机制,工作中分工不分家,减少不必要的管理程序,更多地发挥每个人的能动性,提高工作效率,并形成一套行之有效的制度保障机制。二是坚持为客户提供高质量和高效率的咨询服务。本着质量第一、重合同、守信誉的工作理念,保证咨询业务工作的顺利进行,为此赢得更多的客户。三是重视理论和业务学习,打造学习型团队。多次组织职工参加各种培训,如工程咨询专业新录用人员基础知识培训、旧桥加固技术、公路桥梁和隧道工程安全风险评估、造价培训、咨询工程师继续再教育培训等。通过多种渠道,采用多种方式提高员工的专业业务水平,不断更新知识结构,保持咨询技术与方法的先进性,也保证咨询成果的先进性。

(刘国庆)

【省交通设计院创新管理手段】 2010年,省交通设计院在人事、财务、生产、质量、信息化和后勤等方面均进行创新。①人事管理上,制定并运行全新型的员工绩效管理与考核体系。制定出台了设计院"员工绩效管理办法",于7月1日实行。②财务管理上,集中会计核算,规避财务操作风险。该院针对生产部门会计核算模式中存在的问题,进行系统改革。从7月1日起,将生产部门相对独立的财务核算模式改革为院财务审计处集中会计核算。③生产管理上,对已应用十余年、与企业管理和发展不相适应"生产部门目标管理责任制实施办法"进行根本性修改,实现了产值计算的简便化和生产管理的科学化。④质量管理上,推行生产所室对其外委测量队伍的监理制。对于大型项目,推行两名项目主任工程师制,从而避免跨专业审查的不合理行为,提高技术审查的可信度。⑤信息化管理上,强化网络的规范化管理。购置32台计算机,分配给生产所室,专门用于需要使用涉密图纸的勘察设计工作,并使之与内外网络均物理上隔离。5月起,对院宽带网实行分时段开放,上班时间只准各部门两台计算机与外界联络,其他计算机均不能上外网。⑥后勤管理上,重点规范车辆管理。自5月起,院车辆由原三个部门管理改为由服务中心集中管理。

(朱　革)

【省交通设计院开辟新的经济增长点】 2010年,

省交通设计院在完成勘察设计主业的同时,努力开辟新的经济增长点,取得可喜成绩。一是重新组建咨询中心,依靠退休老专家的力量,承担完成了湖北省两条高速公路的技术咨询任务,为深入开展工程咨询业务打下牢固的基础。二是积极承揽昌万公路瑶湖大桥和南高公路京山桥的检测工作,为开展旧桥的加固检测业务迈出第一步。三是主动承接的九江长江公铁两用桥的美化亮化设计,开创省交通设计院工程景观设计的先河。四是承揽南昌龙头岗大型物流产业园的方案设计和工程可行性研究,为院开辟这一新兴产业、提高综合性设计研究水平抓住了良好机会。五是公路工程施工监理工作取得显著进步,不仅监理产值超历史,而且各监理项目的阶段评比均位于各监理单位的前茅,深受多个项目业主的好评。六是申报园林绿化乙级设计资质,已通过省建设厅审查,等待发证。

(朱 革)

【省交通设计院主要经济财务指标创历史最高水平】 2010 年,省交通设计院为完成年度开工“保六争六”高速公路项目的勘察设计艰巨任务,精心策划,全面部署,采取有效措施促使全院职工全力以赴抓生产。该院年内,承担昌九拓宽、都昌至九江、寻乌至全南、兴国至赣县等高速公路项目共计 335 千米的工可报告编制(其中已完成 206 千米);承担抚州至吉安、井冈山至睦村、广昌至船顶隘、南昌南外环等项目共计 499 千米的初步设计(其中完成 321 千米);完成吉安至莲花、奉新至铜鼓、上饶至德兴、赣州至崇义、浮梁至桃墅岭等项目共计 235 千米的高速公路施工图设计;完成丰城至厚田一级公路工可报告编制;完成江西援疆项目新疆阿克陶县江西第二大道的勘察设计;完成和承担鹰瑞、德昌、上武等一批高速公路施工监理工作;全年派出 40 余名设计代表从事施工服务工作;为江西省高速公路通车里程突破 3000 千米,7 条在建高速公路工程顺利进展和 6 条高速公路如期开工建设作出了应有的贡献。在省内勘察设计业务较为饱满的情况下,院仍然主动出击,参加福建莆田新宁海大桥勘察设计投标,一举中标,实现了外省投标零的突破。全年完成勘察设计产值 1.73 亿元,监理产值 0.31 亿元,营收 3.17 亿元,上缴利税 4000 余万元,全面完成年度目标任务,各项主要经济财务指标均创历史最高水平。

(张晓菁)

【景德镇市交通工程建设管理再念“紧箍咒”】 近几年来,随着农村公路的大规模建设改造,景德镇市农村地区的交通条件得到极大改善,不仅实现所有建制村通沥青(水泥)路,而且有近 2/3 的自然村也通了沥青(水泥)路。但由于地域分散、项目众多,加之基层管理力量较为薄弱,给工程质量监督带来较大困难,导致部分农村公路建设改造项目建成后达不到设计要求,投入使用三五年后就不得不重新改造。此外,自 2008 年起实施的农村渡口改渡建桥工程,由于专业技术人员缺乏、资金到位不足等原因,工程质量问题时有发生。

为有效扭转上述局面,景德镇市交通工程质量监督站依据《中华人民共和国建设工程质量管理条例》及交通运输部颁布的《公路工程质量监督规定》、《农村公路建设质量管理办法》、《江西省农村渡口改渡建桥管理办法》等法规和规范性文件的有关规定,结合建站 5 年多来的工作实践,分别制定出《景德镇市农村公路质量监督实施细则》和《景德镇市农村渡口改渡建桥项目质量监督实施细则》,并于 2010 年 3 月 12 日正式实施。两个细则分别明确了监督范围、监督原则、监督内容、监督重点、质检评定及事故处理等条款,被业内人士称为该市农村公路及农村渡口改渡建桥项目质量监督之“法”。

(涂 强)

【景德镇市扎实开展“平安工地”建设活动】 景德镇市交通运输局于 7 月 1 日启动为期 1 年半的全市公路水运工程“平安工地”建设活动,围绕“六个方面”,通过“四个结合”,扎实开展“平安工地”活动。

活动重点围绕六个方面开展,即安全制度建立和安全责任制落实情况;危险性较大工程专项方案制定、审查和执行情况;劳动用工登记和岗前安全培训教育情况;隐患排查治理情况;施工场地总体布设、施工驻地建设、施工作业安全防护达标情况;安全专项费用落实和使用情况。

各县(市、区)交通主管部门、各项目、各单位通过“四个结合”,确保“活动”与安全生产各项工作同步实施,整体推进,即把"平安工地"建设活动与贯彻落实"十一五"交通运输建设质量安全目标任务结合起来;与贯彻安全生产法律法规结合起来,健全各项规章制度,将参建单位安全行为纳入制度化、标准化管理轨道;与落实国务院"安全生产年"提出的"三个突出"和"三个加强"紧密结合起来,强化安全生产管理,坚决遏制重特大事故发生;与日常安全监管工作结合起来,加大隐患排查力度,不断改善安全生产环境和条件,整体提升安全管理工作水平。

(李青松)

【赣州市重点项目实行双公示制】 2010年,赣州市交通运输局制定赣州市政府投资交通重点建设项目双公示制工作实施方案,对政府投资交通重点建设项目,在其施工阶段和竣工后分别以标志牌的形式对项目基本建设情况以及相关责任单位进行公示。通过双公示制,对进一步规范交通重点建设项目的建设管理,增加工程建设的诚信度和透明度,强化社会监督,增强工程组织者、建设者的责任意识、道德意识和荣誉感,有效遏制围标串标、转包、非法分包等问题起到重要作用。双公示制实施以来,该局对各建设项目的执行情况进行了监督检查。

(杨河良)

【赣州市加强重点工程监管】 赣州市交通运输局按照《市重点工程全过程监督管理办法》,加强对市重点工程的监督检查,对项目的基本建设程序、工程招标投标、合同履约、工程变更、施工质量及安全生产等方面进行检查、指导。为认真开展好赣州市2010年度重点工程"百日会战"活动,加快全市交通重点工程的建设步伐,全面完成建设目标任务,该局制定了《赣州市2010年度交通重点工程"百日会战"活动实施方案》,对活动开展进行部署,提出明确要求,并对各建设项目的活动开展情况及进展情况进行检查。

(杨河良)

【上饶市强化交通工程质量监督管理】 上饶市交通工程质量监督站对工程质量及进度全面掌控,及时向施工单位和监理单位指出存在的问题,提出合理的整改意见和解决方案,并对检查中发现的不足和问题进行通报,及时有效处置质量隐患。全年参加督查活动700余人次,下发质量抽查意见通知书63份,质量整改通报30份。对施工过程中出现管理混乱、质量低劣等问题的单位进行通报批评,并严格按照有关标准、规范和合同要求进行处理,全年共废除不合格梁板3片、不合格墩台2个、清理不合格料场7处、责令返工处理不合质量要求的路面工程2千米,挽回经济损失800余万元。

(邓贻鋆)

【赣东公路工程咨询中心积极拓展业务】 上饶市赣东公路工程咨询中心在完成交通运输部监理甲级资质复审工作基础上,通过并取得了ISO质量认证体系的认证,所属试验检测中心的材料传递信用被省交通工程质量监督站评为A级。同时,该中心认真分析市场情况、研究对策,积极拓展业务范围,2010年承接工程监理项目6个,签订监理合同金额达305万元,比上年同期增长44.7%;试验检测中心承接各类检测业务,完成产值44.8万元,比上年同期增长55%。

(赣东公路工程咨询中心)

【新余市交通工程检测中心通过专项监督检查】 9月10日,省质量技术监督局专家组一行3人通过实地察看、座谈、查阅资料等方式,对新余市交通工程质量检测中心进行资质认定专项监督检查。通过检查,专家组认为:该中心自2009年3月通过计量认证以来,管理体系较完备,各项制度较健全,仪器设备、试验环境基本能满足试验检测要求,检测人员能遵守职业道德和工作准则,严格按照认证范围开展检测活动,完全满足实验室资质认定要求。

(康建华)

高速公路管理

【概况】 2010年,省高速集团扎实推进高速公路体制改革、项目建设和运营管理,取得可喜的成绩:石吉、彭湖高速公路建成通车,全省高速公路通车总里程突破3000千米;昌奉、德昌、永武等项目有序推进,奉铜、德上、吉莲等项目开工奠基,为全省高速公路通车里程突破4000千米打下基础。集团所属路段通行费收入共计71.59亿元,同比增收18.38%;两期成功发行15亿元短期融资债券;赣粤高速采用委托贷款方式募集资金10亿元。整合设立6个管理中心,逐步推进大所制改革。

1.启动基层管理、服务区体制和养护管理三项改革。一是改革基层管理模式。在区域管理改革方面,研究制定《江西高速集团所辖高速公路区域管理规划方案》,按照地域命名、路段完整、半径合理、原机构尽量保留、逐步整合实施等五大原则,计划在全省范围内设立11个区域管理中心,对集团所辖高速公路实施区域管理。2010年,赣州、抚州、宜春、泰和、景德镇、上高等6个管理中心已经到位,运转顺利,剩余的5个中心将结合新路建成通车逐步设立。在大所制改革方面,改变原有一所一站的设置,逐步推行一所多站的管理模式。9月份,以鹰瑞、石吉、彭湖等高速公路通车为契机,在赣州、泰和、抚州管理中心全面实施大所制改革,宜春、景德镇、上高等管理中心已全部做好了规划。二是深化服务区体制改革。对目前分属不同主体的各服务区经营性资产进行评估,以股份合作形式分别注入畅行公司,完成该公司的股份制改造,以实现服务区的统一经营管理。三是明晰养护管理体制改革的思路。在多次专题调研的基础上,对养护管理体制改革的总体思路进行了梳理,明确改革的基本方向、核心问题、层级架构和操作方法,正在逐步推行。

2.抓好一批交通重点建设项目的竣工、续建和开工。一是抓好一批项目的竣工。9月16日,总里程约607千米、总投资270.65亿元的鹰瑞、石吉、彭湖、赣州绕城等四个项目如期建成通车,全省高速公路通车里程一举突破3000千米,达到3042千米。二是抓好一批项目的续建。除已竣工的四个项目外,2010年集团续建的高速公路项目6个,总里程400多千米。各续建项目施工进展顺利,实现了目标任务。三是抓好一批项目的开工。8月9日,总里程达405千米、总投资236亿元的德兴至上饶、奉新至铜鼓、吉安至莲花、浮梁至桃墅岭、赣州至崇义等5个项目顺利开工,到2012年全省高速公路突破4000千米的所有项目全部开工。与此同时,还积极推进井冈山至睦村、广昌至船顶隘、寻乌至全南、花山界至金溪里木、抚州至吉安、都昌至星子等项目的前期工作。

3.抓好养护迎国检、防汛保畅通和迎中博会工作。2010年,全省高速公路迎国检共投入14.95亿元,其中路面整治工程11.86亿元,“四容四貌”整治工程3.09亿元。迎国检各项工作到位,成效显著:首先,路面维修整治成效明显,昌九、昌金、梨温、昌樟、樟吉、泰赣、温沙等1000多千米高速公路的维修改造工作已基本完成。其次,“四容四貌”整治成效显著,抓好路容路貌、所容所貌、站容站貌、区容区貌的整治,打造一批省界5千米精品路段,改造一批规范化所站,统一了高速公路收费站的外观和服务区的外部形象。再是,内业资料整理成效显著,完成内业资料编制整理工作,健全五年规范化管理内业资料,补充编制35个管理制度。

6月下旬,江西遭遇强降雨灾害天气。集团所辖高速公路遭受重大损失,其中路基水毁损失7555万元,路面水毁损失4.6亿元。集团以大局为重,全力抢通,投入经费9135万元,人员2.6万人次,设备9280台班,妥善处置了沪昆高速梨温段水毁、昌金段塌方、福银高速罗针段水毁等多处突发险情,做好滞留司乘人员、受灾群众、抗洪官兵的后勤服务保障工作,为抚州等地方的抗洪抢险作出突出贡献,得到省领导的充分肯定,抚州市委、市政府还专程上门向集团赠送“援建有功，情义无价”锦旗。

中博会期间，集团承担4项配套工程的建设，所有工程提前建成通车，为中博会的顺利召开提供了良好的硬件设施。同时做好会议期间的服务保障。

4. 优化高速公路收费、服务区和绿化环境。一是提升收费环境。采取有效应对措施，着力破解“绿通”免费、车辆逃费等工作难题，实现通行费收入增长，集团所属路段通行费全年收入共计71.59亿元，比2009年增长18.38%。融资运营工作成绩显著，集团分两期成功发行了15亿元短期融资债券，赣粤高速采用委托贷款方式募集资金10亿元。二是改善服务区环境。集团公司紧紧抓住建设、管理、环卫监管三个关键环节，服务区硬件设施大有改观、服务水平大有提高、环境卫生大有改善。对石钟山、修水、东乡、峡江等7对服务区进行了改扩建，弥补最初规划上的不足。确定“统一管理、统一收费、分项经营”的经营管理思路，构建畅行公司—中心服务区—普通服务区的三级管理模式，研究制定了服务区运营及管理规范性文件，出台了《江西省高速公路服务区规划与设施建设指南(试行)》、《江西省高速公路服务区建设管理规范》。三是改善绿化环境。投入2.2亿元全面完成高速公路绿化改造二阶段任务，各路段中分带绿化全部实现防眩功能，边坡、碎落台基本消除露土流土现象，互通、服务区绿化效果取得突破，隧道广场、收费站院内绿化效果全面提升。进一步完善2209千米高速公路主线、222个互通立交、16个枢纽互通、116个收费所站、44对服务区的绿化，基本完成了高速公路绿化“一大四小”工作任务，打造一批绿化典型示范路，互通、服务区、所站等典型示范项目，基本实现了有路皆绿、有土皆绿、有坡皆绿。

(陈　菁)

【第十二届高速公路信息化管理及技术研讨会在赣召开】 3月24~26日，由中国公路学会、江西省交通运输厅主办，江西省公路学会承办的第十二届高速公路信息化管理及技术研讨会在江西南昌召开。中国公路学会理事长李居昌、江西省交通运输厅副厅长孙茂刚出席会议并讲话，来自全国各省市交通主管部门，高速公路建设、运营、管理单位，高速公路机电工程设计、施工、监理、科研等单位和部门的负责人及技术人员近800余人齐聚南昌国际展览中心，共参盛会。会前，江西省交通运输厅厅长马志武、副厅长邓经国会见了李居昌理事长一行

此次研讨会主要包括关于省域高速公路信息化建设现状与展望、高速公路路政及养护管理系统与综合管理信息系统的构建、高速公路综合监控系统的建设与发展、高速公路交通指挥调度与紧急救援、高速公路出行信息服务的现状与发展、高速公路隧道照明及供配电节能技术；电子不停车收费ETC系统的建设与运营实践；高速公路计重收费系统的应用及管理、技术问题；高速公路视频监控系统的现状与发展；高速公路联网收费路径识别的实践、系统安全性、便携式收费技术的实践与发展等内容。

(何　婧　李文华)

【电子收费系统联网签字仪式在南昌举行】 7月28日，沪苏皖赣高速公路电子不停车收费系统联网签字仪式在南昌举行。此前，2008年12月31日，上海和江苏实现了跨省试联网。2009年11月28日，安徽省实现了与上海、江苏的对接。此次沪苏皖赣三省一市高速公路电子不停车收费系统联网开通，揭开了上海、江苏、安徽、江西高速公路联网合作、人民群众出行更加快捷高效、长三角加速交流融通、互利双赢的新篇章，标志着长三角区域交通无缝对接和一体化进程又向前推进了一步。交通运输部公路局副局长张德华、上海市城乡建设和交通委员会正局级巡视员王以中、江西省交通运输厅副厅长孙茂刚、安徽省交通运输厅副巡视员徐乃强出席仪式并讲话。

(练崇田　汪　丹)

【全省高速公路建设管理标准化活动正式启动】 10月19~20日，全省高速公路建设管理标准化活动动员大会在九江召开，省交通运输厅和省高速集团领导出席会议。此次高速公路建设管理标准化活动范围为全省所有在建和新开工建设的高速公路项目。通过开展管理标准化活动，大力推进高速公路建设管理标准化、规范化，大力营造抓质量、出精品的质量氛围；规范管理，精细施工，将“粗活细作、细活精作、精益求精”的精细化管

理理念贯彻于工程建设全过程;实现高速公路建设项目工程质量优良率达到100%,杜绝重大质量事故以及一次死亡3人以上的安全事故;打造2~3个处于全国领先水平的典型示范工程,培育出一批优秀团队,锻炼出一批技术人才,以点带面,推动全省高速公路项目建设管理水平上新台阶。活动分制定方案、宣传发动,深入调研、完善制度,培育典型、积极推广,贯彻实施、规范管理,分析总结、强力推动,巩固成果、全面推广五个阶段进行,时间为2010年10月至2012年12月。省厅还决定将九江长江公路大桥、德兴至南昌、赣州至崇仁和吉安至莲花四个项目作为示范项目,适时组织现场观摩和经验交流活动,总结推广本项目典型示范合同段的先进经验。

(陈　菁)

【景鹰公司保障环鄱阳湖国际自行车大赛转场车队快速通行】 12月4日下午4点,由摩托车、轿车、中型客车近50辆车组成的环鄱阳湖国际自行车大赛的转场车队,仅用10分钟便顺利通过景鹰高速鄱阳收费站。

为保障环鄱阳湖国际自行车大赛的转场车队顺利通过,景鹰公司高度重视,周密部署,积极做好安全保畅通工作。一是在转场车队通行前对道路进行实地检查和通行测试,确保大赛转场期间路况良好,路容路貌整洁;二是专门制定详细的保障方案和应急预案,积极做好应急保障工作,确保转场车辆安全通行;三是为保障车队快捷通行,积极与驻地路政、交警部门加强沟通,形成联动,疏导现场车流。开设专用车道,确保转场车队快速、顺利通过。

(刘伯庭)

【赣皖收费站为安徽“金秋自驾游”车队保畅通】 8月28日上午,安徽省铜陵电视台“金秋自驾游”大型活动一行50余辆车,经赣皖收费站入口往九江庐山观光旅游。面对大车流,赣皖收费站立即启动保畅通Ⅱ级应急预案,有序地让车队快速通过。此外,收费站还主动与车队领队进行沟通,得知第二天下午该车队将经赣皖收费站出省返回安徽铜陵。8月29日下午,赣皖收费站提前做好应急准备,组织应急小组成员至车道待命,开足出口道,预留三个出口道给车队,并派专人进行车流引导,使该车队有序快速通过。主办方及车队对赣皖收费站工作人员主动、高效、快捷的服务非常满意,并称赞景鹰高速沿线不仅风景靓丽,景鹰高速人的形象同样也是一道亮丽的风景线。

(毛　峰　杨筱旭)

【赣浙省界建立保畅通联动机制】 4月初,梨温高速赣浙收费处与杭金衢高速浙赣所共同签订保畅通联动机制应急方案,双方约定凡遇节假日或车道繁忙时,则相互借道,应对车流高峰,缓解节假日堵车,减轻人员劳动强度,确保两省主干线畅通。

据统计,梨温高速赣浙收费处日均车流量已超过18000辆,节假日及春运期间车流量更是多出一倍,12个收费出口车道全部开启,车辆通行压力仍然比较大。为此,该收费站加强与浙江杭金衢高速浙赣所的沟通和联系,采取这一举措,主要针对双方节假日车流高峰和节前节后时段的不同,在现有的收费设施设备条件下,采取相互借道的应急方式,以达到节假日前后双方可开启14至15个车道的通行能力,最大限度保证主线站车辆安全快捷畅通。

(杨　霞)

【鄱阳管理处多措并举保畅通】 进入1月份以来,江西受北方冷空气的影响,持续冰冻雨雪天气。为防止恶劣天气对高速公路安全畅通造成严重影响,景鹰高速鄱阳管理处启动应急预案,多措并举保畅通,真情服务滞留司乘人员。一是保畅领导作表率。该处实行24小时值班制,处领导带头值深夜班,多次深入管辖路段掌握路(桥)面结冰信息,并安排养护人员上路洒融雪剂和工业用盐。二是温馨提示促安全。安排人员上路摆放“冰雨天气路滑,慢行谨慎驾驶”提示牌,要求各站收费员在出入口主动提醒司机“雨雪天气,道路结冰,请减速慢行”安全驾驶。三是真情服务暖人心。因受冰冻天气的影响,造成部分高速路段封闭,该处主动为滞留司乘人员提供开水、早餐和应急药品等服务。

(谢卫兵　欧阳珠)

【梨温公司创建全国交通秩序示范公路】 5月6日,梨温公司创建全国交通秩序示范公路活动吹响集结号,启动仪式在梨温高速鹰潭服务区隆重举行。省交警总队、省高速交警一支队、鹰潭路政支队、上饶路政支队对梨温高速公路创建全国交通秩序示范公路充满信心，表示将通力合作，齐心协力，精诚团结，共同奋进，确保梨温高速公路秩序良好、交通畅通、事故下降、执法规范，把梨温高速公路打造成一条“文明、畅通、平安、和谐"的示范路。

（程 巍 吕从伟）

【余江站规范交接班流程有创意】 梨温高速余江收费站总结日常工作，在规范收费交接班流程上有创意，形成“十八字流程”，使收费规范化管理上新台阶。

“十八字流程”是查设施、做交接；报运行、点票据；搞卫生、做记录。查看设备主要是检查机电设备的运行情况，接班班长在确认可以交接的情况下，与交班班长做好交接。报运行是接班班长将设施、设备运行情况报监控室。点票据就是查看各收费车道的打印机票据是否充足，做到及时领取。搞卫生是接班人员负责对收费广场、车道、岗亭、进行打扫，确保环境整洁。做记录就是班长要填写好值班记录，详细记录值班期间的各项工作情况。 （万柏林）

【景德镇市积极落实鲜活农产品免收车辆通行费政策】 景德镇市各高速公路收费站自12月1日起，积极落实鲜活农产品运输绿色通道政策，对整车装卸鲜活农产品的车辆免收车辆通行费；对《鲜活农产品品种目录》范围内不同鲜活农产品混装的车辆，认定为整车合法装载鲜活农产品，按规定享受鲜活农产品运输绿色通道各项政策；对目录范围内的鲜活农产品和目录范围外的其他农产品混装，且混装的其他农产品不超过车辆核定载重量或车厢容积20%的车辆，比照整车装载鲜活农产品车辆执行；考虑车辆计重设备可能出现的合理误差，对超限超载幅度不超过5%的鲜活农产品运输车辆，比照合法装载车辆执行。

景德镇市每天通过高速公路从外地运进来的鲜活农产品达到200吨左右，全年7.2万多吨，加上从景德镇市运往外地的鲜活农产品，数目更大。高速公路是根据货车运输里程来收费的，有的货车里程比较远，实行新规定免收鲜活农产品通行费后，景德镇市高速公路每天减免这项费用高达10万元。

（涂 强）

公路交通管理

治理车辆超限超载运输

【概况】 2010年，全省治超工作坚持“立足源头、依法严管、标本兼治、长效治理”的原则，按照国家九部委《关于印发全国车辆超限超载长效治理实施意见的通知》的要求，进一步加大源头和路面治理力度，使长效治理工作稳步推进，治超工作取得阶段性成果。一是治理成果得到巩固。通过加大路面和源头治理力度，超限30%以上的车辆所占比例大幅下降并控制在4.8%左右。二是交通安全形势进一步好转。据公安交警部门统计，2010年全省道路交通安全事故4126起，同比下降3.40%；死亡1603人，同比下降2.62%；受伤4938人，同比下降4.77%、经济损失4184万元，同比上升6.68%。三是公路设施得到有效保护。全省干线公路路况明显改善，公路基础设施完好率和公路通行效率与治理前相比明显提高。四是保障干线公路运输通畅。认真落实国家和省厅有关进一步畅通鲜活农产品运输、优先保障农产品运输的相关政策，严格按规定及时处理整车运输鲜活农产品车辆，各地没有出现因治超执法而引起的道路堵塞现象。

主要措施：①合理规划全省治超站点布局，逐步对超限超载车辆实施全路网监控。针对2010年取消政府还贷二级公路收费后,部分路段超限超载反弹明显,尤其是货车总重超过55吨的车辆违法上路行驶,严重影响公路桥梁安全的新情况、新问题。厅治超办就各地提出增设治超站点的有关要求,组织专人进行实地调研,拟定《江西省普通公路超限超载车辆检查站点布局初步规划方案》,并报经省政府同意后印发给各地执行。全省增设了5个治超站,30个固定治超检测点,实行以治为依托,以点为辅助的站点结合治超新举措。②建立"部、省、站"三级联网运行机制,进一步推进治超信息化建设。按照交通运输部实行全国联网的要求,厅治超办加快推进全省治超信息网络建设,并于8月实现与交通运输部的联网运行。③开展治超专项整治,有效遏制车辆超限超载。部分设区市经省纠风部门同意,对超限超载反弹较为严重的路段,分别开展为期两个月左右的治超专项整治,严格按照治超相关法律法规和政策查处违法超限超载车辆,有效遏制车辆违法运输。各地加大对超限超载车辆的查处力度,继续按照国家的有关超限超载认定标准,坚持在治超站对超限超载车辆进行集中整治,坚持对超限超载车辆实施卸载,消除违法状态后才予放行,有效遏制车辆违法运输。从8月1日开始,九江泊水湖、上饶梨园治超站全面启动治理车辆超限超载工作,特别是九江泊水湖治超站经省政府批准,将治超执法范围扩延至九江长江大桥桥南收费站,在大桥桥南设立治超检查点,由交警、路政、大桥局等单位联合执法,重点对由南往北车货总重超过55吨的车辆实行劝返,对由北向南车货总重超过55吨车辆,按有关法律法规进行查处。在治超执法工作中,严格做到"四个到位",即检查到位,程序到位,服务到位,处理到位。2010年1月1日至10月30日,全省共投入路面治超执法人员16,293人次,共检查车辆301,659辆,查处违法超限超载车辆83,471辆,卸载货物18574.31吨。④强化治超站管理,规范执法行为。厅治超办于9月初全面完成全省治超工作制度的编制工作,印制成册下发各站落实。更新编印"治超综合执法手册"、"治超执法监督手册"、"治超卸载工作手册"、和"治超工作培训手册"等,并在4月份举办第五期全省治超执法人员培训班,对参训人员从日常规范操作程序、治超执法相关政策法规、廉政教育等方面进行培训教育。治超办加大对各治超站的监管力度,先后五次对各治超站的治超执法工作进行检查和明察暗访,针对场站设施、办公(执法)人员、执法程序、执法文书和"五不准"、"十条禁令"的执行情况等进行督查,并根据检查的情况向设区市治超办下达督促整改通知书。全年共受理群众举报投诉18起,查处案件5起,处理有关人员7人。

(万海飙)

【江西整顿计重收费车道通行秩序】 2010年1月8日,省交通运输厅、省公安厅、省人民政府纠风办联合发布《关于整顿计重收费车道通行秩序的公告》。要求通行车辆严格按照每小时不超过5千米的速度一次性过磅称重。通行车辆严禁在计重车道冲磅、跳磅、蛇形等非正常行驶,一经发现,依据《中华人民共和国道路交通安全法》、《中华人民共和国道路交通安全法实施条例》、《江西省实施〈中华人民共和国道路交通安全法〉办法》以及《江西省高速公路管理条例》等有关法规给予相应处罚。造成计重等收费设备损坏的须予以赔偿。收费公路计重设备每半年须经省计量测试研究院检定一次,取得检验合格证后才能使用,并将合格证张贴公示。各高速公路经营管理单位加强收费现场管理,完善应急预案,确保收费站点开足道口,规范服务流程,做好宣传和解释工作。

整顿工作由交通运输部门牵头,交通运输部门路政执法人员、公安交警具体负责对收费秩序进行管理,确保收费道口畅通。对于驾驶人员恶意闹事、攻击收费人员、违法停车堵塞道路等违反《中华人民共和国道路交通安全法实施条例》、《中华人民共和国治安管理处罚法》的行为,由公安机关依法对违法行为人进行处理;对构成犯罪的,移交司法机关处理。整顿期间,有关执法人员应严格遵守《江西省道路执法"十个严禁"的规定》。全省高速公路各收费站点迅速贯彻公告精神,积极采取措施,认真部署整顿工作,严厉打击各类偷逃漏费行为,确保计重收费通行秩序井然有序,整顿工作取得明显成效。

(厅财务审计处)

【九江长江大桥公路桥正式启动联合治超】 为确保九江长江大桥承载安全,2010年6月4日江西省人民政府办公厅发文(赣府厅抄字〔2010〕30号)明确,同意依托泊水湖治超检查站在九江长江大桥桥南收费站设置治超检查点,对超限超载的车辆按照有关规定进行查处。8月1日,由江西省路政总队、九江市公安局交警支队、九江长江大桥公路桥管理局依法联合开展大桥治超工作正式启动。治理对象以车货总重超过55吨的违法超限超载车辆为治理重点。对由南向北行驶的超限超载车辆一律实行劝返,对由北向南行驶的超限超载车辆按相关的法律、法规和国家的治超政策进行查处。建立大桥治超工作联席会议机制,明确分工和职责,严格执法,大桥治超工作取得了初步成效,切实做到从源头上保证大桥的安全。2010年8~12月,由北向南累计查处超限车辆1892辆,卸载货物6333吨,由南向北累计劝返车辆800多辆,基本遏制了超限车辆通过大桥。

(张曙光)

【景德镇市召开车辆超限超载治理6周年总结大会】 6月20日,景德镇市政府在三龙车辆超限超载检查站召开全市车辆超限超载治理6周年总结大会。副市长、市车辆超限超载治理工作领导小组组长黄康明到会并讲话。省车辆超限超载治理工作领导小组办公室领导专程到会指导。

自2004年6月20日零时起,景德镇市与全国同步开展车辆超限超载集中治理工作。治超工作开展以来,作为景德镇市唯一治超站点的三龙治超站,始终坚持交通运管、公安交警、公路路政3家联合执法,实行全天候24小时不间断的路面检查,做到执法权限法定化、执法内容标准化、执法秩序规范化、执法管理制度化、执法监督经常化,始终保持治超工作的高压态势,成为全省治超站点的一面旗帜,先后成功创建市、省、全国三级“青年文明号”,在全省23个治超站点中唯一获评“全国交通行政执法责任制示范单位”。截至2010年6月19日,该站共检查车辆45635辆次,处理违法超限车辆13260辆次,卸载货物12185吨,站点路段车辆超限超载率控制在6%以下。

(涂 强)

【新余市集中整治超限超载车辆效果显著】 新余市委市政府牵头,新余市12个部门联合开展治理公路车辆超限超载集中整治行动。经各部门坚持不懈的努力,治理车辆超限超载行为取得了阶段性成果。共出动治超执法人员4550人次,出勤治超执法车辆1052车次,检查货运车辆11938辆,查处超限超载车辆7687辆,对7053余辆超限超载车辆实施就地转运和卸载,卸载及转运计重45681.23吨,全市公路车辆超限超载率下降了8%,超限超载车辆查处率98%,结案率100%,治超成果得到巩固。

(新余市交通运输局)

运政管理

【概况】 2010年,全省公路运输管理部门上下团结一致,齐心协力,较好地完成年初目标管理确定的各项任务,公路运输行业发展迈上新台阶。

1. 法制建设实现突破。2010年11月26日,《江西省道路运输条例》由江西省第十一届人民代表大会常务委员会第十二次会议正式审议通过,并于2011年1月1日正式施行。这是江西省第一部规范道路运输经营和管理行为的地方性法规,是全省道路运输行业法制化进程的里程碑。条例的颁布实施,对于进一步维护全省道路运输市场秩序,保障道路运输安全,促进道路运输业健康稳定发展,具有十分重要的意义。其最大的特色是将大部制改革后划归交通运输部门管理的城市公共汽车客运经营、出租汽车客运经营、机动车综合性能检测和汽车租赁纳入了适用范围。

2. 公路运输为全省国民经济和社会发展提供有力保障。一是全省公路运输客货运输量有较大幅度增长,在综合运输体系中继续保持主导地位。2010年,全省完成客运量70628万人、旅客周转量3304835万人千米、货运量88445万吨、货物周转量18501965万吨千米,比2009年分别增长9%、18.4%、17.4%、20.6%。在综合运输体系中所占比重分别为92%、37%、88%、68%。二是公路运输能力较快增长。全省营运汽车拥有量达到253905辆,同比增长16.8%,其中营运客车17711辆,座位42万个。营运载货汽车236194辆,吨位113.6万,同比增长4.3%、36.5%。全省公路运输经营业户达到14万户,从业人员达到63万人,开通客运班线6420条,平均日发班次51553个。

三是农村客运发展迅速。2010 年底,全省农村客运班线 3592 条,其中一级客运班线 2426 条,占总农村客运班线 67.5%。乡镇通班车率 100%,行政村通班车率 90%。全省农村客运车辆 10170 辆,比上年增加 553 辆。农村客运基础设施建设速度明显加快,全省共建 638 个农村客运站、9212 个候车亭。四是公路运输行业不断壮大。公路运输相关业务中的站(场)达到 742 个,机动车维修业户达到 9473 户,驾驶员培训业户达到 342 所。全省拥有城市公交车 8014 辆(8599 标台)、运营线路 872 条,出租汽车 14642 辆,完成城市公交客运量 13.8 亿人次,出租汽车客运量 5.7 亿人次。五是在 2010 年的春运、世博会、亚运会等国家重要活动和抗洪救灾中,道路运输发挥难以替代的作用。

3. 道路运输市场监管水平明显提高。进一步规范运政执法程序,细化行政处罚自由裁量权标准,推行行政执法公示制度,强化执法培训,提高执法人员依法查处能力。建立涵盖客运企业、货运企业、维修企业、驾驶员培训机构、汽车客运站等五个方面的质量信誉考核制度,强化考核结果的运用并全部向社会公布,完善市场监管和退出机制。大力推广"江西快修"品牌,以"江西快修"品牌命名的示范维修企业达到 109 户。鼓励驾校做大做强,累计新增 18 所一级驾校、140 所二级驾校,一、二级驾校达到 213 所,占总量的 62%。

4. 信息化建设快速发展。举全行业之力、利用后发优势较快地推动信息化建设。搭建一个运政虚拟专网,建立一个省级数据中心,开发运政管理信息系统、道路运输卫星定位服务系统、客运站视频联网监控系统、办公自动化系统、视频会议系统、城乡道路客运燃油消耗信息月度申报系统等多套信息系统,顺利完成"部省道路运输信息系统联网",实现运政基础数据的部、省、市、县四级联网共享。省、市和部分县级运管部门还开通面向社会公众的运政信息网站。

5. 公路运输管理体制逐渐理顺。城市客运体制在省级和 9 个设区市已基本理顺,省局和南昌、赣州、吉安和上饶等运管处已实现参照公务员管理。南昌市城客处在体制理顺后,有效地开展工作,出租车行业管理和发展有了新的进展。

(游国候)

【省公路运输管理局多措并举强化驾培机构质量信誉考核】 省公路运输管理局综合近两年来全省机动车驾驶员培训机构质量信誉考核工作情况,对考核等级、评分标准、考核措施等进行了修订。省运管局组织五个检查组,于 4 月 19 日至 4 月 23 日采取交叉检查的方式对全省机动车驾驶员培训机构的质量信誉考核工作进行检查复核。检查复核工作主要通过听汇报、查资料、实地察看和满意度调查等多种方式进行。范围包括对各设区市申报的 AAA 级驾校进行复核,对评定为 AA 级驾校进行抽查和对排名倒数 3 名以内评定为 A 级的驾校进行重点抽查。检查组遵循公平、公正、实事求是的原则,严格按照《江西省机动车驾驶员培训机构质量信誉考核办法(试行)》的要求,认真地开展全省机动车驾驶员培训机构质量信誉检查复核工作,并将检查复核结果在江西道路运输网上进行公示。

(高 翔)

【省公路运输管理局开展农村物流试点工作】 2010 年,江西省公路运输管理局在全省开展农村物流项目试点工作,并将其列入年初与各设区市运管处签订的目标考核指标。各地积极开展此项工作,均选择至少一家企业或项目开展农村物流试点。通过近一年的试点,推动了农村物流的发展,为今后农村物流的发展提供宝贵经验。

从全省开展农村物流试点的情况来看,呈现几个比较明显的特色。一是专业性比较强。部分试点项目选择相对单一的货源种类,一般是当地有特色、经济效益高、产量有一定规模的某类农副产品进行专货专运,一方面可以形成稳定的规模化的货源,另一方面可以针对该货源的特殊性质从运输车辆、装卸作业方法、物流运营模式等方面有针对性的提供专业化服务。二是农村物流逐渐向网络化配送发展。部分试点项目依托相对成熟、覆盖面广、直达村镇的网状区域来发展农村物流配送业务,在运输线路的设计上充分利用网状的优势,减少空驶,提高车辆利用率,同时便于收集分布当地各乡镇的零星散货。三是组织形式多样。有些试点项目依托客车行李箱配送小件货物降低成本,有些试点项目则以当城货源集中的货运交易市场为基地,借助较为成熟的货运零担线路和货源集散地来发展,还有的与当地邮政、农资等部门开展合作,形成相对稳定的货源并利用其网点组织运输。

(陈　琦)

【全省一、二级汽车客运站全部完成安检仪配置】 2010 年,省运管局累计投入安检仪购置补助资金 638 万元,督促全省 16 个一级客运站、90 个二级客运站全部完成安检仪配置工作,并鼓励客运站行包托运房和部分三级客运站分批分期完成安检仪的购置安装。此项措施有效促进客运站严格落实“三不进站五不出站”的安全规定,进一步加强道路运输源头管理。

(黄　辉)

【全省汽车维修质量服务月“无忧 3 · 15”活动在南昌拉开序幕】 3 月 15 日,由省公路运输管理局、省汽车维修行业协会联合举办的全省汽车维修质量服务月“无忧 3 · 15”活动启动仪式在南昌绿地东风本田店隆重举行。此次“无忧 3 · 15”活动是江西汽车维修质量服务月系列活动的一个重要组成部分,目的是为了积极响应中国汽车维修行业协会的号召,树立江西省汽车维修行业的良好形象,进一步增强企业的服务意识,提高服务质量,创建服务品牌,竭力保护消费者的合法权益。也是进一步贯彻落实交通运输部提出的“三个服务”理念的具体体现。维修企业代表公开承诺坚决持续为社会提供温馨、优质服务,真正让车主无忧、轻松享受有车生活。车主代表、消费者协会、行业主管部门的有关领导也在仪式上分别讲话。

(陈　毅)

【南昌市首批残疾学员完成培训并领到 C5 驾照】 4 月 1 日,全国正式实施修订后的《中华人民共和国机动车驾驶证申领和使用规定》,新规定放宽了对残疾人考驾照的限制。按照省运管局对残疾人驾驶培训工作的要求,市运管处组织部分驾校派遣教练员参加残疾人教练证培训,并取得合格教练证书。随后在蓝天驾校培训首批残疾学员,7 名残疾学员通过考核合格并领到 C5 驾照。

(胡　俊)

【南昌市机动车驾驶员培训合同正式启用】 市运管处决定自 2010 年 6 月 1 日起在全市范围内推行使用《南昌市机动车驾驶员培训合同》。该合同文本是经南昌市交通运输局、南昌市工商行政管理局共同商定在全市统一使用的。培训合同的启用对保障南昌市机动车驾驶培训机构与学员的合法权益,明确双方的权利与义务将起到积极作用 。

(胡　俊)

【南昌市统一出租汽车外观颜色】 南昌市客运管理处于 7 月初开始对全市 3700 余辆出租汽车实行改色,将原有的混乱外观颜色统一换成绿黄相间、蓝白相间和深浅蓝色相间等 3 种颜色,并将尾部两侧原有的客运编号改成车牌号后 5 位数字,单车改色费用约 1700 余元。每个出租公司的出租车统一用一种颜色。改色工作在全市 42 家公务车定点修理企业进行,9 月底前基本完成。此次改色得到市政府的全力支持,预算总资金约 710 余万多元由南昌市财政全额承担,9 月 10 前进行改色的出租车可享受免费。

(周国祥)

【南昌市认真组织实施出租车经营者和驾驶员管理办法】 7 月 1 日开始,南昌市客管处在实施出租车两个管理办法中,加强对企业的管理和检查,出租汽车企业主动配合行业管理,规范自己的经营行为,使南昌市出租汽车行业出现良好发展的态势。两个办法实施后,出租汽车路面违章由去年同期的 1934 起,下降到 1118 起,下降 42%。该处对昌北机场内严重违章,或被投诉造成不良影响的出租汽车司机,一律严禁其再次进入昌北机场营运,使昌北机场出租汽车运营秩序井然,面貌得到改变。第三出租汽车公司的雷锋车队李勇班组,提供便民袋的服务创新,被新华社等媒体报道;出租汽车司机中的共产党员在油荒期间,放弃营业时间,义务维持秩序累计 10 余天;出租汽车很多企业收到司机主动交还的失物 600 余起,估算金额达到 80 余万元。

(吴卫平)

【萍乡市多措施强化出租车行业监管】 萍乡市交通运输局多措施强化出租汽车行业监管。一是组织专人对出租汽车经营企业、出租车代班服务中心、驾驶人员等出租汽车相关情况进行登记存档,抽调专人对《萍乡市出租车管理办法》进行修改,起草《萍乡市出租汽车服务规范》等三个行业管理的文件。二是召集出租汽车经营公司座谈,探讨出租车行业存在的问题与解决的办法,就如何对驾驶人员素质把关进行研讨。三是联系并配合市电视台对出租车代班驾驶员存在的一些问题进行调查。在市电视台九点一刻栏目制作播出《上岗必培训、代班须持证》的出租车行业警醒节目,加强对出租车车主和驾驶员的教育。四是对各出租车经营企业加强检查,开展出租车辆的年度审验,对出租车车容车貌进行整改,力求保持良好的窗口形象。

(晏卫东)

【萍乡市积极推进道路运输领域节能减排】 7月1日起,萍乡市运管处在配发"道路运输证"时,开始将燃油消耗量作为必要指标,对拟进入道路运输市场从事道路旅客运输、货物运输经营活动,以汽油或柴油为单一燃料的、总质量超过3.5吨的国产和进口车辆,对照交通运输部燃油达标车型表或过渡车型表进行核查,不合格车辆将不得进入道路运输市场。为保证工作有效顺利进行,萍乡市运管处曾多次召开会议全面部署,分别多次到萍乡市安客、旅客和行地三家汽车制造厂,进行政策宣传,督促申报道路运输车辆车型信息;各辖区运管所到运输企业、生产厂家和车辆经销商进行政策宣传,传达江西省道路运输车辆燃料消耗量检测和监督管理办法实施方案,要求经销商积极联系生产厂家按要求向交通运输部门申报达标车型。通过对运输车辆燃料消耗量的核查,全市范围内被列入"过渡车型表"738辆,列入"达标车型表"5辆,未列入"过渡车型表"或"达标车型表"4辆,另外过户转籍车有103辆通过核查,有6辆未通过核查。

(晏卫东)

【萍乡市出租车平稳过渡方案正式出台】 1月18日,萍乡市政府下发《客运出租汽车新一轮经营权有偿使用新增运力投放和行业管理方案》,对萍乡市城区600辆出租汽车经营权期满后进入新一轮有偿使用的实行平稳过渡,顺利投放新增运力,体现了"老车过渡、新车公营、利益调节、兼顾各方、有效制衡、便于操作、强化管理、优质服务"的总体原则。

(晏卫东)

【萍乡市运管处抓好机动车维修行业管理】 萍乡市运管处加大对维修市场的政策引导,引导维修企业走联合、兼并的道路,着力扶植上规模、上档次,以及主修中高档车的特约维修站(4S店),以此带动和提高维修行业的维修质量、服务水平和管理层次。2010年仅对三家维修企业(均为4S店)作出了一类维修资质的行政许可,另外1家维修企业(4S店)从二类升为一类,注销了3户二类维修企业。至年底,全市拥有合法维修企业374户,其中一类36户(含危险货物运输车辆维修企业10户,4S店12户),二类52户,三类(含摩托车一、二类维修)286户。

(何文海)

【萍乡旅游客车实现公车公营】 11月12日,由萍乡市旅游汽车服务有限公司牵头,与江西萍乡长运有限公司采取股份制合作的形式,对全市旅游客运车辆实行公车公营,实行"统一业务受理、统一客源组织、统一车辆调度、统一运输价格、统一运费结算"的"五统一"的管理,顺利实现萍乡市旅游客车公车公营目标。

(晏卫东)

【新余公交迈进"数字交通"时代】 9月1日,新余市民期盼的公交GPS智能调度系统全面正式启动,该市公交由此迈进"数字交通"新时代。这是新余市公交继实现电子报站器、IC卡收费系统后又一科技革新带来的新飞跃。过去该市的公交主要依靠人工调度,除了能保证按时发车外,很难了解公交车辆的车距、车速以及线路上的其他情况,时常会出现连续几辆公交车同时进站或乘客长时间等不到一辆公交车的现象。如今推行的"GPS卫星定位智能调度系统",是公交调度中心利用GPS车载设备、计算机网络、数据实时采集处理等先进科技,对公交车辆运行情况进行监控、调度的指挥系统。有了这种智能调度系统,调度人员坐在调度中心,就可以掌握每辆公交车之间的车距、车序、进出站等详细情况,并据此来及时调度车辆,让公交车运行起来更加科学。对于行驶过快的车辆,会及时发送信号提醒司机减速慢行;对于行驶速度过慢的司机,也会发出信号提醒加速。

（宁茂昌　王若刚）

【鹰潭市全力做好“5·23”列车事故旅客分流】 5月23日凌晨,K859次旅客列车因山体滑坡在沪昆铁路余江至东乡间发生脱线事故后,市交通运输局迅速作出反应,成立临时指挥部,全力以赴做好“5·23”列车事故分流滞留旅客工作。一是迅速启动道路运输应急预案二级响应;二是要求鹰潭境内所有客运企业的客运车辆原地待命,随时听从调遣;三是要求各客运公司选派优秀驾驶员参与疏散旅客运输工作;四是对部分票款不够旅客由交通运输部门协调客运企业免费送达目的地;五是组织局机关、运管处干部30余人,由局主要领导和分管领导带队现场调度指挥车辆;六是协调沿途运管部门开辟绿色通道。截至5月24日7时左右,全局共调度旅游大巴40余辆,短途班线车辆30余辆,长途客运车辆20余辆,用于紧急疏散滞留旅客,发送至长沙、向塘、南昌、武汉、萍乡等地,总计发送120余班次,输送旅客3000余人。至21时左右,该局圆满完成车辆调度、旅客疏散任务。

（徐才金）

【赣州市加强道路运输行业管理】 赣州市公路运输管理部门在行业管理中,一是全力推进城乡客运一体化建设工作,在赣县开展农村客运网络化建设试点,大力实施城乡客运一体化工程,改造现有农村客运班线,对符合公交化改造的班线,采取政府补贴、降低票价的方式,全部改造为公交化运行,基本形成了农村客运经营方式公交化,经营管理公司化的经营格局。在全市推广赣县城乡客运一体化的经验后,于都、会昌、南康、兴国等地积极开展城乡公交一体化试点,将部分农村客运“热线”进行公交化改造,增加班次,降低票价,使百姓得到实惠。二是开展打击非法营运专项治理活动。采取分片联动,交叉执法,形成合力,建立运政执法联勤联动机制,重点打击道路运输市场非法经营、出租车异地经营;严查出租车拒载、不按计价器显示收费、绕道等非法经营行为。采取包片、包线、包干的形式和群众举报、蹲点守候、跟踪稽查、联合执法的方法,严厉打击各种非法经营活动。据统计,全年出动运政执法人员11000人次;检查、服务车辆13000余辆次;查处违章720起。三是推动道路运输行业管理工作重心下移,关口前移,将属于章贡区运管所职责范围内的工作,划归章贡区运管所,理顺事权关系。四是该市加大GPS的推广运用工作,建立赣州市交通信息平台,在中心城区公交车上安装GPS车载终端设施,在中心城区100辆出租车上安装GPS卫星定位系统,全面实现了公共交通车辆经营行为的远程监控。

（杨河良）

【宜春打击“黑车”动真格】 2月5～25日,全市共查扣“黑车”260辆,其中“黑面的”180余辆,“黑客车”80余辆,宜春中心城区查扣“黑客车”50辆。通过整治进一步净化道路客运市场,确保春运安全有序进行。该市成立了由市政府分管领导为组长,分管副秘书长、市交通运输局、公安局分管领导为副组长,市运管局、交警支队、城管支队等单位负责人为成员的客运市场整治领导小组。各县(市)也相应成立整治领导小组。重点整治对象为无证无牌车辆载客,过境车辆违规经营、超范围经营,在路边设“黑站”揽客滥价经营等违法违规行为。宜春中心城区成立以袁州区运管执法人员为主的3个稽查小分队,24小时严格监控违法“黑车”,并在宜春、彬江、西村3个高速收费站路口设立检查点,加强源头管理。同时,加强与分宜、萍乡相关部门联系,严堵“黑客车”在本地拉客到异地配客。在该市严厉打击“黑车”的“高压”下,近50辆“黑车”主动与车站联系,办理相关营运手续。对“黑客车”查处不手软,2月23日,执法人员查到新余一辆违规满载乘客前往福建客车,坚决扣押车辆,分流乘客。客运企业积极配合打击“黑车”行动,在各乡镇村设立售票网点,甚至免费把出省的旅客送到车站,在春节运输高峰时,调运所有的运力进行加班,不滞留一位乘客。

（孙启生　洪本佳）

【抚州城市公交正式移交市交通运输局管理】 经抚州市人民政府批准,5月12日,抚州市公交公司正式划归抚州市交通运输局管理。此前,公交客运公司属市城建局管理。全市共有公交客运企业12家,公交线路59条,线路总里程764千米,公交车辆503辆,共10561座,公交企业从业人员963人。至2010年底,全市各县城市公交管理职能移交工作顺利进行,抚州市、宜黄县、资溪县、东乡县、南丰县5市、县已完成移交工作,其他县的移交工作正在有序推进。

(陈根玲)

【鹰潭市对未达标驾校进行集中整治】 鹰潭市运管处对全市所有驾驶员培训机构开展集中整治活动,对13家未达到行业标准和省运管局工作要求的驾驶员培训机构下发整改通知,要求从4月15日起,根据驾驶员培训机构资质条件要求,进行为期3个月的整改。在整改期间,这13家驾驶员培训机构要对驾校教练场地、教练车辆以及驾驶模拟器等软、硬件设施进行整改,确保在整改结束后达到行业标准。整改期限满后,市运管处将组织专家评审小组对所有需整改的驾驶培训机构的整改成果进行验收,整改合格的允许其继续经营,整改不合格的由驾驶员培训机构所在地的运管部门对其采取取消经营许可证或停业整改的处罚。

(艾年宗)

【上饶市客管处稳步推进城区出租汽车体制改革】 近年,上饶市中心城区拥有出租汽车511辆,出租汽车客运企业8户,平均每家出租车公司拥有出租车不足64辆,呈现“散、弱、小”的格局,导致管理难以到位、服务不规范、行业经营成本高。2010年以来,上饶市城市客管处遵循市政府确立的“政府引导、市场运作、鼓励规模经营”的出租汽车经营体制改革总体要求,致力于抓城区出租汽车客运企业的经营体制改革,依法依规将之整合为两家上规模、人才机构优化、服务文明的现代企业。

改革的各项工作正扎实、有序、稳妥推进,上饶市吉阳出租汽车有限公司、上饶光明汽车运输服务有限公司、上饶市通达出租汽车公司、上饶大众出租汽车公司等四家公司业已优化整合为上饶天顺出租汽车有限责任公司,并已办理了相关的登记和注销手续,新公司业已开展正常的出租车管理业务。

(杨　辉)

【上饶市城区开展公交车随访周活动】 上饶市客管处从3月15日开始,开展“学雷锋美饶城,文明有我”公交车随访周活动。活动期间,该处创新市场监管思路,采取定人定线,跟车随访的工作方法,将监管职责落实到人,实行分线包干,由线路包干责任人负责跟车督查,进行明察暗访,发现问题,执法人员及时亮明身份,责成其当场予以纠正。期间该处共出动执法人员210余人次,随访车辆60辆次,其中:全部合格的30辆次、乘车环境差的13辆次,不按规定站点停靠上下客的4辆次、不按规定使用报站器的13辆次;受到口头警告的30人次,现场纠正违章车辆30辆次。

(杨　辉)

路政管理

【概况】 全省公路路政管理分别由省公路路政管理总队、省公路管理局和各设区市公路管理局、各县(市、区)交通管理机构负责高速公路、国省道公路和县乡公路的路政管理。

2010年,省公路路政管理总队结合路政工作实际,首先开展制度建设工作,先后制定56个部门和岗位职责、31个行政管理制度和20个路政执法及业务管理规范。设立固定资产处置小组、行政许可审批会审小组等9个非常设机构,基本构建出江西高速公路路政管理工作制度框架体系。其次,全面规范路政执法行为,下放行政许可审批权限,简化行政许可申办流程,将受理申请和发放许可证委托给大队,总队、支队进行内部网上流转审查,许可时限从15天压缩到10天。同时规范路政案件办理程序,对路政执法文书和行政许可文书进行修订,对执法程序进行优化。加强和规范路政巡查工作,严格巡查操作规程,做到一日三巡,及时处置巡查中发现的情况和问题。加大路产损失赔偿工作力度,规范路产损失赔偿行为,有效遏制了擅自减免路损赔款或私放路损肇事车辆现象,2010年,全省路政部门共办理路产损失赔偿案件5060起,收取路损赔款3959万元,路产损失赔偿率达96.53%。对在建高速公路实施提前介入管理,登记路产路权,参与交通管制,制止涉路违法行为。三是切实加强排障施救监管。着手理顺排障施救经营管理体制，推行排障施救市场准入和经营主体资格确认工作，率先在鹰瑞、石吉、彭湖等新开通高速公路实行公开招投标选择清障施救队伍。对排障施救单位严格实行24小时派驻管理制度，采取“人盯人，人跟车”零距离监管方式，规范排障施救行为。同时严格控制票款，将原排障施救单位领用的行政事业性收费票据收回路政部门保管，由路政人员按照核定的收费项目和标准收取排障施救费用，开具专门发票。推行排障服务监督卡，建立事后回访制度，设置排障咨询、监督公示牌，健全和完善排障施救监管体系。

省公路管理局6～8月在全省范围开展普通国省干线公路路域环境综合整治活动，以进一步加强公路路政管理，整治、优化普通国省干线公路路域环境。此次活动以治理普通国省干线公路上的“乱建、乱占、乱堆、乱接”为重点，加强公路路域环境综合治理，严格、规范公路行政许可审批，集中整治过村镇路段和占路为市、违章建筑、堆物作业、非公路标志标牌等现象，实现公路沿线宅路分家、无集市贸易、无摆摊设点，公路建控区内无新违章建筑、无堆物作业、无非公路标志标牌，以“畅、洁、绿、美、安”的干线公路交通环境迎接全国干线公路养护管理检查。据不完全统计，累计清理违章建筑1279间、占道集市贸易1351处、非公路标志7120块，有效净化路域环境，提升行车质量，减少安全隐患，优化行车环境。

4月29日，省公路管理局在井冈山举办一期迎国检路政执法培训班，全省各设区市公路局路政科长以及各县(市、区)公路部门路政大队内业人员共计140余人参加。此次培训旨在为做好江西干线公路迎国检工作，增强全体路政执法人员对迎检工作的认识与了解，建立统一、规范、实用的路政执法文书。会上，省政府法制办法律专家讲解、解答路政执法赔补、处罚、许可三套法律文书，同时就路政档案管理、规范执法进行详细阐述。会议就迎国检路政执法管理工作进行部署，提出“抓好四个重点、做好六项工作、确保一个目标”抓好基础管理、规范执法、治超管理、交通环境；做好争取政府及主要领导的支持，争取部门的协作；切实摸清情况，完善内业资料；周密制定迎国检工作计划；明确分工、落实责任；重视路政服务大厅、治超站的建设及加大路政巡查力度；实现“确保进步奖、力争前十五”(即全国国检评比进入前十五名)的目标。

江西省公路路产赔(补)偿费仍按照1994年省物价局、省财政厅《关于我省公路路产补偿费项目及标准的通知》执行。随着公路建设的发展，公路设施发生了很大变化，现执行的项目与标准已难以适应公路现状，给路产损失赔(补)偿工作带来诸多困难。为此，省公路管理局依据《中华人民共和国公路法》、《江西省公路路政管理条例》等有关规定，结合江西公路现状，拟定了《江西省公路路产损失赔(补)偿收费标准(送审稿)》报厅，并陪同省物价局、价格认证中心进行了多次调研。

各县(市、区)交通运输局及所属路政管理机构普遍强化辖区内县乡公路的路政管理，加强领导，健全机构，积极开展依法治路，加大《中华人民共和国公路法》宣传力度，加强上路巡查，及时纠正各类路政违章现象。通过依法整治，严格管理，各地县乡公路基本安全畅通。

(洪土斌　王　建)

【景德镇市开展交通秩序示范公路创建活动】 景德镇市市从4月初至年底，在全市范围内开展创建交通秩序示范公路活动。创建活动主要在206国道、乐德线、景瑶线进行。创建主要围绕三个方面进行，一是秩序好。公路通行秩序良好，公路机动车超速、酒后驾驶、客车超员、无牌无证以及低速货车、三轮汽车、拖拉机违法载人等交通违法行为百车发生率不超过10%；处罚率不低于查处量的80%；公路治安秩序平稳。二是拥堵少。除恶劣天气、自然灾害导致道路无法通行或发生道路交通事故临时采取封闭道路交通管制措施外，创建期间不发生车辆排队长度超过5千米的交通拥堵，或者排队长度3千米以上的交通拥堵不超过2次。三是事故下降。创建期间不发生一次死亡5人以上道路交通事故，一次死亡3人以上道路交通事故不超过2次；超速行驶、酒后驾驶、客车超员以及低速货车、三轮汽车、拖拉机违法载人等交通违法行为导致的交通事故同比明显下降。

创建期间，公安交警、交通运输、公路养护等部门适时组织开展集中整治，严查超速行驶、酒后驾驶、客车超员等严重交通违法行为，规范道路通行秩序,预防和减少重特大道路交通事故。加强交通疏导,做好公路施工现场和治超站点的交通组织,确保公路畅通,不发生长时间、长距离交通拥堵。健全完善公路应急处置预案,遇有恶劣天气、交通拥堵、交通事故等突发事件时及时启动应急机制,快速处置,快速恢复交通。

(巢喜生)

【莲花县对路政管理实行处罚与教育相结合】 莲花县交通运输局按照养护与管理并重的方针,积极加强路政管理。县公路站路政监察大队实行处罚与教育相结合的办法,做到公开、公正、文明执法,进一步加大了《中华人民共和国公路法》、《江西省公路路政管理条例》的宣传,发放宣传资料1000余份,增强群众爱路护路的意识;加大路政执法力度,打击各种侵犯路产路权的违规行为,全年共办理路政处罚案件15起,拆除违章建筑13处695平方米,清除障碍物3850立方米,清除非法标志广告牌34块,查处超载车辆100余台次,卸载货物430吨,维护了路产路权,有效遏制损害交通安全的行为。

(陈孝法)

【鹰潭市公路两侧建筑控制区管理办法出台】 3月,鹰潭市出台并实施《鹰潭市公路两侧建筑控制区管理办法》。该办法共6章40条,重点明确公路管理机构依法行使公路路政管理的职责,对公路两侧建筑控制区管理作出了明确规定,为公路路政管理提供法律依据,也为社会各界和广大人民群众使用公路提供了法律保障。办法的主要内容有:一、建筑控制区范围。国道不少于20米,省道不少于15米;二、建筑控制区内禁止修建永久性建筑物;三、设置非公路标志须申请。办法还规定了违法将承担法律责任。

(鹰潭市公路管理局)

【赣州市加大路政管理力度】 赣州市公路部门以迎国检为契机,充分争取市、县、乡(镇)三级政府和有关部门支持,构建了"政府组织,公路牵头,部门配合"的路域环境集中整治工作机制,路政人员坚持勤上路勤执法,各种违章案件得到及时查处。至年底,全市开展集中整治累计50余次,清理违法建筑410处、非公路标志标牌700余块,查处路损案件600余起,办理行政许可350起,案件查处率达99%。路域环境明显好转。

(杨河良)

【赣州市整顿治超工作作风】 赣州市开展为期三个月的治超作风整顿活动。该市制订工作方案,成立领导小组,分管领导亲自抓作风整顿。各治超站按照活动要求,通过学习动员、自查自纠、整改提高三个阶段的工作,查找问题,纠正问题,建立规章制度,不文明、不规范等不良现象得到扭转。据统计,共查处超限车辆2.3万辆次,卸货1.1万吨,教育超限司机、车主2.3万人次,治超收入近1000万元,超限超载率控制在8%左右,没有出现公路"三乱"行为。

(杨河良)

【丰城市依法清理路障】 2010年,丰城市交通运输局路政监察大队上路巡查350人次,清除路障20余处,纠正各类路政违章150件,治理超限运输车辆200辆次,卸载货物1800余吨,收取赔偿款15万元;依法审批临时(特殊)占用、增设平交道口、设置广告牌等路政许可5件,处理路产损赔6件,立案查处6件,结案1件。市局主管领导和分管的副局长多次亲临路政大队调研并指导,大队长亲自带领各中队上路执法,经常组织路政人员学习《中华人民共和国公路法》和相关专业管理知识。路政大队执法人员对沿途有车单位和车主进行广泛宣传教育,重点走访丰电、兰丰以及工业园区等十几个有车单位,要求有关单位协助做好工作。在公路沿线安装了永久性的标语8块,向广大群众和驾驶员广泛宣传国家路政管理和治理超载的政策。对管辖公路的过往车辆和超载,漏洒煤灰、砂子、砾石等情况进行调查摸底,对违反《中华人民共和国公路法》的行为,在当地政府的支持配合下进行从严重点整治。通过依法整治,严格管理,加大县乡公路路政管理力度,全市县乡公路和管辖的公路达到安全畅通。

(熊志强 裴爱国)

【抚州市公路局路政管理支队成立】 12月22日,抚州市公路局路政管理支队成立。抚州市公路局路政管理支队隶属抚州市公路局管理,正科级单位。该支队内设综合办公室、业务科及2个直属大队。业务科主要职责是负责对全市的公路路政业务进行指导和所辖国、省道路政许可业务的审批等。直属大队的主要职责是负责市公路局应急救援;协助各县(区)公路分局路政巡查大队调查处理重大涉路事件;负责流动治超点超限超载车辆治理工作。

(抚州市公路管理局)

【上饶市抓好文明样板路创建】 “十一五”期间,上饶市公路局建成文明样板路达1316千米,占管养里程的53.6%。该局先后投入资金近5亿元,对320国道、206国道、昌万公路、婺桃线、大二线、新仙线等干线公路进行路域环境综合整治,围绕“畅、洁、绿、美、安”的要求,抓好文明路样板路的创建工作。一是严格按照工程建设施工进行公路改造,做到路面平整、水沟及路基线形流畅、路肩和边坡美观;二是加强路政巡查力度,全面清除公路两侧堆积物、非公路标志,制止路边经营、堆物作业,确保公路安全畅通;三是对公路两侧行道树进行全面补植、修剪,整修粉刷路缘石、标志、桥梁栏杆等,打造出“一路一景”特色的文明样板路。

(上饶市公路管理局)

交通安全管理

【概况】 2010年,全省各级交通运输部门面对极为复杂的安全环境和历史罕见的特大洪涝灾害,以继续深入开展安全生产年活动为抓手,积极应对,扎实工作,全省交通运输安全生产呈现“两平稳、两控制、一下降”的平稳态势。“两平稳”:一是全省交通运输安全生产形势平稳,全省境内未发生一次死亡10人以上的重特大事故;二是各重要时段交通运输安全生产工作保持平稳,防洪抢险、抗冻保通和世博会、亚运会、中博会以及春运、“两会”等重要时段,全省交通运输系统未发生一起死亡3人以上的安全事故。“两控制”:一是水上交通和重点工程安全生产两项指标均控制在省安委会下达的控制考核指标以内;水上交通事故死亡人数比省安委会下达的2010年安全考核指标少死亡2人;重点工程建设发生事故8起,死亡11人,安全生产比省安委会下达的2010年安全考核指标少死亡1人。二是水上交通事故死亡人数连续第二年控制在个位数,全省共发生水上交通事故8起,死亡9人,沉船5艘,直接经济损失236万。全年未发生渡运事故、船舶污染事故和远洋运输事故。“一下降”:道路旅客运输安全生产事故下降,共发生事故31起,死亡62人,事故起数、死亡人数同比分别大幅下降38%、36%。

1. 加强以制度化为重点的安全监督长效管理。积极争取省政府印发《关于进一步加强水上安全管理的意见》,进一步明确了政府各部门水上安全监管责任,健全水上交通安全管理工作机制。联合省安监局印发《关于进一步加强在建交通重点工程安全监管的通知》,形成“三帮助一参与”的安全监管工作机制。联合对彭湖高速公路项目实现“零死亡、零事故”的安全生产目标进行表彰和奖励,对昌樟高速养护施工安全工作的先进经验进行联合调研,推出一批交通运输安全生产工作的典型。

结合水路水运工程“平安工地”建设活动,在全省交通重点工程全面推行“五个一”,即“一校、一会、一查、一志、一总”质量安全管理制度。确定新建九江长江大桥等一批建设管理示范项目和示范点,以点带面推动交通重点工程安全施工。加大隐患排查整改和挂牌督办力度。年初厅挂牌督办的8项水上交通安全生产重大隐患已基本整改到位。按照分级负责的原则,各级交通运输部门进一步加强隐患排查整改力度,开展执法行动2476起,排查治理隐患企业单位2611家,排查整改一般隐患4268项,整改重大隐患121项。

2. 加大交通运输安全设施和安全基础装备的投入。一是开展简易救生浮具推广使用。投入40余万元,对全省未列入渡改桥计划且正常营运的渡口渡船统一配备简易救生浮具1.7万个。二是启动标准化渡口建设试点工作,先期选择的南昌市2个渡口试点工作正在实施。三是以公路迎“国检”为契机,对3242千米国省道公路进行重点维护,完成大中修1684千米;高速公路完成大中修1716千米,同时完成交通标志标线、安全警示牌的设置。四是根据交通灾后重建的总体安排,对特大洪灾中受损的沪昆高速余江段和475处高速公路水毁点和320千米国省道公路、1085千米农村公路水毁点迅速进行修复。五是加快了全省渡改桥建设,到2010年底渡改桥项目主体工程100%完成,全省建成621座桥梁、撤销800个渡口的目标基本实现。六是完成整治公路危险路段和事故多发点段857处,其中高速公路268处,普通干线公路589处。七是各级交通运输部门认真落实《全省交通运输安全监管部门基本装备配置暂行标准》,加大了安全监管部门基础装备配备投入。

3.不断增强交通运输安全监管和应急保障能力。根据交通运输部安排,决定在全省开展为期三年的“双基”建设活动,印发了“双基”建设活动方案。完善安全应急制度建设。出台《江西省交通运输厅安全生产监督管理职责暂行规定》,建立安全生产“一岗双责”责任体系。《江西省交通运输突发事件总体应急预案》即将印发,《江西省交通运输安全生产事故隐患监控整改制度》、《江西省公路水运建设工程安全生产费用管理暂行规定》等安全管理制度,正在抓紧修改出台。

组织开展了水上人命救助、高速公路隧道突发事件、水毁抢修、消防、防盗等各种形式的演练7次。其中,通过开展“2010江西省水上人命救助应急演练”,对全省推广的渡口渡船简易救生浮具装备使用的方便性和有效性进行了实战检验。

4.根据上海环沪“护城河”和广州环粤“护城河”安保工作要求,一是严格资质审查,把好签证关。世博会期间,全省办理船舶入沪签证2150艘次,对涉及入沪班线的18户客运企业、31户危货运输企业、71辆班线客车、415辆危货车辆、35个客运站、809名司乘、押运人员的资质、技术状况、安全设备等情况进行了全面审查。亚运会期间又对进粤1735辆车辆、4259名从业人员、89个汽车站进行了全面审查,全部达到相关要求。二是实行安全检查登记、车辆登记和旅客实名登记制度,对违反规定的加大处罚力度。据不完全统计,各级港航部门实行船舶专项安全检查930艘次,反馈船舶信息192艘次,改签不符合入沪条件的船舶83艘次,处理违反世博管控规定船舶223艘。三是加强宣传教育。免费发放上海海图和《世博会水上交通管控宣传册》2000套,开展内部培训8次176人,对入沪驾驶员、船员等从业人员全部进行了再教育。省港航局被国家海事局评为世博水上安保先进单位,并被国家海事局授予2010年上海世博会水上交通安全保障工作集体三等功。

(刘　晔)

【全省水上交通安全形势稳定】 2010年,全省各级海事部门深入开展反水上运输超载,打击“三无”船舶非法运输,狠抓隐患排查治理,强化水运工程“平安工地”建设,实现了全省水上交通安全形势的总体稳定。一是强化重点时段、重点水域、重点船舶和汛(枯)期水上交通安全监管工作。春运、“两会”、“十一”黄金周等节日期间,各级海事执法人员深入骨干航道、重点码头及渡口、水上旅游风景区等重点水域现场蹲点督导,通过加强现场检查力度和安全巡航密度,加强对“四客一危”船舶安全技术检查,及时纠正违章,严厉打击超载等措施,确保了重点时段、重点水域零事故。二是积极开展“三无”船舶、超载船舶专项整治工作。以支流水域和辖区航行的“三无”船舶整治为重点,将757艘“三无”船舶纳入规范管理,全年排查整治“三无”采运砂石船舶890艘,载重5.6万吨,非法违规造船厂点18处。同时加强对采砂作业水域航道通航秩序整治,处罚违章船舶1645艘。通过“大船小证”综合治理,吨位丈量计算复核共计1554艘,实船检查1475艘。办理船舶登记3165艘次,发放船舶IC卡340张。通过加强现场监管和设置强制减载点,船舶超载治理工作取得明显效果。全年共检查运输船舶36514艘次,其中查处超载船舶1645艘次,强制减载货物14.96万吨,暂扣船舶证书117本。三是继续做好船舶登记和船员考试发证工作。为满足本省水路运输业快速发展对各类船员日益增长的需求,全面提高其业务技能和安全意识。2010年全省共举办各类船员培训考试44期,总计4771名船员参加了考试(其中船员统考3期2021名,非统考22期1110名，证书再有效考试11期1412名，特殊培训考试8期228名）。全省各船舶登记机关办理船舶登记共计3072艘次（其中办理所有权登记998次，国籍登记1133次，抵押登记398次，光船租赁登记22次，注销登记521次），发放船舶IC卡338张。四是强化航运企业安全管理体系审核工作。为全面提高航运企业安全管理水平，保障其船舶的安全营运和防污染能力，将全省7户航运公司（南昌市2户，宜春市4户，抚州市1户）123艘船舶纳入安全管理体系内。全年共实施7次公司审核（5次年审，2次临审），船舶审核共56艘次（临时审核25艘次，初次审核5艘次，中间审核25艘次，换证审核1艘次），审核船舶艘数较上年同比增加21%。五是重点建设以省水上搜救中心信息化为主体，兼顾重点水域监控系统、船舶、船员管理系统、OA系统等基础设施。建成搜救中心应急指挥平台、鄱阳湖分中心应急值守系统，完成港航信息省、市、县三级网络建设，为实现全省政务办公、业务办公联网作硬件准备。建成仙女湖电视监控，开建重点水域VHF安全通信（南昌一湖口）、CCTV视频监控和AIS系统、船舶"一卡通"和规费征稽管理系统，以及AIS船舶自动识别系统等，加大监管力度，为水上交通安全提供保障。

（张兆平）

【全省道路运输安全管理明显加强】 在全国率先开展的道路客运"清挂"工作，到2010年全省中高级客车达7478辆，比重提高到42%，高于全国平均水平。连续五年和公安交警、安全监督部门合作，联合部署春节道路运输安全工作、推广应用GPS安全监控服务系统、开展相关安全专项整治行动、建立运输企业安全信息发布制度和通报制度。制定出台了"全省客运站安全管理统一规范流程"和"江西省汽车客运站出站车辆安全例行检查技术规范"，严格落实"三关一监督"和"三不进站五不出站"制度。加大科技兴安力度，建成全省GPS指挥中心，全省共建成119个运管三级监督平台和396户运输企业监控平台，9217辆营运客车和6534辆危货车辆安装了GPS车载终端，并通过与交通运输部GPS联网，实现了重点营运车辆的全国联网联控。投入528万元资金，对安装安检仪给予每台6万元的补贴，支持5个一级客运站、78个二级客运站安装了安检仪。在全省客货运输量持续增长的背景下，道路运输安全生产形势连续5年保持平稳，营运客车事故造成的年度死亡人数连续4年控制在100人以内，事故起数、死亡人数和受伤人数分别从2005年的114起、186人、347人下降到2010年的31起、62人、116人，下降幅度分别为73%、67%、67%。深入推进道路客运安全专项整治，以落实运输企业主体责任为主线，以强化企业对营运客车、旅游包车、危险品运输车动态监控为重点，开展了道路客运安全专项整治和道路运输企业主体责任专项整治，全省客运企业、旅游包车企业和危险品运输企业基本落实"一带、一速、一平台、一防护"规定，旅游客车和三类以上班线的中高级客车全部按核定座位依法安装符合国家标准的安全带、GPS卫星定位装置。

逐步完善道路运输应急保障体系。在2010年全省抗洪抢险中，共征调客车2351辆，征调货车7230辆，为抗洪抢险提供坚实的运输保障。在省内一些重点客运站，包括南昌、赣州、宜春、吉安等客运站配置完善了视频监控系统，对客运站的重要关口实行24小时监控，为奥运安保、世博会、亚运会等重大活动和节日庆典营造安全运输环境提供了有力的保障。

（游国候）

【三部局联合检查江西公路客运交通安全教育整治】 3月28～31日，公安部、交通运输部、国家安全监督总局组成"公路客运交通安全教育整治工作"联合检查组，在省交警总队、省运管局、省安监局等有关负责同志的陪同下，深入九江、景德镇、上饶等地的部分客运公司、客运站、高速公路和国省道公路、交警执勤点等，就江西省公路客运交通安全教育整治工作情况进行检查。

3月31日，三部委联合检查组在南昌召开检查情况反馈意见，就检查情况进行通报。检查组肯定江西省教育整治工作组织部署和措施落实的成效，指出部分地方在路面勤务部署、客车检查方式、抄告转递制度、客车动态监管等方面存在的不足，并就进一步加强安全教育整治工作提出了明确要求。

（罗珍华）

【省人大领导及代表现场督办交通整治】 8月19日,省人大常委会委员、内司委主任委员胡波,省人大常委会委员、法制委委员、选任联工委主任吴会清与部分省人大代表,深入316、105国道等公路,现场督办交通、公安系统对道路交通标志的清理、整治和规范工作。省交通运输厅和省交警总队有关领导陪同视察并分别汇报了交通、公安系统承办代表建议,落实交通安全标志标线的整治情况。此前,省人大选任联工委转来了十一届人大三次会议《关于进一步清理、整治、规范全省道路交通标志和交通技术监控设备设置使用的建议》,省交通、公路部门高度重视,根据2009年下发的《江西省公路交通安全标志标线规范管理与整治实施方案》文件要求,部署各设区市公路部门全面启动该项工作,至2009年8月上旬已基本完成。从2010年元月份开始启动公路标志和标牌的完善和安装工作以来,各设区市公路局累计增设标志牌8876块,增设减速带567米,增设标志线233923平方米,完成投资3054万元。

(省公路管理局)

【交通部门加大交通运输安全设施投入】 各级交通部门以公路迎"国检"为契机,对3242千米国省道公路进行重点维护,完成大中修1684千米;高速公路完成大中修1716千米,同时完成交通标志标线、安全警示牌的设置。根据交通灾后重建的总体安排,对特大洪灾中受损的沪昆高速余江段和475处高速公路水毁点和320千米国省道公路、1085千米农村公路水毁点迅速进行修复。全年完成整治公路危险路段和事故多发点段857处,其中高速公路268处,普通干线公路589处。

(省公路管理局)

【江西省水上搜救中心揭牌】 10月28日,江西省水上搜救中心正式揭牌,标志着江西水上应急反应体系建设上了一个新台阶。江西省交通运输厅党委书记程受锭,交通运输部海事局副局长、中国海上搜救中心总值班室主任翟久刚为中心揭牌。与此同时,江西省港航管理局、解放军驻江西航务军事代表处、江西省地方海事局、江西省船舶检验局也迁址省水上搜救中心大楼。

江西省是中国的内河水运大省之一,随着内河航运的快速发展,各种险情、事故时有发生,水上搜救任务十分繁重。为加快江西水上应急救援体系建设,提高处置水上突发事件的能力,决定设立江西省水上搜救中心,作为省应急指挥部的工作机构,负责省水上应急指挥的日常工作,并承担水上搜救运行管理工作。

江西省水上搜救中心与江西省港航管理局(江西省地方海事局、江西省船舶检验局)实行合署办公,其主要职能是负责组织、协调、指挥重大水上搜救和船舶污染事故应急处置行动;承担水上搜救和船舶污染事故应急反应值班工作;组织开展搜救人员培训。内设总值班室、综合处、信息与安全通信处、搜救管理处等4个处室。

该中心以水上搜救中心应急平台为节点构建指挥体系,于2010年9月完成应急平台建设开发。其建设内容主要包括应急指挥场所、大屏显示系统、视频会议系统、图像接入系统、应急通信系统、综合应用系统、数据库系统和安全保障系统等。平台建成后,图像接入系统的图像信号可以通过网络实现与省政府应急指挥中心平台、省交通运输厅应急指挥中心、下属单位应急平台图像接入系统互联互通,实现多路视频信号的调阅、传输和控制。可以将相关资源直接上传给省政府应急指挥中心、省交通运输厅应急指挥中心,利于上级对现场的抢险救援工作进行决策和指导。

(张永康 许海远)

【南昌地方海事局获市政府10万元安全监管嘉奖】 2010年9月,南昌市政府对南昌地方海事局颁发10万元水上交通安全监管工作嘉奖,以表彰该局近年来这项工作中所取得的优异成绩。近年来,该局始终坚持"安全第一,预防为主"的方针,认真落实水上交通安全管理工作各项措施,狠抓水上交通安全管理各项工作,使辖区船舶、船员管理愈趋规范,船舶配载日益科学,重特大水上交通安全责任事故得到有效遏制,水上交通安全四项指数全面下降,辖区水运秩序持续稳定。

(邱志勇 段 鑫)

【南昌市港航处利用短信平台宣传世博会安保】 2010年上海世博会举办之前和举办期间,市港航管理处为配合世博会安保工作,确保进沪船舶的规范安全运行,利用"港航短信平台"向各水运业户、港口经营业户发送手机短信1560余条，宣传南昌港世博安保工作，提醒业户在世博会期间如何办理进出港业务和填写有关登记表，为推动世博会期间南昌港安全生产形势稳定发挥重要作用。

（裴文奇　平关正）

【昌铜项目办与地方安监局联合组织安全培训】 3月30日，南昌至铜鼓高速公路项目办利用雨天，联合新建县安监局举办本项目的第二次安全知识培训，对新建县境内的A1、A2、A3标参建人员进行安全培训。本次培训呈现四大亮点。一是培训地点适宜。本次培训地点放在离工地较近的城市学院的学术报告厅，极大地方便工人前往。二是培训人员广泛。本次培训利用雨天停工期间举行，要求项目经理部、驻办的安全生产管理人员，从事生产的一线工人均参与培训，约280人。三是培训课程新颖。本次培训除正常的安全管理及技能操作外，还增加了防雷以及紧急救护知识。对所有参加培训人员，均发放一份《中华人民共和国安全生产法》、一份安全生产事故案例和一些紧急救护的常识。四是培训方式独特。本次培训一改以往主要以老师说为主的模式，增加了大量的互动节目，同时基本以案例教学，实际图片展示为主，给工人们留下深刻的印象。

昌铜高速公路自开工以来，主动与地方安监部门联系，联合共建平安高速路，通过安监部门的专业培训及半月一次的安全检查，切实提高了参建人员的安全意识，消除了安全隐患。

（万长明）

【105国道信丰收费站及时抢修雷毁设备】 105国道森林公司信丰收费站遭受雷击的设施设备经过及时抢修，恢复正常运转，保障了正常收费和员工的生产生活。8月23傍晚18时左右，森林公司信丰收费站所在地遭遇强对流天气，强烈的雷电直接打落在收费大棚两旁，雷击使信丰站收费、监控、电力及生活附属设备严重损坏，相关设备不能正常运转。至8月27日，经过四天半的紧张抢修，信丰收费站已恢复了正常计重收费。

（陈　猛）

【景德镇市交通局抓安全迎瓷博】 10月8日，景德镇市交通局按照市委提出“将瓷博会办成全市人民的盛大节日”的目标，早安排、早部署、早行动，采取“六加强”措施为瓷博会的顺利召开保驾护航。一是加强瓷博会期间的运输组织管理，事先做好客流量调查，制定合理运输方案，安排充足运力，建立和完善应急保障措施，做到组织到位、措施到位、服务到位。二是加强瓷博会期间的运力保障，针对旅游景区、景点人流增多，根据客流变化，合理调配运力，及时调整和增开班次，最大限度地减少旅客中转换乘时间，努力提高运输效率。三是加强瓷博会期间的生产安全管理，认真做好车站、港口、车船等重要部位的“三品”查封工作，加强对乘客携带物品的安全检查，坚决防止将易燃、易爆、剧毒等危险物品带上车船，消除事故隐患，确保运输生产安全。四是加强瓷博会期间的在建工程管理，安排专人在施工路段值班，尽量减少公路养护作业，引导车辆通行，强化对路面情况的监控和巡查，做到发现情况及时处理，确保公路畅通。五是加强瓷博会期间的运输市场管理，督促客运企业和客运站场经营者严格执行国家的运价政策，实行明码标价，严禁各种乱涨价、乱收费行为，维护广大旅客的正当权益。六是加强瓷博会期间的应急值守管理，启动特殊时段的工作机制和应急预案，实行领导24小时带班值班制度，各级交通主管部门随时掌握运输动态，及时处理突发事件，确保瓷博会期间的安全与稳定。

（李青松）

【景德镇市多部门联合演练高速公路突发事件应急预案】 “各单位请注意，焦家岭左隧道内一辆载有易燃品的油罐车与一辆货车发生追尾，货车内有人受伤被困，油罐车有少许油料泄漏，请各单位立即赶往现场救援。”4月28日上午10时，随着景鹰高速公路突发事件应急救援演练总指挥一声令下，消防、医疗、路政迅速联合启动高速公路突发事件应急预案，顷刻间警报声响起，佩戴空气呼吸器、身着防化服的救援人员赶到事故现场投入救援作业。这次演练以现场实战、协同作战、远程指挥相结合的形式，在“事故”发生后不久，高速交警、消防、路政、急救等部门人员迅速到达事故现场进行应急救援行动。

“事故”发生后，隧道监控中心通过视频监控及时发现险情，迅速向上级主管单位和景德镇市政府应急办报告,同时向“119”指挥中心报警并启动本单位“隧道预案流程表”的预案流程,进行初期处置。景德镇市消防支队特勤中队救援官兵火速赶到现场,成立现场作战指挥部,启动“高速公路隧道火灾事故灭火救援预案”,全力组织灭火救援工作。现场作战指挥部接到隧道内有2名被困人员的报告后,迅速派出消防小组、侦察检测小组对隧道内的情况实施不间断侦察检测;组成破拆搜救小组,携带破拆工具迅速对2名被困人员实施救援;其余人员则实施掩护、灭火,保护被困人员和救援人员的安全。通过破拆车体,2名被困人员被成功救出后,等候一旁的救护人员立即将他们抬上担架,并用救护车送往医院治疗。同时,前沿作战指挥组根据现场燃烧面积和火势下令发起灭火总攻,仅用10分钟就将大火彻底扑灭。

(涂　强)

【萍乡市应急防控处置能力增强】 继2008年成功应对雨雪冰冻灾害应急保通的重大挑战后,2010年萍乡市交通运输部门又经受了两大考验。4月中旬,市交通运输部门在萍乡市委、市政府的直接指挥下,联合公安、交警等部门成功处置了萍乡“4·12”部分出租车集体停运事件,受到省、市领导和人民群众的充分肯定和认可,省运管局将其作为成功范例向全省进行交流推广。6月下旬,面对持续强降雨对全市农村公路网造成巨大损毁的紧急情况,全市交通运输部门把抢通和修复水毁公路、恢复客运班线运行作为首要任务,全力以赴做好抢险救灾工作,做到断路不断交通、断路不断客运,最大限度地降低灾害造成的损失。同时,全市各级交通运输部门认真组织开展抗灾救灾和灾后恢复重建工作,及时上报灾情,争取上级支持。

(陈孝法)

【萍乡市交通运输局多管齐下保安全】 萍乡市交通运输局采取有力措施多管齐下,从源头上确保全市交通运输安全。一是严格督促市运管处、萍栗公路养护处、各客运企业加强恶劣天气条件下的运输安全监管,启动在恶劣天气情况下的应急预案,明确责任,确保各项安全制度落到实处。二是要求市运管处、萍栗养护处、各运输企业落实专人,加强对重点线路的防范把守,一旦遇到特殊恶劣天气,重点路段采取该封路的路段应封路,客车该停班的坚决停班。三是积极加强与气象部门信息联系,健全恶劣天气手机短信服务系统,一遇恶劣天气情况,立即通过手机短信平台对司、乘相关人员进行短信提醒,督促各运输企业采取各项防范措施。四是积极加强对危货运输企业、客运企业和客运站、场的重点监管,建立安全信息网络,强化GPS监控,发现情况及时反馈上报。五是大力加强安全宣传,将省长吴新雄的亲笔信转发至各运输企业,提高他们交通安全生产意识。

(李襟远)

【安源区开展排查治理桥梁安全隐患专项行动】 2010年初,安源区交通运输局开展为期一周的以桥梁基础为重点的桥梁安全隐患排查治理专项行动。本次桥梁基础安全隐患排查的对象,一是河道发生演变的桥梁;二是易发洪水河道桥梁;三是水文、地质、地形条件复杂,河床冲刷严重的桥梁;四是存在隐患的桥梁。重点对桥梁基础、墩柱、支座、桥台护坡等下部结构进行全面排查。并要求在排查过程中全面检查位于河床受冲刷的桥梁基础,对每一座有桩基露出河床的桩基的混凝土表观质量,有无混凝土剥落和钢筋外露、锈蚀等情况进行安全性评估。全面分析产生桩基病害的原因,制定确实可行的处治方案,严把设计、施工、验收环节关,确保治理工作取得实效。

(刘焕萍)

【九江地方海事局圆满完成艺滑大赛水上安保工作】 9月28日至29日,2010年首届庐山尚水文化旅游节暨中澳艺术滑水明星对抗赛、环鄱阳湖形象大使选拔赛在庐山西海(云居山—柘林湖)滑水表演场举行。来自澳大利亚国家艺术滑水队的16名队员和国内顶尖艺滑选手参加了比赛。国家体育总局,省、市有关领导和多家新闻媒体到场观赛。

为确保大赛顺利进行,九江市地方海事局协同港航、公安等部门,成立了水上安保暨应急救援小组,负责水上交通管制和组织指挥应急救援工作。针对活动的特点及辖区实际,制定水上安保工作方案;及时发布航行通告,告知辖区所有船舶,不得擅自进入管制水域;认真做好各项应急准备事宜,按要求备好船艇、通讯工具、救生消防等设备设施,应对突发事件。比赛期间,该局抽调海巡艇两艘,在比赛水域进行交通管制,防止其他船舶进入;增派海事执法人员予以现场水上安全维护;及时清理水上障碍物,以策赛区水域安全。比赛活动圆满结束后,上级相关部门与主办方对这次水上安保工作给予高度评价。

(龚　平)

【新余市开展水上应急救援演练】 7月15日,新余市交通运输局与新余市政府应急办、新余市地方海事局和新余市仙女湖游船有限责任公司联合在仙女湖景区水域进行了水上应急救援演练。通过演练活动,有效地检验新余市水上交通事故应急救援的操作性、实效性和组织协调能力。

(张　华)

【渝水区开展道路交通安全集中整治】 2010年8月至11月,渝水区在全区范围内开展了一次以落实运输企业主体责任为主要内容的道路交通安全集中整治。此次整治以预防和遏制重特大道路交通事故、减少一般交通事故为目标,以落实运输企业主体责任为主线,以强化企业对营运客、货车辆动态监控为重点,全面落实企业主体责任和“一带、一速、一平台、一防护”规定,共检查客运企业7户,较大货运企业15户,检查公路客运车辆70辆,城乡公交车60辆,货运车辆500余辆次,排查客运车辆驾驶员135人,查纠违章经营行为206起。

(王志勇)

【仙女湖地方海事为“七夕”活动保驾护航】 8月16日,第七届中国·仙女湖七夕情人节暨水上集体婚礼在仙女湖隆重举行,来自全国各地的99对新人与亲朋好友及游客聚集这里见证爱情。

为确保活动安全有序进行,仙女湖地方海事处采取多项措施为之保驾护航。一是积极联合景区管理部门、游船公司对活动期间的游船调度、路线等进行周密安排,确保上船井然有序,游客不滞留;二是加大现场监管力度,严禁超载、不穿救生衣上船等行为;三是根据当天活动情况,制定了“仙女湖‘七夕’节水上交通应急方案”,对可能出现的突发状况进行预测,并制定可靠的应对措施,确保突发事件能得到及时有效地处置;四是针对活动结束时间较晚,船舶返航时要到夜晚的情况,该处出动海巡艇,对返航船舶予以全程护航。此举获得了地方政府和嘉宾的一致好评。

(傅耀能)

【鹰潭地方海事获龙虎山“申遗”成功先进单位称号】 9月6日,在龙虎山(龟峰)申报世界自然遗产成功表彰总结大会上,鹰潭市地方海事局获龙虎山“申遗”成功先进单位,魏晓智获“申遗”成功先进个人。在龙虎山“申遗”过程中,该局服从大局,组织得力,出色地完成地方政府和相关主管部门交办的各项工作任务,成效明显。在日常监管工作中,积极采取各项措施:一是对旅游船、排筏进行定员,做到证、牌、线齐全;二是进行定期检验,确保船筏适航;三是节假日、道教活动期间,实施全天候现场安全监督检查,及时发现并消除安全隐患,保障了游客的水上出行安全。

(李凌宇)

【赣州市强化农村道路安全管理】 赣州市交通运输系统在8月5日至11月5日开展为期3个月以道路交通安全为主要内容的专项整治行动中,全市交通运输管理部门按照市养公路由市公路局负责;县、乡、村公路由各县交通运输主管部门负责;经营性收费公路由经营业主负责的原则,加强水毁道路(桥梁)事故多发地段、道路改造施工路段以及道路标志标线、道路安全设施的隐患排查治理。投入安全保障资金2300万元,设置各类标牌1759块、波形钢护栏5千米。混凝土防护墙10200米,刻画纵向标线22.1万平方米,减速振动标线9878.3平方米,整治危桥、隧道、深沟、急弯、陡坡、视线不良的山区道路1068.3千米和632处事故隐患,极大地提高了农村道路平安通畅率。

(李发淳)

【宜春市公路局组织开展公路桥梁应急抢险演练】 宜春市公路局在上高组织开展公路桥梁应急抢险演练。该局进行此类规模的公路桥梁应急抢险演练尚属首次。此次演练假想某公路桥梁被洪灾损毁不能正常通行,急需在原址旁架设应急桥梁。为确保此次演练顺利完成,演练前该局召开专门会议,进行充分酝酿、精心部署。演练时从抢险物资准备到桥梁架设完成,该局领导以及各有关科室负责人均驻守原地积极配合。经过紧张的奋战,15 名应急抢险分队队员在半天时间内完成了 12 吨物资运送任务,铺架桥梁仅用一天半。此次公路应急抢险演练有效提高公路部门应对自然灾害的突击应变抢险能力,积累实战经验。

(余上求)

【婺源投放旅游公路资金 100 万元】 婺源县交通运输局为确保全国最美乡村公路的安全,对全县安全隐患路段进行多次全面排查,逐个落实整改措施,投入资金近 100 万元,对已硬化的通村公路的急弯、陡坡和村庄处安装了 190 道、1426 米减速带,676 块警示标志牌。根据现场测定的交通流量,全面整治超载超限现象,采取限行措施,遏制超载超限车辆损坏公路行为。同时加强路政巡查,清除占用路肩种植农作物,及时纠正违法占道、违法建房,有效地保证旅游公路的安全畅通。

(汪兴泉 王延龄)

水路交通管理

水路运政管理

【概况】 2010 年,全省各级港航管理部门围绕水路运输管理工作目标,努力提高行政服务能力,严格规范运政执法行为,规范水运市场经营行为。同时积极开展创业服务年活动,为水运创业者提供支持和服务,营造宽松的创业经营政务环境,全年为水运户办结行政审批申请600余项。

上半年,南昌、九江、宜春、上饶、吉安等设区市的运政、海事执法机构开展联合执法试点,联合执法人员强化源头管理,进驻赣江、鄱阳湖各砂石可采区和蛤蟆石过驳转运区,形成较强的执法合力,使运砂船舶无证经营和偷漏规费等违法规经营行为,以及“三无”运输船舶明显减少。全省近300艘(约49万载重吨)船舶补办了“船舶营业运输证”。

4 月,全省各级港航管理部门积极配合做好上海世博会的安保工作,开展经营资质检查,对世博会期间入沪的200余艘船舶逐一进行登记,对有船舶入沪的航运公司进行上门检查督导,要求企业主要负责人对船舶运输生产安全作出承诺,确保入沪船舶运输安全。

贯彻落实 2009 年长江水系运管工作会议精神,积极推进江西液货危险品运输企业资源整合,省港航管理局制定《推进液货危险品运输企业资源整合工作方案》,按照“扶优扶强”的原则,引导和鼓励液货危险品运输企业转变发展方式,通过兼并、参股、联合经营等方式进行重组,引导企业向大型化、集约化、专业化方向发展。根据资源整合工作方案和经营资质监管的要求,经设区市港航管理部门推荐和省港航管理局综合评定,确定并公布了全省首批五家重点扶持发展企业和五家重点受监控企业,实行动态管理。通过水路运输业年度核查,全省取得经营资格的运输船舶 2845 艘、1625284 载重吨,与上年相比,船舶艘数减少 9%,船舶载重吨增加 26.6%,船舶平均吨位由上年的460吨增长到571吨,全省老旧小吨位运输船舶淘汰速度加快,运输船舶正在向大型化方向发展。

(吴萃萃)

【部水运局到江西开展“学基层学业务”联学活动】 9 月 15 日至 17 日,交通运输部水运局副局长智广路一行到江西开展“学基层学业务”主题联学活动。调研组一行先后考察赣江石虎塘航电枢纽工程,实地了解江西水运发展状况;赴革命圣地参观学习,接受革命传统教育;召开联学活动座谈会,听取省港航局工作情况汇报。期间,省局领导及部分局属单位、石虎塘项目办与部水运局调研组“零距离”交流，就水运发展的热点和难点问题进行了深入探讨。

智广路在座谈会上充分肯定了江西港航部门所取得的工作成绩，并对全省水运事业的发展提出了可行性建议。他希望以联学活动为载体，密切机关与基层联系，加强上下沟通，达到互相学习、共同提高的目的，不断提升管理能力和服务水平，促进国家和交通运输部关于水运发展的决策部署得到贯彻落实。

（许海远）

【部水运科研院专家组到江西调研】 4月21日，交通运输部水运科学研究院党委书记李良君率专家组一行6人到江西，就江西贯彻落实内河航运发展座谈会精神、“十二五”内河水运发展规划、年度工程建设情况及利用水运科技促进内河航运发展等情况进行调研。省港航管理局相关处室负责人向专家组汇报了江西港航系统贯彻落实副总理张德江重要指示和内河航运发展座谈会精神的总体思路、工作举措，以及江西水运“十一五”建设成就与“十二五”规划编制进展情况。随后，双方就水公铁运输、水运支持保障系统、信息资源整合及其他促进内河水运发展软科学等方面展开深入探讨。双方表示将进一步加强合作，共同努力，充分利用水运科研院的科技实力，为加快江西内河航运的发展乃至地方经济社会的发展作出新的贡献。

（何金宝　雷桥亮）

【全国地方海事水上搜救工作座谈会在南昌召开】 10月30日，中国海上搜救中心在南昌组织召开全国地方海上搜救工作座谈会，就推进全国地方海事系统搜救体系和搜救能力建设进行研究部署。与会代表围绕本地区水上搜救组织指挥体系及“一案三制”建设，水上应急救援队伍、装备、物资储备和应急处置能力建设等情况进行了汇报，同时提出了工作思路和举措。部海事局副局长、中国海上搜救中心总值班室主任翟久刚在会议结束时作了讲话。他要求各个地方海事部门要按照加快应急管理“一案三制”建设的要求，搞好工作规划，明确努力方向，力争把水上搜救纳入地方政府的规划，积极促进地方搜救法规出台，以利建立完善水上应急反应体系和管理机制；加强应急管理机构和应急搜救队伍建设，注重对船特别是旅游船船员、渡工开展安全技能、人命救助培训，积极探索自救和互救措施，最大限度地减少事故发生和人员伤亡。

（许海远）

【全国海事业务工作流程试点分析会在浔召开】 6月10日至12日，全国海事业务工作流程试点分析座谈会在九江召开。会议由交通运输部海事局法规处处长刘少清主持。来自福建、广东、长江水系等10个海事执法业务工作流程试点的海事局22名代表出席会议。会上，试点单位分别介绍本单位试点工作的开展情况以及遇到的困难和问题，提出完善流程的相关意见或建议。此次会议的召开为“海事执法业务工作流程”在全国海事系统正式推行奠定基础。

（余杏云）

【长江港航工作座谈会在南昌召开】 3月18日，长江港航工作座谈会在南昌召开。交通运输部水运局、长江航务管理局、江西省交通运输厅有关领导出席会议，长江沿线港航管理部门与港口航运企业代表100余人参加了座谈会。

座谈会上，部水运局肯定了长江航运发展成绩，分析全国水运形势及当前重点工作。长航局提出了全面推进长江航运发展新跨越的目标任务，提出贯彻此次会议精神的意见和建议，通报了“春暖行动”服务港航企业的措施及成效，以及长江干线运输生产形势趋势分析。

座谈会中，与会代表就贯彻落实副总理张德江视察长江航运的重要讲话和全国交通运输工作会议精神，牢牢把握长江航运“一条主线、五个努力”发展战略，紧紧围绕“发展、服务、管理”的发展要求，进一步统一全行业的思想，凝聚全行业的力量，奋力推进长江航运科学发展新跨越等主题内容进行了认真学习和深入探讨。

（何金宝　雷桥亮）

【省地方海事局组织上海世博船舶、船员信息汇总平台培训会】 省地方海事局于1月7日组织“上海世博船舶、船员信息汇总平台”培训会，由上海海事局两名老师授课，省局、相关地区海事部门23名业务骨干参加了培训。根据上海世博会水上交通安全与应急保障会议安排，为切实规范世博会期间船舶航行、停泊、作业和观光旅游等水上活动,保障船舶、设施和人命财产安全,上海海事局负责承担世博会水上交通安全监督管理工作,其他各地方海事部门、直属海事局负责协助做好所有出港签证,驶往上海港船舶的世博专项安全检查,以及船舶、船员信息报送工作。培训会上,授课老师就《上海世博会船舶专项安全检查与船舶签证颁发》,以及上海世博安保船舶、船员信息平台等进行全面详细的讲解,并与参培人员进行了积极讨论。

(李　卿)

【赣州市抓好水路运政港政管理】 赣州市港航部门在上年工作的基础上,开展辖区内的水路运输量专项调查工作,对全市运输船舶进行全面的清理摸查。根据河道采砂权拍卖及管理的有关规定,赣州城区河道采砂权拍卖后,继续依法规范砂石管理,做好港航规费征收,做到应征不漏。对瑞寻、瑞隘高速涉及跨河建桥的,进行现场勘测,收集整理资料,做好管理征费前期工作。加强对县(市)港航管理的指导,协助南康、于都、瑞金等县(市)港航管理所加强砂石经营管理和征费工作。2010年,于都砂石经营管理征费取得突破,南康、瑞金等地大有进展。

(杨河良)

【赣州市完成水路运输(服务)及港口经营业户核查工作】 赣州市共核查水路运输企业5户,个体联户381户,船舶421艘(其中沿海3艘),载重吨62055吨,载客位2447位,总功率27035千瓦。共核查港口经营企业55户,均为普通货物港口装卸仓储企业。通过核查加强对乡镇船舶和港口经营业户的统一管理,规范乡镇船舶和港口经营业户的办证程序,为进一步规范水运市场、发展水上运输奠定了基础。

(杨河良)

【宜春港航与海事部门联合整治运输秩序】 按照宜春市政府统一部署和要求,宜春市港航与海事联合开展水上交通违法行业整治行动,经过为期约9个月的整治,活动取得阶段性成效。

1、周密部署。一是市政府办公室下发《关于联合开展整治水上交通违法行为实施方案的通知》;二是成立宜春市联合整治办公室,市交通运输局、市公安局、宜春市地方海事局、市港航管理处积极参与,对船舶检验、营运、装卸、签证、航行等重要环节集中进行联合整治;三是积极上报省港航局,获得省局大力支持;四是前往南昌、九江进行协商,争取与南昌、九江港航部门支持;五是共同制定了《宜春交通(港航)、海事联合整治实施细则》,并形成《联合执法工作会议纪要》。

2、突出重点。宜春辖区赣江水域通航里程共102.4千米,联合整治重点在运输船舶集中的下游丰城段。水上交通违法行为整治实行统一指挥,整体监控,不间断巡航。执法人员在执法船上用高位望远镜不停地监控江面船只,3个现场整治小组以2天为周期轮流,每天把现场监管和违章船舶的调查处理情况及时反馈。为更好地掌握一线情况,整治小组在2条趸船上设立了办公点,一日一上报,一周一小结,一月一总结。港航、海事对辖区赣江采砂水域、砂石运输船舶等加大巡航力度,进一步疏通、清理航道,坚决打击各类碍航船舶及设施。坚持不懈开展对船舶运输超载整治工作,加大船舶超载运输打击力度,严把配载关,彻底整治运输超载行为,保障南昌等赣江下游枯水通航安全。重点在市汉街采砂水域强化现场稽查,严格船舶签证,加强船舶安全检查,加强船籍港源头监管,在辖区内把好安全关卡,圆满完成世博会水上安保工作。

3、成效明显。联合整治行动共派出联合执法人员45人,派出3艘大型趸船和7艘检查艇。经过约9个月的联合整治,取得阶段性成果。截至10月底,出动船舶巡航约2660艘次,检查船舶约1820艘次,安全引航70艘次,旁站采砂点230余次,纠正违章船舶220艘次,整治赣江跨区域航行"三无"船舶42艘,赣江水域港区内作业自卸船86艘,下达整改通知书120份,补办符合条件的船舶证照37个,其中办理船舶营运证16个。联合征收港航规费及在南昌、九江查补宜春籍船舶偷漏港航规费约600万元,使宜春境内曾经非法采运作业严重的丰城同田水域,甚至丰城、樟树周边水域,非法采运砂船舶大大减少。

(张小平)

港口管理

【概况】 2010年,全省港口行政管理部门规范港口行政执法行为,不断提高港口行政执法工作能力和水平,强化港口安全生产监管,切实保障港口生产安全。主要工作有:

1. 认真布置开展全省港口经营资质核查及换发新“港口经营许可证”工作,按时完成核查及换发新证工作任务。根据交通运输部《关于做好“港口经营管理规定”实施工作的通知》,省港航管理局于3月份召开会议,研究布置2010年在全省开展港口经营资质核查及换发新版“港口经营许可证”工作。从4月1日起,各设区市港口行政管理部门在辖区内全面开展港口经营核查及换发新版“港口经营许可证”工作。9月30日该项工作结束,全省共有394户港口经营业户通过了核查(其中:普通货物港口经营358户,危险货物港口经营34户,港口旅客运输服务经营2户)。

2. 精心布置开展上海世博会期间全省港口保安工作,切实开展港口保安工作督查,圆满完成港口保安工作任务。省港航管理局成立了上海世博会期间港口保安工作领导组织机构,并于3月16日、30日分别在九江、南昌市召开全省港航系统世博安保工作研讨会及全省世博水上安保工作动员会,省局还制定《上海世博会期间江西省港口保安实施纲要》,印发全省各级港口行政管理部门贯彻实施。从4月初开始,各设区市港口行政管理部门相继成立世博会期间港口保安工作领导组织机构,印制了世博会港口保安工作宣传单,在港区内悬挂港口保安工作横幅,在辖区内大力开展港口保安工作宣传,并协助、督促辖区内港口企业配备和加强港口保安设施设备,建立健全世博会期间港口保安工作事件处理与应急处置程序。省港航管理局于4月底专门组成世博会期间港口保安工作督查组,对全省主要港口九江、南昌港世博会期间港口保安工作情况进行督查。

3. 认真抓好港口行政管理部门及企业管理人员业务知识及安全管理知识培训工作。为认真贯彻实施交通运输部新《港口经营管理规定》,做好全省2010年港口经营资质核查及新“港口经营许可证”的换发工作,1月16日至20日,省港航管理局牵头,组织有关设区市港航管理部门负责港口管理工作的人员参加中国交通运输协会培训中心在广西南宁举办的“新‘港口经营管理规定’贯彻实施暨‘港口经营许可证’核发培训班”。3月19日至23日,省局组织南昌、九江港有关港口企业的危险货物港口作业管理人员9人参加了中国交通运输协会培训中心在广州举办的危险货物运输岸上管理人员培训班,并全部取得交通运输部颁发的“上岗资格证书”。

4. 督促设区市港口行政管理部门做好水上砂石中转装卸经营许可审批管理工作。省港航管理局组织有关港口行政管理部门多次深入有关港口辖区内水上砂石中转装卸经营点进行调研,制定相关措施,敦促南昌、九江市港航管理处规范港辖区内的水上砂石中转装卸船舶港口经营许可审批发证工作。

5. 抓好港口反水上运输超载。港口行政管理部门从源头上建立健全反水上运输超载治理工作机制,按照省港航管理局印发的《江西省港口装卸船舶超载治理实施方案》要求,认真组织实施,在港辖区组织开展反水上船舶运输超载治理工作宣传,加强港区巡查,督促港口企业认真把好船舶装卸作业关,从源头上抓好运输船舶的超载监管工作。

6. 加强港口危险货物装卸作业企业经营资质监管,做好危险货物港口装卸作业安全隐患排查。各设区市港口行政管理部门认真做好港口危险货物装卸作业安全的日常监管工作,督促港口企业认真开展安全隐患排查,切实保障危险货物港口作业安全。8月19日至26日,省局在各设区市港口行政管理部门开展拉网式安全隐患自查的基础上,进行一次拉网式复查,对检查中存在的问题和安全隐患,提出明确的整改限期和要求,并将检查情况进行通报。

(张掌华)

【海关总署到九江申报保税港区进行调研】 3月10日下午,海关总署加贸司副司长吕伟红在九江市副市长熊永强,九江市港口管理局、海关、口岸办等部门领导的陪同下,就九江拟设立保税港区工作进行实地考察。考察组一行实地考察了九江城西港区集装箱专用码头、物流园区和九江出口加工区,听取九江港口管理局、海关等部门的情况介绍,详细了解九江口岸的出口加工贸易、海关现场监管工作和港口建设发展情况,对九江拟申请设立保税港的有利条件和外向型经济发展情况给予了充分肯定。

(柯瑞华)

【南昌市及时制止非法搭建码头】 3月下旬,南昌市港航管理处稽查执法人员在港区巡查过程中,发现赣江西支凤凰村水厂上游100米处挖掘机和工程船正在施工,准备搭建码头。该处稽查执法人员当即依据《中华人民共和国港口法》有关规定,责令违法搭建码头者立即停止施工,恢复滩地原状。自《南昌港总体规划》于2009年6月颁布实施以来,该处加强了港区岸线、陆域和港口建设管理,对非法占用港口岸线和非法进行港口建设的行为加强管理和打击的力度,使港口建设依法、依规、有序发展。

(何景旺 刘 敏)

【南昌港为世博会筑起安全防火墙】 南昌港对世博期间安保工作进行严密细致的部署,制定了《世博会期间安全保障工作实施方案》,对全市已取得经营资质的水路运输企业和运输船舶上门逐一检查;对南昌港辖区内所有货物的港口作业实行严格报港制,一律采取单货审批制度并填写船舶装卸登记表;对涉沪航线做好港口作业登记表。通过上述登记、检查等预防措施,防止危险品货物进沪,维护港口安全生产。

(刘 敏 平关正)

【南昌港口管理部门做好年度港口经营资质核查】 市港口管理部门于4月1日至11月30日在全市范围内开展港口经营资质年度核查和换发新版“港口经营许可证”。经核查后,核发新版“港口经营许可证”企业54户,核查时发出整改通知书7份,要求企业限期整改,达到核查标准才发放“港口经营许可证”。

(邓 庆)

【南昌进行码头装卸设备安全排查】 3月15日至30日,南昌市港航管理处对辖区所有港口码头的装卸设备,特别是装卸吊机进行安全排查活动,并逐一进行登记、拍照,完善设备档案资料。经排查,凡是未通过质监部门年审的装卸设备,该处对其业主下发限期整改通知书,必须经质监部门年审合格方可使用,通过此举消除港口安全隐患。

(裘 华 平关正)

【九江召开纪念九江港对外开放30周年大会】 3月31日,纪念九江港对外开放30周年大会召开,九江市人大常委会副主任王际民,副市长廖凯波、熊永强出席。

1980年4月1日,在国家改革开放的大背景下,九江港作为长江流域第一批经国务院批准对外开放的内河港口,率先步入长江沿江开放的行列。由此,打开九江与国际直接交往的通道,开启九江港口发展的新篇章,有力促进了九江市外向型经济的发展。目前,九江港拥有5000吨级以上泊位18个,对外开放码头5个,开放锚地2处,开通20余条国际航线,与全球80多个港口建立货运往来,外贸货运量占全省外贸货运量的60%以上,港口的发展对区域经济增长的贡献率高达25%以上,是长江中上游流域唯一具有件杂货、散杂货、油品、液体化工原料、国际集装箱等综合通过能力的对外开放港口。

(省港航管理局)

【九江港两码头使用长江深水岸线获批】 九江港湖口港区江西铜业集团公司铅锌冶炼工程、江西华东船业有限公司年制造25万吨位船舶建设项目两个码头工程,使用长江深水岸线双双获国家交通运输部批复,总长达1143米,创下长江港口岸线申请获国家批复岸线长度之最。

江西铜业集团公司铅锌冶炼工程是江西省“十百千亿工程”重点建设项目,批复的配套码头港口岸线工程共投资12549万元,使用长江岸线173米,拟建3000吨级件杂泊位1个,5000吨级散货泊位1个,年吞吐量180万吨。同期批复的九江市重点招商引资项目——江西华东船业有限公司船舶建设项目总投资64519.20万元,使用长江岸线970米,拟建6万吨级纵向船台滑道2条,3.5万吨级纵向船台2座,3.5万吨级舾装码头泊位2个,年修造船25万载重吨。

九江市港口管理局紧紧围绕九江市提出的“决战工业2000亿”奋斗目标,快捷、高效地做好港口岸线的转报工作，全力推进港口项目的建设，服务沿江经济。2010年以来，九江港已有8项工程使用长江深水岸线获交通运输部正式批复，岸线长总计3560.5米。

（王凌云　汪兰香）

【吉安港航处培训港口经营人员】 11月2日，吉安市港航处对辖区具规模的10家港口码头经营业主，进行港口知识培训。通过新的港口经营管理规定宣贯学习，提高港口码头业主的依法经营水平。

“十一五”时期，吉安市港口码头建设发展快、投入多、成效明显。至2010年底，全市有吞吐量万吨以上港口7个（吉安港、万安港、泰和港、吉水港、峡江港、新干港、吉安县港），拥有客货码头147座，泊位204个；年吞吐能力944万吨，17万人次；起重装卸机械113台座，最大起重能力8吨。

由于大部分港口经营业主从业时间短，对一些行业性政策法规缺乏了解，给日常管理带来诸多难题。基于此，吉安港航处决定举办专门培训班，进行系统的法规知识专业培训。

（刘　晖）

船舶检验

【概况】 2010年，全省各级船检机构持续加大对船检软硬件投入和验船师的业务培训力度，大力推进船检质量体系建设，强化船检登记号授予管理、转籍船及海船检验管理和检验过程控制，开展运输船舶吨位丈量检查活动等，进一步提升验船队伍“三个服务”的能力和水平，提高船检工作质量和效能，为推进全省水运事业发展，提供安全保障。

加强和规范船舶吨位丈量工作。根据交通运输部《关于印发运输船舶吨位丈量专项检查活动方案的通知》和部海事局《关于做好船舶吨位丈量专项检查工作的通知》，制定《江西省运输船舶吨位丈量专项检查活动方案》。截至年底，全省丈量复核检查船舶1933艘，吨位丈量计算复核1785艘，实船检查1604艘。南京会议后，按照会议要求对新建船舶图纸审查进行静水力和总吨位复算，基本上达到了部海事局吨位丈量复核工作的要求。

2010年，全省各级船检机构共检验船舶5031艘（其中海船67艘，内河船舶4964艘），1904665总吨（其中海船106961总吨，内河船舶1797704总吨）。累计登记的船舶为：海船63艘，99973总吨，主机功率48492.6千瓦（其中油船17艘，37628总吨，主机功率21849千瓦；其他机动船舶36艘，55451总吨，主机功率26643.6千瓦；非机动船舶10艘，6894总吨）。内河船舶6736艘，1604936总吨，主机功率735441.64千瓦，31109客位，24车位。其中：机动船舶5682艘，1491217总吨，主机功率733275.15千瓦，27910客位，24车位，非机动船939艘，111613总吨，3199客位。挂桨机船115艘，2106总吨，主机功率2166.49千瓦。机动船舶中：客滚船4艘，596总吨，主机功率335千瓦，24车位；高速客船68艘，683总吨，主机功率4780.11千瓦，839客位；客渡船舶592艘，8668总吨，主机功率7382.24千瓦，20924客位；其他客船322艘，12626总吨，主机功率18519.02千瓦，6147客位；油船85艘，19853总吨，主机功率11317千瓦；散装化学品船167艘，62019总吨，主机功率36444千瓦；其他船舶4444艘，1386772总吨，主机功率654497.78千瓦。非机动船舶中：客船162艘，3249总吨，3199客位；油船97艘，9585总吨；其他船舶680艘，98779总吨。此外，审批各类船舶图纸150余套（艘）。

（张兆平）

【江西淘汰老旧运输船舶】 江西计划自2010年10月到2013年底，分四批淘汰船龄15年以上、30年以下老旧运输船舶750艘，使全省船舶的平均龄降到15年以内，船舶平均吨位提高到600载重吨，同时推广标准船型，提高运输能力和船舶的安全、环保性能。

根据交通运输部和财政部出台的《长江干线船型标准化补贴资金管理办法》，江西省长江干线老旧船舶拆解将获得补贴资金。补贴对象为：持有江西省有关管理部门核发的有效船舶检验、登记、营运证书，并于2009年7月20日前在沿长江七省二市和河南省范围内取得所有权登记，经营范围为长江干线或长江主要支流干支直达运输，船龄在15年以上、30年以下（含30年），在省级交通运输、财政部门认定的船厂拆解的运输船舶。江西省内河船型标准化老旧船舶拆解工作宣传贯彻会在南昌召开,就贯彻交通运输部、财政部与沿江七省二市政府共同签署的《推进长江干线船型标准化实施方》和江西省标准化船型主尺度系列四项地方标准,推进船型标准化、老旧船舶拆解工进行动员部署。江西省制定了《江西省内河船型标准化旧船舶拆解工作方案》,按照"统一政策、统一领导、统一安排、统一行动、分级负责、分步实施"的原则,综合采取技术、经济、行政等手段,加快船舶运力更新,鼓励现有老旧船舶退出航运市场。

江西省各级港航管理部门严格按照操作流程,确保补贴资金足额发放到位,并积极引导享受老旧船舶拆解补贴资金的船东,再投入建造标准化船舶。

(许海远　练崇田)

【赣晋两省船检启动结对子活动】 江西、山西两省船检部门于2010年正式启动结对子工作,以促成赣晋两省船检机构形成互帮互学、双向交流、共同提高、携手发展的良好局面,

按照两省船检结对子工作计划,经双方协调成立结对子工作领导小组和办事机构,建立双方领导层互访机制与联席会议制度,并初步制定两省船检结对子工作方案,促成两省船检在图纸审查、检验业务、管理经验及业务培训等多领域的交流合作。为提高两省船检专业人员在审图方面的业务能力,江西船检与中国船级社武汉规范研究所沟通,以优惠的价格签订了软件使用许可协议,并按照2010年政府采购计划要求购置审图计算辅助软件赠送给山西省船舶检验局。

(林正源)

【江西省内河船员培训机构评审工作顺利开展】 省港航管理局受中华人民共和国海事局委托,会同长江海事局对九江职业技术学院申请开展内河船员培训项目进行现场评审和核验。中华人民共和国海事局对本次评审工作非常重视,专门派出负责内河船员管理的同志进行全程指导。

在评审过程中,评审组首先听取了该学院的专题汇报,对该院申请的内河船员基本安全培训、适任培训和各类内河船员特殊培训项目的场地、设施设备、教学人员和管理人员进行了仔细、严格的审核、验证。现场核验结束后,省港航局及时将核验报告及九江职业技术学院申请开展内河船员培训的申报材料整理汇总后报中华人民共和国海事局审核,中华人民共和国海事局据此作出是否批准该院开展有关船员培训的许可决定。

根据《中华人民共和国船员培训管理规则》的规定,开展内河船员培训项目的培训机构必须经中华人民共和国海事局许可,取得"船员培训许可证"后方可从事相应的船员培训业务。目前江西省已有九江职业技术学院、江西交通职业技术学院和上饶市龙翔船员培训学校递交了申请开展内河船员培训的材料。

(刘　祥)

【省港航局举办首期船舶动态管理系统培训班】 12月1日至3日,全省船舶动态管理系统首期培训班在南昌举办。来自南昌、宜春、鹰潭、抚州、新余、萍乡6个港航分局的44名业务骨干参加了培训。此次培训邀请山东中创公司两位资深技术专家进行授课。两位专家利用播放幻灯片的方式,对船舶动态管理系统的相关设置与操作流程作深入浅出的演出,对操作细节予以详尽讲解。经3天的认真学习,所有学员均掌握该系统并能熟练进行操作。

船舶动态管理系统的推广应用,将进一步提高海事监管工作效率,减轻一线执法工作人员的工作负担,提升船舶签证信息化、准确化、规范化管理水平,进而为船方提供更加优质的服务

(余　菲　段　鑫)

【南昌市加大整治滩涂造船力度】 2010年,南昌市交通运输局采取有力措施,加大整治力度,共查处11处非法滩涂造船点,包括扬子洲乡1处非法造船点,船舶1艘;东新乡2处非法造船点,船舶4艘;蒋巷镇2处非法造船点,船舶7艘;红角洲管理处3处非法造船点,船舶10艘;富山乡3处非法造船点,船舶14艘。在后续检查未再发现新增造船点和船舶,非法滩涂造船现象得到有效遏制。

(熊春平)

【景德镇船检局创业服务出新招】 2010年,景德镇市船舶检验局为把"创业服务年"活动落到实

处，本着便民、务实、高效的工作原则，坚持检验与服务并举，并结合辖区内船舶运行情况和本单位实际，创造性地开展这一活动。一是开展调查摸底活动。船检人员深入码头、船舶集中停靠点，勘验船舶类型、数量、大小，全面掌握船舶现状，并根据摸底情况，拟定本地区“三无”船舶整治实施办法；二是解决船主实际困难，对部分正在营运而有关资料不全又不能纳入正常管理的船舶，该局主动派专业技术人员为他们绘制船舶参考图纸，补充有关资料，为船主完善船舶档案，便于其办理船舶登记手续，纳入正常管理轨道；三是简化办证手续，落实服务项目。局各职能部门联手合作，深入乡村、船头广泛宣传水上交通安全法律、法规。对办证船员，可一次申请办理多项业务，节省办事时间。

（蒋学亮）

【吉安港航分局做好老旧船舶拆解补贴宣传服务】 财政部和交通运输部联合颁布实施《长江干线船型标准化补贴资金管理办法》，长江干线船型标准化推进工作进入具体实施阶段。在2013年12月31日之前，船舶种类为运输船舶，且持有有关部门核发的有效检验、登记、营运等证书，并于2009年7月20日前取得所有权登记，货运船舶船龄在15年以上30年（含）以下，客运船舶船龄在10年以上25年（含）以下，船舶经营范围为长江干线或长江主要支流干支直达的船舶，在经认可的船厂拆解，可获补贴。补贴资金由中央财政和地方财政各承担50%。

吉安港航分局在接到通知后，多方位为辖区老旧船舶提供安全服务，逐步有序推进老旧船拆解补贴方案的实施。一是在第一时间印刷相关宣传资料，在各个签证口、办证大厅对船员、船主、航运企业进行面对面的宣传；二是组织安全检查人员为老旧船舶提供详细的安全检查服务，海事执法人员把办法的相关内容及时向船方进行宣贯；三是急船主之所需，把办理补贴的相关申请表、办事流程制定好，切实解决申请人的实际问题。

（张　涛）

【宜春市老旧船舶拆解工作进入切割阶段】 12月13日，宜春市港航处、宜春航务分局、宜春市地方海事局和船检局负责人，顶着风雨，来到赣江边的江西省内河船型标准化老旧船舶拆解定点厂——江西丰城造船总厂，监督老旧船舶拆解，标志着宜春市老旧船舶拆解工作进入实质性的切割阶段。宜春市共有10艘1552总吨船舶，列入省交通运输厅、省财政厅2010年船舶拆解补贴计划，共补贴103.5万元。此项工作在全省行动最快，有力地推动船舶标准化建设和实施水运节能减排工作。

（张小平）

【抚州市船检局通过部现场审核】 7月28日，由武汉船舶检验管理处处长吴翔任组长的交通运输部船检资质认可检查组，在省港航局相关人员的陪同下，到抚州市船检局进行船检机构资质认可现场审核。

这次检查的主要内容一是危化船舶检验质量；二是运输船舶吨位丈量专项活动的进展状况；三是VIMS5.0船检发证系统的使用情况；四是集装箱船舶专项整治活动的自查自纠情况。检查组首先听取关于四个方面的情况汇报。随后现场查看了船舶技术档案，运输船舶吨位丈量专项检查活动工作台账和VIMS5.0船检发证系统工作流程。经审核，检查组认为该局船检工作能够严格按照质量管理体系相关流程进行操作，检验规范，管理科学，控制有效，符合资质相关规定和要求。

（马　杰　贾海龙）

【抚州市开展运输船舶“大船小证”专项治理】 抚州市现有各类运输船舶255艘，主要在长江干线、沿海等地进行货物运输。2010年，该市海事部门加大对运输船舶“大船小证”的整治力度，对全市现有船舶总吨位重新进行图纸计算检查，坚持做到丈量一艘，复核一艘，合格一艘。同时，加大在建船舶的检验力度，对运输船舶“吨位计算书”进行认真复核，督促船厂按图施工，不得随意变更设计，保证新签发的“船舶吨位证书”与实船一致。8月份，抚州市地方海事局在全市范围内开展运输船舶“大船小证”专项治理行动，共对184艘运输船舶进行图纸复查，对182艘运输船舶进行实船丈量，纠正实船吨位与证书所标吨位误差超过5%的船舶49艘。

（抚州市交通运输局史志办）

【江西首家民办船员培训机构获批成立】 2010

年12月,上饶市龙翔船员培训有限公司获交通运输部海事局审核批准,正式成为省内仅有的3家船员培训机构(另外2家为九江职业技术学院、江西交通职业技术学院)之一,亦是省内唯一一家民办船员培训机构。

根据《中华人民共和国船员培训管理规则》(2009年10月1日正式实施),开展内河船员培训项目的培训机构必须经国家海事局许可,取得"船员培训许可证"后方可从事相应的船员培训业务。上饶市地方海事局积极帮扶辖区有条件的企业参与申请船员培训资质,经层层严格审核、验证,龙翔船员培训有限公司终获批准成为船员培训机构,自此具有二、三类内河船员(包括驾驶、轮机)培训资质,以及内河船舶船员基本安全培训、内河船舶船员特殊培训资质。

(刘 祥 程婷婷)

规费征收

【概况】 2010年,水运市场不景气,尤其砂石价格长期低迷,营运船舶运输成本不断上升,汛期持续时间长,枯水期来得早,全省港航稽征部门克服困难,自我加压,调整思路,想方设法挖潜力,强化征管工作,使规费收入取得突破。

1. 开征进港船舶港务费。省港航管理局针对全省水运发展现状,经过充分调研和宣传工作,自2月23日始,在鄱阳湖蛤蟆石率先开征进港船舶港务费,海事规费增收1503.36万元(含补征221.79万元)。

2. 打击偷逃规费行为。各级稽征部门继续加大对违规和偷逃规费的船舶处罚力度。九江市地方海事局执法二大队顶住各种压力和诱惑,重拳出击超载、持船舶假证书、涂改票据等不法行为,取得显著成效。该大队全年共查处各类违规船舶1032艘次,处罚违规船舶金额248.14万元。

3. 规范辖区船舶管理促进征费工作。通过专项整治,长期形成的盲点与难点征收问题基本上得到解决,绝大多数稽征单位将辖区的船舶尤其是短途运输船舶纳入规范管理,规费征收到位率明显提高。

4. 改革规费征管方法。省局要求海事港航部门形成合力,认真抓好源头征管,并以鄱阳湖九江水域为最后一道防线进行查堵,布局九江地方海事、九江港航在蛤蟆石加强巡查监管力度。同时调派其他海事与港航部门协同作战,打击违规和偷逃规费船舶。

5. 联合执法见成效。各地方海事与港航部门开展联合执法不仅增加了规费收入,而且降低成本。以九江为例,规费收入同比增长35%,成本降幅达25%。

6. 加大查补规费力度。九江市港航分局全年查补船舶港务费406.7万元,省局调派入湖单位在蛤蟆石查补船舶港务费221.79万元;南昌市港航处查补货物港务费212万元;省局调派有关设区市港航处查补征收92.8万元。

本年度,全省各项港航规费征收总额共计25113.36万元,同比增收6799.95万元,增长37.13%。其中:船舶港务费8017.50万元,同比增收2936.69万元,增长57.80%;船舶检验费1531.15万元,同比减收159.98万元,减幅9.44%;海事规费185.47万元,同比增收1.49万元,同比增长0.81%;过闸费18.27万元,同比减收3.06万元,减幅14.35%;货物港务费14755.74万元,同比增收3995.10万元,增长37.13%;船舶停泊费135.68万元,同比增收1.89万元,同比增长1.41%;滩场地堆放费469.55万元,同比增收27.42万元,增长6.20%。

(张兆平)

乡镇渡口管理

【概况】 全省各级交通运输部门认真贯彻省政府《关于加快全省农村渡口改渡建桥建设实施意见》,形成高位推动的领导机制、责任明确的落实机制、政府为主的投入机制、奖励优惠的鼓励机制,建立"市长抓调度,县长负总责,一桥一领导,一桥一技术干部,一桥一督导"的工作制度,强化前期监管、进度监管、资金监管和质量、安全监管,全力打好建成621座渡改桥、撤销800处农村渡口的攻坚战。基本完成了除大江、大河、大湖、水库外的农村渡口改渡建桥的建设目标,全省621座渡改桥主体工程总体完成。江西省改渡建桥重大民生工程受到交通运输部的充分肯定。

省交通运输厅在连续三年基本完成全省大规模渡船更新改造之后,2010 年投入 40 余万元,对全省未列入渡改桥计划且正常营运的渡口渡船统一配备简易救生浮具 1.7 万个。同时按照“四个一”的思路,启动了标准化渡口建设试点工作,先期选择的南昌市 2 处渡口试点工作正在实施。各地普遍加大渡口、渡船和渡工安全保障方面的经费投入,加强对各种事故隐患跟踪整改,并及时予以消除。宜春市和丰城市有关部门重视丰城大码头渡口隐患整改工作,当地政府投入 500 多万元,修建 6 千米通村公路,购置 6 台客运大巴开通公交班线,以解决撤渡后群从出行问题。

各级交通主管部门、海事机构和渡口管理部门加强辖区内的渡口管理,进一步落实渡口安全管理责任制,健全各种安全管理制度,加强监督检查,及时纠正各类违章行为。2010 年,省厅组织安排三次由厅领导带队的安全生产大检查,对渡口进行了专门检查。全省各地、各部门在特殊时段都进行了渡口安全大检查。由于领导重视,措施得力,全省渡口安全形势稳定。

(刘　晔)

【省厅领导深入进贤县检查渡口安全】 4 月 28 日,省厅党委书记程受锭一行在省港航局局长于钦民、南昌市副市长刘永富及相关部门负责人的陪同下,到进贤县李渡大桥、焦石渡口进行实地督查。在焦石渡口,程受锭登上渡船,向现场执法人员询问“五一”期间渡船安全检查前期工作的开展情况,随后对渡口渡船救生设备是否按规定配备、渡工是否持证上岗和船舶适渡等进行了现场检查。与此同时,还与船员、旅客亲切交谈,征求他们对交通部门管理和服务的意见和建议。检查过程中,程书记再次强调,要牢固树立生命高于一切、安全重于泰山的意识,落实各项安全渡运防患措施;海事部门要严厉查处渡船“带病上岗”、超载、违章冒险航行等违法行为,加大“五一”期间现场监管力度,全面排查和及时消除安全隐患,确保人民群众水上出行安全。

(进贤县地方海事处)

【南昌市农村渡口保持 19 年安全渡运】 市交通运输局一手抓农村渡口改渡建桥建设,一手继续抓渡运安全不放松。市渡口管理所重点突出检查乡镇渡口渡船安全管理工作,建立和完善了渡口渡船各类台账,及时了解渡船安全情况,对查出的隐患记录存档备案,并下达整改通知书限期整改到位;特别是突出重点时段(如春运期间、“五一”“十一”长假期间等)及恶劣气候下的安全大检查,做到横到边,纵到底,对每一条渡船,每一个渡工,每一道渡口都进行隐患排查,对渡船破漏等影响渡运安全的设施责令相关部门立即采取整改措施予以整改,创造良好的渡运环境。至 2010 年底,南昌市渡口、渡船运行良好,已连续 19 年没有发生渡运责任事故。

(舒一诺)

【南昌市积极投入汛期渡口安全保障工作】 6 月中旬,长江中下游持续特大暴雨天气,造成江西省各江河、水库、湖泊等水位不断上涨,防洪形势严峻。南昌市交通运输局在组织防汛运输保障的同时,把保障农村渡口渡船安全度汛作为一项重要工作来抓,采取措施,做好暴雨天气农村渡口安全保障工作,层层落实工作责任,健全工作预案,实行全天 24 小时值班报告制。同时组织有关人员对市辖区内的渡口渡船执行停渡等情况进行监督检查。重点督查大江大河上的渡口,如新建县东岸渡口、芦洲汽车渡、路司口渡口、浮洲渡口,南昌县西江渡口、会龙渡口、楼前渡口、南新渡口、黄渡渡口,进贤县焦石渡口、中洲渡口;以及使用安全系数较低的木质渡船的渡口,如进贤县店头渡口。要求各县交通部门和各有关乡镇政府强化安全措施,确保平安畅通,强化责任落实,确保工作到位,强化指挥机制,确保指挥畅通,全市渡口做到了汛期平安度汛。

(舒一诺)

【景德镇市所有渡口渡船配置简易救生浮具】 自 5 月下旬起至 7 月底,景德镇市现有 81 处农村渡口的所有渡船分批配置简易救生浮具,供乘客在所乘渡船遭遇搁浅或在倾覆、沉没等紧急情况下救生使用。每艘渡船按其核定载客数的 70% 配置。此次配备的简易救生浮具尺寸为长 45 厘米、宽 6 厘米、高 35 厘米,浮具净重浮力大于 9 千克,兼顾使用的方便性与救生效果,可满足内河落水人员救生要求。浮具正面用反光材料印有“江西交通”字样,背面印有“珍爱生命安全渡运”的安全警示标语。浮具按规定悬挂于渡船船舷、船篷等方便拿取使用的位置,悬挂不下的存放于便于取用的器具内,由乘客在紧急情况下取用。简易救生浮具配备到位后,景德镇市渡口管理所督促指导渡工及过渡乘客掌握浮具的使用方法,保证在紧急情况下浮具能有效使用,切实提高渡运安全保障水平。

(涂　强)

【景德镇市交通局和地方海事局联合举办渡工安全知识学习班】 6月24日至25日,景德镇市交通局、景德镇地方海事局在乐平市联合举办渡工安全知识学习班,来自乐平市各乡(镇)的28名新、老渡工先后学习渡口安全管理法律法规、渡船驾驶技术及渡船翻沉、碰撞后应急救援等知识。学习班结束时,景德镇市交通局渡口管理部门为老渡工现场办理“渡工证”到期更换手续,为参加学习并经考试合格的新渡工颁发“渡工证”。

(涂　强)

【婺源县加强渡口安全管理】 3月19日上午,婺源县召开2010年渡口安全管理工作会议。全县涉渡乡镇、县安监局、县海事处等有关部门参加了会议。会议通报了全县水上交通安全形势。部分涉渡乡镇签订了2010年度渡口安全管理责任状。各有关单位高度重视渡口渡船安全管理工作,加强对渡口工作人员的教育培训,严格执行渡运操作规定,加强事故应急处置。各部门以强化责任为重点,大力构建渡口安全制度保障;以强化规范为重点,大力构建渡口安全的执法保障;以强化改造为重点,大力构建渡口安全物质保障。2010年,渡口安全检查30次,下发隐患整改通知书12份,纠正一般违章16次,发放救生圈20个,救生衣20件,渡工雨衣9件,举办渡口安全培训班10期。同时随着渡改桥建设的进程,及时撤销秀水、喷泉两个渡口,使全县渡口减少到7道。

(汪兴泉　王延龄)

【萍乡市港航管理处打击非法渡运】 3月26日,连接芦溪县宣风镇与银河镇的宣风大桥由于年久失修、病害严重,被中断交通并列入危桥改造,两岸8万多群众的出行受到一定影响。个别村民利欲熏心,利用自造的简易船舶为当地群众进行渡运,形成重大的安全隐患,严重危及人民群众的生命财产安全。萍乡市港航处接到群众反映后,迅速行动,与萍乡市地方海事局执法人员一起赶往现场查处,当场予以警告,简易船舶就地拆解。为解决两岸群众的出行,3月30日,萍乡市交通运输局、安监局、港航处、地方海事局和相关部门、乡镇召开专门协调会研究,决定宣风与银河对开小客车从陆路绕道运送需过渡的群众,每15分钟一趟,政府给予一定的补偿,使两岸群众不因桥的交通中断而出行中断。

(晏卫东)

【宜春市召开渡口渡运补助用油量核定会议】 3月4日,全市渡口渡运补助用油量核定工作布置会议在市交通运输局召开。会议以会代训的形式布置全市渡口渡运(机动渡船)燃油补助核定工作,各县(市、区)交通局安全股(站、科)长和宜春市地方海事局等参加会议。

会议传达省港航局相关会议精神,认真研究和布置2010年度全市渡口渡运补助用油量核定工作,会上研读《岛际和农村水路客运成品油价格补助专项资金管理暂行办法》,培训相关表格的填报方法;同时对宜春市的渡运燃油补贴的核定工作提出要求。各相关单位高度重视、吃透文件精神,尽快组织开展相关工作,深入实际调查了解,做到既真实准确、又要充分享受政策,按时上报,切实把中央对公益性行业的优惠政策落实到位。

(郑　健)

党建工作

【概况】 2010年是省交通运输厅改革、发展、稳定任务十分繁重的一年，一方面继续加大投入稳增长，交通基础设施建设达到空前规模；另一方面交通系统企业改革同时展开，人员安置、队伍稳定的压力巨大。厅直属机关党委在省直机关工委和厅党委的正确领导下，坚持"服务中心、建设队伍"，以改革创新精神推进党的建设，为全省交通运输事业科学发展提供坚强的思想、组织和作风保证。

1. 推进学习型党组织建设，建设队伍有新进步。制定中心组学习计划和《关于推进学习型党组织建设的实施意见》，订购、编发有关学习资料，督促各单位落实12个专题和12天的集中学习时间。突出抓好中共十七届四中、五中全会和《中国共产党党员领导干部廉洁从政若干准则》（以下简称《廉政准则》）的学习贯彻。组织开展学习贯彻《廉政准则》征文活动。各级党员领导干部带头学习，做到先学一步，多学一点，学深一点，并联系实际，向干部职工宣讲。厅党委书记程受锭从2004年开始，每年为南昌地区副处以上党员领导干部讲专题党课。2010年的主题是："认真学习贯彻四项监督制度，着力提高选人用人公信度"，受教育面达600余人。厅直属机关党委组织新党员、入党积极分子培训460人次，厅直属机关党委书记孙茂刚作动员并授课。结合交通特点，开展"干什么学什么、缺什么补什么"学习活动，邀请国内知名专家进行道路桥梁和运输管理科技讲座7场，1200人次参加听课。完成省直机关工委党校调学任务22人次，完成省委党校（行政学院）调学任务20人次。组织55名新任处级领导干部进行政治理论、交通业务知识和法律知识培训。

2. 开展创先争优活动，服务中心有新成效。一是精心组织。11月25日，厅党委组织典型经验交流，提出创先争优活动与巩固扩大学习实践科学发展观活动成果、与推动当前中心工作、与落实党建各项重点任务相结合的"三结合"工作要求。二是扎实推进。建立简报、专刊、网络宣传平台,营造活动氛围。基层党组织和党员对照“五个好”、“五带头”作出公开承诺,同时公开监督电话。设计、落实以“通行费征收党员示范岗”、“党员执法示范岗”、“党员示范窗口”、“规范化党支部建设”为主要内容的活动载体。涌现出进贤收费站“党员示范岗”“十面锦旗十个故事”等典型事例。三是让党旗飘扬在抗洪一线。洪灾期间,全省交通基础设施直接损失达70亿元。面对洪涝灾害,各级党组织反应迅速、措施有力,有276个党组织、2600多名党员成立“党员突击队”31个、“青年志愿服务组”71个,奋力开展抢险、救援工作。涌现出“36小时不眠不休的指挥官”、“重病不下火线的拼命三郎”、“舍小情晓大义的公路卫士”等感人事迹。省委副书记王宪魁,省委常委、常务副省长凌成兴在唱凯决口封堵工程指挥部会议上,高度赞扬省交通运输厅“充分体现了典范作用,充分发挥了党组织的战斗堡垒作用,充分发挥了党员的先锋模范作用”。四是围绕中心大显身手。厅党委提出“在实现全省高速公路通车里程突破3000千米和迎接公路养护管理国检工作中深入开展创先争优活动”的号召,各级党组织和党员积极响应,围绕高速公路通车3000千米以及公路养护、管理迎“国检”(确保“进步奖”、力争“前十五”)两大目标,冲锋在前,攻坚克难、尽职奉献,卓有成效地促进了工作目标的实现。全力做好中博会保障工作,省交通运输厅被省委、省政府授予“组织工作先进单位”,大会组委会对省交通运输厅致以“特别感谢”,刘玉珠等职工被评为“组织工作先进个人”。厅主要业务工作受省(部)级表彰7项。“七一”期间,表彰先进基层党组织32个、优秀共产党员107人、优秀党务工作者30人。

3. 开展创业服务年活动,改进作风和优化环境有新气象。一是抓好主题教育活动。深入开展“讲党性、重品行、作表率”主题教育,以加强教育、完善制度、集中整顿、严肃纪律为抓手,强化党性锻炼,提高党性修养,防止和克服平庸之风、庸俗之风、钻营之风,致力于培育一流作风、创造一流业绩。二是抓好主题实践活动。结合业务工作和调研、督查,组织开展“万名干部下基层,万名群众评机关”相关活动。厅直属机关党委要求机关党员干部认真对待群众评议,处以上干部(含非领导职务)结合工作实际,认真撰写调研文章,为领导决策和基层服务。各级机关收集、梳理基层群众意见建议210条(其中厅机关25条),逐条整改。根据省直机关工委《“万名群众评机关”意见建议反馈函》,省交通运输厅对8条指向性意见、建议,63条共性意见、建议,全部落实整改到位,并及时报送省直纪工委。三是落实“四项制度”。根据省效能建设领导小组关于落实“三项制度”的要求,省交通运输厅结合实际,增加落实“一次性告知制”,将落实“三项制度”拓展为“四项制度”,通过自查、督查,狠抓落实。对机关党员干部提出“两个绝不”争创要求:“工作事项绝不在我这里延误,工作差错绝不在我这里发生。”保持机关工作区域环境整洁,实现机关环境的“四化”(净化、绿化、美化、亮化)、“五净”(门窗四壁净、屋顶地面净、桌椅茶几净、楼道走廊净、厕所清扫净)。切实贯彻中央和省关于厉行节约的要求,建立厉行节约的长效工作机制,有效控制会议、差旅费;坚持从小处、细节抓起,使节电、节水、节油、节能成为机关干部职工的自觉行动。厅领导带头以短信取代贺年卡的拜年方式,节约贺年卡制作经费。10月27日,省创先争优活动第一督导组到省交通运输厅检查指导工作,认为该厅“在转变机关作风、解决突出问题上卓有成效。”四是开展“四级联动、携手共建活动”和“共驻共建文明社区活动”。对共建单位——都昌县和合乡黄金村已落实村党支部办公楼建设资金18万元,建成三层建筑面积达360平方米;资助村小学围墙建设5.5万元,奖学基金0.5万元;正在落实两条沿湖公路5.2千米建设,立项经费77万元;较好地完成“五个同”任务(同搞一次宣讲、同促一个低碳产业项目、同帮一批困难户、同建一个村级活动场所、同办一件实事)。厅制订了《翻阳湖生态经济区公路水路交通运输发展规划》,从建设综合运输通道(“一环十通”)、建设滨湖控制开发带交通网、建设高效集约区交通网等三个方面确立了规划目标。认真开展共驻共建文明社区活动,为社区落实经费5000元用于社区环境美化及休闲场所修缮,配置电脑2台,配置价格5000元的新空调1台。

4. 真抓实管,基层组织建设取得新进展。一是健全组织。“工程建到哪里,党组织就设到哪里”。审批成立德上、赣崇两个高速公路项目办党委。在小金县灾后重建项目——“美汗公路项目组(9月30日通车)”和新疆克州阿克陶县“江西二大道项目组”设立临时党组织。厅党委书记程受锭赴现场慰问,鼓励党员在艰苦条件下发挥先锋模范作用。协调落实12个单位党组织机构设置,指导科研院党总支进行换届选举。省路政总队在复杂的转制过程中,认真落实党建责任制,组织建设到位,思想工作到位,体制转变到位,寓管理于服务,采取“事前介入、事中监督、事后回访”等形式,不断强化排障监管,优化服务水平,社会形象不断提升,群众更加满意。二是落实制度。要求机关党支部作表率,严格党员干部教育管理和党员领导干部双重组织生活制度,下发《关于进一步落实厅党委成员参加双重组织生活会制度的通知》、《关于在厅机关党支部组织召开民主生活会的通知》,制订厅机关党支部学习计划,认真抓落实,促进党支部“三会一课”制度落实。三是推进党内民主。保障党员主体地位和民主权利。以交通信息网“党建园地”为平台,推进党务公开,公开党务工作内容、先进表彰、党费使用管理27项,认真落实党员知情权、参与权、选举权、监督权,拓宽了党员意见表达渠道。四是健全党内激励关怀帮扶机制。元旦、春节期间对44名特困党员干部职工发放慰问补助金3.08万元,慰问抗洪一线党员干部职工2万元,对1名特困党员职工子女上大学助学金3000元,组织先进模范代表疗休养。省高速投资集团党组织为身患肺癌,坚持美汗公路建设的筑路功臣沈小三捐款20万元。

5. 与时俱进,精神文明建设和群团工作迈上新台阶。着力加强对群团组织的领导,鼓励支持工青妇组织依照各自章程,创造性地开展适应活动。全省交通运输系统有2个单位被评为全国文明单位,12个单位被评为全国精神文明创建工作先进单位,3个单位荣获全国“五一”劳动奖状,1个单位被评为全国职工职业道德建设十佳单位,6个单位被评为全国“巾帼文明岗”,18个集体被授予全国杰出青年文明号、全国青年文明号、全国青年文明号信用建设示范行动集体,一大批子行业、单位和个人获省、部级荣誉称号。涌现出熊文清、万志群和王迪明等一批在全国、全省反响强烈的先进典型。入选2010年“省直十大杰出青年”1人。

组团参加省第十三届运动会暨省第三届机关运动会,获奖牌总数、金牌总数、总分三项第一名。参加中国红歌会,进入16强1人;参加省直机关军歌演唱比赛获一等奖1人,三等奖1人。举办“庆祝全省高速公路通车里程突破3000千米文艺表演。”受到省长吴新雄和社会各界的高度赞誉。

春节过后,为铅山县太源民族乡捐赠图书520册,并代表第三网络区,组织3台运输车运送捐赠的家电、被褥、图书等4000余件直达太源乡政府。组织志愿献血活动,参加117人次,献血3万CC。组织开展“慈善一日捐”活动。为青海玉树地震灾区捐款16.8万元。

6. 强化责任落实,履行好直属机关党委职责。厅直属机关党委对党建工作做到年初有安排,年中有督查,年末有考核,确保责任落实。年初,认真总结上年度工作,分析问题,及早谋划2010年工作,确定全年工作思路和目标任务,制定“2010年工作具体安排表”。按要求召开机关党委会,学习贯彻全省机关党建工作会议精神,通报有关情况,履行组织程序,研究工作措施,使机关党委自身建设和工作实效与时俱进。对2009年度厅直属单位党建工作进行全面考核,部署2010年度党建工作目标管理考评工作。6月2日,省直工委副书记邓剑锋到省高速集团、路政总队,就党组织设置、运转情况,联系群众、为民服务方面的制度和措施等进行调研。邓剑锋指出,省交通运输厅机关党委认真落实“抓好党建是本职,不抓党建是失职,抓不好党建是不称职”的责任要求,扎实抓好了党的建设。

7. 抓反腐倡廉教育不放松,筑牢拒腐防变的思想道德防线。组织机关党支部学习《江西省直机关党员干部违法违纪案例剖析选编》、厅纪委编印的《以案为鉴,警钟长鸣——江西交通系统几起严重违法违纪案件剖析》反腐倡廉警示教材,到南昌洪城监狱等进行警示教育。组织观看影片《第一书记》。加强对党员党性修养和作风建设的监督检查,增强党员干部拒腐防变的能力和廉洁从政的自觉性。

(贺一军)

【省创先争优活动办检查指导省交通运输厅创先争优工作】 10月27日下午,省人大常委、农委副主任委员王树林带领省创先争优活动办指导组第一督导组,到省交通运输厅检查指导创先争优活动开展情况。省交通运输厅党委书记、厅创先争优活动领导小组组长程受锭,副厅长、厅创先争优活动领导小组副组长、创先争优办主任孙茂刚做工作汇报,厅机关有关处室、省高速投资集团公司相关负责人参加会议。

程受锭汇报了省交通运输厅在深入开展创先争优活动中,着重在四个方面下工夫。一是在中心工作中,注意着力发挥党组织和党员的先锋模范作用。在完成交通运输发展目标任务中,党员干部扎实工作,艰苦奋战,为全省高速公路通车里程突破3000千米和其他各项任务目标按计划得到贯彻落实作出贡献。二是在艰难险重任务中,注意着力发挥党组织和党员的先锋模范作用。在2010年6~7月全省洪灾中,厅党委组织276个党组织、2600名党员连续奋战在抗洪抢险第一线;在援疆、援川工作中,党员干部积极担负起工作责任,建设好援建工程项目,为支持新疆、四川建设与发展作出积极贡献。三是在涉及切身利益时,注意着力发挥党组织和党员的先锋模范作用。在燃油税费改革、高速公路管理改革、港航管理改革、路政管理改革和国有企业改革中,充分显示了交通运输系统党员干部的素质。四是在涉及服务群众利益时,注意着力发挥党组织和党员的先锋模范作用。要求承担行政审批、经营服务、行政执法的窗口单位必须设立“党员示范岗”、“党员值勤点”等党员先锋岗,充分发挥党组织和党员的带头、带领、带动作用,倾听群众呼声,端正服务理念,转变工作作风,切实提高群众满意度。

孙茂刚在汇报中表示,按照省委创先争优活动领导小组要求,省厅在推进厅机关窗口岗位和厅直属窗口单位深入开展创先争优活动中,主要做了以下几方面工作:一是深化认识,统一思想。二是围绕中心,推动发展。三是公开承诺,打牢基础。四是培树典型,示范带动。五是创新载体,优化服务。六是改进作风,提高效能。七是整治环境,提升形象。通过这几个方面的工作,省厅窗口岗位和窗口单位在深入开展创先争优活动中取得了阶段性成绩,一是强化了宗旨意识。二是激发了干事创业热情。三是推动了交通运输科学发展。四是提高了党员队伍的战斗力。

王树林对省交通运输厅创先争优工作表示肯定。并指出,进入新世纪以来,江西交通运输事业发展迅速,特别是高速公路建设,2010年已经突破3000千米,大大缩小时空距离,形成省内4小时经济圈,为促进江西经济社会发展起了很大作用。在抗洪抢险,援疆、援川建设、为民服务等方面,省交通运输厅充分发挥党组织、共产党员两个作用,做了很多工作,真正出实招、重实效,在转变机关作风、解决突出问题上卓有成效。交通运输事业发展的巨大成就,是全省交通运输部门各级党组织和广大党员干部扎实开展创先争优活动的生动实践和有效成果。对省厅创先争优工作,王树林提出两点要求:一是要积极培育典型,提升形象。二是在解决突出问题上见实效,彰显形象。

(贺一军)

【省交通运输厅直属机关党委开展“四级联动、携手共建”活动】 2010年,省交通运输厅直属机关党委在与都昌县和合乡黄金村党支部开展“四级联动、携手共建活动”,集中开展党日活动3次,机关党员深入共建点52人次,开展“五同”共建活动,推广和落实项目2项,兴办一批保护生态的实事,建设村党支部活动场所,推进村办小学基础设施建设,已投入资金24.942万元,正在联系村部通往两个自然村公路硬化(5.2千米)资金77万元。通过共建推进村级党组织建设和村级经济发展,结对共建收到良好的效果。

领导重视,认真组织开展“四级联动、携手共建”活动,是机关党的工作“服务中心、建设队伍”的有力举措,是构建城乡统筹基层党建工作新格局的有益探索,是扎实开展“创业服务年”活动、深化机关作风建设的有效载体。厅直属机关党委高度重视,厅党委委员、副厅长、厅直属机关党委书记孙茂刚2次主持召开直属机关党委会,专题研究,亲自协调落实共建资金。机关党委负责人2次带队于5月13日、19日深入黄金村进行实地调研,在全面了解情况的基础上,制定《贫困村工作项目帮扶方案》和《共建鄱阳湖生态经济区、共创先进基层党组织活动计划》,提出以加强村党组织建设为核心、以扶持项目为载体、以改善村民生产生活条件、培植特色支柱产业为重点的指导思想;明确了包括基础设施、农民增收、新农村建设、村级组织建设等帮扶项目。

狠抓落实,完成“五同”工作任务。一是同搞一次宣讲。11月9日,厅直属机关党委、省公路管理局党委、江西公路工程监理公司党支部、黄金村党支部共同举办“鄱阳湖生态经济区规划”和“鄱阳湖生态经济区公路水路交通运输发展规划”讲座，主讲人为厅直属机关党委副书记贺一军，参加讲座的党员群众40余人。8月21日，与都昌县有关领导在黄金村举行“交通之星奖学基金”启动仪式。启动仪式后，江西省渔业局副局长徐金保、水产技术推广站副站长邹胜员为农民作农业科技讲座。开展科技资料到农家、科技人员到农家、政策宣传到农家的“三到农家”活动。二是同促一个低碳项目。组织人力、物力、财力，结合实际，积极帮助扶贫村开发“养殖业发展”、“早熟梨种植”两大产业项目，截至2010年底，已协助当地村民利用荒山荒地资源开发早熟梨种植达到13.33余公顷。三是同扶助党员群众解困。将该村的五保户、特困党员等弱势群体列为重点助困对象，明确了相关帮困单位和扶助人，形成一对一帮扶对象（五保户、特困党员、群众）。机关干部职工共捐款捐物合计人民币9300元，通过定期走访慰问，每逢过节、“七一”开展送温暖活动，为解决黄金村党员群众生产生活中的实际困难提供了切实的帮助。同时，省公路工程监理公司团支部捐资设立“交通之星”奖励基金5000元，帮助黄金村的贫困学生继续完成学业，激励贫困学生克服困难、自立自强、奋发成才。四是同建一个村级组织活动场所。开展了援建黄金村建好“村支部综合大楼”工作，通过多举筹措，由厅提供18万元资金帮助其兴建了村部大楼。同时，加强了和黄金村党支部的联系工作，在加强村支部党员教育培训和党务村务管理、增强推动发展、服务群众的能力方面，积极给予指导，抓好沟通协作。通过这些工作，进一步发挥了黄金村基层党组织的战斗堡垒作用和党员的先锋模范作用，增强了基层党组织的创造力、凝聚力和战斗力。五是同办一件实事。落实资金5.5万元，帮助黄金村完成了“黄金村小学围墙”项目和“黄金村饮水工程”两个基础建设项目。

自我加压，争取让群众得到更多实惠。针对该村山高坡陡、边远偏僻的地理位置，规划落实村部至黄家湾、程家、高塘自然村共5.2千米的公路硬化项目。同时，充分发挥信息方面的优势，实现信息资源的共享，把党和国家的惠农强农政策、法规以及农业科技、市场贸易、劳务用工等方面的信息，及时传递给扶贫村的群众，使村民掌握市场动态，适时做好产业调整工作，实现经济效益增长。

（贺一军）

【省高速公路投资集团加强基层党组织的建设】

2010年，省高速公路投资集团有限公司紧密结合国有企业工作实际，以争创“四强”党委“五好”党支部和争当“四优”共产党员为主要内容，深入开展创先争优活动，扎实有效地推进基层党组织的建设。一是扎实做好公开承诺的制定工作，要求集团各级党组织和广大党员结合工作实际，认真制定公开承诺书，提出切合实际、富有实效的创争目标，作为今后活动的努力方向。截至2010年底，共有170余个党组织（含项目办临时党支部）和1780余名党员（含流动党员）制定公开承诺书。二是积极丰富拓展创先争优载体形式，认真结合国有企业党建工作和集团的实际，把推进学习型党组织建设、开展“爱我高速”主题教育活动等作为有效的载体，不断创新形式，精心设计内容，深入开展各项系列活动。特别是认真开展好“示范党支部”和“党员示范岗”的建设工作，大力推广“党员义工日”活动、“党员亮牌示范”活动、党员领导干部联系点工作、党务公开试点工作、党员“五比一争”（即比知识、比干劲、比服务、比业绩、比廉洁、争先进）等活动。三是积极引导广大党员干部立足岗位、服务企业，坚持以全省高速公路的融资、建设、管理、经营等各项工作任务为中心，引导各级党组织和广大党员干部立足岗位，在服务企业发展中创先争优，避免就党建抓党建、就活动搞活动现象。通过这些工作，有效地发挥基层党组织的政治核心作用，不断增强党组织的凝聚力、战斗力和创造力，加强和改进了国有企业党建工作的科学化水平。

（省高速公路投资集团党办）

【景鹰公司“三个规范”全面推进党务公开】 3月份以来，中共景鹰公司委员会积极探索党务公开工作的新方法与新途径，以“三个规范”全面推动党务公开工作健康有序发展。一是规范公开内容，确保公开透明。根据全面、真实、具体、合法的原则，在征求党员干部群众代表意见的基础上，结合公司实际，经公司党委研究，确定党务公开内容有五项、八个方面。五项是指党务运行基本情况、思想政治建设情况、组织建设情况、干部选拔任用情况、党风廉政建设情况;八个方面是指党组织决策程序和决策内容、领导班子分工和主要职责、党建工作年度总结和计划、党员教育计划及其落实、干部的选拔任用、发展党员工作、党费收缴和党政领导干部廉洁自律情况等。二是规范公开形式,确保公开效果。通过召开党员群众大会、情况通报会、组织生活会、征求意见会、党员旁听会等形式,将党务向广大党员群众公开。在机关和各支部设立党务公开栏。在内刊《景鹰高速》开辟专栏,设立"推行党务公开、保障党员民主权利"栏目。开通党务公开热线电话,开展领导接待日、民情调查等活动。三是规范公开时间,确保公开及时。景鹰公司党委规定党务公开时间为长期公开、定时公开和随时公开3种。对于长期公开的,如有内容变化及时更改;定期公开的,时间为每季度首月10日;随时公开的内容,可根据工作进展情况,视情况及时公开或分阶段公开。

(李林娜)

【省交通设计院举办中层干部学习培训班】 8月23~28日,省交通设计院在庐山连续举办两期题为《深刻理解核心价值体系,全面增强政治思想素质》中层干部培训班。第一期8月23~25日,共37人参加;第二期8月25~28日,共27人参加。院党委负责人从建设社会主义核心价值体系的战略任务、如何理解社会主义核心价值观的重大意义、如何理解核心价值体系三个方面联系实际作精辟的阐述。参加培训班的中层干部在认真听完党课后,分组进行学习讨论。通过该次培训,中层干部感触很深,启发很大,感到很有收获。一致认为,学习社会主义核心价值体系,是巩固学习实践科学发展观的重要举措,对于提高党员的党性观念,树立正确的价值观有着十分重要的现实意义,尤其是企业正在启动改革,对于统一改革的思想,提高认识,端正态度都很有必要。

(李亚琼)

【江西远洋组织党员赴瑞金接受革命传统教育】 7月8~10日,江西远洋组织公司获得表彰的先进党支部和优秀个人,预备党员及各下属单位党政负责人赴瑞金接受革命传统教育,并举行"七一"颁奖仪式、新党员入党宣誓和老党员重温入党誓词活动。公司负责人7人参加该项活动。

瑞金是响誉中外的"红色故都"、共和国摇篮、中央红军长征出发地。在中国革命历史上曾经写下光辉灿烂的一页,有着重要的历史地位。在此期间,党员们先后参观中国共产党建立的第一个中华苏维埃政权所在地——叶坪和沙洲坝旧址群,在毛泽东等老一辈革命家在红都生活、斗争过的地方,通过讲解员的生动讲解和大量实物图片,大家深切感受到先烈们为追求革命理想奋斗牺牲的光荣历程,感受到人民领袖与苏区群众的深厚情谊。

在红军烈士纪念塔前,公司举行"七一"颁奖仪式和入党宣誓仪式。在场的公司领导给新党员代表佩戴上了党徽,并给获得公司表彰的先进党支部、优秀党员和优秀党务工作者颁奖。在工作人员的领誓下,面对鲜艳的党旗,预备党员进行入党宣誓,庄严地许下自己承诺,老党员们则重温入党誓词,再一次提醒自己勿忘当年的承诺。

该次活动是公司庆祝中国共产党成立89周年系列活动之一。通过活动,党员们感受瑞金的历史厚重感和文化魅力,真正接受到革命专统教育和爱国主义教育,进一步提高了政治觉悟。

(江西远洋运输公司)

【江西长运推进学习型党组织的建设】 2010年,中共江西长运集团公司委员会大力开展学习型党组织建设工作。一是规范党委理论中心组的学习。坚持集中学习和自学相结合,做到领导班子集中学习每季度不少于1次,并对学习记录和全体党员集体学习情况进行整理和归类建档。二是丰富学习载体和学习内容。充分利用新闻媒体、公司网站、江西长运通讯、宣传橱窗、活动展板、黑板报等开展读书心得体会文章评比、展示活动。是年,继续组织职工学习《中华人民共和国道路交通安全法》等法律法规的学习;12月7日组织40余名中层以上干部参加全省统一的法律考试;12月29日按照部署,组织全体职工参加普法知识考试。三是创新培训方式。有计划地选派党员干部参加各种培训,注重选派业务骨干参加脱产培训;加强继续教育,创造条件鼓励支持党员干部参加各种形式的成人教育、函授教育、网络教育等。

(樊 琳)

【南昌市港航处“党员执法先锋船”创先争优为民服务】 2010年,南昌市港航管理处港航稽查大队在创先争优活动中精心组织、积极行动,设立“共产党员执法先锋船”,坚持为民服务,为船员提供方便,深受业户好评。大队执法人员驾驶“党员执法先锋船”在港区巡查,遇到船员有困难就积极相助。赣江南昌段在洪水期过后退水较快,一度出现枯水使船只搁浅,该船积极组织救助,多次帮助船主脱困;少数码头有意将货船当仓库,变相损害水运业户利益,该船出面与码头和货主交涉,使船舶加快卸载,业户及时返航。

（黄志刚　平关正）

【萍乡市交通运输局建设“五型”党组织,积极推进创先争优活动】 萍乡市交通运输局在深入开展创先争优活动中,以建设学习型、务实型、廉洁型、服务型、和谐型的“五型”党组织为目标,不断加强领导班子建设,切实发挥领导模范带头作用,推动萍乡交通运输事业科学发展。一是建设学习型党组。坚持“三会一课”制度。严格按照中央关于建设学习型党组织的要求,大力加强党的路线、方针、政策学习,加强社会主义市场经济理论、法律和现代科学技术知识的学习,不断提高理论水平和领导决策能力。二是建设务实型党组。严格纪律,坚持下级服从上级,与上级党组织保持高度一致。结合实际学习好、宣传好、贯彻好、落实好、执行好,以实干体现水平,以落实体现能力,确保2010年目标和任务的完成。三是建设廉洁型党组。加强党性修养,严格组织纪律,艰苦朴素,勤俭节约,不利用职权谋取私利,不违反制度规定搞特殊化。严格执行中共中央《关于中国共产党党员领导干部廉洁从政若干准则》,坚决实行“十条禁令”和“十条规定”,打造一个好班子,赢得一个好口碑,形成一个好传统,营造一个好风气。四是建设服务型党组。加强和改进工作作风,转变角色,为基层指导到位、帮助到底、服务到家;注重为基层减负减压,统筹各项会议,提高工作效率,避免文山会海;深入基层一线,加强与干部群众的联系沟通,始终把为基层服务作为工作的出发点和落脚点,深入实际,转变作风,延伸服务,提高质量。五是建设和谐型党组。坚持民主集中制原则,严格党组议事制度,坚持少数服从多数;发扬团结协作精神,在班子内部形成民主和谐、理解尊重、齐心协力的良好氛围。

（李襟远）

【九江市交通运输局全面推行党务公开】 2010年,按照《中共九江市委办公厅关于在全市各级党的基层组织推行党务公开的实施意见》,九江市交通运输局党委高度重视党务公开工作。一是行动快。5月初,九江市在庐山区召开党务公开工作现场会后,该局立即召开党委会专题研究党务公开工作,成立党务公开工作领导小组,抽调两名工作人员,研究应购置的设备和经费。派人到江苏镇江取经。二是投入大。为建立党务公开平台,投入12万余元购置防火墙、服务器、交换机等党务公开平台软件。三是起点高。购置同OA办公自动化系统接轨所需的设备。四是覆盖面广。该局这套党务公开系统可覆盖九江市各县(市、区)交通局、公路运输管理处、港航管理处及31各基层执法所站。五是公开的内容多。该局从民主决策、思想建设、组织建设、作风建设、制度建设、反腐倡廉建设6个大的方面,60项内容进行公开。该局被中共九江市纪委评为先进单位。

（熊长生）

【中共鹰潭市交通运输局委员会重视对干部选拔任用的管理】 2010年,鹰潭市交通运输局在全局科级干部任用和事业单位班子调整中,认真执行《党政领导干部选拔任用工作条例(以下简称干部任用条例)》,严格实行民主推荐、民主测评、公开公示、组织考察、集体研究、任前谈话等项程序和要求,切实把好选人用人关,有效地提高选人用人质量,坚持条件,严格程序,提高选拔任用工作规范化程度。贯彻执行《干部任用条例》,严格按《干部任用条例》规定的原则和程序选拔任用干部,履行好《干部任用条例》所赋予职责,真正从源头上防止和克服用人上的不正之风。2009年以来,共任免干部11人次,其中新提副科4人,副科提正科2人,(平职)交流3人。在干部选拔任用工作中,该局党委始终坚持按章办事,严格程序,做到坚持原则不动摇,执行标准不走样,履行程序不变通。该局党委会讨论决定干部任用之前,都主动征求局纪委的意见。做到“三不上会”,即没有经过民主测评、民主推荐的不上党委会,没有考察材料的不上党委会,没有征求纪委意见的不上党委会。

(艾年宗)

【赣州中心城区交通运输“两新”组织党建显成效】 2010年,市交通运输部门各级党组织扎实推进中心城区新经济组织、新社会组织的党建工作,为保持该市交通运输持续快速发展,建设和谐平安交通新局面起到了积极的推动作用。

赣州市交通运输系统中心城区“两新”组织和运输服务业点多面广线长,流动性大。江西新世纪汽运集团有限公司站务分公司党支部,围绕发展抓党建、抓好党建促发展,以“温暖伴君行”的服务品牌为群众服务,被中国道路运输协会和江西省“价格诚信单位”考委会评为诚信单位。赣州市公交总公司开展“让党旗在交通运输业飘扬、让党徽在创业服务上闪光”主题活动,提高了工作效率。赣州市出租汽车行业党总支是2009年春天率先在全省新建立的行业党组织。广大党员和出租车司机在“新家”的引领下,以实际行动服务社会。2010年高考期间,有300余辆出租车义务接送考生近1000人次。

(李发淳)

【吉安市港航管理处加强党员党性教育】 吉安市港航管理处于6月30日召开机关党支部党员党性分析会,会上,每位党员从不同的角度联系自己的工作和思想实际,对照党章规定的党员义务和基本条件,对照新时期共产党员先进性的标准,认真查找自己在思想、作风、工作方面存在的问题,分析产生问题的思想根源,明确改进工作的努力方向和措施。该处党员领导干部在加强对党性分析工作领导的同时,积极参与党性分析,带头撰写党性分析材料,带头学习,带头剖析,敢于触及个人的思想问题,正视不足和缺点,敢于承认和改正缺点错误,为党性分析营造了一个风清气正的良好氛围。通过此次党性分析教育活动,使每一位党员进一步增强理想信念,提高政治素养,牢固树立正确的世界观、人生观、价值观。

(刘　晖)

【宜春市公路局积极开展“党员活动日”活动】 7月16日,中共宜春市公路局党委结合公路工作实际,创新组织生活方式,组织机关支部、基层支部党员下到一线——上晖道班,开展内容丰富的“党员活动日”活动。市局在家领导邓寄鹏、张平、廖振根、李锋祥、胡邦斗、蒋凌鹤参加此次活动。

党员们以良好的精神状态参与到上路劳动、读报学习、座谈讨论和党史猜谜各环节活动中。局领导与其他党员一道,拿起扫把、铲子,走到养护一线参加劳动,体验一线养路工人的辛勤劳动和奉献精神;坐在一起读报学习、座谈讨论,就如何抓好创先争优活动,发挥基层党组织战斗堡垒和党员模范带头作用提出自己的想法和建议;聚在一起思考猜谜、踊跃答题,增强了局领导的亲和力。

通过“党员活动日”活动的开展,进一步增强党员的责任意识和先进意识,激励党员在日常工作中争当优秀、争作模范;也进一步增强党组织的凝聚力、向心力和创造力。

(省公路局)

【宜春市交通运输局离退休干部党支部党建工作再创佳绩】 宜春市交通运输局离退休干部党支部有党员17人。2010年在“创先争优”活动中,围绕“四有目标”,团结和带领离退休干部积极支持局里工作,为全市交通运输发展发挥余热。党建工作再创佳绩,被评为“全省红旗党支部”,“全市老干部工作先进单位”等,受到局领导和干部职工的好评。1. 抓政治理论学习。为提高党员和离退休干部人生观和价值观,用政治理论武装头脑,做到活到老,学到老,始终把学习放在第一位,每月组织集中学习一次。认真学习中共十七届四中、五中全会精神,政府工作报告,中国共产党的方针政策等,发扬理论联系实际学风,每人写学习心得体会2万~4万字,并办“学习园地”4期,刊登32人次的学习心得,交流学习体会。通过学习,进一步增强发展、创新等新理念,较好发挥党支部战斗堡垒和党员的先锋模范作用。2. 抓制度建设。为提高党员和离退休干部的纪律观念,用制度管事,用制度管人,用制度规范离退休人员的行为,从实际出发,先后制定《政治理论学习》、《三会一课》、《走访慰问》、《组织生活》、《情况通报》、《请示报告》、《三庆》、《开展文体比赛》等10项制度。是年,离退休人员自觉遵守制度,踊跃参加各项活动,未出现违纪现象。3. 坚持开展体育活动,增强体质。根据离退休人员的兴趣爱好，分别成立门球、诗歌、书画、歌舞和象棋活动小组，做到日日有活动。月月有比赛，每月比赛有扑克、象棋、跳棋、麻将、托球、套圈等，对获得前三名的给予奖励，对凡是报名参加比赛的发给纪念品，活跃离退休人员的娱乐生活。组织代表队先后参加全省、全市交通运输系统老年门球赛，分获第二名和第一名。在党支部组织和鼓励下，离退休干部有的坚持打门球，有的打太极拳，有的跳体育舞，更多是每天坚持走路1千米~2千米，通过丰富多彩的文体活动，不仅陶冶情操，也带来欢乐和健康。4. 抓发挥余热。老干部支部围绕市局“赶超突破、务实惠民”的总体工作思路，支持和鼓励离退休人员利用自身的特长，积极参与到交通运输发展中去，为全市交通运输发展贡献力量。一党员退休干部长期从事公路技术工作，被市政府聘请担任修建明月山大桥技术总负责，该老人顶烈日、战严寒，战斗在工地第一线，检查工程质量，进行技术指导，多次受到大桥指挥部表扬。一退休干部被局聘请担任主笔编修《宜春交通志》和《宜春交通年鉴》等6本志书（文字达6万余字）被评为全省交通运输系统志鉴工作先进个人。一党员退休干部担任市老年门球队秘书长，在该老人亲自组织和参与下，参加全省老年门球比赛，宜春市获得第一、二、三名，为宜春增光添彩。一退休干部被市老龄委聘请担任跳舞老师，坚持每日授课，热心培训学员，受到离退休人员的好评。

（吴泽水　晏小宜）

纪检监察工作

【概况】 2010年，省交通运输厅紧密结合交通运输系统反腐倡廉工作实际，以保障江西省高速公路建设突破3000千米为中心，创新思路，强化措施，不断把反腐倡廉工作向纵深推进。具体作法是：突出一个重点，健全两个机制，推进三大建设，强化四项工作。

突出一个重点，就是突出“交通基础设施领域廉政工作”这个重点。按照省委《关于进一步加强几个重点领域预防腐败工作的决定》精神，省交通运输厅始终把抓好交通基础建设领域的廉政工作作为交通运输系统反腐倡廉工作的重中之重，着力规范交通基础设施建设行为。一是召开项目办主任工作会议。1月25日，厅纪委召开各重点工程项目办主任会议，厅党委书记程受锭和厅纪委书记江学功分别在会上作了讲话。二是全面加强项目建设督查。截至9月份，省交通运输厅先后组织20个工作组，分5批对全系统工程建设项目进行督查，其中，督查厅属直管项目43个，占厅属项目总数的29%，重点是5000万元以上在建项目，督查率达100%；全省交通运输系统行业监管项目抽查82个，抽查率为26%。经检查，共发现问题总数144个，其中，工程项目决策和履行基本建设程序方面18个，占13%；招标投标方面14个，占9%；工程建设监管方面78个，占54%；物资采购和资金拨付方面34个，占24%。针对这些问题，厅工程建设专项治理领导小组专门研究整改措施，下达整改通知书37份，涉及整改问题198个次，已整改到位的问题数151个次，未整改或正在整改的问题数47个次。经深入分析，这些问题主要是有些项目已竣工或交工，过了最佳整改时效。三是全力推进工程建设阳光操作。截至2010年，制定信息公开目录数23个，建立项目信息公开专栏12个，公开项目信息条数570条，制定信用信息目录数6个，公开信用信息条数66条。

健全两个机制，就是建立健全反腐倡廉的领导体制和工作机制。一是签订党风廉政建设责任书。厅党委书记与厅属各单位第一责任人签订2010年度党风廉政建设责任书。二是明确党风廉政建设岗位职责。厅党委结合厅党委委员的业务分工，把2010年党风廉政建设和反腐败工作任务按照领导成员分工、处室职责认真进行任务分解，细化为具体目标，逐项分解，及时讨论确定党委委员的责任分工，明确牵头部门和责任部门，与党风廉政建设和反腐败工作任务一同下达，一同部署，一同落实。下达工作任务的同时，制定切实可行的落实措施。厅直属各单位也将反腐败各项工作任务进行再分解、再落实，层层签订“党风廉政建设目标责任状”，做到一级抓一级，层层抓落实，横向到边，纵向到底。三是加大责任追究力度。省交通运输厅始终注重责任追究，对党风廉政建设责任制的工作任务落实不力、出现严重违法违纪问题的，追究相关领导的责任；对那些领导不力、甚至不抓不管,导致不正之风长期得不到治理、屡屡出现重大腐败问题的,追究主要领导的责任,切实维护责任追究的严肃性,促进责任制的落实。四是形成了齐抓共管的工作格局。厅直各单位、各部门真正做到“四个亲自”,即重要工作亲自部署、重大问题亲自过问、重点环节亲自协调、重要案件亲自督办,形成党委统一领导、党政齐抓共管,年初“建账”,年中“查账”,年底“交账”的良好工作格局。

推进三大建设,就是推进廉政文化建设、政风行风建设和纪检监察队伍建设。①推进廉政文化建设,大力加强党员领导干部党性修养。是年,该厅强化工作措施,大力加强党员干部的党性修养和作风建设。一是全面开展反腐倡廉形势分析。2月11日,召集厅直属二级单位纪委书记、监察室主任、厅机关有关处室负责人和各在建工程建设项目办政监处长召开反腐倡廉形势分析会。二是积极部署廉政教育月活动。制定下发《全省交通运输系统2010年廉政教育月活动实施方案》,厅直属各单位在7月份集中利用一个月的时间,开展多种形式的廉政宣传教育活动。三是认真学习宣传《廉政准则》。1月18日,中共中央印发《中国共产党党员领导干部廉洁从政若干准则》,中共江西省交通运输厅党委高度重视,专门召开党委会组织专题学习,研究贯彻落实意见,制定下发《关于切实做好‘中国共产党党员领导干部廉洁从政若干准则’学习宣传工作的通知》,要求厅直各单位要充分利用内部报刊、网络、板报等多种载体,大力宣传《廉政准则》的基本要求和主要内容,大力宣传推广学习贯彻《廉政准则》的好经验、好做法。四是充分运用科技手段促进廉洁自律。2010年元旦春节期间,该厅严格执行省纪委关于做好春节期间廉洁自律的工作要求,充分运用新科技手段,通过“96122”交通咨询服务电话,构建廉政短信平台,于元旦、春节前后向厅管副处以上党员领导干部发送廉政短信,提醒党员领导干部保持清醒的头脑和清廉的本色。共向全系统处以上领导干部发送廉政短信360余人次。②推进政风行风建设,扎实开展“创业服务年”活动。一是注重宣传造势,营造浓厚氛围。拟定宣传报道工作方案,在《江西交通》杂志和各交通部门信息网开辟“创业服务年活动”专栏,建立信息报送机制,加强信息的收集、编发和报送力度。该厅编发创业服务年简报40余期,全省交通运输系统悬挂宣传标语共计100余条。先后在《中国交通报》图文并茂刊发《南昌长运公司投入606辆客车》、《“流动服务”暖人心》等文章,报道南昌长运公司和梨温高速公路公司服务车主、服务司乘典型举措。二是注重加强学习,提高思想认识。全省交通运输系统形成创业服务的良好氛围,涌现一批先进事迹:银三角乙站拾金不昧物归原主,司机不慎丢包失而复得;宜春市地方海事局大年初七上门服务,真诚为船民服务受好评;永丰百名交通人“牵手”企业村组,企业、村组群众对交通人员的服务满意度达100%。三是注重督查指导,扎实推动工作。在制定厅实施方案的基础上,又专门制定创业服务年活动督导工作方案。于3月中旬组织人员对厅机关及厅直属活动单位的宣传动员、机构建立、方案制定以及学习教育进展情况展开督查指导,实地检验各单位、各部门学习动员阶段所取得的成效。③推进队伍建设,着力提高纪检监察干部综合素质。2010年,省交通运输厅切实加强各级纪检监察干部队伍建设,坚持严格教育、严格管理、严格监督,努力建设一支政治坚强、公正清廉、纪律严明、业务精通、作风优良的纪检监察干部队伍。一是在纪检监察干部中深入开展作表率创一流活动。5月18日,组织召开全厅纪检监察干部“作表率、创一流”主题教育活动电视电话动员会。二是加强纪检监察业务培训。8月份,厅纪委组织厅属处以上单位专职纪检干部156人,利用一周的时间,组织开展纪检监察业务培训,省纪委常委、省监察厅副厅长黄林开,省纪委纠风室主任王玮和厅纪委书记江学功、厅总工程师胡钊芳分别就纪检监察信访、案件查处、纠风工作、反腐倡廉工作和公路工程质量监督等多方面内容,为参会人员进行现场授课。三是加大反腐倡廉研讨调研工作力度。组织开展“加强反腐倡廉科学化建设、推动交通运输事业又好又快发展”研讨活动,形成“全省交通运输系统基层单位党风廉政建设工作规范和评价机制”、“江西省交通运输厅国有企业领导人员廉洁从业若干规定实施细则”等研讨成果,并陆续以文件形式下发各单位执行。

强化四项工作,就是强化“厉行节约”、“纠风治乱”、“风险岗位廉能管理”和“案件查办”四项工作。①强化厉行节约工作,大力倡导弘扬勤俭节约的作风。一是倡导科技拜年。在全系统各级机关积极倡导下级机关和下级机关领导干部不向上级机关和上级机关领导干部赠送、邮寄纸质贺卡,转而使用手机短信、电子邮箱、电子贺卡等现代通讯技术祝贺新年,严格执行省纪委有关厉行节约的工作要求。二是积极转变会风。该厅1月22日召开的廉政工作会议,采取与交通运输工作会议套开的形式召开,5月份召开的全厅纪检监察干部“作表率、创一流”动员部署会采取电视电话会议的形式,大大节省了会议开支。三是改变表彰方式。该厅在切实按照省纪委关于清理达标评比表彰活动的文件精神,大力精减评比达标表彰活动的同时,着力改变奖励方式,采取以精神鼓励为主,物质奖励为辅的方式,并且物质奖励从原来的每年表彰一次改为两年表彰一次,从而大大节省了成本。②强化纠风治乱工作,认真解决群众反映强烈的突出问题。主要体现为四个“着力”:一是以体制改革为契机,着力整合交通行政执法资源。紧紧抓住大部制改革和交通税费这个机遇,组建高速公路路政执法总队,升格道路运输管理局,合并航务局和航运局并组建省港航局,理顺执法体制,基本统一执法队伍建设。二是以服务群众为宗旨,着力推进交通运输阳光执法。围绕损害群众利益的不正之风,制定公路运输管理行业服务项目“十公开”、交通行政执法“七条”便民措施等制度,较好地保证了行政执法的公正性。三是以专项治理为平台,着力解决群众关注的难点热点问题。该厅组织开展高速公路排障专项整治工作,投诉率与去年同期相比下降90%。组织开展治超专项治理,期间检测车辆15338辆、查处超限车辆1883辆、卸载货量2248吨,全省超载超限率下降20%左右。四是以关键领域为重点,着力构建纠建并举长效机制。大力推进基层所站标准化建设,严肃查处基层所站违规违纪行为,净化基层风气。加强农村公路监管,对农村公路项目建设实行监察巡查,保证农民利益不受侵害。规范行政审批和行政许可流程,推行网上审批和电子监察,提高行政效益。③强化风险岗位廉能管理工作,着力健全廉政风险防控长效机制。该厅坚持“全面覆盖、有序推进、突出重点、注重实效”的原则,按照计划、执行、考核、修正的工作步骤,全面推开廉政风险排查工作。该厅机关有16个职能部门、82个岗位、涉及在岗人员91人直接参与风险岗位廉能管理工作。初步排查出廉政风险点212个,研究制定防控措施207条,并汇编成《江西省交通运输厅部门、岗位廉政风险识别防控手册》。17个厅直单位和21个项目建设办公室,分别按照工作性质,结合自身实际,深入细致地开展风险岗位廉能管理工作。④强化案件查办工作,注重发挥查案治本功能。该厅始终保持查办案件的高压态势,明确案件查办重点,注重在群众投诉举报中发现线索,全面发挥案件查办的治本功能。一是明确案件查办重点。紧紧围绕“工程建设领域”、“机构改革调整”、“领导干部廉洁自律”等3个方面,以查办发生在领导机关和领导干部中滥用职权、贪污贿赂、腐化堕落、失职渎职的案件为重点,不断加大对腐败行为的打击力度。二是注重在各类投诉举报中发现线索。是年1~10月,纪检监察机关接受群众来信来访电话举报152件(次),上级交办37件(次),其中检控类23件(次)。三是保持惩治腐败的高压态势。严肃查处官商勾结、权钱交易的案件,严肃查处以权谋私、徇私舞弊的案件,严肃查处工程建设中领导干部违规插手干预招标投标、工程转包和违法分包的案件,严肃查处违反财经纪律私设“小金库”的案件。是年1~10月份,受理初核线索7件,新立案11件,挽回经济损失68万元。共处分违纪人员18人,其中,县处级干部2人,乡科级干部14人,一般干部2人。同时,坚持以案为鉴,广泛开展警示教育,组织案例剖析,深入查找当前交通运输系统廉政建设方面存在的突出问题,加强制度建设,加大监督力度,从源头上改进防范措施。

(厅纪委监察室)

【2010年度全省交通运输系统党风廉政建设和纪检监察工作先进集体和先进个人名单】

一、先进集体(12个)

1. 党风廉政建设工作先进集体(2个)

省港航管理局

省公路路政管理总队

2. 纪检监察工作先进集体(4个)

江西省交通工程质量监督站

省高速集团赣粤股份公司

永武项目办

德昌项目办

3. 纠风工作先进集体(5 个)

南昌市交通运输局

九江市交通运输局

吉安市交通运输局

宜春市公路管理局

抚州市公路局

4. 查办案件工作先进集体(1 个)

省高速集团

二、先进工作者(67 名)

1. 党风廉政工作先进工作者(28 名)

曾晓文 省公路机械工程局局长

傅江宁 省港航管理局监察室干部

熊南萍 省港航管理局航道工程局局长

贾建国 省港航管理局九江分局局长

吴冬香 省港航管理局南昌分局党委副书记、纪委书记

刘立平 省港航管理局宜春分局监察室主任

陈贞明 省港航管理局九江分局监察室主任

魏炳彦 省高速集团党委副书记、纪委书记

王昭春 江西交通工程咨询监理中心主任

傅晓强 省高速集团上高管理中心党委书记

王　勇 省高速集团宜春管理中心党委副书记、纪委书记

刘贤秋 省高速集团公路开发总公司景鹰公司桥隧处党支部书记

张　立 省高速集团赣粤股份公司昌九管理处沙河所所长

张小宁 省高速集团泰和管理中心石城所党支部书记

刘计忠 省高速集团泰和管理中心泰和北所所长

吴爱景 省高速集团景德镇管理中心婺源所所长

汪　丹 省高速公路联网管理中心稽查科科长兼纪检员

李振宇 省交通运输厅规划办公室综合科副科长

刘锦泉 省交通技工学校一部党总支书记

洪芙蓉 江西交通职业技术学院人事处处长

黄群杰 江西交通职业技术学院路桥系党总支纪检委员

蔡省水 省交通设计院政监处处长

黄　舒 江西国际集装箱码头有限责任公司党支部书记

潘建群 江西中远国际货运有限公司党支部书记

陈　峻 九江长江大桥公路桥管理局纪委书记

陈赣江 宜春高速公路路政管理支队党委书记

高洪升 上饶高速公路路政管理支队党委书记

杜一峰 厅机关后勤服务中心主任

2. 纪检监察工作先进工作者(28 名)

罗　涛 省公路管理局监察室科员

吴先金 省公路机械工程局党委书记

栾　丽 省公路管理局交通通信总站党支部书记

张换水 省公路工程监理公司党支部书记

邱志勇 省港航管理局监察室干部

余林生 省港航管理局界牌航电枢纽管理处监察室主任

郭锦浙 省港航管理局吉安分局党委副书记、纪委书记

徐士林 省航道工程局党委副书记、纪委书记

焦晓芬 省公路运输管理局干部

王剑社 省高速集团景德镇管理中心党委书记

饶　勤 省高速集团景德镇管理中心监察室副主任

谢景平 省高速集团上高管理中心党委副书记、纪委书记

余祖勤 省高速集团抚州管理中心党委副书记、纪委书记

刘水生 永武项目办党委副书记、政监处处长

李华平 彭湖项目办党委副书记、纪委书记

郑鸿英 德上项目办纪委书记、政监处处长

彭玉锑 省高速集团赣州管理中心于都管理所副书记

陈锦斌 省高速集团赣粤股份公司昌樟管理处温厚所专职纪检员

余明红 鹰瑞高速公路项目建设办公室政监处副处

朱俊铭 德昌项目办政监处副处长

陈京蓉　省交通工程质量监督站工会副主席
宋　波　省高速公路联网管理中心萍乡客服处纪检员
傅藻清　省交通设计院副科级纪检员
罗小秀　省交通科学研究院专职纪检员
范　薇　江西远洋运输公司监察室主任
扈　军　九江长江大桥公路桥管理局副科级纪检员
罗　洪　省公路路政管理总队监察室副主任
占　伟　景德镇高速公路路政管理支队纪委书记

3. 纠风工作先进工作者(6名)

王淑琴　上饶市交通运输局监察室主任
沈祥钰　鹰潭市交通运输局监察室主任
温明辉　抚州市交通运输局办公室副主任
刘冬生　景德镇市公路管理局监察室副主任
郭荣昌　南昌市公路管理局监察室主任
邱灿浪　上饶市公路管理局监察室副主任

4. 查办案件工作先进工作者(3名)

罗慧俐　省高速集团纪检监察室副主任
万学庆　省交通运输厅规划办公室正科级纪检员
刘　武　省公路桥梁工程局纪委书记

5. 纪检监察信息工作先进工作者(2名)

郭　萍　省高速公路联网管理中心综合科副科长
李青峰　驻厅监察室干部

(厅纪委监察室)

【省交通运输厅突出两个注重查找廉政风险点】 2010年,省交通运输厅按照省纪委的统一部署,突出"两个注重"深化廉政风险点查找,在查找过程中,一是注重在查找方法上下工夫。以界定工作职责为基础,从梳理工作流程入手,采取自上而下查找和自下而上逐级审核的方式,除了采取自己找、群众提、互相查、领导点、组织审五种方法外,还组织专人积极拓宽渠道,延伸风险点查找的外延,即:从2010年3月行风评议工作征求的意见建议中排查风险点,从进入新世纪以来发生在该厅的腐败邀请行风监督员提意见明确风险点。二是注重在查找重点上做文章。突出抓好厅机关、各级领导班子、领导干部以及工程建设、物资采购、执纪执法、行政审批、人事管理等关键环节的梳理查找,全面深入查找可能存在的廉政风险和监管风险及其发生的部位和环节。

截至2010年底,该厅已初步完成风险点查找工作,正在对查找出来的风险点进行归纳梳理和审查评估,按照风险发生机率和危害损失程度确定风险等级,为下一步明确监管权限、落实监管责任、制定防范措施奠定坚实的基础。

(郭　萍)

【厅纪委对因职务犯罪受刑事处分人员进行探访教育】 11月5日,中共江西省委第一巡视组正厅级巡视专员、交通运输厅巡视员江学功带领厅纪委、驻厅监察室、厅机关党委、省公路管理局等相关工作人员到监狱对交通运输厅部分因职务犯罪受刑事处分的人员进行探访教育。在探访中,江学功详细询问被探访人员的健康状况、生活情况、思想状态和改造表现,并深刻分析走向犯罪道路的思想根源,指出正是因为在思想上放松了主观世界的改造,不自重、自省、自警、自励,思想道德防线瓦解,经不住金钱和物质利益的诱惑,滥用手中的权力,最终滑向犯罪的深渊,给国家造成巨大损失,严重损害交通运输系统形象,造成恶劣的社会影响。

在了解被探访者在监狱中的状况之后,江学功鼓励被探访者放下思想包袱,提高对所犯错误的认识,端正人生态度。并希望被探访者认真总结经验教训,沉痛反省之前的所作所为,在狱中加强学习,努力改造,重新做人,力争早日回到社会,回报党和政府的关爱,回报监狱民警的教育,回报组织的关心,回报家人和朋友的牵挂。江学功还代表厅党委了解被探访者家里情况。询问有没有什么家庭困难需要组织上帮忙协调。

面对昔日领导和同事的探访,被探访人员对自己的犯罪行为表示无比的忏悔和羞愧,在谈到对在职时的行为看法时,被探访人员十分后悔当初没有正确对待单位的廉政教育,法律意识淡泊,心存侥幸心理,思想放松,耐不住清贫,抵御不住诱惑,没有树立正确的人生观、价值观、权力观,理想信念动摇,导致心理失衡、行为失控,最后走上职务犯罪的道路,辜负了组织的信任和培养。

(李　旷　段盛华)

【省公路管理局开展“《廉政准则》大家谈”征文活动】 2010年,由省公路管理局纪委、宣传教育处联合开展的“《廉政准则》大家谈”征文活动评选结果正式出炉。

“《廉政准则》大家谈”征文活动是省公路管理局廉政教育月活动的重要内容,此次征文活动的开展旨在纪念中国共产党成立89周年,进一步促进全省公路系统各级党员领导干部认真学习、深刻领会和准确把握《廉政准则》的基本精神、主要内容和具体要求,进一步强化全省公路系统党员领导干部廉洁自律意识,扎实推动党风廉政教育月活动深入开展,进一步营造和谐、活泼、团结、奋进的江西公路廉政文化氛围。

此次征文活动中,全省公路系统各单位积极响应,认真组织,党员干部积极参与,踊跃投稿,来稿或直抒胸臆谈人生信念,或纵横捭阖谈理论探索,或朴实精炼谈实践经验,或深入浅出谈公路实务。以征文活动为契机,全省公路系统学习《廉政准则》的良好氛围进一步浓厚,对反腐倡廉工作的认同感和对廉政文化教育的参与意识进一步加强,贯彻执行《廉政准则》规定的自觉性进一步增强。同时,江西公路系统也以此为契机,再一次交流了工作经验。

此次活动,共收到征文43篇,经认真评选,评出一等奖2篇,二等奖3篇,三等奖6篇,优秀奖10篇。

(杨露璐)

【省公路管理局加强重点工作的监督检查】 2010年,省公路局党委把反腐倡廉工作摆在重要位置,使党风廉政建设与交通运输改革发展同步推进。一是加强工程建筑领域的监督检查。继续深化工程建设领域突出问题的专项治理。1月和7月分别对直属9家单位和9个重点工程建设项目进行两次全面检查,发放征求意见表75份,征求意见建议10条,排查出突出问题44个。依据有关法律法规和政策规定,区别不同情况进行认真处理。二是加强“三重一大”(重大决策、重要任务、重大项目安排和大额度资金使用)民主决策执行情况的监督检查。年初开展“三重一大”专项检查,对局直属单位“三重一大”执行情况进行详细检查,进一步促进各单位集体决策的民主化、科学化,全面掌握了各单位“三重一大”集体决策制度的执行情况。三是加强对企业改制的监督检查。全程参与和监督直属企业的改制过程,加强对政策咨询、人员分流摸底、清产核资和招标投标等重点环节的监督,发现问题及时处理,防止国有资产流失,保护职工合法权益,维护社会稳定,促进企业改制的顺利进行。

(省公路局党办)

【省公路局将《廉政准则》列入干部教育培训规划】 3月5日,中共江西省公路管理局委员会中心组开展了专题学习活动,认真学习贯彻《中国共产党党员领导干部廉洁从政若干准则》,这是省公路局党委加强《廉政准则》学习宣传的重要举措之一。

在学习会上,局领导认为,《中国共产党党员领导干部廉洁从政若干准则》是规范党员领导干部从政行为的重要基础性法规,对保证党员领导干部廉洁从政、加强领导干部廉洁自律工作和干部队伍建设、进一步提高管党治党水平和深入推进反腐倡廉建设具有十分重要的意义。在今后工作中将认真学习贯彻《廉政准则》,并自觉用《廉政准则》规范自己的行为,做好表率作用,为推动公路事业又好又快发展作出贡献。

省公路局党委将《廉政准则》纳入宣传教育工作总体部署,列入干部教育培训规划,作为各级领导班子民主生活会的重要内容。同时充分利用内部报刊、网络、板报等多种载体,大力宣传《廉政准则》的行为规范,大力宣传推广学习贯彻《廉政准则》的好经验、好做法,大力宣传勤政廉洁的先进人物和典型事迹,使《廉政准则》家喻户晓,入脑入心,形成贯彻实施《廉政准则》的浓厚社会氛围。

(王林水)

【省公路路政管理总队纪委召开年度工作会】 12月,省路政总队纪委召开工作会,回顾总结2010年主要工作,并对2011年工作做出部署。总队纪委书记、纪委委员及机关有关人员参加会议。

是年,省路政总队纪委克服队伍刚组建、人员少、经验缺乏等困难,积极探索教育、制度、监督、惩戒处并重的反腐倡廉工作机制。坚持在总队党委中心组学习和民主生活会中注重对纪检监察相关条例、文件的学习，提高干部廉政意识；开展“四个问题”专项治理回头看、领导干部经商办企业自查、治理“小金库”、庆典和论坛清理等专项活动，抓好廉洁自律工作；历时半年多编撰《省路政总队廉政风险风险防控手册(试行)》，并陆续放到各支队、大队；认真做好信访查办工作，排障投诉率降低90%以上；切实开展风纪风貌督查，严肃队伍纪律，树立执法人员良好形象；参与监督执法车辆、服装、标识采购和路政办公用房的招评标工作，使得招投标全程在阳光下运行，确保公开公平公正。

(谭志敏)

【省交通干部学校着力防范新校区建设中的廉政风险】 新校区建设是省交通干部学校的头等大事，是全校工作的重中之重，也是腐败易发领域、监督重点领域。2010年，自新校区项目建设开工以来，该校不断强化工作举措，着力防范廉政风险的出现。一是加强项目办人员廉政教育。项目办每周召开一次工作例会，逢会必倡廉政，逢事必言防腐，要求工作人员时刻注意自己的行为，做到清清白白做人，干干净净做事。二是打造廉政教育网络平台。在学校门户网站上开设纪检监察栏目，刊登《中共江西省委关于进一步加强几个重点领域预防腐败工作的决定》全文，报道决定学习动态，转发警示教育典型案例，从正反两面强化干部职工廉洁自律意识。三是学校纪检监察人员主动实施全过程监督，成立了项目办政监处，对项目办物资采购严格实行“三人行”制度。四是政监处与施工方签订了廉政合同，参与项目规划、设计、招投标及合同谈判等工作的有效监督。五是逐步建立一套完备的制度体系:《项目办工作例会制度》、《低值易耗品管理规定》、《资料档案管理制度》、《工程进度款支付审核签证制度》、《施工现场工程资料管理制度》、《工程变更、签证管理制度》、《施工现场管理制度》、《施工现场安全管理制度》、《重大事项报告制度》、《廉政建设工作责任制》、《廉政建设形势会议分析制度》、《项目办学习制度》等12个制度。是年，该校搬迁新建工程已进入全面施工阶段。

(邹燕飞)

【省交通设计院组织开展《干部选拔任用工作四项监督制度》学习培训】 7月9～11日，省交通设计院为切实抓好组工和纪检监察干部“四项监督制度”的学习培训，利用两个休息日组织组工和纪检监察干部在红色根据地井冈山集中学习。该次学习主要任务是贯彻落实“红色之路三个一”。一是学好一本书，集中研读《党政领导干部选拔任用工作责任追究办法(试行)》、《党政领导干部选拔任用工作有关事项报告办法(试行)》、《地方党委常委会向全委会报告干部选拔任用工作并接受民主评议办法(试行)》、《市县党委书记履行干部选拔任用工作职责离任检查办法(试行)》等干部选拔任用工作四项监督制度，逐字逐句斟酌，认真领会文件精神实质。二是做好一份干部选拔任用工作四项监督制度主要内容试卷。力求使组工和纪检监察干部既精通干部选拔任用工作相关政策法规和原则程序，又知晓违反规定应承担的责任后果。三是写一份学习心得。经过该次“红色之路三个一”的学习，结合各自工作特点写一份学习心得。

(聂淑贞)

【省交通设计院健全制度预防廉政风险】 2010年，省交通设计院组织岗位廉政风险点的排查，在各部门自行排查的基础上，院里统一组织梳理，并编汇成册。针对排查出来的风险点，采取一系列有效措施，建立健全制度。一是继续推行党务、院务公开，将权力运行公开透明化。每次党委会、院长办公会研究的事项都编写会议纪要下发，并在院网上予以公开，全年已编发党委会议纪要14份、院长办公会纪要22份。二是根据创先争优活动公开承诺工作的要求，院党委、各党支部和党员都结合职责任务和自身岗位，按照“五个好、五带头”的要求，做出阶段性公开承诺。此举是拓宽党内监督与群众监督渠道的重要方式和有力措施。三是重大事项提交职工讨论，推进决策民主化。该院启动了改制与房地产事项，对这一涉及每个职工切身利益的重大事项，院召开全院职工大会、中层干部大会、职工代表大会，征求广大职工的意见和建议，使领导决策更为科学、符合民意。四是建立健全有关制度，有效防控廉政风险。建立《院生产设备管理规定》、《生产部门承包经费集中核算管理办法》、《院员工绩效管理办法》、《院车辆管理办法》、《工程勘察外委项目试行监理制实施办法》，修订了《生产部门目标管理责任制实施办法》等,通过建立完善有关制度,堵塞腐败现象,防控廉政风险。五是严格执行有关制度,增强抗风险实效。在经济交往中,该院严格执行行之有效的“三人行”制度,设备采购、工程外委、基建维修等重大经济活动,坚持主管部门、使用部门、财审部门、纪检监察部门全过程参与的“三人行”制度。是年,大额度资金100万元物资采购、1000千万元工程外委等事项,做到公开、公正、透明,未发现有违纪违法现象。

(傅藻清)

【景德镇市交通局机关党支部组织党员干部参观廉政教育基地】 7月2日,景德镇市交通局机关党支部组织机关党员干部参观浮梁县古县衙、昌江区竟成镇阳府滩村廉政文化建设基地,让党员干部在活动中受到廉政文化的熏陶。这次活动是景德镇市交通局“学《准则》、讲廉洁、促发展”宣传教育月活动内容之一。在座落于风景秀丽的昌江河畔、环境幽雅、古树参天的阳府滩村,党员们充分感受到廉政建设给阳府滩村带来的现代化新农村的新气象,并就村务公开工作与村干部一起交流探讨。在浮梁古县衙,党员们认真揣摩雕刻在梁柱上的一副副文化内涵丰富的楹联,深刻体会到古代官员“清廉、亲民、镇邪”的治理理念,认为值得借鉴和学习。

(涂　强)

【景德镇管理中心婺源收费所为干部职工送上一张反腐倡廉“火车票”】 2010年中秋节佳节,景德镇管理中心婺源收费所每一位干部职工都收到一张“火车票”。仔细一看,这可不是回家探亲的车票,而是一张开往廉洁幸福之地的反腐倡廉“火车票”。

反腐倡廉“火车票”是该所加强宣传教育、从源头反腐倡廉的创新举措之一,也是创先争优的一个剪影。这张票的样式、颜色与普通火车票差不多,可仔细一看还真有来头。这张票的发车时间不限,而且是随到随上。出发地是“廉洁”,目的地是“幸福”。原来这是一趟看不见、摸不着的廉洁快客。每位拿到“车票”的干部职工都会仔细端详这张极富创意又饱含深意的“火车票”。

该所干部职工都表示该教育方式新颖别致,使干部职工在不知不觉中陶冶情操,培养廉洁正气,既送去节日祝福,又敲响干部职工心中反腐倡廉的警钟,打了“预防针”,既倡导领导干部廉洁为公、执政为民,又时刻警示和提醒干部,很有必要,不失为一个好创意。

(王猋华)

【萍乡市交通运输局纪委狠抓农村公路项目建设监察巡查,积极推进交通基础设施建设领域廉政建设】 2010年,萍乡市交通运输局纪委根据萍乡市纪委对重点特色工作的安排,加强全市农村公路建设项目资金的监督管理,保证资金安全、合理、有效地使用。一是深入部分乡(镇)村抽查全市11个农村公路建设项目资金使用管理情况。对农村公路建设项目资金管理使用存在突出问题的乡(镇)村,检查组按照农村公路建设资金使用管理有关规定分别对其提出了相应整改要求,督促其整改措施的落实。二是继续推进工程建设领域突出问题专项治理工作。在明确清理范围、清理重点和方式方法的基础上,进行专题部署,实施分类推进,加强督导检查,开展深入的排查(核查),扎实抓好项目清理工作,实现“三个确保”,即确保按照上级要求落实排查(核查)任务、确保按计划有序推进、确保实事求是反映真实情况。对于21个工程项目在排查(核查)过程中发现的问题,及时向项目单位反馈指出,并要求能立即整改的必须整改,一时整改不了的要制定相应措施和计划力争整改,已无法整改的要在以后的建设中避免。按照市《实施方案》中的具体任务要求,组织制定了《萍乡市交通建设项目资金监督管理实施细则》和《萍乡市交通建设项目招标投标管理实施细则》。三是实施重点工程纪检监察派驻制。局纪委向319国道萍栗段大中修项目派驻纪检监察员,主要职责是指导所驻重点工程的党风廉政建设和反腐倡廉工作,负责《廉政合同》的签订、执行、督促检查等,以此实现“加强工程廉政风险防控机制建设”,确保“工程优质、资金安全、干部廉洁”的工作目标。

(卢春媚)

【萍乡市交通运输局扎实推进工程建设领域突出问题专项治理工作】 根据省交通运输厅关于开展交通工程建设领域突出问题专项治理工作(以下简称专项治理)的统一部署,自2009年9月以来，萍乡市交通运输局按照动员部署、自查自纠、项目排查、项目核查、自查“回头看”和健全规章制度等步骤要求，在全系统深入开展专项治理活动，做到领导有力、科学安排、精心组织、有序推进，取得初步成效。一是深入发动，全面启动专项治理工作。实现“四落实”，即在思想上抓好落实、在组织领导上抓好落实、在工作部署上抓好落实，在营造氛围上抓好落实。二是严密组织，扎实推进专项治理工作。认真开展自查自纠，确保按照上级要求落实排查任务、确保按计划有序推进、确保实事求是反映真实情况。在自查自纠的基础上，组织开展交通工程建设项目排查、核查。对各交通工程建设项目存在的问题，大力抓好整改“回头看”工作。三是严格督查，确保专项治理活动同步推进。采取灵活多样督导检查方式，先后利用开展全市农村公路监察巡查和年度目标管理考核之际，对照上级标准开展自查自纠督导检查。四是建章立制，开展规范性文件清理工作。制定并下发了《萍乡市交通工程项目资金管理实施细则》和《萍乡市交通工程项目招投标实施细则》。按照规范性文件清理的要求，对2009年以来该局及局属单位有关项目建设审批方面的文件进行全面清理。

（卢春媚）

【九江长江公路大桥项目办制定“十二公开”实施细则】 2010年，九江长江公路大桥项目办根据《江西省交通运输厅关于推行高速公路建设项目“十二公开”的规定》，结合项目办《关于在九江长江公路大桥建设管理过程中打造“阳光工程”的实施意见》，制定《九江长江公路大桥项目办“十二公开”实施细则》。“十二公开”主要包括：信息公开、程序公开、结果公开、设计变更公开、征地拆迁公开、资金使用公开、监理管理公开、施工管理公开、质量监督公开、竣（交）工验收公开、物品采购公开，实施细则对责任部门、公开内容、公开方式、公开范围、公开时间、监督检查等方面作了具体要求。

（曾　晨）

【九江港航分局实行廉政档案电子信息化管理】 11月，九江港航分局正式启用《九江市领导干部党风监督管理系统工作平台》，对该单位副科级及以上47名干部廉政档案实行电子化信息管理。

此平台软件由领导干部廉政档案信息管理、领导班子廉政档案信息管理、领导干部党风廉政建设责任制考核管理、领导干部廉情监测预警、领导班子廉情监测预警、内设机构管理等7大系统构成。包括监督对象管理、档案管理、档案查看、word导入、档案同步、系统报表、图标分析、廉情预警等八大功能板块。既有高级查询功能，也有数据分析作用，体现了内容全面、操作方便、功能齐全三大特点，突出把领导干部财产收入、住房、投资、因公出国（境）、配偶和子女近亲属出国（境）等个人有关事项录入软件，便于电子化信息管理。平台软件的启用，标志着该单位领导干部个人事项报告开始迈入实质性进程。

（蒋艳华）

【新余市交通运输局三项举措学习贯彻《廉政准则》】 1月，新余市交通运输局采取三项举措认真学习贯彻《中国共产党党员领导干部廉洁从政若干准则》。一是组织集中学习。及时传达全市党员领导干部学习贯彻《廉政准则》宣讲报告会议精神，要求全体干部要深刻领会、把握准则要求，从我做起，严格自律，以实际行动遵守准则各项规定。二是督促检查各科室、局属各单位学习贯彻《廉政准则》情况。检查各科室、局属各单位是否传达《廉政准则》宣讲报告会议精神，各单位领导班子是否专题研究了党风廉政建设工作，是否将反腐倡廉工作和单位业务工作两者同部署、同落实、同检查、同考核。三是督促指导各科室、局属各单位按照《廉政准则》要求，制定该单位的党风廉政工作实施意见。采取有效措施建立起及时有效的预警机制、公开透明的决策机制、高效的内控机制、立体完善的监督机制，从根本上保证党员领导干部廉洁从政。

（廖继伟）

【中共鹰潭市交通运输局委员会从四个方面落实《廉政准则》】 1月18日，《中国共产党党员领导干部廉洁从政若干准则》颁行后，该市交通运输局高度重视，从四个方面促进《廉政准则》落到实处。一是开好党委中心组专题学习会议。3月上旬召开中心组理论专题学习会议，全体党委委员结合学习中纪委十七届五次会议和胡锦涛总书记的重要讲话精神、认真分析该单位党员领导干部廉洁从政方面存在的薄弱环节,需要着力解决的突出问题。二是抓好党员干部廉政教育。研究下发《贯彻〈廉政准则〉实施方案》,对全局的《廉政准则》学习作出安排,提出重点要开展好"遵守交通职业道德、促进公正廉洁自律"、"讲党性、重品行、作表率"主题教育和党员干部遵纪守法集中教育的"三个教育",希望通过开展经常性、多形式、分层次的反腐倡廉教育引导党员干部打牢思想道德基础,增强学习贯彻《廉政准则》自觉性,使党员干部能经受住各种复杂情况的考验。三是进一步加强对领导干部的监督检查。严格按照《廉政准则》规定的 8 个方面 52 个"不准"的禁止性规定,要求全体领导干部进一步落实鹰潭市纪委和省交通运输厅"八不准"。四是认真抓好各项制度的落实。认真落实反腐倡廉教育制度,建立健全党风廉政教育长效机制,促进党员干部筑牢廉洁从政、拒腐防变的思想道德防线;认真落实反腐倡廉监督制度,制定加强领导班子建设的意见,坚持民主集中制原则、严格执行"三重一大"事项决策监督,完善党委议事规则;主动接受社会各界和人民群众监督,确保交通运输部门廉洁;认真落实党风廉政建设责任制,抓好"一岗双责"落实,层层签订责任状,形成领导带头、全员参与、责任分明、问责有效、一级抓一级、层层抓落实的工作格局,确保工作优质、干部廉洁;认真落实反腐倡廉惩治制度,把查处违纪违法问题与落实党风廉政建设责任制结合起来,制定《鹰潭市交通运输局干部问责办法》,对发生违法违纪问题的,在查处直接责任人的同时,规定要严肃追究有关领导的责任。

(鹰潭市交通运输局党办)

【赣州市交通部门对交通工程建设领域的监督进一步加强】 2010 年,赣州市交通部门的工程建设领域的监督主要做到"五规范":一是规范工程招标投标。所有工程招投标都进入了招投标中心,招标过程规范,做到了公开、公平、公正、透明。二是规范工程建设管理。对交通工程项目严格实行项目法人责任制、工程监理制、合同管理制,加强中标后监管,防止转包和违法分包行为。三是规范物资采购和资金使用。对每一个交通工程建设项目建立独立的财务账户,制定财务管理制度。建立工程款支付台账,随时监控工程款项支付情况。四是规范工程监督。为防止工程建设过程中的暗箱操作和腐败问题,制定出台了《赣州市交通基础设施建设项目管理工作流程》等一系列管理制度。五是规范重点建设项目双公示制。凡是政府投资的重点建设项目,均按照双公示制要求,严格落实"施工阶段公示"和"竣工后公示"。

(杨河良)

精神文明

【概况】 2010 年,全省交通运输部门在文明行业创建工作中,涌现一批爱岗敬业、诚实守信、服务群众、奉献社会和清正廉洁的先进单位和先进个人:江西省港航管理局被评为"全国交通运输文明行业",4 个单位被评为"全国交通运输行业文明单位",5 个单位被评为"全国交通运输行业文明示范窗口",5 人被评为"全国交通运输行业文明职工标兵"。全省交通运输系统共有 120 个单位荣获"江西省十二届文明单位"称号,占全省表彰文明单位总数的 10%。省交通运输厅机关连续 18 年被评为全省社会综合治安工作目标管理先进单位。

1. 夯实理论基础,广泛开展行业核心价值体系建设。各级交通运输部门着力推动广大干部职工深入学习实践科学发展观,全面落实用邓小平理论和"三个代表"重要思想武装全党的战略任务,是年,举办 5 期专题讲座。通过党委中心组学习、干部培训、党员轮训,以及厅党委主要领导上党课等方式,结合江西交通实际,广泛开展行业核心价值体系学习教育和宣传普及活动,努力在深入人心上下工夫,在开拓创新上下工夫,在力求实效上下工夫,通过宣传教育引导广大交通运输干部职工坚定行业使命,树立共同愿望,弘扬交通精神,恪守职业道德。厅党委中心组坚持每月一次集中学习,并围绕党章、社会主义荣辱观、科学发展观的学习宣传教育活动,起到了很好的示范表率作用。各单位充分发挥墙报、专栏、简报、工作信息、局域网等舆论工具作用,通过集中辅导、专题讲座、知识抢答、演讲比赛等方式,多层次、多形式地开展学习宣传教育活动,着力引导广大干部职工正确把握和深刻理解邓小平理论、“三个代表”重要思想和科学发展观的丰富内涵、基本要求和重大意义,增强广大干部职工贯彻科学理论的自觉性和坚定性。同时,组织开展“建设鄱阳湖生态经济区、探索科学发展新路子”等主题教育实践活动,强化了广大干部职工的机遇意识、创新意识、发展意识、服务意识。

2. 整合宣传资源,积极营造交通运输改革和发展的浓厚氛围。始终坚持团结稳定鼓劲、正面宣传为主的方针,注重策划运作,整合调动各种宣传资源,进一步扩大交通工作的知名度和影响力。一是组织开展江西高速公路总里程突破3000千米为主要内容的系列宣传报道活动。分别在《江西日报》、《中国交通报》等省内外和行业主流媒体做通版全彩宣传,在《江西交通》杂志、交通信息网站开辟系列专栏、专题报道;通过举办大型文艺庆典晚会、印制江西高速公路建设辉煌历程宣传专集等大型活动集中展现了江西省交通运输事业树立和落实科学发展观,坚持走可持续发展道路的新思路新理念,使江西高速公路建设成为社会各界和各大新闻媒体关注的热点、焦点和看点。二是充分利用报刊、电视、广播、网络等各种宣传手段,精心打好农村公路建设和改渡建桥宣传报道战役,精心打好水运建设专题报道战役,精心打好处置水上突发事件综合应急演练宣传报道战役,不断拓展宣传报道的影响力、实效性和生动性。三是在春运、“十一”黄金周、“安全生产月”等主题活动月期间,通过召开新闻媒体见面会、组织资深记者集中采访等形式,广泛宣传各级交通部门和单位以及广大干部职工“服务人民、奉献社会”的工作举措和高尚情操,多层次、全方位地展现了交通人的时代风采。

3. 健全体制机制,着力形成精神文明创建工作齐抓共管局面。厅党委坚持把精神文明建设纳入党委工作的重要议事日程,在制定交通发展规划和年度任务目标时,把精神文明建设纳入统一规划,做到“两个任务”一起布置,“两项工作”一起安排,“两种成果”一起检查。在工作上坚持“三个依托”,即依托各业务处室、依托各级交通部门、依托各级思想政治工作研究会,加大对基层精神文明建设工作的指导力度,形成上下结合、条块结合、齐抓共管、运作有序的精神文明建设组织体系和工作格局。

4. 打造特色亮点,全面塑造和谐交通品牌形象。

提升效能,交通行风建设进一步加强。认真开展民主评议行风活动、创业服务年活动,着力解决了一些群众反映比较强烈的行风政风问题。一是结合交通实际,出台进一步加强机关作风建设的若干意见,确立了“团结、务实、高效、廉洁”的机关作风要求;二是向社会郑重公布机关五项服务承诺制度,主动接受社会各界和人民群众的监督;三是在机关全面推行首问责任制、一次性告知制、限时办结制、机关人员工作去向公示制和失职责任追究制等五项制度,同时,在机关办公桌放置岗位牌、在大厅设置“一站式”行政审批窗口和触摸式电子屏等,努力为基层、为群众提供优质服务;四是精简行政审批事项。通过减少行政审批管理层级,压缩审批时间,扩大了地方交通部门管理、审批权限。同时,进一步改进机关文风和会风,精简文电,严格会议审批制度,清理规范简报信息,较好地解决了文件会议偏多、行政成本偏高、办事效率偏低等问题;五是坚持标本兼治、综合治理、惩防并举、注重预防的方针,结合交通工作实际,着力构建具有交通特色的教育、制度、监督并重的惩治和预防腐败体系。

突出服务,交通行业文明进一步提升。一是开展基层所站作风整顿,治理整顿基层所站存在的现实问题和薄弱环节,围绕确立财务管理公开、民主,“行为规范、公正透明、廉洁高效”的廉政工作机制,切实加强基层所站作风建设。通过作风整顿,基层党支部凝聚力、战斗力明显增强,领导班子成员自身形象明显改善,干部职工思想道德素质明显增强,工作作风明显好转,执法水平、服务质量、办事效率明显提高。二是在全省交通运输系统开展“优化发展环境,提升服务效能”活动,努力构建和谐交通文化,深入推进行业精神文明创建活动。注重结合江西交通工作实际,把“六比六看”的丰富内容(即:比品德素质,看宗旨意识是否提高;比言行举止,看服务工作是否规范;比服务质量,看工作流程是否便捷;比服务环境,看软硬件设施是否到位;比公道诚信,看服务是否实现零投诉;比满意程度,看社会各界的整体评价)与打造“六项工程”(即:实施交通运输服务设施文明优质工程,实施交通运输“窗口”单位满意服务工程,实施客运市场规范工程,实施文明出行宣传教育工程,实施交通运输系统机关务实高效工程,实施交通运输行政执法素质形象工程)有效统一起来,发挥自身优势,着力运用各种创建载体,突出各自工作重点和特色亮点,精心组织,认真策划,创造性地开展了一系列有新意、有特点、有成效的活动。重点推出了窗口单位赣粤高速公路股份有限公司昌樟管理处温厚收费所在《江西日报》、江西电视台、江西人民广播电台等省内主流媒体上大张旗鼓地进行宣传,该所也被评为全省窗口行业开展"优化投资环境,提升服务效能"14 个先进单位之一,充分发挥典型示范作用,为树立交通窗口单位的良好形象营造了良好的舆论氛围。

彰显形象,交通行业品牌进一步巩固。一是在全省公路通行费收费窗口推行规范化服务,做到统一收费岗亭周边环境卫生的标准,统一收费人员的着装,统一收费人员的仪容仪表,统一交接班的流程,统一岗亭的收费动作和文明用语,快捷服务、礼仪服务、便民服务。二是以保洁、保通、保绿、保亮、保安、保形象"六保"为重点,高速公路服务区整治取得显著成效。大力实施"一大四小"工程建设,提出"一年基本覆绿,两年完善提高,三年大见成效"高速公路绿化目标,全力打造绿色和谐高速公路。三是出租汽车行业文明创建活动如火如荼。江西省交通运输厅以出租汽车行业管理为抓手,联合江西省公安厅、建设厅开展为期 3 个月的全省打击"黑车"等非法从事出租汽车经营专项治理活动,有效净化了出租客运市场,为出租车行业文明创建营造良好的环境。积极开展出租车行业文明创建活动,进一步提升城市出租汽车行业文明程序,树立行业新形象,提高群众乘坐出租汽车的满意度。四是深入持久地组织开展文明行业、文明单位、文明样板路、文明示范窗口、青年文明号和巾帼建功文明岗等文明创建活动,在车、船、港、站、路和交通执法部门 6 大"窗口"开展形象工程建设。通过深化文明创建,涌现出梨温高速鹰西女子收费站、赣州车站"温暖伴君行"等文明创建品牌,江西交通职工熊艳荣获全省"十佳文明服务明星",王迪明荣获"全国交通文明执法标兵"、"江西省首届十大文明执法人物"等称号。

5. 创新活动载体,交通文化建设成果斐然。一是举办庆祝江西高速公路通车里程突破 3000 千米文艺晚会、职工美术、书法、摄影比赛、篮球赛、羽毛球赛等丰富多彩的群众性文体活动;二是组团参加江西省第十二届运动会,交通体育代表团在社会部 52 个参赛单位中取得了金牌总数、奖牌总数、得分总数三个第一;代表团获"优秀组织奖"、"体育道德风尚奖";省交通运输厅被评为"江西省群众体育工作先进单位"。

6. 承载行业使命,进一步树立交通行业"服务人民、奉献社会"新形象。省交通运输厅每年组织开展"扶贫济困送温暖"活动,向对口扶贫县捐赠衣被;建立"江西交通贫困大、中专学生助学基金",资助贫困大、中专学生上学;抓好厅帮建文明村示范点工作,2010 年,获得"省直部门包村工作先进单位"称号。

(秦炜婷)

【省公路管理局深入开展行业精神文明创建活动】 2010 年,省公路管理局加强公路职工职业道德规范建设,广泛开展窗口行业"讲职业道德、树行业新风"活动,全面提高行业综合素质和服务水平,树立窗口行业良好形象。启动了江西公路行业第三届(2009 ~ 2010 年度)六项"十佳标兵"评选工作,让公路系统这一精神文明创建品牌延续下去。积极参加各级文明创建活动,认真做好全国和全省交通运输行业精神文明建设表彰的推荐申报和复核初审工作。一批单位和个人被交通运输部和省厅评为精神文明建设先进单位和文明职工标兵。5 月,包括省公路局机关在内的全省公路系统 47 个单位被评为"江西省第十二届文明单位",占全省交通系统受表彰文明单位近 40%。12 月份省总工会评选的 2010 年江西省劳动模范和先进工作者中,全省公路系统有 7 名职工受到表彰。通过新建村部、通水修路、农业科技等方式,帮助扶贫点安福县山庄乡秀水村真正走上了脱贫致富之路。三年来,省公路局共投资 25 万元完善秀水村基础设施建设,争取农村公路立项 16.8 千米,截至 2010 年底已修通 13.7 千米,修建候车厅 2 个,多次走访慰问,发放慰问金 4 万余元,捐赠特困家庭助学金 1 万余元,省公路局连续两届被授予"省直单位定点扶贫先进单位"称号。积极开展无偿献血以及向青海玉树地震和甘肃舟曲泥石流灾区献爱心活动,11 月 2

日，省公路局被江西省红十字会授予江西省2005～2010年“红十字人道救助功勋单位”，成为受到表彰的15个单位之一。

（省公路局党办）

【交通运输部考核景婺黄高速婺源收费所文明示范窗口创建工作】 7月27日，以交通运输部机关党委副巡视员曾长城为组长的交通运输部第二批文化建设示范单位评选考核组一行在省高速集团党委负责人陪同下，到景婺黄高速婺源收费所，实地考核该所文明示范窗口创建工作。

考核组通过察看现场、听取汇报、召开座谈会、查看资料等方式对文明示范窗口创建工作进行考核。

在婺源收费所，考核组一行参观该所党团活动室、图书室、网吧、宿舍、票管室等职工工作和生活场所，观看所站特色文化——傩舞表演以及“一种三养”活动开展情况。

反馈会上，考核组一行充分肯定婺源收费所文明示范窗口创建工作。曾长城指出，婺源收费所文明示范窗口创建工作指导思想明确，有一整套的管理方案，并把制度由内化转为外化，由外化变为效率，使物质文明和精神文明协调发展；在所站建设中注重融入地方文化，打造出“一所一特色”的品牌文化；在文明服务方面，认真落实“三个服务”，注重服务质量和行风建设，为当地的经济社会发展起到积极的作用。曾长城要求，婺源收费所要立足新起点，深化创建思路，夯实创建基础，保持和巩固文明创建成果，进一步丰富创建内容，规划远景，做到和谐发展，进一步总结经验，创新载体，建立长效机制，做到常抓常新，不断提高文明创建工作整体水平。

（段盛华　王焱华）

【省创先争优督导组检查高速集团昌北所创先争优活动开展情况】 10月27日，以省人大常委、农委副主任王树林为组长的省创先争优第一督导组在省交通运输厅副厅长孙茂刚，机关党委、省高速集团党委负责人等陪同下，到昌九管理处昌北所，检查指导窗口行业创先争优活动。

在昌北所，第一督导组听取该所党支部开展创先争优活动的情况汇报，对昌九管理处党总支紧扣创先争优活动，把创先争优活动与深化“创业服务年”活动和“爱我高速”主题实践活动相结合，扎实推进创先争优活动深入开展的做法表示满意；对昌北所党支部在全体党员中开展每位党员提一条好建议、每位党员帮助“一名（家庭、心理）困难职工”，每个党小组做一件好事实事、开展“一次红色经典讲坛”活动、开展一次党员示范岗活动的“五个一”活动表示肯定，勉励该所党支部在创先争优活动中继续抓好窗口服务，进一步为车主用户提供快速便捷的通行环境，展示江西高速的良好形象。

昌北所党支部在创先争优活动中，通过创立一个品牌（预约服务快速通道）、设立两个岗位（党员示范岗、文明行为示范岗）、推行三个服务（文明服务、延伸服务、定点服务）、打造四个基地（业务培训基地、成果展示基地、警示教育基地、心理辅导基地）的方式，把深入开展创先争优活动引向纵深，让党员群众真切感受到创先争优活动带来的实惠和变化，努力实现“组织争先进、党员创优秀、群众得实惠”的目标。

（欧阳龙）

【省港航局举办“创优服务，岗位建功”主题演讲比赛】 5月31日上午，省港航局举办“创优服务，岗位建功”主题演讲比赛。全省各设区市港航处、九江市港口局及局属各单位的17名选手参加比赛。

比赛中，17名选手立足于自身工作岗位，结合身边的人和事，讲感受、说心得、谈体会、谋发展，阐述自己对“创优服务，岗位建功”这一主题的深刻认识。参赛选手精彩的演讲，充分展示了港航青年青春靓丽的风采，展现了江西港航人朝气蓬勃、奋发向上的良好精神风貌。经过激烈角逐，九江市港航处职工张燕妮荣获一等奖。

（倪　磊）

【交通运输部考核组检查港航局文明创建工作】 7月26日下午，交通运输部精神文明建设考核组曾长城一行3人在省厅副厅级纪检员、监察室主任汪明彦，党办主任严允，宣传处负责人熊昌军及省港航局党委副书记王凯林等陪同下，走到湖口县地方海事处，并乘坐赣海巡612艇进行现场巡查。随后，考核组一行认真观看该处宣传片，查阅精神文明建设工作材料汇编，召开座谈会了解基层工作情况,就一些共同关心的行业发展问题进行了探讨。部考核组组长曾长城用“准备充分、措施到位、工作扎实、亮点突出”对湖口海事处行业精神文明建设给予高度评价,认为广大基层单位在践行“三个服务”、推进行业文明的工作中真正发挥了关键作用。

7月28日,部考核组到省港航局进行检查并召开检查情况反馈会议。省厅副厅长孙茂刚会见考核组并讲话。省港航局局长于钦民致欢迎辞,王凯林作文明创建工作汇报。考核组认为:江西港航部门以“执法为民、服务社会为宗旨”,不断深化文明创建工作,取得优异成绩,呈现出四大特点:一是领导重视,体制健全,精神文明建设工作基础扎实;二是思路清晰,措施有力,群众性精神文明创建活动进一步深化;三是注重结合,突出重点,文明创建工作在创新中发展;四是真抓实干,积极推进,实现了“三个文明”建设快速协调发展。

(许海远 王小东)

【江西远洋启动创先争优活动】 2010年7月1日,江西远洋召开“七一”表彰暨深入开展创先争优活动动员大会,表彰一批先进党支部和先进个人,全面启动创先争优活动。公司负责人出席会议并讲话,在昌司属单位党支部书记、机关支部党员30余人出席会议。公司负责人在讲话中就开展创先争优活动提出4点意见。一是要提高思想,统一认识,切实增强搞好创先争优活动的责任感和使命感。并指出,开展创先争优活动,是巩固和拓展学习实践活动成果的重要举措,是推动公司又好又快发展的迫切需要,是加强基层党组织和党员队伍建设的重要载体。二是要突出重点,把握关键,扎实推进创先争优活动。要准确把握创先争优活动的总体要求,准确把握创先争优活动的主要内容,准确把握创先争优活动的方法步骤。三是要围绕中心,因地制宜,切实推动创先争优活动有效开展。要围绕公司生产经营中心,要结合实际精心设计活动载体,注重分类指导,广泛吸引职工群众参与。四是要加强领导,精心组织,确保创先争优活动各项任务落到实处。要加强领导、大胆创新、督促检查、要搞好宣传。

公司创先争优活动围绕“推动科学发展、促进社会和谐、服务职工群众、加强基层组织”这一主要目标,以创建先进基层党组织、争当优秀共产党员为主要内容。在创建先进基层党组织方面,努力做到“五个好”:领导班子好、党员队伍好、工作机制好、工作业绩好、群众反映好。在争当优秀共产党员方面,努力做到“五带头”:带头学习提高、带头争创佳绩、带头服务群众、带头遵纪守法、带头弘扬正气。活动分动员部署(2010年5月~7月10日)、全面推进(2010年7月11日~2011年6月)、深化提高(2011年7月~2012年6月)、总结完善(2012年7月~党的十八大召开前)4个步骤进行。

(江西远洋运输公司)

【中共景德镇市交通局委员会召开系统创先争优活动动员会】 5月21日,景德镇市交通局党委召开系统创先争优活动动员会。会议传达学习5月14日全省党的基层组织和党员中深入开展创先争优活动视频动员大会精神,对系统创先争优活动进行部署。动员会指出,在党的基层组织和广大党员中深入开展创先争优活动,是中共党的十七大确定的重大政治任务,是为迎接建党90周年和中共党的十八大召开在全党开展的一项重要活动,也是党的建设一项重要的经常性活动。创先争优活动以创建先进基层党组织、争当优秀共产党员为主要内容,以推动科学发展、促进社会和谐、服务人民群众、加强基层组织为目标。活动要按照“坚持围绕中心,服务大局;坚持贴近基层,分类指导;坚持改革创新,建立长效机制;坚持群众路线,发挥群众作用”的原则进行,分宣传发动、组织实施、评选表彰三个阶段进行。在宣传发动(2010年4月下旬——5月底)阶段,主要抓好三项工作,一是动员部署,二是制定方案,三是组织学习。组织实施(2010年6月——2012年6月)阶段分两个阶段展开,一是从2010年6月开始,着重围绕迎接中国共产党成立90周年开展创先争优活动,引导基层党组织切实履行职责,共产党员立足本职岗位争创一流业绩;二是从2011年7月开始,着重围绕迎接中共党的十八大召开和省委换届开展创先争优活动,引导基层党组织和广大党员以昂扬向上的精神风貌,更加出色的工作业绩,向党献礼。

动员会强调,各基层单位按照实施方案开展创先争优活动,要重点做好五个方面的工作,一是对党员普遍进行党性教育,增强党员意识;二是切实抓好整改落实后续工作;三是认真开展岗位竞赛活动;四是深入做好党员联系和服务群众工作;五是进一步加强基层党组织创新工作。在评选表彰(2011 年和 2012 年“七一”前后)阶段,主要抓好三项工作,一是评选先进,表彰激励;二是典型引路,扩大影响;三是系统总结,完善机制。

(涂　强)

【景德镇市交通运输系统备战“激情广场”】 6 月 9 日,中央电视台“激情广场爱国歌曲大家唱”节目组走进景德镇,在陶瓷历史博物馆与瓷都市民零距离见面,景德镇市交通运输系统方阵将参加《走向复兴》和《建设和谐大家园》两首歌曲的合唱。自 5 月份以来,虽然该局面临交通工程建设紧张,改渡建桥任务艰巨和交通安全生产紧迫等情况,但该局党委办公室和机关党总支仍精心组织、周密安排全系统 8 个单位 150 名爱好文艺的干部职工,个个引吭高歌、豪情满怀紧锣密鼓地进行排练。为保证排练效果,充分展现瓷都交通运输“快速发展、高效发展、安全发展、绿色发展”的成果和瓷都交通人的风采,该局特邀市群艺馆专家为合唱团进行艺术指导。

(李青松)

【景鹰高速浮梁管理处“三字法”拓展文明服务内涵】 2010 年,景鹰高速浮梁管理处在文明服务中创新求变,积极推行文明服务“三字法”,在拓展文明服务的内涵上进行有效的探索和实践。一是坚持一个“实”字。该处对每位收费员建立了文明服务档案;不断细化文明服务内容,严格文明服务规范及标准。二是注重一个“深”字。该处通过开展文明服务培训、专题座谈会和评选每月服务之星等活动,在文明服务的深度上下工功夫,把司乘朋友的满意度作为收费员的工作标准。三是贯彻一个“新”字。该处在服务形式、内容上不断推陈出新。除做好规定动作外,该处还结合各站特色使用文明用语,例如赣皖收费站根据省内外车牌使用“欢迎您来(回)到江西,行驶景鹰高速公路”,“雨天路滑,请您开慢点,注意行车安全”等,让外地司乘人员感到温馨亲切。

(方晓莉)

【萍乡市交通运输局开展“三项活动”,强力推进文明城市创建】 2010 年,萍乡市交通运输局积极行动,广泛动员,结合行业实际,扎实组织开展全系统文明月活动,按照“建设、管理、服务并重”的原则,着力打造文明服务品牌,提升全行业文明和谐水平。一是开展文明车评选活动。按照全市文明交通活动部署,对全市出租车、客运班车、公交车的“车容车貌、服务质量、标志标识、安全技术、经营规范"等方面进行层层考核,评选出文明出租车、客运班车、驾乘员,有效提高交通运输系统职工的文明意识和交通公共服务水平。二是开展路域环境治理活动。为进一步改善城乡环境面貌,提升人居环境水平,开展路域环境治理活动,实施绿化美化工程,打造绿色风景线;加大对超限超载、占用公路集市贸易、打场晒粮等治理力度,营造良好行车环境;与实施安保工程相结合,加强公路沿线设施管理,完善各种标志设置,确保行车安全,努力提升公路通行条件、生态环境和城市品位。三是开展交通“标准化、规范化、集约化、人本化”管理活动。以办证大厅、汽车站等交通公共服务窗口为重点,针对管理、服务工作中存在的管理不规范、服务流程不简便、服务程序不透明、服务效率不高等热点和难点问题,广泛开展调查研究,认真进行排查梳理,集中人力物力,按照“职责清晰化、业务程序化、形象统一化”的要求,修订编制工作标准和规范,打造标准统一、流程规范、便捷高效的现代化交通运输管理服务体系。

(李襟远)

【九江市交通运输局召开“内强素质、外树形象”教育活动动员大会】 5 月 13 日,市交通运输局召开“内强素质、外树形象”教育活动动员大会,市人大巡视员昊宣友、市政协副主席魏改生、市委宣传部副部长张延芳、省交通运输厅监察室副主任李建红到会指导。市政府副市长廖凯波讲话,市局党政负责人作动员报告并主持会议。会议指出,提升素质,重塑形象,是交通运输事业发展的迫切需要,是加强交通运输队伍建设的迫切需要。新时期的交通运输任务繁重,要求职工有干好工作的本领、创新工作的能力、胸怀大局的观念、心系群众的情怀,交通运输干部职工心中要有百姓、破解难题要有办法、办事要有规矩、工作要有激情。树立新形象,加快发展是根本,要以交通事业的发展来赢得尊重,赢得地位,赢得形象;提高素质是基础,要加强学习培训,通过典型带动,不断提高交通运输干部职工的工作能力和道德素质,要心系交通,情注交通;加强宣传是关键,要发挥舆论导向作用,向社会展示一个发展的交通、进取的交通、文明的交通;规范行为是保证,要坚守规矩、遵守纪律,把交通运输行业建设成为一个文明的行业、规范的行业、和谐的行业。

局属各单位班子成员、各县(市、区、山)交通局、运管所、港航(航运)所的党政主要负责人员,局机关、两处机关干部,长运公司、公交公司干部职工代表以及出租车驾驶员代表230人参加会议。

(叶　勇)

【新余市加强出租车司机职业道德教育　提升窗口行业文明形象】 2010年8月9日,新余市第一期"出租汽车驾驶员交通安全职业道德文明服务知识培训班"在新余长运钢城出租车分公司开班。新余市精神文明办、新余市运管处、新余长运公司相关负责人员参加开班仪式并做动员讲话。针对全市出租汽车行业从业人员复杂、流动性大、素质参差不齐等问题,为积极引导出租汽车驾驶从业人员做到遵章守纪行车,主动、热情服务的新风尚;新余市运管处联合经营企业,经多方座谈与调研,提出以"制度、培训、监管"为主导的综合整治措施。培训班邀请新余市道路运输协会和交警大队等部门的人员为全体出租车驾驶员讲授职业道德、文明服务、交通安全知识。参加该期学习的驾驶员有118名,大会议室里座无虚席,秩序井然。生动有趣、切合实际的讲课,激起驾驶员的共鸣,纷纷表示要提高服务水平,做到主动服务,热情服务,为乘客提供一个安全、舒适的乘车环境。

(林　闽)

【赣州市交通运输局精神文明建设结硕果】 2010年,赣州市交通运输局在抓好精神文明建设日常工作的同时,结合实际,创新创特,强力推进交通行业党建、出租车行业文明及交通机关文化三项建设。一是以交通行业党建为载体,全面推进交通系统精神文明建设。根据交通行业党建实际,制定了4+1差异化模式(全市公路系统"迎国检"党建、"两新"组织及运输行业党建、交通重点工程建设领域党建、机关党建、县(市、区)交通局精神文明建设党建。)党建工作方案,大力开展"党旗在交通运输业飘扬,党徽在创业服务中闪光"主题实践活动,充分发挥党组织战斗堡垒和党员先锋模范作用,以党建带工、青、妇发展,全面推进了行业文明建设。二是推进出租车行业文明建设。在全省出租车行业率先设立党组织(的士党员"加油站"),通过党员先锋模范示范作用提升行业服务水平,组织驾驶员岗前教育,提高综合素质,经常性开展献爱心活动,为福利院老人、孤残儿童捐送文体用品,组织高考爱心车队公益活动等。三是建设交通机关文化。以学习型机关培育人,定期邀请专家学者进行专题辅导,解决交通发展中的疑难问题,进行反腐倡廉、革命传统等方面的教育。以品牌活动引导人,开展"优秀科室"、"党员示范岗"、"青年文明号"、"文明单位"等品牌创建活动,为机关品牌的培育延伸创造良好的条件和氛围,带动整个机关文化建设水平的提高。以科学机制激励人,在继续完善首问责任制、服务承诺制、限时办理制、一站式服务制等制度的同时,建立健全各项目标考核和奖惩机制,全局上下形成了"有为才有位,有位必有为"、"能者上、庸者下"的良好局面。以群众性活动凝聚人,是年举办了创业服务和廉政文化演讲比赛。获得了省厅2010年创业服务演讲比赛第一名及2010年全市机关健身操比赛一等奖。

(杨河良)

【宜春市公交公司乐晓忠获《全国十大见义勇为好司机》称号】 宜春市公交公司乐晓忠,12月10日上午在北京大民大会堂接受"全国十大见义勇为好司机"表彰,登上领奖台领奖。同日下午公司举行迎乐晓忠光荣回来仪式,总经理欧阳欢号召广大员工向乐晓忠学习,在公司形成"人人崇尚见义勇为,人人支持见义勇为,人人敢于见义勇为"的良好氛围。乐晓忠41岁,1989年参加工作。2004年应聘进市公交公司工作,现为旅游公交线路118路驾驶员。2009年5月8日下午,乐晓忠驾驶公交车从明月山返宜春城区中途。一位女青年乘客突然走到驾驶室说:"师傅,我的手机被盗了。"便问"你什么时候丢的手机?"乘客答道:"刚刚丢的。"乐晓忠大声说道:"车上哪位乘客捡到手机请把手机还给女乘客。"连叫了几遍见没有谁回答,便说:“我可要报警了”,随即把自己的手机递给女乘客说:“你快打报警电话,就说我们10分钟后到温汤车站。”这时,车厢后边有人问:“这是谁的手机呀?”女乘客说:“这就是我的手机。”女乘客下车时,有两名男乘客也紧跟其后,还瞪眼骂乐师傅道:“多管闲事。”此时天色已晚,当乐晓忠看到这两名男乘客下车后紧跟着女乘客向前走时,怕出意外,急忙下车把女乘客喊了回来说:“现在你不能走,继续乘公交车,我要对你的安全负责,你等一会儿再走。”这种高度关心乘客人身和财产安全的行为,使女乘客深受感动,也获得同车乘客的赞扬。2009年12月16日晚上8点多钟,乐晓忠像往常一样进行常规车辆检查,在打扫车内卫生时,发现车子后排坐椅上有手机。考虑到失主的心情,乐晓忠打开手机当即拨通了手机上的几个电话电话,找到心急如焚的失主——一位来宜春旅游的外地游客。当将手机返还失主时已经接近晚上10点钟,失主十分感动,当场掏出100元钱表示感谢,被乐晓忠婉言谢绝,并说:“这是我们每个公交司机应该做的事情。”2010年2月18日乐晓忠驾驶车辆从明月山返回途经南庙乡袁梅高坡处时,发现一辆小车侧翻在路旁,一名被小车压着双脚的妇女高呼“救命”,乐晓忠立即将车靠边停好后,不顾个人安危,第一时间冲上去救人。公交车上的几位乘客也纷纷加入到救援行列,冒着侧翻车随时可有燃烧爆炸的危险将小车抬起,把被压的妇女救起来,紧接着打“120”急救电话,将妇女送往医院治疗。

(吴泽水)

【宜春好“的哥”入选中国好人榜】 中央文明办主办的“我推荐、我评议身边好人”活动,于6月30日在京揭晓6月份入选“中国好人榜”名单,宜春好的哥肖文新榜上有名,入选“诚实守信好人”。

肖文新,江西赣西出租汽车公司赣C/X0623驾驶员。2010年4月17日,到宜春考察锂矿和锂电高新能源产业的四川人李先生．从城区打的到事先预定好的宾馆,下车后才发现自己的包落在的士上。这可把李先生急坏了,包里面不光有现金、银行卡等财物．最主要的还有身份证和一些重要的投资资料。而令李先生没有想到的是,仅40分钟后,包就失而复得。

原来在发现乘客的包落在自己车上后,肖文新在李先生下车的地方兜了6圈,这时着急找包的失主在宾馆房间的窗口看到肖文新的车,急忙下来问刚才是不是乘坐这辆车,肖文新这才将包还回失主。更加难能可贵的是李先生在见到肖文新后想用钱酬谢,但肖文新怎么也不肯要。后来李先生又执意要给肖文新一点油钱,肖文新也婉言拒绝,并说:“本来就是应该做的事,从来没想过要什么报酬,只要把包交给失主,就心安理得。”

肖文新虽然入行才2年,但从第一天起就给自己制定一个目标,就是要做一名出色的的士司机,为宜春争光,为行业添彩。肖文新时刻对自己的高标准严要求,短短2年就以优质的服务,热心助人、拾金不昧的高尚品德,赢得广大乘客的好评。在宜春虽然很多人不知道肖文新的名字,但一提到“623”出租车,坐过肖师傅车的乘客们都会由衷地称赞:“623”出租车是文明爱心出租车。

肖文新是宜春爱心的哥代表,2008年以来每年高考期间,都会积极主动加入爱心车队,免费义务为考生服务。2010年3月,宜春市袁州区慈化镇王茂华和谭良才为救小孩而被严重烧伤,急需大笔医药费,肖文新得知后立刻带动广大出租车司机为其捐款;2010年4月,赣西出租公司举行为青海玉树地震捐款活动,肖文新第一个将爱心款投入捐款箱。在肖文新的带动下,出租车驾驶员都踊跃捐款,当日共募得善款3万余元,为灾区送去款款爱心,为灾区人民重建家园尽一份绵薄之力。

(吴泽水)

【抚州市交通运输局举行“创优服务,岗位建功”演讲比赛活动】 6月4日,抚州市交通运输局隆重举行“创优服务,岗位建功”主题演讲比赛活动。该活动进一步巩固和拓展学习实践科学发展观活动成果,推动和促进“创先争优”活动广泛开展,调动和激发广大交通运输干部职工服务创业的主动性和积极性,不断将创业服务年活动推向深入。

该活动由市局党委组织牵头,各县(区)交通局党委(党组)、局属各党支部精心选拔出的15位优秀选手参加当日的演讲比赛。选手从立足基层交通工作,并结合“创先争优”活动开展的要求,紧扣"创优服务,岗位建功"主题,从日常工作鲜活事例、人生经历等入手,以昂扬的激情、深入浅出的阐述,充分展示基层交通工作的辛劳、快乐与成就,展示自我,展现该市交通运输人的精神风貌与品质。经过激烈角逐,资溪县交通局符利华荣获一等奖;金溪县交通局黄一、市局机关陈琳荣获二等奖;南城县交通局张坚、广昌县交通局汪慧蓉、市局机关温明辉荣获三等奖。

(饶新文)

【抚州市交通运输局荣获"全省交通系统文明单位"称号】 11月25~26日,全省交通运输精神文明建设工作会议在井冈山召开,抚州市交通运输局荣获"全省交通系统文明单位"称号,受到省交通运输厅的表彰。市交通运输局11月29日召开党政班子扩大会议,传达全省交通系统精神文明建设工作会议精神,提出贯彻意见。会议指出:"十一五"规划以来,抚州交通运输系统紧紧围绕促进交通运输科学发展这个大局,以"学先进、树新风、创一流"活动为载体,以持续提高交通运输干部职工队伍整体素质为重点,以深入推进交通运输行业政风行风建设和文化建设为抓手,不断增强工作的主动性,针对性和实效性,行业精神文明建设在促进交通运输快速发展、科学发展、安全发展、协调发展中发挥了重要作用。一是围绕中心、推动发展,服务大局能力得到新提高。二是抓住根本、培育新风,干部职工综合素质实现新提升。三是全面发动、典型引领,行业文明创建水平跃上新台阶。四是深化内涵、强化特色,交通发展环境优化迈出新步伐。五是创新载体、共建共享,群众性创建活动呈现新气象。六是畅通渠道、释疑解惑,新闻宣传工作取得新成效。会议强调:"十二五"时期,是全面贯彻落实科学发展观、深化改革开放、加快转变经济发展方式的攻坚时期。要在抓好精神文明建设的同时,大力推进抚州交通事业又好又快发展,做到"两手抓,两手都要硬",切实把精神文明建设摆上重要议事日程,纳入该部门发展总体规划。

(抚州市交通运输局)

工会工作

【概况】 2010年,全省交通运输系统各级工会围绕中心,服务大局,履行职责,各项工作取得新突破,为全省交通运输事业科学发展、进位赶超发挥了积极作用。

以确保完成"十一五"规划交通建设任务为目标,加大劳动竞赛力度。各单位紧紧围绕交通重点工作,以"当好主力军,建功'十一五',和谐奔小康"和"同舟共济保增长,建功立业促发展"为主题,广泛开展形式多样的劳动竞赛,40多家企事业单位开展各类劳动竞赛80多项,参赛职工2万余人次,掀起了劳动竞赛新高潮。1. 大力开展具有行业特色的建功立业活动。一是认真组织开展"春运农民工平安返乡(岗)安全优质服务劳动竞赛"活动。有4个汽运公司获得中国海员建设工会"春运农民工平安返乡(岗)安全优质服务劳动竞赛"先进集称号,5人获得先进个人称号,为顺利完成春运任务作出了贡献。二是认真组织开展创建"工人先锋号"活动。全系统有85%以上的班组、所站,组织开展以"五小"、"四个一"和节能减排为主要内容的创建"工人先锋号"活动,基层建设得到加强。2010年,有20个班组、所站获得全国交诵建设系统"工人先锋号"称号;省高速集团赣粤公司昌九管理处昌北收费所获得江西省"工人先锋号"称号。2. 认真开展"安康杯"竞赛活动。组织实施群众性安康工程,推进交通运输安全文化建设、安全生产管理、安全健康教育培训。2010年,在全国总工会和国家安全生产监督管理总局联合开展的"安康杯"竞赛评进活动中,有4个单位获得全国"安康杯"竞赛优胜单位称号,4个集体获得优胜班组称号。3. 广泛开展技能培训、岗位练兵活动。为推动全省交通运输系统人才队伍建设,激发广大职工学技术、钻技能的热情,进一步提高职工队伍的整体素质和工作能力,交通工会下发"技能大培训,岗位大练兵,劳动大竞赛"活动实施方案,各单位岗位练兵活动开展面达85%,开展各种技术比武、技能比赛70余场次,参与职工5000余人;组织技能培训30余场次,培训职工2000余人;提出合理化建议1300

条。4. 劳模工作取得新突破。2010 年是劳模评选年，各单位以此为契机，认真做好全国劳模、省劳模的评选推荐工作，全系统有 18 名职工光荣当选省劳动模范和先进工作者。认真做好劳模疗休养和困难救助工作，2010 年交通工会发放全国劳模“三金”和省级劳模生活困难补助 21.62 万元。

以“送温暖”为基本形式，加大扶贫帮困力度。一是积极开展“送温暖”活动。元旦、春节期间，各级工会开展以“心系职工情，温暖进万家”为主题的“送温暖”活动，交通工会筹集资金 42 万元，重点走访慰问困难劳模和困难职工家庭 76 户；各基层单位共筹集资金 110 万余元，走访慰问困难职工家庭 2125 户；二是扎实开展“金秋助学”活动。为确保困难职工子女按时入学，8 月，省交通工会举行 2010 年度“金秋助学”资金发放仪式。有 18 名困难职工子女得到资助，合计资助金额 4.2 万元。各基层单位资助困难学生 32 名，资助金额 9.22 万元。三是认真做好日常帮扶工作。6 月中旬，全省部分地区出现罕见的暴雨洪灾，部分交通一线职工受灾严重，部分家住农村的职工房屋被淹，经济上遭受巨大损失。交通工会了解情况后，立即研究部署救灾工作，筹集资金 6 万元，分赴抚州、吉安两地，看望慰问受灾职工，帮助困难户渡过难关。四是为帮助改制企业困难职工渡过难关，交通工会筹资 5 万元，对厅直单位改制企业的 61 户大病困难职工给予救助。

以创建“职工书屋”活动为载体，加大提升职工素质的力度。2010 年，“职工书屋”创建进入全面铺开、整体推进阶段，各基层单位大力推进“职工书屋”建设。截至 2010 年底，全省交通运输系统获得全国“职工书屋”有 16 家，此外还有一批达标的省级职工书屋。交通工会开展“职工书屋”创建活动得到省总工会的肯定，在全省工会宣传工作会议上介绍了“职工书屋”建设经验。全国总工会副主席倪健民到邹家河所全国“职工书屋”示范点检查指导工作时，对该所“职工书屋”建设给予高度评价。

以参加省第十三届运动会为平台，加大群众性文体活动的力度。一是全力做好省第十三届运动会暨省第三届机关运动会的参赛工作。本届运动会机关部设 18 个比赛项目，交通体育代表团派出 114 名运动员，参加 13 个项目的比赛。从 5 月至 10 月，历时半年，共获奖牌 38 枚，其中金牌 19 枚、银牌 11 枚、铜牌 8 枚，团体总分 434.2 分。在省直 111 个参赛厅（局）中，列金牌总数、奖牌总数、团体总分三项第一，圆满完成了厅党委下达的“保六争三”的目标任务。二是因地制宜开展群众性文体活动。各基层工会利用节假日，广泛开展职工喜爱的文体活动，全省交通运输系统各基层工会开展活动 120 余次，参加职工 19000 余人次。通过活动，使广大职工增强了体魄，陶冶了情操，同时增强了单位和工会组织的凝聚力。

以创先争优活动为契机，加大组织建设和自身建设力度。1. 加强工会组织建设。对交通改制企业和新成立的单位，及时督促、指导做好工会组建工作。截至 2010 年底，全省交通运输系统工会组建率达 100%。为加强交通工会的自身建设，不断提高工会干部的理论水平和实际工作能力，是年，省交通工会组织 40 余名工会干部到中国劳动关系学院和省总工会干部学校培训，提高了工会干部的素质。2. 加强女职工工作。开展女职工“两项工程”建设。各级女职工组织根据该单位实际，组织开展“建功立业”和“素质提升”活动，引导女职工不断学习新知识，掌握新技能，增长新本领，为女职工搭建建功立业的平台，涌现出一批先进单位和个人，4 个单位获得全国“巾帼文明岗”称号，5 个单位获得全国“五一巾帼标兵岗”称号，1 人获得全国“五一巾帼标兵”称号。3. 加大工会经费收缴力度。2010 年，省总工会给交通工会下达的工会经费上解任务同比增长 27%，在艰巨的任务面前，各基层工会以大局为重，加大工会经费收缴力度，完成交通工会下达的工会经费上解任务，为交通工会完成省总下达的目标任务奠定了基础，同时也为各级工会开展活动、服务职工提供了坚实的物质保障。

（李　坪）

【省公路管理局加强工会工作】 2010 年，省公路管理局进一步加强工会工作。党组织经常听取工会工作汇报，各单位召开职工代表大会，注重职工民主参与，实行政务公开。精心组织形式多样的职工文化体育生活，组织参与全省第三届机关运动会，获得拔河比赛第五名。进一步加强“职工之家”、“职工书屋”建设，努力创建国家级、省级“职工书屋”。深入实施“女工建功立业工程”，开展“巾帼建功文明岗”、“巾帼建功标兵”等活动。

坚持重大节日走访慰问制度,筹集资金5.4万元为特困职工排忧解难。

(省公路局党办)

【"唱响赣粤高速"歌咏比赛暨企业歌曲征集颁奖典礼在南昌举行】 12月14日,由赣粤高速和省音乐家协会联合主办的"唱响赣粤高速"歌咏比赛暨企业歌曲征集颁奖典礼在南昌举行。厅党委书记程受锭出席并为获奖单位颁奖,省高速集团纪委负责人观看比赛和典礼。

该次歌咏比赛以"唱响赣粤高速"为主题,赣粤高速所属10个合唱代表队350余人参与比赛,以饱满的精神、豪迈的激情唱响了赣粤高速主题歌曲《我们的赣粤我们的爱》、形象歌曲《蓝色的凤凰》、岗位歌曲《高速情》、《赣粤养护人》等企业歌曲,充分展示赣粤人义利共赢,和谐创新的不懈追求,心聚赣粤,勇为人先的精神风貌。除企业歌曲外,各支合唱队还选唱《我和我的祖国》、《雄伟的井冈山》、《团结就是力量》、《斑鸠调》、《相亲相爱的一家人》等耳熟能详的红色经典旋律,演绎对祖国、对家乡的无限热爱,引起现场观众的强烈共鸣。

经过激烈角逐,昌九管理处代表队获得歌咏比赛一等奖,九景管理处、昌泰公司代表队获得二等奖、昌樟管理处、嘉圆公司、收费监察大队代表队获得三等奖。

(吴　玮)

【全国总工会女工委赴梨温高速鹰潭西收费站调研】 6月2日,全国总工会女工委员专程赴梨温高速公路鹰潭西收费站考察调研,省总工会副主席柯进水专程陪同。

全国总工会女工委员一行参观梨温高速鹰潭西收费站的站容站貌,详细了解该站女工工作、巾帼建功、内部管理等方面工作,在听取鹰潭西收费站全面工作汇报后,检查组对该站取得的成绩给予充分肯定。检查组指出:鹰潭西收费站作为江西省交通行业的窗口,在发挥巾帼建功立业方面发挥了优秀的示范作用,在创建文明窗口、文明行业等活动中,全面展示女职工良好形象,在服务车主、服务社会中,充分发挥了女职工的积极性、主动性和创造性,该站创新服务方式、创新服务载体,不断提高了服务水平,提升了江西交通行业的"窗口"形象,真正把鹰潭西收费站建成了高速公路上的一个温馨港湾、构建培育了高速公路服务文化的一朵奇葩、形成了独具特色而且能展现时代女性风采的一道风景,为全国女职工立足本岗位,实现人生的价值超越与升华起到了示范作用。

(陈燕玲　刘洁云)

【"高速集团杯"第三十三届全省领导干部网球赛圆满举行】 12月25日,2010年"高速集团杯"第三十三届全省领导干部网球赛在雷公坳动感会所网球场举行。副省长熊盛文,省高院院长张忠厚,原副省长、省网球协会名誉主席黄懋衡等领导参加比赛并开球。省高速集团总经理、省高管局局长谢来发在开球仪式上致辞,来自省直机关、各设区市、高等院校和企事业单位的近70名领导干部参加比赛。

此次比赛由省高速集团、省网球协会主办,省高速体协承办。比赛项目为双打,共分男子甲组、男子乙组和女子组3个组进行,其中男子甲乙组第一轮均分A、B两组进行循环赛,小组前两名进入第二轮交叉淘汰赛决出名次,女子组采用循环赛决出名次。经过一天的激烈角逐,最终谢来发、王超坚组合和辜华荣、李春良组合获得男子甲组并列第一名,程小白、罗莹组合获男子甲组第二名,钟平、沈庆中组合获男子甲组第三名,王金华、林建平组合获男子甲组第四名;张忠厚、谢泓组合获男子乙组第一名,熊盛文、张明波组合和于钦民、万明组合获男子乙组并列第二名,周菊生、熊清华组合获男子乙组第三名,聂明阮、邓晓华组合获男子乙组第四名;宗玉明、文琦组合获女子组第一名,杜雅军、方汉芳组合获女子组第二名,孙雅光、黄美青组合获女子组第三名,陈永华、史晓婍组合获女子组第四名。

(陶光辉　罗时善　曾癸飞)

【昌九管理处邹家河所发挥职工书屋的作用】 5月20日,全国总工会副主席、书记处书记倪健民在省总工会党组副书记、常务副主席郭学勤,党组成员、纪检组长蒋云国,省交通工会、省高速集团工会负责人的陪同下,到昌九管理处邹家河所视察指导工作。

倪健民一行听取邹家河所关于职工书屋建设、管理、使用情况的汇报,观看反映该所规范化所站建设的宣传片，在得知该所因地制宜建设职工书屋时，倪健民对此表示称赞，特别是了解到职工书屋已经成为提高职工思想道德素养和科学文化知识水平的重要平台，发挥了积极的示范作用后，倪健民十分高兴，勉励该所继续积极引导广大职工读好书，保持爱读书的良好浓郁氛围，发挥职工书屋的作用，让职工书屋成为职工们交流思想、促进学习、增长知识、共同进步的联络站和补给站。倪健民还参观该所办公大楼和员工宿舍，对花园式的办公环境，温馨舒适的生活环境表示赞赏。

昌九管理处十分注重丰富职工文化生活，在发挥全国总工会第一批授牌的“职工书屋”示范点邹家河所作用的同时，2010年按照国家级职工书屋标准，投资建设各所站职工书屋，促进基层文化和精神文明建设。

（欧阳龙）

【路港工程局为患病退休职工捐款献爱心】 路港工程局退休职工李信明因双肾衰竭，于2010年3月入院治疗。住院期间，局领导、工会组织曾多次探望并询问病情。由于李信明的病情不断恶化续转入尿毒症，必须定期进行血液透析治疗，每个月仅透析费用就要花费1万余元。面临高昂的医药费用，生活不宽裕的李信明家陷入了困境。

局领导知悉情况后十分重视，由局工会、团委发出捐款倡议书，号召全体干部职工发扬“一方有难、八方支援”的传统美德，为困境中的同事伸出援助之手，帮助其渡过难关。局领导班子成员带头捐款，全局干部职工慷慨解囊，3～4天时间就募集捐款13540元。7月21日，局领导代表全体干部职工将捐款送至李信明手中，缓解了李信明家的燃眉之急。

（龚文辉　曾　真）

【江西远洋运输公司参加全省厅处级干部羽毛球团体赛并获佳绩】 11月28日，为期两天的2010年江西省“沃3G杯”厅处级干部羽毛球团体比赛顺利落下帷幕。由省交通运输厅副厅长胡琳率领的高速集团队、厅总工程师胡钊芳率领的省公路局队参加比赛并分获亚军和第六名，远洋公司总经理赵建歧、副总经理彭韬分别作为两队的主力队员参加比赛。该次比赛由江西省体育局、江西省羽毛球协会主办，江西联通协办，省人大、省检察院、省交通运输厅、九江市、鹰潭市等省直机关和地市17个代表队参加。

（江西远洋运输公司）

【江西远洋运输公司举行“技能大培训、岗位大练兵、劳动大竞赛”知识竞赛】 12月20日下午，该公司举行“技能大培训、岗位大练兵、劳动大竞赛”知识竞赛，该公司机关下属各单位5个队参加比赛。考试采取团体的方式进行，公司机关、司属各单位各派5人组成代表队参赛。考试试卷共100道试题，均为单项选择题，总分为100分，内容分为5个部分：综合知识，占25%；业务知识，占30%；劳动合同法知识，占15%；安全生产知识，占15%；计算机基础知识，占15%。通过2个小时的激烈角逐，公司机关代表队取得团体总分第一名，江西中货及集运公司分获第二、三名。

该次考试是公司开展“技能大培训、岗位大练兵、劳动大竞赛”活动的一项重要活动，是考核了解公司职工劳动技能的重要手段，整个活动取得良好的效果和圆满的成功。

（江西远洋运输公司）

【萍乡市交通系统“高铁杯”篮球联谊赛顺利结束】 10月10～20日，由萍乡市交通运输局主办，中铁十九局集团沪昆客专（江西段）八标指挥部承办的“高铁杯”篮球赛在萍乡市交通运输局灯光球场进行。参赛队有萍乡市交通运输局、中铁十九局集团沪昆客专（江西段）八标指挥部、沪昆铁路客运专线江西有限责任公司萍乡指挥部、萍乡市公路管理局、江西省交警总队直属四支队二大队、江西省路政总队萍乡路政支队、萍乡市地方海事局、萍乡市运管处、萍乡市属各县区交通运输局、萍乡长运有限公司等13支代表队。比赛采取循环赛进行对决，在为期10天的比赛中，各参赛队始终本着“友谊第一、比赛第二、文明礼貌”的信念，团结合作、积极拼搏，充分展示了交通战线干部职工的精神风貌。

（李襟远）

【鹰潭市首届“公交之星”颁奖晚会隆重召开】 12月6日晚，鹰潭市首届“公交之星”颁奖晚会在市影剧院隆重召开，市政府、市交通运输局、市文化事业发展中心、鹰潭人民广播电台、市公共交通公司有关负责人出席晚会。

这次晚会是2010年市公交公司举办的“公交服务年”活动及首届“公交之星”评选活动。评选活动共发出选票2000张,收回1630张,其中有效票1419张,无效票211张。经过市民的积极投票,2条公交线路、6台公交车和37名先进工作者脱颖而出,获得“公交之星”称号。

整台晚会除了振奋人心的颁奖,丰富的文艺表演也是晚会上一个耀眼的亮点。精彩的文艺演出穿插其中,把颁奖烘托得更加喜庆热闹。

公交公司员工黄露的一曲《最炫民族风》、电台主持人的快板《夸夸咱们公交人》等节目动情演绎,引发着观众雷鸣般的掌声。整个晚会内容丰富、精彩纷呈,气氛热烈、掌声不断,充分展现了公交人的精神面貌。最后,大会在公交全体员工《鹰潭公交之歌》的合唱声中圆满结束。

(彭　霞)

【宜春市公路局庆“三八”活动丰富多彩】 3月8日是“三八”国际劳动妇女节100周年纪念日。宜春市公路局各单位采取各种方式庆祝“三八”妇女节,进一步激发广大女职工的工作热情,活跃工作氛围。3月8日上午,路桥工程局女工委员会在党委、行政的大力支持下,举办“三八”座谈会、开展打扑克、跳棋、飞镖等一系列文体活动。上高分局拿出15000余元,组织全局30余名职工外出参观学习,开拓女职工视野。勘察设计院举行茶话会、小游戏、聚餐等一系列精彩纷呈的活动,为女职工送上节日祝福。

(省公路局)

【樟树港航处刘岩峰获全国武术比赛“双奖”】 2010年全国首届“武术之乡”传统拳种传承人演武大会,于6月17~21日在陕西宝鸡市体育馆隆重举行。来自全国各地42个代表队的400余名运动员参加比赛。赛场上,年近60岁的樟树市港航处职工刘岩峰身轻如燕,宝刀未老,经过激烈角逐,荣获械器(刀术)和拳术两个单项的二等奖。

刘岩峰自幼习武,50余年来一直坚持以武会友,强身健体,钻研武术文化,弘扬中华武术精神,多次参加国内武术大赛并获佳绩,在地方武术界享有盛名。2009年,刘岩峰兼任樟树市武术协会会长。

(郑小龙　陈　喜)

【丰城市交通运输业工会联合会成立】 9月6日,丰城市交通运输业工会联合会正式成立。负责管理辖区交通运输局机关、大桥(新梅)管理处、航运公司、渡口管理站、出租车公司等5工会,有会员1014人。工会主席分别为:丰城市交通运输业工会联合会主席邱贤城、副主席徐树荣,交通运输局机关工会主席邱贤城、大桥(新梅)管理处工会主席赵媛梅、航运公司工会主席熊美林、渡口管理站工会主席甘忠如、出租车公司工会主席徐洪福。

2010年,市交通联合工会积极发挥服务维权作用,促进交通事业的全面科学发展,工会自身建设也取得长足的进步。1.夯实基础,推进工会组织建设。一是工会干部配备年轻化,荆监一级路管理处、市征稽处等单位在调整干部时,配备年富力强的中青年干部担任工会主席,增加年富力强的专职工会干部。二是全面落实工会主席进班子的政策,市直交通单位工会主席全部是同级党委(总支、支部)委员。丰城市交通运输局还专门配备专职机关工会主席。三是完成出租车企业组建工会工作。5月,市总工会与交通联合工会下发《关于在全市开展推进出租车企业集中工会行动的通知》,经过近两个月的集中建会行动,丰城14家出租车企业,全部以公司为单位组建工会组织。2.履行职责,服务交通发展大局。一是积极支持职工参与企事业单位民主管理。行政事业单位将维权工作作为自己的主要工作;交通企业工会在为职工维权,参与企业发展,维护企业稳定方面做出积极贡献。市航运公司通过民主评议干部制度,召集职工代表座谈、与职工个别交谈等形式从德、能、勤、绩、廉五方面对公司中层干部进行民主测评,民主监督工作发挥巨大作用。市局机关工会积极引导职工正确对待改革,保证改革关键时期交通队伍的稳定。二是政(事、厂)务公开不断深入。各级工会组织积极落实政务公开相关管理规定,政务公开工作覆盖面已达100%,通过公开公示,使职工和群众在知情中理解,在理解中支持,实现职工民主监督、参与管理的权利。三是促交通发展争当主力军。7~8月,市运管所先后组织维修行业、驾培行业开展行业大比武大练兵活动,对提高维修培训质量,打造一支职业技能过硬的维修教练队伍,起到很好的作用。3.完善制度,建设创新型工会。一是争取党委对工会工作的重视和支持,出台中共丰城市交通运输局委员会《关于加强工会工作的意见》，意见从五个方面（加强工会工作的指导思想和目标任务，围绕交通行业改革发展稳定加强职工队伍建设，围绕构建和谐交通加强工会维权机制建设，围绕增强工会组织活力加强工会自身建设，加强对各级交通工会的领导。）提出了加强工会工作的要求。二是制定《丰城市交通系统职工争先创优奖励办法》，明确提出具体详细的奖励对象，奖励范围，奖励标准奖励程序等。三是进一步规范政务公开工作，使政务公开更加制度化、规范化、科学化、经常化。

（裴爱国）

共青团工作

【概况】 2010 年，厅直团委坚持以“创先争优”为动力，以加强自身建设为重点，以服务青年成长成才为目标，大力加强团的思想、组织、作风建设，充分发挥团组织的生力军和突击队作用，为江西交通运输事业的改革、发展和稳定作出了积极贡献。是年，涌现出一批务实创新、奋发进取的先进典型：厅直机关团委被省直团工委评为 2009 年度省直机关共青团工作先进单位，1 名个人（龚胜）被评为第八届省直机关“优秀青年”。省高速集团天驰高速科技公司副总经理陈京钰被省直工委组织部、省直团工委、省直青年联合会联合授予第八届省直机关“十大杰出青年”荣誉称号，并在表彰大会上发言。

构筑精神支柱，加强思想引导，用马克思主义中国化的最新成果武装青年头脑。一是用社会主义核心价值体系引领青年。坚持把理想信念教育放在首位，大力弘扬以爱国主义为核心的民族精神和以改革创新为核心的时代精神。以“五四”、国庆等各种节庆纪念活动为契机，充分利用先进典型感人的鲜活事例，不断提升青年思想政治教育的效果，使社会主义核心价值体系成为广大团员青年思想的罗盘和坐标、心灵的寄托和归宿。二是用科学发展观武装青年头脑。为激励广大青年奋发有为，开拓进取，建功成材，厅直各级团组织通过“三会一课”、团员活动日、青年政治学习日，成立青年学习小组等渠道，采取报告会、座谈讨论等形式，组织广大团员青年全面学习、深刻领会中共十七届三中、四中、五中全会精神以及团的十六大精神和科学发展观的科学内涵、精神实质、根本要求，引导青年进一步学习实践科学发展观，用科学发展观统一思想、指导工作，着力转变不适应、不符合科学发展观要求的思想观念，着力解决影响和制约共青团和青年工作的突出问题，努力建立共青团工作科学发展长效机制。三是用形势任务教育激励青年。结合江西深入推进鄱阳湖生态经济区建设、全团支持参与共青城发展和交通运输的改革发展，认真分析思考，深入开展形势任务教育，让青年清醒地认识到交通运输改革发展面临的新形势，把握行业发展规律，认清形势，坚定信心，把广大团员青年的力量凝聚到圆满完成“十一五”江西交通运输发展的各项任务中去，为实现江西在中部地区崛起贡献青春和力量。

围绕中心工作，服务成长成才，积极拓宽共青团工作作用的发挥渠道。1. 立足本职创一流，深入开展创先争优活动。根据统一部署，深入开展“双创双促双提高”创先争优活动，厅直各级团组织按照活动要求，结合各自实际，突出共青团特色，切实把创先争优贯穿到实际工作中。一是围绕交通重点工程建设、3000 千米高速公路建成通车、迎接全国干线公路大检查等中心工作任务，积极开展“青年岗位能手”和“青年突击队”等活动，发挥青年体力、智力和技术的综合优势，把青年的成长进步与推进交通运输科学发展紧密相连，引导青年发扬爱岗敬业的职业精神，养成诚实守信的职业道德，树立岗位成才的职业追求，立足本职创造一流工作业绩。二是在由省委创先办和团省委联合举办的“江西省创先争优团员青年典型事迹巡回演讲报告会”上，厅直团委作为全省创先争优青年典型中唯一的集体典型作了题为《青春在高速路上高高飞扬》的先进事迹报告，报告通过鲜活感人的典型事迹充分展现了江西交通人在平凡岗位上，在险情危急时特别能吃苦、特别能战斗、特别能奉献的精神风貌。首场报告举行前，江西省委常委、省委组织部部长莫建成和省委宣传部常务副部长陈东有，省委教育工委副书记史蓉蓉，省委组织部副部长杨伟东，团省委书记王少玄，副书记梅亦、曾萍及省委创先争优办副主任王敦范等领导亲切接见事迹报告团成员，春节前后报告团还在全省各地市进行了约 20 场次的巡回报告。三是在 2010 年 6 月，全省遭受大面积洪涝灾害时,各级团组织和广大团员青年奋勇当先,把迅速投入到抗洪保通工作中作为创先争优活动的具体实践,充分发挥生力军和突击队作用,用汗水和毅力谱写了一曲曲嘹亮的青春之歌。其中,省高速集团鹰潭管理处团支部荣获“全省抗洪救灾先进青年集体”荣誉称号。2. 以点带面树形象,深入开展青年文明号创建活动。厅直团委把青年文明号创建活动作为交通运输行业文明创建活动的重要载体,以“青春献交通、建功在岗位”为主题,加强对青年文明号日常规范化管理,落实青年文明号集体相关的待遇,并取得良好的成效。各青年文明号集体立足本职岗位,通过常年坚持组织开展优质服务活动、信用公示活动、和谐共建活动,积极树立“青年文明号”的品牌效应,以点带面充分展示了交通运输全行业的良好形象。是年6月,以全国第20个节能宣传周为契机,各级团组织深入开展“青年文明号节能减排”活动,制定措施,推广项目,取得成效。特别是温厚收费所王铁中、胡泰结发明的《高速公路收费站通行卡自动发卡装置》被国家知识产权局授予发明专利,降低了运营成本,提高了服务水平,节能减排效果明显。9月,为响应省委、省政府关于全力做好中博会相关工作的号召,动员组织广大青年文明号集体及争创集体广泛开展了“青年文明号与中博会同行”主题实践活动,喜迎中博会、服务中博会、奉献中博会,受到社会各界好评。通过青年文明号的创建,全省交通运输系统涌现出全国杰出青年文明号集体1个,全国青年文明号信用建设示范行动集体1个,全国青年文明号集体13个;19个集体被新命名为2008~2009年度省级青年文明号,138个集体被继续认定省级青年文明号,300余个集体先后被评为省直级或设区市级青年文明号。3. 以活动促活跃,积极开展丰富多彩的文体活动。为促进厅直各单位内部的沟通交流,使交通运输行业文化更具凝聚力、生命力和感召力,厅直各级团组织广泛开展形式丰富多彩、青年职工喜闻乐见的文体活动:一是组织第三届“交通杯”职工篮球赛、“迎春杯”爱国歌曲合唱比赛、“五四”青春放歌比赛、员工岗前军训结业文艺晚会等丰富多彩的群众性文体活动,全方位提高了青年交通职工的文化素养,形成了浓郁的交通文化氛围。二是2010年12月31日,厅直团委在交通职业技术学院举行以“铸就团队精神,绽放青春风采,加强青年联谊”为主题的团员青年“迎新年”联谊活动。厅党委委员、副厅长、厅机关党委书记孙茂刚出席开幕式并宣布活动开始。来自厅直各单位的136名团员青年参加联谊活动,此次活动在体育竞赛的过程中穿插了丰富多彩的文艺节目,集趣味和挑战于一体,现场气氛热烈。三是积极开展青年读书活动,营造正确的青年导向。在全厅各级团组织和广大团员青年中倡导“精学理论,深学业务,广学知识”读书活动,引导团员青年“多读书、好读书、读好书”,营造正确的青年导向,提高团员青年的综合素质。各单位建成了一批“职工书屋”(其中全国职工书屋1个,达到全国级职工书屋标准的5个,达到省级职工书屋标准的32个,共藏书93000多册),在广大职工中掀起了新的读书热潮。

夯实组织基础,加强自身建设,不断增强团组织的吸引力和凝聚力。1. 加强组织建设,全面推进党建带团建工作。一是厅直共青团第五次团员代表大会于2010年4月30日在南昌召开,厅党委书记程受锭出席会议,副厅长、厅机关党委书记孙茂刚到会并为团员青年代表作重要讲话。大会选举产生了新一届厅直团委委员。二是为策应全省交通运输系统管理体制改革的需要,使团组织设置始终与团员青年变动同步,先后成立了省港航管理局团委、省公路运输管理局团委、省高速公路联网中心团委等团组织,并及时调整了部分团组织隶属关系:将原由厅直团委直属管理的江西公路开发总公司团委划归省高速集团公司团委直属管理;原由省公路局团委直属管理的温沙管理处团委、昌金管理处团委、景婺黄管理处团委、武吉管理处团委划归省高速集团公司团委直属管理;原由省高管局团委直属管理的赣粤公司团委、赣州管理处团委、泰井管理处团委、工程养护管理处团支部、省庄养路站团支部、质量监督站团支部、高速广告公司团支部、高管实业公司团支部归省高速集团公司团委直属管理。三是为有效提高共青团基层组织管理的工作效率、质量及管理决策的有效性、可靠性和实时性,实现厅直团组织工作的计算机现代化管理,在厅直各单位全面推行应用“共青团基层组织数据采集系统”。该系统软件根据共青团基层组织管理工作的内容和特点,充分注重软件操作的交互性、简单性以及科学化、可视化原则,由团组织管理、团干部管理、团员管理、数据交换、系统管理等五个应用模块组成，通过软件可以将各级团组织建成的信息库方便地上报给上级，并在厅直团委形成全员库，及时为各级团组织管理提供了准确、全面的数据信息。四是进一步建立健全基层党建带团建工作的长效机制，根据厅直机关党委印发的《关于进一步加强厅直共青团组织建设的通知》，规定各单位党委副书记或纪委书记分管共青团工作，各单位党组织坚持每年两次以上听取和研究共青团工作。同时协助做好厅直团干的选配工作，对厅直团干部配备提出明确要求：新任厅直单位团委书记、副书记年龄一般超过32周岁，任职最高年龄不超过35周岁，具有大专以上文化程度。2. 加强队伍建设，进一步提高队伍素质。各级团组织以创先争优活动为载体，采取多种形式加强队伍建设，大力提高团员青年的政治素养、理论水平和工作本领。一是先后组织厅直单位团委负责人和优秀团员青年分别参加省直团工委举办的团内统计软件培训班和“省直青年看世博”参观团赴上海参观学习，取得较好学习效果。二是“推优”工作从规范程序入手，积极负责地向党组织推荐优秀团员作党的发展对象，增强了团组织的吸引力和凝聚力。近两年经“推优”入党的青年41人。三是根据《江西交通厅直属机关团组织目标管理考核细则》，每年组织厅直共青团工作的检查考核。在此基础上，每年“五四”期间，评选表彰了一批先进基层团组织、优秀团员和优秀团干部。

（秦炜婷）

【江西公路开发总公司举行“我是后备军　党在我心中”征文比赛】 9月份以来，江西公路开发总公司团委举行“我是后备军　党在我心中”为主题的征文活动。此次征文活动获得广大团员青年积极响应参与，既有行政管理人员、也有收费一线人员踊跃投稿。参赛人员以对中国共产党的认识和热情，结合自身感受，以散文、诗歌等表达方式，抒发对党的无比热情，对事业发展的豪情，对自我成长的激情。收到文章49篇，经评选，从中择优评选出6篇获奖文章。

（邓　丽）

【共青团省委考察组莅临界牌处复核“青年文明号”创建工作】 11月11日上午，团省委“青年文明号”复核考察组在省厅团委、省港航局党办和团委负责人的陪同下，到界牌航电枢纽管理处复核其“青年文明号”创建工作。

界牌处自组建成立以来，所属的水电厂紧紧围绕创建“青年文明号”工作目标，在青年职工中大力弘扬“立足岗位、建功立业、创优争先”精神，充分发挥了生力军和突击队作用。其运行车间和检修车间分别于2005年、2007年荣获省级青年文明号荣誉称号。

复核考察小组在听取相关工作汇报、查看资料及现场考察后，高度肯定该处在制度创新、特色活动、文化宣传、长效机制建设等方面的优势。认为该单位2005年以来通过创建团组织文化，占领青年阵地，积极开展技术培训和岗位练兵等系列活动，提高了青年职工的专业技术水平，确保了航电枢纽安全稳定运行。考察组最后希望该处再接再厉抓好基层团建和青年文明号创建工作，使之成为担当枢纽重任、培养青年人才的摇篮，服务地方经济发展的窗口。

（李建国）

老龄工作

【省交通运输厅离退休干部的基本情况】 2010年，省交通运输厅有离退休干部1374人，其中离休干部74人，退休干部1300人，其中，厅机关离休干部9人，退休干部64人。在离休干部中，享受副省级住房、医疗待遇1人，享受副厅级待遇16人，享受副厅级乘车、医疗待遇1人，享受副厅级医疗待遇8人，享受正副处级待遇38人，享受科级及以下待遇10人。在离休干部中行政编制9人，事业编制57人，企业编制8人。离休干部中有老红军1人。

（王丽琴）

【厅离退休干部管理处荣获“全省老干部宣传思想工作先进单位”称号】 2010年，省交通运输厅离退休干部管理处被中共江西省委老干部局评为2010年度全省老干部宣传思想工作先进单位。这是厅老干部处连续11年获此荣誉。11年来，厅离退休干部管理处在省委老干部局和厅党委的领导下,认真贯彻落实党中央和省委一系列有关老干部工作的方针、政策和规定,全厅老干部的政治、生活待遇得到了很好的落实,老干部队伍稳定,老干部对厅老干部处的工作也很满意。同时,厅老干部处的工作也得到省委老干部局的肯定。

(王丽琴)

【厅老年体协、离退休干部管理处举办江西省交通运输系统第十三届老年门球赛】 省交通运输厅离退休干部管理处、老年体协于10月16日~19日在南昌举办全省交通运输系统第十三届老年门球赛。

宜春市交通局、公路局,新余市交通运输局、公路局,景德镇市公路局,省公路局、省道路运输管理局、省交通设计院和厅机关共9个队近100名运动员参赛。经过9轮36场紧张激烈的比赛,突出了风格,突出了团结。新余市交通局代表队以全胜战绩夺冠,亚军和季军分别由宜春市交通运输局、宜春市公路管理局代表队获得。

各参赛队以球会友,切磋球艺,交流心得。赛场内外,热烈祥和,充分体现了江西交通运输系统广大离退休干部职工积极向上、文明、健康的风采。

比赛期间,副厅长许润龙、厅组织人事处处长蔡建新亲临赛场亲切看望全体参赛人员,受到参赛人员的热烈欢迎。许润龙向参赛人员介绍江西高速公路通车里程突破3000千米的盛况,全体人员无不为之欢欣鼓舞。

组委会还组织了外地市的运动员参观南昌“八一”起义纪念馆和红谷滩秋水广场。

(王丽琴)

【省交通运输厅召开2010年离退休干部交通形势报告会】 2月2日,省交通运输厅在南昌召开2010年离退休干部形势报告会。厅长马志武出席会议并向离退休干部介绍当前交通发展形势,副厅长许润龙主持会议。厅机关以及厅直属二级单位离退休干部60余人欢聚一堂,共话交通发展。

马志武在介绍交通发展形势时指出,2010年是新世纪经济社会发展最为困难的一年,也是全省交通运输工作大投入、大建设、大改革的一年。全年交通投资总额首次突破200亿元,国家高速公路网江西境内项目全面启动建设,高速公路在建里程首次突破1600千米。按照省政府将2012年通车里程目标由3500千米调整为突破4000千米的要求,全省同时建设15条高速公路;农村公路建设继续保持强势劲头,连续6年突破1万千米,全年完成通村油路水泥路11500千米,农村公路硬化跨越8万千米台阶;努力推进交通运输机构改革,整合高速公路、水运资产。调整了厅管理职能和内设机构,正式接收了指导城市公交、出租车、轨道交通管理职责。各项成绩的取得,充分体现了交通运输系统广大干部职工特别能吃苦、特别能战斗、特别能奉献的优良作风。

出席会议的离退休干部对江西交通工作取得的优异成绩给予充分肯定和赞扬,并就进一步加强交通建设和管理等提出宝贵的意见和建议。

(厅离退休干部管理处)

【厅离退休干部管理处组织厅机关离退休老干部参观考察“鹰瑞”高速公路】 11月11~12日,厅离退休干部管理处组织厅机关离退休干部参观考察“鹰瑞”高速公路。此次活动得到厅党委的高度重视,厅领导要求厅老干处切实组织好这次的参观考察活动,确保活动的圆满成功。活动得到了鹰瑞项目办的大力支持、积极配合、考虑细致周到、并由项目办领导亲自陪同。这次活动使老干部们又一次亲身感受到江西高速公路进入新世纪以来的发展和变化,对江西交通取得的巨大成就赞叹不已。

(王丽琴)

【厅老干部处工作人员参加全省老干部工作政策业务知识竞赛】 9月20日,省交通运输厅离退休干部管理处组织工作人员参加全省老干部工作政策业务知识竞赛并取得了好成绩。

该次竞赛按照中组部和省委老干部局的部署和要求,由省委老干部局主办,旨在推动老干部工作系统学习型机关建设,促进对老干部工作方针政策的学习,提高老干部工作人员的政策水平和业务素质。来自全省各地、市及省直机关的16支代表队参加竞赛。竞赛分预赛和决赛两个阶段进行。

省厅离退休干部管理处自接到竞赛通知起,就进行积极的准备。还特意召开了一次全体参赛人员集体学习竞赛提纲和复习材料的业务学习会，帮助工作人员研究分析，以利于更好地掌握和理解相关的政策和业务知识。赛前，工作人员专门去熟悉场地、设备，仔细分析每一个细节。比赛中，工作人中既有重在参与、重在展示交通系统良好风貌的平常心，又有相信自己实力、相信自己努力的自信心。

进入新世纪以来，省交通运输厅离退休干部管理处注重队伍建设，不断加强学习和管理，教育党员干部和工作人员"讲党性、重品行、作表率"，树立和展示新时期老干部工作者的良好形象，把对老干部工作政策的学习和掌握作为基本功，该处坚持学习制度，积累经验，政策业务水平扎实，这也是该次竞赛取得好成绩的重要基础。

（厅离退休干部管理处）

【厅老年体协开展丰富多彩的活动】 2010年初，厅老年体协根据省老年体协工作精神，专门召开厅老年体协全体委员会，会上传达省老年体协会议精神；研究2010年的工作要点和赛事安排。

1. 新春佳节来临之际，厅机关老年体协组织离退休人员开展地滚球、扑克牌、飞镖等项目的比赛活动；厅直属各单位老年体协也分别开展各项适合老年人的各种小型比赛活动。

2. 2010年度，厅老年体协组织人员参加省老年体协和省直老年体协举办的各项活动，有："迎春门球赛"、"三八"门球赛、"五一"门球赛、"十一"门球赛、"乒乓球"赛等等活动；组织举行交通系统南昌地区每季度一次门球循环赛，已坚持了12年，共比赛了48次；还举办了交通系统南昌地区的厅直各单位的第十一届和第十二届钓鱼比赛活动（已坚持了6年），并对在比赛中取得好成绩的老人们给予了奖励。通过这些活动丰富了老人们的生活，更充实了老人们的心灵，真正给老干部们送去了关爱与欢笑，保持了老人们心理上的年轻。

（王丽琴）

【新余市交通局召开离退休老干部迎新春茶话会】 1月28日上午，新余市交通局召开离退休老人们迎新春茶话会，30余名老人参加，局主要领导参加座谈。并向老人们介绍2009年交通局完成各项工作的情况，听取老人们谏言献策10余条，局领导针对谏言逐条给老人们满意的答复，最后祝离退休老人们健康长寿。

（廖继伟）

【宜春市交通运输局组织离退休干部参观华西村】 宜春市交通运输局组织离退休干部11人，由局领导带队赴江苏省，参观天下第一村华西村。通过参观，亲眼目睹该村发生翻天覆地的变化，振动很大，深受鼓舞，感悟至深。

华西村既不靠城市，也不临大海，是一个普普通通的农村，现有人口3.5万人（原华西村3000余人），建村48年以来，高举中国特色社会主义伟大旗帜，把科学发展当作第一要务，牢记发展是硬道理，突出一个"闯"字，始终坚持与时俱进，以创新的理念和思路引领发展，通过全村的艰苦努力，先后办起钢铁、化工、纺织、建材等80多家大型工厂，形成农、工、商、运、游全面发展格局，实现年销售收入500亿元，人均创税48万元，村民人均收入超100万元，村里建有天安门、长城、长廊、人工湖、机场等公共设施。投资15亿元建的88层，高328米，占地0.62公顷经贸大厦，投资3亿元，建高15层华西宝塔等，1000平方米土地上有高端大学1所，共3500余人，大部分村民子女到美、英、法、德等国家留学，村民男55岁，女50岁退休，人均年养老金20万元，全村家家住洋房，人人开小车，由一个贫穷村，一跃成为天下富裕第一村，创人间奇迹，使大家感悟至深。华西取得如此成就，村民生活如此富裕，其主要原因：一是有一个好的带头人。吴仁宝任村党委书记48年，以"发展为先，村民致富为先"的理念，带领村民听共产党的话，听领导的话，战天斗地，团结拼搏，思发展、谋发展、干发展，一切为发展，正如吴仁宝说的，发展才是社会主义，富裕生活是干来的。吴仁宝一身正气，群众住洋楼，吴仁宝仍住在70年代建的旧房子，先后向村捐奖金2000余万元。村民感动地说："富了群众，苦了吴仁宝自己。"老书记是一位德高望重、为民致富的好领路人。二是始终坚持与时俱进。华西人以创新理念和思路引领新发展，坚持解放思想，勇于超越，努力走在时代的前列，走在科学发展的前列，用"大发展小困难，小发展大困难，不发展最困难"的道理教育群众，树立"创造条件才是真道理，有效益的发展最科学"和"创新创优创效"以及"创新必兴，守业必衰"的新理念，不断用思想创新，机制创新、管理创新和科技创新,去引领群众,武装群众,敢为人先,与时俱进,是华西大发展的活力所在。三是注重发挥人才作用。华西人深知,经济要发展,人才是关键。“形成培养人才、招聘人才、尊重人才、重用人才”的浓厚氛围。把重视人才作为发展的第一资源,以优惠条件,不拘一格向全国招聘高级职称工程技术人员55人和高端人才3500余人,聘请外国专家担任顾问,从国内大型企业吸引优秀工程技术人员,村集团公司领导班子成员47%来自外地。设立“科技创新奖”,每年发奖金超亿元,每年选20余名科技人员到国外学习深造,“借用外脑”,“发挥外力”发展华西。

(吴泽水)

【抚州市交通运输局离退休老人们活动形式多样】 2010年,抚州市交通运输局历来重视离退休干部工作,坚持经常开展适合老人们特点的文体娱乐活动。一是组织学习活动。按照老有所学的要求和老年人的特点,每周组织老人们学习一次政治时事及上级有关会议精神,老人们畅谈对国强民富大好形势的感想,坚定老有所乐的美好憧憬。二是组织抗震救灾献爱心。当得知甘肃玉树遭受地震灾,人民群众生命财产受到严重威胁时,机关老人们和全国人民一样心系灾区,情牵同胞,在局党委的组织下,全体离退休人员每人捐款50~100元,纷纷向灾区献爱心,钱虽不多,但为灾区人民送去了老人们的一片手足亲情。三是组织参观世博园。11月18~20日,该局专门组织机关老人们前往上海参观世博园场馆,感受各国文化和风土人情,陶冶情操,健康身体。四是每年组织两次钓鱼活动。让离退休老人们在垂钓中愉悦身心,在湖光水色里感受大自然的美好风光,有效地提高了老人们的生命活力,增加了老人们对生命的珍惜和未来生活的向往,和谐彼此间的友谊及邻里和睦感情。

(陈根玲)

【上饶市交通运输局组织离退休干部到玉山县下塘乡参观学习】 上饶市交通运输局机关离退休干部党支部在深入开展创先争优活动中,努力争创“五好”党支部,该局于7月20日组织老干部党员到玉山县下塘乡参观学习。局党组副书记张晓峰、下塘乡党委书记周菊梅等参加这次活动。

这次活动主要以看、听、谈的方式进行,首先老干部们参观下塘乡便民公路、便民中心、均郑村建设、白茶农业产业基地等。随后,乡领导对下塘乡2009年以来在加强基础设施建设、发展生态农业、加强生态环境保护、壮大集体经济、协调抓好社会各项事业、加强基层党组织建设等方面的工作作了介绍。最后,进行座谈交流,老干部们在发言中对下塘乡的农村公路建设、村村通工作深有感触,对下塘乡新农村建设、乡村面貌发生的巨大变化予以高度评价,纷纷表示,要继续发挥余热,为交通运输事业发展建言献策、作出贡献。

(姜惠军)

扶贫救灾工作

【省交通运输厅做好包扶石店村工作】 2010年,根据《省委办公厅、省政府办公厅关于开展以“党旗引领致富路,携手共建新农村”为主题的定点包扶贫困村工作的通知》(赣发字〔2007〕12号)的精神,省交通运输厅继续对赣州市信丰县万隆乡石店村进行定点包扶工作,各项工取得较好的成绩。2010~2011年度扶贫工作由第三任扶贫工作组(省路政总队赣州支队副支队长刘贤胜任组长、厅计划处陈明为组员)完成。

扶贫工作组坚持以真心扶贫,真情服务,真心实意为石店村办好事、办实事、解难事,扎扎实实开展包村扶贫工作。石店村在省交通运输厅、当地党委政府及有关部门的关心帮助和扶贫工作组的努力下,克服各种困难,制定扶贫方案,落实有效措施,加大扶贫力度,主要完成通村水泥、砂石公路3千米,新建石店小学操场等配套设施,综合加工厂房950平方米,合建养猪场2400平方米,可一次性养殖生猪1500头,完善水利灌溉设施及饮水工程;开发加工橙果园基地13.33公顷等项目,使全村发生了可喜的变化。

6月1日,中共省交通运输厅党委书记程受锭,省公路局局长曹先扬在赣州市市长助理李坊荣以及信丰县委、县政府和厅机关有关处室负责人的陪同下,走到信丰县万隆乡石店村考察定点包村扶贫工作,并出席省交通运输厅对石店小学献爱心捐赠仪式。在随后的座谈会上,程受锭充分肯定扶贫工作取得的成绩，并就如何做好扶贫点下一步工作提出指导意见。

2010年元旦、春节前夕和“六一”儿童节，交通运输系统各级领导共同深入石店村，对村35户特困户、五保户、老党员进行走访慰问，发放慰问金和赠送学习用品折合经费约4万元。

全年，交通运输系统各级领导到扶贫点指导、慰问达30余人次。

在扶贫工作组和村党支部的共同努力下，2010年度村党支部被评为万隆乡“红旗党支部”和信丰县“十佳党支部”。

2010年12月19日，万隆乡石店村迎来省委组织部、省扶贫和移民办的检查验收，省扶贫和移民办副主任饶振华用“感情真、措施硬、效果好”9个字高度概括了包村扶贫工作，并说这是他分管扶贫工作以来看到的最好的点之一，对省交通运输厅扶贫工作给予了充分肯定。至此，为期4年的万隆乡石店村定点包扶工作画上了一个圆满的句号。

（陈　明）

【省公路管理局切实做好防汛抗洪工作】 2010年6月~7月，全省遭受严重水灾，公路基础设施也损失巨大。全省有64条线路533处国省道公路发生损毁，普通公路（含农村公路）水毁损失累计达43.46亿元。全省各级公路系统紧急动员、快速反应，启动应急预案，充分发挥“团结创新，务实奉献”精神，全力做好防汛抗洪保通，把洪涝灾害带来的损失降至最低，确保公路正常通行。各级公路部门领导深入一线，分片挂点，靠前指挥；广大公路干部职工投身一线，迎难而上，千方百计保障道路安全通行，想方设法抢通阻断公路，全力以赴做好抗洪抢险保通工作，鹰潭320国道在中断交通10后小时恢复通车，抚州316国道做到水退车通，为各地抗洪抢险提供了有力地支援和坚实的公路交通保障。在防汛抗洪关键时期，省公路局领导分别带领6个工作组赴一线、驻现场指挥抢通、保通。其间，全省各级公路部门投入抢修人员完成73.2万工日，沥青0.8万吨、水泥16.2万吨、沙石381万立方米、编织袋1194万个、沥青冷补1.3万立方米，挖掘机、自卸车、抽水机等设备12.7万台班。与此同时，全省公路职工积极为受灾群众提供帮助，全省疏导1万余车次，提供食品服务3000余人次。为做好公路灾后重建工作，省公路局组织8个工作小组深入重点灾区县调查，统筹公路、桥梁灾后修复、重建方案，结合公路改造、大中修优先安排、优先审批灾后重建项目。全省公路系统广大干部职工夜以继日，奋勇拼搏，如期实现省委、省政府提出的“十天之内先行抢通、三个月内全面恢复”的整体要求，已完工水毁公路灾后重建达到“整体恢复灾前水平，局部超过灾前水平”的目标。

（省公路局党办）

【江西远洋与港口村结对共建和谐文明村】 8月26日，江西远洋运输公司、江西国际集装箱码头有限责任公司与南昌市经开区白水湖管理处港口村举行结对共建活动仪式。公司副总经理周平科，白水湖管理处、港口村有关人员出席。

该公司是省第十二届文明单位，与村结对共建既是省级文明单位的要求，更是该公司开展精神文明创建工作的重要内容。该公司根据实际情况，经过认真甄选，本着务实高效的原则，决定和码头公司一起，共同与港口村结对共建和谐文明村。结对后，该公司将根据自身实际，充分发挥自身优势，按照“文明帮建”活动的总体要求，精心组织、认真实施，本着“未建帮建”、“已建帮提高”、“分期到位”的原则，积极支持和帮助港口村开展和谐文明村建设，积极兴办一批实事、好事。通过结对共建活动，进一步促进港口村文明程度和群众文明素质的提高，推动港口村经济建设、政治建设和精神文明建设协调发展，提高公司精神文明创建水平、创建质量，进一步扩大创建成果，共同推动城乡精神文明的协调发展。

启动仪式上，周平科代表公司将先期帮助港口村“文化活动室”配置的书籍、音像器材、文体物品赠送给港口村。

（江西远洋运输公司）

【景德镇市交通局真情帮扶挂点村脱贫致富】 11月12日，浮梁县江村乡柏林村将一面印有“情系百姓，真心帮扶”的锦旗送到景德镇市交通局领导的手中，表达柏林村村民的感激之情。

柏林村有11个自然村，14个村民小组，近1500人口，由于地处偏僻，经济基础薄弱，在2005年被定为省级重点扶持村。景德镇市交通局自

2007年起挂点帮扶该村。为做好挂点扶贫工作,该局成立包村工作组,由政治素质好、作风实、有包村经验的副县级领导担任组长,配备2名熟悉农村工作、能吃苦耐劳的中青年干部为成员,到该村调研、走访群众,并根据该村实际情况制定4年发展规划和发展目标。经过近4年的共同努力,柏林村在景德镇市交通局的真情帮扶和广大村民的积极参与下,村容村貌发生了巨大变化,村民生活水平得到了显著提高。

景德镇市交通局根据当地实际情况,指导村民科学致富,引导村民发展"一村一品",对贫困户实行资金支持,不断壮大村集体经济。到2010年10月,全村年生产袋料木耳80万袋、种植西瓜33.33公顷。该局还帮助200余名有一技之长的村民赴外地打工,村民人均纯收入一举由全乡落后村走进了全乡前列。

景德镇市交通局对村办公场所和村民活动中心进行装修改造,添置了办公桌椅、电教设备等设施,对近10千米的村级公路进行硬化,为300余户村民安装自来水,与市、县教育部门协商投资10万元对柏林小学进行改造,联系市水务部门对400米长的护河坝进行砌坡护体,对穿村而过的河道进行疏通。近4年市交通局投入资金200余万元支持该村发展建设。2010年,走在柏林村,街道整洁,河水清澈,晚上40余盏路灯一起点亮,营造出一股安祥和谐的乡土气息。

(朱 斌 汪圣林)

【萍乡市交通运输部门积极开展灾后恢复重建工作】 6月23~24日的持续强降雨对萍乡市农村公路网造成巨大损毁,全市农村公路和部分国省道发生多处山体滑坡、塌方和泥石流等地质灾害,汪公潭至五陂下、三田至东源等7条重要县道全部被淹,另有49条县乡道、84条村道交通中断,120条农村公路通行受到影响,有16个行政村与外界的主要通道被中断。特大水灾使全市农村公路路基损坏473.2千米,油(水泥)路损坏357.7千米,冲毁砂石路321千米,555处护坡、14处驳岸、486处挡土墙因灾损坏,1489处公路出现塌方险情。水灾造成全市197座农村公路桥梁不同程度受损,2818道涵洞全毁、42道局部损毁。萍水河上有100余年历史的车水桥被洪水冲击导致纵向位移12厘米,另有石塘桥、蔡家桥、浪天桥、肖家桥等桥梁倒塌。为将灾情损失降到最低程度,自灾情发生后,萍乡市各级交通运输部门在市委市政府的正确领导下,讲政治,顾大局,不等不靠,无私奉献,把抢通和修复水毁公路作为当前压倒一切的中心工作,全力以赴展开灾后恢复重建。一是萍乡市交通运输局及时成立6个灾后恢复督导小组,由班子成员分任组长,从6月24日起即奔赴灾区一线了解灾情,并督促指导各县区交通部门积极开展抗灾救灾工作。二是全市各级交通运输部门积极发扬特别能吃苦、特别能战斗的艰苦奋斗精神,及时投入救灾资金、出动机械设备全力展开灾后恢复工作。三是积极动员和组织灾区群众开展灾后公路恢复重建,努力形成灾后恢复重建的合力,最低限度降低灾害造成的损失。四是认真克服麻痹思想和侥幸心理,继续发扬迎难而上、顽强拼搏的精神,进一步强化措施,层层落实责任制,健全完善值班值守、排查巡查、信息直报、督查通报等工作制度,继续做好"打大仗、打恶仗、打硬仗"的充分准备。

(陈孝法)

【九江港航分局做好扶贫帮建源口村工作】 7月22日,省人大常委会副主任陈安众在九江市人大常委会主任张远秀陪同下,率省、市、县扶贫开发工作组相关领导一行人,走到德安县邹桥乡源口村调研。

作为省级贫困村之一的源口村,其定点扶贫工作由陈安众(原九江市市委书记)为挂点领导,九江港航分局为定点扶贫单位。2007年以来,源口村借扶贫开发之东风,抢抓机遇,切实以《中国农村贫困开发纲要》为指导,以贫困户为重点,以改善贫困人口生产、生活条件为工作内容,紧紧围绕"兴致富产业,建生态家园,创文明新村"的总体目标,在各级政府部门的大力支持和九江港航分局的倾心帮建下,村容村貌发生了根本性的变化。

看到源口村的变化,陈安众连连称赞,并对九江港航分局扶贫帮建工作予以了充分肯定。同时强调,搞好扶贫工作,一是要建好领导班子,选好村支书、理事长;二是要有造血功能,通过扶贫开发,产业扶贫踏上发展之路;三是要继续巩固已取得的成绩,多与相关部门(水利、林业、交通等)沟通取得更多支持。 (九江港航分局党办)

【九江港口局热心筹资援建希望小学】 修水县征村乡吴坪村系九江市港口管理局定点帮扶村。该村原希望小学校舍因年久失修，严重危及师生的生命安全。2010年，村支部将这一情况向教育局反映，县教育局根据国家的有关政策，争取到省发改委的资金立项，但存在20万元的资金缺口。九江港口局获悉此事后，一方面从单位现有财力中挤出一定资金予以帮扶，另一方面积极协调相关部门伸出援助之手，并成功取得上海国际港务（集团）股份有限公司的热忱赞助。2月6日，上港集团九江港务有限公司总经理邹方中代表上港集团总部向吴坪村捐赠20万元，解决了希望小学建设资金缺口部分的燃眉之急。

（柯瑞华　陈江浩）

【新余市交通运输局指导水北镇泉塘村抗灾救灾】 5月22日，新余市交通运输局负责人率新农村建设帮扶工作队成员4人前往帮扶点水北镇泉塘村指导抗灾、救灾工作。5月21日，新余市遭遇罕见的强降雨，新余市委农工部通知各单位前往新农村建设原帮扶点抗灾、救灾。帮扶工作队在村委干部的陪同下冒雨察看了该村的6个山塘、水库，并要求村委对每一个山塘、水库安排好值守人员，确保24小时不离人，对个别仍存在隐患的山塘、水库，帮扶工作队要求村委尽快准备好砂石料和编织袋进行加固处理，确保安全防洪度汛。5月21日强降雨造成该村农作物受淹面积132公顷（损废面积19.3公顷），其中水稻受淹86.7公顷、损废8公顷，棉花受淹20公顷、损废5.3公顷，农户蔬菜受淹6.67公顷、损废2公顷，大棚蔬菜、西瓜等受淹13.3公顷、损废4公顷，其他作物受淹5.3公顷。受灾农户32户，主要是因农户家进水，导致农户家存放的化肥、粮油以及家用电器受损，受损物资折款达到51300元，倒塌房屋6户、6间，折现14500元。帮扶工作队指出，村委要妥善安排好受灾群众的生活，特别是倒塌房屋的农户，要确保每一个人都有地方住，有饭吃，有干净水喝，不受冷挨饿，同时要尽快组织村民开展生产自救，恢复生产、生活，确保稳定。

（胡晓文）

【宜春市交通运输局真心实意帮扶新农村建设】 2010年，在宜春市新村办的大力支持下，该局按照帮扶新农村建设和谐小康家园示范村工作三年计划，以及市新村办的工作部署与要求，继续挂点帮扶万载县三兴镇沙潭行政村，为切实抓好挂点新农村帮扶工作，局党组思想上高度重视，组织上周密部署，工作上扎实到位，措施上积极创新，自始至终有条不紊地开展帮扶工作，局党组先后3次到新村点召开现场办公会，帮助解决实际困难。是年，共投入8万余元帮助村部改善环境，整修进村公路，完善农民书屋，帮助指导村民发展生产，有效地推进了各项任务的落实，沙潭行政村各项建设得到很好的发展，面貌有了全新的变化。一是坚持思想疏导为先，群众思想觉悟明显提升。农民群众是新农村建设的主力军，做好群众宣传发动工作是关键，是年，局领导、挂点干部先后10余次到挂点村与村委会班子座谈、上门走访、了解情况，宣传新农村建设政策。10月份，积极参加“万名干部下基层，和谐稳定进乡村”集中行动月活动，局派出两名干部到挂点新村点，与村民同吃、同住、同劳动、同学习、同进步，在1个月时间里，通过召开动员会、座谈会、村民代表会，深入田间、地头、村民家中等形式广泛宣传建设社会主义新农村的目的、意义、目标、任务、政策等，宣讲中共十七届五中全会精神、宣传建设鄱阳湖生态经济区的有关政策，宣传党的农村工作政策等，深入调查了解民情民意，切实解决群众最关心、最直接、最现实的利益问题，做到情况在一线掌握、问题在一线解决、矛盾在一线化解、稳定在一线加固、作风在一线转变、科学发展在一线体现。挂点干部积极协助村委会整治村容村貌，拆除省定点的新农村建设和谐小康家园示范村——易家自然村旧房55栋，35600平方米，修建村内水泥路1000米。通过一系列活动，村民的观念得到更新，思想更加开放，村风民风得到改变，杜绝了刑事案件、打架斗殴、群体上访事件。二是突出党员示范作用，党组织鲜活力明显增强。该局坚持把抓好农村基层党组织建设“三落地”活动，作为新农村建设的龙头工作来抓，以“党旗引领致富路，携手共建新农村”为实践主题，10月11日，组织全局党员与新村点党支部党员同过一个党日活动，积极落实“同搞一次宣讲、同促一个低碳产业（项目）、同帮一批困难户、同建一个村级组织活动场所、同办一件实事”等“五同”工作，向新村点党员、村民发放宜春市经济社会发展宣传手册

100余册。是年投入4万元帮助村委会改建了办公楼,并从局机关调剂支援村委会会议桌、办公桌各1套,书柜3个,挂式空调2台,垃圾桶10个;安排3600元帮扶资金支持新农村建设点6户贫困党员和特困户发展生产,改善生活条件。三是发挥自身扶助优势,基础设施明显改善。充分发挥交通运输部门修桥修路的帮扶优势,帮助村里改善交通基础设施,提高村内通行能力。投资4万元帮助解决进村砂石公路2千米的路基改造,积极向上级主管部门跑项争资,为村里争取省交通运输厅立项村部至320国道公路6.8千米,可争取扶助资金117万元,并及时把未通水泥路的村民小组10.5千米水泥公路纳入农村公路改造计划,并完成路基平整等前期准备工作,2011年可基本硬化到位。

(梁益海 柳承启)

【抚州市交通运输部门全力参加沪昆铁路事故援救工作】 5月23日凌晨2时20分,铁路大动脉沪昆线东乡县境内发生山体滑坡事故,上海南——桂林K859次列车脱线,造成大量人员伤亡。接到市政府通知后,抚州市交通运输局局长陈克等领导带领有关科室和技术人员及时赶到东乡事故现场,并立即启动《抚州市道路运输应急预案》,要求各道路客运企业准备充足运力,随时疏运旅客和运输铁路救援人员。7时30分,南丰县运管所、抚州长运南丰分公司紧急调派8辆客车,从向莆铁路南丰建设工地运输196名铁路工程建设人员到事故现场,支援抢险救灾工作,要求沿途各县(区)交通、运管部门一律给予支持,保持救援车辆畅通无阻。13时左右,在陈克等局领导亲自调度下,东乡运管所及时组织2辆客车,疏运30余名旅客从东乡到向塘火车站,顺利完成救援运输任务,在事故救援的过程中,交通运输部门雷厉风行,齐心协办的工作作风和精神面貌得到市领导的充分肯定。

(陈根玲)

【抚州市交通运输局在抗洪抢险和灾后重建中发挥保障作用】 6月21日傍晚,临川区唱凯堤决堤,4个乡镇、41个行政村受灾,受灾人员达10万人。抚州市交通运输局按照市防汛总指挥部的命令,立即启动交通运输应急预案,迅速调集各种客运车辆和货运车辆,共调集客车828辆,发车2280车次,运送灾民及救灾人员88780人次;调集货车1363辆,运送救灾物资3321趟次78279吨,确保了受灾群众生命财产安全。调集400辆工程车,保证唱凯堤和长湖堤堵口石料的运输,为决口提前合拢发挥了关键作用。洪灾刚过,迅速组织开展灾后重建工作,第一时间恢复灾区交通,彰显交通人"特别能吃苦、特别能战斗、特别能胜利、特别能奉献"的精神风貌。 (陈根玲)

文史工作

【江西省交通志(1991~2005)首发式暨江西交通年鉴(2010)审稿会召开】 9月28日,省交通运输厅在南昌召开江西省交通志(1991~2005)首发式暨江西交通年鉴(2010)审稿会。省交通运输厅副厅长、史志编审委员会主任孙茂刚在首发式上做工作报告。省地方志编委会办公室处长赖功赣到会并讲话,省交通运输厅副厅长邓经国宣读表彰《江西省交通志(1991~2005)》编纂工作先进集体、先进个人名单,省交通运输厅巡视员江学功作了讲话,省交通运输厅编史办副主任邓振胜做《关于年鉴撰编的若干问题》讲话。厅交通史志编审委员会委员,各级区市交通运输局分管领导、史志办主任(或主撰人员),厅直属各单位分管领导、史志办主撰人员,厅机关各处室主要负责人,主撰人员,先进人员代表共计80余人参加会议。

《江西省交通志(1991~2005)》是1994年出版的《江西省交通志》的续篇,是对前志的继承和创新。以概述总括交通发展全貌,鸟瞰全志。以大事记提要钩弦,记述重要事项。志书主体部分依次分为道路、道路运输、航道港口、水路运输、规划勘测设计、科技教育卫生、交通管理、党群工作、人物、艺文选录10篇及附录。全志约150万字,彩照60帧,彩图2幅,黑白图67幅,各种表格224个,详细记述了江西交通改革开放的艰难征程,交通基础设施建设的宏大工程,交通运输快速发展的变化过程,交通法治、交通管理、精神文明建设的进步历程,以及交通人如何唱响赣运品牌,演绎时代风采,在交通跨越式发展中展现的拼搏精神和舍己奉献的情怀。它以密集的信息量、丰富的内涵和基于马克思主义中国化所概括的历史经验，为江西交通以及社会加快现代化提供了有益的借鉴。它不仅为人们研究改革开放的江西交通提供了十分方便而有用的基础性工具，而且也为各级领导决策提供了权威性资料。人们会从这里体验到江西交通的辉煌而艰辛的历程，吸取有益的精神营养。

《江西省交通志(1991～2005)》，凝聚了全省交通系统职工的心血，是众多交通人2005～2009年5年共同勤奋笔耕的成果。

（何　赣）

【《江西省交通志(1991～2005)》编纂工作先进集体、先进个人名单】

先进集体：厅史志办、省公路局、省运管局、宜春市交通运输局、景德镇市交通运输局、抚州市交通运输局、南昌市交通运输局

先进个人：

贺一军(厅直机关党委)　张济平(规划办)
刘文豪(高管局)　肖树山(公路开发公司)
张兆平(航务局)　杨　辉(航运局)
熊晓红(远洋公司)　朱　革(交通设计院)
沈小敏(稽征局)　邓振胜(史志办)
卢世军(质监站)　周国祥(南昌市交通局)
吴泽水(宜春市交通运输局)　李发淳(赣州市交通运输局)　胡晓文(新余市交通运输局)　涂强(景德镇市交通运输局)　李海涌(抚州市交通运输局)　陈均培(上饶市交通运输局)　徐才金(鹰潭市交通运输局)　晏卫东(萍乡市交通运输局)　龙少华(吉安市交通运输局)　吴清明(九江市交通运输局)

（厅史志办）

【省公路管理局开展公路行业特色文化创建活动】　2010年，省公路管理局制定《江西公路文化建设"十二五"规划》，继续办好宣传文化载体。对《江西公路》杂志的栏目、内容进行调整完善，通过了省新闻出版局的年审并受到好评；江西公路网的栏目进一步完善，相关子网页内容更加丰富，12月份被评为"2010年江西省优秀政府网站"，这是继2007年度获得"第一届公路行业十大优秀网站"之后获得的又一荣誉。同时，新办公楼宣传栏及时更新，《农村公路改造工程简报》、省公路局迎"国检"简报等一批简报的编印，使整个行业的宣传载体更加丰富。此外，加强摄影文化和青年文化建设，开展6次摄影采风活动，积极参加全国公路系统和省摄影家协会举办的摄影比赛，在《中国摄影报》、《中国公路文化》、《中国交通建设监理》等一批报刊上推出江西公路摄影家的作品，3名会员新加入省摄协，在省文联、省摄影家协会举办的第六届江西省青年摄影艺术展览上，公路摄协推荐的1幅作品获一等奖，4幅作品获三等奖，10幅作品获优秀奖。公路艺术团参与全省高速公路里程突破3000千米的庆祝演出活动。做好江西古桥文化的发掘工作，与《江西画报》社合作，征集江西古桥摄影作品，截至2010年底，已经征集和拍摄照片500余幅。加强对外宣传工作，是年在新华网、中新网、《中国交通报》、《中国公路》、《江西日报》、《江西画报》等媒体上发稿30余篇，全系统对外发稿3000余篇。

（省公路局党办）

【省高速公路投资集团加强企业文化建议】
2010年，省高速公路投资集团有限公司全面实施"文化强企"战略，通过大力加强富有行业特色的文化建设，不断增强高速文化的吸引力和感染力，使文化成为深深融入高速公路各项工作之中的无形力量，促进高速公路事业的科学发展。一是把握核心，文化宣贯全面加强。明确了企业文化建设的总体思路，把企业文化融入高速公路建设融资经营管理工作的全过程，同集团发展战略和精神文明建设结合起来，对内增强凝聚力，着力抓好企业形象策划工作，面向社会公开征集评选出"省高速集团"企业标识，全面推进企业VIS(视觉识别系统)建设，征集并唱响企业歌曲。二是抓住关键，软硬件建设多管齐下。充分发挥江西高速文联和江西高速体协两大群众性团体的载体作用，努力加强文化队伍建设，把提高文化建设队伍素质摆在重要位置，采取"请进来"的方式，邀请省内文艺界名家授课"充电"，为广大文艺爱好者的进步与发展提供了丰润的养分。三是丰富内涵，文化活动丰富多彩。大力组织文艺创作活动，开展多次"走出去"采风活动，如积极组织广大摄影爱好者深入高速公路建设、管养一线，创作产生

了一批精品力作;积极开展各项赛事活动,为广大文艺爱好者搭建展示作品的广阔舞台和加强交流、体现价值的有效平台,先后举行春节团拜会文艺演出、“迎春杯”爱国歌曲合唱比赛、“庆七一、唱红歌、颂党情”歌咏比赛、员工岗前军训结业文艺晚会等活动。四是注重实效,文化成果丰硕喜人。组织广大文艺体育爱好者积极参与系统内外各项文艺体育赛事,取得优异成绩。其中,在中国(江西)国防教育文化节活动中,2名职工分获一等奖和三等奖;在第21届江西省摄影艺术展、第6届青年摄影艺术展中,摄影协会推荐的作品共获得一等奖1个、二等奖2个、三等奖2个、优秀奖8个,另有10幅作品入选;组织58名运动员参加省第十三届运动会暨第三届机关运动会,获得奖牌35块,其中金牌13块,银牌9块,铜牌6块,为省厅体育代表团在该届运动会上豪取桂冠作出了贡献。

(陈　菁)

【江西高速公路通车里程突破3000千米暨第四届“赣粤高速杯”摄影艺术展览隆重开幕】　12月29日,由江西省交通运输厅主办、江西省高速公路投资集团有限责任公司、江西赣粤高速公路股份有限公司、江西省摄影家协会、《中国交通报》江西记者站联合承办的江西高速公路通车里程突破3000千米暨第四届“赣粤高速杯”摄影艺术展览在江西省文联开幕。省交通运输厅党委书记程受锭,省文联党组书记邰海雷,省交通运输厅副厅长孙茂刚、纪委书记成松,省文联党组成员、文联副主席鄢平原,省高速集团总经理、省高管局局长谢来发,省摄影家协会主席许景辉等领导为开幕式剪彩,并为获奖选手颁奖。

2010年是江西推进鄱阳湖生态经济区建设的开局之年,是江西高速公路通车总里程突破3000千米,再次实现历史性跨越的一年,是江西省高速公路投资集团有限责任公司正式运作的第一年,还是江西赣粤高速公路股份有限公司上市10周年的喜庆之年。为充分展现江西交通人在推动江西崛起新跨越进程中团结拼博、争创一流、艰苦奋斗、无私奉献的精神风采,特举办该次摄影展览。

该次摄影展共收到来自全省各地专业、业余摄影者的参评作品2000余幅(组),从中评出高速公路风貌类和建设、运营管理类金奖各1幅、银奖各2幅、铜奖各4幅、优秀奖各23幅,生态江西风光风情奖金奖1幅、银奖3幅、铜奖6幅、优秀奖19幅,入选作品100幅。这些入选作品,主题鲜明、内容丰富、形式多样、品味高雅,以饱满的激情、深刻的思想、敏锐的眼光、高超的技巧,深刻记录江西高速公路建设的崭新风貌,讴歌江西交通人勇于开拓进取的精神风貌,展示了广大摄影爱好者的艺术风貌。

(王卫娥)

【新余市军安公司集体学习《弟子规》】　11月,新余市军安运输产业有限公司开展学习《弟子规》活动,旨在通过国学教育,培养职工优秀思想品德,推进个人品德、家庭美德、职业道德和社会公德建设,构建积极向上、健康文明和谐单位。《弟子规》主要以儒家文化为主要内容,涵盖了仁、义、礼、智、信、温、良、恭、俭、让等德育全部内容。军安公司坚持以学习、教育为抓手,以灌输、渗透为手段,要求全体工作人员要通读《弟子规》,经典部分要背诵,要在通读的基础上对照译文领会其精神实质,每位学习的职工要写出学习心得和体会,并把学到的知识运用到教育子女和社会交往中,从而使全体职工从中华优秀传统文化中汲取营养,规范言行,培养人格,树立良好道德形象,以良好的品行影响他人,促进社会和谐。

(卢敏刚　胡九耕)

【丰城市交通运输局征集资料奠基础把握内容保质量】　丰城市交通运输局自从8月5日在万载县参会返回后,局史志办的编纂人员抓紧领会会议精神,制定年鉴编纂工作日程计划。具体做法有:一是领导重视,认真审稿。分管领导多次亲临史志办精心指导,不断地关心并强调:2010年的年鉴编纂质量要务必提高,业务上要务必精通;对各单位和相关科室的提供资料有何困难要及时报告,并要及时协调。史志办编纂好的初稿分管领导要仔细把关,认真审稿。二是单位支持,科室配合。8月25日,该局党委组织各单位和机关相关科室召开第二次年鉴编纂工作会议后,参会单位、科室积极行动起来;单位领导的尽心支持、相关科室的全力配合、资料员的积极努力,都能按时报送有关资料,认真把交通系统的年鉴编纂工作做好做真，为丰城年鉴事业作贡献。三是确保质量，静心编纂。2010 年年鉴编纂工作时间紧、任务重在编纂过程中，编纂人员牺牲双休日的休息时间，坚持每天早上 4 点起床，晚上加班至深夜 12 点；做到吃苦不叫苦，确保按时完成宜春市局交给丰城的年鉴编纂工作任务。以抓时间、求质量为前提，根据基层所提供的资料，认真对稿选稿，对不符合要求的退回重补，甚至要直接上门去辅导。在不断摸索中深刻认识到，要提高年鉴质量，关键是要把握年鉴编纂的“三关”：1. 把好年鉴资料征集关。遵照宜春市局史志办规范的编目内容，结合丰城市交通系统各单位和机关科室职能，认真梳理和编辑提供资料告知单，明确交稿时间，用催促、编纂、下基层了解真实事例同步采纳的办法进行稿件收集，避免存在等稿来编、等菜下锅的现象发生，促进各单位按时按质交稿到位。2. 把好年鉴资料的筛选关。2010 年每次的年鉴资料征集后都会看到很多简单事例和数据，这些冗余信息，不仅需要花时间去剔除，而且会和真实的信息事例混杂，从而影响编纂质量。从提供的年鉴资料稿件中语言很多，想看的内容看不到，不想看的内容还得耐心看。3. 把好年鉴内容的编纂关。年鉴的内容优劣决定年鉴的质量和可读性。只有不断创新年鉴内容，不断用科技理念来编纂，才能做到确保年鉴编纂质量，才能使年鉴成为读者的资料书。

（裴爱国）

中央苏区交通局旧址

市、县交通运输

南 昌 市

2010年,南昌市公路建设只在个别公路小幅调整,在册公路里程为9983.68千米,比上年增加328.93千米,主要增加在村道建设。全市有高速公路276.63千米,国道260.24千米,省道109.18千米,县道1225.21千米,乡道1116.81千米,村道6922.45千米,专用道73.16千米。全市已有7条高速公路、3条国道、7条省道和4条一级公路相连成网,与之配套的县道、乡道、村道四通八达。有公路旅客运输业户299户,公路货物运输业户1.12万户,公路运输相关业务经营业户1309户,从业人员13.12万余人。有营运载客汽车2073辆,客位5.40万座。公路客运线路533条,其中,省内243条,跨省112条,高速班线23条。有营运载货汽车4.60万辆,运力16.50万吨。全年共完成旅客发送量7008万人次,货物运输量6620万吨。全市有城市公共交通客运企业27户,其中,出租汽车经营企业26户,出租车4003辆;公交企业1户,营运线路145条,公交车2606辆。

全市有航道461.80千米,主航道为Ⅲ级。《南昌港总体规划》获得省、部批准,按照规划,与省交通运输厅联手,全面完成赣江南昌至樟树三级航道、南昌至瓢山四级航道整治工程;正在着力打造以集装箱、能源、原材料与产成品运输为主,兼顾旅游客运的综合性港口,形成1港9区新格局。南昌港有岸线36.50千米,码头69座,泊位110个,全长6038延米;2000吨级船舶可驶入南昌港,1000吨级船舶可常年驶入南昌港。全市有水路运输企业23户,水路运输服务企业17户,港口经营企业33户，各类营运船舶268艘、计29万载重吨。全年完成水运货运量668万吨，比上年增长37%。水路客运继续全面停航。全年南昌港货物吞吐量1172.40万吨，比上年增长7%；集装箱装卸量5.11万标准箱，比上年增长2%。

南昌铁路局管内线路营业里程5022.60千米，火车机车1154辆，客车3290辆。南昌铁路枢纽西外环和南昌至九江城际铁路全面建成运营。南昌站是一等客运站，是国内重要客流中心之一，日均接发图定列车116对，其中，始发客车66对（动车组23对），通过客车45.50对，货车4.50对。全年共发送旅客1860万人次，比上年增长5.47%；实现运输收入16.34亿元，比上年增长13.87%。南昌南站货物发送量261万吨，比上年增长22.69%；实现运输收入3.02亿元，比上年增长25.10%。

南昌昌北国际机场是省内最大的民航机场，可起降大型客机，机场第二期扩建工程基本完工。已开辟有飞往北京、上海、广州、成都、香港、台北等30多个城市和地区与韩国首尔国际航线。至年末，完成旅客吞吐量474.90万人次，比上年增长20.60%；货邮吞吐量3.24万吨，比上年增长32.20%；起降5.18万架次，比上年增长7.90%。

2010年4月17日，南昌市交通运输局成立，将原南昌市交通局的职责与原南昌市市政公用事业管理局指导城市客运（含出租行业管理）的职责，整合划入市交通运输局，不再保留市交通局。新组建的市交通运输局逐步理顺市政府确定的管理职能，在农村公路建设管理、工程质量监督、公路运输管理、城市客运管理、港航管理和渡口管理等方面，全面完成年度全市交通运输各项目标任务。

1. 农村公路发展。从2010年起，启动全市40座急需改造的危桥治理工作，其中，2010年启动改造的危桥共21座；市政府拨出专项资金1000万元，用于危桥改造的市级补助，并安排国债资金，帮助各县（区）启动危桥改造工程。全市危桥改造已完工5座，已进场施工2座，正在实施前期工作14座。全市新增336千米村道纳入注册，全市村道总长达到6922.45千米。市政府拨出586万元用于全市农村公路大、中修工程。市局与县（区）合作完成《南昌市"十二五"农村公路建设规划》编制基础数据摸底调查。自然村中的公路硬化已延伸至农户家门，是2010年全市新农村建设中的重点和亮点。

2. 行业监管。市局在公路运输管理中加大了对客运、货运、驾培、维修等4大行业的监管力度，建立市（区）稽查联动机制，真正解决了县（区）"各自为政、多头上路、执法混乱"的问题，强化综合稽查执法。港航管理以《南昌港总体规划》为指针，推进港区建设，整治小码头和临时码头，管好岸线和船舶。市政府成立推进南昌港总体规划实施领导小组，出台《南昌市人民政府关于认真组织实施〈南昌港总体规划〉切实加强港口岸线管理的通知》，对港口岸线使用，实行市政府统一审核，再上报省、部审批，使港口岸线这一不可再生资源得到有效保护。安全生产监管以落实"一岗双责"为重点，公路运输安全源头管理不断加强，乡（镇）渡船三级安全管理责任得到落实，农村渡口渡运连续19年安全无死亡事故。在新的交通运输局组建之后，加大对城市客运的指导与管理力度，支持公交优先发展。《南昌市城市公共交通发展规划》编制进程加快。强化出租汽车行业管理，出台了《南昌市客运出租汽车经营者管理办法》、《南昌市客运出租汽车驾驶员管理办法》，采取以服务质量为主要内容的招标方式，公开、公平、公正有偿出让200辆新能源出租车和100辆常规出租车经营权，并实行公车公营；全面完成了全市所有出租汽车改色工作，并采取广告置换形式免费安装车载GPS服务终端，提升行业整体形象，为南昌市创建全国文明城、卫生城发挥了重要作用，得到了市委、市政府的表扬。在抚州发生洪涝决堤灾害时，市局按省厅命令，立即连夜组织人员，调集大型货车和客车，运送救灾物资和解放军官兵前往抚州参加抗洪抢险，其中，调运大型货车145辆次，大型客车93辆次，胜利完成运输保障任务。

3. 依法行政。南昌市人民政府于2010年6月3日印发《关于南昌市农村公路管理养护体制改革实施方案》，对农村公路管理养护体制改革进行部署和要求，明确农村公路管理养护主体和经费来源等。全局专设行政审批专门机构，并在市行政中心设立服务窗口，将行政审批与行政监管分离。全市交通工程建设监督工作全面展开，质监项目覆盖率100%，所有项目都在可控项目范围内。9个县（区）建立了县（区）级交通运输工程质量监督组织。公路、水路运输管理把整治运输市场秩序作为常态工作,突出重点,加强查处。加大行业节能减排指导与监督力度,开展节能减排示范活动、驾驶员节能专项行动,得到省、部充分肯定。

4. 企业管理和改革。争取政府资源、用好市场资源、盘活存量资源,支持国有企业做大做强,帮助集体企业走出困境。2010 年,江西长运、江西水运两个集团公司列入全市非工口七大系统国有企业改革实施单位之中,市局制定了局属国有企业改革指导意见,派出以局领导为组长的督导组,参与指导两个公司的改革,帮助企业解决问题。江西长运、江西水运两个集团公司的《企业发展方案》、《职工安置方案》获得公司职工代表大会高票通过,职工身份转换合同签订工作基本完成。与此同时,推动江西长运公司与市公交公司开展合作,促进公路客运站(场)资源互补。滕王阁码头和江西水运集团公司办公场(所)按期搬迁,为市政府民生工程建设提供了有力支持。

(周国祥)

南 昌 县

2010 年,南昌县交通运输局以科学发展观为统领,团结奋进,励精图治,促进全县交通运输事业发展,全年各项工作取得显著成绩。

交通运输基础设施建设。全年项目投资 25.94 亿元,完成 26 座、计 543.80 延米村级危桥改造工作,其中,9 座渡改桥项目已完成投资额的 70%。完成对全县 159 座农村公路危桥安全技术检测鉴定工作,其中,29 座危桥检测报告已经专家评审通过并下发有关乡(镇)。完成农村公路国债改造工程 230 千米,完成 124.5 千米公路质量鉴定。完成《南昌县"十二五"农村公路建设规划》基础数据调查摸底。协调做好县城三轮车停放点建设与管理。城东莲塘客运站设计方案已经初审。检测站搬迁完成预算与选址工作。社区巴士停车点已经完工,新增第 2 条社区巴士线路。

优化整合运输资源。综合运用政策引导和招商引资等措施,促进运输企业数量、产值、效益稳步增长,从业队伍日逐壮大。2010 年,全县有客、货运企业 76 户,比上年增长 17%。客、货运车辆 8786 辆,比上年增长 22%。客、货运从业人数 13786 人,比上年增长 22%。维修、驾培、检测从业人员 174 人,比上年增长 14%。新增运输船舶 2 艘、计 1900 载重吨。全县共有客运线路 58 条,营运客车 637 辆,其中,县际客运班线 5 条,营运客车 22 辆;县(区)内客运线路 8 条,营运客车 87 辆;城市公交线路由原来的 30 条增加到 37 条,营运车辆达 528 辆;全县 255 个行政村全部通班车。已建成五级客运站 13 座,占全县乡(镇)数的 76.50%。完成 77 个候车亭建设,较好地解决不同层次和需求的运力配置,推进服务群众与地方经济发展。

交通运输行业管理。坚持依法行政,严格监管,促进全县道路、水路运输市场持续健康有序发展。一是建立公路养护巡查制度,督促有关乡(镇)养路队做好县、乡公路养护工作。全年共巡查农村公路 210 余千米,清除占道堆放建筑材料达 20 余处;根据桥梁检测报告,制定了泾口大桥、新联大桥、新武大桥等县道危桥维修加固方案。争取到县财政农村公路养护资金 24.38 万元和县道桥梁日常养护经费 20 万元。二是开展公路运输市场专项整治活动,查处违法违章车辆 385 余辆次,纠正违法违章行为 310 余起,督促 30 余辆车辆补办道路运输证,40 余人补办从业资格证。对全县 8 户客运企业进行质量信誉考核,规范了无证经营的南昌至向塘旅客快运班线。扣押"黑驾校"非法培训的 2 辆教练车。完成全县二类维修企业质量信誉考核工作,对全县机动车维修业户经营许可类别进行重新核定。对不符合机动车维修开业标准的 8 户二类维修企业下达整改通知书,并责令其在规定期限内进行整改,对拒不整改的 3 户维修企业吊销其经营许可资质。强化营运车辆二级维护检测,从严查处三类汽车维修户违规提供不实修车单证行为。积极扶持大型货车维修企业,重点将南昌县第一汽车运输公司汽车修理厂打造成"诚信、服务、高效"的 AAA 维修厂家。成功引进南昌锋利汽车检测维修有限公司等实力较强的二类资质维修企业。三是抓好水运安全。通过联合执法,依法查处水路运输市场的违法违章行为。全年共查违法违章运输船舶 127 艘次,其中,补办营运手续船舶 7 艘,勒令退出营运市场"三无"船舶 5 艘,维护了水路运输秩序和境内内河交通运输安全。积极参与并配合地方政府开展滩涂造船整治，下发整治情况通报3份，下达督促整改通知10余份。四是定期组织相关人员协同市地方海事部门督察各乡（镇）渡口、渡船的渡运安全，全县渡船年检合格率达100%，纠正违章渡运行为32起，下发违章通知书32份，并督促当地乡（镇）限期整改到位。按上级要求，完成2009年度渡船燃油补贴（15万元）的发放。

交通运输体制改革。全局以机构改革与非工国企改革为契机，理顺局属各部门、各单位职责关系，着力解决一批制约交通运输发展的突出矛盾和问题。一是落实内设机构“三定”方案，调整内设机构工作职能和调整补充局属事业单位设置，使之职责分明，布局合理。二是理顺客运关系，改革农村客运平台，引进公交进驻乡（镇）。调整和合理设置县城客运班线，满足群众出行需要。三是推进货运产业发展。积极配合向塘公路铁路物流基地建设，使之成为南昌乃至周边省份的物流中心。积极协调东新港区建设，发展壮大水路运输。支持和扶持公路运输企业发展，重点解决好货源配置、运力调配，运输政策配套、运输信息通畅等运输产业发展热点、难点和瓶颈问题。四是抓好公路养护体制改革。按照国家和省、市的要求，为使公路养护正常化，养护行为市场化，养护质量标准化，研究制定《南昌县农村公路管理养护实施细则》并报县政府。探索和建立公路路政管理，保护路产、路权，保护公路升级改造空间，为后续发展积累资源。五是引导国有交通运输企业改革改制，抓好县一运公司和县停车场等交通运输企业改制重组，理顺企业管理关系，关注企业职工利益，保证企业改制重组顺利进行。

（南昌县交通运输局）

新　建　县

2010年，新建县交通运输局深入学习实践科学发展观，开展“创先争优”和“创业服务年”与“廉洁自律”活动，破解发展中的难题，交通运输重点工程稳步推进，行业管理水平不断提升，安全生产形势平稳向好，全面实现全县交通运输事业可持续发展。

1. 交通运输工程稳步推进。东岗桥至义渡油（返）砂公路全长13.8千米，投资1090万元，按三级公路标准建设，已于2010年12月完工；石岗至抗援公路工程完成招标报名；揭家至金桥，金桥至铁河公路进入施工图设计。义渡大桥、石岗大桥危桥加固和樵舍峰桥危桥改造已上报施工图和工程设计与预算；继大塘（红旗）大桥、南矶大桥于2009年12月完工后，联圩（东岸）大桥于2010年4月完工；石岗（上坪）大桥下部结构已全部完成，箱梁完成工程量50%；联圩（丰乐）大桥桩基已完成，桥台完成工程量75%，并完成28根墩柱和13个盖梁。兴建大塘、溪霞、恒等湖乡（镇）客运站。

2. 运输市场秩序整治。组织核准松湖客运班线公司化改造，全县实行公司化改造农村公路客运班线达12条，经营客车167辆。城市公交线路15条，经营客车180辆。县城公交线路延伸延时或调整3条，实现县城与市区交通运输无缝对接，推进城乡客运一体化和路、运、站网络化。严厉打击非法从事乡（镇）班线客运的“黑车”，查处非法营运“黑车”100余辆，告诫20余辆。加强客运站（场）监管和维修行业与驾驶员培训学校的审批整治，全年共查处非法经营20余起，非法培训客、货运驾驶员60余人次。推进全县客、货运输企业进行质量信誉考核，并对全县1500余名货运从业资格证持有者进行诚信考核。狠抓水上运输管理，全力查处劣质运输船舶进入水路运输市场，重点整治滩涂非法造船行业，加强港区整治，维护所辖河道通行与水运安全。

3. 提升交通行风形象。县交通运输局组建后，将行政审批进驻县行政服务中心，提高办事效率，全年新增上户车辆近900余辆，办理货运、维修企业审批22户。开展“创业服务年”和“创先争优”活动，推进机关效能建设，转变干部、职工思想观念，增强服务意识。以学习《廉政准则》为契机，扎实有效地推进廉洁自律和反腐败工作。制定《新建县农村公路管理养护体制改革实施方案》，加强对各乡（镇）公路站的养护管理工作指导和监督考核，做到农村公路有人养、有经费维护，改变农村公路“重建轻管、重建轻养”的现象。

（包中梅）

进 贤 县

2010年,进贤县交通运输局以科学发展观为指导,不断提高行业管理水平,加大整顿运输市场的力度,深化交通运输体制改革和企业改制,保持交通运输建设强劲发展,全面完成全县交通运输各项工作任务。

交通基础设施建设。全年完成交通基础设施建设投资2.75亿元,其中,新修通村水泥公路385.30千米,新修新农村村内公路164千米;完成危桥改造8座、共计250延米;新建乡(镇)客运站5座;正在开工建设的改渡建桥项目9个。实现100%行政村和80%自然村通水泥公路。南昌至德兴高速公路进贤段完成征地拆迁;县道进贤三里线至七里街公路改造完成土石方与桥涵工程。完成《进贤县"十二五"交通运输发展规划》编制。

行业管理。2010年,出台了多个交通行政执法管理办法并统一行政执法文书,实行网上电子化办公,公开执法程序。在县行政服务中心设立服务窗口,落实服务措施,创新服务方式,减少办事环节,简化办事程序,为群众提供"一站式"、"一条龙"全天候服务,深受社会各界好评。举办2期行政执法培训班,邀请专家授课。经常开展交通运输行政执法监督检查,规范执法行为,有效制止乱收费、乱罚款现象发生,实现全年执法违规违纪事件为零的目标。

交通运输市场秩序。一是加大打击车辆非法营运力度,以严厉打击"黑车"与违规车辆非法营运为重心,以查处车辆窜线、越线、乱停乱放、揽客、宰客等损害群众利益行为为切入点,规范客运市场秩序。二是全县公路运输无重大伤亡事故,水路运输和渡口保持事故为零的目标。三是境内客运向农村纵深发展,大力推行农村客运班线公司化改造,实现40%行政村通客车。四是通过招商引资,共引进企业3户,引进资金5500万元。至年末,全县拥有营运客、货车1957辆,全年完成公路客运量839.51万人次,旅客周转量36476万人千米,完成公路货运量2843.30万吨。货物周转量43700.32万吨千米。

交通运输体制改革。2010年,全局设立了8个股级建制的乡(镇)交通运输管理站,每个站管辖并行使2~3个乡(镇)的新建自收自支农村公路建、管、养与运输市场行业监管服务职能,真正解决长期农村公路"无人管"、"无钱养"、"怎么养"历史难题。在局属企业温圳搬运公司改制中,从实际出发,将改制与保民生紧密结合,取得了改制资金到位率高,任务完成好,遗留问题少的成效。公司改制共投入资金735万元,完成职工身份转换和签订解除劳动关系协议。

党风廉政建设和机关效能建设。一是开展"创先争优"活动,把建设学习型党组织作为一项重要工作。二是推进和完善岗位风险防控体系建设,用正反两方面典型进行廉政教育,促进机关效能建设健康发展。

(周国祥)

安 义 县

2010年,安义县交通运输局以科学发展观为统领,紧紧围绕安义县"3+1"战略目标,抢抓机遇、加快发展。

1. 交通运输建设五个推进。一是昌铜高速公路快速推进。南昌至铜鼓加密高速公路是省"十一五"重点工程,其中,一期昌奉项目全长37.10千米,安义县境内22.32千米,投资17亿多元。已完成土地征用、房屋拆迁、坟墓迁移等前期工作,创优施工环境。二是龙安大道工程强力推进。龙安大道,即:昌铜高速石鼻互通口至县城连接公路,项目已完成工可和省交通运输行业评审。三是农村公路建设稳步推进。2010年,争取农村公路建设计划项目7个、计13.10千米,其中,3个项目已经全面竣工并通过市验收。完成2009年农村公路项目建设的扫尾工作。四是改渡建桥和危桥改造项目扎实推进。渡改桥项目2座,即:黄洲大桥和戴坊大桥进展顺利。3座农村危桥改造项目建设全部开工建设。五是客运站(场)建设全力推进。对全县已立项尚未开工建设的4座乡(镇)客运站项目建设,通过反复与乡(镇)沟通,采取限期启动,调整计划,县内调剂,力争主动开工建设。

行业管理四个到位。一是法治监督落实到位。健全法治体系,落实执法公示制,加大行业审验力度,健全应急救援体系。持证上岗,限时办结,杜绝公路“三乱”。二是客车清理“挂靠”到位。坚决按客车“清挂”政策要求,规范“清挂”程序,进行“清挂”扫尾,先后完成江西长运公司对安义至上海等省际班线客车、新国线公司对安义至九江班线客车的收购,实现公车公营、公司化经营,并对收购的客车全部更新为大、中型高级客车,安装 GPS,全面实现提档升级。三是农村客车更新改造到位。从 2010 年“春运”前至 7 月 1 日,分批完成全县 6 条主要农村班线与其支线 48 辆农村客车的更新改造,统一车型和标识。四是运输市场整治到位。以客、货运输为重点,开展打击客车非法客运和货车非法改装与驾培、维修等一系列专项整治,“黑车”、“黑驾校”非法经营大为收敛,客运、货运、维修违法经营有效遏制,运输市场秩序进一步规范。

党风行政效能建设三个扎实。一是党风建设进一步扎实。紧紧围绕“创交通红旗,争服务先锋”目标,开展争创“红旗党组织”和“党员先锋岗”与“创先争优”活动,推进党风廉政建设和警示教育,健全防范体系。二是机关效能建设进一步扎实。以机关效能建设为切入点,结合文明创建,认真开展机关“创业服务年”活动。通过进一步公开政务,清理收费项目,严格收费标准,健全机关管理制度。开展争创“文明单位”、“文明窗口”、“文明执法队伍”、“文明示范岗”活动,实行服务承诺制度,公开举报投诉电话和信箱。三是信息联网建设进一步扎实。狠抓硬件设备更新和系统升级,全面优化升级接入的省运政信息系统,实现了电子政务信息公开和运政业务的网上快速办理。财务管理实行电算化,微机开票,文件、数据、信息报送电子化。对有三类以上班线的企业,紧抓 GPS 监控平台和单车终端的有效使用,全面迅捷地监控在线单车运行状况。

体制改革二个稳步。一是稳步推进国有企业改革。按照全县国企改革统一部署,全面推动局属安义县汽运公司、安义搬运二个公司的企业改制,补助资金已发放到位,职工思想稳定,没有出现例上访。二是稳步实施管理体制改革。规范出台《安义县交通运输局机关管理十项制度》和《安义县交通运输局“三重一大”事项集体决策制度》,制定《安义县农村公路养护管理实施办法(试行)》,切实加强乡(镇)交通运输管理和路政执法,强化农村公路建、管、养。

(安义县交通运输局)

湾　里　区

2010 年,湾里区交通运输局坚持以科学发展观统领全局,以“规划为龙头、找准交通运输事业发展定位;以发展为主线、夯实交通运输事业发展基础;以项目为抓手、增强交通运输事业发展活力;以服务为支撑、提升交通运输事业服务水平”为总体思路,突出项目建设,推进交通运输发展,加大行业管理,转变工作作风,促进效能提升、实现全区交通运输事业又快又好发展。

1. 交通运输基础设施建设。完成《湾里区“十二五”交通运输事业发展规划》编制工作,并实现与市交通运输局编制的《南昌市“十二五”交通运输发展规划》有效衔接。湾里区梅岭隧道、旅游环山公路、幸(福水库)玉(屏大道)公路、乌井至中日友谊林场公路新建工程和罗店公路改造工程等 5 个项目已列入全市“十二五”交通运输发展规划中,为全区争取上级交通运输项目支持奠定了扎实基础。重大重点项目建设:一是完成全区 2010 年度重点项目湾里区旅游环山公路改造拓宽工程建设前期相关工作,10 月 28 日,旅游环山公路太平至洗药湖改造拓宽工程全面开工,预期 2011 年 6 月末竣工通车。二是完成 2009 年度县通乡改造计划项目太平至珂里公路(8 千米)工程改造拓宽工程建设前期工作,预期 2011 年初开工建设。农村公路建设:一是完成 2009 年度 23 个农村公路(全长 18.50 千米)国债改造项目验收工作。二是 2010 年硬化农村公路 14 条、计 11.40 千米,并会同区监察局、区发改委、区财政局进行初步验收工作。三是投资 70 余万元,对罗店公路茶岭林场路段进行改弯取直,加宽水泥路面,砌筑挡土墙,全线进行边沟排水清理,并增设部分交通运输安全标志标牌、安全墩,提高公路行车视距,改善公路积水严重现象,消除交通运输隐患。四是投资 240 万元,完成首批 38 个客运候车亭建设,于 5 月前投入使用。38 个客运候车亭分布在219路、222路、112路、143路、510路等5条公交班线和湾里至红星、太平至万埠等2条农村客运班线沿线与梅岭主峰、神龙潭等景点附近,惠及4镇、28个行政村、156个自然村和4.80万沿途群众与前来梅岭风景区旅游休闲的广大游客。

2. 交通运输行业管理。一是完成2010年全区“春运”工作任务。为营造安全喜庆的春节氛围,保障人民群众生命财产安全作出了交通人应有的贡献。二是狠抓水毁公路抢修工作。投入资金16万元,对罗店公路、太珂公路、乌井水库公路、立新公路等主要县、乡公路共16处水毁塌方路段进行抢修,共清理土石方8000立方米,有效地保障了区辖公路汛期安全畅通。三是完成机动车维修企业、驾驶员质量信誉考核等工作,并结合全区重大活动安排及时开展公路运输市场集中整治。

3. “三个文明”建设。2010年,区交通运输局以开展“创先争优”活动为载体,以开展廉政风险防范管理工作为契机,扎实开展形式多样的文体活动和精神文明建设创建,政治文明、物质文明、精神文明“三个文明”建设取得重大突破。一是干部、职工政治素质得到大幅提升,干部、职工的主人翁意识得到不断增强。二是干部、职工的工作环境、工作条件得到大幅改善,干部、职工的福利待遇得到大幅提高。三是精神文明建设成效显著,湾里区交通运输局全年共荣获12项荣誉称号;邓万清、曹和仁、孙祥武等18名干部、职工分别荣获省、市、区表彰。

(孙祥武)

青云谱区

青云谱位于南昌市区南部,国土面积43.17平方千米,人口约30万人,辖5个街道、1个镇、1个农场,55个社区居委会、12个村民委员会。全区绿化覆盖率38.60%,人均绿地面积达8.10平方米。青云谱区地理位置优越,交通发达,京九铁路穿区而过,国道105、320线纵贯全区,大型铁路货运站——南昌南站落户区内。

交通运输基础设施建设。至年末,全区有农村公路通车里程46.30千米,其中,县道7.14千米,乡道11.44千米,村道27.72千米。行政村通达率与硬化率均达100%,自然村通达率与硬化率分别为100%和98%。农村公路已基本实现“农村公路通达深度显著提高、通行条件明显改善、养护管理基本规范、运输网络逐步完善”的目标。

交通运输生产。2010年,全区公路货物运输企业与货运车辆出现较大幅度增长,全年共新增公路货运业户68户,其中,专业货运物流公司4户,有限责任公司与个体货运企业62户;新增货运车辆160辆,合计568吨位,又其中,共新增8吨以上货车20辆,合计吨位260吨。

交通运输行业管理。2010年,区交通办定期组织运政执法人员进行执法业务培训,提高依法行政能力,提升文明执法水平。运政执法人员100%持证上网,执法证件年审合格率100%。全区运政执法做到使用统一的执法文书,制作案卷规范完整,1案1卷,程序合法,适用法律准确,在办公场(所)对行政许可项目、行政处罚项目、依据、程序等予以公示。深入辖区货运企业调研、帮扶,开设创业服务绿色通道,努力落实审批办证零障碍、创业服务零收费、项目对接零距离、政策落实零折扣等措施,对创业服务对象实行全程帮办、协办,简化、优化行政审批程序。服从上级业务部门统一安排,全面参与全市交通运政联动稽查工作。全区交通运输部门无1起因行政执法不当引起的申诉、复议、诉讼案件。

交通运输安全。2010年是全区“公路运输安全生产专项治理年”,区交通运输系统坚持“安全第一,预防为主,综合治理”方针,深化公路运输安全生产专项整治,加强对公路运输安全生产工作的监管力度,消除事故隐患,认真落实公路运输安全生产的主体责任,切实保障我区公路运输安全。

(尚　政)

青山湖区

青山湖区位于南昌市城东,赣江下游,青山湖畔,全区呈城乡合一格局。青山湖区城市管理委员会(简称:区城管委)于2010年5月在原区市容局的基础上,并入原区城建交通局的交通运输、市政设施、园林绿化、公路建设与管理等职能后组建而成,为区人民政府主管城市管理事务工作部门,对外置挂“南昌市青山湖区交通运输局”牌子。

2010 年,青山湖区交通运输局围绕全区“经济大区、生态之都”的战略定位,以实施“‘十大工程’、加快建设实力、繁荣和谐的科学发展先行区”为目标,在统筹城乡规划、提高城乡公路承载能力,推进城乡公路基础设施一体化建设,促进城市管理上水平等方面取得同步发展。

1. 市政道路与农村公路管养。继续加强农村公路建设和养护,全年区内 77.46 千米农村公路完好、平整、畅通。年初,区城管委在对全区准备改造的农村公路进行实地 GPS 数据采集,对全区 79 个行政村中的 361 个自然村项目进行实地勘测,共实际采集了 188 个项目,共计 98.80 千米。通过和原有的县、乡公路合并,绘制出全区较为详细的农村公路示意图。

2. 交通运输行业管理。一是以公路运输“创业服务年”为主线,扩大惠民政策实施范围;以机构改革为契机,将原有的运政服务窗口进驻区行政服务中心,专门派驻领导干部进驻办证中心,负责“服务型窗口”和“微笑型窗口”建设。运政服务窗口与相关行政办证窗口集中办公,统一办理,统一流程,统一文书,实现行政许可审批项目办结时限缩减 30%,彻底改变以往“一证多跑”的现象。二是加强对客运市场的监督,加大对“黑车”非法营运行为的打击力度,维护客运市场秩序。在整治行动中,共出动执法人员 50 余人次,悬挂宣传横幅 22 幅,散发宣传单 300 余份,群发宣传短信 1200 余条,整治非法客运集散点 3 个,查获非法客运车辆 15 辆,处罚金额达 8 万余元。违法经营行为得到有效遏制,全区客运市场健康稳定发展。三是对全区货运企业与维修企业进行信誉考核,其中,18 户货运企业中:AA 级 17 户,A 级 3 户;34 户维修企业中:二类 8 户,三类 26 户。对企业从业人员进行资格信誉考核,增加档案柜,做到 1 人 1 档,建立电子和手工账。规范汽车维修经营市场,打击取缔违法经营集中整治活动,全年共下发整改通知书 26 份,取缔无证经营业户 17 户,罚款 2 万余元。四是引导维修企业做强、做大,打造“江西快修品牌”企业,积极扶持“江西快修”,“江西快修品牌”店率先在青山湖辖区挂牌运营。

(罗鹏程 陈 珲)

南昌经济技术开发区

南昌经济技术开发区,简称“南昌经开区”,始建 1992 年,是江西省唯一一家经国务院批准设立的国家级经济技术开发区。全区国土面积 158 平方千米,人口 24 万。开发区位赣江之滨,与南昌市老城区仅一江之隔,与南昌市新行政中心连成一体。江西第一个 10 万标箱承载能力的南昌国际集装箱码头和综合保税物流中心与江西唯一的国际航空港昌北机场均坐落在开发区境内。京九铁路和昌九城际铁路,昌九高速公路和南昌西外环高速公路与 105、316、320 等 3 条国道均穿区而过,交通运输优势明显。

交通运输基础设施。2010 年,区交通办继续加大农村公路建设。区管农村公路通车里程 393.35 千米,线路共 313 条,其中,县道 3 条、计 20.26 千米,乡道 32 条、计 94.53 千米,村道 278 条、计 243.47 千米。辖区 1 镇、2 处、26 个行政村全部实现路面硬化。辖区公路已形成以国道为主干,县、乡公路为主体,乡、村公路为基础,纵横交错、贯穿南北西东的公路交通运输网络。

交通运输生产与管理。2010 年,全区有各类交通运输行业经营业户 258 户,全年新增营运车辆 82 辆,报废 1 辆,异动 14 辆,车辆年审率 90%。区交通办认真贯彻《中华人民共和国道路运输条例》和《中华人民共和国行政许可法》,严格货运经营许可证和道路运输证的发放。切实规范客运秩序,积极配合市运管处联动稽查,重点对江西财政学院等大、中专院校周边非法客运经营活动进行整治,优化客运环境。整顿货运市场,严厉打击“黑车”。为确保“春运”和节假日运输安全和运输服务质量,区运管所专门成立领导小组,加强对“两节”公路运输工作的组织领导,确保黄金周公路运输安全有序。区运管所认真开展以“强化服务意识,改进机关作风,提高工作效率,优化发展环境”为主要内容的机关效能建设活动。通过实行定人、定位、定岗的岗位责任制,减员增效,提高工作效能。以建设负责任的部门和行业,构建和谐运管和促进运管职工全面发展为目标,突出队伍建设和行政执法两个重点,抓好机关效能建设和基层服务窗口建设,构建“和谐交通运输”。

(谢　玮)

桑海经济技术开发区

江西桑海经济技术开发区(简称桑海开发区)是1992年建立的省级重点开发区,其前身为国营蚕桑综合垦殖场。2004年10月,省政府正式批准桑海开发区为南昌市人民政府派出机构,成为省级生物医药产业基地。

江西桑海开发区位于南昌市北郊新祺周,地处鄱阳湖生态经济区和昌北空港经济区核心区,为南昌卫星城,与母城连为一体。辖区面积580平方千米,已规划开发面积20.80平方千米,建成区面积已达5平方千米。人口约5万人。桑海开发区交通运输优势明显,京九铁路、昌九城际铁路、福银高速公路等穿越境而过,105国道、316国道等毗邻开发区,距昌北国际机场仅5千米。区内建设城市道路14条,里程22千米;全区8个行政村、56个自然村公路通达73.50千米,硬化14.40千米。

2010年,全区大力推进交通运输基础设施建设和农村公路建设,争得国债改造与市级补助资金90.83万元,争取新樟公路水毁修复工程款10万元,及时解决樟坪、刘家水毁路段修复。在公路管养上,开展了全区危险路段、农村公路、桥梁隐患大检查,并投入20万元,对各危险路段、桥梁及时安装限载、限停、限速、限高警示标志、减速带、栏杆等交通设施。区交通办投入10万元,添置电脑、照相机、摄像机、录音笔、GPS等设备,为公路安全畅通和运输管理提供支持。

2010年,全区以创建优美整洁的交通运输环境为目标,切实加强城区道路交通运输管理,集中整治从事营运的非法“黑车”和违章占道的摩托车违法行为。全年联合执法8次,共查处非法公路运输38起,治理违章经营车辆130辆。以老城区超市广场、农贸市场、公交站(场)为整治重点,采取巡逻控制和定点严管相结合,综合运用交警现场粘贴违章停车处理告知单、数码相机拍照等手段,加大整治力度,确保重点路段的整治效果。同时,及时处理群体乘车上访,调解“黑车”与客运专线纠纷和农村公路施工方与村民矛盾冲突8次,保护合法者权益,维护交通运输市场稳定。

(桑海经济技术开发区交通运输办公室)

景德镇市

2010年,景德镇市交通运输局始终坚持以邓小平理论和“三个代表”重要思想为指导,全面贯彻落实中共十七大和十七届四中、五中全会精神,以科学发展观为统领,以服务经济社会发展为核心,以“创先争优”和“创业服务年”活动为动力,大力加强各级领导班子和党员干部队伍建设,围绕全年交通运输事业发展目标和任务,锐意改革,开拓创新,强抓机遇,突出重心,实现瓷都交通运输事业又好又快地不断向前发展。

服务经济和服务民生发展。稳步实施高速公路建设,履行地方政府协调服务职责,确保德(兴)(南)昌高速公路与浮(梁)黄(山)高速公路良禾口至桃野店段高速公路工程建设顺利进行。完成德昌高速公路第二阶段任务;浮黄高速公路良禾口至桃野店段工程自2009年8月初开工以来,完成62%路基土石方;杭瑞高速公路湘湖互通项目于年末开通运行;景德镇绕城公路湘湖至丽阳段(南环高速)项目复工的特许经营权合同解除、债务清偿、土地报批、征地拆迁等4大遗留问题均有所突破,为省交通运输厅接盘复建创造条件。全年完成农村公路建设242千米,提前2年实现全市100%行政村通水泥(油)公路目标;2008~2010年,共完成110千米通乡水泥(油)公路建设改造。全年完成渡改桥23座。全市5座乡(镇)客运站任务完成4座,另1座完成主体工程。60个候车亭建设任务全部完工。7月中旬,特大暴雨造成全市66条农村公路199处严重水毁,其中,县、乡公路49条,直接经济损失近1.50亿元。全局紧急启动突发应急预案,迅速抢修水毁公路,至当月末,全市农村水毁公路全部修复,交通运输恢复畅通。由于在抗洪抢险中反应迅速,处置有力,市交通运输局受到市政府主要领导的褒奖。“十一五”期间,全市交通运输基础设施建设投入62.20亿元,是规划确定25亿元的2.49倍。其中,建成高速公路121.25千米(杭瑞高速公路境内段37.10千米,济广高速公路境内段84.42千米),完成投资54.68亿元;改造国、省道主干线155.84千米,完成投资2.38亿元;新建改造农村公路1376.27千米,完成投资3.10亿元.先后建成乐平汽车客运站(国家一级,投资2600万元)等乡(镇)汽车客运站16座、候车亭280个,投资1280万元;建成曙光物流中心(投资1200万元)和中国陶瓷城物流配送中心(投资800万元);完成30座农村改渡建桥项目。

交通运输经济发展。全年完成公路运输客运量1702万人次、旅客周转量80791万人千米,完成货运量1495万吨、货物周转量191299万吨千米,同比分别增长4.90%、13.90%、16.20%、62.40%。景德镇长运公司全年实现营收11320万元、利润1430万元、上缴税金985万元,同比分别增长13.30%、29.96%、16.70%。景德镇汽运集团全年实现营收3406万元,同比增长3.20%,新增固定资产700余万元。“十一五”期间,全市新增运营车辆2755辆,比规划确定的2500辆增长10.20%,其中,新增客车63辆(中,大型高二级以上客车16辆、大型中级客车21辆、中型中级客车26辆);新增货车2692辆(中,大吨位货车1021辆、专业车辆279辆,占新增运力总量的48.30%);中级以上客车占客车总量的76%,比2005年增长29%;大吨位、专业化车辆占货车总量的53%,比2005年增长21%。

交通运输安全管理。全年开展公路客运、公路沿线塌方(泥石流)防治、交通运输工程建设、水路客运、交通企业生产等各类安全检查9次,整改隐患17起。开展渡口安全检查27次,整改隐患7起,投入渡运安全经费30余万元,维修渡船11条,添置救生消防设施30多件,修补码头7座,更新渡船钢缆200多米。全市公路运输投资近200万元,建成营运车辆GPS监控平台,实现对营运客车和危品运输车辆等24小时适时监控。景德镇长运公司投资300余万元建成营运客车视频监控系统,及时现场调度处理超速、超载、疲劳驾驶等违规行为。“十一五”期间,本市籍营运客车责任事故率、责任死亡率、责任受伤率均低于国家受控目标。全面落实渡口运输“五不开、五不准”制度,将危险品水运、港口危险货物装卸、仓储保管等纳入有效监控范围内,全市水路运输未发生翻沉、爆炸、火灾、人员死亡事故,渡运实现连续22年安全无事故。严格规范交通运输工程建设爆破器材管理,落实隧道、高边坡开挖和桥梁高空作业等安全保障措施,“十一五”期间,未发生重大工程事故。

交通运输管理体制改革。根据省委、省政府《关于实施景德镇市人民政府机构改革的通知》中“关于组建景德镇市交通运输局,将原市交通局的职责、原市建设局指导城市客运(含出租汽车行业管理)的职责整合划入市交通运输局”之规定。及时完成《景德镇市交通运输局主要职责内设机构和人员编制方革》,上报批复后,结合职能变构情况和行业管理实际,重置内设机构,合理调整人员,使新组建的景德镇市交通运输局机构设置更为科学,更能适应新形势发展下的行业管理需求。积极与市建设局沟通,就城市客运指导监督职责的移交事宜达成共识。

(涂　强)

乐　平　市

2010年,乐平市交通运输局以科学发展观为统领,着力抓好公路改造和养护、渡改桥、行业管理、安全生产等工作,全面完成年度各项目标任务。

1. 公路建管养。完成塔科线、官名线等公路改造主体工程计2.70千米;完成涺徐线续建工程水泥路铺筑,投资190万元;完成程家墩Ⅱ桥工程,投资50万元。实施县通乡水泥(油)路工程40.40千米,完成吴古线、西渡线、206国道和德昌高速、景鹰高速连接线前期工作。完成共许线、界文线土石方工程。完成2009年“千亿元”项目验收工作和2010年“千亿元”工程项目71.30千米。全市15个渡改桥项目除接渡镇小港嘴桥因地质构造复杂而暂缓施工外,其余14个基本完成主体工程。重点养护观鸣线、三西线、景鹰挂线等县、乡公路,完成投资150万元。

2. 行业管理。一是积极引导公路运输企业建立信用机制,对市属客运企业、危品运输企业、客运站和维修企业进行服务质量信誉考核工作。二是强化行政执法制度建设,先后制定《行政执法人员行为规范》等10余项制度。三是开展公路专项治理活动,重拳整治非法营运“黑车”和一批无证经营户非法经营行为,纠正违章营运车2961辆次,查处甩客、宰客和出租车不打表违章车80余辆,全年接待群众来信来访68例,处理来信来访40余件,组织上门调解18次,为新增60辆出租车办理相关手续,查处违章建筑262起,清理路障38起,整治水沟5200米。四是乐平市汽运公司(参加改制人员79人)企业改制顺利,经营状况良好。新世纪客运公司拓展客运业务,增加礼林至万年班线。五是全市船舶载重运力10330吨,同比增加3279吨。江西青溪置业公司投资兴建航运码头,成立水上运输公司,港航部门严把市场准入关,及时对营运船舶进行年审和换发新证。全年完成水路货运量70.90万吨,货物周转量23259万吨千米。完成规费征收46.66万元。六是围绕“春运”等重要时段,加大对客运企业、车站、危险货物运输企业的安全检查,督促企业做好交通运输安全生产。开展运输市场专项整治,促进客运秩序明显好转。加强渡运安全监管,举办渡工培训班,对重点渡口和重要环节实施监督检查,对破旧渡船进行重点维修,实现渡运连续22年安全无事故。

3. 行风廉政建设。一是开展“创业服务年”和“创先争优”活动,为民办实事。二是深入基层,广泛征求意见,开设宣传栏,设立公示栏、举报箱和投诉电话,促进交通执法管理制度化,执法行为规范化,执法程序公开化,执法监督经常化。

(盛建国)

浮　梁　县

2010年,浮梁县交通运输局以中共十七届五中全会精神为指导,坚持科学发展观,深入开展“创业服务年”和“创先争优”活动,整顿工作作风,强化服务意识,全面完成年度各项任务。

交通运输工程建设。完成祁(门)浮(梁)高速公路良禾口至桃墅店段15.66千米项目征用土地114.10公顷,拆迁房屋8317平方米,拆迁棚房与猪、牛栏等2700平方米任务。完成九景衢铁路设计、地质勘探和皖赣电气化铁路改造设置调查与浯溪口水利枢纽工程等前期准备工作。全年完成自然村公路改造30条、计50.50千米;全面启动县乡旅游公路5条、计63千米,其中,完成寺前至白绛岭12.40千米公路改造土方工程,投资300余万元;完成九英山林场至鸿兴20.60千米公路改造70%路面工程;完成杨家坞至红塔3.90千米公路改造前期工作;完成县交警大队至宝积寺6.50千米公路路基和60%路面;完成瑶里江家至金竹山20.30千米公路施工设计。全年共完成坑口大桥、渭水大桥、石溪桥等7个项目,其他5个项目正在实施之中,完工率58.30%,进度92%,投资5932万元。全年完成江村客运站、西湖客运站2座,建成农村候车亭50个。完成景瑶公路沿线绿化工程和公路护坡、水沟等附属工程的建设。

交通运输行业管理。严把市场准入关、车辆技术状况关、营运车辆驾驶员从业资格关,加强OA办公系统连接和运输管理信息化GPS监控平台的建设。全县客运车辆全部安装GPS,安装率达100%。全县有维修企业49户,其中,一类企业2户,二类企业8户,三类企业39户;货运企业6户,货运车辆1536辆;客运企业1户,客运车辆63辆,客运班线20条,乡(镇)通客车率达100%,行政村通客车率达84.30%;全年共审验营运车辆1463辆,审验率达94.30%。加大公路运输市场专项治理,重拳打击“黑车”、“黑的”非法营运行为,开展渡运安全隐患排查和整改跟踪督察等活动。全年筹措资金20余万元,对渡运安全隐患进行全面整改,添置一批救生安全设施,实现连续21年渡运安全无事故。

精神文明与行风建设。一是开展“创业服务年”活动,拓展创新思路,提升创新能力,转变服务理念,构建和谐交通运输诚信服务机制。二是帮扶东埠村引进福建文具包装厂1户,修建村级公路3千米,新建水坝1座,修复水堰2座、水渠7座,计9460米,投资140余万元。三是严格党纪法规,强化廉洁自律,规范行政审批和监督程序,完善惩治和预防腐败长效机制。

(汪积林)

昌 江 区

2010年,昌江区交通运输局坚持深入贯彻落实科学发展观,加快农村公路建设步伐,强化行业管理,全面完成全年交通运输工作各项任务。

1. 农村公路建设。完成《昌江区“十二五”交通运输发展规划》(讨论稿)编制。抓好重点工程新桥至皇岗公路建设协调工作。抓紧实施工程建设,重建鱼山桥、老屋场桥、孟岭桥3座水毁桥梁。丽阳客运站于10月完工,鱼山客运站开工建设。完成鱼山至仓下公路弯道处安装反光镜,湖田至天宝公路安置警示标志,区辖内主干道中小学校门口铺设减速带和安装警示标志。“十一五”期间,昌江区共完成农村公路141.80千米,占全区农村公路里程1/3(县道改造3.70千米),投入资金3682.50万元,其中,争取项目资金60万元、丽阳桥维修30万元、安保工程10万元,实现全区100%行政村通水泥(油)路目标。

2. 公路运输管理。5月份,开通苍下至鱼山客运班线,全区乡(镇)通车率100%。“春运”期间,发放《春运指南》36份,利用GPS监控系统进行适时监控,顺利完成“春运”任务。全年完成货运车辆年审换证和二类以上业户质量信誉考核,年审换证率达100%。考核率达100%。全区拥有货车2236辆。“十一五”期间,共清理挂靠经营客运车辆23辆,淘汰老旧车26辆。

3. 水上交通运输安全。完成《昌江区水上交通运输保障应急预案》编制,支付5000余元补助洪家渡船更换船底和关山渡船焊接栏杆,继续发放渡工工资(燃油费补贴),层层签订《渡口安全责任书》,实现全区渡运连续21年安全无事故。

4. 中心工作。一是配合九景衢铁路建设征地拆迁工作;继续解决景鹰高速公路的遗留问题,并重新签订绕城高速公路征地拆迁协议。二是帮扶鱼山镇金桥村等7个自然村修通水泥路和竟成镇童街村修复进村公路,支援1万元。三是认真开展“机关效能年”活动,顺利通过中央文明办城市公共文明指数测评。

(洪 涛)

萍 乡 市

2010年,萍乡市交通运输局以科学发展观为统领,认真贯彻落实市委、市政府统一部署和江西省交通运输工作会议精神,围绕构建“畅通、高效、安全、绿色”的综合交通运输体系,突出干线公路和农村公路建设,全面强化行业管理,进一步巩固发展公路运输市场,较好地完成了全年各项交通运输工作任务。

交通运输基础设施建设。一是自2009年末开始,萍乡市交通运输局安排布置了各县(区、市)“十二五”综合交通运输规划编制工作,此任务已完成。同时,启动市级“十二五”综合交通运输规划编制工作,现已基本定稿并上报审批。二是杭南长客运专线征地拆迁工作进展顺利,完成萍乡境内永久性征地158.59公顷,临时用地196.08公顷,拆迁各类房屋28.15万平方米,占需拆迁量33.65万平方米的83.66%,征迁进度在全省沿线7个设区市中排第1名。三是全力配合省厅做好萍莲高速公路项目的争取和落实工作。扎实开展吉莲高速的前期准备工作,吉安至莲花高速公路项目主线的征地拆迁工作已于年末完成。四是推进重点工程建设。319国道萍栗段沥青路面改造一期工程竣工通车,完成投资8200万元。芦溪经万龙山至武功山旅游公路建设项目累计完成投资1.20亿元,完成土方工程,完成97%排水工程,完成96%防护工程;隧道工程完成二衬浇筑和路基水泥浇筑,实现砂石路面通车。市上至武功山二级公路改造全线竣工通车。芦溪至华云、万龙山至麻田、沙湾至武功山等3条二级公路项目建设继续进行。五是完成2009年度全市国家农村公路改造工程验收任务;完成农村公路路面硬化343.60千米,超额完成省厅下达的250千米农村公路国改项目建设任务;完成县通乡公路改造项目107千米(不含芦溪经万龙山至武功山旅游公路30.84千米和萍乡市公路管理局完成的19.40千米)。至年末,全市公路通车里程6135千米,全市公路密度达155千米/百平方千米。六是自2007年实施农村公路危桥改造起,累计完成危桥改造140座,桥梁安全隐患大大降低。萍乡市农村公路危桥改造成功做法和先进经验获得省交通运输厅的充分肯定,并向全省推广。七是芦溪县宣风大桥开工建设,开发区和雁桥完成施工图纸评审和审批,安源区五陂桥完成施工。八是渡改桥项目建设实行"1桥1领导,1桥1技术干部,1桥1督导"工作责任制度,确保所有项目有计划、有步骤地建设并实现全部项目主体工程完成的目标。九是全市累计建成乡(镇)汽车站33座,农村客运候车亭410个。

交通运输市场管理。客运市场管理:全市有普客班线238条,其中,省际班线58条、市际班线39条、县际班线89条、县内线路52条。全市有班线客车1031辆,其中,中、高级客车203辆,县内客运班车237辆、计2298座位。全市乡(镇)通班车率100%,行政村通班车率93%。客运"清挂"完成公车公营改造436辆,整合县际班线84条,旅游客车由2006年的11辆增至2010年的50辆,初步形成公司合作公车公营经营模式,经济社会效益明显。全市二级以上客运站全部实现封闭式服务管理。实施优先发展城市公共交通战略,全市有公交客运班线30条,各类型公交车364.60标台、计8619座位,其中,绿色动力公交客车40辆。全市有出租汽车公司9户,出租车670辆,自市局3月18日正式接管出租车管理后,换发营运资格证2000余本,并对出租车的设施设备进行更新升级,提高出租服务标准和服务水平。积极推行出租车市场"二六二"管理模式,即:实施《萍乡市客运出租汽车行业服务规范》和《萍乡市客运出租汽车经营合同规范》2个规范文本,规范经营服务行为。制定《萍乡市客运出租汽车经营权管理规定》、《萍乡市出租汽车驾驶员营运资格证管理规定》、《萍乡市客运出租汽车公司服务质量信誉考核规定》、《萍乡市客运出租汽车单车服务质量信誉考核规定》、《萍乡市客运出租汽车驾驶员诚信考核规定》、《萍乡市客运出租汽车服务承诺考核规定》等6项地方法规,加强行业内部管理。推行市场监管机制和服务竞争机制,确保客运出租行业健康稳定、有序发展。中保公司对出租车的保险首次产生盈利,出租车事故赔付率由上年的140%下降至100%以内。全年全市出租车事故率明显下降。货运市场管理:全市有营运货车23421辆,其中,普货运输车22740辆、危货运输车681辆,与2005年末相比,普货运输车增长134.63%,危货运输车增长57.28%,货物运输辐射全国各地,一批物流企业在市场经济发展中逐步壮大,交通自身实力得到大幅增强,其中,由市局牵头引进的上海永璟物流有限公司与萍乡市达金物流有限公司联合投资在上栗县组建江西烟花爆竹物流中心有限公司,占地80公顷,首批投资1.50亿元,现已形成以萍乡为中心,;辐射至江西、湖南、湖北、广西等地,主营烟花、爆竹、鞭炮成品与其原材料的仓储、堆码、商检、通关、运输一体化的大型物流企业,使萍乡成为有真正意义上的"无水港"。

交通运输行业管理。萍乡市交通运输管理部门设计制作相关货运企业质量信誉考核资料蓝本和"危运"、"普运"企业行政许可资料蓝本等,统一规范全市公路货物运输企业质量信誉考核企业应提交资料的档案格式、规范全市道路货物运输企业行政许可程序。全市有驾培学校13所,其中,一级驾校1所,二级驾校10所,三级驾校1所,公路运输驾驶员从业资格培训机构1所。有教练员266名,模拟驾驶器94台,其中,主动式21台,被动式73台。"十一五"期间,各驾培机构共培训学员约60000人,其中,从业资格培训共10000余人次。全市有合法维修企业376户,其中,一类35户(含10户危险货物运输车辆维修企业),二类55户,三类(含摩托车一、二类维修)286户(其中,4S店9户);有综检机构3户。全市有公路运输从业人员28356名(含危险货物运输从业人员),个人资料进入江西公路运输管理信息系统,实现了公路运输从业资格的全面覆盖和管理。

依法行政与交通服务管理。依法行政管理:萍乡市交通运输各级管理部门围绕“提高机关效能、服务项目建设、服务经济转型”中心工作,以规范全市交通运输行政审批、提升行政服务水平为着力点,以建设“负责任部门”和“负责任行业”为使命,规范行政行为,完善行政监督,提高行政效率,全面推进交通运输依法行政工作,努力推进交通运输阳光执法,保障法律、法规和规章的正确实施,保护公民、法人和其他组织的合法权益,不断提高交通运输服务能力和水平。交通运输服务管理:致力打造“服务型机关”和“服务型行业”职能,着眼从机制和制度上解决“为谁服务、如何服务”的根本问题,积极营造“亲商、富商、安商”的发展环境和“为民、便民、利民”的服务环境,努力将交通运输“三个服务”要求落到实处。全年交通运输行政许可项目按照“精减3个50%”要求进行精简,行政许可项目由原22项精减至11项,减幅为50%;审批时限在原有承诺的基础上减少至126个工作日,缩减率51.40%;行政审批环节减少9项,减少比率为38%。服务“三农”和社会主义新农村建设,完善公路功能,制作703块铝合金公路指示牌,竖立在全市各乡、村主要路口,覆盖里程达5200多千米。

安全监管与交通运输应急管理。安全监管:按照“明确职责、找准规律、突出重点、狠抓落实”的安全管理思路,全面贯彻落实交通运输行业安全生产责任制,切实抓好公路运输安全知识宣传教育,强化公路运输安全生产管理措施。认真开展安全隐患排查治理专项行动,进一步加强公路建设工程安全监管,建立和完善水上交通安全生产源头控制体系。2010年,萍乡市交通运输系统未一起发生交通建设工程责任事故和路毁桥塌致车毁人亡事故,水路运输连续保持30年安全无事故,全市公路运输行业各项安全指标均在规定范围之内,保持相对稳定的安全生产态势。交通运输应急管理:成功处置“4·12”部分出租车业户集体停运事件,全市出租车于4月16日全面恢复运营,停运风波得到妥善、快速、顺利地平息。成功应对6月下旬的洪水灾害,全力以赴做好抢险救灾,做到“四个到位”即领导到位、责任到位、防范到位和措施到位,认真组织开展抗灾救灾和灾后恢复重建工作,积极抢修水毁公路,及时恢复公路通行。

机构改革。4月23日,萍乡市交通运输局正式组建并举行揭牌仪式。一是积极做好原萍栗公路收费管理处的机构改制工作,启动市交通运输局非工业国有企业改革工作,顺利完成城市客运(含出租车行业管理)职能交接工作。至年末,原萍栗公路收费管理处机构改制基本完成。二是制定《萍乡市交通运输局关于客运出租汽车新一轮经营权有偿使用、新增运力投放和行业管理方案》征求意见稿,公开向社会各界和各客运出租汽车公司与客运车辆驾驶员征求意见,出租汽车新一轮经营权有偿使用和新增运力投放招投标工作正有序进行。

“三个文明”建设和廉政建设。不断深化“文明行业、文明单位、文明窗口”的创建活动,加强交通运输队伍建设,集聚交通运输跨越发展力量。不断加强交通运输文化建设,弘扬和挖掘交通运输“积极向上、奋发有为”的精神和主流价值,提高行业文明素质和服务水平。坚持“标本兼治、综合治理、惩防并举、注重预防”的方针,把反腐倡廉工作融入“三个服务”(即:服务萍乡经济和社会发展、服务社会主义新农村建设、服务人民群众安全便捷出行)的各项工作中。深入开展“创业创新服务年”和“创先争优”活动,改进交通运输系统政风行风,营造一个“形象不因我而受损、工作不因我而耽搁、时效不因我而延误”的工作环境。规范内部管理,完善各项工作制度,凝聚人心,鼓舞士气,工作积极,风清气正,保持交通运输系统干部队伍纯洁干练,提升交通运输机关文明形象,促进交通运输系统和谐稳定。2010年,萍乡市交通运输局被江西省交通运输厅评为“全省交通系统目标管理先进单位”、“全省交通系统安全生产工作先进单位”。

(萍乡市交通运输局)

安 源 区

2010年,安源区交通运输局围绕全面建设小康社会总体要求和建设安源交通运输城乡一体化目标,继续发扬交通运输“敢为人先”的创新精神、“善于攻坚”的团队精神、“甘当铺路石”的奉献精神、“创优高效”的科学精神,全力推进全区交通运输事业发展,全面完成年度各项工作任务。

1. 基础设施建设。全年完成农村公路建设改造任务80千米;完成3.10千米县至乡项目建设;完成省级危桥改造项目五陂桥的改造工作;完成白源街源壁农村汽车客运站建设,投资89万元;完成全年农村客运候车亭建设任务。重点工程顺利推进。完成杭南长客运专线临时用地30公顷和永久性用地20公顷的征用任务,处理相关涉农矛盾40件次,完成81户、计30000余平方米房屋征迁工作。

社会主义新农村建设。完善农村交通硬件基础设施建设,推进辖区农村客运网络建设,完成《安源区“十二五”交通运输建设规划纲要》和《安源区“十二五”农村客运网络化建设规划》编制工作。

路政管理和农村公路养护。组建安源区交通运输局路政管理监察大队,加大路政法律法规宣传力度,全年发放宣传单2000余份,书写永久性标语400余幅。加大路政巡查力度,严格路政案件查处纪律,实行动态监控,辖区路政发案率明显下降。加大农村公路养护投入,提升公路养护质量。全区公路养护里程528.43千米。全年改造市级公路危桥5座,完成10处特大水毁工程修复。

精神文明建设。优化交通运输发展环境,完善辖区道路标识、标牌、里程碑、文明路和安保设施,为老百姓出行创造安全舒适环境。内强素质外树形象,争创市级“五好”基层党组织,积极开展“创先争优”活动,促进机关效能建设和队伍建设。

(安源区交通运输局)

湘 东 区

2010年,湘东区交通运输局认真贯彻落实中共十七大精神和科学发展观,突出重点工程和农村公路建设,全面促进交通运输事业可持续发展,全年各项工作取得新突破。

全年完成交通基础设施建设投资9442万元,其中,工业园铁路专用线完成投资800万元,东环路电厂至大江边段拆迁工作完成投资1360万元,全区5座渡改桥建设完成投资2726万元,110千米农村公路水泥路面改造完成投资3480万元,县乡公路水毁建设完成投资562万元,季度养护、危桥改造和公路指示牌安装等累计投资370万元,完成2座客运站、24个候车亭建设,投资144万元。全年查处公路两旁控制区内违章广告牌、棚屋共16处,清理路障35余处。全区“十一五”规划的农村公路养护体制的改革创新全面完成,全区公路等级和网络化程度再次得到提升,全区已构建以昌金高速、320国道、319国道、樟大线、南部经济干线为主线,以乡村公路为支线的交通运输网络体系。

(湘东区交通运输局)

上 栗 县

2010年,上栗县交通运输局坚持以科学发展观为指导,深入开展“创业创新服务年”活动,切实转变工作作风,强化内部管理,加强干部作风整顿,维护社会与行业稳定,全县交通运输各项工作取得较好成绩。

交通运输基础设施建设。一是做好萍栗高速公路和杭南长高速铁路客运专线建设项目的协调工作。二是完成319国道路面改造项目30.50千米。三是完成农村公路国家千亿工程项目建设61.10千米,县至乡(油返砂)建设项目19.20千米。四是建成赤山观泉客运汽车站和彭高客运汽车站2座,城区候车亭5个。五是督促完成农村公路危桥改造和姚家江大桥建设。六是完成《上栗县"十二五"农村公路建设规划》和《上栗县"十二五"农村客运网络化建设规划》的编制工作。七是抓好计划内管养1066.24千米县、乡公路的日常养护和水毁工程修复与安保工程建设。

其他各项工作。一是交通运输安全、路政管理工作进一步加强。二是综治工作、驻村扶贫、新农村建设驻点、招商引资等其他工作中均较好地完成各项目标任务，得到上级的肯定和好评。

（上栗县交通运输局）

芦 溪 县

2010年，芦溪县交通运输局围绕县委、县政府"三年大变样，五年大跨越"战略目标，全面贯彻落实科学发展观，以改造路线等级和路面等级为重点，以提高公路通畅能力为目标，切实加大重点工程建设力度，加强公路养护、行政执法、安全生产管理、干部队伍建设等工作，确保全年各项工作按计划顺利完成。

320国道新线于10月30日竣工通车；芦万武公路路基工程基本完成，实现泥沙路面通车目标；市武公路完成5千米沥青路面铺设；杭南长铁路客运专线建设工程芦溪县征地拆迁工作基本完成；累计完成50.10千米县至乡（油返砂）项目建设；完成44.90千米农村公路国改项目建设；完成2座农村客运站，5个候车亭建设。

（芦溪县交通运输局）

莲 花 县

2010年，莲花县交通运输局以科学发展观为统领，以国家扩大内需加大基础设施建设的宏观调控政策为契机，狠抓公路（桥梁）建设，优化行业管理，强化公路养护，坚持安全生产，全面推进莲花交通运输事业协调、持续发展，全县交通运输各项工作取得新进展。

1. 争取项目。一是吉莲高速公路项目建设取得新突破。项目于8月份获得审批并立即实施，省厅将项目部设在莲花县，并争取到征地拆迁资金4600万元。二是吉莲公路莲花段二级公路建设项目获得立项，并已落实建设资金。三是安成大道落实项目资金1000万元。四是争取到农村公路40千米，乡（镇）汽车站2座，农村候车亭6个，农村公路危桥改造8座等项目。

2. 项目建设。一是配合抓好泉南高速公路莲花段建设，基本完成征地拆迁任务。二是推进重点工程安成大道建设。三是全年完成60千米农村公路建设，在实现100%的行政村通水泥（油）路的基础上，加快推进自然村尤其是新农村建设点通水泥（油）路进程。四是全局投资150多万元，建设湖上万盛果业公路、升坊蔬菜基地公路、南岭秦忆蔬菜基地公路和高洲至高滩5千米农村公路。五是完成龙山口渡改桥工程，路口下垅等8座农村公路危桥得到改造。六是湖上车站完工，6个候车亭建设任务完成。

3. 公路养护。2010年，县政府出台《莲花县农村公路管理养护实施办法》，有力地推进全县农村公路管养体制改革。全年对列入省、市补助的250多千米县、乡公路主干道进行重点养护，并着力抓紧雨季汛期水毁公路的预防和维护。全年投入养护资金290余万元。

4. 行业管理。牢固树立法治交通运输理念，放开搞活运输市场，加大监管力度，推进法制进程。一是运管工作卓有成效。二是打"非"除"黑"深有力度。三是安全综治颇有保障。实现全年客、货运输未发生1起重、特、大安全责任事故，实现全局无执法失误、无越级上访、无违法违纪等事件，安全稳定形势良好。

（莲花县交通运输局）

萍乡经济开发区

2010年，萍乡经济开发区交通运输局以科学发展观为统领，开拓创新，扎实工作，着力推进交通运输事业新的发展，全年各项工作取得好的成绩。

交通运输工程建设。坚持以交通基础设施建设为中心，扎实推进干线公路项目和农村公路建设。完成杭长客专萍乡经济开发区段的征地拆迁工作任务，征地46.67公顷，其中，红线内土地

22.27公顷,拆迁房屋等7万余平方米;完成鹅湖路和周江路建设工程;启动建设东路延伸段工程和中环西路开发区段建设工程;完成周江危桥和雁桥重建工程;完成全年7千米的农村公路建设任务。

农村公路管养。确保农村公路安全畅通,注重公路险情排除,以病害整治为重点,制定养护工作方案。组织力量,集中开展水毁公路修复,提高公路好路率。

交通运输行业管理。致力实现全区交通运输各项工作全面协调发展,较好地完成全年各项工作任务。

(萍乡经济开发区交通运输局)

九 江 市

2010年,九江市交通运输局按照“畅通高效、安全绿色”的发展要求,紧紧围绕“两区互动,强工兴城”战略部署,以服务发展为根本,以改善民生为己任,强力推进交通运输基础设施建设和运输市场监管,全面完成年度各项工作任务。

交通运输基础设施建设。全年完成农村公路建设258.10千米,新增48个行政村通水泥路,行政村通达率、通畅率均达100%。完成改渡建桥30座,建成农村客运站15座,农村候车亭210个。

交通运输保障能力。全年筹建水运企业10户,新增服务企业2户,新增水运企业4户。新增运力47893吨,净增公路营运汽车6136辆,净增船舶吨位5.39万吨。全年完成公路客运量9879万人次、货运量7678万吨,完成旅客周转量39.20亿人千米、货物周转量16亿吨千米,同比分别增长7.60%、4.90%、10.10%、13.40%。完成水运客运量40.80万人次、货运量1054万吨,完成旅客周转量777万人千米、货物周转量84亿吨千米。完成民航旅客吞吐量81523人次,同比增长29.30%;完成飞机起降架1426次,同比增长26.40%;完成货邮吞吐量62.30吨,同比增长306.77%。全年更新公交车129辆,调整公交线路8条,新增公交线路4条。全年关闭市区6户客运站(场),依法收回其经营业务的行政许可。新客运中心7月1日正式投入运营。联合交警、城管、残联等部门,对市区非法营运“摩的”、“拐的”、电动三轮车开展专项治理,查扣非法车辆178辆。联合水利、水上公安、地方海事和濒湖各县相关部门,对鄱阳湖采砂实行集中配载计量、统一开票收款,共查处无证违法经营运输船舶29艘,补征规费100余万元。

交通运输行业管理。一是加强湖区水运秩序整治,加大规费征收力度,全年征收港航规费9381万元。支持与服务局属运输企业创新发展、创收增效,九江长运集团公司实现利税3165万元,同比增长11.20%,市公交集团公司实现税收230万元,同比增长2.60%。二是优化干部结构,提升人员素质,面向全国公开招聘20名事业单位工作人员。完成省厅调学1次,市委组织部调学3次。三是完成交通局向交通运输局的职能调整,新增指导城市客运发展职能,增设城市客运管理处、货运管理处、运政稽查支队,市公路运输管理处。新交通运输局局机关调整或重设职能科室,分设公路所与质监所,原运管处与港航处等机构由“处”更名为“局”,由“所”更名为“分局”。原市公路运输管理处所属11个公路运输管理所和原市港航管理处所属12个港航管理所升格为正科级单位。

党风廉政建设。组织学习《中国共产党党员领导干部廉洁从政若干准则》和《国有企业领导人员廉洁从业若干规定》,开展“弘扬廉政文化,服务赶超发展”为主题的党风廉政教育活动,参观九江市纪委警示教育基地,观看廉政警示教育片,受教育党员干部达100人次。注重媒体、网络宣传,全年在国家级媒体用稿2篇、省级媒体用稿

30篇、市级媒体用稿187篇、在市级以上网站用稿115条。开展行业文明创建活动,全系统有31个部门被评为“文明单位”,占全系统部门总数的93%,其中,市局等4个单位被评为“省级文明单位”、1个基层所被交通运输部授予“全国交通运输系统文明示范窗口”,3名职工被授予“江西省劳动模范”。5月13日,全局召开“内强素质,外树形象”教育活动动员大会,通迁3个多月活动深入开展,全局干部、职工做到“心中有百姓,破难有办法,办事有规矩,工作有激情”,以良好的形象促进全市交通运输事业发展。进一步健全完善干部、职工廉洁自律规章制度,在司乘服务人员中推行“六要六不要”行为规范和创建“示范公交线路”、“文明班车”、“文明出租车”活动,以先进典型带动行业文明,提升全行业文明形象和队伍素质。

(九江市交通运输局)

庐　山　区

2010年,庐山区交通运输局全面贯彻落实科学发展观,围绕“做强城东港区,决战工业300亿”工作目标,扎实推进,奋发向上,全面完成全年各项目标任务。

1. 农村公路建设。全年农村公路建设32.50千米,农村公路建设进度达100%。完成编制《庐山区“十二五”交通运输发展规划》和《庐山区“十二五”农村公路客运网络规划》。

2. 交通运输行业管理。开展整治公路环境和治理超载超限等专项工作,8月开展了为期1个月的专项治超宣传活动,9月对环山公路清除杂草3千米,拆除公路标示牌8块,清除垃圾死角18处,清除乱堆乱放9处,拆除违章建筑60平方米,清除堵塞填埋水沟15米、非固定标志8块,拆除沿线灯杆上广告架24块。全年共查处违章案件4起,审批破路申请3起,结案率100%。全年共查处违章车辆39辆,查处率100%;查处超限超载车辆30余辆。

3. 交通运输安全。一是加大对运输企业安全整治,积极引导运输企业和有关村改善农村公路的交通乘车环境。二是预防水上交通安全事故发生,促进全区安全生产形势持续稳定。三是对金源化纤码头违法经营行为进行专项整治,下发《关于金源化纤有限公司码头专项整治实施方案》,专项行动历时2个月(11~12月)。四是组织开展“春运”安全生产专项检查,确保“春运”规范有序。五是对全区各客运公司车辆专项检查,对带病作业车辆强制检修,对违规违法营运客车进行打击。六是对危化品运输企业和车辆专项检查,严控危化品运输车辆违规上路。全年共行业安全检查和安委会督察11次,下达整改通知书7份。

(庐山区交通运输局)

共青开发区

2010年,共青开发区交通运输局以中共十七大精神和科学发展观为指导,按照共青城总体规划要求,推进交通运输工程建设,提高交通运输公共服务,全面完成年度各项工作任务。

项目建设。全年农村公路建设计划30千米,实际完成路基改造43千米、路面改造40千米,占年计划144%,投资1316万元。其中,县通乡项目完成7千米、投资279万元(争取交通部资金210万元)。105国道共青段改造工程完成路面铺设。信息大道工程竣工通车,投资289万元。撤渡建桥项目石山大桥和博阳河大桥先后开通,已正式撤销固村、石山、桂家、共青4个渡口。全年先后对江益至恒丰、江益至军山等公路破损路面进行了修补,处理病害公路1800平方米,清理公路两旁垃圾350立方米,清除杂草8000余米,安装平交路口减速带94米,对石山大桥公路防护桩进行刷漆翻新。

交通运输管理。8月,正式成立路政管理大队,对全区31.40千米县级公路、320千米乡村级公路进行有效管理,定期与不定期实施安全检查,发现隐患及时整改。5月18日,首期新购3辆双层68座公交巴士正式运营,投入210万元。11月27日,长运公司又购置6辆金龙大公交巴士,正准备投入营运。

开展“内强素质,外树形象”教育活动。根据安排,与长运公司携手共同开展共青交通旅客运输“内强素质、外树形象”教育活动。期间,共悬挂横幅6条,出动宣传车3天,散发宣传单27000份,征求意见30份。组织干部、职工学习科学发展观和交通运输专业知识与交通运输法律法规。5月31日,完成《共青开发区“十二五”交通运输发展和农村公路客运网络建设规划》编制。

(共青开发区交通运输局)

九 江 县

2010年,九江县交通运输局以继续深入开展学习与实践科学发展观为动力,加大农村公路建设和运输市场监管,较好地完成年度各项工作任务。

农村公路与渡改桥建设。2010年,完成计划内公路建设22.30千米,计划外公路建设30.70千米,至年末,全县农村公路里程1021.98千米,其中,水泥路面542.90千米,砂石路面455.25千米,简易路面23.83千米。2009~2010年,完成关山桥和红丝渡桥2座大桥主体工程;完成汤家埠大桥与毛沟大桥全部桩基和部分梁板、盖梁、墩柱、桥台等工程;完成西窑河大桥21根桩基等工程。

运输市场监管。整治与规范马回岭、黄老门农村客运车辆的路边停放、路边载客、占道经营等“三乱”现象,在城区内规划55处公交站台与停放点,在江新洲新增浔晨农村客运公司。

(九江县交通运输局)

星 子 县

2010年,星子县交通运输局坚持以邓小平理论和“三个代表”重要思想为指针,推进农村公路、改渡建桥、公路客运站(亭)建设,全局干部、职工上下一心,团结一致,锐意进取,艰苦奋斗,全年各项工作任务顺利完成。

1. 交通运输基础设施建设。鄱湖西大道、泡窑线、105国道、太乙村公路建设,全长20.70千米,投资约7000万元,其中,上级资金390万元,地方资金6880万元。至年末,除鄱阳湖西大道尚未完工外,泡窑线、太乙村线2项已全部竣工,105国道路基全线完工。乡、村公路55千米改造全面完成,投入资金1530万元。神灵湖大桥竣工通车并通过验收,涂山渡改桥已全部完成。横塘客运站、蓼南客运站、华林客运站、南康站、白鹿客运站等5座农村客运站已开工建设2座,另3座正在选址中。

2. 公路养护。一是加大治理公路超限超载和路政管理,共查处超限车10辆次,处理挖断公路2处,收取赔补偿费3000多元。二是投入公路养护资金26万元,其中,苏共线铺设渣子5万元,南华线沥青修补6万元,大蓼线沥青7万元,钱蚌线横塘段水泥板块硬化8万元。

3. 交通运输市场。一是通过招标开通蛟塘至共青农村客运班线1条。二是对全县所有客车技术状况进行一次彻底清查,已达报废年限客车强制全部停运,老旧破车全部退出市场。三是对全县出租车和农村线路客车的燃油补贴和补贴额度进行调查测算统计。四是加大水陆运输企业从业人员安全培训,已举办运输企业从业人员培训1期,培训人员30人。四是加大整顿力度,全年共整顿2次,处罚5户,停业整顿1户。五是在为期40天的“春运”工作中,共投入“春运”车辆日平均137辆,出租车98辆,渡船2艘,完成客运量41.65万人次,实现“春运”安全、优质、规范、有序。

4. 开展“内强素质、外树形象”主题教育活动。一是5月19日,召开了全县交通系统“内强素质、外树形象”动员大会。二是召开座谈会,征求社会各界意见,查找薄弱环节,写出自查报告。刊载简报2期,报送信息5条。三是围绕“三城同创”活动,推动行业文明建设,提高文明执法水平。四是履行与四联村搞好“三创”活动,硬化路面1千米,帮助新农村建设点秀峰村饶家弄硬化1.50千米公路,投入资金18万元。

(星子县交通运输局)

湖 口 县

2010年,湖口县交通运输局按照“建设区域经济强县”总体目标，抓好交通运输基础设施建设和交通运输行业管理，注重交通运输安全监管，扎实开展“创业服务年”活动，较好地完成全年工作任务。

1. 公路工程建设。全年完成通乡水泥(油)路项目4个、计22.60千米，投资3532万元，全县通行政村公路通达率与通畅率均100%。完成投资360万元的屏峰桥改渡建桥项目。

2. 公路运输市场。一是制定《湖口县交通运输局关于开展集中整治道路运输市场秩序专项行动的实施方案》和《湖口县交通运输局关于开展集中整治城区客运市场秩序专项行动的实施方案》。二是开展联合执法行动，严厉打击无证经营客运、长客短运、强行拦车、以暴力威胁外地长途客车、强行倒客甩客宰客、垄断经营、欺行霸市等非法行为，重点查处乱停乱放、站外揽客、哄抬票价等违规经营行为，全年查处“黑的”142辆、乱停乱放车辆14辆、非法营运摩托车90辆。

3. 交通运输安全。稳步推进“安全生产年”活动，健全交通安全生产长效机制，完善基础设施，加大监管力度。注重“春运”期间安全生产，部署“春运”安全责任体系，对全县渡口、渡船进行规范管理，实行联合执法，打击“五小”船舶。加大车站“三品”查堵，确保全县交通安全生产处于良好态势。

4. 党风廉政建设。一是开展“创业服务年”活动，从改进干部作风入手，解决交通运输系统效能建设方面存在的问题，使全局干部为民办事、为民服务的质量和依法行政、诚信管理的效率有较大的改进和提高。二是抓好党风廉政建设，构建惩防腐败体系，创新监督机制。严格农村公路建设工程招投标程序，加强交通建设项目财务检查和审计监督，坚持重大事件报告、廉政提示制度。三是做好《湖口县2011～2015年交通运输发展规划》编制工作。四是局属企业县航运公司闲置资产于10月26日委托九江泽钦拍卖有限公司进行挂牌公开出让，最后以229.50万元拍卖成功，变现资金已用于安置公司职工与退休工人，完成企业破产程序。汽运中心企业改制前期工作于12月末完成。

(湖口县交通运输局)

瑞 昌 市

2010年，瑞昌市交通运输局围绕全市“决战工业200亿”和“强工兴城、绿色崛起”战略目标，锐意进取，创新机制，全面完成交通运输工作各项任务。

1. 公路建设。2010年12月29日，杭瑞高速公路瑞昌段23.80千米竣工通车。完成九码快速通道(瑞昌段)一级公路17.90千米硬化和公路两边各10米宽绿化带。完成县、乡公路改造22.1千米，农村公路改造248千米。全市157个行政村通水泥(油)路率达100%，自然村通水泥(油)路率达66%。完成渡改桥3座、计389延米，危桥改造3座、计287延米，改造通村桥梁3座、计389延米，危桥改造3座、计287延米。完成引资项目1个，兴建市区一级客运站1座，投资1亿多元，已完成5000万元。

2. 运输物流市场。全市重点货运企业12户，有货车3324辆、计11794吨位，其中，新增货车1235辆，全年完成货运量635万吨。有重点客运企业11户，有客车221辆、计4223座位，其中，新增客车2辆。有水运企业10户，有船舶25艘、计17205吨位，完成货运量51万吨。新增农村客运班线4条，行政村通班车率近80%。提升服务管理理念，强化运输市场监管、推进规范有序发展。加大对黑车非法营运专项治理，纠正违规违章车辆220辆次，实施行政处罚案件45起，对群众反映的客运、出租车存在的问题做到及时处理，结案率达100%。对客车、出租车全部安装GPS定位系统。

3. 交通运输安全与综治工作。一是把安全、综治工作与经济工作同安排、同部署、同检查、同考核、同评比。二是建立完善安全、综治网络体系，落实分工和责任。三是对运输单位与车船、公路危险区段、桥梁进行重点督察，全年投入公路安全设施建设资金100余万元。四是在机关大院安装了2套110自动报警系统。全年未发生重大交通运输安全和生产责任事故与影响社会稳定的案件，安全生产死亡率为零。

(瑞昌市交通运输局)

彭　泽　县

2010年,彭泽县交通运输局坚持以科学发展观为统领,扎实推进交通运输基础设施建设,抓好交通运输行业管理,提升交通运输服务水平,全面完成年度各项工作任务。

交通基础设施建设。全年完成农村公路建设投资3240万元,开工实施项目53个、计108千米,其中,"村村通"项目23个、计57千米,通组公路项目30个、计51千米。彭湖高速公路自2008年10月开工以来,县局作为指挥部成员单位,加强与相关乡(镇)、部门的协调配合,妥善处理改路、改渠、杆线迁移和征地拆迁工作中的各种矛盾纠纷,为项目顺利推进提供有力支撑。历经2年努力,于2010年9月16日建成通车。塔桥路拓宽改造工程全长12.01千米,2009年3月开工,在完成房屋拆迁、土地征用、杆线迁移、工程用料等任务基础上,于2010年8月完成路面主体工程,正进行供电地下穿缆和电信上墙入户割接等附属工程扫尾工作。黄乐公路升级改造工程全长24千米,投资4500万元,已进行招投标和征地拆迁工作,路面硬化预计2011年8月末全面完工。金星渡、东边河渡南岸码头全长140米、宽6米,同时修建1栋150平方米候船室,投资186.50万元,于2010年11月建成。建成龙宫洞风景区综合型客运站1座,占地1万平方米、投资330万元。

农村公路管养。至年末,全县农村公路建设里程917千米,其中,县道124千米、乡道272千米、村道521千米,全县175个行政村已全部通水泥路,通畅率达100%。全面启动农村公路养护和管理工作,制定《彭泽县农村公路养护管理暂行办法》并以政府文件下发各乡(镇),建立健全县农村公路养护管理体制,促进全县农村公路养护工作继续发展。

交通运输安全管理。坚持"安全第一,预防为主,综合治理"的方针。一是加强组织领导,层层签订《安全生产目标管理责任书》。二是建立健全各项安全生产责任制,明确安全生产的责任主体和监管职责。三是在重大节假日和运输高峰期实行"人盯人、人盯船"的方式分区分片加强现场监督管理,做到安全隐患早发现早整改。四是深入开展安全生产月、安全培训班等活动,强化从业人员的安全意识,营造良好的安全生产氛围。五是每月定期进行1次安全大检查,提出整改措施,跟踪督导落实整改。六是加强联合执法行动,集中开展重点行业和重点领域的安全生产专项整治活动。

(彭泽县交通运输局)

武　宁　县

2010年,武宁县交通运输局围绕经济社会发展大局,突出抓好学习实践科学发展观和机关效能建设与交通运输基础设施建设,凝心聚力,全力推进,较好地完成全年各项工作任务。

1. 加快农村公路建设。全年新建和改造县通乡公路3条、计40.90千米;完成乡、村水泥路131.60千米,行政村通畅率达100%;建成乡村候车亭20个,基本完成3座乡(镇)客运站主体工程。全年建设改渡建桥3座,其中,港西桥于5月份完工通车;长水桥和窑墩桥中途4次变更设计,自接手组织推进后,倒逼式全程督促,年末已完成2桥主体工程。

2. 提升公路管养水平。全年县、乡公路常年好路率达91%,乡、村公路常年好路率达87%,同比分别增长2%和3%。深化农村公路管理养护体制改革,把乡、村公路划分为一类网络公路、二类通行政村公路、三类通自然村公路,管养扶助经费分别提高至1000元/千米、700元/千米、350元/千米。强化公路安全防护与损毁修复,共投入经费195万元,新建防墙2100米、防护墩375.80立方米,修复水毁涵洞3处、计57延米,清理塌方49处、计15.30万立方米,修建挡水墙1座、计16延米,修补损毁路段67处、计23千米,排除砂船冲撞桃林大桥等险情4次,培护路肩107千米。投入37万元,绿化县道8.82千米。

3. 交通运输安全。制定安全生产各项制度,健全安全生产网络,坚持不间断安全隐患排查与整治。投入60余万元,加大公路损毁修复。投入6.7万元,用于渡船维修和码头安全生产设施建设。渡口和水上客运保持连续23年无责任事故。

4. 交通运输市场。一是严把交通运输市场准入机制和退出机制,维护交通运输市场有序稳定。二是深化规范整治,全年集中整治5次,共查处违法违规行为92起。三是行业文明创建,开展“星级文明车”、“五星级文明船”评选活动。四是改进城市客运服务,新增环工业园公交班线。

(武宁县交通运输局)

修 水 县

2010年,修水县交通运输局贯彻落实科学发展观,围绕全局工作目标,加大项目建设、市场管理、安全生产、维护稳定、精神文明建设等五项中心工作,扎实推进,奋发有为,全面完成各项目标任务。

农村公路建设。全年完成农村公路建设282.40千米,33个行政村和部分自然村通水泥(油)公路,全县446个行政村实现水泥(油)路通达率100%。12月29日,柯龙公路通车,修铜公路开工。6月30日,通往中节能公司布甲矿区公路建成通车。“十一五”期间,累计完成农村公路建设投资4.50亿元,新改建农村公路水泥(油)路1524.90千米。全年实施改渡建桥项目15座、计2862延米,已完成14座,藕坑桥因地理恶劣,延期至2011年7月完成。6月中、下旬暴雨造成全县5个乡(镇)、110多个村交通中断,90条乡村公路受损,冲损桥梁102座、渡船10艘、钢索桥4座、码头20座,直接损失约6186万元。全局立即启动公路、水路应急预案,出动人员、设备,全力抢修,至6月29日,县内公路基本恢复通行。为确保工程质量,创新机制,责任到人,全民监督,在50多个新建公路、桥梁项目上实行立责任碑,标明施工单位、建设单位、监理单位的名称和项目负责人等,并公布监督举报电话。完成修武线、柯龙线、修武线与柯龙线连接线、武吉高速公路连接线等4条精品路绿化,全长65.24千米,完成县、乡公路140千米,乡、村公路800千米绿化及补植。完成《修水县“十二五”农村公路和客运网络规划》编制工作。

交通运输市场管理。自1月1日起,在全县开展为期1年的争创“星级文明车”活动,1个季度评选1次,有50辆客运车辆评为“星级文明车”,2辆客运班车被评不合格。7月2日,来自相关单位、社区的52名“城市公共交通义务监督员”正式上岗,参与监督和管理。8月15日,县城夜班公交车正式开通运营。8月20日,对符合销毁条件的90辆“摩的”进行集中销毁。

精神文明建设。开展“内强素质、外树形象”教育活动。全系统千名干部、职工在中心广场举行签字承诺仪式。9月7日,原修水县交通局更名为修水县交通运输局,并将原县交通局职责与城市客运管理职责划入新成立的县交通运输局。

(修水县交通运输局)

德 安 县

2010年,德安县交通运输局以开展“内强素质、外树形象”活动为动力,以农村公路建设和重点工程建设为重点,转变作风,创新思路,为全县交通运输发展作出了应有的贡献。

1. 交通运输工程建设。全县农村公路建设规模29.80千米,其中,国家农村公路改造项目15千米,通乡公路14.80千米。全年完成国改项目15千米,完成通乡公路14.80千米。完成投资1263万元,其中,国改项目投资375万元,通乡项目投资888万元,提前3年完成行政村通畅率100%目标任务。重点工程共安大道全长2.50千米、宽100米,双幅单向4车道,投资(含绿化、亮化)3000万元,2010年6月开工,9月30日完成主体工程,绿化景观工程于年末完工。共安大桥引桥工程2010年10月27日开工,投资4000万元,计划在2011年9月末竣工通车。陈家湾渡改桥全长738.22延米,投资850万元,其中,项目资金420万元,县财政配套430万元,2009年9月9日开工,2010年12月末竣工。田塘桥(工业园区)全长37.04延米,投资258万元,2009年8月开工,2010年6月末竣工。

2. 交通运输行业管理。加大查处取缔无证无照经营车辆力度,共出动稽查人员3500余人次,共查处无营运证客车162辆,查处无营运证货车2辆,取缔“残拐”45辆。

3. 公路路政管理。一是经县编委批准同意,撤销原养路费征收站,正式成立德安县交通运输局路政大队。二是加大路政管理条例宣传和路政巡查,及时纠正侵占公路用地和损坏公路行为,依法查处侵占公路违法案件,有效地保护路产路权。

(德安市交通运输局)

永 修 县

2010 年,永修县交通运输局坚持"两区一村"战略,学习实践科学发展观,开展"内强素质、外树形象"和"机关效能年"、"创业服务年"活动,加强交通运输基础设施建设,加快交通运输发展,求真务实,真抓实干,较好地完成各项工作任务。

交通运输基础建设。6 月末,永昌大道全面竣工,全长 4.60 千米、宽 40 米、投资 3300 万元。开元大道全长 3.51 千米,宽 60 米,投资超 1 亿元,路基工程基本完工,雨污管网工程完成招投标,已进入路面施工阶段。全年完成通乡公路 20.50 千米。永丰至马口、恒丰至九合 2 条公路均已完工,马口至新祺周公路完成 35% 工程量、城丰至青湖公路完成 60% 工程量。"十一五"期间,全县共新建农村公路 600 千米,共实施改渡建桥项目 4 个,九合河头桥于 2008 年竣工通车;吕家桥(全长 306.70 延米)完成主体施工;西津大桥(全长 636.70 延米)、湖陂大桥(全长 426.70 延米)完成工程量 40%。共新建 7 座农村三级客运站和 120 个候车亭。

精神文明建设。一是开展"创业服务年"、"创先争优"、"内强素质、外树形象"等主题活动,推进干部、职工素质提升。二是推进党务、政务公开工作,投入 3 万余元,制作电子屏幕、电子触摸屏和党务公开宣传栏等。三是强化"五个机制"推进机关效能建设。为进一步转变工作作风,提高干部、职工工作质量和效率,全年通过强化"五个机制"(强化创新机制、强化激励机制、强化监督机制、强化学习机制、强化制度机制)建设,推进机关效能建设深入开展。

(永修县交通运输局)

都 昌 县

2010 年,都昌县交通运输局坚持以科学发展观为统领,以农村公路建设为重点,规范行业管理,增强服务理念,转变思路,创新方法,顺利完成全年各项工作任务。

自 2006 年启动"村村通"公路建设工程以来,共修建通行政村水泥(油)路 753 千米,全县 326 个行政村全部通水泥(油)路,实现 100%"村村通"目标。2010 年,完成 6 个行政村 4 条水泥(油)路建设任务、计 42.60 千米;完成 2010 年前立项未实施 22 条公路;完成通乡油返砂工程 7 条、计 66.10 千米;官春公路 5.60 千米改造工程年末竣工通车;完成景湖公路都昌段 28 千米改造工程征地拆迁与路基改造,实现砂石路通车,预期 2011 年末路面硬化竣工通车,工程造价 1.34 亿元。全县 5 座渡改桥项目除周溪棠荫桥外,大港土目桥、西源竹筒湖桥、大沙猪打野桥等均已竣工,苏山马鞍桥预期 2011 年汛期来临前完成。

(都昌县交通运输局)

庐山管理局

2010 年,庐山交通运输局围绕庐山"一下一上"发展战略和"九大推进"工作,深入学习实践科学发展观,抢抓发展机遇,创新工作思路,落实工作要求,在服务庐山旅游经济发展方面发挥了重要作用。

优化交通运输市场。突出"预防为主、加强监管、落实责任",加强庐山交通运输监管,在庐山管理局统一部署下,采取齐抓共管、综合整治方式,集中力量开展打击非法营运行为,庐山旅游市场环境得到进一步优化。认真落实安全生产责任制,深入开展"安全生产年"和各项专项整治活动,维护庐山交通运输秩序,保证交通运输安全。认真开展安全生产规范化(标准化)建设,使企业真正建设成本质安全型企业。

加强交通基础设施建设。完成庐山南北门换

乘中心建设,南北门下迁工作将在2011年正式启动。2010年,庐山瑶池路桥项目正式列入《江西省旅游公路建设规划(2010—2012年)》,预计投资2800多万元。完成植青旅游公路改造。全年庐山共完成6.20千米农村公路改造。105国道(环庐山段)改建工程将于2011年末完成。

庐山旅游观光车运行平稳。旅游观光车项目自2009年正式营运以来,已取得良好的社会效益和经济效益,为社会提供270多个就业岗位,得到省、市领导肯定。随着通远、威家2个换乘中心建成,南北门下迁,旅游观光环保车已实施二期工程。组织开展《庐山区"十二五"农村公路客运网络和"十二五"交通运输发展规划》编制工作。

(庐山交通运输局)

新 余 市

2010年,新余市交通运输局以中共十七大精神为指导,以科学发展观为统领,紧紧围绕新余市融入鄱阳湖生态经济区建设,加快新余市建设国家新能源科技城和年初制定的交通运输发展目标任务,开拓创新,团结拼搏,扎实工作,完成和超额完成全年各项工作任务。

交通运输基础设施建设。2010年,省交通运输厅下达新余市国家农村公路改造96.20千米,至年末,已全面完成建设任务,完成投资2405万元。9月份,省厅下达全市水毁公路重建14千米,至年末,已全面完成修复工作,完成投资140万元。2009年7月,省交通运输厅批复新增通乡公路建设项目7个、计87.70千米,至年末,已全面完成建设任务,完成投资20938万元。河下部队进出口公路,全长300米,9月开工建设,年末已完工,投资80万元(全部为省财政补助)。6月17日,新余市发改委组织相关专家对环城南路项目工程可行性研究报告进行评审,9月3日进行初步设计评审,9月13日项目正式批复,9月26日召开征地拆迁动员大会,工程将于2011年1月1日开工。全年改渡建桥续建和新建项目共10座,至年末,已完工6座,基本完工4座。全年完成乡(镇)五级客运站续建和新建项目共4座,候车亭建设70个(分宜县30个、渝水区40个),共完成投资310万元。沪昆高速新余收费所增加5个车道建设工程已全面完成,收费大棚增设电子显示屏项目在得到省交通运输厅批准后正在建设中。新余客运中心首期工程站房和办公楼主体工程已于2009年底完成并通过验收,2010年进行装饰施工工作,预期2011年1月18日投入试运行。

交通运输生产。全市有货运车辆27756辆、计204572吨,其中,新增车辆5626辆、计38253吨,同比分别增长25%和23%。全年完成公路货运量8219万吨,货物周转量1441628万吨千米,同比分别增长25.08%和20.33%。全市行政村通客车率为98.69%。全年完成水路货运量88.80万吨,货物周转量250.96万吨千米,同比增长8.09%和下降6.64%。全市共有客车291辆,其中,高级客车244辆,出租车636辆(分宜县105辆)。10月,开通新余直达南昌昌北机场客运专线。全年完成公路客运量1707万人次,旅客周转量63419万人千米,同比下降3.78%和9.88%(客车转籍40余辆,城乡客运班线的客运量未统计到公路运输客运量之中)。完成水路客运量33.32万人次,旅客周转量666.38万人千米,同比增长11.62%和18.99%。"春运"共投放客车971辆,运送旅客113.77万人次,同比增长0.24%。投入游船17艘、计500客位,运送游客1.8万人次,同比增长125%。5月,由春宇集团运输有限公司投资660万元兴建的物流公共信息平台实现与省物流信息平台的对接,试运行良好。5月19日,《新余市现代物流业发展规划》通过专家评审,已上报市府。6月21日,在全市"突破工业3000亿,建设新型工业城"动员大会上,受表彰奖励的大型物流企业达14户。全年共引进大型物流企业3户,发展壮大8户。

交通运输行业管理。一是严格执行质量监督程序,严把交通运输建设市场质量关。实施差别化管理,增强监督效果,全市农村公路与渡改桥工程质量呈上升趋势,其中,路基工程抽检点数799个,合格率79%;路面工程抽检点数486个,合格率76%;桥梁工程抽检点数490个,合格率92.70%;三大原材料抽检样品数53个,合格率94.30%。全市交通工程未发生重大质量安全事故。二是严厉打击非法经营行为,重点查处危货车辆驾驶员无从业资格证和普通货车超越经营许可范围从事危货运输等。全年出动执法人员1356人次,稽查各类车辆2362辆次,查处违章57起,其中,查处"黑车"4辆。全年举办客、货运输从业人员培训班22期,考试合格818人;举办危险货物运输驾驶员从业资格培训班4期,培训46人,考试合格38人;举办危货运输押运、操作人员培训班5期,考试合格60人;培训汽车驾驶学员14842人,发放结业证书14842本;考核货运企业121户,维修企业60户,驾驶员培训学校9所;二级以上客运站进行质量信誉考核率达100%。三是基本完成新余市联合运输总公司破产工作,全面完成市航运公司改制工作。四是全年实际引资2.52亿元,超额完成市府下达的2.40亿元目标任务。

交通运输安全生产。加强公路客运和危货运输与水上运输市场的安全监督管理,组织开展交通安全生产隐患排查工作,全年共排查一般安全隐患32个,其中,水上安全隐患28个,公路运输安全隐患4个,已全部整改到位。开展安全生产应急救援演练。全市公路未发生1起重、特大责任事故,实现水上安全生产连续24年无责任事故。

政风行风建设。一是遵照新余市机构改革的工作要求和部署,组建成立新余市交通运输局.二是完成《新余市2009~2020年交通运输发展规划》,出台《新余市交通运输基础设施建设项目最低价评估法实施细则》。三是开展"创业服务年"活动,推进行政审批制度改革,精简行政审批事项。四是按照"标本兼治、综合治理、惩防并举、注重预防"的方针,加强交通廉政建设,开展工程建设领域突出问题专项治理。五是开展"创先争优"活动,全力推进行业文明创建。六是协助渝水区水北镇完成颖江公园和行政中心建设的搬迁等工作,并在农村公路建设和客运站场、候车亭建设等方面给予支持。全年帮扶新农村建设点渝水区水北镇泉塘谢家村建设资金20万元,水毁重建资金3万元,计划生育活动经费5000元;帮扶计生贫困户2户,帮扶金3000元,走访慰问结对帮扶困难户17户,送去慰问金7100元(其中,新余市红十字会配套2000元)。

(简少华　胡晓文)

分　宜　县

2010年,分宜县交通运输局认真贯彻省、市交通工作会议精神,坚持科学发展观,以饱满的工作热情,以务实的工作作风,顽强的工作斗志,团结一致,奋勇拼搏,全面完成全年各项工作任务

1. 交通运输工程建设。清宜公路改建工程已完成征地、路面清表等工作,房屋拆迁任务完成60%、涵管工程完成30%、土石方工程完成40%,工程现有管线搬迁基本完成,已下拨征地拆迁资金1800万元。湖泽至分宜二级公路建设工程已完成路基土石方工程100%,完成路面垫层80%,完成水泥路面500米、完成水稳基层500米,完成铁路立交桥两侧桥墩建设。江锂大道延伸段建设工程完成路基土石方工程100%、垫层铺设60%、管线搬迁30%。全年农村公路任务完成,建设项目12个、计17千米。受上半年暴雨影响,全县农村公路土石方、路面、路基、桥浮损毁严重,其中,洞村、钤山2镇均有两处损毁严重地段,全县受损约750万元。全年共修复水毁公路2.60千米,加固桥梁3座。分宜古岭大桥改渡建桥项目完成大桥围堰、桩基、桥柱、14片箱染、箱梁张拦、引道土方等工程。完成凤阳和松山2座乡(镇)五级客运站建设与验收,建成30个农村客运候车亭。

2. 交通运输服务。"春运"期间共投入营运车辆278辆,出租车105辆,班线车辆124辆,安全运送旅客35.89万人次。全年共引进和新增货运车辆593辆、计4452吨。至年末,全县有货运车辆3786辆、计13968吨。对全县矿山、采石场无证车辆进行摸底,对相关车辆提出整改意见。对全县客运车辆、运输企业、维修企业、驾校进行

质量信誉考核,合格率达100%。对全县所有的出租车实行考核,统一票价,调校计价器,设立举报电话,建立一套完善的管理体系。坚持每月对全县客运司乘人员、安全例检员、车辆调度员、“三品”检查员等人进行1次应知应会安全学习。对全县客运车辆实时户籍化和跟踪车辆安全技术性能管理,全县已建立2个GPS监控平台,跨区班线客车全部安装了行车记录仪。严厉打击各类违法违规的经营行为,全年共查处违法车辆230辆。完成2009年客运燃油补贴发放工作。全县享受政府补贴客运车辆254辆,金额101万元。建立水路运输长效管理机制。开展水上安全专项整治,全县渡运安全实现连续28年无责任事故。

3. 机关效能建设。以“创业服务年”活动和“创先争优”活动为载体,切实转变职能,改进工作作风。认真履行法定职能,严格依法行政,秉公执法,规范行政行为。全局在岗人员全部设置岗位职责牌,恪守职业道德,决不推诿扯皮。努力为服务对象办实事、做好事,真正树立交通部门“为民、高效、务实、廉洁”的良好形象。

(分宜县交通运输局)

渝　水　区

2010年,渝水区交通运输局坚持以科学发展观为指导,围绕“积极融入鄱阳湖生态经济区、加快建设国家新能源科技城”目标,推进交通运输基础设施建设,强化交通运输行业管理,全年各项工作稳步推进。

交通运输基础设施建设。全面完成全长5.33千米创业大道建设任务,投资1.50亿元;有序推进霞江大道、世纪路、创新路等3条公路工程建设和余新公路、珠良公路等重大项目前期工作;做好杭南长高铁、环城南路、清宜公路改建等工程征地拆迁与建设协调工作。全年完成农村公路建设任务36千米,水毁公路修复10千米;全年开工渡改桥项目建设6座;全年开工界水、下村2座乡(镇)五级客运站建设,其中,界水客运站已竣工验收并投入使用;完成农村客运候车亭37个。

交通运输行业管理。全区有客运公司4户,城乡公交公司3户,个体客运业户2户;有客车132辆(其中,城乡公交车60辆),班线54条,日发496班次;有货运企业65户,货车9388辆、计71146.70吨。全年完成客运量767.45万人次,旅客周转量16437.50万人千米;完成货运量1058.98万吨,货物周转量30525.40万吨千米。有一类维修企业4户,二类维修企业18户,三类维修企业124户。有二类汽车驾驶培训学校2所。

交通运输安全生产。一是围绕“春运”等节假日和重大活动,开展安全隐患排查,全年共排查各类隐患15起,并全部整改到位。二是对渡运、客运、危货运输、路桥施工、机关楼院防火防盗等安全开展拉网式排查,及时消除安全隐患。三是深入开展“安全生产年”活动和交通运输安全生产“三项行动”,严格落实“一岗双责”制。四是严格落实渡运安全生产责任制,定期开展渡运安全检查。全区水上交通运输实现连续24年安全无责任事故。

精神文明建设。认真开展“创业服务年”、“创先争优年”、“学先进、找差距、谋发展”等主题教育活动,完善规章制度,整顿机关作风,提高机关效能。完成《渝水区“十二五”交通运输规划纲要》的编制。完成“三定”方案编制上报和区交通运输局更名组建。

(渝水区交通运输局)

仙女湖区

2010年,仙女湖区交通运输局以科学发展观为指导,加快交通运输基础设施建设、做好交通运输公共服务和安全监管,为全区经济持续发展营造良好的交通环境。

交通运输基础设施建设。全年完成农村公路建设43千米,其中,县通乡公路项目33千米。完成武吉高速九龙互通口至凤凰湾办事处县通乡公路。完成河良线河下段工程。完成环湖公路路基主体工程和油面铺设、路面标线、波形梁防护栏埋置、上下边坡绿化施工等,预计2011年底全面完工。完成清宜公路改建工程A标段路基清表、建筑垃圾清理,完成76%路基土石方,完成80%涵洞工程,预计2011年底前路基通车。年初完成白湄、花园2座渡改桥项目的扫尾工作,争取到省厅8%奖励资金。全年完成改渡建桥4座。浒溪改渡建桥于5月正式开工,已完成桩基20个,下部结构10排,预制梁24根。

行业服务管理。严格市场准入条件和标准,对全区21户货运公司经营实施质量信誉考核,其中,14户公司达到AA标准。全区有营运货车8572辆,新增3564辆,其中,完成营运车辆年度审验与技术等级评定6908辆。10月,区交通运输局办证中心已通过省交通运输厅核审为文明示范"窗口"。

交通运输安全管理。坚持"安全第一,预防为主,综合治理"原则,认真履行行业安全管理职责。制定"春运"和重大节假日安全防范与应急预案,建立安全监管机制,健全目标考核办法,与各乡(镇)、企业、车站、渡口等签订安全生产责任状。全年因汛期水流量大而责令停航2次,共排查出安全隐患4起,整改合格4起。6月中旬,港航部门组织游船公司举办水上救生演练。

党建和党风廉政。一是制定强有力的保障措施,签订《党风廉政建设责任书》,把党建工作和党风廉政建设责任制纳入年度总体目标之中。严检实施建设工程"三合同制"与"四不准",严格财务管理、机关工作纪律,执行项目建设申报、审批程序和招标投标、项目质量监督管理等。二是开展"创业服务年"和"创先争优"活动。三是完成3000多辆新置货运车辆审验受理和4万车辆二级维护签章管理。四是帮助解决各类问题16件,上报信息件4篇。

(仙女湖区交通运输局)

新余高新技术产业开发区

2010年,新余高新技术产业开发区交通运输局紧紧围绕全年交通运输工作目标,扎实工作,稳步推进,全面完成各项交通运输工作任务。

1. 农村公路建设与养护。全年完成农村公路建设项目9个、计11千米,投资220万元。全区农村公路硬化里程242.40千米,350个自然村已有268个通水泥路,通水泥路自然村率达76.50%。水西镇桥口渡改桥项目已完成投资610万元。全年县道好路率达85%以上,乡道好路率达75%以上,投入养护资金80万元。全年水毁农村公路直接损失182万元,共组织抢险人员300多人次,出动各种机械设备21台次,车辆15辆次,架设便桥3座,共投入应急抢险资金23万元。完成章洋线水毁重建项目2个、共计约1千米,投入资金120万元。

2. 公路运输与安全。全年共完成客运量66.50万人次,旅客周转量622.42万人千米,同比增长9.20%;完成货运量790万吨,货物周转量26092万吨千米,同比增长8.90%。全区交通运输安全工作继续按照"谁主管,谁负责"的原则,层层签订安全生产责任状。加强安全生产动态管理,组织经常性安全监督检查,交通运输安全保持平稳,全年无重大水上、公路交通运输事故发生。

(新余高新技术产业开发区交通运输局)

孔目江生态经济区

2010年,孔目江生态经济区交通运输局坚持以科学发展观为统领,狠抓公路建设、促进交通运输发展,加强行业管理,构建和谐交通,全区交通运输事业继续保持又好又快发展。

交通运输基础建设。欧新公路全长14.46千米,按超二级水泥混凝土路面改建,工程建设历时13个月,于2010年10月1日竣工通车,投资9400余万元。仙来公路隧道是连通孔目江生态区南北重要通道,采用双向双洞四车道,全长523米,2008年9月2日正式开工,2010年5月14日竣工,投资7500万元。盘龙大道为城区至杭南长高铁车站主干道,工程于6月28日开工建设。全年新建农村公路10.60千米。

运输市场管理。一是通过精心组织,合理安排,狠抓落实,全面完成"春运"任务。二是客运市场和谐稳定,农村客运网络化稳步实施。三是出台优惠政策,吸引和扶持货运企业向现代物流业发展。全年共完成公路客运量200万人次。引进货运企业2户,车辆900多辆,完成货运税收1200余万元。

安全生产管理。认真贯彻落实"安全第一,预防为主"方针,按照"谁主管、谁负责"的原则,建立安全生产负责制。健全防范措施，排除安全隐患，在欧新公路、观巢到分宜线、欧下公路、观巢至界水公路等危险路段，设置交通安全警示标牌。

行业文明创建。2010 年 7 月 1 日，原仰天岗区正式改名为孔目江生态经济区，将渝水区的观巢镇和欧里镇纳入新区管理。积极推进民主评议政风行风活动，不断提高交通运输创业发展组织化程度。严格党风廉政建设和反腐败工作年度考核目标，严格执行交通部“六条禁令”。提高交通运输服务质量，优化服务环境，促进“三个文明”建设。

（肖庆华　周新生）

鹰　潭　市

2010 年，鹰潭市交通运输局坚持以科学发展观为统领，以服务经济社会发展为核心，以创业服务年活动为动力，攻坚克难，改革创新，为实现鹰潭市交通运输事业新发展作出了应有的贡献。

公路建设成绩斐然。全年计划完成国家农村公路改造工程 200 千米，投资 6000 万元；完成路网结构改造工程 13 项、计 111.90 千米，投资 3880 万元；完成新农村试点村村内道路工程 150 千米，投资 3000 万元。实际完成农村公路建设 572.40 千米，完成投资 1.49 亿元。至年末，全市公路里程 3656 千米，公路密度 103 千米/百平方千米。有高速公路 74 千米，一级公路 42.36 千米，二级公路 150 千米，三、四级公路 2194 千米，等外公路 1196 千米，其中，高（次高）级路面达 2396 千米，为全市公路里程的 67.36%。全市 370 个行政村全部通水泥（油）路目标早于 2008 年末就已实现。

改渡建桥取得新成绩。全年改渡建桥续建项目 8 座，完成 7 座。即：信江大桥、梅溪大桥、漕源大桥、八甲大桥、樟槎大桥、姚家大桥、塔洲大桥。另 1 座潢溪大桥预期 2011 年内竣工。新开工的流口大桥建设进展顺利。至年末，全市共完成改渡建桥 27 座，全长 4955.50 延米，总投资 3.36 亿元。

运输市场持续繁荣。城乡客运大为改观，农村路、站、运建设协调发展。全年新建乡（镇）客运站 18 座，农村候车亭 100 个。至年末，全市累计乡（镇）客运站达 29 座，候车亭达 450 个。鹰潭至贵溪、龙虎山等地均实现城际公交客运网络化。全市有营运客车 1226 辆，客运企业 18 户；有营运货车 12433 辆，货运企业 4144 户；全市乡（镇）通班车率 100%。全年完成客运量 5638 万人次，旅客周转量 109232 万人千米，同比分别增长 19% 和 55%；完成货运量 4187 万吨，货物周转量 785658 万吨千米，同比分别增长 56% 和 176%。

“数字交通”稳步推进。全局围绕提高行政效率目标，以应用需求为导向，以信息资源开发利用为重点，加强领导，全面规划，整合信息资源和应用系统，有效推出“数字交通”建设项目，走出了一条具有自身特色的“数字交通”建设之路。

文明建设不断加强。开展“创业服务年”活动，推进机关效能提升。加强理论学习，加强党风廉政建设，爱岗敬业，忠于职守，全局交通运输路行业文明建设再上新台阶。

（鹰潭市交通运输局）

贵　溪　市

2010 年，贵溪市交通运输局深入贯彻科学发展观，坚持“发展为第一要务”，加快交通运输建设，深化行业文明，全面完成全年各项任务。荣获“2010 年度江西省交通运输系统精神文明建设先进单位”称号。

交通运输基础设施建设。全年完成通乡公路改造项目 4 个（画桥至鸿塘、鸿塘至中童、文坊至冷水、鸿塘至夏埠)、计63.80千米;完成国家车购税工程建设项目37个、计73.20千米;全市公路里程为1923千米。完成龚资、贵冷、泗河、水圣等4线“6·19”洪灾水毁公路修复工程。完成乡(镇)客运站3座,农村候车亭50个。完成金屯镇梅溪大桥、罗河镇姚家大桥、雷溪乡樟槎大桥、八甲大桥、耳口乡漕源大桥等5座渡改桥项目。“十一五”期间,全市18座农村渡改桥任务全面完成,全长3160延米,桥梁面积40977平方米,累计投资17851.86万元。完成全市37条、计384.63千米县、乡公路养护与管理工作,其中,一类养护路24条、计246.12千米,二类养护路13条、计138.51千米。至年末,全市有良等路268千米,好路率70%,同比上升1.56%。

公路运输。全年完成客运量1340万人次,旅客周转量33467万人千米;完成货运量704万吨,货物周转量126067万吨千米。同比分别增长300%、53.50%、2%、239%。全市有农村客运班线68条,其中,延伸到村班线25条,乡(镇)覆盖率100%,行政村覆盖率88%,并开通贵溪市区至铜拆解园区6路公交路线。全市有营运客车293辆,其中,客车100辆、计1765座;公交车55辆、计1540座;出租车138辆、计690座。有营运货车1933辆、计18252吨。全市新增公路货运企业92户,货车212辆,过户货车10辆。发展物流企业40户,其中,乡(镇)物流5户。

行业管理。一是严打非法营运车辆的违法违规行为,加大查处力度。全年共查处黑车16辆,摩的330辆,违章货车80辆,运输市场规范有序。二是完成全市138辆出租车更新换型工作,统一车身标志颜色、顶灯配置、计价器、报警装置、座套地垫、司机服务卡、计费标准、专用牌照等。在江西省第十三届运动会召开前夕,对全市营运车辆大检查,检查合格车辆重发营运审核记录表,对10多辆逃避或不接受检查的车主分别依法进行教育、处罚或取消营运资格。三是加大渡运管理,完成对全市30多个渡口、200多艘钢质渡船的改造维修,全市水运安全系数100%,水上运输实现47年安全无事故。

精神文明建设。开展“创先争优”活动,以“五个一”为主题,举办1期女职工“贤内助”培训班,努力营造家庭和谐氛围。5月4日,组织60名机关团员、青年开展“重温历史,熔炼团队”活动,提高青年职工的集体荣誉和协作精神。10月1日,组织全系统9个党支部、135名党员干部观看影片《可爱的中国》,以方志敏浩然正气激励广大党员爱国、创新、廉浩、奉献的精神。

(贵溪市交通运输局)

余 江 县

2010年,余江县交通运输局深入学习科学发展观,全面落实省、市交通运输工作会议精神,克服困难,真抓实干,较好地完成全年各项工作任务。

农村公路建设与养护。公路建设:全年县通乡公路建设项目5个、计20.80千米。至年末,完成4项、计16.60千米,完成投资543万元。全年通自然村公路建设项目28个、计41千米,已全部完成并超计划6.30千米,完成投资1018.50万元。公路养护:“6·19”特大洪灾水毁公路22条,冲毁路基450千米,路面360千米,客运站1座,候车亭56个,各类车辆2300余辆,交通经济损失28813.70万元。面对灾情,全局奋力排险,迅速组织车辆运送旅客3000余人次,并在最短时间内抢修水毁路段,恢复县乡公路畅通。全县管养县乡公路226.56千米,其中,县道64.94千米/5条,乡村道161.62千米。全县水泥(油)路180.70千米,全部达优良路。全县砂石路45.86千米,完成优良路30千米,好路率65%。综合好路率为93%,计210.70千米。

交通运输管理。全年新增物流企业17户,新增货车1620辆、计17000吨。至年末,全县有客车186辆、计2759座,其中,营运客车127辆、计2260座,城市公交车18辆、计294座,出租车41辆、计205座。一是针对余江车辆不进站、旅客不归点的混乱状况,重点查处和整顿乱停乱放、非法违规营运行为,通过整治与严打,实现“车进站、人归点”的良好秩序。二是12月联合鹰潭市运管处等对鹰潭至余江客运班线实行公交化改造,计划分公交外线(投入运力18辆)与公交内线(投入运力10辆)2条,实行公车公营,并对线路走向、站点、班次、票价等进行了调研和初审。三是4月下旬开展查危大检查,全面检查运输业户,全县32条班线与余春、双江2车队所有车辆进行重点排查,共查处违规车辆12辆次,排除事故隐患8起,责令限期整改的均已整改到位。

党风行风建设。一是在开展“创业服务年”活动中,做到“两集中,两到位”,选派精干人员入驻县行政服务中心统一办理业务。二是5月份成立了局重大项目招商引资和建设管理协调工作领导小组。三是8月份开展了“百名干部下基层,千名群众评行风”活动。四是10月份开展了“严厉整治影响创业环境行为”活动。

(余江县交通运输局)

龙虎山风景名胜区

2010年,龙虎山风景名胜区交通运输局抓住“十一五”全省实现“村村通”的有利机遇,以科学发展观为统领,立足交通运输工作“三个服务”,突出重点,打造亮点,落实目标,开拓创新,全面完成年度各项任务,极大地推进景区经济发展步伐。

1. 景区公路建设与养护。全年完成城门2.20千米、许家1.40千米、廖家1千米、水南1.50千米、肖家1千米、泥弯江家1千米通村公路建设,争取资金253.50万元。“6·19”洪灾后,全局火速投入水毁公路修复工作,1周内修通九曲洲大桥、沙湾大桥、上圳公路、彭上公路等水毁路段,至11月末,全面完成全区水毁公路桥梁修复任务,共争取水毁公路修复资金97万元,灾后重建资金130万元。景区公路养护实行“县道县管、乡道乡管、村道村管”三级责任制,并与县卫生清洁办联合制定《农村公路“三责一体”养护管理办法》。

2. 行业管理。一是严厉打击运输市场非法违规经营行为,开展无证经营和摩托车非法载客专项治理,景区运输市场秩序明显规范有序。二是提高服务水平和办事效率,全年共办理道路运输证2200余件。三是实现市区至景市城乡公交一体化,完成道源客运公司龙虎山班线经营权收购工作,确保鹰潭市区至龙虎山景区公交车4月1日正式开通。至年末,全景区有客车28辆,其中,大巴11辆,中巴17辆;有货车19辆,其中,50吨货车2辆,小货车17辆。

3. “创业服务年”活动。开展“创业服务年”活动,专门成立活动领导小组,召开干部、职工大会,传达省、市会议精神,制定活动实施方案,谋划工作思路和目标任务,统一认识,积极参与,全局已营造出人人争创业的良好局面。

(龙虎山风景名胜区交通运输局)

赣　州　市

2010年,赣州市交通运输局以中共十七届五中全会精神为指导,深入贯彻学习实践科学发展观,围绕构建“赣、闽、湘、粤‘四省通衢’”立体交通枢纽,持续加快交通运输基础设施建设,稳妥推进交通运输生产平稳发展,努力提高交通运输“三个服务”水平,抢抓机遇,创新思路,加快步伐,真抓实干,全年各项工作取得新的发展。

主干道公路现状。至2010年末,全市现有公路通车里程26134.88千米。有高速公路9条、计653.36千米,其中,赣定高速126.86千米,泰赣高速60.20千米,赣大高速56.70千米,厦蓉高速城西段12千米,瑞赣高速117千米,赣州绕城高速43.60千米,鹰瑞高速105千米,石吉高速132千米。市养公路2629.02千米/61条,其中,国道4条、计930千米,省道14条、计1105千米,县道30条、计544千米,乡道9条、计14千米,专用公路4条、计35千米。按技术等级分,一级公路249.36千米,二级公路1815.36千米,三级公路717.61千米,四级公路14903.50千米,等外公路7795.69千米。全市晴雨通车公路22257.75千米,农村通车公路22852.50千米。有桥梁869座,隧道3座。

交通运输基础设施建设。①高速公路建设:全年续建与新建高速公路7条、计578千米。环城高速、鹰瑞高速、石吉高速已建成通车,隘瑞高速完成投资1.70亿元,瑞寻高速完成投资14亿元,大广高速公路龙南里仁至杨村段完成投资5.20亿元,赣崇高速已正式开工。②市养公路建设:全年市养公路建设65.32千米,完成投资15562.50万元。其中,原323国道火车站至潭口(峰山片区段)一级公路改造7.29千米,完成投资9664.50万元;319国道兴国县绕城段一级公路改造9.46千米,完成投资5638万元;银金线水南至利村15.62千米二级路改造10月开工,完成投资260万元;信池线24.61千米路面改造进展顺利。全年完成农村公路建设2850千米,新增43个行政村通水泥路,行政村通畅率达100%。全市农村公路通车里程22852.50千米。③渡改桥建设:全市渡改桥124座,完成率100%。④港口码头建设:赣州港水西综合货运码头物流中心完成工可报告编制;兴国鼎龙客运码头和赣县攸镇客运码头已竣工验收并投入使用;赣州至湖江水上旅游项目码头完成施工图设计;龙南桃江梨头嘴客运码头主体工程已完成。⑤交通重点工程建设:赣南大道全长31.38千米,投资29.70亿元,已完成8.59亿元;赣州大桥全长10千延米,投资5.90亿元,现已通车。⑥物流载体建设:赣州综合物流园区建设进展顺利:物流四路、物流七路与排水工程已竣工验收,园区东部销售物流区和部分企业供应物流区开工建设;赣州空港物流园区已将园区80公顷土地列入赣州市土地利用总体规划,《赣州空港物流园区发展规划研究(2011—2030)》于11月通过专家评审;水西货运码头物流中心工可报告通过省港航局审核;南康市物流中心投入使用,已有20余户物流企业入驻经营;赣县红金物流中心完成园区规划和路网建设;粮食物流中心一期、二期工程完工;兴国县危化品铁路货运专用线一期建设完工;瑞金市综合物流园与龙南县龙翔国际物流中心等县(市、区)配送中心项目建设顺利推进。

立体交通运输。①公路客运:全市营运车辆49504辆,其中,客车2960辆,出租车1282辆,城市公交车989辆。全年完成客运量8893万人次,旅客周转量581037万人千米,公共交通运输量7665万人。全市客运班线已延伸至广东、广西、福建、上海、江苏、浙江、安徽、湖南、湖北、海南、港澳等10余个省、市地区。全市共有省际班线315条,市际班线44条,县际班线151条,县内班线611条,高速客运班线25条。投入高二级以上客车63辆,旅游客车138辆,其中,高级客车130辆。全市开通农村客运班线672条,年均日发车4081班次,分别比"十五"期末增加46.30%和58.30%。行政村通达率由"十五"期末73%上升到83.54%,乡(镇)通达率由"十五"期末99%上升到100%。公共汽车运营线路网全长2900千米,公交营运线路142条,公共交通运输分担率达12.02%。②物流货运:至年末,全市物流企业突破1000户,物流从业人员20余万人;全市拥有货车46544辆,货运车辆吨位10.50万吨,全年完成货运量13644万吨,货物周转量1355199万吨千米。公路货运量分别占全社会运量的89.30%和75.20%。全市规模以上物流企业数量由33户上升到43户,运输能力5.60万吨,自有仓储面积12.40万平方米,营业收入12.15亿元,上缴税收4712万元,分别比上年增加13.70%、65.60%、42.80%和38.30%,占全市总量的53.50%、1%、57%和73.60%。公路货运集约化以年均18.26%的速度增长,规模以上物流企业作为全市物流货运企业的龙头地位更为凸显。③航空运输:加密赣州至广州、赣州至上海航班,开通赣州至海口、赣州至武汉航班,正协调开通赣州至成都航班。全年赣州机场完成旅客吞吐量30万人次,同比增长66.67%。新建赣州城市候机楼内设"8196688"呼叫中心、机票销售、航班查询、旅客值机系统、航空旅游接待中心、商务中心、贵宾室,城市候机楼外配套建有机场大巴站台、小车停车坪。④港航运输:全年完成港口吞吐量840.40万吨,其中,出口3.20万吨,进口837.20万吨;完成货运量882万吨(其中,海运41.60万吨),货物周转量96690万吨千米;完成客运量101.40万人次,旅客周转量680万人千米。有运输船舶421艘,其中,客船89艘、计2447客位;货船332艘、计62055吨位。全市15个县(市、区)设有港口,即:赣州港、赣县港、上犹港、崇义港、南康港、信丰港、于都港、龙南港、定南港、寻乌港、兴国港、瑞金港、会昌港、石城港、宁都港,有码头399座,泊位数509个。

交通运输行业管理。一是推进城乡客运一体化建设。首先在赣县开展城乡客运网络一体化建设试点,改造现有农村客运班线。对符合公交化改造的班线,采取政府补贴、降低票价方式,全部改造为公交化运行,基本形成农村客运经营方式公交化、经营管理公司化的运作格局,并在全市推广赣县城乡客运一体化经验。于都、会昌、南康、兴国等县(市)正积极推行城乡公交一体化试点,全市已基本形成以县(市)为中心,以乡(镇)为节点,覆盖村(组)的农村客运网络。二是开展打击非法营运专项治理活动,采取分片联动、交叉执法、联勤联动。重点打击公路非法运输,出租车异地经营,严查出租车拒载、不按计价器收费、绕道等非法违规行为。全年共出动运政执法人员11000人次,检查车辆13000余辆次,查处违章720起。三是对章贡区和开发区的交通运输行业管理工作作出调整,将原归属章贡区运管所职责范围内工作划归赣州市运管处直属运管所,理顺职权关系,明确工作职责,确保公路运输行业管理工作重心下移,关口前靠。四是推进科技兴运,提升公交服务水平。在中心城区100辆出租车安装GPS卫星定位系统,实施远程实时监控。加大GPS推广运用,建立赣州市交通运输信息平台,在中心城区公交车安装GPS车载终端设施,实现公交车经营行为的远程监控。五是强化运政管理。完成对公路旅客运输、危货运输等相关企业的质量信誉考核工作,共考核122户维修企业,其中,AAA级10户,AA级23户,A级68户,B级21户。共有8所驾校被评为AAA级,6所B级驾校停业,近50所驾校安装使用700台模拟驾驶器。六是围绕"安全、优质、畅通、快捷"目标,全面完成"春运"任务。2010年"春运"共投入客车2970辆,包车1710辆,加班12538辆次,完成旅客运输量452.29万人次。

国、省干线公路管理。一是迎"国检"共完成投资3.90亿元,重建路面212千米,罩面155千米,板块修复35.70万平方米,标线23万平方米,设置标志标牌1750块,加固改建危桥15座。二是水毁公路抢修保畅通。6月份,全市遭受暴雨袭击,造成市养公路10多个点段交通中断,共投入1.50万人次,沥青66吨,水泥584吨,片石2700余立方米,编织袋21万条,抢修各类机械2200台次。三是预防性养护。全年完成油砂封面60万平方米,水泥路灌缝340千米,整治高路肩50万平方米,清水沟1800千米,桥涵7500余道。四是路政管理。全市开展集中整治50余次,清理违法建筑410处,非公路标志标牌700余块,查处路损案件600余起,办理行政许可350起,案件查处率达99%。五是"治超"工作。全年共查处超载超限车辆2.30万辆次,卸货1.10万吨,教育超限司机与车主2.30万人次,治超收入1000万元,超限超载率控制在8%左右,全市未出现公路"三乱"行为。六是水路运政、港政管理。开展完善赣州辖区内水路运输量专项调查,对全市运输船舶进行全面清理摸查。依法规范河道采砂权竞拍后砂石管理,做好国家港航规费征收,确保港航规费应征不漏。开展跨河建桥项目征收港航规费工作,协助南康、于都、瑞金等县(市)港航管理所砂石经营管理规范和征费工作。

交通运输安全生产。健全交通运输安全管理长效机制,组织开展"安全生产年"、百日督查、"三项行动"、"平安工地"、危桥排查等专项活动,全市交通运输安全生产指标均控制在考核指标以内。一是认真开展交通运输"安全生产月"活动,提高干部、职工、业主业员的安全生产意识。二是进一步落实安全生产责任制,加大督察各县(市)交通运输部门和业户签订安全责任状,对上犹、崇义、龙南、赣县、会昌等水路、公路运输重点地域加强现场监管。三是做好水路交通防汛工作,派监查组到客运码头、货场察看水情,检查防洪设备与安全措施落实情况,对查出的不安定因素和隐患认真进行整改,做好全市交通运输行业稳定,实现安保维稳和运输安全无事故目标。

交通运输科教文卫。赣州市交通运输局通过市公路学会聘请公路桥梁专家开设专题讲座,鼓励技术创新,宣读技术创新论文。举办专业技术人员、运政执法人员、交通运输系统办公室主任、交通运输系统后备干部、港航系统业务骨干、出租车驾驶员、公路运输企业业务骨干等培训班共32期,培训人数1600多人次。组织机关100多人参加健康体检,加强爱滋病防治工作宣传,参加全市统一组织的灭"四害"活动。开展征文比赛、摄影比赛、演讲比赛等活动,丰富干部、职工文化生活。

精神文明建设。2010年,赣州市交通运输局再次被赣州市委、市政府评为"文明单位",被省交通运输厅评为“2010年度目标管理先进单位”,并荣获交通部“全国公路水路运输量专项调查先进集体”荣誉称号。

5月,江西省交通厅航务管理局赣州分局更名为江西省港航管理局赣州分局,隶属江西省港航管理局(江西省地方海事局、江西省船舶检验局)。至年末,分局与14个基层单位中,获得省级“文明单位”2个,市级“文明单位”6个,县级“文明单位”7个,“文明单位”覆盖率100%。

南昌铁路局赣州车务段精神文明建设荣获江西省第十届“文明单位”,南昌铁路局“六好班子”、“安全优质车务段”等先进单位等称号。

民航赣州机场职工热心社会公益事业,树立企业良好形象,主动与石城琴江镇建上村、花圆村3名孤儿办理结对帮扶手续,结成对象。积极参加赣州市“送温暖献爱心”捐助和“无偿献血、爱心之夏”活动,增强员工社会责任感。

(杨河良)

章　贡　区

2010年,章贡区交通运输局坚持把农村公路建设和农村公路运输网络建设作为全年工作重点,统筹规划,同步实施。围绕年度各项目标任务,坚持发展为第一要务,提高交通运输执政和交通运输服务水平,全区交通运输实现在新的起点上快速发展。

1. 农村公路建设。2010年,完成农村公路改造项目5个、计4.50千米,完成新建农村公路客运候车亭2个,完成农村公路路肩水泥硬化100万元,累计完成20千米与会车道扩建工程。至年末,全区有公路66条、计440.66千米,其中,国道2条、计42.80千米;省道2条、计24.86千米;县道6条、计69千米;乡道15条、计98千米;村道41条、计206千米。区财政安排100万元,专项用于农村公路日常养护,各镇财政拨出一定比例的资金列入公路管养经费的预算。

2. 交通运输行业管理。全区有营运车辆6215辆,其中,货车5089辆,出租车686辆,公交车430辆,有42条线路。全年招商新增货运车辆368辆、计5153吨。市级规模以上物流企业增至为5户,为国家创增税收861万元,同比增长1.77%。认真履行职责,抓好公路运输市场、出租车客运市场、县区际客运市场、汽车维修市场、危货运输市场、汽车驾培市场的整顿与检查,确保交通运输市场健康有序。

3. 精神文明建设。2010年,章贡区交通运输局被赣州市交通运输局授予“农村公路养护管理工作”先进单位;被章贡区区委、区政府分别授予“‘一弘扬三服务’活动”先进单位、“造林绿化‘一大四小’工程建设包村挂点”先进单位、“和谐平安建设暨社会治安综合治理目标管理优秀达标”单位、“安全生产工作”先进单位、“新农村建设先进工作队”单位称号。

(章贡区交通运输局)

赣　　县

2010年,赣县交通运输局坚持以邓小平理论和“三个代表”重要思想为指导,贯彻落实科学发展观,加大交通运输基础设施建设,推进交通运输发展,加强交通运输综合管理职能,提高交通运输服务水平,在新一轮全县交通运输持续发展中迈出了坚定必胜的步伐。

交通运输基础设施建设与养护。一是瑞赣高速公路储潭互通立交建设工程前期工作顺利推进。二是全年完成农村水路(油)公路建设258千米,实现100%行政村通水泥(油)路。三是渡改桥项目义源大桥进展顺利,完成投资4100万元;王母渡横溪大桥、立濑大桥、东埠头大桥完成主体工程。四是新增通乡公路项目长洛乡丰田排至周家村委公路、大田至大坑公路、沙地至水边公路3条、计52千米。五是湖江至石芫战备公路项目开工建设;储潭滩头至红河旅游公路、田村至白鹭旅游公路完成施工图设计和征地拆迁测量放线工作;三溪新星至寨九坳旅游公路完成摸底调查工作;沙园线梅街至小垒路段改建工程完工。六是昌联物流中心和海铁物流中心已开工建设,县物流信息中心已建成并投入使用。七是白鹭、湖江、韩坊等3座客运站已完成土地平整,三溪、大田、茅店、储谭、五云等5座客运站已规划选址。八是完成湖江桃花岛接待中心旅游码头建设;湖江廻龙阁码头、夏浒五姓码头项目正待省港航管理局批复。九是完成“一大四小”县、乡公路绿化工程,已种植桉树18万余株、杨树3万余株,绿化面积达54.50余公顷。十是抢修赣周线雁鹅段、梅湖线连坳段、大王线云洲段、三江段、龙潭段等6条、计11处水毁公路,修补梅林至大田、田村至白鹭等公路路面,修复大王线大埠段、沙攸线茶子坳路段、枫大线枫树段等公路,确保农村公路安全畅通。十一是加大农村公路巡查,对赣周线、梅湖线、沙攸线等设置标志牌、减速带、防护墩等安全设施。

交通运输管理。全年更新农村客车27辆,新增农村客车6辆,全县农村客车达172辆,实现100%乡(镇)和100%符合通车条件的行政村通班车。全年新开通县城、工业园循环公交线路3条、新增公交车5辆。全县有汽车维修企业50户,其中,一类1户,二类3户,三类46户,有汽车综合性能检测站1户。全县有物流企业42户,其中,自开票企业10户,市级规模以上物流企业9家,完成营业税1530万元,同比增长21%;新增8户,同比增长24%;其中,新增市级规模物流企业4户,新增自开票企业2户。全县货车拥有量4721辆、计13400吨位;新增608辆、计3840吨位,同比增长38.5%。游艇2艘已签订合同。

水上交通运输安全。全县有18个渡口、22艘渡船,分布在沙地、湖江、储潭、茅店、江口、南塘、大埠、王母渡等8个乡(镇)。全局坚持“预防为主、标本兼治”安全生产方针,进一步完善县、乡、村、渡工(船员)四级渡运安全管理责任机制,完善安全防范应急机制,确保全年渡运无责任事故。

(赣县交通运输局)

上 犹 县

2010年,上犹县交通运输局认真深入开展学习实践科学发展观,结含上犹县交通运输发展实际现状,科学谋划,主动出击,顺利解决全县交通运输发展中的各类矛盾与实际问题,全年交通运输工作取得可喜的成绩。

1. 交通运输基础设施建设。2010年,全县交通基础设施建设完成投资2.60亿元。县城至梅水一级公路13.15千米(除茶亭大桥外)工程基本完工,投资4500万元;上犹县滨江至江西坳公路全长86.56千米,实施三级公路沥青路面改造工程,完成全线路基沥青路面,桥梁和其它工程,投资5290万元;兰田至新江公路路面工程全长12.33千米,四级公路标准,完成水泥混凝土路面浇注,投资475万元;新江至紫阳公路工程全长11.54千米,完成水泥混凝土路面,投资678.50万元;平富至分水坳向前至分水坳路段6.55千米,三级公路标准,实现竣工通车,投资759万元。全年完成4个行政村、计40.50千米“村村通”建设任务,至此,国家农村公路改造工程全部完成。全县公路通车里程1064.09千米,180个行政村100%通水泥(油)路。农村公路养护。全年出动巡查132次,排查修复上江线营前路段路面塌陷1处,路基塌崩2处,设置临时安全警示标志13处,调动机械清理山体塌方800余立方米,制止路边瓷土加工和水泥砖生产等行为6起,发出整改限期通知书8份,现场清理公路边堆积场20余处、计200多立方米。在上太线、紫阳线、旅游公路沿线共整地打穴30000多个,补种、新种树苗45000株。

2. 交通运输行业发展。全县有客车120辆,出租车35辆、计140座位,公交车15辆、计321座位;有货车1114辆,机动货车510辆,计510吨位。有客运站(场)4座,其中,二级站2个,三级站2个。有农村候车亭38个。有省际客运班线9条,平均日发班42辆次。全县118个行政村通班车,通车率95%。有机动车驾驶员培训学校3所,其中,二级驾校3所,教练车60辆,驾驶模拟器30台,全年共培训机动车驾驶员1780多名。有汽车维修行业3户,其中,二类4户,汽车综合性能监测站1户,全年完成营运车辆二级维护与检测1890多辆次。有专业化规模以上现代物流企业福达物流和通力物流2户,共有货车180辆、计580吨位,同比增长34%。全年共完成货运量125万吨,同比增长5%,完成货物周转量4699万吨千米,同比增长4.50%。

3. 交通运输管理。按《上犹县打击非法营运工作方案》要求,加大运政稽查,查扣非法营运车辆,有效地维护公路客运市场秩序。加强水上交通运输安全管理,节假日和汛期,着重落实各水运企业,港埠码头的安全生产责任,专人驻点值班,开展“地毯式”排查,确保全县水上运输安全零事故。

(上犹县交通运输局)

崇 义 县

2010 年,崇义县交通运输局广大干部、职工坚持以“三个代表”重要思想为指导,深入开展学习实践科学发展观,围绕“工业强县,林业立县,旅游热县,生态扬县”的发展战略,优化交通运输发展环境,加大交通运输基础设施建设,推进交通运输平稳发展,全年各项工作取得新进展。

交通运输基础设施建设。2010 年,全县通村水泥路建设为 29 个项目、计 196.20 千米,其中,通村公路 149.50 千米。实现 100% 通行政村通水泥(油)公路目标。崇义至龙勾公路分两期施工,一期工程 16.70 千米(含 660 延米隧道),二期工程 16.10 千米,项目主体工程已基本完工。上堡至江西门公路改造工程(上级下达油返砂项目)已完成路基改造。江渡改桥项目已完成 0、1、2、5 号桥墩桩基工程和盖梁 1 个、12 片预制梁制作。关田至聂都水毁公路重建 7 月全面完工。赣崇高速公路崇义段征地拆迁完成征地 213.27 公顷,占总量 64.62%;房屋拆迁 23000 平方米,占总量 25.10%;迁移坟墓 1691 穴,占总量 82%。境内 15 个标段项目部全部进场展开施工。全年新建农村客运汽车站 2 座,其中,铅厂汽车站已完工,扬眉汽车站完成主体工程。新建候车亭 30 个。

交通运输行业管理。全年延伸农村客运班线 4 条。完成代征车辆营运税 90 多万元。年核发道路运输经营许可证 70 本,办理道路运输证 237 本。三类以上班线客车按标准全部安装 GPS 车载终端仪。全年公路运输安全运送旅客 50 万人次。全年开展了 3 次长达 3 个多月集中联合执法行动,共查处非法客运车 26 辆,取缔 2 处非法客运车辆集聚地。全年共注册物流企业 14 户,其中,规模以上物流(货运)企业 1 户,商储物流企业 1 户,果业(脐橙)仓储企业 8 户,零担托运 5 户。全县从事货物运输个体 1182 户,有货车 1265 辆、计 1502 吨位,其中,县恒泰物流公有货车 103 辆、计 552 吨位。

水上交通运输管理。加强“春运”和重大节假日期间对水口、过埠码头现场监管,会同海事、安监、公安、渔政、供电等部门开展水路运输安全联合执法整治,取缔过埠码头非法客运船 5 艘,并从瑞金市调拨 2 艘铁质渡船,解决泮江大桥建设期间过埠库区群众安全出行问题。经省、市港航、海事部门多次现场督察,省挂牌督办的过埠码头“三无”载客船只 10 月末彻底整改销号。全年水上交通运输安全无事故。

(崇义县交通运输局)

南 康 市

2010 年,南康市交通运输局坚持以科学发展观为统领,履行和践行交通运输“三个服务”,围绕“一个继续坚持,二个着力把握,六个扎实推进”工作部署,着眼“十二五”交通运输发展规划,抓住服务主线,加快公路建设,加强交通运输行业监管,塑造文明交通运输形象,全面完成全年交通运输各项工作任务,促进南康市“平安和谐”交通运输事业又快又好地发展。

1. 交通运输基础工程建设。积极投入赣韶铁路、京九电气化改造、赣崇高速公路、赣州环城高速等重点工程项目的征地拆迁和协调服务工作。完成康唐路拓宽改造和市和谐大桥、市和谐广场道路与排水等 3 个市重点工程。完成唐江油树桥、龙岭旺背桥、浮石江孜口桥、禾坑塘桥等 4 座撤渡建桥项目,实现 100% 撤渡建桥工作目标。完成 55 个农村公路建设项目、计 136.80 千米,新增 36 个行政村通水泥路,实现 100% 行政村通水泥(油)路。完成 20 座公交候车亭,全年完成固定资产投资 10967 万元。

2. 农村客运。完善农村客运相关扶持政策。全年延伸农村客运班线 5 条,全市行政村通班车率 89.30%,基本完成《南康市农村客运网络化“十二五”规划》编制工作。全年报废更新 24 辆出租车,南康至赣州 115 路公交车全年更新 28 辆,提升了城市公交的服务水平。

3. 机关效能和廉政建设。开展“创业服务年”活动,扎实推进机关效能建设、廉政建设,强化执法监督，增强为群众、业户服务意识，落实首问责任制、限时办结制、一次性告知制、举报投诉登记制等制度。严厉打击“黑车”等非法营运行为，共查处“黑车”58 辆。积极开展廉政文化进机关活动，营造浓厚文化氛围，形成“人人思廉，全员助廉”的廉政建设新局面。

（南康市交通运输局）

大 余 县

2010 年，大余县交通运输局广大干部、职工高举邓小平理论旗帜，以“三个代表”重要思想为指导，深入学习实践科学发展观，围绕“抓项目，办实事，看实效”工作主线，创新思路，奋力拼搏，全年交通运输各项工作取得较好的成绩。

农村公路建设与养护。2010 年，实施农村国改公路建设项目 24 个、计 38 千米。至年末，完成水泥公路项目 21 个、计 27.70 千米。完成新农村建设点水泥路建设 100 千米。全县 144 个行政村全部通水泥（油）路，通畅率 100%。完成牡丹亭中桥（全长 62.94 延米）、黄龙鸡足滩大桥（全长 205.02 延米）、青龙三孜江大桥（全长 133.02 延米）等 3 个改渡建桥项目。新建候车亭 18 个。水毁路段逐步恢复重建，各危桥和危险路段设置交通安全警示标志，对无法保障安全通行的路段和桥梁限制通行，正有条不紊地做好公路水毁修复工作。

交通运输行业管理。一是完成“春运”任务。共发车 3794 班次，运送旅客 49793 人次，旅客周转量 174.30 万人千米，未发生一起“春运”交通事故。二是开展打击公路非法营运专项整治。共组织 7 名运政人员，长期在车站周边进行监管。全年共检查车辆 200 辆次，处罚非法营运车辆 14 辆，“黑车”14 辆。三是加强危货运输监管。坚持每季度对县内 3 户危险品运输企业的安全管理措施落实情况进行督察，要求企业认真做好 GPS 监控，加大对危货运输车辆档案管理。四是全面提高驾驶员培训质量。五是大力培育农村客运市场。共开通 20 条农村客运班线，投放客车 43 辆，100% 乡（镇）、80% 行政村通班车。六是超额完成车辆营业税代征任务。全年共征缴车辆营业税 157.50 万元。七是认真开展节能减排。严格营运车辆准入制度，禁止高耗能客、货车辆进入公路运输市场，共提前淘汰更新营运货车（含低速农用等车型）210 多辆，因不达标而未给予办理货车 17 辆，县通达汽运公司提前下线 14 辆老旧高能耗客车。八是全年共外出招商 13 批次，洽谈项目 6 个，引进项目 2 个，实际进资 1380 万元。正在跟踪洽谈的物流园区建设项目，占地 5.87 公顷，建筑面积 63021.28 平方米，概算 1 亿元。

安全生产和社会维稳。强化安全教育和检查。对交通运输企业、汽车维修企业、公路和渡桥建设现场进行全面检查，对县汽车站进行火灾隐患大排查。严格客车发车前的安全例检制度，确保车辆技术性能良好，防止客运安全事故发生。强化信访维稳工作。主动介入，细致摸排，耐心工作，完成全年信访维稳任务。

（大余县交通运输局）

信 丰 县

2010 年，信丰县交通运输局以科学发展观为统领，围绕全局“攻项目，促发展，抓行业，上水平，强管理，增活力”工作思路，扎实推进交通运输重点工程和农村交通运输基础设施建设，优化交通运输行业管理，努力构建“文明和谐”交通运输，在新的起点上取得可喜的成绩。

1. 农村公路与渡改桥建设。2010 年，全县共争取农村公路建设项目 26 个、计 119.30 千米，乡际连通公路项目 3 个、计 22.30 千米。全年共完成续建和改建农村公路共 41 条、计 230.80 千米，投资 1.21 亿元。全县渡改桥项目 6 个（龙虎口大桥、河口大桥、杨家大桥、双溪口大桥、大江大桥、水西大桥）主体工程基本完工，完成投资 2660 万元。至年末，全县农村公路里程 2092.27 千米，全县 262 个行政村实现 100% 通水泥（油）路。建成农村客运候车亭 74 个。加强农村公路养护工作，严格执行《信丰县农村公路养护管理实施细则》，按里程下拨农村公路养护资金，实行专款专用。举办有乡（镇）分管领导、农村公路建设项目村干部、理事会成员参加的农村公路建设、养护管理培训班。全县农村公路好路率达 95% 以上。

2. 交通运输管理。积极推进农村客运网络化建设。至年末,全县262个行政村已有236个行政村通客车,行政村通车率达90%。全县共有客车241辆、计5293座位,其中,更新客车29辆。公共汽车20辆、计376座位,出租车60辆、计300座位。全年完成客运量754万人,旅客周转量44536万人千米;全县有货车4985辆、计10229吨位,其中,新增货车605辆、计3079吨位。完成货运量1092万吨,货物周转量115684万吨千米。

3. 交通运输安全生产。督促17户公路运输企业开展宣传教育活动69次,参与人数1952人,企业参与教育培训学习人员100%。张贴宣传画报32幅,悬挂宣传条幅43幅,出黑板墙报25期,发放宣传单1200份,宣传车宣传安全知识3天,编写安全生产新闻报道8篇,组织召开新闻采访4次,开展"安康杯"安全知识竞赛386人次。实施监督执法、排查隐患、生产治理、安全整治、落实主体责任、落实"四个一"等安全措施,确保全县公路、水上运输安全无事故。

4. 交通运输行业精神文明建设。一是抓好节日纪念活动。7月1日,开展"三老"(老党员、老干部、老劳模)走访慰问和党员登山比赛等活动。二是筹建交通运输行业篮球队、女子健身队等,组织干部、职工参加县工会举办的知识竞赛。三是开展扶弱济困爱心活动,向住院困难职工、向玉树地震灾区捐钱捐物献爱心,全年共捐款4次、捐资11000元。四是积极筹措帮扶资金,加大对帮扶村基础设施建设。共拨付资金5万元,完成1800米长、3.50米宽的水泥路面硬化任务,完成便道门坪绿化1400平方米,改厕36户,安装无塔式自来水36户,拆除危旧房、空心房1200平方米,农民休闲场地1个。五是全年招商引资项目1个(新江塑料包装厂),项目占地1公顷,投资1500万元。

(信丰县交通运输局)

龙　南　县

2010年,龙南县交通运输局以"三保一弘扬"和推进龙南县社会经济科学和谐发展的战略目标为己任,深入开展学习实践科学发展观活动,主攻交通运输工程建设,强化交通运输行业管理,推进精神文明建设创新,全年各项工作迈上新台阶。

交通运输基础设施建设。2010年,农村公路改造建设共54.70千米,投资近4520万元。全县17个乡(镇、场),117个行政村通畅率达100%,实现全县"村村通"水泥路。全县1685个村小组有1256个通水泥路,占75%。完成渡改桥项目2座,渡改桥通车率100%。做好大广高速公路龙南段的征地拆迁。完成犁头咀旅游码头60%工程量。京九铁路电气化改造工程已完成征地拆迁工作。大定线全长26.24千米改造已完成8千米。全面加强县、乡公路养护管理工作。6月中、下旬,全县遭遇特大暴雨,造成农村公路塌方83211立方米,冲毁路基路面12.59千米,毁坏桥梁950米/28座,冲毁挡土墙4000立方米,毁坏涵洞35米/5座,涵管400米/45处,直接经济损失达1760.60万元。灾情发生后,立即组织抢修和灾后重建,完成全县农村水毁公路修复,确保运输畅通。加强对杨梅至家具学院公路等6条县道、7个路段的养护,

交通运输市场建设。一是推进物流载体建设,大力发展货运车辆,培育货运专业市场,组建龙南县物流信息网络。物流服务体系进园区、进市场、进社区,与工业园企业签订货运合同,开展货运业务,各零担配送业务服务到各社区、客户。二是加快物流项目建设,完成大广高速东江互通口物流园区规划,继续推进赣州捷诚物流、菲尔特等物流项目建设。全县有物流服务企业32户,新增2户,重新核准规模物流企业2户,危险品运输企业1户,新增货车156辆、计310吨位,全年完成货运量610万吨。新批2户自开票纳税企业,完成税收8000余万元,同比增长150%。随着全县工业经济快速发展,特种物流(如冷链、建材、水泥等)也正在崛起。三是乡(镇)通班车率实现100%,行政村通班车率达97.30%。全县有客车162辆、计2789座位,全年完成客运量282万人次,旅客周转量18330万人千米;有货车2350辆、计3839吨位;完成货运量610万吨,货物周转量56120万吨千米。有驾驶员培训学校2所。有机动车维修企业96户,其中,一类1户,二类5户,三类30户,摩托车修理60户。四是继续开展营运车辆整治活动,全年共查处违规车辆150多辆次。五是推进运输企业规范化建设,加强车辆二

级维护监管，支持和帮助具备二级以上车辆维修资质企业投入6.80万元，分别安装视频监控装置。六是认真做好客运企业运输质量信誉考核工作，全县已有AA级维修企业3户、A级1户；龙南驾校被评为全省AAA级企业。七是认真开展道路运输证审验工作，对全县各种营运车辆进行严审，年审率达85%以上。

（龙南县交通运输局）

全 南 县

2010年，全南县交通运输局广大干部、职工深入学习贯彻科学发展观，努力提高交通运输“三个服务”水平，突出重点，加大投入，解放思想，攻坚克难，加快全县交通运输事业发展步伐，夺取全年各项工作全面顺利完成。

1. 公路建设。大广高速公路全南段6月份全面完成征地拆迁，9月份，路基标段开工建设。龙下川垇大桥6月末完工。樟排线樟下至龙下公路3.75千米改建工程竣工通车。良上线良伞寨至寒洞公路改建已完成路面工程量的70%。至9月20日，全县农村公路在建工程全部完成，实现100%行政村通水泥（油）路。至年末，全县有公里148条，全长为666.29千米。完成5个农村客运候车亭建设，南迳镇客运站主体工程全面完工。

2. 公路养护。11月，出台了《全南县农村公路管理养护工作实施方案》，实施县道县管，乡道乡管，村道村管3级养护和统筹安排、分级管理、多方筹资、专款专用的资金使用原则，将全县536千米县、乡、村道纳入管养范围，建立考核考评机制，由县财政统筹补贴养护经费。全面提升农村公路的整体路况和服务水平，全年在县、乡公路设置标志牌571块，安装平交路口减速带1700米，划标线904平方米，设置安全柱461根、防护墩132个，砌挡土墙2400立方米，修剪行道树90千米。

3. 交通运输管理。“春运”期间，共完成客运量10.98万人次，旅客周转量893.14万人千米。“春运”安全有序，实现客运连续15年无死亡交通事故。发展农村客运网络建设，县城至南线乡（镇）20分钟1班，县城至北线陂头镇30分钟1班，县城至其他乡（镇）40至50分钟1班。新开通4个行政村的农村客运班线，开通乡（镇）圩日农村客运班次，以满足广大群众出行需求。

4. 精神文明建设。一是加强党组织建设，发挥党员先锋模范作用，要求党员在工作中敢于亮出党员身份，做到“五个带头”。做好“两新”组织党建指导工作，安排1名党务、业务骨干担任指导员，指导汽车站党支部学习实践活动和“创先争优”活动。二是开展“创业服务‘四进’（进企业、进社区、进乡村、进工地）”活动，征求服务对象和城、乡群众对交通运输工作的意见和建议，为企业与创业者提供上门服务，解决实际问题。三是开展“创建学习型机关，争当学习型干部”活动，充分利用现有办公条件，建立图书阅览室，购置书籍和订阅报纸杂志。每月为干部、职工购置1本书，组织1次读书交流。全年为干部、职工订1本《读者》和1份《家庭医生报》。

（全南县交通运输局）

定 南 县

2010年，定南县交通运输局以科学发展观为统领，按照“稳中求进，科学发展，好学优先”的工作要求，加快交通运输基础设施和交通运输市场建设，提高交通运输综合服务能力，创新思路，真抓实干，全年交通运输各项工作取得新进展。

重点项目建设。2010年，完成三级公路国债改造项目广州大道北长3.83千米、宽35米市政公路建设。完成东江源大道长3.86千米，宽28米市政公路建设。完成大鼓丘跨铁路桥（长105.34延米）和杨梅桥（长13.60延米）与高速公路出口中桥（长56延米）建设。建成农村公路计58.20千米，其中，农村公路国改项目5个、计18.20千米；新农村建设公路40千米；油返沙项目3个。全年新增5个行政村通水泥（油）路，全县行政村通水泥（油）路率达100%。全县农村公路里程801千米。新建农村客运候车亭7个。完成渡改桥建设项目1个，洪州（其赖）桥（长104延米，宽7米）于2010年10月份竣工。

交通运输行业管理。增强服务功能，运输运力投放与需求基本趋于合理。全县有出租车35

辆,公交车12辆,已开通农村客运班线16条,乡(镇)班车通车率80%,有客运一级站1座。“春运”共投入客车77辆,完成旅客运输量8万人次,日均组织加班10辆次。全县有汽车维修企业21户,驾校3所。继续开展打击公路运输市场非法经营活动,公路运输市场秩序明显好转。大力推行GPS监控系统,对营运车、客车、危货车辆实行动态监控。加大物流体系建,设立定南县物流产业园管理委员会,全县物流产业快速发展。全县有汽车货运企业9户,在建企业8户,新增货车80多辆,总吨位已超800吨。有物流仓储有限公司2户,已签订意向合同物流仓储企业5户,其中,国盛铁路实业有限公司一期投入5000余万元,日发货运量达4万吨。

(定南县交通运输局)

安　远　县

1. 交通运输基础设施建设。2010年,全局按照“科学合理、立足县情、适当超前、分步实施、有序推进”的原则,重点抓好省道主干线、县至乡通水泥(油)路、通村水泥路、通达工程等建设,完善县域公路网,公路状况明显好转,并呈现良好发展态势。认真抓好利园线战备公路的养护接管工作,细致勘察公路工程缺陷,提出处理意见并进行维修,以利接管。贯彻实施造林绿化“一大四小”建设,拓宽公路绿化机制,在保证公路产权前提下,采取“谁投资、谁管理、谁受益”的原则,争取各方面资金和力量,完成城区绿化建设。九龙大道、城北大道、城南大道、安定大道完成绿化面积7.07公顷,完成率100%;完成县、乡公路通道绿化面积53.53公顷,完成率101%。

2. 交通运输行业管理。一是强化交通运输安全措施。加强车站安全管理,严禁超员售票,杜绝易燃易爆危险品上车,把安全隐患堵在站外、车外。二是全面完成“春运”任务。共投放运力75辆,运送旅客12.50万人次,“春运”有序平稳。三是加强客运企业、维修企业、驾校的行业指导,规范其服务质量和经营行为。认真抓好客、货运企业,维修企业,驾校的信誉考核工作,全年考核率为100%。继续做好道路运输证年度审验工作,客车年审率达100%,货车年审率达97%,其他机动车年审率达95%,班线复审率达100%。完成全县公路运输从业人员从业资格证诚信考核工作。四是完成《安远县“十二五”农村客运站(场)建设发展规划》编制工作。五是全县已开通省际班线10条,市际班线1条,县际班线8条,县内班线22条。更新县北片乡(镇)农村班线客车8辆。完成乡(镇)客运站1座和农村客运候车亭70个。

3. 交通运输安全生产监管。进一步开展安全生产隐患排查治理工作。对县汽车站、安达汽运公司、渡口等与交通运输工程建设项目,推行安全生产责任制和责任追究制,完善各项安全生产规章制度,建立安全生产长效机制,安全生产管理水平明显提高,全年未发生1起重、特、大事故和一般事故、强化日常安全监管工作。坚持每月不少于一次深入基层进行安全督察,发现安全隐患,立即进行整改,严厉打击竹筏等非法渡船载客行为,确保渡口和水运全年无安全责任事故。

(安远县交通运输局)

寻　乌　县

2010年,寻乌县交通运输局广大干部、职工认真学习实践科学发展观,抓好农村公路和交通运输重点工程建设和养护,交通运输基础设施网络不断完善,交通运输监管不断规范,行风与精神文明建设不断提高,全年各项工作顺利完成。

农村公路与交通运输工程建设。2010年,完成农村公路建设256.40千米,其中,完成通行政村水泥(油)路28项、计228千米,投资7595万元。全面完成通行政村水泥(油)路建设任务。完成改渡建桥和危桥改造3座、计359.14延米,其中,车头大桥146.06延米、磷石背桥128.08延米,吉潭桥85延米,投资510万元。完成城市道路建设6.50千米,全县完成交通基础设施建设资金12064万元。至年末,全县公路里程1097.06千米,其中,农村公路里程895.54千米。一是出台《寻乌县人民政府“关于进一步加快寻乌县行政村通水泥路建设和撤渡建桥工作”的通知》、各级签订责任状。二是完善农村公路养护体制,健全养护队伍，及时修复水毁公路，确保县、乡公路畅通。县、乡公路好路率达68%。三是瑞金至寻乌高速公路建设累计完成路基土石方2230万立方米，路床交验29.90千米，路面备料进展顺利，第一阶段目标任务顺利完成。四是编制《寻乌县交通运输“十二五”规划纲要》，为全县交通运输发展制定了宏伟蓝图。

公路运输市场管理，一是抓好“春运”等节假黄金周交通运输工作，规范客、货运输市场秩序，营造“安全、有序、快捷”的交通运输环境，全面完成“春运”等交通运输任务。二是发展现代物流业，引导和鼓励公路货运企业和物流公司实行集约化、网络化经营。全县已有规模以上物流企业3户。

安全生产。一是注重源头，突出重点，开展公路运输企业、渡运、工程建设、维修站场、驾培学校、危货物流仓储等安全排查治理。二是严格渡船、渡工资格审查、监管和安全教育。三是对排查出的安全隐患认真研究，制定整改方案，督导整改落实。四是投入资金10余万元，对危险路段进行改造，更新设置20处、40块安全警示标志牌（含7所学校出入口），设置振动标线121.50平方米，确保全县交通运输安全、畅通。

党建和廉政建设。开展交通运输工程建设领域突出问题专项治理和效能提升建设，开展学习焦裕禄精神和苏区精神，开展“党旗在交通运输业飘扬、党徽在创业服务上闪光”和“学廉政准则，扬浩然正气，树交通新风”等主题教育活动。继续抓好招商引资、国有企业改革、新农村建设、综治信访等工作。

（寻乌县交通运输局）

于　都　县

2010年，于都县交通运输局围绕建设“四型于都”战略目标，深入开展学习实践科学发展观活动，认真履行行业职能，狠抓交通运输基础设施建设和交通运输监管与安全，做好交通运输“三个服务”，加快新农村建设步伐，推进全县交通运输事业又快又好发展。

1. 交通运输基础设施建设。渡建桥建设是于都县2010年民生重点工程之一。全县上下联动，强化意识，克难攻坚，狠抓落实。除省厅同意延期的河田大桥（已完成下部构造）外，梓山、车溪、杨公、东坑、石马、峡山、朱田、小溪口、水塅等9座大桥均完成主体工程。开工危桥重建项目3座，其中，新陂桥建成通车，东方红、黄龙2桥完成下部构造。新建中桥4座、计409.80延米。全年完成农村水泥公路建设项目88个、计263.10千米；完成通乡水泥（油）公路3条、计22.80千米。新增40个行政村通水泥（油）路。至年末，全县通车公路里程2620.74千米，其中，323、319两条国道穿境而过，全长90.69千米。有省道132.90千米/3条，县道299.45千米/14条，乡道503.35千米/58条，林区专用公路53.66千米/27条，农场专用公路1.41千米/1条，村道1491.29千米/1451条。全县23个乡（镇）、402个行政村全部通水泥（油）路，通畅率100%。新建农村客运候车亭40个。客运北站项目已批准立项，规划红线已确定。银坑、仙下2座客运站已报批。

2. 交通运输生产。全县有营运客车336辆、计9098客位，有营运货车1045辆、计1452吨位。全年完成客运量506.90万人次，旅客运转量64172万人千米；完成货运量468.10万吨，货物周转量28041万吨千米。全面完成2010年“春运”工作任务，全县共投入营运客车360辆，其中，正常运力261辆，机动运力51辆，调配对开省与省内运力48辆。整顿客运市场，严厉打击“黑车”经营，全年共查处“黑车”56辆次。巩固和发展城、乡客运一体化，县城至梓山、县城至利村已实现公司化经营。新开通村班线14条，涉及13个乡（镇）、210个行政村，惠及农村群众20多万。港航工作时隔8年后重新走入正轨，结合第三轮河道拍卖工作，港航规费征收创历史最高，水上经营业户办证率达98%。联合水利、海事部门，完成县城河道禁采区、砂石码头、工程船清理工作，成功将贡江县城至赣县段纳入赣州港总体规划。全年新增物流企业3户，其中，于都捷通物流有限公司和中兴果业公司均已投入运营，投资上亿元的鸿顺物流中心项目已完成土地征用和平整、拆迁补偿、土地使用权挂牌出让等事宜。

（于都县交通运输局）

兴 国 县

2010年,兴国县交通运输局高举邓小平理论旗帜,以“三个代表”重要思想和科学发展观为统领,全力抓好社会主义新农村建设,全力推进交通运输事业发展,强化行业管理,构建文明和谐交通,确保全年交通运输工作顺利完成。

交通运输基础工程建设。全年完成交通基础设施建设投资4.26亿元。市重点交通工程有序推进。完成石吉高速公路县城城区段水泥路面铺设。319国道兴国县城区段改造主体工程正顺利实施,桥涵工程基本完成,路基土石方完成工程量95%,已完成投资2.25亿元,其中,征地拆迁8200万元,主体工程投资1.43亿元。全年县、乡公路建设全面完成,其中,杨村至鼎龙公路改造4千米,兴国至永丰三级水泥路改造10千米,新开岭至兴莲改造17.80千米。鼎龙至观音庙公路改造3.10千米项目正式开工。完成G319至园岭公路和富足至黄田公路施工图设计。至年末,全年完成通村水泥路改造193.10千米,全县公路通达里程2346.07千米,100%行政村通水泥(油)公路,基本完成3个撤渡建桥项目,完成投资1977万元,实现100%撤渡建桥目标。全县7座渡口除鼎龙乡库区高井渡口外,已全部完成撤渡建桥。全县有农村客运站6座,农村客运候车亭203个,其中,全年建成农村客运候车亭30个。全年争取新农村建设资金486万元。

交通运输市场。全年新增农村客运车辆5辆,新增9个行政村通班车,新开通农村客运班线78条,全县284个行政村通班车,通达率93.40%。重建城区20个公交站点,并在中心花园等处新建39个公交站台。全县有客运公司8户,客车406辆,客运线路171条;有货车2151辆,货运企业908户;有机动车维修企业82户,汽车综合检测站1户,二级机动车驾驶员培训学校4所。全年完成客运量452万人次,旅客周转量35632万人千米,同比分别增长1.60%和1.70%;完成货运量599.50万吨,货物周转量43900万吨千米,同比分别增长0.90%和1.20%。“春运”日均投放运力216辆,日均发送286班次,共完成旅客运输量28.07万人次,同比增长6.13%。

运政管理。一是坚持运管人员驻站管理。现场督促车站抓好“三品”查堵和客运车辆安全例检,监督企业严格执行“三不进站,五不出站”制度。二是定期开展安全检查整改。坚持每月对各客运、车站、危货、维修、驾培、出租等运输企业进行安全排查1次。三是加强GPS监控系统管理。落实专人负责监控,建立监控日记,对监控平台报警的违规超速车辆及时下发整改通知。四是加强营运驾驶员管理。全年共教育培训286名驾驶员。

依法行政。加强稳控化解和信访工作,确保交通运输行业基本稳定。强化机关效能建设,开展“创业服务年”活动,落实“一个窗口对外”、“一条龙服务”审批和许可工作机制。规范工作人员行为准则,提升窗口形象,提高社会满意度。提升行政审批效率,加快行政审批速度。加强机关效能监察和督办督察,提高执行效率和工作效果。加强纠风治乱工作,纠正不正之风,坚决制止“公路三乱”,确保交通运输事业健康发展。

(兴国县交通运输局)

瑞 金 市

2010年,瑞金市交通运输局广大干部、职工坚持全面贯彻落实科学发展观,围绕全市工作重心和统一部署,坚持交通运输基础设施建设“建、管、养、运”一体化责任目标,一手抓工程建设,一手抓行业管理,较好地完成全年各项工作任务。

1. 农村公路和渡改桥建设。全年完成20个行政村、计87.30千米农村公路建设任务,实现100%行政村通水泥(油)路。完成通乡公路22.40千米(即油返砂项目)改造任务,其中,云集至合龙8.40千米、冈面至沙心14千米。完成青山背大桥、白溪大桥、旋龙大桥、中赖大桥、长沙大桥、王坑口大桥、武阳龙江大桥等7座渡改桥主体工程。完成《瑞金市农村客运网络“十二五”规划》文本编制工作。壬田客运站建设基本完工,已通过功能性验收;谢坊客运站已完成主体工程建设;云石山客运站已完成主体工程第1层建设;

武阳客运站正进行征地报批；大柏地和万田乡2座客运站正申请建站计划。完成候车亭建设20个。

2. 交通运输行业管理。全年完成公路客运量435万人次，旅客周转量32718万人千米；完成公路货运量329万吨，货物周转量35622万吨千米。全市客车拥有量318辆，货车1930辆。其中，更新客车11辆、计127座位，新增货车390辆、计1245吨位。“春运”共投入客车218辆、计4920座位，安全运送旅客34.94万人，同比增长0.50%。一是加强客运市场源头管理和监督。坚持运管人员进驻车站，督促企业落实安全例检和“三品”检查与车辆出站检查登记制度，做到“车进站、人归点”。二是严格依法行政。集中开展“黑车”非法营运、公路客运安全等多项整治活动，从速从严查处，全年共查处纠正违章280余起。三是加强维修、驾培市场监管。严把市场准入关，认真开展质量信誉考核，重点打击无证经营与以次充好等违法行为，全年共取缔不合格三类维修企业6户，取缔“黑驾校”1户。四是物流产业发展。至年末，全市拥有物流企业43户，新增5户；有货运代理点27户，新增6户；有仓储面积2.53万平方米，新增面积8300平方米，同比增长48%。全年物流企业上缴税收228.18万元，同比增长29.10%，实现物流增加值2.10亿元，物流从业人员达4600人以上。五是水路运输管理。全市有砂场26个，采砂船25艘，运砂船31艘。全年完成砂石货物吞吐量33万吨，货物周转量184.80万吨千米、共征收港务费30万元。六是企业改制有序推进。交通运输集团公司134名职工身份置换率达98%，改制工作进入扫尾阶段。

3. 水路运输安全生产。全年共组织水运安全检查66人次，查出事故隐患12起，责令限期整改企业10户，执法检查360人次，依法取缔木质非法渡船3艘，调配客船1艘，全市水运秩序井然。

（瑞金市交通运输局）

会 昌 县

2010年，会昌县交通运输局全面深入贯彻落实科学发展观，促经济，保发展，紧扣农村公路和交通基础设施建设主线，推进交通运输产业规范发展，创建和谐平安交通，加强精神文明建设，全面完成年度交通运输各项工作任务。

交通运输基础设施建设。“十一五”期间，全县公路建设得到快速发展，境内国、省道已改建成二级公路，农村公路等级和水泥路面铺装率大幅提高，以国、省道为主干线，县道为次干线，乡村道为支线，以农村渡改桥为连接线的公路网给已基本建成。至2010年末，全县公路里程1474.59千米，其中，国道111.02千米，省道99.35千米；农村公路1264.22千米，又其中，县道224.28千米，乡道335.31千米，村道684.96千米，专用公路19.68千米。公路网密度达每平方千米0.52千米。19个乡（镇）、278个行政村全部通水泥（油）路。23座渡改桥任务全面完成。

交通运输管理。一是加大交通运输行业监管，适应成品油价格和税费改革后行业管理工作发生的新变化、新要求。二是推进诚信建设。全年共考核公路AA级客运企业1户，AA级驾校2所。三是规范运输市场秩序，全县共查处各类运输违章行为185余起，办理交通运输行政案件91件，处罚90件，处理52件，结案率100%。四是提升交通运输业发展水平，全县有客运汽车198辆、营运货车1195辆、物流企业16户，其中，上规模企业2户。全年完成客运量305万人次，旅客周转量23949万人千米；完成货运量238万吨，货物周转量1615万吨千米。

交通运输安全生产。一是坚持“安全第一，预防为主”方针，切实加强领导。建立健全安全生产监管体系。二是开展“安全生产月”活动，抓好宣传教育。通过张贴标语、悬挂横幅等形式，大力宣传《中华人民共和国安全生产法》、《中华人民共和国道路运输条例》等交通运输安全法律法规，增强人们安全意识。三是是开展公路、水路客运安全专项整治，继续推进隐患排查治理长效化。全年共开展安全隐患排查6次，排查出安全隐患20处，整改20处，落实整改责任20处；开展安全教育培训12次，参加人员146人，全县道路运输安全形势稳定。四是建立健全县、乡、村、渡工四级安全管理网络，层层签订水上安全责任书，明确职责，加强监督，实现第25个渡运安全年。

（会昌县交通运输局）

石 城 县

2010年,石城县交通运输局广大干部、职工以中共十七届五中全会精神为指导,深入学习实践科学发展观,主攻交通运输基础设施建设,推进交通运输行业管理职能,不等不靠,开拓创新,埋头实干,攻坚克难,全面完成交通运输各项工作任务。

1. 农村公路和渡改桥建设。积极协调,加快施工进度,加强督查,实施项目进展周公示制,狠抓监管。实行“1路(桥)1技术员”,落实监理责任,严把材料关、工序关。2010年,农村公路建设完成投资2916万元,全面实现100%行政村通水泥(油)路目标。完成龙头大桥下部构造与主体工程。规划建设乡(镇)客运站3座。至年末,全县公路里程1267.87千米,公路桥梁293座、计9605.22延米。

2. 交通运输生产。一是客运市场稳步推进。全年更新客车45辆,其中,农村客车39辆,跨县客车6辆。二是大力发展客运班线。新增省际班线石城至广州、市际班线石城至广昌各1条,新增农村客运班线3条。三是货运产业健康发展。全年新增货车96辆、计273.50吨位,全县货运装载能力突破2000吨。四是主动上门服务,方便货运企业车辆办证年检。积极协调各部门实施土地、税收、贷款等优惠政策,发放贷款430多万元,发放物流企业奖励资金近百万元。五是规划建设县综合物流中心1座、投资6000万元;乡(镇)次物流中心2座;物流配送站30多座。六是4户汽车货运企业转变为集货物运输、货物代理、仓储配送于一体的现代化物流企业,形成矿山机械、冷鲜农产品、粮食等5条专业物流链条,实现税收476.80万元。

3. 交通运输行业监管。一是加大投入,安排4名工作人员驻客运站现场办公,及时受理各项投诉,维护车站秩序,确保客运安全。投入16万元,为51辆农村客运车辆安装视频监控录像;投入9万元,完善车站与运输公司监控平台建设;投入14万元,完善县、乡公路安全标志牌建设。二是加强日常监管,落实主体责任,签订安全生产责任状,完善安全监管网络,开展安全生产检查。全年对客运企业、机动车维修企业、驾校排查24次,查出安全隐患15处,下达整改通知15份。三是规范运输市场,制定《石城县交通运输局开展城区客运秩序整治工作方案》,加大机动车维修(洗车)行业整治,整改7户,责令搬迁31户。加大“黑车”打击力度,全年处罚“黑车”13辆,规范出租车违规行为4起。四是推行工程质量终生追究制和在建项目双公示制,确保工程廉洁高效。五是健全渡运安全管理体制,制定《石城县渡口安全管理制度》、《石城县渡运重特大交通事故应急处理预案》等制度,建立县、乡、村三级渡运安全网络,分别明确各安全责任。全年共组织水上运输安全检查8次,确保渡运安全。

4. 招商引资。成功引进荣城鞋业有限公司,首批招工70余人,完成投资1500万元;二批招工500余人,投入8条生产线,投资3000万元。全年共引进外资71.21万美元。引进内资350万元。

5. 新农村建设。一是配备2名专职干部,对龙岗乡龙岗村进行挂点扶持。二是强化技术服务,派出技术人员深入各乡(镇)新村点进行现场指导,解决新农村建设改路技术难题,全年筹措扶助改路资金154万元。三是扎实开展“三送”活动,派出5名领导干部为挂点村送政策、送温暖、送服务,全面服务新农村建设。

(石城县交通运输局)

宁 都 县

2010年,宁都县交通运输局以科学发展观为统领,以全县交通运输基础设施建设为中心,扎实推进交通运输重点工程、农村公路建设、改渡建桥、行业管理、安全生产、党风行风廉政等建设,锐意进取,与时俱进,全县交通运输工作取得新的发展。

交通运输工程建设。农村公路和渡改桥建设。2010年,完成29个通行政村公路建设项目、计177.80千米,投资5000万元。完成13座渡改桥建设任务,投资约4000万元。实现省委、省政府提出的两个100%目标工作任务。重点工程建设。红色旅游公路大沽至永丰于3月全面竣工,6月,县、乡两级完成初步验收工作,11月末,市交通工程质量监督站完成交工检测。东韶至乐安公路于3月开工,完成90%路基工程,投资400万元。危桥改造项目建设。竹笮新街龙颈桥完成工程量90%,安福社溪桥完成桥梁基础部分(6根桩基、计106米)和预制梁地模建设。至年末,全县公路通车里程3948.34千米,其中,高速公路98千米,国道(319线)81.96千米,省道5条(新宁线、邻宁线、永宁线、赖燕线、丰洛线)、计285.20千米,县道11条、计278.84千米,乡道80条、计713.34千米,村道2506.93千米。全县24个乡(镇)、299个行政村了水泥(油)公路,通畅率100%;全县所有渡口全部完成渡改桥任务,撤销19个乡村渡口。

交通运输管理。一是加强组织领导,采取有力措施,层层签订责任状。加强车辆安全技术管理和推广GPS使用,确保交通运输畅通。二是强化旅客运输源头管理。集中开展整治客车站外上下乘客专项行动。通过完善与交警处罚抄告联动执法机制,有效预防和减少违法违规行为发生。定期对客运汽车站落实"三不进站,五不出站"、安全例检、出站查验等各项管理制度情况和设施、设备配置情况进行全面细致检查。三是完善应急保障体系,提高应急运输保障能力。修改完善《宁都县冰冻雨雪等恶劣天气公路运输应急预案》和《宁都县公路运输突发公共事件应急预案》。四是完成"春运"、"五一"、世博会、中博会、广州亚运会期交通运输任务。五是加强运输市场监管,规范客运市场秩序,提高运输服务质量。深入开展出租车行业打"黑"专项稽查活动。全年共查获"黑车"92辆,罚款45万余元,运输市场秩序明显转好。六是加快城、乡一体化建设步伐,完善城乡客运网络,合理搭配,科学调制,对4条城市客运线路进行调整。七是推行上门服务、预约服务、限时办结、延期办理等便民服务,加快货运企业规模化、集约化进程。至年末,全县共有货运企业1922户,营运货车2841辆,其中,大型货车1319辆、计18145吨位,同比增长6.40%和4.40%。八是深入开展维修企业信誉质量考核,推进维修市场规范化。加大驾培学校监管力度,提高培训质量。

招商引资。成功与福建客商签约,开办宁都凯毅体育用品有限公司,投资519万元。

交通运输安全生产。一是完善各项安全生产管理措施。二是深入开展重点行业和领域安全生产专项整治活动,实现水上交通运输和工程建设零事故、公路运输事故率大幅下降目标,交通运输安全生产形势趋于稳定。

交通战备。国防动员和交通运输战备工作进一步加强,分别成立公路抢修应急分队和车辆维修应急分队,全县交通运输战备工作得到县国动委、交战办的肯定。

(宁都县交通运输局)

吉 安 市

2010年,吉安市交通运输局深入贯彻落实科学发展观,紧紧围绕年度工作思路和全年目标任务,抢抓机遇,乘势而上,开拓进取,主攻项目,加大投入,全面推进交通基础设施建设,提高交通运输服务水平,为全市社会经济各项事业发展作出了较大贡献。

1. 农村交通运输基础设施建设。农村改渡建桥全面完成。建成桥梁22座,实现除大江大河、水库外的农村渡口撤渡建桥任务,列全省第1名。全面完成全市245个行政村100%通水泥(油)路目标任务。全年建成水泥(油)路1128千米。县、乡公路改造任务全面完成,全长300千米。交通运输重点工程项目进展顺利。泉南高速公路石城至吉安段(吉安境内)项目:年度建设目标为竣工通车,9月16日提前3个半月建成通车,全年完成投资8.6亿元。泉南高速公路吉安至莲花段项目:年度建设目标为按要求完成征地拆迁和开工建设,项目工可报告7月下旬经国家发改委批复,省政府8月9日召开项目奠基新闻发布会,吉莲项目办于10月22日在吉安召开征地拆迁与地方协调工作会议。至年末,项目征地拆迁基本完成。泰井高速公路厦坪至睦村段:年度建设目标为积极配合业主,做好开工前期准备工作。工可评审完成待批复,正进行初步设计。公交总站建设:年度建设目标为主体工程基本完工。至年末,实现主体工程封顶,实现年度建设目标,预期2011年末交付使用。“一大四小”造林绿化建设成效显著。全市年度县、乡公路绿化计划2106.39千米,实际考核确认已绿化里程2215.37千米,占计划105%。

2. 交通运输市场管理。一是全面完成2010年公路旅客“春运”工作。全市公路“春运”工作在总结历年“春运”工作经验基础上,做到早动员、早部署、早准备,确保“春运”工作有条不紊进行。“春运”期间,全市共投入运力4430辆次,日均投放客运班车1860辆,组织春运加班(包车)4164辆次,运送旅客425.50万人次,客运量同比增长25.50%。“春运”期间,共接到投诉咨询16人次,回复处理100%。共查处各类违章行为13起,“黑车”5辆。“春运”期间,未发生1起重、特、大交通运输安全责任事故,“春运”工作安全、快捷、规范、有序。二是积极推进城乡客运网络化建设。按照《吉安市农村客运网络化工作方案》要求,推进农村客运网络化建设,鼓励农村客运班车依托乡(镇)客运站,采取灵活多样的方式,提高农村客运班车的通达密度和服务质量。继续推进农村客运站、候车亭的建设,强化管理,制定全市农村客运站投入使用考核标准,完成《吉安市“十二五”农村客运网络化建设工作规划》的规划初稿编制工作。三是加强行业引导,扶持货运企业做大做强。以《吉安市人民政府关于进一步加快全市汽车货运产业发展的实施意见》为蓝本,配合和大力支持各县(市、区)政府出台优惠政策,吸引和扶持货运企业向现代物流业发展。安福、永新2县成立了各县交通运输货运主业发展办公室,并积极推进全市货运有形站(场)建设。峡江、遂川、新干、永丰、吉水、泰和、吉安县等7县物流园区(中心)建设工作已启动。全年新增营运货车2071辆、计17871吨位,同比分别增长6.22%和12.23%。

3. 国有企业改革。一是按照市委、市政府统一部署,积极稳妥推进市公交公司改制,与江西长运公司重组,合作经营。市公交公司通过大量认真细致的工作,于11月1日与江西长运公司签订了合作经营协议书,并于11月18日召开职工代表大会审议并全票通过市公交公司企业改制方案和职工安置方案。按照市政府批准方案,核实职工工龄补偿金,签订解除职工国有身份劳动关系合同和职工返聘合同,至年末,改制工作全面完成。二是吉安船厂已于2009年12月职代会通过企业破产改制方案,各项改制工作均已逐步落实。2010年,改制工作重点抓水电“1户1表”改造和职工档案移交等后续工作。

4. 交通运输安全生产。坚持“安全第一、预防为主、综合治理”的方针,锐意进取、真抓实干,采取有效措施解决安全生产中的主要矛盾和突出问题,水运、渡口和公路施工安全已连续多年保持安全无责任事故,公路客、货(含危品)运输安全生产均保持在控制范围之内,全市交通运输安全生产形势总体平稳。

5.“创业服务年”活动。按上级安排部署,从1月16日开始,全局认真扎实地开展了“创业服务年”活动。一是成立了领导小组,将开展“创业服务年”活动列入局党委重要议事日程,形成主要领导亲自抓,分管领导具体抓,一级抓一级,层层抓落实的工作机制。二是召开了局属系统全体干部、职工参加的动员大会,对全局“创业服务年”活动进行全面动员部署,营造浓厚的活动氛围。三是根据《江西省交通运输厅关于开展“创业服务年”活动的实施方案》要求,结合本局实际,制定《吉安市交通运输局“创业服务年”活动实施方案》和《吉安市交通运输局“创业服务年”活动领导小组办公室与各小组工作职责》,为确保全局“创业服务年”活动顺利开展奠定基础。四是落实行动,确保活动取得实效。全局根据活动实施方案,结合交通运输工作实际,归总确定15项具体工作,并召开专门工作会议和下发文件,将15项工作任务细化分解到各单位和各科室,明确各项工作的牵头部门、配合部门和完成时限,确保各项工作落到实处。

6. 抗洪抢险。6月中、下旬,吉安市遭受历史罕遇的特大洪涝灾害,灾情严重,灾损巨大。在市委、市政府的领导下，按照市防汛指挥部的要求，全局干部、职工迅速行动，积极主动投身于防洪抢险战斗之中，为全市夺取抗洪抢险全面胜利作出了积极的贡献。一是沉着应对，加强领导。面对灾情，局党委快速反应、周密部署，成立了防汛抢险与灾后重建工作领导小组。把抗洪抢险工作作为压倒一切的重点工作来抓，服从市防汛抗旱指挥部的指挥，先后多次召开防洪抗灾工作紧急会议，及时传达省、市领导指示精神，部署抗洪抢险工作。二是强化值班，落实责任。从6月20日开始，局机关和局属单位均设立24小时专人值班制度，值班人员认真收集防汛抗灾工作情况并即时报告。从6月21日开始，局领导轮流带领10名工作人员到曲濑堤段，实施24小时巡查、守堤、排险行动。三是行动迅速，落实运力。按照市、区防汛抗旱指挥部的部署，迅速落实抗洪抢险应急运力，共安排应急货车450辆、客车400辆、抗洪抢险船舶93艘，其中，78艘船舶待命参加当地抗洪抢险工作，15艘省际货船报省港航管理局批准后，参加抗洪抢险工作，为全市夺取抗洪抢险全面胜利作出了积极贡献。

（吉安市交通运输局）

吉　州　区

2010年，吉州区交通运输局坚持以“三个代表”重要思路和科学发展观为统领，锐意进取，开拓创新，在交通运输基础设施建设、农村公路养护管理、交通运输安全管理、精神文明建设等工作中取得了可喜的成绩。

农村公路建设。实现全区100%行政村通水泥路。曲濑至敦厚大桥通过市交通运输局组织的竣工验收，被评为优良工程。完成长塘上坑桥和曲濑万硕桥危桥改造工作。完成10个农村客运候车亭建设。

农村公路养护管理。在重点养护农村公路养护标准不减的情况下，按照“乡道乡养、村道村养”的原则，在兴桥、长塘、樟山、曲濑等4乡（镇）各确定2条、计10千米，在禾埠乡、白塘街道各确定2条、计5千米路段（含计50千米），按重点养护考核路段标准进行养护。长塘、曲濑道班房投入使用。及时抢修水毁公路，确保公路畅通，共投入小修保养和水毁经费20多万元。加快造林绿化“一大四小”工程建设，对全区重点养护路段进行补绿、补种，移植各类行道树木共计7907棵。加大路政宣传和集中整治，确保农村公路安全畅通。

货物运输产业。完成货运产业税3653万元（其中，货运税收2833万元、车船税820万元），同比增长81.60%。安全生产平稳，全年未发生一起交通运输生产安全责任事故。

精神文明建设。扎实开展“创先争优”、“三民三增”、“创业服务年”等活动，2010年，吉州区交通运输局被省委、省政府授予“江西省第十二届文明单位”荣誉称号。全面落实党风廉政建设责任制，全年未发现1起违法违纪现象。

（吉州区交通运输局）

青　原　区

2010年，青原区交通运输局广大干部、职工高举邓小平理论旗帜，以“三个代表”重要思想和科学发展观为统领，锐意进取，开拓创新，加大交通运输基础设施建设，推进交通运输发展，加强行业管理，构建文明和谐交通运输，全年各项交通运输工作进展顺利，为全区经济社会发展奠定坚实的交通基础。

1. 交通运输基础设施建设。105国道青原段改造项目于2010年8月25日全线竣工通车。青原山景区旅游公路项目在2009年9月18日完成主干道建设试运营通车后，2010年，完成全线标牌、标线、路灯、绿化等配套基础设施建设。积极配合市公路局做好吉高线项目改造。大力推进全长72.42千米青东公路“三改二”工程项目，工程分两个阶段进行改造，投资估算3亿元，一期工程于11月11日开标，12月10日举行开工仪式，征地拆迁工作正在紧张进行。至年末，全部完成全区全年公路建设目标任务。

2. 公路路政和养护管理与公路绿化。一是加强路政管理，落实公路巡查措施，坚决查处和打击各种侵占路产路权行为。全年共清理堆积物56处、计360余立方米，防止各类违章苗头16件，有效遏止路政违法行为，维护路产路权。二是按照上级交通部门年初目标管理考核要求,坚持公路养护原则,建立和健全养护工作机制。以日常养护为重点,以强化养护目标责任制为手段,狠抓全面养护,及时有效地处治公路病害,使路容、路况有了新的改观。三是做好公路绿化工作,严格按照上级交通部门下达全区县、乡公路2010年造林绿化规划要求,加大"一大四小"公路绿化工作,全年共投入造林绿化资金16万余元,完成县道造林绿化4.61千米,一般乡道73.90千米。

3. 交通运输安全生产管理。一是全面贯彻落实"安全生产、预防为主"的方针,成立局安全生产领导小组,建立健全机构。二是加大《中华人民共和国道路交通安全法》、《中华人民共和国安全生产法》等法律法规宣传,加大公路安全隐患排查力度,明确工作重点,确定监管思路,部署安全检查与整改,制定安全生产责任制考核。三是建立和健全交通运输安全生产责任制,层层签订安全生产责任书,全面落实安全责任,认真落实岗位职责。四是突出重点,实施"安保工程",开展公路、桥梁、危险地段安全隐患排查整治。在汛期与重大节假日重要时段,对全区3个有船舶乡(镇)、4艘渡船进行了水上安全大检查。确保全区交通运输无安全事故发生。

(青原区交通运输局)

井冈山市

2010年,井冈山市交通运输局深入学习贯彻科学发展观,锐意进取,开拓创新,在交通运输基础设施建设、农村公路养护管理、交通运输行业管理、精神文明建设等工作中取得可喜成绩。

公路建设。重点工程:井冈山市火车站进出口公路,全长1.46千米,建设标准为一级,批准预算5600万元,2008年7月16日开始征地拆迁,2010年11月破土动工,计划2011年12月竣工。通乡公路:厦坪至新江公路,全长5.10千米,建设标准为三级,批准预算660万元,2009年8月动工,计划2011年8月竣工。江南至荷花公路,全长3.50千米,建设标准为三级,批准预算330万元,2009年10月动工,2010年12月竣工。通村公路:罗浮至湘洲公路,全长16.80千米,建设标准为四级,批准预算450万元,2009年10月动工,预计2011年6月竣工。坳背至大亚山公路,全长6.90千米,建设标准为四级,批准预算170万元,2010年8月动工,2010年12月竣工。新建候车亭1个,投资1.5万元。

公路养护与公路绿化。2010年,井冈山市交通局继续坚持"县道县养、乡道乡养、村道由所在村委会养"原则,与各责任单位签订养护合同,促进全市管养公路养护质量提升。全年共修整边沟(双边)56千米,维修涵洞105延米/23道,清理塌方49600余立方米,全年好路率达到73%,共投入养护资金38.76万元。"一大四小"绿化公路126.30千米,种植树木29000株,投入资金30万元。

公路路政管理。强化宣传教育工作,出动宣传车28辆次,散发宣传单5000余份,刷写永久性标语20余幅,电视媒体宣传2周。通过宣传《中华人民共和国公路法》和《江西省公路路政管理规定》,增强公路沿线居民爱路护路意识。

公路运输市场管理。全面完成2010年"春运"任务,共发送客车10139班次,运送旅客19.15万人次,实现"优质、畅通、安全、有序"的"春运"工作目标。货运业进一步发展,全市有货车1083辆、计3803吨。通过客运市场的专项整治,旅游客运市场秩序优化,全市186辆客车全部实现公司化管理,实现"产权清晰、营权明确、证照齐全、责任落实、规范有序"的管理目标。全年共完成客运量230万人次,旅客周转量11034万人千米;完成货运量115.20万吨,货物周转量12651万吨千米。至年末,全市拥有汽修业户41户,其中,二类4户,三类37户,维修质量有所提高,已形成"方便及时,优质可靠,价格合理"的机动车维修服务环境。推进"江西省公路运输GPS安全服务系统"应用,市三类以上班线车辆、危险货运车辆安装率达到100%。全市有三级汽车驾校1所,驾校教练员、管理工作、质量信誉考评率达100%。

(井冈山市交通运输局)

吉 安 县

2010年,吉安县交通运输局坚持以"三个代表”重要思路和科学发展观为统领,锐意进取,开拓创新,在交通运输基础设施建设、农村公路养护管理、交通运输管理、精神文明建设等工作中取得可喜成绩。

1. 农村公路建设。全年完成公路建设202.90千米(超计划132千米),新增通水泥路自然村188个,实现全县100%行政村和60%自然村通水泥(油)路的目标任务。改渡建桥4座。完成吉泰工业走廊公交候车亭7个。全县农村公路列入年管养里程达1370.15千米,共投入资金300余万元。大、中修工程、重点安全防护工程等均已按要求落实。重点县、乡公路年末好路率达86%,优良里程267.60千米。“一大四小”公路绿化全年投入资金150余万元。

2. 路政管理工作。以查处超限运输和规范砂石料场、煤、白泥矿等主要路段运输秩序为重点,提高路政执法人员素质。加强路政巡查和开展路政集中整治活动,全年查处路政违法案件100余起,及时清理公路砂石等堆积物100余立方米,拆除非公路标志10余个,有效保护了全县农村公路路产、路权。

3. 交通运输行业管理。大力发展客、货运产业与运输生产力。至年末,全县有客运企业3户,货运企业9户。有客车92辆、计1928座位,其中,新增客车9辆、计257座位;有货车2592辆、计6219吨位,其中,有普通货车1049辆、计4571吨位,有低速货车1052辆、计1206吨位,又其中,新增货车291辆、计1154吨位,新增低速车67辆、计59吨位;有农用车491辆、计442吨位。抓好乡(镇)客运站、候车亭建成后的使用与管理,做好天河客运站、油田客运站、敖城客运站、澧田客运站等正规营运。落实城、乡客运公交化试行工作,按照工作要求,县汽运公司投资160余万元,购置9辆无人售票公交型客车,分3条线路运行。6月30日,举行了“一城连四镇”客运班线开通仪式,方便了沿途群众出行。

4. 交通运输安全。全年交通运输安全生产实现安全无责任事故。水上交通、公路运输无重、特、大安全生产责任事故。渡口与水运安全保持连续30年交通安全无事故。完成维稳综治各项工作,努力构建“平安和谐”绿色交通运输平台。

(吉安县交通运输局)

泰和县

2010年,泰和县交通运输局广大干部、职工坚持以科学发展观为统领,创新思路、锐意进取,、实现交通运输事业全面可持续发展。

1. 交通运输基础设施建设。县通乡公路:完成桥头至三峰公路建设,全长30.10千米,投资1734.10万元。通达工程项目:完成工程项目3项、计5.80千米,投资174万元。通村水泥路:完成通行政村工程项目38项、计196.70千米,投资5480万元;完成通自然村项目6项、计10.40千米,投资312万元。改渡建桥:10月末,277.20延米石山大桥建设全面竣工,投资539.70万元。

2. 农村公路养护。一是做到“有路必养”,确保公路养护资金和养护人员工资分别落实到人、到路。二是加强列养县道养护,累计投入养护资金430多万元,实现良等路350千米,水泥路好路率达95%,砂石路好路率达80%以上。三是根据“一大四小”造林绿化工作要求,进一步加大公路绿化力度,全年完成县、乡公路绿化130多千米,新栽、补栽湿地松10万余株。四是投入资金20多万元,抢修损毁路面10千米,修复路基20千未,修复桥涵10米/3处,边沟清理210千米,打(培)路肩50千米,确保全县县、乡公路运输畅通。

3、交通运输行业管理。一是加强货运产业发展扶持政策的落实,鼓励货运企业做大做强,全县共有货运企业21户,货车4307辆、计16832.70吨位,同比分别净增14%和30%。二是加强客运管理,100%县际以上班线客车实行了公车公营。加强农村客运网络化建设,全县有256个行政村通班车,行政村通年率达88%。三是开展汽车维修“快修”品牌活动,完善维修救援网络,江西深港汽车修理厂成为全省维修救援网络成员单位。四是加强公路运输市场监管,重点加强客运车辆、危货运输企业与车辆运行情况的监督,维护运输市场的秩序稳定。

4. 交通运输安全与维稳。一是完善工作机制,层层落实安全责任制。二是加强安全巡查,强化监管。开展安全隐患专项整治活动和常态化安全生产大检查。三是在县、乡公路安全隐患路段增设安全标志和告示牌,确保县、乡公路安全畅通。四定加强工程施工现场的安全管理,完善工程施工制度,落实安全生产措施,对存在安全隐患的施工过程实行现场监督,坚决整改到位。五是加大安全生产管理力度,对客运车辆、用电线路、高空作业等情况每日必检,防患于未然,确保全年未发生一次死亡3人以上的特、大交通运输责任事故。六是做好维稳工作,全年未出现3人以上群体、越级上访事件。

(泰和县交通运输局)

万 安 县

2010年,万安县县交通运输局以中共十七届五中全会精神为指导,深入学习贯彻落实科学发展观,围绕全年交通运输中心任务,求真务实,克难攻坚,全面完成全年各项工作,全县交通运输事业取得新的进展。

农村公路建设。全年完成农村水泥(油)路建设项目17项、计88.30千米,解决15个行政村通水泥(油)路。至年末,全县农村水泥(油)路全长866.48千米,实现100%行政村通水泥(油)路。累计完成投资2372万元。

公路养护管理。一是农村公路养护管理工作从完善责任机制、考核机制、应急保障机制、资金投入机制入手,公路养护质量稳步提高,县道年终好路率达90%。二定水毁公路修复工程能得到及时抢修,未出现连续中断交通4小时以上现象。三是乡村公路实现晴雨畅通无阻,安全标志牌、减速带、安全防护墩(柱)等设置进一步完善,群众出行更加安全舒适。

公路运输。一是客、货运站(场)设施建设明显加快,全年完成客运站建设1座、即:桂江客运站续建项目,完成投资30万元;完成农村客运候车亭建设10个,完成投资11万元;完成货运物流中心项目建设1项、即:万安江南物流中心项目于2010年末正式投入使用,完成投资1000万元。二是货运运力发展迅猛。至年末,全县有各类营运货车612辆、计3454吨位,同比新增114辆、计619吨位,其中,运力结构也明显优化,高效低耗的大型货车、特种货车已逐步进入运输市场。三是城、乡客运一体化进展迅速。具备条件的行政村实现100%通客车。四是公路运输持续增长。全年完成公路运输客运量177万人次,旅客周转量13444万人千米,完成货运量443万吨,货物周转量43182万吨千米,同比分别增长4.20%、2.80%、3.40%、4.90%。

交通运输行业管理。交通运输管理:全县交通运输市场形成以源头监管为主,运用GPS实时监控、路检路查为辅的监管机制。违规经营行为明显减少,市场秩序日趋规范。交通运输安全监管:强化安全主体责任落实,完善各项安全生产措施和应急预案,加大安全生产日常监管,加强对重要时段、重点部位、重点作业的监管督察,切实抓好安全生产专项整治,全面排查安全生产工作隐患,全年未发生水上交通、渡运、路桥施工1起死亡事故和公路运输较大以上的安全责任事故。公路路政管理:充实路政管理队伍,加强公路巡查力度,坚持每半月巡查1次。加大路政宣传与超限超载专项整治,全年组织集中宣传和专项整治活动2次,查处违法建筑3起,清理乱堆乱放110处,维护了公路路产、路权。

交通运输企业改革。2010年,按照《万安县非工口国有企业改制实施意见》,积极稳妥地推进县汽车站、县汽运公司、县运输公司等3个公路运输企业改制工作。3个企业改制实施方案、职工安置方案均由企业职工大会或职工代表大会顺利通过,并经县政府批准。12月末,通过挂牌出让的方式,由江西长运吉安公司摘牌受让3个企业出让资产,并按公司出资60%、返聘员工出资40%的比例,注册成立江西万安长运有限公司。

(万安县交通运输局)

遂 川 县

2010年,遂川县交通运输局全体干部、职工坚持以“三个代表”重要思想和科学发展观为指导,以构建“和谐交通运输”为目标,求真务实、真抓实干,全年交通运输各项工作取得了优异成绩。

1. 交通运输基础设施建设。全年完成交通运输基础设施项目投资9700万元,改造县、乡公路65.40千米,改造通村水泥路164.40千米,新增32个行政村通水泥路,行政村通水泥(油)路率100%。续建渡改桥7座,实现省委、省政府提出的行政村通水泥(油)路和改渡建桥两个100%的目标任务。开工建设乡(镇)客运站2座,完成候车亭35个。

2. 公路养护。继续实行"家庭承揽式"公路养护模式,全年列养县、乡、村公路养护取得显著成效,公路主干道好路率达95%。

3. 交通运输行业管理。全年新增二类汽修企业(遂川平安汽修厂)与货运物流企业(遂川速通物流有限公司)各1户,新增货车241辆、计1066吨位,年增长率12%。"春运"期间,全县共投放市场客车135辆、计3780余座位参加营运,日均发送客运班车146辆次,共发送各类客运班车5444辆次。运政执法队伍建设不断加强,公路运输市场整治力度不断加大,各种违规违章经营行为得到有效遏制。渡口、港航等水上交通运输安全等行业管理得到全面推进。

4. 精神文明建设。把"创业服务年"、"创先争优"、"三民"等各项精神文明建设活动与全局中心工作相结合,全面、高效完成上级部门下达的各项工作任务,为实现全县社会经济又好又快发展提供了有力的交通运输保障。

(遂川县交通运输局)

永 新 县

2010年,永新县交通运输局高举邓小平理论旗帜,以"三个代表"重要思想和践行科学发展观为统领,通过全系统干部、职工的辛勤努力,较好地完成了年度各项工作目标任务。

1. 交通运输基础设施建设。公路建设:吉莲高速公路永新连接线第一期工程于2010年10月28日开工,工程采用BT模式,由江西井冈路桥(集团)有限公司中标承建,投资7300万元。现工程施工进展顺利,路基已完成填前清表夯实3.80千米,路基土石方已完成10万立方米,桥涵施工正在进行。通乡公路建设:全年通乡公路建设项目共5条、计45.50千米,其中,里田至龙门10.50千米、里田至台岭5.80千米、潞江至琴亭8.30千米、虹桥至芦溪14.50千米、日光至东里6.40千米,至年末,5条通乡公路均已基本完工。农村公路建设:全年农村公路计划项目22个、计78.90千米,其中,通行政村水泥路项目14个、计70.50千米,通自然村水泥路项目8个、计8.40千米,至年末,在建22个项目全面竣工。渡改桥建设:全年渡改桥续建项目1座,即:石桥镇虎山桥,2009年5月开工,全长186延米,桥面净宽6.0米+2×0.5米,造价290.43万元,大桥主体工程已全面完工。农村客运站建设:全年农村客运站续建项目2座,即:象形、三湾2客运站,其主体工程9月已竣工。农村客运候车亭计划建设20个,已全部完成。

2. 交通运输生产。城市公交:2010年,永新县公交公司公交车数20辆,其中,新投资购买环保节能型无人售票公交车10辆。公交线路优化延伸、科学调整,为市民出行提供了更为便捷的交通条件。"春运"工作:2010年"春运"共投入客车144辆,发送8387班次,发送旅客43万人次,完成旅客周转量3960万人千米,同比增长3%,全面完成"春运"工作任务,整个"春运"期间,未发生1起客运交通事故和大量旅客滞留与重大运输服务质量投诉事件,运输服务质量投诉是历年"春运"最少的一年,深受旅客的好评。

3.《永新县"十二五"交通运输规划》编制。根据上级部门要求,结合本县实际,及时组织人员,对"十二五"交通运输系列规划进行广泛调研,积极谋划,分别完成了《永新县"十二五"交通运输规划纲要》和《永新县"十二五"农村客运网络化建设规划》,为永新县"十二五"交通运输建设与发展制定了宏伟蓝图。

(永新县交通运输局)

安 福 县

2010年,安福县交通运输局坚持以科学发展观为指导,认真开展交通运输基础设施建设、公路养护、行业管理、运输生产、安全管理、政务环境、效能建设和行业文明创建等各项工作,全年目标任务全面顺利完成。

农村公路建设。2010年,安福县通乡水泥(油)路公路建设责任项目有竹洋线、里陈线、田横线3项,建设里程48.50千米,至年末,3个项目工程已全部完工,完成投资2667.50万元。有农村公路建设计划责任项目52项、计242.80千米,新增通水泥路行政村46个,至年末,实际完成252.80千米,超额完成10千米,累计完成农村公路建设投资7078万元,实现“十一五”期末100%行政村通水泥(油)路目标。全年渡改桥责任项目为竹江乡洋口大桥和竹李大桥,合计全长度261.04延米,建设投资269万元,均已建设完工。

公路养护。一是加大管养力度,健全管理体制,落实县、乡、村三级公路养护责任制。农村公路养护工作覆盖面达100%。二是加强公路绿化美化。全年共完成县、乡公路造林绿化437.80千米,投入资金175万元,好路率达85%。三是加大路政管理。开展专项治理,全年共查处违章建筑80平方米,清理路障15处,清理路面堆积物8处,清理非公路标志牌8块,刷写永久性路政宣传标语6条,每条县道设置有永久性宣传标语2条。确保各线公路安全畅通。

交通运输行业管理。一是强化客运市场管理,开展综合治理,维护市场稳定。二是强化货运市场管理,积极扶持物流业发展,全年新增货运物流企业17户,新增货车243辆,新增货运量62万吨。三是加强GPS监控平台管理,监控平台在线率达85%以上,车辆在线率达80%以上。四是加强从业资格培训,全年举办客、货车驾驶员培训班4期,培训从业人员230人,进一步增强从业人员素质。五是开展客、货运输市场专项整治,全年共纠正、处理违章运输车260辆次,打击非法营运客车18辆次。

交通运输安全监管。一是加强领导,组织落实,局属单位均成立了安全领导小组,制定实施方案和应急预案,明确一把手为安全生产第一责任人。二是完善安全生产责任机制,实行“人盯人、人盯车、人盯船”的安全责任制,公路运输和水上渡运安全生产责任状签订率达100%。三是落实公路运输安全“三关一监督”,建立从业人员安全学习制度,提高了从业人员安全责任意识。四是开展公路运输安全隐患大排查,对影响车辆安全通行的路段进行加固整修。五是加强交通运输工程安全管理,各项目施工现场都按要求制定安全生产管理规程,设置和悬挂安全生产警示标志,配备安全员。强化施工现场安全生产监督检查,对不安全因素及时进行督促整改,保障施工安全,杜绝安全事故。

(安福县交通运输局)

吉 水 县

2010年,吉水县交通运输局牢固树立科学发展观,认真落实省、市交通运输工作会议精神,创新机制,凝聚合力,扎实工作,全面完成年度各项工作目标。

1. 交通运输基础设施建设。全年共完成交通运输建设投资4650万元,建成农村公路155.40千米;建成客运候车亭10个,续建农村公路桥梁1座,实现全县行政村通水泥(油)公路和改渡建桥2个“100%”目标任务。“十一五”期间,累计全县共建设农村水泥路851.80千米、农村公路桥梁6座、农村客运站4座、农村客运候车亭112个。全县乡(镇)通客车率100%,行政村通客车率90%,行政村客运候车亭覆盖率达50%以上。

2. 交通运输服务创业工作。全局通过创新效能机制,优化交通运输服务创业环境,在投资创业服务体系方面取得了一定的成效。一是引凤筑巢。与有关部门单位共同引进银狐皮具、凯时皮具、远健鞋业3个项目在吉水城西工业园区落户,共计投资2.55亿元。二是全年新增货运物流企业25户,全年新增货车820辆,全县共有货车辆8426辆,比“十五”期末增长约500%,年实现地方税收4800万元,有力推动了吉水经济社会发展和全民创业进程。

3. 交通运输行业文明创建工作。一是围绕“服务创业、尊重创业、促进发展”的工作思路,以转变机关作风、提升创业服务水平、优化发展环境为重点,突出项目建设、支柱产业、帮企扶商、效能机制等主线任务,扎实有效地开展“创业服务年”活动。二是以“弘扬井冈精神,推动科学发展、建设美好吉水”为主题,组织交通运输系统党员干部深入基层,深入群众,积极开展“访民情、解民忧、保民安”活动,不断深化交通运输部门创先争优成效与水平。三是大力支持全县新农村建设,争取项目资金4348.6万元。四是以“构建阳光行政，打造活力交通”为主题，对交通运输工程项目计划、工程招投标、工程质量监督、资金拨付、局机关人财物管理等重点权力部位进行公开公示，实现权力在阳光下运行。

（吉水县交通运输局）

峡　江　县

2010年，峡江县交通运输局全面落实科学发展观，大力推进交通运输基础设施建设和交通运输行业管理，强化责任，细化措施，狠抓工作落实，全年交通运输各项工作取得了较好的成绩。

交通运输基础设施建设。农村公路建设：2010年，完成通村水泥路责任项目17个、计86.10千米，占市交通运输局下达计划任务的100%，新增通水泥（油）路行政村11个，全县实现100%行政村通水泥（油）公路。县重点公路建设：完成界埠至巴邱16.50千米和峡江水利枢纽进场道路棚仔下至黄泥岗2.13千米与桐林流源至永丰潭城3.60千米公路建设。改渡建桥建设：完成渡改桥项目1座，即：万宝水库大桥工程全面竣工通车。汽车客运站（亭）建设：续建金坪与戈坪2座客运站，新建农村客运候车亭15个。完成编制《峡江县“十二五”交通运输发展规划》。

公路与桥梁养护管理。进一步巩固农村公路分级管养机制，养护县、乡公路共99.75千米，安排落实养护人员31人，合理配置乡道、村道养护管理人员102人。建立健全养护人员档案，完善公路养护档案。安排日常养护经费146.74万元，投入资金近2万元，对县道油仁线水东桥进行了维修加固；投入资金210万元，对县道水边至玉笥山公路和乡道田洲上至洲上公路进行改造。牢固树立“建设生态公路”的理念，全年共投入绿化资金46.34万元，绿化里程达49.87千米。

交通运输行业管理。一是重点运输工作组织有序。“春运”平稳、有序进行，安全运输旅客13.24万人次，较上年同比增长2.70%；做好上海世博会、广州亚运会期间入沪、入穗车辆动态管理工作。二是货运物流业发展稳中有升。全县共投入货运物流业发展资金21204.78万元，新购货车781辆、计11434吨位，净增货车289辆、计6543吨位，全县货车拥有量达3217辆、计39988吨位，货车吨位较上年同期增加6000余吨位，在全市仍保持着优势地位。新增船舶3艘、计3610吨位，全县船舶拥有量达23艘、计17880吨位。全年新增货运物流企业14户，全县货运物流企业总数达55户，其中，自开票企业21户。成功引进广州招商物流集团落户峡江，完成车辆入户136辆。全年完成货运税收4070.36万元。三是农村客运网络逐步完善。新增水边至巴邱、巴邱至峡江水利枢纽工地、水边墟至工业园区3条公交化客运班线。5月中旬，完成《峡江县“十二五”农村客运网络化建设规划》编制工作。

交通运输安全生产。全面落实安全生产责任制，建立层层把关的水上交通运输安全监督责任网络。在“春运”、元旦、“五一”、上海世博会、广州亚运会等重要时段，加强对重点码头、船舶的监管力度，保障节假日和重大活动期间运输安全。全面完成省厅下达的3年内渡船更新改造任务，为仁和渡口更新1艘、计50客位钢质渡船，并在4月份投入营运。

（峡江县交通运输局）

新　干　县

2010年，新干县交通运输局坚持以“三个代表”重要思想和科学发展观为指导，以公路建设、公路养护、运输发展、行业管理、安全监管、精神文明建设为中心，强化责任，硬化措施，狠抓工作落实，全年交通运输工作取得了较好的成绩。

1. 公路建设。全年完成计划内责任项目32个、计100.10千米，其中，国改工程项目29个、计79.40千米，农村公路改建工程项目4个、计20.70千米。完成30个农村候车亭建设。在农村公路建设过程中，由于政府重视，群众支持，管理到位，措施得力，成功实现全县100%行政村通水泥（油）公路，真正解决了全县广大农民群众的“行路难”问题。

2. 公路养护管理。按照“统一领导，分级管理，分级养护”的原则，建立了“县道县养、乡道乡养、村道村养”的县、乡、村三级公路养护体制，明确农村公路养护主体，落实养护责任。全县所辖王新线、城塘线、大庄线、邓珠线、界巴线、三临线、神桥线等7条县道,由4个养护路政股负责养护管理,采取专养和委托养护的形式,所有专养和委托养护的县道必须签订责任状。全年新增设减速带3153.50米,修复破损减速带142.50米,添置3台割草机,共设置自然村地名牌453块、指路牌14套、安全警示标志174套。全年投入县、乡公路养护资金近百万元。

3. 交通运输生产。做好农村客运网络化建设,编制出台《新干县"十二五"农村客运网络化工作实施方案》。全县拥有二级客运站1座,三级客运站1座,农村客运站5座。全年完成30个农村客运候车亭建设。全县有客运企业2户,货运企业17户,货运服务业15户,汽车维修业174户。全县共有货运车辆1938辆,其中,新增142辆;有客运车辆122辆,公交车13辆,旅游客车3辆。全年共完成客运量151万人次,旅客周转量7912万人千米;完成货运量477万吨,货物周转量44683万吨千米。基本实现货畅其流,人便于行。全年共审验客运班线44条,其中,省际5条,市际4条,县际4条,县内32条。审验货运企业17户,其中,危货企业3户。

4. 行业管理。一是公路运输市场秩序日趋规范。严格按照"三关一监督"的要求,严把市场准入关,严把车辆技术关,严把驾驶员从业资格关,对营运车辆进行监督,加强公路运输行业特别是危险货运车辆安全管理。对全县长途客车、危险货物运输车全部按要求安装GPS行车记录仪,通过车载监控终端,确保安全行车。二是继续加大市场监管力度,全面开展维修市场清理整顿,严格打击无证经营、越级越类维修等违法违纪行为,对7户三类维修企业下发了整改通知责令整改。

(新干县交通运输局)

永丰县

2010年,永丰县交通运输局认真学习贯彻中共十七届五中全会精神,以科学发展观为统领,深入开展"创先争优"、"创业服务年"等一系列文明建设创新活动,解放思想、创新思路,千方百计破解发展中的难题,交通运输重点工程稳步推进,行业管理不断攀升,安全生产形势平稳向好,系统内部管理规范有序,实现了全县交通运输事业全面可持续发展。

交通运输工程建设。全年完成农村公路改造项目192.80千米,其中,通乡公路项目26千米、通行政村公路项目136.50千米、通自然村公路项目30.30千米。完成改渡建桥9座。完成县客运总站主体工程和龙冈客运站建设。兴建物流园1座。

交通运输行业管理。2010年,全县交通运输上缴税收924万元,占目标任务的145.60%。引进内资2000多万元,外资117.50万美元,完成出口创汇60万美元。新增运力2920吨,实现物流税收3881万元,同比分别增长89.60%和89%。更新客车20辆,新开辟农村客运班线3条,行政村通客车率达95.40%。完成客运量241万人次,旅客周转量24456万人千米;完成货运量194万吨,货物周转量25712万吨千米。

公路养护。全年管养县道年末优良路297.60千米,好路率86%。新增绿化公路260.40千米。

(永丰县交通运输局)

宜春市

2010年,宜春市交通运输局认真学习贯彻落实科学发展观,按照"赶超突破、务实惠民"工作思路,全面贯彻落实宜春市委、市政府和江西省交通运输厅的决策部署,加快交通基础设施建设,强化交通运输行业管理,深化行业文明创建,全面完成交通运输各项工作目标任务,连续5年被授予“全省交通运输系统综合先进单位”。

1. 坚持高位推动抓建设,“双百”任务全面完成。确保100%的行政村通水泥(油)路和100%的渡改桥项目完工,是省、市两级政府下达给交通运输部门的“双百”民生工程任务。为实现这项目标,全市交通运输部门做到优先下达计划,落实“特殊”政策,严格奖惩措施,及时下拨资金,加强督察指导“五个到位”。至年末,全面完成在建农村公路项目551个,计1686.60千米水泥路,新增通水泥路的行政村51个,全市2532个行政村实现100%全部通水泥(油)路。全年41座在建渡改桥项目,除个别需在2011年春节后完工外,其余均建成。

2. 坚持深入一线抓进度,重点工程协调到位。坚持深入到工程建设一线指导征地拆迁,协调解决实际问题和各类矛盾,确保重点工程沪昆高速公路宜春收费大棚改造于10月1日全面完工并投入使用。超前做好昌铜高速公路征地拆迁协调工作,顺利推进宜春铁路货场改建前期工作。

3. 坚持服务民生抓构建,农村客运网络纵深发展。立足便民惠民,加大乡(镇)客运站、亭建设。全年新建客运站15座、候车亭507个,累计全市乡(镇)客运站86座、候车亭1545个,全市乡(镇)、行政村通达率分别为100%和88%。10个县(市、区)均开通城乡公交,城乡公交化率达65%以上,班线70余条,覆盖乡(镇)64个。全市农村客运公司化率达75%以上,运价下降30%,给近200万农村居民生产与生活带来便利。

4. 坚持转变方式抓发展,促进货运物流产业优化。运力结构进一步优化,在新增车辆中,10吨以上货车占70%以上,特种专用车达近1000辆,一级技术状况的货车比例提高到75%。加快规模化进程,车辆数递增12%,500辆以上汽车货运企业达到7户。加快产业化步伐,高安市正着手建设省内第1个省级汽车制造产业基地。全市注册现代物流公司3户,其中,福建龙达物流公司已落户中心城区,拟投资2.40亿元。

5. 坚持整合运力抓推进,交通运输保障有力。一是交通运输生产,至年末,全市有营运客车1576辆、计47955座,全年共完成客运量3648.10万人次,旅客周转量183455万人千米,同比分别增长23%和21%;全市有营运货车32115辆,计199492吨位;共完成货运量8612万吨、货物周转量2463169万吨千米,同比分别增长135.11%和769.90%。全市水路运输船舶拥有量为1120艘,运力72万吨位;全年水路完成货运量2000万吨,货物周转量29亿吨千米;同比分别增长9.60%、112%、150%、161%。二是应急救援有保障。6月中、下旬,全市遭受严重洪涝灾害,共投入客车514辆,运行4123趟次,运送救灾人员27602人;投入货车3783辆,运送沙石近10000立方米,物资500多吨。全面完成上海世博会、“欢乐中国行”、第四届月亮文化节、锂电产业签约仪式等大型活动的交通运输保障任务。

6. 坚持建章立制抓平安,交通运输安全形势平稳。坚持“治理隐患、防范事故”的原则,狠抓安全生产各项工作和制定长效机制的落实。认真落实安全生产领导责任,强化应急预案保障措施,突出抓好“安全生产治理年”活动。全面开展隐患排查和专项治理,确保交通运输安全生产的平稳态势。全市公路客运杜绝1次死亡3人以上重、特、大责任事故,交通运输工程设施建设均未发生亡人事故,渡运实现连续23年无伤亡事故。

7. 坚持多措并举抓整治,交通运输市场秩序监管有力。一是加强交通运输工程质量监督,随机抽查农村公路和渡改桥建设项目100余次,现场督察渡改桥建设项目80余次。二是加强客运市场监管,出台《宜春市驻站管理办法》。继续开展客运市场秩序专项整治,查处“黑车”401辆。三是加强水运市场监管,集中打击“三无”砂石运输船舶和超载现象,规范市场秩序。

8. 坚持强化素质抓教育,交通运输行业文明建设全面加强。积极开展“创业服务年”活动,加强干部队伍素质教育,提升服务水平。深入开展交通运输工程建设领域突出问题专项治理,确保482个专项治理项目顺利完成。加强党风廉政建设责任制落实,全年局机关未发生1例违法违纪案件。做好群众信访工作,共受理上级转办和群众来信来访19件,办结反馈率100%,未发生重大群体性事件和赴省进京上访。

(吴泽水　晏小宜)

袁 州 区

2010年,袁州区交通运输局以中共十七届五中全会精神为指引,深入贯彻科学发展观,求真务实,奋力拼搏,抓交通运输工程建设,促物流产业发展,全面完成交通运输工作任务。

交通运输工程建设。全年新建农村水泥公路275.90千米,投资9463.20万元。其中,通行政村公路建设28.90千米,投资780.30万元;中央预算内建设101.60千米,投资2743.20万元;国家公路车购税修复水毁公路建设49.50千米,投资1336.50万元;区通乡公路建设95.90千米,投资4603.20万元。改渡建桥5座,计867延米,投资2525万元。“十一五”期间,全区村村通水泥(油)路工程累计完成976.60千米,302个行政村已全部实现通水泥(油)路。全区17个渡口除飞剑潭渡口外,全部完成撤渡建桥任务。

公路运输生产。全区有营运客车259辆,计7484座位;全年完成客运量1023.90万人次,旅客周转量29673.10万人千米,同比分别增长3.79%和5.35%;有公路货运企业74家,同比增长335.30%;有营运货车4836辆,计32625.15吨位;完成货运量2057.30万吨,货物周转量103435.60万吨千米,同比分别增长3.70%和18.50%。根据区政府《袁州区国有集体企业改制工作实施方案》,局下属企业(运输公司,二、三运输公司,装卸公司)均纳入改制范围。至年末,4户企业已完成清资和核算改制成本,职工安置到位,改制工作基本完成。

交通运输安全管理。坚持“安全第一、预防为主、综合治理”方针,加强领导,制定举措,层层签订责任状。开展“安全月”活动,搞好安全教育,整顿运输秩序。全面排查与重点抽查相结合,加强节假日和汛期的安全检查,坚持危桥险段每季一排查。全年各项检查96次,排除隐患100余处。开展安全咨询活动,散发宣传单2000余份。全年实现客运安全无重大责任事故,渡运零事故。

行业文明建设。组织开展“创业服务年”、“效能型交通窗口”、“创优争先”和创建“文明机关”、“文明港站”、“文明驾驶员”、“文明路”活动,较好地纠正“门难进、脸难看、事难办”现象,好人好事不断涌现,爱岗敬业、遵纪守法、服务创业、调查研究等蔚然成风。

(刘良生)

樟 树 市

2010年,樟树市交通运输局坚持以邓小平理论和“三个代表”重要思想为指导,深入贯彻落实科学发展观,抓交通建设,促运输发展,全面完成全年交通运输工作任务。

1. 交通运输基础设施建设。全年完成农村公路水泥(油)公路项目28个,计57千米,完成投资1430.50万元;新增通水泥(油)公路行政村5个,全市通水泥(油)公路行政村达到100%;修复水毁公路项目13个,计20千米,投资200万元;蛟湖渡改大桥已建成通车,计902.01延米,投资2464.10万元;市通乡水泥公路项目2个,计13.70千米,投资1195万元。建成农村候车亭30个,建筑面积319.50平方米,投资30万元。全面完成村村通水泥(油)公路和渡改桥建设任务。清(江)宜(春)线樟树赣江四特公路大桥(樟树赣江第二公路大桥)、仁和大道一级公路(昌樟高速公路连接线)、薛溪互通立交桥、沪昆高速铁路樟树段等重点交通运输工程建设正在有序推进。

2. 交通运输发展。全年共完成公路客运量380万人次,旅客周转量14470万人千米,同比分别增长1%和3%;全市有普货运输企业39户,危货运输企业4户;有营运货车4963辆,新增1075辆,计14389.33吨位,同比增加15%;全年完成公路货运量1218万吨,货物周转量213024万吨千米,同比分别增长69%和61%。有营运船舶208艘,计105895吨,同比增长5%;全年完成水路货运量156.80万吨,货物周转量18417万吨千米,同比分别增长14.29%和0.60%。完成税收550多万元。

3. 交通运输安全生产。坚持“安全第一、预防为主、综合治理”方针,以人为本,组织到位,层层签订责任状。开展“安全生产月”和“交通安全咨询”活动,全面整顿交通运输安全生产秩序,取缔车、船非法运输。强化安全生产督察,发现问题及时整改到位。把“三关”，抓“四不放过”，严格执行“五不准”制度，全年实现渡运零事故，公路客运无重大责任事故。

4. 交通运输文明建设。一是深入学习实践科学发展观，开展“创先争优”和“创业服务年”与“机关效能年”等活动。制定方案，查摆问题，征求意见，抓好整改落实。二是抓好党风廉政建设。按照《中国共产党党员领导干部廉洁从政若干准则》要求，对工程建设领域突出问题和资产资金专项治理，完善政务公开，落实廉政责任，严防违法违规违纪事情的发生。

（杨 波）

丰城市

2010年，丰城市交通运输局深入贯彻科学发展观，坚持“发展为第一要务”，加快交通运输建设，推进物流产业发展，全面完成交通运输各项任务。

交通运输基础设施建设。全年新建农村水泥公路项目23个，计36.90千米，投资961万元。其中，市通乡水泥（油）公路项目4个，计35.90千米，投资2890万元；续建项目4个，计25.20千米，投资1387万元。丰昌一级公路动工建设，计24.27千米，投资7.23亿元；小港吊尾至段潭公路技术改造已竣工通车，投资1800万元。改渡建桥10座，计1809.38延米，投资2969万元，自2008年至2010年末，累计完成15座，计8299.10延米，共投资4.22亿元，提前完成省政府下达的改渡建桥任务。“十一五”期间，共完成农村水泥（油）公路建设项目441个，计2470千米，共投资3.20亿元，全市513个行政村通水泥（油）公路，通畅率达100%。建成农村客运站21座，占地面积8460平方米，投资1817万元；建成农村候车亭394个，占地面积620.55平方米，投资638.28万元。曲江码头已建成2个泊位，完成投资6300万元。

交通运输生产。全市有公路货运企业65户，新增15户；有营运货车4013辆，计28090吨，新增货车1309辆，计10472吨；有营运客车210辆，计5237座；出租车160辆。全年完成客运量825万人次，旅客周转量31350万人千米，同比分别增长2.10%和2.30%；完成货运量846万吨，货物周转量40580万吨千米，同比分别增长1.70%和2.10%。有营运船舶470艘，计686675吨，同比增长10%；全年完成港口货物吞吐量235415.60万吨，同比增长6%；完成货运量1337万吨，货物周转量278655万吨千米，同比分别增长10%和8%。

交通运输安全管理。坚持把交通运输安全工作列为重中之重，层层落实工作机制。开展“安全生产月”和“安全宣传咨询”与“日自查，旬检查，月督查”活动，发现问题及时整改，消除事故隐患。联合公安、海事等部门集中整顿运输和安全生产秩序，打击“黑车”、“黑船”，取缔无证经营。加强司乘人员安全教育，提高安全意识和法律意识，全年实现渡运零事故，公路客运无重大责任事故。

机关工作作风。改进机关工作作风，提高机关良好形象和办事效率，开展“创业服务年”活动。深入基层和走访服务对象，了解情况，调查研究，协助解决问题，宣传运输法规，主动审批办证，受到广大群众欢迎。与上年相比，行政许可审批项目减少30%以上，审批办证时限缩短10～15天。

（裴爱国）

靖安县

2010年，靖安县交通运输局深入贯彻科学发展观，转变交通运输发展方式，以建设大交通，促进大物流为重点，优化交通运输发展环境，全面完成全县交通运输任务。

1. 交通运输基础设施建设。完成昌铜高速公路靖安境内1.94千米的征地拆迁；靖安段连接线二级公路建设全面启动，全长8.57千米，路基土石方工程已完成60%；新增通水泥（油）公路行政村10个，新建农村水泥（油）公路50.50千米，全县实现100%行政村通水泥（油）公路。完成铁门堑至塘埠水泥路建设12.30千米；三爪仑至红星山7.70千米水泥公路已开工建设；铁门堑至南村15千米安保工程建设已竣工。全年共建客运站20座，候车亭51个。“十一五”期间共改渡建桥7座,全长1174.50延米,提前1年完成省、市政府规定改渡建桥任务。

2. 公路运输发展。全县有货运企业20户,新增4户;有营运货车792辆,计13115吨,同比分别增长12%和16%;其中,新增188辆,计3252吨位,同比分别增长11%和13%。全年共完成客运量97.60万人次,旅客周转量6659.80万人千米,同比分别增长5.20%和6.30%;完成货运量113万吨,货物周转量29682.70万吨千米,同比分别增长8.90%和10.40%。全县有81个行政村通达班车,通达率达87%。

3. 交通运输安全工作。全局高度重视交通运输安全,主要领导亲自抓,分管领导具体抓,安管干部共同抓,已形成一级抓一级,层层抓落实工作机制。上海世博会和广州亚运会期间,采取强有力措施,确保交通运输安全。全年实现水上渡运无伤亡事故、公路客运无重大责任事故。

4. 服务环境优化。对现有的交通运输10项审批事项实现网上审批,审批时限缩减50%以上;对70项行政处罚和2项行政强制进行合法性核实,严格执行行政处罚自由裁量权细化标准,确保交通行政执法合法合理;实行"一站式"窗口服务,落实"三项制度"和AB角制,推行"8+X"延时便民工作法。加强政务公开,主动上门服务,现场办理审批业务和相关证件。建立和健全5项机关管理制度,机关作风、行政执法、工作效率、服务水平、发展环境明显提并,经测评,群众满意率达100%。

(刘　斌)

奉　新　县

2010年,奉新县交通运输局以邓小平理论和"三个代表"重要思想为指导,全面落实科学发展观,开创进取,务实创新,为县域经济全面发展打下坚实的基础。

交通运输工程建设。南昌至铜鼓高速公路是杭(州)重(庆)高速公路江西段,全长约170千米,工程造价87亿元,其中,奉新境内全长50.50千米,途经6个镇(场)、23个行政村,在县城、会埠、上富设3个互通口,1个服务区,投资2.35亿元。昌铜高速公路于2009年7月16日开工,预期2012年9月建成通车,至年末,已完成土石方、小桥涵、绿化和防护工程,路面施工正在进行;新建的天工大道全长13.09千米,与昌铜高速公路对接,自8月26日动工以来,正稳步推进;奉上公路全长43千米全面贯通;完成寺棠线、干大线、万黄线、奉带线等省道二级公路技术改造,计150.10千米;县通乡公路全面实现硬化,完成通乡水泥(油)路150.50千米,修建旅游水泥公路25.80千米,新建全县农村公路项目52个、计181.30千米,县通乡项目3个、计25.80千米。"十一五"期间,全县累计新建农村水泥(油)路830千米,191个行政村全部实现通水泥(油)路目标。完成改渡建桥项目8座、计1140延米,投资1400万元;共建乡村候车亭97个,投资100万元;奉新汽车新站全面竣工,投资800多万元。

公路运输市场。全县有公路客运车辆142辆,计2364座,全年完成客运量346.83万人次,旅客周转量14340万人千米,同比分别增长7%和2.50%;有营运货车1201辆,计12530吨,同比分别增长9.48%和27%,全年完成货运量176.60万吨,货物周转量31832.10万吨千米,同比分别增长7%和6%。40辆公交车投入运营。

机关效能建设。组织开展"创业服务年"和"创先争优"活动,推进"五型机关"即:学习型、服务型、创新型、务实型、廉洁型机关的建设。通过理念创新,营造和谐的社会环境,精简行政审批,营造高效的创业环境,强化执法,营造诚信的经营环境。内强素质,培育机关干部的问责意识,建章立制,探索效能建设长效机制,使党组织的战斗堡垒和党员先锋模范作用得到充分发挥和加强。

(魏振宇)

高　安　市

2010年,高安市交通运输局坚持以科学发展观为统领,科学管理,统筹安排,锐意进取,扎实工作,全市交通运输事业实现跨越式发展。

1. 民生工程建设。一是"村村通"工程全面完成。全市农村公路建设项目60个、计156.80千米,投资5050万元;新增15个行政村通水泥

(油)路,全市311个行政村全部实现通水泥(油)路。二是改渡建桥有序推进。全市渡改桥9座、计2235.56延米,按时完成省政府下达的目标任务。三是农村客运站(亭)建设稳步推进。新街景贤客运站已开工建设,占地面积约0.53公顷,主房建筑面积约900平方米,投资100万元;建成农村候车亭82个,建筑面积615平方米,投资82万元。

2. 公路运输产业。经省发改委立项批准,启动江西(高安)货运专用车生产基地项目,占地面积约63.16公顷,概算1.80亿元。至年末,土地平整工作基本完成,货运专用车交易市场项目已动工兴建。加强招商引资工作,引进"陆骏挂车"等4户生产企业。全市有货运企业469户,新增149户;货车保有量21754辆、计20.90万吨,同比41.90%,其中,新购货车6575辆,计8.70万吨(平均吨位13吨);产业纳税1.30亿元,同比增加4210万元,增长46.70%。有客车274辆、计5450座。全年完成公路客运量1356万人、旅客周转量39128万人千米,同比分别增长5.30%和6.20%;完成公路货运量4325万吨、货物周转量1169816万吨千米,同比分别增长40.30%和36.20%。

3. 交通运输安全维稳。坚持"安全第一、预防为主、综合治理"的方针,全面落实安全生产责任制。进一步加强安全宣传教育和安全生产监管,全面推行标准化作业和精细化管理,规范安全作业程序,提高职工自我保护意识和安全防范意识。全市渡运实现连续23年安全无责任事故,交通运输系统全年未发生1起非法越级上访事件和刑事治安案件。

4. 机关作风建设。一是深入开展"创业服务年"和"争先创优"活动,推进党风廉政建设,机关办事效率和服务水平与行业形象明显提升。二是交通运输企业改制顺利完成。局属交通运输企业改制工作涉及4户,身份置换职工414名,为稳妥推进改制,通过多次酝酿,充分调研,确定"以人为本、妥善安置"的原则,愿意接受返聘的在原单位返聘,不愿意接受返聘的鼓励走向社会。对职工反映的共性和个人问题,明确专人负责,进行分类处理,确保职工思想稳定和置换成功。汽运公司、客运站已被宜春汽运总公司成功收购。

(周世祥)

上 高 县

2010年,上高县交通运输局坚持以中共十七届五中全会精神为指针,深入贯彻科学发展观,以加快交通运输基础设施建设和产业发展为主线,团结拼搏,求实奋进,全面完成各项工作任务。

交通运输工程建设。全年完成农村水泥(油)公路建设项目7个、计35.30千米;新增通水泥(油)公路行政村9个;县通乡公路项目5个、计31.10千米;中央预算内公路项目12个、计13.30千米;国改公路项目15个、计30.50千米;通达公路项目2个、计9.20千米。完成客运站建设1座,农村候车亭25个。"十一五"期间,全县农村公路建设里程522.90千米,投资16176万余元,全县168个行政村通水泥(油)路,通达率100%。改渡建桥工程全面完成,累计投资4438.40万元,完成锦江钟家渡等8座改渡建桥,全长2027.33延米,提前完成全县100%改渡建桥任务。新建上高汽车西站、南港等3座客运站和103个农村客运候车亭。

交通运输产业。全县有公路货运企业15户,新增3户;有客运企业2户,有出租客运企业1户,有汽车维修企业122户,有驾培学校4所,全县公路运输从业人员达万余人,货运产业每年为地方创税近千万元。有营运汽车2624辆,其中,货车1815辆,新增479辆、计1750吨,其他机动货车809辆。有客车177辆,公交车39辆,出租车134辆。全年完成货运量501万吨,货物周转量34498万吨千米;完成客运量563万人次,旅客周转量24920万人千米。全县水路运输有专业运输船舶11艘,采沙运输船舶87艘,29个采沙场。全县农村客运实现公交化运营,平均为每人次出行降低票价0.50元,年节约费用近200万元。4月,取消三轮摩的在城区的载客运营,成立泰安出租车有限公司,新投入120辆出租车。

交通运输安全管理。完善安全监管长效机制,落实渡运安全"日自查、月检查、季巡查"制和客运站封闭管理,实施客车班前安全例检和出站登记制度与客车运行GPS监控制。全县渡口安全实现连续25年无责任事故,公路客运无安全生产责任事故。

精神文明建设。一是认真开展创建“四好班子”、“五好”党支部、“争先创优”和党员帮扶助困等活动。加强干部队伍“三观”教育,倡导弘扬交通精神。二是落实廉政责任制,全年交通运输建设无违规违纪行为。三是加强行政效能建设,形成行为规范、运转协调、公正透明、廉洁高效的管理机制和运行机制。交通运输行风评议受到好评,全局无“三乱”现象。四是抗洪救灾期间,全体干部、职工坚守防洪第一线,奋战在樟树市肖江堤3天3夜,并组织由4辆客车、23辆自卸货车的抢险车队,出色完成抗洪救运输保障任务。

(潘泓羽)

宜丰县

2010年,宜丰县交通运输局围绕省政府“双百”目标,着力推进交通运输基础设施、城乡客运网络和行业文明建设,全面完成交通运输各项任务。

1.“双百工程”加快推进。全力推进改渡建桥和农村公路建设进程。芳溪禾埠大桥、南田中桥、芳溪城溪大桥3座大桥建成通车,石市楼下、庙前、星溪等3座渡改桥竣工。全年新建农村水泥(油)公路9条、计55千米,新增8个行政村通水泥(油)路;建成县通乡公路3条、计7.60千米;全面完成行政村通水泥(油)路和渡改桥任务。认真抓好奉铜高速公路宜丰段、320国道连接线(前头至石市)一级公路、棠埠至官桥二级公路、锦江公路大桥等重点工程的协调和征地拆迁工作,为工程建设创造条件。

2. 公路运输生产快速发展。大力发展农村公交,实现全县乡村通公交车。鼓励和组织城乡群众投资购车从事公路运输,实行办证、组货、贷款等一条龙服务。全县有营运客车115辆、计2687座位,同比分别增长5%和6%,全年完成客运量250.60万人次,旅客周转量5435.80万人千米,同比分别增长5.80%和5.20%。有货运企业45户,同比增长216.50%。有营运货车1948辆、计25866吨位,同比增长60%以上。全年完成货运量1460万吨,货物周转量7320万吨千米,同比分别增长8%和8.50%。5月,成立县公路运输市场整治领导小组,开展了为期7个月公路运输巡查和监管,采取定点检查与流动检查相结合的办法,共查扣各类非法营运汽车辆500多辆,其中,查扣二轮“摩的”加装伞200多把,三轮机动车、电动“摩的”200多辆,“面的”18辆,异地经营出租车6辆。通过整治,公路运输市场和交通安全秩序全面好转。

3. 交通运输安全持续稳定。全面开展公路客运秩序、水路运输秩序、公路安全设施三项整治,全县交通运输安全继续保持良好态势。加强客运站(场)安全源头管理,严格落实“人盯人、人盯车”安全管理责任,确保车辆进站率达100%,“三品”和管制刀具查堵率达100%,客车出站审签率达100%。实现公路客运无重大责任事故和连续40年水上交通无事故。

(漆志勇)

铜鼓县

2010年,铜鼓县交通运输局深入贯彻落实科学发展观,以“创业服务年”和“创先争优”活动为契机,以重点工程为抓手,奋力拼搏,扎实推进,全县交通运输事业再上新台阶。

交通运输基础设施建设。昌铜高速公路铜鼓境内57.17千米工程建设进展顺利。新建农村水泥(油)公路项目5个,计54.30千米,全县实现100%的行政村通水泥(油)公路。完成中部地区县通乡水泥(油)公路3条,计46.70千米。高速公路连接线(迎宾大道)等工程规划设计前期工作基本完成。汽车客运东站主体工程已完工,汽车服务广场建设项目已开工建设。

交通运输安全稳定。与客运企业分别签订交通客运安全工作责任状,节假日和汛期坚持安全巡查制度,全面排查客运线路安全隐患,发现问题及时整改到位,全县客运未出现1次死亡3人以上责任事故。认真做好水运安全的督察监控,坚持例检和重点检查相结合,实现水上交通运输连续23年无责任事故。加大交通运输工程建设安全生产教育,对施工企业不定期进行检查,消除安全隐患,全县交通运输建设工程实现无安全事故。落实社会治安综治责任,强化管理,受理群众来信

12 件,电话投诉 1 起,接待群众来访 32 人次,未发生 1 起越级上访事件。

交通运输政务环境提升。落实交通运输部《道路运输管理工作规范》,开展“公路运输管理规范年”、“三学六建一创”、“文明窗口”活动,加强交通运输执法人员教育培训,提升服务质量水平。张榜公示交通运输行政审批项目、程序和交通运输执法人员岗位职责,接受群众监督。加强县行政服务中心交通运输窗口建设,交通运输行政审批许可项目全部进厅办结。

党风廉政建设创新。认真抓好全局党建工作。组织党员干部学习优秀共产党员李天平同志先进事迹,并开展专题学习讨论活动。深入开展党建工作,全年发展预备党员 2 名、建党对象 1 名。“七一”期间,表彰一批优秀共产党员和优秀党务工作者。走访慰问党龄 40 年以上的老党员,组织党员赴井冈山和韶山等革命圣地接受传统教育。深入开展反腐倡廉教育,继续开展交通运输建设工程领域专项治理活动,围绕工程建设招投标、工程变更、工程验收、资金拨付等重要环节,认真查找问题,坚持边查边改,建立健全长效机制。组织党员干部学习《中国共产党党员领导干部廉洁从政若干准则》,出台《铜鼓县交通运输局关于开展创优争先、增收节支活动的实施意见》,倡导厉行节约,努力建设节约型机关。

(徐国华　黄祖芳)

万　载　县

2010 年,万载县交通运输局以中共十七届五中全会精神为指导,深入贯彻科学发展观,以民生工程建设为重点,加快物流业发展,全面完成交通运输各项任务。

1. 农村公路建设顺利推进。全年新建农村水泥(油)公路项目 46 个、计 112.20 千米,投资 3137.80 万元。新增通水泥(油)路行政村 12 个,实现全县行政村通畅率达 100%。2009 年先后动工的 4 座改渡建桥、计 544.92 延米,投资 1207 万元,已于 2010 年 11 月前全部竣工,全面完成全县 100% 改渡建桥任务。新建县通乡公路项目 5 个、计 30 千米,完成投资 1200 万元。完成县工业园区、三兴闹坪有机农业示范园区公路项目 17 个、计 32.50 千米,投资 850 万元。全年投资 100 多万元,完成赤兴至书堂、赤兴至花桥、潭埠至白水等公路的维修维护。完成锦源至西坑水毁路段的抢修和全县水毁公路工程修复。

2. 公路货运产业稳步发展。全局先后两次组织人员赴广东招商引资,顺利促成广东客商投资组建的昌顺汽车运输服务有限公司落户万载汽运城,已租售商铺 466 间,进驻各类商户 129 户,安置 5000 多人就业,全年新增货运公司 10 户,新增货车 1964 辆、计 23453 吨位,同比分别增长 61% 和 65.90%,全年完成客运量 351 万人次,旅客周转量 13860 万人千米,同比分别增长 9.70% 和 9.43%;完成货运量 8375 万吨,货物周转量 165677 万吨千米,同比分别增长 120% 和 120%。

3. 交通运输安全稳定。组织开展“安全生产月”、“安全宣传咨询日”等活动,举办各类交通运输安全培训,完善“人盯人,人盯车(船)”的管理网络,实现交通运输安全“二杜绝一减少”目标。做好“春运”等重要时段的安全防范工作,坚持 24 小时值班,深入车站、码头,加强督察,实现水上交通运输连续 24 年无事故,全年公路客运无重大责任事故。

4. 打造服务型机关。一是利用万载干部学院交通分院平台,组织干部、职工听专家、学者授课,提高自身素质和服务本领。二是转变服务方式,降低服务门槛,审批项目和办证时间均比同期减少 50% 以上。三是改善服务环境,提高服务质量,实行办证、组货、贷款、信息、培训等一条龙服务。四是招商引资。宜春丰华房地产开发有限公司投资 4 亿元在县城兴建汽车城,占地 13.30 公顷,建筑面积 9.30 万平方米。五是全县汽车产业实现税收 4000 余万元。

(辛慧民　帅启明)

抚　州　市

2010年,抚州市交通运输局以中共十七届五中全会精神为指导,坚持科学发展观,开展"创业服务年"和"创先争优"活动,克服困难,苦干实干,较好地完成全年各项工作任务。荣获"江西省第十二届精神文明单位"、"全省交通系统目标管理工作先进单位"、"全省交通系统精神文明工作先进单位"等称号。

交通运输基础设施建设。鹰瑞高速公路于9月16日竣工通车。全市高速公路通车里程由原192千米增至390千米,完成投资85亿元。全年完成农村水泥(油)路建设1007千米,实现100%行政村通水泥(油)路。全年客运站建设计划项目18座、候车亭160个,至年末,客运站完工验收18座,主体竣工2座;完成候车亭205个,超额完成45个。改渡建桥项目54座,完成18座公路桥和1座人行桥,其余34座桥已基本完成下部构造,符合省政府建设时间节点要求,共完成投资35000万元。采取BT模式建设的市重点工程环城路项目于9月29日通过竣工验收。

交通运输行业管理。一是"春运"安全有序,运送旅客400.95万人。二是客、货运输市场稳步发展。深入开展为期4个月的打击非法经营、整顿运输市场专项治理。全年新增县际以上客运班线5条,新增(更新)客车202辆,其中,中、高级客车118辆,占新增(更新)客车量的91.50%。全市共有营运客车2446辆、计33379座位;有营运货车32902辆、计222279吨位。全年完成客运量4035万人次,旅客周转量256807万人千米;完成货运量8830万吨,货物周转量2986078万吨千米;比"十五"期末分别增长8.30%、315%、35%、24%、546%、1272%。全市农村客运班线445条,新增6条;农村客车851辆、计13525座位,新增9辆;行政村通班车率91%,同比增长3.20%。三是积极开展汽车维修与驾培行业诚信创建活动。创建"江西快修"品牌企业5户,通过省道协考评验收维修企业2户。全市有驾校17所,其中,一级驾校1所,二级驾校15所,比"十五"期末增长1.19倍。四是完成编制《抚州市"十二五"交通运输发展规划》,经省、市专家论证修改后报市政府原则通过。五是机构改革顺利完成。5月22日,举行了"抚州市交通运输局"挂牌仪式,标志抚州市交通运输局正式成立。全市城市公交客运管理职能由市建设局移交市交通运输局管理。六是信访维稳全年共收到群众来信来电69件,其中,上级信访督办件15件,接待来访6批、计120人次,做到件件有回音,事事有落实。全年共答复办理人大建议、政协提案41件,满意率100%。

交通运输安全生产。坚持"以人为本,安全第一,消除隐患,预防为主"方针,加强源头监管,严把路桥质量关、车船资质关、从业人员资格关。积极开展各项安全整治活动,全年公路桥梁、公路运输未发生1起重特大安全责任事故,渡运安全实现连续25年无事故,并荣获全省交通运输系统安全生产考评第1名。

抗洪抢险与灾后重建。6月21日傍晚,临川区唱凯堤决堤,4个乡(镇)、41个行政村受灾,受灾人员10万余人。全局立即启动交通运输应急预案,迅速组织调集客车828辆,发车2280车次,运送灾民和救灾人员88780人次;调集货车1363辆,运送救灾物资3321趟次、计78279吨;调集工程车400辆,确保唱凯堤、长湖堤决口堵料运输,为恢复交通运输与灾后重建发挥关键作用。

(抚州市交通运输局)

临　川　区

2010年,监川区交运输局紧紧围绕交通运输工作发展目标,克服特大洪水灾害带来的困难,全面完成年度交通运输工作任务。

1. 交通运输工程建设。全年完成通行政村水泥(油)路205千米,累计通行政村水泥(油)路887千米,全区402个行政村通水泥(油)路,实现在2010年内所有行政村通水泥(油)路目标。全年改渡建桥项目24座,主体完工15座,其余9座预期2011年汛期前全面完工。完成湖南灵谷峰客运站建设,罗针、荣山2座客运站预计2011年完成;完成乡村候车亭16个。

2. 交通运输管理。一是完成“春运”工作,未出现重大安全生事故;二是全年新增客车7辆,货车628辆,运力增长6%。全年完成货运量901万吨,同比增长7%;货物周转量17675万吨千米,同比增长7%;完成客运量840万人次,同比增长5%;旅客周转量77662万人千米,同比增长5%。三是认真开展运输企业与客运站质量信誉考核工作,运输企业和客运站质量信誉考核率达100%。四是完成《临川区“十二五”农村客运网络规划》编制工作。五是规范运政执法行为,正确使用新版法律文书,行政处罚档案健全。

3. 交通运输安全管理。全年实现渡口、公路运输与交通运输工程建设安全无事故的目标。一是加大宣传力度,不断提高干部、职工、车主、业户的安全意识。二是层层签订责任书,建立安全责任保障体系。三是强化节假日和重大活动期间与日常的安全监管,发现问题,及时整改。

4. 精神文明建设。一是深入学习中共十七届五中全会精神,统一认识,统一思想。二是抓好党风廉政建设,制定基层站(所)党风廉政建设责任制实施方案,严禁利用职务上的便利谋取不正当利益。三是加强干部、职工队伍建设,出台一系列规章制度,全年未发生1例违法乱纪事件。

(临川区交通运输局)

南 城 县

2010年,南城县交通运输局以中共十七届五中全会精神为指针,深入贯彻落实科学发展观,抓好农村公路和渡改桥建设“双百”攻坚战,保持全县交通运输事业快速、科学、安全、和谐发展。

交通运输基础设施建设。全县“十一五”期间农村水泥(油)路建设计划于6月前全部完工,在全市率先实现100%乡(镇)和100%行政村通水泥(油)路,提前完成省政府提出的到2010年末“村村通”水泥(油)路目标。全县已建成农村水泥(油)路680余千米,农村水泥(油)路通达率达50%。全年完成公路绿化117千米,通过农村公路“国检”。全年清理公路塌方300余处,修建挡土墙和防护墩160处,改建危桥4座,全县农村公路好路率达92%。渡改桥建设高位推动。建昌、杨林、席家等3座渡改桥于2010年1月竣工通车,圭峰、上白水等2座大桥完成桥面铺装,河东、下白水等6座大桥完成桥梁主体工程建设,完成投资7500余万元,占项目总投资的89%,工程质量全部合格。客运场站建设深入推进。浔溪、沙洲、万坊等3座客运站全部竣工,建成10个候车亭。做好鹰瑞高速公路南城段建设的协调服务,确保工程于2010年9月16日顺利通车。

交通运输行业监管。全县拥有营运客车166辆,其中,农村班车107辆,出租车100辆,城市公交车36辆;全年更新客车26辆,农村班车通村率达94.46%。全年完成客运量373万人次,旅客周转量28730万人千米。全县拥有货运企业210余户,货运汽车3200余辆、计33000余吨位,其中,新增公路运力13000余吨位,有水运船舶46艘、计15万余吨位,其中,新增水路运力12万余吨位。全年实现税收1.30亿元。完成公路货运量438万吨,货物周转量88360万吨千米。运输物流业已成为南城的支柱产业之一。“春运”共投入客车157辆、渡船14艘,发放“安全运输告知书”1000余份,“春运”加班牌167块,共发车6680班次、加班89班次,包车70班次,运输旅客40.13余万人次。未发生客运责任事故和旅客滞留现象。全年共开展公路客运、“危品”运输、机动车维修市场、客运站(场)、公路桥梁、渡口渡运等6项专项整治活动,共收缴“摩的”80余辆、“黑的”5辆、“蹬士”276辆,有力地规范客运市场秩序。全年共培训司乘人员800余人次,散发宣传资料1600余份,悬挂横幅标语16幅,出动宣传人员200余人次,下达隐患整改通知书10份,纠正违规经营行为30余起,增设安全警示牌168块,全县未发生1起公路客运责任事故,渡运安全保持连续33年无责任事故。

抗洪救灾和灾后重建。6月中、下旬,特大洪灾袭击造成全县农村公路、桥梁等交通运输基础设施水毁严重,直接损失达1.60亿余元。全局迅速启动应急预案、调集各类运输车568辆,挖掘机和装载机112台,运送救灾人员1200余人,救灾物资2万多吨,转运疏散群众7000余人。灾后重建共修复农村水毁公路40余千米,重建或修复桥梁42座,投入重建资金676.80万元,为夺取全县抗洪抢险的全面胜利提供了坚强有力的交通运输保障。

各项中心工作。一是扎实开展"创业服务年"与"创先争优"等主题活动。落实新丰街镇田东与杨桥2个帮扶村、1个挂点村、2个新农村建设示范村、1个综治挂点村经济建设。二是向全县灾区群众捐款7640元,捐献衣物800多件;向西南旱灾区捐款1280元;向青海玉树地震灾区捐款和缴纳特殊党费11740元。向希望工程捐款1190元。三是全年完成争项资金3000余万元。引进天津速腾达货运代理有限公司船舶8700吨位,引进南城县永安汽车有限公司货车1560吨位。四是完成《南城县"十二五"交通运输发展规划》编制。五是推进交通战备,被省国动委评为"全省交通战备先进单位"。"五五普法"顺利通过验收。六是按时按质办结人大代表建议、政协提案。七是撰写交通政务信息21篇,其中,被上级采用9篇。八是加强信访、维稳工作,全年未发生群体、越级和非正常上访现象。

(南城县交通运输局)

南　丰　县

2010年,南丰县交通运输局贯彻落实科学发展观,坚持"执政为民,以人为本,严格执法,热情服务、发展经济、保障安全"宗旨,齐心协力,开拓创新,全年各项工作取得较大发展。

1. 交通运输基础设施建设。一是完成编制《南丰县"十二五"交通运输发展规划》。二是全年完成农村公路水泥(油)路建设60.80千米。三是三溪乡军峰旅游公路(全长18千米)完成全部路基垫层,完成路面5千米,投资2000余万元(其中,省交通运输厅直补30万元/千米)。四是完成三溪池丰桥、肖坊桥、甘坊桥等水毁农村公路修复。五是抽调10多名干部,组成4个工作组,挂点施工路段,做好高速公路建设的协调服务。六是完成太和、三溪等2座客运站附属工程,其中,太和客运站完成投资150多万元,三溪客运站完成投资60多万元;建成20个(面积均达17平方米以上)标准化候车亭。

2. 交通运输行业管理。一是"春运"共投入客车168辆、计2379座位(含出租车60辆),加班413班次,运送旅客15066人次;包车23班次,运送旅客801人次。完成客运量28.38万人次,同比增长5%,旅客周转量1203.59万人千米。二是全年共查处违章车辆233辆、查处"摩的"187辆、查处"黑车"21辆,查处农用车、三轮车载客15辆,全县客运市场规范有序。三是多次召开汽车维修和驾培业户会议,深入企业检查各项制度落实情况。严厉查处维修质量投诉案件和只收费、不维修与非法驾培行为,取缔一批无证无照,超范围,超类别,占道经营的维修点。全年质检人员持证上岗率100%,技术工作人员持证上岗率95%,维修质量投诉案件同比下降90%以上。南方驾校投资500万元,兴建1座占地4万多平方米的现代化大型培训中心。四是成立公交公司,纳入行业管理。全年投入800余万元,新购18辆扬州亚星牌21座中、高级客车,并在原有3条线路的基础上,新辟1条新线路,采取公开拍卖的形式,将其中的1、2路公交线路拍给抚州长运南丰公司经营,3、4路由公交公司经营。投资100万元,兴建与更新26座标准化公交站台。8月16日,县政府决定70岁以上老人免费乘坐。五是加强交通运输企业管理。主抓县搬运公司发展第三产业,增加创收渠道,企业基本处于正常运转,并足额缴纳职工社保、医保等。

3. 交通运输安全生产。强化交通运输安全治理,完善安全生产长效机制,严把客运站源头安全,强化安全行车动态监控,狠查严纠超员、超速、超载(限)、疲劳驾驶等行为。开展危货运输专项整治,严格危险货物运输驾驶员、押运员和装卸管理人员的从业资格管理和危运车辆技术状况管理。强化公路管理和养护,对公路危险路段加设警示标牌,对3.50米路面无路肩农村公路通农客班线严格审批。强化水上交通运输安全治理,对存在安全隐患的渡船、港口抓好整改,提高安全生产意识和安全驾驶技能。全年未发生1起重、特、大安全责任事故,渡运安全实现连续49年无责任事故。

4 招商引资。一是在苏、浙、闽等3地各派1支小分队进行招商,建立招商引资关系信息网。二是参加与举办各类推介会,全年引进茂源物质回收有限公司和隆昌生物柴油厂等项目,完成招商引资3100万元。完成争资争项公路建设资金1900万元。

(南丰县交通运输局)

广 昌 县

2010年,广昌县交通运输局以科学发展观为统领,按照省、市经济工作会议和全省交通运输工作会议部署,推进交通运输重点工程和农村交通运输基础设施建设,加强交通运输行业管理,改革创新,抢抓机遇,较好地完成全年各项工作任务。

交通运输基础设施建设。鹰瑞高速公路广昌段于2010年9月16日正式通车。汪家段大桥全长458延米,宽15米,引道全长1.72千米,路基宽度15米,于2010年9月16日竣工通车。白家车大桥全长247延米,宽15米,大桥主体工程全面完成。红色群雕公路工程投资约208万元,已竣工通车。驿前镇姚西景区公路工程投资64万元,于2010年7月竣工。全年完成农村公路水泥(油)路项目31个、计87.10千米,投资约3994万元。完成桥梁建设7座、计898延米,投资约4803万元。“十一五”期间,共完成投资约1.64亿元,其中,完成农村水泥(油)公路97条、计280.36千米,投资8410.80万元;完成农村公路沙石路改建35条、计175千米,投资2625万元;完成桥梁19座、计1336延米,投资5377.20万元。增加96个行政村通水泥(油)路,实现全县100%行政村通水泥(油)路。2010年,完成农村客运站建设4座、候车亭78个,投资158万元。完成水毁修复项目96个,投资约380万元。砌筑挡土墙2117.50米/70处、修建桥涵81米/6座、铺筑砂石路面22500平方米/5条,修复水泥路面330米/5条,砌筑水沟89米/3处、清理塌方14900立方米/7处。开展“一大四小”绿化工程和“鄱阳湖生态经济区”建设,在县、乡40多千米公路栽种树木2万多株。全年共制止县公路违规建筑7起,查处非法占道4起,共排查整改行车视线不良,陡坡等安全隐患12处。

抗洪救灾工作。4月中旬和5月13日,持续暴雨造成全县9条县道,75条乡道、部分村道遭受水毁,其中,4条县道、8条乡道水毁严重。全局反应迅速,即速开展抗洪抢险工作,调动抢险车辆300余辆,购买麻袋上万只,共修复水毁路段20多处,铲除路基边塌方23处、计60190立方米,仅用5天时间,公路恢复通车。“6·21”唱凯堤决堤,全局连夜派出人员与车辆,携带冲锋舟,深入抗洪救灾第一线,连续奋战6天,抢救转移被困群众200余人,出动运输车辆20余辆,抢返救灾物资30余吨。

公路运输市场管理。一是规范客运经营许可,严把市场准入关,确保客运经营许可从严、公平、公正。二是完善营运车辆基础管理工作,落实专人负责营运车辆档案管理和对全县所有营运车辆基础信息建立完备详细台账。至年末,全县有营运车辆1695辆,其中,客车100辆,货车1595辆。三是开展公路旅客运输经营业户质量信誉考核和全程监督,设立旅客运输服务质量投诉电话。四是加大运输市场专项整治,重点对无证、无牌运输的“黑车”进行打击,共查处无证、无牌“黑车”30余辆,发出整改通知书20余份,消除安全隐患13处。五是“春运”工作安全有序,共发放客车8507班次,其中,加班392班,完成客运量10605人次,旅客周转量13008.52万人千米。六是加快农村客运发展,构建农村客运网络,鼓励和引导经营业户发展农村客运。全年县、乡(镇)通班车率为100%,120个行政村开通班车,行政村通班车率达95%以上。七是全年共完成客运量158万人次,旅客周转量26605万人千米,货运量287万吨,货物周转量50790万吨千米。

精神文明建设。一是加强党风廉政建设,营造风清气正的发展环境。二是加强组织领导,完善创建机制,努力改进作风,树立良好形象。三是重视综合治理、计生、信访、消防等项工作,充分发挥各群团组织在文明单位建设中的桥梁纽带作用。四是认真抓好“创业服务年”活动,形成党员干部带头,人人严格自律,自觉抵制不正之风的浓厚氛围。五是全年外出招商16次,接待客商23批次,在谈的意向性项目8个,签订投资协议并落户工业项目3个、物流项目1个,共引资金额1.50亿元。六是全年为挂点村塘坊乡池源村、长桥乡双港村拨付补10万元,为新农村建设点姚西村修建320米驿道、走廊、护栏,共投资约64余万元,为塘坊乡横山村申请塘坊横山至际下公路1.40千米的水泥路建设项目。七是完成办理人大建议32条,满意率达100%。

(广昌县交通运输局)

黎 川 县

2010年,黎川县交通运输局狠抓通村公路建设、行业管理、安全生产,全年交通运输各项工作取得较大成绩。

1. 交通运输基础设施建设。全年完成农村公路建设109.30千米(含2009年通村、拉动内需、国改等项目),实现通行政村水泥(油)路100%目标。2003年至2010年,全县客运车站建设任务7座、候车亭15个,至年末,德胜汽车站、洵口汽车站竣工,宏村汽车站完成二层楼面施工,厚村汽车站完成图纸设计和平整土地,坊坪汽车站、湖坊汽车站完成平整土地。15个候车亭全部完成。完成黎河大桥主体工程,投资718万元。东方红大道改造工程按城市主干道Ⅱ级标准改造,全长1683.80米,采用混凝土路面设计方案重新建设,投资1670万元,9月开工,12月末路面工程竣工。

2. 交通运输行业管理。“春运”期间,共发车5810班次,其中,加发362班次,包车1班次,发车3512班次,日均108辆、计2189座位;输送旅客5.95万人次,旅客周转量1565.56万人千米,同比分别增长2.84%和2.57%。全年共完成客运量26.48万人次、旅客周转量105.92万人千米;货运量2703万吨、货物周转量540600万吨千米,比“十五”期末分别增长5%、126%、7%、876%。完成《黎川县“十二五”交通运输发展规划》编制并报经县政府常务会审定通过。推进交通运输体制改革,成立黎川县交通运输局,增设城市公交管理职能,增设2个职能股(室)。顺利完成县汽运公司企业改制任务。完成全年招商引资任务,引进福顺船务、恒发物流、汉河物流项目。

3. 交通运输安全生产。深入开展安全专项整治,加大对运输车辆、车站和危货运输企业安全大检查。全年无1起重大交通运输安全生产责任事故。“6·18”特大洪灾造成全县交通运输基础设施损毁严重,直接经济损失1.60亿元。全局迅速启动应急预案,组织抢险人员,调配运力,抢救被困群众,运送抢险设备、救灾物质,确保全县抗洪救灾有序进行。灾后,即时组织水毁项目修复,至年末,水毁公路修复项目基本完成,桥梁项目预期2011年汛期前竣工。

4. 新农村建设。帮扶德胜镇黎明村村级场所建设5万元,修建村小组公路4万元,争取新农村建设点村小组公路建设资金129万元,支持新农村建设点梅林村公路立项,解决项目资金6.60万元。

(黎川县交通运输局)

资 溪 县

2010年,资溪县交通运输局按照全县“生态立县,绿色发展”战略和经济发展目标,立足交通运输工作“三个服务”,落实目标责任,完成全年各项工作任务。

交通运输工程建设。全年完成通乡公路8千米(方家山3千米,东源至港东5千米)。全县70个行政村实现“村村通”水泥(油)路目标。实施危桥改造项目1座。建成农村客运站3座(石峡客运站、嵩市客运站、高田客运站),候车亭10个。继续做好鹰瑞高速公路资溪段协调工作.协调处理建设过程中与当地群众发生的矛盾和纠纷,确保资溪段二级连接线的完成和鹰瑞高速公路2010年9月通车。全力推进资光高速公路尽早开工。积极与有投资意向的客商企业进行项目推介,促成资溪县与江西省投资公司签订合作建设协议,成立江西投资集团资溪高速公路开发建设有限公司(已注册)。做好九龙湖与方家山旅游公路建设,完成九龙湖旅游公路(项目投资4000万元,全长2.20千米,按2级公路标准建设)的地质、路线勘察,施工图设计、招标,确定项目投资人等工作,已完成改河工程土石方2.80万立方米,路基土石方8万立方米,沟砌片石500立方米,完成投资200万元。

交通运输行业管理。一是加大对营运“黑

车”的查处力度,会同交警、城管、工商、物价等部门联合行动,严厉打击非法客运等严重扰乱客运市场行为。二是加强客运生产安全管理,加大春节等重要时段的交通运输安全工作,确保交通运输规范有序。三是积极减免相应规费,促进出租车市场稳定发展。四是培育发展全县公路运输业和物流业。全年新增货运企业 8 户,新增货车 430 辆,新增农村客运班线 1 条,客车 1 辆。五是加强对汽车维修服务行业的监管,取缔无证经营 2 户,处罚违规企业 3 户。全年共完成客运量 68.18 万人次,旅客周转量 1202.68 万人千米;完成货运量 157.20 万吨,货物周转量 23580 万吨千米。全年完成客车年检 96 辆,货车年检 1382 辆。全县共有客车 96 辆,货车 1382 辆。2010 年 5 月,建成资溪庆泽机动车驾驶员培训学校(三级专项类),培训场面积 11000 平方米,有 10 辆教练车,结束资溪县无驾培学校历史。

抗洪抢险和灾后重建。6 月中旬,特大瀑雨造成全县 32 条乡道、56 条村道、11 个行政村交通中断,局属企业(县搬运公司、汽运公司)房屋倒塌,直接经济损失约 1.39 亿元。灾情出现后,全局共组织抢险人员 1816 人次,投入机械设备 1428 台次,各类车辆 149 辆,汽油 48636 升,木材 20 立方米,钢材 28 吨,混合料 3268 立方米;共清理塌方 71300 立方米,运送土方 2300 立方米,转移受灾群众 17091 人次,投入资金 90 万元。全县启动灾后重建交通项目 54 个,涉及 7 个乡(镇)、3 个林场,投资 1188.92 万元. 至年末,完成 27 个,占计划 50%,完成投资 632.35 万元。

精神文明建设。一是开展“创业服务年”和“创先争优”与“执法质量年”活动。落实党委“三重一大”和“党务公开”实施方案。二是开展交通运输工程建设领域突出问题的自查整顿,建立腐败风险预警防控机制。三是做好帮扶挂点和新农村建设工作。全年投入帮扶挂点村草坪村和新农村建设联系点余家边村提供路桥修复、烟田生产等资金 4 万多元,确定专人驻村,长期帮扶,解决实际问题。四是局属企业县搬运公司改制方案已报县委、县政府批准。六是维稳信访全年共承办人大建议和政协提案 9 件,全部落实到位。

(资溪县交通运输局)

金 溪 县

2010 年,金溪县交通运输局扎实推进中心工作,大力发展交通运输基础设施建设,全面完成全年各项任务。

1. 交通运输基础设施建设。全年通行政村水泥(油)路计划任务 21 条、计 85.60 千米;县乡水泥(油)路改造工程 5 条、计 27.10 千米,共 112.70 千米。至年末,“村村通”工程全面完成,实现全县 100% 行政村通水泥(油)路目标。全年农村渡改桥民生工程共有 4 座,其中,左坊镇彭家渡改桥已竣工验收,浒湾大桥、石门鸣山桥主体工程已完工,金溪浒湾李家渡桥(全长 666 延米)年末全部完成。全年完成浒湾、对桥、左坊、双塘等 4 座客运站建设并通过市局验收,琅琚客运站主体工程已完工,琉璃客运站正在施工,陈坊、石门客运站正在设计和工程预算。10 个候车亭建设正在组织施工。重点工程鹰瑞高速公路金溪段已全面竣工通车。金溪大道主体工程已完成,亮化工程正在加紧施工、绿化工程已完成招投标。全年共整治乡(镇)公路各种病害 3682 平方米,整理路肩与整修边坡 1926 平方米,清扫路面 3261 平方米。制作安装各类标志标牌 43 块,种植乔木 7000 余株,灌木 8000 多株,涂红刷白行道树 68 千米、计 8836 株,改造涵洞 11 道、计 163 米,维护路面 7458 平方米。

2. 交通运输生产与管理。完成“春运”与黄金周旅客运输任务,无重、特、大事故。坚持源头治理,强化执法力度,联合公安交警等部门,开展严厉打击“黑车”非法运营和限超限载专项整治,共检查运输车辆 6892 辆,查扣非法营运车辆 412 辆次,查扣超限超载车辆 136 辆,有力地打击了非法营运势头,运输市场秩序明显好转。全面加强货运与危险品运输企业安全检查,对辖区内 2 家危险品运输企业的安全管理措施落实情况每月督查 1 次。至年末,全县有营运车辆 509 辆,其中,客车 105 辆,出租车 12 辆,共计 1837 个客位;货车 354 辆,计 13435 吨位。全年完成客运量 7440 万人次,旅客周转量 22472 万人千米;完成货运量 374 万吨,货物周转量 122213 万吨千米。

3. 交通运输安全。一是及时调整安全生产领导小组,并签订《安全生产目标责任书》。二是完善各项安全管理制度,明确安全生产责任主体和监管职责,落实安全生产责任制。三是开展安全生产法律法规宣传和知识竞赛活动,全年共发安全生产宣传资料1000余份。四是全年开展安全生产大检查9次,做到防患于未然。五是认真开展重点行业和领域安全生产专项整治活动,全年未发生1起重、特、大交通安全事故。

4. 精神文明建设。一是落实党风廉政建设责任制,从源头上解决腐败问题,实现预防腐败工作的规范化、法制化。二是以争创厅级文明单位和市级文明单位为主向,坚持交通"三个服务",提高精神文明建设。三是以人为本,增强交通运输队伍素质,努力改进作风。四是开展健康多样的职工业余文化活动,宏扬交通运输行业文化。五是规范机关环境管理,营造和谐氛围。六是重视综合治理、计生、信访、消防安全等项工作,充分发挥各部门在文明单位建设中的作用。

(金溪县交通运输局)

东　乡　县

2010年,东乡县交通运输局以科学发展观统领全局,以提高行政能务为主线,以增强交通运输可持续发展能力为重点,全面和超额完成全年各项任务。

交通运输基础设施建设。做好国家重点工程西气东输和杭长高铁建设征地拆迁协调服务工作。西气东输工程东乡境内全长34.90千米,管网埋设已完成90%。杭长高铁东乡县境内全长33.60千米,已完成征用土地113.3公顷,拆迁房屋37000平方米,确保工程的顺利开工建设。县重点工程东红路对接物流大道、环城西路延伸段、新汽车站等工程建设在完成项目工可评审、招投标、设计评审基础上,项目已开工建设。全年完成农村公路建设57.50千米,通乡网络公路29.50千米,全面实现100%行政村公路硬化目标。完成乡(镇)客运站主体工程1座;准备动工兴建1座,已落实征地,环评、立项正在进行。完成农村候车亭25个。加强公路养护管理,全年排除路障39处,清理边沟60千米,在危险路段砌挡土墙1600平方米,埋设安全标志牌71块,完成文明路创建20千米,路树种植4万株,路肩培土13千米,错车道建设1600平方米,确保公路安全畅通。

交通运输行业管理。一是完成编制《东乡县"十二五"交通运输发展规划》,报上级部门并获原则通过。二是完成"春运"工作任务。共投入客车254辆、计2894座位,运送旅客60万人次,旅客周转量1150万人千米。三是农村客运发展迅速。全县农村客运线路21条,行政村通班车率达90%。四是联合公安、交警、城管、运管等有关部门,集中开展客运市场秩序整治活动,共散发宣传单2000余份、查处乱停乱放车辆183辆、无牌无照车辆67辆、违规经营公交车12辆、违规经营出租车68辆、非法营运"拐的"36辆、三轮电动车263辆、"摩的"81辆、"蹬士"5辆,县城客运秩序有明显改善。五是由抚州长运公司对县区1、3、4公交线路和33辆公交车进行收购,成立东乡长运交通有限公司,并出资260万元,新购10辆豪华空调大公交车,投入公交营运。六是全年完成客运量320万人次,旅客周转量10620万人千米;货运量590万吨,货物周转量91600万吨千米。七是9月11日,与抚州长运公司签订了汽车站资产置换协议。

交通运输安全生产。加强源头监管,严把路桥质量关、从业人员资格关、车辆资质关。开展各项安全整治活动,全年末发生1起重、特、大交通运输安全责任事故。全力参与"6·19"抗洪抢险工作,迅速启动应急预案,及时调配装载机、挖掘机等设备,清理塌方,换填土方,投入资金15万元,确保第1时间公路畅通。临川唱凯堤决口,紧急出动应急人员150人次,调配60余辆工程车,运送石料。开展"向灾区献爱心"活动,为马圩镇提供价值1.60万元的急需物资,全局干部、职工共捐款和缴纳特殊党费5160元。

招商引资和项目争资。全年共接待客商90余人次,成功引进东乡县锦溪混凝土有限公司投资1.20亿元,形成年产40万立方米商品混凝土生产规模;引进投资460万元的鑫达制有限公司和投资5200万元的江西金拓机械制造有限公司与投资1500万元的梅华门业有限公司,较好地完成招商引资任务。全年共争取无偿公路建设资金3000万元。

自身建设。一是把“创先争优”活动与“创业服务年”活动有机结合起来，推动各项工作有序开展。二是加强党风廉政建设，落实党风廉政建设责任制，开展腐败风险预警防控工作。三是加大政风行风评议，服务水平明显提高，机关作风明显改善。四是推进行业文明建设。制定创建规划，明确创建目标，开展创建活动。

（东乡县交通运输局）

崇　仁　县

2010年，崇仁交通运输局坚持科学发展观，以建设“生态园林、现代工业新城”为发展定位，求真务实，开拓创新，较好地完成年度各项任务。

1. 交通运输项目工程建设。全年完成农村公路建设项目27个、计67.80千米，其中，通乡公路项目6个、续建项目8个；完成通行政村公路项目3个、计11.70千米。全年共投资1846万元。100%通行政村水泥（油）路项目完成。8座改渡建桥项目主体工程竣工，附属工程建设正在进行，完成投资6350万余元。全年客运站实施项目4座，其中，许坊站主体全面完工；完成候车亭15个，共投资85万余元。全年共完成交通运输工程投资8281万余元。

2. 交通运输生产。“春运”共投入客车98辆、计2261座位，新增223座位，运送旅客81345人次。全年更新客车34辆，其中，中级客车4辆、高级客车2辆；全县现有客车101辆，其中，高级客车20辆，占营运客车20.60%。有班线49条，投入营运车97辆、计2216座位。全年共完成客运量56.61万人次，旅客周转量4721.70万人千米。全县有货车1913辆、计18271.87万吨，其中，新增货车1344辆、计14126.08万吨位。全县有农村客运班线33条，新增3个行政村通班线客车，行政村通班车率达92%。全县有出租车58辆，新增8辆。全县有汽车维修企业66户，其中，二类3户，三类63户。全县有运输企业60户，新增13户，其中，普货53户，客运5户，危货2户。新发展物流企业13户，全县货运物流52户，共完成纳税吨位17955余吨，实现物流税收8000余万元。

3. 交通运输行业管理。一是机关效能建设。切实提高服务效率，严格依法行政，全面推行行政审批“两集中、两到位”，建立“审管分离、权责挂钩、批管并重”和“审批一条龙、服务一站式”的行政审批工作新机制。实施阳光政务，公示办理业务依据、程序、项目与收费标准，及时受理投诉。二是完成崇仁县交通运输局组建。完成崇仁县汽车运输公司企业改制。三是全年引进外商到崇仁县投资项目4个，引资额4.10亿元，其中，实际引资3560万元与50万美元。采用BT融资方式，为崇仁生态公园环路项目顺利筹措资金3149万元。四是完成《崇仁县“十二五”交通运输发展规划》和《崇仁县“十二五”农村客运网络建设规划》编制任务。五是加强源头监管，强化路桥养护和渡口渡船监管，严把路桥质量关、车船资质关、从业人员资格关，开展各项安全整治活动。全年全县交通运输未发生1起重、特、大安全责任事故，渡运实现连续31年安全无事故。

4. 精神文明创建。一是加强党的思想政治建设，提高干部专业知识水平。二是严格执行廉洁自律的各项规定，开展腐败风险预警防控工作，全年未发生1起违规、违纪案件。三是深入开展“创业服务年”和“创先争优”活动，坚持交通运输“三个服务”。四是全年共处理来信访件15件，办理答复人大建议、政协提案17件，满意率达到100%。五是开展扶弱济困爱心活动，向玉树地震灾区和临川唱凯决堤灾区合计捐资11000余元。

（崇仁县交通运输局）

宜　黄　县

2010年，宜黄县交通运输局深入学习实践科学发展观，解放思想，创新思路，项目建设稳步推进，行业管理不断攀升，全县交通运输事业实现持续发展。

交通运输工程建设。抚吉高速公路全长约165千米，预计2011年5月前开工建设。抚吉高速宜黄连接线全长8.90千米已完成规划，其中，按一级公路建设路基，二级公路建设路面4.20千米，按宽40米城市道路建设4.70千米，投资约8000万元。县新汽车站A、B两幢主体结构与内外粉刷装饰、站前广场规划设计、车站、办公楼、配电房已全部竣工。世纪大道南延伸段土方工程全面完成,路面工程进入施工准备阶段。水北大桥已完成下部结构和箱梁铺架,大桥装饰设计方案已审核,正进行桥面铺装。三都大桥已完成场地清理和电线杆迁移,正进行桩基施工。全年完成通行政村水泥(油)路37.40千米,全县行政村通水泥(油)路率100%。完成通乡(镇)水泥(油)路2条、计31.10千米。完成晒嶂嵊人行桥1座;梅万大桥、余家大桥、乌斗大桥、东井大桥、水北大桥等5座大桥已完成大梁安装;新中大桥因设计变更正在进行桩基施工。全年乡(镇)客运站任务5座,其中,续建项目2座,新开工建设3座,已完成东陂客运站1座,完成二都客运站主体工程。农村候车亭任务15个,实际建成农村候车亭20个。

交通运输行业管理。一是全年争取农村公路养护资金近500万元,完成包括破碎路面修复、新建挡土墙防护墩、安装广角镜减速警示标牌、培路肩清沟排水、砍伐灌木丛杂草等内容的专项养护工程。二是全年办理公路客运企业许可证15户,水路运输企业许可证1户,更新客车6辆,新增客车4辆。全年客车审验率78%,危货审验率90%,普货审验率95%,出租车审验率98%,农用车审验率80%以上。全年共办驾驶员培训班3次,计200余人次参加培训。司售人员安全生产教育每月2次。取缔不合格二类维修厂家5户,重新审核2户。至年末,全县有营运车辆1120辆,其中,客车118辆、计1420个座位,有客运班线53条,日均发226班次,乡(镇)通客车率达100%,共109个行政村通客车。全年完成客运量150万人次,旅客周转量4503万人千米;完成货运量1303万吨,货物周转量37086万吨千米。三是改渡建桥后,全县余3个渡口,全年实现水上交通运输安全无事故。四是认真开展系统安全生产大检查和"安全生产月"活动,严厉打击非法营运。全年工程建设施工安全无事故,公路运输未发生重、特、大事故。五是围绕"十二五"期间实现全县100%乡(镇)建有客运站和100%自然村通客运班线发展目标,完成编制《宜黄县"十二五"交通运输发展规划》。

党风廉政与文明创建。认真开展"创业服务年"活动,加强对创业者和群众投诉点反映问题的督查督办,实现由管理型向服务型转变。坚持党务公开,提高民主决策、民主管理水平,形成有约束力的党务公开监督制约机制。开展"创先争优"活动,通过建立"三卡"与开展"四评",切实为群众办实事。狠抓行风和机关效能建设,强化交通运输工程建设项目公开招投标和政府采购制度与专项资金管理,防止"豆腐渣"工程和腐败问题的发生。及时办理与落实人大建议、政协提案,信访结案率达100%。

(宜黄县交通运输局)

乐 安 县

2010年,乐安县交通运输局围绕全年交通运输工作目标,顽强拼搏,开拓进取,各项交通运输事业实现又快又好发展。

1. 交通运输基础设施建设。至年末,完成全县通行政村公路14个、计53.70千米,全县行政村通水泥(油)路率100%。全县改渡建桥项目4座,南村乡东元1桥和2桥主体工程已基本完成;山砀镇对门桥下部结构已完成预制梁20片,完成主体工程;牛田镇谢家桥下部结构基本完成,预计2010年春节前完成主体工程。全年完成罗陂客运站1座,候车亭15个,累计全县乡(镇)客运站已达5座,农村候车亭75个,乡(镇)、行政村客车通达率分别为100%和90%。重点工程前坪大桥已全面完工;南环路已完成垫层铺设,即将浇筑路面混凝土;新长运汽车站已完成施工图设计,土石方工程完成98%,2011年1月进行工程招投标。3月,成立了局公路养护公司,全年共清理塌方1万余立方米,清理边沟33000余米、杂草4万多平方米,整修路肩2.20万平方米,改造涵洞28道,制作安装各类标志标牌119块。争取资金260万元,用于全县水毁公路修复;争取资金53万元,用于枫树下危桥改造。

2. 交通运输行业管理。全年共完成客运量104万人次,旅客周转量12685万人千米;完成货运量73万吨,货物周转量13079万人千米。全年投入资金400余万元,购置与更新客车24辆,逐步实现城、乡客运无缝对接。全面完成"春运"等节假黄金周和广州亚运会、亚残会运输保障任务,实现安全、优质、规范、有序目标。加强公路旅客运输的源头管理,继续开展客运站(场)安全专项整治活动，依法查处无证经营、超范围经营、倒客、宰客等违章违法经营行为，查处黑车26辆。加大对机动车维修市场的监管力度，对无证经营的5个业户进行处罚，对其中符合开业条件的4户补办开业手续，对不符合开业条件责令停车经营，维修行业办证率达94%。全面提升出租车从业人员的综合素质。支持发展物流业，全年新增物流企业8家。整顿驾培市场秩序，严厉查处3所黑驾校，非法经营驾培行为得到有效遏制。

3. 交通运输安全生产。坚持"安全第一、预防为主、综合治理"的方针，开展安全生产隐患排查治理，落实安全生产责任主体，建立安全生产隐患排查治理数据库，完善各项安全生产工作制度和管理措施。强化公路运输安全监管，进一步完善GPS监控体系。全年发现并整治安全隐患26处。水上运输和渡口渡运继续保持零事故，渡运安全实现连续28年无事故。公路运输、工程项目建设未发生安全责任事故。

4. 交通运输行风建设。以开展"创业服务年"活动为契机，巩固"机关效能建设年"活动成果。大力强化机关干部作风建设，全面提高干部、职工综合素质和服务水平。精简行政审批事项，行政许可（审批）项目、投资项目审批事项、行政许可（审批）办理时限分别缩减31%、33.30%、30%，创业环境得到优化。坚持改革创新，注重制度建设，开展腐败风险预警防控工作。坚持"标本兼治、综合治理、惩防并举、注重预防"的方针，全年局机关未发生1起违法违纪案件。开展创建"文明单位"、"文明窗口"、"文明班线"、"文明家庭"活动，全局干部、职工面貌焕然一新。加强党建工作，全年发展党员4名。抓好招商引资工作，引进福建客商黄金铵投资5000万元兴办乐安县辉煌鞋服有限公司；引进客商乐世平投资5000万元兴办百乐针织厂；引进客商曾和平投资2000万元兴办乐安县波拉褶制衣厂，另有4个项目已签订意向性协议。对新办企业办理证照，由团队派员全程办理，对老企业做到随叫随到，实行全方位跟踪服务。加大人大建议、政协提案办理力度，全年共办理12件，办结率100%，满意率100%。大力支持帮扶新农村挂点村金竹乡联村建设，安排2万余元为当地群众解决实际问题5个。积极投入抗洪抢险第1线，组织民兵应急分队和工程技术人员，调运工程机械，抢修干线公路，抽调60余人次赴临川唱凯堤进行抗洪抢险，确保公路畅通。开展交通战备、综治、老干部工作，推进交通运输各项工作全面进步。

（乐安县交通运输局）

上　饶　市

2010年，上饶市交通运输局坚持科学发展观，以"打造一个枢纽、建设四个基地"为目标，全面加快交通运输建设步伐，不断强化交通运输市场监管，超额完成全年各项目标任务。

1. 交通运输基础设施建设。全年完成交通运输建设投资规模30.84亿元，其中，公路建设完成30.53亿元（高速公路15.32亿元、国省道公路3.21亿元、农村公路与渡改桥12亿元），公路运输设施建设完成0.30亿元，水路运输设施建设完成0.01亿元。上武高速公路累计完成投资16.82亿元、占总量55.30%，其中，2010年完成投资11.52亿元、占总量38%。德昌高速公路累计完成投资额56.50亿元，占总量57.650%。德上高速公路一阶段完成投资3.80亿元。全年完成水泥（油）路建设473.34千米，投资3.20亿元。全市国、省道公路1475.18千米，其中，一级公路42千米，二级公路636.82千米。完成农村公路与渡改桥建设投资11.99亿元（其中，市养6700万元），完成农村公路硬化1234千米（其中，市养58.75千米），新增通水泥（油）路行政村157个，行政村通水泥（油）路率达100%。2004年至2010年，全市渡改桥共计78座，2009年末前建成

23座,2010年续建55座,建成通车49座,在建6座。鄱阳港综合码头与万年港散货码头已列入《江西省〈鄱阳湖生态经济区规划〉建设实施方案》之中。初步完成鄱阳港(新区)项目建议书,力争2013年开工建设。上饶国际物流中心(无水港)正式运营。福建宁德上饶出海港口正加紧筹建。全年建成农村客运站16座,候车亭270个。全市共拥有等级客运站130座(其中,二级以上客运站7座),农村客运站116座。候车亭1570个。工程建设质量实现市养公路项目、渡改桥项目、农村公路项目监督覆盖率100%。

2. 交通运输生产。全市拥有营运汽车45205辆,其中,客车2684辆,公交车435辆,出租车1286辆,货车40800辆、计25.13万吨位,货车运力列全省第2位,增幅列全省第1位。全市开通各类班线1060条,乡(镇)通班车率100%,行政村通班车率94%。农村客运车辆1645辆、计34344座,农村客运公司化经营率95%。农村客车数、座位数、行政村通班车率、农村客运公司化经营率均列全省第1位。全年完成公路客运量14984万人次,旅客周转量399672万人千米;公路货运量14109万吨,货物周转量2413933万吨千米,同比分别增长11.11%、26.65%、30.49%、56.73%。完成水路客运量75.50万人次,旅客周转量1801万人千米;水路货运量471.60万吨,货物周转量97538万吨千米。同比分别增长4%、3.80%、37.80%、25.80%。全年公路运输经济收入突破50亿元。全市水路运输规费征收共完成655.89万元,同比增长105.80%。

3. 交通运输行业管理。一是着力建好"路网",设好"站网",布好"车网",全力推进农村公路客运网络化建设。二是创新公路运输执法工作机制,规范公路运输市场秩序,全年共查处各类违章车辆669辆次,非法营运摩托车、残疾人摩托车、人力三轮车450余辆。。三是以质量信誉考核为抓手,切实强化企业的市场主体意识和经营责任,全面推进运输、驾培、维修业健康发展。四是实行GPS监控平台使用情况通报制,全市三类以上(含三类)班线客车、危货车、旅游车共800多辆安装GPS终端,GPS监控平台在线率达100%。五是科学编制《上饶市"十二五"农村客运网络建设规划》。六是加快现代物流发展,在12个县(市、区)全面开展农村物流试点工作。六是开展港口经营秩序安全专项整治和资质审核,狠抓港口和营运船舶结构调整,大力推行船型标准化和靠岸船舶使用岸电为主的节能措施。七是开展甩挂运输试点和车辆低碳公路运输,顺利完成年度节能减排2.28万吨标准煤目标任务。八是有序推进公交与出租车行业改革,合资组建上饶市公交有限责任公司。中心城区已建造公交候车亭125个,更新公交车64辆。原8户出租公司整合为2户,更新出租车418辆。九是交通运输企业生产和经营保持稳定。市交通投资集团公司参与上武、上德高速公路建设和上乐线改建工程与320国道61千米重建工程。上饶宏优公路勘察设计院全年完成二、三级公路勘察设计86.76千米,大中桥设计1430米/14座,营业收入611万元。上饶赣东公路工程监理公司全年共承接工程施工监理项目6个,签订监理合同金额305万元。试验检测中心完成产值44.80万元。现代路桥总公司全年中标与承接工程项目8个,合同额9.39亿元,机械设备共完成产值2550万元。十是公路运输量抽样调查工作和世博会公路运输安全保障工作获交通运输部表彰。

4. 交通运输安全生产。创新安全工作思路,夯实安全工作基础,完善安全监管体系,构建长效管理机制,实现连续4年"春运"和48个月无公路运输重大安全事故和旅客运输死亡事故。完善乡(镇)渡口渡船管理制度,开展危货运输和旅游客运专项整治,健全应急处置指挥机构和工作机构,完善专项应急预案。

5. 行业文明与党风廉政建设。深入开展学习实践科学发展观活动和"创先争优"活动,推进党风廉政、机关效能、精神文明建设。全市交通运输系统创建并保持省级文明单位12个,市级文明单位20个。加强交通运输队伍建设,强化教育培训工作,全市交通运输干部、职工取得大专以上学历1083人,占总数54%以上,公务员培训400人次。严格规范执法人员的行为,开展交通运输行政执法规范落实情况专项监督检查和行政执法考核专项评议考评工作。优化审批流程,规范行政许可网上审批,对市运管处、港航处的行政审批分别纳入了市经济服务中心窗口和鄱阳服务中心窗口。加大超限超载检查力度,强化路政管理,实现公路无"三乱"。完成成品油价格和税费改革与妥善安置涉改人员,全面取消政府还贷二级公路收费。

（上饶市交通运输局）

信　州　区

2010年，信州区交通运输局加快交通运输基础设施建设，强化交通运输管理，加强党风廉政和机关效能建设，为促进农村经济社会的快速发展提供有力保障。

交通运输设施建设。全年完成交通运输基础设施投资10058万元，其中，丰溪大桥等6座渡改桥完成投资9833万元。严十公路拓宽改造工程全长19千米，其中：秦峰段全长7.86千米，朝阳段全长11.14千米，秦峰段路基完成，朝阳段路基基本完成，完成投资225万元。抢修信秦公路等水毁路段共10余处，投资230余万元。全区渡改桥项目5座，竣工1座，主体完工2座，完成下部结构2座。上半年连续强暴雨，公路巡查队共出动120余人次，分别对信秦、七沙、沙西等公路进行巡查。投入资金230余万元，清理公路塌方10余处、计500余立方，修复水毁涵洞1座，护坡1处、计150平方米，挡土墙21处、计7422立方米，塌方61处、计252160立方米。

公路运输市场。一是认真贯彻交通部《道路旅客运输及客运站管理规定》，加强客运站源头管理，规范站内经营行为。二是严格客运经营许可证、标志牌、进站证等证牌发放，切实规范客运秩序。三是加大农村客运网络监管力度，规范农村客运班线运营秩序。四是优化运输环境，开展客运市场非法营运专项整治活动。全年共检查车辆456辆次，纠正违章87起，处罚违章车辆38辆，下达限期整改通知书18份，查处“黑车”46辆。五是完成“春运”等节假期运输工作。六是加强货运管理，提出全区货运市场发展规划。落实危货运输安全责任制，对危货车辆技术状况和从业人员资质进行检查。七是制定突发事件紧急救援预案，加大GPS平台监控。八是整顿维修与驾培市场，依法打击和取缔无证修车、占道经营，引导维修企业向规范化、规模化方向发展。

安全生产。认真开展“安全生产月”活动和安全隐患整治活动，全年出动宣传车20辆次，张贴宣传标语80余条，悬挂横幅5幅，散发宣传单600余份，材料10份，举办培训班1期，参培人员80余人。加大全区交通运输安全生产大检查，实现全年无重大事故目标。

文明建设。一是开展“创业服务年”和“创先争优”活动，全年向区效能办报送相关信息18条，单位领导干部开展各种形式交心谈心16人次，征求有价值意见3条，发出征求意见表54份、收回45份，发出群众评议表23份、收回23份，设置征求意见箱1个，走访党员群众60人次，与党员谈心30人次，协调解决信访纠纷3件。撰写心得体会32篇，开办宣传专栏2个，编写简报12期，选树典型19人，撰写有关交通运输工作的新闻报道70余篇。为纪念信州区撤市设区10周年，出版《魅力信州交通十年》画册，宣传信州区交通运输基础设施10年来发生的巨大变化。全年办理人大建议11件，政协提案6件，接待业户来电来访62起，办理区长、市长热线回复26件，回答率达100%。二是党风廉政建设不断加强。制定《信州区交通运输局“五好班子”创建活动方案》，抓好区直机关廉政文化进机关试点工作，在局院内悬挂廉政宣传标语，在大厅内设置廉政文化专栏，在机关楼道内建立图文并茂的廉政文化长廊，在各办公室制作廉政桌牌。建立多媒体“党风廉政电化教育室”，汇编《交通百条廉政警言》，规定每年9月为全局干部、职工党风廉政文化宣传教育月。

（信州区交通运输局）

上　饶　县

2010年，上饶县交通运输局按照全县“主攻一园，决战两区”战略部署，狠抓交通运输工程建设、公路管理和养护、行业管理、安全生产，加强队伍建设，努力开创交通运输工作新局面。

1. 交通运输工程建设。全年农村公路项目16个、计109.80千米，其中，“村村通”公路项目11个、计64千米已全部完成。县通乡项目5个、计45.80千米完成2个（计33.70千米）。遗留项目2个、计22千米全部完成。改桥建渡项目2座，其中，煌固镇观上大桥全长399.97延米，主桥长232.50延米,引桥长167.47延米,桥面宽6.50米,预算382.81万元,已完成下部构造,桥梁浇筑38片,投入资金230万元。黄沙岭乡中洲大桥主桥长122.04延米,引桥长77.96延米,桥面宽6.50米,造价196.97万元,已完成下部构造,桥梁浇筑12片,投入资金160万元。全年养护公路138千米,共处治公路各种病害4971平方米,整理路肩、整修边坡68千平方米。投资20余万元,设置减速带、安全标志等安全设施。完成农村公路绿化19千米,种植补植公路树木1.90万余株。改造涵洞2座、计19米,维修改造护栏67米,维修路面1264平方米,修复水毁公路20余处,投入资金40余万元。清理路障与临时建筑物50多处、计3970平方米,拆除非公路标牌16块。公路路政许可3起,查处违法占用公路2起。

2. 公路运输。一是集中整治县城主要路口停放的异地经营和非法营运车辆,共查扣非法营运车辆35辆次,查处超限运输360起。二是加强货运监督管理。对辖区内货运企业和危险品运输企业进行一次普查。三是加强维修市场整治,推进维修市场规范化工作进程,引导维修企业不断提高维修和服务质量。四是加大驾培学校监管力度,深入月亮湾、职院、兴荣等3所驾培学校,对教练员理论和实际操作的授课情况与车辆性能进行检查。五是全年完成客运量221万人次,旅客周转量5304万人千米;完成货运量2847万吨,货物周转量23477万吨千米。同比分别增长8%和15%。

3. 安全生产。一是加强安全生产领导,签订《安全生产目标责任书》。二是完善各项安全管理制度,明确安全生产责任主体和监管职责。三是落实安全生产责任制,按规定配备专(兼)职安全员。四是开展重点行业和领域安全生产专项整治活动,实现连续23年安全无责任事故。

(上饶县交通运输局)

广　丰　县

2010年,广丰县交通运输局以"创先争优"活动为载体,狠抓作风和效能建设,履行部门职责,保持交通运输事业持续发展。

交通运输工程建设。配合全县构建"旅游强县"战略部署,做好铜钹山旅游公路立项工作,争取上级补助资金1021万元。完成军潭至高阳(百花岩、九仙山)、七星至高山(红豆杉景区)、岭底至小丰等3条旅游公路建设,计51.10千米,投资8000余万元。实现全县100%通行政村通水泥(油)公路。全县14座渡改桥工程项目已竣工7座,其余7座除壶桥塘头大桥外,将于2011年春节前全面完工。迎宾大道可行性报告已经省发改委、省国土厅进行了专家评估,规划选址意见书、环境保护意见书已批复,施工设计图纸已完成,土地预审已向省国土部门申报。完成37个候车亭的建设任务。配合企业争取九仙湖码头建设项目立项。加强公路管养,对公路高边坡、挡墙、桥涵、隧道和被列入县地质灾害隐患路段进行重点检查,制订相应工作预案。加大路政管理,全年共查处路政案件18起,公路赔(补)偿案件10起,非公路标志牌23块,清除路障112处。

公路运输市场。全年新增运输车辆823辆,其中,货车788辆、计3689吨位,更新客车35辆、计827座位;换发新版道路运输证1846本,审验营运车辆道路运输证1667本;新增维修业17户,新增物流业18户,引进金源物流有限公司1户,完成税收20.10万元。"春运"期间,共投入营运客车414辆,其中,外调121辆,完成客运量1303520人次,企业营收1800万元,同比增长2%,连续6年"春运"无安全责任事故和死亡事故。联合物价部门对县内出租车、客运车辆票价执行情况进行突击检查,并派出20余名执法人员进驻各客运站(场),维护车进站、人归点秩序,监督车辆例检,杜绝"三品"上车和车辆超载出站。做好客、货运输企业,危货企业,维修企业,驾培学校2009年度信誉质量考核工作。对13户不符合条件的维修业责令整改,对6所驾培学校组织了5次拉网式整治,查处10起未经许可擅自从事驾培违法经营活动。全年共查处非法经营车辆200多辆次,其他各种违章车辆380多辆次,作出行政处罚680件,其中,一般程序645件,简易程序35件。

安全生产。严格交通部《国内船舶规定运输经营资质管理规定》(交通部[2008]第2号令)经营资质管理要求,对江西月兔旅游产业有限公司等未取得水上运输许可证从事旅游水上客运违法行为，下发限期整改通知书，要求在规定时间内完善经营资质。狠抓施工安全，完善各项规章制度，落实安全生产责任制，确保全年未发生施工安全事故。

（广丰县交通运输局）

玉 山 县

2010 年，玉山县交通运输局围绕年初既定目标，团结一心，攻坚克难，与时俱进，勤政务实，各项工作有序开展。

1. 农村公路建设与管理。全年完成农村公路建设责任目标 34.40 千米，其中，历年遗留项目 3 个、计 7 千米；县通乡项目 3 个、计 11.60 千米；2010 年项目 2 个、计 15.80 千米。通行政村 234 个，通达率 100%。完成“村村通”公路 22.80 千米。改渡建桥项目文成三湖大桥建成通车。加大农村公路养护管理力度。全县管养县道公路 156.02 千米，乡道公路 89.99 千米。年末县道好路率达 90%，乡道好路率达 65%。及时抢修水毁公路。2010 年，水毁公路损失 3396 万元，除省道 S203 童坊危桥待竣工验收外，其他水毁路段已全部修复通车。开展路政管理工作，全年共处罚路政违章 20 多次，收取路产赔（补）偿费 10800 元。

2. 交通运输管理。一是“春运”期间，共发送加班车 772 辆次，包车 47 辆次，累计发送车辆 7744 辆次，运输旅客 42.77 万人次。二是全面开展质量信誉考核，有 4 户客运企业和 1 所驾校评为 AAA 级。全年共审客车 154 辆，货车 1241 辆，年审率分别为 100% 和 86%。三是加强行业监管，公路运输业快速发展。全年新增客运班线 4 条，客车 6 辆，更新客车 70 辆；新增货运企业 4 户，货运站 1 座；新增维修企业 21 户，其中，二类 3 户，三类 17 户，摩托车修理 1 户；新增驾校 2 所。4 月份，三清山旅游客运公司更新购置 8 辆符合欧Ⅲ排放标准、节能环保、安全舒适的宇通牌客车。

3. 水上交通运输安全管理。一是及时下拔 2000 元，用于文成镇板桥渡口渡船维护，确保渡运安全。二是层层落实责任。与各乡（镇）签订目标责任状，与各船主、船工签订责任状。三是经常深入现场，及时发现安全隐患，责令限期整改。四是强化水上交通运输安全，实现水上交通运输安全连续 16 年无责任事故。

（玉山县交通运输局）

德 兴 市

2010 年，德兴市交通运输局以中共十七大精神为指导，坚持以交通运输基础设施建设为重点，以交通运输市场管理为关键，开拓创新，锐意进取，全年交通运输工作取得又好又快发展。

交通运输基础设施建设。农村公路建设：完成国改、通乡、车购税等 11 个建设项目，全长 32 千米；完成新双线暖水至陈坊段公路建设项目 85% 工程量；杜村至昭林公路项目因受德昌高速公路施工便道影响尚未完成。高速公路建设：德昌高速德兴境内全长 52.70 千米，投资约 28 亿元。在优化线型走向上，已从北线改为南线，由 1 个互通增为 3 个互通，加上景婺常、德上高速 2 个互通，德兴境内为 5 个互通，施工队伍已进场施工，预计 2011 年 7 月竣工通车。德昌高速公路德兴连接线全长 3.12 千米，投资 5200 万元，初步设计经省交通设计院设计完成并通过评审。德上高速德兴境内全长 12.43 千米，投资约 7 亿余元，征地拆迁已完成，施工队伍已进场施工。市、县道公路建设：采取反补贴方式实施九德线泗洲至九都、店河线银城至万村、坑湖线立新至湖田等 3 条公路建设，全长 73 千米，投资 8000 余万元，现正在路面施工，预计 2011 年 1 月末竣工。渡改桥建设：泗洲湾头大桥下部构造已完工，梁板预制完成 14 片（共 20 片），累计完成投资约 460 万元，占主体工程的 86.20%；海口大桥基础工程全部完工，完成墩柱 16 根，梁板预制 55 片（共 72 片），完成投资约 370 万元（含进场钢筋），占主体工程的 84.90%；铜埠大桥下部工程及梁板预制全部完成，并吊装 35 片梁，完成投资约 490 万元，占主体工程的 86.30%；碧泥田大桥下部工程完工，梁板预制完成 22 片（共 32 片），完成投资约 272 万元，占主体工程的 87.70%。农村客运站、亭建设：绕二、花桥、长田等 3 座客运站已签订建设协议，花桥客运站正在征地；建成 19 个农村候车亭，投资

22万余元。货运配载中心投资1200余万元,占地0.37公顷,建筑面积4879平方米,已完成主体工程。公路管养:成立德兴市通畅养护公司,将全市县、乡公路分成4片(皈大片、李暖片、张村片、万尚片),抓好公路养护工作。加强路政管理,保护路产和公路设施,及时清理塌方,修复涵洞和挡墙,重点对小闵线、李暖线、绕余线进行大修。

交通运输管理。全年完成客运量359万人次,旅客周转量30998万人千米;货运量319万吨,货物周转量30058万吨千米。开展交通运输秩序整治,强化市场监督检查,从严打击无证车辆非法营运,全年共处罚违章车辆100余辆次。延伸农村班线,实行农村客运班车"八个统一"管理,对短途与长途客车实行两隔离。强化汽车维修和驾校行业管理,定期进行检查,规范企业经营行为,开展维修厂家和驾校的质量信誉考核。9月1日,开通市区至泗洲镇公交线,全长23千米,设46个站点,共投入8辆客车,投资约280万元。

交通运输安全管理。健全管理机构,完善管理措施,层层签订安全责任状,定期开展安全检查,确保客运生产与在建工程施工安全。加大渡运安全检查,完善渡船和渡口辅助设置,强化渡运从业人员安全观念,适时对渡口进行安检和整顿,消除事故隐患,实现渡运连续35年安全无责任事故。

(德兴市交通运输局)

婺 源 县

2010年,婺源县交通运输局以科学发展观为统领,深入开展"创先争优"和"创业服务年"活动,稳步推进交通运输重点项目和民生工程,提升交通运输行业管理水平,实现交通运输全面可持续发展。

1. 交通运输重点项目和民生工程。全年争取农村公路和改渡建桥建设资金8300万元。全年完成公路建设固定资产投资1.20亿元。全年完成公路路面硬化305.80千米,新增通水泥(油)路行政村38个,实现行政村通畅率100%。全年完成改渡建桥项目5座(喷泉、石枧、玉坦、金村、虹冲大桥)。完成20个候车亭建设。完成岭脚至东头、紫阳镇西坑、一级站至阆山、中平至太白等93.52千米的外业勘测。抽调人员协助完成京福高铁52.20千米范围内征地拆迁工作,协助做好九景衢铁路62.50千米沿线踏勘调查与各种资料收集整理工作,协助当地乡(镇)与高铁施工单位签订汪口至荷田等10条通村水泥(油)公路使用协议。投入资金200多万元,完成店太线、万香线共14.80公顷"一大四小"公路绿化任务。

2. 运输行业管理。加大市场整治力度,严厉打击无证经营的违法行为,全年共查处违章200余车次。精心组织,完成"春运"等节假期平安运输任务。确保燃油价格补助发放到位。做好出租车经营权的招投标工作,多次化解中云、龙山、孝水等客运线路纠纷,客运服务投诉同比下降90%。新增中、高档客车2辆,更新中、高档客车8辆,新增客运线路5条,新增大型货车207辆、计3638吨位。全县客车年审率100%,出租车年审率100%,货车年审率75%。新增8户客运公司,全县85%农村客运班线已实行公司化经营。投入资金近100万元,对全县已硬化的通村公路急弯与陡坡处安装190道、计1426米减速带和676块警示标志牌。全面整治店太线公路超载超限现象,加强路政巡查,清除占用路肩种植农作物,纠正违法占道、违法建房现象。严厉查处携带"三品"进站上车,严禁超载客车出站,加大对客运市场的集中整治(含出租车、公交车市场)。重点打击非法营运,全年取缔非法售票点5处,查扣"三品"30余公斤,查处非法营运车辆128辆次。

3. 安全生产。公路运输安全:落实"人盯人、人盯车"的安全管理网络,对检测不合格的车辆停止营运,对不进行投保、或投保不足额的车辆不准营运。水上运输安全:加强水上交通运输安全整治,签订渡口安全管理责任状,落实县、乡、村、渡工四级安全管理责任制。全年渡口检查30次,下发隐患整改通知书12份,纠正一般违章16次,发放救生圈20个,救生衣20件,渡工雨衣9件。举办全县渡口安全管理人员培训班,参训率达100%。全年撤销黄源渡口与秀水喷泉渡口2处。加强现场安全监管,确保工程施工安全。

(婺源县交通运输局)

鄱 阳 县

2010年,鄱阳县交通运输局紧紧围绕建设环鄱阳湖生态经济区战略部署,以农村公路和渡改桥建设为重点,抓好各项交通运输任务落实,取得较好成绩。

通村公路提前完成建设目标。至5月末,全面完成“十一五”规划通行政村水泥(油)公路建设任务,实际完成417千米;提前实施通自然村公路建设91千米;两项完成总投资1.04亿元。完成县通乡公路建设54.90千米,投资1647万元;基本完成县通村水毁公路修复项目24千米,投资240万元。全年在建渡改桥项目共8座,现已建成3座(刘凤咀大桥、竹篙咀大桥、湖城大桥),完成投资7315万元;潼津大桥等5座大桥预期2011年2月末之前完成大桥主体工程。重点工程项目湖城大道(城外段)全长5.77千米,路基宽30米,路面宽22米,工程于2009年5月开工,2010年12月4日竣工通车,投资5000余万元。天鹅大道上半年启动二期工程,分长5千米、路面宽16米和长8千米、路面宽8米两段,12月4日建成通车,投资1667万元。省道婺桃公路金盘岭至漳田渡段路面改造工程全长44千米,路基宽8.50米,路面宽7米,按公路三级标准建设,2009年12月1日开工,2010年10月竣工通车,投资3223.05万元。全年建成农村客运站2座(三庙前站、高家岭站),在建1座(凰岗站),新建候车亭40个。

公路运输管理不断加强。全年新增营运货车114辆、计428吨位;新增维修企业3户,新开通农村客运班线6条。全年完成客运量694万人次,旅客周转量22688万人千米;货运量1070万吨,货物周转量60746万吨千米。同比分别增长13%、19%、7%。全年开展客运市场集中整治行动3次,公路运输市场环境有序。

水上交通运输安全重在落实。坚持“以人为本、安全第一、预防为主、消除隐患”的方针,扎实开展水上交通运输安全各项工作,加强集中整治力度,打击非法渡运行为。全年进行大小检查20次,下发检查通知书270份,整改通知书29份,消除隐患20余处,散发宣传单8000余份;筹措资金18万元,对19艘钢质船、8艘木质船进行维修,确保水上交通运输安全。

(鄱阳县交通运输局)

万 年 县

2010年,万年县交通运输局以深入开展“创业服务年”活动为契机,贯彻落实科学发展观,围绕“弘扬稻作文化,加速工业崛起,建设中国贡米之乡,全面融入鄱阳湖生态经济区”中心战略,全力抓好交通运输基础设施建设,有力推进交通运输事业不断发展。

1. 交通运输项目建设。德昌高速公路万年连接线全长9.12千米,于9月15日开工,分3个标段建设,工期14个月,投资1.57亿元。至年末,三标段共清淤29万立方米;完成土方量50万立方米;回填沙砾7万立方米;完成70%的桥涵工程;A、B标路基完成50%,C标路基基本完成;共完成投资5000万元。德昌高速养护中心由省公路开发总公司投资1.11亿元,8月末开始试投产,年创税收500万元。珠曹旅游公路获省补资金2800万元。东环路老子山至水泥厂立交4.70千米路段土方工程基本完成。投资3223万元(省补资金1300万元)的中洲大桥完成桩基28根,立柱16根,承台8座,完成投资910万元;建元大桥(投资360万元)、洪家桥(156万元)、彭家桥(85万元)全部竣工通车。万年港综合码头2009年列入省政府督办开工项目,争取到省补资金3700多万元,已到位700万元,立项审批等前期工作全部完成。2006年至2009年,新建农村公路667.20千米,提前1年完成“村村通”任务。2010年,完成农村公路建设90.50千米(含水毁公路15千米)。投资1.57亿元。全县农村公路382条、计1057.20千米。其中,县道5条、计153.70千米,乡道24条、计213.98千米,村道353条、计687.17千米。县道桥梁25座、计857.70延米,乡道桥梁36座、计711.76延米,村道桥梁86座、计1609.20延米。全年公路养护填补破损路面6000平方米,清除300余千米路边杂草,抢修水毁农村公路桥梁3座、涵洞8座,县道好路率

78.60%。

行业管理。全年完成二类维修企业加入全省维修救援网络的成员企业1户,加入江西快修品牌店1户。下发整改通知书62户。组织50名出租车驾驶员参加培训,审批驾校1所,培训维修从业人员和质量检验员1次。全年客、货运企业质量信誉考核14户,考核率100%。全年共评定客车152辆,其中,一级车26辆、二级车126辆;评定普通货车214辆,其中,一级车41辆、二级车173辆。全年更新班线11条、客车32辆。检查各种车辆(含打击黑车)658辆,纠正违章车389辆(其中,客车38辆,货车351辆),行政处罚269辆(其中,客车3辆,货车266辆)。建立违法车辆案卷342份,其中,一般程序51份,简易程序291份。突击检查航运企业5户,营运船舶48艘,码头13座(其中,吊机11台,传输机2台),查处整改隐患26处。400元/月渡工补贴和100元/月燃油补贴列入预算。投入近30万元购置水上执法艇,对辖区内水域突发事件,可以在半小内赶到现场应急处理。全年共出动路政宣传车20多辆次,下发宣传单2000余份,路政条例普及教育覆盖面达90%。查处超限、超载车辆225辆次,纠正超载超限行为320余起,纠正公路乱搭乱建和破坏公路行为42起,依法清除“三小五堆”等路障110多处,依法清理在公路用地开垦小片荒8处、计1800余平方米,有效保护了路产、路权。为期40天“春运”共投放客车263辆,发送22821班次,完成旅客周转量1535.16万人千米,实现“春运”安全无事故。

依法行政。4月份,出台了《万年县交通运输局关于加强交通法制建设严格执法程序的实施意见》,对行政处罚一般程序和简易程序作了严格的规定。缩减交通服务窗口行政审批事项,实行首问责任制、公开承诺等制度。深入走访,帮助312户业主办理完善各类手续46件。5月份,成立了运输安全股、交通法制股,加强了路政大队、交通质监站工作职能和监管职能。

其他工作。一是开展“创业服务年”和“创先争优”活动,转变干部工作作风。二是开展“干部入户全覆盖,巩固成果促和谐”主题实践活动,掀起干部进村入户、进园入企新高潮。二是企业改制工作平稳推进,县航运公司、石镇码头、造船厂改制业已完成。三是突出抓好交通运输工程突出问题专项治理,严格按既定程序和规范动作进行,未发生1起暗箱操作、领导为谋私利插手和干预招投标的现象。四是全年共发展党员2名,培养入党积极分子4名。五是引进江西莹光化工产业项目落户万年,引资10亿元;引进浙江伞业项目整体搬迁至万年。皖赣铁路新上客运双线万年段23.40千米,设计时速200千米至250千米,工可报告中基本同意万年火车站东移的方案,铁路部门增资5000多万元。

(万年县交通运输局)

余 干 县

2010年,余干县交通运输局围绕“抢抓一个机遇,主攻两大战役,推进三项工程,寻求四大突破,提升五项水平”的工作思路,求真务实、开拓创新、与时俱进,有力推动全县交通运输事业可持续发展。

交通运输基础建设。全年完成农村公路建设45千米,其中,县通乡项目6条、计17.10千米,水毁工程23条、计23千米,以工代赈国债示范项目11.60千米,行政村通畅率达100%。全年改渡建桥项目3座:中洲大桥已完成跨35米T梁预制和架设,预计2011年春节前可建成通车;河埠信江大桥完成27根桩基;邱家墩大桥工程已经通过2次评审会,正在编制施工图设计。重点工程德昌高速公路余干段全长33.66千米,工程进展顺利。余干连接线全长11.50千米,投资约2.36亿元,10月开工建设。余黄一级公路全长34.50千米,投资2.68亿元,现沥青路面工程正在紧张施工。入汛余干连降大雨,引发山体滑坡和特大洪水,水毁公路现象严重。为确保道路畅通,组织全县水毁公路情况勘查,设立警示牌,并组织技术人员对水毁公路(余江线、迎康公路黄金埠段、峡山段等)进行抢修。

交通运输行业管理。“春运”期间,全县共投入营运客车395辆,输送旅客369507人次,日均发车263班次,完成旅客周转量2.95万人千米。从8月17日开始,联合开展全县交通运输秩序整治工作,查处“黑车”非法营运90余起,电瓶车、三轮车非法载客60余起,“摩的”、“拐的”非法载客110多起,维护运输市场秩序稳定。港航运输全年完成货物吞吐量500万吨,货物周转量35000万吨千米。新增船舶25艘,载重21000吨位。

水上交通运输安全。全县有民间渡口35个,公路渡口1个,分布全县12个乡(镇、场)和30个行政村。为确保渡运安全,先后组织13次大排查活动,签发通知书400余份,违章通知书30余份。开展摆设咨询台、散发宣传单、悬挂横幅标语、制作与举办水上交通运输安全图片展览,加大水上运输管理并投入10万余元,对不适航11艘渡船进行维修保养,实现民间渡口连续23年安全无事故。

精神文明建设。一是加强党员干部队伍建设,开展"整风肃纪"、"创业服务年"、"创先争优"、"十佳道德模范评选"等系列活动。二是加强职工科技教育和专业学习,组织50余人次参加各类培训,组织干部、职工集中学习24次。三是做好交通运输宣传工作。全年共刊发《余干交通》11期,被市以上新闻媒体采用稿件8篇。

(余干县交通运输局)

弋 阳 县

2010年,弋阳县交通运输局坚持践行科学发展观,以机关效能建设为动力,紧扣农村公路建设为中心,以行业稳定为重心,完善内部机制,全年交通运输工作全面完成。

1. 公路建设。加快县、乡公路建设步伐. 全年完成农村公路硬化488.50千米,其中,通行政村公路388.50千米,通乡公路32.50千米,计划外公路67.50千米,占计划100%,投资18109万元。全县16个乡(镇、场)、155个行政村100%通水泥(油)路。重点项目进展有序。姚漆线15.80千米,下碗桥至横峰3.40千米,清湖至汪家5.10千米,何铁线5.90千米,320国道至龟峰2.30千米全部完工。完成客运站建设10座,候车亭建设147个;在建农村客运站2座(漆工、曹溪),在建候车亭12个,力争明年初完工。积极配合信江三桥指挥部做到协调工作。加强公路养护管理。投资180万元,对双流线、周毛线、坑清线、梅管线等192.66千米路面进行维修;投资223万元,改造危桥、危涵6道、新建挡土墙5处。

2. 交通运输市场管理。加强客、货运市场管理。全县客运公司10户,其中,农村客运公司7户、上饶客运公司1户、公交公司1户、出租公司1户;有客车292辆,其中,中型客车133辆,大型客车20辆,出租车100辆,公交车39辆。全年完成客运量507万人,旅客周转量20934万人千米,同比分别增长11%和3.80%;有货运公司55户,货车3590辆、计15032吨位,完成货运量382万吨,货物周转量39837万吨千米,同比分别增长14.90%和15.40%。全县乡(镇)通班车率100%,行政村通班车率100%。坚持"以人为本、依法行政、科学管理"和"三不进站、五不出站",严格车辆例检制度和《道路危险货物运输管理规定》,严厉打击无证违法运输行为,全年共查处非法道路客运168起。强化科技手段。对跨县(市)客(货)车、危货运输车、旅游客车等62辆全部安装GPS卫星定位系统,建立动态监控平台。

3. 交通运输安全。对全县现有5艘渡船、6艘旅游船舶重点检查"四客一危"安全技术资质和从业人员资格执行情况。重大节假日对重点区域24小时派人值班,确保水上交通运输安全。认真落实"一岗双责",强化运输企业、客运站(场)、旅游风景区、驾校与在建公路、桥涵等安全责任制建设,重点对危桥、危涵、事故多发地段进行登记上册,全年共查阅客运车辆档案135份,检查危险路段、危桥10处。

4. 交通运输行政执法。严厉打击超限超载,净化公路运输市场秩序。全年印发《江西省公路路政管理条例》宣传单850份、《中华人民共和国道路运输条例》1000份,出动宣传车50余次。加强"以人为本、执法为民"理念,转变执法作风,建立和完善行政执法程序,细化法律依据,法定条件,强化权限和执法责任等。

精神文明建设。一是加强班子建设,提高政治觉悟和决策水平。二是推进廉政建设,严格工程项目程序、职责、法人、监理、招投标、合同等制度落实,严格施工单位资质预审准入动态管理,建立健全长效机制。实行全县农村公路建设资金统一财政账户和项目财务制度,全年未发生1起挪用、贪污、截留工程建设资金的违法违纪行为。三是开展"创业服务年"和"创先争优"活动,切实转变机关工作作风,提高工作效率和服务质量,提高社会对交通运输行业的信任。

(弋阳县交通运输局)

横 峰 县

2010年,横峰县交通运输局深入学习实践科学发展观,广泛开展“创先争优”和“创业服务年”活动,解放思想、创新思路,交通运输工程稳步推进,行业管理不断攀升,实现交通运输事业全面发展。

1. 交通运输工程建设:重点工程。县城南环路5.80千米,按公路二级标准设计,投资约5900万元,已完成圆涵管6道、路基土石方45000立方米,完成投资270余万元。铁路货场扩能改造外接线全长1100米,投资约1000万元,工程正在进行中。农村公路建设:完成县通乡公路建设26.90千米,行政村通水泥(油)路率达100%。渡改桥工程建设:完成杨家信江大桥桥梁下部构造,现正实施引桥和梁片的预制工作。农村客运站场建设:全年建成农村客运站1座,候车亭19个。公路养护:5至7月,横峰县遭遇特大暴雨,县、乡公路受损严重,全局及时下拨20余万元,用于路基桥涵和防护工程的抢修,保障公路畅通。全年县道好路率为69.70%,乡道好路率为61.07%,超额完成市局下达任务。

2. 公路运输生产。全年新增农村客运线路3条,新增农村客车3辆。在为期40天“春运”工作中,实现“安全畅通、文明和谐”的目标。全年完成客运量330万人次、旅客运周转量19295万人千米;货运量275万吨、货物周转量29969万吨千米。同比分别增长0.30%、0.50%、0.70%、0.80%。

3. 交通运输行业管理。一是规范班车、客运站、城市公交、出租车、驾校、维修企业等经营行为,提升从业人员素质和服务质量。二是坚决打击非法营运行为。全年查处各类违章行为243起。三是提升货运运力,增加大吨位货车数量,新增货运企业1户。四是全年路政巡查30余次,制止破坏公路与公路附属设施行为6起,制止公路边违法建房1起。五是全年开展水上安全检查20次,检查渡口与渡船24次,签发《水上交通安全隐患整改通知书》3份,整改3起;隐患排查8起,整改8起,全年无安全责任事故。六是完善行政执法运行机制,完成“五五”普法教育并通过市、县两级检查验收。七是全年交通信访结案率达100%,未发生1起进京、赴省等越级上访案件。

(横峰县交通运输局)

铅 山 县

2010年,铅山县交通运输局抢抓历史发展机遇,主动融入鄱阳湖生态经济区建设,全面实施农村公路建设和交道运输网络一体化建设,各项工作齐头并进,并取得较好成绩。

交通运输基础设施建设。全年完成9个通行政村公路硬化项目,里程103千米。实现100%县通乡和通行政村水泥(油)路。“十一五”期间,累计农村公路建设达890千米。全年渡改桥项目9座,投资约1.68亿元。其中,稼轩乡湖村畈大桥、稼轩乡西洋大桥、河口信江大桥建成通车;永平镇安洲大桥、汪二镇港沿大桥完成主桥工程;石塘镇五堡洲大桥完成14根桩基;九狮大桥北岸梁场平整到位,开始梁浇铸;新滩杨林大桥完成桩基27根、系梁7根、墩柱6根、台身1个;鹅湖下古埠大桥完成16根桩基、4根系梁、8根墩柱。重点工程上武高速公路建设完成投资16亿元,全线路基清表工作全部完成,主线施工便道基本打通,桥梁桩基、桥梁墩柱、涵洞通道基础等主要工程正在加紧施工,现在进行路面摊铺工程。县城新汽车站第一期工程站房建设全面完成,投资4000万元,预期2011年1月份投入使用。县城河口至上武高速快速通道工程(含大桥建设)完成项目前期工作和工可,正办理土地报批手续。完成葛仙山、湖坊农村客运站2座和农村候车亭21个。全县农村客运站总数8座,候车亭145个。完成《铅山县“十二五”交通运输建设规划》修订工作。

公路运输生产。一是全年新增中级以上客车67辆,新增客运班线12条。二是集中对全县所有非法驾校与报名点进行整治和取缔,妥善处理遗留学员400余人,与2所正规驾校签订了行业自律书，暂扣车辆8辆。三是开展人力三轮车全面整治活动，规范营运市场。四是全年共减免规费4万元，促进社会稳定与和谐。五是科学制定《铅山县(2011～2015年)农村客运网络化建设规划》，计划全县新(改)建8座客运站，其中，改建1座三级客运站、7座五级客运站，覆盖率达100%；新建候车亭192个，覆盖率达100%。六是"春运"共投放客车139辆，完成旅客运输43.20万人次，同比增长0.03%。

交通运输安全。一是全年共发出渡口与渡船安全检查通知书126份，其中，违章通知书13份，隐患整改通知书3份，全部整改到位。二是加强渡口安全宣传与培训，7月份在辛弃疾广场开展"全市应急知识进基层"宣传活动，8月份举办有渡口的乡(镇)分管领导、村主任、渡管站工作人员水上交通运输安全知识培训班。实现水上运输交通安全零事故、零死亡的工作目标。三是全年查纠违章经营52例，查处黑车16辆。路政执法共拆除违章建筑143平方米，整治超限运输车辆11辆，卸载货物253.47吨，清理公路两侧堆积物279立方米，拆除非公路标志牌48块，下发违章通知书64份，共收取公路赔(补)偿费3.05万元，收取罚没款2.95万元，路政案件查处率98%以上，结案率98%以上，行政许可和行政处罚正确率100%。

精神文明建设。一是做好防汛抢险和灾后重建工作，在信江河水位超警戒水位0.45米的情况下，实行领导带班24小时值班，预备防汛抢险运输车20余辆，抢险船舶3艘，救生衣40余套。及时划拨5万余元，加固公路除险和设置安全警示牌和警戒线。全年争取上级维修补助资金215万元。二是全局交通运输战备工作荣获"全省交通战备工作先进单位"。三是党风廉政建设重点抓好落实，努力打造交通运输"阳光工程"。推行"五公开"制，开展交通运输工程建设领域专项治理。四是开展"创业服务年"和"创先争优"活动，优化环境、服务创业，促进发展。五是加大与挂点太源少数民族乡村组开展"手拉手、心连心"结对帮扶工作，捐款9885元，购置棉被21床送到五保户、困难老党员、老干部、贫困学生的手中。六是发动干部、职工向患病乡(镇)干部雷晓明同志捐款1170元，向玉树地震灾区捐款2860元。七是局工会创办干部、职工图书阅览室，藏书1000余册。全年刊登调研文章10余篇，各类报纸杂志、新闻网络媒体等用稿量100余篇，报送各类信息130多条。

(铅山县交通运输局)

三清山风景名胜区

2010年，三清山风景名胜区交通局认真贯彻落实科学发展观，切实履行职责，较好地完成全年各项目标任务，为景区经济社会发展作出积极贡献。

1. 交通运输工程建设。重点工程：上德高速公路三清山挂线已争取省旅游公路项目建设资金500万元。通过现场实地踩线与邀请有关专家反复论证，确定路线路走向，并与设计单位勘察设计进行协商。枫林综合服务区路网项目已与北京国通公路设计研究院签订设计合同，完成18.60千米路网的路基、排水、管线、桥梁、绿化、亮化等初步设计。农村公路：三清乡方塘塘底至马岭底、枫林至八际公路建成完工；玉灵观公路挡墙工程完工并组织验收；岭头山画眉山村小组至村部公路已列入省农村公路2010年中央预算内投资项目；苏怀至三亩农村公路改造项目调整计划获省市批准。争取10个农村候车亭建设项目。景区农村公路通车里程达90.10千米，"村村通"率达100%。

农村公路养护。落实省、市农村公路养护管理规定，制定农村公路养护方案，落实养护人员养护责任，确保养护工作层层落实到位。

交通运输管理。切实履行职能，加快运管所筹建工作，已配备运管所所长与公路运输协管员。对景区公路运输状况进行调研，组织人员参加公路运输执法培训。加强与省、市运管部门沟通联系，争取省交通运输厅、省财政厅将运管所的工作经费纳入全省燃油税转移支付范围。

交通运输安全。加强公路监测，加强交通运输事故隐患排查。在旅游高峰期，依据游客流量，制定工作方案，增加客运班次，延长营运时间，安排9辆客车用来周转与换乘游客。

编制完成《三清山名胜风景区"十二五"交通运输规划》。"十二五"期间，景区公路通车里程规划 286.32 千米,100% 行政村通水泥(油)路。计划投资 7600 万元,新建客运站与停车场 3 座;计划投资 221 万元,对景区 9 条主要农村公路实施安全保障工程;计划投资 200 万元,对景区 12 座危桥进行重建或改造。

(三清山名胜风景区交通局)

上饶经济开发区

2010 年,上饶经济开发区全面完成境内行政村通水泥路和农村渡改桥建设任务,全区交通运输持续稳步发展。

1. 农村公路建设。开发区代管的兴园街道办和董团乡共 15 个行政村,136 个自然村。至 2 月,实现 100% 行政村通水泥(油)路和 45% 自然村通水泥(油)路。全年新增自然村路面硬化 15 千米,硬化率提高 10%。完成《上饶经济开发区"十二五"交通运输发展规划》编制,已上报省、市交通运输等有关部门。因受上武高速公路建设和 6 至 7 月洪水灾害影响,龙大通乡公路路面损坏严重,开发区安排 40 万元,对龙大路夜珠垄至太平段 8 千米路面进行维修。

2. 渡改桥项目建设。全区撤渡改桥项目有马鞍山大桥和红石大桥 2 座,均为跨信江河大桥。至年末,马鞍山大桥完成 26 根钻孔灌注桩、15 根墩柱、5 片系梁、1 座桥台承台、5 片盖梁。红石大桥完成了下部构造、30 米箱梁 18 片,北岸引道路基已形成。

(上饶经济开发区)

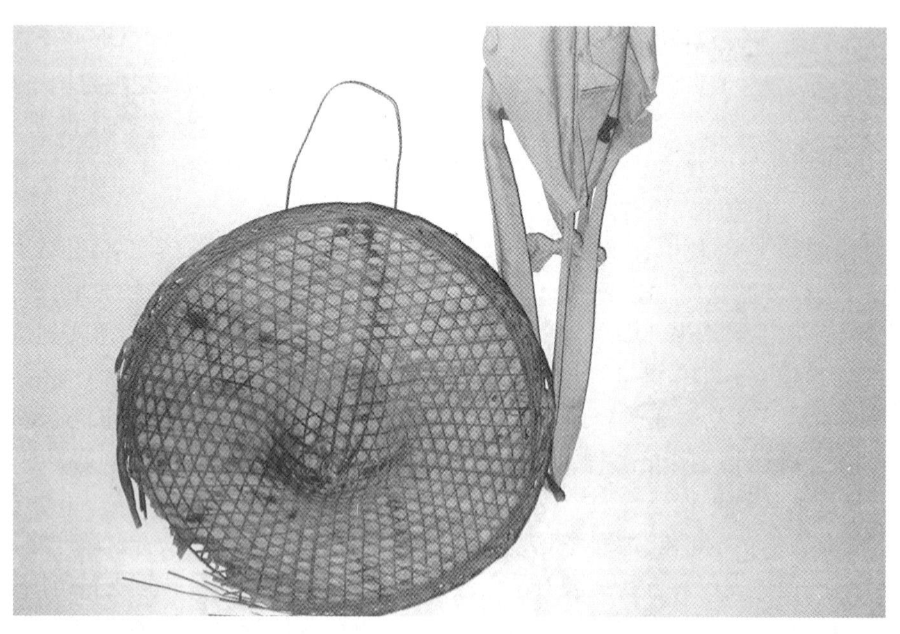

中央苏区交通局工作人员用具

2010 年全省交通主要统计指标

表 12

指标名称	计算单位	2010 年	2009 年	2010 年为 2009 年% 或增减
一、公路、水路与国民经济的关系				
1. 生产总值与公路、水路货运量				
生产总值(按当年价格计算)	亿元	9435	7589	124.32
全社会公路货运量	万吨	88445	75200	117.61
全社会水路货运量	万吨	6512.6	5287	123.18
每万元国内生产总值的全社会公路货运量	吨	9.37	9.91	-0.54
每万元国内生产总值的全社会水路货运量	吨	0.69	0.70	-0.01
2. 全省人口与公路、水路客运量				
全省人口数	万人	4458	4432	100.59
全社会公路客运量	万人	70628	64770	109.04
全社会水路客运量	万人	231.1	256.1	90.24
全省平均每人乘汽车数	次	15.84	14.61	1.23
全省平均每人乘轮船数	次	0.05	0.06	-0.01
二、全省公路里程	千米	140597	137011	102.62
1. 按技术等级分				

续表 12

指标名称	计算单位	2010 年	2009 年	2010 年为 2009 年% 或增减
(1)等级公路	千米	101455	92238	109.99
高速公路	千米	3051	2401	127.07
一级公路	千米	1386	1278	108.45
二级公路	千米	9340	9192	101.61
三级公路	千米	6670	6433	103.68
四级公路	千米	81008	72934	111.07
(2)等外公路	千米	39142	44775	87.42
等级公路占总里程比重	%	72.16	67.32	4.84
其中二级以上公路	%	9.80	9.39	0.40
等外公路占总里程比重	%	27.84	32.68	-4.84
2. 按路面类型分				
有铺装路面里程	千米	82345	72711	113.25
其中沥青混凝土	千米	7975	6988	114.12
其中水泥混凝土	千米	74370	65723	113.16
简易铺装路面里程	千米	8170	8531	95.77
未铺装路面里程	千米	50082	55769	89.80
铺装路面里程(含简易)占总里程比重	%	64.38	59.30	5.08
3、按行政等级分				
国道公路	千米	5740	5201	110.36
省道公路	千米	8394	8301	101.12
县道公路	千米	20554	20594	99.81
乡道公路	千米	29010	29017	99.98
专用公路	千米	611	600	101.83
村道公路	千米	76288	73299	104.08
4. 公路晴雨通车里程	千米	131111	126153	103.93
5. 公路养护里程	千米	133099	125044	106.44
6. 公路绿化里程	千米	38135	30764	123.96
三、全省公路桥梁、隧道				
1. 全省公路桥梁总计	座	23395	22117	105.78
	延米	1032237	847111	121.85
其中:特大桥	座	37	31	119.35
	延米	65836	58477	112.58
其中:大桥	座	1975	1404	140.67
	延米	440109	291966	150.74
2. 全省隧道	处	162	131	123.66
	米	133664	99958	133.72
四、公路密度及通达情况				
公路密度　以国土面积算	千米/百平方千米	84.24	82.09	2.15

续表 12

指标名称	计算单位	2010 年	2009 年	2010 年为 2009 年% 或增减
以人口数量算	千米/万人	31.72	31.14	0.58
全省通公路的乡镇比重	%	100.00	100.00	
全省通公路的行政村比重	%	100.00	99.99	0.00
五、全省内河航道通航里程	千米	5716	5716	100.00
1. 等级航道	千米	2427	2427	100.00
一级航道	千米	156	156	100.00
二级航道	千米	—	—	—
三级航道	千米	250	250	—
四级航道	千米	—	—	—
五级航道	千米	271	271	100.00
六级航道	千米	589.7	589.7	100.04
七级航道	千米	1160	1160	100.00
2. 等外航道	千米	3289	3289	100.00
等级航道所占比重	%	42.46	42.46	
六、港口				
港口个数	个	59	59	100.00
泊位个数	个	1776	1788	99.33
码头长度	米	66755	67191	99.35
七、汽车站场				
汽车客运站(等级站)	个	1066	586	181.91
客运班线	条	6420	6335	101.34
八、民用汽车拥有量	辆	1476011	1180840	125.00
其中客车	辆	956480	722377	132.41
货车	辆	401679	334191	120.19
九、营业性运输汽车拥有量	辆	253905	208139	121.99
其中客车	辆	17711	18079	97.96
货车	辆	236194	190060	124.27
十、民用运输船舶拥有量				
艘数	艘	4221	4087	103.28
净载重量	亿吨位	1980342	1667720	118.75
载客量	客位	11811	13650	86.53
标准箱位	TEU	2022	2386	84.74
主机功率	千瓦	650120	545415	119.20
十一、运输量				
1. 全社会货运量	万吨	100339	85718	117.06
(1)铁路	万吨	5379	5229	102.87
(2)公路	万吨	88445	75200	117.61
(3)水路	万吨	6513	5287	123.19

续表 12

指标名称	计算单位	2010 年	2009 年	2010 年为 2009 年% 或增减
(4)民航	万吨	2.1	1.90	110.53
公路运输在各种运输方式中所占比重	%	88.15	87.73	0.42
水路运输在各种运输方式中所占比重	%	6.49	6.17	0.32
2. 全社会货物周转量	亿吨千米	2738.70	2350.91	116.50
(1)铁路	亿吨千米	705.90	675.67	104.47
(2)公路	亿吨千米	1850.2	1536.46	120.42
(3)水路	亿吨千米	182.41	138.59	131.62
(4)民航	亿吨千米	0.19	0.19	
公路运输在各种运输方式中所占比重	%	67.56	65.36	2.20
水路运输在各种运输方式中所占比重	%	6.66	5.90	0.77
3. 全社会客运量	万人	76633	70674	108.43
(1)铁路	万人	5588	5470	102.16
(2)公路	万人	70628	64770	109.04
(3)水路	万人	231	256	90.23
(4)民航	万人	186	178	104.49
公路运输在各种运输方式中所占比重	%	92.16	91.65	0.52
水路运输在各种运输方式中所占比重	%	0.30	0.36	-0.06
4. 全社会旅客周转量	亿人千米	912.76	807.23	113.07
(1)铁路	亿人千米	564.80	510.52	110.63
(2)公路	亿人千米	330.48	279.22	118.36
(3)水路	亿人千米	0.32	0.39	82.05
(4)民航	亿人千米	17.17	17.10	100.41
公路运输在各种运输方式中所占比重	%	36.21	34.59	1.62
水路运输在各种运输方式中所占比重	%	0.04	0.05	-0.01
十二、城市(县城)客运				
1. 城市(县城)公共汽车运营车数	辆	8014	8313	96.40
	标台	8599	8829	97.39
2. 城市(县城)出租车运营车数	辆	14642	14690	99.67
3. 城市(县城)公共交通客运量	万人次	193315	178114	108.53
十三、内河港口吞吐量				
1. 货物吞吐营	万吨	21130.6	15009.4	140.78
其中外贸	万吨	140.2	95.2	147.27
2. 旅客吞吐量	万人	449.1	401.6	111.83
其中离港	万人	225.7	182.9	123.40
十四、固定资产投资	亿元	307.04	235.52	130.36
十五、船舶海损事故				
事故次数	件	8	7	114.29
死亡人数	人	9	9	
沉没船舶	艘	5	3	166.67

说明:国内生产总值增长速度按可比价格计算。

2010 年全省公路里程(按技术等级分)

表 13 单位:千米

地区	总计	等级公里						等外公路
		合计	高速公路	一级	二级	三级	四级	
全省合计	140597	101455	3051	1386	9340	6670	81008	39142
南昌市	9748	7843	41	106	579	474	6642	1905
景德镇市	4118	3260	—	43	372	359	2486	858
萍乡市	6069	4351	—	51	344	173	3782	1719
九江市	17678	11289	48	178	701	885	9477	6389
新余市	4007	2976	—	43	307	273	2353	1032
鹰潭市	3633	2498	—	19	142	366	1970	1136
赣州市	25709	17987	227	249	1815	718	14977	7722
吉安市	20041	17432	—	157	1555	770	14950	2610
宜春市	16428	11440	—	240	1467	828	8904	4988
抚州市	12657	9067	—	162	550	850	7505	3590
上饶市	17774	10579	—	138	1507	973	7961	7195
省高速集团公司	2734	2734	2734	—	—	—	—	—

注:因小数点取舍,故分项之和与总数略有差异。

2010 年全省公路里程(按路面类型分)

表 14 单位:千米

地区	总计	路面类型			晴雨通车	绿化里程	养护里程
		有铺装路面(高级)	简易铺装路面(次高级)	未铺装路面(中级、低级、无路面)			
全省合计	140597	82345	8170	50082	131111	38135	133099
南昌市	9748	7657	51	2040	9493	1396	9463
景德镇市	4118	2425	930	764	4031	639	4034
萍乡市	6069	4403	295	1372	6056	1397	6065
九江市	17678	8041	1620	8017	16470	1987	16545
新余市	4007	2786	216	1006	3879	818	3922
鹰潭市	3633	2161	4	1468	3627	660	3632
赣州市	25709	15337	691	9681	22811	7679	23529
吉安市	20041	11571	1574	6896	18548	4354	18986
宜春市	16428	8920	1374	6133	15632	8932	15748
抚州市	12657	6991	607	5059	12285	2810	12384
上饶市	17774	9320	808	7646	15543	4743	16056
省高速集团公司	2734	2734	—	—	2734	2723	2734

注:因小数点取舍,故分项之和与总数略有差异。

2010 年全省公路里程(按行政等级分)

表 15　　　　单位:千米

地区	总计	国道公路	国家高速公路	省道公路	县道公路	乡道公路	专用公路	村道公路
全省合计	140597	5740	2630	8394	20554	29010	611	76288
南昌市	9748	301	41	109	1225	1117	73	6922
景德镇市	4118	132	—	259	821	1029	5	1872
萍乡市	6069	203	—	406	599	1007	16	3839
九江市	17678	294	48	855	2098	3606	15	10811
新余市	4007		—	207	544	1343	11	1903
鹰潭市	3633	110	—	35	490	891	11	2096
赣州市	25709	1058	127	1581	4424	4400	219	14029
吉安市	20041	425	—	1232	2997	4381	71	10935
宜春市	16428	256	—	1080	2304	4491	25	8272
抚州市	12657	359	—	1032	2173	3451	55	5587
上饶市	17774	189	—	1287	2879	3295	103	10022
省高速集团公司	2734	2414	2414	312	—	—	8	—

注:因小数点取舍,故分项之和与总数略有差异。

2010 年全省公路桥梁(按使用年限分)

表 16

地区	总 计		永久性		半永久性		临时性		总计中:危桥	
	数量(座)	长度(米)	数量(座)	长度(米)	数量(座)	长度(米)	数量(座)	长度(米)	数量(座)	长度(米)
全省合计	23395	1032237	21374	988882	1798	37733	223	5622	4694	145745
南昌市	663	32305	644	31936	18	359	1	10	168	7032
景德镇市	615	26664	600	26186	15	478	—	—	46	3215
萍乡市	753	25165	753	25165	—	—	—	—	162	6510
九江市	2468	74325	2085	67976	331	4861	52	1488	826	17047
新余市	559	13158	481	12074	77	1072	1	12	177	4251
鹰潭市	752	27516	644	25474	101	1903	7	139	198	4681
赣州市	5215	184695	4895	177220	256	5869	63	1606	724	26968
吉安市	3602	106541	3077	94700	456	10297	69	1544	601	15729
宜春市	2205	85567	2033	80612	162	4574	10	381	416	17796
抚州市	1773	61822	1602	57795	164	3899	7	129	606	18152
上饶市	2751	96162	2520	91427	218	4421	13	313	770	24367
省高速集团公司	2039	298318	2039	298318	—	—	—	—	—	—

注:因小数点取舍,故分项之和与总数略有差异。

2010 年全省公路运输工具拥有量

表 17

地区	一、汽车总计（辆）	1. 载客汽车		2. 载货汽车		（1）普通载货汽车		（2）专用载货汽车		二、其他机动车		三、轮胎式拖拉机	
		辆	客位	辆	吨位	辆	吨位	辆	吨位	辆	吨位	辆	吨位
全省合计	253905	17711	422041	236194	1136117	226097	1031768	10097	104349	74652	78295	2060	1932
南昌市	42489	2073	53874	40416	144206	39313	134989	1103	9217	3354	3149	382	397
景德镇市	8290	545	13229	7745	27038	7621	24913	124	2125	421	215	219	197
萍乡市	14523	1075	24077	13448	40086	12771	33099	677	6987	9456	8759	—	—
九江市	29204	2877	65500	26327	122909	25547	113992	780	8917	5311	5985	—	—
新余市	14505	303	7152	14202	83627	13919	80655	283	2972	3444	2286	—	—
鹰潭市	4655	470	10591	4185	32252	4003	28552	182	3700	1856	1853	—	—
赣州市	32974	2960	76341	30014	97257	28834	82593	1180	14664	16254	15948	140	114
吉安市	20959	1801	46634	19158	113663	16838	86478	2320	27185	14195	15638	396	491
宜春市	37237	1368	35363	35869	192722	33714	177120	2155	15602	2056	2878	—	—
抚州市	19826	1511	28724	18315	105991	17501	97120	814	8871	7016	9158	524	269
上饶市	29243	2728	60556	26515	176366	26036	172257	479	4109	11289	12426	399	464

2010 年全省水路运输工具拥有量

表 18

指标	轮驳船总计					一、机动船				
	艘数（艘）	净载重（吨位）	载客量（客位）	集装箱位（TEU）	功率（千瓦）	艘数（艘）	净载重（吨位）	载客量（客位）	集装箱位（TEU）	功率（千瓦）
全省合计	4221	1980342	11811	2022	650120	4184	1962782	11811	1926	650120
1. 按航区分										
远洋	4	22400	—	—	9542	4	22400	—	—	9542
沿海	47	156989	—	—	58420	47	156989	—		58420
内河	4170	1800953	11811	2022	582158	4133	1783393	11811	1926	582158
2. 按单位分										
南昌市	268	290112	296	1788	86634	258	286812	296	1692	86634
景德镇市	170	14500	—	—	5290	170	14500	—	—	5290
九江市	622	403498	5056	108	141386	602	391078	5056	108	141386
新余市	61	1570	1899	—	3583	61	1570	1899	—	3583
鹰潭市	239	8338	—	—	3962	239	8338	—	—	3962
赣州市	421	62055	2447		27035	421	62055	2447	—	27035
吉安市	532	181001	504	—	58299	532	181001	504	—	58299
宜春市	1174	734641	44	—	217207	1174	734641	44	—	217207
抚州市	151	130578	—	—	45015	151	130578	—	—	45015
上饶市	579	131649	1565	126	52167	572	129809	1565	126	52167
远洋公司	4	22400	—	—	9542	4	22400	—	—	9542

2010 年全省水路运输工具拥有量(续一)

表 19

指标	1. 客　轮			2. 货　轮				3. 拖　船		二、驳　船		
	艘数(艘)	载客量(客位)	功率(千瓦)	艘数(艘)	净载重量(吨位)	集装箱位(TEU)	功率(千瓦)	艘数(艘)	功率(千瓦)	艘数(艘)	净载重量(吨位)	标准箱位(TEU)
全省总计	357	11811	17470	3811	1940382	1926	620882	12	2226	37	17560	96
1. 按航区分												
远洋	—	—	—	4	22400	—	9542	—	—	—	—	
沿海	—	—	—	47	156989	—	58420	—	—	—	—	
内河	357	11811	17470	3764	1783393	1926	562462	12	2226	37	17560	96
2. 按地区分												
南昌市	3	296	997	246	286812	1692	84380	9	1257	10	3300	96
景德镇市	—	—	—	170	14500		5290	—	—	—	—	
九江市	132	5056	7702	469	391078	108	133096	1	588	20	12420	—
新余市	58	1899	3025	3	1570	—	558	—	—	—	—	
鹰潭市	—	—	—	239	8338	—	3962	—	—	—	—	
赣州市	89	2447	2505	332	62055	—	24530	—	—	—	—	
古安市	14	504	727	518	181001	—	57572	—	—	—	—	
宜春市	6	44	202	1168	734641	—	217005	—	—	—	—	
抚州市	—	—	—	151	130578	—	45015	—	—	—	—	
上饶市	55	1565	2312	515	129809	126	49474	2	381	7	1840	—
远洋公司	—	—	—	4	22400		9542	—	—	—	—	

2010 年全省公路旅客运输量

表 20

地区	客运量(万人)			旅客周转量(万人千米)		
	总计	汽车	其他机动车	合计	汽车	其他机动车
全省合计	70628	70628	—	3304835	3304835	—
南昌市	8519	8519	—	716809	716809	—
景德镇市	1702	1702	—	80791	80791	—
萍乡市	5783	5783	—	151069	151069	—
九江市	9879	9879	—	391965	391965	—
新余市	1707	1707	—	63419	63419	—
鹰潭市	5638	5638	—	109232	109232	—
赣州市	8940	8940	—	644858	644858	—
吉安市	3487	3487	—	182197	182197	—
宜春市	5954	5954	—	308016	308016	—
抚州市	4035	4035	—	256807	256807	—
上饶市	14984	14984	—	399672	399672	—

2010 年全省公路货物运输量

表 21

地区	货　运　量(万吨)				货　物　周　转　量(万吨千米)			
	总计	汽车	其他机动车	轮胎式拖拉机	合计	汽车	其他机动车	轮胎式拖拉机
全省合计	88445	66948	20905	592	18501965	17875426	617683	8796
南昌市	7244	6247	794	203	1751164	1730489	18085	2590
景德镇市	1495	1423	36	36	191299	190699	344	256
萍乡市	7258	5067	2191	—	755690	721756	33934	—
九江市	7678	7400	278	—	1602735	1595632	7103	—
新余市	8219	7370	849	—	1441628	1411243	30385	—
鹰潭市	4187	2385	1802	—	785658	755865	29793	—
赣州市	14003	7537	6448	18	1660418	1447315	212975	128
吉安市	6645	3920	2566	159	2411739	2269882	139977	1880
宜春市	8777	8377	400	—	2501614	2492459	9155	—
抚州市	8830	6016	2722	92	2986087	2915237	69327	1523
上饶市	14109	11206	2819	84	2413933	2344849	66605	2419

2010 年全省水路客货运输量

表 22

地区	客运量(万人)	旅客周转量(万人公里)	货运量(万吨)	货物周转量(万吨公里)
全省合计	231.1	3156	6512.6	1824105
南昌市	—	—	668.0	103353
景德镇市	—	—	243.3	879
九江市	40.8	777	1054.1	842488
新余市	33.4	667	12.9	3043
鹰潭市	—		109.9	680
赣州市	101.4	680	882.0	96690
吉安市	16.6	276	953.3	122403
宜春市	—		1978.7	295138
抚州市	—		118.8	137910
上饶市	38.9	756	471.6	147558
远洋公司	—	—	19.99	73963

2010 年全社会各种运输方式客、货运输量

表 23

运输方式	运　量		周转量	
	绝对数(万吨、人)	构成(%)	绝对数(亿吨、人千米)	构成(%)
一、客运合计	76633	100.00	912.76	100.00
1. 铁路	5588	7.29	564.80	61.88
2. 公路	70628	92.16	330.48	36.21

续表 23

运输方式	运　量		周转量	
	绝对数(万吨、人)	构成(%)	绝对数(亿吨、人千米)	构成(%)
3. 水路	231	0.30	0.32	0.03
4. 民航	186	0.24	17.17	1.88
二、货运合计	100339	100.00	2738.70	100.00
1. 铁路	5379	5.36	705.90	25.78
2. 公路	88445	88.15	1850.20	67.56
3. 水路	6513	6.49	182.41	6.66
4. 民航	2.1		0.19	0.01

2010 年港口吞吐量(按港口分)

表 24

港口	货物吞吐量							旅客吞吐量		利用自然岸坡完成船舶货物装卸量(万吨)
	总计(万吨)		其中		集装箱			总计(万人)	出港	
		外贸	出港	外贸	箱数(万 TEU)	重量(万吨)	重量			
全省合计	21130.62	140.15	14786.36	92.63	17.17	212.85	178.51	449.08	225.72	780.13
九江港	3291.06	111.43	1930.68	72.39	12.06	149.66	125.55	88.42	43.75	—
都昌港	316.63	—	296.85	—	—	—	—	0.45	0.21	—
星子港	220.83	—	219.97	—	—	—	—	—	—	—
庐山区港	5206.78	—	5082.06	—	—	—	—	—	—	—
湖口港	509.42	—	506.29	—	—	—	—	21.99	11.16	—
修水港	—	—	—	—	—	—	—	2.43	1.22	—
武宁港	65.67	—	65.67	—	—	—	—	9.47	5.36	8.59
永修港	3981.83	—	3981.62	—	—	—	—	15.76	7.88	—
赣州港	173.03	—	3.25	—	—	—	—	3.60	1.86	—
崇义港	19.00	—	—	—	—	—	—	7.80	3.90	—
上犹港	30.00	—	—	—	—	—	—	29.60	14.80	—
寻乌港	10.20	—	—	—	—	—	—	—	—	—
龙南港	35.00	—	—	—	—	—	—	0.15	0.07	—
信丰港	62.40	—	—	—	—	—	—	—	—	—
南康港	90.00	—	—	—	—	—	—	—	—	—
石城港	55.00	—	—	—	—	—	—	—	—	—
瑞金港	47.80	—	—	—	—	—	—	1.00	0.50	—
会昌港	45.00	—	—	—	—	—	—	8.76	4.38	—
宁都港	85.00	—	—	—	—	—	—	—	—	—
于都港	92.00	—	—	—	—	—	—	—	—	—
兴国港	28.00	—	—	—	—	—	—	—	—	—
赣县港	68.00	—	—	—	—	—	—	50.47	25.23	—

续表 24

港口	货物吞吐量							旅客吞吐量		利用自然岸坡完成船舶货物装卸量(万吨)
	总计(万吨)		其中		集装箱			总计(万人)		
		外贸	出港	外贸	箱数(万 TEU)	重量(万吨)	重量		出港	
万安港	95.07	—	0.07	—	—	—	—	8.00	4.20	—
泰和港	225.27	—	0.27	—	—	—	—	—	—	—
吉安港	171.58	—	2.57	—	—	—	—	5.70	5.70	—
吉水港	98.49	—	2.32	—	—	—	—	—	—	—
峡江港	80.62	—	0.10	—	—	—	—	2.20	1.20	—
新干港	155.10	—	0.10	—	—	—	—	0.70	0.30	—
吉安县港	64.19	—	0.69	—	—	—	—	—	—	—
永丰港	60.00	—	—	—	—	—	—	—	—	—
新余港	61.20	—	—	—	—	—	—	66.80	33.40	—
分宜港	19.60	—	—	—	—	—	—	—	—	—
樟树港	128.31		5.27	—	—	—	—	—	—	—
丰城港	1690.48	—	1354.49	—		—	—	—	—	—
高安港	84.50	—	—	—	—	—	—	0.50	0.20	—
上高港	23.93	—	—	—	—	—	—	—	—	—
袁州港	7.50	—	—	—	—	—	—	—	—	—
万载港	25.60	—	—	—	—	—	—	—	—	—
宜丰港	12.00	—	—	—	—	—	—	—	—	—
奉新港	41.00	—	—	—	—	—	—	—	—	—
南昌县港	289.65	—	289.65	—	—	—	—	—	—	36.35
南昌港	1172.40	28.72	474.98	20.24	5.11	63.19	52.96	—	—	277.08
新建县港	—	—	—	—	—	—	—	—	—	235.80
进贤县港	112.00	—	—	—		—	—	—	—	27.00
景德镇港	179.66	—	—	—	—	—	—	—	—	—
乐平港	63.84	—	63.84	—	—	—	—	—	—	—
玉山港	3.24	—	—	—	—	—	—	3.78	1.89	2.70
上饶县港	26.11	—	—	—	—	—	—	—	—	16.40
铅山港	46.85	—	—	—	—	—	—	—	—	16.60
横峰港	4.00	—	—	—	—	—	—	—	—	1.60
弋阳港	72.48	—	—	—	—	—	—	12.84	6.42	29.10
余干港	412.33	—	337.53	—	—	—	—	—	—	40.40
万年港	124.46	—	19.66	—	—	—	—	1.70	0.76	20.90
鄱阳港	316.71	—	148.43	—		—	—	20.58	8.14	67.60
鹰潭港	340.80	—	—	—	—	—	—	86.38	43.19	—
临川港	318.00	—	—	—	—	—	—	—	—	—
南城港	100.00	—	—	—	—	—	—	—	—	—
金溪港	71.00	—	—	—	—	—	—	—	—	

人物简介

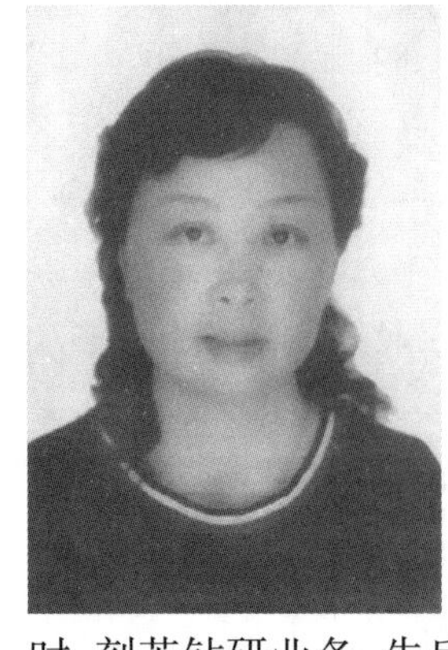

龙 文 女,1967年12月出生,江西省永新县人,大学文化,硕士学位,吉安市路桥工程局副局长,全国五一巾帼标兵。

1988年7月,她自南昌水利水电专科学校毕业后,参加吉安市公路建设事业。在积极工作的同时,刻苦钻研业务,先后考入长安大学、江西财经大学深造,取得本科学历与工商管理硕士学位。2006年,龙文成为吉安市评标专家,2007年成为高级工程师和交通部公路工程试验检测专家。她注重理论指导实践,推进各项工作向前发展,尤其是2002年5月,担任投标公司经理后,以改革为突破口,创新工作机制、体制,推出了"分工明确,责任到人"的责任制和"日事日清,日清日结"的时效制,以及"奖罚分明,效益与成果挂钩"的奖惩制等一系列规章制度和工作措施,以调动员工的积极性和创造性。她研究总结的"一摸,二调,三网络"(实行投标项目前期跟踪,摸清投标项目情况;围绕投标项目广泛调研,进行详尽现场分析;通过网络信息平台获取信息,进行综合分析处理)投标法,实践证明:能确保所取得的投标项目资料全面、精确,报价科学合理,标书质量达标,有效提高中标率。龙文主持的投标公司年均参加

100多个工程项目招投标，编制标书200余份，近3年参加了400多个工程项目招投标，制作标书近600份。2009年5月，龙文和她的同事在一个星期里，每天从早上一直忙到翌日凌晨，夜以继日、废寝忘食，7天完成了6份投标标书制作的艰巨任务。该公司的标书质量始终位居前茅，所实现的中标额翻了几番。2008年已由2002年2亿元的中标额迅速增至6.8亿元，2009年再次翻番，飙升至15.8亿元，2010年攀升至20.6亿元。中标领域也由以往仅限于本省迅速向全国拓展，中标工程项目遍布全国10多个省（市、区）。在全省18家同类国家一级单位中，其中标额始终位居前三名。2005年5月，该公司在取得上饶至武夷山、永修至武宁高速公路工程建设部分投标中标后，接着，又在德兴至上饶高速公路项目土建工程投标中，一举中得目前全省此类工程项目额度最大的A5标段，中标额达4.17亿元。同行对其刮目相看，雅称“标王”。2002年12月，龙文担任高安县高塘大桥项目经理期间，在水下溶洞多，基坑积水，坍塌严重等重重困难下，从实际出发变更设计确保正常施工，采取一系列措施，消除工程隐患，实施科学管理，确保高质高效，将大桥建设工程建成为优良工程。

龙文曾多次被其所在单位和省市公路管理局评为先进个人，优秀项目经理；2009年被省总工会评为江西省女职工建功立业标兵；2010年3月，被全国总工会授予“全国五一巾帼标兵”称号。

（吉安市路桥工程局）

李　红　女，1971年12月出生，江西省永新县人，1987年4月参加工作，大专文化，中共党员，江西长运股份有限公司南昌长途汽车站“李红服务组”组长，江西省劳动模范。

她工作在服务员岗位，热忱服务旅客，不断扩展服务内容，创新服务方式，增设服务项目。先后推出“助残服务”，“爱心基金会”，增设候车室婴儿床、櫈椅、日用品和手机充电插座等便民设施。车站根据她的建议印制该站业务名片，已发放7万余张，既宣传了站里的服务项目，又方便了旅客知情。她通过刻苦自学业务，不断了解和牢记南昌市情市貌及大小街名地名、企业单位、机关所在地等，为旅客做好咨询服务，做到有求必应、有问必答、百问不厌，被广大旅客和同行称为“问不倒”，“好向导、好参谋、好朋友”。她以心换心，以一颗火热的心温暖着无数旅客的心。先后为旅客分忧解难累计达500余次，开展代理服务100多次，做好事300余次，拾金不昧300余起，共3.44万元。她收到旅客表扬信函多达120余件。她主持的以其名字命名的“李红服务组”，成为全省交通运输系统的一面旗帜，先后荣获江西省交通运输系统巾帼文明岗和“全国三八红旗集体”称号。

李红曾4次被江西长运公司评为劳动模范；被有关部门评为省、市女职工建功业标兵和南昌市交通运输系统先进工作者、南昌市劳动模范；荣膺江西省五一巾帼奖和江西省及南昌市五一劳动奖章；2009年12月9日，被国家人力资源和社会保障部、交通运输部评为全国交通运输系统劳动模范；2010年12月25日，被省人民政府授予“江西省劳动模范”称号。她的先进事迹，《江西交通年鉴》2008年版与2010年版均已作介绍。

（南昌长途汽车站）

钟渊南　男，1959年4月出生，江西省安福县人，大学文化，中共党员，安福县交通运输局局长，江西省先进工作者。

他于1976年9月参加工作，先后任安福县教师、县计生委党组书记、主任与寮塘乡等5个乡乡长、党委书记等职。他团结班子一班人，率领广大干部群众拼搏进取，先后荣获“2005年度全省计划生育优质服务县”、“2005年度全国信息化管理先进县”等荣誉称号。2006年，他被调任安福县交通局局长后，坚持以为人为本、科学发展，两个文明一起抓，两项成果一起拿，实现了全县交通运输事业跨越式蓬勃发展。经过他的努力，不仅争取到了省、市有关部门的资金支持,而且争取到农村水泥公路建设项目391个,通乡公路改造项目3个,农村渡改桥建设项目9个,农村客运候车站(亭)项目101个。这些年来,他充分发挥班子的团队力量,依靠干部群众的集体力量,累计建成农村水泥公路391条,总里程1013.7千米,总投资2.624亿元。已改造县道63.25千米,完成农村客运站建设项目12个,建成农村客运站(亭)101个,完成了横龙洲等9座渡改桥建桥工程任务,累计总长1032.18延米,总投资1878万元。实现了全县19个乡(镇)100%通油(水泥)路,全县100%的行政村实现了通水泥路。公路管养取得显著成效,全县好路率高达85%以上。2006年,该县交通局被吉安市人民政府评为吉安市农村公路养护先进集体,2007年又被授予"吉安市交通公路建设先进集体"称号,2008年荣获吉安市交通系统重点工作考核一等奖,2009年荣获全市交通系统重点工作考核三等奖和全市渡口改桥建设一等奖,2010年被评为全市交通基础设施建设二等奖,并被安福县人民政府授予"全县重点项目推进先进单位"称号,多次受到各级组织的表彰。

钟渊南为官一任、造福一方;一心为民、廉洁奉公。他在推进交通运输体制改革、整顿运输市场秩序、抗击洪灾、低温、暴雪和冻雨等自然灾害的抢险救灾,以及各个时期的工程建设、公路建设与管养过程中,处处严于律己、身先士卒,全局风气正、人气高,受到吉安市委、市政府的表彰。2007年与2009年,他荣获"安福县优秀科级干部"称号;2010年7月,被吉安市人民政府评为全市抗洪抢险先进个人;2010年12月25日,被省人民政府评为江西省先进工作者。

(彭蔚昌)

胡学发 男,1964年7月出生,江西省抚州市临川区人,大专文化,中共党员,抚州长运有限公司办公室副主任,江西省劳动模范。

1987年7月,他自江西交通学校毕业后,在抚州市汽车运输总公司汽车站参加工作。每天早上班、晚下班,急、难、重任务争着上,苦、累、脏活抢着干,深受领导和职工好评。2005年11月,他被调任抚州市汽运总公司办公室副主任后,常常"5+2"、"白加黑"的忘我工作,几乎没有休息日。2005~2007年公司改制的3年里,经常加班加点,挑灯夜战起草文件,审核基层单位报告、整理会议记录。经他起草的各类报告、讲话文稿达百万余字。2008年1月,刚完成改制任务的抚州长运公司百废待兴。胡学发主动请缨,承担制度建设任务,先后为公司制定、修改、完善和出台各项制度性文件,草拟了38项文件文稿。2009年,又在不到1个月的时间里,完成了质量与安全管理体系的24个程序文件和28个管理规定文件文稿的起草和修订工作,为公司质量与职业健康安全管理体系通过主管部门审核、认证作出了贡献。近3年,他还编著了《企业文化宣贯手册和指南》、《企业文化案例分析》、《新闻报道要点》、《摄影基础技术》等教材,对员工进行培训后,企业文化认知率达90%以上,受培员工覆盖率达100%。此外,他还组织职工电脑知识培训,开展了"学电脑、用电脑"、企业文化知识竞赛、"安康杯"安全生产和节能减排知识竞赛、文化体育竞赛等一系列竞赛活动,不断丰富了企业文化的内涵。他主管的内刊《抚州长运》成了广大干部职工喜闻乐见的读物。他编制的公司公文校稿审查表、签名流程图等,简便实用,行文更加规范,受到领导和同行的赞许。

胡学发曾被抚州长运公司评为管理能手,2次评为劳动模范。3次被抚州市交通运输管理局评为全市交通系统优秀共产党员。2009年6月,被抚州市经贸委评为优秀共产党员。2010年12月25日,被省人民政府授予"江西省劳动模范"称号。

(抚州长运公司)

熊建华 男,1968年10月出生,湖北省黄梅县人,大学文化,中共党员,九江市运输管理处副处长,江西省先进工作者。

他于1990年3月由部队退伍后,投身九江市公路运输管理工作。开始,在该市城区公路运输管理所从业,2010年10月26日起担任现职务。十多年来,他以高度的政治责任感和强烈的使命感从事工作。当普通员工,成了九江市公路运输

管理所兢兢业业做好工作的“排头兵”；走上副所长、所长、副处长领导岗位后，成为以身作则、率先垂范、严格执法、拒腐防变的“领头雁”。他以改革为动力，强化管理，先后推出和完善了行政执法责任制、主查责任制、终身责任制，错案追究制、首问责任制等长效工作机制、体制，采取竞争上岗、规范行政许可程序等措施，使各项工作取得明显成效，尤其是各项行政审批工作时间较以往缩短了30%。他注重防腐倡廉教育和职工素质培养，推出了查罚分离、罚缴分离、阳光执法等一系列规章制度，规范执法行为、坚持教育育人、制度管事，带头执行，以身示教，推进防腐倡廉向纵深发展。多年来，熊建华拒收业户钱物及吃请难以统计，并培养和造就了一支思想红、业务精的执法队伍，在公众中树立了良好的执法“窗口”形象，实现了行政执法零投诉。其主持的九江市运管所被评为九江市交通运输系统先进集体，多次受到交通运输部、中央文明委、共青团中央及省、市有关部门的表彰，并荣获“全国青年文明号”、“全省‘十佳’运管所”、“江西省第十二届文明单位”等荣誉称号。2010年，被交通运输部评为“2008年~2009年度全国交通运输行业文明示范窗口”。

熊建华曾连续7年被九江市交通局机关党委、2次被中共九江市直工委评为优秀共产党员；2次被九江市直工委评为市直机关勤廉兼优先进典型，2次被九江市委、市政府评为创建江西省文明城市先进个人；2001年被共青团九江市委评为全市优秀共青团干部；2003年被省道路运管局评为全省优秀运管员；2005年与2006年，被省交通厅评为全省交通系统先进工作者；2008年被该厅评为全省抗灾救灾先进个人；2010年12月25日，被省人民政府授予“江西省劳动模范”称号。

（叶　勇）

左碧冷　男，1957年2月出生，江西省永新县人，大专文化，中共党员，江西吉安长运有限公司总经理，江西省劳动模范。

他于1980年12月参加工作。在一线工作

时，样样干得出色；担任总经理后，注重改革创新。他始终坚持以人为本、科学发展，提升企业两个效益，特别是自2004年公司改制到2009年的6年间，率领员工顽强拼搏，公司累计完成营业收入4.41亿元，年均增长16.24%；累计实现纯利润3753.68万元，年均增长28.24%；实现权益报酬率年均达到16.01%。2009年，全公司创造出了“年收入过亿元，上缴利润超千万”的佳绩。与此同时，公司还通过投入2525万元资金先后并购、购买3家公司资产，扩大生产规模，提高其市场占有率。截至2010年6月，吉安长运公司资产总额，已由2004年改制时的4800万元迅速提高1.8亿元。此外，该公司投资1567.12万元，改造客运班线，使该公司营运班线由改制前的10条发展到现在的15条；投资1793.43万元，更新改造公车公营车辆；投资284.3万元增加和完善安全设施；投资3000余万元建成5个二级站和改造1个一级站。并开拓了旅游客运和行包快运业务，为公司跨越发展创造了条件、奠定了基础。公司安全生产、质量管理水平、企业文化建设明显提升。通过有关部门评审认证，已取得ISO9001-2000质量管理体系和GB/T8001-2001职业健康安全管理体系认证证书。多年来，公司从未发生一起大的安全事故。其主持的公司先后被省、市企联评为2009年度优秀企业。

左碧冷曾先后8次被吉安地区汽运总公司评为先进个人或劳动模范；1993年被吉安市人民政府评为“双拥”工作先进个人；1995年被省交通厅评为江西省交通系统先进生产（工作）者；1996年，被吉安地区汽运总公司评为廉洁奉公先进典型，并被吉安地区交通局评为吉安地区交通系统先进生产（工作）者；同年，被评为吉安市经济技术创新先进个人；2007年被省交通厅评为江西省交通系统劳动模范；2010年12月25日，被江西省人民政府授予“江西省劳动模范”称号。

（吉安长运公司）

车　红　女，1969年1月出生，江西省修

水县人,大专文化,中共党员,九江长运公司九江汽车站党支部书记、副站长,江西省劳动模范。

1985年11月,车红参加工作,投身交通运输事业。2008年起担任现职。在做好党务工作的同时,以改革为动力,狠抓企业两个效益。在她的直接领导和管理下,行包快件中心2008年当年实现的营业收入比上一年度翻了三番,2009年又提前2个月完成了九江长运公司下达的年度目标任务。多年来,她牢记党的宗旨,以全心全意为旅客服务为信条,在建章立制的同时,组织全站干部职工深入开展"新机制、新思想、新形象"主题教育活动。引导员工牢牢确立"以人为本、服务至上、诚信经营、追求卓越"的经营理念,并采取全员培训,开展"星级服务员考核评比"和"优质服务月"、"百日优质服务竞赛活动"等一系列措施,调动全站员工的工作积极性,提升全站为旅客服务的品质。与此同时,强化人性化服务,增设咨询服务、常用药品箱、残疾人专用通道,迎送便民服务车等为民便民措施。加强科学管理,以交通部颁发的"三优"、"三化"和ISO9001:2008标准质量管理体系为行为准则,全站上下齐心力,塑造了良好的企业形象,受到广大旅客的赞誉。近3年来,该站先后被有关部门评为全国三八红旗集体、江西省文明客运站、九江市文明单位、江西省青年先锋号等,受到各级组织颁发的各类奖励奖项达23项之多。

车红历来关爱员工、忘我工作、廉洁自律、乐于奉献。曾2次被九江长运公司评为劳动模范和优秀党务工作者;2008年6月,当选省妇联第十次代表大会代表;2009年8月,当选九江市妇联第十五届执委会委员;2010年3月,被九江市交通运输局评为全市交通运输系统先进生产(工作)者;同年6月,被中共九江市直工委评为优秀党务工作者;同年12月25日,被省人民政政授予"江西省劳动模范"称号。

(叶　勇)

傅敏冬　男,1973年1月出生,江西省修水县人,大专文化,中共党员,九江市公路管理局修水分局项目经理,江西省劳动模范。

1991年7月,傅敏冬自省交通技校毕业后,一直在修水公路分局技工岗位工作。一面积极工作,一面加强自修。2002年考入重庆交通大学函授班学习,取得了大专学历。2004年,参加全国公路工程造价工程师培训,通过考核取得了乙级造价工程师资格证书。自1992年起,他先后出色完成了柯龙成、茅溪线、修铜线、武修线等公路改造工程的施工、计量、工程验收和结算工作。2006年3月,他担任罗庙线公路工程项目经理后,采取"新理念设计、规范化管理、环保型施工"管理,科学筹划、确保进度、质量、安全、工程成本措施等落实到位,全力打造优良工程。2007年初,该项目黄坳库区路段,暴雨酿成山体滑坡,水稳层接连沉陷,反复被冲毁,施工极为困难。傅敏冬采取改变施工方案,实施动态管理等强有力的措施,不仅加快了施工速度,而且降低了工程造价,提高了工程质量,使该项目工程成了修水县公路改造施工项目的精品工程。2010年,他被调任柯龙线公路改造工程8标技术总负责任人,他"朝出两脚露、晚归一身霞",始终不离施工一线,精心管理施工项目,高质高效地完成各项任务。他以爱岗敬业著称,睡工地简易棚,日夜驻守工地,足迹遍布全县山山水水,多年来一直坚持"5+2"、"白加黑"的辛勤工作,即使在年迈母亲病重和女儿先天性心脏病复发期间,也仅嘱咐妻子照料,自己仅仅是电话安慰家人,他把责任视为天职,看得比泰山还重,无怨无悔地为公路建设事业默默地奉献所有力量和青春年华,屡次受到九江市公路管理局与修水分局的表彰。

傅敏冬曾连续8年被九江市公路管理局评为先进个人;曾3次被修水县公路分局党支部评为优秀共产党;2007年被修水县总工会评为创新能手;2001年、2008年分别被中共修水县委评为先进个人;2010年12月25日,被省人民政府授予"江西省劳动模范"称号。

(修水县公路分局)

李从容　女，1967年10月出生，江西省九江县人，初中文化，中共党员，1983年8月参加工作，九江市公路管理局九江分局沙阎道班班长，江西省先进工作者。

2000年，她被分局聘为沙河道班班长，当年便率领全班员工顽强拼搏，一举甩掉了该班原为九江公路段全段最落后道班的后进帽子，一跃跨入了全段与全分局的先进行列。2004年，她被调任沙阎道班班长，承担更为艰巨的任务。该道班是全路段和全分局出了名的留不住人的道班，缘自条件艰苦、管养好公路难度大。该班管养的12.96千米长、18米宽的公路和2座桥梁车辆流量大，超载、重载车辆多，是全分局既难管又难养路段。李从容到任后不负众望。她首先将自己的作业路段养护成高标准的样板路，对员工养护的经过严格测试后不合格的路段自己再加工一遍，直至达标为止，做好示范。员工认为办不到、办不好的事，经她一动手却办到了、做好了，使员工深为感动，自觉养成了高标准、严要求养护公路的好习惯、好风气。经过全班员工的精养细管，该班所养护的公路路容路貌焕然一新。与此同时，李从容狠抓职工生活，在班里兴办职工食堂，整治周边环境、利用业余时间开辟种养业生产，改善职工生活，使职工有了一个像家一样温暖的集体，每年新鲜蔬菜自给自足，年底每人还能分到50多斤肉过年。平时，菜饭茶水供应也极为方便，不仅留住了员工的人，而且留住了员工的心。全班生产、生活搞得红红火火，员工精神面貌发生了质的飞跃。李从容被员工雅称为“我们的好家长”。她以“苦了我一人，换来万车畅”激励自己。每天天未亮就起床，做好上班的准备工作，节假日、双休日照样上路巡查路况，从来不计个人得失，不计工作时间。2006年初秋，沙河道班管养的双瑞线五家桥桥基被洪水冲空，随时都有垮塌的危险。她迅急率领员工抢救大桥，第一个跳入1米多深的洪水中用麻袋装石固基，最终与员工一道消除了大桥安全隐患。同年11月，在战胜九江地区里氏5.7级地震灾害中，她又全身心地抗灾救灾，与职工一道迅速搭建防震棚，确保员工安全，并全力做好保通工作。她主持的道班屡次被省、市、县公路管理局分别评为先进集体。

李从容自2000年以来，曾先后5次被省公路管理局评为先进生产（工作）者；2004年被省交通厅评为全省交通系统劳动模范；2005年被该厅评为全省交通行业巾帼建功标兵；2006年被交通部评为全国交通行业巾帼建功标兵；2010年12月25日，被省人民政府授予“江西省先进工作者”称号。

（吴菊花）

刘锡锋　男，1970年7月出生，江西省泰和县人，大学文化，中共党员，吉安市吉州区交通运输局局长、党委副书记，江西省先进工作者。

1990年7月，刘锡锋由西安公路学院毕业后，一直在吉安市交通运输系统从事技术和管理工作。2001年4月起，担任吉州区交通运输局副局长、局长兼党委副书记。他以改革创新为动力，求真务实，开拓性地抓交通建设，“白加黑”、“五加二”的勤奋工作，率领全局干部职工顽强拼搏，一举改变了撤市设区前该区没有一条像样公路的落后面貌，以超常规的速度，实现了该区交通运输事业跨越式发展。短短10年间，吉州区农村公路通车里程达到720千米，农村公路硬化里程由原来的23千米增至470千米，修建农村候车亭（站）64座。高速高质建成了连接国、省干线与各乡镇的“联通路”、通往边远闭塞乡村的“通达路”、开发资源、发展旅游资源、开发休闲农业市场的“经济路”。并完成了吉安市境内跨度最长的曲濑大桥等渡改桥与全区境内危桥改造项目，以及庐陵文化园、城南专业市场等市重点工程建设任务，彻底改变了该区“交通欠发达、民众出行难、农村路难行”的状况，为建设社会主义新农村，发展地域经济提供了有力的交通支撑。与此同时，刘锡锋与他的同行一道率先在全市推进公路养护体制改革，在全局内部推出市场化运作模式，建立与完善农村公路长效养护机制，使农村公路养护规范化、正常化、效果好。2009年召开的全省农村公路建设暨改渡建桥工作现场会的参观点80%在吉州区。作为全省唯一的县(市、区)交通局发言单位的吉州区交通运输局,刘锡锋介绍了公路养护经验,该局的经验和公路管理养护成果,受到省委常委、常务副省长凌成兴和与会代表的一致赞许。在建设好、管养好公路的同时,吉州区交通局的物流、货运产业开发与安全生产也搞得特别出色,10多年来从未发生一起安全事故。2010年该局货运产业税收由2006年的不足300万元,一跃飙升到3650万元,增长了近12倍。廉政建设扎实推进。多年来,刘锡锋逢会必讲反腐倡廉工作,时刻不忘加强职工思想教育,建立和落实了一系列反腐倡廉规定和制度,并带头执行党风廉政责任制。全局严格执行从未出现一起经济案件,没有发现一人有腐败变质及违规违纪现象,其所在单位多次受到吉安市和吉州区的表彰,2010年4月被省委、省政府授予"江西省第十二届文明单位"称号。

刘锡锋曾先后6次被吉州区委、区政府和吉安市交通运输局评为先进个人;2次被中共吉安市委评为优秀共产党员,并授予"吉安市第三届职工职业道德建设'十佳'标兵"称号;先后被吉州区委、区政府评为吉州区首届杰出人才和被吉安市有关部门评为"十佳百优"青年标兵;2005年,被省交通厅评为全省交通系统先进工作者;2009年6月,被中共吉安市委评为全市优秀党务工作者;2010年6月,被吉安市委、市政府评为全市抗洪抢险先进人;同年,被省交通运输厅评为2008年~2009年度全省交通运输系统精神文明建设先进个人;同年12月25日,被省人民政府授予"江西省先进工作者"称号。

(吉州区交通运输局)

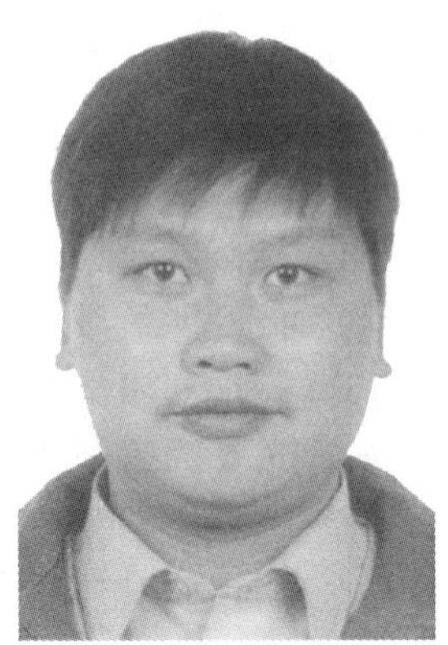

吴燕友 男,1975年1月出生,江西省万安县人,大专文化,中共党员,吉安市公路管理局万安分局路桥工程有限公司常务副经理,江西省劳动模范。

他自1995年8月由江西交通技校毕业后,一直在万安公路分局工程一线担任施工员和工程技术负责人、项目经理等,并被聘任为万安路桥工程有限公司常务副经理,长年累月工作在生产第一线。一面积极工作,一面努力学习业务,通过自修取得了大专学历,成了全分局的技术业务骨干与德才兼备的基层领导者。长期以来,他始终以高度的政治责任感和强烈的使命感从事工作,以"以苦为乐,以勤为荣,以路为家"为座右铭,尽职尽责、勇挑重担,带领职工闯市场、谋发展,取得了良好的经济效益。他负责的工程项目全部100%盈利,工程合格率达100%。他全身心地扑在工作上,率领员工迎难而上,抓质量保信誉、抓安全保效益、抢进度树形象,风餐露宿,夜以继日辛勤劳动"迎国检"。2010年在吉安市公路管理局组织的检查评比中,被评为全市"迎国检"工程任务完成先进单位,夺取了全市第一名的好成绩。他18年如一日,从严要求、廉洁自律,为人师表,担任过多个工程项目经理,从不安排亲友分包、转包工程,也不做有损党的形象和暗箱操作、吃、拿、卡、要等违纪事件。他处处维护集体利益,当好"舍小家、为大家"的表率,受到组织和员工的赞扬。多次被吉安市公路管理局评为吉安市公路系统先进工作者和吉安市公路系统"十佳"公路建设标兵,并被该局评为优秀项目经理。2010年,被吉安市人民政府评为吉安市劳动模范。同年12月25日,江西省人民政府授予他"江西省劳动模范"称号。

(吉安市公路管理局万安分局)

宋水苟 男,1964年10月出生,江西省吉水县人,小学文化,吉水县公路管理站金滩养路队队长,高级技工,江西省劳动模范。

1981年4月,时年17岁的他成为一名养路工。他以"会干事、能干事、肯干事",引起员工刮目相看,被人们称为"一个顶俩个"的好职工。2年后,年仅19岁的他,便升任为养路队队长。他先后被调往很多养路队任职,无论身居何处,他都始终表里如一,忘我劳动,以身作则,率先垂范,当好"排头兵”、“领头雁”。他承包管养的吉安到值夏公路里程长，车辆流量大、管养任务重，经过他的顽强拼搏，始终使该路成了安全畅通的达标路。2010年，他在担任金滩养路队队长后，该队管养的金滩至关桥的10千米公路，因省道改线，成了全县唯一一条非省道、县道、乡道的砂石路，曾一度无人管养、无人改造，被人们戏称为“黑市路”、“夹心路”，路况极差。后来，县政府决定由县公路管理站接管，站领导决定宋水苟任队长，率队员管养、改造此路。他不负众望，与队员一道艰辛努力，当年就将这条坑坑洼洼的烂泥路建成为优质路。吉安市和吉水县有关领导经过实地考核检查后，给予了高度评价和赞许。他才从学来，刻苦自修成了一名“学习型”职工。经过刻苦钻研、掌握了公路管养机械维修、稽查征费等多方面的业务知识，成了站里拖拉机、装载机驾驶员、修理工，承担了八九台养护车的保养维修任务，每年节约维修经费近万元。2006～2009年，他担任站征费办主任，出色完成了组织交给的各项任务，同样毫无二致。2009年费改税后，他主动要求去当养路工，再次回到养路一线，以路为家，一心扑在工作上，连女儿出生、妻子与父亲住院也只是送上几句安慰话便匆匆离开，返回队里上班。可是他对员工的事却从不马虎，总是大小困难，热心帮扶，员工生病住院，总是带着慰问品前去探望，员工承担的任务，由自己加班加点代劳补上，深受员工的信赖。

宋水苟自1981年参加工作以来，几乎年年被其所在单位和县交通局评为先进个人。2010年6月，被吉安市人民政府评为吉安市劳动模范。同年12月25日，被省人民政府授予“江西省劳动模范”称号。

（尹卫兵）

晏小保　男，1962年9月出生，江西省樟树市人，大学文化，中共党员，宜春市公路管理局樟树分局局长，高级工程师，江西省劳动模范。

1981年10月，他自江西交通学校毕业后，一直在樟树市交通系统从事技术岗位和领导岗位工作，先后担任樟树市公路段副段长、段长，2007年7月起调任樟树公路分局局长。他始终坚持“以人为本、科学发展”为工作理念，以高度的政治责任感和强烈的事业心，一心扑在工作上，率领全局

员工大打翻身仗，实现了樟树交通发展的新跨越，被地方政府领导称赞为“敢打硬仗、勇于奉献、高质高效”。他主管施工的清宜线、105国道樟树城区街道段，获省优、市优工程。通过他千方百计对外承揽工程，广开生产门路的有效措施，近2年先后承接并完成了樟树市工业园区道路、化工大道、樟芦线等1.5亿元的市政工程，有效缓解了他接任局长时，单位养护经费不足，人员超编36.4%的难题，走出了一条靠自我消化安置富余人员，自力更生解决经费不足的路子，实现扭亏为盈，确保了职工有稳定的工资收入。短短几年，该局的设备资产，便由他接任时的2007年不足70万元，跃升到现在1900余万元，一举改变了当初该局养护车辆与沥青摊铺机全部报废，全局无机械、无车辆从事工程建设的落后状况。与此同时，公路建设、管养、道班美化、绿化和职工生活改善等方面取得显著成效，质量大幅提升。该局所管辖的6条公路，共132.962千米，平均好路率高达91.9%。其主持的樟树公路分局，多次被省、市交通主管部门分别评为先进单位，并连续两届被省、市人民政府分别授予“文明单位”称号。

晏小保曾多次被省公路管理局评为全省公路系统“十佳”领导干部、先进工作者、“十佳”管理标兵。2006年被省交通厅评为全省交通系统先进工作者。2009年12月，被国家人力资源和社会保障部、交通运输部评为全国交通运输系统先进工作者。2010年12月25日，被江西省人民政府授予“江西省劳动模范”称号。他的先进事迹，《江西交通年鉴》（2010年版）已作介绍。

（樟树公路分局）

张声亮　男，1956年1月出生，江西省全南县人，初中文化，1971年12月参加工作，一直在全南县交通局管养公路。几十年来，无论是盛夏寒冬，还是刮风下雨都身影不离公路，精心呵护自己管护的每一寸路段。他每天自带干粮上路，渴了喝山泉水，累了在路旁坐几分钟接着干，早出晚归、披星戴月、忘我劳动是他全部生活的真实写

照。为使公路安全畅通，他长年累月修填路面坑槽，改造弯道陡坡，修筑路肩、治理排水，疏通水沟、涵洞，清理路面杂物、垃圾，一刻也不停息地埋头苦干，年复一年、日复一日地穿梭在丛林深山的公路巡查路况，及时修复毁损公路，尤其是及时排除、修复塌方和山体滑坡导致的交通安全隐患与路障，其管养的公路桥涵质量始终在全局名列前茅。他无私奉献、恪尽职守，在平凡的岗位上创造了不平凡的业绩，谱写了当代养路工人对党的事业的无限忠诚。2010 年 12 月 25 日，被省人民政府授予"江西省劳动模范"称号。

（全南县交通局）

旷文炳 男，1972 年 10 月出生，湖南省衡阳市人，初中文化，中共党员，吉安市公路管理局永新分局养路队队长，江西省劳动模范。

他自 1993 年 3 月参加工作后，以路为业，以队为家。2007 年初，他担任才丰养路队队长，负责管养 319 国道永新境内路段。在没有任何机械设备的情况下，率领员工攻坚克难，放弃节假日与双休日休息，每天超负荷工作，多干 2 ~3 小时，经过一年的努力，当年年底，此路就打造成为全国交通系统的文明路、样板路，受到交通部的赞赏。翌年初，持续的冻雨、暴雪、低温灾害袭击永新，公路被封、车辆受阻。他在战胜这场自江西省有气象记录以来，最为严重的罕见低温、暴雪、冻雨灾害中，与员工一道夜以继日破冰除雪，在高寒中每天工作 12 小时以上，急、难、重任务抢着干，最危险的活儿争着上，为公众出行、公路安全、畅通作出了较大贡献。2010 年，旷文炳被调任茅坪养路队队长。该队管养的宜拿线路面破损严重、养护难度大。他精心养路，以身示范，在员工中开展"争创岗位能手"和"比、学、赶、帮、超劳动竞赛"活动，结合实际，岗位练兵，调动了全队员工的积极性和创造性，不仅管养好了公路，还造就了一支思想红、业务精的公路养护队伍。他一贯情洒公路，舍小家顾大家。就连一年一次的探亲假也在施工现场度过。2010 年 6 月 17 日起，多日连降暴雨，宜拿线怀忠虹桥险情不断，他连续 2 天 2 夜在桥上蹲守，尽其所能做好排险工作，直到洪水退去，才离开大桥。他被分局树为爱岗敬业、恪尽职守的一面旗帜。

旷文炳曾多次被吉安市公路管理局及永新分局分别评为先进生产（工作）者与"十佳"文明职工。2004 年被共青团吉安市委评为吉安市青年岗位能手。2005 年和 2007 年，被省公路管理局评为先进个人。2009 年被永新县人民政府评为永新县劳动模范。2010 年 9 月，被吉安市人民政府评为吉安市劳动模范。同年 12 月 25 日，省人民政府授予他"江西省劳动模范"称号。

（永新分局）

胡绪光 男，1968 年 5 月出生，江西省上饶市人，高中文化，中共党员，1992 年 9 月参加工作，九江市公共交通集团公司第一营运公司驾驶员，江西省劳动模范。

2000 年 8 月，胡绪光自九江市建设局客运办调入其现所在单位后，至今在驾驶员岗位工作。他经过刻苦自修，成了车辆驾驶、维修的行家里手，安全行车的能手。多年来，他坚持上班前检查车辆气压、机油、水、轮胎状况；收班后普检车辆状态，遇有问题当天解决，做到小修不过夜；定期维修、保养，定时打黄油；坚持二次进站，杜绝"多装快跑"，匀速行驶、规范营运，根治安全隐患，已安全行驶 43 万余千米。他心系旅客、真诚服务、一丝不苟。对老弱病残乘客或遇有特殊困难的乘客，耐心等待，扶着他们上、下车，安顿好，从不甩站、不拒载、不推诿，尽最大努力帮助解决乘客需求。他拾到乘客遗留的金钱、物品总是千方百计寻找失主、交还失主，所做的好事难以估算，受到乘客赞扬难以统计，从来无任何乘客投诉。

2002年，胡绪光被有关部门评为江西省文明服务标兵；2006年被评为全国城市公共交通先进个人；2010年4月，被九江市人民政府评为九江市劳动模范；同年12月25日，被省人民政府授予“江西省劳动模范”称号。

（叶　勇）

何水标　男，1971年6月出生，江西省东乡县人，大学文化，中共党员，江西高速公路集团有限责任公司赣州管理中心养护中心主任，江西省劳动模范。

1994年7月，他自西安公路学院毕业后，参加赣州管理中心公路建设事业，先后担任总工程师、项目经理和养护中心主任。他在技术与领导岗位上，高质高效做好各项工作。在其参与的昌九高速公路路面二标建设、南昌八一大道路面改造工程、九景高速公路路面工程建设、昌泰高速公路AP1标、泰赣高速公路C4、C5路面标等项目建设中，从施工程序、造价控制、原材料进场到建设中的每一个细小环节都严格把关，巡回检查督促，严格按规范规程施工。每当遇到新情况、新问题，他都会连夜召集管理人员与施工技术人员共同探讨研究，组织集体攻关，并亲莅一线指导施工。与此同时，定期在夜间组织一线人员进行技术业务培训，由他讲解技能知识，提高员工的技能技艺。多年来，他始终一心扑在工作上，身影不离生产一线。他以高质、高效、安全、环保为工作信条，凡是操作不规范、安全措施不落实的施工行为，他都在施工现场亲自予以纠正；凡是不合格的工程项目，他都坚决返工重建，推倒重来；凡是达不到优良标准的工程项目，不予交工计量。其主持的养护中心创造出了“管理零缺陷、质量无误差、生产零事故”的佳绩。他历来“以路为业，以中心为家”，舍小家顾大家，人称“抛家不顾、一心干事业的领导者”。他每天第一个到达施工现场，安排一天的工作后，便巡查施工状况、抓落实。摊铺水稳层施工要不间断连续作业才能保证质量，他有时在现场连续工作36小时不合眼。2010年春节前夕，泰赣高速公路120千米的中央绿化分隔带按上级要求必须在3天的时间里完成全线1万余棵苗木的补种任务。何水标与80余名员工一道夜以继日连续补种，按质按量完成了这项艰巨任务。与此同时，出色完成了“迎国检”工程的其他各项工作任务，受到各级组织的赞许。

1998年、1999年何水标均被省高等级公路管理局评为“十佳”职工；1998年被省交通厅评为全省交通系统先进个人和抗洪抢险先进个人；2000年~2004年间，先后被九景高速公路建设指挥部及昌傅至泰和、泰和至赣州高速公路建设主管部门分别授予“劳动模范”称号；2005年、2006年均被省交通厅评为江西省交通系统优秀共产党员；2007年、2009年分别被赣州管理中心与省高等级公路管理局评为优秀共产党员和劳动模范；2010年12月25日，被省人民政府评为江西省劳动模范。

（刘耿华）

宋庆云　男，1959年10月出生，山东省德州市人，高中文化，赣州市公路管理局赣县分局江口养护中心主任，江西省劳动模范。

他自1997年3月起从事公路养护工作。33年来，始终把“路放在心上，心放在路上”，单位离家近在咫尺，却吃住在中心，心思在工作；尽管糖尿病缠身，却始终出勤率高于员工，工作比员工多干，急、难、重的事抢着上。他在担任队长、道班班长期间及调任江口养护中心主任以后，始终以身作则，率先垂范，为人师表，做好工作。并从建章立制入手，制定完善学习、工作、考勤、工装机具管理制度，推行养护责任制，任务包干到组、落实到人，充分调动了员工的积极性和创造性。江口养护中心仅有11名员工，却承担全县车流量最大，养护任务最繁重的兴国至江口40多千米公路的管养任务。他迎难而上，率领员工起早摸黑补坑槽、整修路肩、铺油罩面、水毁抢险，确保了路容路貌整洁美观，道路安全畅通，好路率连续多年不断提升，国省干线好路率高达84%以上，员工出勤率达99%,被省交通主管部门先后评为“全省交通系统文明道班”,“工人先锋号”和全省公路养护先进集体。其本人也在全省沥青路面养护操作比赛中取得了全省第一名的好成绩。

宋庆云曾先后被省、市公路管局分别评为赣州市“双十佳”养护队长和全省公路绿化标兵;被中共赣县县委宣传部列为2009年度感动赣县十大人物候选人之一;2010年12月25日,被省人民政府评为江西省劳动模范。

(赣县公路分局)

童庆湖 男,1960年6月出生,江西省赣州市人,江西新世纪汽运集团有限公司高速客运公司机务科长,高级技工,江西省劳动模范。

他于1981年6月参加工作,自2003年起担任现职,历来在技工岗位夜以继日地勤奋工作。高客分公司机修任务繁重,他便立下军令状,自我加压、精心维修保养,确保车辆正班正点运行。多年来,在他与机修员工的共同努力下,确保了高客分公司45辆大巴,每天在21条跨越省份和地区、行程达32667千米的运输线上安全、顺畅奔驰,特别是历年春运,从未出现途中抛锚出故障现象。他经过对每一种车型,每一条班线反复跟车测试后,制定的车辆油、胎、料消耗定额,得到领导与驾驶员认可。规范了节能降耗量化指标。施行后,已节约油耗开支36万余元,节约维修配件、材料费用开支19万余元。与此同时,他严格采取公开透明采购、质优价廉进货,强化日常维修保养,不搞大拆大换、能省则省、能修则修,使经营成本一降再降,仅车辆轮胎经费一项便节约27万余元。他不断攻坚克难,推进技术改革创新。经他研制的在离合器分离轴承加装黄油嘴技术,使用后轴承寿命延长2~3倍,每年节约开支5.6万元。经他改革过桥皮带轮凹槽,行车阻力明显降低,皮带使用寿命显著提高,每年节约开支5.6万元。他还通过改装油门拉线装置,每年节约维修、工料费达40多万元。他几十年如一日舍小家顾大家,长年累月早出晚归,放弃节假日、双休日,忘我劳动、为人师表。通过自任教员授课,开展技术培训、技术比武、定期办班讲座,培养出一支思想红、业务精的机务维修队伍,为公司提高两个效益作出了重要贡献。2010年12月25日,他被省人民政府授予“江西省劳动模范”称号。

(江西新世纪汽运集团公司)

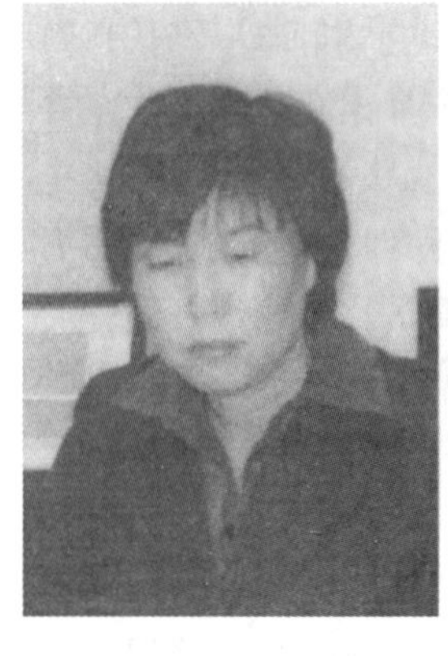

万文利 女,1966年出生,江西省南昌县人,大学文化,江西省交通设计院第二设计所副所长、主任工程师,江西省五一巾帼标兵。

她于1987年由学校步入省设计院工作。先后参与20余项高速公路勘察设计项目,承担多个项目的前期工作,并担任昌德高速公路勘察设计总项目组组长。她在积极工作的同时,潜心钻研本行业前沿科技、业务,提升自身素质,成为一名高级工程师与注册咨询工程师。出色完成了多个项目工程可行性研究与勘察设计任务,其中,福银高速公路江西境内温沙段、南昌市西外环高速公路项目的勘察设计,被省有关部门评为江西省优秀工程设计一等奖。她在担任江西首条采用BOT方式建设的萍洪高速公路工程项目负责人期间,连续2个多月不分昼夜穿梭于崇山峻岭之中,顶着烈日高温现场布控、选线、收集整理原始资料,克服了运作模式不同以往,设计周期短,地质复杂,全线桥梁隧道多等重重困难,圆满完成了该线路初步设计任务。上栗县人民政府据此,专程来到省交通设计院向万文利致谢,送给她奖金2万元和写着“科学设计、辛勤劳动”的锦旗,这在该院建院史上,尚属首次。20多年来,万文利恪尽职守,加班加点是常事,风餐露宿成习惯,在她的日历表中,几乎找不到节假、双休日。她全力协助所长做好该所各项工作,多年来该所工作在院里组织的年终考评中一直位居前列,她和她所在的设计所多次受到表彰。

万文利曾多次被省交通设计院评为“双文明”建设先进工作者;2003年被省交通运输厅评为全省交通运输系统巾帼建功标兵;2010年被省交通设计院评为生产标兵;同年,被省总工会授予

"江西省五一巾帼标兵"称号。

（朱　革）

应丽洁　女，1963年10月出生，江西省九江市人，初中文化，九江长途汽车运输股份有限公司九江汽车总站检票组组长，江西省五一巾帼标兵。

她自1980年10月参加工作以来，始终在站务岗位勤奋工作，忘我劳动达30余年。九江汽车总站投入营运后，每天上班最早、下班最晚，即使换班休息时间，她也主动到小卖部帮忙，从未休息过一个节假日和请过一次事假，每天工作长达14小时。她以"服务第一、旅客至上"为座右铭，在验票、安检、服务等岗位上，坚持以人为本，视旅客如亲人，积极为旅客排难解忧，提供热情周到的服务。2008年初，低温、冻雨、暴雪袭击九江期间，交通受阻，滞留车站旅客甚多，她整天忙着为旅客送去热开水和泡好的方便面，积极帮旅客介绍、寻找廉价住所，对受困旅客进行劝慰、开导、抚慰，有的农民工无钱返程，她就主动自掏荷包帮助购好票。她数十年如一日搀扶老弱病残上下车，服务在一线，并详尽解答群众的咨询，被旅客誉为"流动的问事处"、"我们的贴心人"；被领导和同行称为"车站人性化服务的一面旗帜"。

应丽洁曾连续多年被其所在公司评为先进生产（工作）者；2008年5月，被中国海员建设工会评为全国农民工平安返乡（岗）安全优质服务竞赛活动先进个人；2009年3月，被九江市总工会评为九江市女职工建功立业标兵；2010年3月，被其所在公司树为生产（工作）标兵；2011年3月，被江西省总工会授予"江西省五一巾帼标兵"称号。

（彭国民）

王英华　女，1972年9月出生，山东省巨野县人，大学文化，中共党员，江西梨温高速公路公司鹰潭管理处纪检员、工会主席，江西省五一巾帼标兵。

她于1993年5月参加工作，2002年11月，梨温高速公路鹰潭西收费站开通后，担任该站站长，2007年11月调任现职后，依旧兼着主管鹰潭西收费站工作。她以"创建全公司最出色的团体，争做服务业最美的人"为工作信条，始终坚持在全站开展"面向未来，终身学习"主题活动，造就了一支学习型的职工队伍。她坚持以微笑服务做起，结合实际，推出了以收费为核心，热心为司乘人员排忧解难，使他们身心愉快的快乐工程。她在创作站歌、拍摄专题电视节目、丰富收费站文化内涵的同时，开展丰富多彩的文体活动，举办游园、节日晚会、才艺竞赛活动，丰富了员工业余生活，培养了员工健康的文化生活与积极向上精神。她组织和率领的鹰西站青年志愿者队伍，数年如一日利用节假日赴周边村镇敬老院、"五保户"家庭送去慰问品、做好事，并在扶残济困、帮助贫困学子圆读书梦等方面奉献爱心和力量。她为司乘人员排忧解难，参与车辆灭火、帮助解决急、难、重的突出问题等，所做事例不胜枚举。该站现已成为全公司最出色的团体，员工已成为心灵最美的员工，屡创佳绩，所收到社会各界的表扬信、锦旗甚多。王英华的纪检岗位工作也很出色。多年来，她廉政教育常抓不懈，建章立制，强基固本，不断推进反腐倡廉体系建设。并率先垂范，当好表率，处事客观公正、实事求是，广受员工好评。她主持的收费站"两个文明一起抓、两项成果一道夺"的先进事迹，中央、省、市新闻媒体曾先后竞相报道。党和国家领导人吴官正、时任省委书记孟建柱等领导曾莅临该站视察指导。并被省委、省政府评为江西省文明单位，被有关部门评为省"十佳"杰出集体、全国巾帼文明岗、全国青年文明号。

2005年9月，王英华被评为鹰潭市职业道德建设"十佳"标兵；同年10月，被省委宣传部、省总工会、经贸委评为第九届江西省职工职业道德建设先进个人；2006年3月，被省妇联授予"江西省三八红旗手"称号；同年，被省交通厅评为全省交通系统抗灾救灾先进个人；2008年6月，被省交通厅直机关党委评为优秀共产党员；2010年3

月,被鹰潭市工会评为“全市五一巾帼标兵”;2011年3月,被江西省总工会授予“江西省五一巾帼标兵”称号。

(程　巍)

郭培俊　男,1971年8月出生,江西省九江县人,大学文化,中共党员,1995年7月参加工作,江西省交通设计院第二设计所所长,全国交通运输行业援助阿坝灾后重建先进个人。

2008年5月12日,汶川发生8级地震后,郭培俊临危受命,作为交通运输部抗灾救灾的成员,援助阿坝州灾后重建,负责重建交通项目管理,并挂职担任小金县交通局副局长。他克服高海拔的种种不适和冒着泥石流随时都可能发生、地质复杂、施工难度极大等种种风险和困难,顽强拼搏,先后完成了对马尔康至甘孜界的317国道改道调研,壤塘阿公路改建施工图纸设计和优化巴郎山隧道与红桥沟建设方案等项工作。与此同时,完成了小金县汗牛路等3条总长69千米通乡油路及13条通村总长82.1千米水泥公路,以及周家桥、新三关桥等5座桥梁工程建设等一系列建设项目的审核工作,并向设计单位提供了完善方案和书面意见,受到好评。他在援建期间,多次冒着余震与次生地质灾害及泥石流、高山飞石袭击危险抢修公路。他负责的小金路重建工程项目,地处崇山峻岭之中,高处海拔4700米,施工环境不言而喻。2009年7月15日17时许,美诺沟段发生特大泥石流灾害,他在现场组织救援伤亡员工和迅急撤离施工人员与当地百余名百姓抢险救灾中,确保了员工和百姓迅速安全撤离,自己却4次与死神擦肩而过。他通过贯彻“全寿命成本”概念,多次优化设计、调整施工方案,高质量、高标准地完成了小金路42千米公路灾后重建任务。与此同时,发挥自己的专业技术特长,投身到阿坝州交通扶贫工作之中,以高度的责任感、事业心,夜以继日忘我工作,及时发现和消除了云门大桥无标配施工的安全隐患,并先后对冒水桥,周家、新三关、嘎斯、日落、黑水子母河桥等一系列桥梁建设工程项目的建设资金使用、完善各项功能,便利日后管理养护等方面,提出合理化建议和优化设计方案意见,得到了设计单位的认可和落实。并受到交通运输部扶贫联络组的赞扬,该组还专程对其进行了慰问。《阿坝州日报》、电视台先后对郭培俊的先进事迹进行专题报道。小金县委、县政府授予他“小金县见义勇为公民”荣誉称号。2010年11月19日,他被交通运输部树为全国交通运输行业援助阿坝州灾后重建先进个人,受到交通运输部的表彰。

(朱　革)

2010年度全省交通运输系统先进个人

全国五一巾帼标兵

龙　文(女)　吉安市路桥工程局副局长

全国巾帼建功标兵

李桂兰(女)　省高速公路投资集团有限责任公司省庄养路站工程部部长

2008 年～2009 年度全国交通运输行业文明职工标兵（交通运输部 2010 年 9 月发布）

雍成香（女） 江西赣粤高速公路股份有限公司昌九管理处通远收费所所长
熊　艳（女） 省高速公路投资集团有限责任公司梨温高速公路公司玉山管理站副站长
熊武勇 江西省水上搜救中心鄱阳湖分中心主任
谢建国 九江市公路管理局武宁分局道班班长
李　红 江西长运股份有限公司南昌长运公司南昌长途汽车站“李红服务组”组长

第七届全国见义勇为司机

乐晓东 宜春市公共交通公司驾驶员

全国交通战备工作先进个人

徐宏娇（女） 省交通运输厅战备工作办公室

全国交通运输法制先进工作者

晏卫东 萍乡市交通运输局审核审批科科长

全国交通运输文明执法标兵

万海飚 省交通运输厅治超办副科长
肖万军 萍乡市公路运输管理处直属运管所监察队队长

“中国好人榜”入选人物

黄春花（女） 省高速公路投资集团有限责任公司昌九管理处银三角乙站收费员
龚　胜 省高速公路投资集团有限责任公司梨温高速公路公司进贤收费站收费四班班长
肖文新 宜春市赣西出租车公司
詹学银 江西省公路路政管理总队九江高速公路路政支队

中国海员建设工会第十二届金锚奖获得者

洪宝珍 江西远洋运输公司
喻　金 江西水运集团轮机长

中国海员建设工会第九届金桥奖获得者

罗　斌 江西长运股份有限公司南昌长运公司高客二分公司
朱金宁 九江市公路管理局工会
曾勋泽 江西公路开发总公司养护公司
林达明 鹰潭市公路管理局余江公路分局
刘其昌 抚州市公路桥梁工程局
蒋小燕（女） 九江长运集团有限公司彭泽汽车站
赖瑞澄 江西省公路机械工程局

南京军区交通工作先进个人

席芳柏 省交通运输厅巡视员

新中国60年来江西最具影响力的劳动模范四十佳

熊文清 省高速公路投资集团有限责任公司梨温高速公路公司玉山收费站副站长

全国交通运输行业援助阿坝州灾后重建先进个人

郭培俊 省交通设计院第二设计所所长

江西省劳动模范

李　红(女) 江西长运股份有限公司南昌长途汽车站“李红服务组”组长
傅敏冬 九江市公路管理局修水分局施工员
车　红(女) 九江长途汽车运输股份有限公司九江汽车站党支部书记、副站长
胡绪光 九江市公共交通集团公司第一营运公司驾驶员
童庆湖 江西新世纪汽运集团有限公司机务科科长
何水标 省高速公路投资集团有限责任公司赣州管理中心泰赣养护中心主任
旷文炳 吉安市公路管理局永新分局养路队队长
宋水苟 吉水县公路管理站金滩养路队队长
左碧冷 江西吉安长运有限公司总经理
吴燕友 吉安市公路管理局万安分局路桥工程有限公司副经理
宋庆云 赣州市公路管理局赣县分局养路队队长
张声亮 全南县交通运输局养路工人
晏小保 宜春市公路管理局樟树分局局长
胡学发 抚州长运有限公司办公室副主任

江西省先进工作者

刘锡锋 吉安市吉州区交通运输局局长
钟渊南 安福县交通运输局局长
熊建华 九江市公路运输管理处副处长
李从容(女) 九江市公路管理局九江分局沙阎道班班长

江西省五一巾帼标兵

王英华(女) 省高速公路投资集团有限责任公司梨温高速公路公司鹰潭管理处纪检员兼工会主席
应丽洁(女) 九江长途汽车运输股份有限公司九江汽车总站检票组组长
万文利(女) 江西省交通设计院第二设计所副所长兼主任工程师

2010年度全省交通运输系统先进集体

全国三八红旗集体

南昌市公共交通总公司洪城汽车客运站东楼班组

2008 年 ~2009 年度全国交通运输文明行业
（交通运输部 2010 年 9 月 27 日发布）

江西省港航管理局

2008 年 ~2009 年度全国交通运输行业文明单位

江西省宜春市公路管理局
江西省高速公路投资集团有限责任公司泰和管理中心
江西省港航管理局吉安分局
江西省交通工程质量监督站

2008 年 ~2009 年度全国交通运输行业文明示范窗口

九江市城区公路运输管理所
江西省宜春汽车站
江西省公众出行交通服务热线 96122
江西省高速公路投资集团有限公司责任公司景德镇管理中心婺源收费所
江西省龙虎山地方海事处

全国五一巾帼标兵岗

江西省高速公路投资集团有限责任公司景德镇管理中心江湾收费所
江西长运股份有限公司南昌长途汽车总站李红服务组
江西赣粤高速公路公司昌九管理处庐岛收费所
江西赣粤高速公路股份有限公司昌九高速公路信息中心
梨温高速公路公司鹰潭西收费站
江西省高速公路投资集团有限责任公司泰和管理中心井冈山管理所

全国青年文明号

宜春市公交公司赣 C00844 车组

全国交通运输系统先进集体

九江市城区公路运输管理所
广丰县交通局
江西公路开发总公司梨温高速公路公司
江西省公众出行交通服务热线 96122
江西国际集装箱码头有限责任公司

全国交通运输系统保密工作先进单位

江西省交通运输厅

全国交通运输系统文明单位

吉安市公路管理局

全国交通运输系统依法行政示范单位

江西省上饶市玉山县交通运输局

全国交通运输系统文明执法示范窗口

江西省吉安市地方海事局
江西省龙虎山地方海事局
江西省公路路政管理总队九江高速公路路政管理支队二大队

上海世博会水上交通安全工作先进集体

江西省地方海事局

中国青年志愿者优秀项目奖获得单位

江西省高速公路投资集团有限责任公司赣州管理中心

2009 年度全国水运系统船舶班组安全竞赛组织奖获得单位 (2009 年 12 月 28 日发布)

江西省交通运输厅

2009 年度全国水运系统安全优秀船舶

江西远洋运输公司瑞金轮
江西省港航管理局赣州分局航道段道政 112 号轮

江西省第十二届文明单位(120 个)

1. 江西赣粤高速公路股份有限公司生米收费所
2. 江西赣粤高速公路股份有限公司昌西南收费所
3. 江西公路开发总公司梨温高速公路公司
4. 安义县公路局
5. 南昌市公路局
6. 省航务管理局南昌分局
7. 省交通工程质量监督站
8. 省高等级公路管理局
9. 江西公路开发公司
10. 江西远洋运输公司
11. 南昌市公路运输管理局
12. 省公路机械工程局
13. 省交通干部学校
14. 省航务局疏浚工程处
15. 省公路管理局

16. 省交通工程集团公司
17. 省公路管理局交通通信总站
18. 省航务局港航工程处
19. 省交通工程质量监督站试验检测中心
20. 省道路运输管理局
21. 省交通设计院
22. 江西交通职业技术学院
23. 省公路管理局物资储运总站
24. 九江市公路管理局
25. 九江市城区公路运输管理所
26. 九江市港航管理处
27. 江西赣粤高速公路股份有限公司邹家河管理所
28. 九江市庐山区运输管理所
29. 江西赣粤高速公路股份有限公司九景信息中心
30. 九江市公路管理局九江分局
31. 九江市公路管理局德安分局
32. 星子县地方海事处
33. 九江市公路管理局星子县分局
34. 九江市公路管理局瑞昌分局
35. 九江港口管理局瑞昌分局
36. 九江市公路管理局武宁分局
37. 武宁县交通运输局
38. 九江市公路管理局永修分局
39. 江西赣粤高速公路股份有限公司艾城收费所
40. 都昌县港航管理所
41. 江西赣粤高速公路股份公司九景管理处
42. 景德镇市公路管理局浮梁分局
43. 江西景鹰高速公路桥隧管理处
44. 江西景鹰高速公路浮梁管理处
45. 景德镇市公路管理局乐平分局
46. 省航务管理局景德镇分局
47. 景德镇市公路管理局
48. 江西赣粤高速公路股份有限公司景德镇收费所
49. 景鹰高速公路月亮湖服务中心
50. 乐平市交通运输局
51. 省公路管理局景婺黄高速公路管理处
52. 萍乡市公路运输管理处
53. 萍乡市公路管理局
54. 省航务管理局萍乡分局
55. 沪瑞高速公路昌金管理处萍乡收费管理所
56. 萍乡市公路管理局安源分局
57. 萍乡市公路机械工程处
58. 萍乡市公路管理局湘东分局

59. 省航务管理局新余分局
60. 省界牌枢纽管理处
61. 省航务管理局鹰潭分局
62. 江西梨温高速公路公司鹰潭管理处
63. 景鹰高速公路公司余江管理处
64. 省航务管理局赣州分局赣州航道段
65. 省高等级公路管理局赣州管理处
66. 省航务管理局赣州分局
67. 省公路路政管理总队一支队龙南路政大队
68. 会昌县交通运输局
69. 寻乌县汽车客货站
70. 宜春市公路管理局
71. 宜春市公路管理局直属分局
72. 宜春市公路管理局铜鼓分局
73. 宜春市公路管理局丰城分局
74. 宜春市公路管理局高安分局
75. 宜春市公路管理局上高分局
76. 大万一级公路祥符收费站
77. 沪瑞高速公路昌金管理处
78. 赣粤高速公路管理处胡家坊收费所
79. 宜春市公路管理局靖安分局
80. 武吉高速公路管理处
81. 梨温高速公路公司上饶西收费站
82. 梨温高速公路公司玉山管理处
83. 上饶市公路管理局广丰分局
84. 铅山县公路运输管理所
85. 上饶市公路管理局铅山分局
86. 梨温高速公路公司杨梅岭管理处
87. 余干县地方海事处
88. 赣粤高速公路股份有限公司鄱阳收费所
89. 景鹰高速公路鄱阳管理处
90. 省航务管理局上饶分局
91. 景鹰高速公路万年收费站
92. 上饶市公路管理局万年分局
93. 上饶市公路管理局德兴分局
94. 景婺黄高速公路婺源收费所
95. 上饶市公路管理局婺源分局
96. 上饶市交通工程质量监督站
97. 省公路路政管理总队上饶市高速公路路政管理支队
98. 吉安市公路管理局
99. 昌泰高速公路有限责任公司
100. 吉安市路桥工程局
101. 吉安市县乡公路管理处

102. 吉安市公路管理局直属分局
103. 吉安市吉州区交通运输局
104. 吉安市公路管理局井冈山分局
105. 吉安市公路管理局峡江分局
106. 吉安市公路管理局永丰分局
107. 吉安市公路管理局吉水分局
108. 吉安市公路管理局泰和分局
109. 吉安市公路管理局万安分局
110. 吉安市公路管理局永新分局
111. 吉安市公路管理局安福分局
112. 吉水县道路运输管理所
113. 昌泰高速公路有限公司吉安县收费所
114. 万安县地方海事处
115. 省公路路政管理总队抚州高速公路路政管理支队
116. 抚州市交通运输管理局
117. 省航务管理局抚州分局
118. 广昌县贷款路征费站
119. 梨温高速公路公司东乡管理处
120. 抚州市公路管理局南城分局

2008 年～2009 年度江西省青年文明号(138 个)
(2010 年 9 月 25 日发布)

1. 江西省公路机械工程局第一分公司
2. 江西省公路机械工程局第二分公司
3. 江西省公路机械工程局第三分公司
4. 江西省公路机械工程局第四分公司
5. 江西省公路机械工程局第五分公司
6. 江西省艺通园林绿化有限公司
7. 江西省路通房地产开发有限公司
8. 江西省四方路桥第六工程有限公司
9. 江西省公路科研设计院
10. 上饶市公路管理局铅山分局路政大队
11. 上饶市公路管理局横峰分局路政大队
12. 上饶市公路管理局婺源分局辛田道班
13. 上饶市公路管理局德兴分局路政大队
14. 萍乡市公路管理局上栗公路分局福田道班
15. 萍乡市公路管理局湘东分局机关
16. 江西萍乡超限超载车辆检查站
17. 宜春市公路管理局靖安公路分局路政巡查大队
18. 宜春市公路管理局奉新公路分局路政巡查大队
19. 宜春市公路管理局高安公路分局路政巡查大队

20. 宜春市公路管理上高公路分局路政巡查大队
21. 宜春市公路管理局上高公路分局生产股
22. 宜春市公路管理局宜丰公路分局路政巡查大队
23. 宜春市公路管理局万载公路分局路政巡查大队
24. 九江市公路管理局永修公路分局路政大队
25. 九江市公路管理局德安公路分局路政大队
26. 九江市公路管理局九江公路分局路政大队
27. 九江市公路管理局瑞昌公路分局路政大队
28. 九江市公路管理局武宁公路分局路政大队
29. 九江市公路管理局湖口公路分局路政大队
30. 九江市公路管理局都昌公路分局路政大队
31. 九江市公路管理局彭泽公路分局路政大队
32. 九江市公路管理局星子公路分局路政大队
33. 九江市公路管理局庐山公路分局工程队
34. 南昌市公路管理局高坊岭分局机修队
35. 南昌市公路管理局高坊岭分局南高道班
36. 南昌市公路管理局新建分局璜溪道班
37. 南昌市公路管理局安义分局路政大队
38. 抚州市公路管理局南城黄狮渡治超站
39. 抚州市公路管理局南城公路分局路政大队
40. 抚州市公路管理局黎川公路分局路政大队
41. 抚州市公路管理局抚州赣东公路设计院
42. 景德镇市公路管理局浮梁公路分局工程机械队
43. 江西省高速集团公路开发总公司梨温公司赣浙收费处
44. 江西省高速集团公路开发总公司梨温公司玉山收费处
45. 江西省高速集团公路开发总公司梨温公司弋阳收费站
46. 江西省高违集团公路开发总公司梨温公司鹰潭西收费站
47. 江西省高速集团公路开发总公司梨温公司东乡收费站
48. 江西省高速集团赣粤高速昌北收费所
49. 工西省高速集团赣粤高速昌北机场路收费所
50. 江西省高速集团赣粤高速新祺周收费所
51. 江西省高速集团赣粤高速艾城收费所
52. 江西省高速集团赣粤高速田塘收费所
53. 江西省高速集团赣粤高速共青收费站
54. 江西省高速集团赣粤高速通远收费所
55. 江西省高速集团赣粤高速沙河收费所
56. 江西省高速集团赣粤高速邹家河收费所
57. 江西省高速集团赣粤高速庐岛收费所
58. 江西省高速集团赣粤高速银三角甲站
59. 江西省高速集团赣粤高速银三角乙站
60. 江西省高速集团赣粤高速昌樟管理处昌西南收费所
61. 江西省高速集团赣粤高速昌樟管理处温厚收费所
62. 江西省高速集团赣粤高速昌樟管理处临江收费所

63. 江西省高速集团赣粤高速昌泰公司吉安南收费所
64. 江西省高速集团赣粤高速昌泰公司峡江收费所
65. 江西省高速集团赣粤高速昌泰公司养护中心
66. 江西省高速集团赣粤高速昌泰公司泰和收费所
67. 江西省高速集团赣粤高速九景管理处鄱阳收费所
68. 江西省高速集团赣粤高速九景管理处湖口收费所
69. 江西省高速集团赣粤高速九景管理处景德镇收费所
70. 江西省高速集团赣州管理中心黄金管理所
71. 江西省高速集团赣州管理中心万安管理所
72. 江西省高速集团赣州管理中心遂川管理所
73. 江西省高速集团赣州管理中心南康管理所
74. 江西省高速集团赣州管理中心桥隧管理所
75. 江西省高速集团赣州管理中心昌厦路瑞金收费站
76. 江西省高速集团赣州管理中心昌厦路宁都收费站
77. 江西省高速集团抚州管理中心南昌东收费所
78. 江西省高速集团抚州管理中心幽兰收费所
79. 江西省高速集团抚州管理中心罗针收费所
80. 江西省高速集团抚州管理中心东馆收费所
81. 江西省高速集团抚州管理中心南城收费所
82. 江西省高速集团抚州管理中心熊村收费所
83. 江西省高速集团抚州管理中心黎川收费所
84. 江西省高速集团抚州管理中心塔城收费所
85. 江西省高速集团抚州管理中心监控中心
86. 江西省高速集团抚州管理中心昌厦路南城收费站
87. 江西省高速集团抚州管理中心昌厦路南丰收费站
88. 江西省高速集团抚州管理中心昌厦路广昌收费站
89. 江西省高速集团宜春管理中心新余收费所
90. 江西省高速集团宜春管理中心分宜收费所
91. 江西省高速集团宜春管理中心宜春收费所
92. 江西省高速集团宜春管理中心萍乡收费所
93. 江西省高速集团宜春管理中心江西省界收费所
94. 江西省高速集团宜春管理中心工程队
95. 江西省高速集团泰和管理中心井冈山管理所
96. 江西省高速集团泰和管理中心拿山管理所
97. 江西省高速集团泰和管理中心碧溪管理所
98. 江西省高速集团泰和管理中心桥隧管理所
99. 江西省高速集团泰和管理中心禾市管理所
100. 江西省高速集团泰和管理中心机场管理所
101. 江西省高速集团泰和管理中心养护中心
102. 江西省高速集团景德镇管理中心赋春收费所
103. 江西省高速集团景德镇管理中心江湾收费所
104. 江西省高速集团景德镇管理中心德兴收费所
105. 江西省高速集团景婺黄高速公路景北收费所

106. 江西省高速集团景婺黄高速公路婺源收费所
107. 江西省高速集团上高管理中心天宝收费所
108. 江西省高速集团上高管理中心洞村收费所
109. 江西省高速集团赣粤高速公路工程有限责任公司
110. 江西省高速集团赣粤高速公路养护工程有限责任公司
111. 江西省高速集团天驰高速科技发展有限公司
112. 江西省高速集团嘉和工程咨询监理有限公司
113. 江西省港航管理局赣州分局上犹海事处
114. 江西省港航管理局吉安分局办证中心
115. 江西省港航管理局吉安分局航务工程处
116. 江西省港航管理局界牌航电枢纽管理处水电厂检修车间
117. 江西省港航管理局界牌航电枢纽管理处水电厂运行车间
118. 赣州市石城县公路运输管理所
119. 江西新世纪汽运集团有限公司高速客运分公司赣 B09331#行车组
120. 江西新世纪汽运集团有限公司站务分公司高快客班
121. 江西新世纪汽运集团有限公司站务分公司生产经营科
122. 寻乌县汽车客货站客运服务组
123. 赣县公路运输管理所运政服务大厅
124. 九江市城区公路运输管理所
125. 九江庐山区公路运输管理所
126. 九江长途汽车运输股份有限公司九江长途汽车站售票组
127. 景德镇长运高客公司乘务组
128. 景德镇市公路运输管理处运政服务大厅
129. 吉安市公共交通公司 9 路公交线
130. 江西吉安长运城南车站票房
131. 鹰潭市鸿远汽车技术服务有限公司
132. 萍乡市湘东公路运输管理所
133. 上饶市交通工程质量监督站
134. 江西省桥梁检测加固有限公司
135. 江西省交通工程质量检测中心
136. 江西赣路交通设计研究有限公司
137. 省公路路政管理总队南昌高速路政支队三大队
138. 省公路路政管理总队宜春高速路政支队一大队

2009 年度江西省青年文明号
(2010 年发布,全省交通运输行业 12 个)

1. 江西省高速公路投资集团有限责任公司(下称省高速集团)江西公路开发总公司森林公司信丰收费站
2. 省高速集团江西公路开发总公司景鹰高速公路公司鄱阳收费站
3. 省高速集团江西公路开发总公司景鹰高速公路公司三龙收费站
4. 省高速集团江西公路开发总公司景鹰高速公路公司万年收费站

5. 省高速集团江西公路开发总公司景鹰高速公路公司凤岗收费站
6. 省高速集团江西公路开发总公司景鹰高速公路公司黄金埠收费站
7. 省高速集团江西公路开发总公司赣州管理中心赣州北管理所
8. 省高速集团赣州管理中心于都管理所
9. 省高速集团赣州管理中心会昌北管理所
10. 省高速集团赣州管理中心赣县管理所
11. 省高速集团上高管理中心宜丰收费所
12. 省高速集团上高管理中心养护中心

江西省红十字人道救助功勋单位

江西省交通运输厅
江西省公路管理局

2009年度全省科技成果与技术市场管理工作先进单位（2010年10月发布）

江西省交通运输厅

全省先进社会组织

江西省公路学会
宜春市公路学会
赣州市公路学会

江西省龙虎山和龟峰申报世界自然遗产工作先进单位（省政府表彰单位）

江西省交通运输厅规划处

“江西省高新技术企业”称号获得单位

江西赣粤高速公路股份有限公司

2010年度省交通运输厅厅直单位取得高级专业技术职务任职资格人员

2010年度厅直单位取得高级专业技术职务任职资格人员一览

表25

姓名	所在单位	取得专业技术资格
龙华春	江西省公路与桥梁监理咨询中心	教授级高级工程师
占劲松	江西公路科研设计院	教授级高级工程师
刘 武	江西省公路与桥梁工程局	高级工程师
潘后亮	江西省公路与桥梁工程局	高级工程师
李锦锋	江西省公路机械工程局	高级工程师
严 敏	江西省公路机械工程局	高级工程师
熊华刚	江西省公路机械工程局	高级工程师
熊瑞忠	江西省公路机械工程局	高级工程师
胡 颖	江西省公路机械工程局	高级工程师
徐 伟	江西省公路机械工程局	高级工程师
杨 海	江西省公路机械工程局	高级工程师
王国强	江西省公路机械工程局	高级工程师
曾 莉	江西省公路机械工程局	高级工程师
张明涛	江西公路与桥梁监理咨询中心	高级工程师
李 晓	江西公路与桥梁监理咨询中心	高级工程师
黎常保	江西省公路机械工程局	高级工程师
廖小春	江西省交通工程集团公司	高级工程师
朱为細	江西省交通工程集团公司	高级工程师
游勇利	江西公路科研设计院	高级工程师
李璞玉	江西省交通工程集团公司	高级会计师
吴小欢	江西省公路与桥梁工程局	高级会计师
罗 春	省港航管理局	教授级高级工程师
王小明	省港航管理局	高级工程师
严忠平	省港航管理局	高级工程师
姚红良	省港航管理局	高级工程师
岳红斌	省港航管理局	高级工程师
赵 昱	省港航管理局	高级工程师
陶红兵	省港航管理局	高级工程师

续表 25

姓名	所在单位	取得专业技术资格
陈长珠	省港航管理局	高级工程师
杨晓波	省港航管理局	高级工程师
朱文明	省港航管理局	高级工程师
邓引东	省港航管理局	高级工程师
冯　燕	省港航管理局	高级经济师
张　华	省港航管理局	高级会计师
黄建华	省港航管理局	高级会计师
孙　斌	省高速公路投资集团公司	教授级高级工程师
程其瑜	省高速公路投资集团公司	高级工程师
况小根	省高速公路投资集团公司	高级工程师
徐重财	省高速公路投资集团公司	高级工程师
叶剑勇	省高速公路投资集团公司	高级工程师
汤晓晖	省高速公路投资集团公司	高级工程师
李希友	省高速公路投资集团公司	高级工程师
张德胜	省高速公路投资集团公司	高级工程师
黄为民	省高速公路投资集团公司	高级工程师
艾家平	省高速公路投资集团公司	高级工程师
张　青	省高速公路投资集团公司	高级工程师
饶幸福	省高速公路投资集团公司	高级工程师
黄智华	省高速公路投资集团公司	高级工程师
吴革森	省高速公路投资集团公司	高级工程师
王期生	省高速公路投资集团公司	高级工程师
范晓龙	省高速公路投资集团公司	高级工程师
艾剑峰	省高速公路投资集团公司	高级工程师
万长明	省高速公路投资集团公司	高级工程师
陈大久	省高速公路投资集团公司	高级工程师
凌礼俊	省高速公路投资集团公司	高级工程师
王国胜	省高速公路投资集团公司	高级工程师
余向忠	省高速公路投资集团公司	高级工程师
唐乾富	省高速公路投资集团公司	高级工程师
胡孝望	省高速公路投资集团公司	高级工程师
廖文华	省高速公路投资集团公司	高级工程师
袁成海	省高速公路投资集团公司	高级工程师
仰建岗	省高速公路投资集团公司	高级工程师
李云婷	省高速公路投资集团公司	高级经济师

续表25

姓名	所在单位	取得专业技术资格
夏　莹	省高速公路投资集团公司	高级经济师
章发平	省高速公路投资集团公司	高级经济师
罗时彪	省高速公路投资集团公司	高级经济师
郭建华	省高速公路投资集团公司	高级经济师
缪立立	省高速公路投资集团公司	高级会计师
邓建杰	省高速公路投资集团公司	高级会计师
董丽琴	省高速公路投资集团公司	高级会计师
季柳根	江西省公路路政管理总队抚州高速公路支队	高级工程师
朱烈豪	江西省交通工程质量监督站	高级工程师
余　俊	江西省交通工程质量监督站	高级工程师
王胜华	江西省高速公路联网管理中心	高级工程师
徐世田	江西交通咨询公司	教授级高级工程师
严绍洋	江西交通咨询公司	教授级高级工程师
林　毅	江西交通咨询公司	副研究员(自科)
喻文俊	江西交通咨询公司	高级工程师
欧阳天庭	江西交通咨询公司	高级工程师
喻湘秀	江西交通咨询公司	高级工程师
余剑锋	江西交通咨询公司	高级工程师
龚莉萍	江西省交通运输厅规划办公室	高级工程师
李维勋	江西交通职业技术学院	教授(高职)
万耀明	江西交通职业技术学院	教授(高职)
邹小明	江西交通职业技术学院	教授(高职)
成海涛	江西交通职业技术学院	副教授(高职)
崔桂华	江西交通职业技术学院	副教授(高职)
丁荔芳	江西交通职业技术学院	副教授(高职)
洪芙蓉	江西交通职业技术学院	副教授(高职)
李　玮	江西交通职业技术学院	副教授(高职)
李小伍	江西交通职业技术学院	副教授(高职)
帅梅花	江西交通职业技术学院	副教授(高职)
余　艳	江西交通职业技术学院	副教授(高职)
张正辉	江西交通职业技术学院	副教授(高职)
何世松	江西交通职业技术学院	副教授(高职)
胡丽娜	江西交通职业技术学院	副教授(高职)
黄盈盈	江西交通职业技术学院	副教授(高职)
贾颖莲	江西交通职业技术学院	副教授(高职)

续表 25

姓名	所在单位	取得专业技术资格
吴明德	江西交通职业技术学院	高级工程师
聂莉萍	江西交通职业技术学院	高级工程师
徐佩英	江西交通职业技术学院	高级工程师
吴映辉	江西交通职业技术学院	高级工程师
刘军林	江西省交通设计院	教授级高级工程师
徐　变	江西省交通设计院	教授级高级工程师
张　弦	江西省交通设计院	教授级高级工程师
张　璟	江西省交通设计院	高级工程师
陈武军	江西省交通设计院	高级工程师
龚雪松	江西省交通设计院	高级工程师
尹　莉	江西省交通设计院	高级工程师
刘连生	江西省交通设计院	高级工程师
刘玉华	江西省交通设计院	高级工程师
肖林朵	江西省交通设计院	高级工程师
雷晓坤	江西省交通设计院	高级工程师
熊先达	江西省交通设计院	高级工程师
胡　斌	江西省交通设计院	高级工程师
蓝贤松	江西省交通设计院	高级工程师
邓　红	江西省交通设计院	高级工程师
徐　健	江西省交通设计院	高级工程师
谢吉林	江西省交通设计院	高级工程师
谢路锋	江西省交通设计院	高级工程师
刘　勇	江西省交通设计院	高级工程师
隋玉明	江西省交通设计院	高级工程师
陈斌文	江西省交通设计院	高级工程师
丁　青	江西省交通科学研究院	研究员(自科)
叶　快	江西省交通科学研究院	高级工程师
吴英淑	江西省交通科学研究院	高级工程师
刘建生	江西公路开发总公司	高级工程师
杨美群	江西公路开发总公司	高级工程师
钟声亮	江西公路开发总公司	高级工程师
徐　青	江西公路开发总公司	高级工程师
周莉梅	江西省交通运输厅信息中心	高级会计师

中华人民共和国内河船舶船员适任考试和发证规则

（中华人民共和国交通运输部令 2010年第1号）

第一章 总 则

第一条 为了提高内河船舶船员素质,保障水上人命和财产安全,保护水域环境,根据《中华人民共和国船员条例》和《中华人民共和国内河交通安全管理条例》,制定本规则。

第二条 本规则适用于内河船舶船员的适任考试和《内河船舶船员适任证书》(以下简称《适任证书》)的签发。

第三条 国务院交通运输主管部门主管全国内河船舶船员适任考试和发证工作。

国家海事管理机构在国务院交通运输主管部门的领导下,对全国内河船舶船员适任考试和发证工作进行统一管理。

各级海事管理机构按照国家海事管理机构确定的权限范围具体负责内河船舶船员适任考试和发证工作。

按照本条第三款规定具体负责内河船舶船员适任考试的海事管理机构以下简称考试机构,具体负责内河船舶船员适任发证的海事管理机构以下简称发证机构。

第四条 国家海事管理机构应当及时向社会公布考试机构和发证机构的名录及权限。

第五条 内河船舶船员适任考试和发证应当遵循公平、公正、公开、便民的原则。

考试机构和发证机构应当建立健全适任考试、发证的各项制度，并及时向社会发布相关信息，为船员参加适任考试和办理《适任证书》提供便利。

第二章 《适任证书》的签发

第六条 《适任证书》包含以下基本内容：

（一）持证人姓名、性别、出生日期；

（二）证书类别、编号；

（三）持证人职务资格、适任的航区（线）；

（四）证书签发日期和有效期截止日期；

（五）发证机构；

（六）其他需要规定的内容。

《适任证书》由国家海事管理机构统一印制。

第七条 《适任证书》按照船员任职的内河船舶的总吨位或者主推进动力装置总功率分为以下类别：

（一）一类《适任证书》：适用于在1000总吨及以上或者500千瓦及以上的内河船舶上任职的船员；

（二）二类《适任证书》：适用于在300总吨及以上至1000总吨或者150千瓦及以上至500千瓦的内河船舶上任职的船员；

（三）三类《适任证书》：适用于在300总吨以下或者150千瓦以下的内河船舶上任职的船员。

第八条 《适任证书》适用的船员职务资格分别为：

（一）一类《适任证书》：船长、大副、二副、三副；轮机长、大管轮、二管轮、三管轮；

（二）二类和三类《适任证书》：船长、驾驶员；轮机长、轮机员。

第九条 内河船舶船长和担任驾驶部职务船员的《适任证书》类别按照船舶总吨位确定，担任轮机部职务船员的《适任证书》类别按照船舶主推进动力装置总功率确定，内河船舶中拖轮的船长和担任驾驶部职务船员的《适任证书》类别按照拖轮的主推进动力装置总功率确定。

第十条 取得《适任证书》，应当具备下列条件：

（一）已经取得船员服务簿；

（二）符合国家海事管理机构规定的内河船舶船员适任岗位健康标准；

（三）经过与所申请《适任证书》类别、职务资格相对应的内河船舶船员适任培训；

（四）通过国家海事管理机构规定相应科目的内河船舶船员适任考试；

（五）具备本规则附件规定的内河船舶船员有效水上服务资历，并且任职表现和安全记录良好。

第十一条 曾经在军事船舶或者渔业船舶上担任驾驶部、轮机部职务的船员，以及曾经在海船上担任船长或者驾驶部职务并持有有效的《海船船员适任证书》的船员，具备下列条件的，可以申请相应的《适任证书》：

（一）拟申请证书类别和职务资格不高于其在军事船舶、渔业船舶或者海船上相应的证书类别和职务资格；

（二）符合国家海事管理机构规定的内河船舶船员适任岗位健康标准；

（三）在军事船舶、渔业船舶或者海船上的水上服务资历能够与本规则附件规定的水上服务资历相适应，且任职表现和安全记录良好；

（四）通过国家海事管理机构规定科目的内河船舶船员适任考试。

曾经在海船上担任轮机部职务的船员，具备本条第一款第（一）、（二）、（三）项规定条件的，可以凭有效的《海船船员适任证书》直接申请对应的《适任证书》。

第十二条 在内河危险品船、客船等特殊船舶上任职的船员，除应当具备第十条或者第十一条规定的条件外，还应当完成相应的特殊培训并取得培训合格证明。

第十三条 已经取得《适任证书》，申请延伸航区（线）的，应当通过所申请航区（线）的适任考试。

第十四条 《适任证书》的有效期不超过5年。

持证人具备下列条件的，可以在《适任证书》有效期届满前1年内向原发证机构申请《适任证书》重新签发：

（一）符合国家海事管理机构规定的内河船

舶船员适任岗位健康标准;

(二)在《适任证书》有效期内,持证人在内河船舶上任职不少于1年零6个月,且符合下列情形之一:

1. 任职与《适任证书》所载类别、职务资格相对应;

2. 任职与《适任证书》所载类别相同,但比《适任证书》所载职务资格低一级;

3. 任职与《适任证书》所载职务资格相对应,但在低一类别《适任证书》所对应的船舶上任职。

(三)任职表现和安全记录良好。

持证人在《适任证书》有效期届满后1年内向发证机构申请《适任证书》重新签发的,除应当符合本条第二款第(一)、(二)、(三)项规定的条件外,还应当通过国家海事管理机构规定的同类别同职务资格的内河船舶船员实际操作考试。

第十五条 《适任证书》损坏、遗失需补发的,持证人应当向原发证机构申请。

《适任证书》被依法扣留期间,持证人不得申请补发《适任证书》。

第十六条 初次申请《适任证书》的,可以向任何有相应类别《适任证书》发证权限的发证机构提出申请;已经取得《适任证书》,申请改变《适任证书》所载类别、职务资格的,应当向原发证机构提出申请。

按照本条第一款提出申请的,应当提交下列材料:

(一)内河船舶船员适任证书申请表;

(二)申请人身份证明;

(三)船员服务簿;

(四)最近1年内的县级以上医疗机构出具的符合内河船舶船员适任岗位健康标准的体检证明;

(五)符合发证机构要求规格、数量的照片;

(六)内河船舶船员适任培训证明;

(七)内河船舶船员适任考试成绩证明。

按照第十一条规定申请《适任证书》的,可以向任何有相应类别《适任证书》发证权限的发证机构提交本条第二款第(一)、(二)、(三)、(四)、(五)、(七)项规定的材料,以及其在军事船舶、渔业船舶或者海船上的服务资历、任职表现和安全记录证明。

申请适任航区(线)扩大或者延伸的,应当向负责相应航区(线)发证工作的发证机构提交本条第二款第(一)、(二)、(七)项规定的材料。

第十七条 申请《适任证书》重新签发的,应当向原发证机构提交第十六条第二款第(一)、(二)、(三)、(四)、(五)项规定的材料;需要通过内河船舶船员实际操作考试的,还应当提交相应的考试成绩证明。

申请《适任证书》补发的,应当向原发证机构提交下列材料:

(一)内河船舶船员适任证书申请表;

(二)申请人身份证明;

(三)在发行范围覆盖原《适任证书》适用航区(线)范围的报纸上所登载的《适任证书》遗失声明(《适任证书》遗失申请补发时适用);

(四)原《适任证书》原件(《适任证书》损坏申请补发时适用)。

第十八条 持证人任职不得高于《适任证书》所记载的类别和职务资格,也不得超出《适任证书》所记载的航区(线)。

第三章 适任考试

第十九条 内河船舶船员的适任考试分为理论考试和实际操作考试。

理论考试应当以理论知识为主要考试内容,重点对内河船舶船员专业知识的掌握和理解程度进行书面测试。实际操作考试应当通过对相应船舶、模拟器或者其他设备的操作等方式,对内河船舶船员专业知识综合运用、操作及应急等能力进行技能测评。

第二十条 适任考试大纲、考试科目和考场规则由国家海事管理机构确定并公布。

第二十一条 申请适任考试者应当向有相应适任考试权限的考试机构提交下列材料:

(一)适任考试报名表:主要包括考生基本情况、报考《适任证书》类别、职务资格、航区(线)等内容;

(二)申请人身份证明;

(三)船员服务簿;

(四)符合考试机构要求规格、数量的照片。

第二十二条 考试机构应当于适任考试开始5日前向申请人发放准考证,并告知申请人适任考试的时间、地点以及查询考试成绩的途径等事项。

第二十三条　适任考试不合格者，可以自初次适任考试准考证签发之日起2年内申请补考。逾期不能通过全部理论考试和实际操作考试的，所有理论考试和实际操作考试成绩失效。

第二十四条　考试机构应当在理论考试或者实际操作考试结束后30日内公布相应考试成绩。适任考试成绩自理论考试和实际操作考试相应科目均合格后1年内有效。

第四章　法律责任

第二十五条　伪造、变造、买卖《适任证书》的，由海事管理机构对《适任证书》予以没收，处2万元以上10万元以下的罚款，有违法所得的，还应当没收违法所得。

第二十六条　隐瞒有关情况或者提供虚假材料申请《适任证书》的，发证机构不予受理或者不予签发《适任证书》，并给予警告；申请人在1年内不得再次申请与前次申请类别、职务资格相同的《适任证书》。

第二十七条　以欺骗、贿赂等不正当手段取得《适任证书》的，由发证机构或者其上级海事管理机构吊销《适任证书》，并处2000元以上2万元以下罚款。

第二十八条　因违反本规则或者其他水上交通安全法规的规定，被海事管理机构吊销《适任证书》的，自被吊销之日起2年内，不得申请《适任证书》；但因内河船舶发生交通事故后逃逸，被海事管理机构吊销《适任证书》的，自被吊销之日起5年内，不得申请《适任证书》。

第二十九条　考试机构、发证机构有下列情形之一的，由国家海事管理机构责令改正；情节严重的，限制或者取消其开展适任考试、发证工作的资格：

（一）违反行政许可法规规定的程序开展适任考试、发证工作的；

（二）超越权限开展适任考试或者签发《适任证书》的；

（三）对不具备条件的申请人签发《适任证书》的。

第五章　附　　则

第三十条　本规则下列用语的含义：

（一）"内河船舶"，是指符合内河船舶建造规范，仅在内河通航水域航行的各类船舶，但不包括军事船舶、渔业船舶和体育运动船舶；

（二）"任职表现和安全记录良好"，是指自申请之日起向前计算5年内未发生负有直接责任的大事故及以上等级事故；

（三）"驾驶部职务"，是指大副、二副、三副、驾驶员；

（四）"轮机部职务"，是指轮机长、大管轮、二管轮、三管轮、轮机员。

第三十一条　教学内容满足内河船舶船员适任考试大纲要求的全日制中等职业及以上的教育机构，经国家海事管理机构认可后，其船舶驾驶类和轮机类专业毕业考试可以替代相应的内河船舶船员理论考试。

本条第一款规定的教育机构的船舶驾驶类和轮机类毕业生如果符合船员适任岗位健康标准，且具备本规则附件所规定相应的船舶水上服务资历，持有船员服务簿，并通过实际操作考试的，可以直接申请相应的内河船舶三副、驾驶员或者三管轮、轮机员职务资格的《适任证书》。

第三十二条　本规则自2011年1月1日起施行。2005年3月21日由原交通部颁布的《中华人民共和国内河船舶船员适任考试发证规则》（交通部令〔2005〕年第1号）同时废止。

（附件内容详见交通运输部网站 http://www.moc.gov.cn）

交通运输行政执法评议考核规定

(中华人民共和国交通运输部令 2010 第2号)

第一章 总 则

第一条 为了加强交通运输行政执法监督,落实执法责任,提高执法水平,规范交通运输行政执法评议考核工作,根据国务院《全面推进依法行政实施纲要》和国务院办公厅《关于推行行政执法责任制的若干意见》,制定本规定。

第二条 交通运输行政执法评议考核是指上级交通运输主管部门对下级交通运输主管部门、部直属系统上级管理机构对下级管理机构、各级交通运输主管部门对所属行政执法机构和行政执法人员行使行政执法职权、履行法定义务的情况进行评议考核。

第三条 交通运输部主管和指导全国执法评议考核工作。

地方各级交通运输主管部门在各自的职责范围内负责管理和组织本辖区的执法评议考核工作。

各级交通运输主管部门的法制工作机构负责具体组织实施本辖区的执法评议考核工作。

第四条 执法评议考核应当遵守严格依法、公开公正、有错必纠、奖罚分明的原则。

第二章 执法评议考核的内容与标准

第五条 执法评议考核的主要内容包括:

(一)在行政处罚过程中的执法情况;

(二)在行政强制过程中的执法情况;

(三)办理行政许可的情况;

(四)办理行政复议、行政诉讼、国家赔偿以及控告申诉案件的情况;

(五)开展执法监督和执法责任追究工作的情况。

第六条 执法评议考核的基本标准:

(一)行政执法主体合法;

(二)行政执法内容符合执法权限,适用执法依据适当;

(三)行政执法行为公正、文明、规范;

(四)行政执法决定的内容合法、适当;

(五)行政执法程序合法、规范;

(六)法律文书规范、完备;

(七)依法制定有关行政执法工作的规范性文件,文件内容不与国家法律、行政法规、规章及上级规范性文件相抵触;

(八)在登记、统计、上报各类执法情况的工作中,实事求是,严格遵守有关规定,无弄虚作假、隐瞒不报的情形。

第七条 行政处罚和行政强制工作应当达到以下标准:

(一)行政执法主体合法,符合管辖规定;

(二)行政执法符合执法权限,无越权处罚情形;

(三)案件事实清楚,证据确实充分;

(四)调查取证合法、及时、客观、全面,无篡改、伪造、隐瞒、毁灭证据以及因故意或者严重过失导致证据无法取得等情形;

(五)定性及适用法规准确,处理适当;

(六)行政执法程序合法;

(七)对依法暂扣、罚没的财务妥善保管、依法处置,无截留、坐支、私分、挪用或者以其他方式侵吞等情形;

(八)依法履行告知的义务,保障行政管理相对人的陈述、申辩和要求听证的权利;

(九)法律文书规范、完备。

第八条 行政许可工作应当达到以下标准:

(一)行政许可的实施主体合法,具有相应的行政许可权;

（二）行政许可的实施主体已经按照有关规定，将行政许可事项、依据、条件以及受理要求等相关内容予以公示；

（三）依法履行告知的义务，保障行政许可申请人和利害关系人要求听证的权利；

（四）行政许可的受理、审查、决定和听证程序合法；

（五）法律文书规范、完备。

第九条　办理行政复议、行政诉讼、国家赔偿以及控告申诉案件应当达到以下标准：

（一）依法办理行政复议案件，无符合法定受理条件不依法受理、不依法作出复议决定或者复议决定被人民法院依法撤销等情形；

（二）对行政诉讼案件依法应诉，无拒不出庭、不提出诉讼证据和答辩意见等情形；

（三）依法进行国家赔偿，对违法行为无拖延确认、不予确认或不依法理赔等情形；

（四）依法、及时处理控告申诉，无推诿、拖延、敷衍等情形。

第十条　开展执法监督和执法责任追究工作应当达到以下标准：

（一）严格执行上级交通运输行政主管部门的监督决定和命令，无拒不执行、拖延执行等情形；

（二）对已经发现的错误案件及时纠正，无故意隐瞒、拒不纠正的情形；

（三）依法及时追究有关责任人的过错责任，无应当追究而不追究或者降格追究的情形。

第三章　执法评议考核的组织与实施

第十一条　交通运输部负责组织开展全国交通运输系统的执法评议考核工作。

部海事局、长江航务管理局应当组织开展对本系统的执法评议考核工作。

地方各级交通运输主管部门应当对下级交通运输主管部门及其所属执法机构的执法情况按照本规定开展日常执法评议考核和年度执法评议考核工作，并将年度执法评议考核结果报送上一级交通运输主管部门。

第十二条　交通运输部对省级交通运输主管部门执法评议考核结果予以通报。

部海事局、长江航务管理局对本系统执法评议考核结果予以通报。

省级交通运输主管部门应当将年度执法评议考核结果在本辖区内予以通报。

第十三条　开展年度执法评议考核工作可以成立以本级交通运输主管部门相关负责人任组长，交通运输有关部门或者机构参加的考核领导小组。考核小组的日常工作可以由各级交通运输主管部门法制工作机构负责具体实施。

第十四条　执法评议考核实行百分制，根据考核的内容范围确定各项考核内容所占分数。省级交通运输主管部门、部直属系统应结合本地、本系统实际情况确定统一的考核项目和评分标准。

执法评议考核结果以年度计分为准，分为优秀、达标、不达标三档。

第十五条　行政执法机构具有下列情形之一的，该年度执法评议考核结果应当确定为不达标：

（一）违法执法导致行政相对人伤亡或者引发群体性事件，造成恶劣社会影响的；

（二）违法执法拒不纠正导致行政相对人长期赴京、到省上访的；

（三）违法执法导致媒体集中报道引起社会公众广泛关注、造成较为严重负面影响的；

（四）对上级指出的严重违法问题未予改正的；

（五）弄虚作假、对已生效的执法文书等执法卷宗材料进行事后加工、修改、完善的；

（六）拒绝接受或者不积极配合执法评议考核的。

第十六条　执法评议考核应当将内部评议与外部评议相结合。

内部执法评议考核的主要方法包括：

（一）审阅有关报告材料、听取情况汇报；

（二）组织现场检查或者暗访活动；

（三）评查执法案卷，调阅相关文件、资料；

（四）进行专项工作检查或者专案调查；

（五）对行政执法人员进行法律水平测试。

外部执法评议考核的主要方法包括：

（一）召开座谈会；

（二）发放执法评议卡；

（三）设立公众意见箱；

（四）开通执法评议专线电话；

（五）聘请监督评议员；

(六)发放问卷调查表;

(七)举行民意测验。

第十七条 有下列情形之一的,应当在执法评议考核结果中适当加分:

(一)在重大社会事件中行使行政执法职权或者履行法定义务及时、适当,在本地区或者本系统反响良好的;

(二)落实行政执法责任制工作扎实,总结典型经验,被上级主管部门推广的。

第十八条 对违法执法自查自纠,并依法追究执法过错责任的,可以减少扣分。

第十九条 上级交通运输主管部门可以对下级交通运输主管部门的执法评议考核结果进行复核。

第二十条 对执法评议考核结果有异议的,相关单位可以自结果通报之日起15日内向负责执法评议考核的交通运输主管部门提出书面申诉。负责执法评议考核的交通运输主管部门根据情况可以重新组织人员复查,并将复查结果书面通知申诉单位。

第二十一条 各级交通运输主管部门应当建立行政执法评议考核档案,如实记录日常执法评议考核情况,作为年度执法评议考核的重要依据。

第二十二条 各级地方交通运输主管部门要建立执法反馈制度,适时邀请执法相对人开展执法反馈工作,改进执法工作,提高行政执法水平。

第四章 奖 惩

第二十三条 执法评议考核结果是衡量交通运输主管部门及其所属执法机构工作实绩的重要指标。对考核结果为优秀的单位要予以通报表彰;连续三年被评为优秀的,对单位及主要领导给予嘉奖。

凡申报交通运输系统全国性荣誉的,执法评议考核结果应当是优秀。

第二十四条 对执法评议考核结果不达标的单位,应当予以通报批评,责令限期整改,并取消其当年评优受奖资格。

第二十五条 在执法评议考核过程中,发现已办结的案件或者执法活动确有错误或不适当的,应当依法及时纠正。需要追究有关领导或者直接责任人员执法责任的,依照相关规定予以追究。

第二十六条 上级交通运输主管部门应当根据执法评议考核结果及执法工作需要,向执法考核中未达标的执法机构派出执法督导组进行有针对性的执法指导,与基层执法机构共同执法,发现问题,及时纠正。

第五章 附 则

第二十七条 本办法自2010年10月1日施行。

中华人民共和国船舶识别号管理规定

(中华人民共和国交通运输部令 2010年第4号)

第一条 为便于船舶识别,加强船舶管理,维护水上交通安全,保护水域环境,制定本规定。

第二条 依照或者拟依照《中华人民共和国船舶登记条例》在中国登记的船舶,应当按照本规定取得船舶识别号。

本规定所称船舶识别号,是指用于永久识别船舶的唯一编码。

船舶识别号由英文字母CN和11位阿拉伯数字组成。CN代表中国,11位阿拉伯数字的前四位表示船舶安放龙骨的年份,第5至10位是随机编号,第11位是校验码。

第三条 中华人民共和国海事局是船舶识别

号主管机关，负责船舶识别号的授予和统一管理。

中华人民共和国海事局以下简称中国海事局。

经中国海事局授权开展船舶登记业务的海事管理机构负责船舶识别号的申请受理和材料审查工作。

各级海事管理机构具体负责船舶识别号的监督管理工作。

第四条　每一艘船舶只能申请并使用一个船舶识别号，船舶识别号一经取得不再改变。

船舶发生灭失、拆解、卖往境外或者转为军事、渔业、体育运动船舶等情况时，船舶识别号予以封存，不再授予其他船舶。

第五条　本规定生效前，已经在中国登记的船舶由中国海事局统一分配船舶识别号，发放船舶识别电子标签。

其他船舶按照以下规定申请船舶识别号：

（一）境内建造的新建船舶，船舶建造人应当在安放龙骨或者处于相似建造阶段后10个工作日内向船舶建造地的船舶登记机关申请；

（二）境外建造并拟在中国登记的新建船舶，船舶定造人应当在安放龙骨或者处于相似建造阶段后10个工作日内向拟申请登记地的船舶登记机关申请；

（三）从境外购买、以光船条件从境外租进或者船舶由其他用途转为《中华人民共和国船舶登记条例》适用的船舶，船舶所有人或者光船承租人应当在申请初次检验或者相应检验手续前向拟申请船舶登记地的船舶登记机关申请。

第六条　申请船舶识别号应当提交以下材料：

（一）船舶识别号申请表；

（二）申请人身份证明文件；委托他人申请的，需提交授权委托书及被委托人身份证明文件；

（三）船舶所有权取得证明文件或者船舶建造合同、光船租赁合同；

（四）属新建船舶的，需提交经批准的船舶设计资料；其他船舶提交船舶基本技术资料。

申请人应当如实填写和提交申请材料，并对申请材料的真实性负责。

第七条　受理船舶识别号申请的海事管理机构应当对材料进行审查，并在3个工作日内填写审查意见报中国海事局。

中国海事局结合审查意见对申请进行复审，对符合规定的在2个工作日内授予船舶识别号，并发放船舶标识电子标签。

船舶标识电子标签应当随船携带，并粘贴在船舶驾驶台或者其他显著位置。

第八条　新建船舶的识别号应当永久性标记在机器处所主推进动力装置尾轴附近的船体内侧。没有主推进动力装置的，标记在船舶检验机构指定的位置。

船舶识别号的标记位置应当适宜安放与查验。

第九条　新建船舶的钢质船舶，应当采用凸出钢质字符焊接的方式永久性标记船舶识别号；非钢质船舶采用船舶检验机构认可并能够永久保持的方式标记。

永久性标记的船舶识别号应当清晰可辨。

第十条　船舶识别号在船体上的永久性标记采用宋体，船长20米及以上的船舶，船舶识别号字符高度为10厘米，船长20米以下的船舶字符高度为5厘米。

第十一条　船舶检验机构应当对船舶识别号在船体上标记的情况进行检验，并将标记位置、方式、字符等情况记录在船舶检验报告中。

第十二条　海事管理机构、船舶检验机构应当将船舶识别号记载在所核发的船舶登记证书、船舶最低安全配员证书和船舶检验证书等相关证书以及管理档案中。

海事管理机构在日常监督管理查验前款所述相应证书时，应当查验船舶识别号的记载情况。

第十三条　申请人以欺骗或者其他不正当手段取得船舶识别号的，海事管理机构应当报中国海事局撤销其船舶识别号，并处5000元以上3万元以下的罚款。

第十四条　未按本规定取得船舶识别号或者未将船舶识别号在船体上永久标记或者粘贴的，由海事管理机构责令改正，并可处3000元以上3万元以下的罚款。

第十五条　本规定自2011年1月1日起施行。

关于修改《道路危险货物运输管理规定》的决定

(中华人民共和国交通运输部令 2010年第5号)

关于《修改〈道路危险货物运输管理规定〉的决定》已于2010年10月8日经第九次部务会议通过,现予公布,自2011年1月1日起施行。

部长:李盛霖

二○一○年十月二十七日

一、将第二条第一款修改为:“从事道路危险货物运输经营和使用自备车辆从事为本单位服务的非经营性道路危险货物运输的,应当遵守本规定。放射性物品和军事危险货物运输除外。”

二、将第三条第一款修改为:“本规定所称危险货物,是指具有爆炸、易燃、毒害、腐蚀等特性,在运输、装卸和储存过程中,容易造成人身伤亡、财产毁损和环境污染而需要特别防护的货物。危险货物以列入国家标准《危险货物品名表》(GB12268)的为准,未列入《危险货物品名表》的,以有关法律、行政法规的规定或者国务院有关部门公布的结果为准。”

三、将第八条第(一)项修改为:“有符合下列要求的专用车辆及设备:

1. 自有专用车辆5辆以上;

2. 专用车辆技术性能符合国家标准《营运车辆综合性能要求和检验方法》(GB18565)的要求,车辆外廓尺寸、轴荷和质量符合国家标准《道路车辆外廓尺寸、轴荷和质量限值》(GB1589)的要求,车辆技术等级达到行业标准《营运车辆技术等级划分和评定要求》(JT/T198)规定的一级技术等级;

3. 配备有效的通讯工具;

4. 有符合安全规定并与经营范围、规模相适应的停车场地。具有运输剧毒、爆炸和Ⅰ类包装危险货物专用车辆的,还应当配备与其他设备、车辆、人员隔离的专用停车区域,并设立明显的警示标志;

5. 配备有与运输的危险货物性质相适应的安全防护、环境保护和消防设施设备;

6. 运输剧毒、爆炸、易燃危险货物的,应当具备罐式车辆或厢式车辆、专用容器,车辆应当安装行驶记录仪或定位系统;

7. 罐式专用车辆的罐体应当经质量检验部门检验合格。运输爆炸、强腐蚀性危险货物的罐式专用车辆的罐体容积不得超过20立方米,运输剧毒危险货物的罐式专用车辆的罐体容积不得超过10立方米,但符合国家有关标准的罐式集装箱除外;

8. 运输剧毒、爆炸、强腐蚀性危险货物的非罐式专用车辆,核定载质量不得超过10吨,但运输符合国家有关标准的集装箱的非罐式专用车辆除外。”

四、将第十条第(五)项修改为:“拟投入车辆承诺书,内容包括专用车辆数量、类型、技术等级、通讯工具配备、总质量、核定载质量、车轴数以及车辆外廓长、宽、高等情况,罐式专用车辆的罐体容积,罐体容积与车辆载质量匹配情况,运输剧毒、爆炸、易燃危险货物的专用车辆配备行驶记录仪或者定位系统情况。若拟投入专用车辆为已购置或者现有的,应提供行驶证、车辆技术等级证书或者车辆技术检测合格证、罐式专用车辆的罐体检测合格证或者检测报告及其复印件。”

五、将第二十九条第一款修改为:“不得使用罐式专用车辆或者运输有毒、腐蚀性危险货物的专用车辆运输普通货物。”

本决定自2011年1月1日起施行。

放射性物品道路运输管理规定

（中华人民共和国交通运输部令　2010年第6号）

第一章　总　　则

第一条　为了规范放射性物品道路运输活动，保障人民生命财产安全，保护环境，根据《道路运输条例》和《放射性物品运输安全管理条例》，制定本规定。

第二条　从事放射性物品道路运输活动的，应当遵守本规定。

第三条　本规定所称放射性物品，是指含有放射性核素，并且其活度和比活度均高于国家规定的豁免值的物品。

本规定所称放射性物品道路运输专用车辆（以下简称专用车辆），是指满足特定技术条件和要求，用于放射性物品道路运输的载货汽车。

本规定所称放射性物品道路运输，是指使用专用车辆通过道路运输放射性物品的作业过程。

第四条　根据放射性物品的特性及其对人体健康和环境的潜在危害程度，将放射性物品分为一类、二类和三类。

一类放射性物品，是指Ⅰ类放射源、高水平放射性废物、乏燃料等释放到环境后对人体健康和环境产生重大辐射影响的放射性物品。

二类放射性物品，是指Ⅱ类和Ⅲ类放射源、中等水平放射性废物等释放到环境后对人体健康和环境产生一般辐射影响的放射性物品。

三类放射性物品，是指Ⅳ类和Ⅴ类放射源、低水平放射性废物、放射性药品等释放到环境后对人体健康和环境产生较小辐射影响的放射性物品。

放射性物品的具体分类和名录，按照国务院核安全监管部门会同国务院公安、卫生、海关、交通运输、铁路、民航、核工业行业主管部门制定的放射性物品具体分类和名录执行。

第五条　从事放射性物品道路运输应当保障安全，依法运输，诚实信用。

第六条　国务院交通运输主管部门主管全国放射性物品道路运输管理工作。

县级以上地方人民政府交通运输主管部门负责组织领导本行政区域放射性物品道路运输管理工作。

县级以上道路运输管理机构负责具体实施本行政区域放射性物品道路运输管理工作。

第二章　运输资质许可

第七条　申请从事放射性物品道路运输经营的，应当具备下列条件：

（一）有符合要求的专用车辆及设备。

1. 专用车辆技术要求。

（1）车辆技术性能符合国家标准《营运车辆综合性能要求和检验方法》（GB18565）的要求，且技术等级达到行业标准《营运车辆技术等级划分和评定要求》（JT/T198）规定的一级技术等级；

（2）车辆外廓尺寸、轴荷和质量符合国家标准《道路车辆外廓尺寸、轴荷和质量限值》（GB1589）的要求；

（3）车辆燃料消耗量符合行业标准《营运货车燃料消耗量限值及测量方法》（JT719）的要求。

2. 专用车辆其他要求。

（1）车辆为企业自有，且数量为5辆以上；

（2）核定载质量在1吨及以下的车辆为厢式或者封闭货车；

（3）车辆配备满足在线监控要求，且具有行驶记录仪功能的卫星定位系统。

3. 设备要求。

（1）配备有效的通讯工具；

（2）配备必要的辐射防护用品和依法经定期

检定合格的监测仪器。

(二)有符合要求的从业人员。

1. 专用车辆的驾驶人员取得相应机动车驾驶证,年龄不超过60周岁;

2. 从事放射性物品道路运输的驾驶人员、装卸管理人员、押运人员经所在地设区的市级人民政府交通运输主管部门考试合格,取得注明从业资格类别为"放射性物品道路运输"的道路运输从业资格证(以下简称道路运输从业资格证);

3. 有具备辐射防护与相关安全知识的安全管理人员。

(三)有健全的安全生产管理制度。

1. 有关安全生产应急预案;

2. 从业人员、车辆、设备及停车场地安全管理制度;

3. 安全生产作业规程和辐射防护管理措施;

4. 安全生产监督检查和责任制度。

第八条 生产、销售、使用或者处置放射性物品的单位(含在放射性废物收贮过程中的从事放射性物品运输的省、自治区、直辖市城市放射性废物库营运单位),符合下列条件的,可以使用自备专用车辆从事为本单位服务的非经营性放射性物品道路运输活动:

(一)持有有关部门依法批准的生产、销售、使用、处置放射性物品的有效证明;

(二)有符合国家规定要求的放射性物品运输容器;

(三)有具备辐射防护与安全防护知识的专业技术人员;

(四)具备满足第七条规定条件的驾驶人员、专用车辆、设备和安全生产管理制度,但专用车辆的数量可以少于5辆。

第九条 国家鼓励技术力量雄厚、设备和运输条件好的生产、销售、使用或者处置放射性物品的单位按照第八条规定的条件申请从事非经营性放射性物品道路运输。

第十条 申请从事放射性物品道路运输经营的企业,应当向所在地设区的市级道路运输管理机构提出申请,并提交下列材料:

(一)《放射性物品道路运输经营申请表》,包括申请人基本信息、拟申请运输的放射性物品范围(类别或者品名)等内容;

(二)企业负责人身份证明及复印件,经办人身份证明及复印件和委托书;

(三)证明专用车辆、设备情况的材料,包括:

1. 未购置车辆的,应当提交拟投入车辆承诺书。内容包括拟购车辆数量、类型、技术等级、总质量、核定载质量、车轴数以及车辆外廓尺寸等有关情况;

2. 已购置车辆的,应当提供车辆行驶证、车辆技术等级证书或者车辆技术检测合格证及复印件等有关材料;

3. 对辐射防护用品、监测仪器等设备配置情况的说明材料。

(四)有关驾驶人员、装卸管理人员、押运人员的道路运输从业资格证及复印件,驾驶人员的驾驶证及复印件,安全管理人员的工作证明;

(五)企业经营方案及相关安全生产管理制度文本。

第十一条 申请从事非经营性放射性物品道路运输的单位,向所在地设区的市级道路运输管理机构提出申请时,除提交第十条第(三)项、第(五)项规定的材料外,还应当提交下列材料:

(一)《放射性物品道路运输申请表》,包括申请人基本信息、拟申请运输的放射性物品范围(类别或者品名)等内容;

(二)单位负责人身份证明及复印件,经办人身份证明及复印件和委托书;

(三)有关部门依法批准生产、销售、使用或者处置放射性物品的有效证明;

(四)放射性物品运输容器、监测仪器检测合格证明;

(五)对放射性物品运输需求的说明材料;

(六)有关驾驶人员的驾驶证、道路运输从业资格证及复印件;

(七)有关专业技术人员的工作证明,依法应当取得相关从业资格证件的,还应当提交有效的从业资格证件及复印件。

第十二条 设区的市级道路运输管理机构应当按照《道路运输条例》和《交通运输行政许可实施程序规定》以及本规定规范的程序实施行政许可。

决定准予许可的,应当向被许可人作出准予行政许可的书面决定,并在10日内向放射性物品道路运输经营申请人发放《道路运输经营许可证》,向非经营性放射性物品道路运输申请人颁发《放射性物品道路运输许可证》。决定不予许可的，应当书面通知申请人并说明理由。

第十三条　对申请时未购置专用车辆，但提交拟投入车辆承诺书的，被许可人应当自收到《道路运输经营许可证》或者《放射性物品道路运输许可证》之日起半年内落实拟投入车辆承诺书。做出许可决定的道路运输管理机构对被许可人落实拟投入车辆承诺书的落实情况进行核实，符合许可要求的，应当为专用车辆配发《道路运输证》。

对申请时已购置专用车辆，且按照第十条、第十一条规定提交了专用车辆有关材料的，做出许可决定的道路运输管理机构应当对专用车辆情况进行核实，符合许可要求的，应当在向被许可人颁发《道路运输经营许可证》或者《放射性物品道路运输许可证》的同时，为专用车辆配发《道路运输证》。

做出许可决定的道路运输管理机构应当在《道路运输证》有关栏目内注明允许运输放射性物品的范围（类别或者品名）。对从事非经营性放射性物品道路运输的，还应当在《道路运输证》上加盖"非经营性放射性物品道路运输专用章"。

第十四条　放射性物品道路运输企业或者单位终止放射性物品运输业务的，应当在终止之日30日前书面告知做出原许可决定的道路运输管理机构。属于经营性放射性物品道路运输业务的，做出原许可决定的道路运输管理机构应当在接到书面告知之日起10日内向将放射性道路运输企业终止放射性物品运输业务的有关情况向社会公布。

放射性物品道路运输企业或者单位应当在终止放射性物品运输业务之日起10日内将相关许可证件缴回原发证机关。

第三章　专用车辆、设备管理

第十五条　放射性物品道路运输企业或者单位应当按照有关车辆及设备管理的标准和规定，维护、检测、使用和管理专用车辆和设备，确保专用车辆和设备技术状况良好。

第十六条　设区的市级道路运输管理机构应当按照《道路货物运输及站场管理规定》的规定定期对专用车辆是否符合第七条、第八条规定的许可条件进行审验，每年审验一次。

第十七条　设区的市级道路运输管理机构应当对监测仪器定期检定合格证明和专用车辆投保危险货物承运人责任险情况进行检查。检查可以结合专用车辆定期审验的频率一并进行。

第十八条　禁止使用报废的、擅自改装的、检测不合格的或者其他不符合国家规定要求的车辆、设备从事放射性物品道路运输活动。

第十九条　禁止专用车辆用于非放射性物品运输，但集装箱运输车（包括牵引车、挂车）、甩挂运输的牵引车以及运输放射性药品的专用车辆除外。

按照本条第一款规定使用专用车辆运输非放射性物品的，不得将放射性物品与非放射性物品混装。

第四章　放射性物品运输

第二十条　道路运输放射性物品的托运人（以下简称托运人）应当制定核与辐射事故应急方案，在放射性物品运输中采取有效的辐射防护和安全保卫措施，并对放射性物品运输中的核与辐射安全负责。

第二十一条　道路运输放射性物品的承运人（以下简称承运人）应当取得相应的放射性物品道路运输资质，并对承运事项是否符合本企业或者单位放射性物品运输资质许可的运输范围负责。

第二十二条　非经营性放射性物品道路运输单位应当按照《放射性物品运输安全管理条例》、《道路运输条例》和本规定的要求履行托运人和承运人的义务，并负相应责任。

非经营性放射性物品道路运输单位不得从事放射性物品道路运输经营活动。

第二十三条　承运人与托运人订立放射性物品道路运输合同前，应当查验、收存托运人提交的下列材料：

（一）运输说明书，包括放射性物品的品名、数量、物理化学形态、危害风险等内容；

（二）辐射监测报告，其中一类放射性物品的辐射监测报告由托运人委托有资质的辐射监测机构出具；二、三类放射性物品的辐射监测报告由托运人出具；

（三）核与辐射事故应急响应指南；

（四）装卸作业方法指南；

(五)安全防护指南。

托运人将本条第一款第(四)项、第(五)项要求的内容在运输说明书中一并作出说明的,可以不提交第(四)项、第(五)项要求的材料。

托运人提交材料不齐全的,或者托运的物品经监测不符合国家放射性物品运输安全标准的,承运人不得与托运人订立放射性物品道路运输合同。

第二十四条 一类放射性物品启运前,承运人应当向托运人查验国务院核安全主管部门关于核与辐射安全分析报告书的审批文件以及公安部门关于准予道路运输放射性物品的审批文件。

二、三类放射性物品启运前,承运人应当向托运人查验公安部门关于准予道路运输放射性物品的审批文件。

第二十五条 托运人应当按照《放射性物质安全运输规程》(GB11806)等有关国家标准和规定,在放射性物品运输容器上设置警示标志。

第二十六条 专用车辆运输放射性物品过程中,应当悬挂符合国家标准《道路危险货物运输车辆标志》(GB13392)要求的警示标志。

第二十七条 专用车辆不得违反国家有关规定超载、超限运输放射性物品。

第二十八条 在放射性物品道路运输过程中,除驾驶人员外,还应当在专用车辆上配备押运人员,确保放射性物品处于押运人员监管之下。运输一类放射性物品的,承运人必要时可以要求托运人随车提供技术指导。

第二十九条 驾驶人员、装卸管理人员和押运人员上岗时应当随身携带道路运输从业资格证,专用车辆驾驶人员还应当随车携带《道路运输证》。

第三十条 驾驶人员、装卸管理人员和押运人员应当按照托运人所提供的资料了解所运输的放射性物品的性质、危害特性、包装物或者容器的使用要求、装卸要求以及发生突发事件故时的处置措施。

第三十一条 放射性物品运输中发生核与辐射事故的,承运人、托运人应当按照核与辐射事故应急响应指南的要求,结合本企业安全生产应急预案的有关内容,做好事故应急工作,并立即报告事故发生地的县级以上人民政府环境保护主管部门。

第三十二条 放射性物品道路运输企业或者单位应当聘用具有相应道路运输从业资格证的驾驶人员、装卸管理人员和押运人员,并定期对驾驶人员、装卸管理人员和押运人员进行运输安全生产和基本应急知识等方面的培训,确保驾驶人员、装卸管理人员和押运人员熟悉有关安全生产法规、标准以及相关操作规程等业务知识和技能。

放射性物品道路运输企业或者单位应当对驾驶人员、装卸管理人员和押运人员进行运输安全生产和基本应急知识等方面的考核;考核不合格的,不得从事相关工作。

第三十三条 放射性物品道路运输企业或者单位应当按照国家职业病防治的有关规定,对驾驶人员、装卸管理人员和押运人员进行个人剂量监测,建立个人剂量档案和职业健康监护档案。

第三十四条 放射性物品道路运输企业或者单位应当投保危险货物承运人责任险。

第三十五条 放射性物品道路运输企业或者单位不得转让、出租、出借放射性物品道路运输许可证件。

第三十六条 县级以上道路运输管理机构应当督促放射性物品道路运输企业或者单位对专用车辆、设备及安全生产制度等安全条件建立相应的自检制度,并加强监督检查。

县级以上道路运输管理机构工作人员依法对放射性物品道路运输活动进行监督检查的,应当按照劳动保护规定配备必要的安全防护设备。

第五章 法律责任

第三十七条 拒绝、阻碍道路运输管理机构依法履行放射性物品运输安全监督检查,或者在接受监督检查时弄虚作假的,由县级以上道路运输管理机构责令改正,处1万元以上2万元以下的罚款;构成违反治安管理行为的,交由公安机关依法给予治安管理处罚;构成犯罪的,依法追究刑事责任。

第三十八条 违反本规定,未取得有关放射性物品道路运输资质许可,有下列情形之一的,由县级以上道路运输管理机构责令停止运输,有违法所得的,没收违法所得,处违法所得2倍以上10倍以下的罚款;没有违法所得或者违法所得不足2万元的,处3万元以上10万元以下的罚款。构成犯罪的,依法追究刑事责任:

（一）无资质许可擅自从事放射性物品道路运输的；

（二）使用失效、伪造、变造、被注销等无效放射性物品道路运输许可证件从事放射性物品道路运输的；

（三）超越资质许可事项，从事放射性物品道路运输的；

（四）非经营性放射性物品道路运输单位从事放射性物品道路运输经营的。

第三十九条　违反本规定，放射性物品道路运输企业或者单位未按规定维护和检测专用车辆的，由县级以上道路运输管理机构责令改正，处1000元以上5000元以下的罚款。

第四十条　违反本规定，放射性物品道路运输企业或者单位擅自改装已取得《道路运输证》的专用车辆的，由县级以上道路运输管理机构责令改正，处5000元以上2万元以下的罚款。

第四十一条　违反本规定，未随车携带《道路运输证》的，由县级以上道路运输管理机构责令改正，对放射性物品道路运输企业或者单位处警告或者20元以上200元以下的罚款。

第四十二条　放射性物品道路运输活动中，由不符合本规定第七条、第八条规定条件的人员驾驶专用车辆的，由县级以上道路运输管理机构责令改正，处200元以上2000元以下的罚款；构成犯罪的，依法追究刑事责任。

第四十三条　违反本规定，放射性物品道路运输企业或者单位有下列行为之一，由县级以上道路运输管理机构责令限期投保；拒不投保的，由原许可的设区的市级道路运输管理机构吊销《道路运输经营许可证》或者《放射性物品道路运输许可证》，或者在许可证件上注销相应的许可范围：

（一）未投保危险货物承运人责任险的；

（二）投保的危险货物承运人责任险已过期，未继续投保的。

第四十四条　违反本规定，放射性物品道路运输企业或者单位非法转让、出租放射性物品道路运输许可证件的，由县级以上道路运输管理机构责令停止违法行为，收缴有关证件，处2000元以上1万元以下的罚款；有违法所得的，没收违法所得。

第四十五条　违反本规定，放射性物品道路运输企业或者单位已不具备许可要求的有关安全条件，存在重大运输安全隐患的，由县级以上道路运输管理机构责令限期改正；在规定时间内不能按要求改正且情节严重的，由原许可机关吊销《道路运输经营许可证》或者《放射性物品道路运输许可证》，或者在许可证件上注销相应的许可范围。

第四十六条　县级以上道路运输管理机构工作人员在实施道路运输监督检查过程中，发现放射性物品道路运输企业或者单位有违规情形，且按照《放射性物品运输安全管理条例》等有关法律法规的规定，应当由公安部门、核安全监管部门或者环境保护等部门处罚情形的，应当通报有关部门依法处理。

第六章　附　则

第四十七条　军用放射性物品道路运输不适用于本规定。

第四十八条　本规定自2011年1月1日起施行。

中华人民共和国船舶及有关作业活动污染海洋环境防治管理规定

(中华人民共和国交通运输部令 2010年第7号)

第一章 总 则

第一条 为了防治船舶及其有关作业活动污染海洋环境,根据《中华人民共和国海洋环境保护法》、《中华人民共和国防治船舶污染海洋环境管理条例》和中华人民共和国缔结或者加入的国际条约,制定本规定。

第二条 防治船舶及其有关作业活动污染中华人民共和国管辖海域适用本规定。

本规定所称有关作业活动,是指船舶装卸、过驳、清舱、洗舱、油料供受、修造、打捞、拆解、污染危害性货物装箱、充罐、污染清除以及其他水上水下船舶施工作业等活动。

第三条 国务院交通运输主管部门主管全国船舶及其有关作业活动污染海洋环境的防治工作。

国家海事管理机构负责监督管理全国船舶及其有关作业活动污染海洋环境的防治工作。

各级海事管理机构根据职责权限,具体负责监督管理本辖区船舶及其有关作业活动污染海洋环境的防治工作。

第二章 一般规定

第四条 船舶的结构、设备、器材应当符合国家有关防治船舶污染海洋环境的船舶检验规范以及中华人民共和国缔结或者加入的国际条约的要求,并按照国家规定取得相应的合格证书。

第五条 船舶应当依照法律、行政法规、国务院交通运输主管部门的规定以及中华人民共和国缔结或者加入的国际条约的要求,取得并随船携带相应的防治船舶污染海洋环境的证书、文书。

海事管理机构应当向社会公布本条第一款规定的证书、文书目录,并及时更新。

第六条 中国籍船舶持有的防治船舶污染海洋环境的证书、文书由国家海事管理机构或者其认可的机构签发;外国籍船舶持有的防治船舶污染海洋环境的证书、文书应当符合中华人民共和国缔结或者加入的国际条约的要求。

第七条 船员应当具有相应的防治船舶污染海洋环境的专业知识和技能,并按照有关法律、行政法规、规章的规定参加相应的培训、考试,持有有效的适任证书或者相应的培训合格证明。

从事有关作业活动的单位应当组织本单位作业人员进行操作技能、设备使用、作业程序、安全防护和应急反应等专业培训,确保作业人员具备相关安全和防治污染的专业知识和技能。

第八条 港口、码头、装卸站和从事船舶修造作业的单位应当按照国家有关标准配备相应的污染监视设施和污染物接收设施。

港口、码头、装卸站以及从事船舶修造、打捞、拆解等有关作业活动的其他单位应当按照国家有关标准配备相应的防治污染设备和器材。

第九条 船舶从事下列作业活动,应当按照《中华人民共和国海事行政许可条件规定》的规定,取得海事管理机构的许可,并遵守相关操作规程,落实安全和防治污染措施:

(一)在沿海港口进行舷外拷铲、油漆作业或者使用焚烧炉的;

(二)在港区水域内洗舱、清舱、驱气以及排放压载水的;

(三)冲洗沾有污染物、有毒有害物质的甲板的；

（四）进行船舶水上拆解、打捞、修造和其他水上、水下船舶施工作业的。

第十条　海事管理机构在依法审批3万载重吨以上油轮的货舱清舱、1万吨以上散装液体污染危害性货物过驳以及沉船打捞、油轮拆解等存在较大污染风险的作业活动时，可以要求申请人进行作业方案可行性研究。

第十一条　任何单位和个人发现船舶及其有关作业活动造成或者可能造成海洋环境污染的，应当立即就近向海事管理机构报告。

第三章　船舶污染物的排放与接收

第十二条　在中华人民共和国管辖海域航行、停泊、作业的船舶排放船舶垃圾、生活污水、含油污水、含有毒有害物质污水、废气等污染物以及压载水，应当符合法律、行政法规、有关标准以及中华人民共和国缔结或者加入的国际条约的规定。

第十三条　船舶不得向依法划定的海洋自然保护区、海洋特别保护区、海滨风景名胜区、重要渔业水域以及其他需要特别保护的海域排放污染物。

依法设立本条第一款规定的需要特别保护的海域的，应当在适当的区域配套设置船舶污染物接收设施和应急设备器材。

第十四条　船舶应当将不符合第十二条规定排放要求以及依法禁止向海域排放的污染物，排入具备相应接收能力的港口接收设施或者委托具备相应接收能力的船舶污染物接收单位接收。

船舶委托船舶污染物接收单位进行污染物接收作业的，其船舶经营人应当在作业前明确指定所委托的船舶污染物接收单位。

第十五条　船舶污染物接收单位进行船舶垃圾、残油、含油污水、含有毒有害物质污水接收作业，应当具有与其作业风险相适应的预防和清除污染的能力，并经海事管理机构批准。

第十六条　船舶污染物接收作业单位应当落实安全与防污染管理制度。进行污染物接收作业的，应当遵守国家有关标准、规程，并采取有效的防污染措施，防止污染物溢漏。

第十七条　船舶污染物接收单位应当在污染物接收作业完毕后，向船舶出具污染物接收单证，如实填写所接收的污染物种类和数量，并由船长签字确认。船舶污染物接收单证上应当注明作业单位名称，作业双方船名，作业开始和结束的时间、地点，以及污染物种类、数量等内容。

船舶应当携带相应的记录簿和船舶污染物接收单证到海事管理机构办理船舶污染物接收证明，并将船舶污染物接收证明保存在相应的记录簿中。

第十八条　国际航行船舶在驶离国内港口前应当将船上污染物清理干净，并在办理出口岸手续时向海事管理机构出示有效的污染物接收证明。

第十九条　船舶进行涉及污染物处置的作业，应当在相应的记录簿内规范填写、如实记录，真实反映船舶运行过程中产生的污染物数量、处置过程和去向。按照法律、行政法规、国务院交通运输主管部门的规定以及中华人民共和国缔结或者加入的国际条约的要求，不需要配备记录簿的，应当将有关情况在作业当日的航海日志或者轮机日志中如实记载。

船舶应当将使用完毕的船舶垃圾记录簿在船舶上保留2年；将使用完毕的含油污水、含有毒有害物质污水记录簿在船舶上保留3年。

第二十条　船舶污染物接收单位应当将接收的污染物交由具有国家规定资质的污染物处理单位进行处理，并每月将船舶污染物的接收和处理情况报海事管理机构备案。

第二十一条　接收处理含有有毒有害物质或者其他危险成份的船舶污染物的，应当符合国家有关危险废物的管理规定。来自疫区船舶产生的污染物，应当经有关检疫部门检疫处理后方可进行接收和处理。

第二十二条　船舶应当配备有盖、不渗漏、不外溢的垃圾储存容器，或者对垃圾实行袋装。

船舶应当对垃圾进行分类收集和存放，对含有有毒有害物质或者其他危险成分的垃圾应当单独存放。

船舶将含有有毒有害物质或者其他危险成分的垃圾排入港口接收设施或者委托船舶污染物接收单位接收的，应当向对方说明此类垃圾所含物质的名称、性质和数量等情况。

第二十三条 船舶应当按照国家有关规定以及中华人民共和国缔结或者加入的国际条约的要求,设置与生活污水产生量相适应的处理装置或者储存容器。

第四章 船舶载运污染危害性货物及其有关作业

第二十四条 本规定所称污染危害性货物,是指直接或者间接进入水体,会损害水体质量和环境质量,从而产生损害生物资源、危害人体健康等有害影响的货物。

国家海事管理机构应当向社会公布污染危害性货物的名录,并根据需要及时更新。

第二十五条 船舶载运污染危害性货物进出港口,承运人或者代理人应当在进出港 24 小时前(航程不足 24 小时的,在驶离上一港口时)向海事管理机构办理船舶适载申报手续;货物所有人或者代理人应当在船舶适载申报之前向海事管理机构办理货物适运申报手续。

货物适运申报和船舶适载申报经海事管理机构审核同意后,船舶方可进出港口、过境停留或者进行装卸作业。

第二十六条 交付运输的污染危害性货物的特性、包装以及针对货物采取的风险防范和应急措施等应当符合国家有关标准、规定以及中华人民共和国缔结或者加入的国际条约的要求;需要经国家有关主管部门依法批准后方可载运的,还需要取得有关主管部门的批准。

船舶适载的条件按照《中华人民共和国海事行政许可条件规定》关于船舶载运危险货物的适载条件执行。

第二十七条 货物所有人或者代理人办理货物适运申报手续的,应当向海事管理机构提交下列材料:

(一)货物适运申报单,包括货物所有人或者代理人有关情况以及货物名称、种类、特性等基本信息;

(二)由代理人办理货物适运申报手续的,应当提供货物所有人出具的有效授权证明;

(三)相应的污染危害性货物安全技术说明书,安全作业注意事项、防范和应急措施等有关材料;

(四)需要经国家有关主管部门依法批准后方可载运的污染危害性货物,应当持有有效的批准文件;

(五)交付运输下列污染危害性货物的,还应当提交下列材料:

1. 载运包装污染危害性货物的,应当提供包装和中型散装容器检验合格证明或者压力容器检验合格证明;

2. 使用可移动罐柜装载污染危害性货物的,应当提供罐柜检验合格证明;

3. 载运放射性污染危害性货物的,应当提交放射性剂量证明;

4. 货物中添加抑止剂或者稳定剂的,应当提交抑止剂或者稳定剂的名称、数量、温度、有效期以及超过有效期时应当采取的措施;

5. 载运限量污染危害性货物的,应当提交限量危险货物证明;

6. 载运污染危害性不明货物的,应当提交符合第三十一条规定的污染危害性评估报告。

第二十八条 承运人或者代理人办理船舶适载申报手续的,应当向海事管理机构提交下列材料:

(一)船舶载运污染危害性货物申报单,包括承运人或者代理人有关情况以及货物名称、种类、特性等基本信息;

(二)海事管理机构批准的货物适运证明;

(三)由代理人办理船舶适载申报手续的,应当提供承运人出具的有效授权证明;

(四)防止油污证书、船舶适载证书、船舶油污损害民事责任保险或者其他财务保证证书;

(五)载运污染危害性货物的船舶在运输途中发生过意外情况的,还应当在船舶载运污染危害性货物申报单内扼要说明所发生意外情况的原因、已采取的控制措施和目前状况等有关情况,并于抵港后送交详细报告;

(六)列明实际装载情况的清单、舱单或者积载图;

(七)拟进行装卸作业的港口、码头、装卸站。

定船舶、定航线、定货种的船舶可以办理不超过一个月期限的船舶定期适载申报手续。办理船舶定期适载申报手续的,除应当提交本条第一款规定的材料外,还应当提交能够证明固定船舶在固定航线上运输固定污染危害性货物的有关材料。

第二十九条　海事管理机构收到货物适运申报、船舶适载申报后，应当根据第二十六条规定的条件在24小时内作出批准或者不批准的决定；办理船舶定期适载申报的，应当在7日内作出批准或者不批准的决定。

第三十条　货物所有人或者代理人交付船舶载运污染危害性货物，应当采取有效的防治污染措施，确保货物的包装与标志的规格、比例、色度、持久性等符合国家有关安全与防治污染的要求，并在运输单证上如实注明该货物的技术名称、数量、类别、性质、预防和应急措施等内容。

第三十一条　货物所有人或者代理人交付船舶载运污染危害性不明的货物，应当由国家海事管理机构认定的评估机构进行污染危害性评估，明确货物的污染危害性质和船舶载运技术条件，并经海事管理机构确认后方可交付船舶运输。

国家海事管理机构应当根据下列标准认定并定期公布本条第一款规定的评估机构名单：

（一）有固定的办公场所，并配备必要的检测、鉴定等设施、设备；

（二）具有与污染危害性货物评估相适应技术能力的专业人员；

（三）有符合污染危害性货物评估要求的管理制度。

第三十二条　曾经载运污染危害性货物的空容器和运输组件，应当彻底清洗并消除危害，取得由具有国家规定资质的检测机构出具的清洁证明后，方可按照普通货物交付船舶运输。在未彻底清洗并消除危害之前，应当按照原所装货物的要求进行运输。

第三十三条　海事管理机构认为交付船舶载运的货物应当按照污染危害性货物申报而未申报的，或者申报的内容不符合实际情况的，经海事管理机构负责人批准，可以采取开箱等方式查验。

海事管理机构在实施开箱查验时，货物所有人或者代理人应当到场，并负责搬移货物，开拆和重封货物的包装。海事管理机构认为必要时，可以径行开验、复验或者提取货样。有关单位和个人应当配合。

第三十四条　船舶不符合污染危害性货物适载要求的，不得载运污染危害性货物，码头、装卸站不得为其进行装卸作业。

发现船舶及其有关作业活动可能对海洋环境造成污染危害的，码头、装卸站、船舶应当立即采取相应的应急措施，并向海事管理机构报告。

第三十五条　从事污染危害性货物装卸作业的码头、装卸站，应当符合安全装卸和污染物处理的相关标准，并向海事管理机构提交安全装卸和污染物处理能力情况的有关材料。海事管理机构应当将具有相应安全装卸和污染物处理能力的码头、装卸站向社会公布。

载运污染危害性货物的船舶应当在海事管理机构公布的具有相应安全装卸和污染物处理能力的码头、装卸站进行装卸作业。

第三十六条　船舶进行散装液体污染危害性货物过驳作业的，应当符合国家海上交通安全和防治船舶海洋污染环境的管理规定和技术规范，选择缓流、避风、水深、底质等条件较好的水域，远离人口密集区、船舶通航密集区、航道、重要的民用目标或者设施、军用水域，制定安全和防治污染的措施和应急计划并保证有效实施。

第三十七条　进行散装液体污染危害性货物过驳作业的船舶，其承运人、货物所有人或者代理人应当向海事管理机构提交下列申请材料：

（一）船舶作业申请书，内容包括作业船舶资料、联系人、联系方式、作业时间、作业地点、过驳种类和数量等基本情况；

（二）船舶作业方案、拟采取的监护和防治污染措施；

（三）船舶作业应急预案；

（四）对船舶作业水域通航安全和污染风险的分析报告；

（五）与具有相应资质的污染清除作业单位签订的污染清除作业协议。

以过驳方式进行油料供受作业的，应当提交本条第一款第（一）、（二）、（三）、（五）项规定的材料。

海事管理机构应当自受理申请之日起2日内根据第三十六条规定的条件作出批准或者不予批准的决定。2日内无法作出决定的，经海事管理机构负责人批准，可以延长5日。

第三十八条　从事船舶油料供受作业的单

位应当向海事管理机构备案,并提交下列备案材料:

(一)工商营业执照;

(二)安全与防治污染制度文件、应急预案、应急设备物资清单、输油软管耐压检测证明以及作业人员参加培训情况;

(三)通过船舶进行油料供受作业的,还应当提交船舶相关证书、船上油污应急计划、作业船舶油污责任保险凭证以及船员适任证书;

(四)燃油质量承诺书;从事成品油供受作业的单位应当同时提交有关部门依法批准的成品油批发或者零售经营的证书。

第三十九条 进行船舶油料供受作业的,作业双方应当采取满足安全和防治污染要求的供受油作业管理措施,同时应当遵守下列规定:

(一)作业前,应当做到:

1. 检查管路、阀门,做好准备工作,堵好甲板排水孔,关好有关通海阀;

2. 检查油类作业的有关设备,使其处于良好状态;

3. 对可能发生溢漏的地方,设置集油容器;

4. 供受油双方以受方为主商定联系信号,双方均应切实执行。

(二)作业中,要有足够人员值班,当班人员要坚守岗位,严格执行操作规程,掌握作业进度,防止跑油、漏油;

(三)停止作业时,必须有效关闭有关阀门;

(四)收解输油软管时,必须事先用盲板将软管有效封闭,或者采取其他有效措施,防止软管存油倒流入海。

海事管理机构应当对船舶油料供受作业进行监督检查,发现不符合安全和防治污染要求的,应当予以制止。

第四十条 船舶燃油供给单位应当如实填写燃油供受单证,并向船舶提供燃油供受单证和燃油样品。燃油供受单证应当包括受油船船名,船舶识别号或国际海事组织编号,作业时间、地点,燃油供应商的名称、地址和联系方式以及燃油种类、数量、密度和含硫量等内容。船舶和燃油供给单位应当将燃油供受单证保存3年,将燃油样品妥善保存1年。

燃油供给单位应当确保所供燃油的质量符合相关标准要求,并将所供燃油送交取得国家规定资质的燃油检测单位检测。燃油质量的检测报告应当留存在作业船舶上备查。

第四十一条 船舶从事300吨及以上的油类或者比重小于1且不溶、微溶于水的散装有毒液体物质的装卸、过驳作业,应当布设围油栏。

布设围油栏方案应当在作业前报海事管理机构备案。因受自然条件或者其他原因限制,不适合布设围油栏的,可以采用其他防治污染替代措施,但应当将拟采取的替代措施和理由在作业前报海事管理机构同意。

第四十二条 载运污染危害性货物的船舶进出港口和通过桥区、交通管制区、通航密集区以及航行条件受限制的区域,或者载运剧毒、爆炸、放射性货物的船舶进出港口,应当遵守海事管理机构的特别规定,并采取必要的安全和防治污染保障措施。

第四十三条 船舶载运散发有毒有害气体或者粉尘物质等货物的,应当采取密闭或者其他防护措施。对有封闭作业要求的污染危害性货物,在运输和作业过程中应当采取措施回收有毒有害气体。

第五章 船舶拆解、打捞、修造和其他水上水下船舶施工作业

第四十四条 进行船舶修造、水上拆解作业的,应当在海事管理机构确定并公布的地点进行。

禁止采取冲滩方式进行船舶拆解作业。

第四十五条 进行船舶拆解、打捞、修造和其他水上水下船舶施工作业的,应当遵守相关操作规程,并采取必要的安全和防治污染措施。

第四十六条 在进行船舶拆解和船舶油舱修理作业前,作业单位应当将船舶上的残余物和废弃物进行有效处置,将燃油舱、货油舱中的存油驳出,进行洗舱、清舱、测爆等工作,并按照规定取得船舶污染物接收证明和有效的测爆证书。

船舶燃油舱、货油舱中的存油需要通过过驳方式交付储存的,应当交由船舶污染物接收单位或者依法获得船舶油料供受作业资质的单位储存,并按照第三十七条的规定经过海事管理机构的批准。

第四十七条 在船坞内进行船舶修造作业

的,修造船厂应当将坞内污染物清理完毕,确认不会造成水域污染后,方可沉起浮船坞或者开启坞门。

第四十八条 船舶拆解、打捞、修造或者其他水上水下船舶施工作业结束后,应当及时清除污染物,并将作业全过程产生的污染物的清除处理情况一并向海事管理机构报告,海事管理机构可以视情况进行现场核实。

第六章 法律责任

第四十九条 海事管理机构发现船舶、有关作业单位存在违反本规定行为的,应当责令改正;拒不改正的,海事管理机构可以责令停止作业、强制卸载,禁止船舶进出港口、靠泊、过境停留,或者责令停航、改航、离境、驶向指定地点。

第五十条 违反本规定,船舶的结构不符合国家有关防治船舶污染海洋环境的船舶检验规范或者有关国际条约要求的,由海事管理机构处10万元以上30万元以下的罚款。

第五十一条 违反本规定,船舶、港口、码头和装卸站未配备防治污染设施、设备、器材,有下列情形之一的,由海事管理机构予以警告,或者处2万元以上10万元以下的罚款:

(一)配备的防治污染设施、设备、器材数量不能满足法律、行政法规、规章、有关标准以及我国缔结或者参加的国际条约要求的;

(二)配备的防治污染设施、设备、器材技术性能不能满足法律、行政法规、规章、有关标准以及我国缔结或者参加的国际条约要求的。

第五十二条 违反本规定,船舶未持有防治船舶污染海洋环境的证书、文书的,由海事管理机构予以警告,或者处2万元以下的罚款。

第五十三条 违反本规定,船舶向海域排放本规定禁止排放的污染物的,由海事管理机构处3万元以上20万元以下的罚款。

第五十四条 违反本规定,船舶排放或者处置污染物,有下列情形之一的,由海事管理机构处2万元以上10万元以下的罚款:

(一)超过标准向海域排放污染物的;

(二)未按照规定在船上留存船舶污染物排放或者处置记录的;

(三)船舶污染物处置记录与船舶运行过程中产生的污染物数量不符合的。

第五十五条 违反本规定,船舶污染物接收单位未经海事管理机构批准,擅自进行船舶垃圾、残油、含油污水、含有毒有害物质污水接收作业的,由海事管理机构处1万元以上5万元以下的罚款;造成海洋环境污染的,处5万元以上25万元以下的罚款。

第五十六条 违反本规定,船舶、船舶污染物接收单位接收处理污染物,有下列第(一)项情形的,由海事管理机构予以警告,或者处2万元以下的罚款;有下列第(二)项、第(三)项情形的,由海事管理机构处2万元以下的罚款:

(一)船舶未如实记录污染物处置情况的;

(二)船舶未按照规定办理污染物接收证明的;

(三)船舶污染物接收单位未按照规定将船舶污染物的接收和处理情况报海事管理机构备案的。

第五十七条 违反本规定,未经海事管理机构批准,船舶载运污染危害性货物进出港口、过境停留、进行装卸的,由海事管理机构对其承运人、货物所有人或者代理人处1万元以上5万元以下的罚款;未经海事管理机构批准,船舶进行散装液体污染危害性货物过驳作业的,由海事管理机构对船舶处1万元以上5万元以下的罚款。

第五十八条 违反本规定,有下列第(一)项情形的,由海事管理机构予以警告,或者处2万元以上10万元以下的罚款;有下列第(二)项、第(三)项、第(四)项情形的,由海事管理机构处2万元以上10万元以下的罚款:

(一)船舶载运的污染危害性货物不具备适运条件的;

(二)载运污染危害性货物的船舶不符合污染危害性货物适载要求的;

(三)载运污染危害性货物的船舶未在具有相应安全装卸和污染物处理能力的码头、装卸站进行装卸作业的;

(四)货物所有人或者代理人未按照规定对污染危害性不明的货物进行污染危害性评估的。

第五十九条 违反本规定,有下列情形之一的,由海事管理机构处2000元以上1万元以下的罚款:

(一)船舶未按照规定保存污染物接收证明的;

(二)船舶油料供受单位未如实填写燃油供受单证的;

(三)船舶油料供受单位未按照规定向船舶提供燃油供受单证和燃油样品的;

(四)船舶和船舶油料供受单位未按照规定保存燃油供受单证和燃油样品的。

第六十条 违反本规定,进行船舶水上拆解、旧船改装、打捞和其他水上水下船舶施工作业,造成海洋环境污染损害的,由海事管理机构予以警告,或者处5万元以上20万元以下的罚款。

第七章 附 则

第六十一条 军事船舶以及国务院交通运输主管部门所辖港区水域外渔业船舶污染海洋环境的防治工作,不适用本规定。

第六十二条 本规定自2011年2月1日起施行。

江西省道路运输条例

(2010年11月26日江西省第十一届人民代表大会常务委员会第二十次会议通过)

第一章 总 则

第一条 为了维护道路运输市场秩序,保障道路运输安全,保护道路运输有关各方当事人的合法权益,促进道路运输业的健康发展,根据《中华人民共和国道路运输条例》等有关法律、行政法规的规定,结合本省实际,制定本条例。

第二条 在本省行政区域内从事道路运输经营、道路运输相关业务经营及其管理活动,应当遵守本条例。

道路运输经营包括道路旅客运输经营(以下简称道路客运经营)、城市公共汽车客运经营、出租汽车客运经营和道路货物运输经营(以下简称道路货运经营)。道路客运经营包括班线客运经营、包车客运经营和旅游客运经营。

道路运输相关业务包括道路运输站(场)经营、机动车维修经营、机动车综合性能检测、机动车驾驶员培训和汽车租赁经营。道路运输站(场)包括客运站和货运站(场)。

第三条 县级以上人民政府应当根据国民经济和社会发展的需要,组织有关部门编制道路运输发展规划及道路客运、道路货运、城市公共交通客运、出租汽车客运、道路运输相关业务等专项规划。规划的编制应当符合城市、镇总体规划和土地利用总体规划、上级道路运输发展规划,并与其他相关规划相衔接。

第四条 各级人民政府应当采取措施发展乡村道路运输,提高乡镇和行政村的通班车率,满足农村居民的生活和生产需要。

第五条 城市人民政府应当优先发展城市公共汽车客运,确立城市公共汽车客运在城市公共交通客运中的主体地位,为公众提供安全可靠、方便快捷的公共交通服务。

第六条 从事道路运输经营以及道路运输相关业务经营,应当依法经营,诚实守信,公平竞争。

道路运输监督管理应当遵循公平、公正、公开和便民的原则。

第七条 鼓励道路运输经营者实行规模化、集约化经营,使用节能、环保型车辆。

任何单位和个人不得封锁或者垄断道路运输市场。

第八条 县级以上人民政府交通运输主管部门负责组织领导本行政区域的道路运输监督

管理工作。

交通运输主管部门所属的道路运输管理机构及其派出机构（以下统称道路运输管理机构）按照规定的职责负责具体实施道路运输监督管理工作。

发展改革、财政、住房和城乡建设、国土资源、工商、质量技术监督、价格、旅游、公安、安全生产监督、监察、审计等主管部门应当按照各自的职责，做好道路运输监督管理的相关工作。

第九条　县级以上人民政府交通运输、公安、安全生产监督等主管部门和道路运输管理机构应当按照各自职责，加强道路运输安全宣传教育，督促、检查落实道路运输安全责任制度，提高道路运输安全的规范化水平。

第十条　县级以上人民政府应当将道路运输管理经费列入本级财政预算，专款专用。

第二章　道路客运经营

第十一条　申请从事道路客运经营的，应当依照《中华人民共和国道路运输条例》的有关规定取得道路运输经营许可证，办理工商登记手续，在许可的经营范围内从事经营活动。

县级以上道路运输管理机构应当对予以许可的道路客运经营者申请投入运输的车辆配发车辆营运证及客运标志牌。

道路客运车辆驾驶员应当随车携带车辆营运证、从业资格证、驾驶证和车辆行驶证，在规定位置放置客运标志牌。

第十二条　客运班线的经营期限为四年到八年。道路运输管理机构在作出客运班线经营许可时，应当明确具体的经营期限。经营期限届满需要延续客运班线经营许可的，应当在届满六十日前重新提出申请。

第十三条　班线客运经营者应当在取得道路运输经营许可证后一百八十日内投入运营。非因不可抗力逾期未投入运营的，由原许可机关注销其道路运输经营许可证。

第十四条　班线客运经营者应当按照许可的线路、公布的班次和发车时间运营，非因不可抗力不得改变营运线路和发车时间。班线客运经营者应当在规定的站点停靠上下旅客，不得站外上客或者沿途揽客。

第十五条　班线客运经营者应当在许可的经营期限内向公众连续提供运输服务，不得暂停、终止或者转让班线运输。因特殊原因需暂停或者终止的，应当提前三十日告知原许可机关。

因班线客运经营者暂停或者终止班线运输造成原许可的客运班线运力不足，影响城乡居民生活和生产的，道路运输管理机构应当及时安排补充客运班线运力。

第十六条　道路运输管理机构应当做好节假日班线客运的组织调度工作，在客流高峰期运力不足时，可以调整班线客运发车线路、班次、停靠站点、时间。班线客运经营者应当服从统一调度。

第十七条　包车客运经营者应当按照约定的时间、起始地、目的地和线路行驶，不得招揽包车合同约定以外的旅客乘车。

旅游客运按照营运方式分为定线旅游客运和非定线旅游客运。定线旅游客运应当按照班线客运管理，非定线旅游客运按照包车客运管理。

第十八条　道路客运经营者应当在客运车辆外部的适当位置喷印经营者名称或者标识，在车厢内显著位置公示监督投诉电话、票价和里程表。

道路客运经营者应当为旅客提供良好的乘车环境，保持车辆清洁、卫生，并采取必要的措施防止在运输过程中发生侵害旅客人身、财产安全的违法行为。

运输过程中发生侵害旅客人身、财产安全的治安违法行为时，道路客运经营者应当及时向公安机关报告，并配合公安机关及时制止治安违法行为。

第十九条　道路客运经营者不得超载运行或者违反规定载货，不得强迫旅客乘车，不得甩客、敲诈旅客，不得擅自更换运输车辆；运输车辆因故障不能正常行驶，需要更换其他车辆或者将旅客移交他人运输的，道路客运经营者不得加收任何费用。

第三章　城市公共汽车客运经营

第二十条　城镇新区开发、旧城改造和新建、改建、扩建大型公共场所、公共设施、居住区等工程项目时，市、县人民政府应当根据相关规划组织配套建设相应的城市公共汽车客运设施，并与主体工程同时设计、同时施工、同时验收、同时使用。

第二十一条 在有条件的道路,市、县人民政府应当建设公共汽车港湾式停靠站、设置城市公共汽车专用道和优先通行信号系统,并与其他公共设施和应急通道相衔接。

第二十二条 城市公共汽车线路、站点的设置,由道路运输管理机构会同公安、规划、建设等主管部门,根据城市公共交通客运专项规划和城市公共交通发展的需要,按照安全通畅、换乘方便、布局合理和普遍服务的原则,征求公众意见和调研论证后确定,并及时向社会公告。

城市公共汽车站点的命名,由道路运输管理机构以所在道路、标志性建(构)筑物、公共设施、名胜古迹、重要机关或者企业事业单位的名称确定,不得有偿冠名。

城市公共汽车站点的站牌应当标明线路名称、始末班车时间、所在站点和沿途停靠站点名称等内容。

第二十三条 城市公共汽车线路需要向城镇外延伸的,市、县交通运输主管部门应当会同公安、规划、建设等主管部门,对延伸道路的状况、车辆安全通行等条件进行综合评估,征求公众意见,报本级人民政府批准后实施。

第二十四条 申请从事城市公共汽车客运经营的,应当具备下列条件,并向市、县道路运输管理机构提交申请书及相应材料:

(一)有与其经营业务相适应并经检测合格的车辆;

(二)有符合本条例第三十条规定的驾驶员;

(三)有明确的线路和站点方案;

(四)有客运服务、安全生产管理等方面的制度。

第二十五条 市、县道路运输管理机构应当自受理申请之日起二十日内审查完毕,作出许可或者不予许可的决定。予以许可的,向申请人颁发道路运输经营许可证,并向申请人投入运输的车辆配发车辆营运证及线路牌;不予许可的,应当书面通知申请人并说明理由。

城市公共汽车客运经营者应当持道路运输经营许可证依法向工商行政管理部门办理有关登记手续。

第二十六条 取得道路运输经营许可证的城市公共汽车客运经营者,需要增加城市公共汽车客运线路的,应当依照本条例第二十四条、第二十五条的规定办理有关手续。

第二十七条 市、县道路运输管理机构可以通过招标或者直接许可的方式配置城市公共汽车客运线路经营权,确定经营者。同一线路有三个以上申请人的,应当采取招标方式进行许可。

城市公共汽车客运线路经营权不得以有偿方式出让。

第二十八条 城市公共汽车客运线路经营期限为五年至十年,同一城市实行同一期限。市、县道路运输管理机构在确定线路经营权时,应当明确具体的经营期限。经营期限届满需要延续的,应当在届满六十日前重新提出申请。

第二十九条 城市公共汽车客运经营者应当在取得线路经营权后一百八十日内投入运营。非因不可抗力逾期未投入运营的,由市、县道路运输管理机构注销其道路运输经营许可证。

城市公共汽车客运经营者取得线路经营权后应当向公众连续提供运输服务,不得暂停、终止或者转让线路经营;因特殊原因需暂停、终止的,应当提前三十日告知道路运输管理机构。道路运输管理机构应当及时向社会公告。

第三十条 城市公共汽车驾驶员应当具备下列条件:

(一)取得相应的机动车驾驶证;

(二)三年内无重大以上交通责任事故记录;

(三)经设区的市道路运输管理机构对有关客运法律、机动车维修和旅客急救基本知识等考试合格,并取得从业资格证。

第三十一条 城市公共汽车客运经营者应当遵守下列规定:

(一)按照核定的线路、站点、车次和时间运营;

(二)为车辆配备线路走向示意图、价格表、乘客须知、禁烟标志、特殊乘客专用座位、监督投诉电话等服务设施和标志;

(三)为车辆设置安全装置和设施;

(四)保持车况良好、车容整洁;

(五)制定从业人员安全操作规程;

(六)按照规定向道路运输管理机构报送有关统计报表;

(七)执行价格主管部门核定的收费标准;

（八）依法应当遵守的其他规定。

第三十二条 城市公共汽车驾驶员、乘务员应当遵守下列规定：

（一）衣着整洁，文明礼貌，规范服务；

（二）随车携带车辆营运证、从业资格证、驾驶证和车辆行驶证；

（三）在规定的站点上下客，不得无故拒载乘客、中途逐客、滞站揽客、到站不停或者擅自改变线路；

（四）及时告知线路名称、车辆行驶方向和停靠站点名称；

（五）车辆因故障不能正常行驶的，及时组织乘客免费转乘同线路的其他车辆；

（六）执行价格主管部门核定的收费标准，向乘客提供有效票据；

（七）依法应当遵守的其他规定。

第三十三条 城市公共汽车客运经营者应当依照有关法律、法规的规定，承担社会福利和完成政府指令性任务。

市、县人民政府应当建立健全公共交通财政补贴、补偿机制，对城市公共汽车客运经营者因政策性亏损以及承担社会福利和完成政府指令性任务增加的支出，给予相应的补贴、补偿，公共交通财政补贴应当列入本级财政预算，并及时、足额拨付。

市、县人民政府交通运输主管部门应当会同本级财政、审计、价格等有关部门，对城市公共汽车客运经营者因政策性亏损以及承担社会福利和完成政府指令性任务增加的支出进行年度审计与评价，合理界定和计算增加的支出。

第四章 出租汽车客运经营

第三十四条 市、县道路运输管理机构应当根据出租汽车客运专项规划和市场需求，科学合理地确定出租汽车新增运力的投放数量、车型等，制定出租汽车客运经营权配置方案，向社会公示，经本级人民政府批准，并报上一级道路运输管理机构备案后组织实施。

第三十五条 出租汽车客运经营实行出租汽车资格许可、车辆经营许可和驾驶员客运资格许可制度。

第三十六条 申请从事出租汽车客运经营的，应当具备下列条件：

（一）有符合本条例第三十七条规定的车辆；

（二）有符合本条例第三十八条规定的驾驶员；

（三）有与经营规模相适应的经营场地、车辆停放地；

（四）有客运服务、安全生产管理等方面的制度。

第三十七条 从事出租汽车客运经营的车辆，应当具备下列条件：

（一）经检测合格，并达到规定的技术标准和环保标准；

（二）按照规定配置、安装出租汽车标志灯、空车待租标志、计价器、安全防范装置和服务设施等；

（三）按照规定喷涂车身颜色，标明经营者名称、监督投诉电话；

（四）法律、法规、规章规定的其他条件。

第三十八条 从事出租汽车客运经营的驾驶员，应当具备下列条件：

（一）取得相应的机动车驾驶证，并有三年以上驾龄；

（二）年龄不超过六十周岁；

（三）三年内无重大以上交通责任事故记录；

（四）经设区的市道路运输管理机构对有关客运法律、机动车维修和旅客急救基本知识等考试合格，并取得从业资格证。

第三十九条 申请出租汽车道路运输经营许可证、车辆营运证和从业资格证的，应当向所在地市、县道路运输管理机构提交申请书及符合规定条件的相应材料。

市、县道路运输管理机构应当自受理申请之日起二十日内审查完毕，作出许可或者不予许可的决定。予以许可的，向申请人颁发道路运输经营许可证，并向申请人投入运输的车辆配发车辆营运证；不予许可的，应当书面通知申请人并说明理由。

出租汽车客运经营者应当持道路运输经营许可证依法向工商行政管理部门办理有关登记手续。

第四十条 取得道路运输经营许可证的出租汽车客运经营者，需要增加投入运输的车辆的，应当依照本条例第三十七条、第三十九条的规定办理有关手续。

第四十一条 市、县道路运输管理机构应当采取招标方式配置出租汽车客运经营权，择优确定经营者。

出租汽车经营权不得有偿出让。已经实行出租汽车客运经营权有偿出让的市、县，确需继续实行的，应当报省人民政府批准。有偿出让所得资金，应当专项用于出租汽车客运场、站、点和管理服务设施的建设。

依法取得的出租汽车客运经营权不得转让，法律、法规另有规定的除外。

第四十二条 出租汽车客运经营期限为四年至八年，同一城市实行同一期限。市、县道路运输管理机构在确定出租汽车客运经营权时，应当明确具体的期限。经营期限届满需要延续的，应当在届满六十日前重新提出申请。

本条例实施前未确定出租汽车客运经营期限的，应当在车辆更新时确定。

第四十三条 出租汽车客运经营者应当在取得出租汽车客运经营权后一百八十日内投入营运。非因不可抗力逾期未投入运营的，由市、县道路运输管理机构注销其道路运输经营许可证。

出租汽车客运经营者在经营期限内，不得暂停或者终止经营。因特殊原因需暂停、终止的，应当提前三十日告知道路运输管理机构。

第四十四条 出租汽车客运经营者不得异地经营，不得从事或者变相从事班线客运经营。

第四十五条 出租汽车客运经营者应当遵守下列规定：

(一)公布服务监督电话，及时处理投诉；

(二)建立出租汽车驾驶员管理档案、轮班制度和岗位培训制度；

(三)保持车况良好、车容整洁；

(四)执行价格主管部门制定的运价和收费标准，使用地方税务部门监制的票据；

(五)按规定向道路运输管理机构报送有关统计报表；

(六)依法应当遵守的其他规定。

第四十六条 出租汽车驾驶员应当遵守下列规定：

(一)衣着整洁，文明礼貌，规范服务。

(二)随车携带车辆营运证、从业资格证、驾驶证和车辆行驶证。

(三)按照乘客要求的路线行驶；乘客未提出要求的，应当选择最佳路线行驶；需要绕道行驶的，应当征得乘客同意。

(四)未经乘客同意，不得搭乘其他乘客。

(五)按照出租汽车里程计价表显示的金额收取运费，并出具有效收费凭证；按包车计费的，使用包车发票。

(六)依法应当遵守的其他规定。

第四十七条 出租汽车空驶待租期间，除下列情形外，驾驶员不得拒载：

(一)乘客不能控制自己行为且无人随车监护的；

(二)乘客携带易燃、易爆、有毒等危险品的；

(三)乘客不愿按照规定计费标准支付车费的；

(四)乘客的要求违反道路交通安全有关法律、法规和交通管制的。

第四十八条 市、县人民政府应当根据相关规划建设出租汽车客运场、站、点和管理服务设施。在机场、火车站、长途汽车站、大型商业网点、文化体育场馆、公园等客流集中的公共场所、大型居住区的周边道路以及其他必要的道路上，设置有明显标志的出租汽车临时停靠点；在主要交通设施、旅游景点以及其他大型公共场所等客流集散地设置出租汽车营运点。

第五章 道路货运经营

第四十九条 道路货运经营者应当依照《中华人民共和国道路运输条例》的有关规定取得道路运输经营许可证和工商营业执照，在许可的经营范围内从事经营活动。

道路运输管理机构应当对道路货运经营者申请投入运输的车辆配发车辆营运证。

道路货运车辆驾驶员应当随车携带车辆营运证、从业资格证、驾驶证和车辆行驶证。

第五十条 鼓励道路货运经营者采用集装箱、封闭箱式、多轴重型、甩挂和罐式专用车辆运输。

第五十一条 道路货运经营者运输大型物件时，应当制定道路运输组织方案。涉及超限运输的，应当按照国务院交通运输主管部门的规定办理相应手续。

第五十二条 道路货运经营者不得运输法

律、行政法规禁止运输的货物。

道路货运经营者在受理法律、行政法规规定限运、凭证运输的货物时，应当查验并确认有关手续齐全有效后方可运输。

托运人应当按照有关法律、行政法规的规定办理限运、凭证运输手续。

第五十三条　道路危险货物运输经营者聘用的驾驶员、装卸管理员和押运员，应当经所在地设区的市交通运输主管部门考试合格，取得相应从业资格，上岗时应当随身携带从业资格证。

第五十四条　道路危险货物运输车辆技术性能应当符合国家有关标准配备相应的安全防护、环境保护和消防设施设备。

第五十五条　道路危险货物运输经营者运输危险货物时，应当遵守有关部门关于危险货物运输线路、时间、速度方面的有关规定，并采取必要措施防止燃烧、爆炸、辐射、泄漏等。

道路危险货物运输经营者不得使用罐式专用车辆或者运输有毒、腐蚀、放射性危险货物的专用车辆运输普通货物，危险货物不得与普通货物混装。

第五十六条　危险货物托运人应当委托具有危险货物运输资质的经营者承运，严格按照国家有关规定包装，设置明显标志，并向承运人说明危险货物的品名、性质、数量、危害、应急处置方法等情况。

第五十七条　在省外注册的道路货运经营者从事起讫地均在本省的货运经营活动的，应当到经营所在地县（市、区）道路运输管理机构备案，并接受备案机构的监督管理。

第六章　道路运输相关业务

第五十八条　从事客运站、货运站（场）、机动车维修经营和机动车驾驶员培训业务的，应当依照《中华人民共和国道路运输条例》的有关规定取得经营许可证，办理工商登记手续，在许可的经营范围内从事经营活动。

第五十九条　客运站经营者和进站发车的道路客运经营者应当依法签订服务合同，双方按照合同的规定行使和履行各自的权利和义务。

第六十条　客运站经营者应当公布进站客车的班车类别、客车类型等级、运输线路、起讫停靠站点、班次、发车时间、票价等信息，调度车辆进站发车，疏导旅客，维持秩序。

客运站经营者应当设置旅客购票、候车和乘车指示，以及行李寄存和托运、公共卫生等服务设施，向旅客提供安全、便捷、优质的服务。

第六十一条　货运站（场）经营者应当按照货物的性质、保管要求进行分类存放，保证货物完好无损。

货运站（场）经营者应当按照规定的业务操作规程进行货物的搬运装卸，防止混杂、撒漏、破损。

货运站（场）经营者经营配载服务应当坚持自愿原则，提供的货源信息和运力信息应当真实、准确。

第六十二条　货运站（场）经营者在危险货物装卸、保管、储存过程中，应当根据危险货物的性质和保管要求，轻装轻卸，分区存放，堆码整齐，不得与普通货物混合存放。

第六十三条　机动车维修经营者应当在经营场所醒目位置公布机动车维修工时定额、收费标准、服务承诺和监督投诉电话。

机动车维修经营者应当按照公布的工时定额和标准收取费用，不得虚报维修项目和费用。

第六十四条　机动车维修经营者应当按照有关标准对机动车进行维修；尚无标准的，可以参照机动车生产企业提供的维修手册、使用说明书和有关技术资料进行维修。

机动车维修实行记录制度。机动车维修经营者对承修的机动车应当进行修前诊断、确定故障，制定维护和修理方案，并按所诊断的故障、维护和修理方案、维修项目等内容填写机动车维修记录。

第六十五条　机动车维修实行质量保证期制度。维修质量保证期内因维修质量原因造成机动车无法正常使用的，机动车维修经营者应当无偿返修。

第六十六条　营运车辆的综合性能检测，由符合有关标准并经省道路运输管理机构向社会公告的机动车综合性能检测机构实施。

机动车综合性能检测机构应当按照有关规定对营运车辆进行综合性能检测，如实出具检测报告，并对检测结果承担法律责任。检测资料应当至少保存二年。

第六十七条　机动车驾驶员培训机构应当

在注册地开展培训业务,不得异地培训。不得采取恶意压价、欺骗学员等不正当手段开展经营活动。

第六十八条 机动车驾驶员培训机构应当在核定的教学场地进行驾驶培训;在道路上进行驾驶培训的,应当按照公安机关交通管理部门指定的路线和时间,并在教练员随车指导下进行。

机动车驾驶员培训机构应当使用符合有关标准、取得牌证和具有统一标识的教学车辆从事驾驶培训,为教学车辆安装培训学时记录设备,并保证其正常使用。

第六十九条 机动车驾驶员培训机构应当按照国务院交通运输主管部门规定的教学大纲进行培训,并如实填写培训记录。培训结业的,应当向参加培训的人员颁发培训结业证书。

第七十条 申请从事汽车租赁经营的,应当具备下列条件,并向县(市、区)道路运输管理机构提交申请书及相应材料:

(一)取得企业法人营业执照;

(二)有十辆以上经检测合格的车辆;

(三)有符合规定的经营场所、停车场地;

(四)有相应的管理人员和专业人员;

(五)有服务保障、安全生产管理等方面的制度。

县(市、区)道路运输管理机构应当自受理申请之日起二十日内审查完毕,作出许可或者不予许可的决定。予以许可的,向申请人颁发经营许可证,并按照核定的车辆数量配发车辆营运证;不予许可的,应当书面通知申请人并说明理由。

第七十一条 承租人租赁车辆,应当提交有效身份证件。汽车租赁经营者可以要求承租人提供相应的担保。

汽车租赁经营者应当与承租人签订汽车租赁合同,提供符合有关标准和证件齐全有效的车辆。汽车租赁合同格式文本由省人民政府交通运输主管部门会同工商行政管理部门制定。

汽车租赁经营者或者承租人,不得利用租赁车辆从事或者变相从事道路运输经营活动。

第七章 道路运输安全与执法监督

第七十二条 从事道路运输经营以及道路运输相关业务的经营者,应当遵守本条例和其他有关道路运输安全的法律、法规,加强道路运输安全管理,建立健全道路运输安全责任制度,完善道路运输安全条件,确保道路运输安全。

第七十三条 道路运输经营者应当定期组织驾驶员进行业务培训、职业道德和安全服务教育,不得聘用不具有相应职业资格的驾驶员。

从事道路运输的驾驶员应当遵守道路运输法律、法规和操作规程,安全驾驶,文明服务。驾驶员被公安机关交通管理部门依法吊销机动车驾驶证的,道路运输管理机构应当吊销其从业资格证。

道路运输管理机构、公安机关交通管理部门应当建立驾驶员培训、考试、发证、交通违法肇事等信息共享机制,加强监督检查。

第七十四条 道路运输经营者应当确保投入运输的车辆符合有关标准,不得使用报废、检测不合格、擅自改装和其他不符合国家规定的车辆从事道路运输经营。

道路运输经营者应当加强对车辆的维护和检测,建立车辆技术和维护档案,并至少保存二年。

第七十五条 道路客运车辆应当按照行业标准配备座椅安全带。

在营运过程中,驾驶员、乘务员应当提示、督促乘客系好安全带。

第七十六条 道路运输经营者应当在危险货物运输车辆、出租汽车、旅游客运车辆和从事三类以上客运班线的车辆上安装车载终端实时监控设备,并保证其正常运行。

第七十七条 客运站经营者应当建立出站客运车辆检查制度。三级以上客运站应当配备专职检验员,对出站客运车辆进行安全检查。禁止超载车辆和未经安全检查合格的客运车辆出站。

二级以上客运站应当配备行李包裹安全检测设备,旅客应当配合安全检查;拒不接受安全检查的,客运站有权拒绝其进站乘车。

包车客运车辆发车前的安全检查由包车客运经营者负责。

第七十八条 道路客运、货运经营者应当加强对车辆运行的安全管理。

道路客运、货运经营者应当对在高速公路上日运行里程超过六百公里、在其他公路上日运行里程超过四百公里的车辆,随车配备二名以上驾驶员。每名驾驶员连续驾驶时间不得超过四小时。

第七十九条　道路运输经营者应当制定有关交通事故、自然灾害以及其他突发事件的道路运输应急预案。应急预案应当包括报告程序、应急指挥、应急车辆和设备的储备以及处置措施等内容。

发生交通事故、自然灾害以及其他突发事件,道路运输经营者应当服从县级以上人民政府或者有关部门的统一调度、指挥。

第八十条　道路客运车辆发生一次死亡三至九人道路交通事故且负同等以上责任的,道路运输管理机构一年内不得批准其经营者新增客运班线或者客运车辆。

道路客运车辆一年内发生二次以上死亡三至九人道路交通事故且负同等以上责任或者发生一次死亡十人以上重特大道路交通事故且负同等以上责任的,道路运输管理机构三年内不得批准其经营者新增客运班线或者客运车辆。

第八十一条　道路运输管理机构应当建立道路运输投诉举报制度,公开投诉举报电话号码、通信地址或者电子邮件信箱。

任何单位和个人都有权对道路运输违法行为进行举报。交通运输主管部门、道路运输管理机构及其他有关部门收到举报后,应当依法及时查处。

第八十二条　道路运输管理机构应当重点在道路运输及相关业务经营场所、客货集散地和省人民政府批准设立的检查站进行监督检查;在公路路口进行监督检查时,不得随意拦截正常行驶的道路运输车辆。

道路运输管理机构执法人员实施监督检查时,应当按照规定着装整齐、佩带标志,出示行政执法证件,文明执法。

道路运输管理机构专用检查车辆,应当设置统一的标志。

第八十三条　道路运输管理机构应当加强对道路运输超限超载车辆的源头治理工作,执法人员可以进入道路运输站(场)、码头、配载场以及大型工程建材、化工产品等货物集散地,对运输车辆装载进行监督检查,防止运输车辆违反规定超限超载。

道路运输管理机构应当建立超限超载道路运输经营者及其从业人员不良行为记录制度,并定期向社会公布。

第八十四条　道路运输管理机构在实施道路运输监督检查过程中,对没有车辆营运证又无法当场提供其他有效证明的车辆予以暂扣的,应当妥善保管,不得使用,不得收取或者变相收取保管费用。

当事人自车辆被暂扣之日起十日内不提供有效证明的,道路运输管理机构应当依法作出行政处罚决定。

第八十五条　道路运输管理机构应当按照国家和省有关规定,建立健全道路运输管理制度。道路运输管理机构在实施道路运输监督检查过程中,发现道路运输经营者或者道路运输相关业务经营者不遵守服务质量承诺、不规范经营或者存在重大安全隐患的,应当责令其整改;拒不整改或者整改不合格的,应当责令其停业整顿。

第八章　法律责任

第八十六条　违反本条例规定,交通运输主管部门、道路运输管理机构及其他有关部门的工作人员有下列行为之一的,依法给予处分:

(一)不依照法定条件、程序和期限实施行政许可的;

(二)参与或者变相参与道路运输经营以及道路运输相关业务的;

(三)发现违法行为不及时查处的;

(四)违反规定拦截、检查正常行驶的道路运输车辆的;

(五)违法扣留运输车辆、车辆营运证的;

(六)索取、收受他人财物,或者谋取其他利益的;

(七)其他违法行为。

第八十七条　违反本条例规定,未经许可擅自从事城市公共汽车客运经营或者出租汽车客运经营的,由道路运输管理机构责令停止经营;有违法所得的,没收违法所得,处违法所得二倍以上十倍以下罚款;没有违法所得或者违法所得不足二万元的,处三万元以上十万元以下罚款。

第八十八条　不符合本条例规定条件的人员驾驶城市公共汽车、出租汽车的,由道路运输管理机构责令改正,处二百元以上二千元以下罚款。

第八十九条 违反本条例规定,未经许可擅自从事汽车租赁经营或者机动车驾驶员培训机构异地培训的,由道路运输管理机构责令停止经营;有违法所得的,没收违法所得,处违法所得二倍以上十倍以下罚款;没有违法所得或者违法所得不足一万元的,处二万元以上五万元以下罚款。

第九十条 违反本条例规定,城市公共汽车客运经营者、出租汽车客运经营者、汽车租赁经营者非法转让、出租道路运输许可证件的,由道路运输管理机构责令停止违法行为,收缴有关证件,处二千元以上一万元以下罚款;有违法所得的,没收违法所得。

第九十一条 违反本条例规定,未按规定携带车辆营运证、从业资格证等证件的,由道路运输管理机构责令改正,处警告或者二十元以上二百元以下罚款。

第九十二条 违反本条例规定,有下列行为之一的,由道路运输管理机构责令改正,处一千元以上三千元以下罚款;情节严重的,吊销其道路运输经营许可证:

(一)包车客运经营者招揽包车合同以外旅客乘车的;

(二)运输车辆因故障不能正常行驶,需要更换或者组织乘客转乘其他车辆,或者将旅客移交他人运输而加收费用的;

(三)城市公共汽车客运经营者未按照核定的线路、站点、车次和时间运营的;

(四)城市公共汽车客运经营者未向道路运输管理机构报告,暂停、终止经营的;

(五)出租汽车客运经营者异地经营的。

第九十三条 违反本条例规定,道路运输经营者不按规定维护和检测运输车辆的,由道路运输管理机构责令改正,处一千元以上五千元以下罚款。

违反本条例规定,道路运输经营者使用擅自改装已取得车辆营运证的车辆的,由道路运输管理机构责令改正,处五千元以上二万元以下罚款。

第九十四条 违反本条例规定,有下列行为之一的,由道路运输管理机构责令改正,处警告或者一百元以上五百元以下罚款:

(一)城市公共汽车驾驶员、乘务员无故拒载乘客、中途逐客、滞站揽客、到站不停或者擅自改变线路的;

(二)出租汽车驾驶员无故拒载乘客,或者未经乘客同意,搭乘其他乘客,以及不按照里程计价表显示金额收取运费的。

第九十五条 违反本条例规定,有下列行为之一的,由道路运输管理机构责令改正,处一万元以上三万元以下罚款;情节严重的,吊销其经营许可证:

(一)包车客运经营者从事或者变相从事班线客运经营的;

(二)出租汽车客运经营者从事或者变相从事班线客运经营的;

(三)汽车租赁经营者或者承租人利用租赁车辆从事或者变相从事道路运输经营活动的。

第九十六条 违反本条例规定,有下列行为之一的,由道路运输管理机构责令限期改正;逾期未改正的,处五百元以上二千元以下罚款:

(一)机动车驾驶员培训机构采取恶意压价、欺骗学员等不正当手段开展经营活动的;

(二)机动车驾驶员培训机构未按规定使用符合要求的教学车辆,以及未按规定安装或者正常使用培训学时记录设备的;

(三)危险货物运输车辆、出租汽车、旅游客运车辆和从事三类以上客运班线经营的车辆未按规定安装或者正常使用车载终端实时监控设备的。

第九十七条 对违反本条例规定的行为,《中华人民共和国道路运输条例》及其他有关法律、法规已有行政处罚规定的,适用其规定。

违反本条例规定,构成犯罪的,依法追究刑事责任。

第九章 附 则

第九十八条 本条例下列用语的含义:

(一)道路客运经营,是指用客车运送旅客、为社会公众提供服务、具有商业性质的道路运输经营活动。

(二)城市公共汽车客运经营,是指利用公共汽车在城镇内按照核定的线路、站点、票价、时间运行,为社会公众提供出行服务的道路运输经营活动。

（三）出租汽车客运经营，是指按照乘客要求，用五座以下轿车提供客运服务，以行驶里程、时间计费的道路运输经营活动。

（四）道路货运经营，是指以货物为运送对象、具有商业性质的道路运输经营活动。

（五）汽车租赁经营，是指租赁经营者按照合同的约定将租赁车辆交付承租人使用、收取租赁费用的经营活动。

（六）机动车综合性能检测，是指按照规定的程序和方法，对车辆的动力性、燃料经济性、制动性、转向操作性、照明和信号装置及其他电气设备、排放与噪声、密封性、整车装备等多种技术性能，进行检验、检测的综合评价。

（七）城市公共汽车、出租汽车经营权招标，是指道路运输管理机构在不实行有偿或者竞价的前提下，通过公开招标对申请人的质量信誉情况、经营规模、运力结构、安全保障措施、服务质量承诺、经营方案等方面进行综合评价，择优确定经营者的许可方式。

第九十九条 本条例自2011年1月1日起施行。

2010年度交通运输文件、文献名称辑录

1. 中华人民共和国内河船舶船员适任考试和发证规则（中华人民共和国交通运输部令 2010年第1号）

2. 交通运输部行政执法评议考核规定（中华人民共和国交通运输部令 2010年第2号）

3. 中华人民共和国船舶污损害民事责任保险实施办法（中华人民共和国交通运输部令 2010年第3号）

4. 中华人民国和图船舶识别号管理规定（中华人民共和国交通运输部令 2010年第4号）

5. 关于修改《道路危险货物运输管理规定》的决定（中华人民共和国交通运输部令 2010年第5号）

6. 放射性物品道路运输管理规定（中华人民共和国交通运输部令 2010年第6号）

7. 中华人民共和国船舶及其有关作业活动污染海洋环境防治管理规定（中华人民共和国交通运输部令 2010年第7号）

8. 邮票发行监督管理办法（中华人民共和国交通运输部令 2010年第8号）

9. 关废止24件交通运输规章的决定（中华人民共和国交通运输部令 2010年第9号）

10. 江西省道路运输条例（江西省第十一届人大常委会第二十次会议通过）

11. 关进一步加强水上安全生产工作的意见（江西省人民政府办公厅 赣府厅发［2010］88号）

1 2. 关于开展省“车、船、路、港”单位低碳交通运输专项行动的通知（江西省交通运输厅 赣交科教字［2010］27号）

13. 关于进一步加强全省交通运输行业节能减排工作的意见（江西省交通运输厅 赣交科教字［2010］22号）

14. 关于继续认定2008－2009年度交通运输系统省级青年文明号决定的通知（江西省交通运输厅 赣交宣传字［2010］18号）

15. 关于转发命名2008－2009年度交通运输系统省级青年文明号决定的通知（江西省交通运输厅 赣交宣传字［2010］19号）

16. 关于印发《江西省交通运输厅安全生产监督管理职责暂行规定》的通知（江西省交通运输厅 赣交安监字［2010］58号）

17. 关于印发厅属工程建设项目开展突出问题专项治理考核性督查工作方案的通知（江西省交通运输厅 赣交监察字［2010］1号）

18. 关于转发省重点办进一步做好工程建设领域突出问题专项治理工作的通知（江西省交通运输厅 赣交监察字［2010］3号）

19. 关于印发《江西省交通运输厅开展创业服务年活动实施方案》的通知(江西省交通运输厅 赣交办字[2010]7 号)

20. 关于印发《江西省交通运输厅深化机关作风建设实施方案》的通知(江西省交通运输厅 赣交办字[2010]32 号)

21、关于印发《江西省交通运输厅〈关于推行高速公路建设项目“十二公开”的规定〉实施细则》的通知,(江西省交通运输厅 赣交基建字[2010]26 号)

22. 关于印发全省交通运输机关效能年活动总结暨创业服务年动员电视电话会议讲话的通知(江西省交通运输厅 赣交办字[2010]10 号)

23. 关于印发《成品油税费改革后稽征部门人员转岗安置工作会议纪要》的通知(江西省交通运输厅 赣交办字[2010]29 号)

24. 关于印发《江两省交通运输厅深化机关作风建设实施方案》的通知(江两省交通运输厅 赣交办字[2010]32 号)

25. 关于转发省直机关效能建设领导小组《省直单位创业服务年活动绩效考核方案》和《设区市创业服务年活动绩效考核方案》的通知(江西省交通运输厅 赣交办字[2010]36 号)

26. 关于暂停推广企业内部股份制改造经营模式的通知(江西省交通运输厅 赣交运输字[2010]5 号)

27. 关于成立省交通运输厅网上审批和电子监察系统建设领导小组的通知(江西省交通运输厅 赣交运输字[2010]24 号)

28. 关于印发《2010 年省交通运输厅创业服务年活动工作任务和责任分工表》的通知(江西省交通运输厅 赣交运输字[2010]48 号)

29. 关于转发《江西省开展打击手机网站传播淫淫秽色情信息专项行动实施方案》的通知(江西省交通运输厅 赣交综治字[2010]1 号)

30. 关于转发全省社会治安重点地区排查整治工作实施方案的通知(江西省交通运输厅 赣交综治[2010]4 号)

31. 关于印发《江西省交通运输厅开展社会治安综合治理宣传月活动实施方案》的通知(江西省交通运输厅 赣交综治字[2010]5 号)

32. 关于印发《江西省交通运输厅 2010 年社会治安综合治理工作要点》的通知(江西省交通运输厅 赣交综治字[2010]6 号)

33. 关于转发 2010 年全国禁毒宣传教育工作重点的通知(江西省交通运输厅 赣交综治字[2010]8 号)

34. 关于加强大容量客运车辆审批管理工作的通知(江西省交通运输厅 赣交运输字[2010]12 号)

35. 关于认真做好 2010 年道路水路春运工作的通知(江西省交通运输厅 赣交运输字[2010]3 号)

36. 关于印发《江西省“十二五”期交通运输(公路水路)发展规划》编制工作方案的通知(江西省交通运输厅 赣交规划字[2010]7 号)

37. 关于印发《江西省公路运输管理局开展创业服务年活动宣传报道工作方案》的通知(江西省公路运输管理局 赣运宣字[2010]2 号)

38. 关于印发《江西道路运输》刊物管理办法的通知(江西省公路运输管理局 赣运宣字[2010]5 号)

39. 关于印发在全省道路运输系统开展“优化环境、服务创业”主题实践活动的实施方案的通知(江西省公路运输管理局 赣运宣字[2010]6 号)

40. 关于印发《〈江西省道路运输条例〉宣传工作方案》的通知(江西省公路运输局 赣运宣字[2010]7 号)

41. 关于切实加强 2010 年全省道路春节运输宣传工作的通知(江西省公路运输管理局 赣运宣字[2010]1 号)

42. 关于开展全省运管系统“服务创业、推进创新”征文比赛的通知(江西省公路运输管理局 赣运宣字[2010]4 号)

43. 关于召开 2010 年全省道路运输工作会议的通知(江西省公路运输管理局 赣运办字[2010]7 号)

44. 关于印发《全省道路运输管理规范化建设活动实施方案》的通知(江西省公路运输管理局 赣运办字[2010]25 号)

45. 关于印发《江西省交通运输厅开展创业服务年活动实施方案》的通知(江西省公路运输管理局 赣运办字[2010]10 号)

46. 关于印发省运管局创业服务年领导小组办公室及各小组工作职责的通知(江西省公路运

输管理局 赣运办字[2010]11 号)

47. 关于表彰 2009 年度全省道路运输目标管理先进单位和达标单位的通报(江西省公路运输管理局 赣运办字[2010]12 号)

48. 关于印发《局长办公会议制度》等制度的通知(江西省公路运输管理局 赣运办字[2010]14 号)

49. 关于印发《江西省公路运输管理局创业服务年活动绩效考核方案》的通知(江西省公路运输管理局 赣运办字[2010]27 号)

50. 关于开展固定资产清查的通知(江西省公路运输管理局 赣运办字[2010]8 号)

51. 关于印发江西省公路运输管理局新《保密法》学习宣传活动方案的通知(江西省公路运输管理局 赣运办字[2010]24 号)

52. 转发国务院应急办关于贯彻落实温家宝总理重要批示精神切实做好大风降温和强降雪防范应对工作的通知 (江西省公路运输管理局 赣运发字[2010]4 号)

53. 关于加强春节期间安全保卫工作的通知(江西省公路运输管理局 赣运综治字[2010]1 号)

54. 关于印发开展社会治安重点地区排查整治工作实施方案的通知(江西省公路运输管理局 赣运综治字[2010]2 号)

55. 关于印发《2010 年综治工作要点》的通知(江西省公路运输管理局 赣运综治字[2010]4 号)

56. 关于成立局扫黄打非工作领导小组的通知(江西省公路运输管理局 赣运综治字[2010]5 号)

57. 关于对局直各单位 2010 年度综治目标管理工作进行考评的通知(江西省公路运输管理局 赣运综治字[2010]13 号)

58. 关于下发消防安全检查方案的通知(江西省公路运输管理局 赣运综治[2010]14 号)

59. 关于印发《2010 年道路运输法制工作意见》的通知(江西省公路运输管理局 赣运法规字[2010]1 号)

60. 关于 2009 年度全省二级以上道路客运运站质量信誉考核结果的通报(江西省公路运输管理局 赣运法规字[2010]9 号)

61. 关于加强道路客运站规范管理的通知(江西省公路运输管理局 赣运法规字[2010]14 号)

62. 关于对出租汽车从事班车客运有关问题的回复(江西省公路运输管理局 赣运法规字[2010]14 号)

63. 关于开展 2009 年度全省汽车客运站质量信誉考核工作的通知(江西省公路运输管理局 赣运法规字[2010]2 号)

64. 关于进一步加强治理车辆超载工作的通知(江西省公路运输管理局 赣运法规字[2010]7 号)

65. 关于修订江西省道路客运和货运企业质量信誉考核实施办法的通知(江西省公路运输管理局 赣运客货字[2010]4 号)

66. 关于货运代理行政备案事宜的批复(江西省公路运输管理局 赣运客货字[2010]1 号)

67. 关于印发《2010 年江西道路春运工作方案》的通知(江西省公路运输管理局 赣运客字[2010]1 号)

68. 关于规范全省道路危货运输管理工作的通知(江西省公路运输管理局 赣运客货字[2010] 2 号)

69. 关于下达 2010 年度全省旅游客运运力计划的通知(江西省公路运输管理局 赣运客字[2010]6 号)

70. 关于撤销江西省公路运输管理局驻深圳服务所的通知(江西省公路运输管理局 赣运客货字[2010]7 号)

71. 关于民用爆炸物品运输是否应纳入道路拖险货物运输行业管理的批复(江西省公路运输管理局 赣运客货字[2010]11 号)

72. 关于公布 2009 年度全省 AAA 级道路客贷运输企业质量信誉考核结果的通知(江西省公路运输管理局 赣运客货字[2010]13 号)

73. 转发《关于柴油是否纳入危险货物运输管理有关问题的复函》的通知(江西省公路运输管理局 赣运客货字[2010]14 号)

74. 关于增补旅游客运运力计划的批复(江西省公路运输管理局 赣运客货字[2010]14 号)

75. 关于做好 2010 年度道路旅游客运运力发展的通知(江西省公路运输管理局 赣运客货字[2010]1 号)

76. 转发关于做好道路运输证件换发工作的

通知(江西省公路运输管理局 赣运客货字[2010]9号)

77. 关于开展全省二○○九年度AAA级质量信誉客货运输企业申报复核工作的通知(江西省公路运输管理局 赣运客货字[2010]10号)

78. 关于对民用爆炸物品、烟花爆竹运输管理问题的请示(江西省公路运输管理局 赣运客货字[2010]12号)

79. 关于印发《江西省城乡道路客运燃油消耗申报管理工作规范(试行)》的通知(江西省公路运输管理局 赣运城客字[2010]7号)

80. 关于印发江西省公路运输管理局城乡道路客运成品油价格补助暨燃油消耗补贴工作领导小组第一次会议纪要的通知(江西省公路运输管理局 赣运城客字[2010]2号)

81. 关于实行城乡道路客运车辆燃油消耗月报制度的通知。(江西省公路运输管理局 赣运城客字[2010]3号)

82. 关于加强燃油消耗补助资金落实工作的通知(江西省公路运输管理局 赣运城客字[2010]4号)

83. 关于同意成立江西省城市公共交通协会的批复(江西省公路运输管理局 赣运城客字[2010]10号)

84. 关于成立"十二五"农村公路客运网络建设规划编制作领导小组的通知(江西省公路运输管理局 赣运基建字[2010]1号)

85. 关于编制"十二五"农村公路客运网络建设规划的通知(江西省公路运输管理局 赣运计基字[2010]3号)

86. 关于调整2004－2007年部分农村客运站项目车购税建设计划的通知(江西省公路运输管理局 赣运计基字[2010]5号)

87. 关于加快推进农村客运站建设项目有关事项的通知(江西省公路运输管理局 赣运计基字[2010]8号)

88. 关于做好国家公路运输枢纽站场项目启动建设有关事项的通知(江西省公路运输管理局 赣运计基字[2010]9号)

89. 关于下达2010年交通运输部农村客运站项目车购税建设计划的通知(江西省公路运输管理局 赣运计基字[2010]10号)

90. 关于印发《江西省道路运输车辆燃料消耗量达标车型车辆参数及配置核查工作细则(试行)》的通知(江西省公路运输管理局 赣运车技字[2010]111号)

91. 关于转发《江西省道路车辆燃油燃油消耗量检测和监督管理办法实施方案》的通知(江西省公路运输管理局 赣运车技字[2010]5号)

92. 关于转发交通运输部办公厅《关于进一步加大工作力度,认真执行营运车辆燃料消耗量限值标准的通知》的通知(江西智公路运输管理局赣运车技字[2010]10号)

93. 2009年度全省机动车维修质量信誉考核AAA级企业的通知(江西省公路运输管理局 赣运车技字[2010]14号)

94. 关于转发江西省机动车排气污染防治实施方案的通知(江西省公路运输管理局 赣运车技字[2010]17号)

95. 关于进一步规范我省道路运输车辆燃料消耗量达标车型车辆参数及配置核查工作的通知(江西省公路运输管理局 赣运车技字[2010]20号)

96. 关于认真做好2009年度全省机动车维修企业质量信誉考核工作的通知(江西省公路运输管理局 赣运车技字[2010]3号)

97. 关于认真贯彻落实全省开展公路客运交通安全教育整治工作方案的意见(江西省公路运输管理局 赣运安稽字[2010]5号)

98. 关于印发《江西省道路运输行业继续深入开展"安全生产年"活动工作方案》的通知(江西省公路运输管理局 赣运安稽字[2010]11号)

99. 关于印发《江西省道路运输安全生产和应急"双基"建设活动方案》的通知(江西省公路运输管理局 赣运安稽字[2010]38号)

100. 关于转发进一步畅通鲜活农产品运输"绿色通道"的通知(江西省公路运输管理局 赣运安稽字[2010]2号)

101. 关于开展安全生产专项督查的通知(江西省公路运输管理局 赣运安稽字[2010]7号)

102. 关于开展2010年道路运输安全生产月活动的通知(江西省公路运输管局 赣运安稽字[2010]15号)

103. 关于认真做好道路运输强降雨过程应对工作的紧急通知(江西省公路运输管理局 赣运安稽字[2010]19号)

104. 关于开展打击旅游客运"黑车"专项活动的通知(江西省公路运输管理局　赣运安稽字[2010]24号)

105. 关于开展全省道路运输安全生产大检查的通知(江西省公路运输管理局　赣运安稽字[2010]25号)

106. 关于印发《江西省道路运输驾驶员诚信考核实施细则(试行)》的通知(江西省公路运输管理局　赣运驾培字[2010]4号)

107. 关于做好当前道路运输驾驶员诚信考核工作的通知(江西省公路运输局　赣运驾培字[2010]1号)

108. 关于对2009年全省驾培机构质量信誉考核工作检查复核情况的通报(江西省公路运输管理局　赣运驾培字[2010]7号)

109. 关于切实加强驾培市场调控工作的通知(江西省公路运输管理局　赣运驾字[2010]24号)

110. 关于进一步加强客运驾驶员培训和从业资格管理的通知(江西省公路运输管理局　赣运驾培字[2010]37号)

111. 关于在全省驾校推行教练员教学行为"五条禁令"的通知(江西省公路运输管理局　赣运驾培字[2010]38号)

112. 关于开展2010年全省机动车驾驶培训教练员培训和考试工作的通知(江西省公路运输管理局　赣运驾培字[2010]11号)

113. 关于切实做好机动车残疾人驾驶培训工作的通知(江西省公路运输管局　赣运驾培字[201 0]16号)

114. 关于进一步加强驾培安全管理工作的通知(江西省公路运输管理局　赣运驾培字[2010]20号)

115. 关于印发《江两省道路运输管理行业服务项目"十公开"(试行)实施方案》的通知(江西省公路运输管理局　赣运监察字[2010]2号)

116. 关于对城市公交出租车行业服务质量督查的通知(江西省公路运输管理局　赣运监察字[2010]3号)

117. 关于印发在全省道路运输系统开展"优化环境、服务创业"主题实践活动的实施方案的通知(江西省公路运输管理局　赣运宣字[2010]6号)

118. 关于对全省高速公路通车里程突破3000公里交通运输系统有贡献人员实施奖励的通知(江西省交通运输厅　赣交办字[2010]70号)

119. 关于对昌樟高速公路管理处安全生产工作给予表彰的决定(江西省交通运输厅　江西省安全生产监督管理局　赣交办字[2010]70号)

120. 关于印发厅创业服务年领导小组办公室及各小组工作职责的通知(江西省交通运输厅　赣交办字[2010]8号)

中央苏区交通局工作人员用具

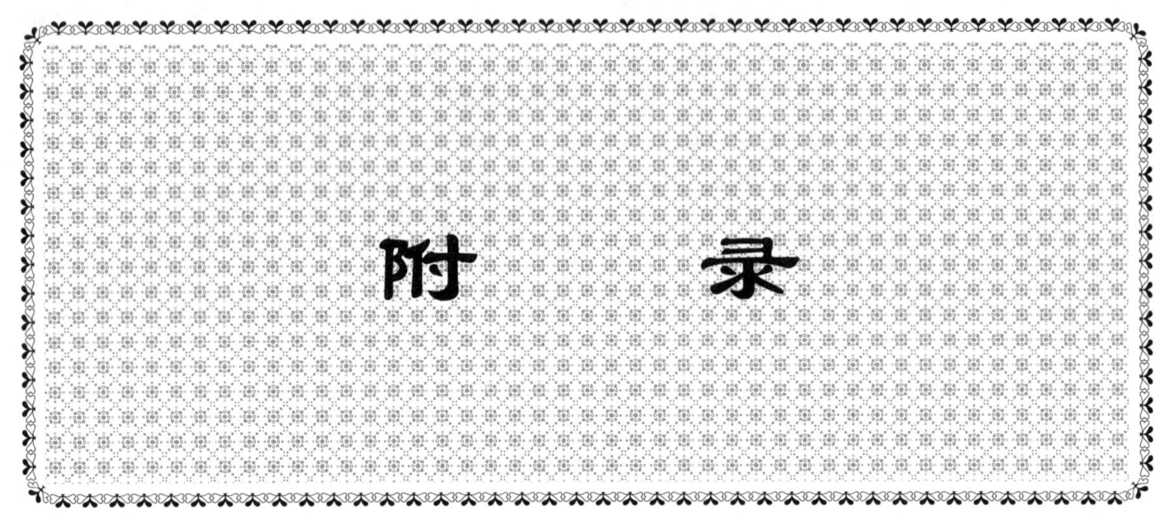

铁 路

【概况】 2010 年,南昌铁路局管辖的铁路东至福建省海峡西岸,东北至浙赣省界,西至湘赣省界,北至湖北、安徽省界,南至赣粤省界。南昌铁路局线路分界站(点)是:京九线北端(蔡山)K1277 +000 处与武汉铁路局分界,京九线南端(定南)K2008 +200 处与广州铁路集团公司分界;沪昆线东端 K 502 +200 处(新塘边)与上海铁路局分界,沪昆线西端 K1102 处(株洲)与广州铁路集团公司分界;皖赣线(倒湖)K342 +500 处与上海铁路局分界;武九线(西河村)K185 +809 处与武汉铁路局分界;合九线(孔垄)K279 +900 处与上海铁路局分界;漳龙线(琥市)K143.037 千米处与广州铁路集团公司分界。2008 年铜九线建成投入运营,与上海铁路局分界口为香隅站。2009 年温福铁路建成和福厦铁路建成投入运营,杭深线与上海铁路局分界口为苍南站 K664 +589 处。

2010 年 9 月,南昌九江城际高铁投入运营,使南昌铁路局铁路营业里程突破 5000 千米,达到 5022.6 千米(含合资铁路),比上年增加 124.4 千米。总延展里程 9812.4 千米(含合资铁路 2219.3 千米)。其中复线里程 2074.8 千米、复线率 41.3%,电气化里程 2740 千米、电气化率 54.6%。国家铁路营业里程 3811.1 千米,比上年增加 5.3 千米,总延展里程 7593.4 千米,比上年增加65千米。2010年末江西省铁路营业里程2697.1千米，车站178个。主要干线营业里程有：京九线704.7千米，沪昆线547.4千米，皖赣线1 98千米，武九线55.8千米，鹰厦线79.4千米，峰福线65.7千米，赣龙线131.3千米，铜九线86.9千米，江西省合资公司昌九城际线118.7千米。

2010年南昌铁路局完成基建投资472.12亿元，同比增加101.72亿元、增长27.4%；完成更新改造投资8.48亿元。全局在建铁路2900千米。其中江西省境内有南昌西客站、上饶枢纽工程等项目开工建设；向莆、衡茶吉铁路和沪昆、合福客专以及京九南线电气化改造等5个续建工程有序推进；九景衢铁路、武九客专和皖赣线电气化改造等项目前期工作进展顺利；南昌枢纽西环线投入运营，分流货物列车53对、旅客列车12列、行包专列5列。中国第二条城际铁路、时速200千米的昌九城际高铁于2010年6月30日提前5个月竣工，9月20日正式运营，正式开行动车组，开行动车组17对，并分流京九线95列旅客列车。昌九城际动车组平均上座率达到96%，高铁在该省产生了较大的效应。

2010年，南昌铁路局时速220千米～250千米动车组新增29组，全局配属达到36组；新增和谐型大功率电力机车181台，配属达到255台，电力机车比重达58%；新增新型空调客车160辆，配属达到2138辆，比重达67.8%；新增大型养路机械6台，达到73台。年内铺设无缝线路205千米，全局无缝线路达到3295千米，沪昆、京九干线实现钢轨重型化、线路无缝化。全局主要干线无缝化率46.4%。京九北线调度集中系统（CTC）建设完成，覆盖高铁动车组运行区段的GSM—R无线网络系统建成。南昌铁路局探索建立高铁安全保障体系，创新完善工电、供电设备“三位一体”养修体制和应急值守模式，确保高铁运营持续安全稳定。全局年末配属机车1154台。其中内燃机车730台，电力机车370台。配属客车3290辆。全局固定资产原值889.74亿元。南昌铁路局职工总数85854人，比上年减少909人。管理人员和专业技术人员12777人。全局专业技术人员7271人。

2010年，南昌铁路局完成旅客发送量9350.2万人，为年计划的107.5%，同比增长21.7%；货物发送量9269.9万吨，为年计划的100.8%，同比增长3.3%；换算周转量1644亿吨千米，为年计划的102.7%，同比增长7.9%；运输收入150.65亿元，为年计划的107%，同比增长19.7%，提前26天完成全年任务。其中，江西省铁路旅客发送量5587.6万人，旅客周转量564.78亿人千米，分别比上年增长2.2%和10.6%；货物发送量5374.2万吨，货物周转量685.89亿吨千米，分别比上年增长2.9%和4.3%；合计换算周转量1250.67亿吨千米。

（南昌铁路局史志室）

【昌九城际铁路建成开行动车组】　昌九城际铁路由九江站至庐山站客车联络线、庐山站至乐化站、乐化站至南昌站三段组成，其中北端自庐山站通过联络线与提速改造完工的武九线相接，南端自乐化站分别接入既有京九线南昌北站和南昌西环线，正线长度为135千米，设计时速200千米。2009年8月26日9时，昌九城际铁路正式铺轨。2010年1月城际线全线长轨铺通，4月客连线全线长轨铺通，至此，昌九城际铁路全线铺轨贯通。6月30日，全线轨道精调完成。7月16日完成全线各专业静态验收专家评审，7月26日至8月14日，全线联调联试并动态检测验收。8月22日，铁道部组织并通过初步验收。8月23日至26日，通过铁道部安全评估。

2010年8月28日上午8时，昌九城际铁路与京九线南昌北站及西环线九大“拢口”拨接施工大会战，数千铁路建设者挥汗如雨紧张施工。是日完成拨接封锁施工并开始分流京九线客车。昌九城际高铁与既有的京九线、西环线连为一体。标志着昌九城际高铁具备分流和运营条件。2010年9月20日，正式开行动车组。

（王毅明　陈黎明）

【衡茶吉铁路年完成投资27.7亿元】　衡茶吉铁路位于湖南省中东部和江西省吉安市西部，由铁道部、江西省和湖南省三方共同出资修建。线路自京广铁路衡阳枢纽茶山坳车站引出，途经衡阳市的衡南县、衡东县，郴州市的安仁县，株洲市攸县、茶陵县、炎陵县，往西穿越罗霄山脉，接入井冈山站，利用既有吉井线与京九线吉安南站，是连接中国两条南北铁路大干线——京广线和京九线的又一条重要通道。该线还沟通既有的尽头式支线醴茶线和分文线,进一步完善路网布局,优化路网结构,增强路网的机动性、灵活性,可充分发挥其运输效能,提高运输效益。该项目新建及改造工程线路总长为374.872千米,全线新建电气化。项目总投资85.94亿元(其中:江西省境内23.51亿元、湖南省境内62.43亿元),静态投资80.9亿元。建设工期三年半。2009年7月开工,计划2012年12月投入运营。

(廖泽潭)

【向莆铁路完成投资计划122.8元】 2010年铁道部下达向塘莆田铁路投资计划122.8亿元,占投资概算总额539.4941亿元的22.76%。其中:中央预算内资金4亿元,铁路建设基金4亿元(资本金)、铁路债券35亿元(资本金),福建省31亿元(资本金),江西省地方铁路建设集团5.26亿元(资本金),江西大唐抚州发电公司4.74亿元(资本金),银行贷款38.8亿元。全年完成投资122.8亿元,为年计划的100%。其中征地拆迁完成4.6亿元,建安工程完成105亿元,设备费完成1.2亿元,其他费用完成12亿元。

(马忠旭)

【沪昆铁路客运专线(江西段)开工建设】 2010年4月18日沪昆铁路客运专线(江西段)工程开工建设。项目出资比例为铁道部88%、江西省12%。铁道部2010年初下达投资计划为70亿元,下半年调增计划9亿元,年底再次调增4亿元。全年完成投资83亿元,为年初计划的118.6%。2010年路基土石方累计完成1570.4万立方米,完成年计划的137.8%;隧道累计完成2738.6成洞米,完成年计划的53.4%;桥梁累计完成69659.2成桥米,完成年计划的143.6%;箱梁预制累计完成545孔,完成年计划的104.4%。全线共需征用红线内用地1553公顷,已交付红线用地1517公顷,完成交地任务总量的96.42%;全线计划拆迁房屋面积为17 1.7416万平方米,已丈量确认需要拆迁房屋142.6796万平方米,累计拆迁房屋106.7682万平方米,完成计划数的62.2%,按照确认数已完成全线拆迁房屋总量的74.83%;35千伏及以上电力线路共165处,省铁办与各产权单位签订预付款协议99处。沪昆客专建设借鉴国内外的先进设计理念、工程措施和施工方法,加速施工技术的改进。桥梁墩身自动喷淋养生保温装置这一新工艺得到铁道部领导的高度赞扬。

(王毅明　陈黎明)

【赣龙铁路扩能改造工程开工】 赣龙铁路扩能工程是国家铁路网的重要组成部分,是江西、福建两省对外通道的主干线。赣龙铁路位于江西省东南部、福建省西南部。西起江西省赣州市,东至福建省龙岩市,途经江西省赣州市赣县、于都县、会昌县、瑞金市,福建长汀县、连城县、上杭县、新罗区。线路自京九铁路赣县站引出至龙厦铁路龙岩站,正线全长249.418千米。其中江西境内113.639千米,福建省境内135.779千米。龙岩地区新建东南联络线9.26千米。主要技术标准有:I级;双线;旅客列车设计行车速度200千米/小时。项目投资估算总额228.941亿元。其中福建段129.7411亿元,江西段100亿元。设计工期3.5年。2010年11月12日,赣龙铁路扩能改造工程的开工仪式在首个重点控制工程梅花山隧道坪头斜井举行。

(王毅明)

【南昌车站旅客发送量1860万人】 昌九城际铁路开通运营后,南昌车站站日均接发图定列车116对。其中始发66对(其中包含节假日备用动车组5对),通过列车45.5对,货物列车4.5对。其中包括至上海南、杭州、长沙、武汉、九江动车组共23对,至北京西直达车3对。2010年该站完成旅客发送量1860.75万人,比2009年增长5.47%;年度完成运输收入16.34亿元,比上年增长13.87%;提前一个月完成年度运输收入计划。

(黄海峰)

【南昌南车站货物发送261万吨】 南昌南车站是南昌唯一综合性铁路货运站,下辖南昌南运转车间、南昌南货运车间、南昌北站、乐化站、莲塘站、横岗站、生米站。

2010年,该站货物发送261.98万吨,同比增加22.69万吨,增幅9.5%;装车46536车,同比增加1848车,增幅4.1%。完成运输收入3.02亿元,超计划3516.3万元,同比增加6076.01万元,增幅25.1%。该站强化物流装车组织,开行北方六局、乌鲁木齐、西南方向品牌物流列车，借京九物流运输公共平台，广揽物流货源，宣传铁路运输优势，促使物流公司装车上量，全年物流公司发送4696车，完成运输收入4960万元。该站发挥集装箱班列运输优势，完善派箱组织办法，加强集装箱进出站、装车挂运等环节管理，强化集装箱海关办理点的作用发挥，搭建南昌北集装箱办理站海关、检验检疫一站式服务平台，优先保证铁海联运运力，充分利用船公司的海运箱开发外销陶瓷、弹簧钢板、一次性输液器等的运输市场，扩大铁海联运份额，全年集装箱发送19483TEU，完成运输收入5448万元。

（南昌铁路局史志室）

2010年南昌铁路局运输生产主要指标完成情况表

表26

项　目	单　位	2010年			2009年完成	比　较	
		计　划	完　成	完　成%		增　减	增　减%
旅客发送量	万人	8700	9350.2	107.5%	7682.1	1668.1	21.7%
货物发送量	万吨	9200	9269.9	100.8%	8970.0	300.0	3.3%
日均装车数	车	4110	4112		4015	97	2.4%
静载重	吨	61.3	61_8		61.2	0.6	
煤炭发送量	万吨	2150	2427.1	112.9%	2138.0	289.1	13.5%
日均卸空车数	车		5614		5331	283	5.3%
换算周转量	亿吨千米	1600	1644	102.7%	1522.99	121.01	7.9%
旅客周转量	亿人千米	690	731.38	106.0%	640.02	91.36	14.3%
货物周转量	亿吨千米	910	912.62	100.3%	882.97	29.65	3.4%
运输收入	万元	1404600	1506547	107.3%	1257671	248876	19.8%
客票收入	万元		721523		554233	167289	30.2%
货物运费收入	万元		494287		434972	59315	13.6%
日均运用车	辆日	24000	25758		23087	2671	11.6%
日均工作量	车		9733		9569	164	1.7%
货车周时	天	2.41	2.65		2.41	0.23	
货车日产量	吨千米		9707		10478	-771	-7.4%
货车中时	小时	5.5	5.3		5.0	0.3	
货车停时	小时	18.6	18.5		17.9	0.6	
货车旅速	千米/小时		30.7		32.3	-1.6	
机车日产量	万吨千米	115.0	109.7		110.1	-0.4	
机车日车千米	千米	409	396		407	-11	
平均牵引总重	吨	3010	3033		2964	69	
技术速度	千米/小时		51.2		50.7	0.5	

（杨　刚）

【沪昆铁路（江西段）山体滑坡列车脱轨】　5月23日凌晨2时许，由上海开往桂林的K859次旅客列车运行至江西省境内沪昆铁路余江至东乡间（K699+700米处）时，遇山体突然滑坡造成脱轨，旅客伤亡多人。受此列车脱轨事件影响，沪昆线下行线中断行车，导致当日途经沪昆线列车晚点，部分列车停运。途经景德镇的5205/6次、K8730/2 9次旅客列车停运，K25次、K221次、

K155 次列车途经景德镇行驶至鹰潭附近后折返始发车站。

(涂 强)

【景德镇火车站多趟旅客列车受洪灾影响停运 18 天】 受6月中、下旬连续暴雨影响,江西省境内多条铁路沿线出现滑坡、塌方等险情,其中与景德镇铁路交通关系密切的沪昆铁路、鹰厦铁路多处路段被阻,造成除 K784/3 次旅客列车之外的其他 12 对经景德镇往返鹰潭方向的列车自 6 月 2 0 日起停运。自 7 月 7 日起,景德镇市的铁路运输逐步恢复正常,5210/09 次、2025/26 次、2521/22 次自 7 月 7 日起恢复开行;K68/9 次自 11 日起恢复开行。

(涂 强)

【铁道部专家组莅抚踏勘鹰梅铁路】 5 月 9 日下午,铁道部专家组一行深入抚州市广昌、南丰、南城县现场踏勘鹰梅铁路站址,这标志着抚州人民盼望已久的鹰梅铁路迎来初步设计审查,即将动工兴建。市委副书记、市长张勇在汝水森林宾馆会见了专家组一行。市委常委、常务副市长谢发明陪同踏勘并参加会见,市政府秘书长余建平会见时在座。

鹰潭至梅州铁路项目是国家中长期铁路网规划阜阳—鹰潭—汕头铁路的重要组成部分,是阜鹰汕铁路其中的一段。该线起点鹰潭站,经江西省鹰潭、抚州、赣州及广东省梅州市,终点为梅州站,线路总长约 510 千米,其中抚州段约 190 千米,铁路等级为 I 级,双线电气化,设计时速 200 千米。修建鹰梅铁路,将新增一条抚州与广东沿海经济发达地区沟通交流的纽带,缩短与珠三角经济区的时空距离,对加快全市经济赶超发展步伐具有十分重大而深远的意义。

会见时,张勇首先对铁道部专家组一行的到来表示热烈的欢迎,感谢铁道部多年来对抚州铁路建设的关心和支持。他说,抚州作为江西省的一个重要城市,地处长三角、珠三角、闽东南三角区腹地,被称为“赣抚粮仓”,每年产粮 25 亿千克以上,向国家提供商品粮 10 亿千克以上,是国家区域性商品粮生产基地。抚州人民盼望着向莆铁路早日建成通车,盼望着鹰梅铁路早日开工,促进经济社会能够更好更快地发展。抚州市委、市政府和抚州人民将在征地、拆迁等方面全力支持配合鹰梅铁路的建设。

专家组表示,在鹰梅铁路抚州段的站址选择上将尽可能地考虑抚州经济社会发展的实际情况,以期最大限度地推动地方经济社会又好又快发展。

(陈根玲)

【铁道部在京召开鹰梅铁路规划方案研讨会】 5 月 5 日,铁道部在北京召开新建鹰梅、浦梅铁路规划方案研讨会,南昌铁路局,广铁集团公司,铁二、三、四院及上铁院等单位领导和专家,江西、福建、广东三省发改委、铁路办及沿线地方政府、发改委、铁路办有关人员参加会议,抚州市发改委和市铁路办负责人参加了会议。

鹰潭至梅州铁路项目是国家中长期铁路网规划阜阳—鹰潭—汕头铁路的重要组成部分,是阜鹰汕铁路其中的一段。该线起点鹰潭站,经江西省鹰潭、抚州、赣州及广东省梅州市,终点为梅州站,总长约 510 千米,其中抚州段约 190 千米,铁路等级为 I 级,双线电气化,设计时速 200 千米。修建鹰梅铁路抚州段,将新增一条抚州市与广东沿海经济发达地区沟通交流的纽带、缩短与珠三角经济区的时空距离,对加快该市经济赶超发展步伐具有十分重要的意义。

(陈根玲)

【鹰厦铁路恢复通车】 鹰厦铁路在资溪境内总长 78 千米,自 6 月 17 日以来,资溪县连续遭受特大暴雨袭击,特别是 6 月 19 日至 20 日,短短 41 小时降雨量达 564 毫米,全县江河水库水位暴涨、山洪暴发、山体坍塌、泥石流频现,致使该县交通、通信、供电、供水中断,一度成为“水中孤岛”。鹰厦铁路资溪段也受损严重,铁路全线塌方 40 多处,垮塌 3 处,铁轨悬空 3 处共 45 米,有 8 处受泥石流冲击,铁路桥桥墩 3 处受损,涵洞被冲毁 1 处。

灾情发生后,南昌铁路局和沪昆高速铁路江西公司紧急部署,调运 80 多台重型机械设备,调派 3000 多人,以最快速度赶往资溪进行抢修。在地方政府和群众的大力支持下,抢险队员通过 8 昼夜奋战,铁路终于恢复通车。

(抚州市交通运输局史志办)

南昌火车站始发列车时刻表(一)

表 27　　　　2011 年 4 月

车次	车种	起终点站	时刻		车次	起终点站	时刻		票价(元)	
			开车	终到			开车	终到	硬座	硬卧
Z66	空调特快	南昌—北京西	20:10	07:32	Z65	北京西—南昌	20:00	07:17	—	308
Z68	空调特快	南昌—北京西	20:16	07:38	Z67	北京西—南昌	20:06	07:28	175	308
T168	空调特快	南昌—北京西	19:33	13:06	T167	北京西—南昌	15:01	08:14	191	335
1454	空调普快	南昌—北京西	17:07	10:57	1453	北京西—南昌	12:14	06:10	154	287
T147/6	空调特快	南昌—北京西	13:20	10:25	T145/8	北京西—南昌	12:01	10:01	226	395
D92	动车组	南昌—上海虹桥	08:15	13:40	D93	上海虹桥—南昌	15:05	20:32	252	302
D94	动车组	南昌—上海虹桥	09:06	14:29	D93	上海虹桥—南昌	14:11	19:44	252	302
D98	动车组	南昌—上海虹桥	16:41	22:08	D93	上海虹桥—南昌	10:53	20:23	252	302
K288	空调快速	南昌—上海南	21:12	06:17	K287	上海南—南昌	21:00	06:50	106	191
K1186	空调快速	南昌—上海南	18:02	05:10	K11 85	上海南—南昌	09:06	20:19	94	1 79
D96	动车组	南昌—杭州	15:09	19:22	D95	杭州—南昌	19:40	23:55	1 99	239
2186	空调普快	南昌—杭州	21:33	07:00	21 85	杭州—南昌	19:20	05:20	81	154
D205/8	动车组	南昌—长沙	08:00	11:13	D207/6	长沙—南昌	11:33	14:48	130	156
D117/6	动车组	南昌—长沙	11:52	15:01	D115/8	长沙—南昌	06:42	09:54	130	156
T1 71	空调特快	南昌—广州东	18:40	06:29	T1 72	广州东—南昌	19:29	07:06	137	242
K1019/8	空调快速	南昌—广州东	15:43	05:50	K1017/20	广州东—南昌	15:38	05:01	1 55	274
K342/3	空调快速	南昌—青岛	16:30	11:38	K344/1	青岛—南昌	12:46	09:07	191	335
K787/6	空调快速	南昌—成都	10:17	11:26	K788/5	成都—南昌	12:31	16:46	116	222
K790/1	空调快速	南昌—西安	19:07	15:26	K792/89	西安—南昌	16:45	12:52	170	300
D3222	动车组	南昌—武昌	08:10	10:40	D3221	汉口—南昌	09:22	11:52	116	139
D3224	动车组	南昌—武昌	09:20	12:08	D3223	武昌—南昌	08:30	12:08	116	139
D3226	动车组	南昌—武昌	13:55	16:28	D3225	武昌—南昌	12:30	15:19	116	139
D3228	动车组	南昌—武昌	15:35	18:08	D3227	武昌—南昌	16:55	19:29	116	139
D3230	动车组	南昌—汉口	18:55	21:46	D3229	武昌—南昌	18:35	21:16	11 6	139
D3242	动车组	南昌—武汉	10:10	12:43	D3241	武汉—南昌	13:05	15:39	1 1 6	139
D3246/7	动车组	南昌—汉口	12:10	15:10	D3248/5	汉口—南昌	16:08	18:40	104	125
3250	动车组	南昌—武汉	16:00	18:35	D3249	武汉—南昌	19:07	21:43	1 1 6	139
K506	空调快速	南昌—南京	21:14	08:08	K505	南京—南昌	21:21	08:26	82	149
2240	普快	南昌—南京西	14:20	06:23	2239	南京西—南昌	13:08	05:44	55	117
K612/3	空调快速	南昌—连云港东	15:07	08:46	K614/1	连云港东—南昌	18:00	08:34	72	141
K1122/3	空调快速	南昌—哈尔滨	14:25	06:19	K1124/1	哈尔滨—南昌	17:58	08:02	141	287
1 235	普快	南昌—昆明	14:51	21:44	1 236	昆明—南昌	12:50	21:35	107	221
1484/1	空调普快	南昌—包头	11:42	22:08	1483/1	包头—南昌	07:20	16:58	168	312
1557	空调普快	南昌—南宁	17:16	13:30	1 558	南宁—南昌	18:50	15:57	145	271
2208/5	普快	南昌—温州	18:58	06:55	2207/6	温州—南昌	18:35	07:27	87	165
2532/3	空调普快	南昌—宁波东	21:42	1 1:59	2534/1	宁波东—南昌	12:53	05:28	62	131
K8716/7	空调快速	南昌—福州	20:34	06:20	K8718/5	福州—南昌	20:27	06:44	87	157
K8708/5	空调快速	南昌—厦门	18:10	10:55	K8706/7	厦门—南昌	12:46	05:26	1 1 3	201

注:根据有关资料整理,以车站公告为准。

南昌火车站始发列车时刻表(二)

表28　　2011年4月

车次	车种	起终点站	时刻		车次	起终点站	时刻		票价(元)	
			开车	终到			开车	终到	硬座	硬卧
D6372	动车组	南昌—九江	07:00	07:55	D6371	九江—南昌	07:00	07:55	42	50
D6342	动车组	南昌—九江	08:20	09:20	D6341	九江—南昌	08:07	08:57	42	50
D6382	动车组	南昌—九江	09:10	10:05	D6383	九江—南昌	09:23	10:18	42	50
D6374	动车组	南昌—九江	10:33	11:28	D6373	九江—南昌	10:20	11:15	42	50
D6384	动车组	南昌—九江	11:37	12:27	D6385	九江—南昌	11:38	12:28	42	50
D6344	动车组	南昌—九江	13:10	13:55	D6343	九江—南昌	12:43	13:28	42	50
D6376	动车组	南昌—九江	14:02	14:57	D6375	九江—南昌	14:10	15:05	42	50
D6346	动车组	南昌—九江	15:29	16:14	D6345	九江—南昌	15:13	15:58	42	50
D6386	动车组	南昌—九江	16:13	17:03	D6387	九江—南昌	16:30	17:20	42	50
D6378	动车组	南昌—九江	17:35	18:30	D6377	九江—南昌	17:18	18:13	42	50
D6380	动车组	南昌—九江	18:44	19:39	D6379	九江—南昌	18:45	19:40	42	50
D6390	动车组	南昌—九江	20:00	20:55	D6389	九江—南昌	19:55	20:45	42	50
D6348	动车组	南昌—九江	21:00	21:45	D6347	九江—南昌	21:10	21:55	42	50
D6394	动车组	南昌—上饶	09:38	11:26	D6395	上饶—南昌	12:10	14:10	81	97
D6397	动车组	南昌—萍乡	14:35	16:41	D6396	萍乡—南昌	17:01	19:11	89	106
K8760	空调快速	南昌—九江	05:21	07:04	K8759	九江—南昌	13:28	15:48	22	73
K8722	空调快速	南昌—玉山	07:15	11:29	K8721	玉山—南昌	11:55	15:43	44	95
K8723	空调快速	南昌—瑞金	07:50	14:27	K8724	瑞金—南昌	11:22	17:51	63	
K8727	空调快速	南昌—醴陵	07:05	11:32	K8728	醴陵—南昌	13:58	18:56	51	102
K8730	空调快速	南昌—景德镇	08:03	13:07	K8729	景德镇—南昌	13:48	18:13	47	
K8731	空调快速	南昌—井冈山	17:10	20:53	K8732	井冈山—南昌	07:26	11:30	47	
K8702	空调快速	南昌—九江	08:00	09:21	K8701	九江—南昌	16:40	18:17	22	73
5201	普快	南昌—萍乡	14:07	18:22	5202	萍乡—南昌	07:16	11:22	22	
5221	普快	南昌—萍乡	11:30	16:20	5222	萍乡—南昌	11:02	15:26	22	
5204	普快	南昌—上饶	15:49	19:56	5203	玉山—南昌	08:58	13:20	22	
5206	普快	南昌—景德镇	15:28	20:11	5205	景德镇—南昌	07:34	12:24	24	
7205	普慢	南昌—江边村	13:06	17:18	7206	江边村—南昌	06:45	10:41	10	
7213	普慢	南昌—吉安	15:15	20:07	7214	吉安—南昌	08:08	12:04	16	
8551	普慢	南昌—向塘	06:29	06:59	8552	向塘—南昌	19:33	20:02	2.5	
L8801	普快	南昌—萍乡	17:53	22:53					22	
L8801	普快	南昌—上饶	12:50	17:58					20	
L8801	普快	南昌—赣州	12:43	20:08					31	

注:根据有关资料整理,以车站公告为准。

南昌火车站中转列车时刻表

表 29　　2010 年 4 月

车次	车种	区间	南昌站		终点站	车次	区间	南昌站		终点站
			到达	开车				到达	开车	
K105	空调快速	北京西—深圳	16:15	16:23	05:02	K106	深圳—北京西	23:04	23:10	16:18
T107	空调特快	北京西—深圳	09:32	09:44	19:45	T108	深圳—北京西	00:24	00:37	14:13
Z133	空调快速	北京西—井冈山	07:11	07:23	10:37	Z1 34	井冈山—北京西	20:12	21:26	07:55
K571	空调快速	北京西—龙岩	09:48	09:58	18:33	K572	龙岩—北京西	21:22	21:30	13:03
K751/4	空调快速	上海南—麻城	00:09	00:1 7	05:26	K753/2	汉口—上海南	22:20	22:28	10:51
K351/4	空调快速	上海南—成都	03:37	03:47	05:19	K352/3	成都—上海南	01:54	02:06	14:00
K11/4	空调快速	上海南—武昌	05:51	06:04	1 1:23	K13/2	武昌—上海南	21:10	21:25	07:39
K123/2	空调快速	上海南—襄樊	00:32	00:44	08:40	K124/1	十堰—上海南	01:08	01:22	1 1:44
K253/2	空调快速	上海南—宜昌	01:53	02:01	15:22	K254/1	宜昌—上海南	03:07	03:19	13:19
K87/6	空调快速	九江—广州	10:00	19:08	07:50	K85/8	广州—九江	07:47	07:57	09:41
T162/59	空调特快	青岛—广州东	02:02	02:13	12:30	T161/0	广州东—青岛	01:59	02:08	20:33
K311/10	空调快速	合肥—广州东	20:13	20:21	08:59	K309/12	广州东—合肥	23:24	23:32	06:27
K304/1	空调快速	连云港东—广州	01:48	02:00	14:27	K302	广州—徐州	10:31	10:48	21:45
K391/90	空调快速	成都—福州	15:12	15:22	05:01	K392/89	福州—成都	23:15	23:25	05:14
K32I/0	空调快速	合肥—福州	01:23	01:31	12:48	K322/19	福州—合肥	01:22	01:31	09:11
K523/6	空调快速	武昌—福州	21:33	21:41	10:07	K524/5	福州—武昌	00:40	00:50	05:30
K806/3	空调快速	重庆北—福州	08:38	08:52	20:50	K804/5	福州—重庆北	05:40	05:50	05:19
K32/29	空调快速	洛阳—福州	03:18	03:30	13:41	K30/31	福州—洛阳	02:53	03:05	17:35
1218/5	空调普快	西安—福州	13:05	13:13	23:36	1216/7	福州—西安	22:02	22:13	15:40
K115	空调快速	九江—深圳	17:29	1 7:37	05:45	K116	深圳—九江	04:43	04:56	06:54
T188/5	空调特快	沈阳北—深圳	18:34	18:46	05:13	1186/7	深圳—沈阳北	06:33	06:42	06:56
K448/5	空调快速	西安—深圳	16:39	16:50	04:50	K446/7	深圳~西安	20:54	21:07	15:09
K1040/37	空调快速	深圳~郑州	21:44	21:52	09:36	K1038/9	郑州—深圳	09:59	10:11	22:12
K555	空调快速	武昌—深圳西	20:52	21:00	10:20	K556	深圳西—武昌	03:28	03:41	09:16
K1622/19	空调快速	天津—深圳西	17:04	17:23	07:10	K1620/1	深圳西—天津	22:11	22:22	15:55
1505	空调普快	合肥—深圳西	02:13	02:25	15:26	1506	深圳西—合肥	05:38	05:47	13:09
1282/3	普快	兰州—深圳西	16:46	16:56	08:18	1284/1	深圳西—兰州	22:53	23:02	07:09
K94/1	空调快速	泰州—深圳西	02:19	02:32	14:40	K92/3	深圳西—泰州	06:01	06:16	15:20
1202/3	普快	信阳—深圳西	19:57	20:06	10:02	1204/1	深圳西—信阳	03:12	03:23	11:37
K1127/6	空调快速	杭州—武昌	03:05	03:17	08:28	K1125/8	武昌—杭州	21:03	21:18	05:17
K1191	空调快速	南京—南宁	06:33	06:42	05:40	K1192	南宁—南京	11:14	11:22	21:55
T126/7	空调特快	成都—东莞东	19:08	19:22	05:10	T128/5	东莞东—成都	21:50	21:59	17:24
K530/1	空调快速	成都—杭州	13:53	14:01	18:59	K529/32	杭州—成都	06:11	06:25	10:39

续表 29

车次	车种	区间	南昌站		终点站	车次	区间	南昌站		终点站
			到达	开车				到达	开车	
K1136/7	空调快速	青岛—南宁	14:48	15:00	16:45	1338/5	南宁—青岛	01:07	01:16	22:05
K397/6	空调快速	武昌—泉州东	15:48	15:56	10:20	K398/5	泉州东—武昌	11:07	11:18	17:36
K1129	快速	合肥—东莞东	18:08	18:16	07:22	K1130	东莞东—合肥	02:45	02:53	09:52
K1078	快速	重庆北—宁波东	13:21	13:32	23:15	K11077	宁波东—重庆北	17:39	17:49	17:29
1586/7	空调普快	温州—武昌	01:30	01:42	06:39	1585/8	武昌—温州	20:39	20:47	07:37
K799/8	空调快速	武昌—汕头	19:23	19:32	09:28	K800/797	汕头—武昌	06:27	06:35	11:33
K242/3	空调快速	西安—厦门	14:19	14:27	05:55	K244/1	厦门—西安	10:49	10:57	05:55
K903/2	空调快速	太原—厦门	13:46	13:54	06:17	K904/1	厦门—太原	04:52	05:04	06:01
K742/3	空调快速	郑州—高崎	01:30	01:38	16:59	K744/1	高崎—郑州	11:16	11:24	23:58
K307/6	空调快速	北京西—厦门	绕行西环线			K308/5	厦门—北京西	14:36	14:48	07:00
K668/5	空调快速	沈阳北—福州	绕行西环线			K666/7	福州—沈阳北	17:59	18:11	
1280/1	空调普快	济南—深圳西	01:41	02:49	14:06	1282/79	深圳西—济南	绕行西环线		
K730/1	空调快速	大同—赣州	绕行西环线			K732/29	赣州—大同	16:05	16:19	16:32
K923/2	空调快速	麻城—广州东	绕行西环线			K921/4	广州东—汉口	00:15	00:24	06:27

注:根据有关资料整理,以车站公告为准。

(周国祥)

民用航空

【概况】 2003 年 12 月 18 日,江西省人民政府与首都机场集团公司联合重组原中国民用航空江西省管理局,成立江西省机场集团公司(以下简称江西机场集团),下辖南昌昌北国际机场、赣州黄金机场、吉安井冈山机场、景德镇罗家机场、九江庐山机场。重组七年来,江西机场集团公司全面实现安全目标,服务水平得到持续提升;年旅客吞吐量从 123.1 万人次增至 563.61 万人次,年复合增长 24%,运输生产总量迈上了新台阶;集团总资产从 15 亿元增长到 39 亿元,年收入从不到 1 亿元增长到 5.92 亿元,经营管理效益成效明显;七年来投入 40 多亿元资金,先后实施了井冈山、赣州机场、景德镇、南昌等机场新建、扩建工程;先后获得全国最佳购物环境机场、全国综合治理先进单位、江西省综治先进 16 连贯、江西省文明单位、花园机场等众多荣誉,员工队伍稳定发展,生活品质有了较大提高。

2010 年,江西机场集团以服务地方社会经济发展为己任,坚持一手抓发展,一手抓建设,全力策应鄱阳湖生态区战略的实施,按照省政府要求,努力将南昌昌北国际机场打造成“三个中心,一个经典”,即:江西民航客运枢纽中心、服务环鄱阳湖生态经济区建设的现代交通运输体系的集散中心和服务中部地区的国际航空货运枢纽中心,将南昌昌北国际机场扩建工程建设成安全工程、优质工程,并逐步形成以南昌昌北国际机场为中心,景德镇机场、九江机场、吉安机场、赣州机场、宜春机场、上饶机场 6 个支线辐射全省的机场网络,积极整合航空资源,重点发展旅游客运业务,打造旅游机场群。

2010 年,江西机场集团共完成旅客吞吐量 563.61 万人次,起降 6.36 万架次,货邮吞吐量 3.59 万吨,同比分别增长 24.2%、9.74%、35.77%。其中,南昌昌北国际机场完成旅客吞吐量 474.9 万人次,起降 5.18 万架次,货邮吞吐量 3.24 万吨,同比分别增长 20.6%、7.85%、32.18%。全集团旅客吞吐量增速高于民航行业平均增速 5 个点。

南昌昌北国际机场新引进祥鹏航空、成都航空、重庆航空和吉祥航空 4 家航空公司,开通了合肥、珠海、无锡、桂林、石家庄等 7 个空白点城市,加密了北京、上海、广州、成都、昆明、厦门等 13 个热点城市航班。与太原、郑州、武汉等机场联合营销,共同推介航线,效果明显。航旅互动逐步成熟,联手国航启动了四川旅游市场,成都航线旅游团队明显增多;地空衔接增开了南昌昌北国际机场至抚州、新余客运班线。货运引进了广州龙田等物流公司,拓展了从广州、深圳、海口中转至济南、上海、沈阳、哈尔滨等地的空一空转运业务。江西省、南昌市政府共同出资 4000 万元航空发展资金,有效助推了南昌航空市场发展;赣州、吉安、九江、景德镇市政府共列支 1.42 亿元专项资金助推支线航空发展。

(李　思)

【安全形势总体平稳】　2010 年,江西机场集团安全生产总体形势平稳,未发生责任原因造成的运输保障、空防和航空地面事故。一年来,克服了扩建不停航施工带来的运行风险,建立并完善各项不停航施工的制度、方案,机场安全运行与机场扩建施工齐头并进;克服机场运行标准提高、运行环境复杂的困难,保证了安全运行;克服机场运行保障资源紧张与航班高峰密集的矛盾,确保了运行顺畅;加大安全投入,投资 3355 万元的江西机场安全专项整治Ⅱ、Ⅲ类项目的建设工作已完成;冰雪灾害重建项目实际完成 7097.88 万元,占总资金的 93.02%;顺利完成抗洪救灾、世博会、中博会等重大航空运输保障任务。

(李　思)

【服务质量明显提升】　2010 年,江西机场集团克服施工对服务环境的影响,保持了 T1 航站楼超负荷状态下的正常运转;大力开展机关服务队和“倡行中国服务、你我携手同行”的志愿者服务活动,完善了航班大面积延误应急处置预案,梳理、汇总 114 项服务改进措施和 16 项重点改进措施;制订并推进以“真诚的服务,热情的形象,愉悦的体验”为内容的“红色服务”品牌方案。此外,集团还获得“全国用户满意(服务类)先进单位”等荣誉称号。2010 年南昌昌北机场旅客整体满意度从 3.75 提升至 4.30;航空公司满意度 4.48,货主满意度 4.42,同比均提升 0.12;航班放行正常率达到 92.97%;各项指标均呈上升态势。

(李　思)

【基础建设成效显著】　2010 年,江西机场集团共完成固定资产投资 10.72 亿元,为江西机场有史以来投入最大的一年。各项基建(固投)项目进展顺利。其中:南昌昌北国际机场扩建工程进入竣工扫尾阶段;景德镇机场扩建工程全面完工已投入使用;宜春机场新建工程积极推进;赣州机场改扩建工程、吉安机场二期扩建工程的前期准备工作已经实施;中国民航局党校井冈山分校项目经首都机场集团审议已报民航局批准。

(李　思)

【景德镇市打造包机旅游运输方式】　3 月 1 日 21 时 30 分,一架载有 63 名乘客的深圳航空公司波音 733 飞机从景德镇机场起飞,标志着由景德镇中国国际旅行社、江西亚细亚国际旅行社联手打造的为期一年的景德镇至广州往返包机活动正式启动。活动期间,景德镇至广州往返机票价格为 880 元,价格直逼火车卧铺票价。业内人士认为,广东是全国最大的旅游省份,随着景德镇至广州包机的开启,将使广东与江西两省的旅游资源得到充分挖掘,为两地游客带来极大便利,拉动景德镇乃至周边地区的旅游经济发展。

(涂　强)

【中国首架大型直升机首飞成功】　3 月 18 日,由中航工业直升机公司自主研制的中国首架大型直升机 AC31 3,在景德镇市成功首飞。

AC313 完全按照适航条件研制,整机性能达到国际第三代直升机水平,为亚洲地区自产吨位最大的一款直升机。该型直升机可一次搭载27名乘客或运送15名伤员,最大起飞重量为13.8吨,续航里程900千米。该型直升机配装先进的涡轮发动机、大功率传输能力的传动系统、球柔性复合材料旋翼系统,以及综合化航电系统,具有机舱容积大、运载和外吊挂能力强、改装适应范围大、航程远等特点,可广泛应用于搜索救援、森林灭火、城市消防、吊挂作业、客货运输等领域,同时能满足高温、高寒和山区、海洋等复杂地区的使用要求。

在AC313型直升机首飞仪式现场,中航国际租赁有限公司、中国飞龙专业航空公司与研制方代表中航工业直升机公司共同签订了5架总金额近5亿元人民币的AC313直升机订购合同。

AC313型直升机作为国内第一款大型民用直升机,以其先进的技术、明显的价格优势、完整有效的售后服务体系,具有极大的市场潜力。AC313型直升机的成功首飞,标志着中国和欧洲、美国、俄罗斯一样具备自主研制生产大型直升机的能力。

(涂　强)

【景德镇机场新航站楼投入试运营】 10月16日,经过22个月的紧张建设,总投资1.41亿元的景德镇机场新航站楼投入试运营。新航站楼新建一座6200平方米、有两座登机廊桥的充分体现景德镇陶瓷文化特色的航站楼及相配套的停机坪,同时新建旅客候机用停车场3200平方米,平整飞行区场地、更新改造围场路、围界及排洪沟,更新部分空管设施、配套公用设施等。该工程建成后,可满足年旅客吞吐量60万人次,货邮吞吐量20吨,飞机起降6593架次需要。景德镇机场新航站楼的启用,标志着景德镇机场改扩建工程项目基本完工,机场安全和服务保障能力得到全面提升,景德镇的航空运输进入快速稳健的发展时期。

(涂　强)

【景德镇机场执行全新航班计划】 自10月31日起,景德镇机场执行全新航班计划,景德镇至北京、景德镇至上海、景德镇至深圳、景德镇至广州4条航线每天各执飞一个航班。为满足市民观看广州亚运会及商务人员、旅游团队日益增长的需求,在执行全新航班计划的同时,景德镇机场推出节假日除外的多种购票优惠措施,具体有提前购买广州航班享受4至7折优惠,提前购买广州往返套票享受5拆优惠,提前30天购买北京航班享受2.5至3.5折优惠,提前购买在15天内往返北京套票享受5至5.5折优惠。

(涂　强)

【赣州加快航空业发展】 赣州机场稳步推进航线开发,先后加强与民航局、军方及南航、东航、山东航、深航、厦航、海航等航空公司的联系,加密赣州—广州和赣州—上海航班,开通赣州—海口、赣州—武汉航班,协调开通至成都航班。开展“体验飞”等活动。联合执飞航空公司,在6月份开展“体验飞”活动,当月旅客吞吐量2.6万人次,实现淡季不淡的目标。赣州机场全年完成旅客吞吐量30万人次,同比增长66.67%。同时不断改进航空服务,新建赣州城市候机楼,大幅度改善航空服务条件。城市候机楼于5月18日建成投入运营,内设先进的“8196688”呼叫中心,机票销售、航班查询、旅客值机系统,配套有航空旅游接待中心、商务中心、贵宾室,候机楼外配套建有机场大巴总站站台、小车停车坪。

(杨河良)

索　引

说　明

1. 本索引内容为条目主题词及相关人名、地名、单位、文件与事物名称。
2. 词条按汉语拼音首字母顺序排列。
3. 词条后的数字表示所在页码，a 代表左栏，b 代表右栏。重复出现的词以多个页码表示。
4. 年鉴的特载、专文、文献文件与附录未编入索引。

A

E

F

G

H

J

K

L

O

P

Q

R

T

V

W

X

Y

Z

江西省交通工程集团瑞寻高速BP1标

路面摊铺施工

一流的施工设备

江西省交通工程集团是江西省交通基本建设线上的骨干队伍之一，是省级历年的“AAA”特级信用企业，江西省优秀企业，中国质量万里行质量诚信跟踪荣誉企业。具备国家对外承包工程经营资格、公路工程一级施工总承包资质、房地产开发二级企业资质和环境污染治理资质，是ISO9001：2000质量管理体系、ISO14000环境管理体系和OHSAS18000职业健康安全体系认证企业。系江西省具有一定投融资实力，集公路工程施工、收费公路投资经营和房地产开发等于一体的国有大型综合性交通企业。

黑站场地分隔墙

瑞寻高速BP1项目经理部就是这支骨干队伍中精选的施工队伍之一，他们承接的瑞寻高速BP1合同段，起讫桩号为K1519+585～K1538+260，全长18.675千米，有大桥5座，隧道4座，工程总造价1.54亿元，计划工期21个月。

江西交通集团瑞寻高速BP1标合同段项目部在建设中，充分认清施工形势，结合本地气候特征及工地实际情况，沉着应对，科学找准施工最佳切入点，有效地摆脱施工中的被动局面，使工程施工走出了一片新的天地，形成了整体推进的良好施工格局。

路基碾压现场

建设中的瑞寻高速始于中国二万五千里长征的发源地瑞金。为鼓足士气、振奋精神，发扬革命传统，弘扬红军精神，他们在繁忙的施工中一方面组织建设员工到革命遗址进行参观学习，另一方面结合当前施工形势，充分利用板报、简报等形式进行正确的舆论导向，以此丰富教育内容，增强教育效果，为广大员工输入丰富的精神食粮。

工程施工是系统性操作极强的项目，在人、财、物的配置上要求环环紧扣，如有某个环节出现状况都将给整个施工带来严重后果。有着十几年施工经验的江西交通集团人，审时度势、因势利道导地进行着各个项目的勘测和规划，如期完成了上级下达的各项施工任务。

特大桥施工

黑站场地

江西国际集装箱码头有限责任公司

江西省交通运输厅厅长马志武在公司视察指导工作

集装箱码头堆场

轨道式门机

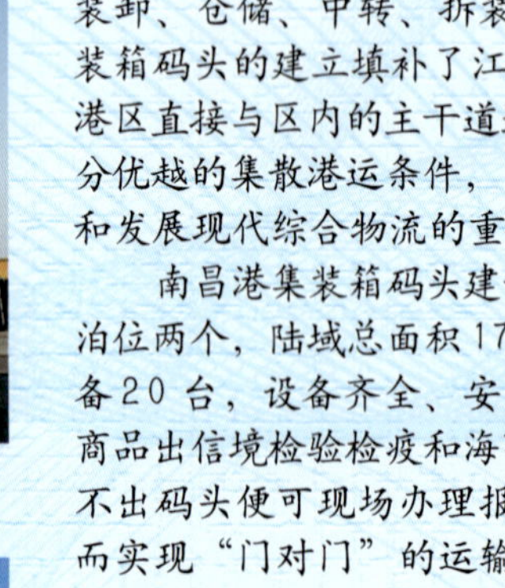

江西国际集装箱码头有限责任公司成立于2001年，2003年开工建设，2005年7月正式运营，主要从事集装箱货物的装卸、仓储、中转、拆装箱和港口服务等业务。南昌港集装箱码头的建立填补了江西省水上集装箱装卸运输的空白。港区直接与区内的主干道连接，进出交通极为便利，具有十分优越的集散港运条件，已成为综合交通运输的重要集散地和发展现代综合物流的重要基地。

南昌港集装箱码头建设总投资1.6亿元，建有1000吨级泊位两个，陆域总面积17.05万平方米，主要集装箱装卸设备20台，设备齐全、安全可靠。在码头设有海关监管点、商品出信境检验检疫和海事部门联合办公的服务机构，客户不出码头便可现场办理报检、查验、结汇和交接货物，从而实现“门对门”的运输服务，为方便货主提高效率、企业降低成本创造了极为有利的条件。

近6年来，公司领导班子开拓创新、善谋实干，全体员工团结协作、锐意进取，企业规模和整体经济实力又好又快发展，企业安全生产形势稳定，集装箱吞吐量逐年稳步增长；在全球港口集装箱装卸业务普遍下降的情况下，2009年完成了集装箱吞吐量50019标箱，首次突破年设计吞吐量5万标箱目标； 2011年吞吐量突破6万标箱，超出年设计吞吐能力1万多标准集装箱，实现了港口集装箱业务快速发展，为促进江西物流和地方经济发展作出了积极的贡献。

如今，公司又在新的起点上谋求更大发展，坚持以科学发展观统领各项工作，坚持可持续发展的道路，抓住构建全省交通、大物流的有利契机，以加快扩能改造工程建设，开拓创新，锐意进取，积极把南昌港集装箱码头打造成为一流的现代文明口岸。

正面吊

码头全貌

赣州市交通运输局

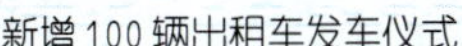
新增100辆出租车发车仪式

中心城区公交事业蓬勃发展

2010年，赣州市交通运输局紧紧围绕推进赣州市经济社会发展提速、提质、提效的总体要求，着力提高交通运输“三个服务”能力，打造四省通衢的区域性综合交通枢纽，赣州交通发展实现重大突破，基本形成以中心城区为现代交通枢纽、“十字型”铁路干线和“两纵三横一环一联一斜”高速公路网，以及“米字型”的航空网络组成的现代化立体交通体系，交通运输事业迈出了加快发展、转型发展的坚实步伐，发挥了积极的先行作用。

交通基础设施日臻完善。“十一五”期间，全市交通基础设施建设投资累计完成479.9亿元，年均增长98.2%。全市高速公路通车里程653千米，国省道公路干线2624千米，二级以上公路达1885千米，农村公路总里程2.29万千米，实现了市至县和主要出口路通二级以上公路、县至县通三级以上公路目标，所有乡镇、行政村100%通水泥（油）路，适宜建桥的农村渡口100%撤渡建桥。

运输服务能力明显增强。到2010年底，全市营运车辆达到51686辆，其中，客运车辆3049辆，货运车辆48637辆。行政村客车通达率达93.4%，乡镇客车通达率达100%。赣州市已开通至11个省市的客运班线，拥有跨省班线304条，跨设区市班线49条，跨县班线155条，县内班线689条。中心城区建成兴国路公交枢纽中心、东环路综合停车场及246个公交候车亭。中心城区公交车数量达到483辆，公交线路42条，年客运量增加到6200万人次，出租汽车的数量达692辆。

支线航空和物流产业跨越发展。赣州市被国家民航总局列为发展支线航空的试点城市，并成立了全国首家地市级航空分公司。赣州市交通运输局所属的赣州航空发展服务有限公司专门负责航空市场拓展和航线开发。到目前，赣州市航班增至12班，通航城市达到11个，去年旅客吞吐量突破31.5万人次，航空通达性大大提高。物流产业发展迅速，近年来共完成40个物流项目载体建设，规模以上物流企业增加到43家，增长95.5%。

公路通畅和安全监管水平不断提升。2010年以“迎国检”为契机，投入3.72亿元，改善国省道干线公路320.71千米。加强了公路整治和养护管理，完善了公路应急体系，公路通畅能力明显提高。全市二级以上汽车客运站全部安装了安检仪，运营客车及中心城区公交车、出租汽车均安装了GPS。建立了赣州市交通信息监控平台，实现了客运车辆的全覆盖、全天候、全过程监控。

腾飞中的赣州航空事业

江西赣粤高速公路

省委常委、常务副省长凌成兴视察公司赣崇高速公路工地

省交通运输厅副厅长许润龙视察公司工地

江西赣粤高速公路工程有限责任公司成立于2001年8月，拥有国家公路工程施工总承包壹级资质，公路路面工程专业承包一级资质，公路路基工程专业承包一级资质，桥梁工程专业承包一级资质，隧道工程专业承包一级资质，公路交通工程交通安全设施施工专项资质，养护一、二、三类甲级资质和边坡病害处治乙级等资质，注册资本为10082.1万元。具备年完成产值超过10亿元的能力，是集公路、桥梁、隧道、交通安全设施施工、高科技养护（冷再生施工、乳化沥青、改性沥青加工）、机械设备租赁为一体的现代化专业施工企业。

公司自成立以来，在负责昌九高速公路养护的同时，先后参加了省内大部分重点工程项目建设，主要有福银高速公路昌九段，杭瑞高速公路九景段，沪瑞丽高速公路胡傅段，赣粤高速公路昌泰段，赣粤高速公路泰赣段，京福高速公路温沙段，泰井高速公路，瑞赣高速公路，泉州至南宁高速公路石吉段、昌奉高速公路、彭湖高速公路、德昌高速公路、永武高速公路等，总里程达360千米，为江西省的高速公路养护和建设事业做出了显著贡献，多次受到江西省委、省政府的表彰，荣获全国安全生产施工企业等称号。坚持“科技兴企”之路，先后引进了稀浆封层、微表处和冷再生等技术，成功生产SBS改性沥青和乳化沥青，尤其是冷再生技术的引进，填补了该项技术在江西省内的空白，“高速公路路面施工、高科技养护”两大品牌逐步形成。

桥梁施工

工　程　有　限　责　任　公　司

公司赣崇高速公路 A1 标一阶段评比获全线第三名

公司赣崇高速公路 A1 标开展安全宣传日活动

桥面铺装施工

红砂岩边坡圆弧化施工

成就在细节之中（红砂岩路基填筑）

赣崇高速公路 A1 标红砂岩路基填筑及桥梁施工全景

安　徽　省　公　路　桥

江西省交通厅副厅长许润龙深入瑞寻高速A7标一线施工现场、慰问一线建设者，并指导工作

2008年中国建设工程鲁班奖—合肥市徽州大道南段一期工程

安徽省公路桥梁工程公司是安徽省规模较大的专业从事公路桥梁施工的企业。公司拥有国家公路工程施工总承包一级资质、市政公用工程总承包一级资质、港口与航道工程总承包二级资质、桥梁工程专业承包一级资质、路基工程专业承包一级资质、路面工程专业承包一级资质、公路养护工程施工一类资质等多项资质和对外承包工程经营资格，公司注册资本20032万元，是ISO9001：2000质量体系认证企业。建企以来足迹遍布国内内蒙、苏、浙、冀、豫、闽、鄂、粤、川、黔等省，参加了省内合宁、合杭、芜宣、合六等二十多条高等级公路工程的施工；承建特大桥和大桥八十余座。公司承建的合肥市政工程徽州大道南段一期工程荣获建设部“鲁班奖”(国家优质工程)，有46项工程被评为省市优质工程。近年来，公司积极参与合肥市政大建设，先后承建了金寨路高架桥、徽州大道美丹路桥、畅通一环工程以及多条路基、路面、桥梁工程施工。公司先后荣获“安徽省科学技术奖”、“安徽省质量管理奖”、安徽省交通系统先进单位和文明单位等一系列荣誉。

由安徽路桥承建的瑞寻高速公路A7合同段，工程造价为1.49亿元，全长10.51千米。在全线所有标段中，安徽路桥承建的瑞寻高速A7合同段具有四个典型的特点：小结构物最多；挖填土方量最大；桥梁较分散；施工难度最大。为了高质量的完成瑞寻高速公路建设，安徽路桥人发扬“特别能吃苦、特别能战斗”的作风，在经过2年来的艰苦施工中，克服困难，用辛劳和汗水铸造了精品工程。

在安徽路桥人的大力努力与顽强拼搏下，瑞寻A7标在项目办的第一阶段评比中荣获全线第二名的优异成绩。图为颁奖现场，左二为项目经理刘大雷

干净、整洁的项目部

生命重泰山，人人懂安全——项目经理在向技术员和施工人员进行班前安全技术交底工作

梁 工 程 公 司

车水梁龙，天堑变通途——标准化的梁场建设，优质化的桥梁架设

赣南大地挺巨龙　瑞寻高速献真情

《江西交通》杂志利用两个版面对安徽路桥瑞寻A7标进行大力宣传报道，全面介绍了该标段的工程建设情况、企业文化与经营理念等

瑞寻A7标在瑞寻项目办的历次月度考评中，分别获得全线一次第一名，两次第二名、一次第三名，并在项目办的第一阶段评比中获得全线第二名的优异成绩。该标段的箱梁预制齿板施工新工艺被江西省交通运输厅质监站号召全省推广，特为此进入大梁预制“第十一个统一”，项目办组织全线其他标段观摩。由安徽路桥打造的瑞寻项目上跨天桥分离式立交标准化施工工程——塘坊立交标准化施工精品工程，获得项目办领导的一致好评。江西交通杂志社来工地专访，并在《江西交通》刊物上大力进行宣传本公司和项目。省交通厅副厅长许润龙曾多次莅临该标段慰问检查指导工作，表扬安徽路桥为江西省高速公路建设做出了卓越的贡献。

经过精心组织，合理安排，A7合同段站塘大桥的全副架通标志着该标段五座大桥的全部贯通。

已经浇筑完成的塘坊立交——外观光洁

大干时期火热的施工场面，轰鸣的机器声组成一曲和谐的旋律

瑞寻A7标的塘坊立交被项目办选择为上跨桥施工的标准化工程，并与2011年3月1日组织全线对我标段塘坊立交标准化施工进行现场观摩，得到一致好评

图为已经完成桥面铺装的站塘大桥，这标志着该标段主线五座大桥的桥面铺装任务的全部完成，这也是A段第一个全部完成桥面铺装任务的标段

中 交 一 公 局 桥 隧

江西省交通运输厅副厅长许润龙视察瑞寻B4标预制厂

公司承建的京承高速土建工程

公司承建的岳潜高速河东特大桥

中交一公局桥隧工程有限公司（简称桥隧公司）是由原中交一公局第七工程有限公司和原中交一公局中路通隧道工程有限公司于2007年6月合并重组成立的股份有限责任公司，出资方为中交第一公路工程局有限公司和北京金路通投资有限责任公司。

公司注册地点为北京市丰台区科学城星火路10号，注册资金8000万人民币。主要从事道路、市政、桥梁、隧道、地铁、房建等工程施工，是具有公路工程施工总承包一级和隧道工程施工一级资质的企业。

重组前的中交一公局第七工程有限公司和中交一公局中路通隧道工程有限公司均是中交第一公路工程局有限公司所属的两支施工劲旅，工程遍及全国11个省市，目前在建项目达19个，涉及路基、桥梁、路面、市政、铁路、隧道、地铁、房建领域。所有竣工项目和在建项目合同履约率为100%，工程合格率为100%，优良品率达95%以上，重大安全、质量事故为零。多项工程被评为“部优”和“省优”，其中，承建的连徐高速公路荣获国家土木工程“詹天佑大奖”。

重组后的桥隧公司实现了两个公司的资源共享、优势互补，生产规模成倍扩大，综合实力进一步增强。公司将秉承“诚信、合作、人

工 程 有 限 公 司

京沪高速铁路土建工程跨娄江大桥钢管拱整体滑移就位，实现了国内首例大跨度钢管拱曲线桥整体滑移

2010 年 7 月 1 日上午 8 时，上海虹桥站至南京站 G5000 次、南京站至上海虹桥站 G5001 次列车同时相向发车，标志着桥隧公司参建的沪宁城际高速铁路正式投入运营

本、创新”的核心价值观，弘扬“敢打硬仗、善打硬仗、攻必克、战必胜”的企业精神，力争将桥隧公司打造成为具有国内一流施工水平，并在桥梁、隧道方面领先的专业施工企业。以优异的业绩回报客户对我们的信任，为社会交通事业作出我们新的更大的贡献。

江西瑞金至寻乌高速公路 B4 合同段起点桩号为 K1529+330，终点桩号为 K1538+260，全长 8.93 千米。路线总体为南北走向，位于寻乌县澄江镇境内。本标段路线起于澄江镇黄岗村高坑村庄对面山脚边，终于澄江镇族停村后背的山岭上。主要控制点有黄岗大桥、黄岗楼大桥等。本项目开工日期为 2009 年 12 月。本标段主要为路基、桥涵、互通匝道及路面基层和底基层工程施工，合同总工期为 16 个月。

合同段内主要重难点工程有：涵洞及通道工程、黄岗大桥及黄岗楼大桥下部构造、30 米 T 梁预制安装。

瑞寻 B4 标安全质量检查现场

瑞寻 B4 标架梁施工

公司承建的沪蓉西高速父子关隧道

瑞寻 B4 标平整的路基

瑞寻 B4 标盖梁施工

哈大铁路客运专线工程

中交二公局第一工

江西省委常委、常务副省长凌成兴视察瑞寻A8标

江西省交通运输厅厅长马志武视察瑞寻A8标

中交二公局第一工程有限公司（原中国路桥集团第二公路工程局第一工程处、交通部第二公路工程局第一工程处）始建于1963年，是具有公路工程施工总承包一级资质的国有大型公路、桥梁、隧道专业施工企业，注册资本1亿元，拥有各种大型工程机械设备756台（套），桥梁施工专用设备10000余吨，年施工能力50亿元，年施工产值超过30亿元。公司现有职工1030名，其中具有大专以上学历人员共477多人，高级专业技术职务62人、中级215人，一级建造师38人。公司通过了GB/T19001—2008质量管理体系、GB/T24001—2004环境管理体系和GB/T28001—2001职业健康安全管理体系3个国际标准的认证。公司实验室被湖北省交通厅工程质量监督局评为“公路工程综合类乙级”工程试验检测机构。

公司自成立以来，施工领域遍及云贵川、湘鄂赣、陕甘晋、江浙辽以及青、藏、桂、粤、沪、渝、圳等近20个省、市、地区。同时，公司积极走出国门，足迹遍及也门、肯尼亚等地。在几十年的施工实践中，公司锻炼和培养了大批技术研发人才和管理人才，并以其独有的技术、人才优势，成为国内公路、桥梁建筑市场的排头军。

建设中的桥梁工程

40多年来，公司在祖国的名川大河上架起了一座座金桥，树立了一座座丰碑：武汉军山长江公路大桥于2004年获第四届土木工程（詹天佑）大奖、2006年度国家优质工程银质奖，宁常NC—WJ5标获2008年度火车头优质工程一等奖，巴东长江公路大桥被评为2008年度国家优质工程银质奖，苏州绕城高速公路HA—8标被评为2008年度交通部优质工程奖，南通城闸大桥被评为2008年度全国市政金杯示范工程奖和江苏省市政示范工程奖，宿迁至淮安高速公路获2007年度公路交通优质工程一等奖，沪宁高速公路（江苏段）于1998年荣获国家建设工程“鲁班奖”、2000年荣获首届中国土木

被项目办评为AAAA的路基工程

被评为AAAA防排水工程

程 有 限 责 任 公 司

项目办评为AAAA的车子坝大桥

已成规模的瑞寻A8标

工程（詹天佑）大奖，西安绕城高速公路南段获2006年度国家优质工程银质奖，江西南昌新八一大桥于2003年荣获交通部优质工程奖，沿江高速公路获2006年度公路交通优质工程二等奖，湖北宜城汉江公路大桥于1993年荣获交通部优质工程奖。

随着企业逐步发展壮大，公司先后荣获全国建筑安全生产先进集体、交通部质量管理优秀项目、全国优秀施工企业、湖北省路桥建设行业状元、湖北省公路建设市场施工单位AA信用等级、湖北省诚信建设荣誉单位、湖北市场杰出企业、湖北省优秀企业、中国建筑业500强企业、武汉市文明单位以及湖北省质量、诚信、满意三优企业等，被中国建设银行湖北省分行评定为AAA信用等级企业，公司被评为湖北省交通厅信誉评价AA企业、江苏省交通厅信誉评价AA企业。

AAAA的路基工程

公司通过深化企业改革、完善管理机制，转变经营理念、克服管理弊端，深化精细管理、提升经营质量，落实科学发展观、构建和谐创新企业，实现了企业可持续发展。通过全面实施综合项目管理信息系统，公司已成功跨入现代信息化管理型企业之列。在保持长江战略优势的前提下，在“以桥为主，路、桥、隧、铁、市政并举”的经营战略方针指导下，公司先后承接了以沪蓉西山区高速公路为代表的10余个高速公路项目的施工，并已顺利进军太中银、哈大铁路客运专线、京沪高铁、成绵乐等铁路市场，成为中交股份旗下的一支攻坚克难的铁军。

建设中的路基工程

由中交二公局第一工程有限责任公司承建的瑞寻高速公路A8合同段项目经理部隶属于赣州市会昌县湘水河东岸的丘陵地区，线路经过站塘乡的水口江、飞龙山、山下坝、打铁岩、五里坝；中村乡的车子坝；周田镇的茶坑口、茶亭排、司背、新张家、大路凹、崎壁下、新开圩、当田、上营等，路线全长8.2千米，合同工期16个月，合同造价1.76亿元。工程内容包括路基挖土方74.1523万立方米、挖石方154.1341万立方米；防护排水圬工2.4644万立方米；涵洞和通道22座；暗桥1座；有车子坝大桥、司背一大桥、司背二大桥、崎壁大桥。

边坡绿化

路基防护工程

中铁五局集团第一

江西省委常委、常务副省长凌成兴视察九岭山隧道

江西省交通运输厅党组书记程受锭、副厅长许润龙在瑞寻高速公路B8标检查工作

江西省表彰"十五"重点工程先进单位五局获3个先进集体

中铁五局一公司首台盾构设备，价值6000余万元的"韶山一号"土压平衡盾构机用于沈阳地铁施工

中铁五局一公司建成通车后的沈阳地铁中街站

中国中铁五局集团第一工程有限责任公司是具有铁路、公路、市政施工总承包一级资质，桥梁、隧道、路基专业承包一级资质的国有施工企业，主要从事铁路、公路、市政、地铁、轻轨、水利水电等土木工程施工。年施工产值在30亿元以上。

公司现有员工3090人，各类专业技术人员1576人，具有高级技术职务80人，中级技术职务400人，初级技术职务1096人，其中教授级高级工程师3人，一级建造师56人。固定资产超过3亿元，拥有各类国产、进口机械设备680台（套），其中德国进口全新盾构一套，具有人员配备齐全、设备配套的专业施工队伍48支。

公司有着近60年的发展历史，是一支能征善战的施工队伍。曾援建过坦桑尼亚、赞比亚、伊拉克、尼泊尔等国外铁路、公路工程建设项目，参加了国内70多条铁路、40多条公路及其他几十项市政、水利水电工程建设，特别是在长大隧道施工中具有同行业一流的施工技术水平：公司在全长20.05千米的兰新铁路增建二线乌鞘岭隧道左线出口施工中，采用常规钻爆法单线隧道月单口成洞达305.18米，创国内施工行业新记录，获中国建筑业最高荣誉"鲁班奖"和铁道部"火车头"奖；在全长18.02公里的亚洲最长公路隧道——陕西西(安)(安)康高速公路终南山隧道施工中，获陕西省建设成果奖和湖南省科技进步二等奖；在海拔高达4732米的青藏铁路冻土隧道——昆仑山隧道施工中，解决了世界高原常年冻土隧道多项施工技术难题。公司参加建设的全长28.06千米的石（家庄）太（原）客运专线太行山隧道、全长11.6千米的宜（昌）万（州）铁路堡镇隧道、江西省第一长隧武（宁）吉（安）高速公路九岭山隧道、云南省第一长隧玉（溪）蒙（自）铁路通海隧道及沈阳地铁、武广客运专线等项目施工，创立了良好的公司信誉。公司参建的沈阳地铁工程，创造了日成洞40.8米、月成洞662.1米的全国施工纪录。

近年来，公司先后获得国家级科技进步奖7项，获省部级QC成果奖34项，获全国工程建设优秀QC成果奖1项，获国家一级工法1项、二级工法3项。公司通过ISO9000国际质量标准体系2000版新证书，实现了质量管理与国际标准接轨。公司先后荣获"全国优秀施工企业"、"全国用户满意施工企业"、"全国守合同重信用单位"并连续三年获湖南省AAA级信用等级施工企业。2009年，公司参建的遂渝铁路荣获2009

工 程 有 限 责 任 公 司

江西省交通运输厅厅长马志武在施工现场向石吉B11标项目经理宋贵明了解施工情况

江西省交通工程质监站站长栾建平及瑞寻高速项目办主任钱志民在瑞寻高速公路金刚山隧道施工现场向B8标项目经理丁家峰了解施工情况

年度中国建设工程鲁班奖。玉蒙项目部被局授予“安全质量达标管理优秀单位”；沈阳地铁十四标被沈阳市建委授予2009年度“安全文明工地”；十天8标被评为2009年度总公司“安全标准化工地”；共交验单位(项)工程77项，工程合格率100%。荣获湖南省优秀QC小组2个、湖南省质量协会肯定的QC成果2项。

中铁五局集团第一工程有限责任公司在江西境内先后承建了九景高速、泰赣高速、泰井高速，昌金高速、武吉高速、石吉高速、彭湖高速、德昌高速、瑞寻高速、德上高速以及赣崇高速等多条高速公路建设，其中武吉高速公路九岭山隧道是江西最长的高速公路隧道、被江西省高速公路建设领导小组多次评为先进施工单位。

公司承建的济南至广州高速公路江西瑞金至寻乌段B8合同段全线长度3.0千米，起点位于寻乌县吉潭镇林田坝村，终于南桥镇古坑村旗山寨，施工便道经过文峰乡，隧道岩性主要为花岗斑岩，洞身穿越4个断裂构造带，路线布设在金刚山区，地形极为险峻。本合同段工程造价16651万元，合同工期24个月，2009年12月1日开工。主要工程有：金刚山隧道一座：全长3311米（左线1686米，右线1625米）；路基土石方72万立方米；涵洞工程7道。

高速列车通过武广客专中铁五局一公司施工的管段

中铁五局一公司参建的世界第二，亚洲第一长山岭公路隧道，全长18.02千米的陕西秦岭终南山隧道

瑞寻高速公路B8标金刚山隧道

瑞寻高速公路B8标率先主体完工的830双拱涵

江西九景高速公路中铁五局一公司承建的管段

中铁十六局集团第

江西省交通运输厅副厅长许润龙视察建设工地

赣州市副市长刘琮检查大广项目部

项目经理杨启球在象形2#隧道左线贯通仪式上讲话

中铁十六局集团第三工程有限公司前身为铁道兵部队，公司为国家综合性一级企业，具有公路、市政工程施工总承包一级，铁路、房建工程施工总承包二级，桥梁、隧道、机场场道、土石方、公路路基工程施工专业承包一级资质，现有总资产5.35亿元，固定资产净值6399万元，注册资本金6800万元，拥有年施工能力20亿元以上的各级各类管理人员、工程技术人员及技术工人，施工机械和检测设备配套齐全，实现了机械化一条龙作业。

公司秉承“不畏艰险，勇攀高峰，领先行业，创誉中外”的企业精神，坚持“巩固华东、站稳西南、拓展西北、面向全国、扩大地盘、滚动发展”经营战略，严守“干一项工程、树一块牌子、出一批人才、交一方朋友、获一地信誉”的经营宗旨，牢固树立“百年大计、质量第一”的经营理念，先后参加了30多条铁路、40多条公路、100多座各类大桥（特大桥）和50多项市政、机场场道、房建工程的建设，并作为铁路系统唯一一家施工企业，参与承建了目前世界上首条集观光旅游、商业运营为一体的上海磁浮列车示范线工程的建设；所承建的全部工程项目均能满足业主和社会期望，有12项工程分别获得鲁班奖、詹天佑奖、国家优质工程奖、国家市政优质工程金奖和省部级优质工程奖，3000吨级洞室非电控制爆破、深水溶岩钻孔桩施工、磁悬浮施工、斜靠式无推力系杆拱施工以及软基处理等新工艺、新技术达到国际、国内同类工程先进水平。公司先后获得国家工商行政管理总局AAA级全国“重合同、守信用”企业、中国公路建设行业协会公路施工优秀企业、北京市优秀政工企业、北京市“首都文明单位”、浙江省先进企业、铁路工程施工一级企业、总公司“四好领导班子”等集体荣誉150多项。公司于1998年12月通过质量管理体系认证并取得证书，2003年12月通过质量、环境、职业安全健康“三合一”管理体系认证并取得证书。

高标准打造示范项目部

三工程有限公司

赣州高速公路公司董事长刘泽权到项目部检查指导工作

公司总工潘寿东在项目经理杨启球的陪同下检查大广项目象形隧道

公司承建的大庆至广州国家高速公路江西龙南里仁——杨村(赣粤界)B3合同段总体走向为北南走向。线路全长1.726千米。计划总工期20个月。

公司一贯视信誉为生命,始终注重树立企业一流的外部形象,愿与国内外各界朋友进行真诚友好的合作。

当地政府为项目部赠送锦旗

公司领导参加项目民主生活会

第一根灌注桩

路基台背回填

员工篮球比赛

中铁十四局集团第

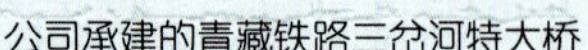

公司承建的青藏铁路三岔河特大桥

公司承建的江苏无锡342国道

中铁十四局集团第三工程有限公司现拥有铁路、公路、市政等3个施工总承包一级资质，机场场道、路基、路面、桥梁、隧道等5个专业施工一级资质和房屋建筑、水利水电2个施工总承包二级资质。1997年顺利通过ISO9002质量体系认证。公司共有职工总数2220人，拥有各类大型施工设备226台（套），年完成施工产值在40亿元以上。公司连续21年被授予省、市两级“文明单位”和“守合同重信用企业”称号。公司秉承“艰苦奋斗，自强不息，信誉至上，争创第一”的企业精神，以强化管理为主线，以九千贯标为依托，全面提高全员的质量意识，使每项工程竣工验收合格率达100%，优良率达98.8%以上，合同履约率100%。

公司积极参与市场竞争，不断拓宽施工领域，参建和独立承建的国家和省市重点铁路工程主要有：宝兰、黎湛、京九、杭州铁路枢纽、青藏铁路一期、青藏铁路二期、宜万、京沪高铁20多条主干及支线铁路的施工。高速公路建设，先后承担了山东境内的济青、济德、青银、济滨；江西赣定、石吉高速；湖南宁道高速；安徽沪蓉、合安、蚌淮高速；江苏南京绕城、京福、宁杭、宿淮、苏州227线；浙江同三、杭甬、宁波绕城；河北保沧、张石；四川成雅、雅泸；北京五环、机场南线、西六环；天津京沪二期天津段、112线；青海马平、宁互等高等级公路的建设。承担了杭州艮山路立交桥、余姚高架桥、三堡立交桥及徐州跨陇海铁路特大桥、滨州黄河大桥、东营黄河大桥、青藏铁路三岔河大桥、天津海河开启桥等工程项目的建设，取得了良好的业绩。同时，还承担了南京禄口国际机场、上海浦东国际机场、北京首都国际机场、江西赣州机场等机场的建设，承建的市政公用工程及房屋建筑工程有：安徽淮南陈洞立交桥、淮南消防指挥中心、杭州东站等多项国家、省市重难点工程。

公司坚持走“科技创新、管理创新”的发展路子，靠严格的管理和良好的社会信誉，严格履行质量方针，强化项目管理，公司2009年度被评为“全国优秀施工企业”。多年来公司参建和独立承建的工程中有4项被评为鲁班奖，10项国优工程，有40多项被评为省部级优质工程，在建筑市场上是一支有着良好社会信誉和竞争实力的施工劲旅。

中铁十四局集团第三工程有限公司江西瑞寻高速公路B3项目经理部B3标段路线全长为3.23千米。主要结构物为江西省寻乌县盘古隘大桥、会昌县盘古隘隧道等。招标文件要求B3合同段工期为18个月，B3项目经理部确保按招标文件要求工期，遵循业主提出的分阶段工期要求，按时完成本合同段全部施工任务。

机场南线奥运配套工程

三　工　程　有　限　公　司

江西省交通运输厅副厅长许润龙视察公司建设工地

张石高速公路东峪河特大桥

国道 205 线莱芜至新泰高速公路第二合同段荣获“全国用户满意工程”

东营黄河大桥

盘古隘大桥施工

盘古隘隧道口

核 工 业 西 北 工

陕西省核工业地质局党委书记、局长苟润祥在总经理王建峰的陪同下视察施工现场

大广高速江西龙杨段项目办领导视察工作

核工业西北工程建设总公司是一家国有性质的大型工程施工企业，曾经是中国原子能工业在西北地区的一支重要铀矿工程施工队伍，在崇山峻岭戈壁荒原修筑了高标准的国防公路和战备隧道、矿山隧道和洞库车间，为中国国防事业作出了重大贡献。

经过多年发展，公司已经成为一支具备公路工程施工总承包一级、房屋建筑工程施工总承包一级、市政公用工程施工总承包二级、矿山工程施工总承包二级、地基与基础工程专业承包一级、桥梁工程专业承包一级、隧道工程专业承包一级、公路路基工程专业承包一级资质的建设工程施工总承包企业。

公司拥有一支经验丰富、管理先进的工程技术管理队伍，技术装备精良，可承揽各类公路工程、桥梁工程、隧道工程、房屋建筑工程、市政公用工程、各类地基与基础工程、水文水井、深基坑支护、工程勘察、地质灾害治理、土石方等工程的施工。

近年来，公司秉承："科学管理、精心施工、真诚服务、铸造精品"的方针，先后在新疆、广东、甘肃、陕西、山东、河南、青海、四川等省承担了高等级公路，一、二级公路和桥梁工程的施工，其代表工程有：江西省大广高速公路龙杨段B6标、四川雅安至泸沽高速公路工程、沪蓉高速公路武汉至荆门段土建一期工程、太澳高速公路洛阳至南阳段土建工程、河南濮范高速公路工程、佛山市北滘至乐从公路主干线工程、肇庆鼎湖区

公司承建的东莞市八一大道

公司承建的湖北武荆高速公路

程 建 设 总 公 司

泉州晋江大桥市区连接线

潘家山隧道

新港进港公路工程、海南实华炼油项目原油码头及专用道路工程等；在地基（桩基）与基础专业施工中更是独树一帜，承建了陕西电信网管大楼（36层）基础工程、西安高新国际商务中心（36层）基础工程、陕西移动通信枢纽楼（34层）基础工程、西安万达商业广场桩基工程等标志性工程。公司还承担了陕西省电子信息学校信息楼及学生公寓楼土建工程、咸阳湖滨佳园住宅楼等大型工程项目，做到了“完一项工程，树一座丰碑，交一方朋友”的目的，在中国工程建设市场树立了良好的信誉和形象。

公司奉行“资源共享、优势互补、做实做强、科学发展”的经营理念，以其先进的技术、精良的设备、丰富的施工经验、科学的管理和良好的社会信誉，不断为社会奉献更多精品工程。

大广高速公路江西龙杨段 B6 标枧头大桥

核隧道工程施工

上边坡种草防护

预制梁喷洒养生

百年大计，质量第一：路基翻晒作业

中铁十六局集团第

江西省交通运输厅厅长马志武，赣崇项目办主任邹显华在项目经理包宇陪同下视察施工现场

监理单位进行现场指导

中铁十六局集团第二工程有限公司前身为中国人民解放军铁道兵第11师52团，组建于1952年。1984年奉国务院、中央军委命令，集体转业并入铁道部，改称为铁道部第十六工程局第二工程处。为适应市场经济发展要求，企业进行改制，全面建立现代企业制度，于2011年登记注册为中铁十六局集团第二工程有限公司。

公司现拥有市政、公路、房建、铁路施工总承包一级资质，并具备隧道、桥梁、土石方、公路路基、钢结构等5个专业承包一级资质，实力雄厚。通过质量管理体系(GB/T19001—2000)，职业健康安全管理体系(GB/T28001—2001)和环境管理体系(GB/T2400下—2004)认证。下辖9个专业分公司，现有职工2800人，其中具有专业技术职称1261人，高中级技术人员528人，国家注册建造师70人，工人平均技术等级中级。企业总资产，16.73亿元，注册资金1.2亿元。拥有各种大中型机械600余台，运输车辆200余台，主要施工机械大多从美、俄、德、日、英、法、意、瑞典等国购进，综合机械化施工水平达98%，路基、桥梁、隧道、土石方施工实现机械化作业，年施工能力50亿元以上。半个世纪以来，公司坚持“不畏艰险，勇攀高峰，领先行业，创誉中外”的企业精神，在铁路、公路、机场、港口、码头、水利电力、市政及工业民用建筑工程建设中，积累了丰富的施工经验，特别是在长大隧道、顶桥顶涵、地下工程等方面，具有较高施工水平。先后加了抗美援朝铁路抢修抢建、黎淇、鹰夏、襄渝、京通、大秦、浙赣、宝中、南昆、内昆、京九、青藏、朔黄、横南、粤海、宝兰、胶新、胶济电气化、太中银、贵广、兰渝，胶济客专、石太客专、石

搅拌站

玉坑一号桥钢筋加工场

合江二号桥薄壁墩养护

二 工 程 有 限 公 司

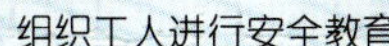
组织工人进行安全教育

施工安全专题会

武客专、郑西客专、京沪客专等30多条国家重点铁路工程以及北京、天津、山东、山西、河南、河北、甘肃、陕西、福建、广东、云贵川等20余省市的基础设施建设。承建工程中有30项被评为国家级和省部级优质工程，有20项被建设单位评为优质样板工程，其中承担施工的引滦入津、大秦铁路一期、二期，天津铁路枢纽改造工程分别获国家金质奖，津蓟高速公路获天津市“海河杯”，津滨轻轨工程荣获国家银质奖，天津地铁一号线获天津市建设工程“金海河杯”奖；大秦铁路二期、京九铁路吉定段，北京地铁复八段、烟大轮渡、渝怀铁路金洞隧道等5项工程获中国建设工程鲁班奖；京九铁路吉定段、胶新铁路获中国土木工程詹天佑大奖；宁夏宁东供水水源工程获水利系统最高奖项“大禹奖”。

公司多次被评为天津市先进施工企业、天津市企业100强，连续三次获得“全国设备管理优秀单位”称号，被综合评定为AAA信用等级，并获得“全国优秀施工企业”荣誉称号。连续多年被天津市评为“守信用、重合同”企业，2007年评为全国“守信用、重合同”企业，连续五年获得“中国企业文化建设优秀单位”。

钢便桥

路基施工现场

玉坑二号桥现场浇柱

中　铁　六　局　集

中铁六局集团公司广州分公司承建的广东茂湛铁路唐缀河特大桥桥墩现场

北京西站无柱雨棚被中国企业家联合会、中国企业家协会载入“中国企业新纪录”

中铁六局集团有限公司是国有特大型建筑施工企业，隶属于世界500强企业——中国铁路工程总公司。2007年9月17日变更为中国中铁股份有限公司的全资子公司，注册资本金13.875亿元。

中铁六局集团总部位于北京，下设北京、太原、呼和浩特、天津、石家庄铁建和电务工程、中铁丰桥桥梁、北京置业、北京中铁天易科技发展、北京中铁信达经贸、天津金驭立交建设投资等11个子公司和海外工程、桥隧、广州、盾构、铺架等5个分公司。现有员工15000余人，各类专业技术人员6000余人，其中，高中级职务人员2300余人，一级建造师300余人，拥有国内外各类先进的施工设备4000余台（套），年施工能力200亿元以上。具有铁路工程施工总承包特级和房屋建筑、市政、公路、水利水电、机电安装工程施工总承包及桥梁、隧道、铁路 铺轨架梁、城市轨道交通、环保、钢结构、地基与基础、土石方、建筑装修装饰、电力、铁路电务、铁路电气化、城市及道路照明、建筑智能化、电信、通信、管道、爆破与拆除、预拌商品混凝土、混凝土预制构件、房地产专业承包等66项资质，以及国家（CMA）计量认证资质、公路工程试验检测综合乙级资质。

ATB25沥青碎石基层施工

半个多世纪来，中铁六局集团先后承建了京广、京沪、京山、京秦、京九、京包、石太等20多条铁路干线和北京、天津、石家庄、太原、呼和浩特、包头、大同等大型铁路枢纽新建及扩能改造；参加了五大干线一至六期提速、津秦沈、京沪、浙赣、石德电化和北同蒲及大秦扩能、大秦建线、“1050改造”等既有线改造施工；参建了秦沈客运专线、中国首条时速350千米高速铁路

团 有 限 公 司

中铁六局广州分公司党委书记邹卫东视察并召集FP标段项目部负责人开会

江西省交通厅质检站领导检查指导工作，公司副总经理卢国平陪同检查

京津城际轨道交通工程、京沪高速铁路和北京南站、天津站、天津西站，石太客运专线石家庄、太原两枢纽，京石客运专线、胶济和温福客运专线；铜九、武康二线、大包、临策、张集、玉蒙、北同蒲增四线、包西铁路等工程；岑兴、永武、乐宜、京承、德商高速公路；北京、广州、深圳、成都地铁；承建了首条具有完全自主产权的长沙磁悬浮列车试验线、唐山试验线、北京市首座斜拉转体桥及双幅T构转体桥工程以及首次以BT模式建设的天津南仓立交桥等工程。工程履约率达100%，各类工程验交合格率达100%。

公司先后荣获中国建筑工程鲁班奖、中国土木工程詹天佑奖和国家优质工程奖、全国用户满意工程奖等20余项，省部级优质工程奖67项。荣获国家和省部级科技进步奖19项，国家和省部级工法26项，专利14项。多次获得全国优秀施工企业、全国工程建设质量管理优秀企业、中国优秀诚信企业、全国建筑业诚信企业、中国公路建设行业先进企业、全国用户满意企业、AAA级信用等级单位、质量AAA级单位、质量卓越单位、守合同重信用企业、中国企业文化优秀单位、改革开放30年全国企业文化优秀单位、企业文化建设50强单位、首都文明单位、北京市劳动关系和谐单位等荣誉称号。参与并主编了中国第一部《中低速磁浮交通工程施工及验收规范》。时速350公里高速铁路CRTSII型无砟轨道施工技术及关键设备，荣获2007年度科学技术奖奥运专项技术创新成果特等奖。北京西站无站台柱雨棚改造工程被载入"中国企业新纪录"名册。公司通过了质量、环境、职业健康安全管理体系认证。

底基层摊铺施工

黑站设备

黑站设备

水泥稳定基层施工

广西公路桥梁

总经理：罗业凤

项目经理石孟轲向江西省领导介绍广西路桥江西彭湖高速公路A5标情况

在修路当地挥洒爱心捐资助学

广西公路桥梁工程总公司是国家公路工程施工总承包特级资质企业，同时具有桥梁工程、路基工程、路面工程、交通工程、市政工程施工专业承包一级、房屋建筑施工总承包二级等多种工程施工承包资质，并通过质量、环境、职业健康安全管理体系认证。主要从事各类公路、桥梁、市政道路、交通工程施工及工程项目投资、资本运营、房地产开发、酒店经营等业务。

公司以公路建设为主业，以资本运营、房地产开发及服务业为副业，下设8家(分)子公司及1家四星级酒店，形成多元化的产业格局。拥有当今世界先进水平的大型施工机械设备3000多台（套）、省级中心试验室和技术中心各1个，质量监控手段完备，年生产能力达100亿元以上，是一家装备精良，技术实力雄厚的专业施工企业。

公司现有员工4000余人。拥有一大批技能型人才，其中：一级项目经理（一级建造师）520人、二级项目经理（二级建造师）860人，高级职称310人、中级职称2100余人。

公司经过多年的发展，积累了丰富的施工经验，尤其是拥有较高的桥梁施工水平，在大跨径拱桥施工中开发出的钢绞线斜拉扣挂桥梁安装系统，解决了大跨径拱桥无支架安装技术难题，成功建成了当时被誉为“世界第一拱”的广西邕宁邕江大桥，并先后建成武汉江汉五桥、杭州复兴大桥、安徽太平湖大桥等一批在国内外影响较大的桥梁。公司现有3项工法被评定为国家级工法，28项工法被评定为省部级工法，参研的西部交通建设科技项目“钢管混凝土拱桥设计、施工及养护关键技术研究”达到国际领先水平，先后多次荣获国家、广西及交通部科技进步奖。公司在高填方软土地基处理方面及公路水泥混凝土和沥青混凝土路面施工方

公司承建的南宁市会展立交桥

杭州市钱江四桥（复兴大桥）：中国建筑工程鲁班奖、詹天佑土木工程大奖

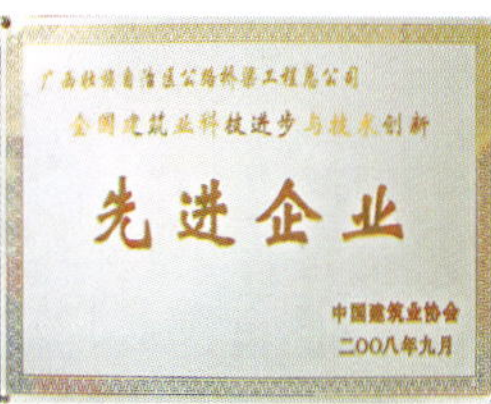

面大胆创新，多项技术指标达到国内先进水平，水泥混凝土路面平整度施工技术水平处于全国领先地位。

凭借雄厚的实力、精湛的技术、丰富的管理与施工经验，公司成功地开辟了广东、湖南、江西、安徽、贵州、福建等13省（自治区）市场，并进军越南、孟加拉国、厄瓜多尔等国外市场。

近年来，公司先后荣获“全国优秀施工企业”、“全国用户满意施工企业”、“全国建筑业诚信企业”、“全国交通系统文明单位”、“全国建筑业科技进步与技术创新先进企业”、“全国建筑业先进施工企业”、“广西工程质量管理先进单位”、“广西五一劳动奖状”、“广西劳动和谐企业”、“广西科技创新企业”等40多项国家及省部级荣誉称号，连续多年被评为重合同守信用企业、广西优秀诚信企业、建设工程质量承诺单位，企业资信为AAA级。所承建的杭州市复兴大桥荣膺2005年度鲁班奖及2006年度詹天佑奖。

秉承“优质、高效、守约、重义”的经营宗旨，广西路桥总公司将始终不渝地竭诚服务于国内外交通基础设施建设。

武汉市江汉五桥

南宁至吴圩机场高速公路

广西邕宁邕江大桥

广西柳州至桂林高速公路

柳州河东大桥

中铁十三局集团第

江西赣崇项目办副主任聂洪琳在B4标施工现场检查指导工作

项目经理陪同领导视察工地

赣崇B4标项目部驻地建设

中铁十三局集团第五工程有限公司是世界500强企业中国铁建所属的中央企业，现有员工1900余人，其中，具有中级以上技术职称的专业技术人员430余人。公司资产总额11亿元，年施工能力20亿元以上。拥有公路工程总承包一级、市政工程总承包一级、铁路工程总承包二级水利水电总承包三级等10项资质。拥有机械设备300多台（套），机械化施工程度达85%以上。获鲁班奖1次，詹天佑奖1次，获省、部级优质工程奖3项。

公司相继参加了京九、朔黄、内昆、菏日、渝怀、阳涉南塔隧道、北同蒲铁路、胶新铁路等铁路及配套工程的建设；沈大、哈同、长春绕城、鹤大、京珠、西安绕城、同三线、京承高速、京平高速等公路工程的建设；承建了长春辉达大厦、石家庄铁道学院高层住宅等建筑工程和广州地铁、西安地铁等地铁工程，吉林省军事指挥中心等一百多项工业与民用建筑工程的施工，承建了长春市集中供热管网及泵站、长春东郊煤气厂熄焦塔、沉淀池、除锰泵房等非标设备的制作安装；阜新水源泵站、京九线聊城、赣州两个大机务段等几十项大型设备安装工程。赣州至崇义高速公路B4合同段起点(K510+200)位于崇义县关田镇下关村附近，终点(K514+000)位崇义县

下关高架桥

五工程有限公司

公司承建的江西鹰瑞高速公路 A7 标金溪隧道双幅贯通典礼

江西赣崇高速 B4 标拌合站

关田村上牛岗，全标段线路长3.8千米。全标段共有路基挖方83万立方米（含隧道挖方13.47万立方米），路基填筑42万立方米，路基排水3423立方米，路基防护12455立方米，全线有分离式隧道1445米/2座，大桥4座（分别为下关高架一、二、三、四）计1596米，盖板通道3座218.5米，圆管涵2座142.68米，合同工期20个月。

公司相继开发、推广、应用科技成果100余项，获集团公司以上科技进步奖27项。共获各类优质工程奖14项，其中国家优质工程奖1项，部优质工程奖3项。国家级优秀QC小组成果奖1项，省部级优秀QC小组成果奖10项。

公司连续多年被吉林省工商局命名为“重合同、守信誉”单位；多次被中国建设吉林省分行评为AAA级信用企业；通过了ISO9002质量体系认证中的职业健康和环境保护体系认证。

江西赣崇高速公路 B4 标拌合站全景

标准化拌合站

赣崇 B4 标路基率先在全线进行边坡防护

浙江省交通工

杭州湾跨海大桥移动模架箱梁砼浇筑

公司承建的申苏浙皖高速公路

祁浮管理标准化观摩会

浙江省交通工程建设集团是浙江省唯一一家具有国家公路工程施工总承包特级资质的专业公路施工企业，同时具有公路路基工程专业承包一级、公路路面工程专业承包一级、桥梁工程专业承包一级、市政公用工程施工总承包一级、隧道工程专业承包一级、公路交通工程专业承包交通安全设施资质，是浙江省内规模最大、实力最强的交通工程施工企业。

集团下设二分公司、市政分公司、外贸分公司、交通安全设施分公司，同时拥有浙江交工路桥建设有限公司（公路工程总承包一级资质）、浙江省交通工程建设集团第三交通工程有限公司（公路工程总承包一级资质）、浙江省宏途交通建设有限公司（公路工程总承包一级资质）、浙江金筑交通建设有限公司（公路工程总承包一级资质）、浙江顺畅高等级公路养护公司和浙江交工高等级公路养护有限公司等6家子公司。

集团现有职工4000余名，各类专业技术人员近1700名，其中具有高、中级技术职称的近700名；有各种先进施工机械及试验检测仪器3000余台(套)。公司总资产近30亿元，年施工产值超50亿元。集团相继承担了杭甬、沪杭、甬台温、同三、上三、杭金衢、金丽温、杭宁、申苏浙皖、甬金、台金、杭千、龙丽龙、杭州湾跨海大桥等浙江省内各条高速公路的施工以及江西、云南、河南、湖北、江苏、安徽、青海、福建、陕西等地高速公路及其他交通工程建设，已建和在建高速公路总里程近2000千米。集团近年还先后获得全国交通系统先进集体、公路建设行业优秀企业、全国交通企业百强、浙江省重点建设先进集体、浙江省先进模范集体等荣誉称号，并三届蝉联浙江省先进建筑施工企业称号，连续4年被浙江省工商局评为信用AAA级单

杭州湾跨海大桥海中平台与南航道桥

程　建　设　集　团

杭徽高速

金丽温高速

位。集团一直注重制度化、规范化管理，2005年9月通过质量、环境、职业健康安全“三合一”体系认证。集团坚持以交通工程建设为主业，竭诚与海内外朋友携手合作，共创美好未来。

江西祁浮高速公路F1合同段全长7.432千米，起点接安徽祁黄高速公路终点，途径西湖乡西溪村、小江村和礌溪村，终点位于西湖乡敬老院对面的山脚下。工程造价：9082万元。路基土石方、中小桥主体工程的计划工期12个月；大桥主体工程的计划工期15个月。

龙丽高速

江西祁浮高速公路F1标项目经理俞樟华向江西省交通工程质监站检查人员介绍梁板施工

两龙高速松阳段章坑岭隧道

为地方小学献爱心

祁浮项目下边坡设置临时排水急流槽

中交二公局第四

江西省交通运输厅厅长马志武视察瑞寻高速 AP2 标

江西省投资集团公司总经理姚迪明视察瑞寻高速 AP2 标

中交二公局第四工程有限公司成立于1982年5月，是世界500强企业、“最具核心竞争力的中国企业”、第一家成功实现境外整体上市的特大型国有基建企业——中国交通建设股份有限公司全资控股的三级公司，直接隶属于拥有“国家级企业科学技术研发中心”称号、具有公路工程施工总承包特级资质的中交第二公路工程局有限公司。公司是具有公路工程施工总承包，桥梁、公路路面、公路路基工程专业承包一级，市政公用工程施工总承包二级、隧道工程专业承包二级；预拌商品混凝土专业二级资质的大型国有施工企业。注册资本为2.01亿元，资产总额近20亿元，现有管理和技术骨干约1300人，年产值约50亿元，年利润9000多万元，年企业所得税贡献超过2000万元。

公司工程遍布祖国各地。近十年累计承建高等级公路2000多千米。公司在稳步开展国内各项业务的同时，还积极开拓国际市场，远赴也门、卢旺达、巴基斯坦等国家，承建了多项大型工程，为上述国家的基础设施建设作出了重大贡献。

公司自成立以来，所承建的工程，其技术、工艺、质量均处全国同行业先进水平，竣工验收合格品率100%，优良品率100%，顾客满意度96%以上，有多项工程荣获国家、省（部）级大奖，其中沪宁高速公路获鲁班奖和詹天佑大奖。宿迁至淮安高速公路、沿江高速公路盐城至南通段获2007年度公路交通优质工程一等奖。南京至淮安高速公路获2009年度公路交通优质工程一等奖。公司承建的哈大铁路客运专线、兰渝铁路客运专线、

瑞寻高速 AP2 标会议室

路面施工

工 程 有 限 公 司

江西省交通运输厅副厅长许润龙视察瑞寻高速AP2标，听取项目经理范雪强汇报工作

获得优胜表彰

贵广铁路客运专线先后获得中华全国铁路总工会"火车头奖章"荣誉称号。

公司现为中国建设银行河南分行AAA信用企业，全国质量、服务"诚信示范单位"，河南省"卫生先进单位"，河南省"文明单位"。2010年被中华全国总工会授予"全国模范职工之家"荣誉称号。

公司坚持"雕塑品牌工程，筑就现代文明"的管理方针，积极贯彻ISO9001、ISO14001、GB/T28001质量及环境、职业健康安全三大管理体系标准，严格落实低成本、零缺陷、精细管理、全面预算管理等经营管理理念。积极实施"以质量保现场，以现场保市场"战略，愿与各界朋友携手共赢，创造更加辉煌灿烂的明天！

安全生产工作会

拌和站

光与影的乐章

路面摊铺施工

安 徽 省 公 路 桥

江西省交通运输厅厅长马志武来大广高速龙杨段 B1 标工地视察指导

赣州市政府领导视察工地进展情况

安徽路桥大广 B1 标项目捐助贫困大学生

安徽省公路桥梁工程公司是安徽省规模较大的专业从事公路桥梁施工的企业。公司拥有国家公路工程施工总承包一级资质、市政公用工程总承包一级资质、港口与航道工程总承包二级资质、桥梁工程专业承包一级资质、路基工程专业承包一级资质、路面工程专业承包一级资质、公路养护工程施工一类资质等多项资质和对外承包工程经营资格，公司注册资本20032万元，是ISO9001:2000质量体系认证企业。建企以来足迹遍布国内内蒙、苏、浙、冀、豫、闽、鄂、粤、川、黔等省，参加了省内合宁、合杭、芜宣、合六等二十多条高等级公路工程的施工；承建特大桥和大桥八十余座。公司承建的合肥市政工程徽州大道南段一期工程荣获建设部"鲁班奖"(国家优质工程)，有46项工程被评为省市优质工程。近年来，公司积极参与合肥市政大建设，先后承建了金寨路高架桥、徽州大道美丹路桥、畅通一环工程以及多条路基、路面、桥梁工程施工。公司先后荣获"安徽省科学技术奖"、"安徽省质量管理奖"、安徽省交通系统先进单位和文明单位等一系列荣誉。

大广高速龙南里仁至杨村段建设项目是江西省第一条山区六车道高速公路，路线全长60.834千米，概算总投资39.8亿元。由安徽路桥承建的大广高速公路龙杨段B1合同段，全长约4.379千米，工程内容包括路基土石方、桥梁、涵洞通道工程等，其中桥涵占工程总量的75%。全线均为双向六车道高速公路，合同工期20个月。

全幅贯通的盘石分离立交桥

桃江大桥的梁板安装

江西省交通质量监督站检查组季度检查

赣州高速公司孟宁总经理检查项目开展情况

交验后的路基断面

交验绿化后的路基边坡

江西省质监站工作人员冒雨检查工地

山东

山东莒县振兴路沭河大桥

山东日照南沿海公路高架桥

山东沂蒙交通工程有限公司成立于1996年9月，公司总部位于临沂市海关路79号，占地面积26.6公顷，建筑面积51000平方米，现有职工1256人，其中有专业技术职称人员331人（高、中级职称156人，其中工程技术人员116人）。拥有大型进口德国林泰阁沥青拌合站、玛莱尼沥青拌和站、福阁勒摊铺机、ABG摊铺机等各种大、中型机械千余台。资产总额价值1.5亿元，注册资金8366万元。山东沂蒙交通工程有限公司自成立以来，经过多年的开拓、拼搏，已发展成为具有相当规模、实力和享有较高声誉的具有法人资格的经济实体，具有建设部公路桥梁施工总承包一级资质、路基专业承包一级资质、路面专业承包一级资质。并通过了ISO9001质量体系认证。2002年度被山东省工商局授予“重合同、守信用”单位。2003-2005年连续3年获临沂市免检企业称号。

江西省委常委、常务副省长凌成兴给项目经理何慧兵同志颁奖

40多年来在临沂市委、市政府、市交通局的正确领导下，公司修建大中桥梁150多座，铺筑沥青混凝土路面1000余千米。公司承建的工程均被评为优良工程，多项工程受到国家表彰。

公司承建的瑞寻高速公路B10合同段起点位于江西寻乌县南桥镇黄塘村，终点为南桥镇的冠州村牛埃

山东玉平沂河特大桥

工　程　有　限　公　司

T梁安装

瑞寻高速公路第一阶段路基评比

第一名

江西省交通运输厅瑞金至寻乌高速公路
项目建设办公室
二〇一〇年十一月

瑞寻B10标获第一阶段第一名

石，全长5.96千米。线路总体呈北南走向，线路布设在南桥镇丘陵河谷中，地形险峻。全线按高速公路标准进行规划建设，大、中、小桥桥面建筑外缘及通道涵洞与路基同宽，桥梁设计荷载公路—Ⅰ级。目前项目已基本完成，在历次的月度评比中，该标段夺得2次第一名，1次第二名，1次第三名；并且在第一阶段评比中夺得全线第一名的荣誉，是瑞寻高速全线获得荣誉最多的标段。

路基交验

台背回填

中铁十八局集团第

江西井冈山铁路井冈山车站被评为"国优工程银质奖"

济南至泰安高速公路荣获铁道部优质工程"一等奖"

中国铁建中铁十八局集团第三工程有限公司（以下简称公司），前身系原铁道兵第八师三十八团，组建于1958年，2008年3月，公司随中国铁建整体上市，成为股份公司下辖的二级子公司。公司下辖近30个工程项目部，以及一分公司、西安工程指挥部、物业管理中心、机修厂、医院等专业分支机构。现有职工2615人，其中：管理人员402人，技术干部885人（高级工程师55人，高级政工师24人，工程师171人，政工师34人，一级建造师67人），技术工人1058人。现有机械设备615台（套），总功率82797千瓦。年可完成施工产值40亿元以上。现有资质为公路、市政公用、房屋建筑工程施工总承包一级；铁路工程施工总承包二级；隧道、桥梁、公路路基、水工隧洞工程专业承包一级；送变电工程专业承包二级。

西安至安康铁路秦岭隧道荣获"鲁班奖、詹天佑大奖"

在转战南北的50多年中，公司先后承担了贵昆、鹰厦、成昆、京九、南昆、宝兰、株六、西康、秦沈、达万、渝怀、赣龙、青藏、井冈山、兰渝、向莆、兰新、云桂等30余条铁路干线、客运专线和天津抗震救灾、引滦入津、清江隔河岩电站、清江水布垭电站、大港电厂、渤海湾浅海石油开采人工岛施工及天津经济技术开发区高层楼房建筑、软地基条件下的污水处理厂、污水泵站、净水厂、地下排水管道、给水管道和市政道路等以及宁连、铁四、潍莱、广渝、玉元、成南、京福、连霍、新原、浦南、景婺黄、武吉、小康、乐宜、京津二通道、永武、赣崇等100多项铁路、公路、水利、电力和市政工程建设任务，共完成大中桥梁290座90千米，隧道92座146千米，铁路站房及工业民用建筑110多万平方

小河至安康高速公路荣获"铁道部优质工程"

江西赣崇高速公路A6标项目部大院

三工程有限公司

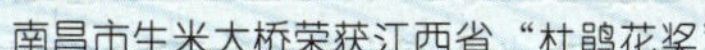

南昌市生米大桥荣获江西省“杜鹃花奖”

天津大港开发区涉外培训中心荣获“市优工程奖”

米，新建铁路436千米，公路428千米。

近年，公司实施区域经营战略，巩固并建立了天津、西安、南昌、西宁等区域经营市场，不断向发展省会城市的战略思路迈出实质性步伐。在施工建设中，公司发扬艰苦创业、争创一流的铁军精神，取得了可喜成绩，近年来取得重大科技成果109项，施工的工程获得詹天佑大奖4项、鲁班奖5项、国家优质工程12项、全国用户满意工程3项、省部优工程52项，获得国家专利项目8项，赢得了良好的社会信誉。

公司作为全国首批施工企业综合改革试点单位，率先深化施工管理体制改革，积极推进经济增长方式转变，在激烈的市场竞争中逐渐步入揽干并举的良性循环，保持了生产经营持续、快速、强健发展的态势，企业整体素质和社会信誉日益提高，相继获得国家级施工企业管理优秀奖、科学技术进步奖和河北省先进企业、天津市“八五”立功先进企业、天津市精神文明单位、河北省建筑业十强企业、河北省建筑企业重质量守信誉示范单位、连续四年被中华总工会授予“安康杯”等荣誉称号。

以公司总经理温法玺、党委书记马伟峰为核心的领导班子衷心感谢各级领导、各界朋友及新老客户对公司发展的大力支持和关照！在新的市场竞争机制下，公司创新思维，更新观念，追求卓越，不断丰富企业文化内涵，形成强劲的核心竞争力，向着“十二五”规划的宏伟目标胜利推进！

公司承建的江西赣崇高速公路茶摊高架二桥

成功架设第一片T梁

江西赣崇高速公路各标段代表至公司承建的尖峰岭隧道参观

中 铁 十 三 局 集

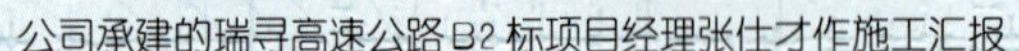
公司承建的瑞寻高速公路B2标项目经理张仕才作施工汇报

公司承建的石吉高速公路B4标获得江西省交通运输厅嘉奖

中铁十三局集团有限公司是集施工、设计、科研为一体的国家大型施工企业。成立于1988年5月10日，前身是组建于1948年8月的铁道兵第三师，1984年元月由兵改工为铁道部第十三工程局，2001年6月改制为集团有限公司。

集团拥有24个类别的51项施工资质，其中铁路工程施工总承包为特级，有公路、市政、房建、水利水电、矿山、桥梁、隧道、机场、城市轨道、水工隧洞等一级资质36项，其它资质14项，并具有承包境外工程和境内国际招标工程资质。

集团下辖9个子、分公司，先后建立了长春、大连、深圳、盘锦、哈尔滨、天津、沈阳、银川、成都等基地和上海、广州、南京、西安、昆明、兰州等经营办事机构。现有员工19000余人，其中专业技术人员7000余人，中级技术职称2000余人，高级技术职称500余人。企业总资产40亿余元，年完成产值100亿元以上。拥有国内外先进施工机械设备5000多台（套），机械化施工程度达85%以上。施工地域遍及31个省、市自治区并进入了海外市场。

集团公司先后参加了京九、大秦、伊敏、宝中、神朔、丰准、图珲、集通、成达、达万、石长、西康、朔黄、神延、宝兰、西合、内昆、渝怀、青藏等50多条铁路及沈大、沈本、沈山、长吉、鹤大、太旧、宁台温、厦漳、昌樟、广渝、达渝、锦朝、锦阜、潍莱、保津、万梁、盐坝、京福、京珠、古王等60多条高速公路；以及多项特大桥、长大隧道施工和水利水电、工民建、矿山、钢结构、市政等多项工程的施工。

近年来，企业施工领域不断向高、新、难、尖拓展，施工过程中我集团有限公司以求实创新的科学态度与顽强拼搏的进取精神在新型大跨桥梁、长大隧道、深水桥梁基础、高层建筑、地下设施及土石方大爆破、软土路基、岩溶及岩溶塌陷路基整治施工等领域积累了丰富的施工经验，在深水取水、水下隧洞、风积砂隧道、连续梁多点顶推、移动支架法架梁、悬灌施工等高难项目上取得

团　有　限　公　司

瑞赣高速公路

了新突破，多次获省、部级和国家级奖励，先后获得国家级优质工程奖8项，其中6项工程获鲁班奖，1项获詹天佑大奖，1项获国家市政工程金杯奖；省、部级优质工程奖40项。取得国家级科技成果3项、国家级工法6项，省部级科技成果12项、省部级工法15项，填补国内技术空白20余项。其中：灵武铁路支线灵武黄河特大桥获国家建筑工程鲁班奖；京九铁路吉安至赣粤段工程获国家建筑工程鲁班奖、中国土木工程（詹天佑）大奖；太旧高速公路获国家建筑工程鲁班奖；盐坝高速公路大梅沙隧道获国家建筑工程鲁班奖；深圳梧桐山第二隧道机电设备安装工程获国家建筑工程鲁班奖；渝怀铁路黄草乌江大桥工程获国家建筑工程鲁班奖；梅坎铁路获铁道部优质工程一等奖；长吉高速公路获国家质量金奖；大秦铁路获国家质量金奖；大连香炉礁立交桥获国家银质奖；石家庄棉一立交桥获中国市政工程金杯奖、铁道部优质工程二等奖；京沈高速公路沈阳至山海段获交通部优质工程一等奖；沈大高速公路普兰店海湾特大桥获交通部优质工程二等奖；宝中铁路中卫黄河特大桥获铁道部优质工程一等奖；牡林复线桦林大桥获黑龙江省甲级优质工程奖；哈枢纽工程马家沟2#特大桥获铁道部优质工程二等奖；沈本高速公路大峪隧道获铁道部优质工程二等奖；四川巴彭公路铁山隧道获铁道部优质工程二等奖；朔黄铁路菘阳河特大桥获铁道部优质工程二等奖；引松入长老爷岭输水隧洞获全国用户满意建筑工程奖、铁道部优质工程二等奖。

集团公司奉行“团结、奋进、求实、创新”的企业精神，坚持“科学管理、科技兴企、以质树誉、以优取胜”的经营战略和“争创行业一流、实现顾客期望、奉献满意工程”的质量方针，继续深化改革，完善经营机制，与时俱进，为全面建设小康社会做贡献。

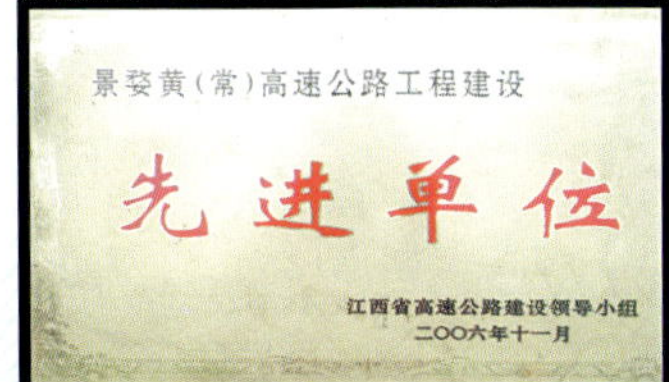

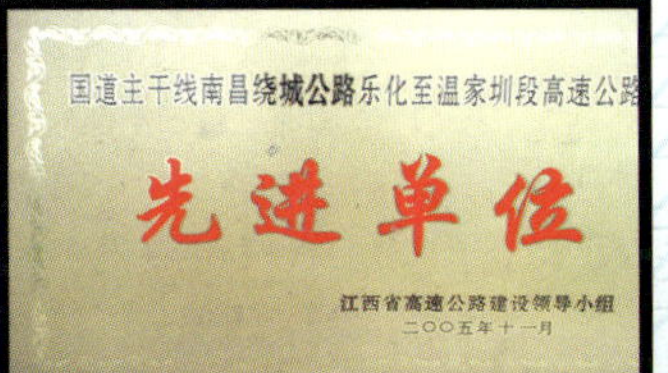

江西省“十五”重点工程建设
先进单位
江西省人民政府
二〇〇五年十二月

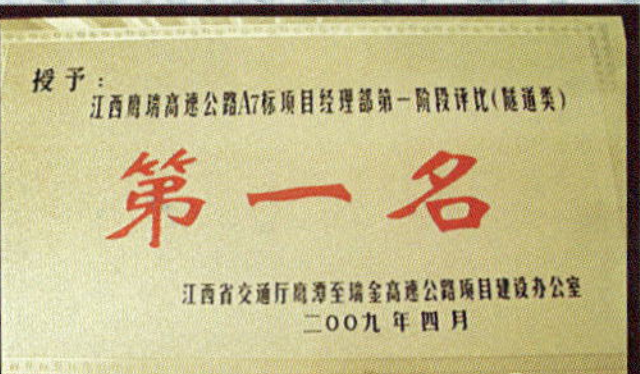

瑞金至赣州高速公路工程建设
先进单位
江西省高速公路建设领导小组
二〇〇九年四月

中铁十三局集团第一工程公司AS8标项目经理部
瑞赣高速公路建设第一阶段宣传工作
先进单位
瑞赣高速公路项目建设办公室
二〇〇八年三月

隧道施工　　路基土石方施工　　景鹰高速公路洪家坂隧道

中铁十四局集

专家组莅临九连山隧道现场视察

江西省重点工程建设先进单位奖牌

中铁十四局集团有限公司是经国家建设部核准的具有综合施工能力的铁路特级施工总承包企业，具有公路工程施工总承包一级、市政公用工程施工总承包一级、房屋建筑工程施工总承包一级、水利水电工程施工总承包一级、公路路基工程专业承包一级、公路路面工程专业承包一级、隧道工程专业承包一级、桥梁工程专业承包一级、城市轨道交通工程专业承包增项资质和国土资源部核准的地质灾害防治工程施工甲级资质，并经国家商务部批准，享有对外经营权。主要承担铁路、公路、市政、房屋建筑、水利水电、桥梁、隧道、机场、码头、地铁、城市轻轨等各类总承包和专业承包项目。2004年集团公司开始步入建筑业的高端市场，投资了多项BT、BOT、BOO项目，项目代建业务和房地产开发规模不断扩大，资本经营业务呈现良好的发展态势。

集团公司注册资本金11.1亿元。集团总资产118亿元，拥有各类进口的公路、铁路、水利、桥隧、地下工程等大型工程机械设备2227台（套），设备原值16.93亿元，集团年施工能力达300亿元以上。

公司先后参加了近60条、长达2900余千米的铁路主干线、复线、客运专线的建设；担负过200多条2600多千米的高速公路的施工任务；承建的特大桥、高架桥、大型立交桥有上百座；完成隧道施工500余座，总延长米为368000米；参建的机场有20余个，承建高层建筑100多座，总建筑面积达268万平方米；还参加了北京、广州、天津、武汉、南京、成都、沈阳、西安等城市轨道交通工程的建设。"八五"以来，荣获12项鲁班奖、2项詹天佑土木工程大奖、17项国家优质工程银质奖和92项省部级优质工程奖、8项市政工程金奖、6项全国用户满意工程；先后有

隧道右洞仰拱施工顺利进行

加班加点仰拱施工

团有限公司

全面落实标准化建设工程

标准化建设

20项管理成果、18项科技成果荣获国家和省部级优秀成果奖，有7项达到国际先进及以上水平。2006年至2007年集团公司又先后荣获“全国企业文化建设优秀奖”、“全国工程建设质量管理优秀企业”、“全国技术先进企业”、“创鲁班奖工程特别荣誉单位”和“中国文化管理先进单位”等荣誉称号。

近年来，公司不断优化经营布局，着力打造核心区域市场，实现了在江西建筑市场的区域深度经营和项目滚动发展，多次受到省重点项目办和建设单位的表彰，被誉为江西建筑施工的一支劲旅。“十一五”来，由集团公司承担施工的浙赣铁路江西段，多次受到铁道部、南昌局的肯定和好评。承担施工了京福、景婺黄、景鹰、瑞赣、鹰瑞、德昌、大广、德上、抚吉高速公路等十多项重点工程，为江西省社会经济发展做出了积极贡献。在工程施工中，公司牢固树立精品意识，讲诚信、重承诺、守合同，精心培育开发江西市场，合同履约率100%，受到地方政府的好评。

中国铁建中铁十四局集团有限公司坚持以“诚信、合作、创新、卓越”为经营宗旨，竭诚为国内外用户提供优质的建筑产品和最佳的服务。

九连山隧道右洞明洞顺利完工

九连山隧道右洞明洞顺利完工

九连山隧道左洞开挖

安 徽 开 源 路 桥

广祠高速广德互通立交桥

合安高速

安徽开源路桥有限责任公司成立于1999年7月，注册资金30095万元。原由安徽安联高速公路有限公司控股，安徽省高速公路总公司参股的股份制施工企业，2006年11月通过股权转让，开源公司现为中煤矿建集团全资控股子公司。现具有公路工程施工总承包一级资质，公路路基工程、路面工程专业承包一级资质，桥梁工程、隧道工程专业承包二级资质，市政公用工程施工总承包三级，公路养护一类、二类甲级、三类甲级资质，交通工程资质，园林绿化工程二级资质，交通咨询国家乙级资质以及招投标代理资质，公路工程综合乙级试验检测资质等，通过了质量、环境、职业健康安全“三标一体”认证，公司先后荣获全国优秀施工企业、全国公路工程优秀施工单位、全国公路交通优质工程奖、全国诚信经营示范单位、全国质量安全管理先进单位、安徽省质量管理奖、安徽省环境保护优秀施工单位、“守合同、重信用”单位、安徽省劳动竞赛先进集体等称号。

公司下设公路养护、交通工程、园林绿化、交通咨询、华灵油脂等五个子公司。主要从事各类公路桥梁、市政工程、交通工程、绿化工程、高速公路养护的施工。

公司成立以来，先后参加了沪蓉、连霍、合徐、合安、庐铜、广祠、内蒙古新麻、零阿、海南三亚绕城、沿江、合淮阜、安景、大广、黄祁、扬绩、江西瑞寻等高速公路路基、路面的施工，天津地铁工程施工，以及桥梁、养护、绿化、交通安全设施、桥梁加固维修等专业工程的施工。

朱围子互通立交区景观绿化

规范化施工

有 限 责 任 公 司

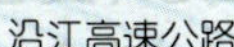

沿江高速公路

紧锣密鼓抢工期 连夜奋战保履约

开源公司始终遵循“以质量求生存，以信誉求发展”的经营理念，坚持“扬鲁班精神，铸时代精品；建绿色工程，促和谐发展”的管理方针，努力打造开源品牌。目前，公司拥有一批公路建设施工经验丰富的高级工程管理和技术人才、国内一流的高速公路建设施工、检测和养护设备，且装备精良，配套齐全。在新的一轮发展时期，公司将坚持“科技兴企”的发展战略，以“做优做强，打造品牌，构筑一个和谐的新型现代企业”为目标，立足省内，开拓西部，面向全国，以优质的服务最大限度地满足业主和客户的需求。开源人将以团结奋进、勇于争先的精神，一步一个脚印地以稳健的步伐走向更加辉煌的明天！

由安徽开源路桥有限责任公司承建的瑞寻高速AP1合同段全长19.25KM，路线呈南北走向。起点位于瑞金市武阳镇大陂头接济广高速鹰瑞段），桩号为K1451+476，途经武阳镇，谢坊乡，终于谢坊乡下黄沙附近，桩号为K1470+750，主要施工任务包括路面底基层、基层、面层及路面附属工程施工。AP1合同段项目经理部全体参建员工，严格按照合同文件及业主、监理的要求，客服种种困难，为把瑞寻高速公路项目打造成“优质工程、精品工程、安全工程”的奋斗目标做出新的贡献。

水稳中基层摊铺如火如荼进行

进口沥青砼拌合站

精益求精

沈　阳　高　等　级　公

江西省委常委、常务副省长凌成兴到大广高速龙杨段B2标视察，并与当地群众亲切交谈

沈阳高等级公路建设总公司始建于1952年，是沈阳市AAA级信用单位，具有国家公路工程总承包壹级资质，并同时具有桥梁工程、公路路基、公路路面、公路交通工程和市政公用工程施工总承包五项壹级资质及预拌商品混凝土和水利水电工程施工总承包两项叁级资质，在沈阳市首家获得辽宁省公路养护一类和二类甲级资质。曾荣获“全国建筑业领先企业”、“工程施工放心企业”、“交通百强企业”、“质量、服务、诚信示范单位”、“全省公路建设先进集体”、“辽宁省特殊贡献单位”；连续多年被全国公路建设行业协会评为“公路建设行业优秀企业”；连续多年被中国企业文化研究会评为“企业文化建设先进单位”。

该公司坚持“立足辽宁、服务全国”的经营策略，从1985年参与修建神州第一路—沈大高速公路起，总公司先后参建了国家、省重点工程80余项，足迹遍布辽、吉、黑、鲁、冀、豫、陕、浙、皖、青、蒙、甘、川、鄂等10余省区，累计修建公路2500余千米，其中修建高等级公路1270余千米；建设桥梁340余座，其中大桥、特大桥49座；承建公路交通安全设施工程近1500千米；修建市政公用工程项目百余项。

该公司秉承“干一项工程，树一座丰碑，创一方信誉，拓一方市场”的经营战略和“质量第一，信誉至上，诚信永远、追求无限”的质量方针，不断强化质量管理意识，精心打造品牌工程，所承建的工程优良级品率达到100%。其中，有5个项目获建设单位或国际监理“质量免检”信誉。承建的沈大高速公路改扩建工程荣获“国家优质工程金质奖”和“交通部优质工程一等奖”，桃仙机场汽车专用公路获得“国优工程银质奖”。京沈高速公路、山东潍莱高速公路等十余项工程被评为部优质工程。沈阳市南北二干线标准化街路工程等三项工程被评为辽宁省市政金杯示范工程。

进入新世纪以来，该公司坚持以“三个代表”重要思想为指导，认真贯彻落实科学发展观，按照“以人为本，以制理事，内抓管理，外拓市场”的总体思路，不断的解放思想，锐意改革，开拓进取，创新实干，使企业的经济效益、社会效益、经营管理、市场开拓、精神文明建设等方面均达到行业先进水平并不断攀升新高。锤炼了一支敢打硬仗、勇打胜仗的筑路铁军。

大庆至广州国家高速公路是国家规划的“7918”网中的“纵5线”，大庆至广州国家高速公路龙南里仁

公司承建的大广高速龙杨段B2标望江围高架桥第一片T梁架设成功，是全线第一个进行T梁架设的标段

严格按规范进行T梁张拉

路 建 设 总 公 司

路基填筑严格按规范进行施工

庆贺望江围高架桥架通

至杨村（赣粤界）段是大庆至广州国家高速公路在江西省境内的末段，江西省重点建设项目之一，建设好这条高速公路对大庆至广州高速公路的全线贯通，对促进江西省高速公路网络的形成，缩短江西至广州的时间距离，发挥高速公路网络效应，具有重要作用，也是我国中部地区运输通道的需要。沈阳高等级公路建设总公司凭借良好的信誉、雄厚的实力，一举中的大广高速龙杨段B2标合同段。该标段工程量大、地质条件复杂、技术要求高，该标段共有大桥4座/1412米，是该标段重点工程，也是大广高速龙杨段项目的重难点控制性工程，T梁预制和安装是本工程的技术难点。面对这些技术难点，大广高速龙杨段B2标项目经路董宝成等一班人没有被吓倒，带领全体员工团结一心，协同作战，在路基、桥梁、涵洞各个工地上，投入了大量的机械设备和精兵强将，抓管理、重质量、促进度、保安全、树形象。在施工中，精心组织、稳扎稳打。不断优化施工大难和资源配置，合理安排施工顺序，制定各种预案，确保工序衔接。在全体员工的共同努力下，该标段望江围高架桥成为龙杨段项目全线第一个架通的桥梁。

望江围高架桥

该项目部已创建安全、优质、廉政、环保高速公路为目标，发挥铁军能吃苦、敢打硬仗的拼搏精神，科学安排施工计划、倒排工期，确保整体计划按期完成。努力为江西人民修建一条满意之路、发展之路、幸福之路。在月度、阶段评比中，该项目部也多次获得表彰，成为大广高速公路龙杨段建设项目各标段学习的榜样及领头羊。

秉承“干一项工程，树一座丰碑，创一方信誉，拓一方市场”的经营战略，公司董事长刘建美携全体员工愿与海内外各界朋友精诚合作，互信互利，共创美好明天。

望江围高架桥立柱施工完毕

中国铁建十六局

江西省委常委、常务副省长凌成兴在汉仙岩隧道视察

凌成兴副省长在汉仙岩隧道施工现场了解施工情况

江西省交通厅副厅长许润龙在项目办主任钱志民的陪同下，在汉仙岩隧道现场了解情况

江西省投资公司副总经理刘钢在汉仙岩隧道进口了解施工进展情况

江西省公路局党委书记曹先扬在羊子岩高架桥施工现场了解情况

中国铁建十六局集团隶属于世界500强——中国铁建股份有限公司，是国家大型综合特级施工企业，具有铁路、房建特级资质，公路、市政、水利水电工程施工总承包一级资质和公路路面、桥梁、隧道、装饰装修工程专业承包一级资质，城市轨道交通专业承包资质，获得了对外承包工程经营权和对外劳务合作经营权，取得了质量、环境和职业健康安全管理体系认证证书。经营范围涉及工程施工、设计、监理、铁路运营、物流、机械制造、酒店、房地产开发等领域，企业年营业额达200亿元以上，在全国100家铁路、公路、隧道、桥梁最大建筑业企业排序中名列前茅。

中国铁建十六局集团公司拥有辉煌的发展历程，前身是中国人民解放军铁道兵第十一师和第十三师，成立于1952年，1981年合并为铁道兵第十一师，是当年铁道兵的“首都师”，1984年集体改工并入铁道部，改称铁道部第十六工程局，1990年中国铁道建筑总公司注册成立，1999年更名为“中铁第十六工程局”，2000年归属中央企业工委管理，2002年改制为中铁十六局集团有限公司，2003年国资委成立后，归属国务院国资委管理。2008年3月，作为中国铁建旗下的大集团公司之一，随同整体成功上市。

在60年的发展历程中，中国铁建十六局集团公司先后参与了300多项国家重点工程的建设。近年来，努力弘扬“不畏艰险，勇攀高峰；领先行业，创誉中外”的企业精神，坚持“诚信、创新永恒；精品、人品同在”的企业价值观，践行“超常规，争第一”的企业理念，在祖国社会主义现代化建设进程中，为国家的铁路、公路、房建、市政、水利、水电、机场、码头等重大工程的建设做出了新的贡献。参建的青藏铁路、上海磁悬浮商业运营线、西气东输黄河顶管、南水北调盾构穿黄、首都国际机场、武广客专、郑西客专、福厦客专、石太客专、甬台温客专、京沪高速铁路、青岛海底隧道、京福高等级公路和京、津、沪、穗、宁、苏、杭、深等城市地铁等一大批重点工程享誉国内外，企业成长为长大隧道施工的王牌军、深水高桥建设的排头兵、城市轨道交通建设的开拓者、高层建筑装修的特种兵、高速铁路建设的主力军，在一大批高难新尖工程建设领域中持续领跑，彰显企业核心竞争力。已建成的工程有220多项荣获国家和省部级优质工程，9创国家优质工程，13捧鲁班奖，12夺詹天佑大奖，5获国家科技进步特等奖及一、二等奖，成为同行中

集 团 有 限 公 司

江西省交通厅党委书记程受铉视察汉仙岩隧道视察

江西省交通厅党委书记程受铉在汉仙岩隧道了解工程建设情况

的金牌大户，誉满建筑界。集团公司先后被评为“全国先进施工企业”、“全国技术进步先进企业”、“全国工程建设质量管理优秀企业”、“全国行业质量和质量服务诚信示范企业”、“全国思想政治工作优秀企业”、“中国企业文化建设先进单位”、“中国优秀诚信企业”、“全国‘安康杯’竞赛优胜企业”、“北京市优秀建筑企业”、“北京市重合同、守信誉单位”和“AAA信用企业”。

由中国铁建十六局集团承建的济南至广州国家高速公路江西瑞金至寻乌段土建工程B1合同段，起讫里程K1519+485～K1521+156，全长1.671公里。主要工程数量有：路基土石方29.1万方；高架桥1座409米；连拱隧道2座计785米；涵洞3座；路基挡护及排水工程：浆砌片石2436立方米、混凝土315立方米。工程于2009年12月开工，计划于2011年6月竣工。

施工人员正在灌注梁片混凝土

瑞寻高速公路B1合同段线路穿越汉仙岩风景区，地形山高壁陡，植被发育。尤其是羊子岩高架桥，地处深沟丘陵之中，相对高差70米以上，山坡坡度60度以上，3、4、5#墩为空心薄壁墩，墩身高度均超过55米，施工难度非常大，为全线重难点工程之一。汉仙岩隧道Ⅰ和汉仙岩隧道Ⅱ均为连拱隧道，施工工序复杂，先进行中导洞开挖，贯通后再进行中隔墙浇注，然后进行主洞开挖。两座隧道均安全顺利提前完工。

庆祝隧道贯通

施工人员正在组装隧道二衬台车

制梁场

隧道施工

施工中的羊子岩高架桥

公司副总工程师雷雨亮大校检查施工现场

公司工程处李论处长在救灾一线

安通建设有限公司隶属于中国人民武装警察部队交通指挥部，前身为中国人民解放军基建工程兵，组建于1966年8月1日，1985年编入武警部队序列，担负着维护社会稳定和参与国家基础工程建设的双重任务，1999年转隶武警总部统一管理。武警交通指挥部为正军级单位，下辖2个总队（正师）、1个直属工程部和1个设计院。武警交通指挥部安通建设有限公司具有国家公路工程施工总承包特级资质和地质灾害治理工程甲级，公路行业设计甲级资质。

武警交通部队是以一支具有辉煌历史的部队，在解放战争和抗美援朝战争中屡立战功。和平建设时期，除完成国家赋予的军事性保密工程外，先后修筑改建了川藏、青藏、新藏、天山、中巴、中尼等闻名中外的公路。近年来，部队参与了太旧、沪宁、柳桂、渝黔、合宁，京珠、呼包、楚大、吐乌大、北京五环、六环等50余条高速公路和一、二级公路建设，里程总计6000多千米；打通了二郎山隧道、鹧鸪山、飞鸾岭、秦岭等30余条隧道，架起了重庆黄花园大桥、上海沪青平立交桥等1136座大中桥梁，参与修筑了国内四大深水港中的大连大窑湾、深圳盐田港等国际港口，参与改建了乌鲁木齐国际机场、武汉天河机场，建起楼房258栋124万平方米，设计勘测公路1100千米。承建的各类工程合格率100%，优良率90%以上，50余项工程获国家和交通部优质工程奖，先后三次获中国建筑行业最高奖——鲁班奖，两次获中国土木工程协会最高奖——詹天佑奖。此外，部队还完成多项国防工程建设，承担了川藏公路、新藏公路的养护保通任务，治理了沿线滑坡、雪崩、泥石流等自然灾害，使这两条公路通车能力从不足6个月提升到现在的11个月以上。

该公司作为国家唯一一支专业化交通部队，在和平建设时期直接参与国家经济建设，是党和人民对部队的高度信任。新的历史征程中，武警交通部队将继续弘扬“特别能战斗、特别能吃苦、特别能奉献”的“三个特别”精神，进一步强化精品意识，全面提高施工能力，

努力把部队建设成为一支管理更科学、技术更领先、队伍更过硬、服务更周到、信誉更良好的工程部队，为全面建设小康社会做出更大贡献，铸造新的辉煌！

平坦宽广的路基

有 限 公 司

江西省交通运输厅副厅长许润龙，江西省公路管理局党委书记曹先杨在项目经理陈根旭陪同下检查寻乌服务区

桥面铺装施工作业

瑞寻高速公路是济南至广州国家高速公路是国家规划的“7918”网中的第四纵。济广国家高速公路江西瑞金至寻乌(赣粤界)段是济广高速公路在江西境内的最后一段。建好这条高速公路对推动江西经济腾飞有着重要意义。安通建设有限公司凭着良好的信誉、雄厚的实力，一举中的瑞寻B7标合同段施工任务。该标段路线全长6.87千米，服务区一个(寻乌服务区)，桥梁6座，涵洞22道，工程项目多、结构物多、技术要求高、工期特别紧。为安全、优质、高效地完成施工任务，在面临施工便道狭窄，材料进场难，场地狭小，梁场建设困难，途径村庄多，征地拆迁任务量大。面对这些困难，瑞寻B7标项目经理陈根旭等一班人没有被吓到，带领着全体官兵牢记军队宗旨，吃住施工现场，主动放弃休假，充分发扬武警交通部队精神，团结一心，努力拼搏，合理安排，在路基、涵洞、桥梁各个工地上投入精兵强将、机械设备，抓根本、严管理、重质量、促进度、保安全、树形象。在施工中，精心组织，以点带面，科学安排施工计划、倒排工期，坚持月总结部署，制定措施，各部门对重点环节、部位紧盯不放，注重过程落实。针对天气情况实行全方位、全过程、全天候的监控，了雨天不歇、晴天加班，发扬部队敢打必胜、勇上一线的战斗作风，确保了工程质量合格，经过500多个日夜奋战，圆满完成了瑞寻高速B7标建设任务，向江西省委、省政府及全省人民交了一份合格的答卷！在月度、阶段检查评比中，该项目部多次荣获第一、二名的表彰。

土工格栅施工现场

参与经济建设，不忘性质宗旨。该项目部在完成施工任务的同时，时刻发挥部队参与维护社会稳定和抢救人民生命财产安全的作用，先后参与扑灭了吉潭镇汗地村森林山火，及时抢救了遭洪水袭击的村民，为五保户捐款捐物，解决生活困难。在实践中，不断诠释着为人民服务的根本宗旨。

涵洞基础施工

官兵舍生忘死扑灭山火

桥梁立柱施工现场

北京城建集

与当地政府座谈

利用晚上组织生产会议

通道结构验收

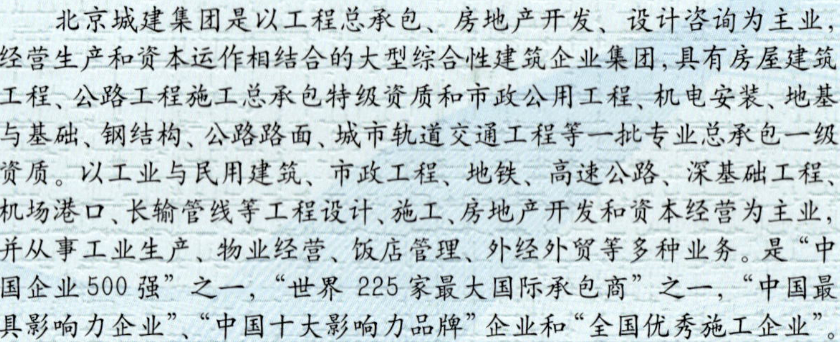

北京城建集团是以工程总承包、房地产开发、设计咨询为主业，经营生产和资本运作相结合的大型综合性建筑企业集团，具有房屋建筑工程、公路工程施工总承包特级资质和市政公用工程、机电安装、地基与基础、钢结构、公路路面、城市轨道交通工程等一批专业总承包一级资质。以工业与民用建筑、市政工程、地铁、高速公路、深基础工程、机场港口、长输管线等工程设计、施工、房地产开发和资本经营为主业，并从事工业生产、物业经营、饭店管理、外经外贸等多种业务。是“中国企业500强”之一，“世界 225 家最大国际承包商”之一，“中国最具影响力企业”、“中国十大影响力品牌”企业和“全国优秀施工企业”。

北京城建集团现有总资产 450 亿元，员工 26000 人，年经营额 430 亿元。现有 120 余家法人企业、31 家分公司（含事业单位）。集团公司及所属 40 家企业通过 ISO9000、ISO14001、OHS18000 认证。

集团公司组建以来，65 次获得中国建筑业最高奖“鲁班奖”和国家优质工程奖及詹天佑奖，813 次获得北京市“长城杯”奖和省市优质工程奖。承建了国家体育场、国家体育馆、五棵松文化体育中心、奥运村、首都机场 3 号航站楼等 41 项奥运项目及其配套工程，以及国家大剧院、中央电视台、首都机场 3 号航站楼、银泰中心和国内外多个城市的地铁线路和高速公路等重大工程建设项目。

确保工期，夜间加班施工

济南至广州国家高速公路江西瑞金至寻乌段建设项目A2标段起点桩号 K1457+500，终点桩号为 K1463+940，路线全长 6.417 千米。本标段含大桥 4 座、中桥 1 座、小桥 4 座、暗桥 1 座、现浇车行天桥 2 座、

桥梁下部结构施工

规范的梁场建设

圆管涵基础开挖

团有限公司

2010年4月份，江西遭受特大洪涝灾害。本项目先后遭受4次洪水冲击，便道、便桥被冲毁，桩基被泡，损失严重，工期被延误

预制第一片25米箱梁

本项目在A段10个标段中第一家交验路基

线外桥2座、盖板型通道12座、盖板涵2处、圆管涵4处，线外被交道路851米。标段内的大中小桥都采用装配式预应力混凝土箱梁或者空心板结构，主线挖方段路基60万方，石方爆破约52万方，填方路基48万方，标段红线内需做软基处理的路段很多。

A2合同段施工条件差。施工现场远离206国道，横向施工便道没有理想旧路可以利用，要从标段中部修建3公里的横向施工便道，全部要办理临时征地手续，穿越稻田、池塘，投入大，工期长，制约了现场搅拌站、预制场的建设。本标段被绵水河呈S形分割成三段，对搅拌站、预制梁场的布置都造成很大困难。纵向施工便道的贯通难度非常大，必须要搭设钢便桥。

项目部进场后，认真分析面临的困难和形势，不等不靠，积极协调各方关系，加大投入力度，修建了3公里高质量的横向施工便道，先后搭设了4个钢便桥，纵向便道进行硬化，解决了施工便道难题。

在施工过程中，项目部发扬“特别能吃苦、特别能战斗、特别能奉献、特别能管理、特别能盈利”的五个特别精神和奥运精神，严格控制质量、安全、进度，责任到人，落实到位，克服水毁、拆迁滞后、民扰严重等诸多不利因素的影响，始终保证工程处于受控状态。目前路基工程已经全部交验；绵水一桥完成体系转换和左幅桥面铺装；河子背一、二桥完成桥面铺装；李塘大桥完成体系转换，右幅桥面铺装完；绵水二桥左幅体系转换完，准备桥面铺装；亚权塘大桥箱梁架设完毕，进行体系转换施工。排水、防护工程施工完成85%。

项目部将科学组织、精心管理、精心施工，齐心协力把瑞寻高速公路A2合同段建设成精品工程！

绵水一桥首片箱梁架设成功

李塘大桥箱梁架设

路基交验

加强现场安全管理

修建搅拌站。受自然条件限制，场站建设场地狭小

中铁十七局集团第一工程有限公司

江西省交通运输厅副厅长许润龙视察赣崇高速B7标关田隧道

赣崇高速项目办主任邹显华在B7标检查指导工作

上左溪高架桥

中铁十七局集团第一工程有限公司始建于1952年，2002年4月被建设部核准为公路、铁路、市政公用工程施工总承包一级，房屋建筑工程施工总承包三级，公路路基、桥梁、隧道、铁路铺轨架梁工程专业承包一级企业资质。具有独立承建铁路、公路、市政、水利、电力、桥梁、隧道、地铁、城市轻轨、机场、码头、大型枢纽、地质灾害治理等工程能力。公司现有员工3052人，拥有各类工程机械设备972台（套），根据生产经营需要及建筑市场新的特点，调整组建了与资质相适应的24个专业公司，拥有国内领先技术的专业设备，培育了设备先进、综合实力强、具有独立施工能力的铁路、公路、市政公用工程专业队伍，年综合施工能力50亿元以上。

公司近年来先后承建了太长、阜周、汉孝、晋济、汉英、武吉、阳翼、泉厦、大广、厦蓉、石吉、鹰瑞、太佳、山平等40余条高速公路工程和10余条等级公路工程，承建了西南、渝怀、青藏、宜万、黔桂等20余条大型铁路建设工程及福厦、郑西、京津、广深港、成渝等客运专线工程。还相继承建了许多市政公用、房屋建筑、城市轻轨、地铁、机场、码头、地质灾害及军事洞库工程。共有110多项工程获国家、省部、中国铁建股份公司优质工程奖和建设单位优质样板工程或精品工程。在施工技术和项目管理方面积累了丰富的经验，掌握了大爆破、深水桥悬灌梁、大吨位梁制运架、大吨位缆索吊装、大吨位倒锥壳水塔、大跨度屋架、大跨度箱型T构梁转体、高填方加筋挡墙及软土路基、高难地质灾害整治、客运专线无砟轨道轨道板、大跨度系杆拱桥施工等技术，先后有13项新型技术取得国家专利。2010年，公司被认定为高新技术企业。

在过去的工程建设中，公司以质量求生存，靠信誉创市场，所承建的工程质量合格率达百分之百，赢得了用户的满意和良好的社会信誉。先后被中华全国总工会授予“全国先进集体”称号，获“全国五一劳动奖状”；被评为“全国守合同重信用企业”、“全国优秀施工企业”、“全国安全质量管理先进单位”；被铁道部、山西省、中国铁建股份公司等授予“先进集体”、“模范企业”、“重点工程建设先进单位”、“先进工程公司”、“科技进步先进单位”、“职业道德建设先进单位”等荣誉称号。2008年，进入“中国铁建工程公司20强”序列。

公司承建的江西赣崇高速公路B7标段路线总体为东西走向，位于崇义县文英乡上左溪附近。本段路线起于关田隧道内，终点位于文英隧道内，线路全长2.6千米。主要构筑物有：关田隧道、上左溪高架桥、文英隧道。总投资2.68亿元。计划工期20个月。该标段从进场以来，在项目经理张德根的带领下，项目上下齐心协力，攻坚克难，施工生产紧张有序，有条不紊地向前推进。安全、质量、进度等各项指标保持前列。全线第一家完成首个超50米薄壁墩，第一个实现超1000米隧道打入分界线，得到了业主的肯定。

隧道开挖作业

文英隧道